Manual de
DIREITO ECONÔMICO

FABIO GUIMARÃES BENSOUSSAN
MARCUS DE FREITAS GOUVÊA

Manual de DIREITO ECONÔMICO

CONFORME novo CPC

3ª edição | revista, atualizada e ampliada

2017

EDITORA JusPODIVM
www.editorajuspodivm.com.br

EDITORA
*Jus*PODIVM
www.editorajuspodivm.com.br

Rua Mato Grosso, 175 – Pituba, CEP: 41830-151 – Salvador – Bahia
Tel: (71) 3363-8617 / Fax: (71) 3363-5050
Contato: https://www.editorajuspodivm.com.br/sac

Diagramação: Linotec Fotocomposição e Fotolito Ltda. *(www.linotec.com.br)*

Capa: Ana Caquetti

B474m Bensoussan, Fabio Guimarães
Manual de direito econômico / Fabio Guimarães Bensoussan, Marcus de Freitas Gouvêa – 3. ed. rev., ampl. e atual. – Salvador: Ed. JusPodivm, 2017.
928 p.

Bibliografia.
ISBN 978-85-442-1483-1.

1. Direito econômico. I. Título.

CDD 341.378

Para minha esposa, Christianne,
e meus filhos Rafaela e Jorge Felipe

FABIO GUIMARÃES BENSOUSSAN

Para minha esposa, Flávia,
e meus filhos Vitor e Daniela

MARCUS DE FREITAS GOUVÊA

NOTA À 3ª EDIÇÃO

Foi com imensa gratidão que recebemos a imediata acolhida do nosso *Manual de Direito Econômico*, lançado em meados de 2015.

Nesta terceira edição, acrescentamos questões, legislação e jurisprudência atualizadas. Adicionamos alguns itens ao trabalho, buscando torná-lo mais completo e responder melhor a novas tendências nas questões de concurso.

Um exemplo de jurisprudência atualizada é o RE 607.940/DF sobre a obrigatoriedade do plano diretor. O novo item 2.5, do capítulo 8, acerca da aplicação do Código de Defesa do Consumidor aos contratos bancários, incluindo o tema dos cadastros positivos de crédito, é um exemplo de acréscimo no texto. Quanto à legislação, todo o tópico de fundos de investimentos foi adequado à instrução CVM 555. Noticiamos algumas discussões bastante recentes, como o Projeto de Lei 79/2016, que altera a Lei Geral de Telecomunicações, objeto de mandado de segurança preventivo, impetrado em dezembro de 2016, bem como as primeiras discussões a respeito do funcionamento de aplicativos de transporte individual, dos quais o Uber é o exemplo mais conhecido. O ano de 2016 foi de significativo questionamento aos processos de integração econômica. No capítulo 13, dedicado ao direito econômico internacional, fazemos referência ao chamado *Brexit* e acrescentamos alguns aspectos do Mercosul não explorados nas edições anteriores.

OS AUTORES

PREFÁCIO

Júbilo. Foi o primeiro sentimento que me acometeu quando honrado com a imerecida outorga de prefaciar *Manual de Direito Econômico*, obra de autoria de tão diletos parceiros de armas na Procuradoria Geral da Fazenda Nacional. Fabio Guimarães Bensoussan e Marcus de Freitas Gouvêa integram a seleta estirpe de curadores do erário que impressionam pelo brilho nos olhos no exercício dos seus misteres a despeito das inúmeras dificuldades que o ofício lhes impõe. Atendi à convocação como quem ascende a um chamado superior.

Espanto. Foi o sentimento que sucedeu o júbilo já no invulgar desempenho do encargo de perscrutar o material a prefaciar. Forjou-se n'alma, paulatinamente, o que Souto Maior Borges repercutiu de Heidegger: "o poder de se espantar diante do simples" e "aceitar esse espanto como sua morada"[1]. Organizar em um único tomo a disciplina jurídica da atividade econômica, conferindo-lhe sistematicidade, praticidade, dinamicidade e clareza, é tarefa longe de trivial, senão espantosa.

Deparei-me, a cada página, com um texto seguro, maduro, completo, que navega entre a teoria econômica e a disciplina jurídica com a mesma facilidade e simplicidade com que trafega sobre temas menos densos. A preocupação constante da associação do texto ao contexto, em área na qual a doutrina não se esmera no papel de guardiã, *per se* já seria digno de todos os encômios.

A obra se insere na tendência contemporânea da interdisciplinaridade, propiciando o necessário diálogo entre teoria, prática e reflexão jurídica, com recobro na convergência entre Direito e Economia. O recurso ao diálogo é pedra angular da obra dos autores, entabulando estes autêntica conversa com o leitor. Tal processo de ensino e aprendizagem deu-se pelo emprego correto da linguagem, acompanhado de variadas técnicas pedagógicas como estudo de casos, de jurisprudências, relacionamentos multidisciplinares e identificação das questões mais recentes cobradas nos principais certames públicos.

O desafio do diálogo interdisciplinar, tão presente na obra prefaciada entre Direito e Economia, remete o jurista a aprender que o Direito não é um universo paralelo. E ao economista incita atentar que a política econômica não é exercida no vácuo, mas dentro de marcos regulatórios e institucionais legalmente definidos. Ambos se beneficiam de obra como a presente, e saberá o mercado valorizar quem conseguir enxergar além do próprio umbigo.

1. HEIDEGGER, *apud* BORGES, José Souto Maior. Ciência Feliz. 3ª ed. São Paulo: Quartier Latin, 2007, p. 30.

É nesse cenário que se movem os autores com desenvoltura, analisando os precedentes históricos, os desdobramentos institucionais e as consequências dos planos econômicos para a ordem jurídica. Pela procedência é dado conhecer os frutos. A experiência dos autores, haurida na honrosa labuta de professores e protetores do erário, forneceu-lhes superiores condições para a tarefa, expondo e enfrentando, sem qualquer sacrifício da ciência, os problemas atuais e os endereçamentos polêmicos e espinhosos já adotados pela práxis e pela *jurisprudentia*.

O desafio foi cumprido com louvor. As reformas institucionais pelas quais o Brasil passou, em especial nas áreas regulatórias e de concorrência, fizeram ainda mais necessária a redução do distanciamento entre os institutos jurídicos e a política econômica, a partir de um melhor entendimento do marco legal da economia. Embora se tenha verificado importante convergência entre os estudos econômicos e jurídicos nos últimos anos, faltava uma obra didática, clara e prática que tratasse da matéria para estudantes, acadêmicos, profissionais de ambos os setores e demais operadores do direito. Obra como a presente é sinal animador dessa nova dogmática e da celebrada convergência.

Cumpre registrar que o Direito Econômico, pra mim, sempre foi e é instrumento de trabalho. Vivi e vivo o que o livro ensina. Na função de Procurador Geral Ajunto da Fazenda Nacional nas áreas de assuntos financeiros, de operações internacionais e de representação extrajudicial da União, era o responsável direto pela conformidade legal das políticas econômicas engendradas no âmbito do Conselho Monetário Nacional, da Secretaria do Tesouro Nacional, da Secretaria de Política Econômica e da Secretaria de Assuntos Econômicos, todos do Ministério da Fazenda. Os assuntos vazados nos capítulos 1, 2, 3, 5, 7 e 9 do livro ora prefaciado constituíam meu habitat profissional no Gabinete da PGFN.

Deixei a Adjuntoria para representar a PGFN no Conselho de Recursos do Sistema Financeiro Nacional – CRSFN, vulgo Conselhinho. O CRSFN é órgão integrante da estrutura básica do Ministério da Fazenda, que tem por finalidade o julgamento, em segunda e última instância, das matérias e penalidades aplicadas pelo Banco Central e pela Comissão de Valores Imobiliários em assuntos inerentes aos mercados financeiro, de câmbio, de capitais estrangeiros, de crédito rural e indústria, e de consórcios, dentre outros. Na condição de Procurador designado para o CRSFN, exerci por dois anos a atribuição legal de zelar pela fiel observância das leis, decretos, regulamentos e demais atos normativos aplicados pelo colegiado. Os assuntos feridos pelo Capítulo 8 do presente livro fizeram parte do meu ferramental jurídico utilizado no desempenho desse rico mister, todo dia.

Saí do CRSFN para prestar os meus serviços à Câmara de Comércio Exterior – CAMEX, órgão integrante do Conselho de Governo da Presidência da República que tem por objetivo a formulação, adoção, implementação e coordenação de políticas e atividades relativas ao comércio exterior de bens e serviços, incluindo o turismo. Dentre as competências da CAMEX, destacam-se a de estabelecer as diretrizes para as negociações de acordos e convênios relativos ao comércio exterior, de natureza bilateral, regional ou multilateral, bem assim a de fixar e suspender salvaguardas, direitos antidumping e compensatórios, provisórios ou definitivos, e estender as medidas antidumping e compensatórias a terceiros países, bem como a partes, peças e componentes dos produtos objeto de medidas vigentes. Tais assuntos estão açambarcados pelo Capítulo 10 do livro, que versa sobre a Ordem Econômica Internacional e cuja temática integrava o cotidiano da minha atuação profissional na CAMEX.

Para encerrar a singular associação da minha atuação profissional ao conteúdo da obra objeto do presente prefácio, resta ainda comentar que atualmente estou cedido pela PGFN à Prefeitura de São Paulo para acumular funções na Secretaria de Negócios Jurídicos com a Diretoria Jurídica e de Operações da empresa municipal responsável por estruturar projetos de parcerias e aperfeiçoar o ambiente de negócios no Município. Nesse particular, faz parte da minha atuação cotidiana, atualmente, tratar da política urbana, do plano diretor e da política de incentivo a micro e pequenas empresas, exatamente o objeto do Capitulo 4 desta obra.

É do alto da autoridade que o conhecimento de causa me garante que afianço a utilidade e imprescindibilidade desta obra. Trata-se de livro que não se presta para biografias, tertúlias acadêmicas, teorias obsoletas, especulações estéreis, divagações abstratas, prolixidade inútil, questões bizantinas ou pragmatismos superados. É livro vocacionado ao ensino do Direito Econômico e à identificação, compreensão e solução de problemas concretos relacionados à aplicação do direito econômico. De nada adianta buscar respostas prontas apenas em manuais do início do século passado ou em abstratas teses acadêmicas. O mundo mudou. Os problemas mudaram. As dúvidas mudaram. As perguntas mudaram. As soluções também.

A doutrina nacional ressentia-se de obra que sistematizasse, de forma didática e instrutiva, o direito econômico real e moderno. Daí a importância de obras como a que ora tenho a satisfação de prefaciar, por suprir uma carência, ser consentânea com a sua era e atender às dinâmicas expectativas e necessidades dos leitores. Consoante ensina o adágio: "Há uma fonte e muitos riachos, por que tu ainda segues o rio tortuoso? Toma para si a fonte e terá tudo.". Esse parece ser o caso, pois de forma bastante didática e exaustiva, fornece ao leitor tudo o que precisa para dominar a matéria, com ampla pesquisa legislativa, doutrinária e jurisprudencial apresentada no livro.

Mas Umberto Eco, em *O Nome da Rosa*, adverte que os livros não são feitos para acreditarmos neles, e sim para serem submetidos a investigação[2]. Embora tudo tenha feito para merecer fé, concito o leitor a proceder como fiz e testar o conteúdo da obra. Formule perguntas e procure as respostas, por mais fértil que seja o campo de debates. Se surpreenderá com a admirável facilidade de desnudar as mais relevantes indagações, de forma completa, prática e com profundidade suficiente a elidir todas as dúvidas.

Por derradeiro, e para não incorrer na insuportável tentação de alongar demasiadamente, encerro com um último sentimento a corroborar o significativo contributo deste manual.

2. *apud* KASPARY, Adalberto J. O Verbo na linguagem jurídica: acepções e regimes. 7ª. Ed. Porto Alegre: Livraria do Advogado Editora, 2010, p. 19

Nostalgia, com um pontinho de inveja. Ao finalizar a leitura dos originais da obra objeto deste prefácio, acudiu-me certa nostalgia de tempo vivido sem um *Manual de Direito Econômico* do quilate do oferecido pelos autores. Épocas de incertezas cujo conhecimento era extraído quase integralmente dos normativos esparsos, da práxis distante ou da vacilante jurisprudência. A sensação de que seria mais fácil alimenta a veleidade de voltar no tempo e fazer tudo de novo, só que desta vez melhor acompanhado do manual de que me deleito atualmente. E inveja de quem aflora na profissão já com um instrumental didático dessa dimensão sobre tema até hoje hermético para o público em geral. Poucos são os iniciados que podem se dar ao luxo de se gabar que conhecem o direito econômico. Fabio e Marcus quebram essa casta e democratizam o conhecimento.

Vale o vaticínio do Ex-Ministro do Supremo Tribunal Federal, Nelson Jobim, no discurso de sua posse na presidência da mais alta Corte de Justiça do País: "*Quem não faz seu papel na história não é bom, nem mau. Pior – é inútil.*" (...) *"A historia não registra e não se satisfaz com queixas, explicações ou desculpas. A história lembra do que fizemos e do que deixamos de fazer. Nada mais."*

Posto isto, ao tempo em que aplaudo de pé meus nobres colegas de profissão que me concederam a honrosa missão de prefaciar o fruto concreto dos seus mais nobres esforços despendidos (semente lançada, fruto colhido), deixo como mensagem final lição inscrita no sagrado Talmud: *"(...) No mires al recipiente, sino a su contenido. Hay recipiente nuevo (joven) lleno de vino viejo (sabiduría). Hay recipiente viejo, que ni siqueira vino reciente tiene"*[3].

O significado é simples, malgrado profundo: idade não garante bom ensinamento. Há livros que nascem referência. Este é um deles.

RODRIGO PIRAJÁ WIENSKOSKI

Procurador da Fazenda Nacional

3. Avot 4, apud BARYLKO, 1998, p. 282. Apud GUIMARÃES, Isaac Sabbá. Metodologia do ensino jurídico. 1a. ed. 2005, 2a. tir. Curitiba: Juruá, 2006, pg. 31

SUMÁRIO

TÍTULO I
NOÇÕES INTRODUTÓRIAS

CAPÍTULO 1
NOÇÕES ESSENCIAIS DE DIREITO ECONÔMICO

TÍTULO II
DIREITO ECONÔMICO CONSTITUCIONAL

CAPÍTULO 2
FONTES DO DIREITO ECONÔMICO E COMPETÊNCIA LEGISLATIVA

TÍTULO III
DIREITO ECONÔMICO ADMINISTRATIVO

TÍTULO IV
DIREITO ECONÔMICO DO SISTEMA FINANCEIRO NACIONAL

CAPÍTULO 8 MERCADOS DO SISTEMA FINANCEIRO 451

CAPÍTULO 9
REGIME SANCIONADOR E INTERVENTIVO DO SFN 605

TÍTULO V
DIREITO ECONÔMICO DA CONCORRÊNCIA

CAPÍTULO 12
CONCENTRAÇÃO ECONÔMICA E ILÍCITOS CONCORRENCIAIS 789

TÍTULO VI
DIREITO ECONÔMICO INTERNACIONAL

CAPÍTULO 13
A ORDEM ECONÔMICA INTERNACIONAL 887

Título I
Noções introdutórias

CAPÍTULO 1

NOÇÕES ESSENCIAIS DE DIREITO ECONÔMICO

SUMÁRIO • 1. Introdução; 2. Direito econômico: origens históricas; 2.1. Evolução histórica relevantes para o surgimento do direito econômico; 2.2. O liberalismo econômico; 2.3. Primeiras preocupações sistemáticas de intervenção do estado na economia e o declínio do liberalismo econômico; 2.4. A mudança no cenário econômico mundial; 2.5. A mudança na área jurídica; 3. Concepções e definições de direito econômico; 4. Conteúdo e abrangência do direito econômico.; 5. As características das regras de direito econômico; 5.1. Tipos e conceitos indeterminados; 5.2. Recompensa ou prêmio nas normas de direito econômico; 5.3. Flexibilidade, mobilidade e mutabilidade; 6. O objeto do direito econômico: a economia e a política econômica; 6.1. Introdução; 6.2. Sistemas econômicos (capitalismo x socialismo); 6.3. A economia (macroeconomia e microeconomia); 6.4. A microeconomia; 6.4.1. Concorrência perfeita; 6.4.2. Concorrência imperfeita; 6.4.3. Elasticidade da demanda; 6.4.4. Economia de escala; 6.5. A macroeconomia; 6.6. A política econômica; 6.6.1. Introdução; 6.6.2. Instrumento fiscal; 6.6.3. Instrumento monetário; 6.6.4. Instrumento cambial; 7. Métodos de direito econômico; 7.1. Introdução; 7.2. Análise Econômica do Direito – AED; 7.3. O sistema econômico e o método no direito econômico; 7.4. Do método conforme o sub-ramo do direito econômico; 7.5. Especificidades do método de direito econômico; 8. Quadros sinóticos; 9. Questões de concursos; 10. Gabarito.

1. INTRODUÇÃO

Vamos iniciar este livro destacando a importância daquelas partes históricas ou introdutórias, muitas vezes chatas, dos livros de direito, mas que podem ajudar mais do que imaginamos.

Para reduzir o fator sorte nos concursos, precisamos substituir a memorização, de curto prazo, pela **compreensão e pela assimilação**, de longo prazo, e precisamos substituir o conhecimento fragmentado pelo conhecimento global e unitário.

E os elementos necessários para compreender e assimilar as matérias, inclusive as jurídicas, estão na introdução, no capítulo mais geral, às vezes um tanto abstrato.

É claro que não vamos estudar, aqui, história, filosofia ou política. Vamos estudar o direito! E, para isso, vamos procurar o que há de importante na história, na filosofia, na economia e na política para a compreensão desse direito, sempre que possível fazendo a ligação destes conhecimentos pré-jurídicos com as questões jurídicas positivas.

Queremos passar, aqui, a informação de que a introdução fornece o conhecimento básico para entender o restante do livro e as relações entre seus capítulos, os sub-ramos do direito econômico.

No nosso tema, vamos estudar a CIDE e agências reguladoras. As duas matérias, bastante distintas, tratam de intervenção do estado na economia. A CIDE atua basicamente por indução e as agências por regulação da atividade econômica. Fica muito mais fácil, pois, compreender a CIDE e as agências, se entendemos as regras gerais de intervenção do estado na economia. Esta intervenção, por sua vez, é definida e condicionada por fatores históricos, políticos, ideológicos etc e positivada de maneira progressiva nas Constituições e nas leis. Dessa forma, seu eu compreendo bem esta história e estas ideologias tendo a compreender melhor a própria intervenção do estado na economia.

Este tipo de exercício é válido para qualquer ramo do direito. É muito mais fácil compreender as regras e os institutos jurídicos quando temos noção dos fatos sociais e das circunstâncias políticas que levaram a sua criação.

Contudo, no direito econômico isto é especialmente importante. A realidade fática sobre a qual incide o direito econômico não é tão intuitiva quanto aquela do direito penal ou do direito civil. O fato econômico é, certamente, muito mais complexo, o que nos exige abordar, ainda que sem maiores aprofundamentos, noções essenciais de economia.

Não é possível estudar o direito econômico sem entender como surgiram as preocupações com a intervenção do estado na economia, qual era o pensamento econômico antes destas preocupações interventivas, sem saber o que é o liberalismo e porque este pensamento deixou de explicar a realidade econômica, sem estudar como evoluiu a Constituição econômica.

Num nível mais específico, não podemos estudar o direito econômico sem entender as razões que tornam ilícitas, por exemplo, condutas anticoncorrenciais. Além da concorrência ser, por si só, um valor jurídico, atrelado à livre-iniciativa e à liberdade de profissão, ela é um valor instrumental, pois a economia mostra que os mercados com baixa competitividade praticam preços elevados, limitam a oferta de bens e pagam salários mais baixos que os mercados competitivos, provocando, pois, perda na qualidade de vida da sociedade.

São, pois, estas questões básicas, necessárias a compreensão de todo o livro, que trataremos na introdução, o que torna este o capítulo mais importante do trabalho.

Mas não é só! Alguns conhecimentos introdutórios também podem ser cobrados diretamente em questões de concursos.

Passemos logo aos trabalhos!

2. DIREITO ECONÔMICO: ORIGENS HISTÓRICAS

O direito, como método de regulação de condutas existe desde a antiguidade. Como ciência e como forma pela qual o estado e a sociedade se organizam, é fenômeno bem mais recente. Da mesma forma, pode-se falar de economia desde que o primeiro indivíduo superou a produção de subsistência e deu os primeiros passos geração de excedentes, destinados à troca. Por outro lado, é bem mais recente a economia no sentido de modo de produção de uma coletividade organizada e ainda mais moderna a concepção de economia como ciência.

Raciocínio similar se passa com o direito econômico. As regras que procuram disciplinar fenômenos relacionados à economia são bastante antigas, mas a preocupação de se regular sistematicamente a atividade econômica das nações e a política econômica dos estados existe a pouco mais de um século.

De fato, no transcorrer da história, o pensamento – ou ideologia dominante – não se concebia a intervenção do estado na economia, não fazendo sentido falar-se em um ramo do direito que cuidasse da matéria.

2.1. Evolução histórica relevante para o surgimento do direito econômico

Numa visão resumida, a história econômica de origem europeia, que resultou no modo de produção capitalista vigente, passou por etapas como a do mercantilismo, da fisiocracia, das corporações de ofício e do liberalismo, fases em que era o estado, personificado na figura do rei que conduzia a economia ou em que o estado não era chamado para atender questões econômicas.

No **mercantilismo** (Portugal e Espanha) partia-se do pressuposto de que a riqueza estava na aquisição de metais preciosos, os reis e a nobreza financiavam as grandes navegações com vistas no comércio com o oriente e na exploração das colônias. Para os **fisiocratas** (França) a riqueza era decorrente da agricultura e vigorava o **princípio do laissez-faire** (deixar fazer), não se admitindo qualquer intervenção no processo produtivo. No regime das **corporações de ofício** (Alemanha, por exemplo), os grupos de produtores, notadamente urbanos (sapateiros, ferreiros, tecelões) se auto-organizavam, sem a interferência do estado. Por fim, o **liberalismo econômico capitalista** (surgido na Inglaterra no sec. XVIII e que se espalhou por outros países como França, Holanda e Alemanha), mantinha o mesmo princípio do laissez-faire e não admitia a intervenção do estado na economia, por entender que o mercado era capaz de se autorregular e de funcionar, sem qualquer intervenção, no grau máximo de eficiência.

É conveniente lembrar que o próprio liberalismo teve seu contexto histórico, tendo surgido como reação ao poder estatal, que não reconhecia direitos individuais. De fato, sob o ponto de vista da política e das liberdades individuais, os estados, em conjunto com a nobreza, concentravam todos os direitos, pouco restando para a classe emergente dos comerciantes e industriais.

Assim, a teoria que explicava e justificava o novo modo de produção capitalista, também procurasse defender os direitos políticos e sociais de seus principais artífices, os empresários.

2.2. O liberalismo econômico

O primeiro grande pensador desta época foi Adam Smith, autor de "A riqueza das Nações", que desenvolveu a ideia de mão-invisível que regula o mercado, vale dizer, a ideia de que as forças econômicas encontram por si o equilíbrio necessário, e a teoria das vantagens absolutas, que recomendava a especialização do trabalho, para que cada nação obtivesse o máximo de proveito econômico. Também merece destaque David Ricardo, autor de "Princípios de política econômica e tributação", criador das teorias do valor trabalho e das vantagens competitivas, base teórica do comércio internacional.

Para o liberalismo partia de três postulados principais: 1) os agentes do mercado, produtores, fornecedores e consumidores seriam capazes de se autorregulamentar (teoria da "**mão-invisível" do mercado**, de Adam Smith; 2) toda oferta geraria sua própria procura, situação em que o pleno emprego era naturalmente mantido (chamada "**lei de Say**", em referência ao economista Jean Baptist Say; e 3) a especialização mundial do trabalho maximizaria o proveito econômico de todas as nações (**teoria das vantagens comparativas** de David Ricardo).

O liberalismo pode ser assim definido:

Liberalismo	Doutrina dos partidários da livre-empresa, que se opõe ao socialismo e ao dirigismo; mais particularmente, teoria segundo a qual o Estado não deve intervir nas relações econômicas que existem entre indivíduos, classes ou nações.	http://www.dicio.com.br/liberalismo/
	Ideologia que defende que o governo se deve abster da economia do país	http://www.lexico.pt/liberalismo/

Até finais do século XIX, o liberalismo serviu para explicar o funcionamento da economia e prever seus rumos, sem qualquer participação estatal. Deveras, o modelo liberal havia experimentado crescimento substancial, tornando os primeiros países capitalistas nas maiores economias do mundo (inicialmente Inglaterra e França e posteriormente as regiões da atual Alemanha, a Holanda, o Japão e os Estados Unidos), chegando ao estágio do capitalismo imperialista.

Neste modelo, a economia dos países, especialmente os europeus, se baseava na produção industrial local e na conquista constante de mercados: as colônias, que se espalhavam pelas Américas, pela África, pela Ásia e pela Oceania, enriquecendo cada vez mais países como a Inglaterra e a França, onde o papel do estado estava adstrito à conquista de novas colônias, não lhe cabendo intervir no processo produtivo interno.

2.3. Primeiras preocupações sistemáticas de intervenção do Estado na economia e o declínio do liberalismo econômico

As primeiras preocupações com a regulação sistemática da economia começaram a surgir no final do século XIX e no início do século XX, nos Estados Unidos, em virtude do **surgimento de grandes monopólios** (que tiveram como efeito negativo a exploração dos trabalhadores) e, mais tarde, em função do **colapso da economia americana** (quebra da bolsa de Nova Iorque) e na Europa, com a crise do sistema econômico (que viria a contribuir decisivamente com a deflagração da I Guerra Mundial).

No final do século XIX, nomes que se tornaram conhecidos e ainda estão presentes na política e na economia americana instituíram verdadeiros impérios. John Rockfeller dominava a extração de petróleo, a produção, a venda e a distribuição de querosene (*Standard Oil*), e posteriormente da gasolina. Andrew Carnegie fez fortuna com a produção de aço, material que passou a ser utilizado para a construção de todo o país, incluindo pontes e os arranha-céus de Nova Iorque. J.P. Morgan, a seu turno, se destacava no setor financeiro e passou a dominar, também, a produção de energia elétrica, com a empresa que veio a ser denominada General Electric.

Diante dos efeitos danosos dos monopólios, surgiu o *Sherman Act* de 1890, a lei antitruste, que visava garantir a concorrência, no sentido de combater elevação abusiva de preços, exploração dos trabalhadores e submissão dos fornecedores.

Na mesma época, a Europa via seu sistema produtivo cada vez mais dependente das colônias espalhadas por todo o mundo, como fornecedores de matéria prima barata e especialmente como consumidores de produtos finais, para fazer face ao desemprego crescente. Contudo, não havia mais territórios a ser conquistados e o modelo chegava a seu limite.

Começava a ruir a teoria do liberalismo econômico.

A situação, contudo, iria se agravar. A dissolução dos monopólios nos Estados Unidos proporcionou a circulação de papéis representativos das empresas (ações) mediante oferta pública, fazendo surgir um grande mercado financeiro de captação da poupança popular, sem regulamentação, permitindo, assim, a realização de negócios temerários, dissociados da riqueza efetivamente gerada pelas empresas o que causou, por sua vez, crises econômicas sérias, a mais conhecida delas a crise de 1929.

Na Europa também surgia um mercado financeiro a pedir regulamentação, mas ainda se destacavam os defeitos do sistema de produção. Como não havia mais novos mercados a ser conquistados, países com elevada produção e que não possuíam colônias fornecedoras de matéria prima e consumidoras de produtos finais se viam na dependência dos países que as detinham. Esta situação gerava um delicado equilíbrio, que veio a se romper por duas vezes, causando a I e a II Grandes Guerras.

Após os colapsos, mostrou-se evidente que o mercado não era autorregulatório e que a intervenção do estado na economia, ainda que regulatória, era essencial.

2.4. A mudança no cenário econômico mundial

Começou-se a discutir a **intervenção do estado na economia**. Surgiram estudos e políticas econômicas sobre a **economia do bem-estar** (*welfare economy*), sobre a relação entre moeda e preços, sobre a estabilidade e o desenvolvimento econômicos.

Os países se uniram no sentido de erigir princípios e práticas que evitassem crises internas e conflitos mundiais, criados em torno de problemas econômicos.

No plano acadêmico, surgiam novas teorias econômicas e novas obras que apontavam os **defeitos do mercado e procuravam corrigi-los pela intervenção estatal**, dentre as quais se destacam a "Teoria geral do emprego, do juro e da moeda", de John Maynard Keynes e o estudo dos ciclos econômicos de Michael Kalecki, autor da "Teoria dinâmica da economia".

Inegável que a obra de Karl Marx também contribuiu, tanto pela implementação do socialismo na Rússia, quanto pelos reflexos de seus trabalhos no próprio entendimento da sociedade sobre a economia.

Nos países menos desenvolvidos, além destas preocupações, surgiram normas de combate à inflação e de promoção do abastecimento interno, bem como teorias desenvolvimentistas, como é exemplo a teoria de substituições de importações da Comissão Econômica para a América Latina – CEPAL.

2.5. A mudança na área jurídica

Sob o prisma jurídico, mostrou-se evidente direito privado não era capaz de regular os novos fenômenos da sociedade, como o crescente desemprego e as crises econômicas.

A concepção absoluta do direito da propriedade perdia forças, face à ideia de **função social da propriedade**. A liberdade contratual plena deixava espaço para os **contratos dirigidos**, cabendo ao estado proteger as partes mais fracas das relações, bem como impedir que os contratos surtissem efeitos danosos de contratos relevantes. Os **direitos dos trabalhadores** (contratos de trabalho e previdência) passaram a receber tratamento próprio, afastado do direito civil, no sentido de resguardar o interesse dos empregados.

No plano interno, proliferaram **leis antitrustes**, institutos e normas para **regulamentar dos mercados**, políticas de **proteção dos trabalhadores e dos consumidores**. No plano internacional, foram criadas instituições para **fomentar o desenvolvimento** (Banco Mundial), para **socorrer nações em dificuldades financeiras** (Fundo Monetário Internacional) e para **regular o comércio mundial** (Acordo Geral sobre Tarifas e Comércio).

A partir deste contexto histórico e a partir destas normas de intervenção do estado nas relações econômicas, foram editadas a Constituição Mexicana de 1917 e a Constituição do Império Alemão de 1919 (Constituição de Weimar), ambas com forte conotação social e interventiva, preocupadas com questões econômicas gerais.

Surgia o direito econômico.

No passado, por certo, houve regulamentações isoladas da economia. Também se encontram casos temporários e localizados de intervenção estatal. Contudo, estes exemplos não poderiam ser considerados como embriões do direito econômico, por lhes faltar a necessária sistematização e por não refletirem uma política estatal calcada numa preocupação permanente.

No século XX, ao revés, a intervenção estatal na economia passou a ser constante, derivando o direito econômico das sucessivas leis que procuraram regular esta intervenção.

3. CONCEPÇÕES E DEFINIÇÕES DE DIREITO ECONÔMICO

Existem muitas concepções sobre o direito econômico, que variam conforme a evolução da matéria e a particular história em cada país, além, é claro, do ponto de vista dos autores.

Modesto Carvalhosa realizou, na década de setenta, levantamento de dez principais escolas de direito econômico. Estas escolas se distinguem, segundo o autor, por procurar ou não autonomia do direito econômico, por identificar o direito econômico por seu método próprio, por situá-lo no direito público, no direito privado ou num terceiro gênero de direito de síntese, ou por defini-lo a partir do objeto de suas preocupações, sejam estas relacionadas com os blocos econômicos internacionais ou com o desenvolvimento econômico[1].

De fato, podemos encontrar referências ao direito econômico como "o direito da economia" (este certamente mais amplo, pois abrangeria todas as normas jurídicas capaz de reger parcela da economia, presente, por exemplo, no direito civil ou no direito tributário), como "o direito do planejamento" (especialmente nos países socialistas), como "direito do desenvolvimento econômico" (especialmente nas nações menos desenvolvidas), como o "direito da organização dos mercados"[2], como "direito da organização da concorrência", limitado ao direito antitruste etc.

Também se discutiu muito acerca da localização do direito econômico nas ciências jurídicas, se se trataria de um ramo do direito público, do direito privado ou de um direito de síntese.

Geraldo Vidigal sustenta que as soluções de enquadramento do direito econômico no direito público ou no direito privado não atendem a realidade. Para o autor, o direito privado caracteriza-se pelo interesse individual, por um clima de liberdade e regula agentes privados e direito privado. A seu turno, o direito público caracteriza-se pelo interesse social, por um clima autoridade e regula atividades públicas onde estão envolvidos entes revestidos de supremacia. No direito econômico, que o autor entende como o direito da organização dos mercados, prevaleceria o interesse social, como no direito público, mas procurar-se-ia regular agentes privados e atividades privadas, justificando, assim, a síntese. Acrescenta o autor que o clima presente do direito econômico não é o de autoridade ou de liberdade, mas o de dominação, que visa o máximo de liberdade, substituindo-se a dominação exercida pelo poder econômico, pela dominação da norma jurídica[3].

---

1. CARVALHOSA, Modesto. Direito Econômico. São Paulo: RT, 1973, p. 171 e seg.
2. VIDIGAL, Geraldo de Camargo. Teoria do Direito Econômico. São Paulo: RT, 1977, p. 44.
3. VIDIGAL, Geraldo de Camargo. Teoria do Direito Econômico. RT, 1977, p. 39-41.

A ideia de síntese nos parece ainda válida, embora muito tenha mudado desde a década de 70, quando o professor Vidigal escrevera seu livro. Hoje se aceita, a propósito, que o direito econômico se situa no âmbito do direito público, não em um terceiro ramo do direito.

De se notar que o direito econômico não regula apenas atividades privadas, mas também serviços públicos, prestados diretamente pelo estado ou indiretamente, sob regime de concessão. Ademais, submete-se ao direito econômico a conduta de instituições públicas, como as agências reguladoras. No mesmo sentido, **a lei de defesa da concorrência, Lei 12.529/2011, em seu art. 31, dispõe literalmente que seus preceitos se aplicam a pessoas jurídicas de direito público**. De outro lado o direito econômico não atua apenas impondo limites à autonomia da vontade, ou substituindo-a, quando ausente, mas efetivamente impõe nas relações jurídicas que regula obrigações baseadas no interesse social.

De se notar, também, que a evolução do direito trouxe normas de ordem pública ao direito privado, bem como ampliou a discricionariedade no direito público, que muitas vezes conjuga o interesse de entes públicos e de particulares, como no instituto da parceria público-privada e no orçamento participativo, entre outros.

Assim, não se retira o direito empresarial, por exemplo, do âmbito do direito privado, se este apresenta normas que protegem o direito das minorias acionárias, nem se retira o direito previdenciário do âmbito do direito público, se este permite transação, nas demandas que versam sobre benefícios, em princípio indisponíveis.

O clima de dominação também não é bastante para a criação de um terceiro gênero. O clima de dominação, especialmente a dominação que o poder econômico privado procura exercer sobre concorrentes, fornecedores e consumidores, a nosso ver, distingue o direito econômico dos demais ramos do direito público, mas não é capaz, por si, de justificar a criação de um *tertium genus* na classificação jurídica.

Ademais, o caráter público do direito econômico decorre da nota essencial deste ramo do direito, vale dizer, a política econômica estatal, conforme a posição majoritária da doutrina.

Deveras, algumas definições obtiveram grande prestígio, sem lograr, contudo, aceitação geral.

Para Modesto Carvalhosa

> Direito Econômico é o conjunto de normas que, com o conteúdo de economicidade, vincula as entidades econômicas, privadas e públicas, aos fins cometidos à Ordem Econômica.[4]

Para Geraldo Vidigal

> O Direito Econômico é a disciplina jurídica de atividades desenvolvidas nos mercados, visando a organizá-los sob a inspiração dominante do interesse social.[5]

4. CARVALHOSA, Modesto. Direito Econômico. São Paulo: RT, 1973, p. 361.
5. VIDIGAL, Geraldo de Camargo. Teoria do Direito Econômico. RT, 1977, p. 44.

> Preponderam as definições segundo as quais o **objeto do direito econômico são as normas que regulam a política econômica**, não sendo bastante para caracterizar o direito econômico apenas um método ou o mero conteúdo de economicidade da norma jurídica. De outro lado, toda norma tendente a regular a política econômica pode ser considerada objeto do direito econômico, ainda que exceda o tema da regulação dos mercados ou os limites da ordem econômica constitucional.
>
> Defendem esta posição, por exemplo, Washington Peluso Albino de Souza e Eros Roberto Grau.

Para Washington Albino

> Direito Econômico é o ramo do Direito que tem por objeto a 'juridicização', ou seja, o tratamento jurídico da política econômica e, por sujeito, o agente que dela participe. Como tal, é o conjunto de normas de conteúdo econômico que assegura a defesa e harmonia dos interesses individuais e coletivos, de acordo com a ideologia adotada na ordem jurídica. Para tanto, utiliza-se do princípio da 'economicidade'.[6]

De maneira similar, para Eros Roberto Grau

> [O direito econômico é o] sistema normativo voltado à ordenação do processo econômico, mediante a regulação, sob o ponto de vista macrojurídico, da atividade econômica, de sorte a definir uma disciplina destinada à efetivação da política econômica estatal.[7]

Numa visão geral, a **política econômica** consiste num **conjunto de medidas governamentais, micro e macroeconômicas, notadamente fiscais, monetárias, cambiais e creditícias voltadas à regulação da economia e a obtenção de determinados fins.**

A ideologia dominante que dá coerência à política econômica e os fins por ela pretendidos são essenciais a seu conceito.

Contudo, vale ressaltar o governo toma, com frequência, medidas calcadas em necessidades, com baixa influência das ideologias.

De outro lado, o direito econômico também irá cuidar de medidas econômicas tomadas por força do princípio democrático, para atender demandas ou interesses de grupos ou minorias, ainda que não diretamente voltada aos fins pretendidos pelo governo. Tais medidas se inserem na política econômica em sentido mais amplo, a significar qualquer opção econômica tomada pelo governo e positivada juridicamente.

Neste sentido, o direito econômico irá regular, com exclusividade ou em conjunto com outros ramos do direito, os instrumentos de política econômica, utilizados na gestão da política econômica estatal.

Esta política terá como meta objetivos econômicos de curto ou longo prazo e de caráter conjuntural ou estrutural.

---

6. SOUZA, Washington. Albino. P., Direito Econômico, São Paulo: Saraiva, 1980, p. 3.
7. GRAU, Eros Roberto. Elementos de Direito Econômico, São Paulo: RT, 1981, p. 39.

No **aspecto macroeconômico**, as normas de direito econômico não terão, em geral, destinatário individualizado. As normas de planejamento econômico e as normas de controle das variáveis econômicas, como a definição da taxa de juros, dirigem-se à toda a coletividade e a todos os agentes econômicos.

No **aspecto microeconômico**, porém, as normas de direito econômico ganham maior especificidade e passam a regular direitos subjetivos individuais. É o que se passa com as normas que regulam a concorrência, em que o direito de empresas individualmente consideradas de formar grupos ou de realizar fusões é regulado, ou com as limitações ao direito de contratar e de edificar, inerentes à função social da propriedade.

A norma de direito econômico, portanto, pode se direcionar a toda a coletividade ou, no que é mais sentida, aos agentes econômicos mais poderosos, capazes de influenciar individualmente a economia (poder econômico privado).

É o poder econômico público de regular que, detectando o risco de efeitos negativos de determinadas condutas, limita, coordena ou induz o poder econômico privado a agir de forma mais proveitosa para o interesse social ou, pelo menos, de forma menos nociva.

Não podemos esquecer que o poder econômico estatal também atua diretamente na economia, seja na prestação de serviços públicos, seja na exploração de atividades econômicas por meio de empresas públicas e sociedades de economia mista.

Este complexo de normas regulamentares da política econômica e de sujeitos sobre quem as normas são aplicadas exige, também, métodos específicos de atuação do direito econômico.

Como em qualquer ramo do direito, o direito econômico possui princípios, regras e métodos de interpretação. Alguns são clássicos e comuns a todo o direito, como o princípio da legalidade, a hierarquia das leis, a interpretação literal, o método da interpretação histórica e teleológica e os limites da interpretação conforme a constituição.

Porém, são as particularidades metodológicas do direito econômico que o destacam e o diferenciam dos demais ramos do direito.

No Brasil, Washington Albino de Souza fala do "método analítico substancial" e Modesto Carvalhosa fala da "economicidade".

Com repercussão mundial, há o pensamento da Escola de Frankfurt, a teoria da justiça de John Rawls, da Universidade de Harvard e também a "análise econômica do direito", especialmente a desenvolvida pela Escola de Chicago.

Todas estas escolas, ainda que se dediquem a outras áreas do pensamento, cuidam de criar teorias e métodos de compatibilização da ciência jurídica com sua atuação sobre as questões econômicas. Tais teorias, assim, influenciam a criação das normas e funcionam, também, como ferramenta auxiliar na aplicação do direito econômico.

Independentemente de qualquer filiação a corrente doutrinária, é necessário destacar a "análise econômica do direito", da Escola de Chicago, pelo alcance e influência que seu método obteve no direito mundial, inclusive no direito brasileiro.

Por outro lado, é importante notar que a Escola de Chicago não exerce influência uniforme em todas as áreas do direito econômico e sua importância também varia conforme o aplicador do direito, que pode optar por não acolher seus ensinamentos, em prol de outras correntes doutrinárias. De fato, a própria eficiência, em que se baseia esta particular forma de aproximação entre a econômica e o direito, cede espaço para as escolhas legislativas e a princípios como a redução de desigualdades.

Doravante, vamos cuidar do conteúdo, da abrangência e do objeto do direito econômico quando traçaremos, também, um panorama dos instrumentos de política econômica e mais adiante do método de direito econômico. Com isso, poderemos compreender bem o núcleo da definição de direito econômico e o conteúdo da norma de direito econômico, vale dizer, "a política econômica", em toda a sua dimensão.

4. CONTEÚDO E ABRANGÊNCIA DO DIREITO ECONÔMICO

Dissemos que, segundo o entendimento majoritário, o direito econômico é o ramo da ciência jurídica que estuda o conjunto de normas que positivam a política econômica estatal.

Vejamos agora qual o conteúdo e a abrangência do direito econômico. Em outros termos, vejamos quais fatos e situações econômicas compõem a política econômica regulada por este ramo do direito.

Para Geraldo Vidigal, o *direito econômico ocupa-se* do ordenamento jurídico das situações de mercado que tendem a relações de dominação (os monopólios, por exemplo), da tutela jurídica dos sujeitos passivos das relações de dominação (v.g. os consumidores e as minorias acionárias), da disciplina jurídica orientadora das atitudes, propensões e expectativas que comandam, nos mercados e do comportamento das macro variáveis econômicas (como a determinação da taxa de juros e da taxa de câmbio).

Podemos acrescentar, como objeto de preocupação do direito econômico, qualquer fato que possa influir positiva ou negativamente na economia, como as ofertas públicas de títulos e valores mobiliários e os investimentos estrangeiros e, como convém ao conceito de direito econômico como o regime jurídico da política econômica, qualquer instrumento ou objetivo de política econômica. São exemplos de instrumentos de política econômica os incentivos fiscais, o endividamento público e as contribuições de intervenção no domínio econômico. A seu turno, são objetivos da política econômica o desenvolvimento econômico, a estabilidade econômica e a distribuição de riqueza e renda.

Com estas preocupações, o direito econômico irá atuar em diversas áreas.

Segundo Vidigal, as **áreas de atuação do direito econômico** são as diretivas para o desenvolvimento, a busca do equilíbrio econômico com vistas no pleno emprego, a tutela dos valores concorrenciais e a disciplina da repartição para a difusão do bem-estar.

Não seria incorreto incluir entre as áreas de atuação do direito econômico as próprias **ações para o desenvolvimento, como a elaboração de planos econômicos, a realização da reforma agrária e a implementação de projetos de desenvolvimento nacional e regional** (Decreto 6.047/2007).

O *equilíbrio econômico*, como área de incidência do direito econômico, também pode ser visto como valor autônomo ou, ainda, como valor voltado a melhor distribuição de riquezas e renda.

A história recente do Brasil conheceu diversos **planos de estabilização, de combate ao processo inflacionário**, alguns chamados ortodoxos, por priorizar a utilização de instrumentos macroeconômicos fiscais, monetários e cambiais; e outros planos, chamados heterodoxos, mais invasivos, que incluíam medidas como a troca da própria moeda, a indexação e até mesmo o congelamento de preços, algumas delas, inclusive, apreciadas pelo Judiciário, como exemplifica a ementa da decisão do STF no AI 583.551 AgR/DF:

> CONSTITUCIONAL. DIREITO ECONÔMICO. FATOR DE DEFLAÇÃO. "TABLITA". LEI nº 8.177/91. ART. 27. APLICAÇÃO IMEDIATA. REEXAME DE PROVAS E FATOS. PRECEDENTES. AGRAVO REGIMENTAL DESPROVIDO.
>
> A aplicação do art. 27 da Lei nº 8.177/91 não ofende a Constituição da República, podendo, perfeitamente, ser aplicado aos contratos em curso.
>
> (STF, T1, AI 583.551 AgR/DF, Min. Cármen Lúcia, DJe de 3/8/2007)

O mais famoso destes planos, criado pela Medida Provisória 434/1994 e consolidado na Lei 8.884/1994, foi o Plano Real, que contou com a indexação dos preços da moeda vigente, o Cruzeiro Real, na Unidade Real de Valor – URV, atrelada ao dólar americano e, posteriormente, com a substituição do Cruzeiro Real pelo Real.

A matéria também foi apreciada pelo STF:

> Direito Monetário: competência legislativa privativa da União: critérios de conversão em URV dos valores fixados em Cruzeiro Real: aplicação compulsória a Estados e Municípios, inclusive aos vencimentos dos respectivos servidores, que impede a incidência de diferente legislação local a respeito.
>
> 1. Em todas as Federações, o estabelecimento do sistema monetário foi sempre típica e exclusiva função legislativa do ordenamento central; e estabelecer o sistema monetário – escusado o óbvio – consiste primacialmente na criação e eventual alteração do padrão monetário.
>
> 2. A alteração do padrão monetário envolve necessariamente a fixação do critério de conversão para a moeda nova do valor das obrigações legais ou negociais orçadas na moeda velha; insere-se, pois, esse critério de conversão no âmbito material da regulação do "sistema monetário", ou do Direito Monetário, o qual, de competência legislativa privativa da União (CF, art. 22, VI), se subtrai do âmbito da autonomia dos Estados e Municípios.
>
> 3. A regra que confia privativamente à União legislar sobre "sistema monetário" (art. 22, VI) é norma especial e subtrai, portanto, o Direito Monetário, para esse efeito, da esfera material do Direito Econômico, que o art. 24, I, da

Constituição da República inclui no campo da competência legislativa concorrente da União, dos Estados e do Distrito Federal.

4. Dado o papel reservado à URV na transição entre dois padrões monetários, o Cruzeiro Real e o Real (L. 8880/94), os critérios legais para a conversão dos valores expressos em cruzeiros reais para a URV constituiu uma fase intermediária de convivência com a moeda antiga na implantação do novo sistema monetário.

5. Compreendem-se, portanto, ditos critérios da conversão em URV no âmbito material de regulação do sistema monetário, objeto de competência legislativa privativa da União.

6. A conversão em URV dos valores fixados para a remuneração dos servidores públicos locais – segundo a lei federal institutiva do novo sistema monetário –, não representou aumento de vencimentos, não sendo oponíveis, portanto, à sua observância compulsória por Estados e Municípios, as regras dos arts. 167 e 169 da Constituição da República.

7. Correta a decisão do Tribunal local que, em conseqüência, deu aplicação aos critérios da conversão de vencimentos e proventos em URV, ditados por lei federal (L. 8880/94, art. 22) e afastou a incidência da lei estadual que os contrariou (L. est. 6612/94-RN): RE não conhecido.

(STF, T1, RE 291.188/RN, Min. Sepúlveda Pertence, DJ de 14/11/2002)

Diversas outras normas buscam os fins da política econômica, regulando os fatores produtivos bem como os instrumentos de política econômica.

São exemplos de **normas de direito econômico**:

- as leis que fixam o valor do salário mínimo;
- as leis que regulam o sistema financeiro nacional, bem como as normas regulamentares emitidas pelo Conselho Monetário Nacional – CMN, do Banco Central – BC e da Comissão de Valores Mobiliários – CVM;
- a lei de crimes contra o sistema financeiro;
- as leis que criam as agências reguladoras e os atos normativos por elas editados;
- a lei da concorrência;
- a lei que regula o investimento estrangeiro no Brasil;
- as leis que disciplinam a reforma agrária;
- as normas que regulamentam o desenvolvimento urbano;
- as leis que estabelecem benefícios fiscais de estímulo a determinadas atividades econômicas e ao desenvolvimento tecnológico;
- as leis que disciplinam os tributos regulatórios, como o IOF, o IPI e o II;
- as leis que criam e regulamentam as contribuições de intervenção no domínio econômico;
- as normas que estabelecem créditos favorecidos para setores econômicos como a agricultura, para as micro e pequenas empresas e para empresas exportadoras;

- as leis que regulamentam a propriedade industrial;
- as leis que disciplinam o regime de bens essenciais ou estratégicos, como a água, os metais preciosos, os metais radioativos e o petróleo;
- as normas que estabelecem as diretrizes do transporte rodoviário, ferroviário, aquaviário e aéreo;
- as leis que criam instrumento de poupança forçada, como o FGTS; etc.

Muitas das normas que elencamos pertencem ao direito tributário, ao direito penal, ao direito administrativo, ao direito do trabalho, ao direito empresarial.

Ocorre que cada um destes ramos do direito cuida das normas sob seu particular ponto de vista. As normas que definem o **salário mínimo**, por exemplo, pertencem ao **direito do trabalho**. Nesta seara, contudo, a preocupação se dirige ao cumprimento dos contratos de trabalho, servindo a norma para determinar o valor dos salários nas relações individuais entre as empresas e os empregados, ainda que representados pelos sindicatos das categorias.

Esta mesma norma, porém, encontra-se na alçada de preocupações do direito econômico, na medida em que supera a determinação dos direitos individuais, para atingir o objetivo econômico de definição dos níveis agregados de salários.

A norma não deixa de pertencer ao direito do trabalho, mas, integrando também a política econômica nacional, passa a pertencer, num segundo nível, ao direito econômico.

Isso não quer dizer, é bom frisar, que não há normas típicas e imediatas de direito econômico, nem que o direito econômico não cuide de direitos subjetivos. No decorrer deste curso, vamos tratar de normas exclusivas do direito econômico, como as normas concorrenciais, e dos direitos subjetivos por elas disciplinados.

<table>
<tr><td>Sobredireito</td><td>O termo é utilizado para designar ramos do direito que cuidam, sobre um enfoque particular, de matérias reguladas, inicial e imediatamente por outra disciplina jurídica.

Exemplos:

▸ direito econômico x direito tributário, quanto as normas que estabelecem benefícios fiscais. Imediatamente, a norma regula a exoneração de um tributo, afetando a relação jurídica imediata entre o contribuinte e o fisco. Contudo, ao se incluírem como medidas de política econômica, o direito econômico também se ocupará dos benefícios fiscais.

▸ direito tributário x direito empresarial. A apuração do lucro é matéria de direito empresarial, disciplinada pela Lei 6.404/1976. O direito tributário, numa outra esfera, se apropria do conceito, sobre ele faz incidir regras próprias e determina, assim, o lucro como fato gerador do imposto de renda, agindo como sobredireito face ao direito empresarial.</td></tr>
</table>

Todas estas normas estão englobadas no conjunto que chamamos direito econômico e são utilizadas na gestão da **política econômica**, tanto no nível **estrutural** quanto no nível **conjuntural**.

Diz-se estrutural a política econômica voltada a combater problemas arraigados na economia, cuja solução demanda tempo e reforma, normalmente gradual, das estruturas produtivas. São políticas estruturais as voltadas à infraestrutura, como o transporte e a geração de energia e aquelas destinadas a combater a concentração de renda e a pobreza.

De outro lado, **diz-se conjuntural a política** destinada a combater problemas circunstanciais, causados por fatores externos. De uma forma geral, tais políticas têm duração curta, pois destinam-se a resolver dificuldades momentâneas e emergenciais, como a política de redução de impostos (redução do IPI de veículos e da linha branca) na crise internacional de 2008, destinadas a estimular o consumo e evitar a recessão.

As normas que disciplinam as diversas áreas da atividade econômica, seja como política conjuntural ou estrutural, terão, também, seus destinatários. E os **destinatários das normas de direito econômico** são todos os agentes do mercado, entendido não como um local físico onde se operam contratos, nem como um ente abstrato e todo poderoso que se encontra acima da lei. O **mercado** é o conjunto de todas as operações de conteúdo econômico e os agentes do mercado somos todos nós, consumidores, trabalhadores, prestadores de serviço, empresas e empresários, e também o estado, quando atua diretamente na economia, consumindo e produzindo bens e serviços e pagando suas obrigações, como salários, deveres contratuais, juros e aluguéis.

Por certo, que o **estado** é o produtor destas normas e as **empresas**, detentoras de poder econômico, seus principais destinatários, vez que dotadas de uma capacidade muito maior que a dos indivíduos de influenciar as variáveis econômicas de que tratamos, como o nível de preços e salários.

As empresas e, em geral, o poder econômico, serão os destinatários de **normas de controle da economia**, mas delas não escapam as empresas públicas e sociedades de economia mista. De outro lado, as pequenas empresas, os consumidores, os acionistas minoritários, o público a quem são ofertados títulos e valores mobiliários, são destinatários de **normas protetivas de direito econômico**.

5. AS CARACTERÍSTICAS DAS REGRAS DE DIREITO ECONÔMICO

Falamos um pouco do direito econômico, de seu objeto e de sua relação com outros ramos do direito. Cabe agora tratar das características dessas regras.

Entende-se por lei, em sentido material, o ato normativo que contém comando geral e abstrato. Por ser geral, dirige-se a qualquer pessoa que se enquadre no comando da norma e, por ser abstrata, não se refere a nenhum caso concreto em particular, mas é aplicável a qualquer hipótese que se identifique com o comando normativo.

Assim, no art. 121, do Código Penal, a norma matar alguém: pena de reclusão, de seis a vinte anos, enquadra-se no conceito de lei material, pois se dirige a qualquer pessoa que cometa o homicídio e a norma não se restringe a determinados homicídios, se aplicando, ao revés, a qualquer fato que se subsuma em seu conceito.

Este dispositivo, bem como os demais crimes previstos no Código Penal também exemplificam outra característica bastante comum nas leis, qual seja a utilização do método conceitual, ou da tipicidade fechada. Para que se caracterize o homicídio, o furto, o roubo, a receptação, é necessário que todos os elementos previstos na norma sejam identificados no fato, pois não se admite a punição por algo que seja apenas parecido com o crime tipificado. A conduta, para que seja considerada criminosa, deve conter todos os elementos previstos pela norma penal. Faltando um elemento qualquer, ainda que dos menos relevantes, não há o crime.

Como salientamos nas linhas anteriores, **as normas de direito econômico, muitas vezes demandam técnica legislativa peculiar, especializada, emanada de instituições mais próximas à realidade regulamentada, e também flexível, para acompanhar com agilidade o fenômeno da economia**.

Em outras hipóteses, os fatos econômicos não devidamente regidos pela lei elaborada pelo método da tipicidade cerrada, sob pena de escaparem ao seu rigor condutas econômicas de potencial lesivo, por desvios mínimos face ao conceito da norma.

Não raro, notadamente para as normas de hierarquia mais elevada, demanda-se um perfil mais genérico do comando normativo. A lei deve ser elaborada de forma a permitir a atuação concreta das normas regulamentares das agências ou para evitar que ela – a própria lei – seja continuamente alterada.

De outro turno, é comum que a norma de direito econômico não pretenda a punição de condutas lesivas, mas o estímulo de comportamentos desejáveis. Assim, a norma pode apresentar um prêmio por seu cumprimento, ao revés da pena por seu descumprimento.

Trataremos agora das características das normas de direito econômico. Diversas destas características são comuns à teoria geral do direito, mas encontram, neste ramo do direito, uma presença muito mais marcante que em outros.

5.1. Tipos e conceitos indeterminados

No **raciocínio conceitual**, como dissemos, estabelece as características de determinado objeto e todas estas características são essenciais. Assim, a norma construída pelo método conceitual somente é aplicada quando todos os elementos por ela previstos se apresentam.

O **raciocínio tipológico** difere-se do raciocínio conceitual. Neste, há um certo conjunto de características que normalmente representam o objeto, mas nem todos devem estar presentes ao mesmo tempo. Dessa forma, a norma jurídica tipológica pode ser aplicada desde que um ou alguns desses elementos bastantes para caracterizar o objeto sejam identificados no fato estudado.

De outro giro, o raciocínio conceitual não admite combinações. Por ser fechado, o conceito é unívoco, ao passo que o tipo, aberto, permite combinações. Um exemplo é o contrato de *leasing*. Nele se apresentam elementos do contrato de locação e do contrato de compra e venda, o que se admite em função de ser a classificação dos contratos tipológica, não conceitual, consequência que decorre da autonomia da vontade neste campo do direito.

Entre conceito fechado e tipo aberto, utiliza-se também a técnica dos conceitos indeterminados. Conceitos indeterminados são aqueles que, por sua elevada abstração, permitem ao aplicador maior margem de interpretação, capazes de ajustar a interpretação da norma à realidade dos fenômenos por ela disciplinados.

Exemplo de norma construída a partir de **conceitos indeterminados** no direito econômico é o *caput* do art. 36, da Lei da Concorrência (Lei 12.529/2011):

> Art. 36. Constituem infração da ordem econômica, independentemente de culpa, os atos sob qualquer forma manifestados, que tenham por objeto ou possam produzir os seguintes efeitos, ainda que não sejam alcançados:
>
> I – limitar, falsear ou de qualquer forma prejudicar a livre concorrência ou a livre iniciativa;
>
> II – dominar mercado relevante de bens ou serviços;
>
> III – aumentar arbitrariamente os lucros; e
>
> IV – exercer de forma abusiva posição dominante.

A norma não prevê um conceito fechado de infração à ordem econômica, mas se utiliza de uma linguagem bastante aberta quanto ao meio utilizado "atos de qualquer forma manifestados", ao fim alcançado pela ação "de qualquer forma prejudicar a livre concorrência ou a livre-iniciativa" e também se vale de conceitos indeterminados, embora determináveis, como "mercado relevante" a "arbitrariedade no aumento dos lucros" e "abusividade no exercício da posição dominante".

Como dissemos linhas acima, matar alguém é algo bastante determinado, mas aumentar arbitrariamente os lucros é bastante indeterminado, pois demanda, em cada caso concreto, da análise dos atos praticados, para se apurar, dentro das circunstâncias, sua arbitrariedade ou sua razoabilidade.

Se considerarmos o conjunto da disciplina das infrações à lei antitruste e não só o *caput* do art. 36, da Lei 12.529/2011, ademais de conceitos indeterminados, encontraremos verdadeira **construção tipológica**, que analisaremos em momento apropriado.

O art. 88, da Lei 12.529/2011 também merece ser citado, para exemplificar norma que se utiliza do raciocínio tipológico. Define o *caput* do artigo operações que devem ser submetidas ao crivo do CADE. Vejamos:

> Art. 88. Serão submetidos ao Cade pelas partes envolvidas na operação os atos de concentração econômica em que, cumulativamente:
>
> I – pelo menos um dos grupos envolvidos na operação tenha registrado, no último balanço, faturamento bruto anual ou volume de negócios total no País, no ano anterior à operação, equivalente ou superior a R$ 400.000.000,00 (quatrocentos milhões de reais); e
>
> II – pelo menos um outro grupo envolvido na operação tenha registrado, no último balanço, faturamento bruto anual ou volume de negócios total no País, no ano anterior à operação, equivalente ou superior a R$ 30.000.000,00 (trinta milhões de reais).

Nos termos do § 5º, do art. 88, da Lei da Concorrência, "serão proibidos os atos de concentração que impliquem eliminação da concorrência em parte substancial de mercado relevante, que possam criar ou reforçar uma posição dominante ou que possam resultar na dominação de mercado relevante de bens ou serviços".

Não obstante, o § 6º, da norma, excepciona os rigores do § 5º, quando, em linhas gerais, o ato de concentração gerar benefícios que compensem a redução da concorrência. Vejamos:

> Art. 88.
>
> [...]
>
> § 6º Os atos a que se refere o § 5º deste artigo poderão ser autorizados, desde que sejam observados os limites estritamente necessários para atingir os seguintes objetivos:
>
> I – cumulada ou alternativamente:
>
> a) aumentar a produtividade ou a competitividade;
>
> b) melhorar a qualidade de bens ou serviços; ou
>
> c) propiciar a eficiência e o desenvolvimento tecnológico ou econômico; e
>
> II – sejam repassados aos consumidores parte relevante dos benefícios decorrentes.

O direito da concorrência será estudado com mais detalhes em momento oportuno. Importa-nos agora o método tipológico utilizado pelo legislador para legitimar o ato de concentração econômica, presente no inciso I. Neste sentido, verifica-se que não se exige a ocorrência de todos os efeitos previstos no inciso I, do § 6º, do art. 88, da Lei 12.259/2011, mas qualquer deles, desde que tais efeitos gerem vantagens que o tornem beneficio seja repassado em parte para os consumidores.

O benefício, assim, é tipológico, pois pode decorrer do aumento da produtividade, do aumento da competitividade, da melhoria da qualidade dos bens ou serviços ou da geração de desenvolvimento tecnológico ou econômico, conjunta ou alternativamente.

Se norma previsse que os requisitos fossem cumulativos, teríamos um conceito. A expressão "alternativamente", contudo, configura a construção tipológica do dispositivo.

Outro exemplo de conceito indeterminado é o de valores mobiliários, sujeitos ao controle da CVM.

Em sua redação original, o art. 2º, da Lei 6.385/1976 previa como valores mobiliários as ações, partes beneficiárias e debêntures, os cupões desses títulos e os bônus de subscrição; os certificados de depósito de valores mobiliários; e **outros títulos criados ou emitidos pelas sociedades anônimas**, a critério do Conselho Monetário Nacional.

A menção a outros títulos tornava indeterminado o conceito de valores mobiliários, mas limitava-o aos títulos emitidos pelas sociedades anônimas. Com o advento da Lei 10.303/2001, ademais da inclusão expressa de diversos papéis no art. 2º, da Lei 6.385/1976, permitiu a lei que fossem considerados como valores mobiliários "quando ofertados publicamente, quaisquer outros títulos ou contratos de investimento coletivo, que gerem direito de participação, de parceria ou de remuneração, inclusive resultante de prestação de serviços, cujos rendimentos advêm do esforço do empreendedor ou de terceiros" (art. 2º, IX, da Lei 6.385/1976).

Assim, qualquer oferta de investimento coletivo que gere direito à remuneração (verdadeiro truísmo, pois sempre se espera remuneração por um investimento) pode ser considerado valor mobiliário, se sujeitando às regras da Lei 6.385/1976.

Nem sempre é fácil distinguir uma construção tipológica de um conceito indeterminado, ou mesmo de um conceito fechado.

Como linhas gerais, pode-se se dizer que no conceito fechado a lei define todos os elementos do instituto que pretende regular, com baixa margem de interpretação de seu conteúdo geral e abstrato, não se aplicando a fatos em que qualquer dos elementos previstos esteja ausente. No tipo, ou "conceito aberto", cabe ao aplicador da lei interpretar se os elementos presentes no fato, dentre aqueles vários outros previstos pela norma são suficientes para caracterizar a hipótese legal. No conceito indeterminado, de outro giro, todos os elementos previstos pela hipótese normativa são essenciais (divergindo, assim, do tipo), mas a amplitude de significado que gera a indeterminação do conceito demanda, sempre, a complementação do intérprete, que irá determinar, em cada circunstância, o conceito que, na letra da lei, se mostrava indeterminado.

5.2. Recompensa ou prêmio nas normas de direito econômico

Os autores são unânimes em reconhecer que o método da sanção jurídica punitiva é insuficiente para todos os fatos regulados pelo direito econômico.

Muitas vezes, o que a política econômica pretende é **estimular a realização de uma determinada atividade**, não punir aquele que não a realizar.

Imaginemos que uma diretriz da política econômica seja o aumento da produção de trigo. Não é interessante, ou mesmo possível, obrigar que todas as pessoas plantem trigo. Os habitantes da cidade não possuem terras onde realizar a plantação, os produtores de gado possuem as terras, mas se dedicam a outra atividade. Por fim, os agricultores, candidatos a cumprir com a obrigação de plantar trigo podem se dedicar ao cultivo de outros vegetais, suas terras podem ser inadequadas ou, simplesmente, podem não saber lidar com o cultivo do produto desejado. A punição por uma tal obrigação seria ineficiente, pois não geraria o resultado pretendido.

De outro lado, se todos os agricultores se pusessem a cultivar o trigo, logo faltariam no mercado outros gêneros alimentícios.

Num caso destes, o oferecimento de recompensas, de vantagens ou de prêmios se mostra muito mais eficaz para atingir o objetivo desejado.

Ao revés de tornar uma conduta obrigatória (ou proibida), a lei oferece um benefício, seja a abertura de uma linha de crédito vantajosa, um subsídio ou uma redução fiscal, aos possíveis candidatos à realização da conduta desejada.

Em nosso exemplo do trigo, um benefício fiscal que exonere a atividade tende a estimular que alguns produtores agrícolas migrem para o cultivo do trigo, utilizando áreas ociosas ou substituindo culturas.

Imaginemos mais uma vez um produtor rural que se dedique a plantação do milho em metade de seu terreno e que ele o faça porque:

1. não possui mercado para ampliar a produção de milho; e

2. seja mais eficiente na produção de milho que na produção de trigo, conseguindo obter um lucro de R$ 10,00 por saca de milho.

Se pretendesse produzir trigo, o agricultor calcula que terá prejuízos, pois seu custo de produção, com impostos, seria de R$ 50,00 a saca, enquanto o preço de mercado gira em torno de R$ 45,00. Ele, então, tem terreno para plantar trigo, mas não o faz porque a atividade lhe causaria prejuízos.

Com uma redução de impostos no montante de 20% sobre seus custos, ele passaria a produzir a saca de trigo a R$ 40,00. Com o preço de venda a R$ 45,00, ele passará a produzir o trigo. Não deixará, porém, de produzir milho, porque com esta cultura ele fatura mais que faturaria o trigo, mesmo com o benefício fiscal.

São **exemplos de sanção premial** diversos **benefícios fiscais**, como os arts. 5º e 6º, da Lei 11.196/2005, com vistas ao estímulo da exportação de serviços de tecnologia da informação. Vejamos:

> Art. 5º. No caso de venda ou de importação de serviços destinados ao desenvolvimento, no País, de software e de serviços de tecnologia da informação, fica suspensa a exigência:
>
> I – da Contribuição para o PIS/Pasep e da Cofins incidentes sobre a receita bruta auferida pela prestadora de serviços, quando tomados por pessoa jurídica beneficiária do Repes;
>
> II – da Contribuição para o PIS/Pasep-Importação e da Cofins-Importação, para serviços importados diretamente por pessoa jurídica beneficiária do Repes.
>
> [...]
>
> Art. 6º As suspensões de que tratam os arts. 4º e 5º desta Lei convertem-se em alíquota 0 (zero) após cumprida a condição de que trata o caput do art. 2º desta Lei, observados os prazos de que tratam os §§ 2º e 3º do art. 4º e o § 2º do art. 5º desta Lei.

Trata-se de verdadeiro benefício, pois coloca em vantagem o agente econômico que pratica a atividade desejada, prevista no *caput* do artigo, deixando de pagar o tributo devido pelos contribuintes que exploram outras áreas. Preenchidos os requisitos, vale dizer, concretizada a exportação esperada pela norma, converte-se a suspensão do tributo na nulificação do dever tributário.

O novo **Código Florestal**, Lei 12.651/2012, também apresenta exemplos de sanções premiais.

O art. 41, da citada lei, prevê a criação de programa de programa de apoio e incentivo à conservação do meio ambiente e de conciliação entre a atividade agrária e a redução dos impactos ambientais, nos quais se podem encontrar prêmios e recompensas.

É verdadeiro prêmio a **retribuição monetária a serviços ambientais**, dentre eles: a) o sequestro, a conservação, a manutenção e o aumento do estoque e a diminuição do fluxo de carbono; b) a conservação da beleza cênica natural; c) a conservação da biodiversidade; d) a conservação das águas e dos serviços hídricos; e) a regulação do clima; entre outros (art. 41, inciso I, da Lei 12.651/2012).

Também ajusta-se ao direito premial a **compensação por medidas de conservação ambiental**, mediante as recompensas de a) obtenção de crédito agrícola, em todas as suas modalidades, com taxas de juros menores, bem como limites e prazos maiores que os praticados no mercado; b) contratação do seguro agrícola em condições melhores que as praticadas no mercado; c) dedução das Áreas de Preservação Permanente, de Reserva Legal e de uso restrito da base de cálculo do Imposto sobre a Propriedade Territorial Rural – ITR, gerando créditos tributários, etc (art. 41, inciso II, da Lei 12.651/2012).

O art. 44, da mesma Lei 12.651/2012, prevê a **Cota de Reserva Ambiental**, nos seguintes termos:

> Art. 44. É instituída a Cota de Reserva Ambiental – CRA, título nominativo representativo de área com vegetação nativa, existente ou em processo de recuperação:
>
> I – sob regime de servidão ambiental, instituída na forma do art. 9º-A da Lei no 6.938, de 31 de agosto de 1981;
>
> II – correspondente à área de Reserva Legal instituída voluntariamente sobre a vegetação que exceder os percentuais exigidos no art. 12 desta Lei;
>
> III – protegida na forma de Reserva Particular do Patrimônio Natural – RPPN, nos termos do art. 21 da Lei no 9.985, de 18 de julho de 2000;
>
> IV – existente em propriedade rural localizada no interior de Unidade de Conservação de domínio público que ainda não tenha sido desapropriada.

Com tal dispositivo, cria-se um estímulo à preservação ambiental em montante superior ao mínimo previsto em lei, na medida que transforma as áreas preservadas em título que pode ser negociado a vendido a terceiros, que por sua vez tenham dificuldades de cumprir sua própria obrigação preservacionista.

5.3. Flexibilidade, mobilidade e mutabilidade

A **flexibilidade, a mobilidade e a mutabilidade** também estão presentes nas normas de direito econômico, tendo em vista a dinâmica da realidade que pretende regular.

Para João Bosco Leopoldino da Fonseca,

> Ao conduzir a atividade econômica, o Estado está tratando com um fenômeno que se caracteriza pela constante evolução, pela contínua mobilidade. Uma medida de política econômica, por se endereçar a fatos concretos e, por isso mesmo, isolados, não consegue nunca gerar uma situação de satisfação generalizada. Os setores que, alcançados por aquela medida se sentirem prejudicados, lançarão seus brados provocadores de mudança. E o Estado deverá certamente procurar adotar novas medidas no intuito de alcançar o equilíbrio.[8]

Para o prof. Washington P. Albino de Souza,

> Uma das características mais destacadas das leis de Direito Econômico é o seu compromisso com a dinâmica da realidade social. Não é fácil consegui-lo pelos métodos tradicionais de legislar. Essa dificuldade revela-se tanto em relação a uma redação demasiadamente explícita ou enumerativa como ao recurso ao estabelecimento de 'diretivas', de 'ressalvas' e outros expedientes de salvaguarda ante as 'mutações' sociais que ameaçam permanentemente a lei jurídica de se tornar desatualizada e vazia de sentido[9].

Para acompanhar esta dinâmica social, a norma de direito econômico tem que se amoldar, para atingir seus objetivos, seja por meio da interpretação, seja por meio da alteração da própria lei.

Neste sentido, segundo o prof. Washington,

> a 'flexibilidade' tem por função amainar os efeitos rígidos dos textos legais, ajustando à realidade a sua aplicação. Podendo ser utilizada nas mais diversas hipóteses, seu emprego mais habitual vem sendo registrado nas relações contratuais de trabalho em circunstância de crise, pelo que muitos autores a tomam como 'princípio hermenêutico' a ser aplicado no 'direito de crise'[10].

De fato, discute-se hoje no Brasil a possibilidade de redução de jornada com redução proporcional do salário, dada a limitação do instituto à existência de acordo coletivo de trabalho (art.7º, VII e XIII, da CF/88), fato que vem, segundo o entendimento de alguns, gerando desemprego.

No âmbito da **hermenêutica**, também se fala da flexibilidade na interpretação dos contratos quando uma situação de crise efetiva, como por exemplo, nos contratos lastreados em moeda estrangeira em casos de super desvalorização da moeda nacional.

Nestes casos, a regra pode ser flexibilizada. Exemplo desta flexibilidade pode ser encontrada na jurisprudência do STJ formada em torno da desvalorização do Real em 1999, gerando resultados extremamente onerosos para os devedores e justificando assim a revisão de contratos privados (REsp 417.927/SP) e públicos (RMS 15.154/PE).

Relacionado com a flexibilidade, fala-se também da **mobilidade**, como princípio hermenêutico.

8. FONSECA, João Bosco Leopoldino da. Direito Econômico. Rio de Janeiro: Forense, 2007, p 28.
9. SOUZA, Washington P. Albino. Primeiras linhas de direito econômico. São Paulo: LTr, 2003, p. 139-140.
10. SOUZA, Washington P. Albino. Primeiras linhas de direito econômico. São Paulo: LTr, 2003, p. 141.

Washington P. Albino de Souza, ao tratar da mobilidade, afirma

> Trata[r]-se de condição de a própria lei atender às oscilações dentro dos parâmetros definidores da 'área de equilíbrio' de interesses 'admissíveis', apesar da disparidade ou da incompatibilidade de cada posição em particular.[11]

Deveras, a aplicação da lei não levará sempre a um mesmo resultado, ainda que os fatos em apreço sejam semelhantes. No direito do consumidor, por exemplo, há sensível mobilidade da lei, quando se desloca a exegese do direito aplicável em favor dos interesses da parte hipossuficiente, o que não ocorre quando as partes envolvidas no contrato detenham poder econômico equivalente ou atuem em igualdade de condições jurídicas.

A **mutabilidade** também caracteriza a norma de direito econômico.

Como a realidade econômica é instável, a norma que a regula deve ser alterada rapidamente, o que se mostra impossível com a demora – natural – do processo legislativo.

Por esta razão, delega-se poder normativo a agências reguladoras e se criam exceções ao princípio da estrita legalidade e às regras de vigência da lei, como se vê na possibilidade de alteração das alíquotas de tributos extrafiscais por ato do Poder Executivo, dispensando-se, para estes, o respeito ao princípio da anterioridade.

Para entendermos melhor o funcionamento das normas que constituem o direito econômico, vamos passar em revista ao funcionamento da própria economia, pelos sistemas econômicos, pela estrutura dos mercados e pelos instrumentos mais comuns de política econômica.

6. O OBJETO DO DIREITO ECONÔMICO: A ECONOMIA E A POLÍTICA ECONÔMICA

6.1. Introdução

A economia, como se costuma dizer, é a ciência da escassez. Cuida da alocação dos recursos limitados em face das inatingíveis necessidades ilimitadas.

Esta definição é simplista, mas bastante verdadeira. Em nossas vidas, temos planos, sonhos, projetos, e temos que escolher quais deles procuraremos tornar realidades, dentro dos recursos que nos sobram após o cumprimento de nossas obrigações. As empresas passam por situações semelhantes. Para obter o lucro que as justifica e que as mantém, devem alocar os recursos limitados que recebem de seus sócios, procurando fazer escolhas eficientes. Não pode a empresa do ramo de alimentos simplesmente resolver atuar na geração de energia, porque este setor é mais lucrativo. Por não conhecer o novo setor, a empresa provavelmente fracassaria e frustraria as expectativas de seus sócios, de seus empregados, de seus fornecedores e de seus clientes. Assim, mesmo que o setor de energia seja mais lucrativo para as empresas especializadas no ramo, não o será para as empresas de outro setor, de modo que a migração de seus investimentos são seria a medida mais eficiente.

11. SOUZA, Washington P. Albino. Primeiras linhas de direito econômico. São Paulo: LTr, 2003, p. 142.

Para o estado, os dilemas são similares. Todo governante gostaria de resolver o problema da pobreza, da saúde, da educação, do transporte, da inflação, dos baixos níveis de poupança, da carência de mão de obra especializada etc, que existe no Brasil. Contudo, os recursos não são suficientes para todas as necessidades, cabendo ao governo definir suas prioridades. E se escolher mal, pretendendo resolver, por exemplo, o problema da carência de mão de obra especializada antes de melhorar a educação, pode acirrar o problema da pobreza (má distribuição de riqueza e renda). De outro turno, se direcionar todos os seus recursos para atacar o problema da pobreza, pode gerar estagnação econômica e deflagrar processo inflacionário.

Muito rara será a situação em que o indivíduo, a empresa ou o estado poderão fazer tudo o que pretendem, tudo o que é necessário, sem deixar de lado algo importante ou sem prejudicar parcela da economia.

6.2. Sistemas econômicos (capitalismo x socialismo)

A economia procura, então, compreender e descrever o comportamento dos mercados face a diversos fatores, pertinentes a apenas um setor da economia ou a variações que afetam toda a economia.

A **primeira grande classificação** que vai retratar o comportamento dos mercados refere-se ao próprio sistema econômico, que tem de um lado o **capitalismo com iniciativa privada preponderante** (Estados Unidos), passando pelo **capitalismo de iniciativa dual, com a exploração da economia pela iniciativa privada, mas com papel relevante do estado** (Brasil) ou pela **iniciativa dual, com atuação preponderante do estado** (Dinamarca) e chega no outro extremo, o da **iniciativa pública exclusiva**, dos países socialistas.

No Brasil, a atividade econômica pode ser explorada pela iniciativa privada (livre-iniciativa), cabendo sua exploração pelo Estado, em três hipóteses, nos termos do art. 173, da Carta:

1) quando necessária aos imperativos da segurança nacional;
2) quando necessária a relevante interesse coletivo, conforme definidos em lei.
3) Nos casos previstos pela própria Constituição, a exemplo do petróleo e dos minerais radioativos (art. 177, da Constituição) e do art. 21, XII, da Carta:

a) serviços de radiodifusão sonora, e de sons e imagens;
b) serviços e instalações de energia elétrica e o aproveitamento energético dos cursos de água;
c) navegação aérea, aeroespacial e infraestrutura aeroportuária;
d) serviços de transporte ferroviário e aquaviário entre portos brasileiros e fronteiras nacionais, ou que transponham os limites de estado ou território;
e) serviços de transporte rodoviário interestadual e internacional de passageiros; e
f) portos marítimos, fluviais e lacustres.

Mostra-se, pois, bastante comum a exploração da atividade econômica pelo estado brasileiro.

Também podemos citar, embora menos importante para o nosso curso, o exemplo de países exclusivamente (ou quase) produtores de petróleo, especialmente aqueles em que o mineral é explorado pelo governo. Neles, toda a economia gira em torno de um único produto e tudo o mais é importado, de modo que a produção de um bem vai determinar o restante da economia.

De toda sorte, em cada um destes sistemas, a economia descreverá funcionamentos diferentes de mercado e, portanto, soluções diferentes para os problemas encontrados, de forma tal que também serão diferentes as medidas de política econômica.

No socialismo, como observa Geraldo Vidigal, prestigia-se o planejamento microeconômico, de modo que o direito econômico nos países socialistas procura atribuir flexibilidade às empresas e recriar indicadores de mercado[12].

No capitalismo, em qualquer de suas variações, o direito econômico procura manter as **condições de concorrência** do mercado, e irá prestigiar, conforme o caso, o incentivo **microeconômico** ao desenvolvimento de setores da economia, o investimento público em setores em que a iniciativa privada não consegue atuar ou o controle das variáveis **macroeconômicas** (taxa de juros, taxa de câmbio, nível de investimento e nível de emprego e salários).

6.3. A economia (macroeconomia e microeconomia)

A propósito, diz-se **microeconomia** a parte da economia que procura descrever o **funcionamento de secções do sistema produtivo, chamados de setores ou mercados específicos**. A especificidade pode se dar em diversos graus, podendo se falar no mercado de arroz, do mercado de grãos, e do mercado de alimentos. Em qualquer destes níveis, atua a microeconomia, que irá estudar o número de produtores, o custo de produção, o preço de venda, o número de consumidores de arroz, de grãos e de alimentos.

Quando não mais cuidamos de secções da economia, mas de todos os setores em conjunto, falamos de **macroeconomia**, que cuida não do custo de produção do arroz, mas do "custo Brasil", não do preço dos alimentos, mas do "nível geral de preços", que inclui alimentos, vestuário, transporte, telefonia, aluguéis etc.

6.4. A microeconomia

Nestas linhas introdutórias, gostaríamos de apresentar a teoria da empresa ou a teoria da firma, que é a base da microeconomia. A matéria cuida de como são definidos os preços e as quantidades ofertadas e consumidas de um determinado bem.

12. VIDIGAL, Geraldo de Camargo. Teoria do Direito Econômico. RT, 1977, p. 47-8.

6.4.1. Concorrência perfeita

O cenário de concorrência perfeita é aquele em que há **muitos produtores e muitos consumidores de um determinado bem, sem que qualquer deles possa individualmente interferir na quantidade ou no preço de oferta e demanda, pois lhes falta poder econômico**. Neste caso, também não é relevante a entrada ou a saída de produtores no mercado, porque a parcela que cada um representa é pequena face ao total produzido e porque a saída de um produtor é imediatamente compensada pela entrada de um novo produtor.

Neste caso, a curva de oferta decorre exclusivamente do custo de produção e os ofertantes ficam estimulados a aumentar sua produção até que o custo de mais uma unidade seja economicamente viável, face ao preço de venda.

Imaginemos que o preço de venda seja de R$ 20,00 a unidade. Uma empresa que entre neste mercado consegue produzir 100 unidades a R$ 5,00 cada. Diante do preço de venda de R$ 20,00, ela resolve investir mais, e consegue produzir mais 100 unidades, agora ao preço de R$ 10,00. Nas primeiras 100 unidades, a empresa ganha R$ 15,00 por cada item ofertado, nas 100 unidades seguintes, o ganho cai para R$ 10,00 por unidade, mas ainda há margem para crescimento. Para tanto, a empresa precisa investir mais, e o custo de produção, vamos supor, de mais 50 unidades sobe para R$ 15,00 e o ganho unitário cai para R$ 5,00. Como o custo é crescente, diminui o interesse da empresa para elevar sua produção, mas ela ainda pode ganhar mais. Então resolve produzir mais 20 unidades, ao custo de R$ 17,00, depois mais 20 unidades ao custo de R$ 19,00, ganhando, nesta etapa apenas R$ 1,00 por unidade, mas ainda ganhando e, portanto, havendo razão para aumentar a produção um pouco mais. A empresa já produz 290 unidades e, vamos supor, investe um pouco mais, seu custo extra com mais 9 unidades chega a R$ 19,89 e ao alcançar a tricentésima unidade, o custo de produção desta última chega aos R$ 20,00. Neste ponto, a empresa não ganha mais nada se resolver produzir mais. A unidade de 301 custaria para a empresa mais que o preço pelo qual ela poderia vender o bem e, portanto, estabiliza sua produção em 300 unidades.

Se o preço de venda sobe, para R$ 25,00 a unidade, surge novo estímulo ao aumento da produção. Se ao revés, o preço de venda cai, por exemplo, para R$ 19,00 a empresa desmobiliza seu capital (e aqui outro pressuposto da concorrência perfeita, que é a plena mobilidade dos fatores de produção) vende parte de seu maquinário, vende um de seus galpões ou simplesmente retira-o daquele processo produtivo e o coloca para locação, demite funcionários etc, e retorna ao estágio em que se encontrava na produção de 290 unidades (ao preço de R$ 17,00 a produção cai para 270 unidades, ao preço de R$ 15,00 para 250 unidades, ao preço de R$ 15,00 para 200 unidades) e assim por diante.

Em termos mais técnicos, a curva de oferta é definida pelo custo marginal da produção, vale dizer, a produção tende a aumentar até que o custo de mais uma 1 unidade (margem) seja igual ao custo de venda.

E por que o produtor não se pauta pelo preço médio, afinal, ainda que o custo de novas unidades seja superior ao preço de venda, o custo médio é inferior e, portanto, geraria lucros. A resposta está no fato de que o produtor quer maximizar seus lucros e se começar a produzir a custos superiores ao preço de venda, seu lucro começará a diminuir. Vejamos o exemplo acima no formato de uma tabela:

Exemplo 1

Quantidade marginal (acréscimo)	Quantidade total	Custo unitário	Preço de venda	Lucro unitário	Lucro pelo acréscimo da produção	Lucro total
100	100	5	20	15	1500	1500
100	200	10	20	10	1000	2500
50	250	15	20	5	75	2575
20	270	17	20	3	60	2635
20	290	19	20	1	20	2655
9	299	19,89	20	0,11	1	**2656**
1	300	20	20	0	0	**2656**
10	310	21	20	– 1	– 10	2646
20	330	25	20	– 5	– 100	2546

E por que o produtor não estabiliza sua produção em 100 unidades, condição em que seu lucro por unidade é maior? Se a empresa não aumentar sua produção, vai deixar de ganhar parcela do mercado, que será aproveitado por outra empresa.

É claro que simplificamos o exemplo e exageramos no custo de produção das 9 unidades acima de 290, para deixar apenas uma unidade faltante para a produção final de 300 unidades. O objetivo era demonstrar o acréscimo de custo referente ao acréscimo de produção de apenas uma unidade, para explicitar o método marginal que governa a formação da oferta.

Em linhas gerais, a tabela mostra que o custo de produção de um bem é crescente, quer dizer, fica mais caro produzir unidades extras do bem e que o produtor se sente estimulado a produzir mais, até que o custo marginal de produção se iguale ao preço de venda praticado no mercado.

Podemos inferir, também, que o produtor receberia novo estímulo para aumentar sua produção se o preço de venda também subir. Na tabela, vemos que o ofertante produziria mais 10 unidades, além das 300, se o preço de mercado do bem subisse para R$ 21,00, mais 20 unidades, se o preço subisse para R$ 25,00 e assim por diante. É o preço de mercado que definirá o limite da produção do ofertante na concorrência perfeita.

Vale observar que se o ofertante for mais eficiente e conseguir produzir mais unidades ao custo marginal de R$ 20,00 sua produção será maior. Se for menos eficiente, atingirá o custo marginal com uma produção menor.

Ademais, esta é a curva de oferta de um único produtor. A curva de oferta de todo o mercado na concorrência perfeita será uma linha horizontal, representada pelo somatório da produção de todas as empresas, até o custo marginal de R$ 20,00. Veremos isso com um pouco mais detalhes abaixo, no exemplo 2.

De se notar, ainda, que os produtores não têm condição de interferir no preço, definido apenas pela curva de demanda, e representa o quanto o consumidor está disposto a pagar por uma unidade a mais de determinado bem (utilidade marginal).

De fato, o consumo é determinado por uma série de fatores, mas, na teoria da firma, a curva de demanda individual é definida pelo ganho marginal que cada pessoal tem com a aquisição de uma unidade a mais de determinado bem.

Talvez o exemplo mais clássico deste fenômeno seja o do indivíduo, cheio de moedas de ouro, e que caminha pelo deserto, sem água! Ele precisa beber água, do contrário não conseguirá dar mais nenhum passo e não chegará ao oásis, que está a 2 horas de caminhada. De repente, chega o único vendedor de água da região. Quanto nosso amigo pagaria por um copo d'água? Cem moedas de ouro, porque não? É sua vida que está em risco! Pelo segundo copo, nosso amigo ainda com muita sede pagaria cinquenta moedas e pelo terceiro, já reposto, no máximo 10! Pelo quarto copo, para aplacar o restante da sede, pagaria 5 moedas. Para garantir eventual necessidade nas próximas duas horas de caminhada, pagaria talvez uma moeda pelo quinto copo e não pagaria mais nada pelo sexto copo d'água, já que o oásis está próximo e não teria mesmo como carregar mais água, diante do peso das muitas moedas que lhe restam.

E isso funciona para qualquer bem de consumo, em condições racionais: sapatos, roupas, computador, carros etc.

Assim, na cidade, uma pessoa compraria 5 quilos de carne a R$ 20,00 o quilo, para o mês. Se o preço subir para R$ 30,00, comprará apenas 4 quilos e complementará sua dieta com outros alimentos. Se o preço estiver mais baixo, por exemplo, R$ 10,00, pode comprar um pouco mais, no intuito de compartilhar com familiares e amigos. Contudo, chegará um limite em que a pessoa não comprará mais, ainda que o preço caia para R$ 1,00, pois não terá como transportar, consumir ou conservar o alimento. Mesmo o negociante de alimentos ficará limitado à sua capacidade de transporte e estocagem, sob pena de perder a mercadoria adquirida. Sob o ponto de vista exclusivo da utilidade, o consumidor comprará mais carne, se puder consumir o produto adquirido. A partir do seu limite de consumo, o quilo adicional de carne não representaria qualquer utilidade e, portanto, não seria adquirido.

Se pensarmos por exemplo, em sapatos. A pessoa que precisa de sapatos, compraria um par, vamos supor, a R$ 200,00. Se os preços estivessem baixos, por exemplo, R$ 130,00 o par, a pessoa poderia cogitar em comprar dois pares, um dos quais seria destinado ao uso diário e o segundo par ficaria reservado para festas, para situações especiais ou para emergências, se o sapato de uso diário estragar. Por outro lado, é possível que este consumidor não comprasse sapato algum, caso o par fosse ofertado a R$ 500,00, situação em que procuraria reformar o calçado antigo.

A curva de demanda do indivíduo, portanto, consiste numa curva que liga, de maneira inversamente proporcional, preços e quantidades, quer dizer, quanto maior o preço menor a demanda e quanto menor o preço, maior a demanda, em geral, limitada pela necessidade do bem ou pela possibilidade de uso.

Claro que uma pessoa pode ter 20, 30 ou 50 pares de sapato! mas, neste caso, o sapato deixa de ser uma simples peça do vestuário, para se transformar em peça de coleção para aquele consumidor em especial.

Tanto este caso especial de demanda quanto a demanda do consumidor comum de sapatos e a pretensão frustrada de adquirir o par de sapatos a R$ 500,00 são computadas, porém, na curva de demanda global do mercado, revelando a mesma relação inversa entre preço e quantidade.

Esta curva de demanda irá demonstrar, por exemplo, quantos pares de sapatos, quantos quilos de carne, quantas geladeiras, quantos aparelhos de DVD, quantos carros de luxo, quantos livros, quantos cadernos serão adquiridos pelo somatório dos consumidores (v.g. os brasileiros), num determinado período (um mês, um ano etc), e o preço correspondente a cada quantidade.

Assim, também em termos hipotéticos, o conjunto de consumidores de cadernos escolares no Brasil (o que equivale à curva de demanda por cadernos escolares no Brasil) pode ser de 1.000.000 de cadernos, a R$ 5,00; 800.000 cadernos a R$ 10,00; 700.000 cadernos a R$ 20,00; e 100.000, ao preço de R$ 50,00 o caderno. Não haverá consumidores para a aquisição de mais de 1.000.000 cadernos, pois neste número já estarão computados aqueles que acharam R$ 5,00 uma ótima oportunidade para antecipara as compras escolares para o próximo ano e 100.000 cadernos serão adquiridos de toda maneira, dado o número de alunos que deles necessitam, limitado o preço a R$ 50,00, acima do qual os brasileiros optam por não comprar nenhum caderno e utilizar, por exemplo, colecionadores ou meios eletrônicos para suas anotações.

A definição do preço de mercado e da quantidade de mercado é dada pela intersecção da curva de oferta e da curva de demanda.

Como vimos, a curva de oferta é diretamente proporcional ao preço, significando que quanto maior o preço maior tende a ser a quantidade ofertada; ao revés, a curva de demanda é inversamente proporcional ao preço, de modo que a demanda cai à medida que o preço sobe.

Assim, em termos gráficos, a curva de oferta aponta para cima e a curva de demanda aponta para baixo. O ponto em que ambas se encontrarem será o ponto de equilíbrio e definirá também o preço de equilíbrio de mercado e a quantidade que os ofertantes irão produzir, num cenário de concorrência perfeita.

De volta ao nosso primeiro exemplo da oferta de um bem indeterminado, imaginando, agora, que o mercado conta com 100 ofertantes, todos nas mesmas condições de eficiência[13]:

---

13. Vamos lembrar que estamos trabalhando com dados hipotéticos e num cenário de concorrência perfeita. Na economia real, vários fatores podem afetar a oferta e a demanda.

Afetam a oferta, por exemplo, o custo de produção, a inflação, a maior ou menor rentabilidade de outras atividades, a imobilidade dos fatores de produção. A seu turno, afetam a curva de demanda os gostos e as preferências das pessoas, a moda, a eventual compulsão a consumir, a publicidade, a existência de bens substitutos, o nível de renda, etc.

Exemplo 2

Oferta total	Preço	Demanda total
10000	5	50000
20000	10	40000
25000	15	35000
27000	17	33000
29000	19	32000
30000	**20**	**30000**
31000	21	29000
32000	25	28000
40000	40	20000
50000	60	10000

Assim, a curva de oferta global e a curva de demanda global terão a seguinte representação gráfica:

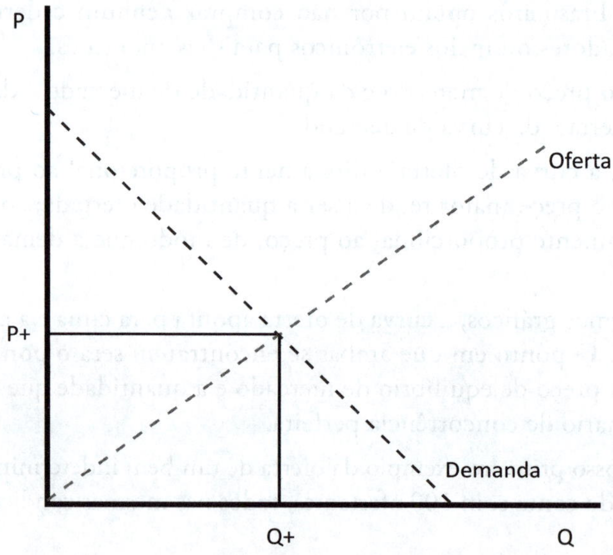

De toda forma, o que mais nos interessa nestas palavras sobre a oferta e a demanda na concorrência perfeita promovem o ponto de equilíbrio ótimo, vale dizer, apresenta o máximo de lucratividade para as empresas, face ao preço que os consumidores estão dispostos a pagar e a maior utilidade para os consumidores, face a capacidade de produção das empresas.

O eixo horizontal representa a quantidade de um bem ou serviço e o eixo vertical o preço. A curva de oferta é a reta ascendente, a curva de demanda a reta descendente e o ponto de intersecção das curvas é o ponto de equilíbrio.

A concorrência perfeita, contudo, é apenas um modelo, um ideal, que não se concretiza plenamente na realidade. Na economia real, encontram-se mercados que se aproximam da concorrência perfeita, sem alcançá-la ou com concorrência imperfeita.

6.4.2. Concorrência imperfeita

Na concorrência imperfeita, há, do lado da oferta, apenas um produtor (**monopólio**), ou alguns produtores (**oligopólio**) e, do lado da demanda, há apenas um consumidor (monopsônio) ou alguns poucos consumidores (**oligopsônio**). Fala-se, também, em concorrência monopolística.

Na concorrência imperfeita, também ficam afastados alguns postulados da concorrência perfeita, como a mobilidade dos fatores de produção ou a presunção de que toda a produção será vendida.

De fato, como ocorre na realidade, mesmo em mercados não monopolistas, não é algo simples para a empresa vender parte de seu ativo, para investir em outra atividade mais lucrativa, ou aumentar sua capacidade instalada.

Há questões como os juros elevados para novos investimentos, a inexistência de mão de obra especializada ou de outros fatores produtivos para a atividade, a inexistência de interessados em adquirir parte dos ativos que a empresa coloca a venda e mesmo a incapacidade da empresa de mudar de atividade.

Mas o que caracteriza a concorrência imperfeita é a capacidade de certos agentes econômicos fornecedores ou consumidores em definir, ou pelo menos influenciar, por sua vontade exclusiva, a quantidade produzida ou o preço a ser praticado.

Na concorrência perfeita, a empresa não pode elevar os preços. Se o fizer, o consumidor irá adquirir o bem do concorrente.

No extremo oposto da concorrência perfeita, está o monopólio.

No **monopólio**, a empresa é a única fornecedora de um bem ou serviço. Assim, se julgar oportuno, ela irá praticar preços mais elevados e lucrará mais, mantendo seus custos em níveis baixos.

A consequência será a redução da quantidade ofertada, mas isso não causa prejuízo para a empresa, ao contrário, gera lucro para ela e redução da utilidade para o consumidor disposto a pagar qualquer preço pelo bem e exclusão do mercado daqueles que não estão propensos a pagar o preço exigido pelo monopolista.

A empresa monopolista pode reduzir a sua produção e aumentar o preço, e com isso lucrar mais com a produção menor, pois não tem concorrentes que possam ofertar o mesmo bem, como ocorre na concorrência perfeita.

Assim, a análise marginal realizada pelo monopolista não se encontra limitada pelo preço de mercado (é a empresa monopolista que define o preço), nem se estende até a situação em que o lucro marginal é igual a zero, mas é limitada apenas pela sua própria estrutura de custos, e a produção cresce somente até o ponto em que seu lucro é maximizado.

O que o monopolista consegue fazer melhor que os produtores da concorrência perfeita é explorar a chamada economia de escala, que significa a redução dos custos em função das elevadas quantidades produzidas.

No nosso exemplo da concorrência perfeita, contendo 100 empresas produtoras, encontramos a quantidade de equilíbrio em 30.000 unidades (exemplo 2), o preço de equilíbrio em R$ 20,00 e o lucro de cada empresa (exemplo 1), de R$ 2.656,00, para cada empresa.

No monopólio, não há 100 ofertantes, mas apenas um! Se o monopolista agisse como se estivesse na concorrência perfeita, produziria 30.000 unidades e lucraria R$ 265.600,00 e atenderia toda a demanda, sem incorrer em prejuízo em qualquer das unidades produzidas, isso sem contar com a economia de escala.

Contudo, ele pode ganhar mais! Se ele estabelecer o preço de R$ 40,00, a demanda será de 20.000 unidades (valores em itálico e sublinhados) e sua receita de R$ 800.000, mas seu custo para as mesmas 20.000 unidades será de R$ 10,00 por unidade (valores em negrito e sublinhados), com um custo total de R$ 200.000,00 e um lucro de R$ 600.000,00.

Exemplo 3

Oferta do monopolista	Preço	Demanda total
10000	5	50000
20000	**10 (custo)**	40000
25000	15	35000
27000	17	33000
29000	19	32000
29900	19,89	30100
30000	**20**	**30000**
31000	21	29000
32000	25	28000
40000	*40 (receita)*	*20000*
50000	60	10000

Toda esta diferença, de R$ 265.600,00 de lucro no mercado concorrencial e R$ 600.000,00 no mercado monopolista é obtido às custas de perda de utilidade do consumidor.

Não é demais lembrar que o monopolista também é o único empregador, e, portanto, tende a oferecer salários mais baixos, situação em que o lucro também é obtido às custas da exploração do trabalhador.

É por isso que as legislações de todo o mundo consideram o monopólio, em princípio, ilegal! Dizemos em princípio, pois o monopólio pode se justificar por algumas razões. Pode haver o monopólio estatal, com vistas na defesa do interesse nacional e pode ocorrer que apenas uma empresa tenha condições de oferecer o bem, tendo em vista que os custos de produção sejam elevadíssimos e a produção apenas seja possível com investimentos massivos. Neste caso, se não houvesse o monopólio, não haveria produção nenhuma!

No monopsônio, em que há apenas um consumidor, a situação é invertida. Há apenas um consumidor, que força os preços para baixo, a custa do lucro das empresas fornecedoras. A situação também é, em princípio, considerada ilegal pelas legislações.

O monopólio (e também o monopsônio) é uma estrutura de mercado que dificilmente se encontra na economia real, salvo nos casos dos monopólios estatais.

São mais comuns modelos intermediários, denominados de "concorrência monopolística" e "oligopólio".

A **concorrência monopolística** caracteriza-se pela existência de várias empresas fornecedoras de bens e serviços com certas particularidades que os tornam diferentes uns dos outros, de forma que não sejam substitutos perfeitos, como ocorre na concorrência perfeita.

Há certa mobilidade dos fatores de produção e a entrada de novos competidores no mercado não encontra barreiras elevadas.

Os produtos podem se diferenciar por marca, pela localização, por serviços complementares ou outros fatores.

Cada empresa pode ser fornecedora única de sua própria marca, por exemplo de roupa, de café, de sapatos, de chocolates artesanais etc. Na medida em que os consumidores se familiarizam ou mesmo se fidelizam à determinada marca, empresa pode exercer certo poder de definir a quantidade ofertada e o preço de seus produtos.

Este mesmo efeito pode decorrer da localização da empresa. Numa cidade pode haver, por exemplo, muitos mercados e supermercados, mas em determinados bairros talvez exista apenas um. O consumidor tende a frequentar o pequeno mercado do bairro ou o supermercado mais próximo, de forma que esta empresa exerce certo poder na fixação de seus preços em sua região, tendo em vista o tempo e o custo de deslocamento necessários para as compras em um hipermercado mais distante, embora com preços mais baixos. Se o mercado do bairro elevar demais os preços, este poder desaparece, pois surge uma compensação financeira para o consumidor procurar mercados mais distantes.

Outras características também podem indicar a concorrência monopolística, como a qualidade do produto, a presteza do atendimento de uma loja, a existência de manobrista ou estacionamento para clientes, a instalação de ar condicionado etc.

Estes fatores também podem ser combinados. Imaginemos o serviço hospitalar de uma grande cidade. Os hospitais podem se destacar dos demais pela sua localização, pela marca renomada, pela disponibilização de estacionamento, pelo atendimento mais célere, pela reputação de seus médicos etc. Conjugando estes fatores, cada hospital exerce certo poder de mercado o que lhes permite elevar os preços praticados pelos serviços.

A característica determinante da concorrência monopolística, contudo, está na possibilidade limitada de elevação de preços, dada a existência de concorrentes forneçam produtos e serviços relativamente substituíveis.

Se os produtos forem substitutos perfeitos, o modelo se aproxima da concorrência perfeita. De outro lado, se os produtos forem únicos, sem substitutos sequer próximos, estaremos diante de um monopólio.

Dessa forma, diz-se que a empresa na **concorrência perfeita** é "tomadora de preços e maximizadora de vendas", no **monopólio** é "definidora de preço e maximizadora de lucros" e na **concorrência monopolística** exerce influência sobre o preço podendo elevar os lucros acima dos que podem ser obtidos na concorrência perfeita, sem maximizar os ganhos.

Como se percebe, o termo concorrência monopolística é paradoxal, pois se há competição, não há que se falar em monopólio. O termo, embora contraditório, conjuga o "monopólio limitado" do produto ou serviço, dadas as suas características peculiares, e a concorrência entre fornecedores de produtos e serviços apenas relativamente substituíveis (substitutos imperfeitos).

O **oligopólio** e o oligopsônio são situações intermediárias, mais próximas do monopólio. São oligopolísticos os mercados de remédio, de veículos, de computadores, de telefones celulares, de energia, agencias de risco etc.

Caracteriza o oligopólio a existência de poucas empresas, elevadas barreiras para a entrada de novos competidores no mercado e a estratégia de formação de preços.

Não há oligopólio se as empresas não avaliam o comportamento umas as outras na definição de seus produtos e na formação de seus preços.

Um exemplo bastante claro pode ser encontrado no mercado de aparelhos de telefones celulares. A primeira companhia a fornecer telefones móveis (aparelho e serviço) foi a Motorola. Em seguida, outras empresas entraram no mercado seguindo e aperfeiçoando o modelo original, oferecendo aparelhos a preços mais baixos. Com o desenvolvimento de novas tecnologias (telefonia digital, miniaturização, computadorização, fotografia, jogos etc), o mercado foi se alterando. Durante um certo momento, eram famosos os Blackbarries e os telefones desta marca, com suas inovações, se tornaram mais desejados e mais caros que os demais. Mais uma vez, o modelo foi seguido e aperfeiçoado. Algumas empresas forneciam aparelhos com câmeras fotográficas (Sony), outras com telas maiores e mais coloridas (Samsung) etc, procurando desbancar os lideres do mercado. O IPhone, da Apple, incorporando o telefone a funcionalidades de música e vídeo revolucionou o seguimento, passando a praticar preços mais elevados e a servir de referência para os concorrentes.

Hoje, Apple e Samsung fornecem os aparelhos mais desejados, mais inovadores – e mais caros. Mas as outras empresas continuam no mercado, procurando alternativas para seus produtos, com vistas a aumentar vendas, elevar preço e obter maiores ganhes.

De toda forma, o que se vê desde o princípio são empresas avaliando o comportamento uma das outras, procurando se antecipar ao mercado lançando inovações que, esperam, tornem seu produto dominante no setor.

Os oligopólios costumam apresentar vantagens econômicas, devido a eficiência, mas é comum que procurem praticar preços monopolistas, mediante acordos expressos ou tácitos.

Não há ilícito, em princípio, no oligopólio. A ilicitude vai depender do comportamento das empresas que atuam no mercado. Se seu comportamento for competitivo, os preços tenderão aos níveis que seriam praticados na concorrência perfeita. O oligopólio certamente terá lucros superiores em função de ganhos com economia de escala e apresentarão outras vantagens, como a capacidade de gerar tecnologias novas. Ao revés, se as empresas oligopolistas se unirem em cartel, visando atuação similar ao mercado monopolista, estarão praticando ilícito.

As legislações atuam, pois, não para combater o oligopólio, mas para garantir que sua atuação seja competitiva e não cartelizada.

O que as legislações fazem, portanto, é combater o monopólio e impedir que os concorrentes oligopolistas se unam em cartéis, visando a prática de preços justos de mercado, a manutenção do nível de preços e de consumo, a prática de salários justos e a maximização da utilidade do processo econômico.

A grande dificuldade, especialmente para o direito antitruste é combater os acordos tácitos, que pode envolver inclusive empresas de menor porte no mercado oligopolista. Ocorre que as empresas dominantes tendem a praticar preços monopolistas. As empresas, especialmente as menores, que procurarem reduzir os preços, certamente ganharão parcela do mercado. Contudo, podem sofrer retaliações e boicotes promovidos pelas companhias dominantes, com elevado poder econômico. Assim, a empresa coloca-se no dilema de baixar preços e sofrer retaliações ou manter o preço monopolista do mercado.

Nesta estrutura econômica, como dissemos, as empresas conseguem observar o comportamento das demais, de forma que o acordo de fixação de preços não precisa ser expresso, para surtir efeitos.

Dessa forma, torna-se difícil identificar o acordo e, portanto, punir a infração anticoncorrencial.

6.4.3. Elasticidade da demanda

Outro conceito relevante que gostaríamos de apresentar na teoria da firma é o de elasticidade da demanda.

Por **elasticidade preço da demanda** podemos entender a variação da quantidade consumida de um determinado bem, diante da variação de seu preço. Se a quantidade varia muito, diz-se que a demanda é elástica; se a quantidade varia pouco, diz-se que a demanda é inelástica.

Para calcular a elasticidade de um ponto da curva, precisamos saber a quantidade de bens vendidos neste ponto, vale dizer, a quantidade de bens vendidos a determinado preço e a quantidade vendida no novo ponto, uma unidade monetária a mais ou a menos. Com estes dados, divide-se a quantidade vendida ao novo preço pela quantidade vendida ao preço original, da seguinte forma:

$$\text{Elasticidade}_x = \frac{\text{Quantidade no preço x+1 (ou quantidade no preço x-1)}}{\text{Quantidade no preço x}}$$

Onde:

X é o preço original; e

Elasticidade x = elasticidade do bem ao preço X.

No nosso exemplo 2, o preço de equilíbrio é R$ 20,00 e a quantidade de equilíbrio é de 30.000 unidades. Se o preço unitário cai R$ 1,00, a demanda sobe para 32.000 unidades (na razão de 1,07 = 32.000/30.000) e se o preço sobe R$ 1,00, a demanda cai para 29.000 unidades (na razão de 0,97 = 29.000/30.000). Levemente elástica, portanto, a demanda do nosso exemplo, no ponto de equilíbrio. Vejamos a tabela:

Exemplo 4

Oferta total	Preço	Demanda total
29000	19	32000
30000	**20**	**30000**
31000	21	29000

Imaginemos, porém, que a demanda subisse para 90.000 unidades, se o preço fosse reduzido em R$ 1,00 (razão de 3,00), ou caísse para 1.000 unidades, para um aumento de preço de R$ 1,00 (razão de 0,03). Nossa curva de demanda seria, então, fortemente elástica, pois se mostraria muito sensível a qualquer variação de preço, em virtude, por exemplo, a existência de outros bens que sejam substitutos perfeitos.

Exemplo 5

Oferta total	Preço	Demanda total
29000	19	90000
30000	**20**	**30000**
31000	21	1000

Por outro lado, se a demanda não se alterasse com a elevação ou com a redução do preço, e se mantivesse nas mesmas 30.000 unidades, a demanda seria considerada absolutamente inelástica. Isso pode acontecer com bens (também absolutamente) essenciais e que não apresentem substitutos.

Este conceito, ainda que exposto de maneira simplista, é importante, porque quanto mais inelástica a demanda, maior a possibilidade de o monopolista ou o oligopolista exercer poder de mercado e quanto mais elástica a demanda, maior a tendência de que grandes empresas procurem dominar os mercados dos bens substitutos (elasticidade cruzada, que reflete os efeitos sobre a demanda do bem substituto, face a alteração de preço do bem substituído).

Fala-se, também, em **elasticidade renda da demanda**.

Elasticidade renda da demanda é variação da quantidade consumida de um determinado bem, diante da variação da renda do consumidor.

A tendência é que os indivíduos consumam mais de um determinado produto, quando sua renda se eleva. De forma similar, quando há redução da renda, também há redução do consumo.

A quantidade consumida pode ser proporcional à variação da renda (renda aumenta 1% e o consumo do bem aumenta 1%), mais que proporcional (renda aumenta 1% e o consumo do bem aumenta **mais** que 1% – bem elástico), ou menos que proporcional (renda aumenta 1% e o consumo do bem aumenta **menos** que 1% – bem inelástico).

Isso ocorre com os bens chamados normais. Com os **bens inferiores**, também denominados bens de Giffen, ocorre o inverso.

Há certos produtos cujo consumo aumenta quando a renda diminui e, ao revés, são menos consumidos quando a renda volta a subir.

O fenômeno é explicado pela necessidade de pessoas empobrecidas consumirem bens baratos. Ao recuperar a renda, deixam de consumir estes bens, retornando a adquirir bens de melhor qualidade.

O exemplo real frequentemente citado pela literatura é a grande fome na Irlanda. Em profunda crise, as pessoas não tinham dinheiro para comprar produtos mais caros, elevando assim o consumo de pão. Outros exemplos hipotéticos são citados, como o ônibus, em substituição ao transporte aéreo, carros populares em substituição aos carros de luxo, viagens locais em substituição ao turismo internacional.

6.4.4. Economia de escala

Um tema próximo ao da formação do preço nos diferentes modelos de mercado é o da organização das indústrias e da economia de escala.

A teoria da organização procura estudar o tamanho das empresas no sentido de dimensionar a escala ideal de produção.

Economia de escala é a redução do custo de insumos, face o crescimento da produção, ou seja, pela diluição do custo fixo por uma quantidade maior de produtos.

Ensina Hovenkamp, que "**economia de escala existe sempre que o custo de um insumo declina quando o volume cresce**. O resultado de economias de escala é que o custo de produção decresce por unidade básica na medida que o montante da produção cresce"[14].

14. HOVENKAMP, Herbert. Antitrust. Saint Paul, MN: Thomson West, 2005, p. 84 (tradução nossa).

O autor cita, também, exemplos de economia de escala, dentre os quais destacamos:

> Levar um caminhão do ponto A ao ponto B custa $ 100, esteja o veículo com carga completa ou com metade da carga. Como resultado, o caminhão cheio transporta a carga a um custo mais baixo por quilo transportado.
>
> [...]
>
> Um comercial publicitário de automóveis de trinta segundos na televisão custa $ 100.000, se a empresa produz 10.000.000 ou 90.000 automóveis por ano. Como resultado, o custo de publicidade por automóvel é mito mais baixo para o grande produtor[15].

Atrelado à noção de economia de escala é o conceito de **escala mínima ótima** (*minimum optimal scale – MOS*) ou **escala mínima de eficiência** (*minimum efficient scale – MES*).

Trata-se "**da menor quantidade de produção que uma companhia pode atingir, para obter total vantagem de economias de escala, com relação a insumos e custos**. Na economia clássica, a escala mínima de eficiência é definida como o menor nível de produção, em que o total de custos médios de longo prazo é minimizado"[16].

O reconhecimento de economias de escala é importante para o direito econômico sob diversos aspectos, pois orienta a intervenção pública na produção por meio de incentivos, benefícios fiscais e concessão de crédito.

Na política antitruste, como adverte Hovenkamp, "as economias de escala podem criar extraordinários dilemas"[17]. Um dos objetivos do direito antitruste é maximizar o proveito do consumidor, fim que pode ser alcançado com as reduções de custo decorrentes de economias de escala. De outro lado, o direito antitruste também impede concentrações econômicas, capazes de gerar economia de escala, pois tais concentrações são anticompetitivas (reduzem o número de competidores, dificulta a entrada de novos agentes no mercado etc).

Na prática, que nem sempre apresenta situações fáceis, o dilema é resolvido pela ponderação dos efeitos concorrenciais negativos (redução da concorrência, criação de barreiras) e os efeitos positivos (redução de custos e de preço ao consumidor) do ato de concentração econômica.

---

15. HOVENKAMP, Herbert. Antitrust. Saint Paul, MN: Thomson West, 2005, p. 84 (tradução nossa).
16. The smallest amount of production a company can achieve while still taking full advantage of economies of scale with regards to supplies and costs. In classical economics, the minimum efficient scale is defined as the lowest production point at which long-run total average costs (LRATC) are minimized. Disponível em: http://www.investopedia.com/terms/m/minimum_efficiency_scale.asp, Acesso em 26/10/2015.
17. HOVENKAMP, Herbert. Antitrust. Saint Paul, MN: Thomson West, 2005, p. 85 (tradução nossa).

6.5. A macroeconomia

A macroeconomia não é apenas a parte da economia que estuda o somatório de todos os mercados, de que cuidam a microeconomia.

Há variáveis econômicas que surgem do conjunto de toda a economia, mas que se dissocia dos mercados individualizados, como a taxa de juros, a taxa de câmbio, o nível de emprego, o nível geral de renda, a carga tributária. De outro lado, a regulamentação destas variáveis pode exercer influência decisiva nos mercados individualizados e no funcionamento de toda a economia.

A noção de que algo não estava explicado pela microeconomia começou a surgir no início do século XX, quando a Lei de Say – segundo a qual toda oferta gerava sua própria demanda, de forma que o pleno emprego seria a condição normal da economia – não encontrava respaldo na realidade, onde se via desemprego e crises econômicas.

O desemprego foi a preocupação de John Maynard Keynes, em sua "Teoria geral do emprego, do juro e da moeda", e o estudo dos ciclos econômicos a preocupação de Michael Kalecki, autor da "Teoria dinâmica da economia".

A partir de obras como estas, a economia ampliou seu rol de preocupações, surgindo a macroeconomia que estuda os agregados econômicos, como a produção (produto interno bruto – PIB) e o nível geral de preços; o nível geral de emprego e de salários; a oferta e a demanda de moeda, que determina a taxa de juros; a oferta e a demanda de moedas estrangeiras, o que determina a taxa de câmbio; a renda nacional; a balança comercial, que contabiliza todas as importações e as exportações do país, bem como o controle do pagamento destas operações; e o orçamento público, incluindo os gastos e as receitas do governo.

A macroeconomia decompõe a renda nacional em seus componentes, pelo lado da oferta, em salários, juros, aluguéis e lucros, que constituem a remuneração pelos fatores produtivos: o trabalho (remunerado pelos salários), o dinheiro ou capital (remunerado pelos juros), a propriedade de bens (remunerada pelos aluguéis) e a iniciativa e o risco dos empreendimentos (remunerados pelos lucros). De outro lado, pelo enfoque da demanda, a renda se divide em consumo (ou renda consumida) e em poupança (ou renda poupada), esta determinante para os investimentos.

Os principais objetivos econômicos estudados pela macroeconomia são **o desenvolvimento econômico**, que depende do nível de poupança e de investimento do país, **a estabilidade econômica**, que se traduz no combate a inflação (nível de preços) e às crises (ciclos econômicos) e a **distribuição de renda** (combate às desigualdades).

O desenvolvimento econômico é avaliado principalmente pelo crescimento do **PIB**, mas também são levados em conta apurações como o **índice de desenvolvimento humano – IDH**, dentre outros que revelam, além da riqueza gerada por um país, o nível de bem-estar da população.

A estabilidade econômica é medida especialmente pelos índices de inflação, os índices que medem o nível dos preços. A inflação tem, normalmente, duas causas principais, a redução da oferta, de um lado e de outro, o excesso de consumo. O Brasil já viveu, porém, períodos de inflação fomentados apenas pela expectativa de futuros aumentos de preços, chamada inflação inercial. Neste caso, ainda que a oferta e a demanda estivessem equilibradas, o simples receio de prejuízos pela elevação do preço dos insumos e da mão de obra levava os empresários a elevarem seus preços. Quer dizer, o medo da inflação estimulava a própria inflação.

Há, também, outros fatores que revelam a estabilidade econômica, como os índices de confiança na economia, a avaliação de risco de solvência das nações etc.

Já a distribuição de renda é medida pelo chamado índice de Gini.

> O **coeficiente de Gini** (ou índice de Gini) é um cálculo usado para medir a **desigualdade social**, desenvolvido pelo estatístico italiano Corrado Gini, em 1912. Apresenta dados entre o número 0 e o número 1, onde zero corresponde a uma completa igualdade na renda (onde todos detêm a mesma renda per capta) e um que corresponde a uma completa desigualdade entre as rendas (onde um indivíduo, ou uma pequena parcela de uma população, detêm toda a renda e os demais nada têm).

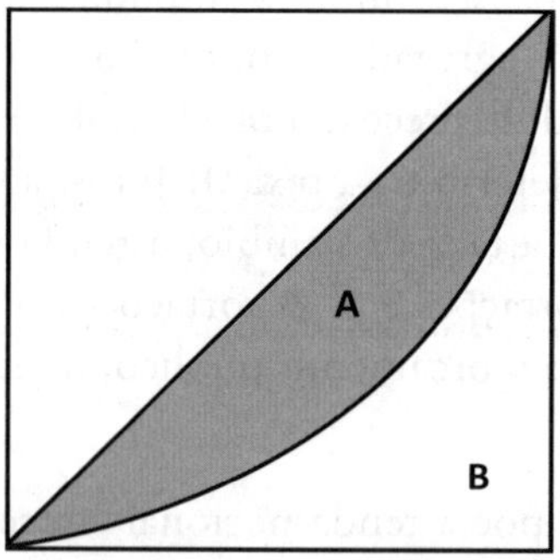

> O gráfico acima representa a fórmula utilizada para se obter o coeficiente de Gini, cuja linha horizontal representa a porcentagem total de pessoas e a linha vertical, a porcentagem total da renda da região a ser calculada. A linha diagonal representa uma igualdade perfeita entre pessoas e renda, vem representada pela linha curva[18].

Quanto mais perto o índice de um país estiver de 1 (em termos gráficos quanto mais longe a curva estiver da linha diagonal), mais concentrada será a renda, quanto mais próximo o índice estiver de zero (no gráfico, quanto mais próxima a curva estiver da linha diagonal), menor será a concentração de renda.

Também há outros indicadores de desigualdade, mas o índice de Gini é, certamente, o mais conhecido.

---

18. http://desigualdade-social.info/mos/view/Índice_de_Gini/

Para alcançar tais objetivos de crescimento econômico, estabilidade e distribuição de renda, a macroeconomia estuda os agregados econômicos, identifica seus problemas, e apresenta instrumentos, chamados instrumentos de política econômica, que podem ser utilizados para combater as deficiências encontradas.

Importante notar que os agregados econômicos estão intimamente ligados, pois decorrem, todos, da estrutura econômica de cada país ou região. Isso significa que um único instrumento de política econômica pode surtir efeitos em mais de um agregado e os feitos, por vezes, são invertidos. Assim, a definição da política econômica – ou da política macroeconômica – passa por um cuidadoso exame dos efeitos de cada ferramenta econômica sobre os agregados, para que se possa obter o máximo de eficiência, quer dizer, para que um instrumento destinado a melhorar um agregado econômico não prejudique os demais agregados e, se houver prejuízo para estes, que sejam compensados ou minimizados pelo manejo de outros mecanismos.

Veremos, a seguir, os principais instrumentos de política macroeconômica.

6.6. A política econômica

6.6.1. Introdução

Quando se fala em política econômica, normalmente se refere à macroeconomia.

É claro, porém, como vimos linhas acima, que o governo também pratica política microeconômica, quando impede comportamentos monopolistas nos mercados, quando fornece subsídios a setores da economia, quando concede benefícios fiscais a determinadas atividades, quando abre linhas de crédito especiais para microempresas ou para produtores rurais etc.

Optamos por dividir nosso estudo introdutório da macroeconomia em dois itens, justamente para fazer esta ressalva, de que a política econômica que se encontra presente no conceito de direito econômico é a política econômica total, tanto macro quanto microeconômica, mas que, em geral, a expressão "política econômica" é utilizada, principalmente nos meios de comunicação, para significar as medidas de macroeconomia tomadas pelo governo.

Com esta observação, passemos em revista pelos principais instrumentos de política econômica, utilizados para alcançar os objetivos de desenvolvimento, distribuição e estabilização da economia.

Os instrumentos de política econômica se dividem em três grandes grupos: o instrumento fiscal, o instrumento monetário e o instrumento cambial.

6.6.2. Instrumento fiscal

O instrumento fiscal é composto basicamente pelos **gastos** e pelas **receitas** governamentais.

O governo pode gastar mais, para aumentar o consumo e com isso estimular a produção de bens e a prestação de serviços, a contratação de pessoal e, em geral, para movimentar ou "aquecer" a economia. Para gastar mais, contudo, precisa arrecadar mais, o que pode ser feito de duas maneiras básicas, pela emissão de títulos públicos (empréstimos do governo) e pela arrecadação de tributos.

Se, de um lado, os empréstimos e os tributos permitem os benefícios dos gastos públicos, de outro promovem efeitos negativos. **Níveis elevados de endividamento público levam ao aumento da taxa de juros,** o que **inibe os investimentos privados** e **níveis elevados de carga tributária reduzem a lucratividade das empresas**, e também **desestimulam a produção.**

Assim, os gastos públicos devem ser mantidos em níveis estáveis, justificando sua elevação em casos de necessidade pública, naturalmente, e, por prazos curtos, em situações de crises econômicas conjunturais. Passado o problema, os gastos públicos devem ser novamente contidos, sob pena de que os efeitos de desestímulo à produção desencadeiem processos inflacionários ou recessivos.

Vale notar que o instrumento fiscal também pode ser eficaz face ao objetivo de **distribuição de renda e riquezas**. Pela cobrança progressiva de tributos como o imposto de renda, o estado faz com que a carga fiscal recaia mais severamente sobre os mais ricos, poupando, assim, os mais pobres. De outro lado, o governo pode destinar mais intensamente os recursos arrecadados para beneficiar regiões mais pobres do país ou camadas menos favorecidas da população.

No livro, vamos cuidar pouco do instrumento de política fiscal, pois a matéria é tratada exaustivamente pelo direito orçamentário e pelo direito tributário. Reservaremos, porém, um capítulo para um particular tributo, as contribuições de intervenção no domínio econômico, tanto pela importância da exação para a política econômica, quanto por sua relevância nos concursos públicos.

6.6.3. Instrumento monetário

A economia monetária cuida da moeda.

Até o século XIX, pensava-se que a moeda era apenas uma representação de valor, e que o mercado da moeda não interferia nos mercados reais, de produção e comercialização de bens e da prestação de serviços.

Diversos países do mundo inteiro, porém, experimentaram os efeitos nocivos da super desvalorização de suas moedas, causada por momentos de inflação elevadíssima. Ademais, a crise do mercado financeiro, cujo principal símbolo foi a quebra da bolsa de valores de Nova York, gerou efeitos concreto nos mercados reais, gerando desemprego e quebra de empresas.

Além disso, o valor da moeda de cada país era sustentado por reservas em ouro (o chamado padrão-ouro), o que deixou de existir, com a escassez do metal e o crescimento das economias.

A partir destes fatos, economistas, com destaque para John M. Keynes, começaram a perceber a interligação entre o mercado monetário e o mercado real, e a necessidade de controlar o valor da moeda, para preservar o bom andamento da economia real.

Com esta finalidade, surgiram os instrumentos de política monetária, dentre os quais se destacam a definição da taxa básica de juros, pagas pelo governo, a limitação do crédito, e a limitação da capacidade dos bancos gerarem moeda.

Por certo, a moeda é o núcleo da política monetária.

Por **moeda**, em economia, entende-se **tanto o papel-moeda circulante e os depósitos bancários à vista** (que podem ser sacados a qualquer momento), quanto **depósitos em cadernetas de poupança e títulos representativos de valor**.

O papel-moeda e os depósitos à vista são meios de pagamento imediatos, absolutamente líquidos e capazes de surtir efeitos também imediatos na economia (são chamados M1). Os depósitos em caderneta de poupança e aplicações que não permitam resgate imediato, assim como títulos mobiliários, não apresentam a mesma liquidez. São capazes de surtir efeitos positivos e negativos na economia, mas de forma mais lenta, sujeitas, portanto, a regramentos diversos. São denominados M2, M3 etc, na medida que sua liquidez vai diminuindo.

Pensando no M1, economistas afirmam que o índice de preços do mercado real (I) multiplicado pela produção (P) equivale a quantidade de moeda existente (M) multiplicado pela velocidade da circulação da moeda (V), formando a equação IP = VM. Assim, quanto mais moeda circulante ou quanto mais rápida a velocidade que a moeda circula, maior tende a ser o índice de preços (a inflação) e quanto menos moeda ou menor a velocidade de circulação da moeda, menor tende a ser a inflação. De outro lado, quanto maior a produção, para a mesma quantidade e velocidade de circulação da moeda, menor o índice de preços e vice-versa.

Ocorre que o nível de produção não pode ser aumentado rápida ou facilmente. Leva investimento e tempo para aumentar a produção. A velocidade de circulação da moeda também é mais ou menos estável. Porém, a geração de moeda pode ser instantânea.

O papel-moeda é produzido pela autoridade monetária. Contudo, os bancos também possuem capacidade de "gerar" moeda, na medida em que os correntistas mantêm saldo depositados. A certeza de que os clientes não vão resgatar todo o dinheiro depositado, permite que os bancos emprestem mais dinheiro do que recebem em depósito, até um determinado limite de segurança.

Imaginemos que um banco possua 1000 clientes, cada um deles com saldo de R$ 10.000,00 depositados. O total de depósitos então é de 10.000.000,00. Porém, o banco sabe que os clientes resgatam, no máximo e em média, R$ 6.000,00 por mês. Assim, o banco precisa ter disponível apenas R$ 6.000.000,00, para honrar os pagamentos destes clientes. Os outros R$ 4.000.000,00 ficariam "parados" no banco, sem serem movimentados.

Diante disso, o banco empresta estes R$ 4.000.000,00 a terceiros. Estes tomadores de recursos, que nada tinham, agora podem gastar estes R$ 4.000.000,00 e a quantidade de dinheiro utilizada para pagamentos subiu de R$ 10.000.00,00 em papel-moeda depositados no banco por seus clientes, para R$ 14.000.000,00, considerando os R$ 4.000.000,00 emprestados a terceiros que não possuíam papel-moeda.

Ocorre que estes tomadores de recursos também não resgatam todo o dinheiro de uma vez, e mantêm parte do recurso depositado no banco, que, por sua vez, nota que pode emprestar, vamos supor, mais R$ 1.000.000,00, repetindo a história.

O banco, então, "cria" moeda, na medida em que empresta dinheiro a terceiros, controlando o saldo das aplicações de seus clientes.

Tanto o papel produzido pela Casa da Moeda[19] quanto os empréstimos bancários, são M1 e têm efeitos no índice de preços!

O que fazer, então, para controlar esta geração de moeda?

A produção de papel-moeda é definida pela própria autoridade monetária, diretamente. A produção de moeda pelos bancos, a seu turno, é controlada indiretamente, de três formas básicas.

A primeira delas, é a definição da **taxa de juros**. Quanto maior a taxa de juros, mais caros ficam os empréstimos e menos as pessoas se sentem estimuladas a tomar financiamentos.

Outra, mais radical, mas que é utilizada pela política governamental, é **limitar o crédito**. A autoridade monetária define o valor e o prazo máximo de cada tipo de empréstimo, podendo, por exemplo, limitar o parcelamento de contas de cartão de crédito, definir limites máximos de parcelas de consórcios etc. Quanto menos cada interessado puder tomar, menor a geração de moeda e quanto mais rápido o tomador tiver que honrar seu empréstimo, menos estimulado a fazer o empréstimo ele ficará e menor também será a criação de moeda.

O último dos principais instrumentos monetários é o **encaixe bancário ou depósito compulsório**. O encaixe é o percentual dos depósitos que os bancos comerciais recebem de seus clientes e devem, por sua vez, depositar no Banco Central. No nosso exemplo, o banco possuía R$ 10.000.000,00 em depósitos e conseguia gerar mais R$ 5.000.000,00 em empréstimos. Para reduzir esta capacidade, o Banco Central determina que o banco deposite R$ 2.000.000,00 em sua própria conta, quer dizer, na conta do Banco Central, de sorte que o banco não poderá utilizar R$ 10.000.000,00 para realizar novos empréstimos, mas somente R$ 8.000.000,00, reduzindo-se assim sua capacidade de criar moeda.

19. Vamos lembrar que a Casa da Moeda não se confunde com a autoridade monetária, que é o Banco Central. A função da Casa da Moeda não é realizar a política monetária, mas apenas produzir, imprimir, cunhar a moeda no Brasil.

Vamos lembrar, mais uma vez, que todo instrumento de política macroeconômica deve ser utilizado com cuidados. A definição de taxas de juros muito altas inibe a produção econômica e, ao contrário, taxas muito baixas podem gerar inflação.

Por outro lado, a criação de moedas pelos bancos é importante para financiar a capacidade produtiva da economia, não podendo ser severamente restringida, sob pena de redução do investimento produtivo. Ao revés, a liberação de empréstimos para consumo pode ser inflacionária, mas a inexistência de crédito afeta o capital de giro das empresas e a capacidade de absorção (consumo) da produção pelo mercado.

Trataremos mais sobre a matéria, bem como sobre o controle de títulos e valores mobiliários na parte relativa ao sistema financeiro.

6.6.4. Instrumento cambial

A política cambial, a seu turno, cuida do valor da moeda nacional face as moedas estrangeiras.

Embora já exista a possibilidade de realização de pagamentos internacionais em moeda nacional, especialmente entre países da América do Sul, o Real ainda é considerado uma moeda fraca, de modo que as operações comerciais do Brasil são realizadas primordialmente com moedas como o Dólar e o Euro.

O valor do câmbio entre moedas atua decisivamente no comércio internacional dos países e pode ser utilizado para estimular importações (câmbio baixo), exportações (câmbio elevado), mas também pode surtir efeitos na economia interna, como o endividamento externo (o que as pessoas de um país devem a pessoas no exterior), a oferta e a demanda internas e o preço dos bens no mercado interno.

Ocorre que nas relações econômicas internacionais há a transferência de bens e serviços, mas também transferência de riquezas, que pode ser positiva ou negativa, principalmente se o câmbio não estiver equilibrado.

Para entender melhor este fenômeno, vamos pensar num exemplo.

Imagine que uma pessoa no Brasil produza sapatos e outra nos Estados Unidos produza camisas. O brasileiro consegue produzir sapatos ao custo de R$ 100,00, o par, incluindo sua margem de lucro. O norte-americano, a seu turno, produz camisas ao custo de US$ 50,00. Ao câmbio hipotético de 1 US$ = 2 R$, o custo de produção dos dois é igual e um par de sapatos custa o mesmo que uma camisa.

Deixando de lado os custos de importação, as tarifas alfandegárias e o custo do transporte, o brasileiro que pretenda importar uma camisa terá que produzir e vender um par de sapatos no mercado interno. Se o câmbio se desvalorizar e passar para 1 US$ = 4 R$, mantidas as demais condições de custo, a camisa norte-americana continuará custando US$ 50,00, mas não custará R$ 100,00 para o brasileiro. Com o câmbio desvalorizado, o brasileiro que desejar adquirir a mesma camisa terá de desembolsar R$ 200,00 (4 x US$ 50,00), vale dizer, terá que produzir e vender dois pares de sapatos. Neste caso, irá transferir mais riqueza para adquirir a mesma utilidade (uma camisa).

Por outro lado, o par de sapatos brasileiros que custava US$ 50,00 ao câmbio de 1 US$ = 2 R$, passará a custar apenas US$ 25,00. Ficará barato, pois, para o consumidor norte-americano importar sapatos do Brasil e surgirá um estímulo ao aumento da produção brasileira de sapatos, gerando assim mais empregos no país.

Fenômeno semelhante se passa com os investimentos internacionais. O estrangeiro que possui investimentos, por exemplo, em ações, no Brasil, ganhará o rendimento das ações. Mas como este rendimento é definido em Reais, o investidor, ao converter seus ganhos na moeda de seu país, ganhará mais se o Real estiver valorizado e ganhará menos se o Real estiver desvalorizado. Por óbvio, o inverso se aplica para o brasileiro que realiza investimentos no exterior, na moeda do país estrangeiro.

Pois bem, mas qual deve ser a taxa de câmbio entre as moedas? o que é melhor, o câmbio valorizado, desvalorizado ou estável?

Não há uma única resposta para nenhuma dessas questões.

O **valor da moeda** de um país deve, em princípio, refletir seu nível de produtividade em relação ao dos demais países. Contudo, em boa medida, o valor das moedas se comporta também como o das mercadorias e está sujeito às leis da oferta e da demanda. Isso quer dizer que se houver muita procura pela moeda brasileira (por exemplo, em decorrência do aumento das exportações nacionais ou do aumento do investimento estrangeiro no país), seu valor tende a subir; se, ao contrário, houver muita oferta, seu valor tende a baixar.

Outro fator relevante é a **inflação**. Se o nível de preços de um país sobe, sem o correspondente aumento da produção e da produtividade, seria um contrassenso se o câmbio ficasse mais valorizado. Assim, a inflação normalmente provoca uma desvalorização da moeda do país, equivalente ao aumento do nível dos preços.

Quanto ao que é mais vantajoso, isso também vai depender da situação do país. Se seu nível de produção está baixo, o câmbio desvalorizado (moeda nacional fraca e dólar forte) se mostra interessante. Se, ao contrário, pretende receber investimentos estrangeiros, a perspectiva de valorização do Real se torna mais favorável.

Fato é que os desequilíbrios cambiais afetam as relações econômicas entre os países e, não por outra razão, os organismos internacionais recomendam uma administração cambial com vistas na estabilidade.

Dependendo, porém, da necessidade de cada país, os governos têm alguns instrumentos mais ou menos gravosos, para controlar o valor do câmbio.

No Brasil, há um **imposto que incide sobre o câmbio, o IOF**, que pode ser utilizado para gravar a entrada de moeda estrangeira no país pela via dos investimentos e assim reduzir a oferta da moeda estrangeira. Por outro lado, quando pretende reduzir a demanda, esse imposto passa a gravar a saída de moeda estrangeira.

A atuação direta no câmbio, porém, é mais eficiente.

Os países podem administrar sua taxa de câmbio de várias maneiras, entre a liberdade plena (em que as forças de mercado definirão a cotação da moeda) e o câmbio fixo (em que a autoridade monetária mantém artificialmente um valor para a moeda).

As **modalidades básicas de administração do câmbio** neste intervalo são:

- Câmbio flutuante;
- Câmbio flutuante com intervenção no mercado pela autoridade monetária;
- Bandas cambiais, em que a autoridade monetária estabelece faixas de valor, dentro das quais a cotação da moeda poderá oscilar;
- Câmbio fixo.
- *Currency board*, no qual se "cria uma âncora cambial, de modo a gerar credibilidade na conversão da moeda"[20];

O Brasil já viveu momentos de câmbio fixo e também experimentou as bandas cambiais. Hoje vigora o câmbio flutuante, mas o Banco Central, com frequência, intervém no mercado para controlar o valor da moeda.

Esta intervenção se dá, no mais das vezes, pela venda de títulos (não da própria moeda estrangeira). Se o dólar ameaça subir, o governo vende títulos que aumentam a oferta da moeda estrangeira no mercado, reduzindo, com isso, seu valor ou pelo menos seu ritmo de valorização (mercado a vista) ou promete vender dólares na cotação que lhe convém, no futuro, reduzindo a demanda presente por dólares. Neste caso, "acalma" a parcela do mercado que pretendia comprar dólares hoje, na expectativa de sua valorização no futuro, pois haverá oferta de dólares, no futuro, abaixo da expectativa dos investidores.

Nas situações de câmbio fixo ou de banda cambial, o governo não compra ou vende moeda estrangeira. A atuação se faz por meio normativo e é a norma que irá definir, "artificialmente" a cotação das moedas.

Para encerrarmos esta introdução, vale frisar que nosso objetivo não é esgotar a matéria – nem a respeito dos instrumentos de cambial, nem monetário ou fiscal – mas apenas apresentar os perfis básicos da política macroeconômica, que compõe parte essencial do conceito de direito econômico.

7. MÉTODOS DE DIREITO ECONÔMICO

7.1. Introdução

Todo método de direito econômico buscará a aproximação dos fenômenos jurídico e econômico, ainda que este método não seja privativo do direito econômico, como a vertente chamada **análise econômica do direito** ou *law and economics*, que visa fornecer elementos de eficiência e maximização de bem-estar para a análise de qualquer ramo do direito, inclusive para o direito econômico.

De fato, a interpretação do direito econômico pode ser realizada por quaisquer dos métodos hermenêuticos da teoria geral do direito, como o método literal, o método sistemático

20. OLIVEIRA, Virgínia I., GALVÃO, Alexandre, RIBEIRO, Érico (orgs). Mercado financeiro: uma abordagem prática dos principais produtos e serviços. Rio de Janeiro: Elsevier, 2006, p. 291.

e o método teleológico. De igual forma, aplicam-se ao direito econômico o princípio da supremacia constitucional, bem como as modernas teorias de interpretação constitucional, como, por exemplo, a ponderação, a coordenação e a exclusão de princípios, na interpretação da lei face aos casos concretos e a teoria da interpretação conforme a constituição.

Interessa-nos mais, neste momento, as peculiaridades – não necessariamente as exclusividades – do direito econômico, vale dizer, em que o método do direito econômico se diferencia do método da teoria geral do direito.

Washington Albino apresenta diversas posições sobre a integração entre direito e economia, cada uma delas propondo um método próprio[21].

Após o estudo dessas opiniões, conclui o autor propondo a utilização do **método de direito econômico** que denomina "método analítico substancial", "o que emprega a 'análise', partindo do 'fato' originário (político-econômico), para atingir a 'conclusão' (jurídica)[22].

Em essência, este método pode ser empregado em qualquer ramo do ordenamento jurídico, cuidando-se de que o fato seja próprio da área estudada, como o fato crime para o direito penal, os fatos da vida civil, para o direito civil, o fato representativo de capacidade contributiva, para o direito tributário[23].

Uma observação que nos parece muito importante é a complexidade do fato econômico, muito maior que a maioria dos fatos sociais regulados pelo direito. Por tal razão, o recurso à ciência que estuda o fato econômico, a economia, se mostra mais importante no direito econômico do que o recurso às ciências sociais que estudem fatos mais simples e intuitivos, como o nascimento e o contrato, no direito civil, o homicídio, no direito penal etc.

Dando continuidade a suas explicações, expõe o Professor Washington Albino que o método de direito econômico se caracteriza como "método misto, que assim funciona na espécie":

a) 'observação' do 'fato econômico', que vai figurar como 'núcleo' ou 'substância' da 'norma de Direito Econômico', nesta primeira fase do raciocínio. São utilizados métodos da Ciência Econômica;

b) 'caracterização' da 'política econômica', como 'elemento substancial', nesta segunda fase, pelo ajustamento do 'fato econômico', à 'ideologia'. São utilizados métodos da Ciência Política;

---

21. SOUZA, Washington P. Albino. Primeiras linhas de direito econômico. São Paulo: LTr, 2003, p. 83 e seg.
22. SOUZA, Washington P. Albino. Primeiras linhas de direito econômico. São Paulo: LTr, 2003, p. 106.
23. A metodologia proposta pelo Professor Washington Albino parece-nos unidirecional, pois parte do fato econômico para a conclusão jurídica. Outras metodologias podem também ser empregadas, como por exemplo a teoria tridimensional do direito, de Miguel Reale, que propõe a integração dialética de fato, valor e norma (ver. REALE, Miguel. Teoria tridimensional do direito: situação atual. São Paulo: Saraiva, 1994).

c) elaboração das 'hipóteses' e das 'conclusões' jurídicas relativas ao 'fato político-econômico', dando-lhes tratamento de 'fato jurídico' em toda a extensão de suas manifestações, não só na identificação da 'norma' em que figura como 'conteúdo', mas também da 'regra', assim como na elaboração, na interpretação, na aplicação das leis ou mesmo na pesquisa científica do Direito Econômico[24].

A partir de uma metodologia geral de direito econômico, que irá apresentar a forma de integração entre o fato econômico e a norma jurídica, destacam-se teorias que se especializam na compreensão do fato econômico observado e que irão gerar resultados finais diversos para o direito econômico.

Se o método parte da observação do fato econômico, é evidente que o matiz de pensamento econômico, liberal, keynesiano, monetarista, utilitarista etc, do interprete trará resultados jurídicos também distintos ao direito econômico. É dizer, autores como John Ralws e Jürgen Habermas, com formação neomarxista, não compreenderiam os fatos econômicos da mesma forma que autores como Richard Posner, com formação liberal, e, portanto, apresentam propostas jurídico-econômicas distintas.

Inegável, porém, que a proposta da análise econômica do direito, ou *law and economics*, com origens no pensamento utilitarista de Jeremy Bentham e nas noções do ótimo de Pareto e do equilíbrio de Kaldor-Hicks, desenvolvida nos Estados Unidos pelas obras de Ronald Coase e Guido Calabresi, e que conta com o nome de Richard Posner como um de seus representantes mais proeminentes, tem conquistado espaço relevante no direito econômico, especialmente na regulação da concorrência.

7.2. Análise Econômica do Direito – AED

A análise econômica do direito – AED é uma forma de aproximar a ciência econômica, que se pauta pela eficiência, da ciência jurídica, que se pauta tradicionalmente pela busca do justo. **A AED procura transferir para o direito, tanto em sua estrutura quanto em sua aplicação, os métodos da ciência econômica**.

De fato, não há uma contradição entre justiça e eficiência, de forma que, em princípio, não há problemas em procurar atribuir ao direito a noção de eficiência, embora nem sempre isso seja possível.

Com este objetivo, a AED pretende que o direito seja elaborado e aplicado com vistas na maximização de utilidade dos indivíduos quanto do bem-estar social, que pode ser definido de forma simplista como o somatório da utilidade de todos os indivíduos.

Neste sentido, caberia ao direito (a qualquer ramo do direito, não apenas ao direito econômico) visar a eficiência das relações de cunho econômico que regula, como a propriedade, os contratos, a responsabilidade por danos etc. Por outro lado, não caberia

24. SOUZA, Washington P. Albino. Primeiras linhas de direito econômico. São Paulo: LTr, 2003, p. 106.

ao direito corrigir, nestas relações, distorções sociais, como a pobreza, problemas que deveriam ser atacados por outros meios, como políticas governamentais de distribuição de renda e de desenvolvimento econômico.

A AED defende que as partes envolvidas nos conflitos podem resolver as externalidades, sob certas condições, com a maior eficiência possível, bastando que os ônus destes efeitos fossem atribuídos às partes mais aptas a assumi-los, enquanto regras pré-estabelecidas poderiam atribuir o ônus às partes menos aptas, gerando, assim ineficiências.

É o que enuncia o teorema de Coase:

> Os agentes econômicos privados podem solucionar o problema das externalidades entre si. Qualquer que seja a distribuição inicial dos direitos, as partes interessadas sempre podem chegar a um acordo no qual todos fiquem numa situação melhor e o resultado seja eficiente.[25]

Num exemplo, se A (advogado) provoca um acidente de trânsito e causa danos ao veículo de M (mecânico de automóveis), a AED não teria dúvidas em atribuir a M a tarefa de reparar o veículo e a A o dever de pagar os custos de M. Se a solução fosse simplesmente determinar que A reparasse o veículo de M, A teria que buscar os serviços de terceiro, certamente o dispêndio de A seria mais elevado, e o resultado menos eficiente.

O exemplo é imperfeito[26], mas nos permite introduzir os conceitos de equilíbrio de Pareto (desenvolvido pelo economista Vilfredo Pareto) e de Kaldor-Hicks (dos economistas Nicholas Kaldor e John Hicks).

Para estes autores, a solução do caso do acidente de trânsito será eficiente se M tiver a melhoria devida (seu veículo reparado) e se A pagar o menor valor possível pelo dano.

Para complementar, na visão de Pareto a solução será eficiente (ótimo) sempre que alguém receba um ganho, sem causar prejuízo a ninguém.

Na visão de Kaldor-Hicks, o ótimo não é necessário, e pode haver eficiência mesmo se houver alguém que sofra prejuízos. Vamos supor que M vá reparar seu veículo ao custo de R$ 1.000,00, pagos por A, ao passo que o reparo por terceiro custaria R$ 2.000,00. Ocorre que M não tem a peça necessária para o reparo, e seu veículo ficará parado por mais um dia até que a peça esteja à disposição de M, causando-lhe um prejuízo de R$ 100,00. Assim, M terá prejuízo, mas a solução ainda será eficiente, pois o custo do reparo ainda será inferior aos R$ 2.000,00 que seriam cobrados pelo terceiro. Mesmo raciocínio podemos fazer em favor de M, supondo que este consiga a peça no mesmo dia e por um valor inferior ao esperado, reduzindo o custo no montante de R$ 50,00. A terá pago mais do que o necessário para o reparo do veículo de M, mas o custo de R$ 1.000,00 continua mais vantajoso que o preço do terceiro.

---

25. MANKIW, nº Gregory. Introdução à Economia. São Paulo: Thomson Learning, 2006, p. 210-211.
26. Para o estudo dos exemplos utilizados por Coase bem como para a compreensão detalhada da AED, recomendamos: LARA, Fabiano Teodoro de Rezende. A análise econômica do direito como método e disciplina. E-civitas Revista Científica do Departamento de Ciências Jurídicas, Políticas e Gerenciais do UNI-BH Belo Horizonte, vol. I, no 1, nov-2008. ISSN: 1984-2716. Disponível em: www.unibh.br/revistas/ecivitas, Acesso em 20/10/2015.

No **direito antitruste**, como vimos, é muito mais fácil defender a aplicação das regras de eficiência econômica no direito, embora a AED tenha ganhado espaço em outras áreas, especialmente no direito privado.

Para Posner, um dos principais expoentes na matéria, a análise econômica do direito, até a década de 1960, era sinônimo da economia aplicada à concorrência (antitruste), mas, a partir dos trabalhos de Coase e Calabresi, o método ganhou novo fôlego, com pretensões de ser aplicado sistematicamente em diversas áreas do direito, o que o autor chama de nova análise econômica do direito[27].

A AED, contudo, não está isenta de críticas ou livre de teorias concorrentes.

Embora o direito tome emprestado teorias e outras áreas do conhecimento, há certa pretensão de que as teorias da justiça sejam eminentemente jurídicas e, portanto, boa dose de rejeição às teorias econômicas, supostamente injustas.

Observa Fabiano Lara:

> Outrossim, a função do Direito desloca-se de estabelecimento de parâmetro meramente moral de ação para um parâmetro de equilíbrio entre forças da demanda e da eficiência econômica.
>
> Aponta Durán y Lalaguna (1992), de forma sistemática, três possibilidades de fato acerca do equilíbrio do mercado – o equilíbrio perfeito, o desequilíbrio corrigível (ou inalcançado) e o desequilíbrio incorrigível (inalcançável) – para as quais variaria a solução apresentada pela Análise Econômica do Direito.
>
> Em uma primeira situação, a de equilíbrio perfeito do mercado, não competiria ao sistema jurídico nenhuma função decisória, mas meramente assecuratória das condições ambientais de liberdade e segurança, por intermédio da atribuição de ineficácia jurídica às transações irracionais, e, ainda, garantia executiva das decisões do mercado.
>
> Na segunda hipótese, a de desequilíbrio corrigível (ou inalcançado), o Direito teria um papel de corrigir a diferença entre os custos e benefícios sociais.
>
> Por fim, na terceira situação, em que seja impossível a recuperação do equilíbrio de mercado e sejam irredutíveis os custos de transação, a função do Direito será de distribuir custos e benefícios entre as partes, numa verdadeira simulação do que teria ocorrido se o mercado estivesse em situação de equilíbrio. O Direito, nessas situações, substituiria o mercado na tomada de decisões e na configuração de medidas concretas[28].

Não é de se estranhar que uma tal teoria, que prega um papel importante, mas apenas suplementar ao direito, seja rejeitada por juristas.

---

27. POSNER, Richard A. Economics analysis of law. New York: Wolters Kluwer, 2011, p. 29-30.
28. LARA, Fabiano Teodoro de Rezende. A análise econômica do direito como método e disciplina. E-civitas Revista Científica do Departamento de Ciências Jurídicas, Politicas e Gerenciais do UNI-BH Belo Horizonte, vol. I, no 1, nov-2008. ISSN: 1984-2716. Disponível em: www.unibh.br/revistas/ecivitas, Acesso em 20/10/2015.

O próprio Posner elenca críticas levantadas contra a análise econômica do direito. Uma delas seria que "as bases normativas da abordagem econômica são tão repulsivas que seria inconcebível que um sistema legal as abraçariam, tendo em vista que a lei reflete e implementa normas de fundamento social"[29], argumento rejeitado pelo autor, que aduz ser a eficiência "um dos componentes do sistema ético da nossa sociedade orientada para o mercado"[30].

Outra crítica recorrente apontada pelo autor aduz que a AED manifesta obstáculos de políticas conservadoras. Contra argumenta Posner que "a pesquisa econômica que suporta posições liberais raramente é combatida por exibir obstáculos políticos"[31].

Posner também menciona que a AED é criticada por ignorar a justiça. Aduz, porém, que o termo justiça possui vários significados e que a eficiência pode ser considerada forma de justiça distributiva. Ademais, leciona que "não seria surpresa que num mundo com escassez de recursos o desperdício seja considerado imoral"[32]. Nas palavras de Fabiano Lara, se uma sociedade eficiente não é necessariamente injusta, "uma sociedade pobre ou ineficiente é geralmente injusta" [33].

Posner reconhece, porém, que há mais na noção de justiça que eficiência e que este fato deve ser levado em consideração[34].

A AED é, certamente, importante método na aplicação do direito econômico e pode ser estendida a outros ramos do direito. Seus pressupostos, contudo, – e nisso não há nenhum demérito – podem ser questionados, como os de qualquer outro método científico.

As condições exigidas pela análise econômica do direito para que a solução do conflito seja eficiente nem sempre se encontram presentes nas relações (as pessoas nem sempre procuram eficiência econômica; os custos podem ser muito elevados para que se alcance a solução eficiente; etc) e, por vezes o direito regula situações de forma menos eficiente, sob o prisma da economia, em prol de valores socioculturais.

As principais críticas, porém, destinam-se a afirmar que **as eficiências econômicas podem gerar desigualdades**, devendo o direito maximizar as oportunidades e zelar pelo bem-estar das camadas mais pobres da população.

---

29. POSNER, Richard A. Economics analysis of law. New York: Wolters Kluwer, 2011, p. 34.
30. POSNER, Richard A. Economics analysis of law. New York: Wolters Kluwer, 2011, p. 34.
31. POSNER, Richard A. Economics analysis of law. New York: Wolters Kluwer, 2011, p. 34.
32. POSNER, Richard A. Economics analysis of law. New York: Wolters Kluwer, 2011, p. 35.
33. LARA, Fabiano Teodoro de Rezende. A análise econômica do direito como método e disciplina. E-civitas Revista Científica do Departamento de Ciências Jurídicas, Políticas e Gerenciais do UNI-BH Belo Horizonte, vol. I, no 1, nov-2008. ISSN: 1984-2716. Disponível em: www.unibh.br/revistas/ecivitas, Acesso em 20/10/2015.
34. POSNER, Richard A. Economics analysis of law. New York: Wolters Kluwer, 2011, p. 35.

John Rawls, por exemplo, propõe em sua Teoria da Justiça a cooperação social e prática de políticas (pelo direito) que visem efeitos distributivos, não considerando justa qualquer medida que aumente a desigualdade entre as pessoas, quer dizer, que prejudique a população mais pobre[35].

Ronald Dworkin, a seu turno, critica a análise econômica do direito, ao afirmar que a **maximização da riqueza não é um valor independente e uma sociedade mais rica não necessariamente será uma sociedade mais justa**[36].

Estas discussões são novas no âmbito do direito, mas existem há muito na economia, e pode ser vista nos debates de economistas entre marxistas e liberais, webberianos e marxistas, keynesianos e clássicos, neokeynesianos e neoliberais, cada qual defendendo seus pontos de vista. Uma vez incorporada a economia como método no direito, o debate econômico tende a se estender, também, no âmbito jurídico.

Duas observações nos parecem importantes. Uma: não se pode julgar os métodos, seja de Posner, de Coase, de Dworkin ou de Rawls como bons ou maus, pois todos eles se baseiam em critérios morais. Isso quer dizer que todos entendem que suas teorias são melhores para atender os interesses da sociedade. Tais teorias podem ser avaliadas, ao revés, como mais ou menos adequados para cada situação ou mais ou menos aceitos dentro de determinado ordenamento jurídico.

Outra observação importante é que os métodos da AED ou de outras linhas de pensamento não são necessariamente contraditórios, mas podem coexistir num mesmo ordenamento jurídico.

7.3. O sistema econômico e o método no direito econômico

Não são raras as referências ao fato de que **o direito econômico postula o aprimoramento do sistema econômico, não sua reformulação ou alteração.**

A afirmativa é tanto mais verdadeira quanto mais o sistema econômico é capaz de atender as necessidades da população de um determinado país, em dado momento histórico.

Assim, parece muito verdadeira a assertiva, por exemplo, nos Estados Unidos, onde o direito econômico em geral e o direito antitruste em especial, procuram manter as condições do capitalismo que levou aquela nação a se tornar a maior potência mundial.

No Brasil, a seu turno, embora a assertiva não se mostre falsa, cabe ao direito econômico, mais do que manter certas condições, comparativamente precárias, contribuir na promoção de melhorias destas condições, para viabilizar o aprimoramento do próprio sistema produtivo.

35. RAWLS, John. Uma teoria da justiça. São Paulo: Martins Fontes, 2002.
36. DWORKIN, Ronald. Levando os direitos a sério. São Paulo: Martins Fontes, 2007.

Como asseverou um famoso economista americano, "nada é mais importante para os países pobres que sua própria pobreza" (Galbraith), o que, para nós, tem significado duplo e, por vezes, contraditórios. Além de preservar o que há de eficiente e de estimular novas eficiências na economia, a política econômica deve prover medidas dirigidas em favor parcela da população, incapazes de atuar competitivamente no mercado, ainda que tais medidas sejam pouco eficientes para o conjunto da sociedade.

Em linhas gerais, portanto, o direito econômico empregará métodos que melhor atendam as políticas econômicas de cada nação.

7.4. Do método conforme o sub-ramo do direito econômico

O método de direito econômico também não será idêntico em todas as suas áreas de atuação.

Como dissemos, na aplicação da lei antitruste, as eficiências econômicas presentes ou esperadas são fatores capazes de definir a legalidade ou a ilegalidade de condutas. Na regulação do mercado financeiro, porém, a preocupação com a eficiência é apenas residual.

Quando uma empresa pretende lançar títulos no mercado (ações, debêntures, derivativos) a Comissão de Valores Mobiliários – CVM exige a apresentação de diversos documentos e de diversas informações, regula a forma e o prazo da oferta pública e mantém a fiscalização formal das operações.

Em regra, porém, a CVM não realiza análise do mérito do investimento, vale dizer, o exame da viabilidade econômica do papel ofertado, se ele tende a ser um papel lucrativo ou não, análise que fica a cargo dos interessados em adquiri-lo. A CVM realiza, em princípio, análise formal da oferta pública, visando que esta seja acompanhada de todos os elementos que permitam aos interessados avaliar a viabilidade do investimento, mas ela própria, a CVM, não realiza tal análise de mérito, mostrando-se lícita a oferta de papéis, cujo resultado econômico venha a se mostrar negativo no futuro, isto é, de papéis que gerem prejuízo.

Apenas em situações excepcionais, como a primeira oferta pública de papéis de uma empresa ou a oferta de papéis cuja rentabilidade esteja atrelada majoritariamente na própria rentabilidade da empresa, exige a CVM que a empresa ofertante apresente estudo de viabilidade do título ofertado. E apenas em situações extraordinárias, poderá a CVM indeferir a oferta pública de papéis para a constituição de uma empresa, por considerar o empreendimento inviável ou temerário.

7.5. Especificidades do método de direito econômico

Seja qual for o método de aproximação entre direito e economia adotado no direito econômico, podemos encontrar especificidades, ao tratarmos de questões particulares.

Um interessante **exemplo** pode ser encontrado **nas regras do ilícito de "per se" e no ilícito nos termos da "regra da razão", pertencentes ao direito antitruste**.

Diz-se que um acordo de empresas do mesmo ramo de atividades (cartéis), visando a prática comum de preços elevados (acima do preço de equilíbrio do mercado) e o limite da produção (abaixo da quantidade de equilíbrio de mercado) ou os acordos que visem a divisão do mercado em áreas geográficas para cada empresa participante do negócio são ilícitos por si sós, independentemente do benefício econômico que tais acordos podem gerar, como otimização dos custos de transporte, pagamento de salários mais elevados, aumento no investimento em pesquisas.

Ao revés, outros tipos de acordos, visando, por exemplo, o fortalecimento do setor contra crises conjunturais, a defesa conjunta contra o poder de mercado de fornecedor ou cliente monopolista comum, podem ser aceitos, mesmo se apresentarem perfis anticoncorrenciais, se as vantagens (as razões) econômicas acima mencionadas gerarem benefícios superiores ao da redução da concorrência.

A esta distinção, em princípio conceitual, opõe-se uma questão metodológica, de que todas as condutas anticoncorrenciais devem ser analisadas pelo prisma da regra da razão. Neste sentido, não haverá condutas de per se ilícitas, mas acordos que, por sua natureza, pelo poder econômico envolvido, violentam a concorrência de maneira tão grave, que uma análise sumária revela a impossibilidade de que dele decorram vantagens econômicas líquidas. Em outras condutas, porém, por serem menos agressivas, vislumbra-se a possibilidade da geração de efeitos econômicos compensatórios e o acordo será considerado lícito ou ilícito, após aprofundado exame dos efeitos concorrenciais e das eficiências, geradas e esperadas pelo acordo.

8. QUADROS SINÓTICOS

Origens do direito econômico

Antecedentes	▶ Mercantilismo ▶ Fisiocratas ▶ Corporações de ofício ▶ Liberalismo ▶ Rejeitava-se a intervenção do estado na economia
Liberalismo	▶ Adam Smith, "A riqueza das Nações", ideia da mão-invisível do mercado. ▶ David Ricardo, "Princípios de política econômica e tributação", teorias do valor trabalho e das vantagens competitivas. ▶ **Conceito de liberalismo** ▶ Doutrina dos partidários da livre-empresa, que se opõe ao socialismo e ao dirigismo; mais particularmente, teoria segundo a qual o estado não deve intervir nas relações econômicas que existem entre indivíduos, classes ou nações. ▶ Ideologia que defende que o governo se deve abster da economia do país.
Principais fatos que colocaram em cheque o modelo econômico capitalista liberal	▶ I Guerra Mundial ▶ Crise da Bolsa de NY ▶ II Guerra Mundial ▶ Desemprego ▶ Inflação

Primeiras preocupações sistemáticas de intervenção do estado na economia no capitalismo	▸ *Sherman Act* de 1890 – EUA ▸ Constituição Mexicana de 1917 ▸ Constituição de Weimar de 1919 ▸ "Teoria geral do emprego, do juro e da moeda", de John Maynard Keynes ▸ "Teoria dinâmica da economia" de Michael Kalecki
Experiências socialistas	▸ Karl Marx, "O capital" e "Crítica da economia política". ▸ Revolução Russa de 1917.
Surgimento do direito econômico	O direito econômico surgiu da necessidade de intervenção do estado para regular sistematicamente o fenômeno econômico, tendo em vista que os postulados liberais clássicos de autorregulação do mercado e tendência ao pleno emprego mostraram-se falhos.

Concepções de direito econômico

Concepções de direito econômico	▸ Direito da economia – concepção ampla ▸ Direito do desenvolvimento – países em desenvolvimento ▸ Direito do planejamento econômico – países socialistas ▸ Direito da concorrência ▸ Direito da Regulação dos mercados
Conceitos de direito econômico importantes na evolução da matéria no Brasil	–
Modesto Carvalhosa	Direito Econômico é o conjunto de normas que, com o conteúdo de economicidade, vincula as entidades econômicas, privadas e públicas, aos fins cometidos à Ordem Econômica
Geraldo Vidigal	O Direito Econômico é a disciplina jurídica de atividades desenvolvidas nos mercados, visando a organizá-los sob a inspiração dominante do interesse social
Conceitos preponderantes	–
Washington Albino	Direito Econômico é o ramo do Direito que tem por objeto a 'juridicização', ou seja, o tratamento jurídico da política econômica e, por sujeito, o agente que dela participe. Como tal, é o conjunto de normas de conteúdo econômico que assegura a defesa e harmonia dos interesses individuais e coletivos, de acordo com a ideologia adotada na ordem jurídica. Para tanto, utiliza-se do princípio da 'economicidade'.
Eros Roberto Grau	[O direito econômico é o] sistema normativo voltado à ordenação do processo econômico, mediante a regulação, sob o ponto de vista macrojurídico, da atividade econômica, de sorte a definir uma disciplina destinada à efetivação da política econômica estatal
Política econômica	Conjunto de medidas governamentais, micro e macroeconômicas, notadamente fiscais, monetárias, cambiais e creditícias voltadas à regulação da economia e a obtenção de determinados fins.

As características das regras de direito econômico

Características das normas do direito econômico	O direito econômico, por regular um fenômeno dinâmico como a economia, deve possuir normas que acompanham esta dinamicidade. São características da norma de direito econômico a flexibilidade, a mobilidade e a mutabilidade, o uso constante de tipos e conceitos indeterminados e o uso da sanção premial
Tipos e conceitos indeterminados	A norma construída pelo método conceitual somente é aplicada quando todos os elementos por ela previstos se apresentam; a norma jurídica tipológica pode ser aplicada desde que um ou alguns dos elementos mais característicos do objeto sejam identificados. O conceito aberto permite maior grau de adequação da norma à realidade no processo de interpretação.
Direito premial	Muitas vezes, o que a política econômica pretende é estimular a realização de uma determinada atividade, não punir aquele que não a realizar. Assim, a norma oferece um prêmio, para estimular a conduta, não uma punição pelo seu descumprimento.
Flexibilidade, mobilidade e mutabilidade	São características da norma de direito econômico necessárias para gerir o fenômeno dinâmico da economia.

Objeto do direito econômico: a economia e a política econômica

Preocupações do direito econômico	▸ Relações de dominação econômica. Ex. o monopólio ▸ Tutela jurídica dos sujeitos passivos das relações de dominação. Ex. consumidores; ▸ Orientação das atitudes e expectativas econômicas. Ex. decisões de investir; ▸ Controle das variáveis macroeconômicas. Ex. os juros; ▸ Controle das atividades econômicas com potencial de afetar o conjunto da economia. Ex. oferta de títulos no mercado de capitais.
Áreas de atuação do direito econômico	▸ Desenvolvimento econômico; ▸ Estabilidade econômica; ▸ Busca do pleno emprego; ▸ Disciplina da repartição econômica; ▸ Concorrência; ▸ Planejamento econômico; ▸ Políticas econômicas setoriais, como reforma agrária.
Normas que regulam políticas econômicas e que constituem objeto do direito econômico	▸ Leis que fixam o valor do salário mínimo ▸ Leis que regulam o sistema financeiro nacional, bem como as normas do CMN, da CVM e do BC

Normas que regulam políticas econômicas e que constituem objeto do direito econômico	▸ Lei de crimes contra o sistema financeiro ▸ Leis que criam as agências reguladoras e os atos normativos por elas editados ▸ Lei da concorrência ▸ Lei que regula o investimento estrangeiro no Brasil ▸ Leis que disciplinam a reforma agrária ▸ Normas que regulamentam o desenvolvimento urbano ▸ Leis que estabelecem benefícios fiscais de estímulo a determinadas atividades econômicas e ao desenvolvimento tecnológico ▸ Leis que disciplinam os tributos regulatórios, como o IOF, o IPI e o II ▸ Leis que criam e regulamentam as contribuições de intervenção no domínio econômico ▸ Normas que estabelecem créditos favorecidos para setores econômicos como a agricultura, para as micro e pequenas empresas e para empresas exportadoras ▸ Leis que regulamentam a propriedade industrial ▸ Leis que disciplinam o regime de bens essenciais ou estratégicos, como a água, os metais preciosos, os metais radioativos e o petróleo
Normas que regulam políticas econômicas e que constituem objeto do direito econômico	▸ Normas que estabelecem as diretrizes do transporte rodoviário, ferroviário, aquaviário e aéreo ▸ Leis que criam instrumento de poupança forçada, como o FGTS
Normas de política econômica quanto ao prazo	▸ Política econômica estrutural – longo prazo ▸ Política econômica conjuntural – curto prazo
Normas de direito econômico quanto ao destinatário	▸ Normas destinadas ao controle do poder econômico ▸ Normas à tutela dos sujeitos passivos das relações de poder ▸ Normas de estímulo a agentes econômicos
Sistemas econômicos	▸ Capitalista de iniciativa privada preponderante ▸ Capitalista de iniciativa dual, privada e pública ▸ Capitalista de iniciativa pública preponderante ▸ Socialista ▸ Outros sistemas, como os baseados preponderantemente na exploração do petróleo
Microeconomia	▸ Parte da economia que procura descrever o funcionamento de secções do sistema produtivo, chamados de setores ou mercados específicos. ▸ Cuida dos elementos de cada mercado relevantes para a formação dos preços e da definição da quantidade produzida de cada bem ou serviço.

Microeconomia	▶ Concorrência perfeita = situação ideal em que há inúmeros ofertantes e inúmeros consumidores, sendo que nenhum deles consegue individualmente determinar o preço e a quantidade de um bem no mercado. Pressupõe plena flexibilidade na alocação dos recursos. ▶ Monopólio = apenas um ofertante, que define o preço de mercado e a quantidade produzida ▶ Monopsônio = apenas um consumidor ▶ Oligopólio = poucas empresas ofertantes de um determinado bem ou serviço ▶ Oligopsônio – poucas empresas consumidoras de um determinado bem ou serviço. ▶ Monopólio = normalmente ilegal ▶ Oligopólio = ilegal, se o seu comportamento tender ao monopólio, pela via dos cartéis; legal, se apresentar comportamento concorrencial. ▶ Acordo entre empresas = normalmente ilegal, podendo ser considerado legal se os efeitos anticoncorrenciais não forem muito graves e se estes forem compensados por outras vantagens. ▶ Elasticidade – sensibilidade da demanda de um bem face a alteração de seu preço.
Macroeconomia	▶ Parte da economia que estuda os agregados econômicos. ▶ Agregados econômicos: produção, consumo, investimento. ▶ Objetivos: desenvolvimento econômico, estabilidade econômica e distribuição de riqueza e renda. ▶ Instrumentos: fiscais, monetários e cambiais ▶ Instrumentos fiscais: gastos e receitas do governo ▶ Instrumentos monetários: controle da taxa de juros, controle do crédito, limitação da capacidade dos bancos em gerar moeda (pelo depósito compulsório de recursos dos bancos no Banco Central) ▶ Instrumentos cambiais: compra e venda de moeda pelo Banco Central, definição de bandas cambiais, fixação do câmbio

Métodos de direito econômico

Direito econômico como ramo do direito	Segue método comum a todo ramo do direito, incluindo métodos de interpretação da lei e da Constituição.
Direito econômico como ramo específico do direito	Seu método busca uma aproximação com o fato regulado, que é a política econômica.
Análise econômica do direito – AED	Forma de aproximar a economia e o direito, aplicando a este a noção econômica de eficiência.

Métodos específicos	As subdivisões do direito econômico apresentam metodologias específicas, como a utilização da regra "per se" e a regra da razão para identificar ilícitos concorrenciais. Cada sub-ramo do direito econômico pode privilegiar ou rejeitar métodos específicos. O direito da concorrência se utiliza fortemente da eficiência defendida pela AED. A eficiência, contudo, não é prestigiada pela regulação do mercado de capitais, que se pauta pelo critério da ampla divulgação das informações, para que os investidores façam sua análise de eficiência.
Métodos de direito econômico face aos sistemas econômicos	Os métodos de direito econômico podem variar conforme o sistema econômico que pretende regular.

9. QUESTÕES DE CONCURSOS

1. (CESPE – Juiz Federal Substituto 2a Região/2011) A respeito de institutos de direito econômico, assinale a opção correta.

(A) O princípio econômico da defesa do consumidor não é violado por resolução de autoridade estadual que, no livre exercício do poder de polícia, discipline horário de funcionamento de estabelecimentos comerciais e matérias específicas de consumo do interesse da unidade da Federação.

(B) Segundo a jurisprudência do STF, o estado-membro está autorizado a alterar relações jurídico-contratuais entre o poder concedente municipal e as empresas concessionárias, desde que mediante lei específica e existência de substrato fático embasado no interesse público coletivo de natureza econômica.

(C) No plano econômico, a concepção de Estado liberal é fruto direto das doutrinas de Adam Smith, para quem a harmonia social seria alcançada por meio da liberdade de mercado, aliando-se a persecução do interesse privado dos agentes econômicos a ambiente concorrencialmente equilibrado.

(D) A ordem econômica em sentido estrito é a parcela da ordem de fato, inerente ao mundo do ser, ou seja, o tratamento jurídico dispensado para disciplinar as relações jurídicas decorrentes do exercício de atividades econômicas.

(E) O conceito de Estado intervencionista econômico surgiu como reação contrária aos postulados do Estado liberal, com o fito de garantir o exercício racional das liberdades individuais, afastando a doutrina liberalista por completo no âmbito econômico para materializar os princípios da defesa do mercado e da concorrência.

2. (CESPE – Juiz Federal Substituto 5a Região /2011) No que se refere a liberalismo e intervencionismo, assinale a opção correta.

(A) A atuação do Estado, seja por meio do condicionamento da atividade econômica, seja por meio da exploração direta de determinada atividade econômica, anula, por inteiro, a forma econômica capitalista prevista na CF.

(B) O intervencionismo valoriza o indivíduo como agente econômico e ente responsável pela condução das regras de mercado.

(C) Com o liberalismo, buscou-se atingir a justiça social por meio da imposição de regras estatais na condução da atividade econômica, sem se considerar o lucro.

(D) O objetivo do liberalismo foi o de livrar o indivíduo da usurpação e dos abusos do poder estatal na condução da atividade econômica.

(E) O intervencionismo visava proteger o Estado dos abusos advindos do liberalismo, como foi o caso da concorrência desleal entre os indivíduos e o Estado.

3. (CESPE – Juiz Federal Substituto 1a Região/2011) Acerca da intervenção direta do Estado brasileiro na ordem econômica, assinale a opção correta.

(A) Conforme pacífica jurisprudência do STJ, a contribuição especial de intervenção no domínio econômico para financiar os programas e projetos vinculados à reforma agrária e suas atividades complementares não pode ser cobrada de empresas urbanas.

(B) De acordo com previsão constitucional, as empresas públicas prestadoras de serviços públicos não podem gozar de privilégios fiscais não extensivos às empresas que operem no setor privado, sob pena de violação do princípio da livre concorrência.

(C) A existência ou o desenvolvimento de atividade econômica em regime de monopólio sem que a propriedade do bem empregado no processo produtivo ou comercial seja concomitantemente detida pelo agente daquela atividade ofende o texto constitucional.

(D) É constitucional a instituição, por lei ordinária, da contribuição de intervenção no domínio econômico, sendo desnecessária a vinculação direta entre os benefícios dela decorrentes e o contribuinte.

(E) O Estado brasileiro não pode assumir a iniciativa de exploração da atividade econômica, devendo avocá-la, em caráter excepcional, nos casos de necessidade para a segurança nacional ou de relevância para o interesse da coletividade, conforme critérios a serem estabelecidos em lei complementar.

4. (CESPE – Juiz Federal Substituto 2a Região/2011) A respeito da ordem constitucional econômica, assinale a opção correta.

(A) A intervenção estatal na economia faz-se com respeito aos princípios da ordem econômica, não representando a fixação de preços em valores abaixo da realidade e em desconformidade com a legislação aplicável desrespeito ao princípio da livre iniciativa, mas ao da defesa do consumidor.

(B) O direito de edificar é relativo, dado que condicionado à função social da propriedade, e, ainda que as restrições decorrentes da limitação administrativa preexistam à aquisição do terreno e sejam do conhecimento dos adquirentes, têm estes, com base nelas, direito à indenização do poder público.

(C) A empresa de pequeno porte optante do regime especial unificado de arrecadação de tributos e contribuições é dispensada do pagamento das contribuições instituídas pela União para as entidades privadas de serviço social, não se estendendo tal isenção às contribuições às entidades de formação profissional vinculadas ao sistema sindical.

(D) É inconstitucional, por infringir o princípio da razoabilidade e inibir a iniciativa privada, norma de lei ordinária que imponha aos sócios das empresas por cotas de responsabilidade limitada a responsabilidade solidária, mediante seus bens pessoais, pelos débitos da pessoa jurídica para com a seguridade social.

(E) Por constituir risco presumido à ordem econômica, à livre iniciativa e à concorrência, é vedada a concessão de imunidade tributária nas operações de importação de bens realizadas por município quando houver identidade entre o contribuinte de direito e o de fato.

5. (CESPE – Juiz Federal Substituto 2a Região/2011) No que se refere à ordem jurídico-econômica, assinale a opção correta.

(A) O modelo político adotado pelo Estado brasileiro, conforme previsto na CF, é imposto pela ordem econômica vigente no mercado.

(B) As normas econômicas dispostas na CF são de natureza essencialmente estatutária, e não, diretiva.

(C) Regime político e ordem econômica equivalem-se do ponto de vista conceitual.

(D) Na CF, a ordem jurídico-econômica estabelece limites ao exercício da atividade econômica e define, de maneira exclusiva, a estrutura do sistema econômico a ser adotado pelo Estado brasileiro.

(E) A mudança dos paradigmas liberais na atividade econômica, com a inclusão da obrigatória observância de princípios como o da dignidade da pessoa humana, deveu-se à atuação do próprio Estado, que passou a intervir no mercado em busca do bem coletivo.

6. (CESPE – Juiz Federal Substituto 5a Região/2011) A respeito da intervenção do Estado na economia, assinale a opção correta.

(A) A atividade normativa e reguladora do Estado exercida por meio da intervenção na atividade econômica compreende as funções de fiscalização, participação e incentivo.

(B) O monopólio estatal na refinação do petróleo nacional impede a contratação, pela União, de empresa privada para a realização dessa atividade.

(C) A participação em atividades econômicas e a administração dessas atividades são as duas possíveis formas de ingerência do Estado na economia.

(D) Sempre que entender cabível, e independentemente de previsão na CF, o Estado pode intervir na economia, utilizando-se do monopólio de exploração direta da atividade econômica.

(E) O planejamento da atividade econômica pelo Estado, na nova ordem constitucional econômica, é sempre indicativo para o setor privado, em harmonia com o princípio da livre iniciativa.

7. (MPF – Procurador da República/2011) Um acordo de preços entre empresas concorrentes:

(A) Será lícito, se se tratar apenas de preço sugerido.

(B) Será lícito, se for um acordo de preços máximos.

(C) Será lícito, se autorizado previamente pela respectiva associação de classe, por unanimidade.

(D) Será considerado ilegal, como regra.

8. (MPF – Procurador da República/2008) Do sistema ou modelo econômico adotado pela constituição federal, ressai um estado:

(A) intervencionista;

(B) em que predomina a economia de mercado pura, realçada pela liberdade de iniciativa;

(C) que atua em regime monopolista, com direito de propriedade limitado;

(D) no qual as relações de produção estão assentadas na propriedade privada dos bens em geral, dos fatores de produção, na ampla liberdade de iniciativa e de concorrência.

9. (MPF – Procurador da República/2012) Sobre a concentração econômica e o abuso de poder econômico é correto afirmar que:

(A) O monopólio natural no setor de infraestrutura com alto custo de produção representa prejuízo aos agentes econômicos e custos elevados para os consumidores e. por isso, é combatido pelo sistema brasileiro de defesa da concorrência:

(B) O monopsônio ocorre quando existe um grande comprador de determinada mercadoria, em geral matéria-prima, e o preço é determinado em grande medida por ele e não pelo vendedor:

(C) O cartel se caracteriza pela celebração de acordo vertical entre agentes econômicos que desenvolvem suas atividades em mercados relevantes diversos, mas complementares;

(D) De acordo com a Lei 8.884/94, a possibilidade de impor preços não equitativos ao mercado é uma das características da posição dominante. Entretanto, apenas constitui infração à ordem econômica a fixação artificial do preço acima do custo, por ser prejudicial ao consumidor, a fixação do preço abaixo do custo, a contrario sensu, não pode ser considerada infração á ordem econômica.

10. GABARITO

Questão	Resposta	Referência
1	C	O item C destaca a concepção de Estado Liberal e sua origem teórica.
2	D	A questão aborda temas relativos à teoria liberal e à teoria intervencionista do Estado.
3	D	A questão trata da opção do Estado brasileiro pelo sistema econômico de iniciativa dual, em que a atividade econômica é explorada prioritariamente pela iniciativa privada e subsidiariamente pelo Estado.
4	D	Entre outros temas, a questão da fixação de preços abaixo dos custos. Estudamos nesta introdução a formação dos preços das empresas.
5	E	Os itens da questão tratam da relação entre política e direito e economia e direito, além dos paradigmas do Estado Liberal e do Estado Social.
6	E	A questão aborda temas como o da intervenção do Estado na economia, inclusive de planejamento, que estudamos na introdução e estudaremos com mais detalhes em capítulo próprio.
7	D	Tratamos dos acordos de preços ao estudarmos os métodos de direito econômico
8	D	Também vimos na introdução questões atinentes ao sistema jurídico-econômico do Brasil, tanto face a exploração das atividades econômicas quanto aos métodos de intervenção.
9	B	As noções de monopólio, monopsônio e cartel, que não são puramente jurídicas, foram lançadas na introdução.

Título II
Direito Econômico Constitucional

CAPÍTULO 2

FONTES DO DIREITO ECONÔMICO E COMPETÊNCIA LEGISLATIVA

1. FONTES DO DIREITO ECONÔMICO

Sob o ponto de vista formal, de competência e hierarquia das leis, as normas de direito econômico recebem o mesmo tratamento de qualquer outro ramo do direito.

Assim, a principal fonte do direito econômico é a Constituição Federal, norma de hierarquia superior, lhe devendo obediência todas as demais normas.

Seguem-lhe as leis complementares, a leis ordinárias, os tratados internacionais, os decretos, as portarias ministeriais e as normas emitidas por órgãos ou agências reguladoras.

1.1. A Constituição

A Constituição de 1988 é farta em normas de conteúdo econômico, que pertencem tanto ao próprio direito econômico quanto a outros ramos do direito.

O art. 24, I, da Carta, ao tratar da competência legislativa concorrente da União, dos Estados e do Distrito Federal, mencionou expressamente o direito econômico. Vejamos:

> Art. 24. Compete à União, aos Estados e ao Distrito Federal legislar concorrentemente sobre:
>
> I – *direito* tributário, financeiro, penitenciário, *econômico* e urbanístico;
>
> [...]

Embora este dispositivo seja expresso em identificar o direito econômico, em diversas outras passagens, a Constituição trata da matéria, seja estabelecendo regras ou expressando princípios jurídicos.

No art. 3°, a Constituição estabelece os **objetivos fundamentais da República** Federativa do Brasil, incluindo a construção de uma sociedade livre justa e solidária (inciso I) e, em termos especialmente importantes para o direito econômico, a garantia do desenvolvimento nacional (inciso II), a erradicação da pobreza, da marginalização e a redução das desigualdades sociais e regionais (inciso III), objetivos estes que **somente podem ser alcançados por meio de políticas econômicas**, das quais se ocupa o direito econômico.

Vários dos direitos sociais, tratados nos arts. 6° e seguintes da Constituição, constituem objeto do direito econômico, a exemplo do art. 7°, incisos I, IV, VI, XI, XXVII e XXXII. Vejamos:

> Art. 7º São direitos dos trabalhadores urbanos e rurais, além de outros que visem à melhoria de sua condição social:
>
> I – relação de emprego protegida contra despedida arbitrária ou sem justa causa, nos termos de lei complementar, que preverá indenização compensatória, dentre outros direitos;
>
> [...]
>
> IV – salário mínimo, fixado em lei, nacionalmente unificado, capaz de atender a suas necessidades vitais básicas e às de sua família com moradia, alimentação, educação, saúde, lazer, vestuário, higiene, transporte e previdência social, com reajustes periódicos que lhe preservem o poder aquisitivo, sendo vedada sua vinculação para qualquer fim;
>
> [...]
>
> VI – irredutibilidade do salário, salvo o disposto em convenção ou acordo coletivo;
>
> [...]
>
> XI – participação nos lucros, ou resultados, desvinculada da remuneração, e, excepcionalmente, participação na gestão da empresa, conforme definido em lei;
>
> [...]
>
> XXVII – proteção em face da automação, na forma da lei;
>
> [...]
>
> XXXII – proibição de distinção entre trabalho manual, técnico e intelectual ou entre os profissionais respectivos;
>
> [...]

Os dispositivos do art. 7°, da Constituição visam, em regra, a proteção de direitos individuais subjetivos do trabalhador. Contudo, algumas normas do artigo que definem direito subjetivos também possuem efeitos que transcendem a esfera jurídica do indivíduo, para alcançar os interesses da coletividade e outras normas se dirigem ao mercado de trabalho em geral, como elemento definidor da política econômica do país.

A proteção contra a despedida sem justa causa (inciso I) contribui para a manutenção do nível de emprego, enquanto a previsão do salário mínimo (inciso IV) e da irredutibilidade de salários (inciso VI) contribui na preservação dos níveis de salários praticados na economia. A seu turno, a previsão de participação do trabalhador no lucro e na própria gestão das empresas (inciso XI) constitui norma programática voltada a novos rumos da economia, com maior integração entre os fatores produtivos capital e trabalho.

A norma do inciso XXVII, de proteção do trabalhador face a automação do processo produtivo, a seu turno, distancia-se da pretensão de proteger direitos individuais, constituindo verdadeira fim a ser atingido pela política econômica. De outro lado, a norma do inciso XXXII, que proíbe distinção entre trabalho manual, técnico e intelectual ou entre os profissionais, preserva direitos subjetivos, mas se apresenta, com igual força, como bem jurídico coletivo a ser tutelado pelo direito econômico.

Os arts. 20 a 30, da Constituição, que disciplinam os bens e as competências administrativas e legislativas da União, dos Estados e do Distrito Federal e dos municípios tratam de diversos elementos de interesse do direito econômico, dos quais nos ocuparemos em momento oportuno.

O art. 43, da CF/88, cuida das regiões e dos princípios básicos do desenvolvimento regional, matéria que será tratada no estudo do desenvolvimento regional.

No capítulo da ordem tributária, encontram-se dois temas de especial interesse do direito econômico, o tratamento favorecido das pequenas empresas (art. 146, III, d, da CF/88, com seus correspondentes nos art. 170, IX, e 179, pertencentes à ordem econômica da CF/88) e as contribuições de intervenção no domínio econômico (art. 149, da CF/88, com a regulamentação específica do art. 177, § 4º, da CF/88 – CIDE combustíveis).

No Título VII da Constituição, da Ordem Econômica, encontram-se a grande disciplina constitucional do direito econômico.

O art. 170 dispõe sobre os princípios da atividade econômica, quais sejam, a soberania nacional, a propriedade privada, a função social da propriedade, a livre concorrência, a defesa do consumidor, a defesa do meio ambiente, a redução das desigualdades regionais e sociais, a busca do pleno emprego e o já mencionado tratamento favorecido para as empresas de pequeno porte.

O art. 172, da CF/88 trata dos investimentos estrangeiros e os arts. 173 a 175 da CF/88 cuidam da intervenção do Estado na econômica. O art. 174, da CF/88 disciplina o planejamento econômico e os arts. 176 e 177 cuidam de recursos minerais e da geração de energia, com especial destaque para a disciplina do petróleo.

Outros dispositivos constitucionais vão cuidar da política urbana (arts. 182 e 183, da CF/88), da política agrária e fundiária (arts. 184 a 189, da CF/88), da ciência e da tecnologia (arts. 218 e 219, da CF/88) e do meio ambiente (art. 225, da Carta).

O art. 192, da CF/88 encerra o título da Ordem Econômica com a matéria reservada ao sistema financeiro nacional.

1.2. As Leis complementares

A lei complementar não é terreno fértil para o direito econômico, em virtude da flexibilidade, da mobilidade e da mutabilidade de suas normas – como veremos adiante incompatível com o quórum qualificado.

De fato, cabe à Constituição definir a ideologia econômica nacional, os princípios da política econômica e seus principais objetivos e às leis ordinárias e aos atos infralegais sua implementação.

De toda sorte, a Constituição menciona a necessidade de lei complementar para tratar de três áreas específicas do direito econômico, o **desenvolvimento regional** (no art. 43, § 1º), o **tratamento favorecido a pequenas empresas** (art. 146, III, 'd') e o **sistema financeiro nacional** (art. 192).

No que toca ao **desenvolvimento regional**, cabe à lei complementar dispor sobre "as condições para integração de regiões em desenvolvimento" (art. 43, § 1º, I, da CF/88) "a composição dos organismos regionais que executarão" "os planos regionais de desenvolvimento" (art. 43, § 1º, II, da CF/88).

Justifica-se a necessidade de lei complementar, não pelo objetivo econômico constante da norma, mas por seu relacionamento com a própria organização do Estado brasileiro, na medida em que as regiões podem transcender a área geográfica de um município ou até mesmo incluir municípios de mais de um estado da federação.

Também o tratamento de **micro e pequenas empresas** merece o tratamento por lei complementar, por envolver questões nacionais, relativas ao interesse da União, dos Estados e dos municípios.

Não vemos razão, no entanto, para que o **sistema financeiro nacional** seja regido por lei complementar, por não estar presente qualquer questão relativa aos entes federados ou tema que requeira legislação com quórum qualificado. De toda sorte, a Constituição traz a exigência e a disciplina do sistema financeiro é reservada à lei complementar.

Na redação original da Constituição, o art. 192, da Carta exigia lei complementar para regular a autorização para o funcionamento das instituições financeiras, dos estabelecimentos de seguro, resseguro, previdência e capitalização; as condições para a participação do capital estrangeiro nestas instituições; a organização, o funcionamento e as atribuições do banco central e demais instituições financeiras públicas e privadas, bem como os requisitos para a designação de membros destas instituições; a criação de fundo ou seguro, com o objetivo de proteger a economia popular; os critérios restritivos da transferência de poupança de regiões com renda inferior à média nacional para outras de maior desenvolvimento; e o funcionamento das cooperativas de crédito. A norma contava, ainda, com três parágrafos, e o último dos quais definia que as taxas de juros reais não poderiam ser superiores a doze por cento ao ano.

Parte desta matéria já era regulamentada pela Lei 4.595/1964 e pela Lei 6.385/1976, recepcionadas pela Constituição como lei complementar, conforme entendimento do

STF firmado na ADI 1.376 MC/DF, salvo na matéria para qual a Carta não exigiu o processo legislativo qualificado (ADI 449/DF). Contudo, os excessos do dispositivo foram sentidos, especialmente quanto ao art. 192, § 3º, então vigente, da Constituição de 1988.

Múltiplas ações postulavam a limitação dos juros reais a 12% ao ano, até que o STF veio a pacificar a matéria pela Súmula 648 – posteriormente republicada praticamente com o mesmo texto como súmula vinculante 7, fixando o entendimento de que o art. 192, § 3º, da CF/88 não era norma de eficácia plena, capaz de surtir efeitos imediatos, mas dependente da lei complementar mencionada no *caput*.

> Súmula 648. A norma do § 3º do art. 192 da Constituição, revogada pela EC 40/2003, que limitava a taxa de juros reais a 12% ao ano, tinha sua aplicabilidade condicionada à edição de lei complementar. (STF, Tribunal Pleno, DJ de 9/10/2003)
>
> Súmula Vinculante 7. A norma do § 3º do art. 192 da Constituição, revogada pela EC 40/2003, que limitava a taxa de juros reais a 12% ao ano, tinha sua aplicação condicionada à edição de lei complementar. (STF, Tribunal Pleno, DJe de 20/6/2008)

Muito mais por questões atinentes ao rito processual, que pela possibilidade de reversão do entendimento firmado, a matéria da limitação constitucional dos juros antes da EC 40/2003 encontra-se em discussão no STF, sob o rito da repercussão geral, definida no RE 582.650 QO/BA. Não tem repercussão geral, porém, o tema dos juros após a emenda constitucional (AI 804.209 RG/MS).

O Poder Constituinte derivado também se apercebeu da vasta atribuição transferida à lei complementar – que, a propósito, nunca fora editada – revogou os incisos e os parágrafos do art. 192, da CF/88 e deu a seguinte redação, concisa, ao *caput*:

> Art. 192. O sistema financeiro nacional, estruturado de forma a promover o desenvolvimento equilibrado do País e a servir aos interesses da coletividade, em todas as partes que o compõem, abrangendo as cooperativas de crédito, será regulado por leis complementares que disporão, inclusive, sobre a participação do capital estrangeiro nas instituições que o integram. (Redação dada pela Emenda Constitucional nº 40, de 2003)

Trataremos do art. 192, da CF/88 em momento oportuno, onde enfrentaremos os princípios do sistema financeiro nacional. Não obstante, o texto constitucional continuou a exigir lei complementar para tratar da matéria.

Em matéria de **direito financeiro**, mas fortemente conexa com o direito econômico, a Constituição também exige lei complementar para tratar de finanças públicas, dívida pública interna e externa, concessão de garantias pelas entidades públicas, emissão e resgate de títulos da dívida pública, fiscalização financeira da administração direta e indireta, operações de câmbio realizadas por órgãos e entidades da União, dos Estados, do Distrito Federal e dos Municípios e compatibilização das funções das instituições oficiais de crédito da União, resguardadas as características e condições operacionais plenas das voltadas ao desenvolvimento regional. Eis o teor do art. 163, da CF/88:

> Art. 163. Lei complementar disporá sobre:
>
> I – finanças públicas;
>
> II – dívida pública externa e interna, incluída a das autarquias, fundações e demais entidades controladas pelo Poder Público;
>
> III – concessão de garantias pelas entidades públicas;
>
> IV – emissão e resgate de títulos da dívida pública;
>
> V – fiscalização financeira da administração pública direta e indireta;
>
> VI – operações de câmbio realizadas por órgãos e entidades da União, dos Estados, do Distrito Federal e dos Municípios;
>
> VII – compatibilização das funções das instituições oficiais de crédito da União, resguardadas as características e condições operacionais plenas das voltadas ao desenvolvimento regional.

A lei que atende o dispositivo é a Lei 4.320/1964, também recepcionada como lei complementar.

Em mais duas oportunidades, a Constituição menciona o uso de lei complementar, em matérias que podem tocar o direito econômico.

Ao tratar da competência privativa da União, o parágrafo único do art. 22 da Carta define a que a lei complementar pode autorizar os Estados a legislar sobre questões específicas constantes dos incisos daquele artigo, reservadas ao ente federativo central. São exemplos de matérias de direito econômico constante no art. 22, os incisos IV (**águas, energia, informática, telecomunicações e radiodifusão**) e VIII (**comércio exterior e interestadual**). Não se tem notícia, contudo, de uma tal lei complementar.

De maior interesse, contudo, é o parágrafo único do **art. 23, da CF/88**, que dispõe:

> Art. 23. É competência comum da União, dos Estados, do Distrito Federal e dos Municípios:
>
> [...]
>
> Parágrafo único. Leis complementares fixarão normas para a cooperação entre a União e os Estados, o Distrito Federal e os Municípios, tendo em vista o equilíbrio do desenvolvimento e do bem-estar em âmbito nacional. (Redação dada pela Emenda Constitucional nº 53, de 2006)

Nos termos do dispositivo, cabe a lei complementar fixar normas de cooperação entre os entes federados, com vistas no equilíbrio do desenvolvimento e do bem-estar em âmbito nacional.

Tais leis complementares não foram editadas. Contudo, a Constituição revela, neste particular, o espírito cooperativo do federalismo nacional, que, por sua vez, deve servir de guia para o desenvolvimento econômico e do bem-estar do Brasil e do povo brasileiro.

1.3. As Leis

A lei – tanto na sua concepção restrita, de lei ordinária, emanada do Poder Legislativo, quanto a veiculada por medida provisória do Poder Executivo, para posterior apreciação legislativa – **é a principal fonte do direito e também do direito econômico.**

É a lei que cria direitos e obrigações, que impõe condutas e que oferece estímulos aos agentes econômicos e é a ela que se refere o art. 5º, II, da CF/88, ao dizer que:

> Art. 5º Todos são iguais perante a lei, sem distinção de qualquer natureza, garantindo-se aos brasileiros e aos estrangeiros residentes no País a inviolabilidade do direito à vida, à liberdade, à igualdade, à segurança e à propriedade, nos termos seguintes:
>
> [...]
>
> II – ninguém será obrigado a fazer ou deixar de fazer alguma coisa senão em virtude de lei;
>
> [...]

Também é a lei que cria os órgãos estatais responsáveis pela política econômica e que veicula e coloca em prática a própria política econômica, em que consiste o objeto do direito econômico.

Podemos citar vários **exemplos de leis ordinárias de interesse do direito econômico**.

O **direito concorrencial** brasileiro é regido pela Lei 12.529/2011, a **lei da concorrência** e pela **Lei 8.137/1990, que define os crimes contra a ordem tributária, contra a ordem econômica e contra as relações de consumo.**

A **política fundiária** é regida pelo estatuto da Terra, Lei 4.505/1964 e a reforma agrária, entre outros normativos, pela Lei 8.629/1993.

No âmbito do direito econômico tributário, destacam-se as leis que criam benefícios fiscais de estímulo a determinadas atividades econômicas, como a Lei 11.196/2005, também conhecida como "lei do bem", justamente pelos múltiplos desagravamentos fiscais por ela determinados; as leis que disciplinam os tributos regulatórios, como o IOF (Lei 5.143/1966 e Lei 8.894/1994), o IPI (Lei 4.502/1964) e o II (DL 37/1966); e as leis que criam e regulamentam as contribuições de intervenção no domínio econômico, como a Lei 10.336/2001 e a Lei 10.168/2000.

A **propriedade industrial**, a seu turno, é regida pela Lei 9.279/1996.

O FGTS, importante instituto tanto para a proteção dos direitos do trabalhador, quanto de formação da poupança nacional, é regido pela Lei 5.107/1966 e pela Lei 8.036/1990.

As principais leis que regulam o sistema financeiro nacional são a Lei 4.595/1964 que dispõe sobre a Política e as Instituições Monetárias, Bancárias e Creditícias e cria o Conselho Monetário Nacional e a Lei 6.385/1976, dispõe sobre o mercado de valores mobiliários e cria a Comissão de Valores Mobiliários. Inclua-se, também, a Lei 4.131/1962, que regula o investimento estrangeiro no Brasil. A propósito, esta última foi recepcionada pela Constituição de 1988 como lei ordinária, por força do art. 192, da CF/88, segundo o qual "a lei disciplinará, com base no interesse nacional, os investimentos de capital estrangeiro", enquanto a Lei 4.595/1964 e a Lei 6.385/1976, como dissemos, foram recepcionadas pelo art. 192, da Carta, tanto em sua redação original, quanto na redação conferida ao artigo pela EC 40/2003, como leis complementares.

Como mencionamos anteriormente, as leis dos planos econômicos, como a Lei 8.884/1994, que instituiu o plano Real estão igualmente inseridas no direito econômico.

Também de grande importância para o direito econômico são as leis das agências reguladoras, por disciplinarem bens e mercados de interesse nacional, das quais são exemplos a Lei 9.984/2000 (Agência Nacional das Águas), a Lei 9.472/1997 (Agência Nacional de Telecomunicações), a Lei 9.478/1997 (Agência Nacional do Petróleo) e a Lei 9.427/1996 (Agência Nacional de Energia Elétrica).

Não é nossa pretensão esgotar as leis de interesse do direito econômico, senão apresentar algumas das mais importantes e destacar, situações em que a lei disciplina, por si, a matéria regulamentada a par de outras situações em que a lei delega a outras instituições parte do poder normativo, matéria que passaremos a expor.

1.4. Normas infralegais

Em certas áreas do direito – como o direito concorrencial, seja no tocante a infrações administrativas ou criminais, no direito da propriedade industrial e na criação de poupança forçada – é a lei o único ato normativo capaz de implementar a política econômica.

Em outras áreas, contudo, que demandam maior agilidade na fiscalização, no controle e na orientação dos agentes econômicos envolvidos, o processo legislativo típico da lei formal e o distanciamento do Poder Legislativo das questões específicas recomendam a criação de entidades especializadas, capazes de reagir com maior velocidade às oscilações da economia e dotadas de poder regulamentar delegado: as agências reguladoras.

Nestes casos, a **lei cria o arcabouço básico** da ação das agências, delimita seu poder normativo, mas remete à **legislação infralegal** a normatização da matéria regulamentada.

Não apenas no caso das agências reguladoras, mas em outras áreas de interesse do direito econômico, a própria Constituição flexibiliza o princípio da legalidade estrita, para atribuir a atos normativos inferiores a capacidade de criar o direito.

Isso se passa, por exemplo, na possibilidade de majoração dos **tributos extrafiscais** (IOF, IPI e II) por ato do Poder Executivo, dentro dos limites estabelecidos pela lei.

Trata-se, porém, de definição constitucional expressa, o que torna o tema pacífico. O **tema do poder normativo** das agências reguladoras, ao revés, não se encontra disciplinado na Constituição, tornando sua discussão mais viva.

As agências reguladoras e seu poder normativo são objeto de estudo próprio neste livro. Por hora, interessa-nos uma única questão, de resto fundamental, qual seja: identificar os limites da delegação regulamentar, face ao princípio da legalidade, insculpido no art. 5º, II, da Constituição Federal.

A questão não é, e não pode ser, definitivamente respondida, pois necessariamente evolui em conjunto com o ordenamento jurídico e com a interpretação que dele se faz, como ocorre no fenômeno da alteração constitucional sem revisão de texto.

Um exemplo disso pode ser encontrado na comparação no direito do mercado financeiro, especificamente das bolsas de valores no Brasil e na Alemanha.

Em nosso direito, aceita-se, por exemplo, a autorregulação da Bolsa de Valores, de forma que matérias como os requisitos de admissão bursátil para operadores das sociedades corretoras e o direito de interromper e suspender os negócios são encontradas no regulamento da bolsa, enquanto no direito alemão, face a interpretação que se faz naquele país acerca do princípio da legalidade, tal matéria é disciplinada por lei em sentido formal[37].

De outro giro, o poder regulamentar delegado depende, em boa medida, da confiança que os agentes econômicos e os órgãos de fiscalização depositam nas agências e também da aceitação material das próprias medidas regulamentares pela sociedade, não se tendo notícia frequente, por exemplo, de insurgência dos bancos contra os rigores das normas editadas pelo Banco Central, nem das sociedades anônimas contra as regulamentações emitidas pela Comissão de Valores Mobiliários, onde o nível de confiança é bastante elevado.

Assim, a solução contingencial para os limites da delegação de poderes regulamentares a instituições especializadas, há de ser procurada não em uma verdade absoluta imutável, mas na interpretação contemporânea que o STF dá à matéria.

Houve, de fato, quem entendesse fazer parte as agências reguladoras de uma verdadeira desestatização do estado brasileiro, com a utilização de instrumentos oriundos do direito norte-americano, inserto no sistema da *common law*, portanto incompatível com nosso sistema romano-germânico.

De outro lado, emendas procuraram inserir no Texto Maior previsão constitucional expressa, para validar o surgimento das agências dotadas de poder regulamentar, tais quais a EC 8/1995 e 9/1995, aquela dando nova redação ao art. 21, XI, da Carta, para prever um órgão regulador para o setor de telecomunicações e esta inserindo o § 2º, no art. 177, da Constituição, cujo inciso III previu a criação de órgão regulador do monopólio recém-flexibilizado da União na área do petróleo.

Se a difusão as agências reguladoras, bem como o nome agência se mostravam novos no direito brasileiro, o fenômeno da delegação regulamentar em áreas sensíveis da economia era bastante arraigado.

Desde a década de 60 e, portanto, sob os influxos da moderna teoria constitucional desenvolvida no pós-guerra, o Banco Central (autarquia) e o Conselho Monetário Nacional (órgão) – e a Comissão de Valores Mobiliários (autarquia), desde a década de 70 – exercem poder normativo regulamentar, tais quais as novas agências, sem maiores contestações.

---

37. KÜMPEL, Siegfried. Direito do mercado de capitais: do ponto de vista do direito europeu, alemão e brasileiro. Rio de Janeiro: Renovar, 2007, p. 134.

Trataremos com maiores detalhes do tema capítulo do sistema financeiro, mas é conveniente destacar a riqueza da capacidade do Conselho Monetário Nacional, em editar normas que vinculam os demais órgãos do sistema financeiro nacional, bem como as instituições financeiras, nos termos do art. 4º, da Lei 4.595/1964. Veja-se:

> Art. 4º Compete ao Conselho Monetário Nacional, segundo diretrizes estabelecidas pelo Presidente da República:
>
> I – Autorizar as emissões de papel-moeda (Vetado) as quais ficarão na prévia dependência de autorização legislativa quando se destinarem ao financiamento direto pelo Banco Central da República do Brasil, das operações de crédito com o Tesouro Nacional, nos termos do artigo 49 desta Lei.
>
> O Conselho Monetário Nacional pode, ainda autorizar o Banco Central da República do Brasil a emitir, anualmente, até o limite de 10% (dez por cento) dos meios de pagamentos existentes a 31 de dezembro do ano anterior, para atender as exigências das atividades produtivas e da circulação da riqueza do País, devendo, porém, solicitar autorização do Poder Legislativo, mediante Mensagem do Presidente da República, para as emissões que, justificadamente, se tornarem necessárias além daquele limite.
>
> Quando necessidades urgentes e imprevistas para o financiamento dessas atividades o determinarem, pode o Conselho Monetário Nacional autorizar as emissões que se fizerem indispensáveis, solicitando imediatamente, através de Mensagem do Presidente da República, homologação do Poder Legislativo para as emissões assim realizadas.
>
> II – Estabelecer condições para que o Banco Central da República do Brasil emita moeda-papel (Vetado) de curso forçado, nos termos e limites decorrentes desta Lei, bem como as normas reguladoras do meio circulante;
>
> [...]
>
> V – Fixar as diretrizes e normas da política cambial, inclusive quanto a compra e venda de ouro e quaisquer operações em Direitos Especiais de Saque e em moeda estrangeira;
>
> VI – Disciplinar o crédito em todas as suas modalidades e as operações creditícias em todas as suas formas, inclusive aceites, avais e prestações de quaisquer garantias por parte das instituições financeiras;
>
> VIII – Regular a constituição, funcionamento e fiscalização dos que exercerem atividades subordinadas a esta lei, bem como a aplicação das penalidades previstas;
>
> XII – Expedir normas gerais de contabilidade e estatística a serem observadas pelas instituições financeiras;
>
> XVII – Regulamentar, fixando limites, prazos e outras condições, as operações de redesconto e de empréstimo, efetuadas com quaisquer instituições financeiras públicas e privadas de natureza bancária;
>
> XIX – Estabelecer normas a serem observadas pelo Banco Central da República do Brasil em suas transações com títulos públicos e de entidades de que participe o Estado;
>
> XXI – Disciplinar as atividades das Bolsas de Valores e dos corretores de fundos públicos;

> XXII – Estatuir normas para as operações das instituições financeiras públicas, para preservar sua solidez e adequar seu funcionamento aos objetivos desta lei;
>
> XXXI – Baixar normas que regulem as operações de câmbio, inclusive swaps, fixando limites, taxas, prazos e outras condições.

Fato é que, após a desestatização de setores importantes da economia, o Estado precisava decidir por quais meios iria controlar a atividade transferida para a iniciativa privada e a definição, decorrente de verdadeira escolha política da República, recaiu sobre o modelo das agências, fato que chamou a atenção da sociedade e da comunidade jurídica.

As **agências** se encontram, hoje, devidamente incorporadas ao ordenamento jurídico, gozando de boa aceitação, em parte pela concepção de que o poder regulamentar destas autarquias deriva da delegação com parâmetros, malgrados sejam os parâmetros, muitas vezes, vagos e genéricos.

A **regulação das agências**, não obstante, cria o direito, obriga os agentes econômicos por ela regulados e os limites desta regulação são dados pela lei – quando existentes – e pela interpretação do Supremo Tribunal Federal, quanto a matéria constitucional.

Na Corte Suprema, o precedente que gerou jurisprudência até o momento é a decisão na ADI 1.668 MC/DF, assim ementada:

> COMUNICAÇÕES – LEI GERAL Nº 9.472/97 – CONTROLE CONCENTRADO.
>
> Admissibilidade parcial da ação direta de inconstitucionalidade e deferimento em parte da liminar ante fundamentos retratados nos votos que compõem o acórdão
>
> (STF, Tribunal Pleno, ADI 1.668 MC/DF, Min. Marco Aurélio, DJ de 16/4/2004)

No caso, se discutia a constitucionalidade de diversos artigos da Lei 9.472/97, que criou a ANATEL e lhe conferiu poder regulamentar, pelos incisos IV e X, de seu art. 19. Leia-se:

> Art. 19. À Agência compete adotar as medidas necessárias para o atendimento do interesse público e para o desenvolvimento das telecomunicações brasileiras, atuando com independência, imparcialidade, legalidade, impessoalidade e publicidade, e especialmente:
>
> [...]
>
> IV – expedir normas quanto à outorga, prestação e fruição dos serviços de telecomunicações no regime público;
>
> [...]
>
> X – expedir normas sobre prestação de serviços de telecomunicações no regime privado;
>
> [...]

No que diz respeito a este poder regulamentar, resolveu a Corte:

> 3) deferir em parte o pedido de medida cautelar, para a) quanto aos incisos IV e X do artigo 19, sem redução de texto, dar-lhes interpretação conforme à Constituição Federal, com o objetivo de fixar exegese segundo a qual a competência da Agência Nacional de Telecomunicações para expedir normas subordina-se aos preceitos legais e regulamentares que regem a outorga, prestação e fruição dos serviços de telecomunicações no regime público e no regime privado, vencido o Ministro Moreira Alves, que o indeferia;

Dessa forma, o STF reconheceu, com bastante amplitude, o poder regulamentar da ANATEL, abrindo caminho neste sentido para a jurisprudência.

Na discussão do tema, divergiu apenas o Ministro Moreira Alves, ao afirmar que a seu ver, não há necessidade de interpretação conforme à Constituição para se dizer o óbvio. O único problema que, em realidade existe está no caput, que não foi atacado, no qual se alude, novamente, a "com independência".

De fato, o poder regulamentar das agências é conferido por lei e à lei se submete. De outro turno, vigora no direito brasileiro o poder regulamentar do Presidente da República, conferido pelo art. 84, IV, da Constituição, assim redigido:

> Art. 84. Compete privativamente ao Presidente da República:
>
> [...]
>
> IV – sancionar, promulgar e fazer publicar as leis, bem como expedir decretos e regulamentos para sua fiel execução;

Nestes termos, não seria possível à lei conferir poderes regulamentares às agências tomando-os da autoridade presidencial, que os recebera de norma constitucional.

Dessa forma, no silêncio da lei, ou melhor, nas hipóteses que a lei apresentar sentido vago ou impreciso e que não haja regulamento específico do Presidente da República, entende o STF caber às agências reguladoras o poder de, agindo com independência, expedir normas vinculantes para os agentes econômicos que prestem serviços sob sua supervisão.

Em síntese, **o poder normativo das agências no Brasil é 1. autônomo, 2. restrito a área de atuação para as quais foram criadas, devendo obediência 3. à Constituição, 4. às leis, e 5. aos regulamentos eventualmente editados pelo Chefe do Poder Executivo**

1.5. Tratados internacionais

Os tratados internacionais também são fonte relevante do direito econômico.

Ao tratarem de direitos humanos, são reconhecidos como norma constitucional, desde que observado o procedimento do § 3º, do art. 5º, da CF/88 e, nos demais casos, são equivalentes à lei ordinária, quanto incorporados ao direito interno.

São exemplos de tratados internacionais pertinentes à matéria econômica o Tratado de Assunção e os demais tratados do Mercosul e os tratados do Acordo Geral de Tarifas e Comércio – GATT, sigla decorrente do nome inglês *General Agreement of Tarifs and Trade*, bem como da Organização Mundial do Comércio, dos quais o Brasil seja signatário.

Também podemos citar os tratados do Banco Interamericano de Desenvolvimento – BID, do Banco Mundial – BIRD e do Fundo Monetário Internacional – FMI.

Trataremos do assunto com mais detalhes na parte deste livro dedicada ao direito econômico internacional.

2. COMPETÊNCIA GERAL PARA LEGISLAR SOBRE DIREITO ECONÔMICO

A Constituição de 1988 insere a competência para legislar sobre direito econômico no âmbito da **competência concorrente** da União, dos Estados e do Distrito Federal. Vejamos o inciso I, do art. 24, da CF/88:

> Art. 24. Compete à União, aos Estados e ao Distrito Federal legislar concorrentemente sobre:
>
> I – direito tributário, financeiro, penitenciário, econômico e urbanístico;
>
> [...]

Esta atribuição, contudo, deve ser compreendida com **ressalvas**. A primeira delas diz respeito à existência de regras específicas de competência. Embora a disciplina da moeda, por exemplo, pertença ao direito econômico, não se pode entender que aos estados é permitido legislar o tema, reservado privativamente União (art. 22, VI, da CF/88). Neste caso, prevalece a regra especial (competência privativa da União para legislar sobre o sistema monetário nacional) face a geral (de competência concorrente da União e dos Estados para legislar sobre direito econômico).

De outro lado, há matérias de direito econômico que tocam o interesse local, e, por esta razão incide o disposto no art. 30, I e II, da Constituição, suscitando, assim, a capacidade legislativa do município, que poderá legislar supletivamente sobre a matéria.

Em síntese, compete à União, aos Estados e ao Distrito Federal legislar concorrentemente sobre direito econômico (art. 24, I, da CF/88). Havendo norma expressa, que atribua competência privativa da União para legislar sobre matéria pertencente ao direito econômico (art. 22, da CF/88), prevalece a regra específica sobre a regra geral. Presente o interesse local, também surge a competência legislativa suplementar, do município.

De resto, convém lembrar que o direito econômico, por definição, é o ramo do direito que rege a política econômica. Como a União, os Estados e o Distrito Federal e os municípios são autorizados, cada qual em sua esfera, a promover a política econômica, todos eles devem possuir a competência legislativa para a realização desta política, em seu âmbito de atuação.

Cabe ainda mencionar o **significado da competência concorrente** nos termos da disciplina dos parágrafos do art. 24, da Carta. Leia-se:

> Art. 24. Compete à União, aos Estados e ao Distrito Federal legislar concorrentemente sobre:
>
> [...]
>
> § 1º – No âmbito da legislação concorrente, a competência da União limitar-se-á a estabelecer normas gerais.
>
> § 2º – A competência da União para legislar sobre normas gerais não exclui a competência suplementar dos Estados.
>
> § 3º – Inexistindo lei federal sobre normas gerais, os Estados exercerão a competência legislativa plena, para atender a suas peculiaridades.
>
> § 4º – A superveniência de lei federal sobre normas gerais suspende a eficácia da lei estadual, no que lhe for contrário.

Assim, a **competência concorrente** significa, em princípio, a competência da União para estabelecer normas gerais e a competência dos estados para estabelecer normas suplementares. Não havendo lei federal que disponha sobre normas gerais, pode o estado exercer a competência legislativa plena. Sobrevindo a lei federal sobre as normas gerais, a competência legislativa plena eventualmente exercida pelo estado perde em parte sua eficácia, permanecendo válidas e eficazes somente as normas suplementares especiais, que não conflitem com a norma federal.

No julgamento da medida cautelar na ADI 2.396 MC/MS, o STF afastou a lei estadual, editada no âmbito da competência concorrente, mas que conflitava com a lei federal. Veja-se:

> [...]
>
> 5. Repartição das Competências legislativas. CF arts. 22 e 24. Competência concorrente dos Estados-membros. Produção e consumo (CF, art. 24, V); proteção de meio ambiente (CF, art. 24, VI); e proteção e defesa da saúde (CF, art. 24, XII). No sistema da CF/88, como no das anteriores, a competência legislativa geral pertence à União Federal. A residual ou implícita cabe aos Estados que "podem legislar sobre as matérias que não estão reservadas à União e que não digam respeito à administração própria dos Municípios, no que concerne ao seu peculiar interesse" (Representação nº 1.153-4/RS, voto do Min. Moreira Alves). O espaço de possibilidade de regramento pela legislação estadual, em casos de competência concorrente abre-se: (1) toda vez que não haja legislação federal, quando então, mesmo sobre princípios gerais, poderá a legislação estadual dispor; e (2) quando, existente legislação federal que fixe os princípios gerais, caiba complementação ou suplementação para o preenchimento de lacunas, para aquilo que não corresponda à generalidade; ou ainda, para a definição de peculiaridades regionais. Precedentes.
>
> **6. Da legislação estadual, por seu caráter suplementar, se espera que preencha vazios ou lacunas deixados pela legislação federal, não que venha dispor em diametral objeção a esta. Norma estadual que proíbe a fabricação, ingresso, comercialização e estocagem de amianto ou produtos à base de amianto está em flagrante contraste com as disposições da Lei federal nº 9.055/95 que expressamente autoriza, nos seus termos, a extração, industrialização, utilização e comercialização da crisotila.**
>
> [...]
>
> (STF, Tribunal Pleno, ADI 2.396 MC/MS, Min. Ellen Gracie, DJ de 14/12/2001)

No RE 595.586/BA, o STF apreciou os efeitos da superveniência da lei federal sobre lei estadual, editada no exercício da competência legislativa plena:

> RECURSO EXTRAORDINÁRIO. PREVIDENCIÁRIO. PENSÃO POR MORTE. REEXAME DE FATOS E PROVAS. IMPOSSIBILIDADE. TERMO INICIAL DA CONCESSÃO DO BENEFÍCIO. LEI ESTADUAL nº 6.915/95. LEI FEDERAL nº 8.213/91. DATA DA INSCRIÇÃO OU HABILITAÇÃO. SUPERVENIÊNCIA DE LEI FEDERAL DISPONDO NORMAS GERAIS. ART. 24, § 4º, DA CONSTITUIÇÃO DO BRASIL.
>
> 1. Reexame de fatos e provas. Incidência da Súmula nº 279 do STF.
>
> 2. A superveniência de lei federal dispondo normas gerais suspende a eficácia da lei estadual, no que lhe for contrário. No caso, o citado texto normativo estadual [Lei nº 6.915/95], por disciplinar de forma diversa e ser posterior à Lei federal, nem chegou a ter eficácia, prevalecendo, pois, o art. 76, da Lei nº 8.213/91, que estabelece a data da inscrição ou habilitação como termo inicial da concessão do benefício em favor de dependentes posteriormente incluídos. Dou parcial provimento ao recurso extraordinário.
>
> (STF, T2, RE 595.586/BA, Min. Eros Grau, DJe de 12/3/2010)

Tais regras são aplicáveis à míngua de normativo constitucional específico. Imaginemos um determinado benefício fiscal concedido pela legislação estadual do IPVA, editada no exercício da competência legislativa plena. Uma lei federal ordinária sobre benefícios fiscais não afetaria a norma estadual, tendo em vista que: 1. somente o estado tem competência para legislar sobre o tributo (art. 155, III, da CF/88) e 2. a Constituição determina que normas gerais de direito tributário sejam editadas por lei complementar (art. 146, III, da CF/88), não bastando simples lei ordinária federal.

3. REGRAS ESPECÍFICAS DE COMPETÊNCIA PARA LEGISLAR SOBRE DIREITO ECONÔMICO

3.1. Competência concorrente para legislar sobre produção e consumo

O art. 24, V, da CF/88 prevê regra de competência concorrente para legislar sobre **produção e consumo**, matéria que pertencem ao direito econômico. Dispõe:

> Art. 24. Compete à União, aos Estados e ao Distrito Federal legislar concorrentemente sobre:
>
> [...]
>
> V – produção e consumo;
>
> [...]

No âmbito federal, a norma que rege a matéria é o Código de Defesa do Consumidor, Lei 8.078/1990, aplicável, a propósito, inclusive às instituições financeiras[38], cabendo a estados e municípios suplementar a legislação, nos limites da competência concorrente.

38. Súmula 297 do STJ: "O Código de Defesa do Consumidor é aplicável às instituições financeiras" (STJ, S2, DJ de 9/9/2004).

Também há a Lei 12.414/2011, que "disciplina a formação e consulta a bancos de dados com informações de adimplemento, de pessoas naturais ou de pessoas jurídicas, para formação de histórico de crédito".

Um exemplo de norma suplementar encontra-se nas leis de diversos estados que regulam a inclusão de consumidores (devedores) em cadastros de proteção ao crédito. Estados como São Paulo e Mato Grosso editaram leis que exigem a comunicação do débito ao consumidor por carta registrada, que deve ser recebida e assinada pelo próprio devedor, não sendo válida a notificação recebida por terceiros[39].

A competência concorrente, especialmente no que diz respeito ao consumo, já foi apreciada por diversas vezes pelo STF.

Na ADI 2.359/ES, entendeu o Tribunal pela constitucionalidade de lei do Estado do Espírito Santo, que disciplinava a **utilização de vasilhames na comercialização de gás**. Assim decidiu:

> [...]
>
> 2. O texto normativo questionado contém diretrizes relativamente ao consumo de produtos acondicionados em recipientes reutilizáveis – matéria em relação à qual o Estado-membro detém competência legislativa [artigo 24, inciso V, da Constituição do Brasil].
>
> 3. Quanto ao gás liquefeito de petróleo [GLP], a lei impugnada determina que o titular da marca estampada em vasilhame, embalagem ou recipiente reutilizável não obstrua a livre circulação do continente [artigo 1º, caput]. Estabelece que a empresa que reutilizar o vasilhame efetue sua devida identificação através de marca, logotipo, caractere ou símbolo, de forma a esclarecer o consumidor [artigo 2º].
>
> 4. A compra de gás da distribuidora ou de seu revendedor é operada concomitantemente à realização de uma troca, operada entre o consumidor e o vendedor de gás. Trocam-se botijões, independentemente de qual seja a marca neles forjada. Dinamismo do mercado do abastecimento de gás liquefeito de petróleo.
>
> 5. A lei hostilizada limita-se a promover a defesa do consumidor, dando concreção ao disposto no artigo 170, V, da Constituição do Brasil. O texto normativo estadual dispõe sobre matéria da competência concorrente entre a União, os Estados-membros e o Distrito Federal.
>
> 6. Ação Direta de Inconstitucionalidade julgada improcedente.
>
> (STF, Tribunal Pleno, ADI 2.359/ES, Min. Eros Grau, DJ de 7/12/2006)

No ADI 1.980/PR, o STF também julgou constitucional lei estadual que assegurava ao consumidor o direito de obter informações sobre a natureza, procedência e qualidade de produtos combustíveis comercializados nos postos revendedores do Estado". Vejamos:

> INCONSTITUCIONALIDADE. Ação direta. Lei nº 12.420/99, do Estado do Paraná. Consumo. Comercialização de combustíveis no Estado. Consumidor. Direito de obter informações sobre a natureza, procedência e qualidade dos produtos.

39. Valor Econômico, Lei dificulta 'sujar' nome de devedor, Edição de 12/1/2015.

> Proibição de revenda em postos com marca e identificação visual de outra distribuidora. Prevenção de publicidade enganosa. Sanções administrativas. Admissibilidade.
>
> Inexistência de ofensa aos arts. 22, incs. I, IV e XII, 170, incs. IV, 177, §§ 1º e 2º, e 238, todos da CF. Ação julgada improcedente. Aplicação dos arts. 24, incs. V e VIII, cc. § 2º, e 170, inc. V, da CF.
>
> É constitucional a Lei nº 12.420, de 13 de janeiro de 1999, do Estado do Paraná, que assegura ao consumidor o direito de obter informações sobre a natureza, procedência e qualidade de produtos combustíveis comercializados nos postos revendedores do Estado.
>
> (STF, Tribunal Pleno, ADI 1.980/PR, Min. Cezar Peluso, DJe de 7/8/2009)

Na AI 761.031 AgR, também assentou o Tribunal que a matéria relativa a **segurança das relações de consumo** encontra-se no âmbito da **competência concorrente**, legitimando, assim, a Lei 12.971/98, do Estado de Minas Gerais, que determinava a instalação de equipamentos de segurança em agências bancárias e postos de serviço. Vejamos:

> Embargos de declaração em embargos de declaração em agravo regimental em agravo de instrumento.
>
> Lei estadual nº 12.971/98. Segurança das relações de consumo. Agências bancárias. Matéria legislativa de competência concorrente. Possibilidade de edição de lei estadual sobre o tema. Precedentes.
>
> Embargos de declaração rejeitados.
>
> (STF, T2, AI 761.031 AgR-ED-ED/MG, Min. Gilmar Mendes, DJe de 29/4/2013)

Encontra-se, portanto, bem definida a competência legislativa dos estados para dispor sobre produção e consumo, desde que não haja lei federal em sentido contrário.

Cumpre lembrar, porém, da **propaganda** ou da **publicidade comercial**. A matéria está intimamente ligada à proteção do consumidor e encontra-se disciplinada pelos arts. 36 e seg., do Código de Defesa do Consumidor – Lei 8.078/90.

Entretanto, a competência para legislar sobre propaganda comercial fora excluída da competência concorrente da União e dos estados para legislar sobre consumo, por força do art. 22, XIX, da CF/88, que contém regra específica. Vejamos:

> Art. 22. Compete privativamente à União legislar sobre:
>
> [...]
>
> XXIX – propaganda comercial.

Com fundamento neste dispositivo, o STF julgou inconstitucional lei do Estado de Santa Catarina que procurava regular anúncios comerciais, por invadir a competência privativa da União[40].

40. STF, Tribunal Pleno, ADI 2.815/SC, Min. Sepulveda Pertence, DJ de 7/11/2003.

3.2. As regras de competência privativa da União

O art. 22, da CF/88 elenca as matérias para as quais apenas a União tem competência legislativa privativa, com a ressalva, rara, do parágrafo único, de que lei complementar pode autorizar os Estados a legislar sobre os temas dispostos no artigo.

Diversos incisos do art. 22, da CF/88 tratam de matérias típicas de direito econômico, como o inciso VI (sistema monetário e de medidas, títulos e garantias dos metais) e outras tratam de matéria que podem integrar o direito econômico, a exemplo do inciso IX (diretrizes da política nacional de transportes). Vejamos o teor do artigo, na parte que nos interessa:

> Art. 22. Compete privativamente à União legislar sobre:
>
> [...]
>
> IV – águas, energia, informática, telecomunicações e radiodifusão;
>
> [...]
>
> VI – sistema monetário e de medidas, títulos e garantias dos metais;
>
> VII – política de crédito, câmbio, seguros e transferência de valores;
>
> VIII – comércio exterior e interestadual;
>
> IX – diretrizes da política nacional de transportes;
>
> X – regime dos portos, navegação lacustre, fluvial, marítima, aérea e aeroespacial;
>
> XI – trânsito e transporte;
>
> XII – jazidas, minas, outros recursos minerais e metalurgia;
>
> [...]
>
> XIX – sistemas de poupança, captação e garantia da poupança popular;
>
> XX – sistemas de consórcios e sorteios;
>
> [...]
>
> XXVI – atividades nucleares de qualquer natureza;
>
> [...]
>
> XXIX – propaganda comercial.
>
> Parágrafo único. Lei complementar poderá autorizar os Estados a legislar sobre questões específicas das matérias relacionadas neste artigo.

Passemos em revista a alguns destes dispositivos, em especial aqueles que já mereceram a atenção do STF.

3.2.1. Sistema monetário e moeda

Dispõe o art. 22, inciso VI e VII da CF/88:

> Art. 22. Compete privativamente à União legislar sobre:
>
> [...]
>
> VI – sistema monetário e de medidas, títulos e garantias dos metais;
>
> VII – política de crédito, câmbio, seguros e transferência de valores;
>
> [...]

A competência legislativa privativa, neste caso, também vem acompanhada de competências administrativas exclusivas da União para **emitir moeda e administrar reservas cambiais e disciplinar operações financeiras**.

> Art. 21. Compete à União:
>
> [...]
>
> VII – emitir moeda;
>
> VIII – administrar as reservas cambiais do País e fiscalizar as operações de natureza financeira, especialmente as de crédito, câmbio e capitalização, bem como as de seguros e de previdência privada;
>
> [...]

Estes dispositivos fecham, em torno da União, o circuito legislativo e administrativo para tratar do tema monetário. De fato, a moeda, seja ela de curso forçado, como o Real, ou de curso livre, nos países em que são permitidas transações locais em moedas estrangeiras, bem como o valor da moeda nacional face a moeda estrangeira, é matéria típica do poder central, por constituir, inclusive, parte da identidade de uma nação.

Devem, pois, estados e municípios, sem exceção, se curvar à legislação federal, assim como assentou o STF, ao julgar inconstitucional lei do Estado do Rio Grande do Norte que previa regras próprias de conversão da URV para o Real, embora se limitasse ao direito de seus servidores públicos. Assim foi redigida a ementa do RE 291.188/RN:

> Direito Monetário: competência legislativa privativa da União: critérios de conversão em URV dos valores fixados em Cruzeiro Real: aplicação compulsória a Estados e Municípios, inclusive aos vencimentos dos respectivos servidores, que impede a incidência de diferente legislação local a respeito.
>
> 1. Em todas as Federações, o estabelecimento do sistema monetário foi sempre típica e exclusiva função legislativa do ordenamento central; e estabelecer o sistema monetário – escusado o óbvio – consiste primacialmente na criação e eventual alteração do padrão monetário.
>
> 2. A alteração do padrão monetário envolve necessariamente a fixação do critério de conversão para a moeda nova do valor das obrigações legais ou negociais orçadas na moeda velha; insere-se, pois, esse critério de conversão no âmbito material da regulação do "sistema monetário", ou do Direito Monetário, o qual, de competência legislativa privativa da União (CF, art. 22, VI), se subtrai do âmbito da autonomia dos Estados e Municípios.

> 3. A regra que confia privativamente à União legislar sobre "sistema monetário" (art. 22, VI) é norma especial e subtrai, portanto, o Direito Monetário, para esse efeito, da esfera material do Direito Econômico, que o art. 24, I, da Constituição da República inclui no campo da competência legislativa concorrente da União, do Estados e do Distrito Federal.
>
> 4. Dado o papel reservado à URV na transição entre dois padrões monetários, o Cruzeiro Real e o Real (L. 8880/94), os critérios legais para a conversão dos valores expressos em cruzeiros reais para a URV constituiu uma fase intermediária de convivência com a moeda antiga na implantação do novo sistema monetário.
>
> 5. Compreendem-se, portanto, ditos critérios da conversão em URV no âmbito material de regulação do sistema monetário, objeto de competência legislativa privativa da União.
>
> 6. A conversão em URV dos valores fixados para a remuneração dos servidores públicos locais – segundo a lei federal institutiva do novo sistema monetário –, não representou aumento de vencimentos, não sendo oponíveis, portanto, à sua observância compulsória por Estados e Municípios, as regras dos arts. 167 e 169 da Constituição da República.
>
> 7. Correta a decisão do Tribunal local que, em conseqüência, deu aplicação aos critérios da conversão de vencimentos e proventos em URV, ditados por lei federal (L. 8880/94, art. 22) e afastou a incidência da lei estadual que os contrariou (L. est. 6612/94-RN): RE não conhecido.
>
> (STF, T1, RE 291.188/RN, Min. Sepúlveda Pertence, DJ de 14/11/2002)

No julgado, o Poder Constituinte retirou da competência concorrente para legislar sobre direito econômico a matéria relativa à moeda e câmbio, privativa da União.

3.2.2. Poupança

Em economia, os meios de pagamento ganham classificação na medida de sua liquidez. A referência de liquidez é a moeda, classificada como M1 (junto com os depósitos a vista), como dissemos na introdução. Outros meios de pagamento, que representam moeda, como os títulos de crédito e os valores mobiliários são classificados como M2, M3 e assim por diante.

Na classificação encontrada na página da internet do Banco Central, temos:

> O M1 compreende os passivos de liquidez imediata. É composto pelo Papel-moeda em Poder do Público (PMPP) e pelos Depósitos à Vista (DV).
>
> O M2 engloba, além do M1, os depósitos para investimento e as emissões de alta liquidez realizadas primariamente no mercado interno por instituições depositárias – as que realizam multiplicação de crédito.
>
> O M3 inclui o M2 mais as captações internas por intermédio dos fundos de investimento classificados como depositários e a posição líquida de títulos registrados no Sistema Especial de Liquidação e Custódia (Selic), decorrente de financiamento em operações compromissadas.
>
> O M4 engloba o M3 e os títulos públicos de alta liquidez.[41]

---

41. Disponível em: http://www.bcb.gov.br/pec/sdds/port/ctasanal_setbanc_p.htm, acesso em 27/3/2015.

A poupança se encontra classificada no M2, o que já seria suficiente para aproximá-la do conceito de moeda e, portanto, para justificar a competência da União para legislar sobre o assunto. Não obstante, o art. 22, XIX, da CF/88 previu especificamente a **competência da União**:

> Art. 22. Compete privativamente à União legislar sobre:
>
> [...]
>
> XIX – sistemas de poupança, captação e garantia da poupança popular;
>
> [...]

Não é, contudo, apenas a proximidade da poupança ao conceito de moeda que justifica a medida. Como a norma citada deixa transparecer, a poupança é a principal aplicação de recursos, especialmente para as camadas mais pobres da população.

Quando o art. 22, XIX, da CF/88 menciona poupança popular, é bem verdade, não se refere apenas à poupança das pessoas pobres, mas de qualquer pessoa. Contudo, a parcela da população de mais alta renda tem acesso a outros investimentos, com vistas a obtenção de melhores rendimentos a seu capital, inacessíveis aos menos abastados.

As **características do regramento da poupança** são a **uniformidade em todo o território nacional,** especialmente quanto ao rendimento definido pelo art. 12, da Lei 8.177/1991 e a **segurança no investimento**.

Esta segurança nem sempre significou garantia plena.

A Lei 8.024/1990, que criou o "Plano Collor", trocou a moeda nacional, mas ficou mais marcada porque "bloqueou" parte dos recursos depositados, inclusive em cadernetas de poupança (arts. 5º e 6º) e porque, especialmente para a poupança com remuneração mensal, criou duas regras de correção dos valores aplicados, de forma que as cadernetas de poupança com aniversário até o dia 15 de setembro de 1991 foram corrigidas pela inflação dos últimos trinta dias, enquanto aquelas com aniversário em data posterior foram corrigidas por outros critérios, que traduziam a inflação artificialmente congelada (art. 6º, §§ 1º e 2º).

Os poupadores obtiveram no judiciário o direito ao resgate de suas aplicações, mas a mudança do critério de correção foi referendada pelo STF, a exemplo do julgado no RE 238.487/PR. Bom lembrar, contudo, que a matéria ainda é objeto de discussão no STF, havendo pelo menos três recursos recebidos com repercussão geral reconhecida, o RE 591.797 RG/SP, o AI 754.745 RG/SP e o AI 751.521 RG/SP.

A organização das entidades que captam recursos pela poupança bem como a aplicação destes recursos foram disciplinados originariamente pela Resolução CMN 1980/1993 e hoje obedecem a Resolução 3.932/2010, destacando-se a regra que determina que no mínimo 65% dos recursos captados em depósitos de poupança pelas entidades integrantes do Sistema Brasileiro de Poupança e Empréstimo (SBPE) devem ser aplicados em operações de financiamento imobiliário.

3.2.3. Telecomunicações, energia e água

O setor de **telecomunicações**, considerado estratégico por todas as nações, também se inclui naqueles regidos apenas pela lei federal.

Dispõe o art. 22, IV, da CF/88, parte final:

> Art. 22. Compete privativamente à União legislar sobre:
>
> [...]
>
> IV – águas, energia, informática, **telecomunicações e radiodifusão**;
>
> [...]

Em consonância com o dispositivo, o art. 21, XI reserva à União a competência para explorar os serviços de telecomunicações:

> Art. 21. Compete à União:
>
> [...]
>
> XI – explorar, diretamente ou mediante autorização, concessão ou permissão, os serviços de telecomunicações, nos termos da lei, que disporá sobre a organização dos serviços, a criação de um órgão regulador e outros aspectos institucionais; (Redação dada pela Emenda Constitucional nº 8, de 15/08/95)

Sem adentrar no mérito da questão, o STF tem rejeitado sistematicamente as tentativas de leis estaduais regularem a matéria. Vejamos:

> AÇÃO DIRETA DE INCONSTITUCIONALIDADE. IMPUGNAÇÃO DA LEI DISTRITAL nº 3.596. IMPOSIÇÃO, ÀS EMPRESAS DE TELEFONIA FIXA QUE OPERAM NO DISTRITO FEDERAL, DE INSTALAÇÃO DE CONTADORES DE PULSO EM CADA PONTO DE CONSUMO. VIOLAÇÃO DO ARTIGO 22, IV, DA CONSTITUIÇÃO DO BRASIL.
>
> 1. A Lei distrital nº 3.596 é inconstitucional, visto que dispõe sobre matéria de competência da União, criando obrigação não prevista nos respectivos contratos de concessão do serviço público, a serem cumpridas pelas concessionárias de telefonia fixa – – artigo 22, inciso IV, da Constituição do Brasil.
>
> 2. Pedido julgado procedente para declarar inconstitucional a Lei distrital nº 3.596/05.
>
> (STF, Tribunal pleno, ADI 3.533/DF, Min. Eros Grau, DJ de 6/10/2006)
>
> Ação direta de inconstitucionalidade. 2. Lei estadual nº 13.921/2007, de Santa Catarina. 3. Serviço público de telecomunicações. 4. Telefonias fixa e móvel. 5. Vedação da cobrança de tarifa de assinatura básica. Penalidades. 6. Invasão da competência legislativa da União. 7. Violação dos artigos 21, XI, 22, IV, e 175, parágrafo único, da Constituição Federal. Precedentes. 8. Ação direta de inconstitucionalidade julgada procedente.
>
> (STF, Tribunal Pleno, ADI 3.847/SC, Min. Gilmar Mendes, DJe de 9/3/2012)

Compete, pois, privativamente à União legislar sobre a matéria.

Na primeira parte do inciso, IV, do art. 22, estão contempladas as matérias relativas à **águas e energia**, dentro da competência legislativa privativa da União.

> Art. 22. Compete privativamente à União legislar sobre:
>
> [...]
>
> IV – águas, energia, informática, telecomunicações e radiodifusão;
>
> [...]

Assim como se passa no âmbito das telecomunicações, a **exploração da energia elétrica**, inclusive aquela gerada pelo potencial hidráulico (a mais relevante no país) compete também à União, nos termos do art. 21, XII, b, da CF/88:

> Art. 21. Compete à União:
>
> [...]
>
> XII – explorar, diretamente ou mediante autorização, concessão ou permissão:
>
> [...]
>
> b) os serviços e instalações de energia elétrica e o aproveitamento energético dos cursos de água, em articulação com os Estados onde se situam os potenciais hidroenergéticos;

Desde o regime constitucional anterior, a matéria está reconhecidamente restrita à competência legislativa da União:

> Leis nº, 898, de 18 de dezembro de 1975 e nº 1.172, de 17 de novembro de 1976, que, respectivamente, disciplina o uso do solo para a proteção dos mananciais, cursos e reservatórios de água e demais recursos hídricos de interesse da Região Metropolitana da Grande São Paulo e delimita as áreas de proteção aos mananciais, cursos e reservatórios de água, e dão outras providências. Inconstitucionalidade do parágrafo único do art. 5º e item IV do art. 11 da Lei nº 898, e do item I do art. 2º, art. 8º e seus parágrafos e itens I, III e IV do art. 9º da lei 1.172. A defesa do meio ambiente deve ser exercida com respeito à competência legislativa da União Federal. Representação procedente.
>
> (STF, Tribunal Pleno, Rp 1.007/SP, Min. Cordeiro Guerra, DJ de 10/9/1979)

O regime atual não inovou, conforme a interpretação do STF:

> AÇÃO DIRETA DE INCONSTITUCIONALIDADE. LEI ACREANA nº 1.618/2004. REGRAS QUE PROÍBEM O CORTE RESIDENCIAL DO FORNECIMENTO DE ÁGUA E ENERGIA ELÉTRICA PELAS CONCESSIONÁRIAS POR FALTA DE PAGAMENTO. COMPETÊNCIA DA UNIÃO PARA LEGISLAR SOBRE SERVIÇO DE ENERGIA ELÉTRICA. COMPETÊNCIA DO MUNICÍPIO PARA LEGISLAR SOBRE SERVIÇO DE FORNECIMENTO DE ÁGUA. AFRONTA AOS ARTS. 22, INC. XII, ALÍNEA B, 30, INC. I E V E 175 DA CONSTITUIÇÃO DA REPÚBLICA. AÇÃO JULGADA PROCEDENTE. (STF, Tribunal Pleno, ADI 3.661/AC, Min. Carmen Lúcia, DJe de 10/5/2011)

Não há que se confundir, contudo, a legislação acerca do aproveitamento da água, restrita à União, com a matéria de proteção da água, relacionada ao meio ambiente, suscitando, portanto, outras regras de competência da Constituição Federal.

3.2.4. Comércio exterior

O Estado Brasileiro, em suas relações internacionais, constitui uma unidade efetiva, representada pela República Federativa do Brasil, qualificada como pessoa jurídica de direito público externo.

Por uma razão de uniformidade, devem os estados e municípios, assim como seus habitantes, seguirem as regras estabelecidas pela União, na matéria de comércio exterior.

Não se justificaria, de fato, uma União em que cada parte disciplinasse suas relações com o exterior.

De outro giro, a federação brasileira entendeu que não deveria haver distinções nas regras comerciais entre estados, ao contrário do que ocorre, por exemplo, nos Estados Unidos.

Assim, definiu o Poder Constituinte que a matéria de **comércio exterior e interestadual deve ser regulado por lei emanada da União**:

> Art. 22. Compete privativamente à União legislar sobre:
>
> [...]
>
> VIII – comércio exterior e interestadual;
>
> [...]

No que toca ao comércio exterior, a medida constitui verdadeiro corolário do princípio federativo. Quanto ao comércio interestadual, competência privativa da União decorre de escolha do Poder Constituinte, embora condicionada historicamente.

Podemos encontrar aplicações do dispositivo na jurisprudência.

Na Ação de Descumprimento de Preceito Fundamental ADPF 101/DF[42], por exemplo, o STF tangenciou o tema do comércio internacional, reconhecendo a **legitimidade das normas federais que proibiam a importação** de pneus usados. No mérito, a Corte também ponderou os princípios do desenvolvimento sustentado e da equidade e da responsabilidade pela integração, bem como os valores do meio ambiente e da saúde.

No âmbito do **comercio interestadual**, o STF julgou **inconstitucional** a parte da **Constituição do Estado de Mato Grosso que vedava a saída do estado de "madeiras em toras"**, por invadir a competência privativa da União. Vejamos a ementa da ADI 280/MT:

42. STF, Tribunal Pleno, ADPF 101/DF, Min. Cármen Lúcia, DJe de 04/6/2012.

AÇÃO DIRETA DE INCONSTITUCIONALIDADE. ARTIGO 346 DA CONSTITUIÇÃO DO ESTADO DE MATO GROSSO.

Inconstitucionalidade da frase "sendo vedada a saída do Estado de madeiras em toras". Competência da União para legislar sobre comercio interestadual e transporte (artigo 22 – VIII e XI da Constituição Federal). Precedentes do S.T.F.

(STF, Tribunal Pleno, ADI 280/MT, Min. Francisco Rezek, DJ de 17/6/1994)

Em outro caso, julgou o STF **inconstitucional lei do Estado de São Paulo que procurava disciplinar a produção e a comercialização de produtos contendo amianto**, que interferia no comércio do produto entre pessoas localizadas no estado e em outras unidades da Federação. Eis a ementa da ADI 2.656/SP:

AÇÃO DIRETA DE INCONSTITUCIONALIDADE. LEI PAULISTA. PROIBIÇÃO DE IMPORTAÇÃO, EXTRAÇÃO, BENEFICIAMENTO, COMERCIALIZAÇÃO, FABRICAÇÃO E INSTALAÇÃO DE PRODUTOS CONTENDO QUALQUER TIPO DE AMIANTO. GOVERNADOR DO ESTADO DE GOIÁS. LEGITIMIDADE ATIVA. INVASÃO DE COMPETÊNCIA DA UNIÃO.

1. Lei editada pelo Governo do Estado de São Paulo. Ação direta de inconstitucionalidade proposta pelo Governador do Estado de Goiás. Amianto crisotila. Restrições à sua comercialização imposta pela legislação paulista, com evidentes reflexos na economia de Goiás, Estado onde está localizada a maior reserva natural do minério. Legitimidade ativa do Governador de Goiás para iniciar o processo de controle concentrado de constitucionalidade e pertinência temática.

2. Comercialização e extração de amianto. Vedação prevista na legislação do Estado de São Paulo. Comércio exterior, minas e recursos minerais. Legislação. Matéria de competência da União (CF, artigo 22, VIII e XII). Invasão de competência legislativa pelo Estado-membro. Inconstitucionalidade.

3. Produção e consumo de produtos que utilizam amianto crisotila. Competência concorrente dos entes federados. Existência de norma federal em vigor a regulamentar o tema (Lei 9055/95). Conseqüência. Vício formal da lei paulista, por ser apenas de natureza supletiva (CF, artigo 24, §§ 1º e 4º) a competência estadual para editar normas gerais sobre a matéria.

4. Proteção e defesa da saúde pública e meio ambiente. Questão de interesse nacional. Legitimidade da regulamentação geral fixada no âmbito federal. Ausência de justificativa para tratamento particular e diferenciado pelo Estado de São Paulo.

5. Rotulagem com informações preventivas a respeito dos produtos que contenham amianto. Competência da União para legislar sobre comércio interestadual (CF, artigo 22, VIII). Extrapolação da competência concorrente prevista no inciso V do artigo 24 da Carta da República, por haver norma federal regulando a questão.

(STF, Tribunal Pleno, ADI 2.656/SP, Min. Maurício Corrêa, DJ 1/8/2003)

No caso, a lei paulista fora julgada inconstitucional por invadir a competência privativa da União tanto para legislar sobre comércio interestadual quanto para legislar sobre recursos minerais e metalurgia (CF/88, art. 22, XII).

3.2.5. Transporte

O **transporte** é objeto de preocupações do direito econômico, não sob o enfoque do direito de ir e vir, ou da segurança no trânsito, mas como **atividade economicamente relevante**, seja na forma de prestação serviços públicos ou de serviços privados.

Neste contexto, destaca-se:

> Art. 22. Compete privativamente à União legislar sobre:
>
> [...]
>
> IX – diretrizes da política nacional de transportes;
>
> X – regime dos portos, navegação lacustre, fluvial, marítima, aérea e aeroespacial;
>
> XI – trânsito e transporte;
>
> [...]

A competência para legislar sobre transporte, portos, navegação lacustre, fluvial, marítima, aérea e aeroespacial também vem acompanhada da competência da União para explorar tais atividades, a teor do art. 21, XII, incisos 'c' a 'f', da CF/88. Vejamos:

> Art. 21. Compete à União:
>
> [...]
>
> XII – explorar, diretamente ou mediante autorização, concessão ou permissão:
>
> [...]
>
> c) a navegação aérea, aeroespacial e a infraestrutura aeroportuária;
>
> d) os serviços de transporte ferroviário e aquaviário entre portos brasileiros e fronteiras nacionais, ou que transponham os limites de Estado ou Território;
>
> e) os serviços de transporte rodoviário interestadual e internacional de passageiros;
>
> f) os portos marítimos, fluviais e lacustres;
>
> [...]

Na mesma linha das competências antes analisadas, a competência privativa para legislar sobre transporte é pacificamente reconhecida à União. A matéria, contudo, não é absoluta, e no julgamento da ADI 903/MG, o STF fez prevalecer, na análise da constitucionalidade da Lei 10.820/92 do Estado de Minas Gerais, que dispunha acerca da adaptação dos veículos de transporte coletivo com a finalidade de assegurar seu acesso por pessoas com deficiência ou dificuldade de locomoção, a competência concorrente do art. 24, XIV, da CF/88 (proteção e integração social das pessoas portadoras de deficiência), sobre a competência privativa da União para dispor sobre transportes.

3.3. Interesse local

Outra linha relevante de análise da competência legislativa sobre direito econômico está na **competência dos municípios**, disciplinada especialmente nos incisos I e II, do art. 30, da CF/88. Vejamos:

> Art. 30. Compete aos Municípios:
>
> I – legislar sobre assuntos de interesse local;
>
> II – suplementar a legislação federal e a estadual no que couber;

Embora a noção de interesse local seja senso comum, não é tarefa tão simples compreender sua dimensão e sua amplitude. Talvez seja mais correto falar em "construir" os limites da expressão "interesse local", que propriamente supor uma definição pré-concebida do termo, a ser encontrada pelo interprete. A tarefa cabe mais à experiência que propriamente à dogmática.

O comando jurídico objetivo que ajuda, conquanto não resolva a questão, é o caráter subsidiário da competência municipal, diante das normas federais e estaduais.

Assim, havendo lei federal ou estadual sobre a matéria, cabe ao município suplementá-la, não lhe cabendo exercer a competência legislativa plena, do § 3º, do art. 24, da CF/88, salvo na hipótese de existir autorização constitucional específica. Tal é o caso do § 1º, do art. 182, da CF/88, que prevê à Câmara Municipal a competência para aprovar o plano diretor do município.

A norma que atribui a competência específica afasta qualquer discussão sobre a aplicabilidade do art. 30, I e II, da CF/88.

Não nos cabe, porém, esgotar o assunto. Como a proposta deste livro é estudar o direito econômico, convém apenas passar em revista aos problemas da competência legislativa municipal face a questões que tocam a competência da União e dos estados, no âmbito da política econômica.

Tema bastante frequente se refere à **limitação geográfica para a instalação de estabelecimentos no município**.

O STF, no julgamento da ADI 2.327/SP, teve a oportunidade de afastar lei estadual que procurava fixar distância mínima para a instalação de novas farmácias e drogarias. A constitucionalidade da norma, sob o prisma formal, fora afastada por invadir a competência do município, para dispor sobre matéria do interesse local. Veja-se:

> Ação direta de inconstitucionalidade. 2. Governador do Estado de São Paulo. 3. Lei Estadual nº 10.307, de 06 de maio de 1999. Fixação de distância mínima para a instalação de novas farmácias e drogarias. **4. Inconstitucionalidade formal. Norma de interesse local editada pelo Estado-membro**. 5. Inconstitucionalidade material. Descumprimento do princípio constitucional da livre concorrência. Precedentes. 6. Ação direta procedente
>
> (STF, Tribunal Pleno, ADI 2.327/SP, Min. Gilmar Mendes, DJ de 22/8/2003)

Mas a Corte já vinha julgando inconstitucionais leis municipais que pretendiam distanciamento mínimo entre estabelecimentos do mesmo setor, por violar a livre concorrência, matéria que restou consolidada na Súmula 646 (STF, Plenário, DJ de 09/10/2003) reiterada pela Súmula Vinculante 49 (STF, Plenário, DJe de 23/06/2015), com o mesmo teor:

Ofende o princípio da livre concorrência lei municipal que impede a instalação de estabelecimentos comerciais do mesmo ramo em determinada área.

Por outro lado, a Corte julgou constitucionais leis municipais que determinavam o distanciamento mínimo de postos de gasolina, como demonstra a ementa do RE 199.101/SC, com os precedentes citados em igual sentido, **por razões de segurança**. Veja-se:

> Município: competência: Lei municipal que fixa distanciamento mínimo entre postos de revenda de combustíveis, por motivo de segurança: legitimidade, conforme a jurisprudência do Supremo Tribunal (v.g. RE 204.187, 2ª T., Ellen Gracie, DJ 2.4.2004; RE 204.187, 1ª T., Ilmar Galvão, DJ 5.2.2000)
>
> (STF, T1, RE 199.101/SC, Min. Sepúlveda Pertence, DJ de 30/9/2005)

Vale ressaltar que, no mérito, o STF já proferiu julgamentos no sentido de que "a limitação geográfica à instalação de drogarias cerceia o exercício da livre concorrência", como no do RE 199.517/SP. Nestes casos, contudo, não restou desautorizada a competência municipal para tratar do interesse local.

O Tribunal também se dedicou a temas da competência legislativa do município para tratar do **interesse local envolvendo atividades bancárias**.

O STF valeu-se do art. 30, I, da CF/88 para julgar legítima norma municipal que obrigava a instalação de dispositivo de segurança em bancos:

> ESTABELECIMENTOS BANCÁRIOS – COMPETÊNCIA DO MUNICÍPIO PARA, MEDIANTE LEI, OBRIGAR AS INSTITUIÇÕES FINANCEIRAS A INSTALAR, EM SUAS AGÊNCIAS, DISPOSITIVOS DE SEGURANÇA – INOCORRÊNCIA DE USURPAÇÃO DA COMPETÊNCIA LEGISLATIVA FEDERAL – ALEGAÇÃO TARDIA DE VIOLAÇÃO AO ART. 144, § 8º, DA CONSTITUIÇÃO – MATÉRIA QUE, POR SER ESTRANHA À PRESENTE CAUSA, NÃO FOI EXAMINADA NA DECISÃO OBJETO DO RECURSO EXTRAORDINÁRIO – INAPLICABILIDADE DO PRINCÍPIO "JURA NOVIT CURIA" – RECURSO IMPROVIDO.
>
> – O Município pode editar legislação própria, com fundamento na autonomia constitucional que lhe é inerente (CF, art. 30, I), com o objetivo de determinar, às instituições financeiras, que instalem, em suas agências, em favor dos usuários dos serviços bancários (clientes ou não), equipamentos destinados a proporcionar-lhes segurança (tais como portas eletrônicas e câmaras filmadoras) ou a propiciar-lhes conforto, mediante oferecimento de instalações sanitárias, ou fornecimento de cadeiras de espera, ou, ainda, colocação de bebedouros. Precedentes.
>
> (STF, T2, AI 347.717 AgR/RS, Min. Celso de Mello, DJ de 5/8/2005)

De igual forma, reconheceu a competência do município para legislar sobre o tempo de atendimento ao público em estabelecimentos bancários, afastando a matéria do âmbito do art. 192, da Carta. Vale dizer, entendeu a Corte não se tratar de matéria relativa ao funcionamento do Sistema Financeiro Nacional. Vejamos:

> AGRAVO REGIMENTAL NO RECURSO EXTRAORDINÁRIO. AGÊNCIAS BANCÁRIAS. TEMPO DE ATENDIMENTO AO PÚBLICO. COMPETÊNCIA. MUNICÍPIO. ART. 30, I, CB/88. FUNCIONAMENTO DO SISTEMA FINANCEIRO NACIONAL. ARTS. 192 E 48, XIII, DA CB/88.
>
> 1. O Município, ao legislar sobre o tempo de atendimento ao público nas agências bancárias estabelecidas em seu território, exerce competência a ele atribuída pelo artigo 30, I, da CB/88.
>
> 2. A matéria não diz respeito ao funcionamento do Sistema Financeiro Nacional [arts. 192 e 48, XIII, da CB/88].
>
> 3. Matéria de interesse local. Agravo regimental improvido.
>
> (STF, T1, AI 747.245 AgR/SC, Min. Eros Grau, DJ de 19/5/2006)

A matéria encontra-se hoje pacificada. Vejamos:

> AGRAVO REGIMENTAL EM RECURSO EXTRAORDINÁRIO. COMPETÊNCIA DE MUNICÍPIO PARA LEGISLAR SOBRE ATIVIDADE BANCÁRIA. INTERESSE LOCAL. POSSIBILIDADE.
>
> 1. O Plenário do Supremo Tribunal Federal, ao apreciar o RE 610.221, da relatoria da ministra Ellen Gracie, reconheceu a repercussão geral da controvérsia sobre a competência dos Municípios para legislar sobre o tempo máximo de espera de clientes em filas de instituições bancárias. Na oportunidade, esta nossa Casa de Justiça reafirmou a jurisprudência, no sentido de que os Municípios possuem competência para legislar sobre assuntos de interesse local, tais como medidas que propiciem segurança, conforto e rapidez aos usuários de serviços bancários. 2. Agravo regimental desprovido.
>
> (STF, T2, RE 254.172 AgR/RS, Min. Ayres Britto, DJe de 23/9/2011)

Outra matéria que mereceu muitos debates foi a **definição do horário de funcionamento dos bancos**, tendo em vista a jurisprudência que reconhecia a competência dos municípios para definir o **horário de funcionamento de estabelecimentos comerciais**.

A jurisprudência do STF, deveras, entende que "é competente o Município para fixar o horário de funcionamento de estabelecimento comercial", a teor da Súmula 645 (STF, Plenário, DJ de 09/10/2003) e da Súmula Vinculante 38, com igual texto (STF, Plenário, DJe de 20/03/2015).

Não obstante, a jurisprudência do STF, consolidada na Súmula 419, determina que a competência municipal não pode violar leis estaduais ou federais válidas. Leia-se:

> Súmula 419 - Os Municípios têm competência para regular o horário do comércio local, desde que não infrinjam leis estaduais ou federais válidas. (STF, Plenário, DJ de 06/07/1964)

E no caso de horário de funcionamento de instituições financeiras, historicamente, há normas federais regulando a matéria. Hoje, vigora a Resolução CMN 2.932/2002, que dispõe:

> Art. 1º Facultar às instituições financeiras e demais instituições autorizadas a funcionar pelo Banco Central do Brasil o estabelecimento, a seu critério e

> de forma independente, do horário de funcionamento das respectivas sedes e demais dependências, ressalvado o disposto no § 1º.
>
> § 1º Em se tratando de agências de bancos múltiplos com carteira comercial, de bancos comerciais e da Caixa Econômica Federal, deve ser observado o seguinte:
>
> I - o horário mínimo de expediente para o público será de cinco horas diárias ininterruptas, com atendimento obrigatório no período de 12:00 às 15:00 horas, horário de Brasília;
>
> [...]
>
> § 2º A agência instalada em município onde não haja outra agência de banco comercial, de banco múltiplo com carteira comercial ou de caixas econômicas não está sujeita ao horário mínimo nem ao atendimento obrigatório previstos no § 1º.

Por tal razão, a competência dos municípios para fixar o horário de funcionamento de estabelecimentos comerciais é excepcionada no caso de instituições financeiras, como revela o precedente do STF:

> Recurso Extraordinário. Horário de funcionamento bancário: matéria que, por sua abrangência, transcende ao peculiar interesse do Município. Competência exclusiva da União para legislar sobre o assunto. Precedentes do STF. RE conhecido e provido.
>
> (STF, T2, RE 118.363/PR, Min. Celio Borja, DJ de 14/12/1990)

Embora largamente reconhecida a prática legislativa do município na disciplina do interesse local, o STF também tem limitado seu exercício, ao impedir que o município se utilize "do argumento do interesse local para restringir ou ampliar as determinações contidas em texto normativo de âmbito nacional", como restou decidido no RE 596.489 AgR/RS[43].

4. QUADROS SINÓTICOS

Fontes do Direito Econômico

Constituição	▸ A Constituição contém regras acerca de: ▸ Competência ▸ Organização do estado ▸ Princípios ▸ Ordem Econômica
Exemplos de normas constitucionais	▸ Art. 21 e 24, da CF/88 – competência legislativa privativa da União e competência legislativa concorrente; ▸ Art. 43, da CF/88 – regiões administrativas; ▸ Art. 172, da CF/88 – investimentos estrangeiros; ▸ Art. 173 a 175 da CF/88 – intervenção do Estado na econômica; ▸ Art. 182 e 183, da CF/88 – Política Urbana; ▸ Art. 192, da CF/88 – Sistema Financeiro Nacional.

43. STF, T2, RE 596.489 AgR/RS, Min. EROS GRAU, DJe de 20/11/2009.

Leis complementares	Reservada para matérias expressamente mencionadas pela Constituição.
Exemplos	Lei 4.595/1964 e Lei 6.385/1976, sobre o Sistema Financeiro Nacional, recepcionadas pela Constituição como lei complementa LC 123/2006 – Simples Nacional
Leis Ordinárias	Principal fonte do direito econômico
Normas infralegais	▸ Decretos ▸ Portarias ▸ Instruções normativas
Normas das agências reguladoras	Agencias possuem poder regulamentar em suas respectivas áreas de atuação, obedecidas as normas constitucionais, legais e regulamentares emitidas pelo Presidente da República
CMN BC e CVM	Possuem poder regulamentar, a CVM no âmbito do mercado de valores mobiliários, o BC no âmbito do mercado bancário e o CMN em todo o sistema financeiro nacional.
Autorregulação das bolsas de valores	Instituições como a bolsa de valores se pautam pela autorregulação, significando que procuram elas mesmas estabelecer regras para o funcionamento do mercado.
Tratados internacionais	Diversos tratados internacionais são fonte do direito econômico, como o Tratado do MERCOSUL, do GATT, do BIRD e do FMI.

Competência para legislar sobre Direito Econômico

Regra geral	"Compete à União, aos Estados e ao Distrito Federal legislar concorrentemente sobre: I – direito tributário, financeiro, penitenciário, econômico e urbanístico; [...]"	Art. 24, I, da CF/88
Disciplina constitucional da competência concorrente	Compete a União dispor sobre normas gerais e aos estados editar normas suplementares; Na ausência de lei federal, os estados exercem a competência legislativa plena; Sobrevindo lei federal, suspende-se a eficácia da lei estadual, no que lhe for contrário.	Art. 24, §§ 1º a 4º, da CF/88
Regras específicas	As regras específicas de competência afastam a regra geral de competência concorrente para legislar sobre direito econômico.	–
Produção e consumo	Insere-se na competência legislativa concorrente.	Art. 24, V, da CF/88.
Competência privativa da União	Compete privativamente à União legislar sobre diversos temas de direito econômico. A invasão da competência privativa da União torna inconstitucional normas estaduais e municipais, conforme a jurisprudência do STF.	Art. 21, da CF/88

Sistema monetário e moeda	Competência privativa da União. Fundamento: unidade nacional.	Art. 22, VI, da CF/88
Poupança	Competência privativa da União. Fundamento: garantia da poupança popular e uniformidade de rendimentos da aplicação no território nacional.	Art. 22, XIX, da CF/88
Telecomunicações, energia e água	Competência privativa da União. Fundamento: bens e serviços estratégicos do Estado.	Art. 22, IV, da CF/88
Comércio exterior e interestadual	Competência privativa da União. Fundamento: unidade da federação.	Art. 22, VIII, da CF/88
Transporte	Competência privativa da União. Fundamentos: serviço estratégico para o Estado. Permite ponderações com a competência concorrente do estado, para legislar sobre proteção e integração social das pessoas portadoras de deficiência, conforme jurisprudência do STF (art. 24, XIV, da CF/88).	Art. 22, IX, X e XI, da CF/88
Interesse local	Compete aos municípios legislar sobre assuntos de interesse local, também em direito econômico, cabendo-lhes suplementar a legislação federal e estadual. Inclui a competência para legislar sobre a política econômica municipal, a exemplo da elaboração do plano diretor do município. A invasão da competência para legislar sobre assuntos de interesse local torna inconstitucional normas estaduais, conforme a jurisprudência do STF.	Art. 30, I e II, da CF/88

5. JURISPRUDÊNCIA

5.1. Súmula do STJ

➘ Súmula 297 do STJ

O Código de Defesa do Consumidor é aplicável às instituições financeiras

(STJ, S2, DJ de 9/9/2004).

5.2. Súmulas do STF

➘ Súmula 648

A norma do § 3º do art. 192 da Constituição, revogada pela EC 40/2003, que limitava a taxa de juros reais a 12% ao ano, tinha sua aplicabilidade condicionada à edição de lei complementar.

(STF, Tribunal Pleno, DJ de 9/10/2003)

➘ Súmula Vinculante 7

A norma do § 3º do art. 192 da Constituição, revogada pela EC 40/2003, que limitava a taxa de juros reais a 12% ao ano, tinha sua aplicação condicionada à edição de lei complementar.

(STF, Tribunal Pleno, DJe de 20/6/2008)

↘ Súmula 645

É competente o Município para fixar o horário de funcionamento de estabelecimento comercial.

(STF, Plenário, DJ de 09/10/2003)

↘ Súmula Vinculante 38

É competente o Município para fixar o horário de funcionamento de estabelecimento comercial.

(STF, Plenário, DJe de 20/03/2015)

5.3. Jurisprudência do STF

↘ QUESTÃO DE ORDEM. RECURSO EXTRAORDINÁRIO. PROCEDIMENTOS DE IMPLANTAÇÃO DO REGIME DA REPERCUSSÃO GERAL. QUESTÃO CONSTITUCIONAL OBJETO DE JUPRISPRUDÊNCIA DOMINANTE NO SUPREMO TRIBUNAL FEDERAL. PLENA APLICABILIDADE DAS REGRAS PREVISTAS NOS ARTS. 543-A E 543-B DO CÓDIGO DE PROCESSO CIVIL. ATRIBUIÇÃO, PELO PLENÁRIO, DOS EFEITOS DA REPERCUSSÃO GERAL ÀS MATÉRIAS JÁ PACIFICADAS NA CORTE. CONSEQÜENTE INCIDÊNCIA, NAS INSTÂNCIAS INFERIORES, DAS REGRAS DO NOVO REGIME, ESPECIALMENTE AS PREVISTAS NO ART. 543-B, § 3º, DO CPC (DECLARAÇÃO DE PREJUDICIALIDADE OU RETRATAÇÃO DA DECISÃO IMPUGNADA). LIMITAÇÃO DA TAXA DE JUROS REAIS A 12% AO ANO. ART. 192, § 3º, DA CONSTITUIÇÃO FEDERAL, REVOGADO PELA EC Nº 40/2003. APLICABILIDADE CONDICIONADA À EDIÇÃO DE LEI COMPLEMENTAR. JURISPRUDÊNCIA CONSOLIDADA, INCLUSIVE COM EDIÇÃO DE ENUNCIADO DA SÚMULA DO TRIBUNAL. RECONHECIMENTO DA REPERCUSSÃO GERAL DO TEMA, DADA A SUA EVIDENTE RELEVÂNCIA. RECURSOS EXTRAORDINÁRIOS CORRESPONDENTES COM DISTRIBUIÇÃO NEGADA E DEVOLVIDOS À ORIGEM, PARA A ADOÇÃO DOS PROCEDIMENTOS PREVISTOS NO ART. 543-B, § 3º, DO CPC.

1. Aplica-se, plenamente, o regime da repercussão geral às questões constitucionais já decididas pelo Supremo Tribunal Federal, cujos julgados sucessivos ensejaram a formação de súmula ou de jurisprudência dominante.

2. Há, nessas hipóteses, necessidade de pronunciamento expresso do Plenário desta Corte sobre a incidência dos efeitos da repercussão geral reconhecida para que, nas instâncias de origem, possam ser aplicadas as regras do novo regime, em especial, para fins de retratação ou declaração de prejudicialidade dos recursos sobre o mesmo tema (CPC, art. 543-B, § 3º).

3. Fica, nesse sentido, aprovada a proposta de adoção de procedimento específico que autorize a Presidência da Corte a trazer ao Plenário, antes da distribuição do RE, questão de ordem na qual poderá ser reconhecida a repercussão geral da matéria tratada, caso atendidos os pressupostos de relevância. Em seguida, o Tribunal poderá, quanto ao mérito, (a) manifestar-se pela subsistência do entendimento já consolidado ou (b) deliberar pela rediscussão do tema. Na primeira hipótese, fica a Presidência autorizada a negar distribuição e a devolver à origem todos os feitos idênticos que chegarem ao STF, para a adoção, pelos órgãos judiciários a quo, dos procedimentos previstos no art. 543-B, § 3º, do CPC. Na segunda situação, o feito deverá ser encaminhado à normal distribuição para que, futuramente, tenha o seu mérito submetido ao crivo do Plenário.

4. Possui repercussão geral a discussão sobre a limitação da taxa de juros reais a 12% ao ano, prevista no art. 192, § 3º, da Constituição Federal, até a sua revogação pela EC nº 40/2003. Matéria já enfrentada por esta Corte em vários julgados, tendo sido, inclusive, objeto de súmula deste Tribunal (Súmula STF nº 648).

5. Questão de ordem resolvida com a definição do procedimento, acima especificado, a ser adotado pelo Tribunal para o exame da repercussão geral nos casos em que já existente jurisprudência firmada na Corte. Deliberada, ainda, a negativa de distribuição do presente recurso extraordinário e dos que aqui aportarem versando sobre o mesmo tema, os quais deverão ser devolvidos pela Presidência à origem para a adoção do novo regime legal.

(STF, RE 582.650 QO/BA, Min. Ellen Gracie, DJe de 24/10/2008)

↘ Juros. Limitação em 12% ao ano. Contratos celebrados após o advento da Emenda Constitucional nº 40/2003. Legislação Infraconstitucional. Inexistência de repercussão geral.

(STF, AI 804.209 RG/MS, Min. Gilmar Mendes, DJe de 15/10/2010)

↘ AÇÃO DIRETA DE INCONSTITUCIONALIDADE. MEDIDA PROVISÓRIA Nº 1.179/95, QUE DISPÕE SOBRE MEDIDAS DE FORTALECIMENTO DO SISTEMA FINANCEIRO NACIONAL E DÁ OUTRAS PROVIDÊNCIAS. PARCIAL REEDIÇÃO PELA DE Nº 1.214/95. ALEGADA INCOMPATIBILIDADE COM O ART. 192, CAPUT, ART. 150, § 6º, E ART. 5º, XX, CF/88 E, AINDA, COM OS PRINCÍPIOS DA ISONOMIA E DO ATO JURÍDICO PERFEITO. PEDIDO ACOMPANHADO DE REQUERIMENTO DE MEDIDA CAUTELAR.

Ausência de plausibilidade da tese:

– em primeiro lugar, por ter-se limitado a definir, no art. 1º e parágrafos, os contornos de programa criado por ato do Conselho Monetário Nacional, no exercício de atribuição que lhe foi conferida pela Lei nº 4.595/64 (art. 2º, inc. VI), recebida pela Carta de 88 como lei complementar;

– em segundo lugar, tendo em vista que o art. 2º e seus incisos e parágrafos, ainda que houvessem instituído tratamento tributário privilegiado às fusões e incorporações, o fizeram sem afronta ao art. 150, § 6º, da CF/88, posto que por meio de lei editada para esse fim, a qual, por isso, não pode deixar de ser considerada específica, como exigido pelo referido texto;

– e, por fim, considerando que o art. 3º, ao afastar a incidência, nas incorporações e fusões, do art. 230 da Lei 6.404/76, referiu norma legal cuja vigência se acha envolta em séria controvérsia, circunstância por si só capaz de lançar dúvida sobre a questão de saber se concorre, no caso, o pressuposto da relevância do fundamento do pedido.

Registre-se, ainda, que escapa à competência do Poder Judiciário a apreciação do requisito de urgência previsto no art. 62 da CF/88 para a adoção de medida provisória, conforme jurisprudência assente do STF. Medida cautelar indeferida.

(STF, Tribunal Pleno, ADI 1.376 MC/DF, Min. Ilmar Galvão, DJ de 31/8/2001)

↘ CONSTITUCIONAL. ADMINISTRATIVO. SERVIDOR PÚBLICO. BANCO CENTRAL DO BRASIL: AUTARQUIA: REGIME JURÍDICO DO SEU PESSOAL. Lei 8.112, de 1990, art. 251: INCONSTITUCIONALIDADE.

I. – O Banco Central do Brasil é uma autarquia de direito público, que exerce serviço público, desempenhando parcela do poder de polícia da União, no setor financeiro. Aplicabilidade, ao seu pessoal, por força do disposto no art. 39 da Constituição, do regime jurídico da Lei 8.112, de 1990.

II. – As normas da Lei 4.595, de 1964, que dizem respeito ao pessoal do Banco Central do Brasil, foram recebidas, pela CF/88, como normas ordinárias e não como lei complementar. Inteligência do disposto no art. 192, IV, da Constituição.

III. – O art. 251 da Lei 8.112, de 1990, é incompatível com o art. 39 da Constituição Federal, pelo que é inconstitucional.

IV. – ADIn julgada procedente.

(STF, Tribunal Pleno, ADI 449/DF, Min. Carlos Velloso, DJ de 22/11/1996)

↘ COMUNICAÇÕES – LEI GERAL Nº 9.472/97 – CONTROLE CONCENTRADO.

Admissibilidade parcial da ação direta de inconstitucionalidade e deferimento em parte da liminar ante fundamentos retratados nos votos que compõem o acórdão

(STF, Tribunal Pleno, ADI 1.668 MC/DF, Min. Marco Aurélio, DJ de 16/4/2004)

↘ 1. ADIN. Legitimidade ativa de Governador de Estado e pertinência temática. Presente a necessidade de defesa de interesses do Estado, ante a perspectiva de que a lei impugnada venha a importar em fechamento de um mercado consumidor de produtos fabricados em seu território, com prejuízo à geração de empregos, ao desenvolvimento da economia local e à arrecadação tributária estadual,

reconhece-se a legitimidade ativa do Governador do Estado para propositura de ADIn. Posição mais abrangente manifestada pelo Min. Sepúlveda Pertence.

2. Caráter interventivo da ação não reconhecido.

3. Justificação de urgência na consideração de prejuízo iminente à atividade produtiva que ocupa todo um município goiano e representa ponderável fonte de arrecadação tributária estadual.

4. ADIN. Cognição aberta. O Tribunal não está adstrito aos fundamentos invocados pelo autor, podendo declarar a inconstitucionalidade por fundamentos diversos dos expendidos na inicial.

5. Repartição das Competências legislativas. CF arts. 22 e 24. Competência concorrente dos Estados-membros. Produção e consumo (CF, art. 24, V); proteção de meio ambiente (CF, art. 24, VI); e proteção e defesa da saúde (CF, art. 24, XII). No sistema da CF/88, como no das anteriores, a competência legislativa geral pertence à União Federal. A residual ou implícita cabe aos Estados que "podem legislar sobre as matérias que não estão reservadas à União e que não digam respeito à administração própria dos Municípios, no que concerne ao seu peculiar interesse" (Representação nº 1.153-4/RS, voto do Min. Moreira Alves). O espaço de possibilidade de regramento pela legislação estadual, em casos de competência concorrente abre-se: (1) toda vez que não haja legislação federal, quando então, mesmo sobre princípios gerais, poderá a legislação estadual dispor; e (2) quando, existente legislação federal que fixe os princípios gerais, caiba complementação ou suplementação para o preenchimento de lacunas, para aquilo que não corresponda à generalidade; ou ainda, para a definição de peculiaridades regionais. Precedentes.

6. Da legislação estadual, por seu caráter suplementar, se espera que preencha vazios ou lacunas deixados pela legislação federal, não que venha dispor em diametral objeção a esta. Norma estadual que proíbe a fabricação, ingresso, comercialização e estocagem de amianto ou produtos à base de amianto está em flagrante contraste com as disposições da Lei federal nº 9.055/95 que expressamente autoriza, nos seus termos, a extração, industrialização, utilização e comercialização da crisotila.

[...]

(STF, Tribunal Pleno, ADI 2.396 MC/MS, Min. Ellen Gracie, DJ de 14/12/2001)

↘ RECURSO EXTRAORDINÁRIO. PREVIDENCIÁRIO. PENSÃO POR MORTE. REEXAME DE FATOS E PROVAS. IMPOSSIBILIDADE. TERMO INICIAL DA CONCESSÃO DO BENEFÍCIO. LEI ESTADUAL nº 6.915/95. LEI FEDERAL nº 8.213/91. DATA DA INSCRIÇÃO OU HABILITAÇÃO. SUPERVENIÊNCIA DE LEI FEDERAL DISPONDO NORMAS GERAIS. ART. 24, § 4º, DA CONSTITUIÇÃO DO BRASIL.

1. Reexame de fatos e provas. Incidência da Súmula nº 279 do STF.

2. A superveniência de lei federal dispondo normas gerais suspende a eficácia da lei estadual, no que lhe for contrário. No caso, o citado texto normativo estadual [Lei nº 6.915/95], por disciplinar de forma diversa e ser posterior à Lei federal, nem chegou a ter eficácia, prevalecendo, pois, o art. 76, da Lei nº 8.213/91, que estabelece a data da inscrição ou habilitação como termo inicial da concessão do benefício em favor de dependentes posteriormente incluídos. Dou parcial provimento ao recurso extraordinário.

(STF, T2, RE 595.586/BA, Min. Eros Grau, DJe de 12/3/2010)

↘ AÇÃO DIRETA DE INCONSTITUCIONALIDADE. LEI nº 5.652, DO ESTADO DO ESPÍRITO SANTO. COMERCIALIZAÇÃO DE PRODUTOS POR MEIO DE VASILHAMES, RECIPIENTES OU EMBALAGENS REUTILIZÁVEIS. GÁS LIQUEFEITO DE PETRÓLEO ENGARRAFADO [GLP]. DIRETRIZES RELATIVAS À REQUALIFICAÇÃO DOS BOTIJÕES. ALEGAÇÃO DE VIOLAÇÃO DO DISPOSTO NOS ARTIGOS 5º, INCISO XXIX, E 22, INCISO I, DA CONSTITUIÇÃO DO BRASIL. INOCORRÊNCIA. O ESTADO-MEMBRO DETÉM COMPETÊNCIA LEGISLATIVA PARA DISPOR A RESPEITO DAS MATÉRIAS DE PRODUÇÃO E CONSUMO [ARTIGO 24, INCISO V, DA CONSTITUIÇÃO DO BRASIL]. DEFESA DO CONSUMIDOR [ARTIGO 170, V, DA CONSTITUIÇÃO DO BRASIL].

1. Não procede a alegação de violação à proteção às marcas e criações industriais. A lei impugnada não dispõe a respeito dessa matéria.

2. O texto normativo questionado contém diretrizes relativamente ao consumo de produtos acondicionados em recipientes reutilizáveis – matéria em relação à qual o Estado-membro detém competência legislativa [artigo 24, inciso V, da Constituição do Brasil].

3. Quanto ao gás liquefeito de petróleo [GLP], a lei impugnada determina que o titular da marca estampada em vasilhame, embalagem ou recipiente reutilizável não obstrua a livre circulação do continente [artigo 1º, caput]. Estabelece que a empresa que reutilizar o vasilhame efetue sua devida identificação através de marca, logotipo, caractere ou símbolo, de forma a esclarecer o consumidor [artigo 2º].

4. A compra de gás da distribuidora ou de seu revendedor é operada concomitantemente à realização de uma troca, operada entre o consumidor e o vendedor de gás. Trocam-se botijões, independentemente de qual seja a marca neles forjada. Dinamismo do mercado do abastecimento de gás liquefeito de petróleo.

5. A lei hostilizada limita-se a promover a defesa do consumidor, dando concreção ao disposto no artigo 170, V, da Constituição do Brasil. O texto normativo estadual dispõe sobre matéria da competência concorrente entre a União, os Estados-membros e o Distrito Federal.

6. Ação Direta de Inconstitucionalidade julgada improcedente.

(STF, Tribunal Pleno, ADI 2.359/ES, Min. Eros Grau, DJ de 07/12/2006)

➘ INCONSTITUCIONALIDADE. Ação direta. Lei nº 12.420/99, do Estado do Paraná. Consumo. Comercialização de combustíveis no Estado. Consumidor. Direito de obter informações sobre a natureza, procedência e qualidade dos produtos.

Proibição de revenda em postos com marca e identificação visual de outra distribuidora. Prevenção de publicidade enganosa. Sanções administrativas. Admissibilidade.

Inexistência de ofensa aos arts. 22, incs. I, IV e XII, 170, incs. IV, 177, §§ 1º e 2º, e 238, todos da CF. Ação julgada improcedente. Aplicação dos arts. 24, incs. V e VIII, cc. § 2º, e 170, inc. V, da CF.

É constitucional a Lei nº 12.420, de 13 de janeiro de 1999, do Estado do Paraná, que assegura ao consumidor o direito de obter informações sobre a natureza, procedência e qualidade de produtos combustíveis comercializados nos postos revendedores do Estado.

(STF, Tribunal Pleno, ADI 1.980/PR, Min. Cezar Peluzo, DJe de 7/8/2009)

➘ Embargos de declaração em embargos de declaração em agravo regimental em agravo de instrumento.

Lei estadual nº 12.971/98. Segurança das relações de consumo. Agências bancárias. Matéria legislativa de competência concorrente. Possibilidade de edição de lei estadual sobre o tema. Precedentes.

Embargos de declaração rejeitados.

(STF, T2, AI 761.031 AgR-ED-ED/MG, Min. Gilmar Mendes, DJe de 29/4/2013)

➘ Competência legislativa privativa da União: propaganda comercial: inconstitucionalidade de lei estadual que veda, em anúncios comerciais, fotos de natureza erótica ou pornográfica

(STF, Tribunal Pleno, ADI 2.815/SC, Min. Sepúlveda Pertence, DJ de 7/11/2003)

➘ Direito Monetário: competência legislativa privativa da União: critérios de conversão em URV dos valores fixados em Cruzeiro Real: aplicação compulsória a Estados e Municípios, inclusive aos vencimentos dos respectivos servidores, que impede a incidência de diferente legislação local a respeito.

1. Em todas as Federações, o estabelecimento do sistema monetário foi sempre típica e exclusiva função legislativa do ordenamento central; e estabelecer o sistema monetário – escusado o óbvio – consiste primacialmente na criação e eventual alteração do padrão monetário.

2. A alteração do padrão monetário envolve necessariamente a fixação do critério de conversão para a moeda nova do valor das obrigações legais ou negociais orçadas na moeda velha; insere-se, pois, esse

critério de conversão no âmbito material da regulação do "sistema monetário", ou do Direito Monetário, o qual, de competência legislativa privativa da União (CF, art. 22, VI), se subtrai do âmbito da autonomia dos Estados e Municípios.

3. A regra que confia privativamente à União legislar sobre "sistema monetário" (art. 22, VI) é norma especial e subtrai, portanto, o Direito Monetário, para esse efeito, da esfera material do Direito Econômico, que o art. 24, I, da Constituição da República inclui no campo da competência legislativa concorrente da União, dos Estados e do Distrito Federal.

4. Dado o papel reservado à URV na transição entre dois padrões monetários, o Cruzeiro Real e o Real (L. 8880/94), os critérios legais para a conversão dos valores expressos em cruzeiros reais para a URV constituiu uma fase intermediária de convivência com a moeda antiga na implantação do novo sistema monetário.

5. Compreendem-se, portanto, ditos critérios da conversão em URV no âmbito material de regulação do sistema monetário, objeto de competência legislativa privativa da União.

6. A conversão em URV dos valores fixados para a remuneração dos servidores públicos locais – segundo a lei federal institutiva do novo sistema monetário –, não representou aumento de vencimentos, não sendo oponíveis, portanto, à sua observância compulsória por Estados e Municípios, as regras dos arts. 167 e 169 da Constituição da República.

7. Correta a decisão do Tribunal local que, em conseqüência, deu aplicação aos critérios da conversão de vencimentos e proventos em URV, ditados por lei federal (L. 8880/94, art. 22) e afastou a incidência da lei estadual que os contrariou (L. est. 6612/94-RN): RE não conhecido.

(STF, T1, RE 291.188/RN, Min. Sepúlveda Pertence, DJ de 14/11/2002)

➘ DIREITO CONSTITUCIONAL. PRINCÍPIOS DO DIREITO ADQUIRIDO E ATO JURÍDICO PERFEITO. POUPANÇA. EXPURGOS INFLACIONÁRIOS. PLANO ECONÔMICO COLLOR I. VALORES NÃO BLOQUEADOS. EXISTÊNCIA DE REPERCUSSÃO GERAL.

(STF, RE 591.797 RG/SP, Min. Dias Toffoli, DJe de 30/4/2010)

➘ Direito do consumidor. Contratos bancários. Planos Econômicos. Correção monetária. Cadernetas de poupança. Índice de atualização. Direito adquirido. Expurgos inflacionários. Plano Collor I. Valores bloqueados. Repercussão Geral Reconhecida.

(STF, AI 751.521 RG/SP, Min. Gilmar Mendes, DJe de 13/8/2010)

➘ Direito do consumidor. Contratos bancários. Planos Econômicos. Correção monetária. Cadernetas de poupança. Índice de atualização. Direito adquirido. Expurgos inflacionários. Plano Collor II. Repercussão Geral Reconhecida.

(STF, AI 754.745 RG/SP, Min. Gilmar Mendes, DJe de 20/5/2011)

➘ AÇÃO DIRETA DE INCONSTITUCIONALIDADE. IMPUGNAÇÃO DA LEI DISTRITAL nº 3.596. IMPOSIÇÃO, ÀS EMPRESAS DE TELEFONIA FIXA QUE OPERAM NO DISTRITO FEDERAL, DE INSTALAÇÃO DE CONTADORES DE PULSO EM CADA PONTO DE CONSUMO. VIOLAÇÃO DO ARTIGO 22, IV, DA CONSTITUIÇÃO DO BRASIL.

1. A Lei distrital nº 3.596 é inconstitucional, visto que dispõe sobre matéria de competência da União, criando obrigação não prevista nos respectivos contratos de concessão do serviço público, a serem cumpridas pelas concessionárias de telefonia fixa – – artigo 22, inciso IV, da Constituição do Brasil.

2. Pedido julgado procedente para declarar inconstitucional a Lei distrital nº 3.596/05.

(STF, Tribunal pleno, ADI 3.533/DF, Min. Eros Grau, DJ de 6/10/2006)

↘ Ação direta de inconstitucionalidade. 2. Lei estadual nº 13.921/2007, de Santa Catarina. 3. Serviço público de telecomunicações. 4. Telefonias fixa e móvel. 5. Vedação da cobrança de tarifa de assinatura básica. 5. Penalidades. 5. Invasão da competência legislativa da União. 7. Violação dos artigos 21, XI, 22, IV, e 175, parágrafo único, da Constituição Federal. Precedentes. 8. Ação direta de inconstitucionalidade julgada procedente.

(STF, Tribunal Pleno, ADI 3.847/SC, Min. Gilmar Mendes, DJe de 9/3/2012)

↘ Leis nº 898, de 18 de dezembro de 1975 e nº 1.172, de 17 de novembro de 1976, que, respectivamente, disciplina o uso do solo para a proteção dos mananciais, cursos e reservatórios de água e demais recursos hídricos de interesse da Região Metropolitana da Grande São Paulo e delimita as áreas de proteção aos mananciais, cursos e reservatórios de água, e dão outras providências. Inconstitucionalidade do parágrafo único do art. 5º e item IV do art. 11 da Lei nº 898, e do item I do art. 2º, art. 8º e seus parágrafos e itens I, III e IV do art. 9º da Lei 1.172. A defesa do meio ambiente deve ser exercida com respeito à competência legislativa da União Federal. Representação procedente.

(STF, Tribunal Pleno, Rp 1.007/SP, Min. Cordeiro Guerra, DJ de 1009/1979)

↘ AÇÃO DIRETA DE INCONSTITUCIONALIDADE. LEI ACREANA nº 1.618/2004. REGRAS QUE PROÍBEM O CORTE RESIDENCIAL DO FORNECIMENTO DE ÁGUA E ENERGIA ELÉTRICA PELAS CONCESSIONÁRIAS POR FALTA DE PAGAMENTO. COMPETÊNCIA DA UNIÃO PARA LEGISLAR SOBRE SERVIÇO DE ENERGIA ELÉTRICA. COMPETÊNCIA DO MUNICÍPIO PARA LEGISLAR SOBRE SERVIÇO DE FORNECIMENTO DE ÁGUA. AFRONTA AOS ARTS. 22, INC. XII, ALÍNEA B, 30, INC. I E V E 175 DA CONSTITUIÇÃO DA REPÚBLICA. AÇÃO JULGADA PROCEDENTE.

(STF, Tribunal Pleno, ADI 3.661/AC, Min. Cármen Lúcia, DJe de 10/5/2011)

↘ AÇÃO DIRETA DE INCONSTITUCIONALIDADE. ARTIGO 346 DA CONSTITUIÇÃO DO ESTADO DE MATO GROSSO.

Inconstitucionalidade da frase "sendo vedada a saída do Estado de madeiras em toras". Competência da União para legislar sobre comercio interestadual e transporte (artigo 22 – VIII e XI da Constituição Federal). Precedentes do S.T.F.

(STF, Tribunal Pleno, ADI 280/MT, Min. Francisco Rezek, DJ de 17/6/1994)

↘ AÇÃO DIRETA DE INCONSTITUCIONALIDADE. LEI PAULISTA. PROIBIÇÃO DE IMPORTAÇÃO, EXTRAÇÃO, BENEFICIAMENTO, COMERCIALIZAÇÃO, FABRICAÇÃO E INSTALAÇÃO DE PRODUTOS CONTENDO QUALQUER TIPO DE AMIANTO. GOVERNADOR DO ESTADO DE GOIÁS. LEGITIMIDADE ATIVA. INVASÃO DE COMPETÊNCIA DA UNIÃO.

1. Lei editada pelo Governo do Estado de São Paulo. Ação direta de inconstitucionalidade proposta pelo Governador do Estado de Goiás. Amianto crisotila. Restrições à sua comercialização imposta pela legislação paulista, com evidentes reflexos na economia de Goiás, Estado onde está localizada a maior reserva natural do minério. Legitimidade ativa do Governador de Goiás para iniciar o processo de controle concentrado de constitucionalidade e pertinência temática.

2. Comercialização e extração de amianto. Vedação prevista na legislação do Estado de São Paulo. Comércio exterior, minas e recursos minerais. Legislação. Matéria de competência da União (CF, artigo 22, VIII e XII). Invasão de competência legislativa pelo Estado-membro. Inconstitucionalidade.

3. Produção e consumo de produtos que utilizam amianto crisotila. Competência concorrente dos entes federados. Existência de norma federal em vigor a regulamentar o tema (Lei 9055/95). Conseqüência. Vício formal da lei paulista, por ser apenas de natureza supletiva (CF, artigo 24, §§ 1º e 4º) a competência estadual para editar normas gerais sobre a matéria.

4. Proteção e defesa da saúde pública e meio ambiente. Questão de interesse nacional. Legitimidade da regulamentação geral fixada no âmbito federal. Ausência de justificativa para tratamento particular e diferenciado pelo Estado de São Paulo.

5. Rotulagem com informações preventivas a respeito dos produtos que contenham amianto. Competência da União para legislar sobre comércio interestadual (CF, artigo 22, VIII). Extrapolação da competência concorrente prevista no inciso V do artigo 24 da Carta da República, por haver norma federal regulando a questão.

(STF, Tribunal Pleno, ADI 2.656/SP, Min. Maurício Corrêa, DJ de 1/8/2003)

↘ Ação direta de inconstitucionalidade. Lei nº 10.820/92 do Estado de Minas Gerais, que dispõe sobre adaptação dos veículos de transporte coletivo com a finalidade de assegurar seu acesso por pessoas com deficiência ou dificuldade de locomoção. Competência legislativa concorrente (art. 24., XIV, CF). Atendimento à determinação constitucional prevista nos arts. 227, § 2º, e 244 da Lei Fundamental. Improcedência.

1. A ordem constitucional brasileira, inaugurada em 1988, trouxe desde seus escritos originais a preocupação com a proteção das pessoas portadoras de necessidades especiais, construindo políticas e diretrizes de inserção nas diversas áreas sociais e econômicas da comunidade (trabalho privado, serviço público, previdência e assistência social). Estabeleceu, assim, nos arts. 227, § 2º, e 244, a necessidade de se conferir amplo acesso e plena capacidade de locomoção às pessoas com deficiência, no que concerne tanto aos logradouros públicos, quanto aos veículos de transporte coletivo, determinando ao legislador ordinário a edição de diplomas que estabeleçam as formas de construção e modificação desses espaços e desses meios de transporte.

2. Na mesma linha afirmativa, há poucos anos, incorporou-se ao ordenamento constitucional a Convenção Internacional sobre os Direitos das Pessoas com Deficiência, primeiro tratado internacional aprovado pelo rito legislativo previsto no art. 5º, § 3º, da Constituição Federal, o qual foi internalizado por meio do Decreto Presidencial nº 6.949/2009. O art. 9º da convenção veio justamente reforçar o arcabouço de proteção do direito de acessibilidade das pessoas com deficiência.

3. Muito embora a jurisprudência da Corte seja rígida em afirmar a amplitude do conceito de trânsito e transporte para fazer valer a competência privativa da União (art. 22, XI, CF), prevalece, no caso, a densidade do direito à acessibilidade física das pessoas com deficiência (art. 24, XIV, CF), em atendimento, inclusive, à determinação prevista nos arts. 227, § 2º, e 244 da Lei Fundamental, sem preterir a homogeneidade no tratamento legislativo a ser dispensado a esse tema. Nesse sentido, há que se enquadrar a situação legislativa no rol de competências concorrentes dos entes federados. Como, à época da edição da legislação ora questionada, não havia lei geral nacional sobre o tema, a teor do § 3º do art. 24 da Constituição Federal, era deferido aos estados-membros o exercício da competência legislativa plena, podendo suprir o espaço normativo com suas legislações locais.

4. A preocupação manifesta no julgamento cautelar sobre a ausência de legislação federal protetiva hoje se encontra superada, na medida em que a União editou a Lei nº 10.098/2000, a qual dispõe sobre normas gerais e critérios básicos de promoção da acessibilidade das pessoas com deficiência. Por essa razão, diante da superveniência da lei federal, a legislação mineira, embora constitucional, perde a força normativa, na atualidade, naquilo que contrastar com a legislação geral de regência do tema (art. 24, § 4º, CF/88).

5. Ação direta que se julga improcedente.

(STF, Tribunal Pleno, ADI 903/MG, Min. Dias Toffoli, DJe de 7/2/2014)

↘ Ação direta de inconstitucionalidade. 2. Governador do Estado de São Paulo. 3. Lei Estadual nº 10.307, de 06 de maio de 1999. Fixação de distância mínima para a instalação de novas farmácias e drogarias. 4. Inconstitucionalidade formal. Norma de interesse local editada pelo Estado-membro. 5. Inconstitucionalidade material. Descumprimento do princípio constitucional da livre concorrência. Precedentes. 6. Ação direta procedente

(STF, Tribunal Pleno, ADI 2.327/SP, Min. Gilmar Mendes, DJ de 22/8/2003)

↘ Município: competência: Lei municipal que fixa distanciamento mínimo entre postos de revenda de combustíveis, por motivo de segurança: legitimidade, conforme a jurisprudência do Supremo Tribunal (v.g. RE 204.187, 2ª T., Ellen Gracie, DJ 2.4.2004; RE 204.187, 1ª T., Ilmar Galvão, DJ 5.2.2000)

(STF, T1, RE 199.101/SC, Min. Sepúlveda Pertence, DJ de 30/9/2005)

↘ RECURSO EXTRAORDINÁRIO. ARTIGO 1º DA LEI Nº 6.545/91, DO MUNICÍPIO DE CAMPINAS. LIMITAÇÃO GEOGRÁFICA À INSTALAÇÃO DE DROGARIAS. INCONSTITUCIONALIDADE.

1. A limitação geográfica à instalação de drogarias cerceia o exercício da livre concorrência, que é uma manifestação do princípio constitucional da liberdade de iniciativa econômica privada (CF/88, artigo 170, inciso IV e § único c/c o artigo 173, § 4º).

2. O desenvolvimento do poder econômico privado, fundado especialmente na concentração de empresas, é fator de limitação à própria iniciativa privada à medida que impede ou dificulta a expansão das pequenas iniciativas econômicas.

3. Inconstitucionalidade do artigo 1º da Lei nº 6.545/91, do Município de Campinas, declarada pelo Plenário desta Corte. Recurso extraordinário conhecido, porém não provido.

(STF, Tribunal Pleno, RE 199.517/SP, Min. Mauricio Corrêa, DJ de 13/11/1998)

↘ ESTABELECIMENTOS BANCÁRIOS – COMPETÊNCIA DO MUNICÍPIO PARA, MEDIANTE LEI, OBRIGAR AS INSTITUIÇÕES FINANCEIRAS A INSTALAR, EM SUAS AGÊNCIAS, DISPOSITIVOS DE SEGURANÇA – INOCORRÊNCIA DE USURPAÇÃO DA COMPETÊNCIA LEGISLATIVA FEDERAL – ALEGAÇÃO TARDIA DE VIOLAÇÃO AO ART. 144, § 8º, DA CONSTITUIÇÃO – MATÉRIA QUE, POR SER ESTRANHA À PRESENTE CAUSA, NÃO FOI EXAMINADA NA DECISÃO OBJETO DO RECURSO EXTRAORDINÁRIO – INAPLICABILIDADE DO PRINCÍPIO "JURA NOVIT CURIA" – RECURSO IMPROVIDO.

– O Município pode editar legislação própria, com fundamento na autonomia constitucional que lhe é inerente (CF, art. 30, I), com o objetivo de determinar, às instituições financeiras, que instalem, em suas agências, em favor dos usuários dos serviços bancários (clientes ou não), equipamentos destinados a proporcionar-lhes segurança (tais como portas eletrônicas e câmaras filmadoras) ou a propiciar-lhes conforto, mediante oferecimento de instalações sanitárias, ou fornecimento de cadeiras de espera, ou, ainda, colocação de bebedouros. Precedentes.

(STF, T2, AI 347.717 AgR/RS, Min. Celso de Mello, DJ de 5/8/2005)

↘ AGRAVO REGIMENTAL NO RECURSO EXTRAORDINÁRIO. AGÊNCIAS BANCÁRIAS. TEMPO DE ATENDIMENTO AO PÚBLICO. COMPETÊNCIA. MUNICÍPIO. ART. 30, I, CB/88. FUNCIONAMENTO DO SISTEMA FINANCEIRO NACIONAL. ARTS. 192 E 48, XIII, DA CB/88.

1. O Município, ao legislar sobre o tempo de atendimento ao público nas agências bancárias estabelecidas em seu território, exerce competência a ele atribuída pelo artigo 30, I, da CB/88.

2. A matéria não diz respeito ao funcionamento do Sistema Financeiro Nacional [arts. 192 e 48, XIII, da CB/88].

3. Matéria de interesse local. Agravo regimental improvido.

(STF, T1, AI 747.245 AgR/SC, Min. Eros Grau, DJ de 19/5/2006)

↘ AGRAVO REGIMENTAL EM RECURSO EXTRAORDINÁRIO. COMPETÊNCIA DE MUNICÍPIO PARA LEGISLAR SOBRE ATIVIDADE BANCÁRIA. INTERESSE LOCAL. POSSIBILIDADE.

1. O Plenário do Supremo Tribunal Federal, ao apreciar o RE 610.221, da relatoria da ministra Ellen Gracie, reconheceu a repercussão geral da controvérsia sobre a competência dos Municípios para legislar sobre o tempo máximo de espera de clientes em filas de instituições bancárias. Na oportunidade, esta nossa Casa de Justiça reafirmou a jurisprudência, no sentido de que os Municípios possuem competência para legislar sobre assuntos de interesse local, tais como medidas que propiciem segurança, conforto e rapidez aos usuários de serviços bancários. 2. Agravo regimental desprovido.

(STF, T2, RE 254.172 AgR/RS, Min. Ayres Britto, DJe de 23/9/2011)

↘ AGRAVO REGIMENTAL NO RECURSO EXTRAORDINÁRIO. COMERCIALIZAÇÃO DE ÁGUA MINERAL. LEI MUNICIPAL. PROTEÇÃO E DEFESA DA SAÚDE. COMPETÊNCIA CONCORRENTE. INTERESSE LOCAL. EXISTÊNCIA DE LEI DE ÂMBITO NACIONAL SOBRE O MESMO TEMA. CONTRARIEDADE. INCONSTITUCIONALIDADE.

1. A Lei Municipal nº 8.640/00, ao proibir a circulação de água mineral com teor de flúor acima de 0, 9 mg/l, pretendeu disciplinar sobre a proteção e defesa da saúde pública, competência legislativa concorrente, nos termos do disposto no art. 24, XII, da Constituição do Brasil.

2. É inconstitucional lei municipal que, na competência legislativa concorrente, utilize-se do argumento do interesse local para restringir ou ampliar as determinações contidas em texto normativo de âmbito nacional. Agravo regimental a que se nega provimento.

(STF, T2, RE 596.489 AgR/RS, Min. Eros Grau, DJe de 20/11/2009)

➘ Recurso Extraordinário. Horário de funcionamento bancário: matéria que, por sua abrangência, transcende ao peculiar interesse do Município. Competência exclusiva da União para legislar sobre o assunto. Precedentes do STF. RE conhecido e provido.

(STF, T2, RE 118.363/PR, Min. Celio Borja, DJ de 14/12/1990)

6. QUESTÕES DE CONCURSOS

1. (CESPE – Procurador do Banco Central/2009). Assinale a opção correta, no que se refere à repartição de competência entre os entes da Federação brasileira.

(A) Norma estadual de iniciativa parlamentar que conceda melhoria remuneratória aos policiais militares do estado é constitucional, já que é atribuição do estado-membro legislar sobre matéria de interesse dos policiais militares do estado, e foi observado o modelo estabelecido para a esfera federal.

(B) Os estados-membros não possuem competência para explorar nem regulamentar a prestação de serviços de transporte intermunicipal, por se tratar de matéria de interesse local.

(C) Segundo o STF, é constitucional, e não se confunde com a atividade-fim das instituições bancárias, lei municipal que disponha sobre atendimento ao público e tempo de espera nas filas de atendimento das referidas instituições.

(D) O estado-membro tem competência para estabelecer, desde que na constituição estadual, regras de imunidade formal e material aplicáveis a vereadores.

(E) O STF considera inconstitucional, por invasão da competência da União para dispor sobre trânsito e transporte, lei estadual que autorize o Poder Executivo do estado a apreender e desemplacar veículo de transporte coletivo encontrado em situação irregular.

2. (MPF – Procurador da República/2006) COMPETE À UNIÃO FEDERAL:

I. legislar privativamente sobre direito civil, comercial, penal, processual, eleitoral e do trabalho, dentre outros ramos do direito, podendo, contudo, mediante lei complementar, autorizar os Estados a legislar sobre questões específicas relativas a tais matérias;

II. legislar concorrentemente com os Estados e o Distrito Federal sobre direito ambiental e defesa do consumidor;

III. legislar privativamente sobre populações indígenas;

IV. legislar concorrentemente com os Estados, o Distrito Federal e os Municípios sobre desapropriação.

Analisando-se as asserções acima, podemos afirmar que:

(A) todas estão corretas;

(B) estão corretas somente as de números I, II e III;

(C) apenas as de números II, III e IV estão corretas;

(D) estão corretas somente as de números I, III e IV.

3. (MPF – Procurador da República/2012) A ATUAL CONSTITUIÇÃO FEDERAL ELEGEU COMO PRECEITOS FUNDAMENTAIS DA ORDEM ECONÔMICA A VALORIZAÇÃO DO TRABALHO HUMANO, A LIVRE CONCORRÊNCIA, A EXISTÊNCIA DIGNA E A JUSTIÇA SOCIAL. COM BASE NOS CITADOS PRECEITOS, E NOS PRINCÍPIOS ELENCADOS NOS INCISOS I A IX DO ARTIGO 170 DA CARTA MAGNA, É CORRETO AFIRMAR QUE:

(A) É inconstitucional lei que concede passe livre às pessoas portadoras de deficiências, por afronta aos princípios da ordem econômica, da livre iniciativa e do direito de propriedade;

(B) É inconstitucional o conjunto de normas de comércio exterior que proíbe a importação de pneumáticos usados por afronta ao princípio do livre exercício da atividade econômica;

(C) É inconstitucional o privilégio da exclusividade no envio de objeto postal de um remetente para endereço final e determinado concedido à Empresa Brasileira de Correios e Telégrafos – ECT, por afronta ao princípio da livre concorrência;

(D) É inconstitucional Lei Municipal que impede a instalação de estabelecimentos comerciais do mesmo ramo em determinada área, por afronta ao princípio da livre concorrência.

---

4. (CESPE – Advogado da União/2013) Serão constitucionais leis estaduais que disponham sobre direito tributário, financeiro, penitenciário, econômico e urbanístico, matérias que se inserem no âmbito da competência concorrente da União, dos estados e do DF.

---

5. (CESPE – Juiz Federal Substituto 2ª Região/2011) A respeito de institutos de direito econômico, assinale a opção correta.

(A) O princípio econômico da defesa do consumidor não é violado por resolução de autoridade estadual que, no livre exercício do poder de polícia, discipline horário de funcionamento de estabelecimentos comerciais e matérias específicas de consumo do interesse da unidade da Federação.

(B) Segundo a jurisprudência do STF, o estado-membro está autorizado a alterar relações jurídico-contratuais entre o poder concedente municipal e as empresas concessionárias, desde que mediante lei específica e existência de substrato fático embasado no interesse público coletivo de natureza econômica.

(C) No plano econômico, a concepção de Estado liberal é fruto direto das doutrinas de Adam Smith, para quem a harmonia social seria alcançada por meio da liberdade de mercado, aliando-se a persecução do interesse privado dos agentes econômicos a ambiente concorrencialmente equilibrado.

(D) A ordem econômica em sentido estrito é a parcela da ordem de fato, inerente ao mundo do ser, ou seja, o tratamento jurídico dispensado para disciplinar as relações jurídicas decorrentes do exercício de atividades econômicas.

(E) O conceito de Estado intervencionista econômico surgiu como reação contrária aos postulados do Estado liberal, com o fito de garantir o exercício racional das liberdades individuais, afastando a doutrina liberalista por completo no âmbito econômico para materializar os princípios da defesa do mercado e da concorrência.

---

6. (CESPE – Advogado da União/2009) No âmbito da competência legislativa concorrente, caso a União não tenha editado a norma geral, o estado-membro poderá exercer a competência legislativa ampla. Contudo, sobrevindo a norma federal faltante, o diploma estadual terá sua eficácia suspensa no que lhe for contrário, operando-se, a partir de então, um verdadeiro bloqueio de competência, já que o estado-membro não mais poderá legislar sobre normas gerais quanto ao tema tratado na legislação federal.

---

7. (ESAF – Procurador da Fazenda Nacional/2007) Das opções abaixo, assinale a que contém matéria compreendida na competência privativa da União para legislar ou dispor sobre.

(A) Produção e consumo.

(B) Proteção do meio ambiente e combate à poluição em qualquer de suas formas.

(C) Propaganda comercial.

(D) Proteção à infância e à juventude.

(E) Direito Tributário, Financeiro, Penitenciário e Econômico.

---

8. (ESAF – Procurador da Fazenda Nacional/2012) Sobre a repartição constitucional de competências entre a União, os Estados, o Distrito Federal e os Municípios, é incorreto afirmar que:

(A) no âmbito da competência privativa da União, lei complementar federal poderá autorizar os Estados a legislar sobre questões específicas.

(B) no âmbito da competência material comum aos Estados, ao Distrito Federal e aos Municípios, não está atribuída, exclusivamente, a competência de suplementar ou subsidiar as ações administrativas da União.

(C) no âmbito da competência material comum da União, dos Estados, do Distrito Federal e dos Municípios, leis complementares fixarão normas para a cooperação entre os diversos entes da federação, tendo em vista o equilíbrio do desenvolvimento e o bem-estar em âmbito nacional, sem prejuízo da eventual disciplina, por meio de lei, dos consórcios públicos e dos convênios de cooperação entre os mesmos entes federados.

(D) no âmbito da competência concorrente da União, dos Estados e do Distrito Federal para legislar, que inclui o direito tributário, o direito financeiro, a matéria orçamentária e os procedimentos em matéria processual, inexistindo lei federal sobre normas gerais, os Estados exercerão a competência legislativa plena para dispor sobre situações urgentes e transitórias de suas peculiaridades administrativas.

(E) no âmbito da competência concorrente da União, dos Estados e do Distrito Federal, para legislar a competência federativa da União limitar-se-á ao estabelecimento de normas gerais, sem prejuízo da por igual competência da União para legislar, no mesmo ou em outro diploma legal, sobre a regulação específica de suas próprias ações administrativas.

---

9. (CESPE – Procurador do Estado do Piauí/2008) No que concerne à repartição de competência entre as entidades federativas, assinale a opção correta.

(A) Lei complementar federal poderá autorizar os estados a legislar sobre questões específicas das matérias de competência privativa da União.

(B) Aos estados caberá legislar sobre matérias de interesse geral, de acordo com o princípio da predominância do interesse.

(C) Compete à União legislar privativamente sobre a proteção do patrimônio histórico.

(D) Compete à União, aos estados e aos municípios legislar concorrentemente sobre navegação lacustre.

(E) A União poderá delegar aos estados a competência para legislar sobre direito urbanístico.

---

10. (VUNESP – Procurador do Município de São José dos Campos/2012) Quanto à competência legislativa concorrente, analise as assertivas a seguir.

I. A competência da União para legislar sobre normas gerais não exclui a competência suplementar dos Estados.

II. Não havendo norma geral sobre determinada matéria, cabe aos Estados exercer a competência legislativa plena, para atender as suas peculiaridades.

III. Sobrevindo lei federal sobre normas gerais, fica revogada a lei estadual e derrogada no seu aspecto contraditório.

IV. A Constituição Federal de 1988 não situou os Municípios na área de competência concorrente (artigo 24), mas a eles outorgou competência para suplementar a legislação federal e a estadual no que couber.

Está correto apenas o que se afirma em

(A) I e II.

(B) II e IV.

(C) III e IV.

(D) I, II e III.

(E) I, II e IV.

---

11. (CESPE – Advogado da União/2013) A respeito de finanças públicas na CF, julgue os próximos itens.

[...]

A competência da União para dispor sobre limites à emissão de moeda é exercida exclusivamente pelo Banco Central do Brasil.

---

12. (ESAF – Procurador da Fazenda Nacional/2007) A respeito das finanças públicas, assinale a opção correta.

(A) As disponibilidades de caixa da União, dos Estados, do Distrito Federal, dos Municípios e dos órgão ou entidades do Poder Público e das empresas por ele controladas, serão depositadas em instituições financeiras oficiais, ressalvados os casos previstos em lei.

(B) Compete privativamente à União legislar sobre normas gerais de direito financeiro, podendo a Lei complementar autorizar os Estados a legislar sobre questões específicas, para atender a suas peculiaridades.

(C) Pelo princípio da unidade orçamentária, todas as receitas e despesas devem ser previstas em documento único, ressalvados os orçamentos fiscal, de investimento e da seguridade social, que serão previstos em documentos autônomos.

(D) A competência da União para estabelecer limites à emissão de moeda será exercida exclusivamente pelo Banco Central.

(E) O princípio da exclusividade da matéria orçamentária não impede que a lei orçamentária anual contenha autorização para contratação de operações de crédito.

---

13. (ESAF – Procurador da Fazenda Nacional/2012) O sistema financeiro nacional, estruturado de forma a promover o desenvolvimento equilibrado do País e a servir aos interesses da coletividade,

(A) deve ser regulado por lei complementar global, que disponha, inclusive, sobre autorização e funcionamento dos estabelecimentos de seguro, previdência e capitalização.

(B) é regulado pela Lei nº 4.595, de 1964, criada sob a forma de lei ordinária, mas recebida pela Constituição de 1988 como lei complementar.

(C) não abrange as cooperativas de crédito.

(D) é dirigido pelo Banco Central do Brasil.

(E) é constituído por instituições financeiras públicas e privadas, que somente poderão funcionar no País mediante prévia autorização do Ministério da Fazenda.

14. (CESPE – Procurador do Banco Central/2013) O Conselho Monetário Nacional

(A) tem competência para emitir papel-moeda.

(B) tem capacidade normativa de conjuntura, sendo suas resoluções normas que vinculam as instituições financeiras.

(C) tem por função a fiscalização do mercado de ações.

(D) funciona como última instância recursal das decisões emitidas pelo Conselho de Recursos do Sistema Financeiro Nacional.

(E) é órgão do BACEN, formulador da política econômica, monetária, bancária e creditícia.

15. (MPF – Procurador da República/2006) ASSINALE A ALTERNATIVA INCORRETA:

No que tange às regras que regem as Finanças Públicas, segundo a Constituição Federal:

(A) É de competência de lei complementar dispor sobre: finanças públicas; dívida pública externa e interna, incluída a das autarquias, fundações e demais entidades controladas pelo poder público; e concessão de garantias pelas entidades públicas.

(B) A competência da União para emitir moeda será exercida exclusivamente pelo Banco Central, ao qual é vedado conceder, direta ou indiretamente, empréstimo ao Tesouro Nacional e a qualquer órgão ou entidade que não seja instituição financeira.

(C) Em nenhuma hipótese poderá o Banco Central, na medida em que lhe é defeso conceder empréstimo à União, comprar títulos de emissão do Tesouro Nacional.

(A) As disponibilidades de caixa da União serão depositadas no Banco Central.

16. (MPF – Procurador da República/2013) Com relação às características gerais das agências reguladoras é correto afirmar que:

(A) A autonomia administrativa se caracteriza pela exigência de que seus dirigentes sejam funcionários de carreira, concursados e com a garantia de só poderem ser afastados de suas funções motivadamente em sentença judicial transitada em julgado por atos de improbidade administrativa;

(B) Sua competência para expedir normas subordina-se aos preceitos legais e regulamentares que regem a outorga, prestação e fruição dos serviços e deve ser exercido nos limites impostos pela Constituição e pelas leis e regulamentos, em perfeita consonância com a legislação stricto sensu que rege a matéria;

(C) A autonomia financeira permite a realização de compras sem licitação e em relação às atividades-meio não é possível o controle dos gastos pelo Tribunal de Contas da União;

(D) No exercício das funções regulatória e de fiscalização devem atuar em consonância com os interesses conjunturais do Poder Executivo e as determinações do Ministério ao qual se vincula.

17. (CESPE – Juiz Federal Substituto 1ª Região/2013) Considerando a disciplina constante da legislação federal sobre as agências reguladoras e as agências executivas, assinale a opção correta.

(A) No exercício de seu poder normativo, as agências reguladoras exercem função de natureza legislativa, particularmente no que se refere ao estabelecimento de normas relacionadas aos seus objetivos institucionais.

(B) A qualificação de uma autarquia ou fundação pública como agência executiva deve ser feita por ato do titular do ministério em cuja área de competência esteja enquadrada sua principal atividade.

(C) Um dos requisitos necessários à qualificação de uma autarquia ou fundação pública como agência executiva é a celebração de contrato de gestão com o respectivo ministério supervisor ao qual se acha vinculada.

(D) As relações de trabalho nas agências reguladoras são regidas pela Consolidação das Leis do Trabalho e legislação trabalhista correlata, em regime de emprego público.

(E) As agências reguladoras e as agências executivas integram a administração pública indireta, tendo apenas as agências reguladoras a natureza de autarquia de regime especial.

7. GABARITO

Questão	Resposta	Referência
1	C	A lei municipal que dispõe sobre atendimento ao público e tempo de espera nas filas de atendimento não invade a competência privativa da União para legislar sobre sistema monetário e encontra fundamento da autorização do município para legislar sobre interesse local.
2	B	Lei complementar pode autorizar os estados a legislar sobre questões específicas da competência privativa da União. O "consumo", termo mais amplo que a defesa do consumidor, encontra-se na disciplina constitucional da competência legislativa concorrente.
3	D	A norma federal, que veda a importação de pneus usados, editada no âmbito da competência privativa da União, é considerada constitucional pelo STF. Também é constitucional a lei do município que, no exercício da competência para legislar sobre assuntos do interesse local, dispõe sobre a instalação de estabelecimentos do mesmo ramo em áreas do município.
4	Certa	A questão lembra que a competência para legislar sobre direito econômico é concorrente, em regra.
5	C	A disciplina do horário de funcionamento de estabelecimentos comerciais não viola a proteção dos direitos do consumidor, mas a competência legislativa em questão não é do estado, mas do município, que está autorizado a legislar nos assuntos do interesse local.
6	Certa	A questão enuncia a disciplina constitucional da competência concorrente, nos termos dos §§ 1º a 4º, do art. 24, da CF/88.
7	C	A competência para legislar sobre direito econômico é concorrente, assim como aquela para legislar sobre produção e consumo. As competências administrativas de proteção de pessoas, bens, direitos e valores é normalmente comum à União, estados e municípios. A propaganda comercial insere-se na competência privativa da União.
8	D	A competência para legislar sobre direito tributário e direito financeiro é concorrente, assim como a competência para legislar sobre direito econômico, todas previstas pelo art. 24, I, da CF/88. No item D, menciona-se que "os Estados exercerão a competência legislativa plena para dispor sobre situações urgentes e transitórias de suas peculiaridades administrativas". A assertiva está correta quanto a transitoriedade da lei estadual, tendo em vista que a eficácia desta pode ser suspensa pela lei federal superveniente.
9	A	A questão mescla elementos de competência privativa da União, de competência concorrente e de competência do município para legislar sobre assuntos locais.

Questão	Resposta	Referência
10	E	A questão aborda a disciplina da competência concorrente. Vamos lembrar que a lei federal superveniente não revoga a lei estadual, apenas suspende a eficácia desta, na parte que for contrária àquela.
11	Errada	A competência para dispor sobre a matéria é do Congresso Nacional e, nos termos da lei, do BC e também do CMN.
12	E	A matéria de direito financeiro também se encontra no âmbito da competência concorrente. Valem os comentários da questão 2.
13	B	Questão sobre o Sistema Financeiro Nacional. Lembra que a Lei nº 4.595, de 1964 foi recepcionada como lei complementar.
14	B	A questão aborda as funções do CMN, dentre elas seu poder regulamentar.
15	C	Na parte estudada neste capítulo, a questão aborda a competência do Banco Central para emitir moeda, nos limites autorizados por lei.
16	B	Questão que aborda as agências reguladoras, com destaque para o regime jurídico de seu poder regulamentar.
17	C	Mais uma questão sobre agências, que aborda, entre outros aspectos, seu poder regulamentar.

CAPÍTULO 3

A ORDEM ECONÔMICA NA CONSTITUIÇÃO DE 1988

1. INTRODUÇÃO

1.1. Conceito

Inicialmente, convém esclarecer: o que significa a expressão "ordem econômica"?

Devemos, antes, tratar da expressão "ordem jurídica", a qual pode ser entendida como um sistema de princípios e de normas. Lembra-nos Geraldo Vidigal a lição de José Augusto César, para quem as instituições jurídicas, organizando harmoniosamente as relações do direito, formam um todo a que chamamos ordem jurídica[44].

Tratando especificamente da ordem econômica, Leonardo Vizeu Figueiredo afirma ser o "tratamento jurídico disciplinado pela Constituição para a condução da vida econômica da Nação, **limitado e delineado pelas formas estabelecidas pela própria Lei Maior para legitimar a intervenção do Estado no domínio privado econômico**"[45].

44. VIDIGAL, Geraldo. Teoria Geral do Direito Econômico, São Paulo: Revista dos Tribunais, 1977, p. 82.

45. FIGUEIREDO, Leonardo Vizeu. Lições de Direito Econômico. Rio de Janeiro: Forense, 2014, p. 43. Os grifos são nossos.

André Ramos Tavares, por seu turno, identifica-a no conjunto de normas e instituições jurídicas que visam **disciplinar as relações oriundas do exercício da atividade econômica**, além de orientar a produção dos diversos ramos do direito envolvidos no ciclo econômico, como os direitos civil, empresarial, concorrencial, econômico, administrativo etc[46].

A expressão "ordem econômica" adquiriu relevância a partir de diversas Constituições que passaram a discipliná-la, notadamente a do México (1917) e de Weimar (1919). A Constituição brasileira de 1934 é inspirada nestes dois modelos.

1.2. Evolução histórica

Uma breve análise histórica nos permite concluir que o Estado sempre atuou de forma acentuada na economia. Não se trata de um juízo de valor; não se trata de afirmar que sempre o fez da maneira correta. Trata-se de mera constatação. Isso é evidenciado em diversos ramos do direito. Assim, se no final da Idade Média o direito comercial se desenvolveu fora da estrutura estatal, produto do desenvolvimento consuetudinário no meio corporativo, elaborado pelos próprios comerciantes, toma novo impulso a partir do século XVI. Com a formação dos grandes Estados Nacionais, o direito comercial passa a se integrar ao direito comum, diante do interesse na formação de um mercado nacional. A autoridade real impõe uma disciplina publicista[47].

É evidente que a atuação estatal no domínio econômico irá variar de acordo com o momento histórico. Poderá, por sua vez, ser mais benéfica ou prejudicial à sociedade como um todo. Mas é importante perceber que sempre houve, de forma mais ou menos intensa, mais ou menos evidente, uma preocupação do Estado na relação entre direito e economia. A concepção de ordem econômica diz respeito a essa disciplina.

O **Liberalismo clássico**, formulado a partir do final do século XVIII, tem bases no movimento **racionalista** dos séculos XVII e XVIII, que situou o Homem no centro da sociedade. Legou uma concepção de Estado moderno, que tinha inicialmente muito claro o limite de sua atuação. Como reflexo da nova ordem advinda da **Revolução Francesa,** o constitucionalismo clássico buscava assegurar aos cidadãos a aquisição de direitos individuais que limitassem o arbítrio estatal, negando-lhe qualquer participação no contexto econômico, reservado à iniciativa privada.

Este constitucionalismo clássico se mostra presente, no que toca ao papel do Estado na economia, nas Constituições de 1824 e 1891. O Estado tem uma função de garantidor da liberdade de mercado e dos direitos individuais – o direito absoluto a propriedade individual. As normas constitucionais garantidoras têm um sentido negativo, pois se dirigem ao próprio Estado[48].

46. Citado por FIGUEIREDO, Leonardo Vizeu. Lições de Direito Econômico: Forense, 2014, p. 44. Grifos nossos.

47. BENSOUSSAN, Fabio Guimarães. Intervenção estatal na empresa privatizada. Porto Alegre: Sergio Antonio Fabris Editor, 2007, p. 17-18.

48. FONSECA, João Bosco Leopoldino da. Direito Econômico. Rio de Janeiro: Forense, 2007, p. 257.

Estas duas Constituições abraçaram as ideias então recentes de **Adam Smith**, autor de *A Riqueza das Nações* (1776). É neste momento histórico que surge a concepção da "mão invisível do mercado" e das "leis naturais do mercado", suficientes para o perfeito desenvolvimento da atividade econômica, reservando aos agentes privados ampla liberdade de atuação. Esta ausência do Estado é a característica marcante deste período histórico.

Mas há algo que merece ser melhor explorado. De tudo o que foi dito, é possível afirmar que, neste período histórico, o Estado efetivamente deixou a iniciativa privada "livre", ou seja, sem se preocupar em influenciá-la e, mesmo, controlá-la?

A resposta é negativa.

Se com a Revolução Francesa foi concedida ampla liberdade aos indivíduos, o que incluía a liberdade de comércio, esta foi logo substituída por um regime intermediário, o de autorização governamental. Já se percebia uma tensão entre os Estados e as sociedades anônimas, que buscavam o fim do regime de privilégios, em troca de um regime de liberdade de constituição.

Em meados do século XIX esse movimento cresceu. Na França, ao lado das sociedades anônimas que, desde o Código de Comércio, necessitavam de autorização governamental, surgem, já em 1807, as chamadas sociedades em comandita por ações, onde os sócios administradores eram responsáveis ilimitada e subsidiariamente pelas obrigações sociais, bem como a limitação aos sócios não administradores. Isso permitiu sua total liberdade de constituição e funcionamento – apenas se exigia o registro. Em 1867, foi estabelecida a plena liberdade para as sociedades comerciais, dentre as quais, as grandes sociedades anônimas.

Nos Estados Unidos, o Estado também acompanhou de perto o desenvolvimento empresarial, e os diversos Estados passaram a liberalizar o controle sobre as companhias para evitar a perda de negócios em potencial. Houve uma corrida entre os Estados, cada qual concedendo maior liberdade às sociedades constituídas em seus territórios para a continuidade dos negócios. Se em 1819 a Suprema Corte, ao decidir sobre o status da Faculdade Dartmouth, afirmou que todas as corporações possuíam direitos privados – inclusive contra modificações caprichosas no conteúdo de suas cartas de licença – em 1830 o Estado de Massachussets decidiu que o privilégio da responsabilidade limitada não mais se restringia às companhias dedicadas às obras públicas. Percebeu-se uma corrida muito semelhante à nossa conhecida guerra fiscal entre os Estados brasileiros, disputando investimentos.

No Brasil, o período colonial assistiu à criação de companhias por meio de carta real portuguesa, para cada caso. Em 1808, através de alvará de D. João VI, foi criado o Banco do Brasil S.A. O Código Comercial de 1850 (que não foi totalmente revogado pelo Código Civil de 2002, subsistindo a parte dedicada ao Comércio Marítimo) estabelecia, em seu art. 295, a necessidade de autorização para o funcionamento das sociedades anônimas. O regime de plena liberdade somente foi adotado em 1892 (Decreto 8.821, de 30 de dezembro de 1892).

Fizemos essa breve incursão histórica para demonstrar o decisivo papel, em qualquer época, exercido pelo Estado, interessado em controlar e estimular o desenvolvimento econômico.

A partir do **final do século XIX**, com a **consolidação da Revolução Industrial**, começa a prevalecer uma percepção de que o mercado estava aprisionado pelos **grandes grupos econômicos**, os quais geravam situações muitas vezes abusivas e prejudiciais aos demais agentes e, consequentemente, ao próprio ideário liberal clássico – como a livre concorrência. Percebe-se o fenômeno da **concentração econômica**. O Estado se vê chamado à arena econômica para resolver tais desequilíbrios.

Com o final da Primeira Guerra e as Constituições de Weimar de 1919 e do México de 1917, uma nova forma de ver a relação entre Estado e economia começa a se consolidar: é o chamado **Estado intervencionista, ou Estado Social**.

Em outras palavras, a ordem pública econômica comandou a transformação da ordem jurídica contratual, publicizando-a. Esse entendimento, apresentado por Josserand, somente veio a ser consagrado no direito brasileiro de forma plena a partir da Constituição de 1988 e, mais especificamente, a partir do Código Civil de 2002, quando temas como a constitucionalização do direito privado passaram a merecer maior atenção por parte da doutrina.

As razões históricas são marcantes: já no final do século XIX, Bismarck estabelece o primeiro sistema de previdência social, na Alemanha. Percebe-se a urgência em regulamentar questões próprias da industrialização, como a jornada de trabalho, salários e os trabalhos da mulher e infantil. Por outro lado, a Primeira Guerra teve um efeito devastador: o conflito de 1914-1918 produziu uma devastação sem precedentes, destruindo quase que por completo as infraestruturas dos países envolvidos e gerando imensos contingentes de mutilados e desempregados.

Era a falência do Estado liberal clássico. Em seu lugar, surgiram duas concepções de Estado; ambas marcadas por um grau de intervencionismo até então desconhecido, mas bem diferentes entre si.

O Estado passa a se ver na necessidade de definir os objetivos de interesse geral, indicando ao mercado as regras às quais deverá se submeter. O Estado Social era legitimado, portanto, a atuar sobre a propriedade privada, condicionando direitos até então sagrados – como a propriedade e o contrato – a fins sociais[49]. O Estado passa a se ver na necessidade de definir os objetivos de interesse geral, indicando ao mercado as regras às quais deverá se submeter.

As ideias de Keynes, bem como, nos Estados Unidos, a preocupação em se estabelecer uma legislação antitruste e o posterior *New Deal* são de grande importância para a compreensão desta concepção de ordem econômica.

49. SOUTO, Marcos Juruena Vilella. Desestatização, privatização, concessões e terceirizações. Rio de Janeiro: Lumen Juris, 2000, p. 1.

O Estado Social é legitimado a atuar sobre a propriedade privada para condicionar o exercício de direitos a determinados fins sociais, de modo que sua ingerência sobre dois valores fundamentais do capitalismo – a propriedade privada e a liberdade econômica – passam a ser justificadas. **Surgem ideias e concepções até então desconhecidas, como a função social do contrato e da propriedade. Mas não se pode ignorar que o Estado do Bem-Estar Social, ou *Welfare State,* tem como aspecto central o reconhecimento destes dois valores fundamentais. Não se opõe, neste sentido, ao capitalismo.**

A outra resposta ao Estado liberal tem contornos bem diferentes, baseada em uma política econômica planificada, com o Poder Público se tornando o agente econômico único. Foi o modelo adotado pela então União Soviética e sua zona de influência, baseando-se na **coletivização dos fatores de produção, substituindo a liberdade de concorrência e a livre-iniciativa pelo planejamento estatal. Não reconhece os valores propriedade e contrato.**

Este modelo entrou em crise no final da década de 80 e início da de 90, com a dissolução do estado soviético e a queda dos regimes comunistas do leste europeu. Mesmo países que oficialmente ainda permanecem sob o regime comunista, como a China, vem adotando modelo diverso daquele originalmente concebido.

Mas o Estado social também passou a ser fortemente criticado, em especial a partir dos anos 70, o que o levou a remodelar sua forma de atuação na esfera econômica.

1.3. Ordem econômica constitucional brasileira:

A Constituição de 1934 dedica um capítulo à Ordem Econômica e Social. Seus modelos de inspiração – alemão e mexicano – não adotaram a expressão, que sobrevive na ordem constitucional brasileira até hoje. O contexto histórico deste texto constitucional explica a opção. O momento é de crítica e mesmo descrença em relação ao liberalismo. O direito à propriedade é garantido, desde que não exercido contra o interesse social ou coletivo, na forma que a lei determinar – art. 113, XVII. Como bem observa Geraldo Vidigal, o regime jurídico da propriedade e do contrato constitui o núcleo das condições para a atividade econômica[50]. E o artigo 115, por seu turno, prescrevia que:

> Art. 115. A ordem econômica deve ser organizada conforme os princípios da Justiça e as necessidades da vida nacional, de modo que possibilite a todos existência digna. Dentro desses limites, é garantida a liberdade econômica.

A Constituição de 1937 é a primeira no Brasil a se referir expressamente à intervenção do Estado no domínio econômico. Lembra-nos João Bosco Leopoldino da Fonseca ser também a primeira a distinguir a intervenção mediata da imediata, tratando, ainda, das manifestações da atuação do Estado: controle, estímulo e gestão direta (art. 135).

50. VIDIGAL, Geraldo. Teoria Geral do Direito Econômico, São Paulo: Revista dos Tribunais, 1977, p. 88.

Com o fim do Estado Novo, a nova ordem constitucional explicitou a intervenção do Estado no domínio econômico com um norte – o interesse público – e um limite – os direitos fundamentais. É o que dispôs a Constituição de 1946, art. 146.

Um novo fator será acrescentado a partir da Constituição de 1967: o desenvolvimento econômico. Segundo João Bosco Leopoldino da Fonseca:

> O Estado passa a figurar, não mais como regulador da atividade econômica a ser desenvolvida pelos particulares (titulares da liberdade de iniciativa), mas como um ator, como empresa a competir com a iniciativa privada (titular também o Estado da liberdade de iniciativa). É verdade que o texto constitucional submete essa atuação direta do Estado à condição de indispensabilidade, a ser revelada quer pela exigência da segurança nacional, quer pela inexistência de eficiência do setor privado[51].

A década de 70 foi marcada, na visão de Celso Bastos, por um excesso de permissividade constitucional que resultou na criação de inúmeras empresas públicas e sociedades de economia mista, que passaram a assumir a princípio, o que seria dos particulares, ou melhor, assumir o serviço público, o que não deixava de ter uma dimensão econômica. Um dirigismo estatal praticado em nome da economia de mercado e da livre-iniciativa[52].

2. PRINCÍPIOS DA ORDEM ECONÔMICA NA CONSTITUIÇÃO DE 1988:

O art. 170 da Constituição de 1988 estabeleceu os valores fundamentais da ordem econômica brasileira:

> Art. 170. A ordem econômica, fundada na valorização do trabalho humano e na livre iniciativa, tem por fim assegurar a todos existência digna, conforme os ditames da justiça social, observados os seguintes princípios:
>
> I – soberania nacional;
>
> II – propriedade privada;
>
> III – função social da propriedade;
>
> IV – livre concorrência;
>
> V – defesa do consumidor;
>
> VI – defesa do meio ambiente, inclusive mediante tratamento diferenciado conforme o impacto ambiental dos produtos e serviços e de seus processos de elaboração e prestação; *(Redação da EC 42/2003);*
>
> VII – redução das desigualdades regionais e sociais;
>
> VIII – busca do pleno emprego;

51. FONSECA, João Bosco Leopoldino da. Direito Econômico. Rio de Janeiro: Forense, 2007, p. 264.
52. BASTOS, Celso Ribeiro. Curso de Direito Econômico. São Paulo: Celso Bastos, 2003. p.102.

> IX – tratamento favorecido para as empresas de pequeno porte constituídas sob as leis brasileiras e que tenham sua sede e administração no País. *(Redação da EC 06/1995).*
>
> Parágrafo único. É assegurado a todos o livre exercício de qualquer atividade econômica, independentemente de autorização de órgãos públicos, salvo nos casos previstos em lei.

Além dos **princípios fundamentais – livre-iniciativa e valor social da iniciativa humana** – enumerados no caput, o art. 170 das Constituição relaciona em seus nove incisos os princípios constitucionais da ordem econômica, afirmando que esta tem por fim assegurar a existência digna, conforme os ditames da justiça social, observados por todos os "Poderes", sob pena de inconstitucionalidade do ato praticado ao arrepio de qualquer deles. Portanto, serão inadmissíveis perante a ordem constitucional as decisões do Poder Judiciário que afrontarem estes princípios, assim como as leis e qualquer outro ato estatal que estabelecer metas e comandos normativos que, de qualquer maneira, oponham-se ou violem tais princípios.[53]

A leitura do *caput* e de seus incisos leva à percepção de que o constituinte adotou princípios liberalizantes e outros intervencionistas: os primeiros, limitando a intervenção do Estado, como os incisos II e IV; os segundos, determinando a atuação do Poder Público para conformar a realidade econômica e social, como os incisos III e VI, além dos objetivos estabelecidos no *caput* – dignidade humana – e no já mencionado art. 3º (erradicação da pobreza, combate às desigualdades regionais).[54]

Aliás, em relação aos incisos V a VIII, autores como José Afonso da Silva utilizam a expressão "princípios de integração", porque dirigidos a resolver os problemas da marginalização regional ou social[55].

Não se trata, propriamente, de uma incoerência, por parte do constituinte, ou de uma postura inviabilizadora do texto constitucional. É clara a opção pela liberdade econômica, apenas não de forma absoluta.

É interessante o posicionamento de autores como Cass Sunstein, segundo o qual o "livre mercado" é, na realidade, fruto de conformação da ordem jurídica. Em outras palavras, ele não se constrói espontaneamente, mas por meio de opções políticas – de Estado. Mercados são resultado de intervenção do Estado no domínio econômico.[56]

Também Natalino Irti afirma que o mercado não é uma instituição espontânea, natural. Nasce graças a determinadas reformas institucionais, operando com fundamento em normas jurídicas que o regulam, delimitam e conformam – um *locus artificialis*, diz.

53. TAVARES, André Ramos. Direito constitucional econômico. São Paulo: Método, 2003, p. 134.
54. GOMES, Carlos Jacques Vieira. Ordem econômica constitucional e direito antitruste. Porto Alegre: Fabris, 2004, p. 82 e seg.
55. SILVA, José Afonso da. Curso de direito constitucional positivo. São Paulo: Malheiros, 2001, p. 774.
56. SUNSTEIN, R. Free Markets and social justice. Oxford University Press, 1997. p. 5, apud SZTAIN, Rachel. Teoria Jurídica da Empresa: atividade empresária e mercados. São Paulo: Atlas, 2004, p. 41.

É uma ordem, no sentido de regularidade e previsibilidade de comportamentos, cujo funcionamento pressupõe a obediência, pelos agentes que nele atuam, de determinadas condutas.

Rachel Sztajn explicita essa discussão:

> Mercado implica ordem e liberdade. Equívoco é pensar que mercados, organizações ou instituições sociais para alguns, estruturas ou superestruturas para outros, surgem espontânea ou naturalmente nas sociedades, que são simples construções voluntaristas dos agentes econômicos. Ao criticar essa posição, Natalino Irti explica que, ausente o sistema normativo, os mercados não prosperam, pois mercado é a norma que o disciplina e constitui. No mesmo sentido de Irti manifesta-se Cass Sunstein quando afirma que é preciso entender mercados como construção jurídica que se avalia segundo sua aptidão para promover interesses humanos, e não como fruto da natureza ou de uma ordem natural, ou mesmo como forma de promover a interação voluntária[57].

É exatamente isso que temos no direito brasileiro: a consagração da liberdade de iniciativa e da propriedade privada, moldadas pela intervenção do Estado.

Antes de analisarmos os princípios, é importante deixar claro que o *caput* do artigo contém normas efetivas, de aplicabilidade concreta e mandatória, ao contrário do que poderiam pensar alguns. Não se trata de uma mera declaração divorciada da prática. Valorização do trabalho humano, livre-iniciativa, existência digna são expressões dotadas de conteúdo plenamente eficaz.

É comum ouvirmos críticas à Constituição de 1988 como um todo, e à Constituição Econômica em particular, por uma alegada incoerência e indecisão do constituinte, que teria criado um texto híbrido, a um só tempo capitalista e anticapitalista.

A Constituição de 1988 celebra um sistema econômico capitalista, em que os fatores de produção são detidos pelos agentes privados, que deles dispõem e podem deles valer-se para a obtenção de lucro. Não será a circunstância de o Estado poder intervir (seja mediante atos de gestão seja mediante atos normativos) que desnatura a essência da Constituição Econômica brasileira de 1988. A leitura dos arts. 1º e 170 torna a constatação clara. Porém, isso não significa que a leitura do modelo de economia capitalista celebrado pela Carta de 1988 implique uma compreensão de um capitalismo liberal "puro", conformado segundo uma escola liberal clássica (Adam Smith, David Ricardo) ou neoclássica (Alfred Marshall) – e muito menos neoliberal (Hayek, Friedman, Stigler).[58]

Eros Grau, por seu turno, faz um apanhado da doutrina sobre o assunto, demonstrando que os princípios em questão devem ser entendidos e aplicados não de forma isolada, mas em conjunto com os demais princípios constitucionais:

---

57. SZTAJN, Rachel, Teoria Jurídica da empresa. São Paulo: Atlas, 2004, p. 40-41.

58. MOREIRA, Egon Bockmann. Os princípios constitucionais da atividade econômica. Revista da Faculdade de Direito da UFPR, V. 4, 2006, p. 106.

> A ordem econômica na Constituição de 1988 consagra um regime de mercado organizado, entendido como tal aquele afetado pelos preceitos da ordem pública clássica (Geraldo Vidigal); opta pelo tipo liberal do processo econômico, que só admite a intervenção do Estado para coibir abusos e preservar a livre concorrência de quaisquer interferências, quer do próprio Estado, quer do embate econômico que pode levar à formação de monopólios e ao abuso do poder econômico visando aumento arbitrário dos lucros – mas sua posição corresponde ao do neo-liberalismo ou social-liberalismo, como a defesa da livre iniciativa (Miguel Reale); (note-se que a ausência do vocábulo 'controle' no texto do art. 174 da Constituição assume relevância na sustentação dessa posição; a ordem econômica na Constituição de 1988 contempla a economia de mercado, distanciada porém do modelo liberal puro e ajustada à ideologia neo-liberal (Washington Peluso Albino de Souza); a Constituição repudia o dirigismo, porém acolhe o intervencionismo econômico, que não se faz contra o mercado, mas a seu favor (Tércio Sampaio Ferraz Júnior); a Constituição é capitalista, mas a liberdade apenas é admitida enquanto exercida no interesse da justiça social e confere prioridade aos valores do trabalho humano sobre todos os demais valores da economia de mercado (José Afonso da Silva) [59].

A **legitimidade constitucional da atuação regulatória do Estado no domínio econômico** foi destacada recentemente pelo STF (RE 597.165 AgR/DF – Celso de Mello).

A discussão envolvia a análise da possibilidade, ou não, de vedação, pelo Poder Público, da edificação e instalação de postos de abastecimento, lavagem e lubrificação nos estacionamentos de supermercados e hipermercados, além de teatros, cinemas, shoppings centers, escolas e hospitais públicos, instituída pela Lei Complementar do Distrito Federal 294/2000, art. 2º, § 3º.

Nessa ocasião, destacou-se que a Constituição, ao delinear o regime jurídico dos direitos individuais e das liberdades públicas, permite a incidência de limitações de ordem jurídica que protejam a integridade do interesse social e assegurem a coexistência harmoniosa das liberdades, uma vez que nenhum direito ou garantia individual pode ser exercido em detrimento da ordem pública ou com desrespeito aos direitos e garantias de terceiros. E mais:

> A regulação estatal no domínio econômico, por isso mesmo, seja no plano normativo, seja no âmbito administrativo, traduz competência constitucionalmente assegurada ao Poder Público, cuja atuação – destinada a fazer prevalecer os vetores condicionantes da atividade econômica (CF, art. 170) – é justificada e ditada por razões de interesse público, especialmente aquelas que visam a preservar a segurança da coletividade. A obrigação do Estado, impregnada de qualificação constitucional, de proteger a integridade de valores fundados na preponderância do interesse social e na necessidade de defesa da incolumidade pública legitima medidas governamentais, no domínio econômico, decorrentes do exercício do poder de polícia, a significar que os princípios que regem a atividade empresarial autorizam, por efeito das diretrizes referidas no art. 170 da Carta Política, a incidência das limitações jurídicas que resultam do modelo constitucional que conforma a própria estruturação da ordem econômica em nosso sistema institucional.
>
> (STF, RE 597.165 AgR/DF, Min. Celso de Mello, DJ de 9/12/2014)

59. GRAU, Eros Roberto. A ordem econômica na Constituição de 1988. São Paulo: Malheiros, 1998, p. 212.

Significa dizer, também, que não existe direito (ou princípio jurídico) absoluto. O direito é um sistema de normas harmonicamente articuladas. Como afirma Luís Roberto Barroso, há de se aplicar a técnica de ponderação de valores, através da qual o intérprete procura lidar com valores constitucionais em aparente rota de colisão, devendo, no caso concreto, fazer concessões recíprocas, de modo a alcançar um resultado socialmente desejável[60].

Neste sentido, é bastante sintomático que a consagração da **valorização do trabalho humano** se dê conjuntamente com a da **livre-iniciativa**, tanto no *caput* do art. 170 quanto no inciso IV do art. 1º da Constituição. Não se trata de mero acaso. A liberdade dos agentes econômicos para atuarem no mercado deverá ser exercitada de forma que valorize o trabalho humano.

Aqui, cabe a colocação de Diogo de Figueiredo Moreira Neto, para quem:

> O princípio da liberdade de iniciativa tempera-se pelo da iniciativa suplementar do Estado; o princípio da liberdade de empresa corrige-se com o da definição da função social da empresa; o princípio da liberdade de lucro, bem como da liberdade de competição, modera-se com o da repressão do abuso de poder econômico; o princípio da liberdade de contratação limita-se pela aplicação dos princípios de valorização do trabalho e da harmonia e da solidariedade entre as categorias sociais de produção; e, finalmente, o princípio da propriedade privada restringe-se com o princípio da função social da propriedade[61].

O STF, em diversas oportunidades, reconheceu essa limitação, dentro do próprio sistema constitucional, à livre-iniciativa. Vejamos, por exemplo, o caso da meia-entrada assegurada aos estudantes em casas de diversão, esporte, cultura e lazer:

> É certo que a ordem econômica na Constituição de 1988 define opção por um sistema no qual joga um papel primordial a livre iniciativa. Essa circunstância não legitima, no entanto, a assertiva de que o Estado só intervirá na economia em situações excepcionais. Mais do que simples instrumento de governo, a nossa Constituição enuncia diretrizes, programas e fins a serem realizados pelo Estado e pela sociedade. Postula um plano de ação global normativo para o Estado e para a sociedade, informado pelos preceitos veiculados pelos seus arts. 1º, 3º e 170. A livre iniciativa é expressão de liberdade titulada não apenas pela empresa, mas também pelo trabalho. Por isso a Constituição, ao contemplá-la, cogita também da 'iniciativa do Estado'; não a privilegia, portanto, como bem pertinente apenas à empresa. Se de um lado a Constituição assegura a livre iniciativa, de outro determina ao Estado a adoção de todas as providências tendentes a garantir o efetivo exercício do direito à educação, à cultura e ao desporto (arts. 23, V, 205, 208, 215 e 217, § 3º, da Constituição). Na composição entre esses princípios e regras há de ser preservado o interesse da coletividade, interesse público primário. O direito ao acesso à cultura, ao esporte e ao lazer são meios de complementar a formação dos estudantes. (STF, Tribunal Pleno, ADI 1.950, Min. Eros Grau, DJ de 2/6/2006)[62]

60. BARROSO, Luís Roberto. Temas de direito constitucional. Rio de Janeiro: Renovar, 2006, p. 65.
61. MOREIRA NETO, Diogo de Figueiredo. Ordem econômica e desenvolvimento na Constituição de 1988. Rio de Janeiro: APEC, 1989, p. 28.
62. No mesmo sentido: STF, Tribunal Pleno, ADI 3.512, Min. Eros Grau, DJ de 23/6/2006.

Portanto, e considerando que não há hierarquia entre normas e princípios constitucionais, caberá ao intérprete a ponderação dos interesses em jogo. Impossível deixar de destacar que, com isso, estamos admitindo que não há questão de fácil resolução ou mesmo de uma solução imune a críticas.

Com isso, passaremos a analisar de forma individualizada os princípios que instruem a ordem econômica.

2.1. Livre-iniciativa

A origem do princípio pode ser encontrada no édito de Turgot, de 1776 e, posteriormente, no **Decreto d'Allarde**, de março e 1791, determinando que, a partir de 1º de abril deste ano, **seria livre a qualquer pessoa a realização de qualquer negócio ou exercício de qualquer profissão, arte ou ofício que lhe aprouvesse** (desde que pagos impostos e taxas pertinentes e observados os regulamentos aplicáveis). A posterior Lei de Chapelier proibiu todas as espécies de corporações de ofício, sepultando, assim, o que havia restado da ordem feudal na França[63].

André de Laubadère chama a atenção para o fato de a liberdade de iniciativa não constar como direito assegurado pela Declaração dos Direitos de 1789, afirmando, ainda, que se considera que esse silêncio representaria um reconhecimento implícito. Tratar-se-ia, para o legislador daquela época, um aspecto da liberdade geral do cidadão.

No Brasil, o marco histórico da positivação do princípio da livre-iniciativa deu-se com D. João VI, que, pelo **Alvará de 1º de abril de 1808**, **concedeu às colônias portuguesas a liberdade de indústria**[64].

A livre-iniciativa não mais se resume a um direito individual de caráter absoluto. Há de se atentar à sua função social. Logo, abandona-se a ideia de um princípio dirigido ao Estado, que deve se abster em relação ao particular. É possível que a intervenção do Estado seja necessária justamente para evitar sua violação por parte de outro particular, que pode atuar mediante abuso de seu poder econômico.

Natalino Irti, neste mesmo sentido, afirma que liberdade de iniciativa não se resume à liberdade de promover, ou não, atividade econômica, mas significa também liberdade de acesso, de entrar e sair de um determinado ramo de atividade, de competir com outros. Liga, portanto, livre-iniciativa à livre concorrência[65].

---

63. GRAU, Eros Roberto. A ordem econômica na Constituição de 1988. São Paulo: Malheiros, 2003, p. 183.
64. GOMES, Carlos Jacques Vieira. O princípio constitucional da livre concorrência: corolário da livre iniciativa ou princípio autônomo da ordem econômica? Disponível em: http://www12.senado.gov.br/publicacoes/estudos-legislativos/tipos-de-estudos/outras-publicacoes/volume-iv-constituicao-de-1988-o-brasil-20-anos-depois.-estado-e-economia-em-vinte-anos-de-mudancas/principios-gerais-da-ordem-economica-o-principio-constitucional-da-livre-concorrencia-corolario-da-livre-iniciativa-ou-principio-autonomo-da-ordem-economica. Acesso em 21/9/2014.
65. Apud SZTAJN, Rachel. Teoria jurídica da empresa. São Paulo: Atlas, 2004, p. 32.

Quando estudamos, no direito empresarial, as classificações das sociedades empresárias, analisamos as sociedades dependentes de autorização – forte controle e fiscalização pelo Poder Público. São exemplos as instituições financeiras, seguradoras, indústrias de cigarros e de bebidas etc. Esta necessidade de autorização implicaria em inobservância do princípio da livre-iniciativa? Parece-nos que não.

Paradigmático para a compreensão do princípio da livre-iniciativa na ordem constitucional econômica brasileira é o chamado Caso American Virginia, fabricante de cigarros e, como tal, sujeita ao DL 1.593/1977 (STF, Tribunal Pleno, AC 1.657-MC, voto do Rel. p/ o ac. Min. Cezar Peluso, *DJ* de 31/8/2007). No caso, a empresa recorreu ao Judiciário contra a aplicação da penalidade de suspensão de suas atividades, em razão do cancelamento do seu registro especial, requisito fundamental para a manutenção da atividade econômica por ela exercida, nos termos do art. 1º, *caput*, deste mesmo Decreto-lei. A causa do cancelamento foi fiscal:

> Art. 2º. O registro especial poderá ser cancelado, a qualquer tempo, pela autoridade concedente, se, após a sua concessão, ocorrer um dos seguintes fatos: (Redação dada pela Medida Provisória nº 2158-35, de 2001)
>
> (...)
>
> II – não-cumprimento de obrigação tributária principal ou acessória, relativa a tributo ou contribuição administrado pela Secretaria da Receita Federal; (Redação dada pela Lei nº 9.822, de 1999).

É importante observar que a Súmula 70 do STF proíbe a interdição de estabelecimento como meio coercitivo para a cobrança de tributos. Esse fato foi, obviamente, utilizado pela defesa da empresa. No entanto, prevaleceu entendimento pela não aplicação da Súmula, neste caso.

Livre-iniciativa não se confunde com livre concorrência. Por mais que livre-iniciativa e livre concorrência possuam evidentes relações entre si, não se confundem: se esta pressupõe aquela, a livre-iniciativa, por si só, não assegura a livre concorrência "O que ocorre é que o princípio da livre-iniciativa, inserido no *caput* do art. 170 da CF, nada mais é do que uma cláusula geral cujo conteúdo é preenchido pelos incisos do mesmo artigo. Esses princípios claramente definem a liberdade de iniciativa não como uma liberdade anárquica, porém social, e que pode, consequentemente, ser limitada"[66].

O STF não pode deixar de destacar o fato de que uma entidade que congrega diversas empresas idôneas – no caso, a ETCO – se associou à União na presente ação, par defender o que chamou de "interesses comuns a ambas e à própria sociedade".

Reconheceu, aqui, a necessidade de garantir que a concorrência se desenvolva dentro da lei, e não de sua "esperteza negocial" – isto é, de sua capacidade de desviar consumidores de seus concorrentes sem que isso decorra de comparações baseadas exclusivamente

66. SALOMÃO FILHO, Calixto. Regulação da atividade econômica (princípios e fundamentos jurídicos). São Paulo: Malheiros, 2001, p. 93-94.

em dados do mercado. Ademais, o caso é do que a doutrina chama de tributo extrafiscal proibitivo, ou simplesmente proibitivo, cujo alcance, a toda a evidência, não exclui objetivo simultâneo de inibir ou refrear a fabricação e o consumo de certo produto. A elevada alíquota do IPI caracteriza-o, no setor da indústria do tabaco, como tributo dessa categoria, com a nítida função de desestímulo por indução na economia. E isso não pode deixar de interferir na decisão estratégica de cada empresa de produzir ou não produzir cigarros. É que, determinada a produzi-lo, deve a indústria submeter-se, é óbvio, às exigências normativas oponíveis a todos os participantes do setor, entre as quais a regularidade fiscal constitui requisito necessário, menos à concessão do que à preservação do registro especial, sem o qual a produção de cigarros é vedada e ilícita."

Outro exemplo foi a criação do **passe livre às pessoas portadoras de deficiências.**

A Lei 8.899/94 concedeu passe livre às pessoas portadoras de deficiências no sistema de transporte coletivo interestadual. Em 2002, sob a alegação de afronta aos princípios da ordem econômica, da isonomia, da livre-iniciativa e do direito da propriedade, a ABRATI – Associação Brasileira das Empresas de Transporte Intermunicipal, Interestadual e Internacional de Passageiros – ajuizou a ADI 2.649-6 (Rel. Min. Carmen Lúcia).

O STF julgou-a improcedente, vencido o Ministro Marco Aurélio. Eis a ementa:

> Ação direta de inconstitucionalidade: Associação Brasileira das Empresas de Transporte Rodoviário Intermunicipal, Interestadual e Internacional de Passageiros – ABRATI. Constitucionalidade da Lei 8.899, de 29 de junho de 1994, que concede passe livre às pessoas portadoras de deficiência. Alegação de afronta aos princípios da ordem econômica, da isonomia, da livre iniciativa e do direito de propriedade, além de ausência de indicação de fonte de custeio (arts. 1º, IV; 5º, XXII; e 170 da CF): improcedência. A autora, associação de classe, teve sua legitimidade para ajuizar ação direta de inconstitucionalidade reconhecida a partir do julgamento da ADI 3.153-AgR, Rel. Min. Celso de Mello, *DJ* de 9-9-2005. Pertinência temática entre as finalidades da autora e a matéria veiculada na lei questionada reconhecida. Em 30-3-2007, o Brasil assinou, na sede da ONU, a Convenção sobre os Direitos das Pessoas com Deficiência, bem como seu Protocolo Facultativo, comprometendo-se a implementar medidas para dar efetividade ao que foi ajustado. A Lei 8.899/1994 é parte das políticas públicas para inserir os portadores de necessidades especiais na sociedade e objetiva a igualdade de oportunidades e a humanização das relações sociais, em cumprimento aos fundamentos da República de cidadania e dignidade da pessoa humana, o que se concretiza pela definição de meios para que eles sejam alcançados.
>
> (STF, Pleno, ADI 2.649, Min. Cármen Lúcia, DJe de 17/10/2008.)

O Ministro Marco Aurélio, vencido, entendeu tratar-se de matéria atinente à Assistência Social e, como tal, "há de dar-se a atuação direta do Estado que, para tanto, dispõe, como versado no artigo 204 da Constituição Federal, do Orçamento da Seguridade Social. Não está prevista, porque seria mesmo inviável, como é inviável até mesmo a comprovação da deficiência e da carência que respaldam o passe livre, a utilização desse mesmo orçamento". Diz o voto vencido "que não cabe ao Estado cumprimentar com chapéu alheio". Mas nem mesmo a divergência por ele instaurada no julgamento se baseou em pretensa violação ao princípio da livre-iniciativa.

Na ADI 3.512, Rel. Min. Eros Grau, julgamento em 15/2/2006, discutiu-se eventual violação do princípio pela Assembleia Legislativa do Espírito Santo, que aprovou a Lei 7.735/2004, garantindo a meia-entrada para os doadores regulares de sangue. A ADI foi proposta pelo Governador do Estado. Novamente, restou vencido o Ministro Marco Aurélio – inclusive, com a mesma alegação do "chapéu alheio".

A intervenção estatal na economia, mediante regulação e regulamentação de setores econômicos, sempre terá como baliza os princípios e fundamentos da ordem econômica. No RE 422.941-2, Rel. Min. Carlos Velloso, julgamento em 6/12/2005, o STF, ao examinar ato estatal que fixou o preço dos produtos sucro-alcooleiros em valores inferiores ao levantamento de custos (no caso, realizado pela Fundação Getúlio Vagas), entendeu que:

> A intervenção estatal na economia, mediante regulamentação e regulação de setores econômicos, faz-se com respeito aos princípios e fundamentos da Ordem Econômica. CF, art. 170. O princípio da livre iniciativa é fundamento da República e da Ordem econômica: CF, art. 1º, IV; art. 170. Fixação de preços em valores abaixo da realidade e em desconformidade com a legislação aplicável ao setor: empecilho ao livre exercício da atividade econômica, com desrespeito ao princípio da livre iniciativa[67].

No caso, a União celebrou contrato com a referida instituição privada para a realização dos levantamentos que funcionariam como embasamento para a fixação dos preços, e acabou fazendo-o em valores inferiores aos apurados. E acabou reconhecendo o direito do recorrente à indenização pelos prejuízos sofridos.

O STF também teve oportunidade de decidir sobre a eventual violação ao princípio da livre-iniciativa pelo monopólio conferido à Empresa Brasileira de Correios e Telégrafos – ECT.

Partiu da definição de serviço postal como serviço público, e não atividade econômica em sentido estrito. Aderiu à doutrina majoritária (mas não única), representada, entre outros, por Celso Antônio Bandeira de Mello, Hely Lopes Meirelles e José dos Santos Carvalho Filho.

Luis Roberto Barroso discorda:

> A ordem jurídica anterior à Constituição de 1988 não considerava o serviço postal como serviço público – ao menos desde a década de 60 – e também a nova Carta assim não o consagrou. Como já referido, o serviço postal pode ter sido considerado um serviço público no passado, em razão principalmente da falta de capacidade ou interesse da iniciativa privada nesse empreendimento, mas já de algum tempo evoluiu para uma atividade econômica. O marco legal dessa alteração histórica na natureza do serviço postal brasileiro foi a transformação do Departamento de Correios e Telégrafos – DCT, em 1968, em empresa pública, à qual competia nos termos do Decreto-lei 509, de 20/3/1969, a execução e controle, em regime de monopólio, dos serviços

67. STF, T2, RE 422.941/DF, Min. Carlos Velloso, DJ de 24/3/2006.

> postais. Lembre-se que a Constituição em vigor à época permitia que a lei ordinária instituísse monopólios [ao contrário, da atual que não permite tal possibilidade][68].

O STF, por sua vez, delimitou os conceitos de monopólio e privilégio:

> **Monopólio é de atividade econômica em sentido estrito, empreendida por agentes econômicos privados. A exclusividade da prestação dos serviços públicos é expressão de uma situação de privilégio.** Monopólio e privilégio são distintos entre si; não se os deve confundir no âmbito da linguagem jurídica, qual ocorre no vocabulário vulgar. A Constituição do Brasil confere à União, em caráter exclusivo, a exploração do serviço postal e o correio aéreo nacional (...) O serviço postal é prestado pela Empresa Brasileira de Correios e Telégrafos – ECT, empresa pública, entidade da Administração Indireta da União, criada pelo decreto-lei nº 509, de 10 de março de 1.969. É imprescindível distinguirmos o regime de privilégio, que diz com a prestação dos serviços públicos, do regime de monopólio sob o qual, algumas vezes, a exploração de atividade econômica em sentido estrito é empreendida pelo Estado. A Empresa Brasileira de Correios e Telégrafos deve atuar em regime de exclusividade na prestação dos serviços que lhe incumbem em situação de privilégio, o privilégio postal. Os regimes jurídicos sob os quais em regra são prestados os serviços públicos importam em que essa atividade seja desenvolvida sob privilégio, inclusive, em regra, o da exclusividade. Argüição de descumprimento de preceito fundamental julgada improcedente por maioria. O Tribunal deu interpretação conforme à Constituição ao artigo 42 da Lei nº 6.538 para restringir a sua aplicação às atividades postais descritas no artigo 9º desse ato normativo.
>
> (STF, Tribunal Pleno, ADPF 46, Min. Eros Grau, DJe de 26/2/2010)

Em resumo, entendeu o STF que a Lei 6.538/78, que trata do monopólio dos Correios, foi recepcionada e está de acordo com a Constituição. Logo, cartas pessoais e comerciais, cartões-postais, correspondências agrupadas (malotes) só poderão ser transportados e entregues pela empresa pública. É o que determina o art. 9º da mencionada lei.

Isso porque a mencionada Lei tipifica, em seu artigo 42, a conduta de "coletar, transportar, transmitir ou distribuir, sem observância das condições legais, objetos de qualquer natureza sujeitos ao monopólio da União, ainda que pagas as tarifas postais ou de telegramas".

Mas entendeu, também, que as transportadoras privadas não cometem crime ao entregar outros tipos de correspondências e encomendas.

Em outro exemplo ao decidir pela inconstitucionalidade do art. 13, da Lei 8.620/93 (que previa que os sócios das empresas limitadas responderiam solidariamente, com seus próprios bens, pelos débitos da pessoa jurídica junto à Seguridade Social), o STF entendeu que o atacado dispositivo era inibidor da livre-iniciativa[69].

68. BARROSO, Luís Roberto. Regime constitucional do serviço postal – Legitimidade da atuação da iniciativa privada. Revista de Direito Administrativo, Rio de Janeiro, nº 222. out./dez. 2000.
69. Neste sentido, o RE 562.276, Rel. Min. Ellen Grace, DJe de 10/2/2011.

Uma questão recente envolvendo a compreensão do princípio da livre-iniciativa envolve os chamados aplicativos de economia compartilhada, como o Uber. Em princípio, o serviço em questão implica em concorrência com o serviço de táxis, já há muito regulado pelos municípios.

Mas aqui estamos tratando de duas formas distintas de serviço de transporte individual de passageiros. A Lei 12.587/12, que instituiu a Política Nacional de Mobilidade Urbana, regulamenta o serviço de utilidade pública de transporte individual (táxi), mas não o serviço privado. Isso não significa dizer que tal modalidade não exista – ou não possa existir. Sua existência decorre não apenas do artigo 3º, § 2º, I, a, II, b e III, b, da mencionada Lei 12.587/12, como também do próprio princípio da livre-iniciativa.

A primeira reação do Poder Público municipal foi, de um modo geral, proibir a prestação desses serviços. No entanto, várias decisões judiciais vêm entendendo que a vedação municipal implica em violação ao princípio constitucional da livre-iniciativa e, portanto, declarando inconstitucionais tais leis. Foi o que aconteceu, por exemplo, em Florianópolis[70], Rio de Janeiro[71] e Recife[72]. Tais decisões judiciais destacam que a vedação pretendida viola o princípio da livre-iniciativa, autorizando, assim, o funcionamento destas atividades. O Município de São Paulo também, inicialmente, optou pela proibição do serviço, através da Lei nº 16.279/2015, declarada inconstitucional pelo Tribunal de Justiça de São Paulo no julgamento da ADI 2216901-06.2015.8.26.0000, proposta pela Confederação Nacional de Serviços (CNS). Mas, ainda antes do julgamento da referida ação, o Município promoveu a regulação da atividade, por meio do Decreto 58.981, de 10 de maio de 2016.

2.2. Soberania nacional

Princípio fundamental da República, nos termos do art. 1º, I, da Constituição. Mas sua inserção como princípio da ordem econômica não deve ser vista como mera repetição.

O conceito de soberania remonta a **Jean Bodin**. O Tratado de Westfalia (1648) encerrou a Guerra dos Trinta Anos, e reconheceu que o mundo é dividido em Estados soberanos e iguais, o que foi decisivo para a consolidação do Estado Moderno.

As políticas econômicas devem levar o Estado a firmar sua posição de soberania interdependente para com os demais Estados. A soberania decorre da autonomia obtida pelas pessoas, e jamais será possível falar em soberania da nação se os indivíduos que a compõem não possuírem um padrão mínimo de vida digno[73]. Daí que a soberania eco-

---

70. Processo 0313575-31.2016.8.24.0023, 1ª Vara de Fazenda Pública de Florianópolis, em 6/12/2016.
71. A 17ª Câmara Cível do TJ/RJ manteve liminar concedida pelo juízo da 6ª Vara de Fazenda Pública. AC 0406585-73.2015.8.9.0001 (Relator Des. Márcia Ferreira Alvarenga, em 28.11.2016).
72. Liminar concedida no MS 0042606-50.2016.8.17.2001, 7ª Vara da Fazenda Pública de Recife, em 7.10.2016.
73. FONSECA, João Bosco Leopoldino da. Direito Econômico. Rio de Janeiro: Forense, 2007. p. 127.

nômica nacional se dá com a definição de políticas públicas que viabilizem a participação da sociedade nacional em condições de igualdade com as sociedades internacionais[74].

Interessante é a relação traçada por Vicente Bagnoli entre soberania nacional e concentração de empresas:

> Importante observar que essa soberania econômica nacional deve significar a sociedade empresária nacional apta a disputar a competição global, ao mesmo tempo em que no mercado interno exista a concorrência ou a possibilidade da competição entre agentes econômicos, caso contrário legitima-se "campeãs nacionais" para disputar o mercado internacional, enquanto internamente a sociedade fica refém de poucos e grandes grupos detentores de poder econômico e posição dominante, até mesmo monopolistas, legitimados pelo próprio Estado[75].

Para este autor, portanto, a opção política pelas "campeãs nacionais", através da qual se pretende o fortalecimento, a partir de políticas de Estado, de grupos econômicos para a conquista de mercados no exterior pode, ao mesmo tempo, gerar graves problemas para o mercado interno, tecendo uma interessante ligação entre a soberania nacional e a livre concorrência.

2.3. Propriedade privada e função social da propriedade

Para melhor compreensão do tema, trataremos em conjunto os princípios da propriedade privada e da função social da propriedade.

O artigo 5º, inciso XXII, da Constituição, consagra a **garantia do direito à propriedade**, e no inciso seguinte, XXIII, dispõe que: "a propriedade atenderá a sua função social". Mas sua inclusão no art. 170 também não deve ser vista como simples repetição, desprovida de sentido. Implica em assegurar aos seus agentes a possibilidade da apropriação privada dos bens e meios de produção.

Ao mesmo tempo, **veda ao Estado sua atuação na propriedade privada, que passa a ser limitada aos casos expressamente previstos na Constituição** – a instituição e cobrança de tributos, a privação de bens por meio do devido processo legal, assegurada a ampla defesa e o contraditório aos litigantes, a expropriação, sem indenização, dos bens envolvidos no cultivo de plantas psicotrópicas e tráfico de drogas, como espécie de pena (art. 243) e a desapropriação, mediante prévia e justa indenização, e a requisição ou a ocupação temporárias (art. 5º, XXIV, 182, § 4º, III, 184 e 5º, XXV) [76].

É evidente, no entanto, que se uma restrição ao direito de construir decorrente de limitação administrativa aniquila a propriedade privada, será reconhecido ao proprietário

74. BAGNOLI, Vicente. Direito Econômico. São Paulo: Atlas, 2013, p. 78.

75. BAGNOLI, Vicente. Direito Econômico. São Paulo: Atlas, 2013, p. 78-79.

76. BARROSO, Luís Roberto. A ordem econômica constitucional e os limites à atuação estatal no controle de preços. Revista Eletrônica de Direito Administrativo Econômico, nº 14, maio/jun/jul 2008, Salvador. Disponível em: http://www.direitodoestado.com/revista/REDAE-14-MAIO-2008-LUIS%20ROBERTO%20BARROSO.pdf. Acesso em 15/9/2014.

o direito à indenização. No entanto, o direito de edificar não é absoluto – como, insistimos, nenhum direito é absoluto – mas condicionado à função social da propriedade. Na hipótese de as restrições administrativas preexistirem à aquisição do terreno, ou seja, serem do conhecimento do adquirente, não serão passíveis de indenização. Neste sentido já se pronunciou o STF[77].

Note-se, portanto, uma crescente constitucionalização do direito privado. O Estado liberal clássico aceitava uma dicotomia entre direito público e direito privado quase que absoluta; o primeiro com seu texto fundamental na Constituição, o segundo, no Código Civil, que constituiriam ordens estanques e independentes. No entanto:

> O fenômeno conhecido como constitucionalização do direito privado pode ser descrito de várias formas. Sob o ponto de vista da cronologia histórica, a época do liberalismo clássico (e com essa expressão pretendemos abranger todas as concepções que derivam das ideologias do constitucionalismo liberal, do liberalismo político e econômico, dos direitos humanos de primeira dimensão) coincide substancialmente com a época das grandes codificações do direito privado do século XIX. Sob o ponto de vista ideológico, nesse período concebiam-se as constituições liberais como verdadeiros códigos do direito público (ou seja, diplomas jurídicos que buscavam disciplinar a organização do Estado, a estrutura dos poderes, a competência de seus órgãos, bem como algumas relações entre o Estado e seus súditos), ao passo que os códigos privados eram encarados como verdadeiras constituições do direito privado (isto é, estatutos que disciplinavam as relações jurídicas entre os cidadãos, com exclusão de qualquer intervenção estatal, especialmente na área econômica, regida que era pela autonomia da vontade e pela concepção individualista de propriedade privada)[78].

Por outro lado, ao se falar em função social da propriedade – dos meios de produção – invariavelmente estaremos abordando, também, a função social da empresa. O próprio princípio consagrado no inciso VIII – busca do pleno emprego – pressupõe a preservação da empresa.

Essa argumentação foi utilizada pelo STF, no julgamento da ADI 3.934-2/DF, que reconheceu a constitucionalidade dos artigos 60, parágrafo único, 83, I e IV, c, e 141, II, da Lei 11.101/2005[79]. A ADI foi proposta por defender justamente que os mencionados dispositivos da Lei de Falências e Recuperação Judicial, ao estabelecer que o arrematante das empresas em recuperação não responde pelas obrigações do devedor, em especial aquelas derivadas da legislação do trabalho.

O relator consignou em seu voto que a Constituição, em momento algum, "abriga regra expressa sobre o eventual direito de cobrança de créditos trabalhistas em face daquele que adquire ativo da empresa em processo de recuperação judicial ou cuja falência

77. STF, RE 140.436, Rel. Min. Carlos Velloso, DJ de 6/8/1999.
78. FACCHINI NETO, Eugênio. A constitucionalização do direito privado. Revista do Instituto do Direito Brasileiro. Lisboa: Universidade de Lisboa. Ano I (2012), nº 1, p. 213.
79. STF, Tribunal Pleno, ADI 3.934/DF, Min. Ricardo Lewandowski, DJe de 6/11/2009.

tenha sido decretada". E completou que o fato de o adquirente da empresa não responder por estas dívidas trabalhistas não implica em prejuízo aos trabalhadores, uma vez que o valor por ele pago ficará à disposição do juízo da falência.

A Lei 11.101/2005 tem como objetivo permitir que as empresas em dificuldades, saldem o seu passivo por meio da realização do respectivo patrimônio, sendo reunidos todos os credores. Logo, seu escopo, além de contribuir para que a empresa pudesse superar a crise econômica ou financeira, é o de preservar, o máximo possível, os vínculos trabalhistas e a cadeia de fornecedores, razão pela qual os artigos 60, parágrafo único, e 141, II, representam opção do legislador que deu concretude a determinados valores constitucionais – a livre-iniciativa e a função social da propriedade – em detrimento de outros, por julgá-los mais adequados ao tratamento da matéria.

2.4. Livre concorrência

Já tratamos, acima, da livre-iniciativa, e vimos que não se confunde com livre concorrência. É evidente que **somente haverá livre concorrência se houver livre-iniciativa, mas esta, por si só, não garante aquela**. Esta questão foi há muito percebida – por vezes, faz-se necessária a intervenção do Estado exatamente para assegurar a livre concorrência. Nos Estados Unidos, o *Sherman Act* (1890) é o grande marco legal do tema – ao qual remetemos o leitor ao capítulo específico acerca do direito da concorrência.

Por ora, basta-nos reiterar a lição de João Bosco Leopoldino da Fonseca:

> Afirmando uma opção pelo regime de economia de mercado e assumindo essa postura ideológica, a Constituição adota como princípio a mola básica que rege aquele tipo de organização da economia. Garante-lhe a liberdade de concorrência como forma de alcançar o equilíbrio, não mais aquele atomístico do liberalismo tradicional, mas um equilíbrio entre os grandes grupos e um direito de estar no mercado também para as pequenas empresas[80].

Daí se percebe, por exemplo, que a própria opção do constituinte de proteger e estimular as empresas de pequeno porte (também elevada a princípio, como veremos adiante) também tem como corolário a defesa da livre concorrência. É prova de que **a postura esperada do Estado não mais se resume a um *não fazer* típico do liberalismo clássico, mas inclui atitudes**.

Quando falamos, acima, do princípio da livre-iniciativa, abordamos o caso American Virginia. No mesmo acórdão, o STF entendeu cabível a atuação do Poder Público – no caso, com o cancelamento do registro especial – uma vez que a pretensão da empresa, ao deixar sistematicamente de recolher o IPI, com a consequente redução do preço de venda de suas mercadorias, ofende a livre concorrência[81].

Pode o Poder Público, igualmente, regular o horário de funcionamento para o comércio, com vistas ao interesse do consumidor e procurando evitar a dominação de determinado ramo por oligopólio:

80. FONSECA, João Bosco Leopoldino da. Direito Econômico. Rio de Janeiro: Forense, 2007, 128-129.
81. STF, Tribunal Pleno, AC 1.657-MC, Min. Cezar Peluso, DJ de 31/8/2007

> Farmácia. Fixação de horário de funcionamento. Assunto de interesse local. A fixação de horário de funcionamento para o comércio dentro da área municipal pode ser feita por lei local, visando o interesse do consumidor e evitando a dominação do mercado por oligopólio.
>
> (STF, Tribunal Pleno, RE 189.170, Min. Maurício Corrêa, *DJ* de 8/8/2003)[82]

O STF também consagrou o entendimento de que as concessionárias de serviços de telefonia, conquanto tenham o dever de publicar e distribuir listas e catálogos telefônicos, não têm o direito à exclusividade:

> Serviços de Telecomunicações. Exploração. Edição de Listas ou Catálogos Telefônicos e Livre Concorrência. Se, por um lado, a publicação e distribuição de listas ou catálogos telefônicos constituía um ônus das concessionárias de serviço de telefonia – que podem cumpri-lo com ou sem a veiculação de publicidade – não se pode dizer que estas tinham exclusividade para fazê-lo. O art. 2º da Lei 6.874/1980 ('A edição ou divulgação das listas referidas no § 2º do art. 1º desta Lei, sob qualquer forma ou denominação, e a comercialização da publicidade nelas inserta são de competência exclusiva da empresa exploradora do respectivo serviço de telecomunicações, que deverá contratá-las com terceiros, sendo obrigatória, em tal caso, a realização de licitação') era inconstitucional – tendo em vista a Carta de 1969 – na medida em que institui reserva de mercado para a comercialização das listas telefônicas em favor das empresas concessionárias. RE desprovido.
>
> (STF, T1, RE 158.676, Min. Sepúlveda Pertence, *DJ* de 5/10/2007)

No entanto, **se por um lado a intervenção do Estado é necessária para assegurar o princípio da livre concorrência, isso não é visto como uma carta branca para todo e qualquer tipo de atuação**. É o caso, por exemplo, da possibilidade, ou não, de o Poder Público impedir a instalação de um determinado estabelecimento comercial por se situar próximo a outro, que porventura atue no mesmo ramo.

Nesses casos, há entendimento sumulado do STF – ofende o princípio da livre concorrência lei municipal que impede a instalação de estabelecimentos comerciais do mesmo ramo em determinada área. (**Súmula 646**).

Não se deve confundir, todavia, esta situação com aquela prevista no art. 1.147, do Código Civil, que trata da chamada cláusula de não restabelecimento. Trata-se de norma que, se hoje se encontra imune a maiores polêmicas, foi objeto de intensas discussões. Diz respeito à possibilidade de vedação de concorrência nas alienações de estabelecimento.

É conhecido o caso, que data de 1914, envolvendo a Companhia Nacional de Tecidos Juta. Seu acionista majoritário, o Conde Álvares Penteado, alienou sua participação societária a terceiros, que passaram a explorar a empresa. No entanto, logo após, o alienante constituiu nova sociedade empresária, a Companhia Paulista de Aniagem, atuando no mesmo ramo, tornando-se, pois, concorrente direto da Companhia de Tecidos Juta.

---

82. No mesmo sentido: STF, T1, AI 729.307-ED, Min. Cármen Lúcia, DJe de 4/12/2009; STF, T1, RE 321.796-AgR, Min. Sydney Sanches, DJ de 29/11/2002; STF, Tribunal Pleno, RE 237.965-AgR, Min. Moreira Alves, DJ de 31/3/2000.

Evidentemente que, sentindo-se prejudicada, a Companhia de Tecidos Juta, representada por José Xavier Carvalho de Mendonça, ajuizou ação contra o Conde, defendido por Rui Barbosa, na qual pleiteava a devolução dos valores pagos a título de aviamento.

O STF, naquela época, entendeu que:

> A freguesia de uma fábrica não pode ser objeto do contrato, em vista do disposto no artigo 17, do Decreto 434, de 4 de julho de 1891. A renúncia ao direito ao exercício de determinado ramo de comércio ou indústria, não se presume. Ela deve ser expressa, ou pelo menos, resultar de modo inequívoco dos termos do contrato para que na solução dos conflitos não prevaleça contra o princípio soberano da livre concorrência.
>
> (STF, Pleno, AC 2.183, Min. Oliveira Ribeiro, Julgamento em 12/8/1914)

Em outras palavras, entendeu que a cláusula de não concorrência deveria ser explícita. Mas esse entendimento foi alterado ao longo dos anos – passou-se a considerar que o alienante tem obrigação implícita de não concorrer com o adquirente do estabelecimento comercial, baseando-se no princípio da boa-fé objetiva e no reconhecimento da existência de obrigações pós-contratuais.

Assim, o Código Civil de 2002, em seu art. 1.147, apenas positivou entendimento já consolidado, estabelecendo um limite temporal para a não concorrência, salvo se expressamente acordado entre as partes o oposto em cláusula do contrato de trespasse na qual pode o adquirente anuir com o restabelecimento do alienante a qualquer tempo. Coibiu-se, assim, a concorrência desleal.

Um caso a ser examinado pelo STF e que envolve defesa do consumidor e livre concorrência é o da ADPF 398/DF, ajuizada em abril de 2016 e ainda pendente de julgamento. A Associação Brasileira das Empresas Exibidoras Cinematográficas Operadoras de Multiplex (Abraplex) ajuizou a mencionada arguição de descumprimento de preceito fundamental com pedido de cautelar, dirigida contra diversas decisões do STJ que consideram ilegal a ação dos estabelecimentos de impedir a entrada de consumidores portando bebidas e alimentos adquiridos de terceiros.

A Associação entende violados os preceitos fundamentais relativos à livre-iniciativa (artigos 1º, inciso IV; 5º, inciso XIII; 170, *caput*), à isonomia (artigo 5º, *caput*) e ao acesso à cultura (artigo 225, *caput*). E aponta, exemplificativamente, o acórdão do STJ no Recurso Especial 744.602/RJ.

> A prática abusiva revela-se patente se a empresa cinematográfica permite a entrada de produtos adquiridos nas suas dependências e interdita o adquirido alhures, engendrando por via oblíqua a cognominada "venda casada", interdição inextensível ao estabelecimento cuja venda de produtos alimentícios constitui a essência da sua atividade comercial como, *verbi gratia*, os bares e restaurantes.
>
> (STJ, REsp 744.602/RJ, Min. Luiz Fux, DJ de 15/3/2007)

O Procurador-Geral da República, em sua manifestação, entendeu pela constitucionalidade da intervenção do Estado no domínio econômico para assegurar eficácia à defesa do consumidor (art. 5º, XXXII, da Constituição) e à livre concorrência (art. 170, IV).

Com efeito, e nos termos do parecer do Ministério Público Federal junto ao CADE, para subsídio à manifestação do Procurador-Geral da República na referida ADPF 398, a pretensão da Associação estabeleceria uma reserva de mercado ao agente econômico que está em posição dominante (cinema), o que também contraria a perspectiva do antitruste, que sempre se põe vigilante em relação às imposições (práticas/condutas) que este agente econômico superior atua/aplica aos consumidores e aos demais agentes econômicos, que com ele se relacionam ou que se põem em sua esfera de influência ou atuação. No imaginário cenário da concorrência perfeita, em tese cenário de máximo retorno à coletividade, podemos extrair a ideia de que "iguais medidas de poder econômico detido pelos participantes de um determinado mercado" é mesmo um antídoto eficaz contra práticas abusivas. No caso, a simples liberdade de escolha do consumidor, ao adquirir bebida ou comida, já traz um maior equilíbrio à balança.

A ADPF, no final de 2016, encontrava-se em fase de conclusão ao Relator, o Ministro Edson Fachin.

Uma última observação no que se refere à livre concorrência – ainda que aparentemente desnecessária: sua defesa tem fundamento na existência de mercado – espaço onde os agentes econômicos atuam. Assim, a preocupação com a garantia da concorrência deixa de ser relevante em um sistema onde o mercado cumpre papel secundário, como no sistema socialista ou comunista[83].

2.5. Defesa do consumidor

Não nos cabe, aqui, tecer considerações sobre o Direito do Consumidor, mas sim, contextualizar a defesa do consumidor no capítulo da ordem econômica e como princípio a informá-la.

Neste sentido, se é evidente que a defesa do consumidor é feita de forma direta, pelo Sistema Nacional de Defesa do Consumidor (Lei 8.078/90, Título IV), integrado por órgãos das três esferas da Federação, além de Defensoria Pública, Ministério Público, Procons e entidades civis de defesa do consumidor, também deve se ter em vista que a garantia da livre concorrência no mercado significa defender o bem-estar econômico do consumidor, que se beneficia com melhores produtos e serviços, a preços mais vantajosos[84].

O Ministro Celso de Mello, em seu voto proferido na ADI MC 2.832/PR, assim expôs:

83. CALIENDO, Paulo. Direito Tributário e Análise Econômica do Direito. Rio de Janeiro: Elsevier, 2009, p. 224.

84. BAGNOLI, Vicente. Direito Econômico. São Paulo: Atlas, 2013, p. 80.

> Na realidade, a proteção estatal ao consumidor – quer seja esta qualificada como um direito fundamental positivado no próprio texto da Constituição da República, quer seja compreendida como diretriz confirmadora da formulação e execução de políticas públicas, bem assim do exercício das atividades econômicas em geral – assume, em última análise, na perspectiva do sistema jurídico consagrado em nossa Carta Política, a condição de meio instrumental destinado, enquanto expressão de um "princípio constitucional impositivo" (EROS ROBERTO GRAU, "A Ordem Econômica na Constituição de 1988", p. 271, item n.115, 6ª ed. 2001), a neutralizar o abuso do poder econômico praticado em detrimento das pessoas e de seu direito ao desenvolvimento e a uma existência digna e justa.
>
> (STF, Pleno, ADI MC 2.832/PR, Min. Ricardo Lewandowski, DJ de 20/6/2008)

Trata-se, portanto, de um princípio que informa toda a ordem econômica, o que faz com que, por vezes, sejam afastadas normas infraconstitucionais que signifiquem em retrocesso na defesa do consumidor. O desenvolvimento econômico não pode ser atingido por meio de violação ao direito do consumidor.

Um exemplo disso é o reiterado afastamento de normas da Convenção de Varsóvia, no que diz respeito aos direitos dos passageiros de companhias de aviação:

> O princípio da defesa do consumidor se aplica a todo o capítulo constitucional da atividade econômica. Afastam-se as normas especiais do Código Brasileiro da Aeronáutica e da Convenção de Varsóvia quando implicarem retrocesso social ou vilipêndio aos direitos assegurados pelo Código de Defesa do Consumidor.
>
> (STF, T1, RE 351.750, Min. Ayres Britto, DJe de 2/9/2009)
>
> Aplica-se o Código de Defesa do Consumidor nos casos de indenização por danos morais e materiais por má prestação de serviço em transporte aéreo.
>
> (STF, T2, RE 575.803 AgR, Min. Cezar Peluso, DJe de 18/12/2009)

Outro ponto importante a destacar é a aplicação do Código de Defesa do Consumidor às relações entre as instituições financeiras e seus clientes. A discussão girava em torno do artigo 3º, § 2º, da Lei 8.078/90, que define serviço como "qualquer atividade fornecida no mercado de consumo, mediante remuneração, inclusive as de natureza bancária, financeira, de crédito e securitária, salvo as decorrentes das relações de caráter trabalhista". A norma foi apontada inconstitucional por supostamente violar o disposto no art. 192, da Constituição[85].

O STF consagrou esse entendimento, ao deixar claro que o art. 192 da Constituição apenas exige lei complementar para a regulamentação da estrutura do sistema financeiro, não abrangendo os encargos e obrigações impostos pelo CDC às instituições financeiras, relativos à exploração das atividades dos agentes econômicos que a integram – operações bancárias e serviços bancários –, que podem ser definidos por lei ordinária.

85. STF, Tribunal Pleno, ADI 2.591/DF, Min. Eros Grau, DJ de 7/6/2006.

2.6. Defesa do meio ambiente

O art. 225, da Constituição, prescreve que todos têm direito ao meio ambiente ecologicamente equilibrado, bem de uso comum do povo e essencial à sadia qualidade de vida, impondo-se ao Poder Público e à coletividade o dever de defendê-lo e preservá-lo para as presentes e futuras gerações.

O mesmo que afirmamos no estudo do princípio da defesa do consumidor pode ser dito aqui: não se admite desenvolvimento econômico às custas do meio ambiente.

Em sua redação original, o inciso VI se limitava a "defesa do meio ambiente". No entanto, com a redação dada pela Emenda Constitucional 42/2003, o inciso estabelece: defesa do meio ambiente, **inclusive mediante tratamento diferenciado conforme o impacto ambiental dos produtos e serviços e de seus processos de elaboração e prestação.**

É evidente que, como já afirmamos acima, considerando que não existe princípio absoluto, ou mesmo uma hierarquia entre os princípios constitucionalmente consagrados, a defesa do meio ambiente irá afetar outros princípios, como o da propriedade privada.

Há questionamentos interessantes envolvendo esse princípio como fundamento da ordem econômica. Um dos casos mais rumorosos foi aquele envolvendo a possibilidade, ou não, de importação de pneus usados. Diversas decisões judiciais vinham permitindo a importação de países não integrantes do Mercosul.

A questão era objeto de contencioso na OMC, desde 2005. O Brasil, atendendo ao preceito constitucional, adota medidas rígidas para conter o acúmulo de pneus usados e recauchutados em território nacional, o que implica, obviamente, em regulamentar sua destinação final. Neste sentido, proibiu a importação de pneus usados e recauchutados, medida que causou impacto no mercado.

O CONAMA editou diversas resoluções vedando expressamente a importação destes produtos. No entanto, um Tribunal Arbitral *ad hoc* do Mercosul reconheceu o direito de os países do Mercosul poderiam exportar para o Brasil pneus remoldados, criando, assim, uma exceção às normas nacionais. A Portaria SECEX 2/2002 autorizou o licenciamento de importação de pneus remoldados provenientes de países do Mercosul. E, a partir daí, as normas que proibiam a importação de outros países passaram a ser desconsideradas por inúmeras decisões judiciais.

Inconformada, a União Europeia instaurou controvérsia, no âmbito da OMC, alegando a invalidade das normas brasileiras que impediam a importação – criticando, também, a autorização para a importação dos países do Mercosul, bem como concluindo pela inocuidade das normas brasileiras, diante das decisões judiciais permissivas.

A proibição pelo Executivo e a permissão pelo Judiciário, além da possibilidade de importação dos países do Mercosul, levaram à União ao ajuizamento da ação de descumprimento de preceito constitucional e ilegitimidade dessas decisões judiciais.

O STF assim decidiu:

> Crescente aumento da frota de veículos no mundo a acarretar também aumento de pneus novos e, consequentemente, necessidade de sua substituição em decorrência do seu desgaste. Necessidade de destinação ecologicamente correta dos pneus usados para submissão dos procedimentos às normas constitucionais e legais vigentes. Ausência de eliminação total dos efeitos nocivos da destinação dos pneus usados, com malefícios ao meio ambiente: demonstração pelos dados. (...) **Princípios constitucionais (art. 225) do desenvolvimento sustentável e da equidade e responsabilidade intergeracional. Meio ambiente ecologicamente equilibrado: preservação para a geração atual e para as gerações futuras. Desenvolvimento sustentável: crescimento econômico com garantia paralela e superiormente respeitada da saúde da população, cujos direitos devem ser observados em face das necessidades atuais e daquelas previsíveis e a serem prevenidas para garantia e respeito às gerações futuras. Atendimento ao princípio da precaução, acolhido constitucionalmente, harmonizado com os demais princípios da ordem social e econômica.** (...) Demonstração de que: os elementos que compõem os pneus, dando-lhe durabilidade, é responsável pela demora na sua decomposição quando descartado em aterros; a dificuldade de seu armazenamento impele a sua queima, o que libera substâncias tóxicas e cancerígenas no ar; quando compactados inteiros, os pneus tendem a voltar à sua forma original e retornam à superfície, ocupando espaços que são escassos e de grande valia, em especial nas grandes cidades; pneus inservíveis e descartados a céu aberto são criadouros de insetos e outros transmissores de doenças; o alto índice calorífico dos pneus, interessante para as indústrias cimenteiras, quando queimados a céu aberto se tornam focos de incêndio difíceis de extinguir, podendo durar dias, meses e até anos; o Brasil produz pneus usados em quantitativo suficiente para abastecer as fábricas de remoldagem de pneus, do que decorre não faltar matéria-prima a impedir a atividade econômica. Ponderação dos princípios constitucionais: **demonstração de que a importação de pneus usados ou remoldados afronta os preceitos constitucionais de saúde e do meio ambiente ecologicamente equilibrado (arts. 170, I e VI e seu parágrafo único, 196 e 225 da CB). Decisões judiciais com trânsito em julgado, cujo conteúdo já tenha sido executado e exaurido o seu objeto não são desfeitas: efeitos acabados. Efeitos cessados de decisões judiciais pretéritas, com indeterminação temporal quanto à autorização concedida para importação de pneus: proibição a partir deste julgamento por submissão ao que decidido nesta arguição**[86].

O entendimento que vem sendo consagrado pelo STF é no sentido de que **a atividade econômica não pode ser exercida em desacordo com os princípios envolvendo a proteção ao meio ambiente – que não pode ser comprometida por interesses empresariais nem ficar dependente de motivações de índole meramente econômica**, ainda mais considerando que a atividade econômica, dada sua disciplina constitucional, está subordinada, dentre outros princípios gerais, àquele que privilegia a 'defesa do meio ambiente' (CF, art. 170, VI), que traduz conceito amplo e abrangente das noções de meio ambiente natural, de meio ambiente cultural, de meio ambiente artificial (espaço

86. STF, Tribunal Pleno, ADPF 101/DF, Min. Carmem Lúcia, DJe de 01/6/2012

urbano) e de meio ambiente laboral. Os instrumentos jurídicos de caráter legal e de natureza constitucional objetivam viabilizar a tutela efetiva do meio ambiente, para que não se alterem as propriedades e os atributos que lhe são inerentes, o que provocaria inaceitável comprometimento da saúde, segurança, cultura, trabalho e bem-estar da população, além de causar graves danos ecológicos ao patrimônio ambiental, considerado este em seu aspecto físico ou natural[87].

2.7. Redução das desigualdades regionais e sociais

A Constituição reconhece, explicitamente, que o país, de dimensões continentais, não apresenta desenvolvimento uniforme, e menciona, no art. 3º, como um dos objetivos fundamentais da República, a redução das desigualdades sociais e regionais.

Como isso será alcançado? Certamente, pela ordem econômica. O art. 170, VII, o eleva a princípio da ordem econômica, o que significa que deverá o Estado se empenhar na promoção do desenvolvimento econômico de forma a efetivar o mandamento constitucional.

Um exemplo de aplicação do princípio da redução das desigualdades no direito brasileiro é o estabelecimento, pelos estados, de **salários-mínimos regionais**, que nunca serão inferiores ao valor federal. O STF já teve a oportunidade de avaliar sua constitucionalidade, e o fez aplicando o princípio em comento. Vejamos, por exemplo, sua manifestação a respeito da constitucionalidade de lei do Estado de Santa Catarina que estabeleceu o salário-mínimo regional:

> A lei questionada não viola o princípio do pleno emprego. Ao contrário, a instituição do piso salarial regional visa, exatamente, reduzir as desigualdades sociais, conferindo proteção aos trabalhadores e assegurando a eles melhores condições salariais.
>
> (STF, Tribunal Pleno, ADI 4.364, Min. Dias Toffoli, DJe de 16/5/2011).

Veremos mais sobre o tema ao estudarmos a política constitucional de redução das desigualdades regionais.

2.8. Busca do pleno emprego

O princípio em questão acaba por consagrar, como base da ordem econômica, a valorização do trabalho humano. Na lição de Luís Roberto Barroso, é função do Estado procurar influir efetivamente no comportamento dos agentes econômicos, através de mecanismos de fomento, como incentivos fiscais, financiamentos públicos – ainda que não possa obrigar a iniciativa privada à sua adesão[88]. E essa atuação, evidentemente, deve ter como objetivo a redução do desemprego.

87. STF, Tribunal Pleno, ADI 3.540-MC, Min. Celso de Mello, DJ de 3/2/2006.

88. BARROSO, Luís Roberto. A ordem econômica constitucional e os limites à atuação estatal no controle de preços. Revista Eletrônica de Direito Administrativo Econômico, nº 14, maio/jun/jul 2008,

Não se deve enxergar nesse princípio algo desprovido de aplicação prática – como, aliás, não se deve fazer com qualquer princípio jurídico, mormente se constitucionalmente assegurado.

A Lei 11.101/2005 trouxe para o direito brasileiro o instituto da recuperação judicial e extrajudicial, destinado às empresas viáveis. A preocupação com a manutenção do emprego fica clara em diversos dispositivos, como aquele relativo à preferência na alienação de bens do falido:

> Art. 140. A alienação dos bens será realizada de uma das seguintes formas, observada a seguinte ordem de preferência:
>
> I – alienação da empresa, com a venda de seus estabelecimentos em bloco;
>
> II – alienação da empresa, com a venda de suas filiais ou unidades produtivas isoladamente;
>
> III – alienação em bloco dos bens que integram cada um dos estabelecimentos do devedor;
>
> IV – alienação dos bens individualmente considerados.

A manutenção da empresa leva, ainda, a outra conclusão: a chamada função social da empresa inclui em seu conteúdo a proteção ao emprego. A doutrina já reconhece essa vinculação:

> Na medida em que a empresa tem relevante função social, já que gera riqueza econômica, cria empregos e rendas e, desta forma, contribui para o crescimento e desenvolvimento socioeconômico do País, deve ser preservada sempre que for possível. O princípio da preservação da empresa que, há muito tempo é aplicado pela jurisprudência de nossos tribunais, tem fundamento constitucional, haja vista que nossa Constituição Federal, ao regular a ordem econômica, impõe a observância dos postulados da função social da propriedade (art. 170, III), vale dizer, dos meios de produção ou em outras palavras: função social da empresa. O mesmo dispositivo constitucional estabelece o princípio da busca do pleno emprego (inciso VIII), o que só poderá ser atingido se as empresas forem preservadas[89].

2.9. Tratamento favorecido para as empresas de pequeno porte

De acordo com o inciso IX do art. 170, na redação dada pela Emenda Constitucional 6/95, é princípio da ordem econômica o tratamento favorecido para as empresas de pequeno porte constituídas sob as leis brasileiras e que tenham sua sede e administração no País.

Salvador. Disponível em: http://www.direitodoestado.com/revista/REDAE-14-MAIO-2008-LUIS%20ROBERTO%20BARROSO.pdf. Acesso em 15/9/2014.

89. CALÇAS, Manoel de Queiroz Pereira. A nova lei de recuperação de empresas e falências: repercussão no direito do trabalho (Lei 11.101 de 9 de fevereiro de 2005. Rev. TST, Brasília, vol. 73, nº 4, out/dez 2007.

Para Bagnoli, através deste favorecimento, o constituinte nivelou o campo do jogo, assegurando condições mínimas ao pequeno estabelecimento empresarial de competir no mercado com concorrentes de maior envergadura e mais aptos à disputa[90].

Esta ideia foi também explicitada pelo STF. A opção do constituinte se funda em questões sociais e econômicas ligadas à necessidade de se conferirem condições justas e igualitárias de competição, levando em conta, ainda, o relevante papel desempenhado pelas microempresas e empresas de pequeno porte na geração de empregos e renda.

A propósito, "estudos econômicos demonstram que a maior parte do emprego, no Brasil e no mundo, tem sido gerada por micro e pequenas empresas, nas quais a relação capital – trabalho tende para este último, ao passo em que nas grandes corporações tem predominado o capital"[91].

A mesma Constituição, no art. 179, traz uma ordem mais incisiva ao Poder Público, ao impor à União, aos Estados, Distrito Federal e aos Municípios a obrigação de conferir às microempresas e empresas de pequeno porte, nos termos da lei, tratamento jurídico diferenciado, de forma a incentivá-las pela simplificação de suas obrigações administrativas, tributárias, previdenciárias e creditícias, ou pela eliminação ou redução destas por meio de lei.

A Constituição, em seu art. 146, III, d, exigiu a edição de lei complementar para fins de tratamento diferenciado e favorecido para as microempresas e para as empresas de pequeno porte, inclusive regimes especiais ou simplificados no caso do imposto previsto no art. 155, II, das contribuições previstas no art. 195, I e §§ 12 e 13, e da contribuição a que se refere o art. 239.

O comando foi atendido pela Lei Complementar 123/2006, que criou um verdadeiro microssistema aplicável às referidas empresas. No que diz respeito ao direito econômico, destacamos dois aspectos:

O primeiro está relacionado à isenção da contribuição sindical patronal, nos termos do art. 17, § 3º, da mencionada Lei Complementar:

> Art. 17.
>
> [...]
>
> § 3º As microempresas e empresas de pequeno porte optantes pelo Simples Nacional ficam dispensadas do pagamento das demais contribuições instituídas pela União, inclusive as contribuições para as entidades privadas de serviço social e de formação profissional vinculadas ao sistema sindical, de que trata o art. 240 da Constituição Federal, e demais entidades de serviço social autônomo.

90. BAGNOLI, Vicente. Direito Econômico. São Paulo: Atlas, 2013, p. 83.

91. GOUVEA, Marcus de Freitas. A extrafiscalidade no direito tributário. Belo Horizonte: Del Rey, 2006, p. 97.

O fomento da micro e da pequena empresa foi elevado à condição de princípio constitucional, de modo a orientar todos os entes federados a conferir tratamento favorecido aos empreendedores que contam com menos recursos para fazer frente à concorrência. Por tal motivo, a literalidade da complexa legislação tributária deve ceder à interpretação mais adequada e harmônica com a finalidade de assegurar equivalência de condições para as empresas de menor porte. Foi o que restou decidido na ADI 4.033[92].

Nesta ocasião, o STF entendeu que pela **constitucionalidade do art. 13, § 3º, da Lei Complementar 123/2006**, que concede isenção às microempresas e empresas de pequeno porte optantes pelo Simples Nacional, quanto ao pagamento das contribuições instituídas pela União, inclusive aquelas devidas ao sistema sindical (art. 240, da Constituição).

O segundo trata de uma clara preferência pelas micro e empresas de pequeno porte em um mercado de fundamental importância: o das aquisições públicas. O Capítulo V tem como título "Do acesso aos mercados". O art. 48, I, garante exclusividade nos certames licitatórios envolvendo itens de até R$ 80.000,00. O art. 44, por seu turno, estabelece que para os certames em que não haja exclusividade de participação das micro e empresas de pequeno porte, haverá preferência pelas mesmas, em caso de empate (criando, inclusive, situações de empate ficto).

2.10. Livre-iniciativa de atividade econômica

Não pode o Poder Público ou o particular inibir outro particular ao exercício da atividade econômica.

Sob este fundamento, o STF afastou definitivamente a aplicação da regra do art. 13 da Lei 8.620/93, o qual, por seu turno,

> Responsabilidade tributária. (...) Sócios de sociedade limitada. (...) O art. 13 da Lei 8.620/1993 (...) se reveste de inconstitucionalidade material, porquanto não é dado ao legislador estabelecer confusão entre os patrimônios das pessoas física e jurídica, o que, além de impor desconsideração *ex lege* e objetiva da personalidade jurídica, descaracterizando as sociedades limitadas, implica irrazoabilidade e inibe a iniciativa privada, afrontando os arts. 5º, XIII, e 170, parágrafo único, da Constituição[93].

Recentemente o STF analisou a exigência, pelo Estado do Rio Grande do Sul, de prestação de fiança, garantia real ou fidejussória para a impressão de notas fiscais de contribuintes em débito com o Fisco[94]. Entendeu pela violação do princípio do livre exercício da atividade econômica (bem como da garantia do livre exercício do trabalho, ofício ou profissão do art. 5º, XIII e do devido processo legal do inciso LIV do mesmo artigo). Assim, deu provimento a recurso extraordinário para restabelecer sentença, que

92. STF, Tribunal Pleno, ADI 4.033, Min. Joaquim Barbosa, DJe de 7/2/2011.
93. STF, Tribunal Pleno, RE 562.276/PR, Min. Ellen Gracie, DJe de 10/2/2011.
94. STF, Tribunal Pleno, RE 565.048 RG/RS, Min.Marco Aurélio, DJe de 9/10/2014.

deferira a segurança e assegurara o direito do contribuinte à impressão de talonários de notas fiscais independentemente da prestação de garantias.

O recorrente alegou tratar-se de sanção política em decorrência do condicionamento de expedição de notas fiscais mediante a oferta de garantias pelo contribuinte inadimplente com o fisco. No caso, o Tribunal de origem deu provimento parcial à apelação interposta pelo fisco para reconhecer a constitucionalidade da Lei estadual 8.820/1989, autorizando a impressão de talonários de notas fiscais de contribuinte em mora somente após a prestação, pelo devedor, de fiança idônea, garantia real ou outra fidejussória capaz de cobrir obrigações tributárias futuras decorrentes de operações mercantis presumidas.

O STF entendeu, ainda, que a exigência vincularia a continuidade da atividade econômica do contribuinte em mora ao oferecimento de garantias ou ao pagamento prévio do valor devido a título de tributo, e reconheceu tratar-se de sanção política ao não pagamento de tributo, o que representa afronta ao direito ao livre exercício de atividade econômica, além de violar o princípio do devido processo legal substantivo, dada a desproporcionalidade das medidas gravosas, que viriam a substituir os mecanismos de cobrança de créditos tributários – especificamente, a execução fiscal.

3. A INTERVENÇÃO DO ESTADO NA ECONOMIA

3.1. Introdução

Ao contrário do que alguns querem nos fazer crer, o **Estado sempre atuou de forma acentuada na economia.** Não se trata de um juízo de valor, mas de mera constatação. Se no final da Idade Média o direito comercial se desenvolveu fora da estrutura estatal, produto do desenvolvimento consuetudinário no meio corporativo, elaborado pelos próprios comerciantes, toma novo impulso a partir do século XVI. Com a formação dos grandes Estados Nacionais, o direito comercial passa a se integrar ao direito comum, diante do interesse na formação de um mercado nacional. A autoridade real impõe uma disciplina publicista[95].

É evidente que a atuação estatal no domínio econômico irá variar de acordo com o momento histórico. Mas é importante perceber que sempre houve, de forma mais ou menos intensa, mais ou menos evidente, uma preocupação do Estado na relação entre direito e economia, embora o direito econômico como disciplina jurídica somente tenha se tornado uma realidade no século XX.

Vamos agora apresentar o princípio da subsidiariedade da intervenção estatal na economia bem como as categorias de intervenção, contextualizadas com a Constituição de 1988 e o direito positivo brasileiro.

95. BENSOUSSAN, Fabio Guimarães. Intervenção estatal na empresa privatizada. Porto Alegre: Sergio Antonio Fabris Editor, 2007, p. 17-8.

3.2. Princípio da subsidiariedade

A exploração da atividade econômica é entregue, em princípio, à livre-iniciativa que, conforme visto acima, é fundamento da ordem econômica. Há de ser exercida pelo agente privado, sendo o Estado chamado (e autorizado) a assim atuar nos casos de segurança nacional ou interesse coletivo relevante.

Assim, para a grande parte da doutrina, a Constituição de 1988 adotou a subsidiariedade:

> Art. 173. Ressalvados os casos previstos nesta Constituição, a exploração direta de atividade econômica só será permitida quando necessária aos **imperativos da segurança nacional** ou a **relevante interesse coletivo**, conforme definidos em lei.

Esses casos estão previstos nos arts. 175 a 177, da Constituição:

- Incumbe ao Poder Público, na forma da lei, diretamente ou sob regime de concessão ou permissão, sempre através de licitação, **a prestação de serviços públicos (art. 175);**
- **a exploração das jazidas, recursos minerais e potenciais de energia hidráulica, bem como a pesquisa e a lavra (art. 176);**
- **os monopólios,** na exploração do **petróleo, minérios e minerais nucleares (art. 177);**
- **nos demais casos previstos pela própria Constituição (art. 21, XII), que tratam, a rigor, também de serviços públicos.**

Portanto, temos por evidenciada a atuação subsidiária do Estado brasileiro, o que não deve ser entendido como uma atuação reduzida ou desprezível, uma vez que sempre foi – e continua a ser – um agente relevante no domínio econômico, direta e indiretamente.

É a ideia de **subsidiariedade** da exploração da atividade econômica pelo Estado: o processo econômico cabe primariamente à iniciativa privada, cabendo ao Poder Público o desempenho de tarefas supletivas ou subsidiárias.

Casalta Nabais:

> A ação econômica do Estado, numa economia de disposição privada dos meios de produção, dos bens e serviços, é, por natureza, subsidiária ou supletiva, o que naturalmente implica ou pressupõe, em termos do sistema econômico-social (global), que o suporte financeiro daquele não decorra da sua atuação econômica positivamente assumida como agente econômico, mas do seu poder tributário ou impositivo.[96]

96. NABAIS, José Casalta. O Princípio do Estado Fiscal. In: Estudos Jurídicos Económicos em Homenagem ao Professor João Lumbrales, Coimbra: Coimbra Editores, 2003, p. 376-7.

Também defende a existência do princípio da subsidiariedade João Bosco Leopoldino da Fonseca, que nele identifica o fenômeno da desregulamentação da economia.

Trata-se de uma **regra de abstenção do Estado, decorrente do princípio da liberdade do comércio e da indústria, que impede o Estado de se encarregar da gestão de atividades industriais e comerciais.** A intervenção estatal somente se legitima por alguma justificativa: o interesse coletivo ou segurança nacional.

A subsidiariedade da atuação do estado no campo econômico implica na superação da antiga crença segundo a qual haveria uma identidade completa entre os termos *público* e *estatal.* Reconhece-se, portanto, que atividades privadas podem, quando guiadas por finalidades sociais, perseguir objetivos considerados públicos, úteis à coletividade.

Neste sentido, é importante lembrar a distinção, trazida por Renato Alessi, entre o interesse público propriamente dito (ou interesse primário do Estado) e o interesse secundário (individual do Estado, que somente poderia ser buscado quando coincidente com o interesse primário).

A professora Carla Marshall resume com propriedade:

> o modelo que se seguiu ao Estado liberal contou com a participação quase absoluta do Estado, também denominado Estado maximalista, o que também não obteve sucesso. Posteriormente, alguns países experimentaram outro modelo, chamado Estado-empresário, que, também, mostrou-se ineficiente. Atualmente fala-se em neoliberalismo, que seria uma tentativa de ressuscitar o liberalismo, reelaborando-se os motivos que ensejaram sua crise. Não há, contudo, um modelo que se possa dizer que é perfeito. Daí a busca incessante dos governos na tentativa de 'acertar' o padrão de governabilidade suficiente[97].

Frise-se que nem todos os autores concordam com a ideia da recepção, pela Constituição de 1988, do princípio da subsidiariedade. Emerson Gabardo[98], por exemplo, recorre à Carta de 1967: seu artigo 170 previa expressamente que às empresas privadas competia "preferencialmente, com o estímulo e apoio do Estado, organizar as atividades econômicas"; o parágrafo único, por seu lado, dispunha que "apenas em caráter suplementar da iniciativa privada o Estado organizará e explorará diretamente a atividade econômica". Ora, prossegue o autor, a norma foi alterada pelo constituinte de 1988 "para fazer desaparecer a ideia de subsidiariedade (no que fez bem, pois tal ideia pouco tem a ver com um Estado de modelo social)". Para Gabardo, a doutrina vem reconhecendo de forma equivocada o caráter implícito do referido princípio.

Mas então remanesce a dúvida: o art. 173 da atual Constituição tem fundamento no princípio da subsidiariedade? Gabardo e José Afonso da Silva entendem que não: se ocorrerem as exigências (de segurança nacional e relevante interesse coletivo) será legítima a participação estatal direta na atividade econômica, independentemente de cogitar-se de

97. MARSHALL, Carla. Direito Constitucional – Doutrina e Prática. Rio de Janeiro: Lumen Juris, 1996, p. 8.

98. GABARDO, Emerson. Interesse Público e Subsidiariedade. Belo Horizonte: Forum, 2009, p. 225.

preferência ou de suficiência da iniciativa privada[99]. Assim, não se trataria do princípio da subsidiariedade; antes disso, sua fundamentação estaria no princípio da prevalência do interesse público sobre o privado. E, no caso de não ocorrer a presença de um interesse público a ser protegido pelo Estado, este estará proibido de agir, não apenas pelo que prescreve o art. 173, mas também pelo princípio da livre-iniciativa.

3.3. Formas de intervenção estatal

A despeito da discussão, não se duvida que a atuação direta do Estado na economia está, de fato, condicionada a um dos casos do art. 173. Ambos são de difícil definição, condicionados por diversos fatores históricos e culturais. Se é relativamente fácil afirmar que a atividade hoteleira não é um imperativo de segurança nacional, o mesmo não pode ser dito em relação a diversas situações.

Celso Antônio Bandeira de Mello classifica a forma de intervenção do Estado no domínio econômico em três espécies[100]:

Agente normativo e regulador da atividade econômica	Fomentador da atividade econômica	Agente direto no cenário econômico
Através da disciplina dos comportamentos dos agentes econômicos – particulares	Através de estímulos e benefícios	Através de pessoas jurídicas criadas para este fim – empresas públicas, sociedades de economia mista etc.

Eros Grau[101] também vislumbra três modalidades de intervenção:

Intervenção por indução	Intervenção por direção	Intervenção por absorção ou participação
O Estado manipula os instrumentos de intervenção na economia em consonância e na conformidade das leis que regem o funcionamento dos mercados.	O Estado atua por meio de mecanismos e normas de comportamento compulsório para os agentes da atividade econômica em sentido estrito.	**O Estado assume integralmente o controle dos meios de produção e/ou troca** em determinado setor da economia em sentido estrito; **atua em regime de monopólio (absorção) ou em regime de competição com empresas privadas que permaneçam a exercitar suas atividades (participação)**

99. SILVA, José Afonso. Curso de Direito Constitucional Positivo. São Paulo: Malheiros, 2008, p. 804.

100. MELLO, Celso Antônio Bandeira. Curso de Direito Administrativo. São Paulo: Malheiros, 2004, p. 641.

101. GRAU, Eros Roberto. A ordem econômica na Constituição de 1988. São Paulo: Malheiros, 2003, p. 122.

Washington Peluso Albino de Souza[102], por seu turno, analisava a intervenção sob diversos aspectos, oferecendo-nos uma tipologia extremamente didática para a compreensão do tema. Para ele, seria possível falar de **intervenção ofensiva** (com a criação de empresas para atuação em nome do Estado), **defensiva** (por meio de expedientes como o tabelamento de preços, tal como ocorrido na década de 80, com o Plano Cruzado e outras experiências) e **intermediária** (onde estariam as medidas reguladoras e controladoras, como a criação de armazéns destinados a cumprir tabelas, sem concorrência com particulares e mesmo as agências reguladoras).

A doutrina portuguesa também oferece contribuições preciosas a respeito da temática. Luís Cabral de Moncada, por exemplo, trata de **intervenções imediatas** – quando há atuação direta na economia, seja por meio de atuação das empresas públicas, seja por meio de medidas de polícia ou fomento – e **intervenções mediatas**, quando adota medidas que não têm apenas objetivos econômicos – medidas de natureza fiscal, abertura de linhas de crédito etc.

Cabral de Moncada menciona, ainda, as **intervenções direta e indireta**. No primeiro caso, o próprio Estado assume o papel de agente produtor, por meio de empresas públicas e atuando, por intermédio destas, no meio econômico. Aqui, o Estado assume o papel de sujeito econômico. Já a intervenção indireta do Estado ocorre quando as empresas – privadas ou públicas – têm suas atividades fiscalizadas ou estimuladas pelo Poder Público e "limita-se a condicionar a partir de fora, a atividade econômica privada, sem que o Estado assuma a posição de sujeito econômico ativo. É o caso da criação de infraestruturas, de polícia econômica e do fomento[103]".

Diz-se atuação indireta do Estado quando este permanece de fora do exercício da atividade econômica propriamente dita, mas edita normas que trazem medidas de fomento ou de dissuasão, concedendo benefícios fiscais ou impondo cargas tributárias mais ou menos onerosas. Esta forma de intervenção se dá por meio da chamada **atividade regulatória**, com o objetivo de corrigir as imperfeições e incapacidades do mercado, tendo como norte o interesse público.

Voltemos à classificação proposta por Celso Antônio Bandeira de Mello: a intervenção estatal sempre foi uma realidade, em qualquer Estado; a questão que se coloca é a forma preponderante de atuação estatal na atividade empresarial.

Esse papel regulador está consagrado na Constituição de 1988:

> Art. 174. **Como agente normativo e regulador da atividade econômica**, o Estado exercerá, na forma da lei, as funções de fiscalização, incentivo e planejamento, sendo este determinante para o setor público e indicativo para o setor privado.

Celso Ribeiro Bastos também reconhece a subsidiariedade da atuação do Estado no campo econômico: "O consectário natural deste princípio é que a atuação do Estado na

---

102. SOUZA, Washington Peluso Albino de. Primeiras Linhas de Direito Econômico. São Paulo: LTr, 2003, p. 328 e seg.

103. CABRAL DE MONCADA, Luís. Noção de Direito Econômico. Coimbra: Coimbra Editora, 1988, p. 37.

economia é sempre subsidiária. O Estado não está habilitado a retirar dos particulares, transferindo para a responsabilidade da comunidade, as atribuições que aqueles estejam em condições de cumprir por si mesmos. A ação das coletividades públicas no âmbito da economia só se justifica, pois, onde os particulares não possam ou não queiram intervir"[104].

A atuação estatal é limitada e fundamentada no interesse público, por mais difícil que seja defini-lo. **Segurança nacional** é um conceito eminentemente político, e como tal, variável no tempo e no espaço. Trata-se, portanto, de um conceito indeterminado, a ser avaliado caso a caso. Da mesma forma, **interesse coletivo,** que na lição de Figueiredo é todo aquele que deve se sobrepor ao interesse do particular, com o fim de se garantir a sobrevivência da própria liberdade individual e da sociedade[105], é também um conceito de difícil determinação. O componente político estará sempre presente.

É importante observar que a subsidiariedade da atuação do Estado no campo econômico implica na superação de uma antiga crença segundo a qual haveria uma identidade completa entre *público* e *estatal*. Atividades privadas podem, quando guiadas por finalidades sociais, perseguir objetivos considerados de interesse público, úteis à coletividade. Trata-se de um reflexo de uma distinção feita por Renato Alessi entre o interesse público propriamente dito (ou interesse primário do Estado) do interesse secundário, individual do Estado, que somente pode ser buscado quando coincidente com o interesse primário.

Um ponto importante deve ser destacado: se a Constituição de 1988 reconhece a livre-iniciativa e consagra o princípio da subsidiariedade da atuação do Estado no campo econômico, parece-nos bastante razoável afirmar que o processo de privatização de empresas controladas pelo Estado que exerciam **atividade econômica**[106] que se assistiu na década de 90, antes de uma violação ao texto constitucional, é, pelo contrário, sua afirmação – o que não significa, evidentemente, que o processo de privatização seja imune a críticas.

Há, é claro, a discussão a respeito da presença ou não do interesse público na exploração da atividade pela empresa que foi ou que será privatizada. Esta discussão pode levar à conclusão pela afronta ao texto constitucional no caso de uma privatização específica; afora este aspecto, a discussão envolve muito mais uma questão de forma – como foi feita a privatização, como foram definidos os valores etc – e não de conteúdo.

Vejamos o posicionamento do STF a respeito do programa de privatizações brasileiro:

104. BASTOS, Celso Ribeiro. Curso de Direito Econômico. São Paulo: Celso Bastos, 2003, p. 120.

105. FIGUEIREDO, Leonardo Vizeu. Lições de Direito Econômico. Rio de Janeiro: Forense, 2014, p. 92.

106. Devemos ponderar que há empresas estatais prestadoras de serviços públicos e outras que exercem verdadeiramente atividade econômica. A afirmação acima se refere, obviamente, a estas últimas, já que, como vimos afirmando, a atuação do Estado na atividade econômica é subsidiária. Eros Roberto Grau, em seu A ordem econômica na Constituição de 1988, São Paulo: Malheiros, 2006, trata desta diferença, fundamental para a correta compreensão do processo de desestatização.

> Definida, pelo legislador constituinte, a opção pelo regime capitalista de produção, e estabelecidas as únicas hipóteses de atuação do Estado na exploração de atividade econômica (quando o exigir a segurança nacional ou interesse coletivo relevante – art. 173), nada mais natural do que a iniciativa do legislador ordinário, no sentido de instituir um programa de privatização para as centenas de empresas dedicadas a atividades não excepcionadas, como fez, editando a Lei 8.031/90, de modo a obviar os inconvenientes de providências casuísticas, de efeito retardativo.[107]

Uma questão: e quando o Estado presta serviço público – ou regula a sua prestação? Estaremos diante de uma intervenção estatal no domínio econômico? Parece-nos que não. Nestes casos, estará atuando em área de sua titularidade, sujeito a regime jurídico diverso daquele aplicável às empresas privadas. Intervenção é atuação na atividade econômica em sentido estrito.

3.3.1. Intervenção direta do Estado no domínio econômico

A partir daí, quando se fala em atuação direta do Estado no domínio econômico, fala-se de sua atuação como agente produtor, através da chamada Administração Indireta – empresas públicas e sociedades de economia mista.

Por empresa pública, temos a entidade dotada de personalidade jurídica de direito privado, com patrimônio próprio e capital exclusivo da União, criada por lei para a exploração de atividade econômica que o governo seja levado a exercer por força de contingência ou de conveniência administrativa, podendo revestir-se de qualquer das formas admitidas em direito (art. 5º, II, do DL 200/1967).

Já a sociedade de economia mista é aquela dotada de personalidade jurídica de direito privado, criada por lei para a exploração de atividade econômica, sob a forma de sociedade anônima, cujas ações com direito a voto pertençam em sua maioria à União ou à entidade da Administração Indireta (art. 5º, III, do DL 200/1967).

Justamente para destacar a subsidiariedade da atuação do Estado na economia, a Constituição de 1988 tratou com bastante cautela as empresas públicas e sociedades de economia mista. Assim é que estão sujeitas ao regime jurídico próprio das empresas privadas, inclusive quanto aos direitos e obrigações civis, comerciais, trabalhistas e tributários (art. 173, § 1º, II). É vedado ao Estado conferir-lhes privilégios fiscais não extensivos às do setor privado (art. 173, § 2º).

Apesar da clareza do texto constitucional, é recorrente a intervenção do STF para fazer valer os referidos dispositivos.

O Plenário julgou procedente pedido formulado em ação direta para confirmar medida cautelar e declarar a inconstitucionalidade do art. 40 do ADCT da Constituição do Estado de Minas Gerais (Fica assegurada isonomia de remuneração entre os servidores

---

107. Trata-se de trecho do voto do Min. Ilmar Galvão, na ADI 562-DF, acompanhado pelos Ministros Carlos Velloso e Néri da Silveira (STF, Tribunal Pleno, ADI 562, Min. Ilmar Galvão, DJ de 16/10/1998).

das entidades Caixa Econômica do Estado de Minas Gerais e Banco de Desenvolvimento de Minas Gerais para os cargos, empregos e funções de atribuições iguais ou assemelhadas). O Tribunal consignou que as empresas em questão estariam sujeitas a regime trabalhista, razão pela qual o constituinte estadual não poderia tratar de temática relativa a direito do trabalho no âmbito de empresas públicas e de sociedades de economia mista.

Recentemente, foi publicada a Lei nº 13.303, de 30 de junho de 2016, que dispõe sobre o estatuto jurídico da empresa pública, da sociedade de economia mista e de suas subsidiárias, nos âmbitos federal, estadual, distrital e municipal. Conquanto a maioria das normas se refira às licitações e aos contratos celebrados por tais entes, há outros dispositivos relacionados à matéria ora sob análise.

O art. 2º, por exemplo, é claro ao afirmar que a exploração de atividade econômica pelo Estado será exercida por meio de empresa pública, de sociedade de economia mista e de suas subsidiárias. O § 1º estabelece que a constituição de empresa pública ou de sociedade de economia mista dependerá de prévia autorização legal que indique, de forma clara, relevante interesse coletivo ou imperativo de segurança nacional, nos termos do *caput* do art. 173, da Constituição.

Mas seriam estas duas espécies societárias os únicos instrumentos de intervenção direta do Estado na atividade empresarial? É o que analisaremos a seguir.

3.3.2. Para além das empresas públicas e sociedades de economia mista:

Como observa João Bosco Leopoldino da Fonseca, pode o Estado assumir a gestão da empresa privada, passando a dirigi-la quando os interesses de ordem social assim determinem. É o caso da Lei 6.024/74, segundo a qual o Banco Central do Brasil assume a direção de instituições financeiras privadas ou públicas não federais, com o objetivo de normalizar o seu funcionamento ou, se isto for inviável, de decretar e realizar a sua liquidação extrajudicial.[108]

Outra situação pode representar a intervenção direta do Estado. Poderia o Poder Público adquirir ações negociadas em Bolsa de empresas privadas? Em caso positivo, esta ação tem o condão de, por si só, transformar a empresa em uma sociedade de economia mista?

Não se deve ignorar que a recente crise econômica de 2008, ainda não superada, trouxe profundas mudanças na forma de se encarar a participação do Estado na economia. O Departamento do Tesouro norte-americano adquiriu 61% das ações da *General Motors*, para evitar sua falência. Em 2009 a companhia requereu concordata. A compra das ações, à época, representou um aporte de mais de 30 bilhões de dólares. Evidentemente, esta operação teve caráter emergencial. Em novembro de 2013, os EUA anunciaram sua pretensão de vender os 2,2% do total da companhia que ainda possuía.

108. FONSECA, João Bosco Leopoldino da. Direito Econômico. Rio de Janeiro: Forense, 2007, p. 281.

Assim, em relação a esta situação, identificamos na doutrina **três posicionamentos** distintos:

Sergio de Andrea Ferreira afirma que **a participação do Poder Público, mediante a aquisição de ações de empresas privadas, "constitui mera participação acionária ou financeira, representativa de simples investimento ou garantia especial de negócios jurídicos,** do que é exemplo a tomada de ações por bancos de desenvolvimento federais, regionais e estaduais, de empresas beneficiárias de financiamento seus. Pode ter, até mesmo, cunho interventivo: v. Lei nº 6.493, de 07.12.97, que autorizou subsidiárias da Petrobrás a participar do capital de outras sociedades (cf. Exposição de motivos do Ministro das Minas e Energia, DCN, de 28.10.97.p. 2.926). Não ocorre, no caso, a transmudação em sociedade de economia mista"[109]. Nesta hipótese, estaríamos diante de uma nova espécie – inominada – de atuação empresarial do Estado.

Para Celso Antônio Bandeira de Mello, esta circunstância **não a torna uma sociedade de economia mista. No entanto, reconhece que há de se dar uma solução adequada à realidade criada indevidamente, e termina por aplicar-lhe o mesmo tratamento conferido às sociedades de economia mista**:

> Regime Jurídico das empresas estatais "clandestinas" – *Quid juris* no que concerne às que tenham surgido sem autorização legislativa de qualquer espécie? Este desmando já ocorreu no Brasil inúmeras vezes, como dantes se averbou, e as pessoas assim nascidas aí estão há muitos anos. Entendemos que – apesar de haverem irrompido defeituosamente no universo jurídico – **a circunstância de se constituírem em realidade fática da qual irrompeu uma cadeia de relações jurídicas pacificamente aceitas impõe que se as considere assujeitadas a todos os limites e contenções aplicáveis a sociedades de economia mista ou empresas públicas regularmente constituídas, até que sejam extintas ou sanado o vício de que se ressentem.** Com efeito, seria o maior dos contra-sensos entender que a violação do Direito, ou seja, sua mácula de origem, deva funcionar como passaporte para que se libertem das sujeições a que estariam submissas se a ordem jurídica houvesse sido respeitada[110].

Em sentido contrário, Maria Sylvia Zanella di Pietro:

> A Emenda Constitucional no 19/98 corrigiu uma falha do artigo 37, XIX, da Constituição, que exigia lei específica para a criação de empresa pública, sociedade de economia mista, autarquia ou fundação. O dispositivo era criticado porque, em se tratando de entidades de direito privado, como a sociedade de economia mista, a empresa pública e a fundação, a lei não cria a entidade, tal como o faz com a autarquia, mas apenas autoriza a criação, que se processa por atos constitutivos do Poder Executivo e transcrição no Registro Público.

---

109. Empresas Estatais, paraestatais e particulares com participação pública. Disponível em: http://www.gespublica.gov.br/projetos-acoes/pasta.2009-07-15.5584002076/copy_of_pasta.2010-10-22.6887744790/Empresas%20Publicas%20%20-%20Sergio%20Andrea%20-%20reformatado.pdf. Acesso em 15/4/2014.

110. MELLO, Celso Antônio Bandeira de. Curso de Direito Administrativo. São Paulo: Malheiros Editores, 2009, p. 204-5.

> Com a nova redação, a distinção foi feita, estabelecendo o referido dispositivo que "somente por lei específica poderá ser criada autarquia e autorizada a instituição de empresa pública, de sociedade de economia mista e de fundação, cabendo à lei complementar, neste último caso, definir as áreas de sua atuação.
>
> Nem sempre a entidade surge, originariamente, da lei, podendo resultar da transformação de órgãos públicos ou de autarquias em empresas, ou da desapropriação de ações de sociedade privada, **ou ainda da subscrição de ações de uma sociedade anônima já constituída por capital particular. O importante é que da lei resulte a clara intenção do Estado de fazer da entidade instrumento de sua ação.**
>
> No caso de desapropriação de ações que leve o poder público a assumir o controle de companhia em funcionamento, o artigo 236, parágrafo único, da Lei das Sociedades por Ações dá ao acionista minoritário o direito de pedir, dentro de 60 dias da publicação da primeira ata da assembléia geral, realizada após a aquisição do controle, o reembolso, das suas ações, salvo se a companhia já estava sob controle, direito ou indireto, de outra pessoa jurídica de direito público, ou no caso de concessão de serviço público.
>
> A exigência de autorização legislativa de tal forma se incorporou ao conceito de sociedade de economia mista, que a doutrina e a jurisprudência vêm entendendo que, se não houve autorização legislativa, não existe esse tipo de entidade, mas apenas uma empresa estatal sob controle acionário do Estado (cf. acórdãos do STF in RDA 143/148 e 145/170; e do TFR in RDA 157/222). Esse entendimento foi consagrado pelo legislador constituinte, como se verifica pela referência, em vários dispositivos, a esse tipo de empresa, como categoria à parte[111].

A discussão tem um sentido prático urgente. Diz respeito, fundamentalmente, ao princípio da estabilidade das relações sociais, ao princípio da segurança jurídica. Não se pode ignorar que, se considerarmos sociedade de economia mista toda aquela de cujo capital o Poder Público detenha o controle, ainda que acidental ou temporariamente, seremos obrigados a reconhecer a necessidade de controle dos atos pelos Tribunais de Contas. Parece-nos que a exigência de criação da sociedade de economia mista por meio de lei específica tem o condão de estabelecer um marco definidor do regime jurídico. A própria Di Pietro reconhece ser este o entendimento adotado pelo STF nos acórdãos acima mencionados – trata-se, portanto, de um outro tipo de entidade. Importa observar que a Lei 13.303/16, além do já referido art. 2º, *caput* e §1º, também o afirma em seus artigos 3º e 4º, ao estabelecer que a empresa pública e a sociedade de economia mista são entidades dotadas de personalidade jurídica de direito privado, com criação autorizada por lei. O § 7º do art. 1º, por seu turno, estabelece que na participação em sociedade empresarial em que a empresa pública, a sociedade de economia mista e suas subsidiárias não detenham o controle acionário, essas deverão adotar, no dever de fiscalizar, diversas práticas de governança e controle proporcionais à relevância, à materialidade e aos riscos do negócio de que participam.

111. DI PIETRO, Maria Sylvia Zanella. Direito Administrativo. São Paulo: Atlas, 2006, p. 439.

Parece-nos, portanto, que a mera circunstância de o Estado deter a maioria do capital de uma sociedade empresária privada não a torna uma "sociedade de economia mista".

Esta é, sem dúvida, uma questão interessante, que pode perfeitamente ser explorada em questões abertas de concursos públicos.

3.3.3. As privatizações e as Golden Shares

Após a Segunda Guerra, prevaleceu o entendimento segundo o qual um planejamento econômico por parte do Poder Público, visando à promoção do emprego e da estabilidade social e econômica das economias devastadas pelo conflito, seria necessário. No entanto, décadas depois, a eficácia desse modelo passou a ser cada vez mais questionada.

João Bosco Leopoldino da Fonseca lembra que alguns teóricos, em especial na Europa, a partir das décadas de 60/70, começaram a questionar os resultados da intervenção do Estado na atividade econômica, concluindo que os custos da intervenção foram maiores que os que teriam ocorrido se se tivesse deixado o mercado atuar pelos seus próprios mecanismos[112]. Isto teria acontecido não apenas pelo excessivo crescimento dos órgãos estatais encarregados desta intervenção, mas também pelo esgotamento da capacidade do Estado de investir em novas tecnologias.

Nos anos 80/90, o Fundo Monetário Internacional (FMI) e o Banco Mundial desempenharam papel importante ao incentivar a adoção de políticas desta natureza, principalmente para os países menos desenvolvidos. O governo conservador de Margareth Thatcher, a partir de 1979, deu grande impulso às privatizações. A partir da experiência do Reino Unido, diversos países, não apenas europeus, adotaram em certa medida políticas semelhantes.

No Reino Unido, houve uma clara opção, pelo governo Thatcher, pela crença nos mecanismos de mercado em detrimento à ideia de mecanismos centralizados pelo Estado. Assim, a política de privatizações foi algo adotado com certa naturalidade. Outro aspecto que deve ser mencionado é a crise econômica pela qual atravessava o país entre o final da década de 70 e início dos anos 80, quando se concluiu pela necessidade de profundos cortes de gastos públicos.

Além disso, outro aspecto – e que se mostra bastante atual, sobretudo no cenário brasileiro – foi considerado: as companhias estatais constituíam, para o modelo britânico – um problema também político, e a estrutura existente para seu funcionamento mostrava-se ineficaz tanto no que dizia respeito aos objetivos sociais almejados pelo Poder Público quanto à sua eficiência em termos empresariais. Intervenções políticas afetavam consideravelmente o seu desempenho, gerando necessidades prementes de capitalização[113].

---

112. FONSECA, João Bosco Leopoldino da. Direito Econômico. Rio de Janeiro: Forense, 2007, p. 253.

113. BENSOUSSAN, Fabio Guimarães. Intervenção estatal na empresa privatizada. Porto Alegre: Sergio Antonio Fabris Editor, 2007, p. 32.

Iniciou-se, assim, um processo de desestatização. Aqui, adotamos o entendimento de Marcos Juruena Villela Souto, para quem a **desestatização** é o gênero, significando a retirada da presença do Estado de atividades constitucionalmente reservadas à iniciativa privada ou de setores em que esta possa atuar com maior eficiência.

Há várias formas de desestatização: as privatizações, a desregulamentação, a concessão, a permissão e a terceirização.[114]

Por **privatização, entende-se a transferência de ativos ou de ações de empresas estatais para o setor privado**.

Por mais frequente que seja, a afirmação segundo a qual uma determinada rodovia foi "privatizada" não é tecnicamente correta. A propriedade do bem não foi alterada, mas sim, a forma de sua exploração.

A maioria dos autores adota um conceito mais amplo de privatização, próximo à definição de Souto para desestatização. Di Pietro, por exemplo, afirma que, privatização, em sentido amplo, abrange todas de medidas com o objetivo de diminuir o tamanho do Estado e que compreendem a desregulamentação – diminuição da intervenção estatal no domínio econômico –, a desmonopolização de atividades econômicas, a venda de ações de empresas estatais para o setor privado (desnacionalização ou desestatização), a concessão de serviços públicos e, por fim, os chamados *contracting out* – como forma pela qual a Administração Pública celebra acordos de variados tipos para buscar a colaboração do setor privado, podendo-se mencionar, como exemplos, os convênios e os contratos de obras e prestação de serviços. Nesta última está inserida a terceirização[115].

A Lei 9.491/1997, no art. 2º, § 1º, atribui ao termo "desestatização" o seguinte sentido:

> Art. 2º
>
> [...]
>
> § 1º. Considera-se desestatização:
>
> a) alienação, pela União, de direitos que lhes assegurem, diretamente ou através de outras controladas, preponderância nas deliberações sociais e o poder de eleger a maioria dos administradores da sociedade;
>
> b) a transferência, para a iniciativa privada, da execução de serviços públicos explorados pela União, diretamente ou através de entidades controladas, bem como daqueles de sua responsabilidade.
>
> c) a transferência ou outorga de direitos sobre bens móveis e imóveis da União, nos termos desta Lei.

114. SOUTO, Marcos Juruena Villela. Desestatização, Privatização, Concessões e Terceirizações. Rio de Janeiro, Lumen Juris, 2000, p. 9.

115. DI PIETRO, Maria Sylvia Zanella. Parcerias na Administração Pública: concessão, permissão, franquia, terceirização e outras formas. 4ª edição, São Paulo: Atlas, 2003.

O que motivou a privatizações? Basicamente, razões de ordem política e econômica. Marcos Juruena identifica uma **motivação filosófica** – a atividade produtiva cabe à iniciativa privada, o que estaria consagrado pelo próprio texto constitucional de 1988, reordenando a intervenção estatal na atividade econômica. Para o citado autor, uma concepção de Estado intermediária entre a filosofia liberal e aquela intervencionista clássica de meados do século XX.

Essa opção do constituinte procurou devolver à iniciativa privada um espaço que, em situação de normalidade, a ela competiria, retornando o Estado às suas funções de prestador de serviços essenciais, como saúde pública, segurança, educação e saneamento.[116]

Mas haveria também, reconhece, um aspecto marcadamente pragmático: a necessidade de um **enxugamento da estrutura do Estado e o equacionamento das finanças públicas.**

Aqui, é importante ter em mente que o Estado brasileiro sempre teve um papel de importante agente da atividade empresarial, sendo inúmeros os exemplos de sua atuação direta na economia. Historicamente, por exemplo, esta participação pode ser identificada com a criação do Banco do Brasil S.A., primeira sociedade de economia mista, fundada pelo Alvará de 12 de outubro de 1808, ao qual se seguiram o Banco do Estado de São Paulo S.A., o Banco Mineiro da Produção e o Banco de Crédito da Borracha.[117]

Mas o processo de privatização representou, efetivamente, no afastamento total do Poder Público da vida das antigas empresas estatais? Em outras palavras, o fato de a União ter alienado a propriedade de suas ações significou a perda do controle destas empresas na mesma medida? A questão é bem menos óbvia do que parece.

A distinção entre proprietários e controladores, no direito societário, não é recente. Desde o famoso trabalho de A. Berle e G. Means, em 1932, reconhece-se a possibilidade de dissociação entre propriedade acionária e poder de controle empresarial. No Brasil, esta separação foi exposta por Fábio Konder Comparato[118].

Esta distinção foi evidenciada e exacerbada, recentemente, com o processo de privatizações a partir das últimas décadas do século XX. Foram criadas, nas empresas em vias de privatização, ações especiais, que conferiam ao ente desestatizante uma gama de prerrogativas desproporcionais à sua nova participação societária. O Estado havia alienado a propriedade acionária, mas não o controle da empresa em alguns aspectos considerados

116. SOUTO, Marcos Juruena Vilella. Desestatização, privatização, concessões e terceirizações. Rio de Janeiro: Lumen Juris, 2000, p. 4.

117. PENTEADO, Mauro Rodrigues. Reflexões sobre a Privatização, Parcerias e a Política Econômica. Apud BENSOUSSAN, Fabio Guimarães. Intervenção estatal na empresa privatizada. Porto Alegre: Sergio Antonio Fabris Editor, 2007, p. 71.

118. Trata-se, respectivamente, das obras The modern corporation and private property e Aspectos Jurídicos da macroempresa, São Paulo, RT, 1970.

relevantes sob o ponto de vista do interesse público. Este mecanismo é conhecido como *golden share*, que surgiu como um instrumento que concedia ao Estado um conjunto de privilégios que não correspondia à participação societária por ele detida.

É possível localizar a origem deste instrumento na Grã-Bretanha, durante o governo conservador da primeira-ministra Thatcher. A partir de 1979, foi formulado um programa bastante ambicioso de privatizações, logo adotado por outros países, abrindo à iniciativa privada diversos setores tradicionalmente explorados pelo Estado.

Buscava-se um **mecanismo que permitisse ao governo a alienação de seus ativos e, ao mesmo tempo, preservasse seu controle sobre determinadas decisões relevantes das empresas privatizadas**. Viabilizava-se, assim, o processo de privatização, concedendo ao Estado uma série de privilégios sem qualquer correspondência com sua participação societária, dotando-o de instrumentos de salvaguarda do interesse nacional e, assim, vencendo resistências políticas ao processo de privatização.

Bernardo Bortolotti e Mara Faccio, por seu turno, denominaram de "**privatização relutante**" aquela por meio da qual se promove a alienação dos ativos das empresas estatais sem a correspondente transferência dos poderes de controle.[119] Os autores demonstram a disseminação da criação de restrições ao controle por meio de *golden shares*, de forma que os governos permanecem no controle da maioria das empresas privatizadas, ao menos em determinados temas, algo que contraria a ideia convencional segundo a qual as últimas décadas levaram a uma retirada do Estado da atividade econômica. Apesar do significativo processo de alienação de ativos, os governos permanecem com importantes meios de controle na maioria dessas empresas.

Em outras palavras, defendem que o processo de privatização foi incompleto, no sentido em que consistiu, basicamente, de alienações parciais do capital detido pelo Poder Público, permanecendo o Estado na condição de influente acionista em diversas companhias privatizadas.

Assim, é possível enxergar na *golden share* um mecanismo regulatório-societário que permite o controle externo de direito pelo ente desestatizante, a internalização do interesse público.[120]

Em outros termos, trata-se de um **instrumento de viabilização da gestão privada de interesses públicos ao permitir, com a transferência da propriedade para grupos privados, uma gestão mais eficiente, ao mesmo tempo em que o Estado se desincumbe dos pesados ônus decorrentes do exercício direto da atividade econômica, resguardando, no entanto, o interesse público, para cuja defesa permanecerá o Poder Público na posição de controlador**.

---

119. Reluctant privatization. Disponível em www.feem.it/Feem/Pub/Publications/WPaper/default.htm, acesso em: 3/4/2006.

120. COMPARATO, Fabio Konder e SALOMÃO FILHO, Calixto. O Poder de Controle na Sociedade Anônima. Rio de Janeiro: Forense, 2005, p. 196-7 (nota de texto 37).

Por essa razão, vemos neste instrumento uma nova categoria de ação, inconfundível com aquelas do regime geral do direito societário, inclusive as conhecidas ações preferenciais. O elemento que as distingue é justamente sua natureza *intuitu personae*, baseada na realização do interesse público que legitima essa participação tão especial do Poder Público, derrogando em parte o regime societário aplicável a todas as companhias e mesmo a todas as sociedades. Neste sentido, a terminologia adotada pela lei brasileira – ação preferencial de classe especial – não é das mais felizes.

Diversos países adotaram o modelo britânico, com algumas variantes, como instrumento de viabilização dos processos de desestatização ocorridos a partir da década de 1980.

É importante destacar que o Tribunal de Justiça Europeu não foi muito receptivo ao mecanismo. A União Europeia está fundada em quatro liberdades consideradas fundamentais: do livre movimento de pessoas, bens, serviços e estabelecimentos e capitais – este último consagrado pelo Tratado de Maastrich (1993), que emendou o texto original do Tratado de Roma. Assim, a redação original (art. 56) obrigava os Estados-membros a, progressivamente, eliminar as restrições existentes ao movimento de capitais entre os países integrantes do bloco. A partir de 1994, com a entrada em vigor do Tratado de Maastrich, esta liberdade passou a ser expressamente consagrada como uma efetiva obrigação dos Estados-membros.

No Brasil, a Lei 8.031, de 12 de abril de 1990, instituiu o Programa Nacional de Desestatização, e em seu artigo 8º, prescrevia:

> Artigo 8º. Sempre que houver razões que o justifiquem, a União deterá, direta ou indiretamente, ações de classe especial do capital social de empresas privatizadas, que lhe confiram poder de veto em determinadas matérias, as quais deverão ser caracterizadas nos estatutos sociais das empresas, de acordo com o estabelecido no art. 6º, inciso XIII e §§ 1º e 2º desta Lei.

Esta norma foi revogada pela Lei 9.491/97, que ampliou o alcance das novas ações, agora não mais limitadas ao poder de veto. Mas não alterou dois aspectos que interessam diretamente ao objeto deste estudo: sua titularidade (União) e seu alcance (empresas privatizadas).

Foi somente com a Lei 10.303, de 2001, que o instituto foi incorporado ao direito societário brasileiro, inserindo um § 7º ao artigo 17 da Lei 6.404/76, assim redigido:

> Art. 17.
>
> [...]
>
> § 7º. Nas companhias objeto de desestatização poderá ser criada ação preferencial de classe especial, de propriedade exclusiva do ente desestatizante, à qual o estatuto social poderá conferir os poderes que especificar, inclusive o poder de veto às deliberações da assembleia-geral nas matérias que especificar.

Portanto, a exceção ao princípio societário da deliberação da maioria, até então admitida apenas na legislação específica do Programa Nacional de Desestatização, agora encontra-se inserida na própria norma societária.

Usualmente, estas ações conferem ao seu detentor – o Poder Público – o direito de nomear membros para os órgãos de direção e o direito de ser ouvido (para vetar ou não) previamente a determinadas deliberações acerca de interesses considerados relevantes nas companhias privatizadas, como a alteração do nome, do objeto social, a dissolução, aquisição e alienação de subsidiárias, alienação de participação do capital social, dentre outros.

Tradicionalmente, nos setores aeroespacial e de defesa, indubitavelmente essenciais às políticas de segurança nacional e fortemente atingidos pela privatização, percebe-se a maior intensidade de prerrogativas políticas conferidas ao Estado. Em outros setores, como o de transportes, sua abrangência costuma ser menor.

Aqui, é interessante observar que o grande temor dos diversos países que adotaram a *golden share* como instrumento viabilizador de desestatização ou privatização: a aquisição de ativos sensíveis por grupos estrangeiros. A proteção do interesse nacional é marcante. Em alguns casos, foi adotado como política nacional também como defesa contra aquisições por parte de estatais do mesmo setor econômico, de outros países. Espanha e Itália, por exemplo, justificaram a criação e detenção de *golden share* no setor energético como instrumento de defesa contra uma possível aquisição, pela *Electricité de France*, de suas empresas nacionais. No contexto europeu e do direito comunitário, o Tribunal de Justiça Europeu já se manifestou diversas vezes contra a atribuição de poder de veto à participação de capital estrangeiro.

Em outras situações, a questão premente foi voltada à política interna. O governo britânico usou a *golden share* como instrumento de pressão visando a obtenção de certas concessões por parte da *British Petroleum*, em especial um compromisso envolvendo a manutenção do número de empregados na Escócia.

Permite-se, desta forma, o controle externo de direito pelo ente desestatizante. O objetivo é possibilitar que sócios capitalistas possam fomentar o desenvolvimento das empresas com participação de capital que não represente endividamento; em contrapartida, há o interesse do Poder Público em poder participar, por meio de veto, de decisões estratégicas.

O mecanismo da *golden share* é compatível com a Constituição de 1988?

Ao nosso sentir, sim.

Se cabe ao Estado planejar, incentivar e fiscalizar a atividade econômica, parece claro e necessário conferir-lhe instrumentos para tanto. Não se pode ignorar a importância do mecanismo de defesa do interesse nacional que representa a *golden share*.

Os direitos de propriedade e da livre-iniciativa, como todos os direitos, não são considerados absolutos ou ilimitados. Pelo contrário, devem ser exercidos nos quadros definidos pela Constituição e pela lei, levando sempre em consideração o interesse geral.

Os parâmetros para essa atuação estão, obviamente, no art. 170 da Constituição.

Partindo dessa ideia – de que não há, em princípio, incompatibilidade entre o mecanismo e a ordem constitucional brasileira, foi a *golden share* adotada em diversos casos, valendo destacar a Embraer e a Vale, além da precursora, a Celma – Companhia Eletromecânica CELMA.

3.3.4. A intervenção indireta do Estado

O art. 174 consubstancia a nova função do Estado como agente regulador da atividade econômica:

> Art. 174. Como agente normativo e regulador da atividade econômica, o Estado exercerá, na forma da lei, as funções de fiscalização, incentivo e planejamento, sendo este determinante para o setor público e indicativo para o setor privado.
>
> § 1º – A lei estabelecerá as diretrizes e bases do planejamento do desenvolvimento nacional equilibrado, o qual incorporará e compatibilizará os planos nacionais e regionais de desenvolvimento.
>
> § 2º. A lei apoiará e estimulará o cooperativismo e outras formas de associativismo.
>
> § 3º. O Estado favorecerá a organização da atividade garimpeira em cooperativas, levando em conta a proteção do meio ambiente e a promoção econômico-social dos garimpeiros.
>
> § 4º. As cooperativas a que se refere o parágrafo anterior terão prioridade na autorização ou concessão para pesquisa e lavra dos recursos e jazidas de minerais garimpáveis, nas áreas onde estejam atuando, e naquelas fixadas de acordo com o art. 21, XXV, na forma da lei.

A **regulação da economia se justifica pelo interesse público**. Lembra-nos Rachel Sztajn que é função de toda regulação "melhorar, aperfeiçoar a vida em sociedade, que se mensura de várias formas: uma delas é a relação custo-benefício, meramente econômica, que deve ser analisada em função dos benefícios para parcelas majoritárias da população contra os custos impostos a todos ou a alguns"[121]

Os mercados sempre foram regulados. Nas origens do direito comercial, encontramos as feiras medievais, estruturas reguladas pelos próprios mercadores. Não nos esqueçamos que esse ramo do direito foi criado espontaneamente para reger as relações entre os comerciantes, com bases consuetudinárias. Iniciou-se, portanto, como um direito feito por comerciantes e aplicado para os comerciantes em suas relações mercantis.

Mas, afinal, **o que é regulação?**

Esse tema será abordado ao tratarmos das agências reguladoras.

3.4. O capital estrangeiro (art. 172)

De acordo com o artigo, *a lei disciplinará, com base no interesse nacional, os investimentos de capital estrangeiro, incentivará os reinvestimentos e regulará a remessa de lucros.*

121. SZTAJN, Rachel. Teoria Jurídica da empresa. São Paulo: Atlas, 2004, p. 52.

No direito comparado localizamos diversos mecanismos defensivos do interesse público contra o capital estrangeiro. Como veremos, é comum a preocupação em assegurar a prevalência do interesse público ou a segurança nacional em países que não observaram, tradicionalmente, uma presença tão forte do Estado como agente produtor, por meio de empresas estatais. É possível afirmar que nenhum país renunciou totalmente à regulação do investimento estrangeiro – nem mesmo os Estados Unidos[122].

Esta preocupação, sempre existente, adquiriu novos contornos, diante de outro fenômeno que vem causando preocupações por parte dos governos dos mais diferentes países: **o crescimento dos fundos soberanos (*sovereign wealth funds*)**. Para o FMI, estes fundos são caracterizados por, simultaneamente:

- **Pertencer a um governo nacional ou subnacional;**
- **Aplicar seus recursos em ativos estrangeiros; e**
- **Buscar objetivos macroeconômicos**.

Em outras palavras, a identificação de um fundo soberano de investimento pressupõe um conjunto de ativos financeiros de titularidade do poder público, legalmente, financeiramente e operacionalmente isolados de outras reservas financeiras públicas, cuja utilização pelos entes políticos visa a concretizar diversos objetivos econômicos, excluídos do âmbito da mera manutenção da política monetária[123].

Os países europeus vêm discutindo a adoção de uma política de bloqueio ao controle de empresas nacionais por esses fundos. As atenções desses países se voltaram ao tema depois da criação do fundo soberano da China, em 2007, capitalizado inicialmente com cerca de US$ 200 bilhões.

Ora, "o potencial de influenciar mercados e o receio de que seja utilizado pelo governo chinês para perseguir objetivos estratégicos levaram os governos e o setor privado dos países desenvolvidos a uma "corrida analítica", com vistas a entender os FSIs e avaliar os riscos de sua atuação. Além disso, foram reforçados os controles legais sobre os investimentos estrangeiros e diversas operações foram desencorajadas, com o argumento de que afetavam o interesse estratégico do país receptor do investimento"[124].

Acreditamos que, mais cedo ou mais tarde, o Brasil deverá se preocupar com as investidas destes fundos.

Na Europa, o modelo das *golden share* foi utilizado na maioria das vezes para garanti o poder de veto do Poder Público a negociações que envolvessem a aquisição,

122. Reportamo-nos ao estudo "Implicações da Estrutura Regulatória das Atividades Econômicas sobre a Competitividade: Regulação do Investimento Estrangeiro", Coordenador-Geral Luciano Coutinho, Campinas, 1993, disponível em: <www.denisbarbosa.addr.com/166.pdf>, acesso em 3/4/2007.

123. XAVIER JUNIOR, Ely Caetano. Fundos soberanos de investimentos e imunidade de jurisdição. Revista Direito GV. São Paulo: jan-jul 2014.

124. MAGALHÃES, André Simas. Determinantes dos fundos soberanos de investimentos e o caso brasileiro. Revista Tempo do Mundo. Volume nº 3, nº 2, agosto de 2011;

por uma empresa estrangeira, de um determinado percentual do capital social. Por vezes, percebeu-se o risco de uma ex-estatal ser adquirida pela estatal de outro país.

Vamos analisar, a título de curiosidade, uma solução adotada pelos **Estados Unidos**. Lembre-se que lá, ao contrário do panorama europeu (e latino-americano) não há a discussão envolvendo empresas estatais. Mas isso não significa dizer que o Estado norte-americano não se preocupa com as possíveis consequências da atuação do capital estrangeiro – e, menos ainda, que o Estado seja realmente inerte no campo empresarial:

Nos EUA, a **Emenda Exon-Florio (1988)** conferiu ao **Comitê de Investimentos Estrangeiros nos Estados Unidos (CFIUS)** poderes para sugerir o veto a aquisição de qualquer companhia norte-americana se se configurar ameaça à segurança nacional. A medida foi concebida ainda na década de 1980, em um momento em que diversas empresas japonesas. Com alterações importantes ao longo dos últimos anos, esse mecanismo permite ao Presidente dos Estados Unidos vetar operações societárias de aquisição de controle de empresas norte-americanas por estrangeiros.

O interesse no modelo norte-americano se justifica, em especial, quando se percebe que seu mecanismo de defesa da segurança nacional foi recentemente acionado, por ocasião da proposta efetuada por uma companhia dos Emirados Árabes no controle dos seus maiores portos.

O crescimento econômico japonês da década de 1980 e o apetite das empresas daquele país em relação a diversas companhias norte-americanas geraram uma série de preocupações acerca da segurança nacional dos Estados Unidos.

Em 1987, a japonesa Fujitsu Ltd. se interessou em adquirir cerca de oitenta por cento do capital da Fairchild Semicinductor Corporation (que produzia chips utilizados pela indústria de defesa norte-americana) de propriedade da francesa Schlumberger. A reação de autoridades do governo, em especial do Departamento de Justiça e o Secretário de Comércio, gerando pressões políticas sobre a empresa japonesa, levou-a a desistir da aquisição. No entanto, restou demonstrada a necessidade de um instrumento mais adequado à proteção da segurança nacional.

Neste contexto, foi aprovada, em 1988, a emenda Exon-Florio[125], que concedeu ao Presidente dos Estados Unidos a autoridade para vetar propostas de aquisição ou fusão – ou mesmo aquisições e fusões já concretizadas que viessem a constituir ameaça à segurança nacional, o qual, por seu turno, delegou autoridade à Comissão de Investimentos Estrangeiros nos EUA (Comission on Foreign Investments in the United States, doravante denominada pela sua sigla inglesa, CFIUS).

A CFIUS existia desde 1975, criada em meio à crise do petróleo e o embargo árabe. Tem como objetivo monitorar e avaliar o impacto de investimentos estrangeiros no

125. Proposta pelo senador Exon e o deputado James Florio.

país, recebendo informações e notícias de aquisições de empresas norte-americanas por investidores estrangeiros, de forma a determinar seu impacto sobre a segurança nacional; em caso afirmativo, é iniciada uma investigação, cujas conclusões são apresentadas ao Presidente dos Estados Unidos.

Resta evidente que tal inovação não se deu sem intensa discussão. A rigor, a Constituição norte-americana garante igualdade de oportunidades para nacionais e estrangeiros na exploração econômica; logo, em tese, a liberdade de investimentos seria absoluta.

A CFIUS é composta pelos secretários de Defesa, Comércio e Estado, além do Procurador-Geral, do Presidente do Conselho de Aconselhamento Econômico e do Secretário do Tesouro, que a preside. Há, ainda, a participação de membros do FBI e dos serviços de inteligência. Em 2003, o secretário de Segurança Nacional (Department of Homeland Security) passou a integrá-lo.

Ao ser voluntariamente notificada da transação, tem a referida comissão trinta dias para decidir pela abertura de investigações. Uma decisão unânime em sentido contrário encerra definitivamente o processo; caso haja um único voto em sentido contrário, um relatório será encaminhado ao Presidente, apresentando os diferentes pontos de vista da Comissão. A investigação dura até quarenta e cinco dias, e o Presidente tem outros quinze para decidir se vetará ou não a operação pretendida. É possível que haja discordância entre a Comissão e o Presidente.

No entanto, uma crítica constante à efetividade deste instrumento regulatório reside na inexistência de obrigação em notificar a CFIUS da referida transação. Da mesma forma, não há uma definição clara do que venha a ser considerado de interesse nacional ou de segurança nacional – questão que também aflige o regime das *golden shares* nas empresas privatizadas, tanto no Brasil quanto na Europa.

De fato, **a ideia de "segurança nacional" ou de "razões de ordem e segurança públicas" tem um inegável caráter indeterminado, o que pode sempre levar a situações de insegurança e incerteza, dadas as infinitas possibilidades de interpretação**. Em se tratando de ameaça à segurança nacional, em especial, sempre estarão presentes componentes que ultrapassam os conceitos jurídicos.

Ocorre que, na hipótese uma posterior deliberação em sentido contrário a determinada operação, o Estado pode forçar o investidor estrangeiro a desfazê-la, o que, na prática, leva muitas empresas a notificarem voluntariamente o Departamento do Tesouro.[126]

126. A título de exemplo, em 1990, o Presidente Bush obrigou a CATIC, braço do comércio exterior do Ministério da Indústria Aeroespacial da República Popular da China, a desfazer seus interesses numa empresa privada, situada em Seattle – MAMCO, fabricante de componentes de aeronaves civis, em especial para a Boeing. Aqui, apesar da prévia notificação, a operação foi concluída antes do término do período inicial de revisão. A operação era legal, mas se tornou extremamente custosa e infeliz após a decisão do governo norte-americano. Ver LEWIS, James Andrew, New Objectives for CFIUS: Foreign Ownership, Critical Infrastructure, and Communications Interception. Federal Communications Law Journal, nº 57, p. 464.

Aqui, destaca-se um elemento de suma importância para o funcionamento deste – como, aliás, de qualquer – instrumento regulatório: a seleção de casos que efetivamente merecem análise pelo órgão. Desde 1988, foram muito poucos os casos investigados pela referida Comissão[127]. Isto tem imediato reflexo nas consequências da decisão pela investigação: na maioria das vezes, leva à desistência da aquisição planejada ou, em menor escala, à reestruturação da aquisição, de forma a levar em consideração as preocupações com a segurança.

Isto ocorreu, por exemplo, na aquisição pretendida pela francesa MATRA SA de três divisões de *software* e *hardware* aeroespaciais da Fairchild Industries. O Presidente aceitou a recomendação da Comissão em permitir a operação pretendida, após o estabelecimento, entre as partes, de um amplo sistema de controle de exportações. Em outro caso, agora envolvendo a venda da Monsanto Electric Co., uma fabricante de semicondutores, para a alemã Huels SA, a Comissão aprovou a transação, depois da proponente assegurar que as instalações de pesquisa e desenvolvimento permaneceriam nos Estados Unidos.

Em 1992, o Congresso resolveu traçar algumas diretrizes que deveriam ser consideradas pelo Presidente na tomada da decisão de bloquear ou não determinada operação:

- a produção doméstica necessária aos projetos de defesa nacional;
- a capacidade da indústria nacional de atender às necessidades da defesa nacional (o que inclui a disponibilidade de recursos humanos, produtos, tecnologia, materiais, dentre outros);
- os efeitos do controle por estrangeiros da indústria nacional e da atividade comercial e suas consequências na capacidade dos Estados Unidos atenderem aos imperativos de segurança nacional;
- os potenciais efeitos das operações envolvendo produtos, equipamentos e tecnologia militares a países que apoiam o terrorismo ou a proliferação de armas químicas e nucleares;
- os potenciais efeitos da operação pretendida na liderança americana em áreas sensíveis à segurança nacional.[128]

A Comissão voltou a atrair a atenção quando da proposta, pela Dubai Ports World (DPW), uma empresa estatal dos Emirados Árabes, de aquisição da Peninsular & Oriental Steam Navigation Co (P&O), inglesa, a qual, por sua vez, dentre suas diversas

127. Até 2005, a Comissão foi notificada de mais de 1.500 transações, 25 foram objeto de investigação preliminar, por 45 dias. Destas, apenas uma – justamente a que analisou a aquisição da MAMCO pela CATIC foi plenamente investigada – e vetada. Ver LEE, Ronald e PERKINS, Nancy, Securing U.S. Strategic Assets: Does The Exon-Florio Statute Do Its Job? (abril de 2006). Disponível em http://arnoldporter.com/pubs/file/Securing_US_Strategic.pdf, acesso em 15/6/2007.

128. Ver The Exon-Florio National Security Test for Foreign Investment, de James K. Jackson. Disponível em: www.fas.org/sgp/crs/natsec/rl33312.pdf, acesso em 3/4/2007. Não deixa de ser uma tentativa, importante, de se conferir um mínimo de estabilidade à idéia de segurança nacional.

atividades, opera os terminais comerciais de 17 portos norte-americanos, inclusive os de Nova York e Nova Orleans. Note-se que não se tratava de proposta de aquisição dos portos propriamente ditos, mas de sua exploração comercial.

Não é difícil imaginar as razões para tamanha celeuma, especialmente após os atentados de 11 de setembro: temia-se que tal aquisição, por parte de um Estado muçulmano pudesse favorecer eventuais ataques terroristas, afirmando-se, inclusive, que seria possível o envio de uma bomba nuclear ou outra arma de destruição de massa por meio de containeres. Por outro lado, o estado de Nova Jersey é o mais densamente povoado do país, e seu porto, ponto nevrálgico de toda a infraestrutura de transportes da região; a área é local de diversas refinarias petroquímicas.

Afirmou-se que os ataques de 11 de setembro foram financiados por recursos majoritariamente provenientes dos Emirados Árabes Unidos, país que teria uma postura ambivalente e seletiva na cooperação com os Estados Unidos nos esforços para o corte do fluxo de dinheiro para a Al-Qaeda; seria, ainda, um dos três Estados a reconhecer o governo talibã do Afeganistão; por fim, era o lar de um dos sequestradores dos aviões envolvidos nos ataques.[129]

A particularidade deste caso está na decisão do Presidente norte-americano em não acatar as conclusões da referida Comissão, no sentido de vetar a pretendida aquisição, o que deu origem a diversas questões de ordem política: o Presidente ameaçou vetar qualquer tentativa de oposição à operação, argumentando, a seu favor, que a função de defesa dos portos não seria transferida para empresas estrangeiras, mas continuariam sob comando da Guarda Costeira e outros órgãos de segurança. A DPW, por sua vez, havia anunciado que transferiria a administração dos portos para uma empresa norte-americana.

No entanto, este caso originou uma série de propostas de reforma da Emenda Exon-Florio, bem como da Comissão, com o intuito de lhe assegurar maior eficácia em suas decisões. Há de se ter em mente que a matéria envolve questão particularmente sensível nos Estados Unidos – a separação dos poderes. Assim, em 24 de outubro de 2007, entrou em vigor a última reforma do sistema, com o *Foreign Investment and National Security Act* (FINSA).

Referida legislação reformou a Emenda Exon-Florio, codificando a existência e o funcionamento da CFIUS. Novos membros foram acrescentados. De forma bastante resumida, permanece a adoção da comunicação voluntária ao órgão das transações, mas com a possibilidade da abertura de ofício do procedimento, por decisão da Comissão ou de uma das agências que o compõem.

Uma análise preliminar deverá ser apresentada em 30 dias – que deverá ser comunicada ao Congresso. Caso conclua pela existência de ameaça à segurança nacional, deverá conduzir uma investigação em 45 dias. Um relatório, que será igualmente comunicado ao Congresso, com as recomendações a respeito da operação, será encaminhado ao Presidente, que deverá se manifestar em 15 dias.

---

129. Os detalhes podem ser obtidos no site www.nj.gov/oag/cop-dubai.pdf, acesso em 3/4/2007. Trata-se de ação civil do Estado de Nova Jersey, que pretendia ver bloqueada a aquisição ora comentada.

De qualquer forma, o FINSA determina à CFIUS a **investigação de transações específicas – envolvendo o controle estrangeiro de "infraestrutura e tecnologia críticas" – conceito novamente vago**[130]**, que termina por ampliar os poderes do órgão e do Presidente – ou por empresas controladas por governos estrange**iros. Incluiu operações de aquisições estrangeiras de bancos, portos, aeroportos, geração e distribuição de energia, telecomunicações etc.

Abstraindo as consequências políticas da decisão do Presidente em não vetar a aquisição pretendida pela DPW, é possível concluir que os Estados Unidos possuem importantes mecanismos de regulação dos investimentos estrangeiros – no caso específico, em consideração a critérios de defesa do interesse nacional. Este instrumento de regulação, no entanto, vem sendo efetivamente utilizado apenas em situações consideradas excepcionais. Por outro lado, o instrumento em questão permite, em tese, a vedação de qualquer operação societária nos Estados Unidos, com base em questões concernentes à segurança nacional. E, importante destacar, não há, neste mecanismo, ao menos em sua atual configuração, qualquer garantia ou participação do interessado na operação. Da mesma forma, não há obrigatoriedade de submissão das propostas de operações à referida comissão.

A preocupação com as investidas promovidas pelos chamados **fundos soberanos** (*Sovereign Wealth Funds)* é evidente. Trata-se de **fundos de investimentos administrados pelo governo de um determinado Estado que passa a aplicar em ativos no mercado, de forma predeterminada pelas leis deste mesmo Estado. De um modo geral, utilizam reservas internacionais, excedentes de arrecadação fiscal ou de lucros obtidos pelas suas empresas estatais.**

Os mais conhecidos são aqueles patrocinados por países produtores de petróleo, como os países árabes e a Noruega (o fundo do país nórdico é considerado um modelo de gestão, investindo – e colhendo dividendos – em diversas empresas de grande porte, inclusive de tecnologia). **O Brasil, por seu turno, criou o seu Fundo Soberano em 2008**.

Percebe-se, portanto, que, genericamente falando, é possível classificar as medidas adotadas pelos Estados no que diz respeito à proteção frente a investidas do capital estrangeiro verdadeiro mecanismo de intervenção indireta do Estado na economia.

3.5. Empresa brasileira e empresa brasileira de capital nacional – o revogado artigo 171

O artigo 171 da Constituição foi revogado pela Emenda Constitucional nº6/95. Representou um momento histórico específico; uma proteção à empresa brasileira contra a concorrência global que então se avizinhava.

130. De acordo com o FINSA,definidos como sistemas ou ativos, físicos ou virtuais, vitais aos EUA de tal forma que sua incapacidade ou destruição teriam um impacto debilitante na segurança nacional: "systems and assets, whether physical or virtual, so vital to the United States that the incapacity or destruction of such systems or assets would have a debilitating impact on national security".

Pouco mais de um ano após a promulgação da Constituição de 1988 o Muro de Berlim foi derrubado; o império soviético ruiu e o mundo viveu um processo de globalização e internacionalização que, na década de 90, atingiu seu apogeu. Nessa década, iniciou-se no Brasil o movimento de desestatização e privatização, de forma que o art. 171 se mostrou incompatível com a necessidade de abertura da economia brasileira (que sempre foi – e ainda é – muito fechada à competição internacional).

O revogado artigo estabelecia uma distinção entre "empresa brasileira" constituída sob as leis brasileiras e com sede e administração no Brasil e "empresa brasileira de capital nacional", cujo efetivo controle estaria em caráter permanente sob a titularidade direta ou indireta de pessoas físicas domiciliadas e residentes no País ou de entidades de direito público interno.

O que vigora hoje é uma distinção estabelecida pelo Código Civil de 2002: a "sociedade nacional", nos termos do art. 1.126 organizada de conformidade com a lei brasileira e com sede de sua administração no País, de um lado, e a "sociedade estrangeira", tratada no art. 1.134 – que dependerá de autorização do Poder Executivo para funcionar no País.

4. PLANEJAMENTO ECONÔMICO

4.1. Introdução

Os objetivos econômicos de desenvolvimento, distribuição de renda e estabilidade podem ser obtidos naturalmente, do simples agir das forças do mercado. Nem sempre isso ocorre. Com frequência, o Estado é chamado a intervir na economia para manter – ou para resgatar – o equilíbrio econômico, para promover o desenvolvimento, para atender setores econômicos em dificuldade, para estabilizar os preços em economias inflacionárias, para reformular estruturas de economias injustas ou deficitárias.

Esta intervenção estatal pode ser temporária ou duradoura, pontual ou generalizada, localizada ou global, dependendo da cronologia, da intensidade e da amplitude do próprio problema econômico.

Problemas conjunturais (setoriais, recentes ou pouco intensos) recomendam intervenções pontuais e de curta duração. Problemas crônicos e estruturais, ao contrário, recomendam intervenção ampla, firme e duradoura.

Neste caso, é necessário mais, **a intervenção deve ser planejada**, no sentido de que a intervenção deve ser devidamente engendrada, para que se atinja o resultado pretendido.

Não devemos buscar novos sentidos nos termos planejar, plano, planejamento, seja em direito seja em economia.

Planejar, no significado pleno do termo, implica a definição de um fim a ser atingido e dos meios utilizados para alcançar tal fim, a partir de um diagnóstico da realidade, tanto quanto aos problemas existentes quanto aos meios disponíveis para revertê-los.

Neste sentido, **o plano econômico** é o conjunto de ações consertadas de política econômica, voltadas a solucionar problemas econômicos crônicos e estruturais. Sob o ponto de vista formal, o plano é o documento ou o conjunto de documentos que contenham o diagnóstico do problema econômico, os meios para superá-lo e o resultado que se pretende com as ações previstas.

Numa visão macroeconômica do plano, expõe o autor português Manuel Afonso Vaz:

> O conceito de planificação a nível macro-econômico traduz a ideia de orientação propositada, global e sistemática dos fenómenos económicos por parte de uma autoridade pública. Esta intencionalidade leva à elaboração dos planos económicos que podemos definir como os documentos adoptados pelos poderes públicos e destinados a analisar as probabilidades de evolução económica e a definir as orientações daquela evolução que as autoridades públicas consideram desejável e para a qual procuram dirigir os agentes económicos. Aparece-nos, assim, um tríplice conteúdo caracterizador de qualquer Plano: a formulação de previsões a partir de um diagnóstico da situação presente; a fixação de objectivos a atingir; a escolha e ordenação dos meios para a prossecução desses objetivos.[131]

Para Gilberto Bercovici "o planejamento coordena, racionaliza e dá uma unidade de fins à atuação do Estado, diferenciando-se de uma intervenção conjuntural, ou casuística. O plano é a expressão da política geral do Estado. É mais do que um programa, é um ato de direção política, pois determina a vontade estatal por meio de um conjunto de medidas coordenadas, não podendo limitar-se à mera enumeração de reivindicações"[132].

Destaca o autor as características de atuação coordenada, racional e unitária, da atuação estrutural, que se preocupa com problemas arraigados (pois os problemas conjunturais são resolvidos por ações pontuais, desnecessária a coordenação racional e unitária de múltiplas medidas) e a característica do plano como norma jurídica, de opção política formalmente materializada.

Discute-se também a natureza jurídico-constitucional do *plano*, que não teria força normativa. No Brasil, o debate encontra estímulo no texto do art. 174, da Constituição, segundo o qual o *planejamento* é "determinante para o setor público e indicativo para o setor privado".

A doutrina, a propósito, apresenta três concepções acerca da natureza jurídica do plano: o plano como ato jurídico coletivo (definidos pela convergência de vontades), o plano como compromisso unilateral do Estado (como aparentemente define nossa Constituição, ao afirmar que o plano é obrigatório para o setor público e indicativo para o setor privado), e o plano como ato jurídico *sui generis*[133].

131. VAZ, Manuel Afonso. Direito económico: a ordem económica portuguesa. Coimbra: Ed Coimbra, 1988, p. 345-346.

132. BERCOVICI, Gilberto. Constituição econômica e desenvolvimento: uma leitura a partir da Constituição de 1988. São Paulo: Malheiros, 2005, p. 69-70.

133. VAZ, Manuel Afonso. Direito económico: a ordem económica portuguesa. Combra: Ed Coimbra, 1988, p. 345.

Como **ato jurídico coletivo**, o plano se caracterizaria pela manifestação conjunta de vontades, relacionadas ao objetivo econômico, que vincularia apenas as partes intervenientes em sua elaboração. Como **compromisso unilateral do Estado**, o plano apresentaria a forma de lei, mas não poderia ser vinculante aos particulares nem apresentaria verdadeira obrigação para o Estado, daí falar-se apenas em "compromisso", desprovido de efeitos jurídicos. Por fim, como **ato jurídico *sui generis***, o plano adotaria a forma de lei, mas sua juridicidade seria mediata ou indireta, dependente de outros atos normativos.

O plano que nos interessa no direito econômico é aquele materializado em norma jurídica. Do contrário, será uma carta de intenções ou, no dizer de Bercovici, uma enumeração de reivindicações e, ainda que seguidas (as intenções) ou atendidas (as reivindicações) não estarão no âmbito jurídico, por ausência de relação de obrigatoriedade. Assim, o plano, como forma especial de intervenção duradoura do Estado na economia tem a forma e o status de lei.

Sob o ponto de vista material, contudo, o plano não pode ser visto de maneira unívoca. A lei do plano, ou melhor, cada um de seus elementos (as disposições legais), terá suas características próprias, transitando entre os modais deônticos das condutas proibidas pelo plano (pela lei), obrigadas pelo plano (pela lei) ou permitidas pelo plano (pela lei). No âmbito do permitido, lembremos, pode o dispositivo do plano se caracterizar como norma de sanção premial.

Se a lei que instituir o plano se limitar a identificar problemas econômicos e dispor sobre possíveis medidas para sua solução, não surtirá efeitos jurídicos materiais, e se apresentará como um mero compromisso do Estado. Se, por outro lado, o plano estabelecer direitos e obrigações concretos, além do diagnóstico dos problemas e das propostas de solução, será uma lei no sentido pleno da palavra, obrigando o Estado e também o particular que se colocar nas situações previstas pela norma.

A natureza do plano depende, portanto, da análise de seu conteúdo e dos comandos que apresente, não se podendo falar de uma natureza jurídica genérica a priori.

4.2. Os planos econômicos no direito brasileiro

O Brasil conhece, de fato, dois tipos de plano, quanto ao objetivo econômico por eles pretendidos. Os planos de *desenvolvimento* e os planos de *estabilização* da moeda.

Sobre os **planos de desenvolvimento**, leciona Gilberto Bercovici que "a experiência brasileira de planejamento antes da Constituição de 1988 é marcada por três grandes momentos, dos quais apenas um foi uma experiência bem-sucedida. Estes momentos são representados pelo Plano de Metas (1956-1961), pelo Plano Trienal (1962-1963) e pelo II Plano Nacional de Desenvolvimento (1975-1979).[134]

134. BERCOVICI, Gilberto. Constituição econômica e desenvolvimento: uma leitura a partir da Constituição de 1988. São Paulo: Malheiros, 2005, p. 71.

O autor destaca, também, a crise ou o esquecimento do planejamento após 1988, e os obstáculos do planejamento, dentre os quais destaca a estrutura administrativa voltada a "proteção de direitos individuais em face do Estado, não para a implementação dos princípios e políticas consagrados na Constituição", a redução do planejamento ao orçamento e a reforma administrativa do Estado brasileiro, caracterizada pelas privatizações, pela criação de agências reguladoras, a substituição do enfoque no cidadão para o enfoque no consumidor de serviços públicos, deixando o Estado de se postar como executor direto de atividades econômicas para se posicionar apenas como regulador desta atividade[135].

Para o autor, o planejamento no Brasil deve estar a serviço da modificação das estruturas do subdesenvolvimento, bem como para promover a distribuição de renda[136].

Os planos desenvolvimentistas não são os únicos. Devemos lembrar, também, dos **planos de estabilização econômica**. Antes da Constituição de 1988, o Plano Cruzado (1985), o Plano Cruzado II (1986) e o Plano Bresser (1987) procuraram conter a inflação por meio de medidas como o congelamento de preços e a troca de moedas. Sem sucesso, contudo.

Após a Constituição de 1988, o **plano Verão** (Lei 7.730/1989), baseado em congelamento de preços e salários e elevação da taxa de juros e o **plano Collor** (Lei 8.024/1990), que envolveu troca de moeda e bloqueio de ativos financeiros e posterior tentativa de desindexação da economia (Lei 8.177/1991) também procuraram conter o processo inflacionário.

A inflação brasileira se mostrava crônica (elevando-se a cada tentativa de controle, envolvendo medidas ortodoxas ou heterodoxas[137]), e inercial, pois não dependia de fatores relacionados à demanda, mostrando-se necessária uma atitude definitiva. De outro turno, a experiência brasileira somava mais de uma década de frustrações e os erros dos planos anteriores foram corrigidos (parcialmente), levando a elaboração de um plano que lograria êxito.

---

135. BERCOVICI, Gilberto. Constituição econômica e desenvolvimento: uma leitura a partir da Constituição de 1988. São Paulo: Malheiros, 2005, p. 77-85

136. O aspecto primordial da política econômica dos países subdesenvolvidos são essas reformas estruturais – condição prévia e imprescindível da política de desenvolvimento. O Estado deve atuar de forma muito ampla e intensa, coordenando decisões pelo planejamento, para modificar as estruturas socioeconômicas, assim como para promover a distribuição e a descentralização da renda, integrando a população social e politicamente. BERCOVICI, Gilberto. Constituição econômica e desenvolvimento: uma leitura a partir da Constituição de 1988. São Paulo: Malheiros, 2005, p. 69.

137. São consideradas medidas ortodoxas aquelas implementadas por meio de instrumentos tradicionais, basicamente os que envolvem o controle da taxa de juros e da taxa de câmbio, a redução dos gastos do governo, incentivos fiscais etc. De outro lado, são medidas heterodoxas aquelas menos comuns, como a troca de moedas e aquelas que afetam mais diretamente os cidadãos, como o congelamento dos preços ou dos salários e o bloqueio de ativos financeiros.

O **Plano Real**, baseado numa política ortodoxa de ajuste das contas públicas e da taxa de juros, não se utilizou de instrumentos como o bloqueio de ativos financeiros ou o congelamento de preços, e tratou de maneira progressiva a mudança da moeda, elemento heterodoxo do plano, em dois momentos.

Num primeiro momento, a **Lei 8.880/1994 indexou a economia com base na unidade real de valor – URV, equiparada ao dólar americano.** Assim, o bem que custava em cruzeiros reais o equivalente a um dólar, custava também uma URV. Não houve congelamento de preços, mas uma indexação a uma unidade de valor nova e temporária. Embora houvesse a correlação com o dólar, a sutileza de se criar uma referência intermediária se distanciava dos fracassos dos congelamentos de preços e conferia uma confiança maior do que a vinculação direta à moeda americana.

Com o tempo, os agentes econômicos foram se acostumando à estabilidade dos preços em URV, ainda que houvesse a variação de preços em Cruzeiros Reais. O período de adaptação, somado a todas as medidas intermediárias necessárias, foi essencial para a chegada da nova moeda, em substituição tanto ao Cruzeiro Real, este fadado à extinção, quanto à URV, mas como seu correspondente.

Em 29 de junho de 1995, foi editada a **Lei 9.069/1995, que criou a nova moeda Real e concluiu a implementação formal do plano**, dando-se passo definitivo para o fim do processo hiperinflacionário no Brasil.

4.3. As normas constitucionais sobre o planejamento

Cabe-nos, ainda, analisar os dispositivos constitucionais que tratam do planejamento.

A norma geral de competência para elaborar e executar planos de desenvolvimento encontra-se no art. 21, IX, da Carta.

> Art. 21. Compete à União:
>
> [...]
>
> IX – elaborar e executar planos nacionais e regionais de ordenação do território e de desenvolvimento econômico e social;
>
> [...]

O art. 174, da CF/88 confere ao Estado, notadamente à União, como agente normativo e regulador da atividade econômica, o exercício do planejamento, "sendo este determinante para o setor público e indicativo para o setor privado".

> Art. 174. Como agente normativo e regulador da atividade econômica, o Estado exercerá, na forma da lei, as funções de fiscalização, incentivo e planejamento, sendo este determinante para o setor público e indicativo para o setor privado.
>
> § 1º – A lei estabelecerá as diretrizes e bases do planejamento do desenvolvimento nacional equilibrado, o qual incorporará e compatibilizará os planos nacionais e regionais de desenvolvimento.
>
> [...]

Pela literalidade do artigo, a Constituição teria acolhido a tese, na classificação apresentada por Manuel Afonso Vaz, como compromisso unilateral do Estado[138].

Esta afirmativa, como dissemos, deve ser tomada com ressalvas, e considerada verdadeira apenas se tomado o termo **planejamento como as propostas de ações governamentais e os objetivos das políticas públicas** que são determinantes para o setor público (dentro de cada esfera de governo, em homenagem ao princípio da separação de poderes), mas não vinculam o particular (em respeito ao princípio da livre-iniciativa).

Não se pode estender a conclusão, contudo, para o plano que, editado na forma de lei, extrapola o simples diagnóstico de problemas e propostas de soluções e estabelece normas cogentes, criando direitos e obrigações para o Estado e para os particulares.

A **ausência de obrigatoriedade**, portanto, **refere-se apenas ao planejamento, como um dever genérico do setor público de planejar sua conduta, obrigação que não pode ser imposta ao setor privado**. Em outros termos, **a lei do plano pode impor obrigações aos particulares (condutas obrigatórias), mas não pode exigir que o setor privado siga o planejamento do setor público, em virtude do princípio da livre-iniciativa**.

De se registrar, contudo, a frequente cobrança, em concursos públicos, da literalidade do dispositivo, especialmente quanto a obrigatoriedade do plano para o poder público e sua função de mera referência, não obrigatória, para o setor privado.

O § 1º, do art. 174, da Constituição, por sua vez, parece mesmo se referir ao planejamento econômico, com todas as suas características, inclusive seu status de lei, ao dispor que a "lei estabelecerá as diretrizes e bases do planejamento do desenvolvimento nacional equilibrado, o qual incorporará e compatibilizará os planos nacionais e regionais de desenvolvimento".

Este parágrafo cuida tanto do aspecto formal do plano, estabelecido por lei, quanto de seu aspecto funcional, de organizar e compatibilizar diversas ações (menciona os planos nacionais e regionais) voltadas para um objetivo.

Na norma há menção apenas ao **objetivo do desenvolvimento**, nacional e regional, o que **não desautoriza os planos de estabilização**, tendo em vista que a Carta não é exaustiva na disciplina do planejamento.

Parte do planejamento das políticas econômicas, especialmente no que tange ao instrumento fiscal, encontra-se presente na disciplina do orçamento. Dispõe o art. 165, da Constituição:

> Art. 165. Leis de iniciativa do Poder Executivo estabelecerão:
>
> I – o plano plurianual;
>
> II – as diretrizes orçamentárias;
>
> III – os orçamentos anuais.

138. VAZ, Manuel Afonso. Direito económico: a ordem económica portuguesa. Combra: Ed Coimbra, 1988, p. 345.

> § 1º – A lei que instituir o plano plurianual estabelecerá, de forma regionalizada, as diretrizes, objetivos e metas da administração pública federal para as despesas de capital e outras delas decorrentes e para as relativas aos programas de duração continuada.
>
> § 2º – A lei de diretrizes orçamentárias compreenderá as metas e prioridades da administração pública federal, incluindo as despesas de capital para o exercício financeiro subseqüente, orientará a elaboração da lei orçamentária anual, disporá sobre as alterações na legislação tributária e estabelecerá a política de aplicação das agências financeiras oficiais de fomento.
>
> [...]
>
> § 4º – Os planos e programas nacionais, regionais e setoriais previstos nesta Constituição serão elaborados em consonância com o plano plurianual e apreciados pelo Congresso Nacional.
>
> [...]

Deveras, o orçamento é peça importante do plano econômico, pois a partir dele serão realizados os pagamentos referentes a atividades do plano.

A propósito, a lei de diretrizes orçamentárias, – LDO nos termos do § 2º, do art. 165, da CF/88, deve conter as metas da administração, tornado obrigatória a compatibilidade das metas do plano com as metas do orçamento.

Extrai-se ainda da norma, notadamente de seu § 4º, a necessidade de coordenação entre os diversos planos, sejam estes puramente orçamentários ou relacionados com políticas econômicas nacionais e regionais, globais ou setoriais, servindo como referência o plano plurianual – PPA, onde devem constar "de forma regionalizada, as diretrizes, objetivos e metas da administração pública federal para as despesas de capital e outras delas decorrentes e para as relativas aos programas de duração continuada".

Não se encontram, na jurisprudência, muitas reflexões acerca das normas constitucionais relativas à natureza dos planos econômicos.

Não obstante, o STF apreciou diversas normas acerca do novo padrão monetário sob o prisma do direito adquirido.

São exemplos de maior repercussão sobre o Plano Cruzado, o RE 114.982/RS, sobre a TR, instituída no contexto do Plano Collor, a ADI 493/DF, sobre o Plano Collor o RE 202.686/SP, e sobre Plano Bresser o RE 141.190/SP e o RE 136.901/SP.

Tem entendido o STF que "as **normas que alteram o padrão monetário e estabelecem os critérios para a conversão dos valores em face dessa alteração se aplicam de imediato**, alcançando os contratos em curso de execução, uma vez que elas tratam de regime legal de moeda, **não se lhes aplicando, por incabíveis, as limitações do direito adquirido e do ato jurídico perfeito**"[139].

Merece menção, também, o RE 291.188/RN, no qual a Corte reconheceu supremacia do Plano Real sobre norma estadual que pretendia dar à conversão de rendimentos de servidores públicos tratamento diverso daquele determinado pelo plano. Vejamos:

139. STF, T1, RE 114.982/RS, Min. Moreira Alves, DJ de 1/3/1991.

Direito Monetário: competência legislativa privativa da União: critérios de conversão em URV dos valores fixados em Cruzeiro Real: aplicação compulsória a Estados e Municípios, inclusive aos vencimentos dos respectivos servidores, que impede a incidência de diferente legislação local a respeito.

1. Em todas as Federações, o estabelecimento do sistema monetário foi sempre típica e exclusiva função legislativa do ordenamento central; e estabelecer o sistema monetário – escusado o óbvio – consiste primacialmente na criação e eventual alteração do padrão monetário.

2. A alteração do padrão monetário envolve necessariamente a fixação do critério de conversão para a moeda nova do valor das obrigações legais ou negociais orçadas na moeda velha; insere-se, pois, esse critério de conversão no âmbito material da regulação do "sistema monetário", ou do Direito Monetário, o qual, de competência legislativa privativa da União (CF, art. 22, VI), se subtrai do âmbito da autonomia dos Estados e Municípios.

3. A regra que confia privativamente à União legislar sobre "sistema monetário" (art. 22, VI) é norma especial e subtrai, portanto, o Direito Monetário, para esse efeito, da esfera material do Direito Econômico, que o art. 24, I, da Constituição da República inclui no campo da competência legislativa concorrente da União, do Estados e do Distrito Federal.

4. Dado o papel reservado à URV na transição entre dois padrões monetários, o Cruzeiro Real e o Real (L. 8880/94), os critérios legais para a conversão dos valores expressos em cruzeiros reais para a URV constituiu uma fase intermediária de convivência com a moeda antiga na implantação do novo sistema monetário.

5. Compreendem-se, portanto, ditos critérios da conversão em URV no âmbito material de regulação do sistema monetário, objeto de competência legislativa privativa da União.

6. A conversão em URV dos valores fixados para a remuneração dos servidores públicos locais – segundo a lei federal institutiva do novo sistema monetário –, não representou aumento de vencimentos, não sendo oponíveis, portanto, à sua observância compulsória por Estados e Municípios, as regras dos arts. 167 e 169 da Constituição da República.

7. Correta a decisão do Tribunal local que, em conseqüência, deu aplicação aos critérios da conversão de vencimentos e proventos em URV, ditados por lei federal (L. 8880/94, art. 22) e afastou a incidência da lei estadual que os contrariou (L. est. 6612/94-RN): RE não conhecido.

(STF, T1, RE 291.188/RN, Min. Sepúlveda Pertence, DJ de 14/11/2002)

Podemos encontrar alguns outros julgados, especialmente relacionados à correção monetária, mas que não abordam diretamente o problema da natureza do plano econômico.

5. JURISPRUDÊNCIA

5.1. Súmulas do STF

➘ Súmula 70

É inadmissível a interdição de estabelecimento como meio coercitivo para cobrança de tributo.

↘ Súmula 646

Ofende o princípio da livre concorrência lei municipal que impede a instalação de estabelecimentos comerciais do mesmo ramo em determinada área.

5.2. Jurisprudência

↘ AÇÃO DIRETA DE INCONSTITUCIONALIDADE. LEI nº 7.844/92, DO ESTADO DE SÃO PAULO. MEIA ENTRADA ASSEGURADA AOS ESTUDANTES REGULARMENTE MATRICULADOS EM ESTABELECIMENTOS DE ENSINO. INGRESSO EM CASAS DE DIVERSÃO, ESPORTE, CULTURA E LAZER. COMPETÊNCIA CONCORRENTE ENTRE A UNIÃO, ESTADOS-MEMBROS E O DISTRITO FEDERAL PARA LEGISLAR SOBRE DIREITO ECONÔMICO. CONSTITUCIONALIDADE. LIVRE INICIATIVA E ORDEM ECONÔMICA. MERCADO. INTERVENÇÃO DO ESTADO NA ECONOMIA. ARTIGOS 1º, 3º, 170, 205, 208, 215 e 217, § 3º, DA CONSTITUIÇÃO DO BRASIL. 1. É certo que a ordem econômica na Constituição de 1.988 define opção por um sistema no qual joga um papel primordial a livre iniciativa. Essa circunstância não legitima, no entanto, a assertiva de que o Estado só intervirá na economia em situações excepcionais.

2. Mais do que simples instrumento de governo, a nossa Constituição enuncia diretrizes, programas e fins a serem realizados pelo Estado e pela sociedade. Postula um plano de ação global normativo para o Estado e para a sociedade, informado pelos preceitos veiculados pelos seus artigos 1º, 3º e 170.

3. A livre iniciativa é expressão de liberdade titulada não apenas pela empresa, mas também pelo trabalho. Por isso a Constituição, ao contemplá-la, cogita também da "iniciativa do Estado"; não a privilegia, portanto, como bem pertinente apenas à empresa.

4. Se de um lado a Constituição assegura a livre iniciativa, de outro determina ao Estado a adoção de todas as providências tendentes a garantir o efetivo exercício do direito à educação, à cultura e ao desporto [artigos 23, inciso V, 205, 208, 215 e 217 § 3º, da Constituição]. Na composição entre esses princípios e regras há de ser preservado o interesse da coletividade, interesse público primário.

5. O direito ao acesso à cultura, ao esporte e ao lazer, são meios de complementar a formação dos estudantes.

6. Ação direta de inconstitucionalidade julgada improcedente.

Decisão

O Tribunal, por maioria, julgou improcedente a ação, nos termos do voto do relator, vencidos os Senhores Ministros Marco Aurélio e Cezar Peluso. Votou o Presidente, Ministro Nelson Jobim. Ausente, justificadamente, o Senhor Ministro Carlos Velloso. Falou pelo requerido, Governador do Estado de São Paulo, o Dr. Marcos Ribeiro de Barros, Procurador do Estado. Plenário, 03.11.2005.

(STF, Tribunal Pleno, ADI 1.950, Min. Eros Grau, *DJ* de 2/6/2006

↘ AÇÃO DIRETA DE INCONSTITUCIONALIDADE. LEI nº 7.737/2004, DO ESTADO DO ESPÍRITO SANTO. GARANTIA DE MEIA ENTRADA AOS DOADORES REGULARES DE SANGUE. ACESSO A LOCAIS PÚBLICOS DE CULTURA ESPORTE E LAZER. COMPETÊNCIA CONCORRENTE ENTRE A UNIÃO, ESTADOS-MEMBROS E O DISTRITO FEDERAL PARA LEGISLAR SOBRE DIREITO ECONÔMICO. CONTROLE DAS DOAÇÕES DE SANGUE E COMPROVANTE DA REGULARIDADE. SECRETARIA DE ESTADO DA SAÚDE. CONSTITUCIONALIDADE. LIVRE INICIATIVA E ORDEM ECONÔMICA. MERCADO. INTERVENÇÃO DO ESTADO NA ECONOMIA. ARTIGOS 1º, 3º, 170 E 199, § 4º DA CONSTITUIÇÃO DO BRASIL.

1. É certo que a ordem econômica na Constituição de 1.988 define opção por um sistema no qual joga um papel primordial a livre iniciativa. Essa circunstância não legitima, no entanto, a assertiva de que o Estado só intervirá na economia em situações excepcionais. Muito ao contrário.

2. Mais do que simples instrumento de governo, a nossa Constituição enuncia diretrizes, programas e fins a serem realizados pelo Estado e pela sociedade. Postula um plano de ação global normativo para o Estado e para a sociedade, informado pelos preceitos veiculados pelos seus artigos 1º, 3º e 170.

3. A livre iniciativa é expressão de liberdade titulada não apenas pela empresa, mas também pelo trabalho. Por isso a Constituição, ao contemplá-la, cogita também da "iniciativa do Estado"; não a privilegia, portanto, como bem pertinente apenas à empresa.

4. A Constituição do Brasil em seu artigo 199, § 4º, veda todo tipo de comercialização de sangue, entretanto estabelece que a lei infraconstitucional disporá sobre as condições e requisitos que facilitem a coleta de sangue.

5. O ato normativo estadual não determina recompensa financeira à doação ou estimula a comercialização de sangue.

6. Na composição entre o princípio da livre iniciativa e o direito à vida há de ser preservado o interesse da coletividade, interesse público primário.

7. Ação direta de inconstitucionalidade julgada improcedente.

(STF, Tribunal Pleno, ADI 3.512, Min. Eros Grau, DJ de 23/6/2006)

➘ **RECURSO. Extraordinário. Efeito suspensivo. Inadmissibilidade. Estabelecimento industrial. Interdição pela Secretaria da Receita Federal. Fabricação de cigarros. Cancelamento do registro especial para produção. Legalidade aparente. Inadimplemento sistemático e isolado da obrigação de pagar Imposto sobre Produtos Industrializados – IPI. Comportamento ofensivo à livre concorrência. Singularidade do mercado e do caso. Liminar indeferida em ação cautelar. Inexistência de razoabilidade jurídica da pretensão. Votos vencidos. Carece de razoabilidade jurídica, para efeito de emprestar efeito suspensivo a recurso extraordinário, a pretensão de indústria de cigarros que, deixando sistemática e isoladamente de recolher o Imposto sobre Produtos Industrializados, com consequente redução do preço de venda da mercadoria e ofensa à livre concorrência, viu cancelado o registro especial e interditados os estabelecimentos.**

(STF, Tribunal Pleno, AC 1.657/MC, voto do Rel. p/ o ac. Min. Cezar Peluso, *DJ* de 31/8/2007)

➘ **AÇÃO DIRETA DE INCONSTITUCIONALIDADE: ASSOCIAÇÃO BRASILEIRA DAS EMPRESAS DE TRANSPORTE RODOVIÁRIO INTERMUNICIPAL, INTERESTADUAL E INTERNACIONAL DE PASSAGEIROS – ABRATI. CONSTITUCIONALIDADE DA LEI nº 8.899, DE 29 DE JUNHO DE 1994, QUE CONCEDE PASSE LIVRE ÀS PESSOAS PORTADORAS DE DEFICIÊNCIA. ALEGAÇÃO DE AFRONTA AOS PRINCÍPIOS DA ORDEM ECONÔMICA, DA ISONOMIA, DA LIVRE INICIATIVA E DO DIREITO DE PROPRIEDADE, ALÉM DE AUSÊNCIA DE INDICAÇÃO DE FONTE DE CUSTEIO (ARTS. 1º, INC. IV, 5º, INC. XXII, E 170 DA CONSTITUIÇÃO DA REPÚBLICA): IMPROCEDÊNCIA.**

1. A Autora, associação de associação de classe, teve sua legitimidade para ajuizar ação direta de inconstitucionalidade reconhecida a partir do julgamento do Agravo Regimental na Ação Direta de Inconstitucionalidade nº 3.153, Rel. Min. Celso de Mello, DJ 9.9.2005.

2. Pertinência temática entre as finalidades da Autora e a matéria veiculada na lei questionada reconhecida.

3. Em 30.3.2007, o Brasil assinou, na sede das Organizações das Nações Unidas, a Convenção sobre os Direitos das Pessoas com Deficiência, bem como seu Protocolo Facultativo, comprometendo-se a implementar medidas para dar efetividade ao que foi ajustado.

4. A Lei nº 8.899/94 é parte das políticas públicas para inserir os portadores de necessidades especiais na sociedade e objetiva a igualdade de oportunidades e a humanização das relações sociais, em cumprimento aos fundamentos da República de cidadania e dignidade da pessoa humana, o que se concretiza pela definição de meios para que eles sejam alcançados.

5. Ação Direta de Inconstitucionalidade julgada improcedente.

(STF, Tribunal Pleno, ADI 2.649, Min. Cármen Lúcia, *DJe* de 17/10/2008).

➘ **AÇÃO DIRETA DE INCONSTITUCIONALIDADE. ARTIGOS 60, PARÁGRAFO ÚNICO, 83, I E IV, c, E 141, II, DA LEI 11.101/2005. FALÊNCIA E RECUPERAÇÃO JUDICIAL. INEXISTÊNCIA DE OFENSA AOS ARTIGOS 1º, III E IV, 6º, 7º, I, E 170, DA CONSTITUIÇÃO FEDERAL de 1988. ADI JULGADA IMPROCEDENTE.**

I – Inexiste reserva constitucional de lei complementar para a execução dos créditos trabalhistas decorrente de falência ou recuperação judicial.

II – Não há, também, inconstitucionalidade quanto à ausência de sucessão de créditos trabalhistas.

III – Igualmente não existe ofensa à Constituição no tocante ao limite de conversão de créditos trabalhistas em quirografários.

IV – Diploma legal que objetiva prestigiar a função social da empresa e assegurar, tanto quanto possível, a preservação dos postos de trabalho.

V – Ação direta julgada improcedente.

(STF, Tribunal Pleno, ADI 3.934/DF, Min. Ricardo Lewandowski, DJe de 6/11/2009).

➘ RECURSO EXTRAORDINÁRIO. FARMÁCIA. FIXAÇÃO DE HORÁRIO DE FUNCIONAMENTO. ASSUNTO DE INTERESSE LOCAL. A fixação de horário de funcionamento para o comércio dentro da área municipal pode ser feita por lei local, visando o interesse do consumidor e evitando a dominação do mercado por oligopólio. Precedentes. Recurso extraordinário não conhecido.

(STF, Tribunal Pleno, RE 189.170, Min. Maurício Corrêa, DJ de 8/8/2003).

➘ DIREITO TRIBUTÁRIO. RESPONSABILIDADE TRIBUTÁRIA. NORMAS GERAIS DE DIREITO TRIBUTÁRIO. Art. 146, III, DA CF. ART. 135, III, DO CTN. SÓCIOS DE SOCIEDADE LIMITADA. ART. 13 DA LEI 8.620/93. INCONSTITUCIONALIDADES FORMAL E MATERIAL. REPERCUSSÃO GERAL. APLICAÇÃO DA DECISÃO PELOS DEMAIS TRIBUNAIS. 1. Todas as espécies tributárias, entre as quais as contribuições de seguridade social, estão sujeitas às normas gerais de direito tributário. 2. O Código Tributário Nacional estabelece algumas regras matrizes de responsabilidade tributária, como a do art. 135, III, bem como diretrizes para que o legislador de cada ente político estabeleça outras regras específicas de responsabilidade tributária relativamente aos tributos da sua competência, conforme seu art. 128. (...). 5. O art. 135, III, do CTN responsabiliza apenas aqueles que estejam na direção, gerência ou representação da pessoa jurídica e tão-somente quando pratiquem atos com excesso de poder ou infração à lei, contrato social ou estatutos. Desse modo, apenas o sócio com poderes de gestão ou representação da sociedade é que pode ser responsabilizado, o que resguarda a pessoalidade entre o ilícito (mal gestão ou representação) e a consequência de ter de responder pelo tributo devido pela sociedade. 6. O art. 13 da Lei 8.620/93 não se limitou a repetir ou detalhar a regra de responsabilidade constante do art. 135 do CTN, tampouco cuidou de uma nova hipótese específica e distinta. Ao vincular à simples condição de sócio a obrigação de responder solidariamente pelos débitos da sociedade limitada perante a Seguridade Social, tratou a mesma situação genérica regulada pelo art. 135, III, do CTN, mas de modo diverso, incorrendo em inconstitucionalidade por violação ao art. 146, III, da Constituição Federal . 7. O art. 13 da Lei 8.620/93 também se reveste de inconstitucionalidade material, porquanto não é dado ao legislador estabelecer confusão entre os patrimônios das pessoas física e jurídica, o que, além de impor desconsideração ex lege e objetiva da personalidade jurídica, descaracterizando as sociedades limitadas, implica irrazoabilidade e inibe a iniciativa privada, afrontando os arts. 5º, XIII, e 170, parágrafo único, da Constituição. 8. Reconhecida a inconstitucionalidade do art. 13 da Lei 8.620/93 na parte que determinou que os sócios das empresas por cotas de responsabilidade limitada responderiam solidariamente, com seus bens pessoais, pelos débitos junto à Seguridade Social 9. Recurso extraordinário da União desprovido. 10. Aos recursos sobrestados, que aguardavam a análise da matéria por este STF, aplica-se o art. 543-B, § 3º, do CPC.

(STF, Tribunal Pleno, RE 562.276/PR, Min. Ellen Gracie, DJe 10/2/2011)

➘ Serviços de Telecomunicações. Exploração. Edição de Listas ou Catálogos Telefônicos e Livre Concorrência. Se, por um lado, a publicação e distribuição de listas ou catálogos telefônicos constituía um ônus das concessionárias de serviço de telefonia – que podem cumpri-lo com ou sem a veiculação de publicidade – não se pode dizer que estas tinham exclusividade para fazê-lo. O artigo 2º da L. 6.874/80 ("A edição ou divulgação das listas referidas no § 2º do art. 1º desta Lei, sob qualquer forma ou denominação, e a comercialização da publicidade nelas inserta são de competência exclusiva da empresa exploradora do respectivo serviço de telecomunicações, que deverá contratá-las com terceiros, sendo

obrigatória, em tal caso, a realização de licitação") era inconstitucional – tendo em vista a Carta de 1969 – na medida em que institui reserva de mercado para a comercialização das listas telefônicas em favor das empresas concessionárias. RE desprovido.

(STF, T1, RE 158.676, Min. Sepúlveda Pertence, *DJ* de 5/10/2007).

↘ DIREITO CONSTITUCIONAL E ADMINISTRATIVO. ADI CONTRA LEI PARANAENSE 13.519, DE 8 DE ABRIL DE 2002, QUE ESTABELECE OBRIGATORIEDADE DE INFORMAÇÃO, CONFORME ESPECIFICA, NOS RÓTULOS DE EMBALAGENS DE CAFÉ COMERCIALIZADO NO PARANÁ. ALEGAÇÃO DE OFENSA AOS ARTS. 22, I e VIII, 170, IV, E PARÁGRAFO ÚNICO, E 174 DA CONSTITUIÇÃO FEDERAL. PROTEÇÃO AO CONSUMIDOR. OFENSA INDIRETA. AÇÃO JULGADA PARCIALMENTE PROCEDENTE. I – Não há usurpação de competência da União para legislar sobre direito comercial e comércio interestadual porque o ato normativo impugnado buscou, tão-somente, assegurar a proteção ao consumidor. II – Precedente deste Tribunal (ADI 1.980, Rel. Min. Sydney Sanches) no sentido de que não invade esfera de competência da União, para legislar sobre normas gerais, lei paranaense que assegura ao consumidor o direito de obter informações sobre produtos combustíveis. III – Afronta ao texto constitucional indireta na medida em que se mostra indispensável o exame de conteúdo de outras normas infraconstitucionais, no caso, o Código do Consumidor. IV – Inocorre delegação de poder de fiscalização a particulares quando se verifica que a norma impugnada estabelece que os selos de qualidade serão emitidos por entidades vinculadas à Administração Pública estadual. V – Ação julgada parcialmente procedente apenas no ponto em que a lei impugnada estende os seus efeitos a outras unidades da Federação.

(STF, Tribunal Pleno, ADI MC 2.832/PR, Min. Ricardo Lewandowski, DJ de 20/6/2008).

↘ CONSTITUCIONAL. ECONÔMICO. INTERVENÇÃO ESTATAL NA ECONOMIA: REGULAMENTAÇÃO E REGULAÇÃO DE SETORES ECONÔMICOS: NORMAS DE INTERVENÇÃO. LIBERDADE DE INICIATIVA. CF, art. 1º, IV; art. 170. CF, art. 37, § 6º.

I. – A intervenção estatal na economia, mediante regulamentação e regulação de setores econômicos, faz-se com respeito aos princípios e fundamentos da Ordem Econômica. CF, art. 170. O princípio da livre iniciativa é fundamento da República e da Ordem econômica: CF, art. 1º, IV; art. 170.

II. – Fixação de preços em valores abaixo da realidade e em desconformidade com a legislação aplicável ao setor: empecilho ao livre exercício da atividade econômica, com desrespeito ao princípio da livre iniciativa.

III. – Contrato celebrado com instituição privada para o estabelecimento de levantamentos que serviriam de embasamento para a fixação dos preços, nos termos da lei. Todavia, a fixação dos preços acabou realizada em valores inferiores. Essa conduta gerou danos patrimoniais ao agente econômico, vale dizer, à recorrente: obrigação de indenizar por parte do poder público. CF, art. 37, § 6º.

IV. – Prejuízos apurados na instância ordinária, inclusive mediante perícia técnica.

V. – RE conhecido e provido.

(STF, RE 422.941-2, Rel. Min. Carlos Velloso, DJ de 6/12/2005).

↘ CONSTITUCIONAL. ADMINISTRATIVO. CIVIL. LIMITAÇÃO ADMINISTRATIVA. INDENIZAÇÃO.

I – Se a restrição ao direito de construir advinda da limitação administrativa causa aniquilamento da propriedade privada, resulta, em favor do proprietário, o direito à indenização. Todavia, o direito de edificar é relativo, dado que condicionado à função social da propriedade. Se as restrições decorrentes da limitação administrativa preexistiam à aquisição do terreno, assim já do conhecimento dos adquirentes, não podem estes, com base em tais restrições, pedir indenização ao Poder Público.

II – RE não conhecido.

(STF, RE 140.436, Rel. Min. Carlos Velloso, DJ de 6/8/1999)

↘ ARGÜIÇÃO DE DESCUMPRIMENTO DE PRECEITO FUNDAMENTAL. EMPRESA PÚBLICA DE CORREIOS E TELEGRÁFOS. PRIVILÉGIO DE ENTREGA DE CORRESPONDÊNCIAS. SERVIÇO POSTAL. CONTROVÉRSIA REFERENTE À LEI FEDERAL 6.538, DE 22 DE JUNHO DE 1978. ATO NORMATIVO QUE REGULA DIREITOS E OBRIGAÇÕES CONCERNENTES AO SERVIÇO POSTAL. PREVISÃO DE SANÇÕES NAS HIPÓTESES DE VIOLAÇÃO DO PRIVILÉGIO POSTAL. COMPATIBILIDADE COM O SISTEMA CONSTITUCIONAL VIGENTE. ALEGAÇÃO DE AFRONTA AO DISPOSTO NOS ARTIGOS 1º, INCISO IV; 5º, INCISO XIII, 170, CAPUT, INCISO IV E PARÁGRAFO ÚNICO, E 173 DA CONSTITUIÇÃO DO BRASIL. VIOLAÇÃO DOS PRINCÍPIOS DA LIVRE CONCORRÊNCIA E LIVRE INICIATIVA. NÃO-CARACTERIZAÇÃO. ARGUIÇÃO JULGADA IMPROCEDENTE. INTERPRETAÇÃO CONFORME À CONSTITUIÇÃO CONFERIDA AO ARTIGO 42 DA LEI nº 6.538, QUE ESTABELECE SANÇÃO, SE CONFIGURADA A VIOLAÇÃO DO PRIVILÉGIO POSTAL DA UNIÃO. APLICAÇÃO ÀS ATIVIDADES POSTAIS DESCRITAS NO ARTIGO 9º, DA LEI.

1. O serviço postal – – conjunto de atividades que torna possível o envio de correspondência, ou objeto postal, de um remetente para endereço final e determinado – – não consubstancia atividade econômica em sentido estrito. Serviço postal é serviço público.

2. A atividade econômica em sentido amplo é gênero que compreende duas espécies, o serviço público e a atividade econômica em sentido estrito. Monopólio é de atividade econômica em sentido estrito, empreendida por agentes econômicos privados. A exclusividade da prestação dos serviços públicos é expressão de uma situação de privilégio. Monopólio e privilégio são distintos entre si; não se os deve confundir no âmbito da linguagem jurídica, qual ocorre no vocabulário vulgar.

3. A Constituição do Brasil confere à União, em caráter exclusivo, a exploração do serviço postal e o correio aéreo nacional [artigo 20, inciso X].

4. O serviço postal é prestado pela Empresa Brasileira de Correios e Telégrafos – ECT, empresa pública, entidade da Administração Indireta da União, criada pelo decreto-lei nº 509, de 10 de março de 1.969.

5. É imprescindível distinguirmos o regime de privilégio, que diz com a prestação dos serviços públicos, do regime de monopólio sob o qual, algumas vezes, a exploração de atividade econômica em sentido estrito é empreendida pelo Estado.

6. A Empresa Brasileira de Correios e Telégrafos deve atuar em regime de exclusividade na prestação dos serviços que lhe incumbem em situação de privilégio, o privilégio postal.

7. Os regimes jurídicos sob os quais em regra são prestados os serviços públicos importam em que essa atividade seja desenvolvida sob privilégio, inclusive, em regra, o da exclusividade.

8. Argüição de descumprimento de preceito fundamental julgada improcedente por maioria. O Tribunal deu interpretação conforme à Constituição ao artigo 42 da Lei nº 6.538 para restringir a sua aplicação às atividades postais descritas no artigo 9º desse ato normativo.

(STF, Tribunal Pleno, ADPF 46, Min. Eros Grau, *DJe* de 26/2/2010).

↘ MEIO AMBIENTE – DIREITO À PRESERVAÇÃO DE SUA INTEGRIDADE (CF, ART. 225) – PRERROGATIVA QUALIFICADA POR SEU CARÁTER DE METAINDIVIDUALIDADE – DIREITO DE TERCEIRA GERAÇÃO (OU DE NOVÍSSIMA DIMENSÃO) QUE CONSAGRA O POSTULADO DA SOLIDARIEDADE – NECESSIDADE DE IMPEDIR QUE A TRANSGRESSÃO A ESSE DIREITO FAÇA IRROMPER, NO SEIO DA COLETIVIDADE, CONFLITOS INTERGENERACIONAIS – ESPAÇOS TERRITORIAIS ESPECIALMENTE PROTEGIDOS (CF, ART. 225, § 1º, III) – ALTERAÇÃO E SUPRESSÃO DO REGIME JURÍDICO A ELES PERTINENTE – MEDIDAS SUJEITAS AO PRINCÍPIO CONSTITUCIONAL DA RESERVA DE LEI – SUPRESSÃO DE VEGETAÇÃO EM ÁREA DE PRESERVAÇÃO PERMANENTE – POSSIBILIDADE DE A ADMINISTRAÇÃO PÚBLICA, CUMPRIDAS AS EXIGÊNCIAS LEGAIS, AUTORIZAR, LICENCIAR OU PERMITIR OBRAS E/OU ATIVIDADES NOS ESPAÇOS TERRITORIAIS PROTEGIDOS, DESDE QUE RESPEITADA, QUANTO A ESTES, A INTEGRIDADE DOS ATRIBUTOS JUSTIFICADORES DO REGIME DE PROTEÇÃO ESPECIAL – RELAÇÕES ENTRE ECONOMIA (CF, ART. 3º, II, C/C O ART. 170, VI) E ECOLOGIA (CF, ART. 225) – COLISÃO DE DIREITOS FUNDAMENTAIS – CRITÉRIOS DE SUPERAÇÃO DESSE ESTADO DE TENSÃO ENTRE VALORES CONSTITUCIONAIS RELEVANTES – OS DIREITOS BÁSICOS

DA PESSOA HUMANA E AS SUCESSIVAS GERAÇÕES (FASES OU DIMENSÕES) DE DIREITOS (RTJ 164/158, 160-161) – A QUESTÃO DA PRECEDÊNCIA DO DIREITO À PRESERVAÇÃO DO MEIO AMBIENTE: UMA LIMITAÇÃO CONSTITUCIONAL EXPLÍCITA À ATIVIDADE ECONÔMICA (CF, ART. 170, VI) – DECISÃO NÃO REFERENDADA – CONSEQÜENTE INDEFERIMENTO DO PEDIDO DE MEDIDA CAUTELAR. A PRESERVAÇÃO DA INTEGRIDADE DO MEIO AMBIENTE: EXPRESSÃO CONSTITUCIONAL DE UM DIREITO FUNDAMENTAL QUE ASSISTE À GENERALIDADE DAS PESSOAS.

Todos têm direito ao meio ambiente ecologicamente equilibrado. Trata-se de um típico direito de terceira geração (ou de novíssima dimensão), que assiste a todo o gênero humano (RTJ 158/205-206). Incumbe, ao Estado e à própria coletividade, a especial obrigação de defender e preservar, em benefício das presentes e futuras gerações, esse direito de titularidade coletiva e de caráter transindividual (RTJ 164/158-161). O adimplemento desse encargo, que é irrenunciável, representa a garantia de que não se instaurarão, no seio da coletividade, os graves conflitos intergeneracionais marcados pelo desrespeito ao dever de solidariedade, que a todos se impõe, na proteção desse bem essencial de uso comum das pessoas em geral. Doutrina.

A ATIVIDADE ECONÔMICA NÃO PODE SER EXERCIDA EM DESARMONIA COM OS PRINCÍPIOS DESTINADOS A TORNAR EFETIVA A PROTEÇÃO AO MEIO AMBIENTE.

A incolumidade do meio ambiente não pode ser comprometida por interesses empresariais nem ficar dependente de motivações de índole meramente econômica, ainda mais se se tiver presente que a atividade econômica, considerada a disciplina constitucional que a rege, está subordinada, dentre outros princípios gerais, àquele que privilegia a “defesa do meio ambiente” (CF, art. 170, VI), que traduz conceito amplo e abrangente das noções de meio ambiente natural, de meio ambiente cultural, de meio ambiente artificial (espaço urbano) e de meio ambiente laboral. Doutrina. Os instrumentos jurídicos de caráter legal e de natureza constitucional objetivam viabilizar a tutela efetiva do meio ambiente, para que não se alterem as propriedades e os atributos que lhe são inerentes, o que provocaria inaceitável comprometimento da saúde, segurança, cultura, trabalho e bem-estar da população, além de causar graves danos ecológicos ao patrimônio ambiental, considerado este em seu aspecto físico ou natural.

A QUESTÃO DO DESENVOLVIMENTO NACIONAL (CF, ART. 3º, II) E A NECESSIDADE DE PRESERVAÇÃO DA INTEGRIDADE DO MEIO AMBIENTE (CF, ART. 225): O PRINCÍPIO DO DESENVOLVIMENTO SUSTENTÁVEL COMO FATOR DE OBTENÇÃO DO JUSTO EQUILÍBRIO ENTRE AS EXIGÊNCIAS DA ECONOMIA E AS DA ECOLOGIA.

O princípio do desenvolvimento sustentável, além de impregnado de caráter eminentemente constitucional, encontra suporte legitimador em compromissos internacionais assumidos pelo Estado brasileiro e representa fator de obtenção do justo equilíbrio entre as exigências da economia e as da ecologia, subordinada, no entanto, a invocação desse postulado, quando ocorrente situação de conflito entre valores constitucionais relevantes, a uma condição inafastável, cuja observância não comprometa nem esvazie o conteúdo essencial de um dos mais significativos direitos fundamentais: o direito à preservação do meio ambiente, que traduz bem de uso comum da generalidade das pessoas, a ser resguardado em favor das presentes e futuras gerações.

O ART. 4º DO CÓDIGO FLORESTAL E A MEDIDA PROVISÓRIA Nº 2.166-67/2001: UM AVANÇO EXPRESSIVO NA TUTELA DAS ÁREAS DE PRESERVAÇÃO PERMANENTE.

A Medida Provisória nº 2.166-67, de 24/08/2001, na parte em que introduziu significativas alterações no art. 4º do Código Florestal, longe de comprometer os valores constitucionais consagrados no art. 225 da Lei Fundamental, estabeleceu, ao contrário, mecanismos que permitem um real controle, pelo Estado, das atividades desenvolvidas no âmbito das áreas de preservação permanente, em ordem a impedir ações predatórias e lesivas ao patrimônio ambiental, cuja situação de maior vulnerabilidade reclama proteção mais intensa, agora propiciada, de modo adequado e compatível com o texto constitucional, pelo diploma normativo em questão. – Somente a alteração e a supressão do regime jurídico pertinente aos espaços territoriais especialmente protegidos qualificam-se, por efeito da cláusula inscrita no art. 225, § 1º, III, da Constituição, como matérias sujeitas ao princípio da reserva legal. – É lícito ao Poder Público – qualquer que seja a dimensão institucional em que se posicione na estrutura federativa (União, Estados-membros, Distrito Federal e Municípios) – autorizar, licenciar ou permitir a execução de obras e/

ou a realização de serviços no âmbito dos espaços territoriais especialmente protegidos, desde que, além de observadas as restrições, limitações e exigências abstratamente estabelecidas em lei, não resulte comprometida a integridade dos atributos que justificaram, quanto a tais territórios, a instituição de regime jurídico de proteção especial (CF, art. 225, § 1º, III).

(STF, Tribunal Pleno, ADI 3.540-MC, Min. Celso de Mello, *DJ* de 3/2/2006).

↘ AÇÃO DIRETA DE INCONSTITUCIONALIDADE. CONSTITUCIONAL. TRIBUTÁRIO. CONTRIBUIÇÃO SINDICAL PATRONAL. ISENÇÃO CONCEDIDA ÀS MICROEMPRESAS E EMPRESAS DE PEQUENO PORTE. SIMPLES NACIONAL ("SUPERSIMPLES"). LEI COMPLEMENTAR 123/2006, ART. 13, § 3º. ALEGADA VIOLAÇÃO DOS ARTS. 3º, III, 5º, CAPUT, 8º, IV, 146, III, D, E 150, § 6º DA CONSTITUIÇÃO.

1. Ação direta de inconstitucionalidade ajuizada contra o art. 13, § 3º da LC 123/2006, que isentou as microempresas e empresas de pequeno porte optantes pelo Regime Especial Unificado de Arrecadação de Tributos e Contribuições devidos pelas Microempresas e Empresas de Pequeno Porte – Simples Nacional ("Supersimples").

2. Rejeitada a alegação de violação da reserva de lei específica para dispor sobre isenção (art. 150, § 6º da Constituição), uma vez que há pertinência temática entre o benefício fiscal e a instituição de regime diferenciado de tributação. Ademais, ficou comprovado que o Congresso Nacional não ignorou a existência da norma de isenção durante o processo legislativo.

3. A isenção concedida não viola o art. 146, III, d, da Constituição, pois a lista de tributos prevista no texto legal que define o campo de reserva da lei complementar é exemplificativa e não taxativa. Leitura do art. 146, III, d, juntamente com o art. 170, IX da Constituição.

3.1. O fomento da micro e da pequena empresa foi elevado à condição de princípio constitucional, de modo a orientar todos os entes federados a conferir tratamento favorecido aos empreendedores que contam com menos recursos para fazer frente à concorrência. Por tal motivo, a literalidade da complexa legislação tributária deve ceder à interpretação mais adequada e harmônica com a finalidade de assegurar equivalência de condições para as empresas de menor porte.

4. Risco à autonomia sindical afastado, na medida em que o benefício em exame poderá tanto elevar o número de empresas a patamar superior ao da faixa de isenção quanto fomentar a atividade econômica e o consumo para as empresas de médio ou de grande porte, ao incentivar a regularização de empreendimentos.

5. Não há violação da isonomia ou da igualdade, uma vez que não ficou demonstrada a inexistência de diferenciação relevante entre os sindicatos patronais e os sindicatos de representação de trabalhadores, no que se refere ao potencial das fontes de custeio.

6. Ação direta de inconstitucionalidade conhecida, mas julgada improcedente.

(STF, Tribunal Pleno, ADI 4.033, Min. Joaquim Barbosa, *DJe* de 7/2/2011).

↘ Ação direta de inconstitucionalidade. Lei complementar estadual que fixa piso salarial para certas categorias. Pertinência temática. Conhecimento integral da ação. Direito do trabalho. Competência legislativa privativa da União delegada aos Estados e ao Distrito Federal. Lei Complementar federal nº103/2000. Alegada violação ao art. 5º, caput (princípio da isonomia), art. 7º, V, e art. 114, § 2º, da Constituição. Inexistência. Atualização do piso salarial mediante negociação coletiva com a participação do "Governo do Estado de Santa Catarina. Violação ao princípio da autonomia sindical. Inconstitucionalidade formal. Procedência parcial.

1. A exigência de pertinência temática não impede, quando o vício de inconstitucionalidade for idêntico para todos os seus destinatários, o amplo conhecimento da ação nem a declaração de inconstitucionalidade da norma para além do âmbito dos indivíduos representados pela entidade requerente. Conhecimento integral da ação direta ajuizada pela Confederação Nacional do Comércio de Bens, Serviços e Turismo (CNC).

2. A competência legislativa do Estado de Santa Catarina para fixar piso salarial decorre da Lei Complementar federal nº 103, de 2000, mediante a qual a União, valendo-se do disposto no art. 22, inciso I e parágrafo único, da Carta Maior, delegou aos Estados e ao Distrito Federal a competência para instituir

piso salarial para os empregados que não tenham esse mínimo definido em lei federal, convenção ou acordo coletivo de trabalho. Trata-se de lei estadual que consubstancia um exemplo típico de exercício, pelo legislador federado, da figura da competência privativa delegada.

3. A lei questionada não viola o princípio do pleno emprego. Ao contrário, a instituição do piso salarial regional visa, exatamente, reduzir as desigualdades sociais, conferindo proteção aos trabalhadores e assegurando a eles melhores condições salariais.

4. Não viola o poder normativo da Justiça do Trabalho (art. 114, § 2º, da Lei Maior) o fato de a lei estadual não ter excluído dos seus efeitos a hipótese de piso salarial determinado em dissídio coletivo. A lei atuou nos exatos contornos da autorização conferida pela delegação legislativa.

5. A lei impugnada realiza materialmente o princípio constitucional da isonomia, uma vez que o tratamento diferenciado aos trabalhadores agraciados com a instituição do piso salarial regional visa reduzir as desigualdades sociais. A Lei Complementar federal nº 103/2000 teve por objetivo maior assegurar àquelas classes de trabalhadores menos mobilizadas e, portanto, com menor capacidade de organização sindical, um patamar mínimo de salário.

6. A fim de manter-se o incentivo à negociação coletiva (art. 7º, XXVI, CF/88), os pisos salariais regionais somente serão estabelecidos por lei naqueles casos em que não haja convenção ou acordo coletivo de trabalho. As entidades sindicais continuarão podendo atuar nas negociações coletivas, desde que respeitado o patamar mínimo legalmente assegurado.

7. A parte final do parágrafo único do art. 2º da Lei Complementar nº 459/2009, ao determinar a participação do Governo do Estado de Santa Catarina nas negociações entre as entidades sindicais de trabalhadores e empregadores para atualização dos pisos salariais fixados na referida lei complementar, ofende o princípio da autonomia sindical (art. 8º, I, CF/88) e extrapola os contornos da competência legislativa delegada pela União. As negociações coletivas devem ocorrer com a participação dos representantes dos empregadores e dos trabalhadores, sem intromissão do governo (princípio da negociação livre). Ao criar mecanismo de participação estatal compulsória nas negociações coletivas, o Estado de Santa Catarina legisla sobre direito coletivo do trabalho, não se restringindo a instituir o piso salarial previsto no inciso V do art. 7º da Constituição Federal.

8. Ação direta de inconstitucionalidade julgada parcialmente procedente.

(STF, Tribunal Pleno, ADI 4.364, Min. Dias Toffoli, *DJe* de 16/5/2011).

➘ Locação. Plano cruzado. Alegação de ofensa ao § 3º do artigo 153 da Emenda Constitucional nº 1/69. Decreto-Lei nº 2.290/86 e Decreto nº 92.592/86. – Falta de prequestionamento da questão constitucional (alegação de ofensa ao § 3º do art. 153 da Emenda Constitucional nº 1/69), quanto a limitação da cláusula de reajuste semestral do aluguel referida no acórdão recorrido.

– Já se firmou a jurisprudência desta Corte, como acentua o parecer da Procuradoria-Geral da República, no sentido de que as normas que alteram o padrão monetário e estabelecem os critérios para a conversão dos valores em face dessa alteração se aplicam de imediato, alcançando os contratos em curso de execução, uma vez que elas tratam de regime legal de moeda, não se lhes aplicando, por incabíveis, as limitações do direito adquirido e do ato jurídico perfeito a que se refere o § 3º do artigo 153 da Emenda Constitucional nº 1/69. Recurso extraordinário não conhecido.

(STF, T1, RE 114.982/RS, Min. Moreira Alves, DJ de 1/3/1991)

➘ Ação direta de inconstitucionalidade. – Se a lei alcançar os efeitos futuros de contratos celebrados anteriormente a ela, será essa lei retroativa (retroatividade mínima) porque vai interferir na causa, que é um ato ou fato ocorrido no passado.

– O disposto no artigo 5, XXXVI, da Constituição Federal se aplica a toda e qualquer lei infraconstitucional, sem qualquer distinção entre lei de direito público e lei de direito privado, ou entre lei de ordem pública e lei dispositiva. Precedente do S.T.F..

– Ocorrência, no caso, de violação de direito adquirido. A taxa referencial (TR) não é índice de correção monetária, pois, refletindo as variações do custo primário da captação dos depósitos a prazo fixo, não constitui índice que reflita a variação do poder aquisitivo da moeda. Por isso, não há necessidade de se examinar a questão de saber se as normas que alteram índice de correção monetária se aplicam imediatamente, alcançando, pois, as prestações futuras de contratos celebrados no passado, sem violarem o disposto no artigo 5, XXXVI, da Carta Magna.

– Também ofendem o ato jurídico perfeito os dispositivos impugnados que alteram o critério de reajuste das prestações nos contratos já celebrados pelo sistema do Plano de Equivalência Salarial por Categoria Profissional (PES/CP). Ação direta de inconstitucionalidade julgada procedente, para declarar a inconstitucionalidade dos artigos 18, "caput" e parágrafos 1 e 4; 20; 21 e parágrafo único; 23 e parágrafos; e 24 e parágrafos, todos da Lei nº 8.177, de 1 de maio de 1991.

(STF, Tribunal Pleno, ADI 493/DF, Min. Moreira Alves, DJ de 4/9/1992)

➘ APLICAÇÕES EM CERTIFICADOS DE DEPÓSITOS BANCÁRIOS COM VALOR DE RESGATE PRÉ-FIXADO – CDB. DL 2.335 DE 12.6.1987 (CONGELAMENTO DE PREÇOS E SALÁRIOS POR 90 DIAS). PLANO BRESSER. DEFLAÇÃO. TABLITA. APLICAÇÃO IMEDIATA. ALTERAÇÃO DE PADRÃO MONETÁRIO. ALEGAÇÃO DE OFENSA AO ATO JURÍDICO PERFEITO.

O plano Bresser representou alteração profunda nos rumos da economia e mudança do padrão monetário do país. Os contratos fixados anteriormente ao plano incorporavam as expectativas inflacionárias e, por isso, estipulavam formas de reajuste de valor nominal. O congelamento importou em quebra radical das expectativas inflacionárias e, por conseqüência, em desequilíbrio econômico-financeiro dos contratos. A manutenção íntegra dos pactos importaria em assegurar ganhos reais não compatíveis com a vontade que deu origem aos contratos. A tablita representou a conseqüência necessária do congelamento como instrumento para se manter a neutralidade distributiva do choque na economia. O decreto-lei, ao contrário de desrespeitar, prestigiou o princípio da proteção do ato jurídico perfeito (art. 5º XXXVI, da CF) ao reequilibrar o contrato e devolver a igualdade entre as partes contratantes.

(STF, Tribunal Pleno, RE 141.190/SP, Relator Min. Ilmar Galvão, Relator p/ Acórdão Min. Nelson Jobim, DJ de 26/5/2006)

➘ TABLITA. PLANO CRUZADO. REGRA DE DEFLAÇÃO DO DECRETO-LEI 2.284/86. PRINCÍPIOS DO DIREITO ADQUIRIDO, DO ATO JURÍDICO PERFEITO E DA COISA JULGADA. ALTERAÇÃO DE PADRÃO MONETÁRIO. 1. No julgamento do RE 141.190, o plenário do STF entendeu que o fator de deflação veio a preservar o equilíbrio econômico-financeiro inicial dos contratos, diante da súbita interrupção do processo inflacionário. A manutenção dos contratos então vigentes – que traziam embutida a tendência inflacionária – importaria em ganhos irreais, desiguais e incompatíveis com o pacto firmado entre as partes antes da alteração radical do ambiente monetário e econômico. 2. Também por isso se confirmou a tese de que normas de ordem pública que instituem novo padrão monetário têm aplicação imediata em relação aos contratos em curso como forma de reequilibrar a relação jurídica antes estabelecida. 3. O Plano Funaro (Cruzado) também representou mudança de padrão monetário e alteração profunda dos rumos econômicos do país e, por isso, a esse plano econômico também se aplica a jurisprudência assentada no julgamento do RE 141.190. Negado provimento ao recurso.

(STF, Tribunal Pleno, RE 136.901/SP, Relator Min. Marco Aurélio Relator p/ Acórdão Min. Nelson Jobim, DJ 2/6/2006)

➘ Direito Monetário: competência legislativa privativa da União: critérios de conversão em URV dos valores fixados em Cruzeiro Real: aplicação compulsória a Estados e Municípios, inclusive aos vencimentos dos respectivos servidores, que impede a incidência de diferente legislação local a respeito.

1. Em todas as Federações, o estabelecimento do sistema monetário foi sempre típica e exclusiva função legislativa do ordenamento central; e estabelecer o sistema monetário – escusado o óbvio – consiste primacialmente na criação e eventual alteração do padrão monetário.

2. A alteração do padrão monetário envolve necessariamente a fixação do critério de conversão para a moeda nova do valor das obrigações legais ou negociais orçadas na moeda velha; insere-se, pois, esse critério de conversão no âmbito material da regulação do "sistema monetário", ou do Direito Monetário, o qual, de competência legislativa privativa da União (CF, art. 22, VI), se subtrai do âmbito da autonomia dos Estados e Municípios.

3. A regra que confia privativamente à União legislar sobre "sistema monetário" (art. 22, VI) é norma especial e subtrai, portanto, o Direito Monetário, para esse efeito, da esfera material do Direito Econômico, que o art. 24, I, da Constituição da República inclui no campo da competência legislativa concorrente da União, dos Estados e do Distrito Federal.

4. Dado o papel reservado à URV na transição entre dois padrões monetários, o Cruzeiro Real e o Real (L. 8880/94), os critérios legais para a conversão dos valores expressos em cruzeiros reais para a URV constituiu uma fase intermediária de convivência com a moeda antiga na implantação do novo sistema monetário.

5. Compreendem-se, portanto, ditos critérios da conversão em URV no âmbito material de regulação do sistema monetário, objeto de competência legislativa privativa da União.

6. A conversão em URV dos valores fixados para a remuneração dos servidores públicos locais – segundo a lei federal institutiva do novo sistema monetário –, não representou aumento de vencimentos, não sendo oponíveis, portanto, à sua observância compulsória por Estados e Municípios, as regras dos arts. 167 e 169 da Constituição da República.

7. Correta a decisão do Tribunal local que, em conseqüência, deu aplicação aos critérios da conversão de vencimentos e proventos em URV, ditados por lei federal (L. 8880/94, art. 22) e afastou a incidência da lei estadual que os contrariou (L. est. 6612/94-RN): RE não conhecido.

(STF, T1, RE 291.188/RN, Min. Sepúlveda Pertence, DJ de 14/11/2002)

6. QUADROS SINÓTICOS

Ordem Econômica

Tema	Informação	Fonte
Conceito	Conjunto de normas e instituições jurídicas que visam disciplinar as relações oriundas do exercício da atividade econômica, além de orientar a produção dos diversos ramos do direito envolvidos no ciclo econômico, como os direitos civil, empresarial, concorrencial, econômico, administrativo (André Ramos Tavares)	–
Evolução histórica **Liberalismo econômico** **Referência** **Estado Intervencionista ou Estado Social** **Referência** **Duas concepções:** **O Estado do bem-estar social (Welfare State)** **O Estado socialista** **Crise do Estado intervencionista**	O Estado sempre esteve presente na atividade econômica. No final da Idade Média o direito comercial se desenvolveu fora da estrutura estatal, produto do desenvolvimento consuetudinário no meio corporativo, elaborado pelos próprios comerciantes. Com a formação dos grandes Estados Nacionais, o direito comercial passa a se integrar ao direito comum, diante do interesse na formação de um mercado nacional. A autoridade real impõe uma disciplina publicista. A atuação estatal no domínio econômico varia de acordo com o momento histórico. A concepção de ordem econômica diz respeito a essa disciplina.	–

Evolução histórica **Liberalismo econômico** **Referência** **Estado Intervencionista ou Estado Social** **Referência** **Duas concepções:** **O Estado do bem-estar social (Welfare State)** **O Estado socialista** **Crise do Estado intervencionista**	A partir do final do século XVIII, tem bases no movimento racionalista dos séculos XVII e XVIII. Concepção do Estado moderno, que buscava assegurar aos cidadãos a aquisição de direitos individuais que limitassem o arbítrio estatal, negando-lhe qualquer participação no contexto econômico, reservado à iniciativa privada. **Adam Smith**, autor de *A Riqueza das Nações* (1776). Concepção da "mão invisível do mercado" e das "leis naturais do mercado". A ausência do Estado é a característica marcante deste período histórico. A partir do final do século XIX, com a consolidação da Revolução Industrial, o Estado se vê chamado à arena econômica para resolver tais desequilíbrios. O Estado atua sobre a propriedade privada para condicionar o exercício de direitos a determinados fins sociais, de modo que sua ingerência sobre dois valores fundamentais do capitalismo – a propriedade privada e a liberdade econômica – passam a ser justificadas. **Keynes.** Constituições de Weimar (1919) e México (1917) Nos Estados Unidos – preocupação em se estabelecer uma legislação antitruste *New Deal.* Tem como aspecto central o reconhecimento destes dois valores fundamentais. Não se opõe, neste sentido, ao capitalismo.	–
Ordem econômica constitucional brasileira	A outra resposta ao Estado liberal foi baseada em uma política econômica planificada, com o Poder Público se tornando o agente econômico único. União Soviética e sua zona de influência. Coletivização dos fatores de produção, substituindo a liberdade de concorrência e a livre-iniciativa pelo planejamento estatal. Não reconhece os valores propriedade e contrato. Mas o Estado social também passou a ser fortemente criticado, em especial a partir dos anos 70, o que o levou a remodelar sua forma de atuação na esfera econômica. Constituições de 1824 e 1891. O Estado tem uma função de garantidor da liberdade de mercado e dos direitos individuais. As normas constitucionais garantidoras têm um sentido negativo, pois se dirigem ao próprio Estado.	Constituições de 1824 e 1891 Constituição de 1934 Art. 113, XVII e 115, da Constituição de 1934

Ordem econômica constitucional brasileira	A Constituição de 1934 dedica um capítulo à Ordem Econômica e Social, expressão, que sobrevive na ordem constitucional brasileira até hoje. Garantia do direito à propriedade é garantido, desde que não exercido contra o interesse social ou coletivo, na forma que a lei determinar – art. 113, XVII. A Constituição de 1937 é a primeira a se referir expressamente à intervenção do Estado no domínio econômico. Distingue a intervenção mediata da imediata, tratando, ainda, das manifestações da atuação do Estado: controle, estímulo e gestão direta A nova ordem constitucional explicitou a intervenção do Estado no domínio econômico com um norte – o interesse público – e um limite – os direitos fundamentais. A partir da Constituição de 1967: desenvolvimento econômico. Criação de inúmeras empresas públicas e sociedades de economia mista, que passaram a assumir a princípio, o que seria dos particulares, ou melhor, assumir o serviço público. Dirigismo estatal praticado em nome da economia de mercado e da livre-iniciativa	Constituição de 1937 Art. 135 Constituição de 1946 Art. 146 Constituição de 1967

Princípios da Ordem Econômica na Constituição de 1988

Introdução	O constituinte adotou princípios liberalizantes e outros intervencionistas. A Constituição de 1988 celebra um sistema econômico capitalista, em que os fatores de produção são detidos pelos agentes privados, que deles dispõem e podem deles valer-se para a obtenção de lucro. Não é a circunstância de o Estado poder intervir (seja mediante atos de gestão seja mediante atos normativos) que desnatura a essência da Constituição Econômica brasileira de 1988. Não existe direito (ou princípio jurídico) absoluto. O direito é um sistema de normas harmonicamente articuladas. **Valorização do trabalho humano**, conjuntamente com a **livre-iniciativa**, tanto no *caput* do art. 170 quanto no inciso IV do art. 1º da Constituição. A liberdade dos agentes econômicos para atuarem no mercado deverá ser exercitada de forma que valorize o trabalho humano.	Artigos 1º, 3º e 170

Livre-iniciativa **(CR, art. 170, *caput*)** **Brasil** **Conteúdo** **Livre-iniciativa não é o mesmo que livre concorrência**	Origem: édito de Turgot, de 1776 e, posteriormente, no Decreto d'Allarde, de março e 1791. A posterior Lei de Chapelier proibiu todas as espécies de corporações de ofício, sepultando, assim, o que havia restado da ordem feudal na França. Alvará de 1º de abril de 1808, que concedeu às colônias portuguesas a liberdade de indústria. Não se resume a um direito individual de caráter absoluto. Há de se atentar à sua função social. Abandona-se a ideia de um princípio dirigido ao Estado, que deve se abster em relação ao particular. É possível que a intervenção do Estado seja necessária justamente para evitar sua violação por parte de outro particular, que pode atuar mediante abuso de seu poder econômico. Por mais que livre-iniciativa e livre concorrência possuam evidentes relações entre si, não se confundem: se esta pressupõe aquela, a livre-iniciativa, por si só, não assegura a livre concorrência. Algumas sociedades são dependentes de autorização – instituições financeiras, seguradoras, indústrias de cigarros e de bebidas etc. Esta necessidade de autorização não implica em inobservância do princípio da livre-iniciativa. Outro exemplo foi a criação do **passe livre às pessoas portadoras de deficiências.** A intervenção estatal na economia, mediante regulação e regulamentação de setores econômicos, sempre terá como baliza os princípios e fundamentos da ordem econômica. O STF também teve oportunidade de decidir sobre a eventual violação ao princípio da livre-iniciativa pelo monopólio conferido à Empresa Brasileira de Correios e Telégrafos – ECT.	STF, Pleno, AC 1.657-MC, voto do Rel. p/ o ac. Min. Cezar Peluso, DJ de 31/8/2007 STF, Pleno, ADI 2.649, Min. Carmen Lúcia, *DJe* de 17/10/2008.) STF, Pleno, ADI 3.512, Rel. Min. Eros Grau, julgamento em 15-2-2006). STF, Pleno, RE 422.941-2, Rel. Min. Carlos Velloso, julgamento em 6/12/2005. STF, Pleno, ADPF 46, Min. Eros Grau, *DJe* de 26/2/2010
Soberania nacional (inciso I) **Soberania e livre concorrência**	Princípio fundamental da República, nos termos do art. 1º, I, da Constituição. O Tratado de Westfalia (1648) reconheceu que o mundo é dividido em Estados soberanos e iguais, o que foi decisivo para a consolidação do Estado Moderno. A soberania decorre da autonomia obtida pelas pessoas, e jamais será possível falar em soberania da nação se os indivíduos que a compõem não possuírem um padrão mínimo de vida digno. A soberania econômica nacional se dá com a definição de políticas públicas que viabilizem a participação da sociedade nacional em condições de igualdade com as sociedades internacionais.	–

Soberania nacional (inciso I) **Soberania e livre concorrência**	A opção política pelas "campeãs nacionais", através da qual se pretende o fortalecimento, a partir de políticas de Estado, de grupos econômicos para a conquista de mercados no exterior pode, ao mesmo tempo, gerar graves problemas para o mercado interno, tecendo uma interessante ligação entre a soberania nacional e a livre concorrência.	–
Propriedade privada (inciso II) e função social da propriedade (inciso III)	Garantia do direito à propriedade, que atenderá a sua função social. A atuação do Estado na propriedade privada que passa a ser limitada aos casos expressamente previstos na Constituição – a instituição e cobrança de tributos, a privação de bens por meio do devido processo legal, assegurada a ampla defesa e o contraditório aos litigantes, a expropriação, sem indenização, dos bens envolvidos no cultivo de plantas psicotrópicas e tráfico de drogas, como espécie de pena e a desapropriação, mediante prévia e justa indenização, e a requisição ou a ocupação temporárias. Movimento de constitucionalização do direito privado. Função social da propriedade – leva à função social da empresa. Constitucionalidade dos artigos 60, parágrafo único, 83, I e IV, c, e 141, II, da Lei 11.101/2005 – a lei tem como objetivo permitir que as empresas em dificuldades, saldem o seu passivo por meio da realização do respectivo patrimônio, sendo reunidos todos os credores. Logo, seu escopo, além de contribuir para que a empresa pudesse superar a crise econômica ou financeira, é o de preservar, o máximo possível, os vínculos trabalhistas e a cadeia de fornecedores, e as normas atacadas representam opção do legislador, que deu concretude a determinados valores constitucionais – a livre-iniciativa e a função social da propriedade – em detrimento de outros, por julgá-los mais adequados ao tratamento da matéria.	Art. 5º, XXII e XXIII Art. 5º, XXIV e XXV; Arts. 182, § 4º, III e 184 Art. 243 STF, Pleno, ADI 3.934-2/DF, Min. Ricardo Lewandowski, DJe de 6/11/2009.
Livre concorrência (inciso IV)	Nos Estados Unidos, o *Sherman Act* (1890) é o grande marco legal do tema. A proteção e estímulo às empresas de pequeno porte (também elevada a princípio) também tem como corolário a defesa pela livre concorrência. Mais um exemplo de que a postura esperada do Estado não mais se resume a um *não fazer* típico do liberalismo clássico.	STF, Pleno, RE 189.170, Min. Maurício Corrêa, *DJ* de 8/8/2003 STF, T1, RE 158.676, Min. Sepúlveda Pertence, *DJ* de 5/10/2007

Livre concorrência (inciso IV)	Pode o Poder Público regular o horário de funcionamento para o comércio, com vistas ao interesse do consumidor e procurando evitar a dominação de determinado ramo por oligopólio. As concessionárias de serviços de telefonia, conquanto tenham o dever de publicar e distribuir listas e catálogos telefônicos, não têm o direito à exclusividade. Não se confunde com o entendimento sumulado do STF – ofende o princípio da livre concorrência lei municipal que impede a instalação de estabelecimentos comerciais do mesmo ramo em determinada área. O Código Civil de 2002, em seu art. 1.147, positivou entendimento já consolidado, estabelecendo um limite temporal para a não concorrência, coibindo a concorrência desleal.	Súmula 646 do STF Código Civil, art. 1.147
Defesa do consumidor (inciso V)	O direito fundamental à proteção estatal ao consumidor assume, em última análise, na perspectiva do sistema jurídico consagrado em nossa Carta Política, a condição de meio instrumental destinado, a neutralizar o abuso do poder econômico praticado em detrimento das pessoas e de seu direito ao desenvolvimento e a uma existência digna e justa. O desenvolvimento econômico não pode ser atingido por meio de violação ao direito do consumidor. Afastam-se as normas especiais do Código Brasileiro da Aeronáutica e da Convenção de Varsóvia quando implicarem retrocesso social ou vilipêndio aos direitos assegurados pelo Código de Defesa do Consumidor. Aplica-se o Código de Defesa do Consumidor às relações entre as instituições financeiras e seus clientes.	STF, Pleno, ADI MC 2.832/PR, Min. Ricardo Lewandowski, DJ de 20/6/2008 STF, T1, RE 351.750, Min. Ayres Britto, *DJe* de 2/9/2009. STF, T2, RE 575.803-AgR, Min. Cezar Peluso, *DJe* de 18/12/2009 STF, Pleno, ADI 2.591/DF, Min. Eros Grau, DJ de 7/6/2006
Meio ambiente (inciso VI)	Em sua redação original, o inciso VI se limitava a "defesa do meio ambiente". No entanto, com a redação dada pela Emenda Constitucional 42/2003, o inciso estabelece: defesa do meio ambiente, *inclusive mediante tratamento diferenciado conforme o impacto ambiental dos produtos e serviços e de seus processos de elaboração e prestação.*	Art. 225 STF, Pleno, ADPF 101, Min. Cármen Lúcia, *DJe* de 4/6/2012

Meio ambiente (inciso VI)	Há questionamentos envolvendo esse princípio como fundamento da ordem econômica, como a possibilidade, ou não, de importação de pneus usados. Diversas decisões judiciais vinham permitindo a importação de países não integrantes do Mercosul. A atividade econômica não pode ser exercida em desacordo com os princípios envolvendo a proteção ao meio ambiente. Os instrumentos jurídicos de caráter legal e de natureza constitucional objetivam viabilizar a tutela efetiva do meio ambiente, para que não se alterem as propriedades e os atributos que lhe são inerentes, o que provocaria inaceitável comprometimento da saúde, segurança, cultura, trabalho e bem-estar da população, além de causar graves danos ecológicos ao patrimônio ambiental, considerado este em seu aspecto físico ou natural.	STF, Pleno, ADI 3.540-MC, Min. Celso de Mello, *DJ* de 3/2/2006
Redução das desigualdades regionais (inciso VII)	A Constituição reconhece, explicitamente, que o país, de dimensões continentais, não apresenta desenvolvimento uniforme, e menciona, no art. 3º, como um dos objetivos fundamentais da República, a redução das desigualdades sociais e regionais. Deverá o Estado se empenhar na promoção do desenvolvimento econômico de forma a efetivar o mandamento constitucional. Com base no princípio, o STF se manifestou sobre o estabelecimento, pelos estados, de salários-mínimos regionais, que nunca serão inferiores ao valor federal.	STF, Pleno, ADI 4.364, Min. Dias Toffoli, *DJe* de 16/5/2011
Busca do pleno emprego (inciso VIII)	O Estado procura influir efetivamente no comportamento dos agentes econômicos, através de mecanismos de fomento, como incentivos fiscais, financiamentos públicos – ainda que não possa obrigar a iniciativa privada à sua adesão. Essa atuação deve ter como objetivo a redução do desemprego. Lei nº 11.101/2005: instituto da recuperação judicial e extrajudicial, destinado às empresas viáveis. A função social da empresa inclui em seu conteúdo a proteção ao emprego.	–
Tratamento favorecido para as empresas de pequeno porte (inciso IX)	Através deste favorecimento, o constituinte assegurou condições mínimas ao pequeno estabelecimento empresarial de competir no mercado.	Art. 179

Tratamento favorecido para as empresas de pequeno porte (inciso IX)	Questões sociais e econômicas – condições justas e igualitárias de competição, bem como o relevante papel desempenhado pelas microempresas e empresas de pequeno porte na geração de empregos e renda. Impõe à União, aos Estados, Distrito Federal e aos Municípios a obrigação de conferir às microempresas e empresas de pequeno porte, nos termos da lei, tratamento jurídico diferenciado, de forma a incentivá-las pela simplificação de suas obrigações administrativas, tributárias, previdenciárias e creditícias, ou pela eliminação ou redução destas por meio de lei. Edição de lei complementar para fins de tratamento diferenciado e favorecido para as microempresas e para as empresas de pequeno porte, inclusive regimes especiais ou simplificados no caso do imposto previsto no art. 155, II, das contribuições previstas no art. 195, I e §§ 12 e 13, e da contribuição a que se refere o art. 239. Lei Complementar 123/06: criou um verdadeiro microssistema aplicável às referidas empresas. No que diz respeito ao direito econômico, destacamos dois aspectos: a) Isenção da contribuição sindical patronal, nos termos do art. 17, § 3º, da mencionada Lei Complementar: o fomento da micro e da pequena empresa foi elevado à condição de princípio constitucional, orientando os entes federados a conferir tratamento favorecido aos empreendedores que contam com menos recursos para fazer frente à concorrência. A literalidade da complexa legislação tributária deve ceder à interpretação mais adequada e harmônica com a finalidade de assegurar equivalência de condições para as empresas de menor porte. b) Preferência pelas micro e empresas de pequeno porte em um mercado de aquisições públicas.	Art. 146, III, d STF, Pleno, ADI 4.033, Min. Joaquim Barbosa, *DJe* de 7/2/2011 Lei Complementar 123/09, arts. 44 e 48, I.
Livre-iniciativa da atividade econômica (parágrafo único)	Não pode o Poder Público ou o particular inibir outro particular ao exercício da atividade econômica. Assim, o STF afastou definitivamente a aplicação da regra do art. 13 da Lei 8.620/93. O STF deu provimento a recurso extraordinário para restabelecer sentença, que deferira a segurança e assegurara o direito do contribuinte à impressão de talonários de notas fiscais independentemente da prestação de garantias.	STF, Pleno, RE 562.276, Min. Ellen Gracie, *DJe* de 10/2/2011 STF, Pleno, RE 565.048 RG/RS, Min. Marco Aurélio, DJe de 9/10/2014

Intervenção do Estado na economia

Introdução	O Estado sempre atuou de forma acentuada na economia, de acordo com o momento histórico, embora o direito econômico como disciplina jurídica somente tenha surgido no século XX.	–
Empresa brasileira e empresa brasileira de capital nacional – o revogado art. 171	O artigo 171 da Constituição foi revogado pela Emenda Constitucional nº6/95. Proteção à empresa brasileira contra a concorrência global que então se avizinhava. Início da década de 1990: iniciou-se no Brasil o movimento de desestatização e privatização. O art. 171 se mostrou incompatível com a necessidade de abertura da economia brasileira (que sempre foi – e ainda é – muito fechada à competição internacional). O art. 171 estabelecia uma distinção entre "empresa brasileira" constituída sob as leis brasileiras e com sede e administração no Brasil e "empresa brasileira de capital nacional", cujo efetivo controle estaria em caráter permanente sob a titularidade direta ou indireta de pessoas físicas domiciliadas e residentes no País ou de entidades de direito público interno. **Hoje:** distinção estabelecida pelo Código Civil de 2002: a "sociedade nacional", nos termos do art. 1.126, organizada de conformidade com a lei brasileira e com sede de sua administração no País, de um lado, e a "sociedade estrangeira", tratada no art. 1.134 – que dependerá de autorização do Poder Executivo para funcionar no País.	Art. 171 Código Civil, arts. 1.126 e 1.134.
Capital estrangeiro – art. 172	A lei disciplinará, com base no interesse nacional, os investimentos de capital estrangeiro, incentivará os reinvestimentos e regulará a remessa de lucros. No direito comparado: diversos mecanismos defensivos do interesse público contra o capital estrangeiro. Nos EUA, a Emenda Exon-Florio (1988) conferiu ao Comitê de Investimentos Estrangeiros nos Estados Unidos (CFIUS) poderes para sugerir o veto a aquisição de qualquer companhia norte-americana por entidade estrangeira se se configurar ameaça à segurança nacional. Outro fenômeno vem causando preocupações por parte dos governos dos mais diferentes países: o crescimento dos fundos soberanos (*sovereign wealth funds*). Para o FMI, estes fundos tem as seguintes características:	–

Capital estrangeiro – art. 172	a) Pertencer a um governo nacional ou subnacional; b) Aplicar seus recursos em ativos estrangeiros; e c) Buscar objetivos macroeconômicos. Logo, pressupõe um conjunto de ativos financeiros de titularidade do poder público, legalmente, financeiramente e operacionalmente isolados de outras reservas financeiras públicas, cuja utilização pelos entes políticos visa a concretizar diversos objetivos econômicos, excluídos do âmbito da mera manutenção da política monetária (XAVIER JUNIOR, Ely Caetano. Fundos soberanos de investimentos e imunidade de jurisdição. Revista Direito GV. São Paulo: jan-jul 2014). Os países europeus vêm discutindo a adoção de uma política de bloqueio ao controle de empresas nacionais por esses fundos.	–
Princípio da subsidiariedade **Casos de atuação do Estado** **Alcance da subsidiariedade** **Autores que o defendem** **Autores que o negam**	Em princípio, a exploração da atividade econômica é entregue à livre-iniciativa, sendo o Estado chamado a atuar nos casos de segurança nacional ou interesse coletivo relevante. Para a grande parte da doutrina, a Constituição de 1988 adotou a subsidiariedade. Os **casos previstos na Constituição**: a) na forma da lei, diretamente ou sob regime de concessão ou permissão, sempre através de licitação, **a prestação de serviços públicos (art. 175);** b) **a exploração das jazidas, recursos minerais e potenciais de energia hidráulica, bem como a pesquisa e a lavra (art. 176)** c) **os monopólios,** na exploração do **petróleo, minérios e minerais nucleares (art. 177);** d) **nos demais casos previstos pela própria Constituição (art. 21, XII), que tratam, a rigor, também de serviços públicos.** A ideia de **subsidiariedade** da exploração da atividade econômica pelo Estado: o processo econômico cabe primariamente à iniciativa privada, reservando-se ao Poder Público o desempenho de tarefas supletivas ou subsidiárias. Trata-se de uma regra de abstenção do Estado que o impede de se encarregar da gestão de atividades industriais e comerciais.	–

<table>
<tr>
<td>Princípio da subsidiariedade
Casos de atuação do Estado
Alcance da subsidiariedade
Autores que o defendem
Autores que o negam</td>
<td>A subsidiariedade implica na superação da antiga crença segundo a qual haveria uma identidade completa entre os termos público e estatal. Atividades privadas podem, quando guiadas por finalidades sociais, perseguir objetivos considerados públicos, úteis à coletividade.

Casalta Nabais, João Bosco Leopoldino da Fonseca, entre outros autores, afirmam que o princípio da subsidiariedade foi adotado pela Constituição de 1988

Emerson Gabardo – a Constituição de 1967 previa expressamente que às empresas privadas competia preferencialmente, com o estímulo e apoio do Estado, organizar as atividades econômicas e que apenas em caráter suplementar da iniciativa privada o Estado organizará e explorará diretamente a atividade econômica. A norma foi alterada pelo constituinte de 1988 para fazer desaparecer a ideia de subsidiariedade.</td>
<td>Constituição, art. 173
Constituição, arts. 175 a 177</td>
</tr>
<tr>
<td>Formas de intervenção estatal
Atuação direta
Atuação indireta
Privatizações
Serviço público e intervenção estatal no domínio econômico</td>
<td>José Afonso da Silva: se ocorrerem as exigências (de segurança nacional e relevante interesse coletivo) será legítima a participação estatal direta na atividade econômica, independentemente de cogitar-se de preferência ou de suficiência da iniciativa privada. Assim, não se trataria do princípio da subsidiariedade, mas no princípio da prevalência do interesse público sobre o privado.

Celso Antonio Bandeira de Mello:
a) Estado como agente normativo e regulador da atividade;
b) Estado como fomentador de atividade econômica
c) Estado como agente direto no cenário econômico.

Eros Grau:
a) intervenção por indução
b) intervenção por direção
c) intervenção por absorção ou participação
Washington Peluso Albino de Souza:
a) intervenção ofensiva (com a criação de empresas para atuação em nome do Estado),
b) defensiva (por meio de expedientes como o tabelamento de preços, tal como ocorrido na década de 80, com o Plano Cruzado e outras experiências) e</td>
<td>–</td>
</tr>
</table>

Formas de intervenção estatal **Atuação direta** **Atuação indireta** **Privatizações** **Serviço público e intervenção estatal no domínio econômico**	c) intermediária (medidas reguladoras e controladoras, como a criação de armazéns destinados a cumprir tabelas, sem concorrência com particulares e mesmo as agências reguladoras). Luís Cabral de Moncada a) intervenções imediatas quando há atuação direta na economia, seja por meio de atuação das empresas públicas, seja por meio de medidas de polícia ou fomento; b) intervenções mediatas, quando adota medidas que não têm apenas objetivos econômicos – medidas de natureza fiscal, abertura de linhas de crédito etc. Também adota a classificação em **intervenções direta e indireta.** A **atuação direta** do Estado na economia está condicionada constitucionalmente.	Constituição, art. 173 Constituição, art. 174 STF, Pleno, ADI 562, Min. Ilmar Galvão, DJ de 16/10/1998
Intervenção direta **Empresa pública** **Sociedade de economia mista** **Gestão de instituições financeiras e liquidação extrajudicial** **Aquisição de capital social de empresas privadas**	**Segurança nacional** é conceito indeterminado, a ser avaliado caso a caso. **Interesse coletivo** é todo aquele que deve se sobrepor ao interesse do particular, com o fim de se garantir a sobrevivência da própria liberdade individual e da sociedade. Também de difícil determinação. A **atuação indireta** do Estado quando este permanece de fora do exercício da atividade econômica propriamente dita, mas edita normas que trazem medidas de fomento ou de dissuasão, concedendo benefícios fiscais ou impondo cargas tributárias mais ou menos onerosas. Esta forma de intervenção se dá por meio da chamada **atividade regulatória**, com o objetivo de corrigir as imperfeições e incapacidades do mercado, tendo como norte o interesse público. O processo de privatizações teve como corolário as mencionadas normas constitucionais. Quando o Estado presta serviço público – ou regula a sua prestação – não ocorre intervenção estatal no domínio econômico. Nestes casos, estará atuando em área de sua titularidade, sujeito a regime jurídico diverso daquele aplicável às empresas privadas. Intervenção é atuação na atividade econômica em sentido estrito. Atuação do Estado como agente produtor, através da Administração Indireta – empresas públicas e sociedades de economia mista.	–

Intervenção direta **Empresa pública** **Sociedade de economia mista** **Gestão de instituições financeiras e liquidação extrajudicial** **Aquisição de capital social de empresas privadas**	**Empresa pública**, personalidade jurídica de direito privado, com patrimônio próprio e capital exclusivo da União, criada por lei para a exploração de atividade econômica que o governo seja levado a exercer por força de contingência ou de conveniência administrativa, podendo revestir-se de qualquer das formas admitidas em direito (art. 5º, II, do Decreto-lei 200/67). **Sociedade de economia mista** dotada de personalidade jurídica de direito privado, criada por lei para a exploração de atividade econômica, sob a forma de sociedade anônima, cujas ações com direito a voto pertençam em sua maioria à União ou à entidade da Administração Indireta (art. 5º, III, do Decreto-lei 200/67). Ambas estão sujeitas ao regime jurídico próprio das empresas privadas, inclusive quanto aos direitos e obrigações civis, comerciais, trabalhistas e tributários (art. 173, § 1º, II). É vedado ao Estado conferir-lhes privilégios fiscais não extensivos às do setor privado (art. 173, § 2º).	–
Privatizações e golden shares **Desestatização (conceito de Marcos Juruena)** **Privatização (de acordo com Marcos Juruena)** **Privatização (concepção da maioria da doutrina)** **Privatização relutante** **A *golden share***	Pode o Estado assumir a gestão da empresa privada, passando a dirigi-la quando os interesses de ordem social assim determinem. Lei 6.024/74: o Banco Central assume a direção de instituições financeiras privadas ou públicas não federais, com o objetivo de normalizar o seu funcionamento ou, se isto for inviável, de decretar e realizar a sua liquidação extrajudicial. Esta ação tem o condão de, por si só, transformar a empresa em uma sociedade de economia mista? Divergência doutrinária: a) a participação do Poder Público, mediante a aquisição de ações de empresas, constitui mera participação acionária ou financeira, representativa de simples investimento ou garantia especial de negócios jurídicos. b) esta circunstância não a torna uma sociedade de economia mista, mas reconhece que há de se dar uma solução adequada à realidade criada indevidamente, e termina por aplicar-lhe o mesmo tratamento conferido às sociedades de economia mista. c) a Emenda Constitucional nº 19/98 corrigiu uma falha do artigo 37, XIX, da Constituição, que exigia lei específica para a criação de empresa pública, sociedade de economia mista, autarquia ou fundação.	–

Privatizações e golden shares **Desestatização (conceito de Marcos Juruena)** **Privatização (de acordo com Marcos Juruena)** **Privatização (concepção da maioria da doutrina)** **Privatização relutante** **A *golden share***	A partir das décadas de 60/70, questionamento dos resultados da intervenção do Estado na atividade econômica. Conclusão: os custos da intervenção foram maiores que os que teriam ocorrido se se tivesse deixado o mercado atuar pelos seus próprios mecanismos. Nos anos 80/90, o FMI e o Banco Mundial desempenharam papel importante ao incentivar a adoção de políticas desta natureza, principalmente para os países menos desenvolvidos. Reino Unido: governo Margareth Thatcher, a partir de 1979, deu grande impulso às privatizações. **Desestatização** – a retirada da presença do Estado de atividades constitucionalmente reservadas à iniciativa privada ou de setores em que esta possa atuar com maior eficiência. Formas: a) privatização b) desregulamentação	Lei 9.491/97, art. 2º, § 1º. Leis 8.031/90, art. 8º, 9.491/97 e 10.303/2001
Intervenção indireta	c) concessão d) permissão e) terceirização **Privatização seria a transferência de ativos ou de ações de empresas estatais para o setor privado.** A maioria dos autores adota um conceito mais amplo de privatização, próximo à definição de Marcos Juruena para desestatização. A alienação, pela União, da propriedade de suas ações não significou a perda do controle destas empresas na mesma medida. Bernardo Bortolotti e Mara Faccio, por seu turno, denominaram de "privatização relutante" aquela por meio da qual se promove a alienação dos ativos das empresas estatais sem a correspondente transferência dos poderes de controle, Ações especiais que conferiam ao ente desestatizante prerrogativas desproporcionais à sua nova participação societária. Mecanismo regulatório-societário que permite o controle externo de direito pelo ente desestatizante, a internalização do interesse público. No Brasil: Embraer e Vale. Nova função do Estado como agente regulador da atividade econômica.	Constituição, art. 174

Intervenção indireta	A regulação da economia se justifica pelo interesse público. É função de toda regulação melhorar, aperfeiçoar a vida em sociedade, que se mensura de várias formas: uma delas é a relação custo-benefício, meramente econômica, que deve ser analisada em função dos benefícios para parcelas majoritárias da população contra os custos impostos a todos ou a alguns.	Constituição, art. 174

Planejamento econômico

Tema	Informação	Fonte
Planejar	Implica a definição de um fim a ser atingido e dos meios utilizados para alcançar tal fim, a partir de um diagnóstico da realidade, tanto quanto aos problemas existentes quanto aos meios disponíveis para superá-lo.	
Plano	Conjunto de ações consertadas de política econômica, voltadas a solucionar problemas econômicos crônicos e estruturais, resultado da ação de planejar.	
Plano formal	É o documento ou o conjunto de documentos que contenham o diagnóstico do problema econômico, os meios para superá-lo e o resultado que se pretende com as ações previstas	
Planejamento	Intervenção do Estado no domínio econômico devidamente organizada, com vistas à solução de problemas econômicos.	
Natureza jurídica do planejamento	Classificações: ato jurídico coletivo (definidos pela convergência de vontades) compromisso unilateral do Estado ato jurídico *sui generis*	Manuel Afonso Vaz. Direito económico: a ordem económica portuguesa. Coimbra: Ed Coimbra, 1988, p. 345.
Natureza formal	Ato normativo. Do contrário, não receberia atenção do direito	
Planos nacionais e regionais de desenvolvimento	A lei estabelecerá as diretrizes e bases do planejamento do desenvolvimento nacional equilibrado, o qual incorporará e compatibilizará os planos nacionais e regionais de desenvolvimento	Art. 174, § 1º, da CF/88
Obrigatoriedade	O planejamento estatal é determinante para o setor público e indicativo para o setor privado	Art. 174, da CF/88
Observação	A lei que veicular o plano é lei como qualquer outra e, portanto, pode estabelecer obrigações para os particulares	Art. 5º, da CF/88

Competência da União	Para elaborar e executar planos nacionais e regionais de ordenação do território e de desenvolvimento econômico e social	Art. 21, IX, da CF/88
Planos orçamentários	▸ Plano plurianual ▸ Lei de diretrizes orçamentárias ▸ Lei do orçamento	Art. 165, da CF/88
Planos de desenvolvimento. Exemplos anteriores à Constituição	▸ Plano de Metas (1956-1961) ▸ Plano Trienal (1962-1963) ▸ II Plano Nacional de Desenvolvimento (1975-1979).	
Planos de estabilização anteriores à Constituição de 1988	▸ Plano Cruzado (1985) ▸ Plano Cruzado II (1986) ▸ Plano Bresser (1987)	
Planos de estabilização posteriores à Constituição de 1988	▸ Plano Verão (Lei 7.730/1989) ▸ Plano Collor (Lei 8.024/1990) ▸ Plano Real (Lei 8.880/1994 e Lei 9.069/1995)	

7. QUESTÕES DE CONCURSOS

1. (MPF – Procurador da República/2010) Do sistema ou modelo econômico adotado pela Constituição Federal, ressai um Estado:

(A) Intervencionista

(B) em que predomina a economia de mercado pura, realçada pela liberdade de iniciativa;

(C) que atua em regime monopolista, com direito de propriedade limitado;

(D) no qual as relações de produção estão assentadas na propriedade privada dos bens em geral, dos fatores de produção, na ampla liberdade de iniciativa e de concorrência.

2. (CESPE – Juiz Federal Substituto 2ª Região/2011) A respeito da ordem constitucional econômica, assinale a opção correta:

(A) A intervenção estatal na economia faz-se com respeito aos princípios da ordem econômica, não representando a fixação de preços em valores abaixo da realidade e em desconformidade com a legislação aplicável desrespeito ao princípio da livre iniciativa, mas ao da defesa do consumido.

(B) O direito de edificar é relativo, dado que condicionado à função social da propriedade, e, ainda que as restrições decorrentes da limitação administrativa preexistam à aquisição do terreno e sejam do conhecimento dos adquirentes, têm estes, com base nelas, direito à indenização do poder público.

(C) A empresa de pequeno porte optante do regime especial unificado de arrecadação de tributos e contribuições é dispensada do pagamento das contribuições instituídas pela União para as entidades privadas de serviço social, não se estendendo tal isenção às contribuições às entidades de formação profissional vinculadas ao sistema sindical.

(D) É inconstitucional, por infringir o princípio da razoabilidade e inibir a iniciativa privada, norma de lei ordinária que imponha aos sócios das empresas por cotas de responsabilidade limitada a responsabilidade solidária, mediante seus bens pessoais, por débitos da pessoa jurídica para com a previdência social.

(E) Por constituir risco presumido à ordem econômica, à livre iniciativa e à concorrência, é vedada a concessão de imunidade tributária nas operações de importação de bens realizadas por município quando houver identidade entre o contribuinte de direito e o de fato.

---

3. (CESPE – Juiz Federal Substituto 2ª Região/2011) A respeito de institutos de direito econômico, assinale a opção correta:

(A) O princípio econômico da defesa do consumidor não é violado por resolução de autoridade estadual que, no livre exercício do poder de polícia, discipline horário de funcionamento de estabelecimentos comerciais e matérias específicas de consumo do interessa da unidade da Federação.

(B) Segundo a jurisprudência do STF, o estado-membro está autorizado a alterar relações jurídico-contratuais entre o poder concedente municipal e as empresas concessionárias, desde que mediante lei específica e existência de substrato fático embasado no interesse público coletivo de natureza econômica.

(C) No plano econômico, a concepção do Estado liberal é fruto direto das doutrinas de Adam Smith, para quem a harmonia social seria alcançada por meio da liberdade de mercado, aliando-se a persecução do interesse privado dos agentes econômicos a ambiente concorrencialmente equilibrado.

(D) A ordem econômica em sentido é a parcela da ordem de fato, inerente ao mundo do ser, ou seja, o tratamento jurídico dispensado para disciplinar as relações jurídicas decorrentes do exercício de atividades econômicas.

(E) O conceito de Estado intervencionista econômico surgiu como reação contrária aos postulados do Estado liberal, com fito de garantir o exercício racional das liberdades individuais, afastando a doutrina liberalista por completo no âmbito econômico para materializar os princípios da defesa do mercado e da concorrência.

---

4. (CESPE – Procurador do Banco Central/2013) O município X instituiu, mediante lei municipal, proibição de instalação de mais de uma agência bancária, ainda que de diferentes instituições financeiras, na mesma localização, delimitando distâncias mínimas entre as agências, a fim de que todos os bairros fossem devidamente atendidos por serviços bancários. Como justificativa para a proibição, o município considerou a existência de regiões fartamente atendidas por agências bancárias e outras, sobretudo carentes, desassistidas de serviços bancários. Nessa situação hipotética, a lei municipal é:

(A) Inconstitucional, por violação ao princípio da livre concorrência;

(B) Constitucional, pois incumbe ao poder público reduzir as desigualdades sociais, em consideração ao princípio da dignidade humana;

(C) Constitucional, pois compete ao município delimitar a zona urbana e disciplinar o uso do solo urbano;

(D) Constitucional, pois se trata de serviço de âmbito local, de competência dos municípios;

(E) Inconstitucional, pois se trata de serviço de âmbito regional, de competência dos estados federados.

---

5. (MPF – Procurador da República/2014) Observando o artigo 170 da Constituição Federal que trata da ordem econômica, o Supremo Tribunal Federal entende que:

(A) Viola os princípios da busca do pleno emprego e do livre exercício de atividade econômica a exigência de admissão no exame de Ordem realizado pela Ordem dos Advogados do Brasil para o exercício da advocacia pelo bacharel em Direito.

(B) Viola o princípio da livre concorrência a lei municipal que estabelece horário de funcionamento de farmácias.

(C) Viola o princípio da livre concorrência a fixação de metas de qualidade e de tarefas pela prestação dos serviços das empresas concessionárias de serviços públicos pelo Poder Público.

(D) Viola o princípio da livre iniciativa e se caracteriza como empecilho ao livre exercício da atividade econômica a fixação pelo Poder Público de preços de produtos sucro-alcooleiros em valores abaixo da realidade.

6. (CESPE – Juiz Federal Substituto 5ª Região/2011) Em relação aos princípios da constituição econômica, assinale a opção correta.

(A) Ao prever o princípio do pleno emprego na CF, o legislador pretendeu defender a absorção da força de trabalho a qualquer custo, sem se preocupar com a dignidade da pessoa humana.

(B) A defesa do consumidor não se insere entre os princípios da chamada constituição econômica formal.

(C) A livre concorrência inclui-se entre os princípios gerais da atividade econômica denominados integração.

(D) Ao prever, na CF, a livre iniciativa, o legislador buscou proteger a liberdade de desenvolvimento da empresa, com o objetivo de garantir ao empresário a sua realização pessoal e a obtenção do lucro.

(E) Os princípios gerais da atividade econômica denominados integração objetivam resolver os problemas da marginalização regional e(ou) social.

7. (CESPE – Juiz Federal Substituto 5ª Região/2011) No que se refere à ordem jurídico-econômica, assinale a opção correta:

(A) O modelo político adotado pelo Estado brasileiro, conforme previsto na CF, é imposto pela ordem econômica vigente no mercado.

(B) As normas econômicas dispostas na CF são de natureza essencialmente estatutária, e não, diretiva.

(C) Regime político e ordem econômica equivalem-se do ponto de vista conceitual.

(D) Na CF, a ordem jurídico-econômica estabelece limites ao exercício da atividade econômica e define, de maneira exclusiva, a estrutura do sistema econômico a ser adotado pelo Estado brasileiro.

(E) A mudança dos paradigmas liberais na atividade econômica, com a inclusão da obrigatória observância de princípios como o da dignidade da pessoa humana, deveu-se à atuação do próprio Estado, que passou a intervir no mercado em busca do bem coletivo.

8. (TRF2 – Juiz Federal Substituto 2a Região/2014) Assinale a opção que, além de condizente com o sistema legal pátrio, melhor expressa, entre as cinco, consectário das idéias da livre concorrência e da liberdade de iniciativa:

(A) A lei poderá conceder proteção e benefícios temporários a empresas brasileiras de capital nacional, adequadas ao desenvolvimento do país.

(B) A exploração direta de atividade econômica pelo Estado há de ser limitada.

(C) Inexiste tratamento favorecido para empresas brasileiras de qualquer natureza.

(D) É possível a exploração de atividade econômica pelo Estado, desde que necessária aos imperativos da segurança nacional ou a relevante interesse coletivo, definidos em atos do Poder Executivo.

(E) O exercício ou não da atividade econômica diretamente pelo Estado fica a critério do poder público, quando o interesse estatal o exigir.

9. (CESPE – Juiz Federal Substituto 3ª Região/2011) O STF, na ADI nº 1.950/SP, analisou a constitucionalidade da medida que concedeu o direito a pagamento de meia entrada para o ingresso em estabelecimentos de entretenimento e assemelhados em favor dos estudantes matriculados regularmente nos estabelecimentos de ensino de São Paulo. Acerca do princípio da livre iniciativa, discutido no caso, assinale a opção correta.

(A) A liberdade de comércio e de indústria representa um dos corolários do princípio da livre iniciativa, marco no decreto d'Allarde.

(B) De acordo com a posição vencedora, o Estado só intervirá na economia em circunstâncias restritas, devendo estar os outros princípios da ordem econômica e constitucional subordinados à livre iniciativa

(C) A livre iniciativa não tem vínculos com o princípio da legalidade e significa, em verdade, um limite para a ação pública, em termos de estado de direito.

(D) A livre iniciativa é implicitamente fundamento da República e um dos desdobramentos do princípio da liberdade.

(E) A interferência do Estado na decisão de formação de preços deve estar embasada no princípio da livre iniciativa, prescindindo-se de outros princípios de índole social.

---

10. (MPF – Procurador da República/2013) A atual Constituição Federal elegeu como preceitos fundamentais da ordem econômica a valorização do trabalho humano, a livre concorrência, a existência digna e a justiça social. Com base nos citados preceitos, e nos princípios elencados nos incisos I a IX do artigo 170 da Carta Magna, é correto afirmar que:

(A) É inconstitucional lei que concede passe livre às pessoas portadoras de deficiências, por afronta aos princípios da ordem econômica da livre iniciativa e do direito de propriedade.

(B) É inconstitucional o conjunto de normas de comércio exterior que proíbe a importação de pneumáticos usados por afronta ao princípio do livre exercício da atividade econômica.

(C) É inconstitucional o privilégio da exclusividade no envio de objeto postal de um remetente para endereço final e determinado concedido à Empresa Brasileira de Correios e Telégrafos – ECT, por afronta ao princípio da livre concorrência.

(D) É inconstitucional Lei Municipal que impede a instalação de estabelecimentos comerciais do mesmo ramo em determinada área, por afronta ao princípio da livre concorrência.

---

11. (CESPE – Procurador Federal/2005) Uma das formas de intervenção do Estado na economia é a exploração direta de atividade econômica, o que deve ocorrer quando motivos como a segurança nacional assim a recomendarem. Nesse sentido, é admissível a criação de uma empresa pública que fabrique aviões para a Força Aérea Brasileira, devendo ela ser subordinada às mesmas normas de direito comercial, tributária, civil e trabalhista aplicáveis às empresas privadas em geral.

---

12. (CESPE – Juiz Federal Substituto 5ª Região/2011) A respeito da intervenção do Estado na economia, assinale a opção correta.

(A) A atividade normativa e reguladora do Estado exercida por meio da intervenção na atividade econômica compreende as funções de fiscalização, participação e incentivo.

(B) O monopólio estatal na refinação do petróleo nacional impede a contratação, pela União, de empresa privada para a realização dessa atividade.

(C) A participação em atividades econômicas e a administração dessas atividades são as duas possíveis formas de ingerência do Estado na economia.

(D) Sempre que entender cabível, e independentemente de previsão na CF, o Estado pode intervir na economia, utilizando-se do monopólio de exploração direta da atividade econômica.

(E) O planejamento da atividade econômica pelo Estado, na nova ordem constitucional econômica, é sempre indicativo para o setor privado, em harmonia com o princípio da livre iniciativa.

---

13. (CESPE – Juiz Federal Substituto 5ª Região/2011) No que se refere a liberalismo e intervencionismo, assinale a opção correta.

(A) A atuação do Estado, seja por meio do condicionamento da atividade econômica, seja por meio da exploração direta de determinada atividade econômica, anula, por inteiro, a forma econômica capitalista prevista na CF.

(B) O intervencionismo valoriza o indivíduo como agente econômico e ente responsável pela condução das regras de mercado.

(C) Com o liberalismo, buscou-se atingir a justiça social por meio da imposição de regras estatais na condução da atividade econômica, sem se considerar o lucro.

(D) O objetivo do liberalismo foi o de livrar o indivíduo da usurpação e dos abusos do poder estatal na condução da atividade econômica.

(E) O intervencionismo visava proteger o Estado dos abusos advindos do liberalismo, como foi o caso da concorrência desleal entre os indivíduos e o Estado.

---

14. (ESAF – Procurador da Fazenda Nacional/2006) Nos termos da Constituição, a ordem econômica, fundada na valorização do trabalho humano e na livre iniciativa, tem por fim assegurar a todos existência digna, conforme os ditames da justiça social, observados os seguintes princípios:

(A) obediência aos tratados internacionais de que o Brasil seja signatário, propriedade privada, função social da propriedade, livre concorrência, defesa do consumidor, defesa do meio ambiente, inclusive mediante tratamento diferenciado conforme o impacto ambiental dos produtos e serviços e de seus processos de elaboração e prestação, redução das desigualdades regionais e sociais, busca do pleno emprego, tratamento favorecido para as empresas de pequeno porte constituídas sob as leis brasileiras e que tenham sua sede e administração no País.

(B) soberania nacional, propriedade privada, função social da propriedade, livre concorrência, defesa do consumidor, defesa do meio ambiente, inclusive mediante tratamento diferenciado conforme o impacto ambiental dos produtos e serviços e de seus processos de elaboração e prestação, redução das desigualdades regionais e sociais, busca do pleno emprego, tratamento favorecido para as empresas de pequeno porte constituídas sob as leis brasileiras e que tenham sua sede e administração no País.

(C) defesa intransigente do patrimônio nacional, propriedade privada, função social da propriedade, livre concorrência, defesa do consumidor, defesa do meio ambiente, inclusive mediante tratamento diferenciado conforme o impacto ambiental dos produtos e serviços e de seus processos de elaboração e prestação, redução das desigualdades regionais e sociais, busca do pleno emprego, tratamento favorecido para as empresas de pequeno porte constituídas sob as leis brasileiras e que tenham sua sede e administração no País.

(D) soberania nacional, propriedade privada, função social da propriedade, livre concorrência, direitos humanos, defesa do consumidor, defesa do meio ambiente, inclusive mediante tratamento diferenciado conforme o impacto ambiental dos produtos e serviços e de seus processos de elaboração e prestação, redução das desigualdades regionais e sociais, busca do pleno emprego, tratamento favorecido para as empresas de pequeno porte constituídas sob as leis brasileiras e que tenham sua sede e administração no País.

(E) soberania nacional, propriedade privada, função social da propriedade, livre concorrência, defesa do consumidor, defesa do meio ambiente, inclusive mediante tratamento diferenciado conforme o impacto ambiental dos produtos e serviços e de seus processos de elaboração e prestação, redução das desigualdades regionais e sociais, busca do pleno emprego, tratamento favorecido para as empresas de pequeno e médio porte constituídas sob as leis brasileiras e que tenham sua sede e administração no País.

---

15 (ESAF – Procurador da Fazenda Nacional/2003) Assinale a opção incorreta:

(A) A exploração de atividade econômica pelas empresas públicas, sociedades de economia mista e fundações públicas constitui intervenção estatal direta no domínio econômico.

(B) A criação de infraestruturas e o exercício do poder de polícia econômica constituem formas de intervenção indireta do Estado no domínio econômico.

(C) O Estado intervém na economia por meio do planejamento, que, de acordo com a Constituição Federal, obriga os setores público e privado.

(D) A intervenção do domínio econômico, tanto direta quanto indireta, pode ser realizada por todas as pessoas políticas.

(E) Constitui objetivo da intervenção do Estado na ordem econômica a correção dos efeitos econômicos das disparidades regionais.

---

16. (CESPE – Advogado da União/2011) Com relação à intervenção do Estado no domínio econômico, julgue os próximos itens.

A atuação do Estado como agente normativo e regulador da atividade econômica compreende, entre outras funções, a de planejamento, que é determinante tanto para o setor público quanto para o setor privado.

---

17. (CESPE – Juiz Federal Substituto 1ª Região/2013) No que se refere à intervenção do Estado no domínio econômico, assinale a opção correta.

(A) As reservas do setor público, modalidade de atuação governamental, compreendem a edição de normas de conteúdo financeiro ou fiscal por meio das quais o Estado impulsiona medidas de fomento ou de dissuasão da atividade econômica.

(B) Na regulação cultural, um dos tipos de atuação estatal nos diversos setores da economia, o Estado intervém no interesse público definindo padrões para a segurança e desestimulando a exploração de fatores de produção potencialmente poluentes.

(C) No Estado intervencionista socialista, a ingerência estatal na atividade econômica visa garantir a efetivação de políticas de caráter assistencialista na sociedade, de modo que os notadamente hipossuficientes sejam providos em suas necessidades básicas.

(D) As falhas de mercado que ensejam a regulação estatal das atividades econômicas, como forma de intervenção indireta, incluem a assimetria informativa.

(E) Constitui intervenção indireta a atuação do Estado como empresário, situação em ele se compromete com a atividade produtiva e assume a gestão de empresas privadas, conforme os interesses de ordem social.

---

18 (CESPE – Advogado da União/2012) Com base na ordem constitucional econômica, julgue os itens subsequentes.

As empresas públicas e as sociedades de economia mista, dadas as suas especificidades, beneficiam-se de determinados privilégios fiscais não atribuídos às empresas privadas.

---

19. (CESPE – Advogado da União/2012) Com base na ordem constitucional econômica, julgue os itens subsequentes.

Com exceção dos casos especificados em lei, toda pessoa dispõe de liberdade para exercer qualquer atividade econômica, independentemente de autorização concedida por órgãos públicos.

---

20. (CESPE – Juiz Federal Substituto 5a Região/2011) A respeito da intervenção do Estado na economia, assinale a opção correta.

(A) A atividade normativa e reguladora do Estado exercida por meio da intervenção na atividade econômica compreende as funções de fiscalização, participação e incentivo.

(B) O monopólio estatal na refinação do petróleo nacional impede a contratação, pela União, de empresa privada para a realização dessa atividade.

(C) A participação em atividades econômicas e a administração dessas atividades são as duas possíveis formas de ingerência do Estado na economia.

(D) Sempre que entender cabível, e independentemente de previsão na CF, o Estado pode intervir na economia, utilizando-se do monopólio de exploração direta da atividade econômica.

(E) O planejamento da atividade econômica pelo Estado, na nova ordem constitucional econômica, é sempre indicativo para o setor privado, em harmonia com o princípio da livre iniciativa.

---

21. (CESPE – Advogado da União/2012) Com relação à intervenção do Estado no domínio econômico, julgue os próximos itens.

[...]

A atuação do Estado como agente normativo e regulador da atividade econômica compreende, entre outras funções, a de planejamento, que é determinante tanto para o setor público quanto para o setor privado.

---

22. (CESPE – Juiz Federal Substituto 1a Região/2013) Considerando a ordem constitucional econômica e os princípios gerais da atividade econômica dispostos na CF, assinale a opção correta.

(A) As atividades que envolvam hidrocarbonetos fluidos, salvo o petróleo e o gás natural, por constituírem monopólio da União, não podem ser objeto de contrato entre ela e empresas privadas.

(B) A CF prevê tratamento favorecido para as empresas de pequeno porte que tenham sede e administração no país, independentemente de terem sido constituídas sob as leis estrangeiras, com base no interesse nacional.

(C) A Empresa Brasileira de Correios e Telégrafos, empresa pública federal prestadora de serviço público, sujeita-se ao regime jurídico próprio das empresas privadas, inclusive no que se refere aos direitos e obrigações civis, comercias, trabalhistas e tributários.

(D) A fiscalização, o incentivo e o planejamento, exercidos pelo Estado como agente normativo e regulador da atividade econômica, são determinantes para os setores públicos e privados.

(E) As empresas estatais ou privadas que lavrem jazidas de petróleo, mediante acordo firmado com a União, não podem ser denominadas concessionárias, ante a natureza da propriedade da qual são titulares.

---

23. (CESPE – Juiz Federal Substituto 2a Região/2011) Assinale a opção correta com relação às normas da CF sobre as finanças públicas, os orçamentos e os princípios gerais da atividade econômica.

(A) Cabe à lei orçamentária anual estabelecer, de forma regionalizada, as diretrizes, os objetivos e as metas da administração pública federal para as despesas de capital e para os custos relacionados aos programas de duração continuada.

(B) As disponibilidades de caixa da União devem ser depositadas no Banco do Brasil S.A.; as dos estados, do DF, dos municípios e dos órgãos ou entidades do poder público e das empresas por ele controladas, nas instituições financeiras oficiais que a legislação indicar.

(C) É vedado ao BACEN conceder, direta ou indiretamente, empréstimos a qualquer órgão ou entidade que não seja instituição financeira, bem como comprar e vender títulos de emissão do Tesouro Nacional.

(D) Pertence ao Poder Executivo a iniciativa das leis que estabeleçam o plano plurianual, as diretrizes orçamentárias e os orçamentos anuais.

(E) O Estado é o agente normativo e regulador da atividade econômica, cabendo-lhe exercer, de forma determinante, as funções de incentivo e planejamento para os setores público e privado.

---

24. (ESAF – Procurador da Fazenda Nacional/2006) A propósito do orçamento, e de acordo com o modelo constitucional brasileiro vigente, a lei que instituir o plano plurianual estabelecerá

(A) o orçamento fiscal referente aos Poderes da União, de modo pormenorizado, com exceção de fundos para órgãos e entidades da administração indireta.

(B) de forma regionalizada, as diretrizes, objetivos e metas da administração pública federal para as despesas de capital e outras delas decorrentes e para as relativas aos programas de duração continuada.

(C) o orçamento de investimento das empresas em que a União, direta ou indiretamente, detenha a maioria do capital social, bem como das empresas que contêm com participação federal, embora a União não exerça direito de voto.

(D) o orçamento da administração direta e indireta, sob responsabilidade da União, excluindo-se o orçamento da Seguridade Social.

(E) sistema específico e pormenorizado para redução de desigualdades sociais, vedando-se, no entanto, a utilização de anistias e de remissões.

---

25. (CESPE – Advogado da União/2009) O Estado exercerá, como agente normativo e regulador da atividade econômica, as funções de fiscalização, incentivo e planejamento, sendo este determinante para o setor privado.

---

26. (ESAF – Procurador da Fazenda Nacional/2015). Sobre as disposições normativas pertinentes à livre iniciativa e à livre concorrência, assinale a opção que retrata a jurisprudência corrente sobre a matéria.

(A) Não ofende o princípio da livre concorrência lei municipal que impede a instalação de estabelecimentos comerciais do mesmo ramo em determinada área.

(B) É válida cláusula inserida em estatuto de cooperativa de trabalho que impõe exclusividade aos médicos cooperados, de modo que não possam atender por nenhum outro plano de saúde.

(C) Lei municipal não pode fixar horário de funcionamento para o comércio.

(D) Não há inconstitucionalidade em norma legal federal que conceda passe livre às pessoas portadoras de deficiência no sistema de transporte coletivo interestadual.

(E) A exigência, pela Fazenda Pública, de prestação de fiança para a impressão de notas fiscais de contribuintes em débito com o Fisco não ofende o primado da livre atividade econômica.

---

27. (ESAF – Procurador da Fazenda Nacional/2015). No concernente à intervenção do Estado no domínio econômico, indique a opção incorreta.

(A) Segundo entendimento do Supremo Tribunal Federal, o serviço postal não consubstancia atividade econômica em sentido estrito, porquanto se trata de exclusividade na prestação de serviços, denotando, assim, situação de privilégio.

(B) Na intervenção por absorção ou participação o Estado atua como agente econômico.

(C) O Estado, por meio da intervenção por direção, utiliza-se de comandos imperativos que, se forem descumpridos, sujeitam o infrator a sanções negativas.

(D) A exploração de atividade econômica pelas empresas públicas e sociedades de economia mista constitui intervenção estatal indireta no domínio econômico.

(E) A atividade econômica em sentido amplo é gênero que compreende duas espécies, o serviço público e a atividade econômica em sentido estrito.

28. (FCC – Procurador do Estado/MT – 2016). Ao atuar como agente normativo e regulador da atividade econômica, o Estado dispõe de variados meios de intervenção, com vistas a propiciar o desenvolvimento nacional equilibrado. NÃO é considerada uma intervenção válida:

(A) O estabelecimento, por lei federal, de monopólio do serviço postal.

(B) A fixação, por lei estadual, de piso salarial regional, no tocante às categorias que não tenham esse mínimo estabelecido em lei federal, convenção ou acordo coletivo.

(C) A criação, por lei federal, de passe livre em favor de deficientes físicos, no transporte interestadual.

(D) A limitação, por lei municipal, de número de estabelecimentos comerciais do mesmo ramo em determinada área.

(E) A fixação, por lei municipal, de horário para funcionamento de estabelecimentos comerciais.

29. (TRF4 – Juiz Federal Substituto – 2016). Sobre os princípios e as normas que regem a atividade econômica no Estado brasileiro:

(A) A livre-iniciativa, erigida à condição de fundamento da República Federativa do Brasil, permite que qualquer pessoa exerça livremente qualquer atividade econômica, dependendo, em qualquer hipótese, de prévia autorização de órgãos públicos.

(B) Tendo em vista o elevado potencial para geração de emprego e de renda para o país, a Constituição Federal conferiu tratamento favorecido para as empresas de pequeno porte constituídas sob as leis brasileiras, independentemente do local em que tenham sua sede e sua administração.

(C) Consoante o texto constitucional, a ordem econômica se edificará sob o fundamento da livre-iniciativa, de cunho predominantemente capitalista, conferindo a todos o direito de se lançar ao mercado de produção e bens, por sua conta e risco, não competindo ao Estado brasileiro a regularização e normalização das atividades econômicas

(D) De acordo com o Supremo Tribunal Federal, implica violação ao princípio da livre-concorrência a atuação em regime de privilégio da Empresa Brasileira de Correios e Telégrafos na prestação dos serviços que lhe incumbem.

(E) Não obstante constituam monopólio da União a pesquisa e a lavra das jazidas de petróleo e gás natural, é lícita a contratação de empresas privadas para a realização dessas atividades.

8. GABARITO

Questão	Resposta	Referência
1	D	Não se trata de um sistema monopolista, nem mesmo de economia de mercado "pura". A alternativa correta destaca o papel da iniciativa privada, bem como os princípios da livre-iniciativa e da concorrência.
2	D	O STF já se manifestou no sentido de que a fixação, pelo Estado, de preço de produto em valor inferior ao preço de custo, viola o princípio da livre-iniciativa (o que exclui a alternativa A). A B também é errada – se as limitações já eram do conhecimento do adquirente, não há de se falar em indenização. As contribuições ao sistema sindical também são alcançadas pela isenção da Lei Complementar 123/06.
3	C	Matéria teórica, abordada na introdução.

Questão	Resposta	Referência
4	A	Súmula 646 do STF: Ofende o princípio da livre concorrência lei municipal que impede a instalação de estabelecimentos comerciais do mesmo ramo em determinada área.
5	D	O STF já se manifestou no sentido de que a fixação, pelo Estado, de preço de produto sucro-alcooleiro em valor inferior ao preço de custo, viola o princípio da livre-iniciativa.
6	E	Princípios de integração são aqueles destinados à redução das desigualdades regionais e sociais. São aqueles consagrados nos incisos V a VIII do art. 170, da Constituição.
7	E	O Estado Social é legitimado a atuar sobre a propriedade privada para condicionar o exercício de direitos a determinados fins sociais, de modo que sua ingerência sobre dois valores fundamentais do capitalismo – a propriedade privada e a liberdade econômica – passam a ser justificadas
8	B	O art. 173, da Constituição, estabelece que a prestação direta de atividade econômica pelo Estado é excepcional. O imperativo de segurança nacional e o relevante interesse coletivo são definidos pela lei, e não por ato do Executivo. E, na hipótese de tais condicionantes estarem presentes, a atuação do Estado é um poder-dever, e não uma mera possibilidade.
9	A	O decreto d'Allarde e a Lei Chapelier, marcos da livre-iniciativa surgiram na França no século XVI. Não há hierarquia entre os princípios, que devem ser sopesados caso a caso, o que invalida a opção B. A livre-iniciativa é princípio expresso (o que invalida a opção D) e, evidentemente, está atrelada à legalidade (ao contrário do que afirma a opção C). A opção E ignora os princípios de cunho intervencionista, além daqueles liberalizantes.
10	D	Súmula 646 do STF
11	Verdadeiro	Constituição, art. 173, § 1º, II
12	E	O planejamento é determinante para o setor público e indicativo para o privado. É o que estabelece o art. 174, da Constituição. A participação não representa forma de intervenção indireta, mas sim direta. A ingerência do Estado na economia se dá por diversas formas, como a regulação. A opção D ignora o princípio da subsidiariedade, nos termos do art. 173 da Constituição.
13	D	É a única alternativa a fazer sentido. A intervenção do Estado não anula a opção capitalista; o intervencionismo valoriza o papel do Poder Público na economia; a alternativa C se refere ao intervencionismo.
14	B	Literalidade do art. 170 da Constituição.
15	C	O planejamento é determinante para o setor público e indicativo para o privado.
16	Falso	O planejamento é determinante para o setor público e indicativo para o privado. Perceba como a questão é recorrente.
17	D	A regulação se justifica para corrigir as falhas do mercado.
18	Falso	Constituição, art. 173, § 2º
19	Verdadeiro	Constituição, art. 170, parágrafo único

Questão	Resposta	Referência
20	E	A questão destaca a ausência de obrigatoriedade do planejamento estatal para o setor privado.
21	ERRADA	A questão enuncia erradamente que o planejamento estatal é determinante para o setor privado.
22	E	Mais uma questão relativa ao caput, do art. 174, da CF/88.
23	D	Correta a letra D, sobre a iniciativa de leis orçamentárias. Errada a letra E, que afirma caber ao Estado planejar a atividade privada.
24	E	Questão sobre o planejamento orçamentário, acerca do plano plurianual, que estabelece objetivos e metas da administração pública federal, incluindo despesas de capital e relativas a programas de duração continuada.
25	ERRADA	Mais uma questão relativa ao caput, do art. 174, da CF/88.
26	D	ADI 2.649-6 (Rel. Min. Carmen Lúcia)
27	D	Por atuação direta do Estado no domínio econômico, entende-se sua atuação como agente produtor, através da chamada Administração Indireta – empresas públicas e sociedades de economia mista
28	D	Súmula 646 do STF, segundo a qual ofende o princípio da livre concorrência lei municipal que impede a instalação de estabelecimentos comerciais do mesmo ramo em determinada área.
29	E	Princípio da subsidiariedade. Artigo 176, da Constituição.

CAPÍTULO 4

POLÍTICAS ECONÔMICAS CONSTITUCIONAIS

SUMÁRIO • 1. Introdução; 2. Política de redução das desigualdades regionais; 2.1. Introdução; 2.2. Normas constitucionais; 2.3. A política nacional de desenvolvimento regional; 2.4. Do direito ao desenvolvimento regional; 2.5. Uma classificação dos instrumentos de desenvolvimento regional; 3. A Política Urbana; 3.1. Introdução; 3.2. Plano diretor e a função social da propriedade; 3.3. Parcelamento e edificação compulsórios; 3.4. IPTU; 3.5. Desapropriação; 3.6. Usucapião; 4. Política agrícola e fundiária; 4.1. Introdução; 4.2. A política agrícola; 4.3. O Estatuto da Terra; 4.4. Função social da propriedade; 4.5. Reforma agrária desapropriação da propriedade rural; 4.6. Aquisição da propriedade rural por estrangeiros; 4.7. Usucapião; 5. Política de incentivo a micro e pequenas empresas; 5.1. Introdução; 5.2. Regime tributário do Simples Nacional; 4.3. Outros benefícios do Simples Nacional; 6. Quadros sinóticos; 7. Jurisprudência; 7.1. Política Urbana; 7.2. Política agrícola e fundiária; 7.3. Política de incentivo a micro e pequenas empresas; 8. Questões de concursos; 9. Gabarito.

1. INTRODUÇÃO

A Constituição de 1988 determina a realização de várias políticas de cunho econômico. Os comandos constitucionais são, por vezes denominados literalmente "política" como a política urbana (art. 182, da CF/88) ou a política agrícola e fundiária (art. 184 e seg, da CF/88). Por vezes, a Constituição simplesmente estabelece fins que devem ser alcançados por meio de ações coordenadas, como é o caso da ciência e tecnologia, quando determina o art. 218, da CF/88 caber ao Estado promove e incentivar o desenvolvimento científico, a pesquisa e a capacitação tecnológicas e do meio ambiente.

Estas políticas constitucionais, definem-se por normas constitucionais notadamente programáticas, que estabelecem objetivos e metas que devem ser alcançados pelo Poder Público mediante a elaboração de leis e a realização de ações concretas coerentes e coordenadas. A Constituição não disciplina exaustivamente os meios necessários para a consecução de tais objetivos. Entretanto, estabelece regras de exceção, para que institutos tradicionais do direito tributário, administrativo ou financeiro possam ser utilizados de maneira específica na condução das políticas, sem o risco de serem considerados inconstitucionais.

São exemplos de institutos tradicionais que ganham perfil constitucional voltado para as políticas públicas o IPTU (progressivo) sanção, a desapropriação sanção e o usucapião constitucional.

Selecionamos, aqui, por sua conexão com nosso tema, quatro políticas específicas mencionadas pela Constituição no Título da Ordem Econômica, importantes para o direito econômico: a política de redução das desigualdades regionais, a política urbana, política agrícola e fundiária e a política de incentivo a micro e pequenas empresas.

2. POLÍTICA DE REDUÇÃO DAS DESIGUALDADES REGIONAIS

2.1. Introdução

O desenvolvimento econômico nacional é um dos principais objetivos da política econômica, ao lado da estabilidade de preços e da distribuição da renda. Portanto, é também um dos principais objetos do direito econômico.

Ainda no âmbito da economia, a conjugação do **desenvolvimento econômico** com a **distribuição da renda e da riqueza** aplicada à realidade brasileira, confere à preocupação com o **desenvolvimento econômico regional** importância elevada.

Isso porque é apenas pela via do desenvolvimento das regiões menos favorecidas que se consegue reduzir as desigualdades, sem prejudicar as regiões mais abastadas.

2.2. Normas constitucionais

No âmbito do direito, o desenvolvimento regional também se mostra sobremaneira destacado, erigido, que foi, à qualidade de princípio, positivado no art. 3°, III e 170, VII, da Constituição Federal. Vejamos:

> Art. 3º Constituem objetivos fundamentais da República Federativa do Brasil:
>
> [...]
>
> II – garantir o desenvolvimento nacional;
>
> III – erradicar a pobreza e a marginalização e reduzir as desigualdades sociais e regionais;
>
> [...]
>
> Art. 170. A ordem econômica, fundada na valorização do trabalho humano e na livre iniciativa, tem por fim assegurar a todos existência digna, conforme os ditames da justiça social, observados os seguintes princípios:
>
> [...]
>
> VII – redução das desigualdades regionais e sociais;
>
> [...]

Ao comentar os dispositivos, leciona Eros Roberto Grau:

> O princípio inscrito no art. 3°, III e parcialmente reafirmado no art. 170, VII prospera, assim – ainda que isso não seja compreensível para muitos – no sentido de, superadas as desuniformidades entre os flancos moderno e arcaico do capitalismo brasileiro, atualizá-lo. Aqui também atua como fundamento constitucional de reivindicação, da sociedade, pela realização de políticas públicas[140].

140. GRAU, Eros Roberto. A ordem econômica na Constituição de 1988. São Paulo: Malheiros, 2003, p. 200.

A Constituição atribui, a propósito, a promoção do desenvolvimento regional como **competência administrativa comum** da União, dos Estados, do Distrito Federal e dos Municípios, pela letra do art. 23, X, da CF/88:

> Art. 23. É competência comum da União, dos Estados, do Distrito Federal e dos Municípios:
>
> [...]
>
> X – combater as causas da pobreza e os fatores de marginalização, promovendo a integração social dos setores desfavorecidos;

A Carta também fornece meios a serem explorados, com vistas à promoção do desenvolvimento regional.

Um destes meios é o **instrumento fiscal**, notadamente os benefícios fiscais. O art. 151, I, da CF/88 veda à União instituir tributos que não sejam uniformes em todo o território nacional. Contudo, a mesma norma excepciona a regra, admite expressamente "a concessão de incentivos fiscais destinados a promover o equilíbrio do desenvolvimento socioeconômico entre as diferentes regiões do País". Leia-se:

> Art. 151. É vedado à União:
>
> I – instituir tributo que não seja uniforme em todo o território nacional ou que implique distinção ou preferência em relação à Estado, ao Distrito Federal ou a Município, em detrimento de outro, admitida a concessão de incentivos fiscais destinados a promover o equilíbrio do desenvolvimento sócio-econômico entre as diferentes regiões do País;
>
> [...]

Ainda no âmbito do instrumento fiscal de política econômica, a Constituição estabelece **fundos de investimento regionais**, destinados ao desenvolvimento das regiões Norte, Nordeste e Centro-Oeste. Eis o texto do art. 159, I, c, da CF/88:

> Art. 159. A União entregará:
>
> I – do produto da arrecadação dos impostos sobre renda e proventos de qualquer natureza e sobre produtos industrializados quarenta e oito por cento na seguinte forma:
>
> [...]
>
> c) três por cento, para aplicação em programas de financiamento ao setor produtivo das Regiões Norte, Nordeste e Centro-Oeste, através de suas instituições financeiras de caráter regional, de acordo com os planos regionais de desenvolvimento, ficando assegurada ao semi-árido do Nordeste a metade dos recursos destinados à Região, na forma que a lei estabelecer;

No capítulo das **finanças públicas**, a Constituição também prevê norma voltada para o desenvolvimento regional, em seu art. 163, VII, ao determinar que lei complementar disponha sobre a compatibilização das funções das instituições oficiais de crédito da União (vale dizer, os bancos, como o Banco do Brasil, a Caixa Econômica Federal, o Banco do Nordeste etc), regidos pelas regras de direito privado, com sua missão desenvolvimentista, que se desvia do funcionamento normal das atividades bancárias, por implicar taxas de juros e condições de pagamento favorecidas.

É no art. 43, da CF/88, contudo, que a Carta se dedica com mais ênfase ao tema. O artigo trata **das "regiões"**, no capítulo da Administração Pública, pertencente ao título da Organização do Estado. Vejamos seu texto:

> Art. 43. Para efeitos administrativos, a União poderá articular sua ação em um mesmo complexo geoeconômico e social, visando a seu desenvolvimento e à redução das desigualdades regionais.
>
> § 1º – Lei complementar disporá sobre:
>
> I – as condições para integração de regiões em desenvolvimento;
>
> II – a composição dos organismos regionais que executarão, na forma da lei, os planos regionais, integrantes dos planos nacionais de desenvolvimento econômico e social, aprovados juntamente com estes.
>
> § 2º – Os incentivos regionais compreenderão, além de outros, na forma da lei:
>
> I – igualdade de tarifas, fretes, seguros e outros itens de custos e preços de responsabilidade do Poder Público;
>
> II – juros favorecidos para financiamento de atividades prioritárias;
>
> III – isenções, reduções ou diferimento temporário de tributos federais devidos por pessoas físicas ou jurídicas;
>
> IV – prioridade para o aproveitamento econômico e social dos rios e das massas de água represadas ou represáveis nas regiões de baixa renda, sujeitas a secas periódicas.
>
> § 3º – Nas áreas a que se refere o § 2º, IV, a União incentivará a recuperação de terras áridas e cooperará com os pequenos e médios proprietários rurais para o estabelecimento, em suas glebas, de fontes de água e de pequena irrigação.

O dispositivo é bastante amplo. O *caput* do artigo permite à União articular ações desenvolvimentistas em complexos geoeconômicos e sociais, que, muitas vezes, transcendem os limites dos municípios, chegando a atingir áreas de mais de um estado. Assim, pode-se superar as limitações burocráticas presentes no trato federativo, permitindo-se a atuação consertada em áreas que abranjam mais de um ente federado.

O § 1º atribui à lei complementar o papel de dispor sobre as condições para integração de regiões em desenvolvimento e sobre os organismos de desenvolvimento regional, como exemplifica a Lei Complementar 124/2007, que institui a Superintendência do Desenvolvimento da Amazônia – SUDAM, e a Lei Complementar 125/2007, que cria Superintendência do Desenvolvimento do Nordeste – SUDENE.

O § 2º elenca alguns incentivos regionais, como a concessão de juros favorecidos para o financiamento de atividades prioritárias ao desenvolvimento das regiões e incentivos fiscais, já mencionados.

No § 3º, em conjunto com o inciso IV, do § 2º, a Constituição determina que a União incentive a recuperação de terras áridas e coopere com os pequenos e médios proprietários rurais para o estabelecimento, de fontes de água e de pequena irrigação, com o aproveitamento econômico e social dos rios e das massas de água nas regiões de baixa renda, sujeitas a secas periódicas.

As **regiões geoeconômicas** tratadas no art. 43, da CF/88 não se confundem com as **regiões metropolitanas, aglomerações e microrregiões**, previstas pelo art. 25, da Carta. Vejamos:

> Art. 25. Os Estados organizam-se e regem-se pelas Constituições e leis que adotarem, observados os princípios desta Constituição.
>
> [...]
>
> § 3º – Os Estados poderão, mediante lei complementar, instituir regiões metropolitanas, aglomerações urbanas e microrregiões, constituídas por agrupamentos de municípios limítrofes, para integrar a organização, o planejamento e a execução de funções públicas de interesse comum.

As **regiões geoeconômicas** têm como características a **proximidade geográfica** e **a similaridade de estrutura socioeconômica**, enquanto as **regiões metropolitanas, aglomerações e microrregiões** caracterizam-se **apenas pela proximidade geográfica**. Na verdade, os municípios aglomerados devem ser limítrofes.

Nas **regiões geoeconômicas**, o objetivo é o **desenvolvimento regional**, enquanto nas **regiões metropolitanas, aglomerações e microrregiões**, os objetivos são **operacionais, de organização, planejamento e execução de funções públicas de interesse comum**, que podem, como consequência secundária, contribuir para o desenvolvimento da região.

Por fim, a competência para estabelecer as regiões geoeconômicas é da União, enquanto o estabelecimento de regiões metropolitanas e microrregiões cabe aos Estados.

2.3. A política nacional de desenvolvimento regional

Vigora no Brasil o Decreto 6.047/2007, que institui a **Política Nacional de Desenvolvimento Regional – PNDR**, embora já se fale em novos rumos desta política.

A PNDR estabelece como **norte** da redução das desigualdades regionais o estímulo e o apoio a processos de desenvolvimento regional e a articulação de ações visando melhor distribuição da ação pública e do investimento, com ênfase nos territórios de ação prioritária. A PNDR pauta-se, também, pela convergência dos **objetivos** de inclusão social, aumento de produtividade, sustentabilidade ambiental e competitividade econômica (art. 2º).

A **execução** da política de desenvolvimento regional, a seu turno, se operacionaliza em diversas escalas. Além das medidas de desenvolvimento nacional que refletem no desenvolvimento regional, medidas específicas devem ser tomadas tanto em escala macrorregional quanto sub-regional (art. 3°), a abranger desde as grandes regiões do Brasil (Norte, Nordeste, Centro-Oeste, Sudeste e Sul), passando por regiões como o Semiárido ou a Faixa de Fronteira, chegando a pequenos municípios no interior do país.

Os **agentes** do desenvolvimento regional, nos termos do art. 4°, da PNDR, devem se pautar pelo enfoque territorial – o que se mostra óbvio, diante do objetivo de redução de desigualdades regionais – e pela articulação intersetorial na elaboração de planos e programas de desenvolvimento, na implementação de ações e na utilização dos instrumentos desenvolvimentista, em consonância com o comando de otimização do art. 2°.

Há que se destacar, como agentes desta política, no âmbito federal, o Ministério da Integração Nacional, com suas secretarias especializadas, as superintendências de desenvolvimento das regiões norte e nordeste e os bancos regionais de desenvolvimento, cuja importância já fora notada pelo STF, no julgamento do RE 120.932/RS.

Não se excluam, porém, os órgãos estaduais e municipais vocacionados, que também procuram combater a pobreza e as desigualdades regionais, na sua esfera de atuação.

Com este propósito, o art. 6°, do Decreto prevê como **instrumentos** ou **fontes de recursos** de realização da PNDR os seguintes:

> I – Orçamento Geral da União;
>
> II – Fundos Constitucionais de Financiamento das regiões Norte – FNO, Nordeste – FNE e do Centro-Oeste – FCO;
>
> III – Fundos de Desenvolvimento do Nordeste – FDNE e Fundo de Desenvolvimento da Amazônia – FDA, bem como outros fundos de desenvolvimento regional que venham a ser criados;
>
> IV – outros Fundos especialmente constituídos pelo Governo Federal com a finalidade de reduzir as desigualdades regionais;
>
> V – recursos dos Agentes Financeiros Oficiais; e
>
> VI – Incentivos e Benefícios Fiscais.

A nova política nacional de desenvolvimento regional, que vem sendo discutida, mas que ainda não fora positivada, procura aperfeiçoar o sistema.

A principal crítica que se pode fazer, contudo, não é quanto ao modelo, mas quanto à carência de recursos efetivamente aplicados no desenvolvimento regional.

2.4. Do direito ao desenvolvimento regional

Não há propriamente um direito subjetivo ao desenvolvimento regional. O princípio faz surgir um **direito difuso**, que obriga o Estado a tomar medidas voltadas ao desenvolvimento regional, mas **não o direito individual**, do cidadão que se encontre em regiões menos favorecidas do território nacional, de exigir, para si, qualquer medida específica de desenvolvimento.

Uma vez estabelecida uma ação de desenvolvimento, pode surgir o direito subjetivo, desde que o cidadão se enquadre nos requisitos de uma ação ou programa de desenvolvimento específico.

Assim, as medidas de financiamento de projetos nas modalidades levadas a efeito pela SUDENE e pela SUDAM, apenas geram direito subjetivo quando o interessado preenche todos os requisitos de um dos programas, inclusive os de caráter material. Neste caso, o interessado faz jus à aprovação de seu projeto.

Não havendo o programa específico pretendido por eventual interessado ou não havendo compatibilidade entre os interesses dos cidadãos e dos projetos existentes, não há que se falar em direito subjetivo individual.

2.5. Uma classificação dos instrumentos de desenvolvimento regional

Para encerrarmos estas linhas sobre o desenvolvimento regional, cabe-nos apresentar uma classificação dos instrumentos de desenvolvimento regional e redução das desigualdades regionais.

Num **primeiro nível**, encontram-se medidas tendentes a reformular a própria **estrutura da economia brasileira**, seja pelo tratamento da concentração do poder econômico (Salomão Filho[141]), pela efetiva implementação de um federalismo regional (Bercovici[142]) ou pela utilização de mecanismos de estímulo, como incentivos fiscais e creditícios.

Num **nível intermediário**, estão os projetos de **desenvolvimento de macrorregiões**, que englobam múltiplos estados, como as regiões Norte, Nordeste e Centro-Oeste. Neste nível, procura-se, em parte, mudanças estruturais, com o manejo de fundos de investimento e de benefícios fiscais, voltados para investimentos de médio e grande porte.

Num **terceiro nível**, mais básico e elementar, também mais próximo da realidade dos indivíduos, está o desenvolvimento de **microrregiões**, que pode ser composta de parte de um único município ou mesmo de diversos municípios ou também partes de diversos municípios. Aqui, as medidas individuais exigem volumes menores de recursos, provenientes, com frequência, do orçamento dos entes federados e são voltadas para o estímulo ou aprimoramento das vocações e das potencialidades locais, ou à criação de acessos das localidades aos mercados consumidores e fornecedores mais desenvolvidos. Não há, neste nível, reforma estrutural propriamente dita, senão nas próprias regiões beneficiadas.

Todos os níveis podem, ou talvez seja melhor dizer, devem ser coordenados por meio de planejamento[143], pois as ações são complementares e não excludentes.

141. SALOMÃO FILHO, Calixto. Direito Concorrencial. São Paulo: Malheiros, 2013, p. 19 e seg.
142. BERCOVICI, Gilberto. Constituição econômica e desenvolvimento: uma leitura a partir da Constituição de 1988. São Paulo: Malheiros, 2005, p. 69 e seg.
143. BERCOVICI, Gilberto. Constituição econômica e desenvolvimento: uma leitura a partir da Constituição de 1988, p. 69 e seg.

3. A POLÍTICA URBANA

3.1. Introdução

Tomando a ideia de qualidade de vida ligada à de desenvolvimento e também apreciando o tema do meio ambiente das **cidades**, o art. 182 da Constituição trata da "política de desenvolvimento urbano", executada pelo Poder Público municipal. Dispõe a Carta:

> Art. 182. A política de desenvolvimento urbano, executada pelo Poder Público municipal, conforme diretrizes gerais fixadas em lei, tem por objetivo ordenar o pleno desenvolvimento das funções sociais da cidade e garantir o bem – estar de seus habitantes.
>
> § 1º – O plano diretor, aprovado pela Câmara Municipal, obrigatório para cidades com mais de vinte mil habitantes, é o instrumento básico da política de desenvolvimento e de expansão urbana.
>
> § 2º – A propriedade urbana cumpre sua função social quando atende às exigências fundamentais de ordenação da cidade expressas no plano diretor.
>
> § 3º – As desapropriações de imóveis urbanos serão feitas com prévia e justa indenização em dinheiro.
>
> § 4º – É facultado ao Poder Público municipal, mediante lei específica para área incluída no plano diretor, exigir, nos termos da lei federal, do proprietário do solo urbano não edificado, subutilizado ou não utilizado, que promova seu adequado aproveitamento, sob pena, sucessivamente, de:
>
> I – parcelamento ou edificação compulsórios;
>
> II – imposto sobre a propriedade predial e territorial urbana progressivo no tempo;
>
> III – desapropriação com pagamento mediante títulos da dívida pública de emissão previamente aprovada pelo Senado Federal, com prazo de resgate de até dez anos, em parcelas anuais, iguais e sucessivas, assegurados o valor real da indenização e os juros legais.

O art. 182, da CF/88 invoca, explicitamente, o **objetivo** de "ordenar o pleno desenvolvimento das funções sociais da cidade e garantir o bem-estar de seus habitantes".

Para tanto, menciona diversos **instrumentos**, a iniciar pelo plano diretor, como peça fundamental, reconhecido como instrumento básico da política de desenvolvimento e de expansão urbana, pelo § 1º do art. 182 e o princípio basilar desse desenvolvimento, que se pauta na função social da propriedade urbana (art. 182, § 2°, da CF/88).

Com fundamento no art. 21, IX, da CF/88 (competência da União para elaborar e executar planos nacionais e regionais de ordenação do território), no art. 24, I, da CF/88 (competência comum para legislar sobre direito urbanístico) e no art. 174, § 1º, da Constituição (compatibilização de planos), a União editou a Lei 10.257/2001, para regulamentar o art. 182 da Constituição Federal e estabelecer **diretrizes da política urbana**.

A Lei 10.257/2001, denominada **Estatuto da Cidade** por seu próprio texto (art. 1º, parágrafo único), "estabelece normas de ordem pública e interesse social que regulam o uso da propriedade urbana em prol do bem coletivo, da segurança e do bem-estar dos cidadãos, bem como do equilíbrio ambiental".

O art. 2°, da Lei 10.257/2001, estabelece como **objetivo** da política urbana "ordenar o pleno desenvolvimento das funções sociais da cidade e da propriedade urbana", mediante diretrizes gerais, entre elas:

> I garantia do direito a cidades sustentáveis, entendido como o direito à terra urbana, à moradia, ao saneamento ambiental, à infraestrutura urbana, ao transporte e aos serviços públicos, ao trabalho e ao lazer, para as presentes e futuras gerações;
>
> II – gestão democrática por meio da participação da população e de associações representativas dos vários segmentos da comunidade na formulação, execução e acompanhamento de planos, programas e projetos de desenvolvimento urbano;
>
> III – cooperação entre os governos, a iniciativa privada e os demais setores da sociedade no processo de urbanização, em atendimento ao interesse social;
>
> IV – planejamento do desenvolvimento das cidades, da distribuição espacial da população e das atividades econômicas do Município e do território sob sua área de influência, de modo a evitar e corrigir as distorções do crescimento urbano e seus efeitos negativos sobre o meio ambiente;
>
> V – oferta de equipamentos urbanos e comunitários, transporte e serviços públicos adequados aos interesses e necessidades da população e às características locais;
>
> VI – ordenação e controle do uso do solo [...]

Na norma, como se vê, estão presentes elementos de diversa natureza, tanto os de natureza política, como a participação popular, quanto os relativos à qualidade de vida do cidadão, e os conexos com o desenvolvimento sustentável.

3.2. Plano diretor e a função social da propriedade

Na condução da política urbana, destaca-se o papel do **plano diretor**, obrigatório para cidades com mais de vinte mil habitantes, como instrumento básico da política de desenvolvimento e de expansão urbana.

A Constituição menciona a função social da propriedade urbana, sem, contudo, defini-la. Ao revés, remete o art. 182, § 2º ao plano diretor, de modo que atenderá a **função social a propriedade** e as exigências fundamentais de ordenação da cidade expressas no plano.

O plano diretor, pois, cumpre a tarefa de incorporar o **documento básico**, e certamente o mais importante, da política de desenvolvimento urbano, e de complementar a Constituição, cabendo-lhe definir os requisitos para o cumprimento da função da propriedade urbana.

A norma constitucional encontra coro no art. 39, do Estatuto da Cidade, segundo o qual:

> A propriedade urbana cumpre sua função social quando atende às exigências fundamentais de ordenação da cidade expressas no plano diretor, assegurando o atendimento das necessidades dos cidadãos quanto à qualidade de vida, à justiça social e ao desenvolvimento das atividades econômicas, respeitadas as diretrizes previstas no art. 2° desta Lei.

Assim, a lei acrescenta à norma constitucional apenas diretrizes ao plano diretor na tarefa de definir a função social da propriedade urbana, mencionando elementos como qualidade de vida, justiça social e desenvolvimento econômico, princípios deveras consagrados na Constituição Federal.

De fato, o Estatuto da Cidade não limita a competência do plano diretor, mas aumenta sua complexidade, na medida em que o art. 4°, da Lei 10.257/2001 insere o plano diretor no contexto de planejamento municipal em conjunto com múltiplas disciplinas, como o zoneamento ambiental e a demarcação urbanísticas para fins de regularização fundiária. Vejamos:

> Art. 4° Para os fins desta Lei, serão utilizados, entre outros instrumentos:
>
> III – planejamento municipal, em especial:
>
> a) plano diretor;
>
> b) disciplina do parcelamento, do uso e da ocupação do solo;
>
> c) zoneamento ambiental;
>
> [...]
>
> t) demarcação urbanística para fins de regularização fundiária;
>
> [...][144]

144. Vale, porém, a leitura integral do dispositivo:

Art. 4º Para os fins desta Lei, serão utilizados, entre outros instrumentos:

I – planos nacionais, regionais e estaduais de ordenação do território e de desenvolvimento econômico e social;

II – planejamento das regiões metropolitanas, aglomerações urbanas e microrregiões;

III – planejamento municipal, em especial:

a) plano diretor;

b) disciplina do parcelamento, do uso e da ocupação do solo;

c) zoneamento ambiental;

d) plano plurianual;

e) diretrizes orçamentárias e orçamento anual;

f) gestão orçamentária participativa;

g) planos, programas e projetos setoriais;

h) planos de desenvolvimento econômico e social;

O papel do plano diretor não tem passado despercebido pela **jurisprudência**.

O STF já reconheceu inconstitucional norma de constituição estadual que ampliara a exigência do plano diretor para municípios com mais de cinco mil habitantes, quando a exigência da Constituição Federal se destina a municípios com mais de vinte mil habitantes. Vejamos:

> DIREITO CONSTITUCIONAL E ADMINISTRATIVO. MUNICÍPIOS COM MAIS DE CINCO MIL HABITANTES: PLANO DIRETOR. ART. 195, "CAPUT", DO ESTADO DO AMAPÁ. ARTIGOS 25, 29, 30, I E VIII, 182, § 1º, DA CONSTITUIÇÃO FEDERAL E 11 DO A.D.C.T.

IV – institutos tributários e financeiros:

a) imposto sobre a propriedade predial e territorial urbana – IPTU;

b) contribuição de melhoria;

c) incentivos e benefícios fiscais e financeiros;

V – institutos jurídicos e políticos:

a) desapropriação;

b) servidão administrativa;

c) limitações administrativas;

d) tombamento de imóveis ou de mobiliário urbano;

e) instituição de unidades de conservação;

f) instituição de zonas especiais de interesse social;

g) concessão de direito real de uso;

h) concessão de uso especial para fins de moradia;

i) parcelamento, edificação ou utilização compulsórios;

j) usucapião especial de imóvel urbano;

l) direito de superfície;

m) direito de preempção;

n) outorga onerosa do direito de construir e de alteração de uso;

o) transferência do direito de construir;

p) operações urbanas consorciadas;

q) regularização fundiária;

r) assistência técnica e jurídica gratuita para as comunidades e grupos sociais menos favorecidos;

s) referendo popular e plebiscito;

u) legitimação de posse. (Incluído pela Lei nº 11.977, de 2009)

VI – estudo prévio de impacto ambiental (EIA) e estudo prévio de impacto de vizinhança (EIV).

§ 1º Os instrumentos mencionados neste artigo regem-se pela legislação que lhes é própria, observado o disposto nesta Lei.

§ 2º Nos casos de programas e projetos habitacionais de interesse social, desenvolvidos por órgãos ou entidades da Administração Pública com atuação específica nessa área, a concessão de direito real de uso de imóveis públicos poderá ser contratada coletivamente.

§ 3º Os instrumentos previstos neste artigo que demandam dispêndio de recursos por parte do Poder Público municipal devem ser objeto de controle social, garantida a participação de comunidades, movimentos e entidades da sociedade civil.

> 1. O "caput" do art. 195 da Constituição do Estado do Amapá estabelece que "o plano diretor, instrumento básico da política de desenvolvimento econômico e social e de expansão urbana, aprovado pela Câmara Municipal, é obrigatório para os Municípios com mais de cinco mil habitantes".
>
> 2. Essa norma constitucional estadual estendeu, aos municípios com número de habitantes superior a cinco mil, a imposição que a Constituição Federal só fez àqueles com mais de vinte mil (art. 182, § 1º).
>
> 3. Desse modo, violou o princípio da autonomia dos municípios com mais de cinco mil e até vinte mil habitantes, em face do que dispõem os artigos 25, 29, 30, I e VIII, da C.F. e 11 do A.D.C.T.
>
> 4. Ação Direta de Inconstitucionalidade julgada procedente, nos termos do voto do Relator.
>
> 5. Plenário: decisão unânime.
>
> (STF, Tribunal Pleno, ADI 826/AP, Min. Sydney Sanches, de DJ de 12/3/1999)

De outro giro, o STF também sinaliza pela inconstitucionalidade de norma que pretende flexibilizar a exigência do plano diretor, ao conferir liminar na AC 2.383 MC-QO/DF, entendendo pela plausibilidade da alegação de que a Lei Complementar distrital 710/2005, ao permitir a criação de projetos urbanísticos "de forma isolada e desvinculada" do plano diretor, violou diretamente a Constituição Republicana". Veja-se:

> QUESTÃO DE ORDEM. MEDIDA CAUTELAR. LIMINAR QUE CONFERIU EFEITO SUSPENSIVO A RECURSO EXTRAORDINÁRIO. REFERENDO DA TURMA. INCISOS IV E V DO ART. 21 DO RI/STF. PLANO DIRETOR: INSTRUMENTO DE CONCRETIZAÇÃO DA POLÍTICA DE DESENVOLVIMENTO E DE EXPANSÃO URBANA DAS CIDADES COM MAIS DE VINTE MIL HABITANTES. LEI QUE PERMITE A CRIAÇÃO DE PROJETOS URBANÍSTICOS DE FORMA DESVINCULADA DO PLANO DIRETOR. POSSÍVEL OFENSA À CONSTITUIÇÃO FEDERAL.
>
> A Carta Magna impôs a concretização da política de desenvolvimento e de expansão urbana das cidades com mais de vinte mil habitantes por meio de um instrumento específico: o plano diretor (§ 1º do art. 182). Plausibilidade da alegação de que a Lei Complementar distrital 710/05, ao permitir a criação de projetos urbanísticos "de forma isolada e desvinculada" do plano diretor, violou diretamente a Constituição Republicana. Perigo da demora na prestação jurisdicional que reside na irreversibilidade dos danos que decorrerão do registro de áreas, para fins de parcelamento, com base na mencionada lei. Questão de ordem que se resolve pelo referendo da decisão concessiva do efeito suspensivo ao apelo extremo.
>
> (STF, T2, AC 2.383 MC-QO/DF, Min. Ayres Britto, DJe de 28/6/2012)

O STF julgou o RE 607.940 RG/DF, com a seguinte ementa:

> CONSTITUCIONAL. ORDEM URBANÍSTICA. COMPETÊNCIAS LEGISLATIVAS. PODER NORMATIVO MUNICIPAL. ART. 30, VIII, E ART. 182, *CAPUT*, DA CONSTITUIÇÃO FEDERAL. PLANO

> DIRETOR. DIRETRIZES BÁSICAS DE ORDENAMENTO TERRITORIAL. COMPREENSÃO.
>
> 1. A Constituição Federal atribuiu aos Municípios com mais de vinte mil habitantes a obrigação de aprovar Plano Diretor, como "instrumento básico da política de desenvolvimento e de expansão urbana" (art. 182, § 1º). Além disso, atribuiu a todos os Municípios competência para editar normas destinadas a "promover, no que couber, adequado ordenamento territorial, mediante planejamento e controle do uso do solo, do parcelamento e da ocupação do solo urbano" (art. 30, VIII) e a fixar diretrizes gerais com o objetivo de "ordenar o pleno desenvolvimento das funções sociais da cidade e garantir o bem-estar dos habitantes" (art. 182, caput). Portanto, nem toda a competência normativa municipal (ou distrital) sobre ocupação dos espaços urbanos se esgota na aprovação de Plano Diretor.
>
> 2. É legítima, sob o aspecto formal e material, a Lei Complementar Distrital 710/2005, que dispôs sobre uma forma diferenciada de ocupação e parcelamento do solo urbano em loteamentos fechados, tratando da disciplina interna desses espaços e dos requisitos urbanísticos mínimos a serem neles observados. A edição de leis dessa espécie, que visa, entre outras finalidades, inibir a consolidação de situações irregulares de ocupação do solo, está inserida na competência normativa conferida pela Constituição Federal aos Municípios e ao Distrito Federal, e nada impede que a matéria seja disciplinada em ato normativo separado do que disciplina o Plano Diretor.
>
> 3. Aprovada, por deliberação majoritária do Plenário, tese com repercussão geral no sentido de que "Os municípios com mais de vinte mil habitantes e o Distrito Federal podem legislar sobre programas e projetos específicos de ordenamento do espaço urbano por meio de leis que sejam compatíveis com as diretrizes fixadas no plano diretor".
>
> 4. Recurso extraordinário a que se nega provimento.
>
> (STF, RE 607.940 RG/DF, Min. Teori Zavascki, DJe de 26/2/2016)

A Corte permitiu que municípios com mais de vinte mil habitantes, bem como o Distrito Federal, legislem sobre programas e projetos específicos de ordenamento do espaço urbano por meio de leis esparsas. Exigiu, porém, que tais normas sejam compatíveis com o Plano Diretor.

3.3. Parcelamento e edificação compulsórios

O art. 182, da CF/88 também menciona a possibilidade de parcelamento e edificação compulsórios, a desapropriação por interesse urbano e o instrumento tributário, autorizando a utilização extrafiscal do imposto predial e territorial urbano (art. 182, §§ 3º e 4º).

No que toca ao **parcelamento e a edificação compulsórios da propriedade urbana**, dispõe:

> Art. 182. A política de desenvolvimento urbano, executada pelo Poder Público municipal, conforme diretrizes gerais fixadas em lei, tem por objetivo ordenar o pleno desenvolvimento das funções sociais da cidade e garantir o bem – estar de seus habitantes.
>
> [...]

> § 4º – É facultado ao Poder Público municipal, mediante lei específica para área incluída no plano diretor, exigir, nos termos da lei federal, do proprietário do solo urbano não edificado, subutilizado ou não utilizado, que promova seu adequado aproveitamento, sob pena, sucessivamente, de:
>
> I – parcelamento ou edificação compulsórios;
>
> [...]

Trata-se de efetivo instrumento de política urbana, voltado a combater a especulação imobiliária e a compelir o proprietário a conferir função social à sua propriedade.

No Estatuto da Cidade, o instituto ganha a seguinte disciplina:

> Art. 5º Lei municipal específica para área incluída no plano diretor poderá determinar o parcelamento, a edificação ou a utilização compulsórios do solo urbano não edificado, subutilizado ou não utilizado, devendo fixar as condições e os prazos para implementação da referida obrigação.
>
> § 1º Considera-se subutilizado o imóvel:
>
> I – cujo aproveitamento seja inferior ao mínimo definido no plano diretor ou em legislação dele decorrente;
>
> II – (VETADO)
>
> § 2º O proprietário será notificado pelo Poder Executivo municipal para o cumprimento da obrigação, devendo a notificação ser averbada no cartório de registro de imóveis.
>
> § 3º A notificação far-se-á:
>
> I – por funcionário do órgão competente do Poder Público municipal, ao proprietário do imóvel ou, no caso de este ser pessoa jurídica, a quem tenha poderes de gerência geral ou administração;
>
> II – por edital quando frustrada, por três vezes, a tentativa de notificação na forma prevista pelo inciso I.
>
> § 4º Os prazos a que se refere o caput não poderão ser inferiores a:
>
> I – um ano, a partir da notificação, para que seja protocolado o projeto no órgão municipal competente;
>
> II – dois anos, a partir da aprovação do projeto, para iniciar as obras do empreendimento.
>
> § 5º Em empreendimentos de grande porte, em caráter excepcional, a lei municipal específica a que se refere o caput poderá prever a conclusão em etapas, assegurando-se que o projeto aprovado compreenda o empreendimento como um todo.

A obrigação de parcelamento e edificação, a propósito, não gera direito a indenização e se transfere aos adquirentes do imóvel, nos termos do art. 6º, da Lei 10.257/2001. Leia-se:

> Art. 6º A transmissão do imóvel, por ato inter vivos ou causa mortis, posterior à data da notificação, transfere as obrigações de parcelamento, edificação ou utilização previstas no art. 5º desta Lei, sem interrupção de quaisquer prazos.

Assim, a obrigação subsiste mesmo nos casos de transferência, pois adere à propriedade e vincula qualquer pessoa que venha a ser proprietária.

3.4. IPTU

No âmbito fiscal, o IPTU também constitui instrumento de política urbana, na medida em que pode incidir de maneira progressiva em função do valor do imóvel e em função do tempo e de maneira seletiva[145] [146].

Na redação original da Constituição, entendia o STF que o IPTU apenas poderia ser progressivo na hipótese prevista pelo art. 182, § 2°, da Carta, vale dizer, o IPTU utilizado como sanção para a propriedade que não cumpria sua função social. Era o entendimento:

> IPTU. Progressividade.
>
> – No sistema tributário nacional é o IPTU inequivocamente um imposto real.
>
> – Sob o império da atual Constituição, não é admitida a progressividade fiscal do IPTU, quer com base exclusivamente no seu artigo 145, § 1º, porque esse imposto tem caráter real que é incompatível com a progressividade decorrente da capacidade econômica do contribuinte, quer com arrimo na conjugação desse dispositivo constitucional (genérico) com o artigo 156, § 1º (específico).
>
> – A interpretação sistemática da Constituição conduz inequivocamente à conclusão de que o IPTU com finalidade extrafiscal a que alude o inciso II do § 4º do artigo 182 é a explicitação especificada, inclusive com limitação temporal, do IPTU com finalidade extrafiscal aludido no artigo 156, I, § 1º.
>
> – Portanto, é inconstitucional qualquer progressividade, em se tratando de IPTU, que não atenda exclusivamente ao disposto no artigo 156, § 1º, aplicado com as limitações expressamente constantes dos §§ 2º e 4º do artigo 182, ambos da Constituição Federal.
>
> – Recurso extraordinário conhecido e provido, declarando-se inconstitucional o sub-item 2.2.3 do setor II da Tabela III da Lei 5.641, de 22.12.89, no município de Belo Horizonte.
>
> (STF, Tribunal Pleno, RE 153.771/MG, Min. Moreira Alves, DJ de 5/9/1997)

A Emenda Constitucional 29/2000, contudo, deu nova redação ao art. 156, da Constituição, ampliando, tanto para fins fiscais como para **fins extrafiscais** a utilização **progressiva e seletiva do IPTU**. Assim ficou redigida a norma constitucional:

> Art. 156. Compete aos Municípios instituir impostos sobre:
>
> I – propriedade predial e territorial urbana;
>
> [...]

145. Para um estudo aprofundado do IPTU, veja: CASTRO, Eduardo, LUSTOZA, Helton k, e GOUVEA, Marcus F. Tributos em espécie. Salvador: Juspodivm, 2014.

146. E sobre a extrafiscalidade no tributo, recomendamos: GOUVEA, Marcus de Freitas. A extrafiscalidade no direito tributário. Belo Horizonte: Del Rey, 2006, p. 109.

> § 1° Sem prejuízo da progressividade no tempo a que se refere o art. 182, § 4°, inciso II, o imposto previsto no inciso I poderá:(Redação dada pela Emenda Constitucional nº 29, de 2000)
>
> I – ser progressivo em razão do valor do imóvel; e (Incluído pela Emenda Constitucional nº 29, de 2000)
>
> II – ter alíquotas diferentes de acordo com a localização e o uso do imóvel. (Incluído pela Emenda Constitucional nº 29, de 2000)

Acompanhando o texto constitucional, mudou, também a interpretação do STF:

> IPTU – PROGRESSIVIDADE. A jurisprudência do Supremo Tribunal Federal sedimentou-se no sentido de ser constitucional a progressividade nas alíquotas do Imposto Predial e Territorial Urbano estabelecida mediante lei municipal em período posterior à Emenda Constitucional nº 29/2000. Precedentes: Recursos Extraordinários nºs 423.768/SP e 586.693/SP
>
> (STF, T1, AI 534.469-AgR, Min. Marco Aurélio, DJe de 18/12/2012).
>
> Agravo regimental no recurso extraordinário. IPTU. Alíquotas progressivas com base no valor venal do imóvel após a edição da EC nº 29/2000. Constitucionalidade.
>
> 1. A agravante não trouxe qualquer argumento novo capaz de infirmar a decisão agravada.
>
> 2. A autorização constitucional introduzida pela Emenda Constitucional nº 29/2000, que permite a progressividade de alíquotas de IPTU com base no valor venal do imóvel, não ofende cláusula pétrea.
>
> 3. É constitucional o regime de alíquotas progressivas de IPTU com base no valor venal do imóvel, instituído por lei municipal editada em data posterior à Emenda Constitucional nº 29/2000.
>
> 4. Agravo regimental não provido
>
> (STF, T1, RE 587.485-AgR, Min. Dias Toffoli, DJe de 29/3/2012).

Hoje, o IPTU pode ser utilizado como instrumento de política urbana pela progressividade em função do valor do imóvel (art. 156, I, § 1°, I, da CF/88), pela seletividade das alíquotas em função da localização e do uso do imóvel (art. 156, I, § 1°, II, da CF/88) e pela progressividade no tempo, sanção prevista pelo art. 182, § 4°, II, da CF/88).

O **IPTU progressivo no tempo ou IPTU sanção**, previsto pelo 182, § 4°, II, da CF/88, porém, insere-se de maneira mais forte na política urbana, pois está previsto no título da Ordem Econômica, consiste em etapa de execução desta política e tem estreita ligação com o plano diretor.

Deveras, tanto na Constituição (art. 182, § 4°, II, da CF/88), quanto no Estatuto da Cidade (art. 7°, da Lei 10.257/2001), o IPTU progressivo no tempo se apresenta como medida intermediária entre o parcelamento e edificação compulsórios e a desapropriação sanção.

Como se trata de uma sanção, constitucionalmente autorizada, a progressividade temporal do IPTU para a propriedade que não cumpra sua função social pode atingir alíquotas elevadas, sem que viole, em regra, o princípio da vedação de confisco. A Constituição, porém, não define as alíquotas que podem ser estabelecidas pelo município.

Por razões de lógica, a alíquota não pode se aproximar dos 100%, pois o dever se igualaria ao valor do próprio bem e estaria caracterizado o confisco.

De outro turno, a razão da progressividade deve tomar com referência a alíquota ordinária do imposto municipal (para propriedades que cumprem sua função social), e a norma constitucional que estabelece o IPTU progressivo como sanção intermediária entre a edificação e o parcelamento obrigatórios e a desapropriação (que veremos no próximo item).

Nos termos do art. 8°, do Estatuto das Cidades, **a desapropriação sanção** (próximo item) pode ser **implementada após 5 anos de aplicação do IPTU progressivo**. Com este horizonte temporal, uma alíquota média de 20% aplicada sobre o valor do bem geraria dever tributário equivalente ao valor do imóvel, constituindo, a nosso ver, se não o limite, mas a referência para a alíquota sancionatória.

Dessa forma, parece-nos razoável que a alíquota sancionatória comece em padrões superiores aos praticados no município e apresente média nos 5 anos em torno dos 20 pontos percentuais.

3.5. Desapropriação

A desapropriação, matéria de direito administrativo, também pode ser utilizada como instrumento da política urbana.

A **desapropriação ordinária** é indiferente ao uso presente do bem desapropriado e visa somente a utilização pública do referido bem. Entretanto, a **desapropriação sanção** visa justamente – e em última instância – fazer com que a propriedade cumpra sua função social, se ineficazes as medidas de parcelamento e edificação compulsórios e de progressividade no IPTU.

A **desapropriação urbana comum**, prevista pelo art. 182, § 3°, também se difere da **desapropriação sanção**, quanto ao pagamento pela propriedade, vale dizer, a indenização pela perda da propriedade. Naquela há a justa e prévia indenização em dinheiro, enquanto nesta a indenização é realizada em títulos da dívida pública.

A previsão do art. 182, § 4°, III, da CF/88, ganha a seguinte disciplina no Estatuto da Cidade:

> Art. 8° Decorridos cinco anos de cobrança do IPTU progressivo sem que o proprietário tenha cumprido a obrigação de parcelamento, edificação ou utilização, o Município poderá proceder à desapropriação do imóvel, com pagamento em títulos da dívida pública.
>
> § 1° Os títulos da dívida pública terão prévia aprovação pelo Senado Federal e serão resgatados no prazo de até dez anos, em prestações anuais, iguais e sucessivas, assegurados o valor real da indenização e os juros legais de seis por cento ao ano.

> § 2° O valor real da indenização:
>
> I – refletirá o valor da base de cálculo do IPTU, descontado o montante incorporado em função de obras realizadas pelo Poder Público na área onde o mesmo se localiza após a notificação de que trata o § 2° do art. 5° desta Lei;
>
> II – não computará expectativas de ganhos, lucros cessantes e juros compensatórios.
>
> § 3° Os títulos de que trata este artigo não terão poder liberatório para pagamento de tributos.
>
> § 4° O Município procederá ao adequado aproveitamento do imóvel no prazo máximo de cinco anos, contado a partir da sua incorporação ao patrimônio público.
>
> § 5° O aproveitamento do imóvel poderá ser efetivado diretamente pelo Poder Público ou por meio de alienação ou concessão a terceiros, observando-se, nesses casos, o devido procedimento licitatório.
>
> § 6° Ficam mantidas para o adquirente de imóvel nos termos do § 5° as mesmas obrigações de parcelamento, edificação ou utilização previstas no art. 5° desta Lei.

O Supremo Tribunal Federal registrou a distinção dos institutos, quanto a seu fundamento:

> MUNICÍPIO DE SALTO. IMÓVEL URBANO. DESAPROPRIAÇÃO POR UTILIDADE PÚBLICA E INTERESSE SOCIAL. ACÓRDÃO QUE DECLAROU A SUA ILEGALIDADE, POR AUSÊNCIA DE PLANO DIRETOR E DE NOTIFICAÇÃO PRÉVIA AO PROPRIETÁRIO PARA QUE PROMOVESSE SEU ADEQUADO APROVEITAMENTO, NA FORMA DO ART. 182 E PARÁGRAFOS DA CONSTITUIÇÃO.
>
> Descabimento, entretanto, dessas exigências, se não se está diante da desapropriação-sanção prevista no art. 182, § 4º, III, da Constituição de 1988, mas de ato embasado no art. 5º, XXIV, da mesma Carta, para o qual se acha perfeitamente legitimada a Municipalidade.
>
> Recurso conhecido e provido.
>
> (STF, T1, RE 161.552/SP, Min. Ilmar Galvão, DJ de 6/2/1998)

Como se vê, a legitimidade do município para a desapropriação comum decorre simplesmente do interesse público ou do interesse social, enquanto a desapropriação sanção depende do plano diretor e das etapas prévias de exigência do cumprimento da função social da propriedade.

3.6. Usucapião

O usucapião, instituto típico do direito civil, ganha especial conformação na política urbana.

No art. 183, a Carta estabelece **nova modalidade de usucapião**, para aquele que possuir como sua área urbana de até duzentos e cinquenta metros quadrados, por cinco anos, ininterruptamente e sem oposição, utilizando-a para sua moradia ou de sua família, adquirir-lhe-á o domínio, desde que não seja proprietário de outro imóvel urbano ou rural.

> Art. 183. Aquele que possuir como sua área urbana de até duzentos e cinqüenta metros quadrados, por cinco anos, ininterruptamente e sem oposição, utilizando-a para sua moradia ou de sua família, adquirir-lhe-á o domínio, desde que não seja proprietário de outro imóvel urbano ou rural.
>
> § 1º – O título de domínio e a concessão de uso serão conferidos ao homem ou à mulher, ou a ambos, independentemente do estado civil.
>
> § 2º – Esse direito não será reconhecido ao mesmo possuidor mais de uma vez.
>
> § 3º – Os imóveis públicos não serão adquiridos por usucapião.

Além das normas de direito civil aplicáveis, o instituto é regido pelos arts. 9º a 14, da Lei 10.257/2001.

4. POLÍTICA AGRÍCOLA E FUNDIÁRIA

4.1. Introdução

A Constituição dedica-se à política agrícola e fundiária e da reforma agrária, em seus art. 184 a 191, traçando objetivos que devem ser alcançados no setor e definindo meios para que se chegue a esses resultados. Tais elementos vão dar unidade à política da terra e à política rural baseada em atos normativos diversos, mas integrados, dentre os quais se destacam o Estatuto da Terra (Lei 4.5.4/1964), a Lei da Política Agrícola (Lei 8.171/2001) e a Lei da Reforma Agrária (Lei 8.629/1993). Vejamos o que há de mais relevante sobre o tema.

4.2. A política agrícola

No art. 187, a Constituição lança as **bases da política agrícola**, para as quais devem concorrer os instrumentos creditícios e fiscais, a prática de preços compatíveis com os custos de produção e a garantia de comercialização; o incentivo à pesquisa e à tecnologia; a assistência técnica e extensão rural; o seguro agrícola adequado à atividade; o cooperativismo; a eletrificação rural e irrigação; e a habitação para o trabalhador rural, disciplinas conexas com a agroindústria, de um lado (§ 1°) e com a reforma agrária, de outro (§ 2°). Leia-se:

> Art. 187. A política agrícola será planejada e executada na forma da lei, com a participação efetiva do setor de produção, envolvendo produtores e trabalhadores rurais, bem como dos setores de comercialização, de armazenamento e de transportes, levando em conta, especialmente:
>
> I – os instrumentos creditícios e fiscais;
>
> II – os preços compatíveis com os custos de produção e a garantia de comercialização;
>
> III – o incentivo à pesquisa e à tecnologia;
>
> IV – a assistência técnica e extensão rural;
>
> V – o seguro agrícola;
>
> VI – o cooperativismo;
>
> VII – a eletrificação rural e irrigação;
>
> VIII – a habitação para o trabalhador rural.

> § 1° – Incluem-se no planejamento agrícola as atividades agro-industriais, agropecuárias, pesqueiras e florestais.
>
> § 2° – Serão compatibilizadas as ações de política agrícola e de reforma agrária.

A Lei 8.171/1991 regulamenta a previsão constitucional. Em seu art. 1°, a lei fixa os fundamentos, define os objetivos e as competências institucionais, prevê os recursos e estabelece as ações e instrumentos da política agrícola, relativamente às atividades agropecuárias, agroindustriais e de planejamento das atividades pesqueira e florestal.

Não cabe aqui analisar os mais de cem artigos desta lei, mas expor seus princípios fundamentais (art. 2°), seus objetivos (art. 3°) e os instrumentos (art. 4°) da política agrícola.

O art. 2°, da Lei 8.171/1991, ao tratar dos fundamentos da política agrícola, destaca a complexidade da atividade (incisos I e V) e sua segmentação (inciso II) e sua importância para o desenvolvimento econômico (inciso IV). Destaca também a necessária rentabilidade da atividade agrícola, como atividade econômica (inciso III), que deve propiciar os meios de existência a quem a explore (inciso VI). Vejamos o teor do artigo:

> Art. 2° A política fundamenta-se nos seguintes pressupostos:
>
> I – a atividade agrícola compreende processos físicos, químicos e biológicos, onde os recursos naturais envolvidos devem ser utilizados e gerenciados, subordinando-se às normas e princípios de interesse público, de forma que seja cumprida a função social e econômica da propriedade;
>
> II – o setor agrícola é constituído por segmentos como: produção, insumos, agroindústria, comércio, abastecimento e afins, os quais respondem diferenciadamente às políticas públicas e às forças de mercado;
>
> III – como atividade econômica, a agricultura deve proporcionar, aos que a ela se dediquem, rentabilidade compatível com a de outros setores da economia;
>
> IV – o adequado abastecimento alimentar é condição básica para garantir a tranqüilidade social, a ordem pública e o processo de desenvolvimento econômico-social;
>
> V – a produção agrícola ocorre em estabelecimentos rurais heterogêneos quanto à estrutura fundiária, condições edafoclimáticas, disponibilidade de infraestrutura, capacidade empresarial, níveis tecnológicos e condições sociais, econômicas e culturais;
>
> VI – o processo de desenvolvimento agrícola deve proporcionar ao homem do campo o acesso aos serviços essenciais: saúde, educação, segurança pública, transporte, eletrificação, comunicação, habitação, saneamento, lazer e outros benefícios sociais.

A norma reconhece e aplica em termos concretos os princípios da dignidade da pessoa humana e da livre-iniciativa, especialmente em seus incisos III e VI, ao identificar a atividade agrícola como atividade econômica e ao colocar o “homem do campo” como o centro desta atividade.

Como **objetivos da política agrícola**, o art. 3°, da Lei 8.171/1991 elenca, entre outros assegurar o incremento da produção e da produtividade agrícolas, a regularidade do abastecimento interno, especialmente alimentar, e a redução das disparidades regionais; de sistematizar a atuação do Estado para que os diversos segmentos intervenientes da agricultura possam planejar suas ações e investimentos numa perspectiva de médio e longo prazos, reduzindo as incertezas do setor; eliminar as distorções que afetam o desempenho das funções econômica e social da agricultura; proteger o meio ambiente, garantir o seu uso racional e estimular a recuperação dos recursos naturais; de promover e estimular o desenvolvimento da ciência e da tecnologia agrícola pública e privada, em especial aquelas voltadas para a utilização dos fatores de produção internos; estimular o processo de agroindustrialização junto às respectivas áreas de produção; assegurar a qualidade dos produtos de origem agropecuária, seus derivados e resíduos de valor econômico; e melhorar a renda e a qualidade de vida no meio rural.

O art. 4°, da Lei 8.171/1991 amplia a lista de **instrumentos da política agrícola** mencionados no art. 187, da Carta. Podemos destacar as ações de planejamento agrícola, de pesquisa agrícola tecnológica, de assistência técnica e extensão rural, de proteção do meio ambiente, conservação e recuperação dos recursos naturais, de associativismo e cooperativismo, de crédito rural, de tributação e incentivos fiscais, de irrigação, drenagem e eletrificação, bem como a orientação de tais instrumentos pelos planos plurianuais.

Dentre os instrumentos fiscais, mencionados no inciso I, do art. 187, da CF/88 e no inciso XIV, da Lei 8.171/1991, destacam-se a contribuição de intervenção no domínio econômico devida ao INCRA, o ITR progressivo (art. 153, § 4°, I, da CF/88) e a imunidade do ITR para as pequenas glebas rurais (art. 153, § 4°, II, da CF/88).

4.3. O Estatuto da Terra

Muitos dos princípios e dos conceitos da política agrícola e da reforma agrária são disciplinados pelo Estatuto da Terra, Lei 4.504/1964. Seu art. 1°, expressa categoricamente:

> Art. 1° Esta Lei regula os direitos e obrigações concernentes aos bens imóveis rurais, para os fins de execução da Reforma Agrária e promoção da Política Agrícola.

O art. 4°, da Lei 4.504/1964 é especialmente importante em termos conceituais, por definir **imóvel rural**, **propriedade familiar**, **módulo rural**, **minifúndio** e **latifúndio**. Sua leitura é obrigatória:

> Art. 4º Para os efeitos desta Lei, definem-se:
>
> I – "Imóvel Rural", o prédio rústico, de área contínua qualquer que seja a sua localização que se destina à exploração extrativa agrícola, pecuária ou agro-industrial, quer através de planos públicos de valorização, quer através de iniciativa privada;
>
> II – "Propriedade Familiar", o imóvel rural que, direta e pessoalmente explorado pelo agricultor e sua família, lhes absorva toda a força de trabalho, garantindo-lhes a subsistência e o progresso social e econômico, com área máxima fixada para cada região e tipo de exploração, e eventualmente trabalho com a ajuda de terceiros;
>
> III – "Módulo Rural", a área fixada nos termos do inciso anterior;

> IV – "Minifúndio", o imóvel rural de área e possibilidades inferiores às da propriedade familiar;
>
> V – "Latifúndio", o imóvel rural que:
>
> a) exceda a dimensão máxima fixada na forma do artigo 46, § 1°, alínea b, desta Lei, tendo-se em vista as condições ecológicas, sistemas agrícolas regionais e o fim a que se destine;
>
> b) não excedendo o limite referido na alínea anterior, e tendo área igual ou superior à dimensão do módulo de propriedade rural, seja mantido inexplorado em relação às possibilidades físicas, econômicas e sociais do meio, com fins especulativos, ou seja deficiente ou inadequadamente explorado, de modo a vedar-lhe a inclusão no conceito de empresa rural;
>
> [...]
>
> Parágrafo único. Não se considera latifúndio:
>
> a) o imóvel rural, qualquer que seja a sua dimensão, cujas características recomendem, sob o ponto de vista técnico e econômico, a exploração florestal racionalmente realizada, mediante planejamento adequado;
>
> b) o imóvel rural, ainda que de domínio particular, cujo objeto de preservação florestal ou de outros recursos naturais haja sido reconhecido para fins de tombamento, pelo órgão competente da administração pública.

O **dimensionamento da propriedade rural** não é tarefa fácil, sujeita que está às peculiaridades geológicas, climáticas e sociais de cada região do país. Dispõe o art. 5º, do Estatuto da Terra:

> Art. 5° A dimensão da área dos módulos de propriedade rural será fixada para cada zona de características econômicas e ecológicas homogêneas, distintamente, por tipos de exploração rural que nela possam ocorrer.
>
> Parágrafo único. No caso de exploração mista, o módulo será fixado pela média ponderada das partes do imóvel destinadas a cada um dos tipos de exploração considerados.

O **módulo rural**, não pode ser desmembrado ou dividido, conforme disciplina a norma proibitiva, do art. 8º, da Lei 5.868/1972, que cria o Sistema Nacional de Cadastro Rural.

De outro lado, para fins da imunidade do ITR, vigora a noção de **pequena gleba rural**, não a de módulo rural, nos termos do art. 2º, da Lei 9.393/96:

> Art. 2º Nos termos do art. 153, § 4º, *in fine*, da Constituição, o imposto não incide sobre pequenas glebas rurais, quando as explore, só ou com sua família, o proprietário que não possua outro imóvel.
>
> Parágrafo único. Para os efeitos deste artigo, pequenas glebas rurais são os imóveis com área igual ou inferior a:
>
> I – 100 ha, se localizado em município compreendido na Amazônia Ocidental ou no Pantanal mato-grossense e sul-mato-grossense;
>
> II – 50 ha, se localizado em município compreendido no Polígono das Secas ou na Amazônia Oriental;
>
> III – 30 ha, se localizado em qualquer outro município.

O art. 5°, XXVI, da CF/88 define a **impenhorabilidade** de pequenas propriedades rurais. Vejamos:

> Art. 5º Todos são iguais perante a lei, sem distinção de qualquer natureza, garantindo-se aos brasileiros e aos estrangeiros residentes no País a inviolabilidade do direito à vida, à liberdade, à igualdade, à segurança e à propriedade, nos termos seguintes:
>
> [...]
>
> XXVI – a pequena propriedade rural, assim definida em lei, desde que trabalhada pela família, não será objeto de penhora para pagamento de débitos decorrentes de sua atividade produtiva, dispondo a lei sobre os meios de financiar o seu desenvolvimento;

Para fins de impenhorabilidade (assim como para fins de desapropriação para reforma agrária, que abordaremos a seguir), vale dizer, para se definir a pequena, média ou grande propriedade rural, também não se aplica o conceito de módulo rural, mas o módulo fiscal, nos termos do art. 4°, da Lei 8.629/1993.

Além dos conceitos e da disciplina da reforma agrária e da política agrícola, o Estatuto deixa revelar **prestígio da pessoa humana** que vive da terra.

No § 3º, do art. 2º, a Lei 4.504/1964 garante ao agricultor o direito de permanecer na terra. Dispõe:

> Art. 2° [...]
>
> § 3º A todo agricultor assiste o direito de permanecer na terra que cultive, dentro dos termos e limitações desta Lei, observadas sempre que for o caso, as normas dos contratos de trabalho.

Sobremais, o Estatuto protege o meeiro, o parceiro o arrendatário e, em geral, o legítimo possuidor da terra. Sem esgotar o tema, mencionemos o art. 92, da Lei 4.504/1964, que disciplina os reajustes do preço do arrendamento, a preferência do arrendatário na aquisição da propriedade e a garantia de manutenção do arrendamento, que não se interrompe nos casos de alienação da propriedade ou na imposição de ônus real sobre o imóvel.

4.4. Função social da propriedade

O art. 2º, do Estatuto da Terra apresenta as condições para que a terra desempenhe sua **função social**. Leia-se:

> Art. 2° É assegurada a todos a oportunidade de acesso à propriedade da terra, condicionada pela sua função social, na forma prevista nesta Lei.
>
> § 1° A propriedade da terra desempenha integralmente a sua função social quando, simultaneamente:
>
> a) favorece o bem-estar dos proprietários e dos trabalhadores que nela labutam, assim como de suas famílias;
>
> b) mantém níveis satisfatórios de produtividade;

> c) assegura a conservação dos recursos naturais;
>
> d) observa as disposições legais que regulam as justas relações de trabalho entre os que a possuem e a cultivem.

A norma foi recepcionada pelo art. 186, da CF/88, que traça os parâmetros para a definição do que seja o cumprimento da função social dos imóveis rurais, estabelecendo os seguintes **requisitos**:

> I – aproveitamento racional e adequado;
>
> II – utilização adequada dos recursos naturais disponíveis e preservação do meio ambiente;
>
> III – observância das disposições que regulam as relações de trabalho; IV – exploração que favoreça o bem-estar dos proprietários e dos trabalhadores.

A norma do art. 2º, da Lei 4.504/1964 é anterior à Constituição de 1988, mas com ela compatível, de forma que podemos, inclusive, traçar um paralelo entre os dois dispositivos:

Art. 186, da CF/88	Art. 2°, da Lei 4.504/1964
A função social é cumprida quando a propriedade rural atende, simultaneamente, segundo critérios e graus de exigência estabelecidos em lei, aos seguintes requisitos:	§ 1° A propriedade da terra desempenha integralmente a sua função social quando, simultaneamente:
I – aproveitamento racional e adequado;	b) mantém níveis satisfatórios de produtividade;
II – utilização adequada dos recursos naturais disponíveis e preservação do meio ambiente	c) assegura a conservação dos recursos naturais;
III – observância das disposições que regulam as relações de trabalho;	d) observa as disposições legais que regulam as justas relações de trabalho entre os que a possuem e a cultivem.
IV – exploração que favoreça o bem-estar dos proprietários e dos trabalhadores.	a) favorece o bem-estar dos proprietários e dos trabalhadores que nela labutam, assim como de suas famílias;

A despeito da diferença formal de texto, a função social da propriedade rural ganha na Constituição o mesmo tratamento material que recebia no Estatuto da Terra, norma que fora recepcionada pela Carta.

4.5. Reforma agrária desapropriação da propriedade rural

Distinguem-se os conceitos de **reforma agrária** e **colonização**, posto que sejam relacionados.

Nos termos do Estatuto da Terra, colonização é toda atividade oficial ou particular, que se destine a promover o aproveitamento econômico da terra, pela sua divisão em propriedade familiar ou através de Cooperativas.

A noção de **colonização**, portanto, é objetiva, e diz respeito a ocupação da terra pela unidade familiar ou por cooperativas.

A **reforma agrária**, a seu turno, também de acordo com o Estatuto da Terra, tem conotações subjetivas de justiça social.

Dispõe o art. 16, da Lei 4.504/1964:

> Art. 16. A Reforma Agrária visa a estabelecer um sistema de relações entre o homem, a propriedade rural e o uso da terra, capaz de promover a justiça social, o progresso e o bem-estar do trabalhador rural e o desenvolvimento econômico do país, com a gradual extinção do minifúndio e do latifúndio.

A norma é regulada pela Lei 8.629/1993 e executada por vários programas a cargo do INCRA, como os projetos de assentamentos da reforma agrária, o programa de consolidação e emancipação de assentamentos da reforma agrária, o programa de apoio científico e tecnológico de assentamentos da reforma agrária, o programa nacional de educação na reforma agrária, entre outros.

A disciplina constitucional da matéria começa no art. 184, que trata da desapropriação para fins de reforma agrária e segue pelo art. 185, que limita os imóveis rurais suscetíveis de desapropriação para este fim. Dessa forma, **a pequena e a média propriedade rural (quando seu proprietário não possua outra) e a propriedade produtiva, não serão objetos da desapropriação com pagamento por títulos da dívida agrária**, embora **possam sê-lo nos casos de desapropriação por interesse público, com indenização em dinheiro**. Eis o teor dos arts. 184 e 185, da CF/88:

> Art. 184. Compete à União desapropriar por interesse social, para fins de reforma agrária, o imóvel rural que não esteja cumprindo sua função social, mediante prévia e justa indenização em títulos da dívida agrária, com cláusula de preservação do valor real, resgatáveis no prazo de até vinte anos, a partir do segundo ano de sua emissão, e cuja utilização será definida em lei.
>
> § 1º – As benfeitorias úteis e necessárias serão indenizadas em dinheiro.
>
> § 2º – O decreto que declarar o imóvel como de interesse social, para fins de reforma agrária, autoriza a União a propor a ação de desapropriação.
>
> § 3º – Cabe à lei complementar estabelecer procedimento contraditório especial, de rito sumário, para o processo judicial de desapropriação.
>
> § 4º – O orçamento fixará anualmente o volume total de títulos da dívida agrária, assim como o montante de recursos para atender ao programa de reforma agrária no exercício.
>
> § 5º – São isentas de impostos federais, estaduais e municipais as operações de transferência de imóveis desapropriados para fins de reforma agrária.
>
> Art. 185. São insuscetíveis de desapropriação para fins de reforma agrária:
>
> I – a pequena e média propriedade rural, assim definida em lei, desde que seu proprietário não possua outra;
>
> II – a propriedade produtiva.
>
> Parágrafo único. A lei garantirá tratamento especial à propriedade produtiva e fixará normas para o cumprimento dos requisitos relativos a sua função social.

A desapropriação para reforma agrária difere-se da desapropriação comum de direito administrativo, assim como a desapropriação sanção, disciplinada na política urbana. A **desapropriação rural**, neste particular, somente pode ser realizada pela **União**, mediante indenização em **títulos da dívida agrária** e se caracteriza pela **finalidade de reforma agrária**, enquanto a **desapropriação comum**, por **todos os entes da federação**, mediante **indenização em dinheiro**, consiste em meio para qualquer outra finalidade pública.

Frise-se que a desapropriação rural constitucional também pode ser entendida como sanção pelo descumprimento da função social da propriedade. O STF, analisando o instituto, que se pretendia obstar ao argumento impeditivo do condomínio, frisou a natureza sancionatória da desapropriação constitucional, legítima ainda que a culpa do descumprimento da função social possa ser imputada a apenas um dos proprietários. Assim entende o STF:

> 5 A existência de condomínio sobre o imóvel rural não impede a desapropriação-sanção do art. 184 da Constituição do Brasil, cujo alvo é o imóvel rural que não esteja cumprindo sua função social. Precedente [MS nº 24.503, Relator o Ministro MARCO AURÉLIO, DJ de 05.09.2003].
>
> [...]
>
> (STF, Tribunal Pleno, MS 24.573/DF, Min. Eros Grau, DJ de 15/12/2006)

Os arts. 188 e 189, da CF/88 dão sequência ao trato da reforma agrária, ao disciplinar a **destinação das terras públicas e devolutas** e o **título de domínio decorrentes da reforma agrária**. Dispõem:

> Art. 188. A destinação de terras públicas e devolutas será compatibilizada com a política agrícola e com o plano nacional de reforma agrária.
>
> § 1° – A alienação ou a concessão, a qualquer título, de terras públicas com área superior a dois mil e quinhentos hectares a pessoa física ou jurídica, ainda que por interposta pessoa, dependerá de prévia aprovação do Congresso Nacional.
>
> § 2° – Excetuam-se do disposto no parágrafo anterior as alienações ou as concessões de terras públicas para fins de reforma agrária.
>
> Art. 189. Os beneficiários da distribuição de imóveis rurais pela reforma agrária receberão títulos de domínio ou de concessão de uso, inegociáveis pelo prazo de dez anos.
>
> Parágrafo único. O título de domínio e a concessão de uso serão conferidos ao homem ou à mulher, ou a ambos, independentemente do estado civil, nos termos e condições previstos em lei.

O art. 188, da CF/88 determina a que a destinação das terras públicas e devolutas sejam compatibilizadas com os objetivos da política agrícola e com o plano nacional de reforma agrária.

Exige, também, **autorização do Congresso Nacional** para a alienação ou a concessão, a qualquer título, de terras públicas a pessoas físicas ou jurídicas, com área superior a 2.500 hectares, ressalvada a hipótese de ser a área destinada a reforma agrária, vale dizer, destinar-se a gerar título de domínio ou concessão para o agricultor assentado.

Nesta linha, o art. 189, da CF/88 disciplina o **título** de domínio ou de concessão de uso decorrente do processo da reforma agrária, título este que será **inegociável pelo prazo de 10 anos**.

4.6. Aquisição da propriedade rural por estrangeiros

O art. 190, da CF/88 determina que a lei discipline a aquisição e o arrendamento de propriedade rural por estrangeiros. Dispõe:

> Art. 190. A lei regulará e limitará a aquisição ou o arrendamento de propriedade rural por pessoa física ou jurídica estrangeira e estabelecerá os casos que dependerão de autorização do Congresso Nacional.

Rege a matéria especialmente a Lei 6.634/1979, que dispõe sobre a Faixa de Fronteira, e exige autorização do Conselho de Segurança Nacional para transações com imóvel rural, que impliquem a obtenção, por estrangeiro, do domínio, da posse ou de qualquer direito real sobre o imóvel (Lei 6.634/1979, art. 2º, IV).

4.7. Usucapião

A exemplo do art. 183, da CF/88, o art. 191, da Carta cria modalidade de usucapião rural, com regras favorecidas face as disposições do Código Civil. Eis o texto do artigo:

> Art. 191. Aquele que, não sendo proprietário de imóvel rural ou urbano, possua como seu, por cinco anos ininterruptos, sem oposição, área de terra, em zona rural, não superior a cinqüenta hectares, tornando-a produtiva por seu trabalho ou de sua família, tendo nela sua moradia, adquirir-lhe-á a propriedade.
>
> Parágrafo único. Os imóveis públicos não serão adquiridos por usucapião.

A modalidade constitucional torna mais célere o usucapião de pequena área rural tornada produtiva, utilizada como moradia familiar.

5. POLÍTICA DE INCENTIVO A MICRO E PEQUENAS EMPRESAS

5.1. Introdução

Estudos econômicos[147] têm demonstrado que a maior parte do **emprego**, no Brasil e no mundo, tem sido gerada por micro e pequenas empresas, nas quais a relação capital – trabalho tende para este último, ao passo em que nas grandes corporações predomina o capital.

Por esta razão, o legislador constituinte entendeu que os pequenos empreendimentos deveriam receber **tratamento favorecido**, que lhes facilitasse a permanência no mercado e, dessa forma, promover o emprego.

No art. 170, IX, a Constituição erigiu o tratamento favorecido para as empresas de pequeno porte como **princípio da Ordem Econômica** e o art. 179, da Carta determinava a edição de leis visando o **fomento às micro e pequenas empresas**. Vejamos:

147. Para exemplo, ver: A reforma tributária e os micro e pequenos negócios. Revista do Sebrae. Disponível em: <www.sebrae.com.br/br/revista_sebrae/10/artigos_01.htm>. Acesso em: 13/4/2005.

> Art. 170. A ordem econômica, fundada na valorização do trabalho humano e na livre iniciativa, tem por fim assegurar a todos existência digna, conforme os ditames da justiça social, observados os seguintes princípios:
>
> [...]
>
> IX – tratamento favorecido para as empresas de pequeno porte constituídas sob as leis brasileiras e que tenham sua sede e administração no País.
>
> [...]
>
> Art. 179. A União, os Estados, o Distrito Federal e os Municípios dispensarão às microempresas e às empresas de pequeno porte, assim definidas em lei, tratamento jurídico diferenciado, visando a incentivá-las pela simplificação de suas obrigações administrativas, tributárias, previdenciárias e creditícias, ou pela eliminação ou redução destas por meio de lei

Com estes fundamentos, União, Estados, Distrito Federal e Municípios estabeleciam normas de tratamento tributário favorecido para as pequenas empresas em seus respectivos territórios.

No âmbito da União, a Lei 9.317/1996 dispunha "sobre o regime tributário das microempresas e das empresas de pequeno porte e institui o Sistema Integrado de Pagamento de Impostos e Contribuições das Microempresas e das Empresas de Pequeno Porte – SIMPLES."

Tais regras esparsas estavam, contudo, prestes a se transformar em um único documento, face ao comando constitucional trazido pela EC 42/2003, que incluiu a alínea d, ao inciso III, do art. 146 da Carta e o parágrafo único ao artigo. Vejamos:

> Art. 146. Cabe à lei complementar:
>
> [...]
>
> III – estabelecer normas gerais em matéria de legislação tributária, especialmente sobre:
>
> [...]
>
> d) definição de tratamento diferenciado e favorecido para as microempresas e para as empresas de pequeno porte, inclusive regimes especiais ou simplificados no caso do imposto previsto no art. 155, II, das contribuições previstas no art. 195, I e §§ 12 e 13, e da contribuição a que se refere o art. 239.
>
> Parágrafo único. A lei complementar de que trata o inciso III, d, também poderá instituir um regime único de arrecadação dos impostos e contribuições da União, dos Estados, do Distrito Federal e dos Municípios, observado que:
>
> I – será opcional para o contribuinte;
>
> II – poderão ser estabelecidas condições de enquadramento diferenciadas por Estado;
>
> III – o recolhimento será unificado e centralizado e a distribuição da parcela de recursos pertencentes aos respectivos entes federados será imediata, vedada qualquer retenção ou condicionamento;
>
> IV – a arrecadação, a fiscalização e a cobrança poderão ser compartilhadas pelos entes federados, adotado cadastro nacional único de contribuintes.

A matéria passaria a ser regida, portanto, de modo uniforme, por lei complementar de caráter nacional.

De fato, o regime favorecido de micro e pequenas empresas não é mais estabelecido por lei ordinária de cada ente federado, mas por lei complementar nacional. **Hoje vigora a LC 123/2006**, que, ademais de regular o tratamento simplificado a pequenas empresas no âmbito da União, dos Estados e dos Municípios, transcende a disciplina meramente tributária.

Nos termos da norma constitucional, vale destacar, o regime do Simples Nacional é **facultativo para o contribuinte**, que pode optar pelo regime descentralizado de cada tributo, pode haver regras específicas de enquadramento por Estado, mas o recolhimento será sempre unificado e a arrecadação, a fiscalização e a cobrança podem ser compartilhadas, de sorte que tanto a Fazenda Nacional, quanto as Fazendas estaduais e municipais podem tomar medidas para exigir o pagamento dos tributos incluídos no Simples.

A maior parte das **discussões judiciais** sobre o Simples refere-se a questões tipicamente tributárias. Contudo, podemos encontrar jurisprudência sobre temas pertinentes ao direito econômico, como o julgado na ADI 4.033/DF, que ressalta o fomento da micro e da pequena empresa como princípio constitucional, de tal sorte que "a literalidade da complexa legislação tributária deve ceder à interpretação mais adequada e harmônica com a finalidade de assegurar equivalência de condições para as empresas de menor porte". Vejamos:

> AÇÃO DIRETA DE INCONSTITUCIONALIDADE. CONSTITUCIONAL. TRIBUTÁRIO. CONTRIBUIÇÃO SINDICAL PATRONAL. ISENÇÃO CONCEDIDA ÀS MICROEMPRESAS E EMPRESAS DE PEQUENO PORTE. SIMPLES NACIONAL ("SUPERSIMPLES"). LEI COMPLEMENTAR 123/2006, ART. 13, § 3º. ALEGADA VIOLAÇÃO DOS ARTS. 3º, III, 5º, CAPUT, 8º, IV, 146, III, D, E 150, § 6º DA CONSTITUIÇÃO.
>
> [...]
>
> 3. A isenção concedida não viola o art. 146, III, d, da Constituição, pois a lista de tributos prevista no texto legal que define o campo de reserva da lei complementar é exemplificativa e não taxativa. Leitura do art. 146, III, d, juntamente com o art. 170, IX da Constituição. 3.1. O fomento da micro e da pequena empresa foi elevado à condição de princípio constitucional, de modo a orientar todos os entes federados a conferir tratamento favorecido aos empreendedores que contam com menos recursos para fazer frente à concorrência. Por tal motivo, a literalidade da complexa legislação tributária deve ceder à interpretação mais adequada e harmônica com a finalidade de assegurar equivalência de condições para as empresas de menor porte.
>
> [...]
>
> (STF, Tribunal Pleno, ADI 4.033/DF, Min. Joaquim Barbosa, DJe de 7/12/2011)

Com este espírito, vamos discutir alguns artigos da LC 123/2006, que se mostrem do interesse do direito econômico, notadamente do direito econômico-tributário.

5.2. Regime tributário do Simples Nacional

O art. 1°, da LC 123/2006 introduz a disciplina do Simples:

> Art. 1º Esta Lei Complementar estabelece normas gerais relativas ao tratamento diferenciado e favorecido a ser dispensado às microempresas e empresas de pequeno porte no âmbito dos Poderes da União, dos Estados, do Distrito Federal e dos Municípios, especialmente no que se refere:
>
> I – à apuração e recolhimento dos impostos e contribuições da União, dos Estados, do Distrito Federal e dos Municípios, mediante regime único de arrecadação, inclusive obrigações acessórias;
>
> II – ao cumprimento de obrigações trabalhistas e previdenciárias, inclusive obrigações acessórias;
>
> III – ao acesso a crédito e ao mercado, inclusive quanto à preferência nas aquisições de bens e serviços pelos Poderes Públicos, à tecnologia, ao associativismo e às regras de inclusão.

A norma declara reger a **forma unificada de apuração e recolhimento de impostos e contribuições** dos entes federados. Inicia, contudo, a disciplina de "obrigações trabalhistas e previdenciárias", não apenas as tributárias, e do acesso ao crédito, ao mercado, à tecnologia, ao associativismo e às regras de inclusão, matérias ínsitas à ordem econômica.

A **definição de microempresas e de empresas de pequeno porte** é dada por faixas de valor da receita bruta, conforme preceitua o art. 3°, da LC 123/2006. Vejamos:

> Art. 3º Para os efeitos desta Lei Complementar, consideram-se microempresas ou empresas de pequeno porte, a sociedade empresária, a sociedade simples, a empresa individual de responsabilidade limitada e o empresário a que se refere o art. 966 da Lei no 10.406, de 10 de janeiro de 2002 (Código Civil), devidamente registrados no Registro de Empresas Mercantis ou no Registro Civil de Pessoas Jurídicas, conforme o caso, desde que:
>
> I – no caso da microempresa, aufira, em cada ano-calendário, receita bruta igual ou inferior a R$ 360.000,00 (trezentos e sessenta mil reais); e
>
> II – no caso da empresa de pequeno porte, aufira, em cada ano-calendário, receita bruta superior a R$ 360.000,00 (trezentos e sessenta mil reais) e igual ou inferior a R$ 3.600.000,00 (três milhões e seiscentos mil reais).

Nestes termos, a empresa que auferiu até R$ 360.000,00 de receita bruta em um ano, pode aderir ao Simples como microempresa e aquela que auferiu até R$ 3.600.000,00, pode optar pelo regime como empresa de pequeno porte, sempre no ano seguinte. Para optar pelo Simples em um exercício, portanto, a empresa deverá verificar sua receita bruta no ano anterior.

A lei exclui certas empresas do regime, como aquelas (art. 3º, § 4º, da LC 123/06):

✓ de cujo capital participe outra pessoa jurídica,

✓ que seja filial, sucursal, agência ou representação, no País, de pessoa jurídica com sede no exterior, de cujo capital participe pessoa física empresária, pessoa física sócia de outra empresa ou entidade sem fins lucrativos, se o somatório da receita do empresário individual ou da pessoa jurídica com o da empresa beneficiária ultrapassar o limite de pequena empresa;

- ✓ constituída sob a forma de cooperativas, salvo as de consumo;
- ✓ constituída sob a forma de sociedade por ações;
- ✓ que participe do capital de outra pessoa jurídica;
- ✓ que exerça atividade de instituição financeira;
- ✓ resultante ou remanescente de cisão ou qualquer outra forma de desmembramento de pessoa jurídica que tenha ocorrido em um dos 5 (cinco) anos-calendário anteriores.

O art. 12, da LC 123/2006 institui o **regime unificado de arrecadação** dos tributos devidos pela pequena empresa. Vejamos:

> Art. 12. Fica instituído o Regime Especial Unificado de Arrecadação de Tributos e Contribuições devidos pelas Microempresas e Empresas de Pequeno Porte – Simples Nacional.

Vale ressaltar que o regime **não constitui tributo novo**, mas apenas sistema mais benéfico de cobrança de tributos, como salienta o julgado no RMS 29.568/AM:

> RECURSO EM MANDADO DE SEGURANÇA. REGIME ESPECIAL UNIFICADO DE ARRECADAÇÃO DE TRIBUTOS E CONTRIBUIÇÕES DEVIDOS PELAS MICROEMPRESAS E EMPRESAS DE PEQUENO PORTE – SIMPLES NACIONAL. MICROEMPRESA – ME E EMPRESA DE PEQUENO PORTE – EPP. ICMS. DOCUMENTO ÚNICO DE ARRECADAÇÃO E RECOLHIMENTO ANTECIPADO.
>
> [...]
>
> 2. Os arts. 146, III, "d" e parágrafo único, e 170, IX, da Constituição Federal revelam que o Simples Nacional não se define como novo tributo, mas como um sistema – considerado em seu todo – mais benéfico de cobrança de impostos já existentes, favoravelmente às microempresas e às empresas de pequeno porte. Tem-se, assim, o sistema comum, nele inseridos os não optantes, e o sistema especial denominado Simples Nacional, integrado pelas empresas optantes.
>
> 3. Importa, no caso em debate, o sistema como um todo, não a forma pela qual cada tipo de imposto é cobrado isoladamente, sendo inviável acolher a pretensão da recorrente de cindir o Simples Nacional para afastar a antecipação do ICMS prevista no § 1º, inciso XIII, alínea "g", do art. 13 da Lei Complementar Federal nº 123/2006. Em outras palavras, aplicam-se todas as normas do Simples Nacional ou nenhuma, não se admitindo a criação de um sistema híbrido, um tertium genus para efeito da cobrança de tributos das MEs e das EPPs, formado, apenas, pelas normas mais benéficas, extraídas do sistema comum e do sistema especial.
>
> 4. Ausência de contrariedade aos princípios constitucionais da igualdade e da capacidade contributiva, salientando-se que a optante pelo Simples Nacional é, sempre, beneficiada em relação às empresas médias ou de grande porte.
>
> [...]
>
> (STJ, T2, RMS 29.568/AM, Min. Castro Meira, DJe de 30/8/2013)

O Simples **não inclui todos os tributos**, como se percebe da leitura do art. 13, da LC 123/2006:

> Art. 13. O Simples Nacional implica o recolhimento mensal, mediante documento único de arrecadação, dos seguintes impostos e contribuições:
>
> I – Imposto sobre a Renda da Pessoa Jurídica – IRPJ;
>
> II – Imposto sobre Produtos Industrializados – IPI, observado o disposto no inciso XII do § 1° deste artigo;
>
> III – Contribuição Social sobre o Lucro Líquido – CSLL;
>
> IV – Contribuição para o Financiamento da Seguridade Social – COFINS, observado o disposto no inciso XII do § 1° deste artigo;
>
> V – Contribuição para o PIS/Pasep, observado o disposto no inciso XII do § 1° deste artigo;
>
> VI – Contribuição Patronal Previdenciária – CPP para a Seguridade Social, a cargo da pessoa jurídica, de que trata o art. 22 da Lei nº 8.212, de 24 de julho de 1991, exceto no caso da microempresa e da empresa de pequeno porte que se dedique às atividades de prestação de serviços referidas no § 5º-C do art. 18 desta Lei Complementar;
>
> VII – Imposto sobre Operações Relativas à Circulação de Mercadorias e Sobre Prestações de Serviços de Transporte Interestadual e Intermunicipal e de Comunicação – ICMS;
>
> VIII – Imposto sobre Serviços de Qualquer Natureza – ISS.

Ficam de fora, por exemplo, as obrigações devidas por terceiros (ICMS Substituição Tributária) e a terceiros (FGTS, devido ao trabalhador, não à União), os impostos incidentes sobre a propriedade, especialmente o IPTU e o ITR, dado serem instrumentos de política econômica urbana e rural, respectivamente, e, à exceção do IPI, os impostos regulatórios (IOF, II, e IE), pois a inclusão destes tributos no Simples anularia seus efeitos extrafiscais.

De fato, o Simples Nacional procura conferir **tratamento favorecido** a micro e pequenas empresas, mas procura, também, não conflitar com outras medidas jurídico-econômicas afeitas a outras finalidades.

Por esta razão, o legislador também excluiu dos Simples (art. 17, da LC 123/2006) atividades de interesse nacional ou local, sujeitas a regulações próprias, dentre as quais destacamos as atividades bancárias e financeiras, de transportes intermunicipal e interestadual de passageiros, de energia elétrica, de importação ou fabricação de automóveis e motocicletas, de produção ou venda no atacado de cigarros, bebidas alcoólicas, refrigerantes e cerveja sem álcool.

Também ficam excluídas do regime micro e pequenas empresas que estejam ligadas a outras pessoas jurídicas no Brasil ou que sejam filial, sucursal, agência ou representação, no País, de pessoa jurídica com sede no exterior (art. 3°, § 4º, da LC 123/2006). Nestes casos, o benefício não seria conferido realmente à pequena empresa, mas a seus sócios ou titulares, vale dizer, outra empresa no país ou no exterior.

Para as empresas que atuem nestes ramos, vale tanto o regime tributário específico de cada tributo, como as regulações e limitações próprias de cada atividade, isso com o respaldo da jurisprudência do STF. Leia-se a decisão proferida na ADI 1.643/DF:

AÇÃO DIRETA DE INCONSTITUCIONALIDADE. SISTEMA INTEGRADO DE PAGAMENTO DE IMPOSTOS E CONTRIBUIÇÕES DAS MICROEMPRESAS E EMPRESAS DE PEQUENO PORTE. CONFEDERAÇÃO NACIONAL DAS PROFISSÕES LIBERAIS. PERTINÊNCIA TEMÁTICA. LEGITIMIDADE ATIVA. PESSOAS JURÍDICAS IMPEDIDAS DE OPTAR PELO REGIME. CONSTITUCIONALIDADE.

[...]

3. Por disposição constitucional (CF, artigo 179), as microempresas e as empresas de pequeno porte devem ser beneficiadas, nos termos da lei, pela "simplificação de suas obrigações administrativas, tributárias, previdenciárias e creditícias, ou pela eliminação ou redução destas" (CF, artigo 179).

4. Não há ofensa ao princípio da isonomia tributária se a lei, por motivos extrafiscais, imprime tratamento desigual a microempresas e empresas de pequeno porte de capacidade contributiva distinta, afastando do regime do SIMPLES aquelas cujos sócios têm condição de disputar o mercado de trabalho sem assistência do Estado. Ação direta de inconstitucionalidade julgada improcedente.

(STF, Tribunal Pleno, ADI 1.643, Min. Maurício Corrêa, DJ de 14/3/2003)

Cumpre notar que a decisão fora proferida sob a égide da Lei 9.317/1996 (Simples Federal), mas continua válida e aplicável para a LC 123/2006.

O valor devido a título dos tributos alcançados pelo Simples é definido pela incidência, sobre a receita bruta, de uma alíquota que varia conforme o porte da micro ou pequena empresa e o ramo de atividade (comércio, indústria e serviços), conforme determina o Anexo I, previsto pelo art. 18, da LC 123/2006.

5.3. Outros benefícios do Simples Nacional

Embora o regime tributário seja o mais evidente incentivo a micro e pequenas empresas, o Simples Nacional não se esgota neste âmbito.

Nos arts. 42 e seg, da LC 123/2006, encontram-se normas de **acesso a mercados, inclusive às contratações do Poder Público, estímulo ao crédito e à capitalização, incluindo taxas de juros mais acessíveis, orientação às empresas tomadoras de empréstimo, flexibilização das exigências de garantia e estímulo à criação de cooperativas de crédito de pequenos empreendedores; bem como de apoio a inovação.**

6. QUADROS SINÓTICOS

Políticas econômicas constitucionais

Tema	Informação
Políticas econômicas Constitucionais	Conjunto de normas constitucionais tipicamente programáticas que estabelecem fins a serem obtidos pelo Estado brasileiro, bem como disciplina de forma excepcional alguns institutos de direito comum, para serem utilizados validamente na condução das políticas públicas.

Exemplos	▸ Política de redução das desigualdades regionais; ▸ Política urbana; ▸ Política agrícola e fundiária; e ▸ Política de incentivo a micro e pequenas empresas.

Política de redução das desigualdades regionais

Tema	Informação	Fonte
Desenvolvimento regional	Objetivo constitucional que resulta da conjugação dos objetivos expressos de garantia de desenvolvimento econômico e de redução das desigualdades regionais.	Art. 3°, II e III, da CF/88
Natureza jurídica	Princípio da ordem econômica	Art. 170, VII, da CF/88
Competência	O desenvolvimento regional insere-se no âmbito da competência administrativa comum, da União, dos Estados e dos municípios	Art. 23, X, da CF/88
Meios previstos pela Constituição	▸ Benefícios fiscais ▸ Fundos constitucionais ▸ Instituições oficiais de crédito ▸ Regiões econômicas ▸ Orçamento público	Art. 151, I, da CF/88 Art. 159, I, c, da CF/88 Art. 163, VIII, da CF/88 Art. 43, da CF/88
Agentes	União, Estados e Municípios	Art. 23, X, da CF/88
PNDR	Política nacional de desenvolvimento regional	Decreto 6.047/2007
Objetivos da PNDR	Redução das desigualdades regionais, estímulo e o apoio a processos de desenvolvimento regional e articulação de ações visando melhor distribuição da ação pública e do investimento, com ênfase nos territórios de ação prioritária.	Art. 2°, do Decreto 6.047/2007
Escalas de atuação da PNDR	Macrorregiões (Norte, Nordeste, Centro-Oeste, Sul e Sudeste) Regional (Semiárido, Faixa de Fronteira) Microrregiões	Art. 3°, do Decreto 6.047/2007
Direito ao desenvolvimento regional	Direito difuso. O princípio do desenvolvimento regional não geral, por si, direitos individuais ao desenvolvimento. Surge direito subjetivo quando o indivíduo participa de programas de desenvolvimento e cumpre os requisitos da lei.	Doutrina
Classificação dos instrumentos de desenvolvimento regional	Nível nacional, de reformulação da estrutura da economia; Nível macrorregional; Nível microrregional.	Doutrina

Política urbana

Tema	Informação	Fonte
Desenvolvimento urbano	Política municipal que tem por objetivo ordenar o pleno desenvolvimento das funções sociais da cidade e garantir o bem-estar de seus habitantes.	Art. 182, da CF/88
Agentes	Os municípios.	Art. 182, da CF/88
Função da União	Estabelecer diretrizes da política urbana, com fundamento nos arts. 24, I e 174, § 1°, da CF/88.	Lei 10.257/2001 (Estatuto da Cidade)
Instrumentos	Plano diretor Parcelamento e edificação compulsórios IPTU progressivo Desapropriação	Art. 182 e §§, da CF/88
Plano diretor	O plano diretor, aprovado pela Câmara Municipal, obrigatório para cidades com mais de vinte mil habitantes, é o instrumento básico da política de desenvolvimento e de expansão urbana.	Art. 182, § 1°, da CF/88
–	É inconstitucional a lei estadual que pretenda estender a obrigatoriedade de plano diretor para municípios com menos de 20.000 habitantes.	Jurisprudência do STF
–	**Função social da propriedade**: cumpre a função social a propriedade urbana que atende as exigências estabelecidas no **plano diretor**.	Art. 182, § 2°, da CF/88
Instrumentos dependentes do plano diretor	A propriedade que não atender a função social nos termos do plano diretor, está sujeita a consequências ou sanções sucessivas, que constituem instrumentos subordinados de política urbana.	Art. 182, § 4°, da CF/88
Parcelamento e edificação compulsórios	A primeira consequência para o proprietário que não faz cumprir a função social de sua propriedade é obrigação de edificá-la ou desmembrá-la, mediante processo instaurado pela autoridade municipal. A obrigação adere a propriedade e vincula os futuros adquirentes, em caso de alienação.	Art. 182, § 4°, I, da CF/88, e Lei 10.257/2001
IPTU progressivo	Não atendida a ordem de parcelamento e edificação, a propriedade está sujeita ao IPTU sanção, progressivo no tempo.	Art. 182, § 4°, II, da CF/88
–	Além do IPTU sanção, a Constituição autoriza a incidência do IPTU progressivo em função do valor do imóvel e seletivo em função do uso e da localização do imóvel	Art. 156, I, § 1°, da CF/88
Desapropriação	Após 5 anos de aplicação do IPTU progressivo, a municipalidade pode aplicar a desapropriação sanção. A desapropriação sanção é cabível apenas para imóveis que não cumpra a função social e se caracteriza pelo pagamento da indenização por títulos da dívida pública com resgate em até 10 anos, distinguindo-se, assim, da desapropriação comum.	Art. 182, § 4°, III, da CF/88, e Lei 10.257/2001
–	–	–

Tema	Informação	Fonte
Usucapião urbano	Aquele que possuir como sua área urbana de até 250m2, por cinco anos, ininterruptamente e sem oposição, utilizando-a para sua moradia ou de sua família, adquirir-lhe-á o domínio, desde que não seja proprietário de outro imóvel urbano ou rural.	Art. 183, da CF/88

Política agrícola e fundiária

Tema	Informação	Fonte
Política agrícola e fundiária e da reforma agrária	Conjunto de princípios e regras constitucionais vão dar unidade à política da terra e à política rural baseada em atos normativos diversos.	Art. 184 e seg., da CF/88
Política agrícola	A política agrícola será planejada e executada na forma da lei, com a participação efetiva do setor de produção, envolvendo produtores e trabalhadores rurais, bem como dos setores de comercialização, de armazenamento e de transportes.	–
Política agrícola	A política agrícola deve ser compatibilizada com a reforma agrária.	Art. 187, da CF/88
Referências constitucionais para a política agrícola	I – os instrumentos creditícios e fiscais; II – os preços compatíveis com os custos de produção e a garantia de comercialização; III – o incentivo à pesquisa e à tecnologia; IV – a assistência técnica e extensão rural; V – o seguro agrícola; VI – o cooperativismo; VII – a eletrificação rural e irrigação; VIII – a habitação para o trabalhador rural.	Art. 187, I a VIII, da CF/88.
A política agrícola na lei ordinária	A lei define os pressupostos, os objetivos e os instrumentos da política agrícola e coloca o homem do campo como centro da atividade agrária.	Lei 8.171/1991
Estatuto da Terra	Regula os direitos e obrigações concernentes aos bens imóveis rurais, para os fins de execução da Reforma Agrária e promoção da Política Agrícola	Art. 1°, da Lei 4.504/1964
Definições	Imóvel rural, propriedade familiar, módulo rural, minifúndio e latifúndio	Art. 4°, da Lei 4.504/1964
Módulo rural e propriedade familiar	o imóvel rural que, direta e pessoalmente explorado pelo agricultor e sua família, lhes absorva toda a força de trabalho, garantindo-lhes a subsistência e o progresso social e econômico, com área máxima fixada para cada região e tipo de exploração, e eventualmente trabalho com a ajuda de terceiros.	Art. 4°, II e III, da Lei 4.504/1964
–	Indivisibilidade do módulo rural	Art. 8º, da Lei 5.868/1972

Tema	Informação	Fonte
Observação	O ITR não utiliza o conceito de módulo rural, mas o de pequena gleba rural, para fins de imunidade do imposto.	Art. 153, § 4°, da CF/88 e art. 2°, da Lei 9.393/1996
Permanência na terra	Direito do agricultor	Art. 2°, § 3°, da Lei 4.504/1964
Proteção do meeiro, o parceiro o arrendatário	Disciplina dos reajustes do preço do arrendamento, da preferência do arrendatário na aquisição da propriedade e da garantia de manutenção do arrendamento, que não se interrompe nos casos de alienação da propriedade ou na imposição de ônus real sobre o imóvel.	Art. 92, da Lei 4.504/1964
Função social da propriedade	A propriedade da terra desempenha integralmente a sua função social quando, simultaneamente: a) favorece o bem-estar dos proprietários e dos trabalhadores que nela labutam, assim como de suas famílias;	Art. 2°, § 1°, da Lei 4.504/1964, recepcionado pelo art. 186, da CF/88
Função social da propriedade	b) mantém níveis satisfatórios de produtividade; c) assegura a conservação dos recursos naturais; d) observa as disposições legais que regulam as justas relações de trabalho entre os que a possuem e a cultivem	Art. 2°, § 1°, da Lei 4.504/1964, recepcionado pelo art. 186, da CF/88
Reforma agrária	A Reforma Agrária visa a estabelecer um sistema de relações entre o homem, a propriedade rural e o uso da terra, capaz de promover a justiça social, o progresso e o bem-estar do trabalhador rural e o desenvolvimento econômico do país, com a gradual extinção do minifúndio e do latifúndio.	Art. 16, da Lei 4.504/1964
Colonização	Toda a atividade oficial ou particular, que se destine a promover o aproveitamento econômico da terra, pela sua divisão em propriedade familiar ou através de Cooperativas	Art. 4°, IX, da Lei 4.504/1964
Desapropriação para fins de reforma agrária	Imóvel rural que não cumpra a função social da propriedade; Indenização em títulos da dívida agrária resgatáveis em até 20 anos, a partir do 2° ano de sua emissão, exceto para as benfeitorias, indenizadas em dinheiro.	Art. 184, da CF/88
–	Caráter de sanção	Jurisprudência do STF
Terras públicas e devolutas e reforma agrária	A destinação de terras públicas e devolutas será compatibilizada com a política agrícola e com o plano nacional de reforma agrária	Art. 188, da CF/88
–	A alienação ou a concessão, a qualquer título, de terras públicas com área superior a 2.500 ha depende de prévia aprovação do Congresso Nacional, exceto para fins de reforma agrária.	Art. 188, § 1° e § 2°da CF/88

Tema	Informação	Fonte
–	Os beneficiários da reforma agrária, homem, mulher ou casal, recebem título de domínio	Art. 189, da CF/88
Aquisição da propriedade rural por estrangeiros	A lei regulará e limitará a aquisição ou o arrendamento de propriedade rural por pessoa física ou jurídica estrangeira e estabelecerá os casos que dependerão de autorização do Congresso Nacional.	Art. 190, da CF/88
	Exigência de autorização do Conselho de Segurança Nacional para transações com imóvel rural, que impliquem a obtenção, por estrangeiro, do domínio, da posse ou de qualquer direito real sobre o imóvel em área de fronteira.	Lei 6.634/1979, art. 2º, IV
Usucapião rural	Aquele que, não sendo proprietário de imóvel rural ou urbano, possua como seu, por cinco anos ininterruptos, sem oposição, área de terra, em zona rural, não superior a 50 ha, tornando-a produtiva por seu trabalho ou de sua família, tendo nela sua moradia, adquirir-lhe-á a propriedade	Art. 191, da CF/88

Política de incentivo a micro e pequenas empresas

Tema	Informação	Fonte
Norma vigente	LC 123/2006	LC 123/2006
Primeiro fundamento	Princípio Constitucional (art. 170, IX)	CF/88 e ADI 4.033 / DF
Conteúdo	Tratamento favorecido para as empresas de pequeno porte, visando seu fomento.	Art. 170, IX, da CF/88
Segundo fundamento	Determinação Constitucional do Sistema Tributário e da Ordem Econômica	Art. 146, III, d e art. 179, da CF/88
Conteúdo	Regime único de arrecadação de impostos e contribuições das três esferas da federação Tratamento jurídico diferenciado visando simplificação, redução ou eliminação obrigações administrativas, tributárias, previdenciárias e creditícias	Art. 146, III, d, da CF/88 e Art. 179, da CF/88
Objetivo	Geração de emprego e renda.	–
Regime tributário	Recolhimento unificado de impostos e contribuições	Art. 12, da LC 123/2006
Natureza	Sistema de recolhimento de tributos. Não é tributo novo.	Art. 13, da LC 123/2006 e Jurisprudência do STJ
Tributos incluídos	IRPJ; IPI, PIS, COFINS, CSLL, CPP, ICMS E ISS	Art. 13, da LC 123/2006
Tributos Excluídos	Devidos por terceiros (ICMS / ST) Obrigações devidas a terceiros (FGTS) os Impostos sobre a propriedade (IPTU, IPVA e ITR Impostos regulatórios (IOF, II, e IE)	Art. 13, § 1°, da LC 123/2006

Tema	Informação	Fonte
Microempresa	Receita bruta anual de até R$ 360.000,00	Art. 3°, I, da LC 123/2006
Empresa de pequeno porte	Receita bruta anual de até R$ 3.600.000,00	Art. 3°, II, da LC 123/2006
Atividades Excluídas por razões extrafiscais	Instituições Financeiras Transportes intermunicipal e interestadual de passageiros Produção e distribuição de energia elétrica Importação ou fabricação de automóveis e motocicletas Produção ou venda no atacado de cigarros, bebidas alcoólicas, refrigerantes e cerveja sem álcool	Art. 17, da LC 123/2006 ADI 1.643/DF
Outros regimes	Acesso a mercados, estímulo ao crédito e à capitalização; apoio a inovação	Art. 42 e seg, da LC 123/2006

7. JURISPRUDÊNCIA

7.1. Política Urbana

↘ DIREITO CONSTITUCIONAL E ADMINISTRATIVO. MUNICÍPIOS COM MAIS DE CINCO MIL HABITANTES: PLANO DIRETOR. ART. 195, "CAPUT", DO ESTADO DO AMAPÁ. ARTIGOS 25, 29, 30, I E VIII, 182, § 1º, DA CONSTITUIÇÃO FEDERAL E 11 DO A.D.C.T.

1. O "caput" do art. 195 da Constituição do Estado do Amapá estabelece que "o plano diretor, instrumento básico da política de desenvolvimento econômico e social e de expansão urbana, aprovado pela Câmara Municipal, é obrigatório para os Municípios com mais de cinco mil habitantes".

2. Essa norma constitucional estadual estendeu, aos municípios com número de habitantes superior a cinco mil, a imposição que a Constituição Federal só fez àqueles com mais de vinte mil (art. 182, § 1º).

3. Desse modo, violou o princípio da autonomia dos municípios com mais de cinco mil e até vinte mil habitantes, em face do que dispõem os artigos 25, 29, 30, I e VIII, da C.F. e 11 do A.D.C.T.

4. Ação Direta de Inconstitucionalidade julgada procedente, nos termos do voto do Relator.

5. Plenário: decisão unânime.

(STF, Tribunal Pleno, ADI 826/AP, Min. Sydney Sanches, de DJ 12/3/1999)

↘ QUESTÃO DE ORDEM. MEDIDA CAUTELAR. LIMINAR QUE CONFERIU EFEITO SUSPENSIVO A RECURSO EXTRAORDINÁRIO. REFERENDO DA TURMA. INCISOS IV E V DO ART. 21 DO RI/STF. PLANO DIRETOR: INSTRUMENTO DE CONCRETIZAÇÃO DA POLÍTICA DE DESENVOLVIMENTO E DE EXPANSÃO URBANA DAS CIDADES COM MAIS DE VINTE MIL HABITANTES. LEI QUE PERMITE A CRIAÇÃO DE PROJETOS URBANÍSTICOS DE FORMA DESVINCULADA DO PLANO DIRETOR. POSSÍVEL OFENSA À CONSTITUIÇÃO FEDERAL.

A Carta Magna impôs a concretização da política de desenvolvimento e de expansão urbana das cidades com mais de vinte mil habitantes por meio de um instrumento específico: o plano diretor (§ 1º do art. 182). Plausibilidade da alegação de que a Lei Complementar distrital 710/05, ao permitir a criação de projetos urbanísticos "de forma isolada e desvinculada" do plano diretor, violou diretamente a Constituição Republicana. Perigo da demora na prestação jurisdicional que reside na irreversibilidade dos danos que decorrerão do registro de áreas, para fins de parcelamento, com base na mencionada lei. Questão de ordem que se resolve pelo referendo da decisão concessiva do efeito suspensivo ao apelo extremo.

(STF, T2, AC 2.383 MC-QO/DF, Min. Ayres Britto, DJe de 28/6/2012)

↘ CONSTITUCIONAL. CRIAÇÃO DE PROJETOS URBANÍSTICOS OBRIGATORIEDADE DO PLANO DIRETOR COMO INSTRUMENTO DA POLÍTICA DE DESENVOLVIMENTO URBANO DOS MUNICÍPIOS.

Possui repercussão geral a questão constitucional atinente à obrigatoriedade do plano diretor como instrumento da política de ordenamento urbano.

(STF, RE 607.940 RG/DF, Min. Ayres Britto, DJe de 8/6/2011)

↘ CONSTITUCIONAL. ORDEM URBANÍSTICA. COMPETÊNCIAS LEGISLATIVAS. PODER NORMATIVO MUNICIPAL. ART. 30, VIII, E ART. 182, *CAPUT*, DA CONSTITUIÇÃO FEDERAL. PLANO DIRETOR. DIRETRIZES BÁSICAS DE ORDENAMENTO TERRITORIAL. COMPREENSÃO.

1. A Constituição Federal atribuiu aos Municípios com mais de vinte mil habitantes a obrigação de aprovar Plano Diretor, como "instrumento básico da política de desenvolvimento e de expansão urbana" (art. 182, § 1º). Além disso, atribuiu a todos os Municípios competência para editar normas destinadas a "promover, no que couber, adequado ordenamento territorial, mediante planejamento e controle do uso do solo, do parcelamento e da ocupação do solo urbano" (art. 30, VIII) e a fixar diretrizes gerais com o objetivo de "ordenar o pleno desenvolvimento das funções sociais da cidade e garantir o bem-estar dos habitantes" (art. 182, *caput*). Portanto, nem toda a competência normativa municipal (ou distrital) sobre ocupação dos espaços urbanos se esgota na aprovação de Plano Diretor. 2. É legítima, sob o aspecto formal e material, a Lei Complementar Distrital 710/2005, que dispôs sobre uma forma diferenciada de ocupação e parcelamento do solo urbano em loteamentos fechados, tratando da disciplina interna desses espaços e dos requisitos urbanísticos mínimos a serem neles observados. A edição de leis dessa espécie, que visa, entre outras finalidades, inibir a consolidação de situações irregulares de ocupação do solo, está inserida na competência normativa conferida pela Constituição Federal aos Municípios e ao Distrito Federal, e nada impede que a matéria seja disciplinada em ato normativo separado do que disciplina o Plano Diretor. 3. Aprovada, por deliberação majoritária do Plenário, tese com repercussão geral no sentido de que "Os municípios com mais de vinte mil habitantes e o Distrito Federal podem legislar sobre programas e projetos específicos de ordenamento do espaço urbano por meio de leis que sejam compatíveis com as diretrizes fixadas no plano diretor". 4. Recurso extraordinário a que se nega provimento.

(STF, RE 607.940 RG/DF, Min. Teori Zavascki, DJe de 26/2/2016)

↘ IPTU. Progressividade.

– No sistema tributário nacional é o IPTU inequivocamente um imposto real.

– Sob o império da atual Constituição, não é admitida a progressividade fiscal do IPTU, quer com base exclusivamente no seu artigo 145, § 1º, porque esse imposto tem caráter real que é incompatível com a progressividade decorrente da capacidade econômica do contribuinte, quer com arrimo na conjugação desse dispositivo constitucional (genérico) com o artigo 156, § 1º (específico).

– A interpretação sistemática da Constituição conduz inequivocamente à conclusão de que o IPTU com finalidade extrafiscal a que alude o inciso II do § 4º do artigo 182 é a explicitação especificada, inclusive com limitação temporal, do IPTU com finalidade extrafiscal aludido no artigo 156, I, § 1º.

– Portanto, é inconstitucional qualquer progressividade, em se tratando de IPTU, que não atenda exclusivamente ao disposto no artigo 156, § 1º, aplicado com as limitações expressamente constantes dos §§ 2º e 4º do artigo 182, ambos da Constituição Federal.

– Recurso extraordinário conhecido e provido, declarando-se inconstitucional o sub-item 2.2.3 do setor II da Tabela III da Lei 5.641, de 22.12.89, no município de Belo Horizonte.

(STF, Tribunal Pleno, RE 153.771/MG, Min. Moreira Alves, DJ de 5/9/1997)

↘ IPTU – PROGRESSIVIDADE. A jurisprudência do Supremo Tribunal Federal sedimentou-se no sentido de ser constitucional a progressividade nas alíquotas do Imposto Predial e Territorial Urbano estabelecida mediante lei municipal em período posterior à Emenda Constitucional nº 29/2000. Precedentes: Recursos Extraordinários nºs 423.768/SP e 586.693/SP

(STF, T1, AI 534.469-AgR, Min. Marco Aurélio, DJe de 18/12/2012).

↘ Agravo regimental no recurso extraordinário. IPTU. Alíquotas progressivas com base no valor venal do imóvel após a edição da EC nº 29/2000. Constitucionalidade.

1. A agravante não trouxe qualquer argumento novo capaz de infirmar a decisão agravada.

2. A autorização constitucional introduzida pela Emenda Constitucional nº 29/2000, que permite a progressividade de alíquotas de IPTU com base no valor venal do imóvel, não ofende cláusula pétrea.

3. É constitucional o regime de alíquotas progressivas de IPTU com base no valor venal do imóvel, instituído por lei municipal editada em data posterior à Emenda Constitucional nº 29/2000.

4. Agravo regimental não provido

(STF, T1, RE 587.485-AgR, Min. Dias Toffoli, DJe de 29/3/2012).

↘ MUNICÍPIO DE SALTO. IMÓVEL URBANO. DESAPROPRIAÇÃO POR UTILIDADE PÚBLICA E INTERESSE SOCIAL. ACÓRDÃO QUE DECLAROU A SUA ILEGALIDADE, POR AUSÊNCIA DE PLANO DIRETOR E DE NOTIFICAÇÃO PRÉVIA AO PROPRIETÁRIO PARA QUE PROMOVESSE SEU ADEQUADO APROVEITAMENTO, NA FORMA DO ART. 182 E PARÁGRAFOS DA CONSTITUIÇÃO.

Descabimento, entretanto, dessas exigências, se não se está diante da desapropriação-sanção prevista no art. 182, § 4º, III, da Constituição de 1988, mas de ato embasado no art. 5º, XXIV, da mesma Carta, para o qual se acha perfeitamente legitimada a Municipalidade.

Recurso conhecido e provido.

(STF, T1, RE 161.552 / SP, Min. Ilmar Galvão, DJ de 6/2/1998)

7.2. Política agrícola e fundiária

↘ CONSTITUCIONAL. REFORMA AGRÁRIA. DESAPROPRIAÇÃO. MANDADO DE SEGURANÇA. LEGITIMIDADE DO COHERDEIRO PARA IMPETRAÇÃO [ART. 1º, § 2º, DA LEI nº 1.533/51]. SAISINE. MÚLTIPLA TITULARIDADE. PROPRIEDADE ÚNICA ATÉ A PARTILHA. ALTERAÇÃO DE JURISPRUDÊNCIA. ART. 46, § 6º, DO ESTATUTO DA TERRA. FINALIDADE ESTRITAMENTE TRIBUTÁRIA. FINALIDADE DO CADASTRO NO SNCR-INCRA. CONDOMÍNIO. AUSÊNCIA DE REGISTRO IMOBILIÁRIO DE PARTES CERTAS. UNIDADE DE EXPLORAÇÃO ECONÔMICA DO IMÓVEL RURAL. ART. 4º, I, DO ESTATUTO DA TERRA. VIABILIDADE DA DESAPROPRIAÇÃO. ART. 184, DA CONSTITUIÇÃO DO BRASIL.

2. Qualquer dos coherdeiros é, à luz do que dispõe o art. 1º, § 2º, da Lei nº 1.533/51, parte legítima para a propositura do writ.

3. A *saisine* torna múltipla apenas a titularidade do imóvel rural, que permanece uma única propriedade até que sobrevenha a partilha [art. 1.791 e parágrafo único do vigente Código Civil].

4. A finalidade do art. 46, § 6º, do Estatuto da Terra [Lei nº 4.504/64] é instrumentar o cálculo do coeficiente de progressividade do Imposto Territorial Rural – ITR. O preceito não deve ser usado como parâmetro de dimensionamento de imóveis rurais destinados à reforma agrária, matéria afeta à Lei nº 8.629/93.

5 A existência de condomínio sobre o imóvel rural não impede a desapropriação-sanção do art. 184 da Constituição do Brasil, cujo alvo é o imóvel rural que não esteja cumprindo sua função social. Precedente [MS nº 24.503, Relator o Ministro MARCO AURÉLIO, DJ de 05.09.2003].

6. O cadastro efetivado pelo SNCR-INCRA possui caráter declaratório e tem por finalidade: i] o levantamento de dados necessários à aplicação dos critérios de lançamentos fiscais atribuídos ao INCRA e à concessão das isenções a eles relativas, previstas na Constituição e na legislação específica; e ii] o levantamento sistemático dos imóveis rurais, para conhecimento das condições vigentes na estrutura fundiária das várias regiões do País, visando à provisão de elementos que informem a orientação da política agrícola a ser promovida pelos órgãos competentes.

7. O conceito de imóvel rural do art. 4º, I, do Estatuto da Terra, contempla a unidade da exploração econômica do prédio rústico, distanciando-se da noção de propriedade rural. Precedente [MS nº 24.488, Relator o Ministro EROS GRAU, DJ de 03.06.2005].

8. O registro público prevalece nos estritos termos de seu conteúdo, revestido de presunção iuris tantum. Não se pode tomar cada parte ideal do condomínio, averbada no registro imobiliário de forma abstrata, como propriedade distinta, para fins de reforma agrária. Precedentes [MS nº 22.591, Relator o Ministro MOREIRA ALVES, DJ de 14.11.2003 e MS nº 21.919, Relator o Ministro CELSO DE MELLO, DJ de 06.06.97]. Segurança denegada.

(STF, Tribunal Pleno, MS 24.573/DF, Min. Eros Grau, DJ de 15/12/2006)

7.3. Política de incentivo a micro e pequenas empresas

➘ AÇÃO DIRETA DE INCONSTITUCIONALIDADE. CONSTITUCIONAL. TRIBUTÁRIO. CONTRIBUIÇÃO SINDICAL PATRONAL. ISENÇÃO CONCEDIDA ÀS MICROEMPRESAS E EMPRESAS DE PEQUENO PORTE. SIMPLES NACIONAL ("SUPERSIMPLES"). LEI COMPLEMENTAR 123/2006, ART. 13, § 3º. ALEGADA VIOLAÇÃO DOS ARTS. 3º, III, 5º, CAPUT, 8º, IV, 146, III, D, E 150, § 6º DA CONSTITUIÇÃO.

1. Ação direta de inconstitucionalidade ajuizada contra o art. 13, § 3º da LC 123/2006, que isentou as microempresas e empresas de pequeno porte optantes pelo Regime Especial Unificado de Arrecadação de Tributos e Contribuições devidos pelas Microempresas e Empresas de Pequeno Porte – Simples Nacional ("Supersimples").

2. Rejeitada a alegação de violação da reserva de lei específica para dispor sobre isenção (art. 150, § 6º da Constituição), uma vez que há pertinência temática entre o benefício fiscal e a instituição de regime diferenciado de tributação. Ademais, ficou comprovado que o Congresso Nacional não ignorou a existência da norma de isenção durante o processo legislativo.

3. A isenção concedida não viola o art. 146, III, d, da Constituição, pois a lista de tributos prevista no texto legal que define o campo de reserva da lei complementar é exemplificativa e não taxativa. Leitura do art. 146, III, d, juntamente com o art. 170, IX da Constituição. 3.1. O fomento da micro e da pequena empresa foi elevado à condição de princípio constitucional, de modo a orientar todos os entes federados a conferir tratamento favorecido aos empreendedores que contam com menos recursos para fazer frente à concorrência. Por tal motivo, a literalidade da complexa legislação tributária deve ceder à interpretação mais adequada e harmônica com a finalidade de assegurar equivalência de condições para as empresas de menor porte.

4. Risco à autonomia sindical afastado, na medida em que o benefício em exame poderá tanto elevar o número de empresas a patamar superior ao da faixa de isenção quanto fomentar a atividade econômica e o consumo para as empresas de médio ou de grande porte, ao incentivar a regularização de empreendimentos.

5. Não há violação da isonomia ou da igualdade, uma vez que não ficou demonstrada a inexistência de diferenciação relevante entre os sindicatos patronais e os sindicatos de representação de trabalhadores, no que se refere ao potencial das fontes de custeio.

6. Ação direta de inconstitucionalidade conhecida, mas julgada improcedente.
(STF; Tribunal Pleno; ADI 4.033/DF; Min. Joaquim Barbosa; DJe de 7/12/2011)

➘ AÇÃO DIRETA DE INCONSTITUCIONALIDADE. SISTEMA INTEGRADO DE PAGAMENTO DE IMPOSTOS E CONTRIBUIÇÕES DAS MICROEMPRESAS E EMPRESAS DE PEQUENO PORTE. CONFEDERAÇÃO NACIONAL DAS PROFISSÕES LIBERAIS. PERTINÊNCIA TEMÁTICA. LEGITIMIDADE ATIVA. PESSOAS JURÍDICAS IMPEDIDAS DE OPTAR PELO REGIME. CONSTITUCIONALIDADE.

[...]

3. Por disposição constitucional (CF, artigo 179), as microempresas e as empresas de pequeno porte devem ser beneficiadas, nos termos da lei, pela "simplificação de suas obrigações administrativas, tributárias, previdenciárias e creditícias, ou pela eliminação ou redução destas" (CF, artigo 179).

4. Não há ofensa ao princípio da isonomia tributária se a lei, por motivos extrafiscais, imprime tratamento desigual a microempresas e empresas de pequeno porte de capacidade contributiva distinta, afastando do regime do SIMPLES aquelas cujos sócios têm condição de disputar o mercado de trabalho sem assistência do Estado. Ação direta de inconstitucionalidade julgada improcedente.

(STF, Tribunal Pleno, ADI 1.643, Min. Maurício Corrêa, DJ de 14/3/2003)

↘ RECURSO EM MANDADO DE SEGURANÇA. REGIME ESPECIAL UNIFICADO DE ARRECADAÇÃO DE TRIBUTOS E CONTRIBUIÇÕES DEVIDOS PELAS MICROEMPRESAS E EMPRESAS DE PEQUENO PORTE – SIMPLES NACIONAL. MICROEMPRESA – ME E EMPRESA DE PEQUENO PORTE – EPP. ICMS. DOCUMENTO ÚNICO DE ARRECADAÇÃO E RECOLHIMENTO ANTECIPADO.

[...]

2. Os arts. 146, III, "d" e parágrafo único, e 170, IX, da Constituição Federal revelam que o Simples Nacional não se define como novo tributo, mas como um sistema – considerado em seu todo – mais benéfico de cobrança de impostos já existentes, favoravelmente às microempresas e às empresas de pequeno porte. Tem-se, assim, o sistema comum, nele inseridos os não optantes, e o sistema especial denominado Simples Nacional, integrado pelas empresas optantes.

3. Importa, no caso em debate, o sistema como um todo, não a forma pela qual cada tipo de imposto é cobrado isoladamente, sendo inviável acolher a pretensão da recorrente de cindir o Simples Nacional para afastar a antecipação do ICMS prevista no § 1º, inciso XIII, alínea "g", do art. 13 da Lei Complementar Federal nº 123/2006. Em outras palavras, aplicam-se todas as normas do Simples Nacional ou nenhuma, não se admitindo a criação de um sistema híbrido, um tertium genus para efeito da cobrança de tributos das MEs e das EPPs, formado, apenas, pelas normas mais benéficas, extraídas do sistema comum e do sistema especial.

4. Ausência de contrariedade aos princípios constitucionais da igualdade e da capacidade contributiva, salientando-se que a optante pelo Simples Nacional é, sempre, beneficiada em relação às empresas médias ou de grande porte.

[...]

(STJ, T2, RMS 29.568/AM, Min. Castro Meira, DJe de 30/8/2013)

8. QUESTÕES DE CONCURSOS

1. (CESPE – Juiz Federal Substituto 2a Região/2011) A respeito da ordem constitucional econômica, assinale a opção correta.

(A) A intervenção estatal na economia faz-se com respeito aos princípios da ordem econômica, não representando a fixação de preços em valores abaixo da realidade e em desconformidade com a legislação aplicável desrespeito ao princípio da livre iniciativa, mas ao da defesa do consumidor.

(B) O direito de edificar é relativo, dado que condicionado à função social da propriedade, e, ainda que as restrições decorrentes da limitação administrativa preexistam à aquisição do terreno e sejam do conhecimento dos adquirentes, têm estes, com base nelas, direito à indenização do poder público.

(C) A empresa de pequeno porte optante do regime especial unificado de arrecadação de tributos e contribuições é dispensada do pagamento das contribuições instituídas pela União para as entidades privadas de serviço social, não se estendendo tal isenção às contribuições às entidades de formação profissional vinculadas ao sistema sindical.

(D) É inconstitucional, por infringir o princípio da razoabilidade e inibir a iniciativa privada, norma de lei ordinária que imponha aos sócios das empresas por cotas de responsabilidade limitada a responsabilidade solidária, mediante seus bens pessoais, pelos débitos da pessoa jurídica para com a seguridade social.

(E) Por constituir risco presumido à ordem econômica, à livre – iniciativa e à concorrência, é vedada a concessão de imunidade tributária nas operações de importação de bens realizadas por município quando houver identidade entre o contribuinte de direito e o de fato.

---

2. (CESPE – Juiz Federal Substituto 2a Região/2011) Assinale a opção correta, considerando a função social da propriedade e seus consectários.

(A) A desapropriação-sanção, aplicada à propriedade urbana que não cumpra sua função social, tem por finalidade transferir permanentemente o imóvel ao poder público.

(B) De acordo com entendimento do STJ, é impossível a revogação de cláusulas de inalienabilidade, impenhorabilidade e incomunicabilidade impostas por testamento em imóvel, com base no princípio da função social da propriedade.

(C) A edificação compulsória da propriedade urbana que não cumpria sua função social não se transfere ao novo adquirente do imóvel.

(D) Uma das diretrizes do plano diretor, instrumento necessário ao cumprimento da função social da propriedade urbana, consiste em impedir a inadequada utilização do imóvel e a retenção especulativa que interfiram nos projetos de desenvolvimento urbano.

(E) Nos casos de desatendimento da função social da propriedade em áreas urbanas com mais de vinte mil habitantes, a imposição de imposto sobre a propriedade territorial urbana progressivo independe da existência de plano diretor, ao contrário do que ocorre com a edificação compulsória e a desapropriação-sanção.

---

3. (CESPE – Juiz Federal Substituto 2a Região/2013) Com relação à ordem econômica, financeira e social, assinale a opção correta.

(A) Os gestores locais do SUS poderão admitir agentes comunitários de saúde e agentes de combate às endemias por meio de processo seletivo público, porém caberá à legislação federal dispor sobre o regime jurídico e o piso salarial profissional nacional de tais agentes.

(B) A educação é direito de todos e dever do Estado, devendo este garantir a educação básica obrigatória e gratuita dos quatro aos dezessete anos de idade, porém as universidades gozam de autonomia administrativa e de gestão financeira e patrimonial, o que autoriza as universidades públicas cobrarem taxa de matrícula.

(C) A justiça desportiva não integra o Poder Judiciário, competindo-lhe dirimir as controvérsias relativas à disciplina e às competições desportivas, e, por isso, os magistrados poderão cumular suas funções com as da justiça desportiva, desde que haja compatibilidade de horários.

(D) A proteção à livre concorrência é um dos princípios orientadores da ordem econômica, e, segundo entendimento do STF o privilégio de entrega de correspondência da ECT – empresa pública – viola tal princípio.

(E) Ao disciplinar a política urbana, a CF estabelece que a propriedade privada deve cumprir sua função social, motivo pelo qual é perfeitamente admissível que o poder público fixe adicional progressivo do IPTU em função do número de imóveis do contribuinte.

---

4. (CESPE – Juiz Federal Substituto 2a Região/2013) Acerca da política urbana, assinale a opção correta.

(A) É competência dos municípios instituir diretrizes para o desenvolvimento urbano, inclusive habitação, saneamento básico e transportes urbanos.

(B) Em face da onerosidade que o trabalho de elaboração do plano diretor representa para o poder público municipal, todas as cidades com população inferior a vinte mil habitantes estão desobrigadas de elaborar o referido plano.

(C) O planejamento municipal deverá utilizar-se de alguns instrumentos próprios do direito ambiental, como o zoneamento ambiental.

(D) No âmbito das cidades, a elaboração do estudo de impacto de vizinhança substitui a elaboração do EIA, por ser o primeiro mais específico.

(E) É facultado a todo poder público municipal exigir do proprietário do solo urbano não edificado que promova seu adequado aproveitamento, sob pena de edificação compulsória, pagamento de IPTU progressivo ou desapropriação.

---

5. (CESPE – Juiz Federal Substituto 5a Região/2013) Com base no que dispõe o Estatuto da Terra, assinale a opção correta.

(A) O minifúndio pode ser conceituado como área fixada pelo imóvel rural que, direta e pessoalmente explorado pelo agricultor e sua família, lhes absorva toda a força de trabalho, garantindo-lhes a subsistência e o progresso social e econômico, com extensão máxima fixada para cada região e tipo de exploração e onde eventualmente terceiros trabalhem.

(B) Entende-se por imóvel rural o prédio destinado à atividade agrícola, pecuária ou agroindustrial, desde que localizado fora do perímetro urbano do município.

(C) No cumprimento da função social da terra, o proprietário deve assegurar a qualidade dos produtos de origem agropecuária, seus derivados e resíduos de valor econômico.

(D) O objetivo da política agrícola, conjunto de ações voltadas à defesa da posse da terra, consiste em orientar as atividades agropecuárias, para garantir o pleno emprego, harmonizando – as com o processo de industrialização do país.

(E) A alienação ou a imposição de ônus real ao imóvel não interrompe a vigência dos contratos de arrendamento ou parceria rural.

---

6. (CESPE – Advogado da União/2013) Julgue os itens a seguir, relacionados às competências da União e dos estados-membros.

[...]

A fim de integrar a organização, o planejamento e a execução de funções públicas de interesse comum, o Poder Executivo estadual pode, mediante ato administrativo, instituir regiões metropolitanas, aglomerações urbanas e microrregiões, constituídas por agrupamentos de municípios limítrofes.

---

7. (CESPE – Advogado da União/2013) De acordo com dispositivo constitucional, pode o ente municipal, mediante lei específica para área incluída no plano diretor, passar a exigir, dos proprietários de solo não edificado, edificações ou parcelamentos compulsórios ou, sucessivamente, impor imposto sobre a propriedade predial e territorial urbana progressivo no tempo.

---

8. (ESAF – Procurador da Fazenda Nacional/2012) Sobre os princípios fundamentais da Constituição de 1988, é correto afirmar que

(A) a República Federativa do Brasil é formada pela união dissolúvel dos Estados, Municípios e Distrito Federal.

(B) são entes da Federação, dentre outros, as Regiões Metropolitanas.

(C) a União é pessoa jurídica de direito público externo.

(D) constituem objetivos fundamentais da República Federativa do Brasil, dentre outros, os valores sociais do trabalho e da livre iniciativa.

(E) a República Federativa do Brasil rege-se nas suas relações internacionais, dentre outros, pelo princípio de repúdio ao terrorismo e ao racismo.

9. (ESAF – Procurador da Fazenda Nacional/2012) Sobre o regime constitucional da propriedade, é incorreto afirmar:

(A) que, no bojo dos direitos fundamentais contemplados na Constituição Federal de 1988, é, concomitantemente, garantido o direito de propriedade e exigido que a propriedade atenda à sua função social.

(B) que a lei estabelecerá o procedimento para desapropriação por utilidade pública, mediante justa e prévia indenização em dinheiro ou bens da União.

(C) que, no caso de iminente perigo público, a autoridade competente poderá usar de propriedade privada independentemente de prévia disciplina legal ou ato de desapropriação, assegurado ao proprietário apenas indenização ulterior se houver dano.

(D) que no contexto da política de desenvolvimento urbano, o poder público municipal pode, nos termos de lei específica local e observados os termos de lei federal, exigir do proprietário de área incluída no plano diretor que promova o seu adequado aproveitamento sob pena, como medida derradeira, de sua desapropriação mediante justa e prévia indenização com pagamento em títulos da dívida pública.

(E) a pequena propriedade rural, assim definida em lei, desde que trabalhada pela família, é insusceptível tanto de penhora para o pagamento de débitos decorrentes de sua atividade produtiva quanto, desde que seu proprietário não possua outra, de desapropriação para fins de reforma agrária.

10. (MPF – Procurador da República/2006) NA FEDERAÇÃO BRASILEIRA, OS ESTADOS – MEMBROS:

I. organizam-se e regem-se pelas respectivas Constituições; ainda que contrariem os princípios da Constituição Federal, tendo em vista a autonomia estadual e a observância compulsória, como cláusula pétrea, da forma federativa de Estado;

II. poderão, mediante lei complementar, instituir regiões metropolitanas, aglomerações urbanas e microrregiões, constituídas por agrupamentos de Municípios limítrofes, para integrar a organização, o planejamento e a execução de funções públicas de interesse comum;

III. poderão sofrer intervenção federal na hipótese, dentre outras, de inobservância do princípio constitucional da autonomia municipal;

IV. fixarão livremente o número de Deputados à Assembleia Legislativa e os respectivos subsídios, proporcionalmente à sua população, nos termos e segundo os critérios estabelecidos exclusivamente na Constituição Estadual, independentemente de qualquer norma constitucional federal.

Analisando-se as assertivas acima, podemos afirmar que:

(A) todas estão corretas;

(B) estão corretas apenas as de números I, II e III;

(C) somente as de números II e III estão corretas;

(D) estão corretas apenas as de números II, III e IV.

11. (CESPE – Procurador do Estado de Pernambuco/2009) A respeito das limitações do poder de tributar previstas na CF, assinale a opção correta.

(A) A criação de imunidade tributária é matéria típica de lei ordinária.

(B) A simples atualização monetária não se confunde com majoração de tributo.

(C) A instituição de emolumentos cartorários pelo tribunal de justiça de um estado não afronta o princípio da reserva legal.

(D) Lei complementar estadual que isente os membros do MP do pagamento de custas judiciais ou emolumentos é constitucional.

(E) Lei que, por motivos extrafiscais, imprima tratamento desigual a microempresas e empresas de pequeno porte de capacidade contributiva distinta ofende o princípio da isonomia tributária.

---

12 (CESPE – Procurador do Estado de Pernambuco/2009) Acerca da intervenção do Estado no domínio econômico e dos princípios constitucionais da ordem econômica, assinale a opção correta.

(A) Constitui princípio geral da atividade econômica o tratamento privilegiado para as empresas de pequeno porte constituídas sob as leis brasileiras, que tenham sua administração em outro país, desde que a sede seja no Brasil.

(B) O ordenamento jurídico nacional consagra uma economia descentralizada, de mercado, sujeita à atuação excepcional do Estado apenas em caráter normativo e regulador.

(C) A contribuição de intervenção no domínio econômico tem por fundamento o exercício, pelo Estado, de sua competência para regular a ordem econômica, razão pela qual não possui natureza jurídica tributária.

(D) É assegurado a todos o livre exercício de qualquer atividade econômica, independentemente de autorização de órgãos públicos, salvo nas hipóteses exigidas pela lei.

(E) O Estado não pode intervir no domínio econômico para exercer função de fiscalização e planejamento no setor privado, sob pena de afronta ao modelo capitalista de produção, fundado no princípio da livre iniciativa.

---

13. (ESAF – Procurador da Fazenda Nacional/2015) Sobre o Simples Nacional previsto na Lei Complementar nº 123/2006, é correto afirmar:

(A) implica o recolhimento mensal, mediante documento único de arrecadação, do IPI e da Contribuição para o Fundo de Garantia do Tempo de Serviço – FGTS, entre outros tributos.

(B) o contribuinte deverá considerar, destacadamente, para fim de pagamento, as receitas decorrentes da venda de mercadorias industrializadas pelo contribuinte.

(C) não se aplica às cooperativas, salvo as de consumo.

(D) a microempresa ou a empresa de pequeno porte que exerça atividade de produção ou venda no atacado de refrigerantes pode recolher impostos e contribuições na forma do Simples Nacional.

(E) para efeito de determinação da alíquota e pagamento do valor devido mensalmente pela microempresa ou empresa de pequeno porte optante pelo Simples Nacional, o sujeito passivo utilizará a receita líquida acumulada nos 12 (doze) meses anteriores ao do período de apuração.

---

14. (TRF4/Juiz Federal TRF4/2014) (adaptada) Assinale certo ou errado. Segundo o que dispõe a Constituição Federal:

Mediante lei complementar, é possível instituir um regime único de arrecadação dos impostos e das contribuições da União, dos Estados, do Distrito Federal e dos Municípios, que poderá, inclusive, estabelecer condições de enquadramento diferenciadas por Estado.

---

15. (TRF2 - Juiz Federal TRF2/2014) Assinale a opção correta:

(A) O entendimento dominante nos Tribunais admite a desapropriação da propriedade produtiva para fins de reforma agrária, em caso de ofensa à função socioambiental, com pagamento em títulos.

(B) A Constituição veda qualquer possibilidade de desapropriação da propriedade produtiva.

(C) Apenas a União Federal pode desapropriar para fins de reforma agrária, com pagamento em títulos de dívida.

(D) Os Municípios podem desapropriar para fins de reforma agrária, com pagamento em títulos, mas apenas em casos de imóveis subutilizados ou não utilizados, e após as medidas sucessivas listadas na Lei Maior.

(E) O descumprimento da função socioambiental é o único caso em que a Lei Maior admite que os Estados promovam a expropriação com pagamento em títulos de dívida.

9. GABARITO

Questão	Resposta	Referência
1	D	O Simples Nacional não isenta as empresas de contribuir para a seguridade social.
2	D	O objetivo da desapropriação sanção não é a simples transferência do imóvel para o poder público, mas fazer com que a propriedade cumpra sua função social; a edificação compulsória de imóvel que não cumpra a função social adere a propriedade e vincula eventual adquirente; e o IPTU progressivo depende da existência do plano diretor, assim como qualquer instrumento previsto pelo art. 182, § 4°, da CF/88. Correta a letra D, nos termos do Estatuto da Cidade.
3	A	O IPTU sanção, aplicável a propriedades que não cumpram sua função social, será progressivo no tempo, mas não se relaciona com o número de imóveis pertencentes ao mesmo proprietário.
4	C	O plano diretor tem correlação com o direito ambiental e deve conter o zoneamento ambiental. O estudo de impacto de vizinhança não dispensa o estudo de impacto ambiental. As sanções previstas pelo art. 182, § 4°, da CF/88 somente podem ser impostas às propriedades que não cumprirem sua função social, não constituindo um direito incondicionado da municipalidade.
5	E	O item E ressalta o direito do meeiro ou parceiro rural. Confiram-se os conceitos do Estatuto da Terra, para os demais itens.
6	ERRADA	A criação de regiões metropolitanas, aglomerações urbanas e microrregiões depende de lei complementar. Confira-se a distinção entre regiões administrativas do art. 25, da CF/88 e as regiões econômicas, do art. 43, da Constituição.
7	CERTA	Nos termos do art. 182, § 4°, da CF/88.
8	E	Nem as regiões administrativas nem as regiões econômicas são entes federados.
9	B	A indenização da desapropriação sanção, urbana é realizada mediante títulos da dívida pública com resgate em até 10 anos, não sendo, portanto, prévia.
10	C	Corretos os enunciados II e III, inclusive o que aborda as regiões administrativas criadas pelos Estados da Federação.
11	B	As normas que conferem tratamento favorecido a micro e pequenas empresas não viola o princípio da isonomia, tendo em vista a autorização constitucional expressa dos arts. 146, III, d, 170, IX e 179, da CF/88.
12	D	As micro e pequenas empresas sediadas no Brasil não recebem tratamento favorecido, se constituírem filial, sucursal, agência ou representação, no País, de pessoa jurídica com sede no exterior.

Questão	Resposta	Referência
13	C	A LC 123/2006 exclui expressamente do Simples as cooperativas, salvo as de consumo. O FGTS não é abrangido pelo Simples, pois é um direito trabalhista, não um tributo e a alíquota é definida pela receita bruta, não pela receita líquida, não distinguindo receitas de produtos industrializados ou não industrializados. A letra D contém exceção expressa da lei, por política tributária, não econômica, que exclui determinadas empesas atacadistas do sistema simplificado.
14	Certo	Nos termos do art. 146, parágrafo único, II, da CF/88.
15	C	A reforma agrária é competência exclusiva da União, principalmente se a desapropriação é realizada mediante indenização com títulos da dívida agrária.

Título III
Direito Econômico Administrativo

CAPÍTULO 5

AS AGÊNCIAS REGULADORAS

PARTE GERAL

1. REGULAÇÃO: UMA INTRODUÇÃO

Vimos no capítulo sobre a ordem econômica que há duas formas de atuação estatal no meio econômico: a direta, através da qual o Estado atua como agente econômico, por meio de empresas públicas e sociedades de economia mista, e a indireta, por meio da regulação – o Estado deixa a atividade econômica para a exploração pelo particular, reservando-se um papel diferente. Que papel é esse? Como ele é exercido? É o que nos cabe desenvolver no presente capítulo.

Vamos partir de conceitos com os quais estamos mais familiarizados: sabemos que as atividades econômicas podem ser exercidas individualmente ou de forma organizada por empresa. Por que a opção pela empresa?

Já sabemos que a Constituição reservou a exploração da atividade econômica para a iniciativa privada (salvo as já destacadas exceções, envolvendo interesse coletivo relevante e segurança nacional). Da mesma forma, o Estado atua na prestação de um serviço público (art. 175):

> Art. 175. Incumbe ao Poder Público, na forma da lei, diretamente ou sob regime de concessão ou permissão, sempre através de licitação, a prestação de serviços públicos.

Mas podemos observar, então, que no que diz respeito aos **serviços públicos**, o **Estado os presta direta ou indiretamente**, neste caso por meio de concessionárias ou permissionárias. Em outras palavras, por meio de pessoas jurídicas de direito privado – agentes econômicos. Marçal Justen Filho afirma tratar-se de serviço público prestado sob regime de direito privado[148].

148. JUSTEN FILHO, Marçal. Curso de Direito Administrativo. São Paulo: Saraiva, 2005, p. 108.

A partir dos anos 90, observamos no Brasil e em vários países uma forte tendência à prestação de serviços públicos por agentes privados, no contexto do movimento de **desestatização**. Mas isso não significa – ao menos, não pode significar – o total afastamento do Poder Público do serviço em questão. Pelo contrário: a Constituição lhe impõe o **papel de regulador e fiscalizador**. É o agente normativo e regulador (na concepção de Celso Antônio Bandeira de Mello); é a intervenção por direção, na terminologia usada por Eros Grau:

> Art. 174. **Como agente normativo e regulador da atividade econômica**, o Estado exercerá, na forma da lei, as funções de fiscalização, incentivo e planejamento, sendo este determinante para o setor público e indicativo para o setor privado.

Marçal Justen Filho a define como uma opção pela intervenção indireta, mas que com ela não se confunde. Para ele, **regulação é uma forma de intervenção indireta que se caracteriza somente quando o Estado organiza um conjunto de órgãos especializados para promover a intervenção de modo permanente e sistematizado**[149].

Carlos Ari Sundfeld, por sua vez, enxerga na regulação uma **característica de um modelo econômico específico, no qual o Estado não assume diretamente o exercício da atividade empresarial, mas intervém enfaticamente no mercado por meio de instrumentos de autoridade**[150].

Leonardo Vizeu Figueiredo conceitua regulação como o **conjunto de atos e medidas estatais que tem por fim garantir a observância dos princípios norteadores da ordem econômica no mercado, bem como a devida e correta prestação de serviços públicos, além do incentivo e fomento para a implementação das políticas públicas respectivas para direcionamento de cada nicho da economia**[151].

Por fim, Di Pietro entende a regulação como "**o conjunto de regras de conduta e de controle da atividade privada pelo Estado, com a finalidade de estabelecer o funcionamento equilibrado do mercado**"[152].

A questão se agigantou no direito brasileiro após o movimento de desestatização do início dos anos 90. As privatizações e, principalmente, as concessões de serviço público levadas a cabo levaram a novas discussões a respeito do real papel do Estado como agente regulador de mercados.

Em outras palavras, **o Poder Público tem a responsabilidade de agente normativo e regulador da atividade econômica**. É o papel que lhe foi atribuído pelo constituinte.

149. JUSTEN FILHO, Marçal. Curso de Direito Administrativo. São Paulo: Saraiva, 2005, p. 456.
150. SUNDFELD, Carlos Ari. Introdução às agências reguladoras In: SUNDFELD, Carlos Ari (Coordenador). Direito administrativo econômico. São Paulo: Malheiros, 2002, p. 23.
151. FIGUEIREDO, Leonardo Vizeu. Lições de Direito Econômico. Rio de Janeiro: Forense, 2014, p. 129.
152. DI PIETRO, Maria Sylvia Zanella. (Organizadora). Direito regulatório: temas polêmicos. Belo Horizonte: Fórum, 2004, p. 21.

Mas, se o mesmo constituinte optou por destinar – em regra – aos agentes privados a exploração da atividade econômica, por que reservou esse papel ao Poder Público? Não seria uma incoerência?

Não. Isso porque, como já vimos, liberdade de iniciativa não é apenas a liberdade de promover, ou não, atividade econômica (em relação à qual caberia ao Poder Público manter-se inerte em relação aos agentes privados), mas significa, também, liberdade de acesso, de competição.

É a constatação de que os mercados, na prática, não são perfeitos: há **assimetria de informação entre os agentes** (o que compromete a capacidade de uma parte fazer a melhor escolha; um exemplo bem evidente é o consumidor).

Além da assimetria de informação, há também o que chamamos de **externalidades** – impactos da ação de um agente sobre terceiros não envolvidos diretamente na relação. Uma fábrica pode emitir poluentes que atingem toda uma população, inclusive aquela não beneficiada pela produção; não fumantes são obrigados a suportar os resíduos do consumo de cigarro pelos fumantes. Em outras palavras, são custos causados pelas ações de determinados agentes a outrem. Podem ser negativos, como os que acabamos de exemplificar, mas podem ser positivos, ou seja, beneficiar outras pessoas. É o que ocorre, por exemplo, com a instalação de uma grande empresa, que pode gerar inúmeros empregos diretos e indiretos, ao estimular o surgimento de toda uma cadeia produtiva.

Por que isso ocorre? Há bens para os quais não há mercado. Nas palavras de Bagnoli, "os bens públicos constituem falhas de mercado na medida em que o indivíduo (consumidor ou usuário) tende a ser o carona (*free-rider*), deixando de pagar pelo serviço na certeza de que outrem fará"[153].

As externalidades aparecem devido à inexistência de direitos de propriedade sobre recursos.

Os direitos de propriedade definem quem possui o direito de utilizar o recurso. Se ninguém tiver essa propriedade, o recurso está disponível para quem quiser utilizar.

Nessas situações, haverá duas formas de solucionar essa indefinição:

a) permitindo que os **próprios agentes resolvam a questão** – por meio de negociações – **ou obrigando o Estado a atuar** – nesse caso, por meio da instituição de impostos ou subsídios ou

b) através do **estabelecimento de regras, visando a imposição de determinados comportamentos aos diversos agentes**. Aqui, estamos falando da **regulação**.

Portanto, mercados são resultado de uma forma de intervenção do Estado no domínio econômico, através de normas que dispõem sobre o direito de propriedade e a circulação de riquezas – o direito dos contratos.

---

153. BAGNOLI, Vicente. Direito econômico. São Paulo: Atlas, 2013, p. 115.

E, aqui, recorremos à lição de Rachel Sztajn:

> Sem normas, legais ou institucionais, mercados não serão eficientes, não atenderão aos interesses dos agentes econômicos, demonstrando que a noção de Adam Smith da "mão invisível" baseada no egoísmo das pessoas que, por si, ajustaria a oferta à demanda estava equivocada. Regulação é instrumento legal para ordenar mercados, manifestada por via reguladora das atividades econômicas. Desde a organização das formas de produção e distribuição dos bens e serviços até as relações de consumo, todas as etapas da "cadeia produtiva" são objeto de normas que representam intervenção do Estado no domínio econômico, sem assumir o papel de produtor[154].

Não se pode, contudo, ignorar o fato de que mesmo a regulação é tão imperfeita como o próprio mercado. Há críticos à ideia de regulação, como George Stigler, que aponta o risco da captura: o regulador é capturado pelos agentes mais poderosos, que acabam obtendo benefícios setoriais ou mesmo individuais (criação de barreiras à entrada de novos participantes, tabelamentos de preços, entre outros). Da mesma forma, grupos organizados podem pressionar o regulador para a obtenção de benefícios derivados da regulação – ou mesmo para que não sejam onerados com o custo de benefícios outorgados a outros grupos[155].

É exatamente por isso que se defende a independência do regulador, que deve, ainda, dominar o mercado que disciplina (capacidade técnica).

E, como afirma Bagnoli:

> A regulação, portanto, deve atuar de forma a criar a concorrência no mercado onde ela naturalmente não existe e, para que o mercado funcione bem em concorrência, o regulador deve levar ao consumidor a plenitude das informações, de modo que ele possa fazer suas melhores escolhas. Nos casos de monopólios naturais, onde a competição naturalmente é inviável, a intervenção destina-se à promoção de valores políticos e sociais, de modo que o serviço seja prestado adequadamente à sociedade (qualidade, universalização e preço) e o retorno financeiro à empresa seja como se ela estivesse atuando em um ambiente competitivo[156].

Percebe-se, assim, que a regulação se justifica nos setores em que a atuação do agente privado – a quem, pela Constituição de 1988, compete a exploração da atividade econômica – pode colocar em risco valores coletivos. A seguir, analisaremos os instrumentos através dos quais é realizada essa atividade de regulação, dividindo o estudo numa parte geral, que contempla o regime jurídico comum das autarquias especiais e numa parte especial, onde abordaremos questões específicas de cada agência reguladora.

154. SZTAJN, Rachel. Teoria Jurídica da Empresa. São Paulo: Atlas, 2004, p. 51.

155. SZTAJN, Rachel. Teoria Jurídica da Empresa. São Paulo: Atlas, 2004, p. 54.

156. BAGNOLI, Vicente. Direito econômico. São Paulo: Atlas, 2013, p. 119.

2. INSTRUMENTOS DE REGULAÇÃO

A função regulatória é exercida pelo Estado por meio de diversos instrumentos, sendo a agência apenas um destes meios. **O exercício do poder de polícia (fiscalização) e o estímulo a determinadas atividades (fomento) são exemplos de regulação desempenhada dentro da estrutura da Administração Pública**. E, no nosso entender, as *golden share* são, também, um outro instrumento, distinto, de regulação.

Em todos esses exemplos, o Estado atua indiretamente na economia e na atividade empresarial.

O que torna a atividade da agência reguladora tão peculiar, merecedora de tratamento à parte, é o fato de exercer sua atividade de forma **autônoma** em relação ao Estado. É o que veremos a seguir.

3. AGÊNCIAS

O Estado regulador é o modelo adotado pelo Brasil, como vimos. Sua origem se encontra nos Estados Unidos, onde as primeiras intervenções regulatórias podem ser localizadas nas Leis Antitruste (*Sherman Act*) e principalmente a partir dos anos 1930, com a proliferação das agências reguladoras.

Basicamente, temos o modelo intervencionista clássico apresentando uma intensa participação do interesse da Administração Pública. O **modelo das agências**, originário do direito anglo-saxão, é bastante diferente: há uma preocupação em se garantir o **equilíbrio entre os diversos interesses envolvidos na regulação** de uma determinada atividade: o **político** (da Administração propriamente dita), o **privado** (dos agentes econômicos) e – a grande novidade – os **interesses coletivos** (da sociedade).

Portanto, a despeito de as agências integrarem a estrutura da Administração Pública Indireta, o fazem sob condições especiais. Foram concebidas para resistirem às eventuais pressões políticas próprias do Governo e, portanto, dotadas de autonomia.

Lembra-nos Bagnoli que o Parlamento britânico, em 1834, criava entidades autônomas com a missão de aplicar a lei e resolver conflitos. "Entretanto, o forte policentrismo e a autonomia dos órgãos da administração pública inglesa, denominados *Quase Autonomus non Governmental Organizations* (QUANGOS), até hoje não permitem que as agências reguladoras autônomas possuam peculiaridades distintivas".[157]

Foi nos Estados Unidos, cuja Constituição consagra o sistema presidencialista e a separação de poderes, que surgiram, efetivamente, as agências reguladoras.

A primeira agência reguladora independente nos Estados Unidos foi a *Interstate Commerce Commission* (1887), que tinha por objeto inicial a regulamentação dos serviços interestaduais de transporte ferroviário. Foi extinta em 1995, substituída pela *Surface*

157. BAGNOLI, Vicente. Direito econômico. São Paulo: Atlas, 2013, p. 123.

Transportation Board (STB), criada pelo *Interstate Commerce Commission Termination Act*. A década de 1930 assistiu a um movimento intenso de criação destas agências; em 1946 foi editado o *Administrative Procedure Act* (APA), ou Lei de Procedimento Administrativo, que conferiu homogeneidade aos procedimentos das diversas agências, bem como assegurou a participação dos indivíduos nos respectivos processos decisórios.

Um aspecto de ordem histórica permite perceber **profundas diferenças entre as concepções norte-americana e brasileira de agências**. Enquanto nos Estados Unidos a adoção do modelo de agências reguladoras independentes foi justificada pelo crescimento da regulação estatal e da produção legislativa (ou seja, de fortalecimento da presença do Estado na economia), na Europa e na América Latina as agências foram criadas para a regulação das atividades desestatizadas[158]. Não se pode perder de vista que o modelo europeu do pós-guerra era estatizante, o que somente foi alterado de forma significativa no início da década de 80.

Floriano Azevedo Marques Neto, por seu turno, assim se posiciona:

> O fato é que podemos distinguir, com finalidade muito mais didática que doutrinária, o intervencionismo estatal direito do indireto. Por óbvio que a intervenção clássica do Estado (produção de utilidades públicas) sempre se deu de forma direta. Desde o momento em que se abandonou a perspectiva liberal do Estado Gendarme tivemos a atuação dos próprios entes estatais no domínio econômico. Cuidou-se, é bom frisar, de uma necessidade do próprio desenvolvimento capitalista, num momento em que o incensado mercado não dispunha nem de capacidade financeira, nem de escala organizacional para prover infraestrutura, bens ou serviços essenciais para o avanço das condições de acumulação capitalista. É neste contexto que os serviços de geração e distribuição de energia, a estruturação de toda a plataforma de telecomunicações, o saneamento básico, a rede de transportes e mesmo os setores de capital intensivo (como petróleo e siderurgia) são assumidos pelo Estado. Porém, paralelamente a este intervencionismo direto, podemos identificar outra ordem de intervencionismo estatal no domínio econômico, que designaríamos de intervencionismo indireto. Trata-se, aqui, não mais da assunção pelo Estado da atividade econômica em si, mas de sua concreta atuação no fomento, na regulamentação, no monitoramento, na mediação, na fiscalização, no planejamento, na ordenação da economia. Enfim, cuida-se da atuação estatal fortemente influente (por indução ou coerção) da ação dos atores privados atuantes num dado segmento da economia[159].

Portanto, **no Brasil, estamos diante de um instrumento que tem como norte a redução da intervenção direta do Estado na economia.** Retirando-se da função de produtor, **passa a exercer as funções de fiscalizador, incentivador e regulador** da atividade econômica, nos termos do art. 174 da Constituição.

158. OLIVEIRA, Rafael Carvalho Rezende. O Modelo norte-americano de agências reguladoras e sua recepção pelo direito brasileiro. Revista da EMERJ, vol. 12, nº 47, 2009.

159. MARQUES NETO, Floriano Azevedo. A nova regulação estatal e as agências independentes, In: Direito administrativo econômico, (coord.) Carlos Ari Sundfeld, São Paulo: Ed. Malheiros, 2006, p. 74.

Eis a grande modificação estrutural trazida ao ordenamento jurídico brasileiro com o advento do modelo das agências: essas mesmas atividades sempre foram desempenhadas, entre nós, pela Administração Direta; agora, o são por entidades de natureza autárquica, mas autarquias diversas daquelas tradicionalmente estudadas pelo direito administrativo. Daí serem comumente denominadas de autarquias de natureza especial.

Uma dúvida bastante comum: **qual a diferença entre a agência reguladora e a agência executiva?**

A agência executiva se destina a exercer atividade efetivamente estatal. Logo, ao tratarmos dessa espécie de agência – que integra, tal como a agência reguladora, a administração indireta – não mais estamos no contexto da regulação ou da retirada do Estado da atuação econômica direta. Se a agência reguladora é competente para regular um determinado setor, a agência executiva limita-se a efetivar e implementar as políticas públicas.

São autarquias ou fundações já existentes (não se "cria" uma agência executiva) que celebram **contratos de gestão** com o ministério ao qual se vincula, nos termos da Lei 9.649/98:

> Art. 51. O Poder Executivo poderá qualificar como Agência Executiva a autarquia ou fundação que tenha cumprido os seguintes requisitos:
>
> I – ter um plano estratégico de reestruturação e de desenvolvimento institucional em andamento;
>
> II – ter celebrado Contrato de Gestão com o respectivo Ministério supervisor.
>
> § 1º A qualificação como Agência Executiva será feita em ato do Presidente da República.
>
> § 2º O Poder Executivo editará medidas de organização administrativa específicas para as Agências Executivas, visando assegurar a sua autonomia de gestão, bem como a disponibilidade de recursos orçamentários e financeiros para o cumprimento dos objetivos e metas definidos nos Contratos de Gestão.

A figura do contrato de gestão foi introduzida no Brasil pela Emenda Constitucional 19/98, que acrescentou o § 8º ao artigo 37.

> Art. 37. A administração pública direta e indireta de qualquer dos Poderes da União, dos Estados, do Distrito Federal e dos Municípios obedecerá aos princípios de legalidade, impessoalidade, moralidade, publicidade e eficiência e, também, ao seguinte: (Redação dada pela Emenda Constitucional nº 19, de 1998)
>
> [...]
>
> § 8º A autonomia gerencial, orçamentária e financeira dos órgãos e entidades da administração direta e indireta poderá ser ampliada mediante contrato, a ser firmado entre seus administradores e o poder público, que tenha por objeto a fixação de metas de desempenho para o órgão ou entidade, cabendo à lei dispor sobre: (Incluído pela Emenda Constitucional nº 19, de 1998)
>
> I – o prazo de duração do contrato; (Incluído pela Emenda Constitucional nº 19, de 1998)
>
> II – os controles e critérios de avaliação de desempenho, direitos, obrigações e responsabilidade dos dirigentes; (Incluído pela Emenda Constitucional nº 19, de 1998)

> III – a remuneração do pessoal. (Incluído pela Emenda Constitucional nº 19, de 1998)

Não se trata, propriamente, de um contrato, mas sim de um **acordo de direito público**, através do qual a Administração direta estabelece, em conjunto com os dirigentes da entidade contrata, o programa de trabalho, com a fixação de objetivos a alcançar, prazos de execução, critérios de avaliação de desempeno, limites para despesas, assim como o cronograma da liberação dos recursos financeiros previstos. Assim é que, nas palavras de Celso Antônio Bandeira de Mello:

> A definição em apreço, de um lado é lamentável do ponto de vista técnico, pois começa por qualificar tal contrato como um "instrumento". Ora, qualquer pessoa com rudimentos de Direito sabe que contrato não é instrumento no qual está vertido. Este último é apenas o meio por via do qual se externa o contrato. De outro, é altamente imprecisa, pois não esclarece o que deverá ser entendido por "parceria", expressão extremamente vaga e que serve para abranger quaisquer formas de colaboração entre o Poder Público e terceiro na realização de algum empreendimento. Esclarece-se apenas que o objeto de tal contrato com as organizações sociais diz respeito às atividades indicadas (ensino, pesquisa científica, desenvolvimento tecnológico, cultura, saúde e proteção e preservação do meio ambiente)[160].

Através do contrato de gestão – e de seu acompanhamento – será possível garantir que não haja desvirtuamento da atividade de regulação, bem como evitar conflitos de interesses entre o Estado e a agência.

Delimitada a noção de agência reguladora, que é o objeto do presente estudo, vejamos o que a torna uma autarquia "de natureza especial".

4. CARACTERÍSTICAS

A seguir, apresentaremos as Agências de forma individualizada, bem como o regime de bens aplicável a cada atividade econômica por elas regulada. No entanto, é possível estabelecer uma série de características comuns:

4.1. Poderes normativos

A dotação das agências de poderes normativos sempre foi cercada de polêmica. Autores como Alexandre Santos de Aragão sempre o defenderam:

> A necessidade de descentralização administrativa, principalmente de natureza técnica, é a razão de ser das entidades reguladoras independentes, ao que podemos acrescer o fato de a competência normativa, abstrata ou concreta, integrar o próprio conceito de regulação[161].

160. MELLO, Celso Antonio Bandeira. Curso de Direito Administrativo. São Paulo: Malheiros, 2004, p. 210.

161. ARAGÃO, Alexandre Santos de. Agências reguladoras e a evolução do direito administrativo econômico. Rio de Janeiro: Forense, 2004, p. 380

Essa característica peculiar das agências é também **um dos pontos mais polêmicos** envolvendo o tema, e sua incompreensão leva à ideia de que a característica que estamos analisando implicaria em violação ao princípio da legalidade, uma usurpação da função legislativa.

Na realidade, subjacente à ideia de atribuição de poderes normativos às agências está a percepção de que os temas por elas regulados são de tal forma complexos e específicos que impõe a atribuição, a essas autarquias de natureza especial, de poderes para editar as normas necessárias para o desempenho de suas atribuições.

Ora, as agências têm funções e competências definidas pela lei que as cria, de modo que, na lição de Alexandre Santos de Aragão:

> As leis atributivas de poder normativo às entidades reguladoras independentes possuem baixa densidade normativa, a fim de – ao estabelecer finalidades e parâmetros genéricos – propiciar, em maior ou menor escala, o desenvolvimento de normas setoriais aptas a, com autonomia e agilidade, regular complexa e dinâmica realidade social subjacente[162].

Essa ideia não é estranha ao estudioso do direito administrativo, principalmente quando nos detemos na análise do poder discricionário: a lei estabelece os parâmetros básicos, por meio de conceitos genéricos e abertos, cabendo à Administração a regulamentação específica das atividades.

A diferença, insistimos, reside no fato de que a atividade fiscalizatória era comumente desempenhada pela Administração direta, que delegava por meio de permissão ou concessão o desempenho dos serviços públicos a agentes privados.

Surge, aqui, a ideia de **deslegalização,** fenômeno através do qual o Legislativo estabelece apenas aspectos básicos acerca de determinados assuntos, deixando à Administração Pública ampla margem de normatização na elaboração de atos normativos infralegais. As vantagens deste fenômeno seriam duas: primeiramente, haveria uma maximização qualitativa da norma, produzida, então, por quem possua competência técnica para tanto – cabendo ao legislador os aspectos estruturais da norma, conferindo legitimidade democrática às diretrizes estabelecidas. Em segundo lugar, confere mais agilidade e atualidade, favorecendo a constante e permanente atualização da norma[163].

À Agência cabe, no uso de seu poder regulamentar, e nos limites estabelecidos pelo Legislativo, promover a regulamentação técnica. Mas não pode, por meio de ato normativo, inovar, suspender, suprimir ou revogar disposição legal. Assim, a jurisprudência já invalidou resolução da ANS que, extrapolando os limites legais, modificou o conteúdo e a qualidade dos contratos de prestação de serviços ajustados entre operadoras e consumidores, violando o princípio da legalidade (TRF3, AI 129.949, Juiz Mairan Maia, DJU de 14/6/2002).

162. ARAGÃO, Alexandre Santos de. Agências reguladoras e a evolução do direito administrativo econômico. Rio de Janeiro: Forense, 2004, p. 406.

163. MOREIRA NETO, Diogo de Figueiredo. Quatro paradigmas do direito administrativo pós-moderno: legitimidade: finalidade: eficiência: resultados. Belo Horizonte: Fórum, 2008.

Da mesma forma, temos a seguinte decisão do STJ:

> LIMINAR E TELEFONIA. SERVIÇO PRÉ-PAGO. DEFESA AO CONSUMIDOR. LEGITIMAÇÃO DO MINISTÉRIO PÚBLICO. RECURSO ESPECIAL ADMITIDO. CAUTELAR E EFEITO SUSPENSIVO. FUMUS BONI IURIS E PERICULUM IN MORA PRESENTES. ATUAÇÃO CONFORME ATO DA AGÊNCIA REGULADORA.
>
> Vigente ato normativo da Agência Reguladora cujo escopo é regular o segmento, não podem os estabelecimentos regulados absorverem danos e punições pelo fato do cumprimento das regras maiores, posto engendrarem exercício regular do direito. Modificação *ex abrupto* dessas regras da Agência Reguladora por tutela provisória em liminar concedida em ação, acarreta *periculum in mora,* mercê de o *fumus boni iuris* repousar no cumprimento do ato da Agência. Deveras, somente a ausência de nulificação específica do ato da Agência autoriza o Judiciário a intervir no segmento, sob pena de invadir seara administrativa estranha ao Poder Judiciário (Sérgio Guerra in Controle Judicial dos Atos Regulatórios, Editora Lumen Juris, já/2005, pág. 355/369). Impossibilidade de atendimento técnico da decisão liminar, que configurou para o Relator *periculum in mora* inverso, máxime porque a adoção da providência contrária ao ato da ANATEL (art. 55 da Resolução 316/2002, e itens 4.6 e 4.6.1, da Norma 03/98)
>
> (STJ, AgR na MC 1.043/PB, Min. Francisco Falcão, DJ de 13/12/2005)

A agência tem, portanto, **poder de regulamentar e também de fiscalizar os agentes do mercado por ela regulado**. É exatamente esse poder que justifica a cobrança, por elas, das chamadas taxas regulatórias, cobradas dos entes regulados, além, é claro, das dotações orçamentárias – a partir da proposta de orçamento ao Ministério ao qual se vincula.

Se a agência está numa posição de mediação entre governo (interesse político), agentes econômicos (interesse privado) e os consumidores (interesse coletivo), como desempenham sua atividade julgadora? É importante lembrar que sua posição não é a de conciliação dos envolvidos, mas sim de decisão de conflitos entre os agentes regulados[164].

O **Legislativo** exerce o **controle sobre o poder normativo** das agências reguladoras mediante o **veto legislativo, previsto no artigo 49, inciso V, da Constituição**, podendo sustar os atos normativos da Administração que exorbitem do poder regulamentar conferido e fiscalizar os seus atos.

4.2. Autonomia administrativa

A autonomia para estabelecer suas próprias normas é outra importante característica das agências reguladoras, de forma a reduzir-lhes a subordinação à Administração direta. Estamos tratando, aqui, de liberdade de gestão sem interferência do Poder Executivo – mas submetida, por óbvio, ao controle do Tribunal de Contas (controle externo, legislativo).

164. BAGNOLI, Vicente. Direito econômico. São Paulo: Atlas, 2013, p. 134.

O agente regulador não elimina as regras de controle. Marcos Juruena Villela Souto, por sua vez, defende que a autonomia se limita a afastar a ingerência política sobre o juízo técnico que deve orientar a agência[165].

Essa autonomia, porém, é limitada em diversos aspectos. Destacamos dois deles:

No direito administrativo estudamos a figura do recurso hierárquico, que pode ser próprio ou impróprio.

O **recurso hierárquico próprio** é aquele dirigido à autoridade administrativa hierarquicamente superior àquela que proferiu a decisão recorrida. Ou seja, é aquele dirigido à autoridade ou instância imediatamente superior, **dentro do mesmo órgão** em que o ato foi praticado. Essa realidade está presente em algumas agências reguladoras, como a ANS. A Lei 9.961/2000, em seu art. 10, § 2º, estabelece que dos atos praticados pelos Diretores cabe recurso à Diretoria Colegiada como última instância administrativa.

E o **recurso hierárquico impróprio**? Ele é impróprio justamente porque, a rigor, não há que se cogitar em hierarquia. Juridicamente, a autoridade que proferiu a decisão não se subordina àquela que recebe o recurso. Odete Medauar afirma que essa figura surge na doutrina nos recursos de atos de dirigentes de autarquias interpostos perante a autoridade à qual se vincula na Administração Direta[166]. Segundo Celso Antônio Bandeira de Mello, os recursos administrativos são propostos na intimidade de uma mesma pessoa jurídica; por isto são chamados de recursos hierárquicos. Se, todavia, a lei previr que da decisão de uma pessoa jurídica cabe recurso para a autoridade encartada em outra pessoa jurídica, o recurso será, em tal caso, denominado de recurso hierárquico impróprio[167].

A Advocacia-Geral da União (AGU), por meio do Parecer AGU-AC 51, publicado no DOU de 19/06/2006, admitiu a viabilidade de interposição de "recurso hierárquico impróprio" contra a decisão da Agência Nacional de Transportes Aquaviários (ANTAQ) de remeter processo ao CADE.

A admissão do recurso administrativo ao Ministro de Estado respectivo foi justificada pela "existência incondicional da supervisão ministerial como traço essencial do regime presidencialista vigente (...) e então a aferição da autonomia as agências e de suas condutas além de diretamente vinculadas às suas finalidades institucionais se mede principalmente pela adequada compatibilização com as políticas públicas adotadas pelo Presidente da República e os Ministérios que o auxiliam".

> PORTO DE SALVADOR. THC2. DECISÃO DA ANTAQ. AGÊNCIA REGULADORA. CONHECIMENTO E PROVIMENTO DE RECURSO HIERÁRQUICO IMPRÓPRIO PELO MINISTÉRIO DOS TRANSPORTES. SUPERVISÃO MINISTERIAL. INSTRUMENTOS. REVISÃO ADMINISTRATIVA. LIMITAÇÕES.

165. SOUTO, Marcos Juruena Villela. Desestatização: privatização, concessões, terceirizações e regulação. Rio de Janeiro: Lumen Juris, 2001, p. 341.
166. MEDAUAR, Odete. Direito Administrativo Moderno. São Paulo: Revista dos Tribunais, 2006, p. 413.
167. MELLO, Celso Antonio Bandeira. Curso de Direito Administrativo. São Paulo: Malheiros, 2001, p. 113.

> I – "O Presidente da República, por motivo relevante de interêsse público, poderá avocar e decidir qualquer assunto na esfera da Administração Federal" (DL nº 200/67, art. 170).
>
> II – **Estão sujeitas à revisão ministerial, de ofício ou por provocação dos interessados, inclusive pela apresentação de recurso hierárquico impróprio, as decisões das agências reguladoras referentes às suas atividades administrativas ou que ultrapassem os limites de suas competências materiais definidas em lei ou regulamento, ou, ainda, violem as políticas públicas definidas para o setor regulado pela Administração direta.**
>
> III – **Excepcionalmente, por ausente o instrumento da revisão administrativa ministerial, não pode ser provido recurso hierárquico impróprio dirigido aos Ministérios supervisores contra as decisões das agências reguladoras adotadas finalisticamente no estrito âmbito de suas competências regulatórias previstas em lei e que estejam adequadas às políticas públicas definidas para o setor.**
>
> IV – No caso em análise, a decisão adotada pela ANTAQ deve ser mantida, porque afeta à sua área de competência finalística, sendo incabível, no presente caso, o provimento de recurso hierárquico impróprio para a revisão da decisão da Agência pelo Ministério dos Transportes, restando sem efeito a aprovação ministerial do Parecer CONJUR/MT nº 244/2005.
>
> V – A coordenação das Procuradorias Federais junto às agências reguladoras pelas Consultorias Jurídicas dos Ministérios não se estende às decisões adotadas por essas entidades da Administração indireta quando referentes às competências regulatórias desses entes especificadas em lei, porque, para tanto, decorreria do poder de revisão ministerial, o qual, se excepcionalmente ausente nas circunstâncias esclarecidas precedentemente, afasta também as competências das Consultorias Jurídicas. O mesmo ocorre em relação à vinculação das agências reguladoras aos pareceres ministeriais, não estando elas obrigadas a rever suas decisões para lhes dar cumprimento, de forma também excepcional, desde que nesse mesmo âmbito de sua atuação regulatória.
>
> VI – Havendo disputa entre os Ministérios e as agências reguladoras quanto à fixação de suas competências, ou mesmo divergência de atribuições entre uma agência reguladora e outra entidade da Administração indireta, a questão deve ser submetida à Advocacia-Geral da União.
>
> VII – As orientações normativas da AGU vinculam as agências reguladoras.
>
> VIII – As agências reguladoras devem adotar todas as providências para que, à exceção dos casos previstos em lei, nenhum agente que não integre a carreira de Procurador Federal exerça quaisquer das atribuições previstas no artigo 37 da MP nº 2.229-43/2001.

Essa posição adotada pela AGU é criticada por alguns autores, como Di Pietro:

> Elas estão sendo criadas como autarquias de regime especial. Sendo autarquias, sujeitam-se às normas constitucionais que disciplinam esse tipo de entidade; o regime especial vem definido nas respectivas leis instituidoras, dizendo respeito, em regra, à maior autonomia em relação à Administração Direta; à estabilidade de seus dirigentes, garantida pelo exercício de mandato fixo, que eles somente podem perder nas hipóteses expressamente previstas, afastada a

> possibilidade de exoneração *ad nutum*; ao **caráter final das suas decisões, que não são passíveis de apreciação por outros órgãos ou entidades da Administração Pública**[168].

Igualmente crítico ao posicionamento, Vicente Bagnoli:

> Ao admitir o recurso hierárquico impróprio, interfere-se decisivamente na autonomia e na independência das Agências Reguladoras, pois assegura ao Ministério o poder de revogar ou anular decisões das Agências a ele vinculadas. Ou seja, decisões técnicas podem ser tratadas de forma política, trazendo total insegurança jurídica aos administrados e constituindo verdadeiro inibidor de investimentos fundamentais para o desenvolvimento socioeconômico do país[169].

A segunda limitação à autonomia administrativa das agências reguladores está na sua representação judicial e extrajudicial.

A **defesa judicial** das agências está a cago da **AGU** – assim como de todas as entidades que compõem a Administração Pública Federal, direta e indireta. A Lei 10.480/2002 reserva a representação judicial e extrajudicial e as atividades de consultoria e assessoramento jurídico das agências reguladoras à Procuradoria-Geral Federal.

É importante observar que o Projeto de Lei nº 3.337 – Lei Geral das Agências Reguladoras, de iniciativa da Casa Civil durante o primeiro mandato do Presidente Lula, estabelecia diretrizes que deveriam ser seguidas pelas agências reguladoras federais. Representava a visão daquele governo, abertamente contrário ao modelo adotado. Assim é que, na justificativa do projeto, constava que "uma das principais distorções do papel das agências foi o exercício por elas de competências de governo, como a absorção da atividade de formulação de políticas públicas e do poder de outorgar e conceder serviços públicos".

Também devolvia aos ministérios o poder de outorga, reservando às agências a função fiscalizatória. Uma vez aprovado, o Projeto representaria um grande esvaziamento do modelo regulador existente.

Em 14 de março de 2013, contudo, o Governo Dilma pediu sua retirada de tramitação. Até o momento, não há qualquer nova iniciativa legislativa oriunda do Poder Executivo.

4.3. Capacidade técnica

A própria existência da Agência parte da ideia da necessidade de um ente normatizador e fiscalizador de determinado setor econômico, devendo possuir **notório conhecimento técnico-operacional sobre o setor regulado**. Como bem observa Leonardo Vizeu Figueiredo, de nada valeria uma regulação estatal efetivada por agentes despreparados[170].

---

168. DI PIETRO, Maria Sylvia Zanella. Direito Administrativo. São Paulo: Atlas, 2006, p. 459.
169. BAGNOLI, Vicente. Direito Econômico. São Paulo: Atlas, 2013, p. 132-3.
170. FIGUEIREDO, Leonardo Vizeu. Lições de Direito econômico. Rio de Janeiro: Forense, 2014, p. 194.

Evidentemente, não se discute a necessidade de a agência possuir dirigentes e pessoal com conhecimento técnico e especializado, nem a pertinência das críticas aos constantes loteamentos políticos de cargos. O Ministro do STF Luís Roberto Barroso afirmou recentemente que "há a captura das agências pelo processo político, com elas deixando de ter sua neutralidade e passando a ser cobiçadas pelas múltiplas legendas partidárias que poluem a paisagem política brasileira", ao passo que, originariamente, foram concebidas para atuar com espaço de reserva técnica e independência política[171].

Não se pode negar, contudo, que todas as indicações são, efetivamente, políticas, e ignorar esse fato é se desconectar com a realidade. O que se espera – e cabe ao Senado exercer o papel que lhe cabe, através da sabatina do indicado – é que essas indicações levem em consideração o conhecimento técnico e especializado do indicado pelo Presidente da República.

4.4. Regime de pessoal

Se, como vimos acima, a regulação exige alto grau de conhecimento técnico sobre o setor a ser regulado, é evidente que isso há de se refletir no regime de pessoal destas autarquias de natureza especial.

No **âmbito federal**, os **dirigentes** – Diretores e Conselheiros – são **indicados pelo Presidente da República**, entre brasileiros de reputação ilibada, formação universitária e elevado conceito no campo da especialidade do cargo em questão. São **sabatinados pelo Senado** (art. 52, III, f, da Constituição da República) e **nomeados pelo Presidente da República** para o desempenho de mandato fixado na lei criadora da agência.

Quanto ao corpo técnico, nos termos da Lei 9.986/2000, artigos 1º e 2º, originalmente estavam submetidos ao regime celetista. Essa opção sempre foi muito criticada, por se entender que, por desempenharem funções de Estado – a atividade de regulação envolve normatização, fiscalização e exercício de poder de polícia – que somente poderiam ser realizadas por servidores públicos.

O STF, no julgamento da Medida Cautelar na ADI 2.310/DF, confirmou esse entendimento.

Diante disso, a Lei 10.871/2004, ao criar as carreiras específicas e organizar os quantitativos dos diversos cargos, estabeleceu como **regime jurídico das carreiras das agências o mesmo aplicável aos servidores públicos civis** da União, das autarquias (incluindo as de regime especial) e das fundações públicas – nos termos da Lei 8.112/90, ou seja, a nomeação de servidores deve seguir a regra do concurso público e a aplicação do **regime estatutário**.

171. Matéria veiculada no site da Revista Exame – http://exame.abril.com.br/economia/noticias/agencias-reguladoras-perderam-seu-papel-diz-barroso. Acesso em 8/1/2015.

Como bem destaca Matheus Carvalho, no exercício das atribuições de cunho fiscal ou decorrentes do poder de polícia são assegurados aos ocupantes dos cargos referidos na Lei as prerrogativas de promover a interdição de estabelecimentos, instalações ou equipamentos, bem como a apreensão de bens e produtos.

Também ressalta que, a partir da publicação da lei, "poderão efetuar, nos termos do art. 37, IX, da Constituição, e observado o disposto na Lei 8.745/93, contratação por tempo determinado, pelo prazo de 12 (doze) meses, do pessoal técnico imprescindível ao exercício de suas competências institucionais, sendo admitida uma prorrogação, desde que sua duração total não ultrapasse o prazo de 24 (vinte e quatro) meses, ficando limitada sua vigência, em qualquer caso, a 31 de dezembro de 2005. Essa norma vem sendo alterada por meio de Medidas Provisórias editadas com a intenção de ampliar esse limite temporal para contratação temporária"[172].

5. QUEM CONTROLA AS AGÊNCIAS?

A autonomia das agências não significa a falta de controle de suas atividades, o que seria inadmissível. Como já vimos, esta autonomia está presente no exercício de suas atribuições técnicas, como regulador de setores econômicos. Mas, quando falamos de controle, estamos falando, exatamente, do quê?

A doutrina aponta, basicamente, o controle o controle financeiro, relativo às contas das agências e o controle finalístico, relacionado a seu papel institucional.

Controle financeiro: o Tribunal de Contas, como já vimos acima, exerce o controle de suas despesas. Aqui, o órgão do Legislativo está dando cumprimento ao disposto nos artigos 37 e 70, da Constituição – respectivamente, os princípios da eficiência e da economicidade.

Não se discute a atuação do TCU na verificação da realização da despesa das Agências, bem como da arrecadação de suas receitas. Mas a participação do TCU se resume a esse aspecto?

Essa é a discussão atual. Nos termos do art. 49, X, compete ao Congresso Nacional a fiscalização e controle dos atos do Poder Executivo, incluídos os da administração direta.

Para Alexandre Santos de Aragão, o controle não se resume às atividades-meio – aquelas que geram despesas – mas alcança, também, as atividades-fim, ou seja, a avaliação dos serviços públicos efetivamente prestados[173].

Leonardo Vizeu Figueiredo também se posiciona favoravelmente a essa tese, e lembra:

172. CARVALHO, Matheus. Manual de Direito Administrativo. Salvador: Juspodium, 2014, p. 183.

173. ARAGÃO, Alexandre Santos de. Agências reguladoras e a evolução do direito administrativo econômico. Rio de Janeiro: Forense, 2004, p. 340.

> Os processos de formulação da política reguladora estipulados pelos políticos eleitos e os processos de implementação executados pela agência podem escapar mais facilmente dos sistemas de freios e contrapesos, pois o novo ente foi concebido de forma autônoma em relação à tradicional estrutura oitocentista tripartite de poderes estatais. Com vistas a evitar esse viés antidemocrático, e tendente à captura por interesses diversos daqueles contidos nas políticas públicas, o ambiente regulatório deve ser exposto de forma perene a um sistema robusto de *accountability* do governo. O papel das Cortes de Contas é fundamental para que o regime regulatório se sustente[174].

O mencionado autor, porém, ressalva que, no caso das atividades-fim, envolvendo a regulação, a atuação do TCU deve se restringir a aspectos financeiros e contábeis das despesas oriundas da implementação das políticas públicas do ente para o setor por ela regulado. Assim, não seria possível a análise do mérito administrativo referente à elaboração dessas políticas.

Mas, assim, estariam essas políticas imunes a qualquer controle?

Controle finalístico: há um controle que se refere ao cumprimento das políticas públicas, bem como aos objetivos da regulação.

Ele é realizado por meio dos termos do artigo 37, § 8º, da Constituição:

> Art. 37.
>
> [...]
>
> § 8º A autonomia gerencial, orçamentária e financeira dos órgãos e entidades da administração direta e indireta poderá ser ampliada mediante contrato, a ser firmado entre seus administradores e o poder público, que tenha por objeto a fixação de metas de desempenho para o órgão ou entidade, cabendo à lei dispor sobre:
>
> I – o prazo de duração do contrato;
>
> II – os controles e critérios de avaliação de desempenho, direitos, obrigações e responsabilidade dos dirigentes;
>
> III – a remuneração do pessoal.

Com base neste permissivo, a partir da Emenda Constitucional 19/98, algumas agências passaram a prever, de forma expressa, essa possibilidade. Vejamos, assim, a ANEEL (Lei 9.427/1996, art. 7º):

> Art. 7º A administração da ANEEL será objeto de contrato de gestão, negociado e celebrado entre a Diretoria e o Poder Executivo no prazo máximo de noventa dias após a nomeação do Diretor-Geral, devendo uma cópia do instrumento ser encaminhada para registro no Tribunal de Contas da União, onde servirá de peça de referência em auditoria operacional.
>
> § 1º O contrato de gestão será o instrumento de controle da atuação administrativa da autarquia e da avaliação do seu desempenho e elemento integrante

174. FIGUEIREDO, Leonardo Vizeu. Lições de Direito Econômico. Rio de Janeiro: Forense, 2014, p. 202-3.

> da prestação de contas do Ministério de Minas e Energia e da ANEEL, a que se refere o art. 9º da Lei no 8.443, de 16 de julho de 1992, sendo sua inexistência considerada falta de natureza formal, de que trata o inciso II do art. 16 da mesma Lei.
>
> § 2º Além de estabelecer parâmetros para a administração interna da autarquia, os procedimentos administrativos, inclusive para efeito do disposto no inciso V do art. 3º, o contrato de gestão deve estabelecer, nos programas anuais de trabalho, indicadores que permitam quantificar, de forma objetiva, a avaliação do seu desempenho.
>
> § 3º O contrato de gestão será avaliado periodicamente e, se necessário, revisado por ocasião da renovação parcial da diretoria da autarquia, sem prejuízo da solidariedade entre seus membros.

Previsão semelhante se aplica à ANVISA (Lei 9.782/1999, art. 19, *caput* e parágrafo):

> Art. 19. A Administração da Agência será regida por um contrato de gestão, negociado entre o seu Diretor-Presidente e o Ministro de Estado da Saúde, ouvidos previamente os Ministros de Estado da Fazenda e do Planejamento, Orçamento e Gestão, no prazo máximo de cento e vinte dias seguintes à nomeação do Diretor-Presidente da autarquia.
>
> Parágrafo único. O contrato de gestão é o instrumento de avaliação da atuação administrativa da autarquia e de seu desempenho, estabelecendo os parâmetros para a administração interna da autarquia bem como os indicadores que permitam quantificar, objetivamente, a sua avaliação periódica.

A Agência Nacional de Saúde Suplementar, por seu turno, também celebra contratos de gestão. É o que estabelece a Lei 9.961/2000:

> Art. 14. A administração da ANS será regida por um contrato de gestão, negociado entre seu Diretor-Presidente e o Ministro de Estado da Saúde e aprovado pelo Conselho de Saúde Suplementar, no prazo máximo de cento e vinte dias seguintes à designação do Diretor-Presidente da autarquia.
>
> Parágrafo único. O contrato de gestão estabelecerá os parâmetros para a administração interna da ANS, bem assim os indicadores que permitam avaliar, objetivamente, a sua atuação administrativa e o seu desempenho.

Já vimos que **o Legislativo exerce o controle sobre o poder normativo das agências reguladoras mediante o veto legislativo**. Com relação ao controle finalístico, há que se reconhecer a existência de opiniões divergentes, no que se refere à viabilidade ou não do chamado recurso hierárquico impróprio.

Não nos esqueçamos, ainda, que a **AGU**, por meio das **Procuradorias Federais especializadas**, exerce **o controle jurídico prévio dos atos das agências reguladoras**.

Por fim, cabem algumas considerações a respeito do **controle jurisdicional** das agências reguladoras.

Não se pode ignorar o princípio da inafastabilidade da jurisdição – nos termos do art. 5º, XXXV, da Constituição, a lei não excluirá da apreciação do Poder Judiciário lesão ou ameaça a direito.

Isa Albuquerque Roque, em estudo sobre o tema[175], reconhece que o controle jurisdicional dos atos discricionários das agências reguladoras está sujeito a problemas ainda mais sensíveis do que aqueles enfrentados no controle dos atos discricionários em geral. E conclui:

> Assim, o controle judicial dos atos administrativos discricionários das agências reguladoras deverá ser feito, em sua maioria, à luz dos princípios constitucionais e daqueles encontrados nas leis instituidoras, relegando a um segundo plano as disposições expressas do texto legal. Por esse motivo, a regra geral de que os atos administrativos devem ser sempre motivados assume rigidez maior no caso dos atos expedidos pelas agências reguladoras.

Marçal Justen Filho, partindo da premissa de que as **agências são dotadas de competência discricionária infralegislativa, destinada à adoção de políticas públicas compatíveis com a legislação vigente**, e que, desta forma, **o controle jurisdicional não poderia invadir esse núcleo de autonomia decisória**[176].

PARTE ESPECIAL

Já analisamos os aspectos gerais da regulação e das agências; cumpre-nos, agora, ainda que de forma bastante breve, tecer algumas considerações acerca das agências individualmente consideradas, bem como dos setores por elas regulados:

6. TELECOMUNICAÇÕES

6.1. Agência: ANATEL

A Agência Nacional de Telecomunicações (ANATEL), prevista na Constituição desde a Emenda Constitucional nº 8/95, que conferiu nova redação ao artigo 21, XI, foi criada, efetivamente, pela Lei 9.472/1997 – a Lei Geral das Telecomunicações.

Trata-se de uma autarquia especial. O que isso significa?

De acordo com o § 2º do art. 8º da Lei, o que a torna uma autarquia especial são: (a) a independência administrativa, (b) ausência de subordinação hierárquica, (c) mandato fixo, (d) estabilidade de seus dirigentes e (e) autonomia financeira.

Esta última característica está assegurada pelos recursos do Fundo de Fiscalização das Telecomunicações – FISTEL –, de sua exclusiva gestão, além da apresentação da proposta orçamentária anual. No plano plurianual, por sua vez, deve destinar recursos ao Fundo de Universalização dos Serviços de Telecomunicações, o FUST.

---

175. ROQUE, Isa Roberta Gonçalves. O controle dos atos das agências reguladoras: breve enfoque da Lei Geral das Telecomunicações. In: O Direito nas Telecomunicações – PFE – Anatel – nº 37, março/abril de 2015, Brasília: Escola da AGU.

176. JUSTEN FILHO, Marçal. O direito das agências reguladoras independentes. São Paulo: Dialética, 2002, p. 590.

Com a missão institucional de promover o desenvolvimento das telecomunicações no País, buscando garantir-lhe uma eficiente e moderna infraestrutura neste setor, apta a oferecer à sociedade serviços adequados, diversificados e a preços justos, em todo o território, recebeu do Ministério das Comunicações os poderes de outorga, regulamentação e fiscalização. Recebeu, também, importante acervo técnico e patrimonial, e tem sua sede em Brasília.

Suas atribuições estão elencadas no art. 19:

> Art. 19. À Agência compete adotar as medidas necessárias para o atendimento do interesse público e para o desenvolvimento das telecomunicações brasileiras, atuando com independência, imparcialidade, legalidade, impessoalidade e publicidade, e especialmente:
>
> I – implementar, em sua esfera de atribuições, a política nacional de telecomunicações;
>
> II – representar o Brasil nos organismos internacionais de telecomunicações, sob a coordenação do Poder Executivo;
>
> III – elaborar e propor ao Presidente da República, por intermédio do Ministro de Estado das Comunicações, a adoção das medidas a que se referem os incisos I a IV do artigo anterior, submetendo previamente a consulta pública as relativas aos incisos I a III;
>
> IV – expedir normas quanto à outorga, prestação e fruição dos serviços de telecomunicações no regime público;
>
> V – editar atos de outorga e extinção de direito de exploração do serviço no regime público;
>
> VI – celebrar e gerenciar contratos de concessão e fiscalizar a prestação do serviço no regime público, aplicando sanções e realizando intervenções;
>
> VII – controlar, acompanhar e proceder à revisão de tarifas dos serviços prestados no regime público, podendo fixá-las nas condições previstas nesta Lei, bem como homologar reajustes;
>
> VIII – administrar o espectro de radiofreqüências e o uso de órbitas, expedindo as respectivas normas;
>
> IX – editar atos de outorga e extinção do direito de uso de radiofreqüência e de órbita, fiscalizando e aplicando sanções;
>
> X – expedir normas sobre prestação de serviços de telecomunicações no regime privado;
>
> XI – expedir e extinguir autorização para prestação de serviço no regime privado, fiscalizando e aplicando sanções;
>
> XII – expedir normas e padrões a serem cumpridos pelas prestadoras de serviços de telecomunicações quanto aos equipamentos que utilizarem;
>
> XIII – expedir ou reconhecer a certificação de produtos, observados os padrões e normas por ela estabelecidos;
>
> XIV – expedir normas e padrões que assegurem a compatibilidade, a operação integrada e a interconexão entre as redes, abrangendo inclusive os equipamentos terminais;

XV – realizar busca e apreensão de bens no âmbito de sua competência;

XVI – deliberar na esfera administrativa quanto à interpretação da legislação de telecomunicações e sobre os casos omissos;

XVII – compor administrativamente conflitos de interesses entre prestadoras de serviço de telecomunicações;

XVIII – reprimir infrações dos direitos dos usuários;

XIX – exercer, relativamente às telecomunicações, as competências legais em matéria de controle, prevenção e repressão das infrações da ordem econômica, ressalvadas as pertencentes ao Conselho Administrativo de Defesa Econômica – CADE;

XX – propor ao Presidente da República, por intermédio do Ministério das Comunicações, a declaração de utilidade pública, para fins de desapropriação ou instituição de servidão administrativa, dos bens necessários à implantação ou manutenção de serviço no regime público;

XXI – arrecadar e aplicar suas receitas;

XXII – resolver quanto à celebração, alteração ou extinção de seus contratos, bem como quanto à nomeação, exoneração e demissão de servidores, realizando os procedimentos necessários, na forma em que dispuser o regulamento;

XXIII – contratar pessoal por prazo determinado, de acordo com o disposto na Lei nº 8.745, de 9 de dezembro de 1993;

XXIV – adquirir, administrar e alienar seus bens;

XXV – decidir em último grau sobre as matérias de sua alçada, sempre admitido recurso ao Conselho Diretor;

XXVI – formular ao Ministério das Comunicações proposta de orçamento;

XXVII – aprovar o seu regimento interno;

XXVIII – elaborar relatório anual de suas atividades, nele destacando o cumprimento da política do setor definida nos termos do artigo anterior;

XXIX – enviar o relatório anual de suas atividades ao Ministério das Comunicações e, por intermédio da Presidência da República, ao Congresso Nacional;

XXX – rever, periodicamente, os planos enumerados nos incisos II e III do artigo anterior, submetendo-os, por intermédio do Ministro de Estado das Comunicações, ao Presidente da República, para aprovação;

XXXI – promover interação com administrações de telecomunicações dos países do Mercado Comum do Sul – MERCOSUL, com vistas à consecução de objetivos de interesse comum.

Percebe-se que **recebeu do Ministério das Comunicações os poderes de outorga, regulamentação e fiscalização** (inciso V). Mas a outorga dos serviços de radiodifusão sonora e de sons e imagens fica excluída da jurisdição da Agência (art. 211).

Para que possa desempenhar suas funções a contento, é dotada de uma estrutura organizacional composta por um **Conselho Diretor**, cujas sessões são, em princípio, públicas; um **Conselho Consultivo,** formado por representantes do Executivo, do Congresso Nacional, das entidades prestadoras de serviços, dos usuários e da sociedade civil em geral, cuja missão é acompanhar e fiscalizar as iniciativas da agência.

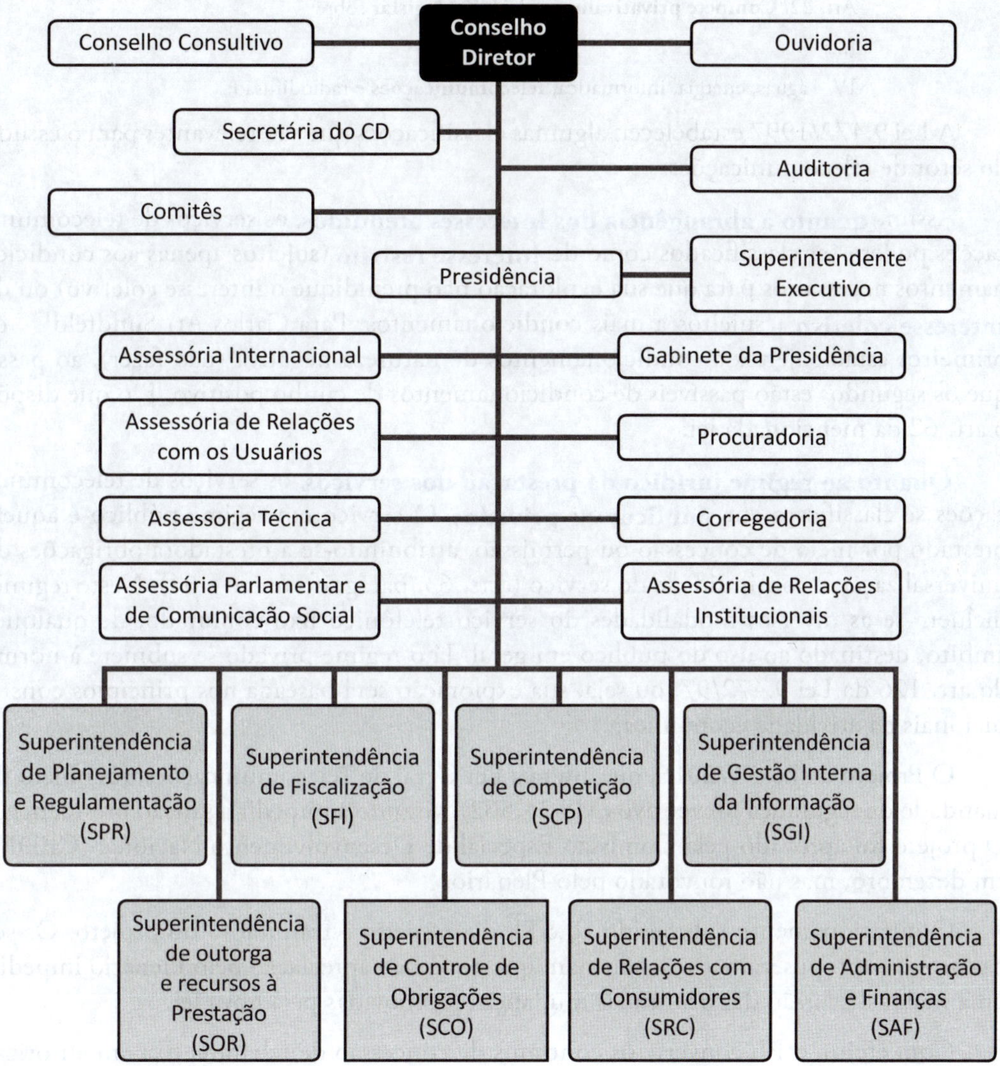

Fonte: www.anatel.gov.br

6.2. Regime jurídico:

De acordo com a Constituição, as competências administrativa e legislativa a respeito do tema são da União. Respectivamente, temos:

> Art. 21. **Compete à União:**
>
> [...]

> XI – **explorar, diretamente ou mediante autorização, concessão ou permissão, os serviços de telecomunicações**, nos termos da lei, que disporá sobre a organização dos serviços, a criação de um órgão regulador e outros aspectos institucionais; (Redação dada pela Emenda Constitucional nº 8, de 15/08/95)
>
> Art. 22. **Compete privativamente à União legislar** sobre:
>
> [...]
>
> IV – águas, energia, informática, **telecomunicações** e radiodifusão;

A Lei 9.472/1997 estabeleceu algumas classificações que são relevantes para o estudo do setor de telecomunicações:

Assim, **quanto à abrangência dos interesses atendidos**, os serviços de telecomunicações podem ser classificados como de **interesse restrito** (sujeitos apenas aos condicionamentos necessários para que sua exploração não prejudique o interesse coletivo) ou de **interesse coletivo** – sujeitos a mais condicionamentos. Para Carlos Ari Sundfeld[177], os primeiros estão sujeitos a condicionamentos de natureza negativa (não fazer), ao passo que os segundos estão passíveis de condicionamentos de cunho positivo. É o que dispõe o art. 62 da mencionada lei.

Quanto ao regime jurídico da prestação dos serviços, os serviços de telecomunicações se classificam em **públicos** ou **privados.** O serviço em regime público é aquele prestado por meio de concessão ou permissão, atribuindo-se à prestadora obrigações de universalização e continuidade do serviço (arts. 63, parágrafo único e 64). Neste regime, incluem-se as diversas modalidades do serviço telefônico fixo comutado, de qualquer âmbito, destinado ao uso do público em geral. Já o regime privado se submete à norma do art. 126 da Lei 9.472/97, ou seja, sua exploração será baseada nos princípios constitucionais da atividade econômica.

O Projeto de Lei 79/2016, que altera a Lei Geral de Telecomunicações, foi objeto de mandado de segurança preventivo (MS 34.562), visando a impedir a sanção presidencial. O projeto foi aprovado pela Comissão Especial de Desenvolvimento Nacional (CEDN) em dezembro, mas não foi votado pelo Plenário.

O questionamento submetido ao STF diz respeito à tramitação do projeto. Os senadores que propuseram a ação afirmam que a sua não apreciação pelo Plenário impediu uma maior discussão das profundas mudanças promovidas pela nova lei.

Com efeito, o PL converte os contratos de concessão de telefonia fixa em autorizações. A ação sustenta, ainda, que o projeto transfere patrimônio público (bens públicos envolvidos nos contratos de concessão) para as empresas prestadoras dos serviços, além de perdoar multas aplicadas pela Agência – a rigor, o projeto permite a conversão das multas em investimento por meio de Termos de Ajuste de Conduta. No entanto, parte

177. SUNDFELD, Carlos Ari. A regulação das telecomunicações: papel atual e tendências futuras. Revista Eletrônica de Direito Administrativo Econômico. Salvador, nº8 (novembro/dezembro de 2006 a janeiro de 2007). Disponível em: http://www.direitodoestado.com/revista/REDAE-8-NOVEMBRO-2006-CARLOS%20ARI%20SUNDFELD.pdf. Acesso em 1/3/2015.

considerável das multas aplicadas tem com fundamento, justamente, o não cumprimento de investimentos a que estavam as concessionárias obrigadas contratualmente.

A questão adquire outros contornos pelo fato de a Oi, uma das maiores operadoras de telefonia fixa do País, ter ajuizado pedido de recuperação judicial. A empresa é considerada uma das principais beneficiadas do novo projeto de lei. Ocorre que, nos termos do art. 38, da Lei 8.987/95, a situação de crise econômico-financeira, caso leve à inexecução total ou parcial do contrato de concessão, permite ao poder concedente a declaração de caducidade da concessão. Se é correto afirmar que a Lei 11.101/05 não veda a possibilidade de recuperação judicial das concessionárias de serviços público, também não se pode negar que a recuperação encontrará algumas limitações, decorrentes da própria Lei 8.987/95.

De qualquer forma, e considerando que o mandado de segurança 34.562 foi impetrado em dezembro de 2016, recomendamos ao leitor atenção aos seus eventuais desdobramentos.

7. PETRÓLEO, GÁS NATURAL E BIOCOMBUSTÍVEIS

7.1. Agência: ANP

A Agência Nacional do Petróleo, Gás Natural e Biocombustíveis (ANP) é uma autarquia especial vinculada ao Ministério das Minas e Energia, com previsão constitucional no art. 177, § 2º, III (Emenda Constitucional 9/95 e criada pela Lei 9.478/1997:

> Art. 7º Fica instituída a Agência Nacional do Petróleo, Gás Natural e Biocombustíveis – ANP, entidade integrante da Administração Federal Indireta, submetida ao regime autárquico especial, como órgão regulador da indústria do petróleo, gás natural, seus derivados e biocombustíveis, vinculada ao Ministério de Minas e Energia. (Redação dada pela Lei nº 11.097, de 2005)

Sua sede se localiza no Distrito Federal, com escritório central no Rio de Janeiro e possibilidade de abertura de unidades regionais em outras localidades. Tem por finalidade a promoção regulação, contratação e fiscalização das atividades econômicas do setor, de acordo com as diretrizes estabelecidas pelo Conselho Nacional de Política Energética – CNPE – em atenção aos interesses nacionais.

7.2. Regime jurídico:

O art. 176 da Constituição assim estabelece:

> Art. 176. As jazidas, em lavra ou não, e demais recursos minerais e os potenciais de energia hidráulica **constituem propriedade distinta da do solo, para efeito de exploração ou aproveitamento, e pertencem à União, garantida ao concessionário a propriedade do produto da lavra.**

E, de acordo com o artigo 177, constituem monopólio da União:

> Art. 177. [...]
>
> I – a pesquisa e a lavra das jazidas de petróleo e gás natural e outros hidrocarbonetos fluidos;

> II – a refinação do petróleo nacional ou estrangeiro;
>
> III – a importação e exportação dos produtos e derivados básicos resultantes das atividades previstas nos incisos anteriores;
>
> IV – o transporte marítimo do petróleo bruto de origem nacional ou de derivados básicos de petróleo produzidos no País, bem assim o transporte, por meio de conduto, de petróleo bruto, seus derivados e gás natural de qualquer origem;
>
> V – a pesquisa, a lavra, o enriquecimento, o reprocessamento, a industrialização e o comércio de minérios e minerais nucleares e seus derivados, com exceção dos radioisótopos cuja produção, comercialização e utilização poderão ser autorizadas sob regime de permissão, conforme as alíneas b e c do inciso XXIII do caput do art. 21 desta Constituição Federal.

Mas a já mencionada Emenda Constitucional 9/95 alterou o § 1º do referido artigo, e permitiu à União "contratar com empresas estatais ou privadas a realização das atividades previstas nos incisos I a IV deste artigo, observadas as condições estabelecidas em lei".

A Emenda também estabeleceu que a nova lei dispusesse sobre a garantia do fornecimento dos derivados de petróleo em todo o território nacional, sobre as condições de contratação e sobre a estrutura e atribuições do órgão regulador do monopólio da União (§ 2º).

A nova legislação, conhecida como a Lei do Petróleo (Lei 9.478/1997), criou a ANP. Em seu art. 26, estabeleceu que:

> Art. 26. A concessão implica, para o concessionário, a obrigação de explorar, por sua conta e risco e, em caso de êxito, produzir petróleo ou gás natural em determinado bloco, **conferindo-lhe a propriedade desses bens, após extraídos**, com os encargos relativos ao pagamento dos tributos incidentes e das participações legais ou contratuais correspondentes.

Ora, se é monopólio, como se confere a propriedade do bem a parceiros privados?

A questão foi examinada pelo STF, que assim entendeu:

> O conceito de monopólio pressupõe apenas um agente apto a desenvolver as atividades econômicas a ele correspondentes. Não se presta a explicitar características da propriedade, que é sempre exclusiva, sendo redundantes e desprovidas de significado as expressões 'monopólio da propriedade' ou 'monopólio do bem'. (...) **A Constituição do Brasil enumera atividades que consubstanciam monopólio da União (art. 177) e os bens que são de sua exclusiva propriedade (art. 20)**. A existência ou o desenvolvimento de uma atividade econômica sem que a propriedade do bem empregado no processo produtivo ou comercial seja concomitantemente detida pelo agente daquela atividade não ofende a Constituição. **O conceito de atividade econômica (enquanto atividade empresarial) prescinde da propriedade dos bens de produção.** A propriedade não consubstancia uma instituição única, mas o conjunto de várias instituições, relacionadas a diversos tipos de bens e conformadas segundo distintos conjuntos normativos – distintos regimes – aplicáveis a cada um deles. **A distinção entre atividade e propriedade permite que o domínio do resultado da lavra das jazidas de petróleo, de gás natural e de outros hidrocarbonetos fluidos possa ser atribuída a terceiros pela União, sem**

> **qualquer ofensa à reserva de monopólio** (art. 177 da CF/1988). A propriedade dos produtos ou serviços da atividade não pode ser tida como abrangida pelo monopólio do desenvolvimento de determinadas atividades econômicas. A propriedade do produto da lavra das jazidas minerais atribuídas ao concessionário pelo preceito do art. 176 da Constituição do Brasil é inerente ao modo de produção capitalista. A propriedade sobre o produto da exploração é plena, desde que exista concessão de lavra regularmente outorgada. **Embora o art. 20, IX, da CF/1988 estabeleça que os recursos minerais, inclusive os do subsolo, são bens da União, o art. 176 garante ao concessionário da lavra a propriedade do produto de sua exploração. Tanto as atividades previstas no art. 176 quanto as contratações de empresas estatais ou privadas, nos termos do disposto no § 1º do art. 177 da Constituição, seriam materialmente impossíveis se os concessionários e contratados, respectivamente, não pudessem apropriar-se, direta ou indiretamente, do produto da exploração das jazidas.** A EC 9/1995 permite que a União transfira ao seu contratado os riscos e resultados da atividade e a propriedade do produto da exploração de jazidas de petróleo e de gás natural, observadas as normais legais. Os preceitos veiculados pelos § 1º e § 2º do art. 177 da Constituição do Brasil são específicos em relação ao art. 176, de modo que as empresas estatais ou privadas a que se refere o § 1º não podem ser chamadas de 'concessionárias'. Trata-se de titulares de um tipo de propriedade diverso daquele do qual são titulares os concessionários das jazidas e recursos minerais a que respeita o art. 176 da Constituição do Brasil.
>
> (STF, Tribunal Pleno, ADI 3.273 e ADI 3.366, Min. Eros Grau, DJE de 2/3/2007)

Portanto, o STF entendeu que não se confundem propriedade do bem com o monopólio da atividade. Sim, a União é a proprietária da jazida; o produto desta jazida pode ser objeto de concessão com parceiros. O monopólio foi relativizado, permitindo a contratação, pela União, de empresas públicas ou privadas para as atividades relacionadas ao abastecimento de petróleo.

8. ENERGIA ELÉTRICA

8.1. Agência: ANEEL

Criada pela Lei 9.427/96, a Agência Nacional de Energia Elétrica (ANEEL) é uma autarquia especial vinculada ao Ministério das Minas e Energia, com sede no Distrito Federal.

Suas atribuições compreendem (1) a regulação e fiscalização da geração, transmissão, distribuição e comercialização da energia elétrica, (2) a implementação de políticas e diretrizes governamentais relativas à exploração da energia elétrica e ao aproveitamento dos potenciais hídricos, (3) estabelecer tarifas, (4) mediar os conflitos entre os agentes e entre estes e os consumidores, (5) fiscalizar as concessões, permissões e os serviços de energia elétrica e (6) por delegação do governo federal, promover as atividades relativas às outorgas de concessão, permissão e autorização de empreendimentos e serviços de energia elétrica.

Acima mencionamos a atribuição de intervir no mercado, procurando um equilíbrio entre os agentes e entre estes e os consumidores. Para garantir a livre concorrência no setor, a agência realizou convênios com o Sistema Brasileiro de Defesa da Concorrência – a Secretaria de Acompanhamento Econômico (Seae), do Ministério da Fazenda, a Secretaria de Direito Econômico (SDE), do Ministério da Justiça, e o Conselho Administrativo de Defesa Econômica (CADE), outra autarquia de regime especial que será adiante analisada. A ANEEL se manifesta por meio de Parecer Técnico nos processos instaurados pela SDE e encaminhados ao CADE, em todas as fases da análise e julgamento, com informações sobre o setor.

8.2. Regime jurídico:

De acordo com o Decreto 2.655/1998, art. 1º, a cadeia produtiva da indústria de energia elétrica comporta quatro atividades ou fases: geração, transmissão, distribuição e comercialização.

A energia elétrica **produzida** nas usinas hidrelétricas, termoelétricas, eólicas, nucleares etc é levada pela rede de **transmissão** até os grandes centros de **distribuição,** que a leva até o consumidor **(comercialização).**

Os serviços de energia elétrica são tradicionalmente considerados serviços públicos por determinação constitucional, com base no art. 21, XII, "b", da Constituição – que os atribui à União.

Os potenciais de energia hidráulica são, indubitavelmente, bens da União (art. 20, VIII, da Constituição), independentemente de a qual ente da Federação pertença o curso d'água. Portanto, podemos concluir que o potencial de energia hidráulica tem uma natureza autônoma em relação aos bens materiais a eles relativos.

Se um rio nasce e deságua dentro de um mesmo Estado – e, consequentemente, estaremos tratando de um "rio estadual" – e possui potencial de hidroenergético, surgirão dois bens distintos, sujeitos a autônomos regimes de titularidade. Neste exemplo, o recurso hídrico pertencerá ao domínio do Estado; o potencial hidráulico para os fins de geração de energia elétrica, por seu turno, pertencerá à União, que poderá explorá-lo direta ou indiretamente. O art. 176, da Constituição, é claro ao criar essa duplicidade de regimes jurídicos sobre um mesmo bem:

> Art. 176. As jazidas, em lavra ou não, e demais recursos minerais e os **potenciais de energia hidráulica constituem propriedade distinta da do solo, para efeito de exploração ou aproveitamento, e pertencem à União**, garantida ao concessionário a propriedade do produto da lavra.
>
> § 1º A pesquisa e a lavra de recursos minerais **e o aproveitamento dos potenciais a que se refere o "caput" deste artigo somente poderão ser efetuados mediante autorização ou concessão da União**, no interesse nacional, por brasileiros ou empresa constituída sob as leis brasileiras e que tenha sua sede e administração no País, na forma da lei, que estabelecerá as condições específicas quando essas atividades se desenvolverem em faixa de fronteira ou terras indígenas. (Redação dada pela Emenda Constitucional nº 6, de 1995)

Haverá, neste caso, um rio estadual, cujo potencial energético pertence, como o de qualquer outro rio, à União.

9. VIGILÂNCIA SANITÁRIA

9.1. Agência: ANVISA

A Agência Nacional de Vigilância Sanitária (Anvisa) foi criada pela Lei 9.782/1999, sendo uma autarquia especial vinculada ao Ministério da Saúde, com sede e foro no Distrito Federal e com área de atuação não em um setor específico da economia, mas todos aqueles relacionados a produtos e serviços que possam afetar a saúde da população.

Tem como objetivo a promoção e proteção da saúde da população pelo controle sanitário da produção e da comercialização de produtos e serviços submetidos à vigilância sanitária, o que inclui os ambientes, processos, insumos e tecnologias a eles relacionados. Também é sua atribuição a atuação nos portos, aeroportos e fronteiras, bem como a interlocução junto ao Ministério das Relações Exteriores e instituições estrangeiras para tratar de assuntos internacionais relacionados à área de vigilância sanitária.

10. SAÚDE SUPLEMENTAR

10.1. Agência: ANS

A Agência Nacional de Saúde Suplementar (ANS) foi criada pela Lei 9.961/2000, e é uma autarquia especial vinculada ao Ministério da Saúde com sede no Rio de Janeiro. Atua no setor de saúde suplementar. Mas o que é isso?

A Constituição assegurou a todos o direito à saúde (art. 196). O conjunto de ações e serviços de saúde, prestados por órgãos e instituições públicas federais, estaduais e municipais, da Administração direta e indireta, bem como das fundações mantidas pelo Poder Público, constitui o **Sistema Único de Saúde (SUS)**. **A iniciativa privada, por seu turno, poderá participar deste mesmo sistema, em caráter suplementar**. É o que prescreve o art. 4º da Lei 8.080/1990.

A saúde suplementar reúne, assim, operadoras de planos de saúde, médicos, dentistas e outros profissionais, além de hospitais, laboratórios e clínicas, todos agentes privados, cabendo à ANS promover o equilíbrio nas relações entre estes agentes e entre estes e o consumidor. Como bem destaca Leonardo Vizeu Figueiredo, a sociedade clamava por uma atuação incisiva neste mercado, desprovido, até então, de regulamentação específica, com a população à mercê do setor privado, sem qualquer proteção pelo Poder Público[178].

11. ÁGUAS

11.1. Agência: ANA

Autarquia especial com autonomia administrativa e financeira, vinculada ao Ministério do Meio Ambiente, a Agência Nacional de Águas (ANA) foi estabelecida pela Lei 9.984/2000, com a missão de regular o uso da água dos rios e lagos de domínio da

178. FIGUEIREDO, Leonardo Vizeu. Lições de Direito Econômico. Rio de Janeiro: Forense, 2014, p. 226.

União, assegurando a quantidade e qualidade para usos múltiplos, bem como implementar o Sistema Nacional de Gerenciamento de Recursos Hídricos, buscando o planejamento racional da água, com a participação de governos estaduais e municipais, além da sociedade civil.

11.2. Regime jurídico

A Constituição estabelece, em seu art. 20, III, que são bens da União os lagos, rios e quaisquer correntes de água em terreno de seu domínio, ou que banhem mais de um Estado, sirvam de limites com outros países ou se estendam a território estrangeiro ou dele provenham, bem como os terrenos marginais e as praias fluviais.

Já o art. 26, I, afirma que **são bens dos Estados as águas superficiais ou subterrâneas, fluentes, emergentes e em depósito, ressalvadas neste caso, na forma da lei, as decorrentes de obras públicas da União**.

Mas não se pode ignorar que é a própria Constituição (art. 225) que, ao estabelecer o **meio ambiente como bem jurídico tutelado, expressamente o classificou como bem de uso comum do povo**, razão pela qual a **União não atua, sobre o recurso hídrico, como uma mera "proprietária", mas verdadeira gestora** – implementando o já citado Sistema Nacional de Gerenciamento de Recursos Hídricos.

12. TRANSPORTES AQUAVIÁRIOS

12.1. Agência: ANTAQ

A Lei 10.233/2001 criou a Agência Nacional de Transportes Aquaviários (ANTAQ), autarquia especial vinculada à Secretaria de Portos, da Presidência da República e com sede no Distrito Federal. Tem por finalidade a implementação das políticas formuladas pelo Ministério e pelo Conselho Nacional de Integração de Políticas de Transportes (CONIT) na sua esfera de atuação, além de regular, supervisionar e fiscalizar as atividades de prestação de serviços de transporte aquaviário, além da exploração da infraestrutura portuária e aquaviária, exercida por terceiros.

O marco regulatório do setor é a Lei 12.815/2013, regulamentada pelo Decreto 8.033/2013.

13. TRANSPORTES TERRESTRES

13.1. Agência: ANTT

A Agência Nacional de Transportes Terrestres (ANTT) foi criada pela Lei 10.233/2001 e regulamentada pelo Decreto 4.130/2002. Como as demais agências, trata-se de uma autarquia especial – independência administrativa, autonomia financeira e funcional, mandato fixo de seus dirigentes. Encontra-se vinculada ao Ministério dos Transportes, e atua na regulação da exploração da infraestrutura ferroviária e rodoviária federal. Sua sede se localiza no Distrito Federal.

Tem competência para atuar na **concessão** de ferrovias, rodovias e transporte ferroviário associado à exploração da infraestrutura; na **permissão** de transporte coletivo regular de passageiros pelos meios rodoviário e ferroviário não associados à exploração de infraestrutura e, por fim, na **autorização** do transporte de passageiros por empresas de turismo e sob regime de fretamento, transporte internacional de cargas, transporte multimodal e terminais.

14. CINEMA

14.1. Agência: ANCINE

A Agência Nacional do Cinema – ANCINE – foi criada pela Medida Provisória 2.228-1/2001, tendo como atribuições o fomento, regulação e fiscalização das indústrias cinematográfica e videofonográfica. É dotada de autonomia administrativa e financeira, vincula-se ao Ministério da Cultura.

Marcos Juruena Vilella Souto já afirmava ser o fomento uma das principais técnicas de intervenção regulatória, pois influi no mercado com vistas à opção pelo empresário no sentido dos setores incentivados:

Há, pois, uma tendência a incentivar investimentos privados em determinados setores contemplados pelas políticas públicas, sendo esta atribuição de benefícios uma regulação executiva, normalmente implementada pelas agências oficiais de fomento, influenciando, assim, a eficiência na alocação de recursos[179].

Mas, no caso deste setor, como se dá essa atividade de fomento?

Há duas formas de fomento:

O **fomento direto** se dá através do apoio financeiro à produção com recursos orçamentários próprios, mediante seleção e concursos públicos, nos termos da Lei 8.666/1993.

Já o **fomento indireto** ocorre através da autorização e fiscalização dos projetos por meio de **renúncia fiscal.** São diversos os mecanismos existentes:

A chamada Lei Rouanet (Lei 8.31319/91) permite que o contribuinte abata do imposto de renda doação ou patrocínio de projetos culturais.

A Lei 8.685/1993 (Lei do Audiovisual) estabelece dois mecanismos: os certificados de investimento, que permitem o abatimento de 100% dos recursos despendidos na compra de papeis de investimento (direitos de comercialização de obras e de projetos de distribuição, exibição e infraestrutura), e o investimento, que permite às empresas que operam com obras estrangeiras no mercado brasileiro o abatimento de

179. SOUTO, Marcos Juruena Villela. Direito Administrativo Regulatório. Rio de Janeiro: Lumen Juris, 2002, p. 99.

70% do imposto de renda, desde que invistam em projetos nacionais de produção de obras brasileiras.

Por fim, destacamos que **o dispositivo da Lei 10.179/2001, que permitia a conversão da dívida brasileira em projetos de produção, distribuição, exibição e divulgação de obras audiovisuais brasileiras (art. 1º, V), foi revogado recentemente – Lei 13.043/2014.**

15. AVIAÇÃO CIVIL

15.1. Agência: ANAC

Desde 1931, o órgão responsável pelo apoio à Aviação Civil era o DAC (Departamento de Aviação Civil), vinculado inicialmente ao Ministério da Aeronáutica e posteriormente ao Comando da Aeronáutica do Ministério da Defesa.

A Lei 11.182/2005 criou a Agência Nacional de Aviação Civil (ANAC), autarquia de natureza especial, autoridade da aviação civil, vinculada originariamente ao Ministério da Defesa e, atualmente, à Secretaria de Aviação Civil da Presidência da República. Sua missão é a regulação e fiscalização das atividades de aviação civil e da infraestrutura aeronáutica e aeroportuária.

16. OUTROS AGENTES REGULADORES

Não devemos confundir **agências reguladoras** – que acabamos de estudar – com **agentes reguladores.** O Brasil, muito antes da adoção do modelo das agências, possuía (e ainda possui) outras instituições, de natureza autárquica, responsáveis por seus respectivos mercados. Entre estes agentes, podemos destacar:

a) Banco Central do Brasil (BACEN), criado pela Lei 4.595/1964 e integrante do Sistema Financeiro Nacional. É a autoridade monetária, em substituição à antiga Superintendência da Moeda e do Crédito (SUMOC), e o responsável pela execução das orientações estabelecidas pelo Conselho Monetário Nacional. Ao contrário de todas as demais autarquias, de natureza especial ou não, não é representado pela Procuradoria-Geral Federal, mas por procuradoria própria.

b) Superintendência de Seguros Privados (Susep), autarquia vinculada ao Ministério da Fazenda e criada pelo DL 73/1966, tem a atribuição de fiscalizar e controlar o mercado de seguro, resseguro, previdência privada e capitalização. É responsável pela execução das deliberações do Conselho Nacional de Seguros Privados.

c) Comissão de Valores Mobiliários (CVM), também vinculada ao Ministério da Fazenda, com autonomia financeira e orçamentária e administração independente. É responsável pela fiscalização e disciplina dos mercados de capitais e valores mobiliários.

17. QUADROS SINÓTICOS

Tema	Informação	Fonte
Regulação: introdução	A Constituição reservou a exploração da atividade econômica para a iniciativa privada (salvo as já destacadas exceções, envolvendo interesse coletivo relevante e segurança nacional), reservando ao Estado a função de agente normativo e regulador	Constituição, artigos 170, 174 e 175
–	As privatizações e, principalmente, as concessões de serviço público levadas a cabo levaram a novas discussões a respeito do real papel do Estado como **agente regulador de mercados.**	–
–	Mercados são resultado de uma forma de intervenção do Estado no domínio econômico, através de normas que dispõem sobre o direito de propriedade e a circulação de riquezas – o direito dos contratos	–
–	Os mercados não são perfeitos: Assimetria de informações e externalidades (há bens para os quais não há mercado).	–
–	A regulação se justifica nos setores em que a atuação do agente privado pode colocar em risco valores coletivos.	–
Instrumentos de regulação	**Dentro da estrutura da Administração**: a) exercício do poder de polícia (**fiscalização**) b) o estímulo a determinadas atividades (**fomento**) A ***golden share*** é uma forma específica de regulação, atuando o Poder Público dentro da estrutura da companhia privatizada. A **agência reguladora** atua de forma **autônoma em relação ao Governo.**	–
Agências	Origem no direito anglo-saxão. Preocupação em garantir equilíbrio entre os diversos interesses envolvidos na regulação de uma determinada atividade: o político (da Administração propriamente dita), o privado (dos agentes econômicos) e os interesses coletivos (da sociedade).	–
–	Enquanto nos Estados Unidos a adoção das agências reguladoras independentes foi justificada pelo crescimento da regulação estatal e da produção legislativa (fortalecimento da presença do Estado na economia), na Europa e na América Latina as agências foram criadas para a regulação das atividades desestatizadas.	–

Tema	Informação	Fonte
–	No Brasil, o instrumento surge no contexto da redução da intervenção direta do Estado na economia.	Constituição, art. 174
–	**Agência reguladora** não se confunde com **agência executiva**, autarquia ou fundação já existente e qualificada como tal por ato do Presidente da República, devendo celebrar **contrato de gestão** com o ministério supervisor e possuir um plano estratégico de reestruturação e de desenvolvimento institucional em andamento. a) a independência administrativa, b) ausência de subordinação hierárquica, c) mandato fixo, d) estabilidade de seus dirigentes e e) autonomia financeira	Art. 51 da Lei 9.649/98 § 2º do art. 8º da Lei 9.472/97
Características	**Poderes normativos**: cabe à agência, nos limites da lei e da Constituição, promover a regulamentação técnica do setor regulado. Mas não pode, por meio de ato normativo, inovar, suspender, suprimir ou revogar disposição legal. **Deslegalização**:o Legislativo estabelece apenas aspectos básicos acerca de determinados assuntos, deixando à Administração Pública ampla margem de normatização na elaboração de atos normativos infralegais.	–
–	**Autonomia administrativa**: liberdade de gestão sem interferência do Poder Executivo. Apesar da crítica de boa parte da doutrina, o recuso hierárquico impróprio foi admitido pelo Parecer AGU-AC 51, publicado no DOU de 19/06/2006. O fato de a representação jurídica das agências ser de responsabilidade da Procuradoria-Geral Federal, órgão subordinado à AGU, também é visto como limitador da autonomia administrativa.	Art. 10 da Lei 10.480/02.
–	**Capacidade técnica:** para que possa cumprir sua missão, mantendo, efetivamente, sua autonomia, deve possuir notório conhecimento técnico-operacional sobre o setor regulado.	–
–	**Regime de pessoal:** dirigentes indicados pelo Presidente da República e submetidos ao Senado (sabatina). O corpo técnico está submetido ao regime estatutário.	Constituição, art. 52, III, f. Lei 10.871/04 Lei 8.112/91

Tema	Informação	Fonte
	Controle financeiro: Tribunal de Contas	Constituição, artigos 37, 49, X e 70.
–	**Controle finalístico:** contrato de gestão, acordo de direito público, através do qual a Administração direta estabelece, em conjunto com os dirigentes da entidade contrata, o programa de trabalho, com a fixação de objetivos a alcançar, prazos de execução, critérios de avaliação de desempenho, limites para despesas, assim como o cronograma da liberação dos recursos financeiros previstos.	Constituição, art. 37, § 8º
	Controle jurisdicional: que deve preservar o núcleo de autonomia decisória da agência.	
Parte Especial: as diversas agências existentes	–	–
Telecomunicações – ANATEL	Autarquia especial vinculada ao Ministério das Comunicações. Compete adotar as medidas necessárias para o atendimento do interesse público e para o desenvolvimento das telecomunicações brasileiras, atuando com independência, imparcialidade, legalidade, impessoalidade e publicidade	Constituição, art. 21, XI (redação dada pela Emenda Constitucional 8/95). Lei 9.472/97
Regime jurídico	Compete à **União** explorar, diretamente ou mediante autorização, concessão ou permissão, os serviços de telecomunicações, nos termos da lei, que disporá sobre a organização dos serviços, a criação de um órgão regulador e outros aspectos institucionais. **Lei 9.472/97** estabeleceu algumas classificações: **a) quanto à abrangência dos interesses atendidos:** – de **interesse restrito** (sujeitos apenas aos condicionamentos necessários para que sua exploração não prejudique o interesse coletivo) ou – de **interesse coletivo** – sujeitos a mais condicionamentos. **b) quanto ao regime jurídico da prestação dos serviços:** **– públicos** **– privados.**	Constituição, art. 21, XI. **Lei 9.472/97** Art. 62 Art. 63 e 64 Art. 126

Tema	Informação	Fonte
Petróleo, Gás Natural e Biocombustíveis – ANP	Autarquia especial vinculada ao Ministério das Minas e Energia. Tem por objetivo a promoção regulação, contratação e fiscalização das atividades econômicas do setor, de acordo com as diretrizes estabelecidas pelo Conselho Nacional de Política Energética – CNPE – em atenção aos interesses nacionais.	Constituição, art. 177, § 2º, III (redação dada pela Emenda Constitucional 9/95). Lei 9.478/97
Regime jurídico	Atividades sob monopólio da União – relativizado com a permissão de contratação, pela União, de empresa pública ou privada para o abastecimento de petróleo	Constituição, artigos 176 e 177, §§ 1º e 2º (redação dada pela Emenda Constitucional 9/95).
Energia elétrica – ANEEL	Autarquia especial vinculada ao Ministério das Minas e Energia. Atribuição de intervir no mercado, procurando um equilíbrio entre os agentes e entre estes e os consumidores.	Lei 9.427/96
Regime jurídico	Cadeia produtiva: A energia elétrica **produzida** é levada pela rede de **transmissão** até os grandes centros de **distribuição,** que a leva até o consumidor **(comercialização).** **S**erviços públicos por determinação constitucional.	Constituição, art. 21, XII, "b" Constituição, artigos 20, VIII e 176
Regime jurídico	Recurso hídrico pertencerá ao domínio da União ou do Estado; o potencial hidráulico para os fins de geração de energia elétrica, por seu turno, pertencerá à União, que poderá explorá-lo direta ou indiretamente	Constituição, art. 21, XII, "b" Constituição, artigos 20, VIII e 176
Vigilância Sanitária – ANVISA	Autarquia especial vinculada ao Ministério da Saúde. Área de atuação em todos os setores relacionados a produtos e serviços que possam afetar a saúde da população. Atuação na promoção e proteção da saúde da população pelo controle sanitário da produção e da comercialização de produtos e serviços submetidos à vigilância sanitária, o que inclui os ambientes, processos, insumos e tecnologias a eles relacionados. Atuação nos portos, aeroportos e fronteiras.	Lei 9.782/99
Saúde Suplementar – ANS	Autarquia especial vinculada ao Ministério da Saúde. Saúde suplementar reúne operadoras de planos de saúde, médicos, dentistas e outros profissionais, além de hospitais, laboratórios e clínicas, todos agentes privados. Cabe à ANS promover o equilíbrio nas relações entre estes agentes e entre estes e o consumidor	Lei 9.961/2000 art. 4º da Lei 8.080/90 Constituição, art. 196

Tema	Informação	Fonte
Águas – ANA	Autarquia especial vinculada ao Ministério do Meio Ambiente. Atribuição de regular o uso da água dos rios e lagos de domínio da União, assegurando a quantidade e qualidade para usos múltiplos, e de implementar o Sistema Nacional de Gerenciamento de Recursos Hídricos, buscando o planejamento racional da água, com a participação de governos estaduais e municipais, além da sociedade civil.	Lei 9.984/2000 Constituição, artigos 20, III e 26, I
Transporte Aquaviário – ANTAQ	Autarquia especial vinculada à Secretaria de Portos, da Presidência da República. Atua na implementação das políticas formuladas pelo Ministério e pelo Conselho Nacional de Integração de Políticas de Transportes (CONIT) na sua esfera de atuação, além de regular, supervisionar e fiscalizar as atividades de prestação de serviços de transporte aquaviário, além da exploração da infraestrutura portuária e aquaviária, exercida por terceiros	Lei 10.233/2001 Lei 12.815/2013, regulamentada pelo Decreto 8.033/2013.
Transporte Terrestre – ANTT	Autarquia especial vinculada ao Ministério dos Transportes. Atua na regulação da exploração da infraestrutura ferroviária e rodoviária federal.	Lei 10.233/2001, regulamentada pelo Decreto 4.130/2002
Cinema – ANCINE	Autarquia especial vinculada ao Ministério da Cultura. Fomento, regulação e fiscalização das indústrias cinematográfica e videofonográfica. O **fomento** pode ser **direto,** através do apoio financeiro à produção com recursos orçamentários próprios, mediante seleção e concursos públicos, nos termos da Lei 8.666/93. Já o **fomento indireto** ocorre através da autorização e fiscalização dos projetos por meio de **renúncia fiscal.**	Medida Provisória 2.228-1/2001. Lei Rouanet (Lei 8.313/91), Lei 8.685/93 (Lei do Audiovisual).
Aviação Civil – ANAC	Autarquia especial vinculada à Secretaria de Aviação Civil da Presidência da República. Regulação e fiscalização das atividades de aviação civil e da infraestrutura aeronáutica e aeroportuária	Lei 11.182/2005
Outros agentes reguladores	Nem todo agente regulador é uma agência reguladora. Banco Central Superintendência de Seguros Privados Comissão de Valores Mobiliários	Lei 4.595/64 Decreto-lei 73/66

18. JURISPRUDÊNCIA

18.1. STF

↘ LIMINAR – AGÊNCIAS REGULADORAS – PESSOAL – ARREGIMENTAÇÃO – CLT – PESSOAL DA TELEBRÁS – APROVEITAMENTO – IMPROPRIEDADE – LIMINAR DEFERIDA – AD REFERENDUM DO PLENÁRIO.

– Vistos. O PARTIDO DOS TRABALHADORES, com fundamento nos arts. 102, I, a, e 103, VIII, da Constituição Federal, propõe ação direta de inconstitucionalidade, com pedido de suspensão cautelar, dos arts. 1º; 2º e parágrafo único; 12, § 1º; 13 e parágrafo único; 15; 24, caput e inciso I; 27; 30 e 33, todos da Lei 9.986, de 18 de julho de 2000, que "dispõe sobre a gestão de recursos humanos das Agências Reguladoras e dá outras providências" (fls. 33-34).Requisitaram-se informações (fl. 37), que foram prestadas pelo Presidente do Congresso Nacional e pelo Presidente da República (fls. 43-48 e 50-75, respectivamente). O eminente Ministro Marco Aurélio, então relator, deferiu a liminar e suspendeu, *ad referendum* do Plenário, a eficácia dos arts. 1º; 2º e parágrafo único; 12 e § 1º; 13 e parágrafo único; 15; 24 e inciso I; 27 e 30, todos da Lei 9.986/2000 (fls. 124-139). Em 11.11.2001, o Plenário desta Corte sobrestou o referendo da liminar até a conclusão do exame da ADI 2.135/DF.O ilustre Advogado-Geral da União, Dr. Álvaro Augusto Ribeiro Costa, manifestou-se pela prejudicialidade da presente ação. À fl. 181, o requerente informa que, diante da revogação expressa dos dispositivos da (fls. 161-162) Lei 9.986/2000 pela Lei 10.871/2004, não tem mais interesse na continuidade do presente feito. Em 16.11.2004, os presentes autos foram a mim distribuídos com fundamento no art. 38, I, do RI/STF. O eminente Procurador-Geral da República, Prof. Claudio Fonteles, opinou pela prejudicialidade da presente ação direta de inconstitucionalidade, em razão da perda de seu objeto. Autos conclusos em 06.12.2004. Decido. Destaco do parecer do Procurador-Geral da República, Prof. Claudio Fonteles: "8. Verifica-se que o art. 37 da Lei nº 10.871, de 20 de maio de 2004, que 'dispõe sobre a criação de carreiras e organização de cargos efetivos das autarquias especiais denominadas Agências Reguladoras, e dá outras providências', revogou expressamente, os arts. 1º, 12 e 13, o parágrafo único do art. 14, os arts. 15, 20, 21, 24, 27, 30, 33 e 34 da Lei nº 9.986, de 18 de julho de 2000, in verbis:'Art. 37. Ficam revogados o art. 13 da Medida Provisória nº 2.228-1, de 6 de setembro de 2001, os arts. 1º, 12 e 13, o parágrafo único do art. 14, os arts. 15, 20, 21, 24, 27, 30, 33 e 34 da Lei nº9.986, de 18 de julho de 2000, o § 2º do art. 34 da Lei nº 9.427, de 26 de dezembro de 1996, o parágrafo único do art. 76 da Lei nº 9.478, de 6 de agosto de 1997, o art. 36 da Lei nº 9.782, de 26 de janeiro de 1999, o art. 28 da Lei nº9.984, de 17 de julho de 2000, e o art. 69, o art. 70, incisos I e II e § 2º, os arts. 71, 76 e 93, o §§ 1º e 2º do art. 94, o art. 121 e as Tabelas I e III do Anexo II da Lei nº 10.233, de 5 de junho de 2001' (Ênfases acrescidas). 9. Demais disso, dispõe a Lei nº 10.871, de 20 de maio de 2004, em seu art. 6º, que 'o regime jurídico dos cargos e carreiras referidas no art. 1º desta Lei é o instituído na Lei nº 8.112, de 11 de dezembro de 1990, observadas as disposições desta Lei'. 10. Assim, cumpre esclarecer que, embora não tenha sido expressamente revogado o art. 2º da Lei nº 9.986/2000, a norma nele inserta, que cria os empregos públicos das Agências Reguladoras foi tacitamente revogada pelo art. 1º da Lei nº 10.871/2004, que, diversamente, cria carreiras e cargos efetivos para as Agências Reguladoras. 11. Portanto, como os dispositivos originalmente impugnados não mais existem no mundo jurídico, tem-se a perda de objeto do presente pedido de declaração de inconstitucionalidade, pois a ação direta visa à 'declaração de inconstitucionalidade de lei ou ato normativo em tese, logo o interesse de agir só existe se a lei estiver em vigor' (ADIMC nº 709-PR, Rel. Min. PAULO BROSSARD, DJ de 24/6/94).12. Nesse sentido, pacífica é a jurisprudência desse Colendo Supremo Tribunal Federal como se colhe dos arestos abaixo transcritos: 'o interesse de agir, em ação direta de inconstitucionalidade, só existe enquanto estiver em vigor a norma jurídica impugnada, ficando, pois, a ação prejudicada na hipótese de perda de seu objeto por ter sido revogada essa norma' (ADIMC nº 2001/DF, Rel. Min. MOREIRA ALVES, DJ 03.09.99, pág. 25). 'Tendo em vista a orientação desta Corte que, ao julgar a Ação Direta de Inconstitucionalidade nº 708, decidiu que a revogação do ato normativo ocorrida posteriormente ao ajuizamento da ação direta, mas anteriormente ao seu julgamento, a torna prejudicada, independentemente da verificação dos efeitos concretos que o ato haja produzido, pois ele têm relevância no plano das relações jurídicas individuais, não, porém, no controle abstrato das normas' (Ação direta não conhecida, por estar prejudicada pela perda de seu objeto – ADI nº 1280/TO, Rel. Min. MOREIRA ALVES, DJ 19.12.96, pág. 51765). 13. Ante o exposto, manifesta-se o Ministério Público Federal pela prejudicialidade da presente ação direta, em razão de perda de seu objeto.(...)"(Fls. 206-208). Ademais, na ADI 709, Relator o Ministro Paulo Brossard, o Supremo Tribunal Federal assentou que, "revogada a lei arguida de inconstitucionalidade, é de se reconhecer, sempre, a perda de objeto de ação direta, revelando-se indiferente, para esse efeito, a constatação, ainda casuística, de efeitos residuais concretos gerados pelo ato normativo impugnado." Nas ADI's 221/DF, 539/DF e 737/DF, *inter plures*, o Supremo Tribunal reiterou o entendimento. Assim decidi, também, na ADI 971/GO e, recentemente, nas ADI's 2.625/PE, 2.858/RJ, 2.889/MG, 2.933/ES, 3.076/CE e 3.078/CE. Do exposto, sem objeto a presente ação, julgo-a prejudicada .Publique-se.Brasília, 07 de dezembro de 2004. Ministro CARLOS VELLOSO – Relator

(STF, Tribunal Pleno, ADI 2.310/DF, Min. Carlos Velloso, DJ de 15/12/2004)

↘ CONSTITUCIONAL. MONOPÓLIO. CONCEITO E CLASSIFICAÇÃO. PETRÓLEO, GÁS NATURAL E OUTROS HIDROCARBONETOS FLUÍDOS. BENS DE PROPRIEDADE EXCLUSIVA DA UNIÃO. ART. 20, DA CB/88. MONOPÓLIO DA ATIVIDADE DE EXPLORAÇÃO DO PETRÓLEO, DO GÁS NATURAL E DE OUTROS HIDROCARBONETOS FLUÍDOS. ART. 177, I a IV e §§ 1º E 2º, DA CB/88. REGIME DE MONOPÓLIO ESPECÍFICO EM RELAÇÃO AO ART. 176 DA CONSTITUIÇÃO. DISTINÇÃO ENTRE AS PROPRIEDADES A QUE RESPEITAM OS ARTS. 177 E 176, DA CB/88. PETROBRAS. SUJEIÇÃO AO REGIME JURÍDICO DAS EMPRESAS PRIVADAS [ART. 173, § 1º, II, DA CB/88]. EXPLORAÇÃO DE ATIVIDADE ECONÔMICA EM SENTIDO ESTRITO E PRESTAÇÃO DE SERVIÇO PÚBLICO. ART. 26, § 3º, DA LEI nº 9.478/97. MATÉRIA DE LEI FEDERAL. ART. 60, CAPUT, DA LEI nº 9.478/97. CONSTITUCIONALIDADE. COMERCIALIZAÇÃO ADMINISTRADA POR AUTARQUIA FEDERAL [ANP]. EXPORTAÇÃO AUTORIZADA SOMENTE SE OBSERVADAS AS POLÍTICAS DO CNPE, APROVADAS PELO PRESIDENTE DA REPÚBLICA [ART. 84, II, DA CB/88].

1. O conceito de monopólio pressupõe apenas um agente apto a desenvolver as atividades econômicas a ele correspondentes. Não se presta a explicitar características da propriedade, que é sempre exclusiva, sendo redundantes e desprovidas de significado as expressões "monopólio da propriedade" ou "monopólio do bem".

2. Os monopólios legais dividem-se em duas espécies: (i) os que visam a impelir o agente econômico ao investimento – – a propriedade industrial, monopólio privado; e (ii) os que instrumentam a atuação do Estado na economia.

3. A Constituição do Brasil enumera atividades que consubstanciam monopólio da União [art. 177] e os bens que são de sua exclusiva propriedade [art. 20].

4. A existência ou o desenvolvimento de uma atividade econômica sem que a propriedade do bem empregado no processo produtivo ou comercial seja concomitantemente detida pelo agente daquela atividade não ofende a Constituição. O conceito de atividade econômica [enquanto atividade empresarial] prescinde da propriedade dos bens de produção.

5. A propriedade não consubstancia uma instituição única, mas o conjunto de várias instituições, relacionadas a diversos tipos de bens e conformadas segundo distintos conjuntos normativos – – distintos regimes – – aplicáveis a cada um deles.

6. A distinção entre atividade e propriedade permite que o domínio do resultado da lavra das jazidas de petróleo, de gás natural e de outros hidrocarbonetos fluídos possa ser atribuída a terceiros pela União, sem qualquer ofensa à reserva de monopólio [art. 177 da CB/88].

7. A propriedade dos produtos ou serviços da atividade não pode ser tida como abrangida pelo monopólio do desenvolvimento de determinadas atividades econômicas.

8. A propriedade do produto da lavra das jazidas minerais atribuídas ao concessionário pelo preceito do art. 176 da Constituição do Brasil é inerente ao modo de produção capitalista. A propriedade sobre o produto da exploração é plena, desde que exista concessão de lavra regularmente outorgada.

9. Embora o art. 20, IX, da CB/88 estabeleça que os recursos minerais, inclusive os do subsolo, são bens da União, o art. 176 garante ao concessionário da lavra a propriedade do produto de sua exploração.

10. Tanto as atividades previstas no art. 176 quanto as contratações de empresas estatais ou privadas, nos termos do disposto no § 1º do art. 177 da Constituição, seriam materialmente impossíveis se os concessionários e contratados, respectivamente, não pudessem apropriar-se, direta ou indiretamente, do produto da exploração das jazidas.

11. A EC 9/95 permite que a União transfira ao seu contratado os riscos e resultados da atividade e a propriedade do produto da exploração de jazidas de petróleo e de gás natural, observadas as normais legais.

12. Os preceitos veiculados pelos § 1º e 2º do art. 177 da Constituição do Brasil são específicos em relação ao art. 176, de modo que as empresas estatais ou privadas a que se refere o § 1º não podem ser chamadas de "concessionárias". Trata-se de titulares de um tipo de propriedade diverso daquele do qual são titulares os concessionários das jazidas e recursos minerais a que respeita o art. 176 da Constituição do Brasil.

13. A propriedade de que se cuida, no caso do petróleo e do gás natural, não é plena, mas relativa; sua comercialização é administrada pela União mediante a atuação de uma autarquia, a Agência Nacional do Petróleo – ANP.

14. A Petrobras não é prestadora de serviço público. Não pode ser concebida como delegada da União. Explora atividade econômica em sentido estrito, sujeitando-se ao regime jurídico das empresas privadas [§ 1º, II, do art. 173 da CB/88]. Atua em regime de competição com empresas privadas que se disponham a disputar, no âmbito de procedimentos licitatórios [art. 37, XXI, da CB/88], as contratações previstas no § 1º do art. 177 da Constituição do Brasil.

15. O art. 26, § 3º, da Lei nº 9.478/97, dá regulação ao chamado silêncio da Administração. Matéria infraconstitucional, sem ofensa direta à Constituição.

16. Os preceitos dos arts. 28, I e III; 43, parágrafo único; e 51, parágrafo único, da Lei nº 9.478/98 são próprios às contratações de que se cuida, admitidas expressamente pelo § 2º do art. 177 da CB.

17. A opção pelo tipo de contrato a ser celebrado com as empresas que vierem a atuar no mercado petrolífero não cabe ao Poder Judiciário: este não pode se imiscuir em decisões de caráter político.

18. Não há falar-se em inconstitucionalidade do art. 60, caput, da Lei nº 9.478/97. O preceito exige, para a exportação do produto da exploração da atividade petrolífera, seja atendido o disposto no art. 4º da Lei nº 8.176/91, observadas as políticas aprovadas pelo Presidente da República, propostas pelo Conselho Nacional de Política Energética – CNPE [art. 84, II, da CB/88]. 19. Ação direta julgada improcedente.

(STF, Tribunal Pleno, ADI 3.273/DF, Min. Carlos Britto, DJ de 2/3/2007)

↘ CONSTITUCIONAL. MONOPÓLIO. CONCEITO E CLASSIFICAÇÃO. PETRÓLEO, GÁS NATURAL E OUTROS HIDROCARBONETOS FLUÍDOS. BENS DE PROPRIEDADE EXCLUSIVA DA UNIÃO. ART. 20, DA CB/88. MONOPÓLIO DA ATIVIDADE DE EXPLORAÇÃO DO PETRÓLEO, DO GÁS NATURAL E DE OUTROS HIDROCARBONETOS FLUÍDOS. ART. 177, I a IV e §§ 1º E 2º, DA CB/88. REGIME DE MONOPÓLIO ESPECÍFICO EM RELAÇÃO AO ART. 176 DA CONSTITUIÇÃO. DISTINÇÃO ENTRE AS PROPRIEDADES A QUE RESPEITAM OS ARTS. 177 E 176, DA CB/88. PETROBRAS. SUJEIÇÃO AO REGIME JURÍDICO DAS EMPRESAS PRIVADAS [ART. 173, § 1º, II, DA CB/88]. EXPLORAÇÃO DE ATIVIDADE ECONÔMICA EM SENTIDO ESTRITO E PRESTAÇÃO DE SERVIÇO PÚBLICO. ART. 26, § 3º, DA LEI nº 9.478/97. MATÉRIA DE LEI FEDERAL. ART. 60, CAPUT, DA LEI nº 9.478/97. CONSTITUCIONALIDADE. COMERCIALIZAÇÃO ADMINISTRADA POR AUTARQUIA FEDERAL [ANP]. EXPORTAÇÃO AUTORIZADA SOMENTE SE OBSERVADAS AS POLÍTICAS DO CNPE, APROVADAS PELO PRESIDENTE DA REPÚBLICA [ART. 84, II, DA CB/88].

1. O conceito de monopólio pressupõe apenas um agente apto a desenvolver as atividades econômicas a ele correspondentes. Não se presta a explicitar características da propriedade, que é sempre exclusiva, sendo redundantes e desprovidas de significado as expressões "monopólio da propriedade" ou "monopólio do bem".

2. Os monopólios legais dividem-se em duas espécies: (i) os que visam a impelir o agente econômico ao investimento – – a propriedade industrial, monopólio privado; e (ii) os que instrumentam a atuação do Estado na economia.

3. A Constituição do Brasil enumera atividades que consubstanciam monopólio da União [art. 177] e os bens que são de sua exclusiva propriedade [art. 20].

4. A existência ou o desenvolvimento de uma atividade econômica sem que a propriedade do bem empregado no processo produtivo ou comercial seja concomitantemente detida pelo agente daquela atividade não ofende a Constituição. O conceito de atividade econômica [enquanto atividade empresarial] prescinde da propriedade dos bens de produção.

5. A propriedade não consubstancia uma instituição única, mas o conjunto de várias instituições, relacionadas a diversos tipos de bens e conformadas segundo distintos conjuntos normativos – – distintos regimes – – aplicáveis a cada um deles.

6. A distinção entre atividade e propriedade permite que o domínio do resultado da lavra das jazidas de petróleo, de gás natural e de outros hidrocarbonetos fluídos possa ser atribuída a terceiros pela União, sem qualquer ofensa à reserva de monopólio [art. 177 da CB/88].

7. A propriedade dos produtos ou serviços da atividade não pode ser tida como abrangida pelo monopólio do desenvolvimento de determinadas atividades econômicas.

8. A propriedade do produto da lavra das jazidas minerais atribuídas ao concessionário pelo preceito do art. 176 da Constituição do Brasil é inerente ao modo de produção capitalista. A propriedade sobre o produto da exploração é plena, desde que exista concessão de lavra regularmente outorgada.

9. Embora o art. 20, IX, da CB/88 estabeleça que os recursos minerais, inclusive os do subsolo, são bens da União, o art. 176 garante ao concessionário da lavra a propriedade do produto de sua exploração.

10. Tanto as atividades previstas no art. 176 quanto as contratações de empresas estatais ou privadas, nos termos do disposto no § 1º do art. 177 da Constituição, seriam materialmente impossíveis se os concessionários e contratados, respectivamente, não pudessem apropriar-se, direta ou indiretamente, do produto da exploração das jazidas.

11. A EC 9/95 permite que a União transfira ao seu contratado os riscos e resultados da atividade e a propriedade do produto da exploração de jazidas de petróleo e de gás natural, observadas as normais legais.

12. Os preceitos veiculados pelos § 1º e 2º do art. 177 da Constituição do Brasil são específicos em relação ao art. 176, de modo que as empresas estatais ou privadas a que se refere o § 1º não podem ser chamadas de "concessionárias". Trata-se de titulares de um tipo de propriedade diverso daquele do qual são titulares os concessionários das jazidas e recursos minerais a que respeita o art. 176 da Constituição do Brasil.

13. A propriedade de que se cuida, no caso do petróleo e do gás natural, não é plena, mas relativa; sua comercialização é administrada pela União mediante a atuação de uma autarquia, a Agência Nacional do Petróleo – ANP.

14. A Petrobras não é prestadora de serviço público. Não pode ser concebida como delegada da União. Explora atividade econômica em sentido estrito, sujeitando-se ao regime jurídico das empresas privadas [§ 1º, II, do art. 173 da CB/88]. Atua em regime de competição com empresas privadas que se disponham a disputar, no âmbito de procedimentos licitatórios [art. 37, XXI, da CB/88], as contratações previstas no § 1º do art. 177 da Constituição do Brasil.

15. O art. 26, § 3º, da Lei nº 9.478/97, dá regulação ao chamado silêncio da Administração. Matéria infraconstitucional, sem ofensa direta à Constituição.

16. Os preceitos dos arts. 28, I e III; 43, parágrafo único; e 51, parágrafo único, da Lei nº 9.478/98 são próprios às contratações de que se cuida, admitidas expressamente pelo § 2º do art. 177 da CB.

17. A opção pelo tipo de contrato a ser celebrado com as empresas que vierem a atuar no mercado petrolífero não cabe ao Poder Judiciário: este não pode se imiscuir em decisões de caráter político.

18. Não há falar-se em inconstitucionalidade do art. 60, caput, da Lei nº 9.478/97. O preceito exige, para a exportação do produto da exploração da atividade petrolífera, seja atendido o disposto no art. 4º da Lei

nº 8.176/91, observadas as políticas aprovadas pelo Presidente da República, propostas pelo Conselho Nacional de Política Energética – CNPE [art. 84, II, da CB/88].

19. Ação direta julgada improcedente.

(STF, Tribunal Pleno, ADI 3.273, Rel. Min. Carlos Britto, Relator p/acórdão: Min. Eros Grau, DJ de 2/3/2007)

18.2. STJ

↘ ADMINISTRATIVO. PROCESSUAL CIVIL. VIOLAÇÃO DO ART. 535 DO CPC. INEXISTÊNCIA. DEVIDO ENFRENTAMENTO DAS QUESTÕES RECURSAIS. ADMINISTRAÇÃO PORTUÁRIA. APLICAÇÃO DE MULTA ADMINISTRATIVA. INFRAÇÃO À RESOLUÇÃO ANTAQ nº 858/2007. EXERCÍCIO DO PODER NORMATIVO CONFERIDO ÀS AGÊNCIAS REGULADORAS. LEGALIDADE.

1. Não há violação do art. 535 do CPC quando a prestação jurisdicional é dada na medida da pretensão deduzida, com enfrentamento e resolução das questões abordadas no recurso.

2. Não há ilegalidade na aplicação da multa à recorrente por descumprimento da Resolução nº 858 da ANTAQ, de 23 de agosto 2007, que determinou à Administração Portuária a obrigação de "submeter à prévia aprovação da ANTAQ a celebração de aditivos contratuais que impliquem prorrogação de prazo, ou qualquer espécie de alteração da área do arrendamento, encaminhando justificativa e demais documentos inerentes a essa alteração", já que amparada na Lei nº 10.233/2001, que disciplina a atuação da Agência Nacional de Transportes Aquaviários, e define, entre outras, as condutas puníveis, as penalidades cabíveis, bem como a forma de gradação da pena.

Recurso especial improvido.

(STJ, REsp 1.481.550/SC, Min. Humberto Martins, DJe de 14/11/2014)

*ADMINISTRATIVO. RECURSO ESPECIAL. ADMINISTRAÇÃO PORTUÁRIA. MULTA ADMINISTRATIVA. INFRAÇÃO À RESOLUÇÃO ANTAQ 858/2007. EXERCÍCIO DO PODER NORMATIVO CONFERIDO ÀS AGÊNCIAS REGULADORAS.

1. Aplicação de multa por infração a obrigação imposta por resolução editada pela ANTAQ, no exercício de competência normativa assegurada pela Lei 10.233/2001 – "submeter à prévia aprovação da ANTAQ a celebração de aditivos contratuais que impliquem prorrogação de prazo, ou qualquer espécie de alteração da área do arrendamento, encaminhando justificativa e demais documentos inerentes a essa alteração".

2. Ausência de violação ao princípio da legalidade, pois a Lei 10.233/2001 é precisa ao definir as condutas puníveis, as penalidades cabíveis e a forma de gradação da pena, estando os demais procedimentos para processamento e julgamento das infrações disciplinados em regulamento próprio, conforme autoriza a própria lei. 3. Recurso especial não provido.

(STJ, T2, REsp 1.386.994/SC, Min. Eliana Calmon, DJe de 13/11/2013)

↘ LIMINAR E TELEFONIA. SERVIÇO PRÉ-PAGO. DEFESA AO CONSUMIDOR. LEGITIMAÇÃO DO MINISTÉRIO PÚBLICO. RECURSO ESPECIAL ADMITIDO. CAUTELAR E EFEITO SUSPENSIVO. FUMUS BONI IURIS E PERICULUM IN MORA PRESENTES. ATUAÇÃO CONFORME ATO DA AGÊNCIA REGULADORA. Vigente ato normativo da Agência Reguladora cujo escopo é regular o segmento, não podem os estabelecimentos regulados absorverem danos e punições pelo fato do cumprimento das regras maiores, posto engendrarem exercício regular do direito. Modificação *ex abrupto* dessas regras da Agência Reguladora por tutela provisória em liminar concedida em ação, acarreta *periculum in mora,* mercê de o *fumus boni iuris* repousar no cumprimento do ato da Agência. Deveras, somente a ausência de nulificação específica do ato da Agência autoriza o Judiciário a intervir no segmento, sob pena de invadir seara administrativa estranha ao Poder Judiciário (Sérgio Guerra in Controle Judicial dos Atos Regulatórios, Editora Lumen Juris, já/2005, pág. 355/369). Impossibilidade de atendimento técnico da decisão liminar, que configurou para o Relator *periculum in mora* inverso, máxime porque a adoção da providência contrária ao ato da ANATEL (art. 55 da Resolução 316/2002, e itens 4.6 e 4.6.1, da Norma 03/98)

(STJ, AgR na MC 1.043/PB, Min. Francisco Falcão, DJ, 13/12/2005)

➘ PROCESSUAL CIVIL E ADMINISTRATIVO. AGRAVO REGIMENTAL EM RECURSO ESPECIAL. AÇÃO CIVIL PÚBLICA. PRESTAÇÃO DE SERVIÇO DE TELEFONIA. DELIMITAÇÃO DE ÁREA LOCAL PARA EFEITO DA COBRANÇA DE TARIFA INTERURBANA. CRITÉRIOS TÉCNICOS ADOTADOS PELA ANATEL. COMPETÊNCIA NORMATIVA DA AGÊNCIA REGULADORA EXERCIDA NOS LIMITES LEGAIS. PRECEDENTES DESTA CORTE. AGRAVO REGIMENTAL A QUE SE NEGA PROVIMENTO. 1. A jurisprudência do STJ é pacífica no sentido de que os critérios adotados pela ANATEL para delimitação da chamada área local para efeito de cobrança de tarifa de telefonia fixa local ou interurbana, observam dados técnicos, não necessariamente vinculados à divisão político-geográfica dos Municípios. Desse modo, o Poder Judiciário somente atuará com legitimidade quando e se a Agência Reguladora extrapolar os limites de sua atividade legal. Precedentes: REsp. 1.164.700/PR, Rel. Min. HUMBERTO MARTINS, DJe 17.05.2010; REsp. 1.009.902/SC, Rel. Min. HERMAN BENJAMIN, DJe 11.09.2009 e REsp. 757.971/RS, Rel. Min. LUIZ FUX, DJe 19.12.2008. 3. Agravo Regimental a que se nega provimento.

(STJ, T1, AgRg no REsp 1.171.443/RS, Min. Napoleão Maia Filho, DJe 14/2/2014)

18.3. TRF da 3ª Região

➘ AGRAVO DE INSTRUMENTO. ADMINISTRATIVO. EDIÇÃO DE RESOLUÇÃO POR AGÊNCIA REGULADORA. NÃO OBSERVÂNCIA DOS LIMITES DA COMPETÊNCIA NORMATIVA. ALTERAÇÃO INDEVIDA DO CONTEÚDO E QUALIDADE DE CONTRATOS DE PRESTAÇÃO DE SERVIÇOS PACTUADOS ENTRE CONSUMIDORES E OPERADORAS. 1.A parcela do poder estatal conferido por lei às agências reguladoras destina-se à consecução dos objetivos e funções a elas atribuídos. A adequação e conformidade entre meio e fim legitima o exercício do poder outorgado. 2.Os atos normativos expedidos pelas agências, de natureza regulamentar, não podem modificar, suspender, suprimir ou revogar disposição legal, nem tampouco inovar. 3.A Resolução da Diretoria Colegiada (RDC) nº 27, da Agência Nacional de Saúde Suplementar – ANS, extrapolou os lindes regulamentares ao modificar o conteúdo e a qualidade dos contratos de prestação de serviços ajustados entre operadoras e consumidores, em afronta ao princípio da legalidade. 4.As empresas operadoras, as quais encontram-se vinculadas e sujeitas a controle, fiscalização e regulamentação por parte da ANS, podem ser diretamente afetadas pelos atos normativos por aquela expedidos. Configuração do fenômeno denominado pelos administrativistas alemães e italianos de "relação de especial sujeição". 5.Os consumidores não se sujeitam a este poder especial de sujeição, sendo afetados tão-somente em função da finalidade atribuída por lei à ANS de tutela de seus particulares interesses como categoria. Este órgão limita-se a zelar pelo cumprimento dos direitos do consumidores no âmbito de sua competência, ex vi da Lei nº 9.961/2000, artigo 4º, XXXVI.

(TRF3, AI 129.949, Juiz Mairan Maia, DJU de 14/6/2002).

18.4. TRF da 5ª Região

➘ ADMINISTRATIVO. AGÊNCIAS REGULADORAS. ATIVIDADE NORMATIVA. PORTARIA. LEGITIMIDADE. DISCRICIONARIEDADE TÉCNICA. AUTORIZAÇÃO PARA EXERCÍCIO DE ATIVIDADE. INDEFERIMENTO. REQUISITO CUMPRIDO. SENTENÇA DE PROCEDÊNCIA. MANUTENÇÃO. A atividade das agências reguladoras deve ser prestigiada, preservando-se suas atribuições, em razão de sua essencialidade na preservação do mercado e dos valores fundamentais que regem a Ordem Econômica. Também deve ser preservada a atividade regulatória concreta e competência normativa das agências, na medida em que recebem do legislador ou, em alguns casos da própria constituição (art. 177, § 2º, III, CF/88), a importante tarefa de regular uma parcela do mercado, um serviço público essencial ou ainda, uma atividade monopolizada pelo Estado. Portanto a atividade normativa das agências é necessária e indispensável, como instrumento de atuação concreta de intervenção no ramo ou atividade econômica que se pretende regular. Portanto, não pode o intérprete simplesmente afastar as normas editadas pelas agências sobre o fundamento de violação da reserva da lei.Tem-se, portanto, como válidas as Portarias ANP 202/99 e 116/2000, porque expedidas pela autoridade competente, com base em resolução da Diretoria Colegiada, sendo legítima a exigência de que os responsáveis pelas atividades não tenham débitos para com a agência, inscritos no Cadin. No caso em exame, contudo não se está afastando a norma contida na portaria, por ilegalidade ou irrazoabilidade. O julgador a quo solveu a controvérsia com base nas normas contidas na portaria. Não mais subsiste o motivo que levou ao indeferimento pois os sócios inadimplentes se

retiraram da sociedade. Quanto a este ponto, não há discricionariedade. O ato é vinculado. Preenchidas as condições legitimamente previstas na portaria, o ato ou autorização deve ser expedido. A discricionariedade que se reconhece às agências é aquela justificada por motivos técnicos, impossíveis de serem previstos e tratados pelo Poder Legislativo com a celeridade e tecnicidade necessárias. Não se vislumbra violação dos arts. 2º, da Constituição Federal e arts. 3º, I, 5º, I e II, da Lei nº 9.847/99, por estar preservada a esfera de atuação da agência e sua atribuição de permanente fiscalização da atividade regulada. Apelação e remessa oficial desprovidas.

(TRF, T3, APELREEX 2.274/SC Desmb. Fernando Quadros da Silva, D.E. de 10/9/2010)

19. QUESTÕES DE CONCURSOS

1. (CESPE – Juiz Federal Substituto 1ª Região/2013) Considerando a disciplina constante da legislação federal sobre as agências reguladoras e as agências executivas, assinale a opção correta:

(A) No exercício de seu poder normativo, as agências reguladoras exercem função de natureza legislativa, particularmente no que se refere ao estabelecimento de normas relativas aos seus objetivos institucionais;

(B) A qualificação de uma autarquia ou fundação pública como agência executiva pode ser feita por ato do titular do ministério em cuja área de competência seja enquadrada sua principal atividade;

(C) Um dos requisitos necessários à qualificação de uma autarquia ou fundação pública como agência executiva é a celebração de contrato de gestão com o respectivo ministério supervisor ao qual se acha vinculada;

(D) As relações de trabalho nas agências reguladoras são regidas pela Consolidação das Leis do Trabalho e legislação trabalhista correlata, em regime de emprego público.

(E) As agências reguladoras e as agências executivas integram a administração pública indireta, tendo apenas as agências reguladoras a natureza de autarquia de regime especial.

2. (MPF – Procurador da República/2012) Sobre as agências reguladoras, é correto afirmar que:

(A) Nos termos da Lei 9.472/1997, a Agência Nacional de Telecomunicações – ANATEL é uma autarquia especial, administrativamente independente e financeiramente autônoma, que tem entre suas atribuições a outorga dos serviços de radiodifusão sonora e de sons e imagens;

(B) A Agência Nacional de Petróleo, Gás Natural e Biocombustíveis (ANP) é uma autarquia especial, vinculada ao Ministério das Minas e Energia, que tem por finalidade a regulação e fiscalização das atividades econômicas relacionadas à indústria do petróleo, inclusive a fixação do preço final máximo da gasolina aos consumidores;

(C) A Agência Nacional de Saúde Suplementar (ANS), criada pela Lei 9.961/2000, é vinculada ao Ministério da Saúde, e tem por finalidade a promoção de defesa do interesse público na assistência suplementar à saúde, regulando as operadoras setoriais e podendo estabelecer critérios de aferição e controle de qualidade dos serviços oferecidos pelas operadoras de planos privados de assistência à saúde, bem como normatizar os conceitos de doença e lesão preexistentes;

(D) Nos termos da Lei 9.782/1999, a segurança sanitária de produtos e serviços que envolvam risco à saúde pública dos consumidores nas áreas de portos, aeroportos e fronteiras não são de competência da Agência Nacional de Vigilância Sanitária – ANVISA, mas da Polícia Federal;

3. (ESAF – Analista de Finanças e Controle/CGU/2004) Sob a perspectiva da autonomia das agências reguladoras, assinale a única opção correta.

(A) Para a efetivação da independência é indispensável a decisão colegiada por membros investidos de mandato, a ausência de controle hierárquico, a liberdade administrativa, a autonomia financeira e um regime de pessoal compatível com a importância das atribuições da agência.

(B) A independência em relação aos agentes regulados envolve o risco do populismo regulatório, podendo a agência se transformar em um órgão promotor apenas do interesse dos grupos sociais mais numerosos.

(C) A independência em relação aos consumidores ou usuários envolve o risco de captura, por isso é essencial a utilização de mecanismos como a quarentena para os ocupantes dos cargos mais elevados na agência.

(D) A independência em relação ao poder político resulta principalmente da legitimidade baseada no reconhecimento da competência técnica da agência e de um arcabouço legal consistente o suficiente para evitar as vicissitudes do ambiente político.

(E) A independência frente aos poderes dominantes na sociedade pode ser fortalecida pela obrigatoriedade de assessoramento especializado e de consulta ou audiência pública antes de tomada de decisões relevantes pelas agências.

4. (CESPE – Advogado da União/2012). Julgue os itens que se seguem, a respeito da administração pública e do terceiro setor:

As relações de trabalho nas agências reguladoras são regidas pela CLT e pela legislação trabalhista correlata, em regime de emprego público.

( ) Certo

( ) Errado

5. (MPF – Procurador da República/2013) Com relação às características gerais das agências reguladoras é correto afirmar que:

(A) A autonomia administrativa se caracteriza pela exigência de que seus dirigentes sejam funcionários de carreira, concursados e com garantia de só poderem ser afastados de suas funções motivadamente em sentença judicial transitada em julgado por atos de improbidade administrativa;

(B) Sua competência para expedir normas subordina-se aos preceitos legais e regulamentares que regem a outorga, prestação e fruição dos serviços e deve ser exercido nos limites impostos pela Constituição e pelas leis e regulamentos, em perfeita consonância com a legislação stricto sensu que rege a matéria;

(C) A autonomia financeira permite a realização de compras sem licitação e em relação às atividades-meio não é possível o controle dos gastos pelo Tribunal de Contas da União.

(D) No exercício das funções regulatória e de fiscalização devem atuar em consonância com os interesses conjunturais do Poder Executivo e as determinações do Ministério ao qual se vincula.

6. (MPF – Procurador da República/2008) Com o ocaso do Estado intervencionista e a subsequente tendência de desestatização da ordem econômica, sobreveio a figura, criada pelo próprio Estado, do agente regulador de mercado, consubstanciado nas agências reguladoras, concebidas para normatizarem segmentos estratégicos da economia nacional. Dito isto, afirma-se, com exatidão, que:

(A) as agências reguladoras caracterizam-se pela sua independência política, autonomia administrativa e financeira;

(B) a agência reguladora se investe da qualificação de autarquia, investida de competência para a regulação setorial, integrante da administração direta, vinculada ao ministério competente para o trato da respectiva atividade;

(C) contra as decisões de última instância da agência reguladora, cabe recurso para a autoridade ministerial a que está vinculada;

(D) o regime a que se subordinam os seus servidores é o previsto na Consolidação das Leis do Trabalho (CLT).

---

7. (MPF – Procurador da República/2011) As agências reguladoras:

(A) São entidades ligadas ao Estado, tendo em vista sua independência;

(B) São entidades ligadas ao governo, considerando seu importante papel como instrumentos de políticas públicas;

(B) São entidades ligadas ao Poder Judiciário, tendo em vista o poder judicante de que são dotadas;

(D) São entidades ligadas ao Poder Legislativo, assim como os tribunais de contas, tendo em vista o exercício independente de seu poder de polícia, inclusive em relação ao Poder Executivo.

---

8. (MPF – Procurador da República/2008) É característica das agências reguladoras no Brasil:

(A) escolha dos diretores pelo Presidente da República, sob aprovação do Senado Federal.

(B) subordinação ao Ministro de Estado, mediante cabimento de recurso hierárquico impróprio.

(C) dotação orçamentária desvinculada do orçamento da União, em exceção ao princípio da unidade.

(D) qualificação como organizações da sociedade civil de interesse público (OSCIP)

---

9. (CESPE – Juiz Federal Substituto 5ª Região/2013) No que se refere à Agência Nacional de Águas (ANA), agência reguladora cuja autonomia administrativa e financeira é mais ampla do que a das demais autarquias, assinale a opção correta:

(B) compete à ANA definir os critérios para a aplicação dos recursos arrecadados com a cobrança do uso de recursos hídricos.

(B) a concessão, pela ANA, de outorga do direito de uso de recursos hídricos da União depende da homologação do Conselho Nacional de Recursos Hídricos.

(C) Desde a sua nomeação, o diretor da ANA está sujeito à perda de mandato em decorrência de renúncia, condenação judicial transitada em julgado ou decisão definitiva em processo administrativo disciplinar.

(D) As outorgas de direito de uso de recursos hídricos para concessionárias e autorizadas de serviços públicos e de geração de energia hidrelétrica vigoram por prazos iguais aos prazos dos correspondentes contratos de concessão ou atos administrativos de autorização.

(E) Não se pode delegar a execução de atividades de competência da ANA às agências de água ou de bacia hidrográfica.

---

10. (CESPE – Juiz Federal Substituto 2ª Região/2009) As agências reguladoras têm permissão constitucional expressa para editar regulamentos autônomos que ultrapassem a mera elaboração de normas técnicas.

( ) Certo

( ) Errado

---

11. (MPF – Procurador da República/2015) As agências reguladoras foram criadas co a finalidade de normatizar os mercados econômicos e equilibrar as relações entre os agentes. Com fundamento na lei, na doutrina especializada e na jurisprudência do Supremo Tribunal Federal pode-se afirmar que:

(A) a independência das agências reguladoras é mitigada pelo controle de juridicidade prévio exercido pelas suas procuradorias, que são vinculados à Advocacia-Geral da União; pela possibilidade de reexame "a posteriori" de seus atos pelo Poder Judiciário; pela vinculação de seu poder normativo à lei; e, pelo controle financeiro realizado pelo Tribunal de Contas;

(B) A autonomia financeira e administrativa das agências se caracterizam pela liberdade de gestão, sendo-lhes permitido arrecadar receitas próprias e organizar suas despesas, sem ingerência dos Poderes Executivo ou Legislativo nos aspectos financeiros e contábeis das despesas relativas às atividades meio e fim;

(C) O sistema constitucional brasileiro não adota o princípio da deslegalização. Nesse sentido, o Supremo Tribunal Federal declarou inconstitucional o poder normativo delegado às Agências reguladoras, impedindo-as de editar atos que normatizem obrigações a serem observadas pelos entes que compõem o mercado regulado;

(D) No plano Federal as agências reguladoras estão previstas no texto constitucional e foram constituídas como autarquias, integrantes da administração direta, vinculadas à Presidência da República, com subordinação hierárquica entre elas e o Ministério competente para tratar da respectiva atividade.

12. (CESPE – Juiz Federal Substituto 5ª Região/2015) Assinale a opção correta acerca do papel do Estado como agente regulador e da competência para a atividade regulatória.

(A) A regulação econômica exercida pelo Estado consiste na intervenção direta nos setores econômicos considerados estratégicos para o desenvolvimento nacional, ora por meio de indução (incentivo e planejamento), ora por meio de direção (fiscalização e controle).

(B) Apenas duas agências reguladoras brasileiras possuem previsão constitucional específica: a ANATEL e a ANP.

(C) As empresas estatais que exercem atividade econômica em regime de monopólio sujeitam-se às normas de regulação do setor correspondente, estando isentas, porém, da aplicação de penalidades.

(D) No Brasil, diferentemente das *agencies* do direito norte-americano, cujos atos não se submetem ao *judicial review*, as agências reguladoras estão submetidas ao controle jurisdicional de seus atos, da mesma forma que quaisquer outros órgãos estatais.

(E) Predomina no Brasil a modalidade regulatória denominada autorregulação, na qual o agente estatal assume as funções de normatização, fiscalização e fomento dos setores econômicos.

20. GABARITO

Questão	Resposta	Referência
1	C	Art. 51. O Poder Executivo poderá qualificar como Agência Executiva a autarquia ou fundação que tenha cumprido os seguintes requisitos: I – ter um plano estratégico de reestruturação e de desenvolvimento institucional em andamento; II – ter celebrado Contrato de Gestão com o respectivo Ministério supervisor. § 1º A qualificação como Agência Executiva será feita em ato do Presidente da República.
2	C	Lei 9.961, art. 4º. A opção A: o art. 211 da Lei 9.472 exclui expressamente do âmbito da ANATEL a outorga dos serviços de radiodifusão sonora e de sons e imagens. A opção B: os preços ao consumidor são livres. Apenas o preço para as refinarias é objeto de determinação. A opção D: a Lei 9.782 é expressa ao incluir essa atribuição à ANVISA.

3	**A**	Essa é a essência e a razão de ser da autonomia das agências.
4	**ERRADO**	A Lei 10.871/04, ao criar as carreiras específicas e organizar os quantitativos dos diversos cargos, estabeleceu como regime jurídico das carreiras das agências o mesmo aplicável aos servidores públicos civil da União, das autarquias (incluindo as de regime especial) e das fundações públicas – o regime estatutário da Lei 8.112/91.
5	**B**	Os dirigentes das agências são de livre nomeação do Presidente da República e submetidos à aprovação pelo Senado (o que elimina a alternativa A). É pacífico o papel do Tribunal de Contas no controle das atividades-meio das agências – boa parte da doutrina o estende à atividade-fim, mas a questão não aborda este aspecto. A opção D despreza a autonomia administrativa das agências em relação ao governo. A opção B trata dos poderes normativos das agências, que não são absolutos, mas subordinados à lei e, obviamente, à Constituição.
6	**A**	A independência política e a autonomia financeira e administrativa são as características das agências reguladoras, "autarquias de natureza especial". Como autarquias, integram a Administração indireta. O regime de pessoal, como vimos, é o do servidor público (Lei 8.112/91).
7	**A**	Excluídas as opções C e D, por demais óbvias, não se pode esquecer que as agências são independentes e autônomas. Pertencem, portanto, ao Executivo e integram o Estado brasileiro, mas não se subordinam ao governo.
8	**A**	A resposta correta é A. Observe-se que a banca se posiciona claramente pela negação da possibilidade do chamado recurso hierárquico impróprio (B).
9	**D**	art. 5, § 4º, da Lei 9984/2000
10	**ERRADA**	Ver os limites dos poderes normativos das agências
11	**A**	Remetemos o leitor ao item 5. A alternativa B está errada ao afastar a ingerência dos Poderes Executivo e Legislativo; o princípio da deslegalização é fundamental para a existência e funcionamento das agências. Por fim, a letra D situa as agências na administração direta – quando o correto seria administração indireta.
12	**B**	De fato, apenas a ANATEL e a ANP estão previstas constitucionalmente (artigos 21, XI e 177, § 2º, III, respectivamente).

CAPÍTULO 6

CONTRIBUIÇÕES DE INTERVENÇÃO NO DOMÍNIO ECONÔMICO

1. INTRODUÇÃO

Há, por certo, muitos pontos de contato entre o direito econômico e o direito tributário. A **tributação** é instrumento reconhecido de intervenção na economia, a ponto de o art. 65, do CTN permitir, para o IOF, que o Poder Executivo possa, "nas condições e nos limites estabelecidos em lei, alterar as alíquotas ou as bases de cálculo do imposto, a fim de ajustá-lo aos objetivos da política monetária", alguns impostos como o IOF e o IPI são considerados como regulatórios[180], o imposto de importação exerce, indiscutivelmente, papel relevante de proteção da indústria nacional, diversos autores mencionam as isenções tributárias como matéria de direito econômico[181], o Simples Nacional, tratamento diferenciado e favorecido para as microempresas e para as empresas de pequeno porte, criado pela LC 123/2005, tem fundamento tanto no sistema tributário nacional (art. 146, III, d, da CF/88) quanto na ordem econômica (art. 170, IX e 179, da CF/88) e há quem entenda, inclusive, que a extrafiscalidade pertença, materialmente, ao direito econômico e apenas formalmente ao direito tributário[182].

De fato, como vimos, a tributação também se apresenta como **instrumento de política econômica,** que pode ser utilizado em diversas situações e com várias finalidades.

Não pretendemos tratar aqui da extrafiscalidade. A nosso ver, própria expressão "extrafiscalidade" só faz sentido no direito fiscal, onde o tema de fundo é a fiscalidade e ao lado dela pode aparecer a parafiscalidade e a extraficalidade. No direito econômico, ao

180. Disponível em: http://www.receita.fazenda.gov.br/Publico/estudotributarios/estatisticas/20SistemaAdministracao Tributaria.pdf, p. 6, acesso em 12/3/2014

181. SOUZA, Washington Albino de. Primeiras linhas de direito econômico. São Paulo: LT, 2003 p. 76.

182. NABAIS, José Casalta. O dever fundamental de pagar impostos: contributo para a compreensão do estado fiscal contemporâneo. Coimbra: Livraria Almedina, 1998, p. 654

revés, não se cuida da "fiscalidade", carecendo de sentido falar-se de para ou extrafiscalidade. Em outros termos, tudo no direito econômico é extrafiscal, quer dizer, está fora da fiscalidade. Ademais, a extrafiscalidade é cobrada em questões de direito tributário, não de direito econômico.

Contudo, as **contribuições de intervenção no domínio econômico – CIDE**, onde o direito econômico e o direito tributário caminham inexoravelmente em conjunto, merecem tratamento especial. Vale a pena conferir desde logo os dispositivos constitucionais que tratam deste assunto:

Quadro comparativo

TÍTULO VI – DA TRIBUTAÇÃO E DO ORÇAMENTO **CAPÍTULO I – DO SISTEMA TRIBUTÁRIO NACIONAL**	**TÍTULO VII – DA ORDEM ECONÔMICA E FINANCEIRA** **CAPÍTULO I – DOS PRINCÍPIOS GERAIS DA ATIVIDADE ECONÔMICA**
Art. 149. Compete exclusivamente à União instituir **contribuições** sociais, **de intervenção no domínio econômico** e de interesse das categorias profissionais ou econômicas, como instrumento de sua atuação nas respectivas áreas, observado o disposto nos arts. 146, III, e 150, I e III, e sem prejuízo do previsto no art. 195, § 6º, relativamente às contribuições a que alude o dispositivo. [...]	Art. 177. [...] § 4º A lei que instituir **contribuição de intervenção no domínio econômico** relativa às atividades de importação ou comercialização de petróleo e seus derivados, gás natural e seus derivados e álcool combustível deverá atender aos seguintes requisitos: (Incluído pela EC 33/2001) [...]

A partir dos trechos da Constituição transcritos, cuidaremos da parte que toca ao direito econômico na disciplina das contribuições de intervenção no domínio econômico, com ênfase nas finalidades econômicas das contribuições, na relação entre o contribuinte e estas finalidades, do que propriamente na dogmática tributária das exações. Contudo, muito do que aqui será exposto poderá ajudar na solução, ou até resolver completamente, questões de direito tributário e financeiro.

2. CONTRIBUIÇÕES DE INTERVENÇÃO NO DOMÍNIO ECONÔMICO – CIDE

As contribuições de intervenção no domínio econômico não eram reconhecidas como tributo até a Constituição de 1988. Tratavam-se de obrigações de direito público, por certo, mas não se submetiam ao regime tributário, que se limitava a impostos, taxas e contribuições de melhoria (art. 5º, do CTN).

A teoria tripartida dos tributos, porém, vinha sofrendo críticas, pois não alcançava obrigações cada vez mais relevantes em termos arrecadatórios, conhecidas simplesmente por "contribuições". Destacavam-se as contribuições previdenciárias, o PIS e o FINSOCIAL, mas havia outras, como o Adicional de Frete para Renovação da Marinha Mercante – AFRMM e a Contribuição para o INCRA.

Gerando boa dose de polêmica, a Constituição de 1988 previu, no capítulo do Sistema Tributário Nacional, figuras até então estranhas ao direito tributário: **as contribuições sociais, as contribuições de intervenção no domínio econômico e as contribuições de interesse de categorias profissionais e econômicas** (art. 149, da CF/88).

Os debates giraram em torno de questões teóricas (teoria unitária, bipartida, tripartida, quadripartida e quinquipartida dos tributos) e foram alimentados pela redação do próprio texto constitucional, pois nos termos do art. 145, da Carta, "a União, os Estados, o Distrito Federal e os Municípios" poderiam instituir apenas "os seguintes tributos": "impostos", "taxas" e "contribuições de melhoria".

Assim, questionava-se se as contribuições seriam ou não espécies autônomas do gênero tributo, pois a Constituição: 1) as previu no sistema tributário, mas 2) não afirmou categoricamente sua natureza tributária, e 3) não as inseriu no art. 145.

No entanto, verifica-se dos acórdãos proferidos no RE 138.284/CE e no RE 146.733, que o **STF pacificou o tema**, reconhecendo a natureza tributária das contribuições. Vejamos:

> As diversas espécies tributárias, determinadas pela hipótese de incidência ou pelo fato gerador da respectiva obrigação (CTN, art. 4º), são as seguintes: a) os impostos (C.F., art. 145, I, arts. 153, 154, 155 e 156); b) as taxas (C.F., art. 145, II); c) as contribuições, que podem ser assim classificadas: c.1. de melhoria (C.F., art. 145, III); c.2. parafiscais (C.F., art. 149), que são: c.2.1. sociais, c.2.1.1.de seguridade social (C.F., art. 195, I, II, III), c.2.1.2. outras de seguridade social (C.F., art. 195, parág, 4º), c.2.1.3. sociais gerais (o FGTS, o salário-educação, C.F., art. 212, parág. 5º, contribuições para o SESI, SENAI, SENAC, C.F., art. 240); c.3. especiais: c.3.1. de intervenção no domínio econômico (C.F., art. 149) e c.3.2. corporativas (C.F., art. 149). Constituem, ainda, espécie tributária, d) os empréstimos compulsórios (C.F., art. 148)
>
> (STF, Tribunal Pleno, RE 138.284/CE, Min. Carlos Velloso, DJ de 28/8/1992)

> De efeito, a par das três modalidades de tributos (os impostos, as taxas e as contribuições de melhoria) a que se refere o artigo 145 para declarar que são competentes para instituí-los a União, os Estados, o Distrito Federal e os Municípios, os artigos 148 e 149 aludem a duas outras modalidades tributárias, para cuja instituição só a União é competente: o empréstimo compulsório e as contribuições sociais, inclusive as de intervenção no domínio econômico e de interesse das categorias profissionais ou econômicas.
>
> (STF, Tribunal Pleno, RE 146.733, Min. Moreira Alves, DJ de 6/11/1992)

O RE 138.284/CE acolhe a teoria quadripartida dos tributos e o RE 146.733 a teoria quinquipartida, mas o que importa para nós, no momento, é o reconhecimento da natureza de tributo para as contribuições de intervenção no domínio econômico – CIDE para todos os fins, inclusive de classificação orçamentária de suas receitas (receitas correntes, nos termos do art. 11, § 1º, da Lei 4.320/1964).

A partir de então, começaram a surgir **CIDEs criadas pela legislação ordinária** e **obrigações anteriores**, nascidas com natureza administrativa, **passaram a ser vistas como contribuições interventivas** e, portanto, como tributos.

São exemplos de contribuições novas:

- CIDE – Combustíveis ou CIDE – Transportes, prevista pela EC 33/2001 (incluiu o § 4º, no art. 177, da CF/88) e instituída pela Lei 10.336/2001;
- CIDE – *Royalties* ou CIDE – Tecnologia, instituída pela Lei 10.168/2000;
- CIDE – FUST/FUNTEL, instituídas pelo art. 6º, IV, da Lei 9.998/2000 e pelo art. 4º, IV, da Lei 10.052/2000.

Exemplos de CIDEs segundo entendimento jurisprudencial:

- AFRMM, conforme o RE 177.137/RS;
- Contribuição para o SEBRAE, nos termos do RE 635.682 RG/RJ[183];
- Contribuição para o INCRA, conforme o EREsp 770.451/SC[184] (a matéria é objeto do RE 630.898 RG/RS, com repercussão geral reconhecida e a espera de julgamento pelo STF[185]).

Cabe advertir que nem sempre será fácil identificar uma contribuição de intervenção no domínio econômico, especialmente quando se tratar de **distinguir uma CIDE de uma contribuição social**.

Vamos lembrar que a natureza jurídica específica da contribuição decorre do art. 149, da Carta, segundo o qual a contribuição social e a contribuição econômica são criadas como "instrumento de atuação nas respectivas áreas". Quer dizer, teremos uma contribuição social se sua arrecadação for aplicada na área social e uma CIDE, se sua arrecadação for aplicada na seara econômica.

Embora a Constituição tenha separado topograficamente a Ordem Econômica (Título VII) da Ordem Social (Título VIII) não é simples distinguir assuntos meramente sociais dos meramente econômicos, principalmente porque há assuntos pertinentes a ambos.

Eros Roberto Grau[186] nota que a ordem constitucional econômica não se encontra apenas no título VII da Carta, mas também em diversos outros dispositivos, entre eles os que tratam da ciência e da tecnologia, art. 218 e 219, inserido no título VIII, que trata justamente da ordem social.

Por sua vez, a ordem social não se esgota no Título VIII, mas, como se percebe na obra do próprio Eros Roberto Grau,[187] e de José Afonso da Silva,[188] também se encontra regida por outros artigos, como o 6º, 8º e 9º da Carta.

183. STF, Tribunal Pleno, RE 635.682 RG/ RJ, Min. Gilmar Mendes, DJe de 23/5/2013.

184. STJ, S1, EREsp 770.451 / SC, Min. Teori Albino Zavascki, DJ de 11/6/2007.

185. STF, Min. Dias Toffoli, RE 630.898 RG/RS, DJe de 28/6/2012.

186. GRAU, Eros Roberto. A ordem econômica na Constituição de 1998. São Paulo: Malheiros, 2003, p. 77.

187. GRAU, Eros Roberto. A ordem econômica na Constituição de 1998. São Paulo: Malheiros, 2003, p. 77.

188. SILVA, José Afonso. Curso de direito constitucional positivo. São Paulo: Malheiros, 2002, p. 804.

Não há dúvidas de que educação pertença à ordem social. Da mesma forma, é seguro afirmar que atividades de fomento se inserem no domínio econômico, portanto na ordem econômica.

A **zona de penumbra** surge quando tratamos, por exemplo, de temas como a reforma agrária e a ciência e tecnologia. Pertencendo o primeiro ao título da ordem econômica, é inegável que a reforma agrária busca solução para problema social crônico do país e tem relação com o trabalho, com a existência digna e com o bem-estar de pessoas, questões presentes tanto na ordem econômica quanto na ordem social. De outro lado, se a ciência e a tecnologia têm relação direta com a educação e está inserta no título da ordem social, não se ouvida que constituam importantes fatores de produção da economia moderna, matéria pertinente à ordem econômica.

Dessa maneira, a classificação das obrigações como contribuições sociais ou como contribuições interventivas não decorrerá somente da literalidade do texto constitucional, mas ficará, em boa parte, a cargo da opção legislativa e da interpretação dos tribunais.

> "PROCESSUAL CIVIL. RECURSO ESPECIAL. TRIBUTÁRIO. CONTRIBUIÇÃO DESTINADA AO INCRA. ADICIONAL DE 0,2%. NÃO EXTINÇÃO PELAS LEIS 7.787/89, 8.212/91 E 8.213/91. LEGITIMIDADE.
>
> 1. A exegese Pós-Positivista, imposta pelo atual estágio da ciência jurídica, impõe na análise da legislação infraconstitucional o crivo da principiologia da Carta Maior, que lhe revela a denominada "vontade constitucional", cunhada por Konrad Hesse na justificativa da força normativa da Constituição.
>
> 2. Sob esse ângulo, assume relevo a colocação topográfica da matéria constitucional no afã de aferir a que vetor principiológico pertence, para que, observando o princípio maior, a partir dele, transitar pelos princípios específicos, até o alcance da norma infraconstitucional.
>
> 3. A Política Agrária encarta-se na Ordem Econômica (art. 184 da CF/1988) por isso que a exação que lhe custeia tem inequívoca natureza de Contribuição de Intervenção Estatal no Domínio Econômico, coexistente com a Ordem Social, onde se insere a Seguridade Social custeada pela contribuição que lhe ostenta o mesmo nomen juris.
>
> [...]
>
> (STJ, S1, REsp 977.058/RS, Min. Luiz Fux, DJe 10/11/2008)"

Adiante, traçaremos alguns comentários sobre as principais CIDEs. Antes, porém, precisamos abordar questões relativas ao regime jurídico constitucional destes tributos.

2.1. O Regime jurídico das contribuições de intervenção no domínio econômico

O reconhecimento da natureza tributária das contribuições causou uma mudança dramática no entendimento sobre as espécies tributárias. Gerou também algumas dificuldades, entre elas, a definição do regime jurídico aplicável a estas exações.

Vejamos os principais tópicos que compõem este regime jurídico.

2.1.1. Regras gerais do art. 149, da CF/88

A CIDE é regida pelo **art. 149, da CF/88**, com as alterações promovidas pela EC 33/2001.

A norma traz informações sobre competência, exclusiva da União, para instituir CIDE, traz hipótese de imunidade, prevê a possibilidade de incidência sobre importações, disciplina hipótese de incidência, base de cálculo e alíquota e remete-se à lei, para dispor sobre incidência monofásica.

Vejamos o teor do artigo:

> Art. 149. Compete exclusivamente à União instituir contribuições sociais, de intervenção no domínio econômico e de interesse das categorias profissionais ou econômicas, como instrumento de sua atuação nas respectivas áreas, observado o disposto nos arts. 146, III, e 150, I e III, e sem prejuízo do previsto no art. 195, § 6º, relativamente às contribuições a que alude o dispositivo.
>
> [...]
>
> § 2º As contribuições sociais e de intervenção no domínio econômico de que trata o *caput* deste artigo: (Incluído pela EC 33/2001)
>
> I – não incidirão sobre as receitas decorrentes de exportação; (Incluído pela EC 33/2001)
>
> II – incidirão também sobre a importação de produtos estrangeiros ou serviços; EC 42/2003)
>
> III – poderão ter alíquotas: (Incluído pela EC 33/2001)
>
> a) *ad valorem*, tendo por base o faturamento, a receita bruta ou o valor da operação e, no caso de importação, o valor aduaneiro; (Incluído pela EC 33/2001)
>
> b) específica, tendo por base a unidade de medida adotada. (Incluído pela EC 33/2001)
>
> § 3º A pessoa natural destinatária das operações de importação poderá ser equiparada a pessoa jurídica, na forma da lei. (Incluído pela EC 33/2001)
>
> § 4º A lei definirá as hipóteses em que as contribuições incidirão uma única vez. (Incluído pela EC 33/2001)

A principal discussão relativa à norma, presente no já mencionado RE 630.898 RG/RS, refere-se ao § 2º, inciso III, do artigo. Sustenta-se que a EC 33/2001, ao prever que as contribuições, inclusive a CIDE, podem ter alíquotas *ad valorem*, tendo por base o faturamento, a receita bruta ou o valor da operação e, no caso de importação, o valor aduaneiro e alíquotas específicas, tendo por base a unidade de medida adotada, teria revogado todas as exações com bases de cálculo não previstas pelo dispositivo, ressalvados os casos de previsão constitucional expressa, que legitimasse a incidência sobre qualquer outra base (art. 195, I e 240, da CF/88).

Segundo tal entendimento, calcado em interpretação sobremodo restritiva, as contribuições não poderiam incidir sobre folha de salários, como é o caso da contribuição para o SEBRAE e para o INCRA (esta, objeto do RE 630.898 RG/RS), salvo se houvesse outro fundamento constitucional para a incidência, como ocorre no art. 195, I "a", da CF/88, para as contribuições previdenciárias.

Para esta **tese restritiva**, as contribuições poderiam ter apenas as seguintes bases de cálculo, em razão do tipo de alíquota adotada:

Alíquota	Base de cálculo	Fundamento
Ad valorem com previsão geral	Faturamento, a receita bruta ou o valor da operação e, no caso de importação, o valor aduaneiro	Art. 149, § 2º, III, 'a'
Ad rem	Unidade de medida adotada	Art. 149, § 2º, III, 'b'
–	Outras previsões especiais	–
Contribuições previdenciárias e PIS folha	Folha de salários e demais rendimentos do trabalho	Art. 195, I 'a'
CIDE combustíveis	Atividades de importação ou comercialização de petróleo e seus derivados, gás natural e seus derivados e álcool combustível	Art. 177, § 4º

Esta **interpretação,** contudo, é **apenas doutrinária**, não tendo sido incorporada ao ordenamento jurídico.

Numa questão objetiva de concurso, portanto, não teríamos dúvidas em responder positivamente que **a CIDE pode incidir sobre folha de salários**, tanto 1) pela interpretação literal do § 2º, inciso III, do art. 149, da Constituição, segundo o qual as contribuições "poderão" ter as alíquotas e as base de cálculo mencionadas (e não algo como "apenas poderão" ter determinadas alíquotas ou bases de cálculo), quanto 2) pela jurisprudência atual das cortes superiores, e 3) pelo teor do julgado representativo da controvérsia, presente na manifestação do Ministro Relator do RE 630.898 RG/RS pela repercussão geral do recurso, de que a EC 33/2001 não altera o *caput* do art. 149, da CF/88, onde as contribuições sobre folha encontravam fundamento. Numa questão aberta, poderia ser apresentada a existência da tese restritiva, proposta no RE 630.898 RG/RS.

2.1.2. Princípio da não surpresa

O princípio da não surpresa tributária no Brasil se subdivide no princípio da **irretroatividade**, este válido para todos os tributos e na **anterioridade**, seja a anterioridade **nonagesimal** quanto a anterioridade **do exercício.**

O tema da **anterioridade** mostra-se mais complexo do que o desejável, pois para cada tributo, para cada imposto ou contribuição, há uma gama de possibilidades de conjugação de regras, que variam entre a obrigatoriedade de obediência cumulativa da anterioridade nonagesimal e do exercício e a dispensa de obediência a qualquer regra de anterioridade, como é o caso do IOF, o que se verifica da minuciosa redação do art. 150, III e § 1º, e do art. 195, § 6º, ambos da CF/88.

Para a CIDE, porém, vale apenas o preceito do art. 150, III, da CF/88, segundo o qual "é vedado" "cobrar tributos" "no mesmo exercício financeiro" e "antes de decorridos noventa dias da data em que haja sido publicada a lei que os instituiu ou aumentou".

Como a CIDE, prevista pelo art. 149, da CF/88, não se encontra em qualquer regra de exceção, este tributo deve obedecer tanto a anterioridade do exercício, quanto a anterioridade nonagesimal. Há, contudo, **regra específica para a CIDE-combustíveis.** O art. 177, § 4º, I, b, da Constituição permite que esta contribuição em especial seja cobrada no mesmo exercício em que for majorada.

2.1.3. Desnecessidade de lei complementar

A exigência de lei complementar para dispor sobre normas gerais acerca de fatos geradores, bases de cálculo e contribuintes de tributos e para a criação de tributos (competência residual da União) encontra-se nos arts. 146, III, a; 154, I; e 195, § 4º. Mais uma vez, a CIDE, ou melhor, o art. 149, da CF/88 não está mencionada em nenhum destes artigos. Desta forma, ao contrário do que ocorre com as contribuições sociais, o legislador ordinário pode criar contribuições interventivas, e, ao contrário do que ocorre com os impostos, pode criá-las sem que haja lei complementar que discipline seus fatos geradores, suas bases de cálculo e seus contribuintes.

2.1.4. Imunidades

Como é notório, o art. 150, VI, da Constituição estabelece figuras clássicas de imunidades a impostos, apenas a impostos. O art. 195, § 7º, da Carta, a seu turno, prevê hipótese de imunidade apenas para as contribuições sociais para a seguridade social, o que não abrange a CIDE.

Assim, há apenas uma hipótese de imunidade da CIDE, aquela prevista pelo § 2º, I, do art. 149, da Carta, que **veda sua incidência sobre receitas decorrentes de exportação.**

2.1.5. Construções doutrinárias acerca do regime jurídico da CIDE

A doutrina tem procurado encontrar regime jurídico próprio para as contribuições, em normas constitucionais implícitas, no sentido de distinguir estes tributos dos impostos e também as contribuições de intervenção no domínio econômico das contribuições sociais.

2.1.6. Previsão da CIDE e seu aspecto finalístico

Diversos autores defendem que as contribuições devem ser regidas por critérios decorrentes da finalidade interventiva destas exações, tema que coloca o regime da CIDE nas preocupações do direito econômico.

Nos **impostos**, por não haver elemento finalístico, prevalece a regra da **universalidade de contribuintes**, como exemplifica o Imposto sobre a Renda. Nas **contribuições**, porque há a **finalidade específica, o contribuinte possível deve – ou deveria – estar relacionado**, de alguma forma, à **finalidade prevista pelo tributo.**

De fato, é imperativo que exista um **campo delimitado** para a atuação do Estado a justificar a existência das **contribuições**, porquanto o custo de atividades gerais é suportado por impostos.

Nas contribuições sociais esse campo de atuação é vasto. Nas contribuições interventivas, ao revés, a intervenção deve ser pontualmente direcionada, sob pena, inclusive, de ineficácia. Não seria lógico, por exemplo, o estabelecimento de uma contribuição interventiva que destinasse recursos "para a intervenção do Estado na economia". A finalidade seria vaga e não haveria nenhum resultado específico da contribuição.

Uma vez definida a finalidade legal ou constitucional da CIDE, **os recursos por ela arrecadados não podem ser utilizados para outros fins, sob pena de desvio de finalidade**, como já asseverou o STF:

> LEI ORÇAMENTÁRIA – CONTRIBUIÇÃO DE INTERVENÇÃO NO DOMÍNIO ECONÔMICO – IMPORTAÇÃO E COMERCIALIZAÇÃO DE PETRÓLEO E DERIVADOS, GÁS NATURAL E DERIVADOS E ÁLCOOL COMBUSTÍVEL – CIDE – DESTINAÇÃO – ARTIGO 177, § 4º, DA CONSTITUIÇÃO FEDERAL.
>
> É inconstitucional interpretação da Lei Orçamentária nº 10.640, de 14 de janeiro de 2003, que implique abertura de crédito suplementar em rubrica estranha à destinação do que arrecadado a partir do disposto no § 4º do artigo 177 da Constituição Federal, ante a natureza exaustiva das alíneas "a", "b" e "c" do inciso II do citado parágrafo.
>
> (STF, Tribunal Pleno, ADI 2.925/DF, Min. Marco Aurélio, DJ de 4/3/2005)

Vale ressaltar que **não há norma constitucional que impeça o legislador de ajustar a finalidade legal da contribuição** (salvo no caso da CIDE-combustíveis, que tem previsão expressa na CF/88), nem que, isso ocorrendo, haveria contribuição nova.

Por outro lado, a Corte decidiu que a desvinculação das receitas da União – DRU, não desnatura a natureza jurídica das contribuições de intervenção no domínio econômico. Leia-se:

> DIREITO CONSTITUCIONAL E TRIBUTÁRIO. CONTRIBUIÇÃO SOCIAL. RECEITAS. DESVINCULAÇÃO. EMENDAS CONSTITUCIONAIS Nº 27 DE 2000 E Nº 42 DE 2003. ARTIGO 76 DO ATO DAS DISPOSIÇÕES CONSTITUCIONAIS TRANSITÓRIAS. MODIFICAÇÃO NA APURAÇÃO DO FUNDO DE PARTICIPAÇÃO DOS MUNICÍPIOS. INOCORRÊNCIA. CONSONÂNCIA DA DECISÃO RECORRIDA COM A JURISPRUDÊNCIA CRISTALIZADA NO SUPREMO TRIBUNAL FEDERAL. RECURSO EXTRAORDINÁRIO QUE NÃO MERECE TRÂNSITO. ACÓRDÃO RECORRIDO PUBLICADO EM 29.8.2008.
>
> A jurisprudência desta Corte firmou-se no sentido de que: "(...) A desvinculação parcial da receita da União, constante do artigo 76 do Ato das Disposições Constitucionais Transitórias, não transforma as contribuições sociais e de intervenção no domínio econômico em impostos, alterando a essência daquelas, ausente qualquer implicação quanto à apuração do Fundo de Participação dos Municípios. Precedente: Ação Direta de Inconstitucionalidade nº 2.925/DF,

> em que fui designado redator para o acórdão" (RE 793.564-AgR/PE, Rel. Min. Marco Aurélio, 1ª Turma, DJe 1º.10.2014) . Controvérsia divergente daquela em que reconhecida a repercussão geral pelo Plenário desta Casa – RE 566.007-RG/RS. Inadequada a aplicação da sistemática da repercussão geral (art. 543-B do CPC). Agravo regimental conhecido e não provido.
>
> (STF, T1, RE 793.578 AgR/CE, Min. Rosa Weber, DJe de 10/3/2015)

A doutrina, em geral, defende, também, que a CIDE somente poderá seguir as modalidades de intervenção de fomento e de regulação, não sendo permitida contribuição que vise desestimular atividade econômica. Neste ponto, as opiniões devem ser tomadas com cuidado, pois não há previsão constitucional expressa neste sentido e a extrafiscalidade repressora de atividades indesejáveis é amplamente aceita, como exemplifica a tributação elevada do cigarro.

2.1.7. Duração e razoabilidade das contribuições

Parte da doutrina também entende que a CIDE somente poderia ser temporária, destinada a atacar desequilíbrios da economia, na medida necessária para o fim pretendido.

Não há impedimento constitucional para o estabelecimento de contribuições voltadas a combater problemas estruturais e duradouros da economia, nem a atender finalidades que se renovam. Exemplo disso é o ARFMM. Como a necessidade de renovação da Marinha Mercante é permanente, o fundamento de validade da CIDE também se renova.

De outro turno, o princípio da razoabilidade é aceito no ordenamento jurídico pátrio e é, por certo, aplicável à CIDE. Neste sentido, há jurisprudência do STF para a Contribuição de Iluminação Pública – CIP, que pode ser estendida à CIDE (RE 573.675/SC) e jurisprudência específica do STJ, confirmando a aplicação do princípio às contribuições interventivas (AgRg no Ag 787.684/RJ; e EREsp 770.451/SC).

2.1.8. O contribuinte possível da CIDE

Parte da doutrina defende que o contribuinte da CIDE seja escolhido pela lei dentre membros do grupo de sujeitos beneficiados pela finalidade do tributo ou causadores do problema econômico sobre o qual a contribuição pretende intervir.

Alguns autores dão a esta questão nomes como **pertinência ou referibilidade**, no sentido de que o contribuinte deve efetivamente pertencer ao grupo onde serão aplicados os recursos arrecadados pela CIDE ou que o problema econômico atacado realmente se referia ao contribuinte da exação.

Estes nomes, porém, são vagos e permitem classificações que oscilam conforme os entendimentos pessoais.

Certo, porém, que a referibilidade, ao menos no sentido de que os recursos da contribuição devam ser aplicados no grupo a que pertença seus contribuintes não é elemento que componha o ordenamento jurídico da CIDE, que se orienta pelo **princípio da solidariedade**, conforme a jurisprudência do STJ:

> [...]
>
> 3. Em síntese, estes foram os fundamentos acolhidos pela Primeira Seção:
>
> a) a referibilidade direta NÃO é elemento constitutivo das CIDE's;
>
> b) as contribuições especiais atípicas (de intervenção no domínio econômico) são constitucionalmente destinadas a finalidades não diretamente referidas ao sujeito passivo, o qual não necessariamente é beneficiado com a atuação estatal e nem a ela dá causa (referibilidade). Esse é o traço característico que as distingue das contribuições de interesse de categorias profissionais e de categorias econômicas;
>
> c) as CIDE's afetam toda a sociedade e obedecem ao princípio da solidariedade e da capacidade contributiva, refletindo políticas econômicas de governo. Por isso, não podem ser utilizadas como forma de atendimento ao interesse de grupos de operadores econômicos;
>
> [...]
>
> (STJ, S1, EREsp 705.536/PR, Min. Eliana Calmon, DJ de 18/12/2006)

A matéria será apreciada pelo STF no RE 630.898 RG/RS, que discute a contribuição para o INCRA, mas vale lembrar que, instado a se manifestar sobre a referibilidade no âmbito da contribuição para o SEBRAE, o Supremo rejeitou, por pelo menos duas vezes, a "vinculação direta do contribuinte ou a possibilidade de auferir benefícios com a aplicação dos recursos arrecadados" (RE 396.266/SC[189]) ou a necessidade de "contraprestação direta em favor do contribuinte" como requisito de validade do tributo (RE 635.682 RG/ RJ[190]). Também rejeitou a "vinculação direta entre o contribuinte e o benefício proporcionado pelas receitas tributárias arrecadadas" pela CIDE-*Royalties* (RE 632.832 AgR/RS[191]).

2.2. Contribuições interventivas em espécie

2.2.1. CIDE Combustíveis ou CIDE Transportes

As contribuições interventivas, como já mencionamos, passaram a vários nomes ou apelidos, em função de seu fato gerador ou da destinação de seu produto arrecadado, o que pode gerar confusão.

Um exemplo está no art. 177, § 4º da Constituição Federal. O fato gerador da contribuição ali prevista será a comercialização ou a importação de combustíveis em geral, daí o nome CIDE Combustíveis, mas também podemos encontrar referência à CIDE Petróleo, por sua previsão constitucional se situar no art. 177, da Carta, que trata do monopólio da União relativo a este mineral.

189. STF, Tribunal Pleno, RE 396.266 / SC, Min. Carlos Velloso, DJ de 27/2/2004.
190. STF, Tribunal Pleno, RE 635.682 RG/ RJ, Min. Gilmar Mendes, DJe de 23/5/2013.
191. STF, T1, RE 632.832 AgR/RS, Min. Rosa Weber, DJe de 29/8/2014.

De outro turno, a contribuição também é chamada CIDE Transporte, pois duas, das três finalidades do tributo referem-se ao transporte. Não seria de se estranhar, contudo, menções à CIDE Ambiental, pois a exação também tem como finalidade o financiamento de projetos ambientais relacionados com a indústria do petróleo e do gás.

Em termos técnicos, a contribuição para o Fundo Nacional de Infraestrutura de Transportes é uma Contribuição de Intervenção no Domínio Econômico, com previsão constitucional especifica encontrada nos parágrafos do art. 177 da Carta, gozando, assim de fundamento positivo específico superior ao das demais contribuições interventivas (Emenda Constitucional 33/2001).

Prevê o art. 177, § 4º, **contribuição incidente sobre atividades de importação ou comercialização de petróleo e seus derivados, gás natural e seus derivados e álcool combustível**. Vejamos o texto da Constituição:

> Art. 177. Constituem monopólio da União:
>
> I – a pesquisa e a lavra das jazidas de petróleo e gás natural e outros hidrocarbonetos fluidos;
>
> II – a refinação do petróleo nacional ou estrangeiro;
>
> III – a importação e exportação dos produtos e derivados básicos resultantes das atividades previstas nos incisos anteriores;
>
> IV – o transporte marítimo do petróleo bruto de origem nacional ou de derivados básicos de petróleo produzidos no País, bem assim o transporte, por meio de conduto, de petróleo bruto, seus derivados e gás natural de qualquer origem;
>
> [...]
>
> § 4º A lei que instituir contribuição de intervenção no domínio econômico relativa às atividades de importação ou comercialização de petróleo e seus derivados, gás natural e seus derivados e álcool combustível deverá atender aos seguintes requisitos:
>
> I – a alíquota da contribuição poderá ser:
>
> a) diferenciada por produto ou uso;
>
> b) reduzida e restabelecida por ato do Poder Executivo, não se lhe aplicando o disposto no art. 150, III, b;
>
> II – os recursos arrecadados serão destinados:
>
> a) ao pagamento de subsídios a preços ou transporte de álcool combustível, gás natural e seus derivados e derivados de petróleo;
>
> b) ao financiamento de projetos ambientais relacionados com a indústria do petróleo e do gás;
>
> c) ao financiamento de programas de infraestrutura de transportes.

Quanto à **destinação**, prevê a Carta (art. 177, § 4º, II) que os recursos arrecadados serão destinados: a) ao pagamento de subsídios a preços ou transporte de álcool combustível, gás natural e seus derivados e derivados de petróleo; b) ao financiamento de projetos ambientais relacionados com a indústria do petróleo e do gás; e c) ao financiamento de programas de infraestrutura de transportes, no que é secundada pela Lei 10.336/2001, lei que instituiu a contribuição.

Há autorização constitucional para o estabelecimento de alíquotas distintas em virtude do produto ou de seu uso, sem violação, portanto, ao princípio da isonomia e para alteração e restabelecimento de alíquotas por ato do Poder Executivo, sem violação ao princípio da legalidade.

Observe-se que **parcela da arrecadação da CIDE Combustíveis pertence aos Estados e ao Distrito Federal**, desde a edição da EC 42/2003, que incluiu o inciso III, no art. 159, da Carta, hoje com redação dada pela EC 44/2004:

> Art. 159. A União entregará:
>
> III – do produto da arrecadação da contribuição de intervenção no domínio econômico prevista no art. 177, § 4º, 29% (vinte e nove por cento) para os Estados e o Distrito Federal, distribuídos na forma da lei, observada a destinação a que se refere o inciso II, c, do referido parágrafo. (Redação dada pela EC 44/2004)

Por sua vez, os estados devem repassar 25% dos valores recebidos a seus municípios (art. 1º, B, da Lei 10.336/2001)

O tributo liga-se, portanto, a atos de **intervenção do Estado no domínio econômico**, consistindo sua função na concessão de subsídios a preços ou transporte de álcool combustível, gás natural e seus derivados e derivados de petróleo; no financiamento de projetos ambientais relacionados com a indústria do petróleo e do gás; e no financiamento de programas de infraestrutura de transportes.

Sob o ponto de vista da cobrança, a contribuição também pode ser utilizada como instrumento regulatório dos combustíveis. Com vistas nisso, o legislador constitucional permitiu que suas alíquotas sejam alteradas por ato do Poder Executivo, dispensando-se a aplicação da anterioridade do exercício. A CIDE combustíveis, ao contrário das demais, observa apenas a anterioridade nonagesimal.

As **principais discussões** acerca do tributo no **STJ** referem-se a questões técnicas tributárias, quanto ao contribuinte e à legitimidade em pedidos de restituição, pouco relevantes para o direito econômico, cabendo ressaltar que nos tributos indiretos a legitimidade para o pedido de restituição cabe a quem provar ter assumido o encargo da exação.

Uma exceção é o julgamento do REsp 1.476.051/PE, no qual a Segunda Turma do STJ entendeu que os gases butano e propano são espécies abrangidas pelo gênero gás liquefeito de petróleo, e, portanto, abrangidos pela incidência da contribuição, nos termos do art. 3º, V, da Lei 10.336/2001[192].

---

192. STJ, T2, REsp 1.476.051/PE, Relator Min. Humberto Martins, Relator p/ Acórdão Min. Herman Benjamin, DJe de 10/10/2016.

No Supremo, contudo, definiu-se que "não há obrigatoriedade de repasse aos produtores do nordeste dos recursos obtidos com a arrecadação da Contribuição de Intervenção no Domínio Econômico – Cide combustíveis"[193].

Destaca-se, porém, o julgamento da ADI 2.925/2005, em que o STF julgou inconstitucional lei orçamentária, na parte que pretendia utilizar os recursos arrecadados pela CIDE Combustíveis em fins diversos daqueles previstos no § 4º do artigo 177 da CF/88. *Verbis*:

> PROCESSO OBJETIVO – AÇÃO DIRETA DE INCONSTITUCIONALIDADE – LEI ORÇAMENTÁRIA.
>
> Mostra-se adequado o controle concentrado de constitucionalidade quando a lei orçamentária revela contornos abstratos e autônomos, em abandono ao campo da eficácia concreta.
>
> LEI ORÇAMENTÁRIA – CONTRIBUIÇÃO DE INTERVENÇÃO NO DOMÍNIO ECONÔMICO – IMPORTAÇÃO E COMERCIALIZAÇÃO DE PETRÓLEO E DERIVADOS, GÁS NATURAL E DERIVADOS E ÁLCOOL COMBUSTÍVEL – CIDE – DESTINAÇÃO – ARTIGO 177, § 4º, DA CONSTITUIÇÃO FEDERAL.
>
> É inconstitucional interpretação da Lei Orçamentária nº 10.640, de 14 de janeiro de 2003, que implique abertura de crédito suplementar em rubrica estranha à destinação do que arrecadado a partir do disposto no § 4º do artigo 177 da Constituição Federal, ante a natureza exaustiva das alíneas "a", "b" e "c" do inciso II do citado parágrafo.
>
> (STF, Tribunal Pleno, ADI 2.925/DF, Min. Marco Aurélio, DJ de 4/3/2005)

De fato, sem a vinculação orçamentárias das receitas da CIDE nos fins pretendidos pela Constituição, o próprio tributo perderia seu sentido.

2.2.2. CIDE Royalties, CIDE Tecnologia ou CIDE Interação Universidade Empresa

O tributo devido ao Programa de Estímulo à Interação Universidade-Empresa, incidente sobre a remessa de *royalties* para o exterior, também é contribuição de intervenção no domínio econômico e recebe apelidos distintos em virtude de seu fato gerador e de sua finalidade.

O Programa, instituído pela Lei 10.168/2000 (art. 1º) tem como objetivo principal "estimular o desenvolvimento tecnológico brasileiro, mediante programas de pesquisa científica e tecnológica cooperativa entre universidades, centros de pesquisa e o setor produtivo".

Já a contribuição, criada pelo art. 2º da lei para o Programa, é devida "pela pessoa jurídica detentora de licença de uso ou adquirente de conhecimentos tecnológicos, bem como aquela signatária de contratos que impliquem transferência de tecnologia, firmados com residentes ou domiciliados no exterior" e tem por base de cálculo (§ 3º) "os valores pagos, creditados, entregues, empregados ou remetidos, a cada mês, a residentes ou domiciliados no exterior, a título de remuneração decorrente das obrigações" que permitem a utilização da tecnologia estrangeira.

193. STF, T2, RE 646966 AgR / PE, Min. Cármem Lúcia, DJe de 22/11/2012.

Tratando da **destinação do produto arrecadado**, dispõe o art. 4º da referida lei que a contribuição "será recolhida ao Tesouro Nacional e destinada ao Fundo Nacional de Desenvolvimento Científico e Tecnológico – FNDCT, criado pelo Decreto-Lei 719, de 31 de julho de 1969, e restabelecido pela Lei n 8.172, de 18 de janeiro de 1991". Por sua vez, o art. 6º privilegia parcela dos recursos a investimentos nas regiões Norte, Nordeste e Centro-Oeste do país, com vistas na redução de desigualdades regionais.

Contudo, é a Lei 10.332/2001, que

> institui mecanismo de financiamento para o Programa de Ciência e Tecnologia para o Agro-negócio, para o Programa de Fomento à Pesquisa em Saúde, para o Programa Biotecnologia e Recursos Genéticos – Genoma, para o Programa de Ciência e Tecnologia para o Setor Aeronáutico e para o Programa de Inovação para Competitividade, e dá outras providências", que vai dar o detalhamento da destinação do proveito da contribuição.

Dispõe o art. 1º da lei que o produto da contribuição é destinado ao Programa de Ciência e Tecnologia para o Agronegócio; ao Programa de Fomento à Pesquisa em Saúde; ao Programa Biotecnologia e Recursos Genéticos – Genoma; ao Programa de Ciência e Tecnologia para o Setor Aeronáutico; e ao Programa de Inovação para Competitividade, com vistas ao incentivo do desenvolvimento científico e tecnológico brasileiro, por meio de financiamento de atividades de pesquisa e desenvolvimento científico-tecnológico de interesse das áreas do agronegócio, da saúde, da biotecnologia e recursos genéticos, do setor aeronáutico e da inovação para a competitividade, nos termos do art. 2º da lei.

Preservada a relação entre cobrança do tributo e destinação do seu proveito – vale dizer: aqueles que importam tecnologia contribuem para que seja gerada tecnologia nacional – o estímulo a este importante fator de produção é o principal efeito extrafiscal da exação.

O STJ acolheu a legalidade da contribuição, com "nítido intuito de fomentar o desenvolvimento tecnológico nacional por meio da intervenção em determinado setor da economia, a partir da tributação da remessa de divisas ao exterior, propiciando o fortalecimento do mercado interno de produção e consumo dos referidos serviços, bens e tecnologia"[194], bem como afastou para o tributo a necessidade de referibilidade direta[195], na esteira da jurisprudência daquela Corte.

O **STF** já entendeu pela **constitucionalidade da contribuição**, "em razão de ser dispensável a edição de lei complementar para a instituição dessa espécie tributária e a vinculação direta entre os benefícios dela decorrentes e o contribuinte"[196].

Contudo, o perfil constitucional e o parâmetro para o exercício de sua competência são objeto do RE 928.943 RG/SP. Leia-se:

194. STJ, T2, REsp 1186160 / SP, Min. Mauro Campbell Marques, DJe de 30/9/2010.
195. STJ, T1, REsp 1.121.302/RS, Min. Benedito Gonçalves, DJe de 3/5/2010.
196. STF, T1, AI 737858 ED-AgR / SP, Min. Dias Tóffoli, DJe de 7/12/2012.

> RECURSO EXTRAORDINÁRIO. TRIBUTÁRIO E CONSTITUCIONAL. CONTRIBUIÇÕES DE INTERVENÇÃO NO DOMÍNIO ECONÔMICO INCIDENTES SOBRE REMESSAS AO EXTERIOR. LEIS 10.168/2000 E 10.332/2001. PERFIL CONSTITUCIONAL E PARÂMETROS PARA O EXERCÍCIO DA COMPETÊNCIA DA UNIÃO. RELEVÂNCIA DA MATÉRIA E TRANSCENDÊNCIA DE INTERESSES. TEMA 914. EXISTÊNCIA DE REPERCUSSÃO GERAL.
>
> (STF, Tribunal Pleno, RE 928.943 RG/SP, Min. Luiz Fux, DJe de 13/9/2016)

De acordo com o Ministro relator, "o presente caso [...] aspectos da contribuição para a intervenção no domínio econômico que ainda não foram examinados por esta Corte com a devida acuidade, qual seja, (i) a (des)necessidade de atividade estatal para legitimação da incidência, à luz dos artigos 149 e 174 da Constituição Federal; (ii) e nesse caso, o tipo de atividade estatal que pode dar azo a uma legítima intervenção no domínio econômico; bem como (iii) o segmento econômico alcançado pela intervenção estatal e sua relação com a finalidade almejada pela exação"[197].

No recurso, discute-se, materialmente, se há violação ao princípio da isonomia, pois onera a aquisição de tecnologia importada em favorecimento à tecnologia nacional e se a promoção e incentivo das atividades universitárias, do desenvolvimento científico, da pesquisa e da capacitação tecnológica podem ser custeados pela CIDE ou somente por impostos.

2.2.3. *Contribuição para o INCRA*

Alguns tributos, à míngua de consolidação oficial, como o Regulamento do Imposto de Renda, demandam esforço um pouco maior de identificação das exações. Um desses casos é, ou melhor, são as contribuições relativas à atividade rural e a reforma agrária.

Neste setor, podemos distinguir pelo uma contribuição social e duas contribuições de intervenção no domínio econômico.

A partir da redação original do art. 6º, da Lei 2.613/1955, temos uma CIDE (caput do art. 6º, da Lei 2.613/1955 e art. 2º, do DL 1.146/1970), de 2,5% sobre a folha de empresas ligadas a certas atividades do agronegócio; uma contribuição dupla, devida por empresas rurais e urbanas no montante de 2,6% da folha, dos quais o percentual de 0,2% é CIDE, devida ao INCRA e o restante é contribuição social (art. 6º, § 4º, da Lei 2.613/1955, art. 3º, do DL 1.146/1970 e art. 15, II, da LCP 11/71).

A **finalidade** das contribuições interventivas para o INCRA se resume na realização da reforma agrária, nos termos de vasta legislação vigente, a exemplo do Estatuto da Terra (Lei 4.504/64) e do Regulamento da Reforma Agrária (Lei 8.629/93).

Já vimos que a as contribuições devidas ao INCRA, especialmente aquele no montante de 0,2% sobre folha incidente sobre contribuintes rurais e urbanos, têm se submetido a diversas **ações judiciais**.

---

197. STF, Tribunal Pleno, RE 928.943 RG/SP, Min. Luiz Fux, DJe de 13/9/2016.

Vejamos um precedente:

> PROCESSUAL CIVIL. RECURSO ESPECIAL. TRIBUTÁRIO. CONTRIBUIÇÃO DESTINADA AO INCRA. ADICIONAL DE 0,2%. NÃO EXTINÇÃO PELAS LEIS 7.787/89, 8.212/91 E 8.213/91. LEGITIMIDADE.
>
> [....]
>
> 7. A evolução histórica legislativa das contribuições rurais denota que o Funrural (Prorural) fez as vezes da seguridade do homem do campo até o advento da Carta neo-liberal de 1988, por isso que, inaugurada a solidariedade genérica entre os mais diversos segmentos da atividade econômica e social, aquela exação restou extinta pela Lei 7.787/89. 8. Diversamente, sob o pálio da interpretação histórica, restou hígida a contribuição para o Incra cujo desígnio em nada se equipara à contribuição securitária social. 9. Consequentemente, resta inequívoca dessa evolução, constante do teor do voto, que: (a) a Lei 7.787/89 só suprimiu a parcela de custeio do Prorural; (b) a Previdência Rural só foi extinta pela Lei 8.213, de 24 de julho de 1991, com a unificação dos regimes de previdência; (c) entretanto, a parcela de 0,2% (zero vírgula dois por cento) – destinada ao Incra – não foi extinta pela Lei 7.787/89 e tampouco pela Lei 8.213/91, como vinha sendo proclamado pela jurisprudência desta Corte. 10. Sob essa ótica, à míngua de revogação expressa e inconciliável a adoção da revogação tácita por incompatibilidade, porquanto distintas as razões que ditaram as exações sub judice, ressoa inequívoca a conclusão de que resta hígida a contribuição para o Incra. 11. Interpretação que se coaduna não só com a literalidade e a história da exação, como também converge para a aplicação axiológica do Direito no caso concreto, viabilizando as promessas constitucionais pétreas e que distinguem o ideário da nossa nação, qual o de constituir uma sociedade justa e solidária, com erradicação das desigualdades regionais. 12. Recursos especiais do Incra e do INSS providos.
>
> (STJ, S1, REsp 977.058/RS, Min. Luiz Fux, DJe de 10/11/2008)

O tema, a propósito, restou sumulado pelo STJ:

> Súmula 516 do STJ - A contribuição de intervenção no domínio econômico para o Incra (Decreto-Lei nº 1.110/1970), devida por empregadores rurais e urbanos, não foi extinta pelas Leis 7.787/1989, 8.212/1991 e 8.213/1991, não podendo ser compensada com a contribuição ao INSS. (STJ, S1, Súmula 516, DJe de 2/3/2015).

Vale lembrar que a matéria é objeto do STF no RE 630.898 RG/RS, onde se discutem sua recepção pela Carta Constitucional, sua base de cálculo (folha de salários) e a possibilidade de sua incidência sobre contribuintes urbanos (pertinência).

2.2.4. Contribuições para o SEBRAE

O SEBRAE – Serviço Brasileiro de Apoio às Micro e Pequenas Empresas – originariamente Centro Brasileiro de Apoio às Micro e Pequenas Empresas – CEBRAE, foi criado em 1972 e transformado em serviço autônomo pela Lei 8.029/1990.

No mesmo ano, a Lei 8.154/1990 incluiu o art. 9º na Lei 8.029/1990, definindo como competência da instituição "planejar, coordenar e orientar programas técnicos, projetos e atividades de apoio às micro e pequenas empresas, em conformidade com as políticas nacionais de desenvolvimento, particularmente as relativas às áreas industrial, comercial e tecnológica".

Para custear suas atividades de apoio às pequenas empresas, promoção de exportações e desenvolvimento industrial, o § 3º, do art. 8º, da Lei 8.029/1990 estabeleceu nova contribuição, adicional àquela devida ao sistema SESI/SENAI, SESC/SENAC (Sistema S), nos seguintes termos:

> Art. 8º É o Poder Executivo autorizado a desvincular, da Administração Pública Federal, o Centro Brasileiro de Apoio à Pequena e Média Empresa – CEBRAE, mediante sua transformação em serviço social autônomo.
>
> [...]
>
> § 3º Para atender à execução das políticas de apoio às micro e às pequenas empresas, de promoção de exportações e de desenvolvimento industrial, é instituído adicional às alíquotas das contribuições sociais relativas às entidades de que trata o art. 1º do Decreto-Lei no 2.318, de 30 de dezembro de 1986, de: (Redação dada pela Lei 11.080/2004)
>
> [...]
>
> c) três décimos por cento a partir de 1993. (Incluído pela Lei 8.154/1990)
>
> § 4º O adicional de contribuição a que se refere o § 3º deste artigo será arrecadado e repassado mensalmente pelo órgão ou entidade da Administração Pública Federal ao Cebrae, ao Serviço Social Autônomo Agência de Promoção de Exportações do Brasil – Apex-Brasil e ao Serviço Social Autônomo Agência Brasileira de Desenvolvimento Industrial – ABDI, na proporção de 85,75% (oitenta e cinco inteiros e setenta e cinco centésimos por cento) ao Cebrae, 12,25% (doze inteiros e vinte e cinco centésimos por cento) à Apex-Brasil e 2% (dois inteiros por cento) à ABDI. (Redação dada pela Lei 11.080/2004)
>
> [...]

As contribuições devidas ao Sistema S, em geral, são efetivas contribuições sociais. Por tal razão, procurou-se emprestar à contribuição ao SEBRAE a mesma natureza, discutindo-se, inclusive, sua validade.

A comparação se mostrou indevida, pois as contribuições para o Sistema S são voltadas ao ensino e à assistência de profissionais dos setores que abarcam (por exemplo, o SESI/SENAI dedica-se aos trabalhadores da indústria), atividades com caráter essencialmente social, enquanto a contribuição **para o SEBRAE tem finalidades eminentemente econômicas**, nos termos da Lei 8.029/1990:

- apoio às micro e às pequenas empresas;
- promoção de exportações; e
- promoção desenvolvimento industrial.

Tendo em vista tais finalidades, a jurisprudência do **STF definiu que a contribuição teria natureza de CIDE** e, portanto, seguindo seu regime jurídico específico. Vejamos:

> Recurso extraordinário. 2. Tributário. 3. Contribuição para o SEBRAE. Desnecessidade de lei complementar. 4. Contribuição para o SEBRAE. Tributo destinado

a viabilizar a promoção do desenvolvimento das micro e pequenas empresas. Natureza jurídica: contribuição de intervenção no domínio econômico. 5. Desnecessidade de instituição por lei complementar. Inexistência de vício formal na instituição da contribuição para o SEBRAE mediante lei ordinária. 6. Intervenção no domínio econômico. É válida a cobrança do tributo independentemente de contraprestação direta em favor do contribuinte. 7. Recurso extraordinário não provido. 8. Acórdão recorrido mantido quanto aos honorários fixados.

(STF, Tribunal Pleno, RE 635.682 RG/RJ, Min. Gilmar Mendes, DJe de 23/5/2013)

Assim, a contribuição para o SEBRAE tem natureza de CIDE, malgrado seu paralelo com as demais contribuições para o Sistema S, concebidas como contribuições sociais.

2.2.5. Adicional de Frete para Renovação da Marinha Mercante – AFRMM

O Adicional de Frete para Renovação da Marinha Mercante fora criado pelo art. 1º, do DL 2.404/1987, nos seguintes termos:

Art. 1° O Adicional ao Frete para Renovação da Marinha Mercante (AFRMM) destina-se a atender aos encargos da intervenção da União nas atividades de navegação mercante nos termos deste decreto-lei.

Com esta redação, **o tributo fora recepcionado pela CF/88, conforme a jurisprudência do STF, como CIDE**. Vamos relembrar:

CONSTITUCIONAL. TRIBUTÁRIO. ADICIONAL AO FRETE PARA RENOVAÇÃO DA MARINHA MERCANTE – AFRMM: CONTRIBUIÇÃO PARAFISCAL OU ESPECIAL DE INTERVENÇÃO NO DOMÍNIO ECONÔMICO. C.F. ART. 149, ART. 155, § 2º, IX. ADCT, ART. 36.

I. – Adicional ao frete para renovação da marinha mercante – AFRMM – é uma contribuição parafiscal ou especial, contribuição de intervenção no domínio econômico, terceiro gênero tributário, distinta do imposto e da taxa. (C.F., art. 149).

II. – O AFRMM não é incompatível com a norma do art. 155, § 2º, IX, da Constituição. Irrelevância, sob o aspecto tributário, da alegação no sentido de que o Fundo da Marinha Mercante teria sido extinto, na forma do disposto no art. 36, ADCT.

III. – Recurso extraordinário não conhecido.

(STF, Tribunal Pleno, RE 177.137/RS, Min. Carlos Velloso, DJ de 18/4/1997)

A contribuição, o fundo orçamentário onde são depositados os recursos por ela arrecadados e, especialmente sua finalidade, como é típico das normas econômicas, sofreram alterações no sentido de adaptar o instituto à realidade dos dias atuais.

A Lei 10.893/2004 rege, hoje, praticamente toda a disciplina do Adicional ao Frete para a Renovação da Marinha Mercante – AFRMM e o Fundo da Marinha Mercante – FMM (art. 1º, da Lei 10.893/2004).

O **AFRMM** incide sobre o frete, que é a remuneração do transporte aquaviário da carga de qualquer natureza descarregada em porto brasileiro (art. 5º, da Lei 10.893/2004) e **é repartido**, conforme a nacionalidade da empresa de navegação (nacional ou estrangeira) ou a localidade do registro da embarcação (nacional ou estrangeira), **ao Fundo da**

Marinha Mercante – FMM e à empresa brasileira de navegação, operando embarcação própria ou afretada, de registro brasileiro (art. 17, da Lei 10.893/2004).

Quando os recursos são destinados diretamente a empresa brasileira de navegação, a finalidade de renovação da marinha mercante se opera de forma direta.

Repassados os recursos ao FMM, estes serão aplicados na renovação da marinha mercante por uma vasta gama de modalidades, como em apoio financeiro reembolsável mediante concessão de empréstimo para: construção, modernização, reparação de embarcação em estaleiro brasileiro; projetos de pesquisa e desenvolvimento científico ou tecnológico e formação e aperfeiçoamento de recursos humanos voltados para os setores da Marinha Mercante a empresa brasileira do ramo; a estaleiro brasileiro para financiamento à produção de embarcação; à Marinha do Brasil, para construção e reparos, em estaleiros brasileiros, de embarcações; aos estaleiros brasileiros, para financiamento de reparo de embarcações, conforme o art. 26, da Lei 10.893/2004.

Com a disciplina da Lei 10.893/2004, o AFRMM se apresenta, inegavelmente, com contribuição de intervenção no domínio econômico.

3. QUADROS SINÓTICOS

Quadro Sinótico da teoria geral sobre CIDE

Tema	Informação	Fonte
Competência	Apenas da União	Art. 149, da CF/88
Ato normativo de criação	Lei ordinária	Jurisprudência do STF e do STJ
Fato Gerador	Qualquer fato escolhido pelo legislador.	Regra geral
	Inclusive: importação de produtos e serviços do exterior; e	Art. 149, § 2º, II, da CF/88
	o faturamento, a receita bruta ou o valor da operação	Art. 149, § 2º, III, a, da CF/88
	Exceto: receitas decorrentes de exportação (imunidade)	Art. 149, § 2º, I, da CF/88
Aspecto finalístico	Obrigatório Vinculado a intervenção em atividade econômica específica	Art. 149, da CF/88
	Com aplicação obrigatória nesta finalidade	ADI 2.925 / DF
Duração	Não há nada no ordenamento que determine a provisoriedade das contribuições	-
Razoabilidade	Aplica-se, por se tratar de princípio constitucional implícito.	Doutrina, jurisprudência e jurisprudência específica do STJ.

Contribuinte – referibilidade x solidariedade	Contribuinte eleito pelo legislador Referibilidade como vinculação direta do contribuinte ou a possibilidade de auferir benefícios com a aplicação dos recursos arrecadados – NÃO SE APLICA. Referibilidade como contraprestação direta em favor do contribuinte" como requisito de validade do tributo – NÃO SE APLICA. Aceita-se a aplicação do princípio da referibilidade indireta (alguma relação do contribuinte com o fato econômico objeto da intervenção) e do princípio da solidariedade	Jurisprudência do STF e do STJ
Alíquota	*Ad valorem*, para base monetária e específica, tendo por base unidade de medida.	Art. 149, § 2º, III, a e b, da CF/88
Base de cálculo	A jurisprudência entende, até o momento, que a base de cálculo prevista pelo Art. 149, § 2º, III, a e b, da CF/88 são exemplificativas.	Jurisprudência do STF e do STJ
Princípio da não supresa	A CIDE se submete à regra da anterioridade nonagesimal e da anterioridade do exercício.	Art. 150, III, da CF/88

Contribuições em espécie

CIDE Transportes

Tema	Informação	Fonte
Espécie	CIDE Combustíveis ou CIDE Transportes	Art. 177, § 4º, da CF/88 e Lei 10.336/2001
Fato gerador	Atividades de importação ou comercialização de petróleo e seus derivados, gás natural e seus derivados e álcool combustível	Art. 177, § 4º, da CF/88
Contribuinte	Importador e comerciante de petróleo e seus derivados, gás natural e seus derivados e álcool combustível	Art. 177, § 4º, da CF/88
Alíquotas	Podem ser: a) diferenciada por produto ou uso; b) reduzidas e restabelecida por ato do Poder Executivo, não se lhe aplicando o disposto no art. 150, III, b (princípio da anterioridade do exercício);	Art. 177, § 4º, I, da CF/88
Arrecadador	Receita Federal	Art. 13, da Lei 10.336/2001
Destinatário dos recursos	Orçamento da União	Art. 1º, § 1º, da Lei 10.336/2001.
Repasse da arrecadação	Aos estados, com repartição aos municípios	Art. 159, III, da CF/88

Finalidade	a) pagamento de subsídios a preços ou transporte de álcool combustível, gás natural e seus derivados e derivados de petróleo; b) financiamento de projetos ambientais relacionados com a indústria do petróleo e do gás; c) financiamento de programas de infraestrutura de transportes.	Art. 177, § 4º, II, da CF/88

CIDE Royalties

Tema	Informação	Fonte
Espécie	CIDE *Royalties, CIDE Tecnologia ou CIDE Interação Universidade Empresa*	Lei 10.168/2000
Fato gerador	Pagamentos, creditados, entregues, empregados ou remetidos, a cada mês, a residentes ou domiciliados no exterior, a título de remuneração decorrente das obrigações que permitem a utilização da tecnologia estrangeira	Art. 2º, da Lei 10.168/2000
Contribuinte	pessoa jurídica detentora de licença de uso ou adquirente de conhecimentos tecnológicos, bem como aquela signatária de contratos que impliquem transferência de tecnologia, firmados com residentes ou domiciliados no exterior	Art. 2º, da Lei 10.168/2000
Arrecadador	Receita Federal	Art. 4º, da Lei 10.168/2000
Destinatário dos recursos	Fundo Nacional de Desenvolvimento Científico e Tecnológico – FNDCT	DL 719/69 e Lei 8.172/91
Finalidade	Estimular o desenvolvimento tecnológico brasileiro, mediante programas de pesquisa científica e tecnológica cooperativa entre universidades, centros de pesquisa e o setor produtivo	Art. 1º, da Lei 10.168/2000
	▸ Programa de Ciência e Tecnologia para o Agronegócio; ao Programa de Fomento à Pesquisa em Saúde; ▸ Programa Biotecnologia e Recursos Genéticos – Genoma; ▸ Programa de Ciência e Tecnologia para o Setor Aeronáutico; ▸ Programa de Inovação para Competitividade, com vistas ao incentivo do desenvolvimento científico e tecnológico brasileiro	Art. 1º e 2º, da Lei 10.332/2001

Contribuição para INCRA

Tema	Informação	Fonte
Espécie	Contribuição para o INCRA	Art. 2º e 3º, do DL 1.146/1970

Fato gerador	Folha de Salários	Art. 2º e 3º, do DL 1.146/1970
Contribuinte 1	Empresas de atividades rurais específicas	Art. 2º, do DL 1.146/1970
Contribuinte 2	Qualquer empresa	Art. 3º, do DL 1.146/1970
Arrecadador	Receita Federal	Lei 11.457/2007
Destinatário dos recursos	INCRA	DL 1.110/1970 e DL 1.146/1970
Finalidade	Promoção da Reforma Agrária	Lei 4.504/64 Lei 8.629/93

Contribuição para o SEBRAE

Tema	Informação	Fonte
Nome	Contribuição para o SEBRAE	Art. 8º, da Lei 8.029/1990
Fato gerador	Folha de Salários	Art. 8º, § 3º, da Lei 8.029/1990, c/c art. 1º, do DL 2.318/86.
Contribuinte	Pessoa jurídica	Art. 8º, § 3º, da Lei 8.029/1990, c/c art. 1º, do DL 2.318/86.
Arrecadador	Receita Federal	Lei 11.457/2007
Destinatário dos recursos	SEBRAE	Art. 8º, § 4º, da Lei 8.029/1990
Finalidade	▸ Apoio às micro e às pequenas empresas; ▸ Promoção de exportações; e ▸ Promoção desenvolvimento industrial.	Art. 8º, § 3º, da Lei 8.029/1990

Adicional de Frete para Renovação da Marinha Mercante

Tema	Informação	Fonte
Nome	AFRMM Adicional de Frete para Renovação da Marinha Mercante	DL 2.404/1987 e Lei 10.893/2004
Fato gerador	Frete aquaviário, que é a remuneração do transporte aquaviário da carga de qualquer natureza descarregada em porto brasileiro.	Art. 5º, da Lei 10.893/2004
Contribuinte	Consignatário constante do conhecimento de embarque.	Art. 10, da Lei 10.893/2004
Arrecadador	Receita Federal	Art. 3º, § 1º, da Lei 10.893/2004
Destinatário dos recursos	Fundo da Marinha Mercante – FMM	art. 1º, da Lei 10.893/2004

Finalidade	Destina-se a atender aos encargos da intervenção da União nas atividades de navegação mercante.	Art. 1º, do DL 2.404/1987
	Destina-se a atender aos encargos da intervenção da União no apoio ao desenvolvimento da marinha mercante e da indústria de construção e reparação naval brasileiras, e constitui fonte básica do FMM.	Art. 3º, da Lei 10.893/2004 Atividades encontram-se desdobradas no art. 26, da Lei 10.893/2004.

4. JURISPRUDÊNCIA

4.1. Jurisprudência do STF

↘ CONSTITUCIONAL. TRIBUTÁRIO. ADICIONAL AO FRETE PARA RENOVAÇÃO DA MARINHA MERCANTE – AFRMM: CONTRIBUIÇÃO PARAFISCAL OU ESPECIAL DE INTERVENÇÃO NO DOMÍNIO ECONÔMICO. C.F. ART. 149, ART. 155, § 2º, IX. ADCT, ART. 36.

I. – Adicional ao frete para renovação da marinha mercante – AFRMM – é uma contribuição parafiscal ou especial, contribuição de intervenção no domínio econômico, terceiro gênero tributário, distinta do imposto e da taxa. (C.F., art. 149).

II. – O AFRMM não é incompatível com a norma do art. 155, § 2º, IX, DA Constituição. Irrelevância, sob o aspecto tributário, da alegação no sentido de que o Fundo da Marinha Mercante teria sido extinto, na forma do disposto no art. 36, ADCT.

III. – Recurso extraordinário não conhecido.

(STF, Tribunal Pleno, RE 177.137/RS, Min. Carlos Velloso, DJ de 18/4/1997)

↘ Recurso extraordinário.

2. Tributário.

3. Contribuição para o SEBRAE. Desnecessidade de lei complementar.

4. Contribuição para o SEBRAE. Tributo destinado a viabilizar a promoção do desenvolvimento das micro e pequenas empresas. Natureza jurídica: contribuição de intervenção no domínio econômico.

5. Desnecessidade de instituição por lei complementar. Inexistência de vício formal na instituição da contribuição para o SEBRAE mediante lei ordinária. 6. Intervenção no domínio econômico. É válida a cobrança do tributo independentemente de contraprestação direta em favor do contribuinte.

7. Recurso extraordinário não provido. 8. Acórdão recorrido mantido quanto aos honorários fixados. (STF, Tribunal Pleno, RE 635.682 RG/ RJ, Min. Gilmar Mendes, DJe de 23/5/2013)

↘ DIREITO TRIBUTÁRIO. CONTRIBUIÇÃO DESTINADA AO INCRA. REFERIBILIDADE. RECEPÇÃO PELA CF/88. EMENDA CONSTITUCIONAL Nº 33/01. NATUREZA JURÍDICA. EXISTÊNCIA DE REPERCUSSÃO GERAL.

(STF, Min. Dias Toffoli, RE 630.898 RG/RS, DJe de 28/6/2012).

↘ Agravo regimental nos embargos de declaração no agravo de instrumento. Negativa de prestação jurisdicional. CIDE. Lei nº 10.168/2000. Dispensa de LC. Precedentes.

1. Não houve negativa de prestação jurisdicional ou inexistência de motivação no *decisum*, uma vez que a jurisdição foi prestada, no caso, mediante decisão suficientemente fundamentada, não obstante contrária à pretensão da agravante.

2. A jurisprudência deste Supremo Tribunal Federal assentou que é constitucional a Contribuição de Intervenção no Domínio Econômico instituída pela Lei nº 10.168/2000, em razão de ser dispensável a edição de lei complementar para a instituição dessa espécie tributária e a vinculação direta entre os benefícios dela decorrentes e o contribuinte.

3. Agravo regimental não provido.

(STF, T1, AI 737.858 ED-AgR/SP, Min. Dias Tóffoli, DJe de 7/12/2012)

↘ AGRAVO REGIMENTAL NO RECURSO EXTRAORDINÁRIO. TRIBUTÁRIO. LIMITAÇÃO TEMPORAL DO PROGRAMA DE EQUALIZAÇÃO DE CUSTOS DE PRODUÇÃO DE CANA-DE-AÇUCAR DA REGIÃO NORDESTE. LEI nº 10.453/2002.

Não há obrigatoriedade de repasse aos produtores do nordeste dos recursos obtidos com a arrecadação da Contribuição de Intervenção no Domínio Econômico – Cide combustíveis. Agravo regimental ao qual se nega provimento.

(STF, T2, RE 646.966 AgR/PE, Min. Cármem Lúcia, DJe de 22/11/2012)

↘ PROCESSO OBJETIVO – AÇÃO DIRETA DE INCONSTITUCIONALIDADE – LEI ORÇAMENTÁRIA.

Mostra-se adequado o controle concentrado de constitucionalidade quando a lei orçamentária revela contornos abstratos e autônomos, em abandono ao campo da eficácia concreta.

↘ LEI ORÇAMENTÁRIA – CONTRIBUIÇÃO DE INTERVENÇÃO NO DOMÍNIO ECONÔMICO – IMPORTAÇÃO E COMERCIALIZAÇÃO DE PETRÓLEO E DERIVADOS, GÁS NATURAL E DERIVADOS E ÁLCOOL COMBUSTÍVEL – CIDE – DESTINAÇÃO – ARTIGO 177, § 4º, DA CONSTITUIÇÃO FEDERAL.

É inconstitucional interpretação da Lei Orçamentária nº 10.640, de 14 de janeiro de 2003, que implique abertura de crédito suplementar em rubrica estranha à destinação do que arrecadado a partir do disposto no § 4º do artigo 177 da Constituição Federal, ante a natureza exaustiva das alíneas "a", "b" e "c" do inciso II do citado parágrafo.

(STF, Tribunal Pleno, ADI 2.925/DF, Min. Marco Aurélio, DJ de 4/3/2005)

↘ RECURSO EXTRAORDINÁRIO. TRIBUTÁRIO E CONSTITUCIONAL. CONTRIBUIÇÕES DE INTERVENÇÃO NO DOMÍNIO ECONÔMICO INCIDENTES SOBRE REMESSAS AO EXTERIOR. LEIS 10.168/2000 E 10.332/2001. PERFIL CONSTITUCIONAL E PARÂMETROS PARA O EXERCÍCIO DA COMPETÊNCIA DA UNIÃO. RELEVÂNCIA DA MATÉRIA E TRANSCENDÊNCIA DE INTERESSES. TEMA 914. EXISTÊNCIA DE REPERCUSSÃO GERAL.

(STF, Tribunal Pleno, RE 928.943 RG/SP, Min. Luiz Fux, DJe de 13/9/2016)

↘ DIREITO CONSTITUCIONAL E TRIBUTÁRIO. CONTRIBUIÇÃO SOCIAL. RECEITAS. DESVINCULAÇÃO. EMENDAS CONSTITUCIONAIS Nº 27 DE 2000 E Nº 42 DE 2003. ARTIGO 76 DO ATO DAS DISPOSIÇÕES CONSTITUCIONAIS TRANSITÓRIAS. MODIFICAÇÃO NA APURAÇÃO DO FUNDO DE PARTICIPAÇÃO DOS MUNICÍPIOS. INOCORRÊNCIA. CONSONÂNCIA DA DECISÃO RECORRIDA COM A JURISPRUDÊNCIA CRISTALIZADA NO SUPREMO TRIBUNAL FEDERAL. RECURSO EXTRAORDINÁRIO QUE NÃO MERECE TRÂNSITO. ACÓRDÃO RECORRIDO PUBLICADO EM 29.8.2008.

A jurisprudência desta Corte firmou-se no sentido de que: "(...) A desvinculação parcial da receita da União, constante do artigo 76 do Ato das Disposições Constitucionais Transitórias, não transforma as contribuições sociais e de intervenção no domínio econômico em impostos, alterando a essência daquelas, ausente qualquer implicação quanto à apuração do Fundo de Participação dos Municípios. Precedente: Ação Direta de Inconstitucionalidade nº 2.925/DF, em que fui designado redator para o acórdão" (RE 793.564-AgR/PE, Rel. Min. Marco Aurélio, 1ª Turma, DJe 1º.10.2014) . Controvérsia divergente daquela em que reconhecida a repercussão geral pelo Plenário desta Casa – RE 566.007-RG/RS. Inadequada a aplicação da sistemática da repercussão geral (art. 543-B do CPC). Agravo regimental conhecido e não provido.

(STF, T1, RE 793.578 AgR/CE, Min. Rosa Weber, DJe de 10/3/2015)

4.2. Jurisprudência do STJ

↘ Súmula 516, do STJ

A contribuição de intervenção no domínio econômico para o Incra (Decreto-Lei nº 1.110/1970), devida por empregadores rurais e urbanos, não foi extinta pelas Leis 7.787/1989, 8.212/1991 e 8.213/1991, não podendo ser compensada com a contribuição ao INSS.

(STJ, S1, Súmula 516, DJe de 2/3/2015)

↘ TRIBUTÁRIO. INCRA. CONTRIBUIÇÃO. NATUREZA. COMPENSAÇÃO. IMPOSSIBILIDADE. ART. 66, § 1º DA LEI Nº 8.383/91. INAPLICABILIDADE.

1. O INCRA foi criado pelo DL 1.110/70 com a missão de promover e executar a reforma agrária, a colonização e o desenvolvimento rural no País, tendo-lhe sido destinada, para a consecução de seus objetivos, a receita advinda da contribuição incidente sobre a folha de salários no percentual de 0,2% fixada no art. 15, II, da LC nº 11/71.

2. Essa autarquia nunca teve a seu cargo a atribuição de serviço previdenciário, razão porque a contribuição a ele destinada não foi extinta pelas Leis 7.789/89 e 8.212/91 – ambas de natureza previdenciária –, permanecendo íntegra até os dias atuais como contribuição de intervenção no domínio econômico.

3. Como a contribuição não se destina a financiar a Seguridade Social, os valores recolhidos indevidamente a esse título não podem ser compensados com outras contribuições arrecadadas pelo INSS que se destinam ao custeio da Seguridade Social.

4. Nos termos do art. 66, § 1º, da Lei nº 8.383/91, somente se admite a compensação com prestações vincendas da mesma espécie, ou seja, destinadas ao mesmo orçamento.

5. Embargos de divergência improvidos.

(STJ, S1, EREsp 770.451/SC, Min. Teori Albino Zavascki, DJ de 11/6/2007)

↘ PROCESSUAL CIVIL. RECURSO ESPECIAL. TRIBUTÁRIO. CONTRIBUIÇÃO DESTINADA AO INCRA. ADICIONAL DE 0,2%. NÃO EXTINÇÃO PELAS LEIS 7.787/89, 8.212/91 E 8.213/91. LEGITIMIDADE.

1. A exegese Pós-Positivista, imposta pelo atual estágio da ciência jurídica, impõe na análise da legislação infraconstitucional o crivo da principiologia da Carta Maior, que lhe revela a denominada "vontade constitucional", cunhada por Konrad Hesse na justificativa da força normativa da Constituição.

2. Sob esse ângulo, assume relevo a colocação topográfica da matéria constitucional no afã de aferir a que vetor principiológico pertence, para que, observando o princípio maior, a partir dele, transitar pelos princípios específicos, até o alcance da norma infraconstitucional.

3. A Política Agrária encarta-se na Ordem Econômica (art. 184 da CF/1988) por isso que a exação que lhe custeia tem inequívoca natureza de Contribuição de Intervenção Estatal no Domínio Econômico, coexistente com a Ordem Social, onde se insere a Seguridade Social custeada pela contribuição que lhe ostenta o mesmo nomen juris.

4. A hermenêutica, que fornece os critérios ora eleitos, revela que a contribuição para o Incra e a Contribuição para a Seguridade Social são amazonicamente distintas, e a fortiori, infungíveis para fins de compensação tributária.

5. A natureza tributária das contribuições sobre as quais gravita o thema iudicandum, impõe ao aplicador da lei a obediência aos cânones constitucionais e complementares atinentes ao sistema tributário.

6. O princípio da legalidade, aplicável in casu, indica que não há tributo sem lei que o institua, bem como não há exclusão tributária sem obediência à legalidade (art. 150, I da CF/1988 c.c art. 97 do CTN).

7. A evolução histórica legislativa das contribuições rurais denota que o Funrural (Prorural) fez as vezes da seguridade do homem do campo até o advento da Carta neo-liberal de 1988, por isso que, inaugurada a

solidariedade genérica entre os mais diversos segmentos da atividade econômica e social, aquela exação restou extinta pela Lei 7.787/89.

8. Diversamente, sob o pálio da interpretação histórica, restou hígida a contribuição para o Incra cujo desígnio em nada se equipara à contribuição securitária social.

9. Consequentemente, resta inequívoca dessa evolução, constante do teor do voto, que: (a) a Lei 7.787/89 só suprimiu a parcela de custeio do Prorural; (b) a Previdência Rural só foi extinta pela Lei 8.213, de 24 de julho de 1991, com a unificação dos regimes de previdência; (c) entretanto, a parcela de 0,2% (zero vírgula dois por cento) – destinada ao Incra – não foi extinta pela Lei 7.787/89 e tampouco pela Lei 8.213/91, como vinha sendo proclamado pela jurisprudência desta Corte.

10. Sob essa ótica, à míngua de revogação expressa e inconciliável a adoção da revogação tácita por incompatibilidade, porquanto distintas as razões que ditaram as exações sub judice, ressoa inequívoca a conclusão de que resta hígida a contribuição para o Incra.

11. Interpretação que se coaduna não só com a literalidade e a história da exação, como também converge para a aplicação axiológica do Direito no caso concreto, viabilizando as promessas constitucionais pétreas e que distinguem o ideário da nossa nação, qual o de constituir uma sociedade justa e solidária, com erradicação das desigualdades regionais.

12. Recursos especiais do Incra e do INSS providos.

STJ, S1, REsp 977.058/RS, Min. Luiz Fux, DJe 10/11/2008

↘ TRIBUTÁRIO. CONTRIBUIÇÃO DESTINADA AO INCRA. LEI 2.613/55 (ART. 6º, § 4º). DL 1.146/70. LC 11/71. NATUREZA JURÍDICA E DESTINAÇÃO CONSTITUCIONAL. CONTRIBUIÇÃO DE INTERVENÇÃO NO DOMÍNIO ECONÔMICO. CIDE. LEGITIMIDADE DA EXIGÊNCIA MESMO APÓS AS LEIS 8.212/91 E 8.213/91. DISCUSSÃO QUE SE RESTRINGE À POSSIBILIDADE DE COMPENSAÇÃO. ART. 66 DA LEI 8.383/91.

1. A Primeira Seção desta Corte, no julgamento do EREsp 770.451/SC (acórdão ainda não publicado), após acirradas discussões, decidiu rever a jurisprudência sobre a matéria relativa à contribuição destinada ao INCRA.

2. Naquele julgamento discutiu-se a natureza jurídica da contribuição e sua destinação constitucional e, após análise detida da legislação pertinente, concluiu-se que a exação não teria sido extinta, subsistindo até os dias atuais e, para as demandas em que não mais se discutia a legitimidade da cobrança, afastou-se a possibilidade de compensação dos valores indevidamente pagos a título de contribuição destinada ao INCRA com as contribuições devidas sobre a folha de salários.

3. Em síntese, estes foram os fundamentos acolhidos pela Primeira Seção:

a) a referibilidade direta NÃO é elemento constitutivo das CIDE's;

b) as contribuições especiais atípicas (de intervenção no domínio econômico) são constitucionalmente destinadas a finalidades não diretamente referidas ao sujeito passivo, o qual não necessariamente é beneficiado com a atuação estatal e nem a ela dá causa (referibilidade). Esse é o traço característico que as distingue das contribuições de interesse de categorias profissionais e de categorias econômicas;

c) as CIDE's afetam toda a sociedade e obedecem ao princípio da solidariedade e da capacidade contributiva, refletindo políticas econômicas de governo. Por isso, não podem ser utilizadas como forma de atendimento ao interesse de grupos de operadores econômicos;

f) a contribuição do INCRA tem finalidade específica (elemento finalístico) constitucionalmente determinada de promoção da reforma agrária e de colonização, visando atender aos princípios da função social da propriedade e a diminuição das desigualdades regionais e sociais (art. 170, III e VII, da CF/88);

g) a contribuição do INCRA não possui REFERIBILIDADE DIRETA com o sujeito passivo, por isso se distingue das contribuições de interesse das categorias profissionais e de categorias econômicas;

h) o produto da sua arrecadação destina-se especificamente aos programas e projetos vinculados à reforma agrária e suas atividades complementares. Por isso, não se enquadram no gênero Seguridade Social (Saúde, Previdência Social ou Assistência Social), sendo relevante concluir ainda que:

h.1) esse entendimento (de que a contribuição se enquadra no gênero Seguridade Social) seria incongruente com o princípio da universalidade de cobertura e de atendimento, ao se admitir que essas atividades fossem dirigidas apenas aos trabalhadores rurais assentados com exclusão de todos os demais integrantes da sociedade;

h.2) partindo-se da pseudo-premissa de que o INCRA integra a "Seguridade Social", não se compreende por que não lhe é repassada parte do respectivo orçamento para a consecução desses objetivos, em cumprimento ao art. 204 da CF/88;

i) o único ponto em comum entre o FUNRURAL e o INCRA e, por conseguinte, entre as suas contribuições de custeio, residiu no fato de que o diploma legislativo que as fixou teve origem normativa comum, mas com finalidades totalmente diversas;

j) a contribuição para o INCRA, decididamente, não tem a mesma natureza jurídica e a mesma destinação constitucional que a contribuição previdenciária sobre a folha de salários, instituída pela Lei 7.787/89 (art. 3º, I), tendo resistido à Constituição Federal de 1988 até os dias atuais, com amparo no art. 149 da Carta Magna, não tendo sido extinta pela Lei 8.212/91 ou pela Lei 8.213/91.

4. Impossibilidade de compensar-se, nos termos do art. 66 da Lei 8.383/91, os valores pagos a título de contribuição para o INCRA com a contribuição incidente sobre a folha de salário porque não possuem elas a mesma natureza jurídica e destinação constitucional.

5. Embargos de Divergência conhecidos, mas improvidos.

(STJ, S1, EREsp 705.536/PR, Min. Eliana Calmon, DJ de 18/12/2006)

↘ TRIBUTÁRIO. CIDE. ROYALTIES. EXPLORAÇÃO DE PATENTES E DE USO DE MARCAS. CRÉDITO. ART. 4º DA MP nº 2.159-70. SURGIMENTO COM O EFETIVO PAGAMENTO DO TRIBUTO.

1. O cerne da controvérsia consiste em definir se o crédito estabelecido na MP nº 2159-70, incidente sobre a Cide instituída pela Lei nº 10.168/2000, tem origem a partir do surgimento do dever de pagar essa contribuição ou apenas quando há o seu efetivo pagamento.

2. A Cide da Lei nº 10.168/00 tem nítido intuito de fomentar o desenvolvimento tecnológico nacional por meio da intervenção em determinado setor da economia, a partir da tributação da remessa de divisas ao exterior, propiciando o fortalecimento do mercado interno de produção e consumo dos referidos serviços, bens e tecnologia.

3. Não obstante, o legislador entendeu por bem reduzir temporariamente o montante da carga tributária devida, por meio da instituição de um crédito incidente sobre a referida Cide (art. 4º da MP nº 2.159-70).

4. A referida sistemática ameniza os efeitos da tributação, reduzindo o ônus da carga tributária temporariamente, por meio da técnica do creditamento. Não se almejou com isso criar incentivo, pela criação de créditos desvinculados do efetivo pagamento do tributo, mas apenas amenizar o ônus por período determinado.

5. Daí conclui-se que o crédito surge apenas com o efetivo recolhimento da exação paga no mês, aproveitando-se nos períodos subsequentes.

6. Recurso especial não provido.

(STJ, T2, REsp 1.186.160/SP, Min. Mauro Campbell Marques, DJe de 30/9/2010)

↘ PROCESSUAL CIVIL E TRIBUTÁRIO. RECURSO ESPECIAL. CONTRIBUIÇÃO DE INTERVENÇÃO NO DOMÍNIO ECONÔMICO INSTITUÍDA PELA LEI 10.168/2000 (COM REDAÇÃO ACRESCIDA PELA LEI 10.332/2001). VIOLAÇÃO DO ART. 535 DO CPC PELO TRIBUNAL DE ORIGEM. NÃO OCORRÊNCIA. APRECIAÇÃO DE VIOLAÇÃO DE DISPOSITIVOS CONSTITUCIONAIS. IMPOSSIBILIDADE. REFERIBILIDADE DA CONTRIBUIÇÃO COMO CONDIÇÃO DE SUA LEGITIMIDADE. DESNECESSIDADE. PRECEDENTES DA PRIMEIRA SEÇÃO.

1. Hipótese em que se discute a exigibilidade da contribuição de intervenção no domínio econômico (CIDE) instituída pela Lei 10.168/00, acrescida pela Lei 10.332/01.

2. Constatado que a Corte regional empregou fundamentação adequada e suficiente para dirimir a controvérsia, dispensando, portanto, qualquer integração à compreensão do que fora por ela decidido, é de se afastar a alegada violação do art. 535 do CPC. No caso concreto, as questões levantadas nos aclaratórios da contribuinte, quais sejam, o local da prestação dos serviços de assistência técnica e a falta de referibilidade, porquanto o Estado do Rio Grande do Sul não seria o beneficiário da exação, conforme explicitado a seguir, são desinfluentes à solução do litígio.

3. Dispõe o art. 2º, § 2º, da Lei 10.168/2000: "A partir de 1º de janeiro de 2002, a contribuição de que trata o caput deste artigo passa a ser devida também pelas pessoas jurídicas signatárias de contratos que tenham por objeto serviços técnicos e de assistência administrativa e semelhantes a serem prestados por residentes ou domiciliados no exterior, bem assim pelas pessoas jurídicas que pagarem, creditarem, entregarem, empregarem ou remeterem royalties, a qualquer título, a beneficiários residentes ou domiciliados no exterior" (Redação da pela Lei nº 10.332, de 19.12.2001).

4. Verifica-se desse texto normativo que a contribuição não exige que a prestação de serviços técnicos seja realizada no estrangeiro, mas, apenas, que o prestador de tais serviços seja residente ou domiciliado no exterior. A expressão "no exterior", contida no citado parágrafo, refere-se a "residentes ou domiciliados" e não a "serviços técnicos e de assistência administrativa e semelhantes a serem prestados".

5. Admitida pelo Tribunal de origem a legitimidade da instituição da CIDE como instrumento hábil à redução das desigualdades regionais, não há porque se exigir da Corte *a quo* comentários sobre a aplicação dessa exação, supostamente em menor quinhão, especificamente no Estado do Rio Grande do Sul.

6. Não é possível conhecer das alegações relativas à inconstitucionalidade da exação, sustentada pelos fundamentos de que: (a) a instituição da contribuição em comento exige lei complementar (art. 146, III, da CF) e (b) a exação, em verdade, seria um imposto disfarçado com vinculação da receita (art. 167, IV, da CF), na medida em que não cabe ao STJ, em sede de recurso especial, analisar eventual contrariedade a dispositivos constitucionais, sob pena de usurpação da competência do Supremo Tribunal Federal. Precedentes específicos quanto à contribuição em comento: REsp 1.120.553/RJ, Rel. Ministra Eliana Calmon, Segunda Turma, DJe 8/2/2010; AgRg no REsp 755.116/RJ, Rel. Ministra Eliana Calmon, Segunda Turma, DJe 18/2/2009.

7. A Primeira Seção, ao apreciar a exigibilidade da contribuição para o INCRA, firmou orientação no sentido de que "as contribuições especiais atípicas (de intervenção no domínio econômico) são constitucionalmente destinadas a finalidades não diretamente referidas ao sujeito passivo, o qual não necessariamente é beneficiado com a atuação estatal e nem a ela dá causa (referibilidade). Esse traço característico que as distingue das contribuições de interesse de categorias profissionais e de categorias econômicas" (EREsp 724.789/RS, Rel. Min. Eliana Calmon, Primeira Seção, DJ 28/5/2007).

8. Recurso especial parcialmente conhecido e, nessa extensão, não provido.

(STJ, T1, REsp 1.121.302/RS, Min. Benedito Gonçalves, DJe de 3/5/2010)

↘ PROCESSUAL CIVIL E TRIBUTÁRIO. CONTRIBUIÇÃO DE INTERVENÇÃO NO DOMÍNIO ECONÔMICO. CIDE-COMBUSTÍVEIS. GÁS LIQUEFEITO DE PETRÓLEO (GLP). GÊNERO QUE ABRANGE AS ESPÉCIES BUTANO E PROPANO. INTELIGÊNCIA DO ART. 3º, V, DA LEI 10.336/2001. HISTÓRICO DA DEMANDA

1. A questão controvertida diz respeito à autuação fiscal que acarretou o lançamento da Contribuição de Intervenção no Domínio Econômico (Cide) relativa às importações dos gases butano e propano realizado no período de janeiro a outubro de 2002, cujo valor inscrito na CDA atingia, em 14.7.2010, R$ 125.972.024,97 (cento e vinte e cinco milhões, novecentos e setenta e dois mil, vinte e quatro reais e noventa e sete centavos). ENTENDIMENTO DO RELATOR 2. O e. Ministro Relator negou provimento ao Recurso Especial, com base no entendimento de que a Lei 10.336/2001 e a Instrução Normativa SRF 107/2001, que a regulamentou, não se referem à tributação sobre os gases propano e butano, de modo que a IN SRF 219/2002, que passou a expressamente incluir tais derivados do petróleo, ofendeu o princípio da tipicidade fechada, previsto no art. 108, § 1º, do CTN. EXEGESE DO ART. 3º, V, DA LEI 10.336/2001 INCONTROVERSA ENTRE AS PARTES 3. Prescreve o art. 3º, V, da Lei 10.336/2001: "A Cide tem como fatos geradores as operações, realizadas pelos contribuintes referidos no art. 2º, de importação e de comercialização no mercado interno de: (...) V – gás liqüefeito de petróleo, inclusive o derivado de gás natural e de nafta". 4. O termo "gás liquefeito de petróleo" a um só tempo designa gênero e espécie de derivado

daquele tipo de combustível. A Nomenclatura Comum do Mercosul estabelece o código 2711 para o gênero "gás liquefeito de petróleo", prevendo os seguintes códigos para as espécies que importam no caso concreto: 2711.12.10 para o gás propano, 2711.13.10 para o gás butano e 2711.19.10 para o gás liquefeito do petróleo. 5. Já nos idos de 1990, o Gás Liquefeito de Petróleo vinha assim definido na Portaria 843/31.10.1990 do Ministério da Infraestrutura: "Art. 2º. Denomina-se Gás Liqüefeito de Petróleo (GLP) o conjunto de hidrocarbonetos com três ou quatro átomos de carbono (propano, propeno, butano e buteno), podendo apresentar-se isoladamente ou em mistura entre si e com pequenas frações de outros hidrocarbonetos, conforme norma ABNT NB-324". 6. Isso, por si só, já demonstra que todos os derivados acima integram o conceito de gás liquefeito de petróleo. 7. É interessante notar, de todo modo, que, embora a recorrida Petrobras afirme que "Gás liquefeito de petróleo" é exclusivamente o gás vulgarmente conhecido como "de cozinha", mantém em sua página eletrônica (internet) acesso a um manual de informações técnicas sobre o aludido produto, GLP, no qual esclarece expressamente na sua página 4, item 3, quais são os tipos de Gás liquefeito de petróleo: GLP, propano comercial, propano especial, butano comercial e butano especial. A informação pode ser obtida no endereço eletrônico <http://sites.petrobras.com.br/minisite/assistenciatecnica/public/downloads/manual-tecnico-gas-liquefeito-petrobras-assistencia-tecnica-petrobras.pdf>. 8. De fato, não há lógica alguma em reduzir a interpretação do termo "Gás liquefeito de petróleo" apenas ao gás de cozinha. Fosse essa a intenção, caberia ao legislador, em respeito aos arts. 111, II, e 176 do CTN, fixar as condições para isenção tributária em relação às demais variedades integrantes do gênero GLP. 9. Em conclusão, a previsão especificada na IN SRF 219/2002 constitui ato normativo de conteúdo meramente explicativo, que não instituiu ou extinguiu tributo, mas apenas deu aplicabilidade integral ao art. 3º, V, da Lei 10.336/2001. 10. Se não houve violação ao princípio da legalidade, tampouco é possível cogitar de infringência à irretroatividade, pois o art. 16 da Lei 10.336/2001 define a sua entrada em vigor para o dia de sua publicação (20.12.2001), com a produção de efeitos a partir de 1º.1.2002. O art. 3º da IN SRF 219/10.10.2002, ao dispor que as alterações por ela promovidas produzem efeitos "para os fatos geradores ocorridos a partir de 1º de janeiro de 2002", naturalmente, nada mais faz além de repetir o disposto no art. 16 da Lei 10.336/2001. 11. Recurso Especial provido.

(STJ, T2, REsp 1.476.051/PE, Relator Min. Humberto Martins, Relator p/ Acórdão Min. Herman Benjamin, DJe de 10/10/2016)

5. QUESTÕES DE CONCURSOS

1. (CESPE – Juiz Federal Substituto 1ª Região/2011) Acerca da intervenção direta do Estado brasileiro na ordem econômica, assinale a opção correta.

Conforme a CF, a seguridade social financiada por toda a sociedade, de forma direta e indireta, nos termos da lei, mediante recursos provenientes dos orçamentos da União, dos estados, do Distrito Federal e dos municípios, e de determinadas contribuições. Nesse sentido, as contribuições sociais constitucionalmente previstas incluem a contribuição

(A) sobre o domínio econômico incidente sobre a venda de petróleo e derivados.

(B) do exportador de serviços para o exterior.

(C) do aposentado pelo RGPS.

(D) da pensionista de trabalhador falecido que se tenha aposentado pelo RGPS.

(E) da entidade equiparada a empresa, na forma da lei, incidente sobre o faturamento.

2. (CESPE – Juiz Federal Substituto 1ª Região/2011) Acerca da intervenção direta do Estado brasileiro na ordem econômica, assinale a opção correta.

(A) Conforme pacífica jurisprudência do STJ, a contribuição especial de intervenção no domínio econômico para financiar os programas e projetos vinculados à reforma agrária e suas atividades complementares não pode ser cobrada de empresas urbanas.

(B) De acordo com previsão constitucional, as empresas públicas prestadoras de serviços públicos não podem gozar de privilégios fiscais não extensivos às empresas que operem no setor privado, sob pena de violação do princípio da livre concorrência.

(C) A existência ou o desenvolvimento de atividade econômica em regime de monopólio sem que a propriedade do bem empregado no processo produtivo ou comercial seja concomitantemente detida pelo agente daquela atividade ofende o texto constitucional.

(D) É constitucional a instituição, por lei ordinária, da contribuição de intervenção no domínio econômico, sendo desnecessária a vinculação direta entre os benefícios dela decorrentes e o contribuinte.

(E) O Estado brasileiro não pode assumir a iniciativa de exploração da atividade econômica, devendo avocá-la, em caráter excepcional, nos casos de necessidade para a segurança nacional ou de relevância para o interesse da coletividade, conforme critérios a serem estabelecidos em lei complementar.

---

3. (CESPE – Juiz Federal Substituto 2ª Região/2011) Acerca dos institutos de direito do consumidor, assinale a opção correta.

(A) A contribuição de intervenção no domínio econômico sobre combustível é tributo indireto, razão pela qual o consumidor final tem legitimidade ativa *ad causam* para o pedido de restituição da parcela de preço específica.

(B) Não é lícita a aplicação a fornecedor, por mais de um órgão de proteção e defesa do consumidor, de sanções decorrentes da mesma infração.

(C) As ações que, ajuizadas pelo consumidor contra concessionária de telefonia, visem ao questionamento da cobrança da assinatura básica mensal e à devolução dos valores cobrados a esse título não podem ser processadas nos juizados especiais cíveis.

(D) As cooperativas de crédito não integram o Sistema Financeiro Nacional e não estão sujeitas às normas do CDC.

(E) Tratando-se de ação que objetive reparação dos danos causados pelo tabagismo, a prescrição é regulada pelo Código Civil e não, pelo CDC.

---

4. (ESAF – Procurador da Fazenda Nacional /2012) De acordo com o § 4º do art. 177 da Constituição, a lei pode instituir contribuição de intervenção no domínio econômico relativa às atividades de importação ou comercialização de petróleo e seus derivados, gás natural e seus derivados e álcool combustível. Do regime constitucional pertinente, é incorreto afirmar que

(A) a alíquota da contribuição pode ser reduzida e restabelecida por ato do Poder Executivo, vedada sua cobrança no mesmo exercício financeiro em que haja sido instituída ou aumentada.

(B) a lei que instituir ou aumentar a CIDE-combustível deve observar a anterioridade nonagesimal prevista no art. 150, II, c, da Constituição.

(C) os recursos arrecadados serão destinados ao pagamento de subsídios a preços ou transporte de álcool combustível, gás natural e seus derivados e derivados de petróleo; ao financiamento de projetos ambientais relacionados com a indústria do petróleo e do gás; e ao financiamento de programas de infraestrutura de transportes.

(D) do produto da arrecadação da contribuição de intervenção no domínio econômico prevista no art. 177, § 4º, a União entregará 29% (vinte e nove por cento) para os Estados e o Distrito Federal.

(E) sujeita-se a controle concentrado de constitucionalidade eventual Lei Orçamentária que autorize abertura de crédito suplementar sob rubrica com destinação diversa da prevista no § 4º do art. 177 da Constituição.

5. (ESAF – Procurador do Distrito Federal/2007) Considerando os princípios informativos e as regras constitucionais aplicadas ao Sistema Tributário Nacional, assinale a opção correta.

(A) Lei Complementar Nacional não pode regular o modo e a forma dos Estados-membros e o Distrito Federal, sempre após deliberação conjunta (Convênio), expedirem, por ato próprio, concessão e/ou revogação de isenções, incentivos e benefícios fiscais.

(B) A União só poderá instituir empréstimo compulsório, com vinculação obrigatória da aplicação dos recursos arrecadados à despesa que fundamentou sua instituição, por Lei Complementar.

(C) Lei Complementar Nacional não poderá instituir um regime único de arrecadação dos impostos e contribuições da União, dos Estados, do Distrito Federal e dos Municípios.

(D) A atualização do crédito tributário decorrente de ICMS, para preservação de seu valor, é maté – ria reservada à Lei Complementar Nacional, em razão de a Constituição determinar que somente ela pode estabelecer normas gerais sobre crédito tributário.

(E) As contribuições sociais e de intervenção no domínio econômico, como instrumento de atuação da União nas respectivas áreas, poderão incidir sobre as receitas decorrentes de exportação e não poderão ter alíquotas específicas, tendo por base a unidade de medida adotada.

6. (ESAF – Analista-Tributário da Receita Federal do Brasil/2009) A respeito da classificação orçamentária da receita, é correto afirmar:

(A) alienação de bens de qualquer natureza integrantes do ativo redunda em receita de capital.

(B) receitas de contribuições integram as receitas de capital quando oriundas de intervenção no domínio econômico.

(C) as receitas agropecuárias se originam da tributação de produtos agrícolas.

(D) as receitas intraorçamentárias decorrem de pagamentos efetuados por entidades integrantes do Orçamento Fiscal e da Seguridade Social.

(E) receitas correntes para serem aplicadas em despesa de capital dependem da inexistência de receitas de capital no exercício.

7. (ESAF – Auditor da Receita Federal do Brasil/2012) Com relação ao entendimento do STF sobre as contribuições sociais gerais, as contribuições de intervenção no domínio econômico e de interesse das categorias profissionais ou econômicas, assinale a opção correta.

(A) Não se pode prescindir de lei complementar para a criação das contribuições de intervenção no domínio econômico e de interesse das categorias profissionais.

(B) Sua constitucionalidade seria aferida pela necessidade pública atual do dispêndio vinculado e pela eficácia dos meios escolhidos para alcançar essa finalidade.

(C) No caso da contribuição devida ao SEBRAE, tendo em vista tratar-se de contribuição de intervenção no domínio econômico, o STF entende ser exigível a vinculação direta do contribuinte ou a possibilidade de que ele se beneficie com a aplicação dos recursos por ela arrecadados.

(D) Sujeição de vencimentos e de proventos de aposentadoria e pensões à incidência de contribuição previdenciária constitui ofensa ao direito adquirido no ato de aposentadoria.

(E) Tais contribuições sujeitam-se à força atrativa do pacto federativo, pois a União está obrigada a partilhar o dinheiro recebido com os demais entes federados.

8. (FUNCAB – Auditor Municipal de Anápolis/2012) Segundo os preceitos do Sistema Tributário Nacional, é correto afirmar:

(A) Compete à União, aos Estados, ao Distrito Federal e aos Municípios instituir contribuições de intervenção no domínio econômico.

(B) As contribuições de intervenção no domínio econômico poderão incidir sobre receitas decorrentes de importação e de exportação de produtos estrangeiros ou serviços.

(C) Lei ordinária específica poderá dispor sobre conflitos de competência, em matéria tributária, entre a União, os Estados, o Distrito Federal e os Municípios.

(D) As taxas não poderão ter base de cálculo própria de impostos.

(E) Lei ordinária pode regular as limitações constitucionais ao poder de tributar.

9. (Fundação Dom Cintra – Auditor Fiscal PBH/2012)

A Constituição da República NÃO permite à União cobrar contribuição relativa a:

(A) intervenção no domínio econômico

(B) receita de concursos de prognósticos

(C) faturamento das empresas

(D) iluminação pública

(E) lucro das empresas

10. (IMES – Auditor Fiscal de Campinas/2002) O imposto tem como fato gerador:

(A) uma situação independente de qualquer atividade estatal específica, relativa ao contribuinte.

(B) uma situação dependente de qualquer atividade estatal especifica, relativa ao contribuinte.

(C) a intervenção facultada ao Poder Executivo no domínio Econômico.

(D) a valorização decorrente de obras públicas.

(E) o exercício do poder de polícia.

11. (ESAF – Auditor do Tesouro Municipal Fortaleza/2003) Avalie as formulações seguintes, relativas a tributo e suas espécies, consideradas as pertinentes disposições da Constituição Federal e do Código Tributário Nacional, e, ao final, assinale a opção que corresponde à res – posta correta.

I. Imposto, taxa, preço público e contribuição de interesse de categorias profissionais são espécies tributárias.

II. A natureza jurídica específica do tributo é determinada pelo fato gerador da respectiva obrigação, sendo irrelevantes para qualificá-la: (a) a denominação e demais características formais adotadas pela lei; (b) a destinação legal do produto da sua arrecadação.

III. Empréstimo compulsório, contribuição de melhoria, contribuição de intervenção no domínio econômico e contribuição para a seguridade social são espécies tributárias.

IV. Contribuição de interesse de categorias econômicas, taxa, imposto e encargo de reparação de guerra são espécies tributárias.

(A) Apenas as formulações II e III são corretas.

(B) Apenas as formulações III e IV são corretas.

(C) Apenas as formulações I e III são corretas.

(D) Apenas a formulação II é correta.

(E) Apenas as formulações I e II são corretas.

12. (ESAF – Auditor do Tesouro Municipal Recife/2003) Em consonância com a Constituição Federal, somente a União é dotada de competência tributária para instituir:

(A) imposto sobre operações de crédito, câmbio e seguro, ou relativas a títulos ou valores mobiliários, empréstimos compulsórios e contribuição de intervenção no domínio econômico.

(B) imposto sobre propriedade territorial rural, imposto sobre serviços de transporte internacional e contribuição de intervenção no domínio econômico.

(C) empréstimos compulsórios, imposto sobre grandes fortunas e contribuição social para custeio de sistemas de previdência e assistência social.

(D) imposto sobre produtos industrializados, imposto sobre transmissão de bens imóveis situados no exterior e contribuição de interes – se de categorias econômicas ou profissionais.

(E) impostos extraordinários na iminência ou no caso de guerra externa, imposto sobre renda e proventos de qualquer natureza e contribuição social para custeio de sistemas de previdência e assistência social.

13. (afresef/fepese/UFSC – Auditor Fiscal do Estado de SC/2010) Assinale a alternativa correta.

(A) As contribuições sociais e de intervenção no domínio econômico de que trata o caput do artigo 149, CF, poderão ter alíquotas *ad valorem*, tendo por base o faturamento, a receita bruta ou o valor da operação e, no caso de importação, o valor aduaneiro, mas não poderão adotar alíquota específica, visto ser esta a unidade adotada para os impostos sobre o comércio exterior.

(B) Compete exclusivamente à União instituir contribuições sociais, de intervenção no domínio econômico e de interesse das categorias profissionais ou econômicas, como instrumento de sua atuação nas respectivas áreas, observado o disposto nos arts. 146, III, e 150, I e III, CF, e sem prejuízo do previsto no art. 195, § 6º, CF, relativamente às contribuições a que alude o dispositivo.

(C) Os Municípios e o Distrito Federal poderão instituir contribuição, na forma das respectivas leis, para o custeio do serviço de iluminação pública, observado o disposto no art. 150, I e III, CF, vedada a cobrança da contribuição a que se refere o dispositivo na fatura de consumo de energia elétrica.

(D) De acordo com o princípio da estrita legalidade, e nos termos constitucionais, sem prejuízo de outras garantias asseguradas ao contribuinte, é vedado à União, aos Estados, ao Distrito Federal e aos Municípios exigir ou aumentar tributo sem lei que o estabeleça, podendo porém decreto do Chefe do Executivo reduzir ou extinguir tributos, de acordo com o disposto no art. 97, CTN.

(E) É vedado à União, aos Estados e aos Municípios cobrar tributos em relação a fatos geradores ocorridos antes do início da vigência da lei que os houver instituído ou aumentado, bem como no mesmo exercício financeiro em que haja sido publicada a lei que os instituiu ou aumentou, com exceção, para ambos os princípios, do IPI, ICMS, IOF e ISS.

14. (afresef/fepese/UFSC – Auditor Fiscal do Estado de SC/2010) Assinale a alternativa correta.

(A) A vedação à retenção ou qualquer restrição à entrega de recursos previstas no artigo 160, parágrafo único, CF, não impede a União e os Estados de condicionarem a entrega de recursos ao pagamento de seus créditos, excluídos os de suas autarquias.

(B) Sem prejuízo da progressividade no tempo a que se refere o art. 182, § 4º, inciso II, CF, o IPTU poderá ser progressivo em razão do valor do imóvel, mas não poderá ter alíquotas diferentes de acordo com a localização e o uso do imóvel.

(C) É vedado à União instituir tributo que não seja uniforme em todo o território nacional ou que implique distinção ou preferência em relação a Estado, ao Distrito Federal ou a Município, em detrimento de outro, inadmitida a concessão de quaisquer outros incentivos fiscais, a qualquer título.

(D) As contribuições sociais e de intervenção no domínio econômico de que trata o caput do artigo 149, CF, não incidirão sobre as receitas decorrentes de exportação, nem sobre a importação de produtos estrangeiros ou serviços.

(E) À União e aos Estados é vedado efetuar retenção ou qualquer restrição à entrega e ao emprego dos recursos constitucionalmente atribuídos aos Estados, ao Distrito Federal e aos Municípios, neles compreendidos adicionais e acréscimos relativos a impostos.

---

15. (FCC/TCE/SP/Procurador/2011) É aplicação do princípio da igualdade sob o aspecto material, em âmbito tributário, a disposição constitucional segundo a qual

(A) os impostos terão caráter pessoal e serão graduados segundo a capacidade econômica do contribuinte.

(B) o Governo poderá estabelecer critérios especiais de tributação, com o objetivo de prevenir desequilíbrios da concorrência.

(C) a União poderá instituir impostos para atender a despesas extraordinárias, decorrentes de calamidade pública, de guerra externa ou sua iminência.

(D) cabe à lei complementar estabelecer normas gerais sobre definição de tratamento diferenciado e favorecido para as microempresas e empresas de pequeno porte.

(E) compete à União estabelecer normas gerais sobre a instituição de contribuições sociais, de intervenção no domínio econômico e de interesse das categorias profissionais ou econômicas, como instrumento de sua atuação nas respectivas áreas.

---

16. (TRF3 - Juiz Federal Substituto 3ª Região/2010) (Adaptada) Assinale certo ou errado:

As contribuições de intervenção no domínio econômico não poderão ter alíquota específica;

---

17. (TRF3 - Juiz Federal Substituto 3ª Região /2010) (Adaptada) Assinale certo ou errado:

As contribuições de intervenção no domínio econômico incidirão sobre as receitas decorrentes de exportação;

---

18. (TRF4 - Juiz Federal Substituto 4ª Região /2014) (Adaptada) Assinale certo ou errado.

Segundo o que dispõe a Constituição Federal:

Apenas a União pode instituir Contribuição de Intervenção no Domínio Econômico.

---

19. (CESPE - Juiz Federal Substituto 5ª Região /2015) Assinale a opção correta acerca das contribuições parafiscais.

(A) Quando não enquadradas no conceito de contribuições sociais, as contribuições parafiscais destinam-se à intervenção no domínio econômico ou ao interesse de categorias profissionais ou econômicas, vedada outra destinação.

(B) As contribuições parafiscais sociais são as únicas que podem incidir sobre as receitas de exportação.

(C) É constitucionalmente proibida a incidência de contribuições de intervenção no domínio econômico sobre as importações de serviços.

(D) No caso de incidência de contribuição de intervenção no domínio econômico sobre certo faturamento, não será admissível a aplicação de alíquota ad valorem.

(E) Apesar de as contribuições parafiscais serem tributos, nem todas são destinadas a órgãos e entidades públicas.

20. (ESAF - AFRF/2012) Com relação ao entendimento do STF sobre as contribuições sociais gerais, as contribuições de intervenção no domínio econômico e de interesse das categorias profissionais ou econômicas, assinale a opção correta.

(A) Não se pode prescindir de lei complementar para a criação das contribuições de intervenção no domínio econômico e de interesse das categorias profissionais.

(B) Sua constitucionalidade seria aferida pela necessidade pública atual do dispêndio vinculado e pela eficácia dos meios escolhidos para alcançar essa finalidade.

(C) No caso da contribuição devida ao SEBRAE, tendo em vista tratar-se de contribuição de intervenção no domínio econômico, o STF entende ser exigível a vinculação direta do contribuinte ou a possibilidade de que ele se beneficie com a aplicação dos recursos por ela arrecadados.

(D) A sujeição de vencimentos e de proventos de aposentadoria e pensões à incidência de contribuição previdenciária constitui ofensa ao direito adquirido no ato de aposentadoria.

(E) Tais contribuições sujeitam-se à força atrativa do pacto federativo, pois a União está obrigada a partilhar o dinheiro recebido com os demais entes federados.

6. GABARITO

Questão	Resposta	Referência
1	E	O enunciado da questão se refere a contribuições sociais, que se distinguem das contribuições de intervenção no domínio econômico.
2	D	Na letra D, encontra-se corretamente enunciada a possibilidade de instituição da CIDE por lei ordinária e a desnecessidade da referibilidade direta como requisito de validade da contribuição, conforme entendimento do STJ.
3	B	As CIDEs são tributos indiretos, mas a legitimidade para o pedido de restituição cabe a quem provar ter assumido o encargo.
4	A	A CIDE-combustíveis deve obedecer apenas ao princípio da anterioridade nonagesimal, enquanto as CIDEs em geral obedecem a anterioridade nonagesimal e a anterioridade do exercício.
5	B	A letra B está de acordo com a previsão constitucional para os empréstimos compulsórios. A letra E se afasta do texto do art. 149, da CF/88, com redação dada pela EC 33/2001, pois a CIDE pode ter alíquota específica.
6	D	As receitas das contribuições interventivas são receitas correntes, não receita de capital e são destinadas ao custeio de atividades específicas.
7	B	O item B destaca a vinculação material entre a finalidade da contribuição e os meios eleitos para alcançar esta finalidade. A letra B remete-se ao princípio da referibilidade, ainda não julgado pelo STF.
8	D	Somente a União pode instituir CIDEs e estas não poderão incidir sobre receitas de exportação.
9	D	A questão destaca a competência da União para instituir CIDEs.
10	A	A intervenção no domínio econômico não constitui fato gerador de impostos.
11	A	Questiona-se a natureza da CIDE, hoje, inegavelmente, tributária.
12	A	A questão também coloca o tema da competência da União para instituir CIDEs.

Questão	Resposta	Referência
13	B	As contribuições poderão ter alíquotas específicas. O item B reproduz o art. 149, da CF/88.
14	E	As contribuições podem incidir sobre importação.
15	D	Não são necessárias normas gerais editadas pela União, seja por lei ordinária, seja por lei complementar, para a instituição de CIDEs.
16	CERTO	O art. 149, § 2º, III, permite que a CIDE adote alíquota específica.
17	ERRADO	O art. 149, § 2º, I, veda a incidência de CIDE sobre exportações.
18	CERTO	Nos termos do art. 149, da CF/88.
19	E	A letra A não nos parece errada, mas o gabarito oficial aponta como correta a letra E. De fato, a arrecadação da contribuição pela Receita Federal não lhe retira a natureza jurídica, que é definida pela destinação final, vale dizer, o tipo de despesa que pode ser custeada pela exação. As demais opções estão erradas porque o tributo incidente sobre exportações é o Imposto de Exportação, é permitida a incidência de contribuições sobre importação e a Constituição autoriza a utilização de alíquotas ad valorem e específicas.
20	B	A jurisprudência do STF afasta a necessidade de lei complementar para dispor sobre CIDEs, bem como a referibilidade direta destas contribuições. A repartição de receitas de CIDEs depende de previsão constitucional expressa, e não decorre diretamente do pacto federativo. A letra D tem enunciado estranho à matéria (mas não há violação de direito adquirido na incidência da contribuição previdenciária sobre aposentados e pensionistas). Resposta correta é a letra B.

Título IV
Direito Econômico do Sistema Financeiro Nacional

CAPÍTULO 7

POLÍTICAS ECONÔMICAS E ORGANIZAÇÃO DO SISTEMA FINANCEIRO NACIONAL

1. INTRODUÇÃO

O sistema financeiro nacional, regido pelo art. 192, da CF/88 e por outros dispositivos como o art. 53, III, 'd', o art. 84, XIV e art. 164, ambos da Constituição, é composto por **normas de estrutura, princípios e instituições** e também por **normas de comportamento**, que disciplinam as atividades dos agentes econômicos, notadamente as instituições financeiras e as companhias abertas.

O sistema financeiro nacional se subordina aos princípios da ordem econômica elencados pelo art. 170, da Constituição. Em consonância com tais princípios, o art. 192, da Carta determina que o sistema seja "estruturado de forma a promover o desenvolvimento equilibrado do País e a servir aos interesses da coletividade", impondo, portanto, verdadeiros princípios programáticos ou normas-objetivo, vale dizer, conferindo ao sistema financeiro os **objetivos** de **buscar o desenvolvimento equilibrado do país** e de **servir como instrumento dos interesses da coletividade**, não como um fim em si mesmo.

O art. 192, da CF/88, determina que o sistema financeiro nacional, no qual se inclui as cooperativas de crédito, seja **regulado por lei complementar**. Leia-se:

> Art. 192. O sistema financeiro nacional, estruturado de forma a promover o desenvolvimento equilibrado do País e a servir aos interesses da coletividade, em todas as partes que o compõem, abrangendo as cooperativas de crédito,

> será regulado por leis complementares que disporão, inclusive, sobre a participação do capital estrangeiro nas instituições que o integram. (Redação dada pela Emenda Constitucional nº 40, de 2003)

O dispositivo teve sua redação atual conferida pela EC 40/2003, mas o texto vigente manteve parte da disciplina da norma original. Embora os incisos do art. 192 tenham sido revogados, persiste a exigência de lei complementar para dispor sobre o sistema financeiro em geral e, em especial, sobre a participação do capital estrangeiro nas instituições que o integral.

A versão original do art. 192 contava ainda com parágrafos, todos revogados, um dos quais, o § 3°, dispunha sobre a limitação dos juros reais a 12% ao ano, matéria que estudamos no capítulo introdutório.

As principais leis que regem o sistema são as mesmas Lei 4.595/1964 e 6.385/1976, recepcionadas como leis complementares sob a vigência da redação original do art. 192, da CF/88 (ADI 1.376 MC/DF) e que continuaram em vigor após a edição da EC 40/2003, conforme se depreende do julgamento da ADI 2.591/DF e do RE 286.963/MG.

Com base nestas normas, passaremos a estudar as linhas gerais do mercado financeiro e da política (macro) econômica, especialmente as políticas monetária e cambial, a organização do sistema financeiro nacional, no que concerne aos órgãos e instituições que nele atuam, bem como aos títulos que circulam no mercado.

Dedicaremos um tópico específico para o sistema financeiro da habitação e daremos tratamento separado para o mercado de capitais e ao mercado de títulos públicos. A partir da 2ª edição, acrescentamos dois capítulos, para tratar do mercado de câmbio e do mercado de crédito, típico dos bancos comerciais e de investimento, em que incluiremos o tópico sobre sigilo bancário, que encerrava o título na primeira edição. Acrescentamos, também, um tópico sobre os contratos bancários e a defesa do consumidor, incluindo o tema dos cadastros de inadimplentes e de histórico de crédito.

Abordaremos o regime sancionador do sistema financeiro nacional, em revista aos instrumentos de controle do mercado, às infrações administrativas contra o sistema financeiro, às penalidades aplicadas por instituições como o BC e a CVM e aos recursos para o Conselho de Recursos do Sistema Financeiro Nacional – CRSFN.

Cuidaremos, também, do regime interventivo das instituições financeiras.

Cabe ressaltar que os tópicos atinentes à política econômica e à organização do sistema financeiro nacional são importantes para todos os concursos, especialmente os da área federal.

Os temas do mercado de títulos públicos e de valores mobiliários têm importância maior para os concursos do Banco Central, da Comissão de Valores Mobiliários, bem como de bancos oficiais.

O tópico referente ao sistema financeiro da habitação é exigido especialmente nos concursos para a magistratura federal.

Os regimes regulador, sancionador e interventivo do sistema financeiro nacional também são importantes para qualquer concurso, mas ganham mais relevância nos concursos do Banco Central e das carreiras da AGU, enquanto o tema do sigilo bancário, também exigido na maioria dos concursos, inclusive no âmbito estadual, é especialmente importante nos concursos da área fiscal, como o de Procurador da Fazenda Nacional.

Com estas observações, passemos, ao estudo do sistema financeiro nacional.

2. O MERCADO FINANCEIRO E A POLÍTICA ECONÔMICA

2.1. O mercado financeiro

O termo "mercado" possui vários significados. Pode ser definido como o local destinado a negociações; os setores da economia de produtos específicos; uma entidade autônoma de cunho normalmente ideológico; o conjunto ordenado de institutos relacionados às negociações econômicas, ou ainda "o *locus* abstrato em que ocorre a formação de preços a partir da contraposição entre oferta e demanda", como entende a teoria econômica tradicional[198].

Sob o **ponto de vista institucional**, defendem alguns autores que o mercado faz parte de um conjunto de relações sociais, não existindo de forma isolada da sociedade. Sob o ponto de vista jurídico, compõe-se o mercado de institutos e procedimentos de conduta e de proteção das pessoas que nele atuam, de maneira que não se poderia falar de uma ordem natural, mas de uma ordem artificial[199].

Podemos sintetizar mercado financeiro como o **conjunto de operações com ativos financeiros, realizadas por investidores e administradas por entidades devidamente autorizadas, numa determinada área geográfica, sob a regulação e fiscalização do poder público**.

Embora se procurem conceitos e definições para o mercado em geral e também para o mercado financeiro, esta conceituação perde importância, mostrando-se mais relevante compreendê-lo, perquirir sob suas funções e estudar sua regulamentação.

2.2. Funções do mercado financeiro

No que tange às funções, cabe ao mercado financeiro criar mecanismos para o **financiamento das atividades econômicas**, permitir a **repartição do risco** destas atividades e a **redução os custos de transação**[200].

---

198. YAZBEK, Otávio. Regulação do mercado financeiro e de capitais. Rio de Janeiro: Elsevier, 2009, p. 53-4.
199. YAZBEK, Otávio. Regulação do mercado financeiro e de capitais. Rio de Janeiro: Elsevier, 2009, p. 55.
200. YAZBEK, Otávio. Regulação do mercado financeiro e de capitais. Rio de Janeiro: Elsevier, 2009, p. 125.

O financiamento das empresas é a primeira e mais importante das funções do mercado financeiro. Contudo, as operações destinadas a administrar riscos (operações clássicas de seguro e as mais diversas modalidades de *hedge*) ganham relevância neste mercado, sendo certo que uma das tarefas dos investidores e seus intermediários é organizar suas carteiras visando ganhos, mas também diversificando riscos.

Em qualquer das funções, o mercado financeiro em geral procura aproximar os agentes deficitários (os tomadores de recursos, como o governo e as empresas que buscam financiamentos de suas atividades, via empréstimo ou via emissão de títulos) dos agentes superavitários (normalmente as pessoas físicas poupadoras e os investidores em geral).

Esta aproximação pode ser assim explicada:

> O Sistema Financeiro Nacional pode ser definido como um conjunto de mercados, instituições e instrumentos financeiros que possibilitam a transferência de recursos dos ofertadores finais para os tomadores finais.
>
> Os tomadores finais se identificam com os agentes deficitários. São aqueles que não dispõem de excedente de renda e por isso necessitam de recursos (poupança alheia) para gastar com consumo ou investimentos. Estão dispostos a pagar juros pelo capital tomado.
>
> Os ofertadores finais se identificam com os agentes superavitários. Representam aqueles que possuem excedente de renda, ou seja, pretendem gastar menos do que ganham[201].

A função de intermediação, portanto, caracteriza o mercado financeiro.

Em termos mais específicos, o sistema financeiro apresenta três finalidades: "a *transacional* (liquidações de transações), a *precaucional* (manutenção de reservas líquidas ou quase líquidas para finalidades futuras predefinidas ou para o atendimento de dispêndios imprevistos) e a *especulativa* (operações de mercado com objetivos de ganhos, decorrentes de juros ou de valorização dos ativos reais representados por papéis negociáveis)"[202].

2.3. Classificações do mercado financeiro

O **mercado financeiro** é bastante **especializado** se comparado com outros setores da economia. Não obstante, ele pode ser **dividido em segmentos**, que para o direito têm relevância tanto sob o aspecto institucional (na identificação dos órgãos reguladores e das instituições supervisoras), quanto na compreensão das normas de conduta e do controle dos agentes que atuam no mercado. A classificação é realizada a partir da literatura econômica. Vejamos:

> O mercado financeiro pode ser dividido em quatro seguimentos:
>
> Mercado monetário: nele são realizadas operações de curto prazo, com o objetivo de equilibrar a liquidez da base monetária da economia. Também é por meio dele que o governo central controla os meios de pagamento, via operações de mercado aberto, operações de redesconto e depósitos compulsórios.

201. LAGIOIA, Umbelina Cravo Teixeira. Fundamentos do mercado de capitais. São Paulo: Atlas, 2011, p. 41.
202. OLIVEIRA, Virgínia I., GALVÃO, Alexandre, RIBEIRO, Érico (orgs). Mercado financeiro: uma abordagem prática dos principais produtos e serviços. Rio de Janeiro: Elsevier, 2006, p. 2-3.

> Mercado de crédito: é nele que ocorre a maior parte das operações envolvendo instituições financeiras, as quais utilizam instrumentos tradicionais, normalmente de curto e médio prazos. O objetivo dessas operações é a capitalização de empresas e o financiamento do consumo.
>
> Mercado cambial: abrange operações de troca de moedas estrangeiras pela moeda nacional e vice-versa.
>
> Mercado de capitais: caracteriza-se por operações de longo prazo, por meio das quais os bancos procuram viabilizar o encontro entre empresas que necessitam de recursos para ampliar sua capacidade produtiva ou seu financiamento de capital fixo e investidores com perfil de aplicações de longo prazo, através de operações estruturadas que atendam à necessidade do captador de recursos[203].[204]

Mercado monetário, mercado de crédito, mercado cambial e mercado de capitais não são, porém, fenômenos isolados, mas realidades que interagem e se complementam, assim como as funções das instituições que os regulam.

Há outras possibilidades de classificação do mercado financeiro. Lembra Yasbek das classificações propostas por Fabozzi, Modigliani e Ferri "que estabelecem diversas categorias para o enquadramento, concomitante, de atividades instrumentos e agentes"[205]. Assim, para tais autores, os diversos mercados podem ser ordenados conforme:

> (i) a natureza da pretensão (*claim*) negociada, que pode ser de participação (*equity*) ou de dívida (*debt*);
>
> (ii) o vencimento (*maturity*) do instrumento que incorpora aquela pretensão, podendo-se falar em um mercado de moeda (*money market*) para os vencimentos de mais curto prazo (que também dispõem de maior liquidez) e de um mercado de capitais (*capital market*) para os de mais longo prazo;
>
> (iii) o momento de negociação do instrumento, podendo-se então falar em mercado primário (em que se negocia com emissores) e em mercados secundários (em que se negocia com outros agentes);
>
> (iv) a entrega, imediata ou diferida, do ativo negociado, em que se distingue entre as operações realizadas no mercado a vista e as operações com derivativos (ainda que muitos destes, vale lembrar, nem mesmo envolvem entrega); e
>
> (v) a estrutura organizacional adotada, podendo-se diferenciar entre mercados de bolsa e mercados de balcão, este também passíveis de algumas outras qualificações, conforme o grau de centralização das operações, o papel dos intermediários etc"[206].

De fato, os negócios no mercado financeiro podem envolver **direitos de participação e de propriedade**, como nas ações, que representam o patrimônio das sociedades

---

203. OLIVEIRA, Gilson e PACHECO, Marcelo. Mercado financeiro. São Paulo: Editora Fundamento Educacional, 2011, p. 15-6.

204. Veremos adiante que não só os bancos atuam no mercado de capitais, mas também outras instituições como distribuidoras, corretoras e agentes de custódia de títulos e valores mobiliários. Nada impede, contudo, que bancos múltiplos exerçam várias destas atividades.

205. YAZBEK, Otávio. Regulação do mercado financeiro e de capitais. Rio de Janeiro: Elsevier, 2009, p. 128.

206. YAZBEK, Otávio. Regulação do mercado financeiro e de capitais. Rio de Janeiro: Elsevier, 2009, p. 128.

emissoras; ou apenas relação contratual de crédito, como nas debêntures ou nos títulos da dívida pública. O mercado também apresenta negócios que se distinguem em função do tempo, havendo negociações à vista, a curto, médio e longo prazos.

Igualmente, se fala em **mercado primário ou secundário** de títulos e de câmbio, não apenas quanto ao momento da negociação, mas também quanto aos agentes envolvidos. No **mercado primário** de títulos, ocorre a primeira e apenas a primeira negociação do papel, travada entre o **emissor** e o **adquirente**, enquanto no **mercado secundário** ocorrem todas as operações seguintes, entre **quaisquer agentes** do mercado, sem a necessidade de participação do emissor. No mercado primário de câmbio são realizadas operações de compra e venda de moeda estrangeira entre as instituições autorizadas e seus clientes (importadores, exportadores, transportadores, remetentes de recursos etc), enquanto no mercado secundário também chamado mercado cambial interbancário, a compra e venda de moeda estrangeira é realizada entre as instituições autorizadas a operar neste mercado ou entre estes e o Banco Central.

Para o mercado de capitais, também são relevantes as **estruturas de negociação**, bolsa de valores ou mercado de balcão, sujeitas a regras diferentes impostas pelos órgãos responsáveis e, sob outro ponto de vista, a entrega do ativo negociado, sendo este ativo, por vezes, o próprio título negociado, ou, no caso dos derivativos, o ativo subjacente, a ser entreguem em data futura, se a entrega for pactuada.

2.4. A moeda como núcleo do mercado financeiro

Todo o sistema financeiro circula em torno da noção de moeda. De fato, **a moeda é o núcleo das operações e da regulação do mercado**, pois todas as operações nele levadas a efeito são realizadas em moeda ou em valor nela representados e o objetivo último da sua regulação é manutenção das funções da moeda.

O conceito de moeda se confunde com suas funções.

Historicamente, entendeu-se como moeda bens privilegiados, que, por sua aceitação geral, eram utilizados como meio de troca e de referência para o valor de outros bens. Com o tempo, esta função de meio de troca e referência de valor foi transferida para os metais preciosos, como o ouro e a prata, cuja utilização como mercadoria era mais restrita, mas que ainda possuía valor em si mesmo.

Foi apenas com o aparecimento da moeda cunhada em metais não valiosos e, posteriormente, com o advento do papel-moeda, cujo valor era conferido pela autoridade de um estado ou mesmo de um monarca, que a moeda se desvencilhou de seu valor intrínseco.

Até meados do século XX, as nações procuraram manter tanto a equivalência do valor da sua moeda com o valor do ouro, quanto o estoque deste metal para a garantia da moeda emitida em metal não precioso ou em papel.

Hoje, nenhum país mantém estoque de ouro para garantir o valor de sua moeda e sua referência de valor é a economia do próprio país, razão pela qual se refere a **moeda**

forte, como a moeda utilizada por um país ou um conjunto de países, cuja **economia é forte** (dólar americano, o yen, o euro) e em **moeda fraca**, como a moeda utilizada por países de **economia fraca**, instável ou em crescimento.

Pelo fato de não haver garantia real do valor da moeda, especialmente nas economias fracas, ela é imposta pela autoridade estatal, por meio de lei, criando o que se chama de **curso legal ou forçado da moeda**. No Brasil, o Real e seu curso forçado foram definidos pelo art. 1º, da Lei 9.069/1995. Leia-se:

> Art. 1º A partir de 1º de julho de 1994, a unidade do Sistema Monetário Nacional passa a ser o REAL, que terá curso legal em todo o território nacional.

O Real é, pois, a moeda em curso no Brasil e sua utilização é obrigatória, mesmo que os brasileiros, os residentes no país e as demais pessoas em passagem pelo território nacional prefiram a utilização de outras moedas. A obrigatoriedade se estende, a propósito, a pessoas físicas e jurídicas, de direito público ou privado, como já asseverou o STF[207].

Isso não é, porém, o bastante para conceituar moeda, que se caracteriza pelo desempenho de **três funções**: de **meio de pagamento**, de **unidade de valor** e de **reserva de valor**.

Sob o ponto de vista jurídico, como dissemos, meio de pagamento significa a obrigatoriedade do credor em aceitar e a faculdade do devedor em realizar pagamentos na moeda. Por unidade de valor ou unidade de conta, entende-se que todos os preços devem ser expressos em moeda e que as obrigações podem ser calculadas também em moeda.

Sobre o curso forçado e o poder liberatório da moeda, já se posicionou o STF:

> VALE-TRANSPORTE. MOEDA. CURSO LEGAL E CURSO FORÇADO. CARÁTER NÃO SALARIAL DO BENEFÍCIO. ARTIGO 150, I, DA CONSTITUIÇÃO DO BRASIL. CONSTITUIÇÃO COMO TOTALIDADE NORMATIVA.
>
> 1. Pago o benefício de que se cuida neste recurso extraordinário em vale-transporte ou em moeda, isso não afeta o caráter não salarial do benefício.
>
> 2. A admitirmos não possa esse benefício ser pago em dinheiro sem que seu caráter seja afetado, estaríamos a relativizar o curso legal da moeda nacional.
>
> 3. A funcionalidade do conceito de moeda revela-se em sua utilização no plano das relações jurídicas. O instrumento monetário válido é padrão de valor, enquanto instrumento de pagamento sendo dotado de poder liberatório: sua entrega ao credor libera o devedor. Poder liberatório é qualidade, da moeda enquanto instrumento de pagamento, que se manifesta exclusivamente no plano jurídico: somente ela permite essa liberação indiscriminada, a todo sujeito de direito, no que tange a débitos de caráter patrimonial.
>
> 4. A aptidão da moeda para o cumprimento dessas funções decorre da circunstância de ser ela tocada pelos atributos do curso legal e do curso forçado.
>
> 5. A exclusividade de circulação da moeda está relacionada ao curso legal, que respeita ao instrumento monetário enquanto em circulação; não decorre do curso forçado, dado que este atinge o instrumento monetário enquanto valor

207. STF, T1, RE 291.188/RN, Min. Sepúlveda Pertence, DJ de 14/11/2002.

> e a sua instituição [do curso forçado] importa apenas em que não possa ser exigida do poder emissor sua conversão em outro valor.
>
> [...]
>
> (STF, Tribunal Pleno, RE 478.410/SP, Min. Eros Grau, DJe de 13/5/2010)

A função mais sensível da moeda, que não pode ser simplesmente imposta pelo estado – ao menos não sem severas consequências – é a de **reserva de valor**. Em termos formais, a reserva de valor significa apenas que a moeda metálica ou o papel-moeda representam o valor nela expresso, mas em termos materiais, entende-se por reserva de valor a manutenção do poder de compra da moeda, passível de ser corroído pela inflação.

Por este motivo, a política monetária deve ser firme, no sentido de manter estável o valor da moeda.

A propósito, duas expressões têm sido muito utilizadas ultimamente, a política *dovish*, em alusão a *dove* (pomba), menos severa, que dá mais liberdade às forças de mercado, e a política *hawkish*, em referência a *hawk* (falcão), mais firme nas metas estipuladas.

2.5. A política monetária

Na introdução apresentamos a noção de política macroeconômica e cuidamos dos instrumentos fiscais, monetário e cambial. Tratamos da inflação e da velocidade de circulação da moeda (IP = VM), da capacidade dos bancos em gerar moeda, dos depósitos compulsórios, do controle do crédito e do controle da taxa de juros. Tratamos também do valor da moeda nacional face as moedas estrangeiras (câmbio) e de seus mecanismos de controle, como os sistemas de câmbio fixo, flutuante e das bancas cambiais, além das medidas governamentais que podem influenciar no valor do câmbio.

Naquela oportunidade, o que fizemos foi tratar da política monetária e da política cambial num nível bastante básico e sob o ponto de vista da economia.

A partir deste momento, vamos tratar com um pouco mais de detalhes sobre os instrumentos de política monetária e cambial, agora com ênfase no regulamento jurídico destes instrumentos.

2.5.1. Emissão de papel-moeda

Devemos tratar inicialmente da emissão de moeda, especialmente sobre os órgãos competentes para **dispor sobre a autorização e limites** para sua emissão, **para autorizar sua** emissão, dentro dos limites estabelecidos e **sobre a atribuição** para emiti-la. A título de complementação, fora da atividade monetária propriamente dita, mas relativa ao processo físico de emissão da moeda, cabe apresentar a instituição que "imprime" a moeda.

Nos termos do art. 21, VII, da Constituição Federal, compete a União emitir moeda, e esta matéria é regulada pelo Congresso Nacional, por meio de lei, nos termos do art. 48, XIV, da Carta.

Esta disciplina é dada, hoje, pelo art. 4°, I, da Lei 4.595/1964, que atribui ao Conselho Monetário Nacional – CMN a competência para autorizar a emissão de papel-moeda, até o limite de 10% dos meios de pagamentos existentes em 31 de dezembro do ano anterior, limite acima do qual a emissão de moeda fica condicionada a autorização específica do Congresso Nacional. Vejamos o texto da lei:

> Art. 4º Compete ao Conselho Monetário Nacional, segundo diretrizes estabelecidas pelo Presidente da República:
>
> I – Autorizar as emissões de papel-moeda (vetado) as quais ficarão na prévia dependência de autorização legislativa quando se destinarem ao financiamento direto pelo Banco Central da República do Brasil, das operações de crédito com o Tesouro Nacional, nos termos do artigo 49 desta Lei.
>
> O Conselho Monetário Nacional pode, ainda autorizar o Banco Central da República do Brasil a emitir, anualmente, até o limite de 10% (dez por cento) dos meios de pagamentos existentes a 31 de dezembro do ano anterior, para atender as exigências das atividades produtivas e da circulação da riqueza do País, devendo, porém, solicitar autorização do Poder Legislativo, mediante Mensagem do Presidente da República, para as emissões que, justificadamente, se tornarem necessárias além daquele limite.
>
> [...]

Se é o Conselho Monetário Nacional quem autoriza a emissão de moeda em até 10% dos meios de pagamento existentes em 31 de dezembro do ano anterior (a autorização pode ser inferior a este percentual), o órgão autorizado a emitir a moeda é o Banco Central do Brasil – BC, nos termos do art. 164, *caput*, da Constituição. Vejamos:

> Art. 164. A competência da União para **emitir moeda** será exercida exclusivamente pelo **banco central**.

O dispositivo constitucional consagra o texto do art. 10, I, da Lei 4.595/1964, segundo o qual "compete privativamente ao Banco Central da República do Brasil emitir moeda-papel e moeda metálica, nas condições e limites autorizados pelo Conselho Monetário Nacional".

Nestes termos, a disciplina da emissão de moeda pode ser assim sintetizada.

Competência para **dispor sobre** autorização para emissão de moeda e seu limite	Congresso Nacional
Competência para **autorizar** a emissão de moeda dentro dos limites legais	Conselho Monetário Nacional
Competência para **emitir** moeda	Banco Central do Brasil

Limites:	
Até 10% da base monetária	Art. 4°, I, da Lei 4.595/1964
Acima de 10% da base monetária	Lei específica

A **fabricação de moeda**, vale dizer, a impressão do papel-moeda ou a cunhagem de moeda metálica **não está propriamente no âmbito da política monetária**. Esta atividade constitui **mero ato de execução da ordem do Banco Central do Brasil.**

Não significa, contudo, que a tarefa seja desimportante. Ao contrário, trata-se de atividade essencial, cercada de todos os rigores relativos ao fiel cumprimento da determinação da autoridade monetária e à segurança que a função exige.

No Brasil, o responsável pela produção de moeda é uma **empresa pública**, denominada **Casa da Moeda**. Após a produção a moeda é entregue ao Banco Central e colocada em circulação pelas instituições financeiras.

Surge agora interessante debate, no sentido inverso ao da produção da moeda, vale dizer, sua **inutilização**.

O Banco Central elimina as notas que não mais se prestam ao uso, por terem perdido as características que lhe permitiam representar o valor nelas expresso. Em qualquer outra hipótese, a **destruição do papel-moeda constitui crime de dano**, pois o valor representado pelo papel-moeda pertence a seu detentor, mas não o próprio papel-moeda (ou a moeda metálica) pertence à União! E não pode ser destruído.

Ocorre que os furtos a caixas eletrônicos têm se tornado cada vez mais frequentes e novas tecnologias antifurto que inutilizam as notas quando o caixa é arrombado[208].

A medida é interessante, mas certamente demanda legislação federal que a regulamente.

2.5.2. A moeda escritural e a classificação da moeda

Este dinheiro, moeda metálica ou papel-moeda, corresponde ao meio circulante emitido pelo Banco Central e é denominado M0.

Como salientamos, parte do dinheiro não fica na posse das pessoas, mas é depositada nos **bancos** que, por sua vez, **geram moeda escritural**. Este **processo de multiplicação da moeda**, sobre o qual tratamos na introdução, é assim explicado por Geraldo Vidigal:

> O funcionamento do aparelho bancário de cada país, porém, opera a multiplicação da moeda corrente em moeda escritural, através do mecanismo de depósito/empréstimo. É bem conhecido este mecanismo: apenas uma fração do montante se mantém em mãos da população, confiando-se a maior parte das disponibilidades em moeda à guarida dos bancos, mediante operações de depósito; para financiar o custo da guarda dos depósitos e, ainda, com vista a lucro, os bancos realizam empréstimos da parcela maior dos valores depositados, conservando apenas o encaixe que, a seu critério, consideram necessário ao serviço do giro dos depósitos, isto é, ao acolhimento de saques e ao custeio de sua própria atividade; os empréstimos concedidos geram novos depósitos – e estes geram novos empréstimos – até que toda a moeda circulante, deduzida a fração retida pela população, se transforma em encaixe do sistema bancário, necessário à garantia do giro dos depósitos globais do sistema; em resumo, a moeda circulante, menos a fração retida pela população, tende a transformar-se em encaixe dos bancos, gerando moeda escritural em obediência a um multiplicador correspondente à peculiar relação depósitos/encaixe adotada pelo sistema bancário[209].

208. Valor Econômico, Para frear ataques a caixa eletrônico, Alckmin quer que BC mude lei, Edição de 11/2/2015.

209. VIDIGAL, Geraldo de Camargo. Teoria do Direito Econômico. RT, 1977, p. 179-180.

Este é o mecanismo básico e fundamental da geração de moeda pelos bancos, no qual se opera a multiplicação do meio circulante M0, para gerar o M1, que por sua vez consiste em todo o papel-moeda em poder do público acrescido dos depósitos à vista nas instituições bancárias.

Os bancos são capazes de gerar, porém, **outros tipos de moeda escritural**, de menor liquidez que os depósitos a vista, esta exclusiva dos bancos comerciais (ou bancos múltiplos), representados por outras "aplicações financeiras", como a poupança, as captações de recursos por fundos de investimentos e os investimentos em títulos públicos, que podem ser operados por outras instituições financeiras.

Neste sentido, o Banco Central apresenta a **classificação dos meios de pagamento** em ordem decrescente de liquidez:

> O M1 compreende os passivos de liquidez imediata. É composto pelo Papel-moeda em Poder do Público (PMPP) e pelos Depósitos à Vista (DV).
>
> O M2 engloba, além do M1, os depósitos para investimento e as emissões de alta liquidez realizadas primariamente no mercado interno por instituições depositárias – as que realizam multiplicação de crédito.
>
> O M3 inclui o M2 mais as captações internas por intermédio dos fundos de investimento classificados como depositários e a posição líquida de títulos registrados no Sistema Especial de Liquidação e Custódia (Selic), decorrente de financiamento em operações compromissadas.
>
> O M4 engloba o M3 e os títulos públicos de alta liquidez.[210]

A liquidez significa a velocidade e a facilidade de conversão dos investimentos (ou de qualquer ativo) em moeda.

Assim, em termos de política monetária anti-inflacionária, o M1 é o objeto mais relevante em termos quantitativos, quer dizer, quanto mais M1 maior tende a ser a inflação e quanto menor o M1 menor tende a ser a inflação. Por outro lado, sobre o M2 e o M3 incidem importantes mecanismos de política monetária relativas, por exemplo, ao déficit público e à administração da taxa de juros.

2.5.3. Instrumentos de política monetária e cambial

A moeda, especialmente o papel-moeda e os depósitos à vista, tem especial capacidade de gerar inflação.

Como dissemos na introdução, o índice de preços do mercado real (I) multiplicado pela produção (P) equivale a quantidade de moeda existente (M) multiplicado pela velocidade da circulação da moeda (V), formando a equação IP = VM, de forma que, para uma produção e uma velocidade de circulação da moeda constantes, quanto mais moeda existir na economia maior será o índice de preços, vale dizer, maior será a inflação.

---

210. Disponível em: http://www.bcb.gov.br/pec/sdds/port/ctasanal_setbanc_p.htm, acesso em 27/3/2015.

Por esta razão, o **poder público controla a emissão do meio circulante (M0) e também a moeda escritural (M1, M2 etc)** gerada pelos bancos.

De outro lado, a **política econômica recomenda que as instituições financeiras operem com a liquidez** necessária, de maneira que se criam instrumentos para permitir aos bancos a criação de moeda, bem como condições para que tais instituições possam cumprir em dia com suas obrigações e, assim, evitar a chamada crise de liquidez.

Numa outra ordem de preocupações, a política econômica pode atuar de forma seletiva, permitindo **créditos** mais acessíveis e mais baratos para áreas, atividades ou setores da economia que pretende estimular.

Também o **câmbio**, valor da moeda nacional medido em moedas estrangeiras, é objeto da política econômica.

No âmbito da política cambial, o câmbio é administrado por instrumentos voltados à preservação do valor da moeda nacional, com vistas ao estímulo às exportações, ao abastecimento da economia interna, à preservação dos níveis de preço, ao equilíbrio da balança comercial, entre outros objetivos.

Os instrumentos de política monetária, cambial e também fiscal estão correlacionados. Embora os instrumentos de política fiscal não sejam objeto deste livro, vale mencionar que o país que gasta mais do que arrecada com tributos (déficit primário) e receitas patrimoniais deve custear parte de suas despesas com endividamento, com a emissão de títulos públicos.

Resultado Primário = diferença entre receitas e despesas públicas, sem considerar o pagamento de juros da dívida.

Resultado Nominal = diferença entre receitas e despesas públicas, sem considerar o pagamento de juros da dívida.

Superávit Primário = receitas maiores que as despesas (sem incluir juros da dívida).

Superávit Nominal = receitas maiores que as despesas, incluindo juros.

Déficit Primário = receitas menores que as despesas (sem incluir juros da dívida).

Déficit Nominal = receitas menores que as despesas, incluindo juros.

A situação de déficit, notadamente o primário, pode ser suportada por curtos períodos. Contudo, a elevação da dívida e, consequentemente, da despesa com juros, gera diversos problemas para a economia, incluindo a redução da capacidade do governo de custear políticas públicas e o aumento do risco de solvabilidade do país.

Este risco é absoluto, mas ponderado pela relação entre a dívida e o Produto Interno Bruto – PIB[211], de modo que o risco se reduz quando o endividamento é acompanhado pelo crescimento econômico, mas agravado pela retração da economia.

211. OLIVEIRA, Gilson e PACHECO, Marcelo. Mercado financeiro. São Paulo: Editora Fundamento Educacional, 2011, p. 61.

Cuidaremos agora, sob o ponto de vista jurídico, dos principais instrumentos de política monetária e cambial à disposição do governo.

2.5.3.1. Depósito Compulsório

O depósito compulsório consiste na **obrigação das instituições financeiras em depositar, no Banco Central, parte dos depósitos recebidos de seus clientes**. O cidadão poupador deposita seus recursos no banco e este, por sua vez, deve depositar parte deste valor à disposição do Banco Central, mecanismo também conhecido como "encaixe".

Com isso, o banco apenas poderá utilizar, para a realização de empréstimos e, consequentemente, para a geração de moeda escritural, parte dos recursos que recebera de seus clientes, pois não terá acesso ao percentual dos depósitos compulsoriamente entregues por determinação da autoridade monetária.

A disciplina legal do depósito compulsório encontra-se no art. 4°, XIV da Lei 4.595/1964:

> Art. 4º Compete ao Conselho Monetário Nacional, segundo diretrizes estabelecidas pelo Presidente da República:
>
> [...]
>
> XIV – Determinar recolhimento de até 60% (sessenta por cento) do total dos depósitos e/ou outros títulos contábeis das instituições financeiras, seja na forma de subscrição de letras ou obrigações do Tesouro Nacional ou compra de títulos da Dívida Pública Federal, seja através de recolhimento em espécie, em ambos os casos entregues ao Banco Central do Brasil, na forma e condições que o Conselho Monetário Nacional determinar, podendo este:
>
> a) adotar percentagens diferentes em função; das regiões geoeconômicas;
>
> – das prioridades que atribuir às aplicações;
>
> – da natureza das instituições financeiras;
>
> b) determinar percentuais que não serão recolhidos, desde que tenham sido reaplicados em financiamentos à agricultura, sob juros favorecidos e outras condições fixadas pelo Conselho Monetário Nacional.

Nestes termos, o CMN estabelece o **percentual do depósito compulsório**, que pode variar em função da região geográfica, da aplicação do recurso, da natureza da instituição financeira e da atividade econômica para a qual se realizam empréstimos.

O Banco Central também pode determinar depósitos em percentuais distintos daqueles previstos no art. 4°, XIV, da Lei 4.595/1964, sendo-lhe igualmente facultada a utilização de critérios seletivos. Eis o teor do art. 10, III, da Lei 4.595/1964:

> Art. 10. Compete privativamente ao Banco Central da República do Brasil:
>
> [...]
>
> III – determinar o recolhimento de até cem por cento do total dos depósitos à vista e de até sessenta por cento de outros títulos contábeis das instituições financeiras, seja na forma de subscrição de Letras ou Obrigações do Tesouro Nacional ou compra de títulos da Dívida Pública Federal, seja através de

> recolhimento em espécie, em ambos os casos entregues ao Banco Central do Brasil, a forma e condições por ele determinadas, podendo
>
> a) adotar percentagens diferentes em função 1. das regiões geoeconômicas; 2. das prioridades que atribuir às aplicações; 3. da natureza das instituições financeiras;
>
> b) determinar percentuais que não serão recolhidos, desde que tenham sido reaplicados em financiamentos à agricultura, sob juros favorecidos e outras condições por ele fixadas.

Nos termos do art. 19, III, da Lei 4.595/1964, **os depósitos são realizados materialmente no Banco do Brasil**, não diretamente na autoridade monetária.

Por força de resoluções do CMN e circulares do Banco Central o encaixe de depósitos a vista chega a 45% e da poupança a 20%[212], vale dizer, 45% e 20% do montante depositado na instituição financeira são depositados obrigatoriamente à disposição da autoridade monetária.

Vale ainda lembrar que os depósitos compulsórios relativos a depósitos a vista não são remunerados, enquanto os compulsórios de poupança e depósitos a prazo são remunerados com base na taxa Selic.

Se a autoridade monetária pretender aumentar a capacidade de geração de moeda escritural pelos bancos, ela reduz o percentual dos depósitos compulsórios. Se, ao contrário, decide reduzir a capacidade bancária, eleva os percentuais até os limites previstos em lei.

Mesmo na hipótese de depósito não remunerado, não há perda para os bancos, nem enriquecimento ilícito do poder público. Na verdade, apenas se reduz a capacidade bancária de geração de moeda, com a redução da base sobre a qual as instituições financeiras aplicam o chamado multiplicador bancário.

2.5.3.2. Open market

Outro instrumento capaz de controlar a capacidade de geração de moeda pelos bancos, bem como a liquidez das instituições financeiras é a **negociação de títulos públicos**.

O Banco Central não emite títulos públicos, nem concede empréstimos ao Tesouro Nacional, mas negocia no mercado os títulos os títulos emitidos. Vejamos o que dispõem os parágrafos 1° e 2°, do art. 164, da CF/88:

> Art. 164. [...]
>
> § 1º – É vedado ao banco central conceder, direta ou indiretamente, empréstimos ao Tesouro Nacional e a qualquer órgão ou entidade que não seja instituição financeira.

212. Disponível em: http://www.bcb.gov.br/htms/novaPaginaSPB/Resumo_das_normas_dos_compulsórios.pdf, acesso em 27/3/2015.

> § 2º – O banco central poderá comprar e vender títulos de emissão do Tesouro Nacional, com o objetivo de regular a oferta de moeda ou a taxa de juros.

A negociação dos títulos públicos pelo Banco Central, ademais do disposto no § 2º, do art. 164, da CF/88 encontra-se prevista no art. 10, XII, da Lei 4.595/1964, segundo o qual:

> Art. 10. Compete privativamente ao Banco Central da República do Brasil:
>
> [...]
>
> XII – Efetuar, como instrumento de política monetária, operações de compra e venda de títulos públicos federais;

Explicita a página do Banco Central:

> O que são operações de mercado aberto?
>
> Operações de mercado aberto (OMA) são operações de compra e venda, de forma definitiva ou compromissada ("operações compromissadas"), de títulos no mercado secundário. Essas operações são realizadas por bancos centrais para fins de implementação de política monetária.
>
> No Brasil, as OMA são o principal instrumento utilizado pelo BCB para regular a disponibilidade e o custo das reservas bancárias, de forma a manter a taxa básica de juros (taxa Selic) em níveis compatíveis com a meta estabelecida pelo Comitê de Política Monetária (Copom). Nas suas OMA, o BCB utiliza exclusivamente títulos públicos federais custodiados no Sistema Especial de Liquidação e de Custódia (Selic).
>
> Gestão da Dívida Mobiliária, Operações de Mercado Aberto e *Swap* Cambial com informações até março de 2015
>
> O que são operações compromissadas efetuadas entre o BCB e o mercado? E operações definitivas?
>
> Operações compromissadas são operações de compra (ou venda) de títulos com compromisso de revenda (ou recompra) dos mesmos títulos em uma data futura, anterior ou igual à data de vencimento dos títulos. As operações definitivas, por seu turno, são operações de compra ou venda final de títulos, i.é., sem que as partes assumam qualquer compromisso de revenda ou recompra dos títulos em data futura.
>
> Quando o BCB realiza uma operação compromissada, ele afeta temporariamente a liquidez bancária, vale dizer, do período compreendido desde a data da operação até a data de revenda ou recompra do título (data de liquidação do compromisso); já quando realiza uma operação de compra ou venda definitiva de títulos, o BCB afeta permanentemente a liquidez bancária, uma vez que não há compromisso de reversão da operação, vale dizer, de recompra ou revenda do título em data futura.[213]

Em linhas gerais, **ao vender títulos no mercado para os bancos** (pois existe a possibilidade de venda direta de títulos públicos ao cidadão, chamada "**Tesouro Direto**"), o

213. http://www4.bcb.gov.br/pec/gci/port/focus/faq%206-gest%C3%A3o%20da%20divida%20mobili%C3%A1ria%20e%20opera%C3%A7%C3%B5es%20de%20mercado%20aberto.pdf.

Banco Central recolhe recursos depositados nas instituições financeiras, reduzindo sua capacidade de gerar moeda escritural. Ao revés, **comprando os títulos, recoloca moeda no mercado, aumentando a liquidez dos bancos e sua capacidade de geração de moeda.**

2.5.3.3. Redesconto

O redesconto é **instrumento seletivo de política monetária**. Embora seu mecanismo propicie **aumento de liquidez dos bancos**, sua **utilização** é normalmente **direcionada** a concessão de créditos a atividades ou setores específicos a taxas de juros menores que as praticadas no mercado.[214]

Compete ao CMN, "regulamentar, fixando limites, prazos e outras condições, as operações de redesconto e de empréstimo, efetuadas com quaisquer instituições financeiras públicas e privadas de natureza bancária", nos termos do art. 4º, XVII, da Lei 4.595/1964.

A realização das operações de redesconto em favor dos bancos é realizada privativamente pelo Banco Central, nos termos do art. 10, V, da Lei 4.595/1964.

O redesconto é regulado pela Resolução CMN 2.949/2000, que dispõe:

> Art. 1º Autorizar a Banco Central do Brasil a instituir mecanismo de Redesconto do Banco Central, nas modalidades de redesconto e de compra com compromisso de revenda, de títulos e valores mobiliários, de créditos e de direitos creditórios integrantes do ativo dos bancos comerciais, das caixas econômicas e dos bancos de investimento e múltiplos titulares de conta Reservas Bancárias.

A Resolução também disciplina a **tradição** (transferência) do título (público ou privado) objeto do redesconto, que pode ocorrer de forma eletrônica (escritural), aperfeiçoando com a troca de mensagens do sistema informatizado ou física, que se aperfeiçoa com a assinatura das partes no documento próprio (art. 2º-B e 2º-C, da Resolução CMN 2.949/2000) e a realização de operações com o mesmo título federal, com compra definitiva ou com compromisso de revenda (art. 2º-D, da Resolução CMN 2.949/2000).

As operações de redesconto se operam exclusivamente entre as instituições financeiras e o Banco Central e servem tanto para auxiliar instituições financeiras com problema de liquidez no curto prazo (não é instrumento que pode ser utilizado para salvar instituições financeiras em crise) quanto para fomentar linhas de crédito específicas.

2.5.3.4. Controle da taxa de juros

Cada uma destas medidas que abordamos até aqui têm funções específicas, mas todas elas têm como objetivo o controle da taxa de juros do mercado.

Nos termos do art. 4º, IX, da Lei 4.595/1964, compete ainda ao Conselho Monetário Nacional limitar, sempre que necessário, as taxas de juros, descontos comissões e qualquer

214. VIDIGAL, Geraldo de Camargo. Teoria geral do Direito Econômico. São Paulo: RT, 1977, p. 198.

outra forma de remuneração de operações e serviços bancários ou financeiros, inclusive os prestados pelo Banco Central da República do Brasil, assegurando taxas favorecidas aos financiamentos que se destinem a promover a recuperação e fertilização do solo; o reflorestamento, o combate a epizootias e pragas, nas atividades rurais; a eletrificação rural; a mecanização; a irrigação; e os investimento indispensáveis às atividades agropecuárias.

No Brasil, a **taxa de juros que o Banco Central pretende alcançar** pela utilização dos instrumentos de política monetária é a **meta da Selic** também conhecida como a **taxa básica de juros**.

A **taxa Selic**, como define o Banco Central, é "a taxa média ajustada dos financiamentos diários apurados no Sistema Especial de Liquidação e de Custódia (Selic) para títulos federais. Para fins de cálculo da taxa, são considerados os financiamentos diários relativos às operações registradas e liquidadas no próprio Selic e em sistemas operados por câmaras ou prestadores de serviços de compensação e de liquidação".[215]

Em outros termos, a **taxa Selic é uma média ponderada dos juros praticados em operações com títulos públicos** apurada por um serviço do Banco Central do Brasil, denominado Sistema Especial de Liquidação e Custódia, daí o nome Selic. A metodologia de cálculo desta taxa, também definida por normas do Banco Central, retrata situações reais e resulta num valor, a taxa, real das operações.

Não se confunde, pois, a **taxa Selic** com a **meta para a taxa**. Esta meta é definida por um órgão também do Banco Central, o Comitê de Política Monetária – COPOM, composto por diretores do BCB, que se reúnem oito vezes por ano ou sempre que convocados pelo presidente da instituição e cujas funções são: implementar a política monetária, definir a meta da Taxa Selic e seu eventual viés, e analisar o Relatório de Inflação[216].

A meta da Selic é a taxa de juros que a política monetária deverá alcançar no período e o viés da Selic é sua tendência, de modo que o presidente do Banco Central poderá elevar a meta, caso o COPOM aponte para um viés de alta ou reduzir a meta, na hipótese de o COPOM apontar para um viés de baixa. A meta permanecerá a mesma, caso o COPOM defina viés neutro.

Outra taxa de juros relevante é a **Taxa de Juros de Longo Prazo – TJLP**[217], criada pela Lei 9.635/1996, esta por sua vez resultado da conversão de medidas provisórias editadas a partir da MP 1.790/1998. O art. 1º, da Lei 9.635/1996 vige com a seguinte redação:

> Art. 1º A partir de 1º de outubro de 1999, a Taxa de Juros de Longo Prazo – TJLP terá período de vigência de um trimestre-calendário e será calculada a partir dos seguintes parâmetros:(Redação dada pela Lei nº 10.183, de 12.2.2001)

215. Disponível em: https://www.bcb.gov.br/?SELICCONCEITO, acesso em 27/3/2015.
216. Disponível em: https://www.bcb.gov.br/?COPOMHIST, acesso em 27/3/2015.
217. Que, a propósito, pode ser utilizada como indexador em contratos bancários a teor da Súmula 288 do STJ: "A Taxa de Juros de Longo Prazo (TJLP) pode ser utilizada como indexador de correção monetária nos contratos bancários". (STJ, S2, DJ 13/5/2004)

> I – meta de inflação calculada pro rata para os doze meses seguintes ao primeiro mês de vigência da taxa, inclusive, baseada nas metas anuais fixadas pelo Conselho Monetário Nacional;
>
> II – prêmio de risco.

A TJLP é utilizada basicamente para **remunerar empréstimos de longo prazo**, mas **também poderá ser utilizada em quaisquer operações realizadas nos mercados financeiro, a critério do Banco Central** e de **valores mobiliários, nas condições estabelecidas pelo Banco Central e pela Comissão de Valores Mobiliários**, nos termos do art. 3º, da Lei 9.635/1996.

2.5.3.5. *Instrumentos cambiais*

Os instrumentos cambiais também são relevantes na condução da política econômica.

Dispõe o art. 4º, XXXI, da Lei 4.595/1964, competir ao Conselho Monetário Nacional "baixar normas que regulem as operações de câmbio, inclusive swaps, fixando limites, taxas, prazos e outras condições".

Além da possibilidade de estabelecimento de **câmbio fixo** e de **bandas cambiais**, hoje não aplicadas no direito brasileiro, o Banco Central atua comprando e vendendo moedas estrangeiras no mercado à vista e também no mercado de *swap*, em que se opera a troca de rentabilidade de investimentos em dólar pela taxa de juros (***swap* cambial**).

No ***swap* tradicional**, o Banco Central vende dólares no mercado futuro a instituições financeiras que possuem papéis remunerados pela taxa de juros. A instituição financeira, então, ganha a variação cambial e repassa ao Banco Central o papel remunerado pela taxa de juros. A instituição financeira, dessa forma, garante o preço da moeda estrangeira no futuro e reduz a demanda no presente (não preciso comprar a moeda hoje, para honrar o compromisso de amanhã), surgindo uma tendência na redução seu valor. No ***swap* reverso**, o Banco Central compra dólares no mercado futuro, dando em troca títulos remunerados pela taxa de juros. O aumento da demanda pela moeda estrangeira representado pela compra do Banco Central tende a elevar sua cotação.

O glossário do Banco Central na internet assim define o *swap* cambial, destacando sua natureza de derivativo:

> Swap é um instrumento derivativo que permite a troca de rentabilidade dos ativos.
>
> As operações de swap cambial realizadas pelo Banco Central do Brasil (BCB) consistem na compra ou venda de um contrato padronizado de derivativo negociado na BM&FBovespa, denominado "Contrato de Swap Cambial com Ajuste Periódico Baseado em Operações Compromissadas de Um Dia (SCS)".
>
> Por convenção de mercado, a operação de compra de swap cambial pelo BCB é chamada de swap cambial tradicional, e a operação de venda desses contratos é denominada swap cambial reverso[218].

218. Disponível em: http://www.bcb.gov.br/glossario.asp?Definicao=1680&idioma=P&idpai=GLOSSARIO, acesso em 28/8/2015.

O Banco Central foi autorizado a realizar operações de *swap* cambial pela Resolução CMN 2.939/2002, inclusive em ambientes de mercado como a bolsa de valores. Com fundamento neste normativo, a Circular BCB 3.099/2002, definiu as operações com aquelas "realizadas para liquidação em data futura que impliquem a troca de resultados financeiros decorrentes da aplicação, sobre valores ativos e passivos, das variáveis de referência mencionadas no caput", quais sejam, taxas de juros e variação cambial (art. 1°), e determinou sua realização por oferta pública eletrônica (art. 2°) e seu registro em bolsa de valores ou ambiente autorizado pela CVM e o próprio BC (art. 3°, II).

Nos termos da Carta Circular BC 3.574/2012 as ofertas públicas são realizadas no sistema de leilões do Banco Central e delas somente podem (e devem) participar instituições financeiras que atuam com câmbio especialmente credenciadas para este fim, chamados *dealers* (Carta Circular BC 3.601/2013).

O **instrumento** do *swap* cambial é um **contrato derivativo** (veremos mais sobre o assunto ao tratarmos de valores mobiliários) denominado "Contrato de Swap Cambial com Ajuste Periódico Baseado em Operações Compromissadas de Um Dia"[219].

Vejamos **como a operação é realizada**.

O Banco Central anuncia a data e o horário do leilão, quando os *dealers* (instituições financeiras autorizadas) deverão se contentar com a autoridade monetária pelo sistema próprio e fazer as ofertas de compra (*dealer* adquire a variação cambial da moeda estrangeira em troca do papel remunerado pela taxa de juros) ou venda (*dealer* adquire a remuneração em taxa de juros).

Os *dealers* são obrigados a fazer propostas mínimas (definidas pelo BC), mas o Banco Central não é obrigado a aceitar todas as propostas. O banco pode aceitar propostas em volume menor e somente aceita taxas individualmente oferecidas que forem vantajosas, face o resultado final do leilão, decorrente da consolidação todas as propostas.

Os leilões podem ser a vista ou a termo (art. 3º, Carta Circular BC 3.574/2012) ou com venda conjugada com recompra (art. 4º, Carta Circular BC 3.574/2012). Os contratos são normalmente liquidados na data do vencimento, mas podem ser prorrogados ("rolados"), se a política monetária assim recomendar.

Os *dealers* também têm papel importante na **definição da taxa de câmbio**.

O glossário do BC, define as taxas PTAX:

> As taxas PTAX de compra e de venda correspondem, respectivamente, às médias aritméticas das taxas de compra e de venda das consultas realizadas diariamente. São feitas quatro consultas de taxas aos dealers de câmbio: entre 10h e 10h10; 11h e 11h10; 12h e 12h10; e 13h e 13h10. As taxas de câmbio de compra e de venda referentes a cada consulta correspondem, respectivamente,

219. Disponível em: http://www.bmfbovespa.com.br/shared/iframe.aspx?altura=1300&idioma=pt-br&url=www.bmf.com.br/bmfbovespa/pages/contratos1/contratosProdutosFinanceiros1.asp, acesso em 28/8/2015.

às médias das cotações de compra e de venda efetivamente fornecidas pelos dealers, excluídas, em cada caso, as duas maiores e as duas menores[220].

Assim, **não é o BC que define, hoje, a taxa de câmbio**, mas calcula seu valor, no decorrer do dia, a partir das operações de câmbio realizada pelos dealers. A taxa de câmbio, a propósito, é denominada PTAX, enquanto a PTAX800 é uma transação PTAX800, do Sisbacen, usada para consulta dos valores das taxas de câmbio calculadas diariamente pelo Banco Central do Brasil e taxas internacionais de juros"[221].

Dessa forma, o dólar PTAX é a média das cotações decorrentes das transações com a moeda americana, calculada pelo Banco Central, não o valor do câmbio praticado em cada instituição autorizada.

Há, ainda, apuração do valor do câmbio praticado em operações de importação e exportação (dólar comercial) e daquele praticado em operações de troca de moeda para pessoas que fazem viagens internacionais (dólar turismo), bem como apuração do câmbio nas operações de compra e venda, com referência à instituição que opera com câmbio. Na compra (o operador compra e o particular vende a moeda estrangeira) e na venda (o operador vende e o particular compra a moeda estrangeira).

3. ORGANIZAÇÃO DO SISTEMA FINANCEIRO NACIONAL

3.1. Introdução

O sistema financeiro é composto por agentes e atividades, produtos e serviços, princípios e normas, órgãos e instituições.

Pode-se falar, pois, de uma organização, seja classificatória ou ordenadora, de cada parcela do sistema financeiro. Nesta parte do livro, vamos nos dedicar à organização do sistema financeiro nacional no sentido mais estrito que se pode conferir ao termo, vale dizer, dos órgãos e instituições que o compõem, reservando tópicos específicos para tratar de produtos e serviços de cada mercado (mercado de títulos públicos, mercado de capitais e SFH) e das atividades de regulação destes mercados.

Cuidaremos, portanto, neste tópico, dos **órgãos** que definem e estabelecem normas relativas a política monetária e cambial, a política de valores mobiliários e a política securitária, dos **órgãos e instituições supervisoras e fiscalizadoras** destas políticas e dos **agentes e operadores** de cada um dos mercados que compõem o sistema financeiro nacional.

A literatura discute modelos desta organização[222].

No modelo **institucional** se encontraria uma entidade reguladora para cada tipo de agente do mercado financeiro. No modelo **funcional**, os entes reguladores seriam criados

---

220. Disponível em: http://www.bcb.gov.br/glossario.asp?Definicao=1680&idioma=P&idpai=GLOSSARIO, acesso em 28/8/2015.

221. Disponível em: https://www3.bcb.gov.br/normativo/detalharNormativo.do?method=detalharNormativo&N =114029358. Acesso em 28/8/2015.

222. YAZBEK, Otávio. Regulação do mercado financeiro e de capitais. Rio de Janeiro: Elsevier, 2009, p. 197 e seg.

a partir das funções a serem reguladas, de modo que haveria entes especializados em cada mercado, por exemplo, o mercado de ações, o mercado de derivativos, o mercado de câmbio, o mercado de seguros o mercado de contratos bancários. Por fim, o modelo **objetivo** seria voltado para a correção das falhas de mercado, não necessariamente vinculando a organização aos tipos de agente ou às funções do mercado. Menciona-se também a existência de um **órgão único** para regular todo o sistema.

Como modelos, nenhum deles existirá de forma pura. Na organização levada a efeito no Brasil, encontram-se elementos do modelo institucional (por exemplo, um órgão voltado para agentes bancários, o BC e outro para agentes que atuam no mercado de valores mobiliários, a CVM), do modelo funcional (como a Superintendência Nacional de Previdência Complementar – PREVIC, criada especificamente para supervisionar e fiscalizar as instituições de previdência complementar fechada, continuando as companhias de previdência complementar aberta sob a responsabilidade da SUSEP), e também do modelo objetivo, voltadas a combater as falhas de mercado (como a atribuição a vários destes órgãos da competência para aplicar penalidades por infrações administrativas, para exigir requisitos mínimos para o funcionamento das entidades sob sua jurisdição, ou para intervir nestas entidades ou liquidá-las, se sua atuação comprometer o funcionamento do mercado e com isso violar direitos ou abalar a confiança dos agentes).

A estrutura do sistema financeiro nacional pode ser assim sintetizada:

<table>
<tr><th>Órgãos normativos</th><th>Entidades supervisoras</th><th colspan="2">Operadores</th></tr>
<tr><td rowspan="2">Conselho Monetário Nacional
CMN
Lei 4.595/1964</td><td>Banco Central do Brasil
BC
Lei 4.595/1964</td><td>Instituições financeiras captadoras de depósitos à vista
(Bancos comerciais)
(Bancos múltiplos)</td><td>Bancos de câmbio
Demais instituições financeiras</td></tr>
<tr><td>Comissão de Valores Mobiliários
CVM
Lei 6.385/1976</td><td>Bolsas de mercadorias e futuros
Instrução CVM 461/2007
(BM&FBOVESPA)</td><td>Instituições de balcão organizado
(CETIP)
Corretoras e Distribuidoras
Outros</td></tr>
<tr><td>Conselho Nacional de Seguros Privados
CNSP
DL 73/1966</td><td>Superintendência de Seguros Privados
SUSEP
DL 73/1966</td><td>Resseguradoras
IRB Brasil Resseguros</td><td>Sociedades Seguradoras
Sociedades de capitalização
Entidades abertas de previdência complementar</td></tr>
<tr><td>Conselho Nacional da Previdência Complementar –
CNPC
Dec. 7.123/2010</td><td>Superintendência Nacional de Previdência Complementar –
PREVIC
Lei 12.154/2009</td><td colspan="2">Entidades fechadas de previdência complementar
(fundos de pensão)</td></tr>
</table>

fonte: http://www.bcb.gov.br/?SFNCOMP, com adaptações.

3.2. Conselho Monetário Nacional – CMN

O Conselho Monetário Nacional, composto pelo Ministro da Fazenda (Presidente), o Ministro do Planejamento, Orçamento e Gestão e o Presidente do Banco Central do Brasil, é o **órgão que define a política monetária nacional**, e suas deliberações, tomadas por maioria, obrigam, na área de sua competência, os órgãos oficiais, inclusive autarquias e sociedades de economia mista, nas atividades que afetem o mercado financeiro e o de capitais (art. 5º, da Lei 4.595/1964).

Nos termos do art. 2º, da Lei 4.595/1964, o CMN tem a finalidade de formular a política da moeda e do crédito como objetivando o progresso econômico e social do País. Contudo, é a lei que estabelece os **princípios desta política**, que será formulada pelo CMN. Vejamos o art. 3º, da Lei 4.595/1964:

> Art. 3º A política do Conselho Monetário Nacional objetivará:
>
> I – Adaptar o volume dos meios de pagamento ás reais necessidades da economia nacional e seu processo de desenvolvimento;
>
> II – Regular o valor interno da moeda, para tanto prevenindo ou corrigindo os surtos inflacionários ou deflacionários de origem interna ou externa, as depressões econômicas e outros desequilíbrios oriundos de fenômenos conjunturais;
>
> III – Regular o valor externo da moeda e o equilíbrio no balanço de pagamento do País, tendo em vista a melhor utilização dos recursos em moeda estrangeira;
>
> IV – Orientar a aplicação dos recursos das instituições financeiras, quer públicas, quer privadas; tendo em vista propiciar, nas diferentes regiões do País, condições favoráveis ao desenvolvimento harmônico da economia nacional;
>
> V – Propiciar o aperfeiçoamento das instituições e dos instrumentos financeiros, com vistas à maior eficiência do sistema de pagamentos e de mobilização de recursos;
>
> VI – Zelar pela liquidez e solvência das instituições financeiras;
>
> VII – Coordenar as políticas monetária, creditícia, orçamentária, fiscal e da dívida pública, interna e externa.

Para tanto, **compete ao Conselho Monetário Nacional** (art. 4º, da Lei 4.595/1964):

- Autorizar a emissão de papel-moeda, nos limites da lei;
- Estabelecer condições para que o Banco Central emita papel-moeda, bem como regule o meio circulante no país;
- Aprovar os orçamentos monetários preparados pelo Banco Central da República do Brasil, por meio dos quais se estimarão as necessidades globais de moeda e crédito;
- Fixar as diretrizes e normas da política cambial, inclusive quanto a compra e venda de ouro e operações em Direitos Especiais de Saque e em moeda estrangeira;
- Disciplinar o crédito e as operações creditícias;

- Coordenar a política monetária com a política de investimentos do Governo federal;
- Limitar as taxas de juros, descontos comissões e qualquer outra forma de remuneração de operações e serviços bancários ou financeiros, podendo estabelecer taxas seletivas;
- Limitar o percentual de recursos que as instituições financeiras poderão emprestar a um mesmo cliente ou grupo de empresas;
- Determinar o depósito compulsório nos limites estabelecidos pela lei;
- Fixar o limite além do qual os excedentes dos depósitos das instituições financeiras serão recolhidos ao Banco Central ou aplicados de acordo com as normas que o Conselho estabelecer;
- Enviar obrigatoriamente ao Congresso Nacional relatório e mapas demonstrativos da aplicação dos recolhimentos compulsórios;
- Colaborar com o Senado Federal, na instrução dos processos de empréstimos externos dos Estados, do Distrito Federal e dos Municípios;
- Regulamentar as operações de redesconto e de empréstimo, efetuadas com quaisquer instituições financeiras públicas e privadas de natureza bancária;
- Estabelecer para as instituições financeiras públicas, a dedução dos depósitos de pessoas jurídicas de direito público que lhes detenham o controle acionário, bem como das respectivas autarquias e sociedades de economia mista, no cálculo a que se refere o inciso anterior;
- Outorgar ao Banco Central o monopólio das operações de câmbio quando ocorrer grave desequilíbrio no balanço de pagamentos ou houver sérias razões para prever a iminência de tal situação;
- Autoriza o Banco Central e as instituições financeiras públicas federais a efetuar a subscrição, compra e venda de ações e outros papéis emitidos ou de responsabilidade das sociedades de economia mista e empresas do Estado;
- Definir o capital mínimo das instituições financeiras privadas.

Em todas estas competências do Conselho Monetário Nacional, pode-se perceber sua **função normativa**, de estabelecer regras de conjuntura (regras subordinadas à lei em sentido estrito, no sentido de adequar o mercado financeiro à política monetária por ele estabelecida). Decidiu, a propósito, o STF:

> CONSELHO MONETÁRIO NACIONAL. ART. 4º, VIII, DA LEI nº 4.595/64. CAPACIDADE NORMATIVA ATINENTE À CONSTITUIÇÃO, FUNCIONAMENTO E FISCALIZAÇÃO DAS INSTITUIÇÕES FINANCEIRAS. ILEGALIDADE DE RESOLUÇÕES QUE EXCEDEM ESSA MATÉRIA.
>
> 9. O Conselho Monetário Nacional é titular de capacidade normativa – – a chamada capacidade normativa de conjuntura – – no exercício da qual lhe incumbe regular, além da constituição e fiscalização, o funcionamento das

> instituições financeiras, isto é, o desempenho de suas atividades no plano do sistema financeiro.
>
> 10. Tudo o quanto exceda esse desempenho não pode ser objeto de regulação por ato normativo produzido pelo Conselho Monetário Nacional.
>
> [...]
>
> (STF, Tribunal Pleno, ADI 2.591/DF, Min. Eros Grau, DJ de 29/9/2006)

Em todas estas competências do Conselho Monetário Nacional, pode-se perceber sua **função normativa**, de estabelecer regras de conjuntura (regras subordinadas à lei em sentido estrito, no sentido de adequar o mercado financeiro à política monetária por ele estabelecida). Decidiu, a propósito, o STF:

> CONSELHO MONETÁRIO NACIONAL. ART. 4º, VIII, DA LEI N. 4.595/64. CAPACIDADE NORMATIVA ATINENTE À CONSTITUIÇÃO, FUNCIONAMENTO E FISCALIZAÇÃO DAS INSTITUIÇÕES FINANCEIRAS. ILEGALIDADE DE RESOLUÇÕES QUE EXCEDEM ESSA MATÉRIA.
>
> 9. O Conselho Monetário Nacional é titular de capacidade normativa - a chamada capacidade normativa de conjuntura - no exercício da qual lhe incumbe regular, além da constituição e fiscalização, o funcionamento das instituições financeiras, isto é, o desempenho de suas atividades no plano do sistema financeiro.
>
> 10. Tudo o quanto exceda esse desempenho não pode ser objeto de regulação por ato normativo produzido pelo Conselho Monetário Nacional.
>
> [...]
>
> (STF, Tribunal Pleno, ADI 2.591/DF, Min. Eros Grau, DJ de 29/9/2006)

Em alguns dos incisos do art. 4º, da Lei 4.595/1964, a **capacidade normativa** do CMN fica ainda mais explícita. Vejamos o que mais compete ao Conselho:

- Expedir normas gerais de contabilidade e estatística a serem observadas pelas instituições financeiras;
- Regular a constituição, funcionamento e fiscalização dos que exercerem atividades subordinadas à Lei 4.595/1964, bem como a aplicação das penalidades previstas;
- Estabelecer normas a serem observadas pelo Banco Central da República do Brasil em suas transações com títulos públicos e de entidades de que participe o Estado;
- Disciplinar as atividades das Bolsas de Valores e dos corretores de fundos públicos;
- Estatuir normas para as operações das instituições financeiras públicas, para preservar sua solidez e adequar seu funcionamento aos objetivos desta lei;
- Baixar normas que regulem as operações de câmbio, inclusive swaps, fixando limites, taxas, prazos e outras condições;
- Expedir normas e regulamentação na matéria monetária, cambial e creditícia.

Também compete ao CMN fixar **normas gerais acerca das bolsas de valores** (art. 7º, da Lei 4.728/1965) e dos **requisitos** que devem ser observados pelas sociedades comerciais na **colocação de títulos ou valores mobiliários no mercado** (art. 10, da Lei 4.728/1965). Compete ao CMN, nos termos do art. 3º, da Lei 6.385/1976:

- Definir a política a ser observada na organização e no funcionamento do mercado de valores mobiliários;
- Regular a utilização do crédito nesse mercado;
- Fixar, a orientação geral a ser observada pela Comissão de Valores Mobiliários no exercício de suas atribuições;
- Definir as atividades da Comissão de Valores Mobiliários que devem ser exercidas em coordenação com o Banco Central do Brasil.
- Estabelecer, para fins da política monetária e cambial, condições específicas para negociação de contratos derivativos, independentemente da natureza do investidor.

Pelo Decreto 3.088/1999, o Presidente da República, com fundamento no art. 4º da Lei 4.595/1964, estabeleceu, "como diretriz para fixação do regime de política monetária, a sistemática de **"metas para a inflação"**, metas estas a serem fixadas pelo CMN, o que confere ao Conselho função de extrema importância. O índice escolhido pelo CMN, nos termos do art. 3º, do Decreto 3.088/1999 é o (IPCA), calculado pelo IBGE.

Em linhas gerais, o CMN é **órgão normativo, que define política econômica e as regras para sua implementação. Não possui**, contudo, **competência executiva**, para emitir papel-moeda, para aplicar penalidades, para fiscalizar os agentes do mercado, funções estas que são exercidas pelas autarquias supervisoras do mercado bancário, o Banco Central e do mercado de capitais, a Comissão de Valores Mobiliários.

3.3. Banco Central do Brasil – BC

O Banco Central é a **autoridade monetária** brasileira.

Foi criado em 1964, em substituição à Superintendência da Moeda e do Crédito, nos termos do art. 8º, da Lei 4.595/1964.

> Art. 8º A atual Superintendência da Moeda e do Crédito é transformada em autarquia federal, tendo sede e foro na Capital da República, sob a denominação de Banco Central da República do Brasil, com personalidade jurídica e patrimônio próprios [...].

O Banco Central é uma **autarquia**, composta por uma presidência[223] e oito diretorias, e exerce a função de emitir moeda, editar normas que vinculam as instituições financeiras supervisionar e fiscalizar tais instituições.

---

223. O Presidente do Banco Central é considerado Ministro de Estado, nos termos do art. 25, parágrafo único, da Lei 10.683/2003, norma julgada constitucional pelo STF, na ADI 3289/DF)

Possui autonomia administrativa e financeira, mas se submete às regras estabelecidas pelo Conselho Monetário Nacional, a quem o Banco Central auxilia na organização de reuniões e publicação de resoluções (art. 11, VIII, da Lei 4.595/1964).

O art. 164, da Constituição, disciplina a **competência exclusiva** do BC para **emitir moeda**, a **vedação** para **conceder empréstimos ao Tesouro Nacional ou a qualquer órgão entidade que não seja instituição financeira** e a **autorização para que compre e venda títulos emitidos pelo Tesouro Nacional**[224], para regular a oferta de moeda ou a taxa de juros. Eis o teor da norma constitucional:

> Art. 164. A competência da União para emitir moeda será exercida exclusivamente pelo banco central.
>
> § 1º – É vedado ao banco central conceder, direta ou indiretamente, empréstimos ao Tesouro Nacional e a qualquer órgão ou entidade que não seja instituição financeira.
>
> § 2º – O banco central poderá comprar e vender títulos de emissão do Tesouro Nacional, com o objetivo de regular a oferta de moeda ou a taxa de juros.
>
> § 3º – As disponibilidades de caixa da União serão depositadas no banco central; as dos Estados, do Distrito Federal, dos Municípios e dos órgãos ou entidades do Poder Público e das empresas por ele controladas, em instituições financeiras oficiais, ressalvados os casos previstos em lei.

A norma do § 1º, que limita a realização de **empréstimos pelo Banco Central somente a instituições financeiras**, é reproduzida pelo art. 12, da Lei 4.595/1964. Vejamos:

> Art. 12. O Banco Central da República do Brasil operará exclusivamente com instituições financeiras públicas e privadas, vedadas operações bancárias de qualquer natureza com outras pessoas de direito público ou privado, salvo as expressamente autorizadas por lei.

A autorização legal mencionada no artigo ("salvo as expressamente autorizadas por lei") não pode, por óbvio, suplantar o comando constitucional que limita a realização empréstimos do Banco Central apenas a instituições financeiras.

O § 3º, do art. 164, da CF/88 contém norma acerca do **depósito das disponibilidades** de caixa da União, dos Estados, do Distrito Federal e dos Municípios. A norma, porém, não é impositiva, pois pode ser flexibilizada por lei ordinária. Sobremais, os depósitos no Banco Central não são aptos realização de pagamentos, de forma que também a União deve movimentar recursos por intermédio de bancos comerciais.

As **competências do Banco Central** estão previstas especialmente nos arts. 9º a 11, da Lei 4.595/1964, o primeiro dos quais contendo apenas o comando genérico de competir ao BC cumprir e fazer cumprir as leis e as normas expedidas pelo CMN. O art. 10, contempla a vasta lista de competências da autoridade monetária:

224. "Tesouro Nacional" é o nome utilizado corriqueiramente para designar a Secretaria do Tesouro Nacional, pertencente ao Ministério da Fazenda.

- Emitir moeda;
- Executar os serviços do meio-circulante;
- Determinar o depósito compulsório;
- Realizar operações de redesconto e empréstimos a instituições financeiras bancárias;
- Exercer o controle do crédito;
- Efetuar o controle dos capitais estrangeiros, nos termos do art. 3º e seg, da Lei 4.131/1962;
- Receber os depósitos das reservas oficiais de ouro e moeda estrangeira e de Direitos Especiais de Saque;
- Realizar as operações previstas no Convênio Constitutivo do Fundo Monetário Internacional;
- Exercer a fiscalização das instituições financeiras e aplicar as penalidades previstas na legislação
- Autorizar as instituições financeiras a funcionar no país, a instalar ou transferir suas sedes, ou dependências, inclusive no exterior, a ser transformadas, fundidas, incorporadas ou encampadas; a praticar operações de câmbio, crédito real e venda habitual de títulos da dívida pública, ações, debêntures, letras hipotecárias e outros títulos de crédito ou mobiliários (apenas instituições financeiras, as demais empresas dependem de autorização da CVM para emitir ações, debêntures e outros títulos), a alterar seus estatutos, e a alienar ou, por qualquer outra forma, transferir o seu controle acionário;
- Estabelecer condições para o exercício de cargos de administração de instituições financeiras privadas, assim como para o exercício de funções em órgãos consultivos, fiscais e semelhantes;
- Efetuar, como instrumento de política monetária, operações de compra e venda de títulos públicos federais;
- Determinar que as matrizes das instituições financeiras registrem os cadastros das firmas que operam com suas agências há mais de um ano.

No art. 11, encontram-se ainda as **competências do Banco Central** para:

- Entender-se, em nome do Governo Brasileiro, com as instituições financeiras estrangeiras e internacionais;
- Atuar no sentido do funcionamento regular do mercado cambial, da estabilidade relativa das taxas de câmbio e do equilíbrio no balanço de pagamentos, podendo para esse fim comprar e vender ouro e moeda estrangeira, bem como realizar operações de crédito no exterior, inclusive as referentes aos Direitos Especiais de Saque, e separar os mercados de câmbio financeiro e comercial;

- Efetuar compra e venda de títulos de sociedades de economia mista e empresas do Estado; e
- Regular a execução dos serviços de compensação de cheques e outros papéis.

Tema que suscita bastante discussão é a **competência do Banco Central para regular a concorrência bancária**, prevista pelo § 2º, do art. 18, da Lei 4.595/1964. A questão não está propriamente na possibilidade de o Banco Central, na qualidade de supervisor do mercado bancário, exercer o controle da concorrência das instituições financeiras, mas no entendimento de que tal atribuição é exclusiva, e afasta a atuação dos órgãos do direito da concorrência. Trataremos do tema, com mais vagar, em capítulo específico sobre concorrência.

Outro tema de interesse é a competência prevista pelo art. 11, da Lei 4.595/1964, revogada do ordenamento jurídico pela Lei de Responsabilidade Fiscal. O dispositivo legal permitia ao Banco Central emitir **títulos próprios**. A partir de 2002, esta faculdade foi excluída pelo art. 34, da LC 101/2002. Leia-se:

> Art. 34. O Banco Central do Brasil não emitirá títulos da dívida pública a partir de dois anos após a publicação desta Lei Complementar.

O Banco Central, portanto, não pode mais emitir títulos próprios.

Compete, ainda, ao Banco Central, decretar o regime de **administração especial temporária** nas instituições financeiras privadas e públicas, exceto as federais (DL 2.321/1987) e decretar e executar a **intervenção** ou **liquidação** extrajudicial de instituições financeiras (Lei 6.024/1974).

Na execução da política monetária, o Banco Central define a **meta da taxa de juros básica da economia – Selic**, por intermédio de um de seus órgãos (o COPOM), e exerce a função de depositário central de títulos públicos.

Selic, a propósito, é a sigla para Sistema Especial de Liquidação e Custódia. O Selic é um serviço do Banco Central, que, por meio eletrônico, registra e liquida as operações com os títulos da dívida pública o depositário central dos títulos da dívida pública federal interna emitidos pelo Tesouro Nacional.

3.4. As instituições financeiras

O **conceito** de instituição financeira encontra-se positivado no art. 17, da Lei 4.595/1964 e o de instituição equiparada financeira no parágrafo único do artigo:

> Art. 17. Consideram-se instituições financeiras, para os efeitos da legislação em vigor, as pessoas jurídicas públicas ou privadas, que tenham como atividade principal ou acessória a coleta, intermediação ou aplicação de recursos financeiros próprios ou de terceiros, em moeda nacional ou estrangeira, e a custódia de valor de propriedade de terceiros.
>
> Parágrafo único. Para os efeitos desta lei e da legislação em vigor, equiparam-se às instituições financeiras as pessoas físicas que exerçam qualquer das atividades referidas neste artigo, de forma permanente ou eventual.

São **requisitos** para caracterizar uma instituição financeira, a natureza de pessoa jurídica, e as "atividades de coleta, intermediação ou aplicação de recursos financeiros próprios ou de terceiros" bem como "a custódia de valor de propriedade de terceiros".

A **pessoa física** que exercer as atividades típicas das instituições financeiras, a elas estará **equiparada**, para todos os fins, inclusive obediência às regras aplicáveis e a subordinação aos poderes de supervisão e fiscalização do Banco Central.

Malgrado as críticas, o conceito legal tem sido suficiente para o exercício do poder regulamentar do CMN e do BC, bem como para o exercício do poder de supervisão e fiscalização desta autarquia.

O art. 18, da Lei 4.595/1964, além de reiterar a necessidade de **autorização** do Banco Central para o funcionamento de instituições financeiras no país (art. 10, X, da mesma lei), **estende a outras instituições o regime jurídico** imposto ou supervisionado pela autoridade monetária. Vejamos:

> Art. 18. As instituições financeiras somente poderão funcionar no País mediante prévia autorização do Banco Central da República do Brasil ou decreto do Poder Executivo, quando forem estrangeiras.
>
> § 1º Além dos estabelecimentos bancários oficiais ou privados, das sociedades de crédito, financiamento e investimentos, das caixas econômicas e das cooperativas de crédito ou a seção de crédito das cooperativas que a tenham, **também se subordinam às disposições e disciplina desta lei no que for aplicável**, as bolsas de valores, companhias de seguros e de capitalização, as sociedades que efetuam distribuição de prêmios em imóveis, mercadorias ou dinheiro, mediante sorteio de títulos de sua emissão ou por qualquer forma, e as pessoas físicas ou jurídicas que exerçam, por conta própria ou de terceiros, atividade relacionada com a compra e venda de ações e outros quaisquer títulos, realizando nos mercados financeiros e de capitais operações ou serviços de natureza dos executados pelas instituições financeiras.

Dessa forma, instituições como companhias de seguros e de capitalização, as bolsas de valores, embora **não equiparadas** às instituições financeiras, obedecem **a regras típicas destas**.

Fala-se, também, de *shadow banking*, para se referir a atividades próximas a dos bancos, como a dos consórcios, das empresas securitizadoras e dos fundos de investimento, realizadas por instituições não financeiras propriamente ditas.

Cabe lembrar, contudo, que a Lei 4.595/1964 é anterior à criação da SUSEP (1966) e da CVM (1976), autarquias que assumiram parte da competência antes atribuída ao Banco Central, especialmente acerca da supervisão e da fiscalização de entidades seguradoras e operadoras do mercado de capitais. Ainda cabe ao Banco Central, porém, tratar de questões relativas a instituições não financeiras que estejam ligadas à política monetária e cambial.

São muitos os tipos de instituições financeiras, a exemplo dos bancos comerciais, bancos de investimento, bancos de desenvolvimento, caixas econômicas etc.

Banco comercial é a instituição financeira privada ou pública que "tem como objetivo principal proporcionar o suprimento oportuno e adequado dos recursos necessários para financiar, em curto e médio prazos, o comércio, a indústria, as empresas prestadoras de serviços, as pessoas físicas e terceiros em geral. A captação de depósitos à vista, livremente movimentáveis, é atividade típica do banco comercial".[225]

A principal característica do banco comercial é, portanto, a possibilidade de captar depósitos à vista.

A seu turno, **banco de investimento** é a "instituição financeira privada especializada em operações de participação societária de caráter temporário, de financiamento da atividade produtiva para suprimento de capital fixo e de giro e de administração de recursos de terceiros"[226] (art. 29, da Lei 4.728/1965).

Todas as classificações de instituições financeiras, porém, vem perdendo importância, diante do advento dos **bancos múltiplos**, que realizam funções diversas, antes realizadas por agentes especializados, de agente de custódia de títulos, de liquidação de negócios, de investimento ou poupança, de operações de câmbio, etc. Vejamos o conceito no glossário do Banco Central:

> Instituição financeira privada ou pública que realiza as operações ativas, passivas e acessórias das diversas instituições financeiras, por intermédio das seguintes carteiras: comercial, de investimento e/ou de desenvolvimento, de crédito imobiliário, de arrendamento mercantil e de crédito, financiamento e investimento. Essas operações estão sujeitas às mesmas normas legais e regulamentares aplicáveis às instituições singulares correspondentes às suas carteiras.[227]

Para caracterizar o banco múltiplo não é necessário que a instituição financeira realize todas as funções. Na verdade, basta que realize a função do banco comercial ou do banco de investimento, mais outra função qualquer, dentre aquelas reservadas às instituições financeiras.

Os **bancos de câmbio** são definidos pelo Banco Central como "instituições financeiras autorizadas a realizar, sem restrições, operações de câmbio e operações de crédito vinculadas às de câmbio, como financiamentos à exportação e importação e adiantamentos sobre contratos de câmbio, e ainda a receber depósitos em contas sem remuneração, não movimentáveis por cheque ou por meio eletrônico pelo titular, cujos recursos sejam destinados à realização das operações acima citadas"[228].

---

225. Disponível em: http://www.bcb.gov.br/GlossarioLista.asp?idioma=P&idpai=GLOSSARIO, acesso em 27/3/2015.

226. Disponível em: http://www.bcb.gov.br/GlossarioLista.asp?idioma=P&idpai=GLOSSARIO, acesso em 27/3/2015.

227. Disponível em: http://www.bcb.gov.br/GlossarioLista.asp?idioma=P&idpai=GLOSSARIO, acesso em 27/3/2015.

228. Disponível em: http://www.bcb.gov.br/pre/composicao/Bancos_Cambio.asp. Acesso em: 10 mar. 2017.

Outras instituições específicas merecem ser mencionadas, mesmo que suas funções típicas possam ser absorvidas por mancos múltiplos, como as **sociedades de arrendamento mercantil** (*leasing*) e de fomento mercantil (*factoring*).

A sociedade de arrendamento mercantil ou *leasing* é a "instituição que pratica operações de arrendamento mercantil de bens móveis, de produção nacional ou estrangeira, e bens imóveis adquiridos pela entidade arrendadora para fins de uso próprio da arrendatária. Deve ser constituída sob a forma de sociedade anônima, devendo constar obrigatoriamente na sua denominação social a expressão "arrendamento mercantil", privativa da sociedade de que se trata.[229]

O arrendamento mercantil, vale lembrar, é contrato que combina elementos da locação com elementos da compra e venda, especialmente a opção ao arrendatário de compra do bem no momento pactuado.

Outro tipo de instituição financeira é a que realiza operações de **fomento mercantil** ou *factoring*, usualmente conhecidas como *factoring*.

A legislação tributária havia definido *factoring* como a "prestação cumulativa e contínua de serviços de assessoria creditícia, mercadológica, gestão de crédito, seleção e riscos, administração de contas a pagar e a receber, compras de direitos creditórios resultantes de vendas mercantis a prazo ou de prestação de serviços (*factoring*)" (art. 28, § 1º, alínea "c.4", da Lei nº 8.981/1995). O texto legal fora revogado, mas a atual disciplina tributária define o *factoring* da mesma maneira (art. 15, § 1º, III, 'd', da Lei 9.249/1995).

O *factoring* apresenta duas modalidades, o *conventional factoring* e *o maturity factoring*. No *factoring* convencional o adquirente compra os títulos (duplicatas), pagando à vista, mas com desconto (fator de compra), ganhando quando receber o valor integral do título. Pode, também, cobrar uma comissão fixa. No *maturity factoring*, o faturizador recebe os títulos, mas paga o valor ao titular do direito apenas quando receber o crédito. Neste caso, o faturizador é remunerado apenas pela comissão pelo serviço prestado[230].

A empresa de *factoring* pode se constituir na forma de sociedade limitada, verdadeira exceção à regra de que as instituições financeiras ou equiparadas que ordinariamente devem ser constituídas sob a forma de sociedade anônima. Outra exceção a esta regra são as cooperativas de crédito, que têm natureza de sociedade civil.

As **cooperativas de crédito** combinam os elementos de cooperativa, nos termos da Lei 5.764/1971 e de instituição financeira, regidas pela Lei 4.595/1964. Caracteriza a cooperativa a reunião de pessoas "que reciprocamente se obrigam a contribuir com bens ou serviços para o exercício de uma atividade econômica, de proveito comum, sem objetivo de lucro" (art. 3º, da Lei 5.764/1971), e se distinguem das sociedades em

229. Disponível em: <http://www.bcb.gov.br/GlossarioLista.asp?idioma=P&idpai=GLOSSARIO>. Acesso em: 27 mar. 2015.

230. SALOMÃO NETO, Eduardo. Direito bancário. São Paulo: Atlas, 2011, p. 264.

geral, por não possuir fins lucrativos, pela limitação do número de cotas do capital para cada associado, pela singularidade do voto de cada associado, podendo haver critérios de proporcionalidade e quórum de funcionamento e pela deliberação da Assembleia Geral baseada no número de associados e não no capital (art. 4º, da Lei 5.764/1971), com vistas a composição de sociedade com relação horizontal entre seus membros.

As cooperativas de crédito passaram a ser regidas pela LC 130/2009, que prevê sua subordinação às regras do CMN e do BC, bem como a vedação de cooperativa mista, vale dizer, que conjugue objetos distintos (crédito e outra finalidade).

As cooperativas podem prestar quaisquer serviços, mas prioritariamente a seus associados. Dispõe o art. 2º, da LC 130/2009:

> Art. 2º As cooperativas de crédito destinam-se, precipuamente, a prover, por meio da mutualidade, a prestação de serviços financeiros a seus associados, sendo-lhes assegurado o acesso aos instrumentos do mercado financeiro.
>
> § 1º A captação de recursos e a concessão de créditos e garantias devem ser restritas aos associados, ressalvadas as operações realizadas com outras instituições financeiras e os recursos obtidos de pessoas jurídicas, em caráter eventual, a taxas favorecidas ou isentos de remuneração.
>
> § 2º Ressalvado o disposto no § 1º deste artigo, é permitida a prestação de outros serviços de natureza financeira e afins a associados e a não associados.
>
> § 3º A concessão de créditos e garantias a integrantes de órgãos estatutários, assim como a pessoas físicas ou jurídicas que com eles mantenham relações de parentesco ou negócio, deve observar procedimentos de aprovação e controle idênticos aos dispensados às demais operações de crédito.
>
> § 4º A critério da assembléia geral, os procedimentos a que se refere o § 3º deste artigo podem ser mais rigorosos, cabendo-lhe, nesse caso, a definição dos tipos de relacionamento a serem considerados para aplicação dos referidos procedimentos.
>
> § 5º As cooperativas de crédito, nos termos da legislação específica, poderão ter acesso a recursos oficiais para o financiamento das atividades de seus associados.

As cooperativas de crédito podem ter acesso a crédito (tomar empréstimo), inclusive favorecido, no mercado financeiro, dependendo da política de estímulo ao cooperativismo, permitindo a prestação de serviços bancários a seus associados em condições mais vantajosas que as de mercado.

Há, também, **bancos de desenvolvimentos**. O glossário do Banco Central define banco de desenvolvimento como a "instituição financeira pública não federal que tem como objetivo precípuo proporcionar o suprimento oportuno e adequado dos recursos necessários ao financiamento, em médio e longo prazos, de programas e projetos que visem promover o desenvolvimento econômico e social do estado onde tenha sede, cabendo-lhe apoiar prioritariamente o setor privado"[231].

231. Disponível em: http://www.bcb.gov.br/glossario.asp?Definicao=293&idioma=P&idpai=GLOSSARIO. Acesso em 28/8/2015.

3.5. Banco Nacional de Desenvolvimento Econômico e Social – BNDES.

No âmbito dos bancos de desenvolvimento, cabem menção especial ao BNDES.

Criado como Banco Nacional de Desenvolvimento Econômico – BNDE pelo art. 8º, da Lei 1.628/1952, sem a expressão "social", o Banco surgiu como **instrumento estatal de fomento da economia**.

Nos termos do art. 10, da Lei 1.628/1952, o BNDE estava autorizado a desempenhar todas as atividades bancárias, com limitações quanto aos depósitos que poderia receber (não se trata de um banco comercial que recebe depósitos de clientes) e quanto aos empréstimos ou financiamentos, apenas voltados aos objetivos de reaparelhamento e fomento estabelecidos em lei.

Com a Lei 5.662/1971, o BNDE passou a ter natureza de **empresa pública**, em consonância com as regras de direito administrativo vigentes à época e compatíveis com a atual Constituição.

A partir do DL 1.940/1982, o banco passou a ser denominado BNDES, acrescentando-se a **expressão "social"** a seu nome, refletindo **novos objetivos** desenvolvimentistas em áreas menos favorecidas, que superavam o puro objetivo de crescimento econômico. Este objetivo social se expandiu, de modo que o banco passou também a prestar "apoio ao setor cultural, com o investimento na produção de filmes e na preservação do patrimônio histórico e artístico nacional"[232].

A página do banco na internet explicita seus desafios atuais:

> O século 21 começou com a consolidação da vertente social na missão do Banco, que é promover a competitividade da economia brasileira, de forma agregada à sustentabilidade, à geração de emprego e renda e à redução das desigualdades sociais e regionais. O BNDES busca promover, nos projetos que solicitam apoio, o desenvolvimento local e regional, o compromisso socioambiental e a capacidade de inovação, desafios mais urgentes em um mundo cada vez mais dinâmico e em constante transformação.
>
> O BNDES é hoje uma instituição ativa e moderna, que continua desbravando novas fronteiras em prol do crescimento do Brasil. Ao mesmo tempo em que se expande internamente, com a alocação em salas de um novo prédio no Rio de Janeiro e com a difusão de sua rede de agências credenciadas, o Banco inaugurou, em 2009, um novo escritório na América do Sul (Montevidéu) e uma nova subsidiária na Europa (Londres), a fim de buscar novas alternativas ao desenvolvimento em um mundo globalizado e interconectado.
>
> Todos os segmentos econômicos são contemplados pelo Banco: agropecuária, indústria, comércio e serviços, infraestrutura, sempre com condições especiais para as micro, pequenas e médias empresas. O incentivo às exportações e o fortalecimento do mercado de capitais permanecem como ações estratégicas. Presente em todos os setores, o BNDES promove o aumento da

232. Disponível em: http://www.bndes.gov.br/SiteBNDES/bndes/bndes_pt/Institucional/O_BNDES/A_Empresa/historia.html, acesso em 25/3/2015.

> competitividade e o fortalecimento da economia nacional, apóia o avanço social e cultural e contribui para ampliar o acesso de todos os cidadãos a uma vida melhor, com mais educação, saúde, emprego e cidadania.

No âmbito do BNDES, **destacam-se**:

- a Agência Especial de Financiamento Industrial – FINAME, criada pelo Decreto 59.170/1966, gestora do Fundo de Financiamento para Aquisição de Máquinas e Equipamentos Industriais, criado pelo Decreto 55.275/1964, que responde pela mesma sigla, FINAME; e
- a BNDES Participações S/A – BNDESPAR, subsidiária integral do BNDES, que tem por objeto realizar operações visando a capitalização de empreendimentos controlados por grupos privados, observados os planos e políticas do banco, apoiar empresas que reúnam condições de eficiência econômica, tecnológica e de gestão, apoiar o desenvolvimento de novos empreendimentos que incorporem novas tecnologias, mediante subscrição e integralização de valores mobiliários dos empreendimentos, oferecimento de garantia de subscrição de ações ou de debêntures conversíveis em ações ou de bônus de subscrição destes empreendimentos, aquisição e venda de valores mobiliários no mercado secundário dos empreendimentos apoiados, entre outros[233].

Entre os programas mais recentes do banco, encontram-se os fundos de investimento em participações, também conhecidos pela expressão "*private equity*" (participação privada), que consiste na aquisição de ações ou cotas de empresas pequenas ou médias, com expectativa de ganhos futuros. Os fundos especializados que fazem estas aquisições procuram colaborar na gestão das empresas para estimular seu crescimento e obter ganhos na venda das participações[234].

Os **fundos de investimento em participações – FIP** se aproximam dos fundos de investimento coletivo (veremos adiante ao tratar do mercado de capitais), mas não são considerados valores mobiliários, por lhe faltar a característica de oferta pública. Os FIP são regidos, entre outras normas, pela Instrução CVM 391/2003, que, em seu art. 2º, define:

> Art. 2º O Fundo de Investimento em Participações (fundo), constituído sob a forma de condomínio fechado, é uma comunhão de recursos destinados à aquisição de ações, debêntures, bônus de subscrição, ou outros títulos e valores mobiliários conversíveis ou permutáveis em ações de emissão de companhias, abertas ou fechadas, participando do processo decisório da companhia investida, com efetiva influência na definição de sua política estratégica e na sua gestão, notadamente através da indicação de membros do Conselho de Administração.

233. Disponível em: Estatuto da BNDESPAR, disponível em: http://www.bndes.gov.br/SiteBNDES/bndes/bndes_pt/Institucional/ O_BNDES/Legislacao/estatuto_bndespar.html, acesso em 25/3/2015.
234. Aquisições de empresas de porte menor e em estágios iniciais de desenvolvimento são chamadas de "venture capital", ou capital de risco.

O BNDES é uma **instituição financeira peculiar**. Possui funções públicas e é instrumento de política econômica, mas não possui capacidade normativa e regulamentadora do mercado, como o Banco Central. De outro lado, realiza atividades bancárias de empréstimos e financiamentos, mas voltadas aos fins da política econômica governamental.

O BNDES não é o único banco de desenvolvimento público.

Há outros bancos de desenvolvimento regionais, como o Banco de Desenvolvimento de Minas Gerais – BDMG, o Banco Regional de Desenvolvimento do Extremo Sul – BRDE, além de agências regionais de desenvolvimento.

3.6. Comissão de Valores Mobiliários – CVM

A Comissão de Valores Mobiliários foi criada pelo art. 5º, da Lei 6.385/1976.

Trata-se de uma **autarquia** de regime especial, vinculada ao Ministério da Fazenda, dotada de autoridade administrativa independente, tendo em vista: 1. a ausência de subordinação hierárquica, 2. a nomeação de seus dirigentes para mandato fixo, com estabilidade, e. 3 sua autonomia financeira e orçamentária.

A CVM é dirigida por um colegiado composto por um presidente e quatro diretores nomeados pelo Presidente da República após aprovação no Senado Federal, dentre pessoas de reputação ilibada e reconhecida competência em matéria de mercado de capitais, para mandato de 5 anos (art. 6º, da Lei 6.385/1976).

Visando a **autonomia** da instituição, é vedada a recondução dos membros deste colegiado, cuja composição é renovada em 1/5 todo ano, vale dizer, a cada ano vence o mandado de um de seus componentes, que é substituído. Com a mesma finalidade de autonomia da instituição, os membros do colegiado apenas perdem o mandado por renúncia, condenação judicial ou administrativa, por violação dos deveres e das proibições inerentes ao cargo. O processo disciplinar contra o presidente ou os diretores da CVM deve ser instaurado pelo Ministro da Fazenda, conduzido por uma comissão especial e decidido pelo Presidente da República (art. 6º, da Lei 6.385/1976).

Ainda nos termos do art. 6º, da Lei 6.385/1976, as decisões da CVM são colegiadas, de modo que o presidente ou os diretores não agem isoladamente.

Quase toda a **atribuição** conferida ao Banco Central pela Lei 4.728/1964, que disciplina o **mercado de capitais**, foi transferida à CVM com edição da Lei 6.385/1976. **A competência da CVM não afasta a do Banco Central**, contudo, no que toca à condução da política monetária e cambial, razão pela qual, por exemplo, operações cambiais no mercado de valores mobiliários também se subordina ao controle da autoridade monetária.

Em geral, o Banco Central supervisiona o mercado de crédito e de câmbio (instituições financeiras e cambiais) e a Comissão de Valores Mobiliários supervisiona o mercado de títulos e valores (sociedades emissoras, distribuidoras e corretoras de valores mobiliários). Porém, sempre que a operação envolver ambas as atividades ou que a instituição realizar negócios de ambas naturezas, haverá supervisão e fiscalização concomitante, do BC e da CVM, cada autarquia em sua área de atuação.

A **competência da CVM é específica** e limitada ao mercado de capitais, assim como é específica a competência da SUSEP, no mercado de seguros, capitalização e previdência complementar aberta. De outro lado, a **competência do BC pode concorrer com qualquer outro órgão supervisor de mercados**, desde que esteja presente o conceito de instituição financeira ou equiparada, como as seguradoras, as companhias de capitalização e de previdência complementar.

O Banco Central também mantém sua atribuição regulamentar e fiscalizatória no âmbito do mercado de capitais, quando a função desempenhada neste mercado é atribuída a instituição financeira.

O art. 4º, da Lei 6.385/1976, estabelece verdadeiros **princípios de atuação da CVM**, que também orientam a normatização do Conselho Monetário Nacional na matéria de valores mobiliários. São os **objetivos** que devem ser perseguidos por sua atuação:

- Estimular a formação de poupanças e a sua aplicação em valores mobiliários;
- Promover a expansão e o funcionamento eficiente e regular do mercado de ações, e estimular as aplicações permanentes em ações do capital social de companhias abertas sob controle de capitais privados nacionais;
- Assegurar o funcionamento eficiente e regular dos mercados da bolsa e de balcão;
- Proteger os titulares de valores mobiliários e os investidores do mercado contra emissões irregulares de valores mobiliários; atos ilegais de administradores e acionistas controladores das companhias abertas, ou de administradores de carteira de valores mobiliários; e o uso de informação relevante não divulgada no mercado de valores mobiliários.
- Coibir fraudes e manipulações do mercado;
- Assegurar o acesso do público a informações sobre os valores mobiliários e companhias emissoras;
- Assegurar a observância de práticas comerciais equitativas no mercado;
- Assegurar a observância das condições de utilização de crédito no mercado de capitais.

Para a melhor compreensão destes objetivos, é preciso lembrar que a **função do mercado financeiro** é criar mecanismos de financiamento e distribuição dos riscos da atividade econômica, mediante a aproximação de agentes superavitários e deficitários. O mercado de capitais, como ramo especializado do mercado financeiro, realiza esta aproximação de forma mais direta que no mercado bancário.

No mercado bancário, o poupador entrega seu dinheiro ao banco, que por sua vez realiza empréstimos para os agentes deficitários. É o banco, não o poupador, que se apresenta como parte nas obrigações decorrentes dos contratos de depósito e empréstimo. No mercado de capitais, ao revés, tomadores e prestadores de recurso atuam em contato direto, ainda que auxiliado por corretoras, e em nome próprio, **gerando economia**, digamos, pela "supressão da etapa bancária" (embora os bancos também atuem neste mercado) e **permitindo investimentos de longo prazo**.

É em virtude dos benefícios da especial forma de capitação da economia popular que o mercado de capitais merece ser estimulado. Porém, em função dos riscos que envolve, merece ser controlado com maiores rigores, no sentido: 1. de conferir transparência e publicidade aos títulos emitidos pelas companhias, sua saúde financeira, suas contas e aos fatos relevantes que as afetem, 2. de se buscar a formação do preço justo dos ativos negociados e 3. de se evitar fraudes.

Com tais finalidades, **compete à CVM**, nos termos do art. 8º, da Lei 6.385/1976, sem prejuízo da atribuição das bolsas de valores e também das entidades de balcão organizado, nos termos do art. 18, da lei 6.385/1976:

- Regulamentar a política do mercado de capitais definida pelo Conselho Monetário Nacional;
- Administrar os registros de operações do mercado de capitais;
- Fiscalizar permanentemente as atividades e os serviços do mercado de valores mobiliários bem como a veiculação de informações relativas ao mercado;
- Propor ao CMN fixação de limites máximos de preço, comissões, emolumentos e quaisquer outras vantagens cobradas pelos intermediários do mercado;
- Fiscalizar e inspecionar as companhias abertas, priorizando aquelas que não apresentem lucro em balanço ou as que deixem de pagar o dividendo mínimo obrigatório.

No âmbito de seu **poder regulamentar**, compete à CVM editar normas gerais sobre:

- Condições para emissores e intermediários atuarem no mercado de capitais;
- Requisitos de idoneidade, habilitação técnica e capacidade financeira a que deverão satisfazer os administradores de sociedades e demais pessoas que atuem no mercado;
- Condições de constituição e extinção de bolsas de valores, bolsas de mercadorias e futuros, mercado de balcão organizado e entidades de compensação e liquidação de operações com valores mobiliários;
- Exercício do poder disciplinar (autorregulação) das bolsas, entidades do mercado de balcão organizado, entidades de compensação e liquidação;
- Número de sociedades corretoras, membros da bolsa; requisitos ou condições de admissão quanto à idoneidade, capacidade financeira e habilitação técnica dos seus administradores;

- Administração das Bolsas, das entidades do mercado de balcão organizado e outras entidades, inclusive no que concerne a custas e emolumentos
- Condições de realização das operações a termo.

Cabe, ainda à CVM, também nos termos do art. 18, da Lei 6.385/1976 definir:

- as espécies de operação autorizadas na bolsa e no mercado de balcão; métodos e práticas que devem ser observados no mercado; e responsabilidade dos intermediários nas operações;
- a configuração de condições artificiais de demanda, oferta ou preço de valores mobiliários, ou de manipulação de preço; operações fraudulentas e práticas não equitativas na distribuição ou intermediação de valores;
- as normas aplicáveis ao registro de operações a ser mantido pelas entidades do sistema de distribuição.

A CVM também estimula a **autorregulação** especialmente a das bolsas de valores, mas também outras entidades.

Veremos adiante com mais detalhes, mas a autorregulação das bolsas de valores significa o poder dever desta instituição em zelar pela retidão dos agentes que nelas operam, com vistas nos princípios que orientam o mercado de capitais. Assim, as bolsas de valores ou quaisquer entidades do mercado que propiciem ambientes de negociação funcionam como *longa manus* da CVM, em sua função de regular e fiscalizar as atividades do mercado.

Por tal razão, a competência da CVM não exclui a das bolsas e das entidades do mercado de balcão organizado, embora a atividade destas últimas também seja objeto de supervisão e fiscalização daquela autarquia.

Em sua **atuação sistêmica**, cabe à CVM autorizar previamente o ingresso de agentes e a oferta de serviços no mercado, no sentido de evitar a atuação de agentes nocivos ou despreparados ou a oferta de papéis em condições avessas aos princípios do mercado de capitais.

Assim, dependem de **autorização prévia**, além da criação e o funcionamento de quaisquer entidades que atuam no mercado, as seguintes atividades, elencadas pelo art. 16, da Lei 6.385/1976:

- Distribuição de emissão de valores mobiliários no mercado;
- Compra de valores mobiliários para revendê-los por conta própria;
- Mediação ou corretagem de operações com valores mobiliários;
- Compensação e liquidação de operações com valores mobiliários.

Determina, ainda, o parágrafo único, do art. 16, da Lei do Mercado de Capitais, que somente "os agentes autônomos e as sociedades com registro na Comissão poderão exercer a atividade de mediação ou corretagem de valores mobiliários fora da bolsa".

Portanto, para que uma companhia abra seu capital e oferte seus títulos no mercado, com vistas a captação de recursos da economia popular, para que uma entidade atue no mercado de compra e venda de valores mobiliários, na mediação e corretagem destes títulos, ou na compensação e liquidação das operações com eles realizadas, faz-se necessária a autorização prévia da CVM.

A CVM aprova apenas a abertura de capital e a emissão dos títulos (mercado primário), não lhe cabendo aprovar as demais negociações como o valor mobiliário (mercado secundário). A aprovação prévia da CVM é meramente formal, não significa garantia de bons rendimentos dos títulos ofertados pelas companhias (mérito do investimento). De outro lado, a desnecessidade de autorização da CVM para as negociações no mercado secundário não significa omissão da autarquia, que mantém sua atividade de regulação e de fiscalização também neste âmbito.

Também no exercício de seu **poder preventivo**, vale dizer, de prevenir ou evitar anomalias no mercado, a CVM está autorizada, nos termos do § 1º, do art. 9º, da Lei 6.385/1976, a:

- Suspender a negociação de determinado valor mobiliário ou decretar o recesso de bolsa de valores;
- Suspender ou cancelar os registros de que trata esta Lei;
- Divulgar informações ou recomendações com o fim de esclarecer ou orientar os participantes do mercado;
- Proibir aos participantes do mercado, sob cominação de multa, a prática de atos que especificar, prejudiciais ao seu funcionamento regular.

Exemplo recente de suspensão de atividades foi reportado na imprensa[235].

A CVM suspendeu as ofertas de "contratos de investimento coletivo pela Panela Futebol Clube Intermediações de Negócios Ltda", que envolvia a "possibilidade de compra de participação nos direitos econômicos de jogadores de futebol", porque o site onde os contratos eram oferecidos não havia sido não havia sido autorizado a funcionar pela autarquia.

A CVM possui, ainda, amplo poder investigativo sobre as ações de pessoas físicas ou jurídicas que atuem no mercado de capitais, seja como emissores de títulos, como intermediários ou investidores institucionais, em qualquer fase das operações, podendo intimar quaisquer destas a prestar informações, requisitar informações de órgãos públicos, autarquias ou empresas públicas, apurar infrações e aplicar penalidades.

3.7. As bolsas de valores, mercadorias e futuros e as entidades de balcão

3.7.1. Discussões doutrinárias

Há muito, a maior parte dos negócios com ações, debêntures, derivativos, futuros e títulos públicos é realizada nas bolsas de valores, seja no pregão físico que predominava nestas instituições, seja nos sistemas de pregão eletrônico, que substituíram a modalidade física.

Mas o que é uma bolsa de valores ou uma bolsa de mercadorias e futuros?

235. Valor Econômico. CVM suspende atividades do Panela FC e da Trade Invest, Edição de 6/7/2015.

Numa visão bastante simplista, a bolsa de valores é o ambiente em que se negociam valores mobiliários, como as ações emitidas pelas companhias.

Siegfried Kümpel, analisando o tema, afirma que os conceitos tradicionais, baseados na aparência exterior da instituição, no critério do local onde ocorrem as negociações (superado pela existência de negociações eletrônicas realizadas, inclusive, à distância – filiação remota ou *remote membership*), da localização do computador que centraliza as operações, não são satisfatórios para definir as bolsas ou mesmo para distingui-las do ambiente de negociações denominado mercado de balcão[236]. Igualmente insatisfatório seria, segundo o autor, definir bolsa pelo requisito de autorização das autoridades fiscalizadoras[237], tendo em vista que, em geral, todos os operadores do mercado de capitais dependem de autorização estatal para funcionar.

A legislação não define um conceito para bolsa, nem no Brasil nem no exterior, razão pela qual os autores procuram definir a instituição, especialmente para diferenciá-la do mercado de balcão.

Observa Kümpel, que as negociações de valores mobiliários, tanto bolsa quanto balcão, são hoje realizadas por sistemas eletrônicos, podendo restar dúvidas se a plataforma deve ou não ser classificada como bolsa em sentido jurídico, dado que as bolsas, por sua maior importância, sofrem maior controle estatal que o balcão.

A questão, parece-nos, deve ser posta não no sentido de se buscar um conceito para bolsas de valores, mercadorias e futuros, mas uma **classificação, capaz de distinguir as bolsas dos demais mercados de valores mobiliários e também de resistir às inovações tecnológicas** que possam tornar obsoletas conceituações rígidas formuladas com base em tecnologias ultrapassadas.

De outro lado, parece-nos, também, que a definição de bolsa de valores e de mercado de balcão não deve buscar uma realidade absoluta e pré-jurídica, a demandar uma regulamentação imutável. Ao revés, **é a necessidade de aplicar regramentos jurídicos peculiares a ambientes de negociação de títulos e valores mobiliários distintos, que leva à necessidade de classificação e definição destes institutos**.

Não se pode pretender uma distinção jurídica estanque entre bolsa e balcão se, por exemplo, a evolução tecnológica anular a distinção material entre os institutos antes segregados ou se a distinção for reduzida a tal ponto que o legislador (ordinário e regulamentar) entender que as diferenças materiais não justificam tratamentos jurídicos díspares.

De toda sorte, ainda há distinções materiais que justificam classificar separadamente os dois institutos, bolsa e balcão organizado.

---

236. KÜMPEL, Siegfried. Direito do mercado de capitais: do ponto de vista do direito europeu, alemão e brasileiro. Rio de Janeiro: Renovar, 2007, p. 85 e seg.

237. KÜMPEL, Siegfried. Direito do mercado de capitais: do ponto de vista do direito europeu, alemão e brasileiro. Rio de Janeiro: Renovar, 2007, p. 82.

Para Kümpel, o novo conceito material de bolsa deve incorporar a formação do preço bursátil, caracterizada pela confiança do investidor na formação de preços não manipulada na bolsa, o que não se poderia garantir em outros ambientes, e a obediência absoluta aos mandamentos de imparcialidade e neutralidade nas negociações realizadas, de tal sorte que os corretores não podem dar preferência a nenhuma parte ao realizar negócios na bolsa e os softwares que operam tais negociações devem garantir que não haja preferências ou erros que possam beneficiar uma ou outra parte nas negociações[238].

Afirmar que o investidor deve ter confiança de que o preço dos ativos negociados em bolsas não será manipulado, não significa que em outros ambientes o preço sofrerá manipulações. De fato, a manipulação de preços em bolsa ou em mercado de balcão organizado é ato ilícito. Contudo, no ambiente mais estrito da bolsa, não se admite uma série de comportamentos capazes de, em alguma medida, influenciar o preço dos ativos.

Aponta Kümpel, que uma das diferenças entre bolsa e balcão é que o proprietário da plataforma de negociação do balcão (operador do balcão) exerce simultaneamente a função de formador do mercado (*market maker*), podendo agir como parte contratante nos negócios, enquanto na bolsa somente é permitida a conclusão de negócios entre os participantes admitidos ou com a participação de *market makers* indicados, jamais com o próprio operador [239].

Market makers, a propósito, são pessoas jurídicas cadastradas na bolsa ou na entidade operadora de balcão, que estão obrigadas a abrir de forma contínua ofertas de compra e venda de lotes mínimos dos ativos negociados, com vistas a estimular a liquidez especialmente de papeis menos negociados e reduzir diferenças de preço de compra e venda (*spread*)[240].

Nestes termos, sustenta o autor ser a bolsa "um sistema de negociação regularmente acessível, com períodos curtos entre o fechamento e a abertura para negociação, no qual se possibilita a conclusão de negócios entre os participantes do mercado sobre objetos nele negociados, com uma fixação neutra e transparente do preço"[241].

Yasbek também procura identificar a bolsa pela formação do **preço bursátil**. Sustenta que "há um outro aspecto que permite a diferenciação entre operações de bolsa e de balcão: o mecanismo de formação de preços que permite (ou que tenta permitir), aos sistemas de bolsa, a recriação de um mercado eficiente à imagem e forma daquele preconizado pelo modelo neoclássico"[242].

---

238. KÜMPEL, Siegfried. Direito do mercado de capitais: do ponto de vista do direito europeu, alemão e brasileiro. Rio de Janeiro: Renovar, 2007, p. 88 e seg.

239. KÜMPEL, Siegfried. Direito do mercado de capitais: do ponto de vista do direito europeu, alemão e brasileiro. Rio de Janeiro: Renovar, 2007, p. 82.

240. KÜMPEL, Siegfried. Direito do mercado de capitais: do ponto de vista do direito europeu, alemão e brasileiro. Rio de Janeiro: Renovar, 2007, p 254

241. KÜMPEL, Siegfried. Direito do mercado de capitais: do ponto de vista do direito europeu, alemão e brasileiro. Rio de Janeiro: Renovar, 2007, p. 93

242. YAZBEK, Otávio. Regulação do mercado financeiro e de capitais. Rio de Janeiro: Elsevier, 2009, p. 132.

Esta formação de preços, segundo o autor, seria obtida i) pela realização das operações por meio de intermediários especializados, capazes de aproveitar as oportunidades, ii) pela obrigatoriedade de fechamento de operações 'contra' os melhores preços, maximizando a eficiência do mercado, iii) pela obrigatoriedade de fechamento das operações 'contra o mercado' e não contra outro participante, e iv) pela disponibilidade das informações relevantes para o agente[243].

A concepção de Yasbek sobre a bolsa de valores, conquanto muito bem elaborada, revela uma vertente idealista, em que pressupõe a capacidade das bolsas, bem como do restante do sistema regulatório, em suprir as falhas de mercado e atingir uma situação (de preços de mercado de concorrência perfeita) que mesmo os defensores das teorias econômicas clássicas consideram ideal, não real.

De toda sorte, há que se considerar que a formação do preço bursátil é, hoje, critério de identificação das bolsas de valores e de diferenciação destas para as entidades de balcão organizado, permitindo a aplicação de regimes jurídicos distintos, embora próximos, às duas entidades que operam no mercado de capitais.

Acerca da formação do preço bursátil, vale lembrarmos de dois institutos: o chamado *after market*, que permite a negociação de ativos após o fechamento do pregão, embora com algumas limitações, e o *circuit breaker*, que é a suspensão dos negócios do pregão, quando há oscilações bruscas nos preços praticados.

Em resumo, **bolsa de valores e mercado de balcão organizado são ambientes de negociação de títulos e valores mobiliários**. Em termos conceituais, **distinguem-se os institutos pelo maior rigor das bolsas de valores, em eliminar fatores que possam alterar, artificialmente, a formação do preço dos ativos negociados**.

3.7.2. Bolsa e balcão organizado no direito positivo brasileiro

No direito positivo brasileiro, também não se verifica definição de bolsa e entidade do mercado de balcão, mas sim elementos que os caracterizam.

Dispõe o art. 17, da Lei 6.385/1976, que as Bolsas de Valores, as Bolsas de Mercadorias e Futuros, as entidades do mercado de balcão organizado, bem como as entidades de compensação e liquidação de operações com valores mobiliários, terão autonomia administrativa, financeira e patrimonial, vale dizer, terão personalidade jurídica própria e poderão atuar no mercado de forma a obter os recursos e o patrimônio necessário a atingir seu objeto social. Dispõe a norma que tais instituições são subordinadas à supervisão da CVM, mas que atuaram também, como órgãos auxiliares, incumbindo-lhes, fiscalizar os respectivos membros e as operações com valores mobiliários nelas realizadas.

A regulamentação específica dos **mercados organizados de valores mobiliários, vale dizer, das bolsas de valores e das entidades de balcão**, e que deixa transparecer

243. YAZBEK, Otávio. Regulação do mercado financeiro e de capitais. Rio de Janeiro: Elsevier, 2009, p. 132.

a importância da formação do **preço bursátil**, como elemento distintivo entre as categorias é, porém, infralegal. Vigora, hoje, a Instrução Normativa CVM 461/2007, que dispõe em seu art. 5º:

> Art. 5º Um mercado organizado de valores mobiliários será considerado pela CVM como de bolsa ou de balcão organizado dependendo, principalmente, do seguinte:
>
> I – existência de sistema ou ambiente para o registro de operações realizadas previamente;
>
> II – regras adotadas em seus ambientes ou sistemas de negociação para a formação de preços, conforme descrito nos arts. 65 e 73, no caso de bolsa, e arts. 95 e 96, no caso de balcão organizado;
>
> III – possibilidade de atuação direta no mercado, sem a intervenção de intermediário;
>
> IV – possibilidade de diferimento da divulgação de informações sobre as operações realizadas;
>
> V – volume operado em seus ambientes e sistemas; e
>
> VI – público investidor visado pelo mercado.
>
> Parágrafo único. As características de que tratam os incisos I, III e IV só são admitidas para os mercados de balcão organizado, na forma prevista, respectivamente, nos arts. 92, inciso III, 93 e 105 desta Instrução.

Do dispositivo, verificamos um esforço de disciplina conjunta do mercado de bolsa e do mercado de balcão, que apresentam como **características comuns** a existência de **regras** adotadas em seus ambientes (ou sistemas) de negociação para a **formação de preços**. Tais regras, conforme menciona o art. 5º, II, da Instrução CVM 461/2007, diferem, como veremos linhas abaixo, criando a **distinção essencial entre bolsa e entidade de balcão**.

Reforçam a tese de formação do preço como elemento material do conceito de bolsa: 1. a impossibilidade de existência de sistema ou ambiente apenas para o registro de operações realizadas no âmbito de bolsas de valores (somente a entidade de balcão pode apenas registrar as operações, sem acompanhá-las ou sem que todas as etapas da operação sejam realizadas em seus sistemas), 2. a vedação às bolsas de atuarem diretamente no mercado, sem a intervenção de intermediário (vedação que não se aplica às entidades de balcão), e 3. a obrigação das bolsas em divulgar as informações sobre as operações em tempo real (ao passo que é possível o diferimento da divulgação de informações sobre as operações realizadas no mercado de balcão).

De fato, o descompasso temporal entre a realização das operações e sua divulgação, a realização de operações pelo próprio "dono do mercado", vale dizer, pelo proprietário da plataforma onde as negociações são realizadas, e a realização apenas do registro na plataforma, sem a realização das etapas da negociação criam distorções no mercado – e no preço dos ativos negociados – que o distanciam do "ideal" da teoria neoclássica e do que se espera da formação de preços nas bolsas, razão pela qual são flexibilizações que se permitem apenas no mercado de balcão.

O art. 5º, II, da Instrução CVM 461/2007 permite, contudo, que a CVM dê às entidades tratamento de **bolsa** ou de **balcão**, em razão de **dois critérios**: o **volume operado em seus ambientes e sistemas de negociação** e o **público investidor que a entidade atender**. Com isso, a diferença entre bolsa e balcão pelos critérios de formação do preço deixa de ser absoluta, tornando-se o regramento desta formação de preços consequência jurídica da classificação imposta pela CVM às entidades.

Nos termos do art. 65, da Instrução CVM 461/2007:

> Art. 65. Consideram-se mercados de bolsa aqueles que:
>
> I – **funcionam regularmente como sistemas centralizados e multilaterais de negociação** e que **possibilitam o encontro e a interação de ofertas de compra e de venda de valores mobiliários**; ou
>
> II – permitem a **execução de negócios**, sujeitos ou não à interferência de outras pessoas autorizadas a operar no mercado, **tendo como contraparte formador de mercado** que assuma a obrigação de colocar ofertas firmes de compra e de venda, desde que:
>
> a) a atuação do formador de mercado seja regulada pela bolsa, nos termos da regulamentação específica da CVM para formadores de mercado, e fiscalizada pelo Departamento de Auto-Regulação;
>
> b) a regulação da bolsa preveja limites máximos para a diferença entre os preços de compra e de venda ofertados pelo formador de mercado; e
>
> c) seja admitida a interferência de outras pessoas autorizadas a operar no intervalo entre as ofertas de compra e de venda, desde que para a quantidade total daquele negócio.
>
> Parágrafo único. Considera-se sistema centralizado e multilateral aquele em que todas as ofertas relativas a um mesmo valor mobiliário são direcionadas a um mesmo canal de negociação, ficando expostas a aceitação e concorrência por todas as partes autorizadas a negociar no sistema.

Assim, o funcionamento regular como sistemas centralizados e multilaterais de negociação que possibilita o encontro e a interação de ofertas de compra e de venda de valores mobiliários ou a capacidade de executar negócios tendo como contraparte formador de mercado que assuma a obrigação de colocar ofertas firmes de compra e de venda são características obrigatórias das bolsas, mas facultativas para as entidades de balcão (art. 95 e 96, da Instrução CVM 461/2007).

Aplica-se ainda às bolsas e não às entidades de balcão o art. 73, da Instrução CVM 461/2007, que dispõe:

> Art. 73. O ambiente ou sistema de negociação da bolsa deve possuir características, procedimentos e regras de negociação, previamente estabelecidos e divulgados, que permitam, permanentemente:
>
> I – **a regular, adequada e eficiente formação de preços;**
>
> II – **a pronta realização, visibilidade e registro das operações realizadas**; e

> III – **a disseminação pública das ofertas e negócios envolvendo ativos ali negociados, com rapidez, amplitude e detalhes suficientes à boa informação do mercado e formação de preços.**
>
> Parágrafo único. Quando se tratar de sistema de negociação centralizado e multilateral, a formação de preços deve se dar por meio da interação de ofertas, em que seja dada precedência sempre à oferta que represente o melhor preço, respeitada a ordem cronológica de entrada das ofertas no sistema ou ambiente de negociação, ressalvados os casos de procedimentos especiais de negociação previstos em regulamento.

Caracterizam a bolsa, nos termos do artigo, portanto, a formação bursátil dos preços, a realização ágil e transparente das operações, além de seu registro, e a disseminação ampla de informações, produzida pela própria bolsa, sobre ativos ofertados e negócios realizados.

O art. 92, da Instrução CVM 461/2007, estabelece como possibilidades de atuação das entidades de balcão organizado as formas de sistema centralizado e multilateral de negociação e a execução de negócios tendo como contraparte formador de mercado que assuma a obrigação de colocar ofertas firmes de compra e de venda, também permitidas para bolsa, e também a **atuação apenas por meio do registro de operações previamente realizadas, esta vedada às bolsas**.

A propósito das diferenças acerca da forma de atuação e da formação de preços no mercado de bolsa e no mercado de balcão, dispõe o art. 94, da Instrução CVM 461/2007, que "os ambientes ou sistemas de negociação do mercado de balcão organizado deverão possuir características, procedimentos e regras de negociação, previamente estabelecidos e divulgados, que permitam, permanentemente, a regular, adequada e eficiente formação de preços, assim como a pronta realização e registro das operações realizadas".

Isso significa dizer que as entidades de balcão devem, sim, possuir características, procedimentos e regras de negociação, previamente estabelecidos e divulgados, que permitam, permanentemente, a regular, adequada e eficiente formação de preços. Tais características, procedimentos e regras, contudo, são mais flexíveis do que as existentes em bolsas e em geral menos transparentes.

Cabe lembrar, ainda, que as bolsas e os mercados de balcão organizado podem negociar com diferentes títulos e papéis, não apenas com valores mobiliários. São exemplos de valores mobiliários as ações, as debêntures, os derivativos e os contratos de investimento coletivo. Não são valores mobiliários papéis ou títulos como os títulos da dívida pública e os títulos bancários em geral[244].

3.7.3. Observações gerais sobre bolsa e balcão

Tanto as bolsas quanto as entidades de balcão devem ser constituídas na forma de associação civil de corretores ou sociedades ou sociedades anônimas e são dotadas de autorregulação.

---

244. Trataremos mais adiante dos valores mobiliários e de outros títulos negociados no mercado financeiro.

A **autorregulação** consiste na capacidade normativa suplementar (à do CMN e da CVM) e na fiscalização dos próprios membros, o que somente é possível tendo em vista a comunhão de interesses entre estes membros e a própria bolsa ou entidade de balcão. De fato, o mercado de títulos e valores mobiliários somente é atrativo para o investidor, se for transparente, se permitir a formação de preços justos e se a atuação dos agentes do mercado for confiável. Assim, os entes regulados têm interesse no estabelecimento de normas que gerem estas condições e em verem suas atividades nos termos destas regras fiscalizadas e aprovadas.

No Brasil, há apenas uma bolsa de valores, a BM&F Bovespa S/A, e dentre as poucas entidades de balcão, destaca-se a CETIP S/A.

Bolsas estrangeiras também podem se instalar no Brasil, atendendo as condições e preenchendo os requisitos definidos pela CVM.

O mercado de bolsa e balcão organizado formam o mercado organizado. Fora destes ambientes, fala-se em mercado não organizado.

Nos termos do art. 4º, da Instrução CVM 461/2007, considera-se realizada em **mercado de balcão não organizado** a negociação de valores mobiliários em que intervém, como intermediário, integrante do sistema de distribuição, como instituições financeiras e sociedades emissoras de títulos, sociedades que tenham por objeto a compra de valores mobiliários, para os revender por conta própria e sociedades e os agentes autônomos que exerçam atividades de mediação na negociação de valores mobiliários, **sem que o negócio seja realizado ou registrado em mercado organizado.**

Também será considerada operação em mercado de **balcão não organizado** a negociação de valores mobiliários em que intervém, como parte, pessoa integrante do sistema de distribuição, quando tal negociação resultar do exercício da atividade de subscrição de valores mobiliários por conta própria para revenda em mercado ou de compra dos papéis em circulação para revenda por conta própria (parágrafo único, do art. 4º, da Instrução CVM 461/2007).

3.7.4. Autorregulação

O momento é oportuno para falarmos de autorregulação. Embora o fenômeno não seja exclusivo das bolsas de valores, característico delas.

A autorregulação consiste no **estabelecimento de regras de interesse de um grupo, por este** mesmo grupo, **com vistas a promover rigores no comportamento** deste mesmo grupo. A autorregulação é estabelecida com fundamento na iniciativa da vontade, como uma complementação da legislação estatal, e não pode ser contrária a esta ou excluí-la.

A autorregulação é um **exercício legal** de regramento de conduta de grupos de pessoas e instituições ligadas por características comuns, não uma substituição da lei estatal ou uma flexibilização desta.

A autorregulação tem como **pressuposto** o fato de que a legislação do Estado apresenta apenas os elementos mínimos necessários para a defesa do interesse público, havendo interesses não regulados e que podem sê-lo, no interesse particular (do grupo interessado), sem conflitar com aquele.

No âmbito do direito econômico, especialmente do direito do sistema financeiro, a autorregulação também encontra fundamento na **dinâmica das relações sociais**, que exige uma forma legislativa mais flexível e mais apta a reagir as mudanças frequentes da economia, bem como uma regulamentação especializada dos complexos fenômenos da economia, nem sempre alcançados pelo distante e generalista Poder Legislativo.

Neste cenário, surge tanto a regulamentação infralegal do ente público especializado (o CMN, o BC, a CVM), inspirado pelo interesse público, bem como a regulação do próprio particular, inspirado pelo interesse comum dos membros do grupo envolvido.

De uma forma bem geral, pela autorregulação o grupo estabelece regras de conduta para os seus membros, no sentido de evitar riscos ou buscar ganhos coletivos, em detrimento de possíveis vantagens individuais.

São **exemplos de autorregulação** as companhias de certificação de qualidade, os códigos de conduta ético-profissionais e as associações de classe com objetivos de cooperação lícita (excluindo destas os cartéis, como veremos ao tratar do direito antitruste) etc.

3.7.5. Novo mercado

No plano da autorregulação, **BM&F Bovespa** criou **seguimentos** em que se classificam as empresas, a partir de critérios de governança corporativa. Com a classificação das empresas, os investidores podem ter uma expectativa do funcionamento da emissora dos títulos.

> Inspirada na bolsa de Frankfurt e com o objetivo de tornar mais atrativo o mercado de capitais para o investidor brasileiro, a Bovespa criou, em dezembro de 2000, três níveis de governança corporativa. As empresas listadas na bolsa brasileira puderam, a partir de então, aderir a qualquer um desses níveis, desde que adotassem práticas adicionais de governança[245].

Para se qualificar nos seguimentos, a empresa habilitada (que emite títulos negociados na bolsa) deve cumprir requisitos estabelecidos pela Bovespa, que variam nos níveis de segmentação.

Esta classificação, quando lançada em 2000, contava com três níveis de segmentos especiais, Nível 1, Nível 2 e Novo Mercado, variando de acordo com o requisito e seu nível de exigência, do Nível 1, menos rigoroso ao Novo Mercado, mais rigoroso. Não se enquadrando em qualquer destes seguimentos especiais, a empresa pertence ao seguimento tradicional, que obedece apenas às regras da lei e dos regulamentos oficiais (CMN, CVM etc).

245. OLIVEIRA, Virgínia I., GALVÃO, Alexandre, RIBEIRO, Érico (orgs.). Mercado financeiro: uma abordagem prática dos principais produtos e serviços. Rio de Janeiro: Elsevier, 2006, p. 280.

Vale observar que o termo **Novo Mercado** é utilizado tanto para designar o segmento especial de empresas na Bolsa quanto o próprio sistema de segmentação.

Calixto Salomão Filho entende que "a proposta do Novo Mercado repousa sobre três bases principais. [...] A primeira base sem dúvida é a informação completa. Os requisitos de informação previstos no regulamento vão muito além dos previstos na lei societária. A segunda viga de sustentação é o reforço das garantias patrimoniais dos minoritários no momento da saída da sociedade [...]"[246]. "A terceira linha", segundo o autor, "são proteções estruturais", "de duas ordens", "a previsão de existência de apenas ações ordinárias" e "a previsão de resolução de todos os conflitos [...] por arbitragem"[247].

É comum, no entanto, a referência ao novo mercado à regras de governança corporativa[248], como "padrão de governança corporativa"[249] ou "regras de governança corporativa e societária de divulgação de informações (*disclosure*) mais rigorosas que as estabelecidas pela legislação"[250].

Entre as exigências do novo mercado, encontram-se requisitos relacionados: às características das ações emitidas (somente ordinárias ou ordinárias e preferenciais), ao percentual de ações que a companhia coloca em circulação no mercado (*free float*), ao direito de retirada do acionista minoritário em caso de reorganização societária (*tag along*), à vedação ou exigência de regras estatutárias (relativas à Assembleia Geral, ao Conselho de Administração), às regras para as demonstrações financeiras, à divulgação de informações e à adesão à arbitragem.

Cinco anos mais tarde, a Bovespa criou **novos segmentos**, Bovespa Mais Nível 2 e Bovespa Mais, hoje assim sintetizados:

	BOVESPA Mais	**BOVESPA Mais Nível 2**	**Novo Mercado**	**Nível 2**	**Nível 1**	**Tradicional**
Características das Ações Emitidas	Permite a existência somente de ações ON	Permite a existência de ações ON e PN	Permite a existência somente de ações ON	Permite a existência de ações ON e PN (com direitos adicionais)	Permite a existência de ações ON e PN (conforme legislação)	

246. SALOMÃO FILHO, Calixto. O novo direito societário. São Paulo: Malheiros, 2006, p. 57-58.

247. SALOMÃO FILHO, Calixto. O novo direito societário. São Paulo: Malheiros, 2006, p. 58-59.

248. Governança Corporativa é o sistema pelo qual as organizações são dirigidas, monitoradas e incentivadas, envolvendo as práticas e os relacionamentos entre proprietários, conselho de administração, diretoria e órgãos de controle. As boas práticas de Governança Corporativa convertem princípios em recomendações objetivas, alinhando interesses com a finalidade de preservar e otimizar o valor da organização, facilitando seu acesso ao capital e contribuindo para a sua longevidade. Disponível em: http://www.ibgc.org.br/inter.php?id=18161/governanca-corporativa. Acesso em 5/9/2015.

249. SILVA, Juliano Langaro da. Considerações acerca da oferta pública inicial de ações. In. SILVA, Paulo Roberto Coimbra. Diretrizes jurídicas dos negócios e principais mercados no Brasil. São Paulo: Quartier Latin, 2012, p. 146.

250. CHAVES, Paula Andrade R. e LANNA, Eduardo Simões. In. SILVA, Paulo Roberto Coimbra. Diretrizes jurídicas dos negócios e principais mercados no Brasil. São Paulo: Quartier Latin, 2012, p. 132.

<table>
<tr><th></th><th>BOVESPA Mais</th><th>BOVESPA Mais Nível 2</th><th>Novo Mercado</th><th>Nível 2</th><th>Nível 1</th><th>Tradicional</th></tr>
<tr><td>Percentual Mínimo de Ações em Circulação (free float)</td><td colspan="2">25% de free float até o 7º ano de listagem</td><td colspan="3">No mínimo 25% de free float</td><td>Não há regra</td></tr>
<tr><td>Distribuições públicas de ações</td><td colspan="2">Não há regra</td><td colspan="3">Esforços de dispersão acionária</td><td>Não há regra</td></tr>
<tr><td>Vedação a disposições estatutárias</td><td colspan="2">Quórum qualificado e “cláusulas pétreas”</td><td colspan="2">Limitação de voto inferior a 5% do capital, quórum qualificado e “cláusulas pétreas”</td><td colspan="2">Não há regra</td></tr>
<tr><td>Composição do Conselho de Administração</td><td colspan="2">Mínimo de 3 membros (conforme legislação), com mandato unificado de até 2 anos</td><td colspan="2">Mínimo de 5 membros, dos quais pelo menos 20% devem ser independentes com mandato unificado de até 2 anos</td><td>Mínimo de 3 membros (conforme legislação), com mandato unificado de até 2 anos</td><td>Mínimo de 3 membros (conforme legislação)</td></tr>
<tr><td>Vedação à acumulação de cargos</td><td colspan="2">Não há regra</td><td colspan="3">Presidente do conselho e diretor presidente ou principal executivo pela mesma pessoa (carência de 3 anos a partir da adesão)</td><td>Não há regra</td></tr>
<tr><td>Obrigação do Conselho de Administração</td><td colspan="2">Não há regra</td><td colspan="2">Manifestação sobre qualquer oferta pública de aquisição de ações da companhia</td><td colspan="2">Não há regra</td></tr>
<tr><td>Demonstrações Financeiras</td><td colspan="2">Conforme legislação</td><td colspan="2">Traduzidas para o inglês</td><td colspan="2">Conforme legislação</td></tr>
<tr><td>Reunião pública anual</td><td colspan="2">Facultativa</td><td colspan="3">Obrigatória</td><td>Facultativa</td></tr>
<tr><td>Calendário de eventos corporativos</td><td colspan="5">Obrigatório</td><td>Facultativo</td></tr>
<tr><td>Divulgação adicional de informações</td><td colspan="2">Política de negociação de valores mobiliários</td><td colspan="3">Política de negociação de valores mobiliários e código de conduta</td><td>Não há regra</td></tr>
<tr><td>Concessão de Tag Along</td><td>100% para ações ON</td><td>100% para ações ON e PN</td><td>100% para ações ON</td><td>100% para ações ON e PN</td><td colspan="2">80% para ações ON (conforme legislação)</td></tr>
<tr><td>Oferta pública de aquisição de ações no mínimo pelo valor econômico</td><td>Obrigatoriedade em caso de cancelamento de registro ou saída do segmento, exceto se houver migração para Novo Mercado</td><td>Obrigatoriedade em caso de cancelamento de registro ou saída do segmento, exceto se houver migração para Novo Mercado ou Nível 2</td><td colspan="2">Obrigatoriedade em caso de cancelamento de registro ou saída do segmento</td><td colspan="2">Conforme legislação</td></tr>
</table>

	BOVESPA Mais	BOVESPA Mais Nível 2	Novo Mercado	Nível 2	Nível 1	Tradicional
Adesão à Câmara de Arbitragem do Mercado	Obrigatório				Facultativo	

Fonte: BM&F Bovespa[251]

Como se vê, os níveis Bovespa Mais e Bovespa Mais Nível 2 são menos rigorosos e visam estabelecer rótulos de segurança para investimentos de porte médio, a custos mais acessíveis que o Novo Mercado, voltado para as grandes corporações.

Uma interessante previsão dos seguimentos Novo Mercado e Mais, é a obrigatoriedade de oferta pública de aquisição de ações no mínimo pelo valor econômico (salvo na migração dos seguimentos mais para o Novo Mercado). Por este requisito, a empresa somente é qualificada no seguimento especial, se se comprometer a oferecer para recomprar as ações dos investidores, no caso deixe de pertencer ao seguimento.

Trata-se de uma garantia para o investidor, que teria adquirido as Ações pela qualificação da empresa no seguimento da BM&F e, também, de uma garantia para o mecanismo autorregulador da bolsa.

3.8. Demais entidades que atuam no mercado de capitais

Até o momento, estudamos o órgão normativo do mercado de capitais, a autarquia supervisora deste mercado e as instituições que criam e mantêm o ambiente para a negociação dos títulos e valores mobiliários.

Mas o mercado não se esgota nestas instituições, ao revés, compõe-se de diversos outros agentes, realizando as funções de custódia, liquidação, corretagem e distribuição de valores mobiliários, lembrando que muitas dessas funções são realizadas por instituições financeiras, inclusive por bancos múltiplos.

3.8.1. Custódia

A multiplicidade dos valores mobiliários negociados, alguns existentes em meio físico (corporificados em um título) outros apenas escriturais e a diversidade de direitos gerados por estes títulos torna sua administração pouco recomendável para qualquer investidor no mercado de capitais.

Por esta razão, criaram-se agentes especializados para receber os títulos em depósito e administrá-los, em nome próprio, mas no interesse do depositário.

Esta especialização gera, além de maior eficiência na gestão dos valores mobiliários, facilidades na negociação dos títulos, mais modalidades de negociação e redução do risco de perdas.

251. Disponível em: http://www.bmfbovespa.com.br/pt-br/servicos/solucoes-para-empresas/segmentos-de-listagem/o-que-sao-segmentos-de-listagem.aspx?idioma=pt-br. Acesso em 5/9/2015.

O parágrafo único, do art. 24, da Lei 6.385/1976 define **custódia de valores mobiliários** como o depósito para guarda, recebimento de dividendos e bonificações, resgate, amortização ou reembolso, e exercício de direitos de subscrição, sem necessidade de autorização do depositante, e para alienar os valores mobiliários depositados ou reaplicar as importâncias recebidas, nestes casos com necessidade de autorização do depositante.

Para o **exercício do direito a voto** conferido por alguns valores mobiliários, como ações e certas classes de debêntures, contudo, exige-se que o depositário tenha mandado expresso, com prazo de validade de até um ano, nos termos do art. 25, da Lei 6.385/1976.

Em geral, os agentes de custódia mantêm registro escritural dos títulos, para administrá-los como bens fungíveis, contabilizando os resultados de forma segregada por investidor.

A custódia é, pois, um depósito, mas não um depósito comum, pois se submete a regras específicas do mercado financeiro, além daquelas previstas pelo Código Civil.

Não raro, as sociedades de custódia realizam também a liquidação das operações realizadas com os títulos, vale dizer, implementam as atividades necessárias para o cumprimento dos acordos, após o fechamento dos negócios.

A atuação no mercado como custodiante é privativa de instituições financeiras, entidades de compensação e das entidades autorizadas a prestar serviços de depósito centralizado e sempre será condicionada a autorização da CVM.

3.8.2. Corretoras e distribuidoras

Não apenas a administração dos títulos é inviável para o investidor comum, como também é bastante difícil que as companhias emissoras de títulos os negociem e os ofereçam no mercado, sem o auxílio de intermediários.

Na atividade de **subscrição dos valores mobiliários para a revenda, distribuição ou intermediação de valores**, intervém um tipo de agente denominado distribuidora de títulos e valores mobiliários (DTVM).

A distribuidora pode, por exemplo, adiantar o numerário necessário à subscrição de ações e posteriormente colocar os títulos para venda no mercado primário, quando será ressarcido. Pode, contudo, apenas auxiliar na elaboração dos prospectos (documento necessário a aprovação da negociação pública do ativo), distribuir os títulos entre os agentes interessados e intermediar a colocação do papel no mercado.

Nos termos do art. 15, I, da Lei 6.385/1976, **as distribuidoras de valores mobiliários** "são instituições financeiras e demais sociedades que tenham por objeto distribuir emissão de valores mobiliários" "como agentes da companhia emissora" ou "por conta própria, subscrevendo ou comprando a emissão para a colocar no mercado".

A distribuidora de títulos e valores mobiliários será fiscalizado pela CVM, cabendo ao CMN, nos termos do art. 10 da Lei 4.728/1965 (e de forma complementar também à CVM) dispor sobre:

- Capital mínimo das sociedades que tenham por objeto a subscrição para revenda e a distribuição de títulos no mercado;
- Condições de registro das sociedades ou firmas individuais que tenham por objeto atividades de intermediação na distribuição de títulos no mercado;
- Condições de idoneidade, capacidade financeira e habilitação técnica a que deverão satisfazer os administradores ou responsáveis pelas sociedades ou firmas individuais referidas nos incisos anteriores;
- Procedimento administrativo de autorização para funcionar das sociedades referidas no inciso I e do registro das sociedades e firmas individuais referidas no inciso II;
- Espécies de operações das sociedades referidas nos incisos anteriores; normas, métodos e práticas a serem observados nessas operações;
- Comissões, ágios, descontos ou quaisquer outros custos cobrados pelas sociedades de empresas referidas nos incisos anteriores;
- Normas destinadas a evitar manipulações de preço e operações fraudulentas;
- Registro das operações a serem mantidas pelas sociedades e empresas referidas nos incisos anteriores, e dados estatísticos a serem apurados e fornecidos ao Banco Central; e
- Condições de pagamento a prazo dos títulos negociados.

A partir de 2009, as distribuidoras de valores mobiliários foram autorizadas a atuar diretamente na bolsa de valores, sem a necessidade de contratar corretoras.

Outra função importante é a da **corretagem**, realizada pelas Corretoras de Títulos e Valores Mobiliários – CTVM. Os negócios em bolsa, em regra, não são realizados pessoalmente pelos investidores, senão por intermédio de sociedades membros da bolsa, que nela atuam em nome de seus clientes (art. 8º, da Lei 6.385/1976).

Na época em que as bolsas de valores eram associações civis, os corretores eram efetivamente seus associados ou membros. No formado empresarial da bolsa, constituída na forma de sociedade anônima, os titulares dos direitos de sociedade da bolsa são seus acionistas, mas os **corretores continuam sendo considerados seus membros da bolsa**, no sentido de serem estes os agentes autorizados a realizar negociações em seus sistemas.

Não se trata, porém, de um monopólio, mas apenas de uma classificação, pois compete às bolsas definir e disciplinar as pessoas autorizadas a operar diretamente em seus sistemas.

As **corretoras** são pessoas jurídicas, constituídas na forma de sociedades anônimas ou sociedades limitadas, previstas pelo art. 15, VI, da Lei 6.385/1976, autorizadas a funcionar pela Comissão de Valores Mobiliários (art. 16, da Lei 6.385/1976) e admitidas a operar na bolsa de valores, mercadorias e futuros.

Também estão sujeitas a inúmeras regras de disciplinam, voltadas inclusive a garantir sua imparcialidade, tendo em vista que as corretoras compram e vendem os mesmos ativos em nome de todos os seus clientes, não podendo agir em benefício de uns e em detrimento de outros.

As sociedades corretoras podem realizar operações na denominada "conta margem". A conta margem é uma linha de crédito que a corretora abre em favor de seus clientes para que comprem valores mobiliários, mesmo sem ter dinheiro em mãos. A conta margem permite maior liquidez e agilidade no mercado, podendo gerar ganhos para o investidor para além do que permitiria seu capital disponível, mas para tanto o cliente fornece sua carteira de investimentos como garantia.

3.8.3. Investidores institucionais

Cabe ainda mencionar as espécies de investidores, chamados **investidores institucionais**.

Qualquer pessoa pode ser investidora na bolsa de valores ou no mercado de capitais em geral. Contudo, algumas instituições, por seu porte e por sua atividade, movimentam grandes volumes de recursos neste mercado. Destacam-se, entre estes, os **fundos de pensão, os fundos de investimento, as sociedades seguradoras e as sociedades de capitalização**.

Estas entidades estão sujeitas a regulação pelo mesmo motivo, mas no sentido inverso, das emissoras de títulos. Assim como a emissão de valores mobiliários para a captação da economia popular gera riscos para a economia, a institucionalização de investidores, que compram estes títulos, também oferece riscos.

Dessa maneira, os órgãos supervisores do mercado, como o Banco Central e a Comissão de Valores Mobiliários impõem regras a tais investidores, a exemplo da determinação de limites máximos e mínimos dos tipos de papéis que deverão compor suas carteiras de investimento.

Vale mencionar, também como investidores institucionais, os clubes de investimento, nos quais pequenos investidores se organizam, e reúnem seu capital com o intuito de "competir" com os investidores na busca por melhores retornos para o capital investido.

3.9. Órgãos e autarquias relacionados à atividade de seguros e previdência complementar

A atividade de seguros, de capitalização, de previdência complementar aberta e fechada possuem estrutura similar, dividida em dois ramos.

O primeiro deles, de **seguros e de previdência complementar aberta**, é o mais antigo e está vinculado ao Ministério da Fazenda. É construído a partir do DL 73/1966, que dispõe sobre Sistema Nacional de Seguros Privados, cujo art. 8º cria Conselho Nacional de Seguros Privados – **CNSP** e Superintendência de Seguros Privados – **SUSEP**.

O **CNSP** tem capacidade normativa (art. 32, do DL 73/1966) e à SUSEP compete executar a política traçada pelo CNSP bem como fiscalizar a constituição, a organização o funcionamento e as operações das sociedades seguradoras (art. 36, do DL 73/1966).

Vale mencionar que sociedades seguradoras são submetidas ao regramento das instituições financeiras por força do art. 18, da Lei 4.595/1964, de forma que também se subordinam à jurisdição do CMN e do Banco Central, quanto a matéria por eles disciplinada.

De outro turno, o CNSP e a SUSEP exercem **poder normativo e supervisão** das companhias seguradoras e também das sociedades de capitalização e das entidades abertas de previdência complementar.

Sociedades seguradoras, regidas pelos arts. 72 e seg, do DL 73/1966, são as companhias obrigatoriamente constituídas na forma de sociedade anônima, autorizadas pela SUSEP a operar no ramo de seguros (art. 757 e seg, do Código Civil), respeitadas as normas regulamentares do CNPS.

Companhia seguradora que merece atenção especial é o **IRB Brasil Resseguros** S/A, empresa privada criada originariamente como sociedade de economia mista, responsável pelas operações de resseguro.

O **resseguro** é um novo contrato de seguro, pelo qual o segurador transfere os riscos assumidos a outro segurador, obrigatório por disposição contratual ou regulamentar, especialmente utilizado para seguros de valor elevado.

O mecanismo garante a saúde financeira do segurador, no caso de sinistro, bem como garante a indenização do segurado.

Entidades abertas de previdência complementar são aquelas que operam planos previdenciários acessíveis a quaisquer pessoas, como aqueles disponíveis nos bancos múltiplos, nos termos do art. 36, da LC 109/2001:

> Art. 36. As entidades abertas são constituídas unicamente sob a forma de sociedades anônimas e têm por objetivo instituir e operar planos de benefícios de caráter previdenciário concedidos em forma de renda continuada ou pagamento único, acessíveis a quaisquer pessoas físicas.
>
> Parágrafo único. As sociedades seguradoras autorizadas a operar exclusivamente no ramo vida poderão ser autorizadas a operar os planos de benefícios a que se refere o caput, a elas se aplicando as disposições desta Lei Complementar.

Outro ramo deste mercado de previdência complementar, refere-se aos **planos de previdência complementar de entidades fechadas**, conforme dispõe o art. 32, da LC 109/2001. Esta mesma lei complementar, em seu art. 31, dispõe sobre tais entidades:

> Art. 31. As entidades fechadas são aquelas acessíveis, na forma regulamentada pelo órgão regulador e fiscalizador, exclusivamente:
>
> I – aos empregados de uma empresa ou grupo de empresas e aos servidores da União, dos Estados, do Distrito Federal e dos Municípios, entes denominados patrocinadores; e

II – aos associados ou membros de pessoas jurídicas de caráter profissional, classista ou setorial, denominadas instituidores.

§ 1º As entidades fechadas organizar-se-ão sob a forma de fundação ou sociedade civil, sem fins lucrativos.

§ 2º As entidades fechadas constituídas por instituidores referidos no inciso II do caput deste artigo deverão, cumulativamente:

I – terceirizar a gestão dos recursos garantidores das reservas técnicas e provisões mediante a contratação de instituição especializada autorizada a funcionar pelo Banco Central do Brasil ou outro órgão competente;

II – ofertar exclusivamente planos de benefícios na modalidade contribuição definida, na forma do parágrafo único do art. 7º desta Lei Complementar.

§ 3º Os responsáveis pela gestão dos recursos de que trata o inciso I do parágrafo anterior deverão manter segregados e totalmente isolados o seu patrimônio dos patrimônios do instituidor e da entidade fechada.

§ 4º Na regulamentação de que trata o caput, o órgão regulador e fiscalizador estabelecerá o tempo mínimo de existência do instituidor e o seu número mínimo de associados.

As entidades fechadas são também conhecidas como fundos de pensão, como a PREVI, a FUNCEF, a PETROS e outras.

O órgão regulador do sistema de previdência complementar fechado é o Conselho Nacional de Previdência Complementar – **CNPC**, criado pelo Decreto 7.123/2010 e seu órgão executor de sua política supervisor do sistema é a Superintendência Nacional de Previdência Complementar – **PREVIC**, autarquia criada pela Lei 12.154/2009, ambos pertencentes à estrutura do Ministério da Previdência Social.

4. ORGANISMOS INTERNACIONAIS

4.1. Introdução

Também se pode falar de um sistema financeiro internacional, do qual trataremos no título da ordem econômica internacional.

Contudo, cabe tratar, agora, de algumas instituições criadas em decorrência da interação entre os sistemas financeiros nacionais e voltadas para evitar crises nacionais e supranacionais.

As regulações nacionais do mercado financeiro nem sempre são suficientes para controlar, gerir e manter o bom funcionamento do sistema, tendo em vista a globalização da economia.

Hoje em dia são exceções os mercados isolados de bens e serviços e no âmbito financeiro praticamente não existem mais fronteiras para os agentes econômicos. Se bens e serviços são negociados internacionalmente, inclusive pela *internet*, rompendo as barreiras nacionais, os métodos de controle tradicionais são ainda menos eficazes para regular o mercado financeiro globalizado, em que se negociam papéis ou mesmo títulos escriturais (imateriais).

Por um lado, a globalização do mercado financeiro pode aquecer mercados menos ativos ou apresentar impulso extra para mercados maiores. Por outro lado, este mesmo fenômeno traz consigo riscos de crises de dimensões mundiais, pois os problemas da internacionalização se propagam assim como seus benefícios.

É exatamente o que presenciamos em 2008, quando uma crise no sistema financeiro norte-americano se espalhou pelo mundo, abalando a economia europeia, que dava sinais de fraqueza, mas também afetando economias emergentes, como a da China e a do Brasil.

Para evitar tais crises, autoridades monetárias e instituições reguladoras e supervisoras dos mercados de todo o mundo têm criados organizações internacionais e nelas se reunindo para discutir os mecanismos de controle financeiro em escala mundial.

Os dois exemplos mais significativos destas organizações internacionais são o ***Bank for International Settlements* – BIS**, Banco de Compensações Internacionais, do qual o Banco Central do Brasil é parte, e ***a International Organization of Securities Commissions* – IOSCO**, organização internacional que congrega entidades reguladoras do mercado de capitais, integrada também pela Comissão de Valores Mobiliários brasileira.

Não seria errado dizer que, no âmbito nacional, algumas instituições também exercem papel semelhante, podendo contribuir para o aperfeiçoamento do sistema financeiro, como a Federação Brasileira de Bancos – FEBRABAN e a Associação Brasileira de Entidades do Mercado de Capitais – ANBIMA.

Estas instituições não têm poder de controle ou de aplicação de penalidades a instituições do mercado, mas propõem regras que, se não são obrigatórias – chamadas de *soft law* –, são comumente adotadas pelas instituições nacionais.

4.2 *Bank for International Settlements* – BIS

O BIS foi criado em 1930, na Europa do entre-guerras, para tratar de questões relativas a reparações internacionais, cuidando desde então de cooperação bancária.

Foi, contudo, a partir de 1988 que, por meio do *Basel Committee on Banking Supervision* – BCBS, Comitê sobre Supervisão Bancária da Basiléia, que a instituição começou a criar normas, também conhecidas como **Acordos da Basiléia**, "com o objetivo criar exigências mínimas de capital para instituições financeiras como forma de fazer face ao risco de crédito", ao qual se acrescentou exigências de capital para cobertura de outros riscos do mercado[252].

Em 2004, foi firmado um novo acordo, **Basiléia II**, "com o objetivo de buscar uma medida mais precisa dos riscos incorridos pelos bancos internacionalmente ativos", "direcionado aos grandes bancos tendo como base, além dos Princípios Essenciais para uma Supervisão Bancária Eficaz (Princípios da Basiléia), três pilares mutuamente complementares, de

252. Disponível em: http://www.bcb.gov.br/?BASILEIA, acesso em 27/3/2015.

requerimentos de capital; de revisão pela supervisão do processo de avaliação da adequação de capital dos bancos; e de disciplina de mercado", que vem sendo implementado no Brasil[253].

Em 2010, após a crise de 2008, um terceiro acordo, **Basiléia III**, apresentou novas propostas de controle das instituições financeiras, voltados a coibir os riscos do mercado e a garantir a solvabilidade e a liquidez dos bancos, bem como a confiança no sistema.

De uma forma geral, os princípios de supervisão bancária propostos pelo BIS envolvem **requisitos mínimos de capital** para que se possa autorizar o funcionamento de instituições financeiras, **formação de reservas e fundos financeiros** para garantir o patrimônio dos investidores, **transparência nas operações bancárias**, controle da **boa governança**, vale dizer, da boa administração dos bancos, estabelecimentos de **processos de supervisão de grandes instituições e especialmente de conglomerados financeiros que atuam internacionalmente**, incluindo convênios internacionais entre autoridades supervisoras, intercâmbio de informações sobre as instituições financeiras em âmbito internacional e **cooperação das entidades supervisoras internacionais na fiscalização e no controle de operações internacionais**, sempre com vistas na solidez e na confiança nos bancos e no sistema bancário.

O BIS também atua em outras áreas do sistema financeiro, realizando estudos e promovendo recomendações sobre temas como o sistema de pagamentos (que estudaremos adiante) pelo *Committee on Payments and Market Infrastructures* – CPMI, fortalecimento e estabilidade dos sistemas financeiros nacionais, pelo *Financial Stability Institute* – FSI e estatística bancária, pelo *Irving Fisher Committee on Central Bank Statistics*.

Agora, vamos apresentar, de maneira resumida, os principais pontos dos Acordos da Basiléia.

O primeiro Acordo da Basiléia, ou **Basiléia I**, teve origem em problemas relacionados a operações financeiras internacionais e à liquidação de instituições financeiras. Para evitar falta de pagamentos por instituições financeiras e as consequências decorrentes da inadimplência, o Comitê de Supervisão Bancária propôs que as instituições financeiras classificassem seus ativos de acordo com o risco de crédito (não pagamento da obrigação), sugerindo que total ponderado deste capital sujeito a risco (total ponderado doa ativos de risco) fosse acompanhado de um percentual mínimo de patrimônio de referência dos bancos, este por sua vez qualificado como capital Nível 1 ou *Tier 1* (de melhor qualidade, por conter capital realizado próprio da instituição e dotado de liquidez) e Nível 2 ou *Tier 2*, limitado ao valor do Nível 1, (de qualidade pior, por, envolver obrigações e apresentar menor liquidez).

Segundo a proposta, que foi gradativamente acolhida pelas autoridades monetárias dos países, os bancos deveriam: 1. apurar seu patrimônio de referência (PR), e 2. os ativos ponderados pelo risco *(risk-weighted assets* – RWA), de modo que o total dos ativos ponderados pelo risco não ultrapassasse 8% do patrimônio de referência.

---

253. Disponível em: http://www.bcb.gov.br/?BASILEIA, acesso em 27/3/2015.

Patrimônio de referência	Conceito = patrimônio das instituições financeiras que autoriza até um determinado limite a realização de empréstimos e a realização de operações com ativos de risco pelos bancos. Composição = Nível 1 (capitais de "melhor qualidade", como capital subscrito, especialmente de ações ordinárias e reservas de lucro não distribuídos) e Nível 2 (capitais que envolvem obrigações, como os dividendos obrigatórios, as ações preferenciais com cumulatividade de dividendos, ou menor liquidez, como títulos disponíveis para venda, instrumentos híbridos de capital e títulos da dívida subordinada). Instrumentos híbrido de capital = compõe o capital, mas pode ser exigido como dívida; ex. ações preferenciais resgatáveis. Títulos de dívida subordinada = título que representa dívida sem garantia nem privilégio. Pode compor o Nível 2, em determinadas condições como longo prazo de vencimento e juros baixos.
Ativos ponderados pelo risco *(risk-weighted assets* – RWA)	Total dos ativos ponderados pelo risco O RWA "é a medida do montante dos ativos de um banco, ajustado pelo risco. Devido a natureza do negócio de um banco, a maioria de seus ativos constitui empréstimos a clientes. Comparando o montante do capital de um banco com o montante de seus ativos apura-se quanto a instituição é capaz de absorver perdas. Se o capital é10% dos ativos, o banco pode perder 10% de seus ativos sem se tornar insolvente"*. Riscos no Basiléia I variavam de 0% a 100%. Ativos como títulos do tesouro não apresentavam risco e empréstimos em geral apresentavam risco integral para fins de cálculo (não quer dizer que o empréstimo não seria pago). Cálculo (supondo ativo 1 de valor 5.000 e risco 0%, ativo 2 de valor 4.000 e risco 50% e ativo 3 de valor 6.000 e risco 100%) Soma simples = 5.000 + 4.000 + 6.000 = 15.000 RWA = 5.000x0 + 4.000x0,5 + 6.000x1,00 = 0+2.000+6.000 = 8.000

* Tradução do texto disponível em: http://moneyterms.co.uk/risk-weighted-assets/. Acesso em 10/9/2015.

O Basiléia I estabelecia, além das regras de capital, proposta de que os bancos realizassem declarações para as autoridades monetárias, para permitir o controle do PR e do RWA, bem como declarações sobre ativos não computados nos balanços das instituições, como os derivativos.

O **Basiléia II** substituiu o acordo anterior, no intuito de aprimorá-lo.

Além do risco de crédito, procurou cobrir, também o risco de mercado e o risco operacional e aperfeiçoar as mensurações, acolhendo o princípio de que quanto melhor fosse a mensuração, menor seriam os requerimentos de capital.

Para uma melhor compreensão, vejamos os conceitos dos diversos riscos:

> "O **risco de crédito** representa a possibilidade da perda pelo não pagamento de algum tipo de dívida que qualquer contraparte tenha assumido com uma instituição financeira. Pode surgir, por exemplo, em operações de empréstimos, aquisição de títulos ou operações com derivativos em mercado de balcão não organizado, mais marcadamente em operações de swap.
>
> O **risco de mercado** origina-se de qualquer mudança de valor nos ativos e passivos detidos pela instituição financeira, quer sejam os vinculados a taxa de juros, a taxa de câmbio, ou sejam negociados nos mercados de renda variável ou no mercado imobiliário. Este tipo de risco está essencialmente ligado aos

> preços dos componentes do mercado e, por esta razão, também pode ser chamado de risco de preço.
>
> O **risco de liquidez** surge da dificuldade de que, quando da necessidade de se movimentar recursos financeiros através da comercialização de um determinado ativo, a instituição financeira não consiga obter compradores potenciais no momento e no preço desejados. Este risco de perda também pode surgir da impossibilidade da instituição financeira realizar determinados pagamentos ou de refinanciar obrigações, quando devidas.
>
> O **risco operacional** é qualquer possibilidade de perda originada por falhas na estrutura organizacional da instituição financeira, seja em nível de sistemas, procedimentos, recursos humanos e recursos de tecnologia ou, então, pela perda dos valores éticos e corporativos que unem os diferentes dessa estrutura"[254].

O segundo acordo, ainda vigente, baseou-se em três pilares: capital mínimo, supervisão e disciplina de mercado. O capital mínimo deveria ser apurado a partir dos diferentes tipos de risco por métodos próprios com sofisticação variada, a supervisão bancária deveria possuir as ferramentas necessárias para o controle das apurações de risco das instituições e do capital mínimo requerido, bem como autoridade para exigir o cumprimento das normas pertinentes à relação risco/capital e as exigências de *disclosure* (declarações) foram ampliadas (disciplina de mercado), para que a gestão das instituições financeiras fossem transparentes o bastante para que clientes e outras instituições pudessem avaliar a qualidade de sua administração.

De acordo com o **primeiro pilar**, o risco de crédito pode ser calculado por métodos de sofisticação crescente, iniciando pela abordagem padronizada (*standardized approach*), passando pelo IBR básico (*Fundation Internal Rating-Based approach* – IBR) e chegando no IBR avançado (*Advanced IBR*).

Já o risco operacional é apurado pelos métodos do indicador básico (*basic indicador approach* – BIA), pela abordagem padronizada (*standardized approach* – TSA) e pelo método mais sofisticado da abordagem avançada de mensuração (*advanced measuremente apporoach* – AMA).

O risco de mercado é apurado pelo método de marcação a mercado (*value at risk* – Var)[255].

No **pilar da supervisão**, além da proposta de ferramentas melhores para tratar das Questões tradicionais, o acordo propõe métodos para enfrentamento de riscos que não podem ser mensurados numericamente, como o risco sistêmico, o risco legal, o risco estratégico, o risco de reputação e o risco legal.

No **terceiro pilar**, constam métodos e procedimentos que visam conferir maior transparência às instituições financeiras.

---

254 FORTUNA, Eduardo. Mercado financeiro: produtos e serviços. Rio de Janeiro: Qualitymark, 2008, p. 753-754

255. Marcação a Mercado – Mark to Market – MtM

"O conceito de marcação a mercado está associado ao princípio de que quem determina o preço de um ativo é o mercado no qual este ativo é negociado e, assim, o preço de qualquer ativo financeiro também é determinado pelo mercado no qual ele é negociado. FORTUNA, Eduardo. Mercado financeiro: produtos e serviços. Rio de Janeiro: Qualitymark, 2008, p. 755.

O acordo tem sido revisto e atualizado. Os 25 princípios originais de supervisão bancária agora são 29, os métodos de apuração de risco têm sido aperfeiçoados, estimulando as autoridades à sua adoção voluntária, esforços foram dirigidos aos problemas de *double defaut* (falta de pagamento do devedor e do garantidor), à administração e solução das crises, aos bancos sistemicamente importantes *(systemically important banks* – SIBs) e à avaliação dos riscos no contexto macroeconômico, não apenas na apuração dos riscos microeconômicos individualizados (*macroprudential issues and systemic risks*)[256].

De uma forma geral, o acordo tem sido criticado por não ter evitado a crise de 2008, por aumentar o custo dos bancos, dados os investimentos necessários para a sofisticação exigida para a mensuração dos riscos e as exigências de capital, que também dificultam a manutenção de pequenas instituições financeiras. Também há críticas no sentido de que as exigências rigorosas estimulam os bancos a procurar atividades não regulamentadas e, por outro lado, não são suficientes para controlar riscos ainda desconhecidos, especificamente de novos instrumentos derivativos de maior complexidade.

O **Basiléia III** não altera os pilares do acordo anterior, mantendo a proposta de controle dos bancos por reservas de capital, obrigação de divulgação de informações e poder regulatório dos órgãos supervisores.

Inclui, porém, conceitos novos, mais relacionados com riscos sistêmicos e medidas macroprudenciais, que com o controle microprudencial de riscos específicos apurados com fundamento no Basiléia II.

Colchão obrigatório de capital de conservação (*mandatory capital conservation buffer*)

Reserva ou "colchão" de capital [257] que os bancos devem manter constantemente, tendo em vista a dificuldade de mensuração de certos riscos e o reconhecimento do caráter cíclico da economia.

Além do capital mínimo exigido por Basiléia II, as instituições deverão manter, na medida que o novo acordo seja implementado, mais 2,5% do RWA.

Colchão facultativo de capital contra cíclico (*Discretionary counter-cyclical buffer*)

Esta reserva de capital, que pode chegar a 2,5% do RWA, deverá existir quando o nível de crédito se elevar. Como o nome diz, não é um colchão de capital obrigatório, mas exigido em situações especiais de crescimento do crédito, à

256. Core principles for effective banking supervison: consultative document, disponível em: http://www.bis.org/publ/bcbs230.pdf. Acesso em 10/9/2015.

257. Capital obrigatório que instituições financeiras são exigidas a manter em acréscimo às exigências de capital mínimo. Regulamentos objetivando a criação de colchões de capital adequados são desenhados para reduzir a natureza pro-cíclica dos empréstimos, mediante a criação de reservas contra-cíclicas.

Mandatory capital that financial institutions are required to hold in addition to other minimum capital requirements. Regulations targeting the creation of adequate capital buffers are designed to reduce the procyclical nature of lending by promoting the creation of countercyclical buffers.

http://www.investopedia.com/terms/c/capital-buffer.asp

critério discricionário das autoridades de supervisão bancária.

As autoridades locais devem avaliar a necessidade de reservas extras, quando avaliarem que o nível de crédito cresce, pois há uma tendência de que a economia real não cresça o bastante suporte o nível crescente de crédito.

Percentual mínimo de alavancagem (*Minimum leverage ratio*)

A estrutura do Basiléia III introduziu um percentual de alavancagem simples, transparente e não baseado no risco, para atuar como medida suplementar aos requerimentos de capital, baseados no risco [258]. Apurado pela divisão do capital nível 1 pelo total de ativos do banco. A proporção do capital nível 1, não sujeito a risco, deve ser maior ou igual a 3% do total dos ativos.

Trata-se de um limite da capacidade global de empréstimo das instituições financeiras, independente do risco de suas atividades.

É um reforço em relação ao colchão constante de capital, também baseado no reconhecimento do caráter cíclico da economia.

Em outros termos, o percentual mínimo de alavancagem parte do pressuposto de que é necessário o estabelecimento de garantias contra crises que podem surgir sem "causa" aparente ou causadas por riscos desconhecidos ou não mensurados.

Coeficiente de cobertura de liquidez (*Liquidity Coverage Ratio* – LCR [259])

Trata-se de uma garantia de liquidez de curto prazo, que permite às instituições financeiras a arcar com compromissos diante de eventuais crises abruptas não previstas.

Basiléia III pretende que seja exigido dos bancos a manutenção constante de ativos de extrema liquidez, como títulos da dívida pública, suficiente para fazer frente à saída líquida média de recursos, vale dizer, os pagamentos que realiza, no período de 30 dias.

Em caso de crise de liquidez, vale dizer, falta de ativos líquidos, esta cobertura pode ser utilizada para a realização dos pagamentos.

Coeficiente estável de financiamento líquido (*Net Stable Funding Ratio* – NSFR)

Visa a garantia estabilidade no financiamento das instituições no prazo de um ano.

As instituições precisam de recursos para financiar suas atividades. Além das obrigações de curto prazo, também adquire obrigações de longo prazo.

---

258. The Basel III framework introduced a simple, transparent, non-risk based leverage ratio to act as a credible supplementary measure to the risk-based capital requirements.

http://www.bis.org/publ/bcbs270.pdf

259. Highly liquid assets held by financial institutions in order to meet short-term obligations. The Liquidity coverage ratio is designed to ensure that financial institutions have the necessary assets on hand to ride out short-term liquidity disruptions. Banks are required to hold an amount of highly-liquid assets, such as cash or Treasury bonds, equal to or greater than their net cash over a 30 day period (having at least 100% coverage). The liquidity coverage ratio started to be regulated and measured in 2011, but the full 100% minimum won't be enforced until 2015.

http://www.investopedia.com/terms/l/liquidity-coverage-ratio.asp

> Pretende o Basiléia III que os bancos possuam a todo momento financiamentos de longo prazo em montante superior à média anual que a própria instituição necessitou anteriormente. Se nos últimos anos a instituição necessitou em média de R$ 1.000 de financiamento de longo prazo por ano, a cada momento analisado, a instituição deve possuir pelo menos R$ 1.000 de financiamento de longo prazo.

O acordo, ainda em fase de implementação, também é objeto de **críticas**.

A OCDE estima que as medidas do Basiléia III tendem a reduzir o crescimento econômico em decorrência da pressão que devem causa nas taxas de juros[260].

Há vozes contrárias, segundo as quais o acordo apenas expandiria a regulação do Basiléia II, sem discutir suas questões essenciais, especialmente a confiança excessiva depositada nas agências internacionais de risco, a Moody's, a Fitch Ratings a Standard & Poors e a Duff & Phelps, que detêm o monopólio do serviço no mundo.

Agências de *rating*

As agências de avaliação de risco de emissores de títulos surgiram nos Estados Unidos e hoje atuam em todo o mundo[161], avaliando o risco de títulos emitidos por países (risco soberano), entes federados menores e empresas privadas.

"O processo de ranqueamento ou a metodologia de *rating* leva em consideração critérios qualitativos e quantitativos do emissor. [...] Os principais critérios analisados são a qualidade dos ativos, a estrutura de capital, a rentabilidade e a liquidez do negócio e as operações envolvidas"[162].

A classificação de risco de um emissor nunca será superior à classificação do próprio país (risco soberano), pois a capacidade de pagamento de um estado da federação ou de uma empresa no país sempre dependerá da própria capacidade de pagamento do país em que se encontram.

Cada agência apresenta sua classificação de risco, que variam, com alguma divergência de nomenclatura, de AAA a A (+/-) (grau elevado de investimento), a D (*default*, significando inadimplência ou insolvência). Nas classificações intermediárias, representadas por cominações das letras B e C, com sinal positivo (+) ou negativo (-), estão o grau médio para investimento (BBB), o grau baixo para investimento (BB), o grau especulativo (de B a C)[163].

A classificação de risco é importante, pois pode afetar a taxa de juros cobrada de países e empresas. Quanto melhor a classificação, menor a taxa cobrada, e quanto pior a classificação, mais caros ficam os juros.

Critica-se também a dificuldade de mensuração dos riscos dos ativos complexos, como os novos derivativos, bem como o tratamento uniformizado destes papéis, sem distinção de seu uso como *hedging* ou seguro legítimos, de seu uso especulativo.

---

260. Slovik, P. and B. Cournède (2011), "Macroeconomic Impact of Basel III", *OECD Economics Department Working Papers*, No. 844, OECD Publishing, Paris. Disponível em: http://www.oecd-ilibrary.org/economics/macroeconomic-impact-of-basel-iii_5kghwnhkkjs8-en. Acesso em 14/9/2015.
261. OLIVEIRA, Virgínia I., GALVÃO, Alexandre, RIBEIRO, Érico (orgs). Mercado financeiro: uma abordagem prática dos principais produtos e serviços. Rio de Janeiro: Elsevier, 2006, p. 112.
262. Idem, p. 113.
263. Idem, p. 113.

Por outro lado, também há opiniões favoráveis ao acordo, especialmente no que toca ao reforço de liquidez que pretende promover.

Além das medidas constantes do acordo, discute-se o risco do *shadow banking* (atividade financeira quase bancária, como a das seguradoras, dos fundos de investimento e dos consórcios), propõe-se evolução e aperfeiçoamento das medidas de mensuração de riscos, e ventilam-se medidas como o tratamento específico de bancos sistemicamente importantes e a tributação dos derivativos, para desestimular seu uso especulativo.

Os detalhes, contudo, dizem mais respeito à economia que ao direito.

4.3. *Organization of Securities Commissions* – IOSCO

A IOSCO, fundada em 1983, consistem em um "fórum internacional para as autoridades reguladoras dos mercados de valores e de futuros" e tem como principais objetivos "promover, através da cooperação, altos padrões de regulação, adequados à manutenção de mercados seguros, eficientes e equitativos; intercambiar informações e experiências necessárias ao desenvolvimento de mercados domésticos; unir esforços para estabelecer padrões internacionais de contabilidade e auditoria e um eficaz sistema de supervisão das transações internacionais nos mercados de capitais; proporcionar assistência recíproca em investigações, com a finalidade de garantir a rigorosa aplicação das leis e punição de seus infratores"[264].

Vale lembrar que não é a instituição internacional que impõe regras ou pune os agentes do mercado. Ao revés, a instituição propõe normas – *soft law*, que acolhidas pela CVM, seu membro fundador, permitem a aplicação de penalidades por esta autarquia.

Os **objetivos da IOSCO**, assim como do BIS, relacionam-se com a saúde das instituições e a transparência das operações, na redução dos riscos e no desenvolvimento da confiança do mercado. A IOSCO também incentiva a cooperação entre entidades reguladoras e supervisoras internacionais e propõe regras de boa gestão do mercado.

No que toca às especificidades do mercado de capitais, a IOSCO defende o princípio da autorregulação, verdadeiro poder-dever de instituições que organizam mercado de bolsa e de balcão de controlar e regular as empresas emissoras de títulos e os demais agentes que operem neste mercado, da formação de um mercado justo, eficiente e transparente, no sentido de conferir eficiência nas negociações com valores mobiliários e promover a prática de preços num cenário de concorrência plena.

Um dos principais documentos emitidos pela IOSCO é o **Memorando de Entendimento Multilateral**, que define regras e princípios sobre cooperação internacional de entidades supervisora do mercado de capitais.

264. Disponível em: http://www.cvm.gov.br/port/relinter/reguladoresdevalores.asp, acesso em 27/3/2015.

Em nosso continente, merece menção também o ***Council of Securities Regulators of the Americas* – COSRA**, ou Conselho de Reguladores do Mercado de Capitais das Américas, que também procura aperfeiçoar a regulação deste mercado e incentivar a cooperação mútua entre instituições supervisoras e reguladoras.

Passemos, agora, em revista às principais instituições do sistema financeiro nacional, que seguem uma lógica bastante similar em todas as suas vertentes: um órgão administrativo regulador e autarquias especiais supervisoras, dotadas de poder regulamentar.

5. QUADROS SINÓTICOS

Mercado financeiro e política economia

Tema	Informação	Fonte
Mercado financeiro	O termo mercado financeiro possui muitos significados, que variam entre o local onde são realizadas as negociações com ativos financeiros ao conjunto de instituições que regulam a matéria.	
Conceito	O mercado financeiro é o conjunto de operações com ativos financeiros, realizadas por investidores e administradas por entidades devidamente autorizadas, numa determinada área geográfica, sob a regulação e fiscalização do poder público.	
Funções	Cabe ao mercado criar mecanismos para o financiamento das atividades econômicas, permitir a repartição do risco destas atividades e reduzir os custos de transação. Estas funções são desempenhadas mediante a aproximação de agentes deficitários (tomadores de recursos) e agentes superavitários (investidores, que emprestam recursos)	
Classificações	Quanto ao objeto, vale dizer, quanto ao tipo de ativo financeiro negociado, fala-se em mercado monetário, mercado de crédito, mercado de câmbio e mercado de capitais.	
Moeda	–	
Curso forçado	Obrigatoriedade de aceitação da moeda (no Brasil o Real) nas negociações no território nacional.	Art. 1°, da Lei 9.069/1995
Funções	A moeda funciona como meio de pagamento, unidade de valor e reserva de valor	
Política monetária	Conjunto de medidas voltadas à preservação do valor da moeda local, com vistas ao desenvolvimento econômico, à distribuição de renda e à estabilidade de preços	
Emissão de papel-moeda	–	–
Competência legislativa e limites	Congresso Nacional	Art. 21, VII, da CF/88
Autorização	CMN	Art. 4°, I, da Lei 4.595/1964
Emissão	BC	Art. 164, da CF/88
Impressão e cunhagem	Casa da Moeda	–

Tema	Informação	Fonte
A moeda escritural	Moeda criada pela atividade bancária, além da que existe em meio físico	
Classificações	M0 = papel-moeda e moeda metálica; M1 = M0 mais Depósitos à Vista; M2 = M1 mais os depósitos para investimento e as emissões de alta liquidez; M3 = M2 mais as captações internas por intermédio dos fundos de investimento; M4 = M3 mais os títulos públicos de alta liquidez.	
Instrumentos de política monetária e cambial	Depósito [encaixe] compulsório, *open market*, redesconto, taxa de juros e *swap* cambial.	
Depósito compulsório	Depósito de parte dos recursos captados pelos bancos junto ao BC, que reduz a capacidade bancária de gerar moeda escritural.	
Open market	Venda de títulos públicos para os bancos, que reduz o montante de recursos disponíveis para gerar moeda escritural.	
Redesconto	Redução do depósito compulsório de forma seletiva para viabilizar empréstimos a juros mais baixos	
Taxa de juros	Taxa cobrada pelo empréstimo de recursos.	
Regime cambial	Disciplina do valor da moeda nacional face a moedas estrangeiras.	
***Swap* cambial**	Mecanismo do Banco Central de compra e venda de moedas estrangeiras para regular a taxa de câmbio.	

Organização do SFN

CMN	Órgão regulador máximo do sistema financeiro nacional.	Art. 2º, da Lei 4.595/1964
Principais funções	Definir a política monetária e cambial e regulamentar o mercado financeiro.	Art. 3º e 4º, da Lei 4.595/1964
BC	Autoridade monetária que implementa a política definida pelo CMN.	Art. 8º, da Lei 4.595/1964
Principais funções	Emitir moeda; ▸ Receber depósitos compulsórios; ▸ Negociar compra e venda de títulos públicos como instrumento de política monetária; ▸ Realizar operações de redesconto; ▸ Realizar compra e venda de moeda estrangeira para regular a taxa de câmbio; ▸ Regulamentar e fiscalizar o sistema financeiro nacional, especialmente as instituições financeiras, mediante definição de regras, autorização para funcionamento das instituições, intervenções diretas nas instituições e aplicação de penalidades por infração às normas legais e regulamentares.	Art. 164, da CF/88 e art. 9º a 11, da Lei 4.595/1964, entre outros.

Instituições financeiras	Instituições que realizam intermediação ou aplicação de recursos financeiros próprios ou de terceiros, em moeda nacional ou estrangeira, e a custódia de valor de propriedade de terceiros.	Art. 17, da Lei 4.595/1964
Equiparadas	Pessoas físicas que realizam, de forma permanente ou eventual, as funções das instituições financeiras.	Art. 17, parágrafo único, da Lei 4.595/1964
Outras instituições sujeitas ao regime (parcial) das instituições financeiras.	Bolsas de valores, companhias de seguros e de capitalização, sociedades que efetuam distribuição de prêmios em imóveis, mercadorias ou dinheiro, mediante sorteio de títulos de sua emissão ou por qualquer forma, e pessoas físicas ou jurídicas que exerçam, por conta própria ou de terceiros, atividade relacionada com a compra e venda de quaisquer títulos	Art. 18, da Lei 4.595/1964
Banco comercial	Instituição financeira privada ou pública que capta depósitos à vista.	
Banco de investimento	Instituição financeira privada especializada em operações de participação societária de caráter temporário, de financiamento da atividade produtiva para suprimento de capital fixo e de giro e de administração de recursos de terceiros	
Banco múltiplo	Instituição financeira que realiza diversas funções.	
Sociedade de arrendamento mercantil	Instituição que pratica operações de arrendamento mercantil (locação com opção de compra) de bens móveis ou imóveis.	
Sociedade de *Factoring*	Empresa que realiza prestação cumulativa e contínua de serviços de assessoria creditícia, mercadológica, gestão de crédito, seleção e riscos, administração de contas a pagar e a receber, compras de direitos creditórios resultantes de vendas mercantis e prestação de serviços a prazo.	Art. 15, § 1º, III, 'd', da Lei 9.249/1995
CVM	Autoridade regulamentar e fiscalizadora do mercado de títulos e valores mobiliários.	Art. 5º, da Lei 6.385/1976
Objetivos	▸ Estimular a formação de poupanças e a sua aplicação em valores mobiliários; ▸ Promover a expansão e o funcionamento eficiente e regular do mercado de ações; ▸ Assegurar o funcionamento eficiente e regular dos mercados da bolsa e de balcão; ▸ Proteger os titulares de valores mobiliários e os investidores; ▸ Coibir fraudes e manipulações; ▸ Assegurar o acesso do público a informações sobre os valores mobiliários e companhias emissoras; ▸ Assegurar a observância de práticas comerciais equitativas.	Art. 4º, da Lei 6.385/1976

Funções	▸ Regulamentar e aplicar a política do mercado de capitais definida pelo CMN; ▸ Regulamentar os requisitos para a operação de entidades que atuam no mercado de capitais e autorizar seu funcionamento; ▸ Regulamentar os requisitos para a emissão de valores mobiliários e autorizar esta emissão; ▸ Disciplinar o poder regulamentar das bolsas de valores e entidades de balcão organizado; ▸ Fiscalizar, punir e suspender a autorização de funcionamento das entidades que operam no mercado de capitais e que emitem títulos e valores mobiliários.	Art. 18, da Lei 6.385/1976
Relação com o Banco Central	▸ Instituições financeiras que operam no mercado de capitais estão sujeitas ao poder regulamentar tanto do BC (pela natureza da instituição) quando da CVM (pela natureza da operação).	
Bolsas de valores	–	–
Noção	Entidades do mercado organizado que apresenta ambiente físico ou eletrônico para negociações multilaterais possibilitando o encontro e a interação de ofertas de compra e de venda de valores mobiliários ou permitindo a execução de negócios tendo como contraparte formador de mercado, devidamente autorizadas pela CVM. O ambiente da bolsa deve propiciar a regular, adequada e eficiente formação de preços; a pronta realização, visibilidade e registro das operações realizadas; e a disseminação pública das ofertas e negócios envolvendo ativos ali negociados, com rapidez, amplitude e detalhes suficientes à boa informação do mercado e formação de preços.	Art. 5º, 65 e 73 da Instrução CVM 461/2007
Balcão organizado	Entidades do mercado organizado que apresenta ambiente físico ou eletrônico que permitam a negociação ou o registro de negociações.	Art. 5º, 92, 93 e 105, da Instrução CVM 461/2007
Distinções entre bolsa e balcão organizado	A entidade de balcão pode ser autorizada a apenas a registrar as negociações, enquanto a bolsa tem que permitir a realização das negociações; A entidade de balcão pode atuar como compradora e vendedora de títulos de terceiros em seu próprio ambiente; A bolsa é obrigada propiciar a formação eficiente de preços, bem como a apresentar as informações relativas às operações de forma imediata e plenamente transparente.	Art. 5º, 65, 73, 92, 93 e 105, da Instrução CVM 461/2007
Clearings	Entidades que realiza o encontro de contas das operações dos investidores.	

Agentes de custódia	Entidade que realiza depósito para guarda, recebimento de dividendos e bonificações, resgate, amortização ou reembolso, e exercício de direitos de subscrição, sem necessidade de autorização do depositante, e para alienar os valores mobiliários depositados ou reaplicar as importâncias recebidas, nestes casos com necessidade de autorização do depositante. A custódia é tipo de depósito sujeito a regras especiais do mercado financeiro.	Art. 24, da Lei 6.385/1976
DTVM	Entidades que auxiliam os emissores de títulos na subscrição, emissão e distribuição dos valores mobiliários ou que, por conta própria, subscrevem ou compram os títulos para colocá-los no mercado.	Art. 15, I, da Lei 6.385/1976
CTVM	Intermediários que realizam operações no mercado em nome dos investidores.	Art. 15, VI, da Lei 6.385/1976
Seguro e previdência	Setor do mercado subordinado ao CMN, regulamentado e fiscalizado por diversas entidades, notadamente o Conselho Nacional de Seguros Privados – CNSP e a Superintendência de Seguros Privados – SUSEP, no âmbito dos seguros privados e das entidades de previdência aberta; e o Conselho Nacional de Previdência Complementar – CNPC e a Superintendência Nacional de Previdência Complementar – PREVIC, na área da previdência complementar fechada.	

6. JURISPRUDÊNCIA DO STF

↘ Direito Monetário: competência legislativa privativa da União: critérios de conversão em URV dos valores fixados em Cruzeiro Real: aplicação compulsória a Estados e Municípios, inclusive aos vencimentos dos respectivos servidores, que impede a incidência de diferente legislação local a respeito.

1. Em todas as Federações, o estabelecimento do sistema monetário foi sempre típica e exclusiva função legislativa do ordenamento central; e estabelecer o sistema monetário – escusado o óbvio – consiste primacialmente na criação e eventual alteração do padrão monetário.

2. A alteração do padrão monetário envolve necessariamente a fixação do critério de conversão para a moeda nova do valor das obrigações legais ou negociais orçadas na moeda velha; insere-se, pois, esse critério de conversão no âmbito material da regulação do "sistema monetário", ou do Direito Monetário, o qual, de competência legislativa privativa da União (CF, art. 22, VI), se subtrai do âmbito da autonomia dos Estados e Municípios.

3. A regra que confia privativamente à União legislar sobre "sistema monetário" (art. 22, VI) é norma especial e subtrai, portanto, o Direito Monetário, para esse efeito, da esfera material do Direito Econômico, que o art. 24, I, da Constituição da República inclui no campo da competência legislativa concorrente da União, do Estados e do Distrito Federal.

4. Dado o papel reservado à URV na transição entre dois padrões monetários, o Cruzeiro Real e o Real (L. 8880/94), os critérios legais para a conversão dos valores expressos em cruzeiros reais para a URV constituiu uma fase intermediária de convivência com a moeda antiga na implantação do novo sistema monetário.

5. Compreendem-se, portanto, ditos critérios da conversão em URV no âmbito material de regulação do sistema monetário, objeto de competência legislativa privativa da União.

6. A conversão em URV dos valores fixados para a remuneração dos servidores públicos locais – segundo a lei federal institutiva do novo sistema monetário –, não representou aumento de vencimentos, não sendo oponíveis, portanto, à sua observância compulsória por Estados e Municípios, as regras dos arts. 167 e 169 da Constituição da República.

7. Correta a decisão do Tribunal local que, em consequência, deu aplicação aos critérios da conversão de vencimentos e proventos em URV, ditados por lei federal (L. 8880/94, art. 22) e afastou a incidência da lei estadual que os contrariou (L. est. 6612/94-RN): RE não conhecido.

(STF, T1, RE 291.188/RN, Min. Sepúlveda Pertence, DJ de 14/11/2002)

➘ Conselho Monetário Nacional: competência para dispor sobre a taxa de juros bancários: ADCT/88, art. 25: L. 4.595/64: não revogação.

1. Validade da aplicação ao caso, da L. 4.595/64, na parte em que outorga poderes ao Conselho Monetário Nacional para dispor sobre as taxas de juros bancários, uma vez que editada dentro do prazo de 180 dias estipulado pelo dispositivo transitório, quando o Poder Executivo possuía competência para dispor sobre instituições financeiras e suas operações: indiferente, para a sua observância, que tenha havido ou não a prorrogação admitida no art. 25 do ADCT; portanto, não há falar em revogação da Lei 4.595/64.

2.RE provido, para determinar que o Tribunal a quo reaprecie a demanda tendo em conta o disposto na L. 4.595/64.

(STF, T1, RE 286.963/MG, Min. Sepúlveda Pertence, DJ de 20/10/2006)

➘ CÓDIGO DE DEFESA DO CONSUMIDOR. ART. 5º, XXXII, DA CB/88. ART. 170, V, DA CB/88. INSTITUIÇÕES FINANCEIRAS. SUJEIÇÃO DELAS AO CÓDIGO DE DEFESA DO CONSUMIDOR, EXCLUÍDAS DE SUA ABRANGÊNCIA A DEFINIÇÃO DO CUSTO DAS OPERAÇÕES ATIVAS E A REMUNERAÇÃO DAS OPERAÇÕES PASSIVAS PRATICADAS NA EXPLORAÇÃO DA INTERMEDIAÇÃO DE DINHEIRO NA ECONOMIA [ART. 3º, § 2º, DO CDC]. MOEDA E TAXA DE JUROS. DEVER-PODER DO BANCO CENTRAL DO BRASIL. SUJEIÇÃO AO CÓDIGO CIVIL.

1. As instituições financeiras estão, todas elas, alcançadas pela incidência das normas veiculadas pelo Código de Defesa do Consumidor.

2. "Consumidor", para os efeitos do Código de Defesa do Consumidor, é toda pessoa física ou jurídica que utiliza, como destinatário final, atividade bancária, financeira e de crédito.

3. O preceito veiculado pelo art. 3º, § 2º, do Código de Defesa do Consumidor deve ser interpretado em coerência com a Constituição, o que importa em que o custo das operações ativas e a remuneração das operações passivas praticadas por instituições financeiras na exploração da intermediação de dinheiro na economia estejam excluídas da sua abrangência.

4. Ao Conselho Monetário Nacional incumbe a fixação, desde a perspectiva macroeconômica, da taxa base de juros praticável no mercado financeiro.

5. O Banco Central do Brasil está vinculado pelo dever-poder de fiscalizar as instituições financeiras, em especial na estipulação contratual das taxas de juros por elas praticadas no desempenho da intermediação de dinheiro na economia. 6. Ação direta julgada improcedente, afastando-se a exegese que submete às normas do Código de Defesa do Consumidor [Lei nº 8.078/90] a definição do custo das operações ativas e da remuneração das operações passivas praticadas por instituições financeiras no desempenho da intermediação de dinheiro na economia, sem prejuízo do controle, pelo Banco Central do Brasil, e do controle e revisão, pelo Poder Judiciário, nos termos do disposto no Código Civil, em cada caso, de eventual abusividade, onerosidade excessiva ou outras distorções na composição contratual da taxa de juros.

ART. 192, DA CB/88. NORMA-OBJETIVO. EXIGÊNCIA DE LEI COMPLEMENTAR EXCLUSIVAMENTE PARA A REGULAMENTAÇÃO DO SISTEMA FINANCEIRO.

7. O preceito veiculado pelo art. 192 da Constituição do Brasil consubstancia norma-objetivo que estabelece os fins a serem perseguidos pelo sistema financeiro nacional, a promoção do desenvolvimento equilibrado do País e a realização dos interesses da coletividade.

8. A exigência de lei complementar veiculada pelo art. 192 da Constituição abrange exclusivamente a regulamentação da estrutura do sistema financeiro.

CONSELHO MONETÁRIO NACIONAL. ART. 4º, VIII, DA LEI nº 4.595/64. CAPACIDADE NORMATIVA ATINENTE À CONSTITUIÇÃO, FUNCIONAMENTO E FISCALIZAÇÃO DAS INSTITUIÇÕES FINANCEIRAS. ILEGALIDADE DE RESOLUÇÕES QUE EXCEDEM ESSA MATÉRIA.

9. O Conselho Monetário Nacional é titular de capacidade normativa – a chamada capacidade normativa de conjuntura – no exercício da qual lhe incumbe regular, além da constituição e fiscalização, o funcionamento das instituições financeiras, isto é, o desempenho de suas atividades no plano do sistema financeiro.

10. Tudo o quanto exceda esse desempenho não pode ser objeto de regulação por ato normativo produzido pelo Conselho Monetário Nacional.

11. A produção de atos normativos pelo Conselho Monetário Nacional, quando não respeitem ao funcionamento das instituições financeiras, é abusiva, consubstanciando afronta à legalidade.

(STF, Tribunal Pleno, ADI 2.591/DF, Relator Min. Carlos Velloso, Relator para o Acórdão Min. Eros Grau, DJ de 29/9/2006)

➘ AÇÃO DIRETA DE INCONSTITUCIONALIDADE. MEDIDA PROVISÓRIA Nº 1.179/95, QUE DISPÕE SOBRE MEDIDAS DE FORTALECIMENTO DO SISTEMA FINANCEIRO NACIONAL E DÁ OUTRAS PROVIDÊNCIAS. PARCIAL REEDIÇÃO PELA DE Nº 1.214/95. ALEGADA INCOMPATIBILIDADE COM O ART. 192, CAPUT, ART. 150, § 6º, E ART. 5º, XX, CF/88 E, AINDA, COM OS PRINCÍPIOS DA ISONOMIA E DO ATO JURÍDICO PERFEITO. PEDIDO ACOMPANHADO DE REQUERIMENTO DE MEDIDA CAUTELAR.

Ausência de plausibilidade da tese:

– em primeiro lugar, por ter-se limitado a definir, no art. 1º e parágrafos, os contornos de programa criado por ato do Conselho Monetário Nacional, no exercício de atribuição que lhe foi conferida pela Lei nº 4.595/64 (art. 2º, inc. VI), recebida pela Carta de 88 como lei complementar;

– em segundo lugar, tendo em vista que o art. 2º e seus incisos e parágrafos, ainda que houvessem instituído tratamento tributário privilegiado às fusões e incorporações, o fizeram sem afronta ao art. 150, § 6º, da CF/88, posto que por meio de lei editada para esse fim, a qual, por isso, não pode deixar de ser considerada específica, como exigido pelo referido texto;

– e, por fim, considerando que o art. 3º, ao afastar a incidência, nas incorporações e fusões, do art. 230 da Lei 6.404/76, referiu norma legal cuja vigência se acha envolta em séria controvérsia, circunstância por si só capaz de lançar dúvida sobre a questão de saber se concorre, no caso, o pressuposto da relevância do fundamento do pedido.

Registre-se, ainda, que escapa à competência do Poder Judiciário a apreciação do requisito de urgência previsto no art. 62 da CF/88 para a adoção de medida provisória, conforme jurisprudência assente do STF. Medida cautelar indeferida.

(STF, Tribunal Pleno, ADI 1376 MC/DF, Min. Ilmar Galvão, DJ de 31/8/2001)

➘ Ação direta de inconstitucionalidade contra a Medida Provisória nº 207, de 13 de agosto de 2004 (convertida na Lei nº 11.036/2004), que alterou disposições das Leis nº 10.683/03 e Lei nº 9.650/98, para equiparar o cargo de natureza especial de Presidente do Banco Central ao cargo de Ministro de Estado.

2. Prerrogativa de foro para o Presidente do Banco Central.

3. Ofensa aos arts. 2º, 52, III, "d", 62, § 1º, I, "b", § 9º, 69 e 192, todos da Constituição Federal.

4. Natureza política da função de Presidente do Banco Central que autoriza a transferência de competência.

5. Sistemas republicanos comparados possuem regulamentação equivalente para preservar garantias de independência e imparcialidade.

6. Inexistência, no texto constitucional de 1988, de argumento normativo contrário à regulamentação infraconstitucional impugnada.

7. Não caracterização de modelo linear ou simétrico de competências por prerrogativa de foro e ausência de proibição de sua extensão a Presidente e ex-Presidentes de Banco Central.

8. Sistemas singulares criados com o objetivo de garantir independência para cargos importantes da República: Advogado-Geral da União; Comandantes das Forças Armadas; Chefes de Missões Diplomáticas.

9. Não-violação do princípio da separação de poderes, inclusive por causa da participação do Senado Federal na aprovação dos indicados ao cargo de Presidente e Diretores do Banco Central (art. 52, III, "d", da CF/88).

10. Prerrogativa de foro como reforço à independência das funções de poder na República adotada por razões de política constitucional.

11. Situação em que se justifica a diferenciação de tratamento entre agentes políticos em virtude do interesse público evidente.

12. Garantia da prerrogativa de foro que se coaduna com a sociedade hipercomplexa e pluralista, a qual não admite um código unitarizante dos vários sistemas sociais.

13. Ação direta de inconstitucionalidade julgada improcedente

(STF, Tribunal Pleno, ADI 3.289/DF, Min. Gilmar Mendes, DJ de 3/2/2006)

7. QUESTÕES DE CONCURSOS

1. (CESPE – Procurador do Banco Central/2013) O Conselho Monetário Nacional

(A) tem competência para emitir papel-moeda.

(B) tem capacidade normativa de conjuntura, sendo suas resoluções normas que vinculam as instituições financeiras.

(C) tem por função a fiscalização do mercado de ações.

(D) funciona como última instância recursal das decisões emitidas pelo Conselho de Recursos do Sistema Financeiro Nacional.

(E) é órgão do BACEN, formulador da política econômica, monetária, bancária e creditícia.

2. (CESPE – Procurador do Banco Central/2013) A instituição financeira X e a sociedade de crédito imobiliário Y, pessoas jurídicas que participam do mesmo conglomerado empresarial, firmaram acordo prévio de cooperação com o objetivo de compartilhar seus ativos e clientes, com previsão de assinar um acordo definitivo para a fusão das suas atividades. Nessa situação hipotética, a referida operação

(A) deve ser analisada pelo BACEN para avaliação do potencial lesivo à concorrência no respectivo mercado relevante.

(B) é irrelevante para o acionamento dos mecanismos de controle estrutural de mercado, pois, sendo o ato empresarial lícito, ele não atrai a atuação do controle dos atos de concentração.

(C) é irrelevante para o direito da concorrência, pois somente a operação definitiva de fusão acarreta concentração com potencial lesivo, que atrai a atuação do controle dos atos de concentração.

(D) deve ser remetida à análise direta do CADE, para a avaliação do potencial lesivo à concorrência no respectivo mercado relevante.

(E) deve ser remetida à análise do CADE, após manifestação da Secretaria de Assuntos Econômicos do Ministério da Fazenda.

3. (CESPE – Procurador do Banco Central/2013) Com relação ao sistema de pagamentos brasileiro, instituído pela Lei n.° 10.214/2001, assinale a opção correta.

(A) Os bens oferecidos em garantia no âmbito dos sistemas de compensação e de liquidação somente podem ser penhorados por dívidas de caráter alimentar.

(B) A atuação das câmaras e dos prestadores de serviços de compensação e de liquidação deverá ser obrigatoriamente garantida por um patrimônio especial, separado do patrimônio geral da câmara ou do prestador de serviço.

(C) O sistema de pagamentos brasileiro é estruturado de acordo com as recomendações feitas, isolada ou conjuntamente, pelo *Bank for International Settlements e pela International Organization of Securities Commissions*, nos relatórios denominados *Core Principles for Systemically Important Payment Systems* e *Recommendations for Securities Settlement Systems*.

(D) Compete ao Conselho Monetário Nacional definir os sistemas de compensação e de liquidação considerados sistemicamente importantes.

(E) Não se admite compensação multilateral de obrigações no âmbito de um sistema de compensação e de liquidação.

---

4. (CESPE – Procurador do Banco Central/2013) A instituição financeira YZX vem apresentando problemas de desequilíbrio na estrutura de ativos e passivos, com reflexos negativos em sua situação econômica e financeira, decorrentes, em grande parte, do deferimento de operações que, no tempo, se mostraram de difícil realização. Diante disso, a instituição não tem conseguido honrar suas obrigações, pondo em risco o recebimento de créditos por pequenos depositantes e investidores. Em razão desses problemas, requereu ao BACEN empréstimo com a finalidade específica de recuperar sua situação econômico – financeira. Nesse caso, o referido pleito deve ser

(A) indeferido, pois é vedada a utilização de recursos públicos, inclusive de operações de crédito, para recuperação ou financiamento para mudança de controle acionário, a fim de socorrer instituições financeiras, salvo mediante lei específica.

(B) indeferido, pois, na ausência de óbice legal para o deferimento do pleito, somente poderia o BACEN conceder empréstimos nas situações descritas taxativamente na lei, em função do princípio da legalidade.

(C) deferido, pois cabe, nos termos da lei, ao BACEN a concessão de empréstimos para recuperação financeira de instituições financeiras.

(D) deferido, pois, na ausência de permissivo legal, cabe ao BACEN a proteção de pequenos investidores contra o risco sistêmico imposto pela falência de instituições financeiras.

(E) deferido, pois cabe ao BACEN conceder às instituições financeiras operações de redesconto e de empréstimos de prazo superior a trezentos e sessenta dias.

---

5. (CESPE – Procurador do Banco Central/2013) A entidade Y, associação civil de empresas de vendas a varejo, criou um mecanismo de pagamentos mediante a emissão de notas impressas pela associação, chamadas "valor", que funcionam como meio de pagamento entre os associados e seus clientes. Tendo essa prática se tornado comum no mercado informal, o estado X editou uma lei dispondo sobre a obrigatoriedade de recebimento do "valor" nas relações comerciais entabuladas no âmbito do seu território. Nessa situação hipotética, a referida lei é

(A) ilegal, pois a União, valendo-se de lei complementar de caráter geral, estabeleceu o real como moeda obrigatória, não cabendo a estado da Federação tratar a moeda nacional de forma diversa.

(B) inconstitucional, pois compete privativamente à União legislar sobre o sistema monetário.

(C) inconstitucional, pois compete privativamente à União legislar sobre o direito econômico.

(D) constitucional, pois o estabelecimento de moeda constitui matéria de direito econômico, de competência legislativa concorrente entre União, estados e Distrito Federal.

(E) constitucional, pois a legislação sobre moeda é de competência comum entre todos os entes federados.

6. (CESPE – Procurador do Banco Central/2013) No que se refere às recomendações internacionais em matéria de supervisão bancária (*core principies for efective banking supervision*), do BIS (*Bank for International Settlements*), assinale a opção correta.

(A) Os reguladores devem destinar o mesmo grau de atenção a todas as instituições financeiras, independentemente da importância sistêmica e da complexidade da instituição, bem como do risco que oferece.

(B) A governança corporativa dos bancos não é contemplada nessas recomendações.

(C) Os princípios fundamentais em que se amparam as referidas recomendações foram revistos em 2006, mas ainda não foram atualizados e revisados após a crise financeira mundial iniciada em 2008.

(D) O principal objetivo dessas recomendações é a promoção da segurança e da solidez dos bancos e do sistema bancário.

(E) Um dos objetivos da supervisão bancária é evitar, em qualquer hipótese, a falência de instituições financeiras.

7. (CESPE – Procurador do Banco Central/2009) Acerca das regras do direito econômico internacional e regional, assinale a opção correta.

(A) No âmbito das normas que orientam o Mercado Comum do Sul (MERCOSUL), embora não haja, expressamente, a previsão de uma tarifa externa comum, adotou-se a regra da coordenação de posições em foros econômico-comerciais regionais e internacionais.

(B) A nova ordem econômica internacional, segundo os documentos aprovados pela ONU, em 1974, pautou-se na desregulamentação das atividades das corporações transnacionais, prática objeto de críticas nos debates financeiros contemporâneos.

(C) O objetivo primordial do Sistema Europeu de Bancos Centrais, nos termos do Tratado de Maastrich, é a manutenção da estabilidade de preços na União Europeia.

(D) O *Bank for International Settlements* (BIS) é organização internacional que tem por finalidade fiscalizar os bancos centrais associados e facilitar as operações internacionais, na busca da estabilidade monetária e financeira das economias.

(E) Um dos cinco pilares do Novo Acordo de Capital, assinado em 2004 pelo Comitê de Basiléia, é a redução da assimetria de informação (transparência) e o favorecimento da disciplina nos mercados financeiros.

8. (CESPE – Procurador do Banco Central/2009) Quanto às regras jurídicas que norteiam o SFN, sua fiscalização, bem como o papel e a atividade de suas instituições, assinale a opção correta.

(A) Pessoa física que exerça, eventualmente, captação e aplicação de recursos financeiros de terceiros, em moeda estrangeira, está equiparada legalmente a instituição financeira.

(B) O BACEN pode comprar e vender títulos de emissão do Tesouro Nacional com a finalidade de suprir *deficits* fiscais do governo.

(C) O Banco do Brasil não está obrigado a submeter à aprovação do Conselho Monetário Nacional seus programas de recursos e aplicações, de forma que se ajustem à política de crédito do governo federal.

(D) Nos processos administrativos punitivos, instaurados pela área de fiscalização do BACEN, compete ao diretor de Normas e Organização do Sistema Financeiro dessa instituição, ouvida a Procuradoria-Geral, decidir sobre a aplicação das penalidades.

(E) À Procuradoria-Geral do BACEN compete, a partir de denúncia, instaurar processo administrativo disciplinar para apurar responsabilidade de diretor da instituição.

9. (CESPE – Procurador do Banco Central/2009) Segundo a exposição de motivos da Medida Provisória nº 443/2008, convertida na Lei nº 11.908/2009, a forte retração internacional do crédito observada nas últimas semanas levou o governo federal a adotar algumas medidas para ampliar a oferta de divisas, expandir a liquidez no mercado interbancário e incentivar a compra de carteiras de crédito de instituições bancárias de pequeno e médio porte. Acerca da aquisição de participação em instituições financeiras, nos termos da lei citada, assinale a opção incorreta.

(A) O Banco Nacional de Desenvolvimento Econômico e Social (BNDES) não está autorizado a adquirir participações em instituições financeiras sediadas no Brasil.

(B) As aquisições de participação acionária em instituições públicas pelo Banco do Brasil são dispensadas de licitação.

(C) Para aquisição de participações, devem ser contratadas empresas especializadas em avaliação financeira, admitindo-se, nessa contratação, em certos casos, a dispensa de processo licitatório.

(D) É vedada a aquisição de participações em empresas dos ramos de seguro, previdência e capitalização.

(E) A compra de carteira de crédito de instituição financeira por banco autorizado pode ser feita diretamente.

10 (ESAF – Agente Executivo CVM/2010) O sistema financeiro nacional é formado por instituições:

(A) autárquicas e entre si independentes.

(B) autarquias dependentes de autorização do Poder Executivo para funcionarem.

(C) subordinadas ao Conselho Monetário Nacional.

(D) operadoras dos mercados financeiros.

(E) que devem executar políticas públicas na área bancária.

11. (ESAF – Agente Executivo CVM/2010) A organização do sistema financeiro obedece a critérios que levam em conta:

(A) separação das atividades por critérios subjetivos.

(B) critérios de políticas públicas.

(C) combinação de atividades financeiras de forma a dar mais eficiência ao sistema.

(D) consagradas práticas internacionais.

(E) as funções e especialidades das instituições que compõem o sistema.

12. (ESAF – Agente Executivo CVM/2010) A CVM, como autarquia federal à qual compete a fiscalização do mercado de valores mobiliários, tem competência para:

(A) garantir que operações de interesse do Poder Público sejam aprovadas por sociedades privadas.

(B) determinar aos administradores de sociedades fechadas que se abstenham de praticar certos atos.

(C) interferir no funcionamento dos órgãos colegiados das companhias abertas.

(D) impugnar atos praticados pelos diretores no exercício de suas atribuições.

(E) fiscalizar todos os agentes que dele participam.

13. (ESAF – Agente Executivo CVM/2010) Regulação e auto-regulação são modalidades de intervenção na economia que:

(A) visam a estimular ações comuns das pessoas a elas submetidas.

(B) facilitam a prevalência dos interesses dos regulados na modelagem das normas.

(C) refletem normas socialmente típicas.

(D) alteram comportamentos quando dissonantes dos interesses gerais.

(E) resultam em captura do mercado.

14. (ESAF – Agente Executivo CVM/2010) A competência da CVM visa a garantir o regular funcionamento do mercado de valores mobiliários porém não recai sobre:

(A) investidores individuais.

(B) administradores de companhias abertas.

(C) acionistas de sociedades fechadas.

(D) instituições bancárias em geral.

(E) operações como derivativos negociados em bolsa.

15. (ESAF – Agente Executivo CVM/2010) Dadas as normas vigentes no Brasil, pode-se afirmar que:

(A) a competência da CVM exclui a das Bolsas.

(B) a competência da CVM decorre, nos mercados sobre os quais atua, do objeto das operações celebradas.

(C) no mercado de derivativos cambiais, a regulação da CVM exclui a competência do Banco Central do Brasil.

(D) a competência da CVM concorre com a da SUSEP na fiscalização das operações de seguro de responsabilidade civil garantidoras da gestão de administradores de companhias abertas.

(E) a reorganização societária de companhias abertas afasta a competência da CVM no que diz respeito a operações de cessão de controle.

16. (ESAF – Agente Executivo CVM/2010) A presença de corretores de valores mobiliários:

(A) constitui monopólio privado na realização de operações em bolsas.

(B) tem a ver com a assessoria de potenciais investidores.

(C) reduz assimetrias de informação entre participantes dos mercados.

(D) facilita a circulação de ações em diferentes mercados.

(E) distribui responsabilidades na cadeia de informação.

17. (ESAF – Analista de Mercado de Capitais CVM/2010) O pedido de autorização para o funcionamento de mercado de balcão organizado endereçado à CVM implica:

(A) manutenção de espaço físico para a realização das operações.

(B) menor volatilidade preço dos valores mobiliários nele admitidos.

(C) exigência de regras de governança corporativa na administração das companhias cujas ações forem nele negociadas.

(D) manutenção de registro das operações.

(E) regulação externa ou hetero-regulação.

18. (ESAF – Analista de Mercado de Capitais CVM/2010) Compete à CVM, como autarquia federal, garantir o funcionamento regular e eficiente dos mercados de valores mobiliários. Assim deve:

(A) aprovar todas e quaisquer negociações com valores mobiliários em bolsa.

(B) aprovar a abertura das companhias para fins de captação de poupança popular.

(C) regular e fiscalizar comportamentos de investidores no país e no exterior.

(D) orientar investidores em suas escolhas para aplicação de recursos.

(E) manter acordos com bolsas de valores estrangeiras para a divulgação de informações.

---

19. (ESAF – Procurador da Fazenda Nacional/2015) Acerca do Sistema Financeiro Nacional e o Conselho Monetário Nacional, assinale a opção correta.

(A) Os membros do Conselho Monetário Nacional são o Ministro de Estado da Fazenda, que o presidirá, o Ministro de Estado do Planejamento, Orçamento e Gestão e o Ministro do Desenvolvimento, Indústria e Comércio Exterior.

(B) Procuradores da Fazenda Nacional, designados pelo Procurador-Geral da Fazenda Nacional, funcionarão junto ao Conselho de Recursos do Sistema Financeiro Nacional.

(C) O Conselho Monetário Nacional deliberará mediante resoluções, editadas após decisão unânime dos seus membros.

(D) Compete ao Ministro de Estado da Fazenda conceder autorização para funcionamento de instituição financeira no país.

(E) As instituições financeiras privadas não fazem parte do Sistema Financeiro Nacional.

---

20. (ESAF – Procurador da Fazenda Nacional/2015) Sobre "competência", é correto afirmar que compete:

(A) à União emitir moeda, manter o serviço postal e o correio aéreo nacional; e aos Estados compete explorar, diretamente ou mediante autorização, concessão ou permissão, os serviços de transporte rodoviário interestadual de passageiros.

(B) privativamente à União legislar sobre registros públicos e compete à União, aos Estados e ao Distrito Federal legislar concorrentemente sobre populações indígenas.

(C) à União planejar e promover a defesa permanente contra as calamidades públicas, especialmente as secas e as inundações e compete à União, aos Estados e ao Distrito Federal legislar concorrentemente sobre educação, cultura, ensino e desporto.

(D) privativamente à União legislar sobre propaganda comercial, e aos Estados legislar sobre emigração e imigração.

(E) à União e aos Estados autorizar e fiscalizar a produção e o comércio de material bélico.

---

21. (TRF3 - Juiz Federal TRF3/2011) A respeito do SFN, assinale a opção correta:

A) Não são consideradas instituições financeiras as pessoas jurídicas que tenham como atividade acessória a coleta, intermediação ou aplicação de recursos financeiros próprios ou de terceiros, em moeda nacional ou estrangeira, e a custódia de valor de propriedade de terceiros.

B) Compete à Comissão de Valores Mobiliários definir a política a ser observada na organização e no funcionamento do mercado de valores mobiliários.

C) Por estar sujeito ao regime próprio das empresas privadas, de acordo com o art. 173, § 1º, II, da CF, o Banco do Brasil S.A. não tem competência para executar política creditícia e financeira do governo federal no SFN.

D) São membros do Conselho Monetário Nacional, órgão executor do SFN, os ministros da Fazenda e do Planejamento, e o presidente do BACEN.

E) Entre as atribuições do BACEN, estão a de emitir papel-moeda, a de receber depósitos compulsórios das instituições financeiras e bancárias e a de estabelecer as condições para exercícios de cargos de direção nas instituições financeiras.

22. (TRF3 - Juiz Federal TRF3/2011) Caso pretenda expandir seus negócios, determinado banco comercial que já opera no Brasil poderá agir, sem necessitar de autorização do BACEN, para

A) abrir agência no Brasil, se for banco de origem estrangeira.

B) alterar seus estatutos.

C) realizar operações de recebimento de depósitos à vista.

D) realizar operações de câmbio.

E) abrir agência no exterior, se for banco de origem brasileira.

23. (CESPE - Juiz Federal TRF2/2013) No que tange ao SFN e a finanças públicas, assinale a opção correta.

A) O Banco Central do Brasil poderá comprar e vender títulos de emissão do Tesouro Nacional, com o objetivo de regular a oferta de moeda ou a taxa de juros, bem como conceder empréstimos a qualquer órgão ou entidade que não seja instituição financeira.

B) Segundo o princípio da legalidade, a lei orçamentária anual não poderá conter dispositivos estranhos à previsão da receita e à fixação das despesas, incluindo-se nessa proibição a autorização para a abertura de crédito suplementar.

C) A abertura de crédito extraordinário somente será admitida para atender a despesas imprevisíveis e urgentes, como as decorrentes de guerra, comoção ou calamidade pública, porém não caberá ao Poder Judiciário a análise desses requisitos.

D) O plano plurianual, as diretrizes orçamentárias e os orçamentos anuais integram o sistema orçamentário, sendo que as leis que versem sobre esses temas serão de iniciativa do Poder Executivo.

E) Embora o SFN deva ser regulado por lei complementar, o STF sumulou o entendimento de que a norma que limitava a taxa de juros reais a 12% ao ano tinha eficácia plena.

8. GABARITO

Questão	Resposta	Referência
1	B	O CMN tem essencialmente competência normativa. Também formula política econômica, mas não é órgão do BC, razão pela qual o item E está errado.
2	B	O acordo de cooperação entre as empresas do mesmo grupo pode, sim, suscitar penalidades dos órgãos de controle da concorrência, se caracterizar ilícito e o ato pode ser analisado tanto pelo CADE quanto pelo BC, por se tratar de instituições sob a fiscalização deste. Se o ato for lícito, apenas haverá o controle estrutural da concorrência quando houver a fusão.
3	C	Compete ao CMN o aperfeiçoamento das instituições e dos instrumentos financeiros, com vistas à maior eficiência do sistema de pagamentos, definido por lei, que positiva os princípios internacionais aprovados especialmente pelo BIS e também pela IOSCO.
4	A	A função do BC não é a de conceder empréstimos para recuperar instituições financeiras, havendo a possibilidade de aquisição do banco em dificuldades por instituições oficiais. A questão não enuncia hipótese de redesconto nem de utilização do FGC.
5	B	Devemos observar que a questão utiliza o termo "estado X", como Estado da Federação, não um Estado Soberano. No Brasil, a medida seria inconstitucional.

Questão	Resposta	Referência
6	D	A letra D está correta. As demais apresentam os seguintes erros: A) instituições diferentes recomendam controles distintos; B) a governança é prevista pelos princípios; C) os princípios são frequentemente atualizados e as recomendações pós 2008 têm sido implementadas; e E) não há como prevenir todos os casos de falências de instituições financeiras.
7	C	O BIS não é órgão fiscalizador e o MERCOSUL adota tarifa externa comum. O objetivo do BC Europeu é a estabilidade de preços.
8	A	A questão aborda muitos temas, razão pela qual nos remetemos aos tópicos deste capítulo sobre o SFN. Correta a letra A, acerca da equiparação da pessoa física a instituição financeira. Outras instituições, como as companhias de seguro, se submetem, por força de lei, a diversas regras aplicáveis às instituições financeiras, mas não são equiparadas. Para recordar, instituições financeiras são aquelas que realizam atividades de coleta, intermediação ou aplicação de recursos financeiros próprios ou de terceiros bem como atividades de custódia de valor de propriedade de terceiros", nos termos do art. 17, da Lei 4.595/1964.
9	D	A Lei 11.908/2009 autorizou expressamente a aquisição de empresas dos ramos securitários, previdenciário, de capitalização entre outros.
10	C	O CMN é o órgão máximo de todo o SFN. As demais opções apresentam erros.
11	E	O sistema financeiro nacional apresenta, entre outros, elementos funcionais de organização, na qual os entes reguladores são especializados por função (BC = mercado monetário e cambial; CVM = mercado de valores mobiliários; SUSEP = seguros e previdência aberta)
12	E	A letra E destaca a competência fiscalizatória da CVM. A autarquia não tem poder de ingerência nas decisões companhias privadas; possui apenas poder regulamentar, fiscalizatório e punitivo.
13	B	A questão trata, na verdade, da autorregulação permitida pela regulação no sentido de regulamentação, não propriamente de regulação. Assim, quando a legislação aplicável autoriza a autorregulação, esta facilita que os interesses dos regulados se manifeste. Isso não significa, contudo, que o interesse do particular possa se sobressaia ao interesse público, pois a autorregulação também é objeto de fiscalização das autoridades públicas, a exemplo da CVM.
14	C	Correta a letra C, pois a CVM não cuida de sociedades anônimas fechadas, que não captam recursos da economia popular mediante oferta pública.
15	B	A letra B está evidentemente correta. Importa nas demais opções lembrar que a competência da CVM não exclui a do BC, quando instituição financeira realizar atos envolvendo valores mobiliários. Ao contrário, a CVM e a SUSEP têm atuações funcionalmente distintas, que não se comunicam, de forma que as operações de seguro não estão na alçada da CVM.
16	C	Não há monopólio dos corretores para atuar na bolsa, especialmente no modelo institucional (forma de sociedade anônima), mas a atuação dos corretores reduz a assimetria de informações, pois constitui assessoramento especializado para matéria complexa.
17	D	Vamos lembrar que uma das distinções na disciplina das bolsas e dos mercados de balcão está na possibilidade de que estes apresentem apenas os serviços de registro das operações, enquanto a bolsa deve operara em todas as etapas de negociação.

Questão	Resposta	Referência
18	B	Mais uma vez a competência da CVM, para autorizar a abertura de capital de empresas, vale dizer, de autorizar que as empresas captem recursos da poupança popular mediante oferta pública de títulos.
19	B	Acerca do Sistema Financeiro Nacional e o Conselho Monetário Nacional, assinale a opção correta. Correta a letra B, segundo o qual Procuradores da Fazenda Nacional, designados pelo Procurador-Geral da Fazenda Nacional, funcionarão junto ao Conselhinho. O enunciado da letra A inclui indevidamente como membro do CMN o Ministro do Desenvolvimento, Indústria e Comércio Exterior e deixa de incluir o Presidente do Banco Central. As resoluções do CMN são aprovadas por maioria. A autorização para funcionamento de instituições financeiras é concedida pelo Banco Central e as instituições financeiras privadas fazem, sim, parte do Sistema Financeiro Nacional.
20	C	A resposta correta é a letra C. Interessa-nos especificamente a letra A, da questão, acerca da competência da União emitir moeda, enunciado que contem erro quanto a competência dos estados.
21	E	Resposta correta a letra E, acerca das atribuições do Banco Central. A CVM é órgão normativo, mas a política seguida pela autarquia é definida pelo CMN, que, a propósito, não é órgão executor do SFN. O Banco do Brasil executa a política creditícia e financeira do Governo Federal, por determinação do art. 19, da lei 4.595/1964. As atividades descritas na letra A, ainda que acessórias, caracterizam instituições financeiras.
22	C	O recebimento de depósitos à vista é atividade típica do banco comercial e a autorização de funcionamento de tal instituição pelo Banco Central, já inclui esta atividade.
23	D	Resposta correta letra D. No que mais nos interessa, estão erradas a letra A, pois o BC somente pode conceder empréstimos a instituições financeiras, e a letra E, pois o entendimento do STF é de que a taxa de juros de 12% precisava ser regulamentada.

CAPÍTULO 8

MERCADOS DO SISTEMA FINANCEIRO

1. MERCADO DE TÍTULOS PÚBLICOS

No capítulo anterior, tratamos do sistema financeiro e do mercado financeiro, afirmando que este se divide em quatro seguimentos inter-relacionados: o mercado monetário, o mercado de crédito, o mercado cambial e o mercado de capitais.

Cuidamos, também, do mercado monetário, ao definirmos moeda, estudarmos as regras de sua emissão e apresentarmos os principais instrumentos de política monetária.

Trataremos, neste capítulo, dos demais seguimentos do mercado, de crédito, de câmbio e de capitais. Não obstante, cabe observar que esta classificação é eminentemente econômica e, para estudarmos algumas especificidades jurídicas, vamos expor a matéria em cinco tópicos, subdividindo o mercado de crédito em mercado de títulos públicos, mercado de crédito (bancário) e Sistema Financeiro da Habitação.

1.1. Introdução

O endividamento é uma das formas de custeio da administração pública, matéria que interessa tanto o direito financeiro quanto ao direito econômico. No âmbito do sistema financeiro nacional, nos interessa o endividamento realizado pela emissão de títulos, que consiste na **dívida mobiliária**, especialmente aqueles emitidos pelo Tesouro Nacional e não a *dívida fundada*, vale dizer, aquela decorrente de contratos de financiamentos de longo prazo, superior a doze meses, para contratação de bens e serviços específicos.

A distinção é dada pelo art. 29, da LC 101/2000:

> Art. 29. Para os efeitos desta Lei Complementar, são adotadas as seguintes definições:
>
> I – dívida pública consolidada ou fundada: montante total, apurado sem duplicidade, das obrigações financeiras do ente da Federação, assumidas em virtude de leis, contratos, convênios ou tratados e da realização de operações de crédito, para amortização em prazo superior a doze meses;
>
> II – dívida pública mobiliária: dívida pública representada por títulos emitidos pela União, inclusive os do Banco Central do Brasil, Estados e Municípios;
>
> [...]

O endividamento público é **matéria disciplinada pelo Congresso Nacional** (art. 48, XIII e XIV, da CF/88), por meio de lei complementar (art. 163, II e IV, da CF/88).

Ao **Banco Central** cabe **comprar e vender títulos de emissão do Tesouro Nacional, com o objetivo de regular a oferta de moeda ou a taxa de juros**, como determina o § 2°, do art. 164, da CF/88.

Apenas o Tesouro Nacional pode emitir títulos da dívida pública (Lei 10.179/2001), faculdade que também era concedida ao Banco Central, mas que fora vedada pelo art. 34, da LRF, que dispõe: "o Banco Central do Brasil não emitirá títulos da dívida pública a partir de dois anos após a publicação desta Lei Complementar".

O art. 39, da LRF, também veda ao Banco Central a compra de título da dívida, na data de sua colocação no mercado, ressalvado a compra direta de títulos emitidos pela União, em leilão público, para refinanciar a dívida mobiliária federal que estiver vencendo na sua carteira. Está vedada, pois, a compra de títulos pelo Banco Central, para custear déficit fiscal.

É preciso deixar bem clara a diferença da atuação do **Tesouro Nacional**, que emite os títulos e o **Banco Central**, que pode adquirir os títulos em condições especiais, e assim compreender a disciplina legal da matéria.

Compete ao Tesouro Nacional a emissão de títulos, com várias finalidades (que abordaremos abaixo), dentre elas o custeio da atividade estatal, no que se insere o custeio de déficit fiscal, vale dizer, o **Tesouro emite títulos para reforçar seu caixa**.

A questão passa a ser, quem comprará os títulos emitidos. De uma forma geral, os **bancos** compram os títulos para oferecer investimento a seus clientes, os investidores, que são, por assim dizer, os adquirentes finais dos títulos. Há também a possibilidade de **compra direta pelos investidores**, sem a intermediação das instituições financeiras.

Então é o cidadão, o investidor que comprará os títulos para custear o déficit fiscal, não o Banco Central, que é, a propósito, o próprio depositário destes títulos.

Por outro lado, o **Banco Central negocia estes títulos com as instituições financeiras, na realização da política monetária**, de forma que ele precisa tê-los. A lei faculta, então, a compra direta de tais títulos, para repor os que estiverem vencendo.

Dessa forma, a **LRF impede que a atividade do Banco Central, de realizar a política monetária, se confunda com a atividade de custeio dos gastos do governo**, salvo naquela hipótese, em que o interesse da política monetária na compra dos títulos justifica a transferência de recursos do BC para o Tesouro.

O movimento inverso também é, em regra, vedado, nos termos do § 4º, do art. 39, da LC 101/2000, segundo o qual fica proibido "ao Tesouro Nacional adquirir títulos da dívida pública federal existentes na carteira do Banco Central do Brasil, ainda que com cláusula de reversão, salvo para reduzir a dívida mobiliária".

O art. 39, da LC 101/2000 veda, também a "permuta, ainda que temporária, por intermédio de instituição financeira ou não, de título da dívida de ente da Federação por título da dívida pública federal, bem como a operação de compra e venda, a termo, daquele título, cujo efeito final seja semelhante à permuta".

Os títulos estaduais foram largamente permutados, pelos mecanismos criados pela Lei 8.727/1993, pela Lei 9.496/1997 e por outras normas, de consolidação, assunção e refinanciamento pela União da dívida pública mobiliária dos estados, com vistas ao equacionamento, especialmente da dívida externa, dos entes federados.

1.2. Títulos públicos

São várias as modalidades de títulos públicos, bem como variadas as finalidades para sua emissão.

Nos termos do art. 1º, da Lei 10.179/2001, o **Tesouro Nacional pode emitir títulos da dívida pública para**:

- cobertura de déficits orçamentários ou para realização de operações de crédito por antecipação de receita;
- aquisição pelo alienante de bens e direitos no Programa Nacional de Desestatização – PND;
- troca por Bônus da Dívida Externa Brasileira, de emissão do Tesouro Nacional, que foram objeto de permuta por dívida externa do setor público (*Brazil Investment Bond Exchange Agreement*);
- permuta por títulos do Tesouro Nacional em poder do Banco Central do Brasil;
- permuta por títulos de responsabilidade do Tesouro Nacional ou por créditos decorrentes de securitização de obrigações da União, ambos na forma escritural, observada a equivalência econômica;

- pagamento de dívidas assumidas ou reconhecidas pela União, a critério do Ministro de Estado da Fazenda;
- assegurar ao Banco Central do Brasil a manutenção de carteira de títulos da dívida pública em dimensões adequadas à execução da política monetária.

No regime da Lei 10.179/2001, **podem ser emitidos os seguintes títulos** (art. 2º):

- Letras do Tesouro Nacional – LTN, emitidas preferencialmente para financiamento de *curto* e médio prazos;
- Letras Financeiras do Tesouro – LFT, emitidas preferencialmente para financiamento de *curto* e médio prazos;
- Notas do Tesouro Nacional – NTN, emitidas preferencialmente para financiamento de médio e *longo* prazos.

Todos estes títulos possuem as características conferidas pelo Decreto 3.859/2001 (art. 7º, da Lei 10.179/2001) e **são escriturais**, vale dizer, não existem na forma física, e são **emitidos e negociados "mediante registro** dos respectivos direitos creditórios" "em sistema centralizado de liquidação e custódia, por intermédio do qual serão também creditados os resgates do principal e os rendimentos" (art. 5º, da Lei 10.179/2001).

O Decreto 3.859/2001, ainda, estabelece outros títulos da dívida pública:

- Certificado Financeiro do Tesouro – CFT, destinado a atender preferencialmente a operações com finalidades específicas definidas em lei (art. 17);
- Certificado do Tesouro Nacional – CTN, destinado a prover recursos necessários à cobertura de déficits orçamentários, observados os limites fixados pelo Poder Legislativo (art. 27).

Classificam-se os títulos pelo prazo de vencimento, pela fixação do rendimento e pelas formas de remuneração.

Quanto ao **prazo**, fala-se em *curto, médio e longo prazo*. Não há, porém, uma classificação unívoca acerca do tema, mas pode-se falar em curto prazo as obrigações com vencimento em até 180 dias, médio prazo para as obrigações entre 181 e 720 dias, e longo prazo para obrigações com vencimento com mais de 720 dias.

Quanto a **fixação dos rendimentos**, os títulos podem ser *pré ou pós fixados*, ambos considerados com investimento de renda fixa, o que significa que o investidor saberá, ao adquirir o título, como calcular o retorno esperado, ao contrário das ações, por exemplo, em que não há qualquer critério para se apurar o valor futuro do investimento.

Nos títulos pré-fixados, há um valor nominal do papel, pelo qual ele será resgatado no futuro, e seu rendimento será a diferença entre o valor de face e o valor pago na compra do título (deságio). Nos títulos pós-fixados, também há um valor nominal, mas que será corrigido por um indexador, como a Selic, o IPCA e o IGPM, de forma que o rendimento do título será a diferença entre o valor pago e o valor de face, corrigido pelo indexador.

Fala-se também em *títulos com cupom* (pagamento de juros antes do vencimento do título) e *sem cupom* (*bullet*, em que não há pagamentos intermediários).

Dentre os títulos regidos pela Lei 10.179/2001, as Letras do Tesouro Nacional são títulos **pré**-fixados, sem pagamentos intermediários (*bullet*), as Letras Financeira do Tesouro são títulos **pós**-fixados, **sem** pagamentos intermediários (*bullet*), e as Notas do Tesouro Nacional são títulos em geral **pós**-fixados, **com** pagamentos intermediários (**cupom**), mas será pré-fixado se o pagamento dos juros intermediários for definido em percentual fixo.

1.3. Negociação com títulos públicos

A **emissão** dos títulos da dívida obedece a formas previstas pelo art. 3º, da Lei 10.179/2001, dentre as quais temos:

- oferta pública, com a realização de leilões, podendo ser colocados ao par, com ágio ou deságio;
- oferta pública para pessoas físicas, podendo ser colocados ao par, com ágio ou deságio;
- emissão direta, em operações com autarquia, fundação, empresa pública ou sociedade de economia mista, integrantes da Administração Pública Federal;
- emissão direta, para pagamento de dívidas assumidas ou reconhecidas pela União, podendo ser colocados ao par, com ágio ou deságio;
- emissão direta, em operações com interessado específico e mediante expressa autorização do Ministro de Estado da Fazenda, não podendo ser colocados por valor inferior ao par, quando se tratar de emissão para atender ao Programa de Financiamento às Exportações – PROEX, instituído pela Lei no 8.187, de 1º de junho de 1991, e nas operações de troca por *Brazil Investment Bonds – BIB*, de que trata o inciso III do art. 1º da Lei;
- emissão direta, em operações de permuta com o Banco Central do Brasil;
- emissão direta, sem contrapartida financeira, para assegurar ao Banco Central do Brasil a manutenção de carteira de títulos da dívida pública em dimensões adequadas à execução da política monetária.
- emissão direta, com contrapartida financeira, em favor de Fundo de Índice com cotas negociadas em bolsa de valores ou mercado de balcão organizado, autorizados pela Comissão de Valores Mobiliários, em decorrência de contrato celebrado entre a União, por intermédio da Secretaria do Tesouro Nacional, e o Gestor, na hipótese do inciso I do caput do art. 1º (prover o Tesouro Nacional de recursos necessários para cobertura de seus déficits explicitados nos orçamentos ou para realização de operações de crédito por antecipação de receita, respeitados a autorização concedida e os limites fixados na Lei Orçamentária, ou em seus créditos adicionais).

As formas de emissão, ou de negociação no **mercado primário**, se classificam, pois, em **oferta pública e emissão direta**.

Na oferta pública, os títulos são emitidos e **levados a leilão** para serem adquiridos pelas instituições financeiras, ou **disponibilizados para venda** aos investidores interessados, inclusive pessoas físicas, como ocorre no mecanismo do Tesouro Direto, estabelecido pela Portaria STN 197/2011, em parceria com a BMF Bovespa.

No leilão, o Tesouro Nacional comunica que oferecerá os títulos no Selic do Banco Central e as instituições financeiras podem se habilitar a comprá-los, mediante lances.

Na emissão direta, o título é emitido em favor de destinatário predeterminado.

Na hipótese de emissão direta com contrapartida financeira, em favor de Fundo de Índice com cotas negociadas em bolsa de valores ou mercado de balcão organizado, autorizados pela Comissão de Valores Mobiliários, em decorrência de **contrato celebrado entre a União**, por intermédio da Secretaria do Tesouro Nacional, **e o Gestor do fundo** [para prover o Tesouro Nacional de recursos necessários para cobertura de seus déficits explicitados nos orçamentos ou para realização de operações de crédito por antecipação de receita, respeitados a autorização concedida e os limites fixados na Lei Orçamentária, ou em seus créditos adicionais] a Lei 10.179/2001, com redação dada pela Lei 13.043/2014, prevê **processo seletivo** conduzido pela Secretaria do Tesouro Nacional, com o objetivo de apontar o Gestor de Fundos de Índice em referência.

O processo é regido pelo art. 3º-A, Lei 10.179/2001, incluído pela Lei 13.043/2014[265].

---

265. Art. 3º A. O processo seletivo a que se refere o § 5º do art. 3º desta Lei será realizado na modalidade de convite, de acordo com os critérios, condições e prazos a serem estabelecidos em ato do Poder Executivo, e observará o seguinte rito:

I – realização de etapa técnica e etapa comercial, pontuadas de acordo com os pesos definidos no ato do Poder Executivo a que se refere o caput, observadas, no mínimo, as seguintes condições:

a) na etapa técnica, as instituições deverão demonstrar capacitação técnica e a estratégia de colocação e desenvolvimento do Fundo de Índice, nos moldes definidos no ato do Poder Executivo a que se refere o caput; e

b) na etapa comercial, as instituições deverão apresentar uma única proposta, nos moldes definidos no ato do Poder Executivo a que se refere o caput;

II – será desclassificada do processo seletivo a instituição que apresentar mais de uma ou nenhuma proposta técnica ou mais de uma ou nenhuma proposta comercial;

III – em caso de empate entre os 2 (dois) primeiros colocados, será considerada vencedora aquela que obtiver maior nota na etapa técnica;

IV – encerradas as etapas técnica e comercial e ordenadas as propostas, serão avaliados os documentos de habilitação da instituição que apresentou a melhor proposta, para verificação das condições fixadas no ato do Poder Executivo a que se refere o caput; e

V – se a instituição classificada em primeiro lugar desatender às exigências habilitatórias, serão examinados os documentos de habilitação da segunda classificada e, sucessivamente, caso haja tal necessidade, das demais instituições, observada a ordem de classificação, até a apuração de uma que atenda às condições fixadas no ato do Poder Executivo a que se refere o caput, sendo a instituição declarada vencedora.

No **mercado secundário**, os títulos públicos levados a leilão são negociados tanto na BM&F BOVESPA, quanto em entidades do mercado de balcão, como a CETIP. Os títulos vendidos diretamente a investidores pessoas físicas, podem ser negociados no próprio Tesouro Direto, que funciona, portanto, tanto como mercado primário quanto mercado secundário.

A **custódia** central dos títulos emitidos pelo Tesouro Nacional é realizada no Sistema Especial de Liquidação e de Custódia – **Selic**, depositário central dos títulos da dívida pública federal interna. O Selic processa a emissão, o resgate, o pagamento dos juros e a custódia desses títulos. É também um sistema eletrônico que processa o registro e a liquidação financeira das operações realizadas com esses títulos pelo seu valor bruto e em tempo real.

Por seu intermédio, é efetuada a liquidação das operações de mercado aberto e de redesconto com títulos públicos, decorrentes da condução da política monetária. O sistema conta ainda com módulos complementares, por meio dos quais são efetuados os leilões, e o lastro, para especificação dos títulos objeto das operações compromissadas contratadas entre o Banco Central e o mercado.

Operam junto ao Selic, como **agentes de custódia**, os bancos comerciais, caixas econômicas e outras instituições financeiras.

2. MERCADO DE CRÉDITO

2.1. Introdução

Quando definirmos o mercado de crédito, mencionamos o mercado monetário, o mercado de crédito, o mercado o mercado cambial e o mercado de capitais. Ao abordar os mercados específicos, tratamos do mercado capitais e do mercado de títulos públicos e do sistema financeiro da habitação. Estudamos, também, os aspectos gerais da moeda.

Para tornar este livro mais completo, precisamos incluir um tópico para o mercado de crédito, o que faremos agora, e um tópico para cuidar do mercado de câmbio, o que faremos a seguir.

Todo o sistema financeiro, como vimos, se estrutura na função básica de aproximar os agentes deficitários (os tomadores de recursos) dos agentes superavitários (poupadores). Assim, **as operações no mercado financeiro sempre envolvem, de alguma maneira, relações de crédito**, pois um agente atua emprestando recursos, que o tomador deverá restituir no futuro.

Sobremais, o crédito pode estar presente em qualquer obrigação, regida pelo direito privado ou pelo direito público, sempre que não seja pactuado o pagamento a vista ou que exista dilação temporal entre o nascimento da obrigação e seu pagamento.

---

§ 1º A modalidade disposta no caput observará o número mínimo de 3 (três) convidados, escolhidos dentre os interessados no ramo pertinente ao seu objeto, com disponibilização do instrumento convocatório do processo seletivo no sítio eletrônico do Tesouro Nacional na internet com antecedência de, no mínimo, 72 (setenta e duas) horas da apresentação das propostas.

§ 2º O convite será estendido àqueles que manifestarem seu interesse por meio da apresentação de propostas no prazo definido no ato do Poder Executivo a que se refere o caput.

Segundo estes pontos de vista, não faria sentido tratar do crédito num tópico separado.

Podemos, contudo, tratar do "mercado de crédito" como **um tema mais específico**, envolvendo apenas as **relações creditícias típicas do sistema financeiro**, operacionalizadas pelas instituições autorizadas, notadamente aquelas que caracterizam os bancos comerciais e de investimento, como o depósito e o mútuo bancário.

A propósito "o mercado de crédito é também conhecido como mercado bancário, porque as principais transações ente os agentes econômicos, pessoas físicas e jurídicas, são intermediadas por instituições financeiras bancárias"[266].

Trataremos neste capítulo, portanto, dos principais contratos bancários e de sua regulamentação pelo direito público, vale dizer, na parte que extrapola a autonomia da vontade, vigente nos acordos particulares.

Juntamente com o depósito, vamos cuidar das operações bancárias passivas, de captação direta e juntamente com o mútuo vamos cuidar de operações bancárias ativas, de captação indireta, que podem envolver ou não a emissão de títulos.

Existem muitos papéis no mercado, vários deles com nomes parecidos. Neste capítulo, abordaremos apenas alguns destes papéis, somente os privativos de instituições financeiras. Há outros negócios privativos de instituições financeiras, que serão abordados em outras partes do livro e também papéis não privativos de instituições financeiras, que também serão abordados, com maior ou menor profundidade, em outros capítulos.

Entendemos interessante apresentar a tabela seguinte, para ajudar na identificação do objeto deste tópico. **Em negrito** está a **matéria que estudaremos agora** e sem destaque títulos objeto de outras partes do livro.

Papel	Natureza	Emissora	Participação da instituição financeira	Operação	Atividade	Fundamento legal
CDB	Título escritural	Banco	Obrigatória / Devedora	Depósito a prazo	Geral	Lei 4.728/65, art. 30
RDB	Recibo	Banco	Obrigatória / Devedora	Depósito a prazo	Geral	Lei 4.728/65, art. 30
CDI	Título escritural	Banco	Obrigatória / Devedora	Depósito a prazo	Geral	DL 2.284/86 art. 13
LC	Título de crédito	Financeira	Obrigatória / Credora	Desconto de título	Geral	Lei 4.728/65, art. 27

266. OLIVEIRA, Virgínia I., GALVÃO, Alexandre, RIBEIRO, Érico (orgs). Mercado financeiro: uma abordagem prática dos principais produtos e serviços. Rio de Janeiro: Elsevier, 2006, p. 90.

Papel	Natureza	Emissora	Participação da instituição financeira	Operação	Atividade	Fundamento legal
CCB	Título de crédito	Mutuário	Obrigatória / Credora	Empréstimo	Geral	Lei 10.931/04, art. 26
CCI (industrial)	Título de crédito	Mutuário	Obrigatória / Credora	Empréstimo	Industrial	DL 413/69
CCC	Título de crédito	Mutuário	Obrigatória / Credora	Empréstimo	Comercial	Lei 6.840/80
CCE	Título de crédito	Mutuário	Obrigatória / Credora	Empréstimo	Exportação	Lei 6.313/75
CCR	Título de crédito	Mutuário	Obrigatória / Credora	Empréstimo	Rural	DL 167/66
LCI	Título de crédito	Banco	Obrigatória / Credora	Empréstimo	Imobiliária	Lei 10.931/04, art. 12
CH	Título de crédito Lastro para LCI CRI	Banco	Obrigatória / Credora	Empréstimo com garantia hipotecária	Imobiliária	DL 70/66, art. 10 Resolução 228/12
CCI (imobiliário)	Título de crédito Lastro para LCI CRI	Banco / Sociedade de Crédito Imobiliário	Obrigatória / Credora	Empréstimo imobiliário	Imobiliária	Lei 10.931/04, art. 18
LCA	Título de crédito	Banco	Obrigatória / Credora	Empréstimo	Agropecuária	Lei 11.076/04, art. 26
CDA	Título de crédito	Agropecuarista	**Não obrigatória**	Promessa de entrega de produtos agropecuários Lastro para LCA RCA	Agropecuária	Lei 11.076/04, art. 1º
WA	Título de crédito	Agropecuarista Devedor, penhora sobre o CDA	**Não obrigatória**	Promessa de pagamento em dinheiro Lastro para LCA RCA	Agropecuária	Lei 11.076/04, art. 1º

Papel	Natureza	Emissora	Participação da instituição financeira	Operação	Atividade	Fundamento legal
CDCA	Título de crédito	Cooperativas de produtores rurais e Agroindústria	**Não obrigatória**	Produtos rurais Lastro para LCA CRA	Agropecuária	Lei 11.076/04, art. 24
CD	Título de crédito / valor mobiliário	Banco	Credora / securitizadora	Debêntures de sociedades abertas	Geral	Lei 6.404/76, art. 72
CRI	Título de crédito / valor mobiliário	Securitizadora Credora	**Não obrigatória**	Recebíveis imobiliários, com ou sem alienação fiduciária	Imobiliária	Lei 9.514/97, art. 6º
CRA	Título de crédito / valor mobiliário	Securitizadora Credora	**Não obrigatória**	Recebíveis agropecuários	Agropecuária	Lei 11.076/04, art. 36

(Não incluímos os valores mobiliários tradicionais na tabela)

Em seguida, vamos abordar, também, as taxas de juros e a correção monetária que se aplicam a estes contratos e o tema conexo do sigilo bancário, que, na primeira edição deste livro, antes da inclusão do presente capítulo, aparecia como tópico autônomo.

Cabem três **observações**, antes de iniciarmos os trabalhos.

A primeira diz respeito ao **sigilo bancário**. A matéria não é exclusiva dos contratos de crédito bancário, mas aplica-se a todo o sistema financeiro. A escolha por incluir o tema neste tópico se fundamenta na ligação entre os depósitos bancários e no direito de sigilo dos clientes, mais forte que, em geral, nas demais operações do sistema financeiro. As mesmas observações valem para a aplicação do CDC aos contratos bancários.

A segunda observação dirige-se à **amplitude do presente capítulo**. Aqui, não trataremos de todas as atividades bancárias, pois nosso objetivo não é abordar todo o Direito Bancário, mas apenas as normas de direito público do sistema financeiro nacional que se aplicam aos bancos e suas principais operações. Muitas atividades bancárias são objeto de estudo no decorrer do livro, mas sempre mantendo o enfoque do direito econômico, vale dizer, da intervenção pública nas operações privadas, sem invadir a seara do direito privado, que rege as relações particulares firmadas dentro do âmbito da autonomia da vontade.

Em outros termos, não cuidaremos do direito privado, mas apenas do direito público derroga a autonomia da vontade nas relações privadas.

Por fim, vale ressaltar que o **mercado de títulos públicos e o financiamento habitacional**, matérias de que tratamos na primeira edição deste livro, também podem ser incluídos no mercado de crédito. Não obstante, **deixaremos estas matérias em seus tópicos originais**, dada a especificidade de cada um deles.

2.2. Contratos bancários

2.2.1. Depósito e conta corrente

Depósito é o contrato pelo qual o depositante entrega para o depositário determinado objeto móvel. Compromete-se o depositário a guardar o objeto até que o depositário o reclame (CCB, art. 627). No depósito bancário, este objeto é o dinheiro.

De acordo com a lei civil, os depósitos de coisa fungíveis regem-se pelas regras do mútuo (CCB, art. 645).

O **depósito bancário, porém, não pode ser considerado como um empréstimo do cliente ao banco**, porque esta não é a vontade das partes. Dessa maneira, fica afastada a aplicação do art. 645, do CCB.

Sobremais, o dispositivo trata do depósito em que o depositário se obriga a restituir "objetos do mesmo gênero, qualidade e quantidade". No **depósito bancário**, contudo, se a instituição financeira for demandada a devolver o objeto, este não poderá ser simplesmente bem do mesmo gênero, mas terá que ser exatamente dinheiro, não do mesmo gênero, mas da mesma espécie, a moeda corrente, e não na mesma quantidade, adjetivo que não faz sentido para o dinheiro, mas no mesmo valor.

No direito privado, os contratos são definidos tipologicamente. A lei, quando os regula, define **um ou mais elementos capazes de caracterizar o tipo da obrigação**. Como dissemos linhas antes, há contratos não disciplinados na lei e outros que conjugam elementos característicos de mais de um contrato, sem prejuízo da possibilidade de inclusão de cláusulas "acidentais".

São justamente estes **elementos característicos de outros contratos**, como o mandato e outras prestações de serviço, bem como **elementos "acidentais"**, alguns impostos pela regulamentação administrativa, que tornam o contrato bancário bastante peculiar em relação aos demais depósitos, embora não lhe retirem a classificação tipológica de depósito[267].

Posto que peculiar na atuação bancária, o depósito não é exclusivo de instituições financeiras. A atividade exclusiva dos bancos é a captação de recursos, o que pode ocorrer mediante o contrato de depósito, à vista (esta modalidade privativa de bancos comerciais, caixas econômicas, cooperativas de crédito e bancos múltiplos com carteira comercial)

267. O depósito bancário tem natureza de depósito no direito privado, de acordo com obras especializadas: depósito irregular, segundo SALOMÃO NETO, Eduardo. Direito bancário. São Paulo: Atlas, 2011, p. 232.

ou a prazo (outras instituições, como os bancos de investimento) com o potencial de multiplicação do meio circulante.

Como vimos, o **banco capta depósitos e realiza mais empréstimos** do que o valor dos depósitos captados, gerando, assim, **moeda escritural** e aumentando a liquidez da economia.

Esta moeda escritural é tanto mais líquida quanto mais curto for o prazo do depósito. No depósito à vista, tanto o depositante quanto o mutuário (a pessoa que tomou empréstimo do banco) podem utilizar imediatamente o "mesmo" dinheiro depositado no banco. Nos depósitos a prazo, o mutuário utiliza o dinheiro a qualquer momento, mas o depositante, em regra, deverá esperar o prazo estipulado de sua aplicação.

Vejamos as principais características e implicações do contrato de depósito bancário, tanto em comparação com o "tipo" de depósito frequente do direito privado em geral, quanto em decorrência das normas administrativas, a partir de suas classificações.

São suas modalidades o depósito à vista, o depósito a prazo, o depósito interfinanceiro e o depósito em caderneta de poupança.

2.2.1.1. Depósito à vista e conta corrente

O depósito à vista é aquele que permite ao depositante sacar o valor depositado a qualquer momento. O depósito à vista não é remunerado e o banco pode cobrar taxas de administração.

Podem captar depósitos a vista os bancos comerciais, os bancos cooperativos, as cooperativas de crédito, a Caixa Econômica Federal e os bancos múltiplo com carteira comercial.

Os recursos emprestados por depósitos à vista, como vimos, geram moeda escritural. Tanto os depósitos quanto o empréstimo apresentam liquidez, razão pela qual o depósito compulsório dos depósitos à vista costuma ser elevado.

A Resolução CMN 2.025/1993 disciplina a **abertura** e o **encerramento** do contrato de depósito, cujo elemento básico é a **ficha-proposta**.

Para a abertura da conta de depósito o art. 1º, da Resolução CMN 2.025/1993, exige a completa identificação do depositante e preenchimento da ficha-proposta, que deverá conter informações sobre como saldo exigido para manutenção da conta, condições para emissão do talonário de cheque, obrigatoriedade do depositante comunicar alterações cadastrais etc (art. 2º, da Resolução CMN 2.025/1993).

Nos termos do art. 12, da Resolução CMN 2.025/1993, "cabe à instituição financeira esclarecer ao depositante acerca das condições exigidas para a rescisão do contrato de conta de depósitos à vista por iniciativa de qualquer das partes, devendo ser incluídas na ficha-proposta as seguintes disposições mínimas" que incluem "comunicação prévia, por escrito, da intenção de rescindir o contrato", "prazo para adoção das providências relacionadas à rescisão do contrato", "devolução das folhas de cheque", manutenção de saldo para o pagamento de compromissos", entre outros.

Comumente, o depósito não é realizado isoladamente, senão que acompanhado do **contrato de conta-corrente**, pelo qual cliente e banco realizam movimentações na conta e por ordem daquele.

O contrato de conta corrente, para Eduardo Salomão Neto, constitui da combinação do contrato de depósito, com os contratos de mandato e de prestação de serviço[268].

Na conta corrente, o cliente pode realizar depósitos e receber depósitos de terceiros, bem como realizar pagamentos e transferências, por cheque, cartão de crédito e débito e outros mecanismos como DOC e TED, inclusive por meio eletrônico (terminais de autoatendimento, computador e outros aparelhos conectados à internet e telefone, nos termos da Resolução CMN 2.817/2001).

A forma clássica de movimentação das contas, contudo, é o **cheque**.

O cheque é título de crédito regulamentado pela Lei 7.357/1985, que contém ordem incondicional de pagamento à vista, não admitindo aceite, embora o STJ entenda que "caracteriza dano moral a apresentação antecipada de cheque pré-datado (Súmula 370, do STJ, DJe 25/02/2009), sempre emitido contra banco ou instituição financeira (art. 3º, da Lei 7.357/1985).

A lei estabelece que o emitente deva ter fundos para emitir o cheque. Dispõe o art. 4º, da Lei 7.357/1985:

> Art. 4º O emitente deve ter fundos disponíveis em poder do sacado e estar autorizado a sobre eles emitir cheque, em virtude de contrato expresso ou tácito. A infração desses preceitos não prejudica a validade do título como cheque.
>
> § 1º A existência de fundos disponíveis é verificada no momento da apresentação do cheque para pagamento.
>
> § 2º Consideram-se fundos disponíveis:
>
> a) os créditos constantes de conta-corrente bancária não subordinados a termo;
>
> b) o saldo exigível de conta-corrente contratual;
>
> c) a soma proveniente de abertura de crédito.

Se não os possuir (cheque sem fundo), o documento é devolvido e, na segunda apresentação, o emitente é incluído no Cadastro de Emitentes de Cheques sem Fundos – CFC. Há outros casos que levam a inclusão do nome do emitente no CFC, nos termos de resoluções do CMN e de circulares do Banco Central.

Vale ressaltar que "a simples devolução indevida de cheque caracteriza dano moral", de acordo com a jurisprudência do STJ (Súmula 388, DJe de 1/9/2009).

268. SALOMÃO NETO, Eduardo. Direito bancário. São Paulo: Atlas, 2011, p. 323.

Por outro lado, "o Banco do Brasil, na condição de gestor do Cadastro de Emitentes de Cheques sem Fundos (CCF), não tem a responsabilidade de notificar previamente o devedor acerca da sua inscrição no aludido cadastro, tampouco legitimidade passiva para as ações de reparação de danos fundadas na ausência de prévia comunicação" (STJ, S2, Súmula 572, DJe de 16/5/2016).

Quanto à cobrança, o STJ entende admissível a ação monitória fundada em cheque prescrito (Súmula 299, DJ de 22/11/2004), no prazo quinquenal, a contar do dia seguinte à data de emissão estampada na cártula (Súmula 503, de DJe 10/2/2014), sendo "dispensável a menção ao negócio jurídico subjacente à emissão da cártula" (Súmula 531, DJe de 18/5/2015).

A conta corrente pode ser **individual**, com um titular, ou **conjunta**, com mais de um titular. A conta conjunta pode ser **simples**, que exige a assinatura de dois ou mais titulares ou **solidária**, em que basta a assinatura de um dos correntistas, para a realização de operações com a conta, como a emissão de cheques.

Na conta corrente, o banco presta serviço chamado cheque-especial, que permite saques e transferências em valor superior ao saldo, com ou sem a cobrança de juros, até determinado limite.

Há **contas especiais de depósito**, notadamente relacionadas ao microcrédito, regido pela Resolução CMN 3.211/2004. Estas contas, voltadas a atender pessoas de baixa renda, são abertas com ficha-proposta simplificada e são movimentadas apenas por cheque avulso ou cartão, sofrendo, também outras restrições, como o limite do saldo. Se a conta superar a movimentação ou apresentar saldo incompatível com os baixos valores do microcrédito, a conta pode ser encerrada ou convertida para conta normal.

Há, também, **contas firmadas por convênio**, como a conta salário, proventos aposentadoria e similares. A chamada conta salário é regida pela Resolução CMN 3.402/2006 e alterações posteriores.

De se mencionar, ainda, a conta de investimento ou simplesmente "conta investimento", que permitia, nos termos do art. 8º, Lei 9.311/1996, que permitia a movimentação de valores entre contas do mesmo titular ou dos mesmos titulares, para contas conjuntas, sem o pagamento de CPMF. Esta conta foi extinta, com a extinção do tributo. Contudo, se o tributo retornar, possibilidade que se noticia, provavelmente a conta também seria reativada.

2.2.1.2. Caderneta de poupança

A modalidade mais comum de **aplicação remunerada** é a caderneta de poupança.

Podem receber depósito em caderneta de poupança as instituições que recebem depósito à vista, as sociedades de crédito imobiliário e as associações de poupança e empréstimo.

Por meio dela, o aplicador realiza contrato de depósito com o banco e é remunerado pela Taxa Referencial – TR, calculada pelo Banco Central, nos termos da Resolução CMN 3.354/2006, acrescida de juros, mas sempre limitada a 70% da taxa Selic.

A caderneta de poupança é bastante antiga, mas hoje é regida pelo art. 12, da Lei 8.177/1991. Leia-se:

> Art. 12. Em cada período de rendimento, os depósitos de poupança serão remunerados:
>
> I – como remuneração básica, por taxa correspondente à acumulação das TRD, no período transcorrido entre o dia do último crédito de rendimento, inclusive, e o dia do crédito de rendimento, exclusive;
>
> II – como remuneração adicional, por juros de:
>
> a) 0,5% (cinco décimos por cento) ao mês, enquanto a meta da taxa Selic ao ano, definida pelo Banco Central do Brasil, for superior a 8,5% (oito inteiros e cinco décimos por cento); ou
>
> b) 70% (setenta por cento) da meta da taxa Selic ao ano, definida pelo Banco Central do Brasil, mensalizada, vigente na data de início do período de rendimento, nos demais casos.
>
> § 1º A remuneração será calculada sobre o menor saldo apresentado em cada período de rendimento.
>
> § 2º Para os efeitos do disposto neste artigo, considera-se período de rendimento:
>
> I – para os depósitos de pessoas físicas e entidades sem fins lucrativos, o mês corrido, a partir da data de aniversário da conta de depósito de poupança;
>
> II – para os demais depósitos, o trimestre corrido a partir da data de aniversário da conta de depósito de poupança.
>
> § 3º A data de aniversário da conta de depósito de poupança será o dia do mês de sua abertura, considerando-se a data de aniversário das contas abertas nos dias 29, 30 e 31 como o dia 1º do mês seguinte.
>
> § 4º O crédito dos rendimentos será efetuado:
>
> I – mensalmente, na data de aniversário da conta, para os depósitos de pessoa física e de entidades sem fins lucrativos; e
>
> II – trimestralmente, na data de aniversário no último mês do trimestre, para os demais depósitos.

Não há prazo para a aplicação e os resgates antes do aniversário da conta não são remunerados proporcionalmente.

A caderneta de poupança pode receber depósitos, mas não é conjugada com conta corrente. Para realizar pagamentos com os recursos nela depositados, o cliente deve resgatar a aplicação e disponibilizá-la em sua conta corrente. Esta regra é mitigada na poupança da Caixa Econômica Federal, que permite saques e depósitos pelas agências dos correios.

2.2.1.3. Depósitos a prazo

Os depósitos a prazo são aqueles em que o cliente não pode sacar os valores entregues antes de determinado período de tempo. De outro lado, como constituem vantagem para o banco, vale dizer, o banco utiliza este recurso como meio de financiamento de sua própria atividade (*funding*) ele é remunerado.

Podem receber depósitos a prazo os bancos comerciais, os bancos de investimento, os bancos de desenvolvimento, os bancos múltiplos, as cooperativas de crédito e a Caixa Econômica Federal.

Seu fundamento legal é o art. 28, da Lei 4.728/1965:

> Art. 28. As instituições financeiras que satisfizerem as condições gerais fixadas pelo Banco Central, para êsse tipo de operações, poderão assegurar a correção monetária a depósitos a prazo fixo não inferior a um ano e não movimentáveis durante todo seu prazo.
>
> § 1° Observadas as normas aprovadas pelo Conselho Monetário Nacional, as instituições financeiras a que se refere êste artigo poderão contratar empréstimos com as mesmas condições de correção, desde que:
>
> a) tenham prazo mínimo de um ano;
>
> b) o total dos empréstimos corrigidos não exceda o montante dos depósitos corrigidos referidos neste artigo;
>
> c) o total da remuneração da instituição financeira, nessas transações, não exceda os limites fixados pelo Conselho Monetário Nacional.
>
> § 2º Os depósitos e empréstimos referidos neste artigo não poderão ser corrigidos além dos coeficientes fixados pelo Conselho Nacional de Economia para a correção das Obrigações do Tesouro.
>
> [...]

Esta regra, como se vê do texto do artigo, se aplica a depósitos com **prazo fixo não inferior a um ano** e **não movimentáveis durante todo seu prazo**. Neste caso, o cliente abre mão da liquidez e fornece ao banco, mediante remuneração, recursos para a realização de empréstimos.

Além de realizar empréstimos, os bancos podem emitir CDBs e RDBs com os recursos dos depósitos com prazo superior a 18 meses.

O "CDB é um título de crédito escritural, e o RDB um recibo, e sua emissão gera a obrigação das intuições emissoras pagar ao aplicador, ao final do prazo contratado, a remuneração prevista – que será sempre superior ao valor aplicado"[269].

"A **diferença entre o CDB e o RDB** é que o primeiro pode ser negociado antes do vencimento enquanto o segundo é inegociável e intransferível. No caso do CDB, a negociação antes do vencimento implica a perda de parte da remuneração (devolução com deságio). Já o RDB pode ser rescindido em caráter excepcional desde que haja concordância com a instituição depositária. Nesse caso o valor investido é devolvido sem os juros".[270]

---

269. FORTUNA, Eduardo. Mercado financeiro: produtos e serviços. Rio de Janeiro: Qualitymark, 2008, p. 175.

270. O mercado de valores mobiliários brasileiro/Comissão de Valores Mobiliários. Rio de Janeiro: Comissão de Valores Mobiliários, 2014, p. 89.

O art. 30, da Lei 4.728/1965, que dá fundamento legal ao CDB e à sua variação não negociável, estabelece o prazo do depósito que pode fundamentar a emissão do título, especifica os elementos do CDB, afirma sua qualidade de título de crédito, que constitui promessa de pagamento à ordem da importância do depósito, acrescida do valor da correção e dos juros convencionados e pode ser transferido mediante endosso, aplicando-se lhes, no que couber, disposições legais relativas à nota promissória.

Também de acordo com o dispositivo, o crédito contra o banco emissor, pelo principal e pelos juros, não poderá ser objeto de penhora ou qualquer outro embaraço que impeça o pagamento da importância depositada e dos seus juros, de forma que o depositante tem a garantia de que seus depósitos não serão penhorados por dívida do banco. De outro turno, tanto o CDB quanto o depósito podem ser penhorados por dívida do depositante.

Originariamente, o CDB era título de crédito físico, com cartularidade. Hoje é título escritural, muito mais adaptado à atividade bancária moderna.

A multiplicidade siglas e de produtos bancários pode levar a confusão. Não se confundem, por exemplo o CDB, em que o **banco** recebe um depósito (captação direta) e **emite** o certificado **em favor do depositante**, como a Cédula de Crédito Bancário – CCB, que o **tomador do empréstimo** emite **em favor do banco** (captação indireta).

Também há confusão, pois tanto os títulos emitidos em favor do banco quanto aqueles emitidos contra a instituição financeira estão relacionados com captação de recursos podem representar ganhos para o banco e o particular.

Cabe, portanto, uma classificação de cunho eminentemente civilista, ajuda a compreender a matéria como a distinguir os regramentos aplicáveis, em complemento à tabela constante do início deste capítulo.

Assim temos:

- **papéis emitidos** em virtude do **depósito no banco**: CDB, RDB, CDI; e
- **papéis emitidos** em virtude de **empréstimo do banco a terceiros**: Cédulas de Debênture – CD, Cédula de Crédito Bancário – CCB, Cédula de Crédito Industrial – CCI, Cédula de Crédito Comercial – CCC etc. Estes papéis, que estudaremos adiante, no tópico de mútuo, diferem em virtude da natureza do empréstimo[271].

Na composição dos produtos bancários, os papéis apresentam **mecanismos** diferentes. Aqueles **emitidos em virtude do depósito no banco**, como o CDB, o **banco promete pagar ao depositante a remuneração no futuro**. O banco tem, então, o dinheiro do investidor e uma dívida futura. Se alguém precisar do dinheiro agora, o banco

271. A CD, por exemplo, decorre de empréstimo a companhias abertas emissoras de debêntures, a CCI lastreia-se em empréstimos a empresas do setor industrial, enquanto a CCC lastreia-se em empréstimos a empresas do setor comercial. A CCB, mais genérica, decorre de empréstimos não especificados, a pessoas físicas ou jurídicas.

transfere o dinheiro e também a dívida, cobrando taxa maior do que prometeu a pagar, ou trocando a dívida por outra de índice diverso.

Naturalmente que o banco também pode não circular o CDB e utilizar o dinheiro depositado para a realização de outros empréstimos.

Nos **papéis que representam crédito do banco**, a **instituição financeira já realizou um empréstimo** (com o dinheiro recebido em depósito). Se o banco precisar de dinheiro, ele vende o título que representa seu crédito, prometendo pagar parte dos juros que receberá pelo empréstimo.

As funções das partes envolvidas podem elucidar melhor as distinções.

O investidor: sempre coloca dinheiro no banco, ou emprestando dinheiro para a instituição devedora (que emite o papel) ou comprando títulos detidos pela instituição (débito de papel emitido por terceiro);

Para o tomador: sempre toma emprestado o dinheiro do banco, ou recebendo também a dívida deste (o papel que instituição emitiu) ou emitindo seu papel de dívida com o banco.

Para o banco (o centro desta classificação), as funções variam. Emite o papel de sua dívida para tomar o empréstimo (captação direita) podendo negociar o título de sua dívida (exceto no RDB); ou recebe o papel do seu empréstimo (captação indireta) e pode negociar a dívida do terceiro.

O tomador procura as opções mais baratas de crédito, enquanto o investidor e o banco procuram uma combinação de retorno e segurança.

Vejamos agora as regras e as classificações do CDB e do RDB. Adiante, falaremos do CDI.

Podem captar recursos a prazo, como ou sem certificado, seja CDB ou RDB, os bancos múltiplos, os bancos comerciais, os bancos de investimento, os bancos de desenvolvimento e as caixas econômicas (art. 1°, da Resolução CMN 3.454/2007). As sociedades de crédito, financiamento e investimento, de pessoas físicas e jurídicas e as cooperativas de crédito (estas exclusivamente de seus associados), somente podem captar recursos pela emissão de RDB (art. 2°, da Resolução CMN 3.454/2007).

A Resolução CMN 3.454/2007, porém, apresenta **limites para a captação de recursos a prazo** pela natureza do valor depositado (aviso prévio), pela modalidade do depósito (de reaplicação automática) e pelo investidor (instituições financeiras, exceto de sociedades de crédito ao microempreendedor). Por esta última limitação, fica vedada uma instituição financeira captar depósito a prazo de outra instituição financeira.

Como vimos, o CDB é negociável enquanto o RDB não o é. No mais, a par das diferenças de regime civilista, possuem regulamentação similar.

Classificam os títulos em **pré e pós fixados**.

No CDB **pré**-fixado a rentabilidade é definida no momento da aplicação. No CDB pós, a rentabilidade é definida pela aplicação de um índice.

Os CDBs **pós** podem ser remunerados por diversos índices. Suas principais modalidades são o CDB – DI (corrigido pela variação do DI, divulgado pela CETIP e calculado pela taxa média das operações com CDI), o CDB – IPCA (corrigido por uma taxa pré-fixada, acrescida do IPCA, que é um índice de preços calculado pelo IBGE), o CDB – IGPM (corrigido por uma taxa pré mais IGPM, também um índice de inflação, calculado pela FGV), o CDB – INPC (também corrigido a uma taxa pré, acrescida do INPC índice de inflação apurado a partir dos preços de alguns produtos)[272].

De uma forma geral, os CDBs não têm finalidade específica, como os títulos setoriais que mencionamos (cédula de crédito industrial ou a cédula de crédito comercial), mas há uma modalidade de CDB relacionada a uma atividade específica. Trata-se do **CDB – Rural**. As regras do papel são idênticas, mas o banco em que comprovar que os recursos captados com este título são utilizados em financiamentos agrícolas.

O CDB pode ser objeto de *swap* de rentabilidade (**CDB com *swap***) na câmara de liquidação da CETIP. Por acordo entre o banco e o cliente, a rentabilidade original do CDB pode ser trocada por um percentual do DI, por uma taxa fixa ou pela variação cambial.

O CDB também pode ser emitido com **mais de uma base de remuneração** ou índice, "desde que prevaleça a base ou o índice de preço que proporcionar maior remuneração ao depositante (Circular Bacen 3.206/2003).

O CDB pode oferecer remuneração pela taxa DI (depósitos interbancários) calculadas a partir das operações com CDI. Mas o que são os CDIs?

Os **Certificados de Depósito Interbancário CDIs** são certificados emitidos pelas instituições financeiras, voltadas exclusivamente a realização de trocas de reservas bancárias, emitidos com fundamento no art. 13, do DL 2.284/1986. Dispõe:

> Art. 13. Pode o Banco Central do Brasil fixar período mínimo dos depósitos a prazo em instituições financeiras e permitir que elas recebam depósitos a prazo de outras, ainda que sob o mesmo controle acionário ou coligadas.

O CDI tem as mesmas características do CDB, mas somente pode ser utilizado para negociações interbancárias. Se ao final de um dia um banco precisa de liquidez para honrar seus compromissos, ele vende CDIs para outro banco que possua sobra de recursos. O primeiro banco satisfaz sua necessidade de liquidez e o segundo ganha remuneração pelos recursos que, de outra forma, estariam "parados". "A Taxa DI *Over* (CDI *Over*) é obtida ao se calcular a média ponderada de todas as taxas de transações efetuadas na Cetip entre instituições de conglomerados diferentes"[273].

---

272. Disponível em: http://ynvestimentos.com.br/pt/2013/11/certificado-de-deposito-bancario-cdb/ acesso em 23/9/2015

273. Disponível em: http://www.investpedia.com.br/artigo/O+que+e+CDI+Certificado+de+Deposito+Interfinanceiro .aspx, acesso em 23/9/2015

2.2.2. Mútuo

O **mútuo é contrato de empréstimo**, tratado, no direito civil, juntamente com o comodato (art. 586 e seg., do CCB). Trata-se de empréstimo de coisa fungível, que se aperfeiçoa pela entrega da coisa. A formalização da vontade das partes não é suficiente para configurar o mútuo, caracterizando apenas promessa de mútuo (art. 462 e seg. do CCB)[274].

As instituições financeiras realizam as mais variadas **modalidades de mútuo**, caracterizadas pelo prazo, pela finalidade, pela garantia ou pela fonte do recurso do empréstimo. Algumas destas operações são o "Hot Money", de curtíssimo prazo, o cheque especial, saque a descoberto em conta corrente[275], crédito rotativo (linha de crédito até um limite que a empresa utiliza na medida de suas necessidades, garantido por duplicatas), capital de giro (garantido por duplicatas), financiamento de cadeias produtivas, crédito direto ao consumidor etc.

Algumas linhas de financiamento são regulamentadas pela lei, como é o caso do **Microcrédito**, regido pela Lei 10.735/2003 e pela Resolução 3.422/2006. Por estas regras, pretende-se permitir empréstimos a pessoas de baixa renda e microempreendedores a taxas de juros limitadas e sem a cobrança de taxas ou despesas, exceto a taxa de abertura de crédito.

Outro exemplo são os **empréstimos em consignação**, regidos pela Lei 10.820/2003. São empréstimos com diversas finalidades, fornecidos a empregados, com o desconto em folha do pagamento pelo empréstimo. O mecanismo permite maior garantia de recebimento pelo banco e, portanto, taxas de juros mais baixas.

A instituição financeira também pode intermediar empréstimos, o que ocorre no caso da **captação vinculada** (Resolução CMN 2.291/2002). Neste caso, o empréstimo é realizado com recursos entregues ou colocados à disposição da instituição financeira contratante por terceiros.

As instituições financeiras realizam, ainda, empréstimos lastreados em títulos de dívida, que geram produtos bancários, pelos quais investidores possam participar da remuneração dos empréstimos.

O dinheiro aplicado nestes títulos **não gera contrato de depósito. São contratos de investimento, lastreados em operações de mútuo**, remunerados de acordo com o empréstimo.

A **Cédula de Debênture** (art. 72, da Lei 6.404/1975), por exemplo, permite que pequenos investidores participem de investimento baseado em debêntures (título representativo de crédito) emitido por sociedade de capital aberto. Tanto a Debênture quanto a Cédula de Debênture são valores mobiliários, razão pela qual trataremos do título no

274. SALOMÃO NETO, Eduardo. Direito bancário. São Paulo: Atlas, 2011, p. 179-180.

275. Para SALOMÃO NETO, Eduardo. Direito bancário. São Paulo: Atlas, 2011, p. 183, a operação teria natureza de mandato.

tópico reservado ao mercado de capitais, especificamente no tema da "securitização", vale dizer, valor mobiliário emitido bom base em título representativo de crédito, no caso, outro valor mobiliário.

Outro exemplo de título emitido por instituição financeira são as **letras de câmbio**, nos termos do art. 27, da Lei 4.728/1965.

Esta modalidade de letra de câmbio "é o instrumento de capitação tradicional específico das sociedades de crédito, financiamento e investimento (financeiras), sempre emitido com base numa transação comercial, ou seja, quando elas emprestam algum valor para alguém, essa pessoa saca, por procuração, uma LC contra a financeira, que a aceita e lança no mercado. Assim, a emissão de LC autorizada por empresas não financeiras e usuários de bens e serviços, com aceite e coobrigação das sociedades de crédito, financiamento e investimento, teve como finalidade obter recursos para o financiamento do crédito direto ao consumidor final[276].

Cuidaremos, agora, do **financiamento cedular**, que envolve títulos de emissão privativa de instituições financeiras. Segundo Salomão Neto, o financiamento cedular submete-se às regras gerais do mútuo, e a disposições específicas, relativas a juros, constituição de garantia e a execução da dívida[277]. Vamos aqui fazer uma apresentação geral do tipo de financiamento e mencionar algumas de suas características principais. Em item específico sobre os juros, falaremos sobre a remuneração destes títulos.

Em todos eles, a instituição financeira realiza um empréstimo e saca um título contra o mutuário. Este título permite a captação de recursos pelo banco. O investidor participa da remuneração do mútuo e o banco capta recursos para realizar outras atividades.

Há duas categorias de financiamento cedular, o financiamento bancário para atividades em geral, pela emissão de cédula de crédito bancário – CCB e os financiamentos bancários setoriais, para setores específicos, mais antigos, pela emissão de cédulas rurais, industriais, comerciais e de exportação.

Cédula de Crédito Bancário – CCB, é regida pelos arts. 26 e seg., da Lei 10.931/2004.

Pode ser emitida por financiamentos bancários a qualquer setor ou atividade da economia, cabendo ao tomador do empréstimo e a instituição financeira. O título não pode ser emitido em decorrência de empréstimos não bancários.

Nos termos do art. 26, da Lei 10.931/2004, a Cédula de Crédito Bancário é título de crédito emitido, por pessoa física ou jurídica, tomadora do empréstimo, em favor de instituição financeira integrante do Sistema Financeiro Nacional ou instituição financeira domiciliada no exterior, caso em que pode ser emitida em moeda estrangeira, e

---

276. FORTUNA, Eduardo. Mercado financeiro: produtos e serviços. Rio de Janeiro: Qualitymark, 2008, p. 180.

277. SALOMÃO NETO, Eduardo. Direito bancário. São Paulo: Atlas, 2011, p. 199-200.

representa promessa de pagamento em dinheiro, decorrente de operação de crédito, de qualquer modalidade.

A CCB pode ser emitida com ou sem garantia, real ou fidejussória (art. 27, da Lei 10.931/2004) e constitui título representativo de dívida em dinheiro, certa, líquida e exigível pela soma nela indicada ou pelo saldo devedor, devidamente demonstrado (art. 28, da Lei 10.931/2004).

Ainda de acordo com o art. 28, da Lei 10.931/2004, podem ser pactuados, entre outros, 1. juros capitalizados ou não, os critérios de incidência de juros e a periodicidade de sua capitalização, bem como as despesas e os demais encargos decorrentes da obrigação, 2. os critérios de atualização monetária ou de variação cambial, 3. os casos de ocorrência de mora e de incidência das multas e penalidades contratuais, bem como as hipóteses de vencimento antecipado da dívida.

Os financiamentos cedulares setoriais referem-se a empréstimos específicos para os setores rural, industrial, comercial e exportador, da economia. O termo "setor" é econômico, não jurídico, mas serve para delimitar a atividade a que se destina o financiamento cedular, não podendo haver desvio de finalidade. Em outras palavras, um financiamento rural não pode custear atividade comercial e um financiamento de exportação não pode custear produção destinada ao mercado interno.

Os títulos emitidos por estes financiamentos são a Cédula de Crédito Rural – CCR, a Cédula de Crédito Industrial – CCI, a Cédula de Crédito Comercial – CCC e a Cédula de Crédito à Exportação – CCE. Todas são emitidas mediante financiamento obtido com instituição financeira.

A **Cédula de Crédito Rural – CCR** está prevista no DL 167/1966 e se destina ao financiamento rural concedido pelos órgãos integrantes do sistema nacional de crédito rural e pessoa física ou jurídica (art. 1º, do DL 167/1966).

Trata-se de promessa de pagamento em dinheiro, sem ou com garantia real cedularmente constituída, nas modalidades de Cédula Rural Pignoratícia, Cédula Rural Hipotecária, Cédula Rural Pignoratícia e Hipotecária, Nota de Crédito Rural, que variam conforme a garantia prestada (art. 9º, do DL 167/1966).

A cédula de crédito rural "é título civil, líquido e certo, exigível pela soma dela constante, além dos juros, da comissão de fiscalização, se houver, e demais despesas que o credor fizer para segurança, regularidade e realização de seu direito creditório" e pode ser endossada (art. 10, do DL 167/1966).

A **Cédula de Crédito Industrial – CCI**, decorre de financiamento concedido por instituições financeiras a pessoa física ou jurídica que se dedique à atividade industrial (art. 1º, do DL 413/1969).

É promessa de pagamento em dinheiro, com garantia real, penhor, hipoteca ou alienação fiduciária, cedularmente constituída (art. 9º e 19, do DL 413/1969) e, como a CCR, constitui "título líquido e certo, exigível pela soma dela constante ou do endosso, além dos juros, da comissão de fiscalização, se houver, e demais despesas que o credor fizer para segurança, regularidade e realização de seu direito creditório" (art. 10, do DL 413/1969).

O penhor da CCI pode recair sobre máquinas e aparelhos utilizados na indústria, matérias-primas, produtos industrializados e materiais empregados no processo produtivo, inclusive embalagens (art. 20, do DL 413/1969).

A **Cédula de Crédito Comercial – CCC** decorre de empréstimo concedido a pessoa física ou jurídica que se dedique a atividade comercial ou de prestação de serviços, conforme prevê o art. 1º, da Lei 6.840/1969, a ela se aplicando as disposições do DL 413/1969, que rege a CCI.

Este normativo também se aplica às **Cédulas de Crédito à Exportação – CCE**, decorrentes de "financiamento à exportação ou à produção de bens para exportação, bem como às atividades de apoio e complementação integrantes e fundamentais da exportação", como prevê a Lei 6.313/1975, que a instituiu.

Estes títulos, como se percebe, são emitidos em função do empréstimo concedido pelo banco e permitem circulação, de modo que a instituição financeira pode captar recursos com base neles. Permitem, portanto, o que podemos chamar de captação de segundo nível, o primeiro é o empréstimo e o segundo a negociação do título.

Como vimos, a emissão de CDBs não demanda crédito perante terceiros nem empréstimos, pois é um título emitido pelo próprio banco. A captação de recursos mediante a circulação destes títulos ocorre, por assim dizer, em primeiro nível.

Outros produtos bancários são relacionados com operações de empréstimo, mas constituem desdobramentos mais complexos. São exemplos os créditos securitizados, que analisaremos ao tratar dos valores mobiliários e os novos instrumentos da **Letra de Crédito Imobiliário – LCI** e da **Letra de Crédito do Agronegócio – LCA**.

Tratam-se de títulos de crédito bancários, não considerados valores mobiliários e, portanto, sujeitos à fiscalização do Banco Central, afastando a supervisão da Comissão de Valores Mobiliários.

Sua emissão demanda algumas fases de negócios. Inicialmente, deve haver um financiamento imobiliário ou agropecuário, bancário ou não bancário. Deve ocorrer, também, a emissão de títulos representativos destes financiamentos, como a Cédula Hipotecária, a Cédula de Crédito Imobiliário, o Certificado de Depósito Agrícola. Em seguida, o banco deve adquirir estes títulos. Com lastro nestes títulos, pode emitir letras nas respectivas áreas (imobiliária ou agropecuária) e oferecê-los no mercado para captar recursos.

A **Letra de Crédito Imobiliário – LCI** é regida pela Lei 10.931/2004, que em seu art. 12, dispõe:

> Art. 12. Os bancos comerciais, os bancos múltiplos com carteira de crédito imobiliário, a Caixa Econômica Federal, as sociedades de crédito imobiliário, as associações de poupança e empréstimo, as companhias hipotecárias e demais

> espécies de instituições que, para as operações a que se refere este artigo, venham a ser expressamente autorizadas pelo Banco Central do Brasil, poderão emitir, independentemente de tradição efetiva, Letra de Crédito Imobiliário – LCI, lastreada por créditos imobiliários garantidos por hipoteca ou por alienação fiduciária de coisa imóvel, conferindo aos seus tomadores direito de crédito pelo valor nominal, juros e, se for o caso, atualização monetária nelas estipulados.
>
> [...]

Do dispositivo, verifica-se tratar-se de título emitido por instituições financeiras devidamente autorizadas, lastreado por outros títulos de financiamento imobiliário com garantia real, especialmente Cédulas Hipotecárias e Cédulas de Crédito Imobiliário.

A lei prevê, ainda, a possibilidade de atualização mensal da LCI por índice de preço, desde que emitida com prazo mínimo de trinta e seis, veda pagamento dos valores relativos à atualização monetária apropriados desde a emissão, quando ocorrer o resgate antecipado, permite a possibilidade de garantia fidejussória adicional.

O art. 15, da Lei 10.931/2004 limita a emissão das LCIs ao valor total dos créditos imobiliários em poder da instituição emitente. As LCIs também não poderão ter prazo de vencimento superior ao prazo de quaisquer dos créditos imobiliários que lhe servem de lastro.

A **Letra de Crédito do Agronegócio – LCA** a seu turno, lastreia-se em créditos do agronegócio. Dispõe a Lei 11.076/2004:

> Art. 26. A Letra de Crédito do Agronegócio – LCA é título de crédito nominativo, de livre negociação, representativo de promessa de pagamento em dinheiro e constitui título executivo extrajudicial.
>
> Parágrafo único. A LCA é de emissão exclusiva de instituições financeiras públicas ou privadas.
>
> Art. 28. O valor do CDCA e da LCA não poderá exceder o valor total dos direitos creditórios do agronegócio a eles vinculados.
>
> Art. 29. Os emitentes de CDCA e de LCA respondem pela origem e autenticidade dos direitos creditórios a eles vinculados.

O CDCA é o Certificado de Direitos Creditórios do Agronegócio, emitidos por cooperativas de produtores rurais e agroindústria. Juntamente com o Certificado de Depósito Agropecuário – CDA e o Warrant Agropecuário – WA, é título que pode lastrear a LCA.

2.3. Juros e correção monetária

O tema dos juros é recorrente no direito brasileiro, tanto nas relações comerciais e tributárias, quanto nas relações bancárias.

Juros é a "quantia que remunera um credor pelo uso de seu dinheiro por parte de um devedor durante um período determinado, ger. uma percentagem sobre o que foi emprestado; renda ou rendimento de capital investido"[278].

278. Dicionário Hauaiss da Língua Portuguesa, verbete "juros".

Sílvio Rodrigues define: "**juro é o preço do uso do capital**. Vale dizer, é o fruto produzido pelo dinheiro, pois é como fruto civil que a doutrina o define. Ele há um tempo remunera o credor por ficar privado de seu capital e paga-lhe o risco em que incorre de o não receber de volta"[279].

Por sua vez, De Plácido e Silva: "juros, no sentido atual, são tecnicamente os frutos do capital, ou seja, os justos proventos ou recompensas que deles se tiram, consoante permissão e determinação da própria lei, sejam resultantes de uma convenção ou exigíveis por faculdade inscrita em lei"[280].

Para os economistas, juro é a **remuneração do capital**. É expresso como um percentual sobre o valor emprestado (taxa de juro) e pode ser calculado de duas formas: juros simples ou juros compostos. Considerando todos os agregados econômicos, tem-se:

> W – salários – remuneração do fator de produção trabalho (comissões, honorários de profissionais liberais, ordenados dos executivos, mesmo que não assalariados)
>
> J – juros – remuneração do fator de produção capital
>
> A – aluguéis – remuneração dos proprietários dos recursos naturais
>
> L – lucros – remuneração do fator de produção capital

Classificam-se os juros em **remuneratórios (compensatórios)** devidos pelo empréstimo do dinheiro e **moratórios**, devidos pelo atraso no cumprimento da obrigação (inclusive da obrigação do mutuário).

Dispunha o Código Civil revogado:

> Art. 1.062. A taxa dos juros moratórios, quando não convencionada (art. 1.262), será de seis por cento ao ano.
>
> Art. 1.063. Serão também de seis por cento ao ano os juros devidos por força de lei, ou quando as partes os convencionarem sem taxa estipulada.
>
> [...]
>
> Art. 1.262. É permitido, mas só por cláusula expressa, fixar juros ao empréstimo de dinheiro ou de outras coisas fungíveis.
>
> Esses juros podem fixar-se abaixo ou acima da taxa legal (art. 1.062), com ou sem capitalização.

No intuito de limitar as taxas de juros, fora publicado o Decreto 22.626/1933, também denominado " Lei da usura". Dispõe:

> Art. 1º. É vedado, e será punido nos termos desta lei, estipular em quaisquer contratos taxas de juros superiores ao dobro da taxa legal.
>
> [...]
>
> Art. 5º. Admite-se que pela mora dos juros contratados estes sejam elevados de 1% e não mais.

---

279. RODRIGUES, Silvio. Direito Civil. Parte Geral das Obrigações. São Paulo: Saraiva, 2002, p. 257

280. DE PLÁCIDO E SILVA, Oscar. *Vocabulário jurídico.* Rio de Janeiro: Forense, 1987, p. 35

Assim, as taxas de juros estavam limitadas a 12% ao ano, na vigência do Código Civil revogado e ao dobro da SELIC, inclusive para operações de mútuo, tendo em vista o disposto nos arts. 406 e 591, do CCB vigente:

> Art. 406. Quando os juros moratórios não forem convencionados, ou o forem sem taxa estipulada, ou quando provierem de determinação da lei, serão fixados segundo a taxa que estiver em vigor para a mora do pagamento de impostos devidos à Fazenda Nacional.
>
> Art. 591. Destinando-se o mútuo a fins econômicos, presumem-se devidos juros, os quais, sob pena de redução, não poderão exceder a taxa a que se refere o art. 406, permitida a capitalização anual.

A Lei de Usura, contudo, teria sido revogada, ou pelo menos, derrogada pela Lei 4.595/1964 que, em seu art. 4°, IX[281], conferira competência ao Conselho Monetário Nacional para regular os juros praticados por instituições financeiras. É o que restou expresso na Súmula 596, do STF:

> As disposições do Decreto 22.626/1933 não se aplicam às taxas de juros e aos outros encargos cobrados nas operações realizadas por instituições públicas ou privadas, que integram o Sistema Financeiro Nacional.

Com fundamento no art. 4°, da Lei 4.595/1964, o CMN resolveu que "as operações ativas dos bancos comerciais, de investimento e de desenvolvimento serão realizadas a taxas de juros livremente pactuáveis" (Resolução CMN 1.064/1985), salvo nas operações de crédito incentivado.

Durante a vigência do § 3°, do art. 192, da Constituição Federal, muito se discutiu se os juros estariam limitados a 12%. A norma fora revogada pela EC 40/2003 e a jurisprudência do STF pacificou o entendimento de que o dispositivo não era autoaplicável, mas demandava regulação por lei complementar, que não chegou a ser editada.

Sob o **ponto de vista do direito econômico**, não faz sentido limitar a taxa de juros por um patamar legal. De um lado, as taxas de juros representam custo do capital para as instituições financeiras e a fixação de juros por ato normativo equivaleria ao congelamento de preços na economia real. Os conflitos seriam evidentes.

De outro lado, **sob o prisma da política econômica**, o governo utiliza a taxa de juros para regular a economia. Limitada esta taxa, também o efeito da política econômica restaria limitado.

Embora o tema da taxa de juros seja reconhecidamente polêmico há, na doutrina, relativa aceitação da inaplicabilidade da Lei de Usura aos contratos bancários[282].

---

281. Não nos parece que o dispositivo tenha sido revogado pelo art. 25, do ADCT, segundo o qual as delegações de competência ao Poder Executivo tenham sido revogadas, pois esta delegação específica, a de regular os juros do mercado bancário, é compatível com a própria Constituição de 1988. Assim, não faria sentido considerar revogada pela Constituição delegação de competência aceita pela própria Constituição. Melhor compreender que ficaram revogadas as delegações de competência que violassem as disposições constitucionais acerca dos princípios da reserva de lei em sentido estrito.

282. SALOMÃO NETO, Eduardo. Direito bancário. São Paulo: Atlas, 2011, p. 190-191; SCHONBLUM, Paulo M. W. Contratos bancários. Rio de Janeiro: Freitas Bastos, 2005. p. 295.

Quanto a determinação das taxas de juros, cabe observar que há liberdade para se escolher uma taxa fixa ou um índice, inclusive a TR, salvo se houver legislação específica que estipule determinado índice para modalidade específica de mútuo, como ocorre no Sistema Financeiro da Habitação.

Sobre a aplicação da TR, leia-se a Súmula 295, do STJ:

> A Taxa Referencial (TR) é indexador válido para contratos posteriores à Lei nº 8.177/91, desde que pactuada. (STJ, S2, DJ 9/9/2004)

A jurisprudência, contudo, rejeita a fixação de índices postestativos, em que uma das partes detenha o "poder" de determinar seu valor. Com este fundamento o STJ editou a Súmula 176, que dispõe:

> É nula a clausula contratual que sujeita o devedor a taxa de juros divulgada pela ANBID/CETIP. (STJ, S2, DJ 6/11/1996)

Segundo Salomão Neto, contudo, não se trata de cláusula efetivamente potestativa, pois a ANBID e a CETIP apenas apuram a taxa, a partir de operações de mercado, sem interferirem em valor[283].

Outro tema recorrente na questão dos juros é sua **capitalização**. Os juros podem incidir de maneira simples, vale dizer, sobre o valor do capital principal ou de maneira composta ou capitalizada, em que os juros incidentes se somam ao capital, para as futuras incidências, o que também se denomina anatocismo.

Apreciando o direito vigente à época, o STF editou, em 1963, a Súmula 121, segundo a qual "é vedada a capitalização de juros, ainda que expressamente convencionada".

A **vedação, contudo, fora afastada para as instituições financeiras**, que podem pactuar a capitalização de juros, nos termos do art. 5º, da MP 2.170/2001. Leia-se:

> Art. 5º Nas operações realizadas pelas instituições integrantes do Sistema Financeiro Nacional, é admissível a capitalização de juros com periodicidade inferior a um ano.

Parágrafo único. Sempre que necessário ou quando solicitado pelo devedor, a apuração do valor exato da obrigação, ou de seu saldo devedor, será feita pelo credor por meio de planilha de cálculo que evidencie de modo claro, preciso e de fácil entendimento e compreensão, o valor principal da dívida, seus encargos e despesas contratuais, a parcela de juros e os critérios de sua incidência, a parcela correspondente a multas e demais penalidades contratuais.

Tanto a pactuação dos juros quanto a possibilidade de sua composição, são objeto de regulamentação específica nas **cédulas setoriais**.

Sobre a **remuneração** destes títulos, o art. 5º, do DL 167/1966, aplicável à CCR e o art. 5º, do DL 413/1969, aplicável às CCI, CCC e CCE, apresentam disposição similar[284].

283. SALOMÃO NETO, Eduardo. Direito bancário. São Paulo: Atlas, 2011, p. 193.

284. DL 167/1966: Art. 5º As importâncias fornecidas pelo financiador vencerão juros as taxas que o Conselho Monetário Nacional fixar e serão exigíveis em 30 de junho e 31 de dezembro ou no venci-

De acordo com o texto das duas normas,

- as importâncias fornecidas pelo financiador vencerão juros às taxas e aos índices que o Conselho Monetário Nacional fixar;
- os juros serão exigíveis: 1. em 30 de junho, 2. em 31 de dezembro, no vencimento, 3. na liquidação da cédula, 4. em outras datas convencionadas no título, ou 4, em datas admitidas pelo Conselho Monetário Nacional;
- em caso de mora, a taxa de juros constante da cédula poderá ser acrescida de 1% ao ano.

Quanto a possibilidade de **capitalização de juros**, dispõe o art. 14, do DL 413/1969:

> Art. 14. A cédula de crédito industrial conterá os seguintes requisitos, lançados no contexto:
>
> [...]
>
> VI – Taxa de juros a pagar e comissão de fiscalização, se houver, e épocas em que serão exigíveis, podendo ser capitalizadas.
>
> [...]

A jurisprudência, mesmo com alguma divergência quanto a capitalização dos juros para os contratos em geral, reconhece a possibilidade de pactuação dos juros compostos nas cédulas setoriais. Leia-se a Súmula 93, do STJ:

> A legislação sobre cédulas de crédito rural, comercial e industrial admite o pacto de capitalização de juros. (STJ, S2, DJ 3/11/1993)

Tema não menos discutido é o da **correção monetária**, especialmente face aos planos econômicos.

Enquanto os juros remuneram o capital, a correção monetária procura preservar o seu valor, face a inflação.

A inflação é medida por diversos institutos, por métodos variados, gerando índices com significados próprios. Os índices de inflação podem ser, quanto a **amplitude**, **gerais**, como o IPCA (Índice Nacional de Preços ao Consumidor Amplo, do IBGE e o IGPM (Índice Geral de Preços do Mercado), da FGV; **restritos**, como o INPC (Índice Nacional

---

mento das prestações, se assim acordado entre as partes; no vencimento do título e na liquidação, por outra forma que vier a ser determinada por aquêle Conselho, podendo o financiador, nas datas previstas, capitalizar tais encargos na conta vinculada a operação.

Parágrafo único. Em caso de mora, a taxa de juros constante da cédula será elevável de 1% (um por cento) ao ano.

DL 413/1969: Art. 5º As importâncias fornecidas pelo financiador vencerão juros e poderão sofrer correção monetária às taxas e aos índices que o Conselho Monetário Nacional fixar, calculados sôbre os saldos devedores da conta vinculada à operação, e serão exigíveis em 30 de junho, 31 de dezembro, no vencimento, na liquidação da cédula ou, também, em outras datas convencionadas no título, ou admitidas pelo referido Conselho.

Parágrafo único. Em caso de mora, a taxa de juros constante da cédula será elevável de 1% (um por cento) ao ano.

de Preços ao Consumidor), também do IBGE, que mede a inflação dos bens consumidos por famílias de renda de 1 a 5 salários mínimos ou **setoriais**, como o INCC (Índice Nacional de Custo da Construção), da FGV. Podem ainda ser nacionais, como os mencionados, ou **regionais**, como o IPC-FIPE, que mede a inflação no município de São Paulo, o IPC-RJ, do município do Rio de Janeiro e o IPC-IEFE, do município de Porto Alegre.

Os índices de correção de contratos podem conter explicitamente correção monetária e juros, por exemplo, IPCA mais uma taxa, ser composta de apenas um índice, por exemplo, o DI. No primeiro caso, taxa de juros e correção monetária são distinguidas formalmente. No segundo caso, há apenas uma taxa de juros nominal. Contudo, a taxa de juros real é apurada pela dedução do índice nominal pelo índice de inflação. Assim, se a taxa de juros nominal do contrato for igual a 14% no ano, mas a inflação for de 10% no mesmo ano, os juros reais somam 4% ao ano.

O conceito de correção monetária, com sua vasta jurisprudência, também se aplica aos contratos bancários.

Um dos temas pertinentes é o da **comissão de permanência**.

Por meio da Resolução 1.129/1986, o CMN permitiu às instituições financeiras a cobrança de juros de mora na forma da legislação em vigor, "comissão de permanência" pelo atraso dos devedores, vedada a cobrança de quaisquer outras quantias compensatórias pelo atraso no pagamento dos débitos vencidos. Leia-se:

> I – Facultar aos bancos comerciais, bancos de desenvolvimento, bancos de investimento, caixas econômicas, cooperativas de crédito, sociedades de crédito, financiamento e investimento e sociedades de arrendamento mercantil cobrar de seus devedores por dia de atraso no pagamento ou na liquidação de seus débitos, além de juros de mora na forma da legislação em vigor, "comissão de permanência", que será calculada às mesmas taxas pactuadas no contrato original ou à taxa de mercado do dia do pagamento.
>
> II – Além dos encargos previstos no item anterior, não será permitida a cobrança de quaisquer outras quantias compensatórias pelo atraso no pagamento dos débitos vencidos.

Em outros termos, **o CMN vedou a cumulação da "comissão de permanência" com a correção monetária**, considerando-as institutos da mesma natureza, ao contrário do que entende parte da doutrina, que entende tratar-se a comissão de permanência de multa contratual[285].

A **jurisprudência aceita a comissão de permanência**, não a considerando potestativa, vale dizer, imposta unilateralmente por uma das partes, quando "calculada pela taxa média de mercado apurada pelo Banco Central do Brasil". Leia-se a Súmula 294, do STJ:

> Não é potestativa a cláusula contratual que prevê a comissão de permanência, calculada pela taxa média de mercado apurada pelo Banco Central do Brasil, limitada à taxa do contrato..(STJ, S2, DJ de 9/9/2004)

285. SALOMÃO NETO, Eduardo. Direito bancário. São Paulo: Atlas, 2011, p. 193.

Contudo, a mesma jurisprudência **veda a cumulação dos institutos**, como se vê das súmulas 30, 296 e 472, do STJ:

> Súmula 30. A comissão de permanência e a correção monetária são inacumuláveis. (STJ, S2, DJ de 18/10/1991)
>
> Súmula 296. Os juros remuneratórios, não cumuláveis com a comissão de permanência, são devidos no período de inadimplência, à taxa média de mercado estipulada pelo Banco Central do Brasil, limitada ao percentual contratado. (STJ, S2, DJ de 9/9/2004)
>
> Súmula 472. A cobrança de comissão de permanência – cujo valor não pode ultrapassar a soma dos encargos remuneratórios e moratórios previstos no contrato – exclui a exigibilidade dos juros remuneratórios, moratórios e da multa contratual. (STJ, S2, DJe de 20/6/2012)

Outro tema tormentoso da correção dos contratos, diz respeito aos **planos de estabilização econômica**, com **mudança do padrão monetário**.

A jurisprudência sobre o tema é vasta.

Na maioria das decisões, entendeu o STF que **as normas que alteram padrão monetária aplicam-se de imediato aos contratos em curso**, não havendo que se falar em direito adquirido, ato jurídico perfeito ou coisa julgada.

Nos casos relativos ao Plano Bresser e à Tablita, o STF revelou preocupação em se **preservar o equilíbrio econômico-financeiro inicial dos contratos**[286].

Em outros julgados, relativos ao Plano Cruzado[287] e ao Plano Real[288], a Corte simplesmente afirmou a inoponibilidade do direito adquirido, ato jurídico perfeito ou coisa julgada a normas acerca do padrão monetário.

Nos **julgamentos acerca da TR**, o Tribunal posicionou-se de forma diversa. A Lei 8.177/1991 não tratou do padrão monetário, alterado pelo Plano Collor (Lei 8.024/1991), mas da desindexação da economia, determinando a substituição de índices de correção monetária de contratos em geral e contratos específicos pela TR.

A Corte, entendendo que a TR é taxa de juros, não índice de correção monetária, determinou que a substituição de índices somente poderia se aplicar aos contratos novos, pois nos contratos em curso sua aplicação violaria o direito adquirido e a coisa julgada, exceto no caso específico do financiamento rural, pois a lei previa sua correção pela taxa da caderneta de poupança e esta também passou a ser corrigida pela TR. O julgamento da ADI 959 MC/DF representa o entendimento da Corte:

286. STF, Tribunal Pleno, RE 141.190/SP, Relator Min. Ilmar Galvão, Relator p/ Acórdão Min. Nelson Jobim, DJ de 26/5/2006 e STF, Tribunal Pleno, RE 136.901/SP, Relator Min. Marco Aurélio Relator p/ Acórdão Min. Nelson Jobim, DJ 2/6/2006.

287. STF, T1, RE 114.982/RS, Min. Moreira Alves, DJ de 1/3/1991.

288. STF, T2, RE 202.686 / SP, Min. Maurício Corrêa, DJ de 26/5/2000.

Ação Direta de Inconstitucionalidade. Lei nº 8.177, de 1./03/1991 – inciso II e parágrafo único do art. 6., artigos 16 e 22. Art. 5., XXXVI da C.F. (ato jurídico perfeito). Medida Cautelar.

I – Contratos em geral. T.R. (Taxa Referencial). B.T.N. (Bônus do Tesouro Nacional). T.R.D. (Taxa Referencial Diária). B.T.N.F. (B.T.N. Fiscal). U.P.C. (Unidade Padrão de Capital).

II – Contratos de financiamento rural (celebrados com recursos de depósitos de poupança rural).

1. Ao julgar a ADIn nº 493, o S.T.F. concluiu não ser a T.R. "índice de correção monetária, pois, refletindo as variações de custo primário de captação dos depósitos a prazo fixo, não constitui índice que reflita a variação do poder aquisitivo da moeda".

2. E por isso declarou inconstitucionais vários dispositivos da Lei nº 8.177, de 1./03/1991, que visaram a substituição de índices de correção monetária, pela T.R. Para assim concluir, a Corte considerou violado, por tais dispositivos, o princípio constitucional que protege o ato jurídico perfeito (art. 5., inciso XXXVI, da C.F.), porque alteraram "o critério de reajuste das prestações, nos contratos anteriormente celebrados pelo sistema do Plano de Equivalência Salarial por Categoria Profissional" (P.E.S./C.P.).

3. Em face desse precedente (ADIn 493) e de outro (ADIn 768), e de ser considerada juridicamente relevante a alegação de que o inciso II e o parágrafo único do art. 6. da mesma Lei (n. 8.177, de 1./03/1991), ofendem o mesmo princípio tutelar do ato jurídico perfeito, ao substituírem pela T.R. e T.R.D., nos contratos anteriormente celebrados, os índices neles previstos (B.T.N. e B.T.N. Fiscal).

4. Pela mesma razão, e de ser qualificada como relevante a argüição de inconstitucionalidade dos artigos 15 e 16 de tal diploma, por substituírem, pela T.R., nos contratos anteriores a este, os índices previstos para a correção monetária – U.P.C. (Unidade Padrão de Capital).

5. Caracterizados os requisitos da plausibilidade jurídica da ação, a Corte, por maioria, defere medida cautelar, para suspender, a partir da data do deferimento, até o julgamento final da ação, a eficácia dos referidos dispositivos (inciso II e parágrafo único do art. 6., artigos 15 e 16 da Lei nº 8.177, de 1./03/1991).

6. Quanto ao **art. 22 da Lei**, referente aos contratos de **financiamento rural**, o Tribunal **indefere** a medida cautelar de sua suspensão, por entender, "prima facie", que **tal dispositivo não inova**, quanto aos **índices de correção monetária**, pois a **atualização continua** sendo feita segundo a **remuneração** básica aplicada aos **depósitos de poupança**, não vislumbrando, nesse ponto, violação de ato jurídico perfeito. Decisão, também, por maioria.

(STF, Tribunal Pleno, ADI 959 MC/DF, Min. Sydney Sanches, DJ de 13/5/1994)

Mais recentemente, o **STF reiterou a aplicação imediata das normas sobre padrão monetária aos contratos em curso**, fazendo distinção entre situações jurídicas individuais, nas quais se incluem os contratos particulares e situações jurídicas institucionais, nas quais se incluiria a norma que altera o padrão monetário. Vejamos:

CONSTITUCIONAL E ECONÔMICO. SISTEMA MONETÁRIO. PLANO REAL. NORMAS DE TRANSPOSIÇÃO DAS OBRIGAÇÕES

> MONETÁRIAS ANTERIORES. INCIDÊNCIA IMEDIATA, INCLUSIVE SOBRE CONTRATOS EM CURSO DE EXECUÇÃO. ART. 21 DA MP 542/94. INEXISTÊNCIA DE DIREITO ADQUIRIDO À MANUTENÇÃO DOS TERMOS ORIGINAIS DAS CLÁUSULAS DE CORREÇÃO MONETÁRIA.
>
> 1. A aplicação da cláusula constitucional que assegura, em face da lei nova, a preservação do direito adquirido e do ato jurídico perfeito (CF, art. 5º, XXXVI) impõe distinguir duas diferentes espécies de situações jurídicas: (a) as situações jurídicas individuais, que são formadas por ato de vontade (especialmente os contratos), cuja celebração, quando legítima, já lhes outorga a condição de ato jurídico perfeito, inibindo, desde então, a incidência de modificações legislativas supervenientes; e (b) as situações jurídicas institucionais ou estatutárias, que são formadas segundo normas gerais e abstratas, de natureza cogente, em cujo âmbito os direitos somente podem ser considerados adquiridos quando inteiramente formado o suporte fático previsto na lei como necessário à sua incidência. Nessas situações, as normas supervenientes, embora não comportem aplicação retroativa, podem ter aplicação imediata.
>
> 2. Segundo reiterada jurisprudência do Supremo Tribunal Federal, as normas que tratam do regime monetário – inclusive, portanto, as de correção monetária –, têm natureza institucional e estatutária, insuscetíveis de disposição por ato de vontade, razão pela qual sua incidência é imediata, alcançando as situações jurídicas em curso de formação ou de execução. É irrelevante, para esse efeito, que a cláusula estatutária esteja reproduzida em ato negocial (contrato), eis que essa não é circunstância juridicamente apta a modificar a sua natureza.
>
> 3. As disposições do art. 21 da Lei 9.069/95, resultante da conversão da MP 542/94, formam um dos mais importantes conjuntos de preceitos normativos do Plano REAL, um dos seus pilares essenciais, justamente o que fixa os critérios para a transposição das obrigações monetárias, inclusive contratuais, do antigo para o novo sistema monetário. São, portanto, preceitos de ordem pública e seu conteúdo, por não ser suscetível de disposição por atos de vontade, têm natureza estatutária, vinculando de forma necessariamente semelhante a todos os destinatários. Dada essa natureza institucional (estatutária), não há inconstitucionalidade na sua aplicação imediata (que não se confunde com aplicação retroativa) para disciplinar as cláusulas de correção monetária de contratos em curso.
>
> 4. Recurso extraordinário a que se nega provimento.
>
> (STF, Tribunal Pleno, RE 212.609/SP, Relator Min. Carlos Velloso, Relator para o Acórdão Min. Teori Zavascki, DJe de 5/8/2015)

Nada mais disse o STF que as normas gerais e abstratas de natureza cogente, se sobrepõe às situações jurídicas individuais, que são formadas por ato de vontade, como os contratos.

A afirmativa é verdadeira, mas dela não decorre nenhuma autorização para que se afaste, ao caso, a proteção constitucional ao direito adquirido, ao ato jurídico perfeito e à coisa julgada.

Não faz sentido a distinção. A lei que dispuser sobre padrão monetário incidirá imediatamente sobre situação jurídica institucional ou individual, de direito público ou privado, pois, de um lado, não pode haver direito adquirido a padrão monetário sob pena de violação da soberania nacional e, de outro, a disciplina da moeda não incide sobre os direitos ou as obrigações, mas sobre a mensuração de seu valor.

Também não nos parece haver direito ao adquirido ou ato jurídico perfeito a índice de correção monetária nas obrigações em curso, oponível à lei que determina sua substituição por taxa de juros. Embora correção monetária e juros sejam conceitualmente distintos, a taxa de juros nominal, pois esta pode ser decomposta em correção monetária e taxa de juros real.

Sob o ponto de vista da política econômica, disciplinada pelo direito econômico, parece-nos que as normas de conversão de moeda e índices de correção de contratos deve ter aplicação aos contratos em curso, para que a medida econômica apresente os efeitos desejados de forma geral e homogênea.

Entretanto, **em nossa opinião há direito adquirido a equilíbrio econômico dos contratos**, de modo que, nos termos das decisões acerca do Plano Bresser e da Tablita, cabe à lei e ao Judiciário zelar para que as normas dos planos econômicos não gerem enriquecimento sem causa.

Os planos econômicos de estabilização exigem sacrifício de todos, e fere o princípio da igualdade normas abruptas que desprezam juros ou correção monetária, legais ou pactuadas, sem desacompanhadas de regras de transição capazes de propiciar o tratamento igualitário.

2.4. Sigilo bancário

2.4.1. Introdução

A matéria sempre sensível do sigilo de informações encontra-se hoje repleta de dificuldades e mesmo de contradições.

Ao mesmo tempo em que o sigilo busca fundamento no direito à intimidade, valor positivado na Constituição[289], a própria intimidade é, na sociedade tecnológica, cada vez mais exposta pelos próprios indivíduos que deveriam ser protegidos pela norma constitucional. Os indivíduos revelam sua intimidade, sua localização, seu comportamento, seu patrimônio nas redes sociais e em páginas de relacionamento na internet com elevado grau

---

289. Constituição Federal. Art. 5º Todos são iguais perante a lei, sem distinção de qualquer natureza, garantindo-se aos brasileiros e aos estrangeiros residentes no País a inviolabilidade do direito à vida, à liberdade, à igualdade, à segurança e à propriedade, nos termos seguintes:

[...]

X – são invioláveis a intimidade, a vida privada, a honra e a imagem das pessoas, assegurado o direito a indenização pelo dano material ou moral decorrente de sua violação;

[...]

XII – é inviolável o sigilo da correspondência e das comunicações telegráficas, de dados e das comunicações telefônicas, salvo, no último caso, por ordem judicial, nas hipóteses e na forma que a lei estabelecer para fins de investigação criminal ou instrução processual penal;

[...]

de publicidade, cuja extensão nem sempre é conhecida pelos cidadãos, tornando difícil saber quais informações realmente atendem à noção de intimidade, a merecer proteção.

De igual forma, a sociedade de consumo apresenta dificuldades para a noção de sigilo, pois nela praticamente não há intimidade à demonstração das aquisições e da riqueza individual, não fazendo sentido também invocar sigilo quanto a licitude da fonte que permite o consumo.

Em termos jurídicos, a compreensão da matéria é facilitada pela definição normativa, embora tal definição não necessariamente atenda as reais demandas da sociedade sobre a proteção da intimidade.

Não discutiremos, aqui, toda a proteção da intimidade. **Nosso escopo** não é, sequer, a integralidade da disciplina do sigilo de informações, mas apenas a **proteção normativa do sigilo bancário**, acerca das informações de particulares constantes em instituições financeiras, tema regulado pela LC 105/2001.

Nosso estudo, com base na legislação e na jurisprudência irá perquirir pela informação bancária protegida pelo sigilo, pelas instituições obrigadas ao sigilo e pelas formas de quebra do sigilo, sem adentrarmos nas questões criminais, objeto do direito penal e do direito processual penal.

2.4.2. As informações protegidas pelo sigilo bancário

Não há, na verdade, informação bancária absolutamente sigilosa, pois ela envolve, sempre, a realização de operações do cliente bancário, operações estas que serão realizadas por funcionários das instituições financeiras.

Pode-se traçar um paralelo como os processos que correm em segredo de justiça. Nestes, limita-se o acesso aos autos pelo público em geral, mas não há sigilo para o juiz, para os serventuários e auxiliares da justiça que deverão manusear o processo, aos advogados das partes e às próprias partes, bem como ao Ministério Público, se se cogitar na prática de crime nos autos processuais. O que há são regras específicas que limitam o acesso a informação a um número reduzido de pessoas, de modo a impedir a propagação indiscriminada da informação (proteção geral da intimidade) e a impedir que a informação seja utilizada por terceiros de maneira indesejável e ilícita contra o titular da informação (proteção especial da intimidade).

Assim comparando, não haverá sigilo da informação bancária para os funcionários da instituição financeira que realizarem as operações do cliente, nem propriamente sigilo de informações conexas a ilícitos praticados pelo cliente do banco, mas regras na manipulação destas informações, para que terceiros não interessados as acessem, a informação contra a vontade de seu titular.

O Supremo Tribunal Federal, a propósito, numa das muitas vezes em que considerou a quebra do sigilo como matéria infraconstitucional, registrou que o direito à privacidade não é absoluto, a exemplo do julgado no AI 655.298 AgR/SP, segundo o qual "o sigilo bancário, espécie de direito à privacidade protegido pela Constituição de 1988, não é absoluto, pois deve ceder diante dos interesses público, social e da Justiça"[290].

Há, portanto, informações não protegidas e outras protegidas, mas sujeitas a serem acessadas mediante a quebra do sigilo.

Fala-se, inclusive, em **transferência do sigilo**, não na quebra do sigilo, na medida em que a pessoa que obtém dados sigilosos fica comprometida a guardar, ela própria, o sigilo sobre a informação, podendo utilizá-la somente para as finalidades que justificaram seu acesso, sendo vedada – e até criminalizada – a repercussão indevida da informação.

De toda sorte, o art. 1º, da LC 105/2005 determina que "as instituições financeiras conservarão sigilo em suas operações ativas e passivas e serviços prestados".

São sigilosas, portanto, as operações bancárias em geral, como os depósitos, os empréstimos, os investimentos, os saldos, os valores e os fluxos dessas operações, bem como os saldos, no sentido em que as instituições financeiras não estão autorizadas a divulgar indiscriminadamente os dados sobre tais operações.

Não há, também, qualquer informação bancária que seja totalmente pública, ao menos não nos mesmos termos que são públicos os registros de imóveis, nos quais é dado acesso a qualquer cidadão. É dizer, as instituições financeiras não podem repassar a terceiros as informações sobre seus clientes.

Trata-se, aqui, de uma **proteção geral do sigilo da informação**, ou de uma proteção geral da intimidade. Há uma proteção especial das informações bancárias, relativa às formas pelas quais pessoas e entidades interessadas podem ter acesso a estes dados.

Muitas vezes, contudo, as operações bancárias não podem ser concluídas apenas com o conhecimento do cliente e da instituição financeira por ele escolhida, de modo que outras instituições, inclusive financeiras, devem receber as informações. Em outros casos, razões diversas determinam a divulgação de informações específicas a entidades específicas.

A este propósito, disciplina o § 3º, do art. 1°, da LC 105/2001, que não constitui violação do dever de sigilo:

- a troca de informações entre instituições financeiras, para fins cadastrais, inclusive por intermédio de centrais de risco, observadas as normas baixadas pelo Conselho Monetário Nacional e pelo Banco Central do Brasil;
- o fornecimento de informações constantes de cadastro de emitentes de cheques sem provisão de fundos e de devedores inadimplentes, a entidades de proteção ao crédito, observadas as normas baixadas pelo Conselho Monetário Nacional e pelo Banco Central do Brasil;
- o fornecimento das informações relativas aos extintos IPMF e CPMF à Receita Federal;

290. STF, T2, AI 655.298 AgR/SP, Min. Eros Grau, DJe de 28/9/2007.

- a comunicação, às autoridades competentes, da prática de ilícitos penais ou administrativos, abrangendo o fornecimento de informações sobre operações que envolvam recursos provenientes de qualquer prática criminosa;
- a revelação de informações sigilosas com o consentimento expresso dos interessados.

A **troca de informações cadastrais** tem relação direta com o funcionamento dos bancos e, se vedada a título do sigilo bancário, haveria prejuízo para o próprio interessado. A troca de informações relativas a análise de risco também não prejudica o cliente (tomador do empréstimo) titular da informação. Por certo, é possível que as informações sobre o cliente levem ao banco negar um empréstimo ou praticar juros mais elevados. Contudo, a falta das informações sobre o risco também levaria ao resultado de negativa do empréstimo ou, se concedido, à prática de taxas exageradas. Dessa forma, a troca de informações bancárias com vistas a avaliação do risco dos tomadores de empréstimo prejudica, apenas, ao tomador de má-fé. Quanto aos demais, a prática não é prejudicial.

Também não é sigilosa a **prestação de informações sobre inadimplência** a entidades de proteção do crédito. As informações sobre inadimplência protegem o mercado em geral, no sentido em que evitam práticas ilícitas bem como prejuízos de terceiros. A informação transmitida deve se limitar, porém, à inadimplência e dirigida apenas ao órgão de proteção do crédito, bem jurídico que se pretende garantir. Quaisquer outras informações e sua transmissão a terceiros estão protegidas pelo sigilo.

A lei complementar excepciona do sigilo os dados da arrecadação dos extintos tributos sobre a movimentação financeira, o imposto e a contribuição, respectivamente IPMF e CPMF. De fato, não seria razoável que o legislador (constitucional, a propósito) criasse um tributo incidente sobre as movimentações financeiras, mas o órgão arrecadador não tivesse acesso às informações que constituem seu fato gerador.

Também não há dever de manter sigilo quando o **próprio titular da informação solicitou o autorizou a transmissão das informações a terceiros**. O dispositivo legal, no caso, não é mais do que a positivação de um argumento de lógica.

Não há, igualmente, sigilo sobre a prática de crimes ou ilícitos administrativos, razão pela qual a lei exclui a instituição financeira do dever de manter sigilo, quando esta verifica infrações à lei. Nestes casos e nos termos da regulamentação, o fato ilícito deve ser comunicado às autoridades competentes e apenas a estas, pois não se admite que a instituição financeira torne pública ou divulgue a qualquer pessoa a informação que revele o ilícito.

Nestes sentido, o art. 3º, § 6º, da LC 105/2001 determina que o Banco Central, a Comissão de Valores Mobiliários e os demais órgãos de fiscalização prestem **informações ao Conselho de Controle de Atividades Financeiras – COAF**, que investiga de forma residual e no âmbito administrativo a lavagem de dinheiro, e o art. 9º, da lei determina que o Banco Central e a Comissão de Valores Mobiliários comuniquem ao Ministério Público, de forma fundamentada e devidamente comprovada, a ocorrência crimes (ou indícios de crime) de que tenham tomado conhecimento.

O art. 2°, da LC 105/2001 **estende o dever de sigilo** "ao Banco Central do Brasil, em relação às operações que realizar e às informações que obtiver no exercício de suas atribuições", regra aplicável também à Comissão de Valores Mobiliários, quando se tratar de fiscalização de e serviços no mercado de valores mobiliários, inclusive nas instituições financeiras que sejam companhias abertas (art. 2°, § 3º, da LC 105/2001).

Vale a ressalva de que o sigilo estendido à CVM, bem como o dever de sigilo das Bolsas de Valores, não se aplica a informações que tais entidades devam divulgar ou exigir que sejam divulgadas, como requisitos para a realização de emissões e negociações seguras com valores mobiliários.

Não se aplicará a regra do sigilo se presentes as hipóteses do § 3º, do art. 1°, da LC 105/2001, em que o próprio Banco Central tiver o dever de prestar informações, por exemplo, quando verificar a prática de crime.

Por outro lado, o § 1º, do art. 2°, da lei complementar impede que as instituições financeiras neguem ao Banco Central informações sobre seus clientes, quando estiver envolvida atividades da própria autoridade monetária que dependa da informação. Nos termos da norma, "o sigilo, inclusive quanto a contas de depósitos, aplicações e investimentos mantidos em instituições financeiras, não pode ser oposto ao Banco Central do Brasil" "no desempenho de suas funções de fiscalização, compreendendo a apuração, a qualquer tempo, de ilícitos praticados por controladores, administradores, membros de conselhos estatutários, gerentes, mandatários e prepostos de instituições financeiras" e "ao proceder a inquérito em instituição financeira submetida a regime especial".

Também não há violação ao dever de sigilo no **intercâmbio de informações entre o Banco Central e a Comissão de Valores Mobiliários** acerca dos resultados das inspeções, inquéritos e processos de aplicação de penalidade no âmbito de suas competências (art. 7º, parágrafo único, da LC 105/2001).

Assim, pode-se afirmar que há dever das instituições e do Banco Central, de manter sigilo sobre informações bancárias (**proteção geral do sigilo da informação**). **Não haverá tal obrigação** nas hipóteses elencadas pela lei, em que estiver presente: 1. o interesse do titular, em que a informação seja repassada, 2. a autorização do titular, para que a informação seja repassada, 3. razão de ordem pública que justifique a transferência específica, de informações específicas a entidades específicas, como ocorre na prática de crimes ou infrações administrativas. Nestes casos, a instituição detentora da informação repassará apenas a informação que revela o ilícito e apenas para a autoridade competente para apurá-lo.

2.4.3. As instituições obrigadas a manter o sigilo

O sigilo bancário não é o único conjunto de regras que visam proteger a intimidade. Há outras como o sigilo comercial, o sigilo fiscal, o sigilo médico, cada qual destinado a um grupo de pessoas.

O sigilo bancário, como vimos, é dirigido às instituições financeiras e extensível ao Banco Central.

A LC 105/2001, contudo, não apresenta o mesmo conceito de instituições financeiras que outras legislações, como a Lei 4.585/1964, senão que adota uma lista ampla, que abrange instituições financeiras típicas, equiparadas e entidades que atuam no mercado de capitais. De acordo com o § 1º, do art. 1°, da lei, "são consideradas instituições financeiras os bancos de qualquer espécie; distribuidoras de valores mobiliários; corretoras de câmbio e de valores mobiliários; sociedades de crédito, financiamento e investimentos; sociedades de crédito imobiliário; administradoras de cartões de crédito; sociedades de arrendamento mercantil; administradoras de mercado de balcão organizado; cooperativas de crédito; associações de poupança e empréstimo; bolsas de valores e de mercadorias e futuros; entidades de liquidação e compensação; outras sociedades que, em razão da natureza de suas operações, assim venham a ser consideradas pelo Conselho Monetário Nacional". Ademais, conforme o § 2º, do mesmo artigo, "as empresas de fomento comercial ou *factoring*, [...] obedecerão às normas aplicáveis às instituições financeiras".

Bastante ampliada, portanto, a lista de entidades obrigadas ao sigilo, de modo que o chamado "sigilo bancário" se aplica a instituições financeiras bem como a outras instituições eleitas pela lei.

2.4.4. A quebra do sigilo

Até o momento analisamos a informação protegida pelo sigilo, as instituições obrigadas a mantê-lo e as exceções à obrigação, vale dizer, os casos em que não há o sigilo.

Cabe analisar, agora, o que se convencionou chamar de quebra do sigilo, vale dizer, o acesso a informações acobertadas pela proteção do sigilo, pelas formas e procedimentos estabelecidos por lei, que configuram verdadeira proteção especial ao sigilo bancário.

A situação que se coloca é distinta daquela em que a instituição financeira verifica a prática de ilícito e a comunica à autoridade competente para apurá-lo. Ao revés, é pressuposto da própria necessidade da quebra que a instituição financeira não tenha comunicado a informação bancária, seja por não ter verificado o ilícito ou pelo fato de que a informação bancária é apenas um elemento de comprovação do ilícito, inicialmente apurado ou investigado por outros meios.

Nestes casos, a autoridade competente para apurar o ilícito ou para constituir uma obrigação postula que a instituição financeira preste a informação.

2.4.4.1. A regra geral

Para que se tenha acesso às informações protegidas por sigilo, faz-se necessário, em regra, **autorização judicial**.

Deveras, cabe ao Judiciário, como guardião dos direitos individuais, apreciar pedidos de acesso a informação sigilosa, competência que decorre tanto do art. 5°, XII, da Carta, como do exercício da própria Jurisdição pelo Poder Competente, conforme disciplina o art. 2°, da CF/88.

Na Lei Complementar 105/2001, a primeira regra da competência do Judiciário para decretar a quebra do sigilo está consignada no § 4º, do art. 1°, da norma, segundo o qual "a quebra de sigilo poderá ser decretada, quando necessária para apuração de ocorrência de qualquer ilícito, em qualquer fase do inquérito ou do processo judicial, e especialmente nos seguintes crimes: de terrorismo; de tráfico ilícito de substâncias entorpecentes ou drogas afins; de contrabando ou tráfico de armas, munições ou material destinado a sua produção; de extorsão mediante sequestro; contra o sistema financeiro nacional; contra a Administração Pública; contra a ordem tributária e a previdência social; lavagem de dinheiro ou ocultação de bens, direitos e valores; praticado por organização criminosa".

O dispositivo elenca, de forma não exaustiva, os crimes que justificam a quebra do sigilo. Não afasta, porém, a quebra para outros crimes ou mesmo para ilícitos administrativos, pois menciona inequivocamente a "qualquer ilícito".

A disciplina da quebra do sigilo pelo Judiciário continua na letra do art. 3º, da LC 105/2001. A norma prevê a quebra do sigilo pelo Poder Judiciário, que poderá determinar que as entidades prestem as informações determinadas pelo juízo. De outro lado, limita a lei o acesso da informação apenas às partes do processo, que ficam, a seu turno, obrigadas ao sigilo acerca da informação que receberam. Limita, ainda, o uso da informação aos fins que justificaram a quebra do sigilo, mostrando-se ilícita a utilização destas informações para fins estranhos à lide.

O dever de manutenção do sigilo da informação pela parte que a obteve leva a parte da doutrina e da jurisprudência a falar em "transferência do sigilo" e não propriamente à "quebra do sigilo", pois a autorização judicial não torna pública a informação, apenas amplia o número de pessoas que a ela podem ter acesso e torna tais pessoas responsáveis pela manutenção do sigilo, na exata medida ao acesso que delas obtém.

Há, nestes casos, uma **proteção específica do sigilo a informação**, no sentido de que a informação acerca das operações bancárias ou de alguns elementos destas operações, deve ser prestada inclusive contra a vontade do titular da informação, mas proteção do sigilo, antes geral, pois ninguém a ela poderia ter acesso, passa a ser específica, pois dirigida especificamente à parte que obteve o acesso aos dados.

O art. 3º, da LC 105/2001 permite a quebra do sigilo mediante autorização judicial para instrução de processo disciplinar administrativo, dispensando, neste caso, a existência de processo judicial em curso. Significa dizer que a autorização judicial para a quebra do sigilo não depende da propositura da ação penal pela prática de crime ou de ação civil de reparação de dano ao erário, mas da simples existência da investigação administrativa de ilícito praticado por servidor.

Encerra a norma legal com a autorização de que o Banco Central e a Comissão de Valores Mobiliários à Advocacia-Geral da União as informações e os documentos necessários à defesa da União nas ações em que seja parte.

A norma concretiza os princípios do contraditório e da ampla defesa, de modo que a parte que demandar a União sobre direito que envolva dados protegidos pelo sigilo bancário não pode se valer do próprio sigilo bancário para impedir que a União exerça sua defesa.

O art. 7°, da LC 105/2001 determina procedimento similar ao do processo administrativo disciplinar para apurar infrações de servidor público, aplicável aos inquéritos administrativos abertos pela Comissão de Valores Mobiliários, destinados a apurar infrações ao mercado de capitais. Cabe a CVM requerer a quebra do sigilo bancário ao Poder Judiciário, para solicitar informações e documentos relativos a bens, direitos e obrigações de pessoa física ou jurídica submetida ao seu poder disciplinar. O parágrafo único do dispositivo, como mencionamos, trata do intercâmbio direto de informações entre o BC e a CVM, que não constitui quebra de sigilo e não depende de autorização judicial.

Ao lado da regra geral, a lei previu **hipóteses específicas** em que outras autoridades podem postular a informação bancária protegida por sigilo diretamente à instituição financeira.

2.4.4.2. Poder legislativo e CPIs

O art. 4º, da LC 105/2001 autoriza a transferência de informações bancárias ao **Poder Legislativo Federal**, especificamente às comissões parlamentares de inquérito, que podem requerer diretamente as informações, sem o recurso ao Judiciário.

A lei menciona apenas o Poder Legislativo Federal e suas **comissões de inquérito**. A jurisprudência do STF, contudo, entende caber o mesmo direito ao Legislativo Estadual e suas comissões parlamentares de inquérito: "ainda que seja omissa a Lei Complementar 105/2001, podem essas comissões estaduais requerer quebra de sigilo de dados bancários, com base no art. 58, § 3º, da Constituição"[291].

Ao **Tribunal de Contas da União – TCU**, contudo, o STF não reconhece a mesma prerrogativa, diante da inexistência de previsão legal específica e por faltar-lhe os "poderes de investigação próprios das autoridades judiciais" das CPIs, conferidos pelo art. 58, § 3º, da CF/88[292].

2.4.4.3. Administração tributária

A maior polêmica quanto à quebra do sigilo bancário está na atribuição às autoridades fiscais, única autoridade administrativa não financeira autorizada pela lei a ter acesso a informações bancárias sem a autorização do Judiciário. Para se dimensionar a repercussão da quebra de sigilo pelo Fisco, todas as 6 ações diretas de inconstitucionalidade propostas contra a LC 105/2001 discutem os arts. 5° e 6°, da norma, de forma exclusiva ou cumulada com outros dispositivos da lei complementar e apenas duas destas, a ADI 3.290/DF e a ADI 3.297/DF discutem outros aspectos da quebra do sigilo.

291. STF, Tribunal Pleno, ACO 730/RJ, Min. Joaquim Barbosa, DJ de 11/11/2005.

292. STF, Tribunal Pleno, MS 22.801/DF, Min. Menezes Direito, DJe de 14/3/2008.

O art. 5º da LC 105/2001, determina que as instituições financeiras repassem à Receita Federal (a administração tributária da União), diversos dados sobre operações financeiras.

Por força deste dispositivo, as instituições financeiras prestam informações gerais sobre movimentações financeiras, que permitem à Receita Federal monitorar a ocorrência de fatos geradores de tributos e instruir processos administrativos de constituição de créditos tributários.

O Decreto 4.489/2002, que regula a norma, determina que todas as informações sobre movimentações superiores a R$ 5.000,00 para pessoas físicas e R$ 10.000,00 para pessoas jurídicas sejam comunicadas, gerando um número gigantesco de informações, cuja utilidade principal é guiar a ação do fisco, não de caracterizar reais atos de sonegação fiscal.

O art. 6º, da LC 105/2001, talvez ainda mais discutido. Dispõe:

> Art. 6º As autoridades e os agentes fiscais tributários da União, dos Estados, do Distrito Federal e dos Municípios somente poderão examinar documentos, livros e registros de instituições financeiras, inclusive os referentes a contas de depósitos e aplicações financeiras, quando houver processo administrativo instaurado ou procedimento fiscal em curso e tais exames sejam considerados indispensáveis pela autoridade administrativa competente.

Parágrafo único. O resultado dos exames, as informações e os documentos a que se refere este artigo serão conservados em sigilo, observada a legislação tributária.

Este dispositivo permite ao Fisco de todos os níveis de governo requerer diretamente informações bancárias dos contribuintes. A norma é firmemente combatida, pois com tais informações pode restar constituído crédito tributário e configurada sonegação fiscal.

As impugnações à norma já foram, inclusive, apreciadas pelo STF, com bastantes debates e mudanças de posicionamento.

Em sede de medida cautelar na Ação Cautelar 33/PR, preparatória do RE 389.808/PR, o STF manteve a quebra de sigilo pelo Fisco, malgrado a decisão tenha se pautado mais nos pressupostos da própria medida cautelar que propriamente no mérito da demanda[293].

Pouco depois, o Supremo enfrentou novamente o tema, agora no bojo de ação criminal, em que se discutia a utilização, pelo fisco, de informações bancárias sigilosas, obtidas por meio de requisição judicial.

O STF entendeu incabível o encaminhamento das informações à Receita Federal, baseado na possibilidade de obtenção direta dos dados, vale dizer, baseado na possibilidade franqueada pelo art. 6º, da LC 105/2001. Leia-se:

> PENAL E PROCESSUAL PENAL. INQUÉRITO. QUEBRA DE SIGILO BANCÁRIO. COMPARTILHAMENTO DAS INFORMAÇÕES COM A RECEITA FEDERAL. IMPOSSIBILIDADE. AGRAVO IMPROVIDO.

293. STF, Tribunal Pleno, AC 33 MC/PR, Min. Joaquim Barbosa, DJe de 10/2/2011

> I – Não é cabível, em sede de inquérito, encaminhar à Receita Federal informações bancárias obtidas por meio de requisição judicial quando o delito investigado for de natureza diversa daquele apurado pelo fisco.
>
> II – Ademais, a autoridade fiscal, em sede de procedimento administrativo, pode utilizar-se da faculdade insculpida no art. 6º da LC 105/2001, do que resulta desnecessário o compartilhamento *in casu*.
>
> III – Agravo regimental desprovido.
>
> (STF, Tribunal Pleno, Inq 2.593 AgR/DF, Min. Ricardo Lewandowski, DJe de 15/2/2011)

Quando parecia tranquila a posição do STF a favor da quebra do sigilo pelo Fisco, a Corte julgou o RE 389.808/PR e, por maioria, entendeu inconstitucional o art. 6º, da LC 105/2001:

> SIGILO DE DADOS – AFASTAMENTO. Conforme disposto no inciso XII do artigo 5º da Constituição Federal, a regra é a privacidade quanto à correspondência, às comunicações telegráficas, aos dados e às comunicações, ficando a exceção – a quebra do sigilo – submetida ao crivo de órgão equidistante – o Judiciário – e, mesmo assim, para efeito de investigação criminal ou instrução processual penal.
>
> SIGILO DE DADOS BANCÁRIOS – RECEITA FEDERAL. Conflita com a Carta da República norma legal atribuindo à Receita Federal – parte na relação jurídico-tributária – o afastamento do sigilo de dados relativos ao contribuinte.
>
> (STF, Tribunal Pleno, RE 389.808/PR, Min. Marco Aurélio, DJe de 10/5/2011)

Com o julgamento do RE 601.314 RG/SP, a jurisprudência do STF deu nova guinada:

> RECURSO EXTRAORDINÁRIO. REPERCUSSÃO GERAL. DIREITO TRIBUTÁRIO. DIREITO AO SIGILO BANCÁRIO. DEVER DE PAGAR IMPOSTOS. REQUISIÇÃO DE INFORMAÇÃO DA RECEITA FEDERAL ÀS INSTITUIÇÕES FINANCEIRAS. ART. 6º DA LEI COMPLEMENTAR 105/01. MECANISMOS FISCALIZATÓRIOS. APURAÇÃO DE CRÉDITOS RELATIVOS A TRIBUTOS DISTINTOS DA CPMF. PRINCÍPIO DA IRRETROATIVIDADE DA NORMA TRIBUTÁRIA. LEI 10.174/01.
>
> 1. O litígio constitucional posto se traduz em um confronto entre o direito ao sigilo bancário e o dever de pagar tributos, ambos referidos a um mesmo cidadão e de caráter constituinte no que se refere à comunidade política, à luz da finalidade precípua da tributação de realizar a igualdade em seu duplo compromisso, a autonomia individual e o autogoverno coletivo. 2. Do ponto de vista da autonomia individual, o sigilo bancário é uma das expressões do direito de personalidade que se traduz em ter suas atividades e informações bancárias livres de ingerências ou ofensas, qualificadas como arbitrárias ou ilegais, de quem quer que seja, inclusive do Estado ou da própria instituição financeira. 3. Entende-se que a igualdade é satisfeita no plano do autogoverno coletivo por meio do pagamento de tributos, na medida da capacidade contributiva do contribuinte, por sua vez vinculado a um Estado soberano comprometido com a satisfação das necessidades coletivas de seu Povo. 4. Verifica-se que o

Poder Legislativo não desbordou dos parâmetros constitucionais, ao exercer sua relativa liberdade de conformação da ordem jurídica, na medida em que estabeleceu requisitos objetivos para a requisição de informação pela Administração Tributária às instituições financeiras, assim como manteve o sigilo dos dados a respeito das transações financeiras do contribuinte, observando-se um translado do dever de sigilo da esfera bancária para a fiscal. 5. A alteração na ordem jurídica promovida pela Lei 10.174/01 não atrai a aplicação do princípio da irretroatividade das leis tributárias, uma vez que aquela se encerra na atribuição de competência administrativa à Secretaria da Receita Federal, o que evidencia o caráter instrumental da norma em questão. Aplica-se, portanto, o artigo 144, §1º, do Código Tributário Nacional. 6. Fixação de tese em relação ao item "a" do Tema 225 da sistemática da repercussão geral: "O art. 6º da Lei Complementar 105/01 não ofende o direito ao sigilo bancário, pois realiza a igualdade em relação aos cidadãos, por meio do princípio da capacidade contributiva, bem como estabelece requisitos objetivos e o translado do dever de sigilo da esfera bancária para a fiscal". 7. Fixação de tese em relação ao item "b" do Tema 225 da sistemática da repercussão geral: "A Lei 10.174/01 não atrai a aplicação do princípio da irretroatividade das leis tributárias, tendo em vista o caráter instrumental da norma, nos termos do artigo 144, § 1º, do CTN". 8. Recurso extraordinário a que se nega provimento.

(STF, Tribunal Pleno, RE 601.314 RG/SP, Min. Edson Fachin, DJe de 16/9/2016)

A Corte, portanto, considerou constitucionais os arts. 5º e 6º, da LC 105/2001 e legítimo o acesso do Fisco a informações bancárias sem o requerimento ao Judiciário.

2.4.5. *Considerações finais*

A LC 105/2001 não veio tornar absoluto o sigilo bancário nem o banalizar. A despeito das legitimas discussões que o tema suscita, a norma procurou sistematizar a matéria, resguardar as informações merecedoras do sigilo e disciplinar o acesso e a utilização das informações bancárias por terceiros.

Neste mister, autorizou o acesso a dados relativos a operações bancárias a diversas instituições, com ou sem a interveniência do Poder Judiciário, notadamente as Comissões Parlamentares de Inquérito, o Ministério Público, o Fisco, o Banco Central, a Comissão de Valores Mobiliários, as Comissões de Inquérito Administrativo e a União, na defesa de seus interesses nas ações propostas pelos titulares das informações sigilosas.

No acesso a informação por quaisquer destes, porém, a lei transferiu, também, o dever de sigilo, vedando o uso da informação para fins diversos dos que levaram a sua obtenção.

Para fechar a disciplina da matéria, a lei criminalizou a quebra do sigilo bancário fora das hipóteses autorizadas, bem como a omissão, o retardamento na prestação das informações legalmente requeridas, ou a prestação de informações falsas (art. 10) e criminalizou, também, o vazamento das informações obtidas por servidores públicos (art. 11).

Tais normas criminalizantes funcionam, mais que como simples tipos penais, como garantia da eficácia da disciplina legal do sigilo e de sua quebra.

2.5. Contratos bancários e a defesa do consumidor

2.5.1. Introdução

Com frequência, os contratos bancários são firmados entre a instituição financeira, de um lado, e, de outro, não uma grande empresa, mas uma pessoa física ou jurídica, sem pretensões empresariais.

As relações entre o consumidor de serviços e as instituições financeiras foram intensamente debatidas nos tribunais, aqueles alegando ser parte hipossuficiente nos contratos e estas alegando atuar em setor com regulação específica, não se lhes aplicando o Código de Defesa do Consumidor – CDC, Lei 8.078/1990.

De fato, boa parte dos contratos bancários é regulada por normas emitidas pelo Conselho Monetário Nacional e pelo Banco Central, o que não afasta a relação de hipossuficiência do "cliente bancário" e, portanto, não afastando a aplicação do CDC, de acordo com a jurisprudência consolidada da Súmula 297, do STJ. Leia-se:

> Súmula 297 – O Código de Defesa do Consumidor é aplicável às instituições financeiras. (STJ, S2, DJ de 9/9/2004)

O intenso debate judicial entre consumidores e instituições financeiras levou a uma solidificação da jurisprudência, sumulada pelo STJ, além, é claro, da edição de leis para tratar de questões relativas aos contratos bancários, como cláusulas e práticas abusivas, aplicação de multa, cadastros de proteção ao crédito e responsabilidade civil das instituições financeiras.

Neste tópico, trataremos de parte destes temas, notadamente da aplicação do CDC aos contratos bancários, a responsabilidade objetiva das instituições financeiras em casos de fraude e os cadastros de crédito, inclusive o método do *scoring*.

2.5.2. Aplicação do CDC

A primeira das consequências de aplicação do CDC aos contratos bancários é a ampliação da competência dos órgãos de proteção e defesa dos consumidores.

Assim, os órgãos administrativos, como a polícia e o Ministério Público, e judiciais, especialmente os Juizados Especiais, mencionados no art. 5º, da Lei 8.078.1990, têm competência para tratar de questões envolvendo contratos bancários.

Ademais, os próprios órgãos da administração, os PROCONs, na execução da Política Nacional das Relações de Consumo, nos diversos âmbitos da federação, podem fiscalizar o mercado de consumo e punir seus infratores, com as penalidades previstas no art. 56, do CDC.

Tais penalidades não afastam as penalidades previstas pela regulação do sistema financeiro, nem mesmo se decorrentes do mesmo fato.

O *bis in idem* ocorre, apenas, quando o mesmo fato é punido mais de uma vez pelo mesmo corpo de normas, que protege um mesmo titular de direitos, de modo que se apenas um fato constituir infração aos direitos do consumidor e ao mesmo tempo infração às regras do sistema financeiro, duas penas podem e devem ser aplicadas. O mesmo ocorre quando um fato constitui crime e ilícito civil. A condenação penal não afasta a reparação cível, ao contrário, torna certo o dever de indenizar. Não há *bis in idem*, pois há dois corpos de normas distintos, um penal e outro cível e diferentes titulares de direito lesados, o Estado e o particular, vítima do crime. Na relação dos contratos bancários também há dois corpos de normas, um consumerista e outro do sistema financeiro e dois titulares de direito, o consumidor e o Estado regulador da atividade financeira.

Nosso objetivo neste tópico, contudo, não é esgotar a matéria de proteção do consumidor nos contratos bancários, mas tão somente destacar a jurisprudência mais consolidada que afeta os agentes do sistema financeiro, na relação com os consumidores.

Quatro Súmulas do STJ merecem destaque.

De acordo com a Súmula 285, do STJ, as multas moratórias previstas no CDC são aplicáveis aos contratos bancários posteriores ao Código.

A multa de mora prevista pelo art. 52, § 1º, do CDC, que era de 10% e foi reduzida ainda a 2% pela Lei 9.298/1996, refere-se apenas à mora e não afasta a pactuação de juros do contrato, como analisado no tópico próprio.

Outra jurisprudência relevante é a consolidada no enunciado da Súmula 477, do STJ, segundo o qual "a decadência do art. 26 do CDC não é aplicável à prestação de contas para obter esclarecimentos sobre cobrança de taxas, tarifas e encargos bancários".

Deveras, o prazo do art. 26, especialmente de seu inciso I, da Lei 8.078/1990 é bastante curto, como se depreende de seu texto:

> Art. 26. O direito de reclamar pelos vícios aparentes ou de fácil constatação caduca em:
>
> I – trinta dias, tratando-se de fornecimento de serviço e de produtos não duráveis; [...]

Afastando o prazo restritivo, o STJ permite tempo maior para o cliente obter informações sobre os serviços bancários e assim melhor proteger seus direitos.

A jurisprudência do STJ também pacificou como prática abusiva, entre as previstas nos arts. 39 a 41, do CDC, o envio de cartão de crédito sem prévia e expressa solicitação do consumidor, de acordo com a Súmula 532, sujeitando o infrator ao pagamento de indenização e a responsabilidade por multa administrativa.

Nem sempre, contudo, a jurisprudência foi mais favorável ao consumidor, a exemplo do que restou consolidado na Súmula 381, do STJ, segundo a qual, "nos contratos bancários, é vedado ao julgador conhecer, de ofício, da abusividade das cláusulas". Cabe ao cliente, portanto, alegar a abusividade da cláusula que pretende anular.

Passaremos, agora, a dois temas mais específicos da atuação das instituições financeiras, uma hipótese de responsabilidade objetiva e a questão dos cadastros de crédito.

2.5.3. Responsabilidade objetiva das instituições financeiras

A regra no direito brasileiro é a responsabilidade subjetiva e depende de culpa, cabendo à parte lesada comprovar a conduta culposa, o dano e o nexo causal. A exceção, mesmo no direito do consumidor, é a responsabilidade objetiva, em que a culpa não precisa ser provada e mesmo a inversão do ônus da prova em favor do consumidor é condicionada a sua hipossuficiência ou à verossimilhança de suas alegações.

Deveras, a responsabilidade objetiva existe apenas por previsão legal específica ou em situações extraordinárias.

Uma destas hipóteses extraordinárias é a responsabilidade das instituições financeiras por fortuito interno relativo a fraudes e delitos praticados por terceiros. Trata-se de violações de informações de dados bancários, como senhas de cartão ou mesmo a invasão de contas de transferência de recursos.

Nestes casos, em que terceiro não funcionário do banco pratica a fraude, não há culpa da instituição financeira, mas o cliente ficaria totalmente desprotegido de prejuízos causados pelas fraudes.

Após algum debate, a questão foi julgada pelo STJ, no REsp 1.199.782/PR:

> RECURSO ESPECIAL REPRESENTATIVO DE CONTROVÉRSIA. JULGAMENTO PELA SISTEMÁTICA DO ART. 543-C DO CPC. RESPONSABILIDADE CIVIL. INSTITUIÇÕES BANCÁRIAS. DANOS CAUSADOS POR FRAUDES E DELITOS PRATICADOS POR TERCEIROS. RESPONSABILIDADE OBJETIVA. FORTUITO INTERNO. RISCO DO EMPREENDIMENTO.
>
> 1. Para efeitos do art. 543-C do CPC: As instituições bancárias respondem objetivamente pelos danos causados por fraudes ou delitos praticados por terceiros – como, por exemplo, abertura de conta-corrente ou recebimento de empréstimos mediante fraude ou utilização de documentos falsos -, porquanto tal responsabilidade decorre do risco do empreendimento, caracterizando-se como fortuito interno.
>
> (STJ, S2, REsp 1.199.782/PR, Min. LUIS FELIPE SALOMÃO, DJe de 12/9/2011)

No ano seguinte ao julgamento do repetitivo, o STJ editou a Súmula 479, reiterando que "as instituições financeiras respondem objetivamente pelos danos gerados por fortuito interno relativo a fraudes e delitos praticados por terceiros no âmbito de operações bancárias".

De fato, as fraudes são cometidas contra os sistemas e as informações gerenciadas pelas instituições financeiras, não parecendo legítimo que os danos sejam suportados pelos consumidores.

Ademais, o cliente bancário estaria totalmente vulnerável, se estivesse obrigado a provar culpa da instituição financeira ou perseguir o terceiro que praticou o ilícito.

2.5.4. *Cadastros de crédito negativos e positivos* (credit scoring)

Tem evoluído na jurisprudência o tema dos cadastros de crédito, cadastros de devedores ou ainda banco de dados de histórico de crédito.

A análise de perfil de crédito sempre foi realizada pelas instituições financeiras e por empresas que operavam vendas a crédito. Afinal, quem emprestaria recursos ou venderia a prazo sem a expectativa de receber de volta o dinheiro concedido?

No intuito de auxiliar esta tarefa, surgiram cadastros que procuravam identificar os consumidores e tomadores de crédito em geral que descumpriam suas obrigações, para orientar os fornecedores de crédito em sua atividade empresarial.

As medidas não se mostraram ilegais e, com efeito, apresentam vantagens aos bons pagadores e à sociedade em geral, sem falar que a finalidade de proteger os fornecedores de crédito contra maus pagadores também é legítima.

A falta de informação acerca dos tomadores de crédito leva, inevitavelmente, a uma padronização das taxas de juros em níveis elevados, pois o mutuante não sabe se receberá o retorno de seu capital. A atividade se torna mais arriscada e, para compensar os riscos, a taxa de juros é elevada.

Ao revés, com informações adequadas, o mutuante pode reconhecer os bons pagadores e realizar operações de créditos menos arriscadas a taxas de juros mais baixas, penalizando apenas os maus pagadores que, por sua própria conduta, sofrem restrição no crédito ou se sujeitam a juros elevados.

De outro lado, embora legítimos, os cadastros têm potencial de lesar direitos, pela inclusão de informações irrelevantes para o perfil de crédito que violem direitos individuais ou pela inclusão indevida de consumidores como inadimplentes, práticas eventualmente cometidas tanto pelo fornecedor do crédito, que presta informações indevidas, quanto pelo próprio gestor do cadastro de crédito, e que podem levar ao dever de indenizar.

Muitas destas condutas foram judicializadas e têm gerado ampla jurisprudência, em alguns casos consolidadas.

Um exemplo é o direito de notificação do devedor, antes da inscrição de seu nome no cadastro de proteção ao crédito, nos termos da Súmula 539, do STJ, que dispõe:

> Súmula 359 – Cabe ao órgão mantenedor do Cadastro de Proteção ao Crédito a notificação do devedor antes de proceder à inscrição. (STJ, S2, DJe 8/9/2008)

Outro exemplo de jurisprudência consolidada é a ausência do dever de indenizar pela anotação indevida de débito, de pessoa que já possua inscrição por débito existente, como enuncia a Súmula 385, do STJ:

> Súmula 385 – Da anotação irregular em cadastro de proteção ao crédito, não cabe indenização por dano moral, quando preexistente legítima inscrição, ressalvado o direito ao cancelamento. (STJ, S2, DJe de DJe 8/6/2009)

Neste caso, o interessado tem direito do cancelamento da anotação do débito inexistente, mas não há dano a indenizar, pois a "negativação" do interessado no cadastro ocorrera de forma legítima, pelo débito preexistente.

Em 2015, o STJ sumulou o prazo para exclusão do registro da dívida, de cinco dias úteis, a partir do integral e efetivo pagamento do débito, a teor do Enunciado 548, daquele tribunal.

A legislação não ficou alheia a estes problemas e, em 2011, foi editada a Lei 12.414/2011, disciplinando "a formação e consulta a bancos de dados com informações de adimplemento, de pessoas naturais ou de pessoas jurídicas, para formação de histórico de crédito".

Veja-se que a lei regula apenas os bancos de dados de adimplemento para fins de formação de histórico de crédito, não a análise de crédito realizada pelo próprio mutuante ou concedente do crédito, nem os cadastros estáticos de crédito, em que constam apenas informações sobre débitos inadimplidos em determinado momento, embora alguns princípios que regem as duas modalidades de cadastro sejam comuns.

De fato, há pelo menos dois tipos de cadastro, os **cadastros de inadimplentes**, que registram apenas a existência de débitos, estáticos, existentes em um determinado momento (são cadastros "negativos", pois somente podem revelar inadimplências do consumidor) e os **cadastros para formação de histórico**, dinâmicos e "positivos", pois podem revelar o caráter do consumidor bom pagador (mediante armazenamento de informações de adimplemento e inadimplemento no decorrer do tempo), para quem o crédito é mais acessível e os juros potencialmente mais baixos.

Por certo, as informações podem demonstrar o perfil de risco do cadastrado para fins de concessão de crédito, se este não pagar reiteradamente suas obrigações.

Estes cadastros podem ainda ser estruturados pelo método de escore de crédito (*credit score*), por meio do qual o risco de crédito de cada cadastrado é avaliado por métodos estatísticos, gerando índices, pontuações e classificações do consumidor.

A lei legitima estes bancos de dados, mas limita as informações acerca do adimplemento dos tomadores, para a formação do histórico de crédito, autorizando apenas o armazenamento de informações objetivas, claras, verdadeiras e de fácil compreensão, que sejam necessárias para avaliar a situação econômica do cadastrado. Veda, neste mesmo sentido, anotações de informações excessivas, vinculadas à análise de risco de crédito ao consumidor, e de informações sensíveis, pertinentes à origem étnica, religião, saúde etc. (art. 3º, da Lei 12.414/2011).

Dispõe o art. 4º, da Lei 12.414/2011, que a abertura do cadastro depende de autorização do potencial cadastrado. De outro turno, as anotações no cadastro dependem do histórico do cadastrado, que não pode impedir registros de inadimplementos. O cadastrado tem o direito de acessar suas informações bem como de cancelar o cadastro, embora neste caso perca os eventuais benefícios que dele poderiam advir, se seu histórico de crédito for favorável.

A própria existência destes cadastros foi desafiada no Poder Judiciário, mas recebeu o aval do STJ. Vejamos as teses firmadas no REsp 1.419.697/RS:

> RECURSO ESPECIAL REPRESENTATIVO DE CONTROVÉRSIA (ART. 543-C DO CPC). TEMA 710/STJ. DIREITO DO CONSUMIDOR. ARQUIVOS DE CRÉDITO. SISTEMA "CREDIT SCORING". COMPATIBILIDADE COM O DIREITO BRASILEIRO. LIMITES. DANO MORAL.
>
> I – TESES:
>
> 1) O sistema "credit scoring" é um método desenvolvido para avaliação do risco de concessão de crédito, a partir de modelos estatísticos, considerando diversas variáveis, com atribuição de uma pontuação ao consumidor avaliado (nota do risco de crédito).
>
> 2) Essa prática comercial é lícita, estando autorizada pelo art. 5º, IV, e pelo art. 7º, I, da Lei n. 12.414/2011 (lei do cadastro positivo).
>
> 3) Na avaliação do risco de crédito, devem ser respeitados os limites estabelecidos pelo sistema de proteção do consumidor no sentido da tutela da privacidade e da máxima transparência nas relações negociais, conforme previsão do CDC e da Lei n. 12.414/2011.
>
> 4) Apesar de desnecessário o consentimento do consumidor consultado, devem ser a ele fornecidos esclarecimentos, caso solicitados, acerca das fontes dos dados considerados (histórico de crédito), bem como as informações pessoais valoradas.
>
> 5) O desrespeito aos limites legais na utilização do sistema "credit scoring", configurando abuso no exercício desse direito (art. 187 do CC), pode ensejar a responsabilidade objetiva e solidária do fornecedor do serviço, do responsável pelo banco de dados, da fonte e do consulente (art. 16 da Lei n. 12.414/2011) pela ocorrência de danos morais nas hipóteses de utilização de informações excessivas ou sensíveis (art. 3º, § 3º, I e II, da Lei n. 12.414/2011), bem como nos casos de comprovada recusa indevida de crédito pelo uso de dados incorretos ou desatualizados.
>
> [...]
>
> (STJ, S2, REsp 1.419.697/RS, Min. PAULO DE TARSO SANSEVERINO, DJe 17/11/2014)

O STJ enfrentou, ainda, as condições para a ação cautelar de exibição de documentos do banco de dados da Lei 12.414/2011. Leia-se a ementa do REsp 1.304.736/RS:

> PROCESSUAL CIVIL. RECURSO ESPECIAL SUBMETIDO À SISTEMÁTICA PREVISTA NO ART. 543-C DO CPC. AÇÃO CAUTELAR DE EXIBIÇÃO DE DOCUMENTOS. CREDISCORE. INTERESSE DE AGIR. DEMONSTRAÇÃO DE QUE A RECUSA DE CRÉDITO OCORREU EM RAZÃO DA FERRAMENTA DE SCORING, ALÉM DE PROVA DO REQUERIMENTO PERANTE A INSTITUIÇÃO RESPONSÁVEL E SUA NEGATIVA OU OMISSÃO.
>
> [...]
>
> 4. Destarte, para efeitos do art. 543-C do CPC, firma-se a seguinte tese: "Em relação ao sistema "credit scoring", o interesse de agir para a propositura da

> ação cautelar de exibição de documentos exige, no mínimo, a prova de: i) requerimento para obtenção dos dados ou, ao menos, a tentativa de fazê-lo à instituição responsável pelo sistema de pontuação, com a fixação de prazo razoável para atendimento; e ii) que a recusa do crédito almejado ocorreu em razão da pontuação que lhe foi atribuída pelo sistema Scoring".
>
> 5. Recurso especial a que se nega provimento. Acórdão submetido ao regime do art. 543-C do CPC e da Resolução STJ 8/2008.
>
> (STJ, S2, REsp 1.304.736/RS, Min. LUIS FELIPE SALOMÃO, DJe 30/3/2016)

A matéria foi sumulada no Enunciado 550, segundo o qual "a utilização de escore de crédito, método estatístico de avaliação de risco que não constitui banco de dados, dispensa o consentimento do consumidor, que terá o direito de solicitar esclarecimentos sobre as informações pessoais valoradas e as fontes dos dados considerados no respectivo cálculo".

Demais direitos e deveres do cadastrado, do gestor do banco de dados e de outros participantes estão previstos na Lei 12.414/2011, cuja leitura recomendamos.

3. MERCADO DE CÂMBIO

3.1. Introdução

O mercado de câmbio envolve **todas as operações com moeda estrangeira**. Não se trata de um mercado isolado – na verdade nenhum dos mercados do sistema financeiro existe isoladamente dos demais, pois todos se comunicam. O mercado de câmbio se relaciona com o mercado de títulos e valores mobiliários, nas aplicações de recursos estrangeiros em papéis nacionais, com o mercado de crédito, nos financiamentos internacionais e com a economia real, nas operações de importação e exportação, no turismo e nos negócios internacionais, que envolve a conversão de moedas.

O mercado de câmbio é definido pelo art. 1º, da Resolução CMN 3.568/2008:

> Art. 1º O mercado de câmbio brasileiro compreende as operações de compra e de venda de moeda estrangeira e as operações com ouro-instrumento cambial, realizadas com instituições autorizadas pelo Banco Central do Brasil a operar no mercado de câmbio, bem como as operações em moeda nacional entre residentes, domiciliados ou com sede no País e residentes, domiciliados ou com sede no exterior.
>
> Parágrafo único. Incluem-se no mercado de câmbio brasileiro as operações relativas aos recebimentos, pagamentos e transferências do e para o exterior mediante a utilização de cartões de uso internacional e de empresas facilitadoras de pagamentos internacionais, bem como as operações referentes às transferências financeiras postais internacionais, inclusive mediante vales postais e reembolsos postais internacionais.

Neste tópico, vamos cuidar especialmente do câmbio no comércio exterior e do capital estrangeiro no país.

O câmbio no **comércio exterior** é aquele relacionado a operações de importação e exportação e envolve métodos de pagamento internacionais.

No tema do capital estrangeiro, vamos abordar o **investimento estrangeiro no país** e a remessa de lucros e capitais para o exterior, tanto em seus requisitos e procedimentos, quando suas limitações, notadamente constitucionais.

Cabe delimitar o tema. Pela expressão investimento estrangeiro, não devemos entender qualquer remessa de recursos de estrangeiros para o Brasil. Investimento é um conceito técnico, do direito comercial e da contabilidade e designa a capitalização de empresas, na sua criação ou no aumento de seu capital, ou a aquisição de ações e contas de empresas.

Assim, por exemplo, não está sujeito ao regime do capital estrangeiro o recurso enviado pelo brasileiro no exterior, para sua família no Brasil, nem o dinheiro que o estrangeiro remete para conta bancária no Brasil, para comprar um apartamento[294], um carro ou custear férias no país.

Investimento estrangeiro **não significa**, portanto, qualquer remessa de divisas, mas apenas aquelas relativas à atividade produtiva.

Vale, ainda, ressaltar, que se incluem no mercado de câmbio as operações em moeda nacional, entre residentes no país e residentes no exterior, pelo Sistema de Pagamentos em Moeda Local – SML, entre países integrantes do sistema, como a Argentina e o Uruguai. No SML, as operações comerciais internacionais podem ser realizadas em Real ou na moeda dos países integrantes.

Também estão incluídas no mercado de câmbio as operações com ouro, como instrumento cambial.

3.2. Visão geral do contrato de câmbio

O **câmbio** é importante para a economia de qualquer país. Ele **representa o valor relativo das moedas e revela uma medida comparativa da própria força da economia local face as demais**, pois, como dissemos, as moedas não são mais lastreadas em metais preciosos.

O câmbio, portanto, determina o valor relativo, para cada país, dos negócios internacionais de seus residentes, envolvendo bens e serviços. Dessa maneira, o câmbio determina o fluxo de riqueza nas transações econômicas internacionais.

Podemos imaginar, por exemplo, uma exportação de uma mercadoria de um residente nos Estados Unidos para uma pessoa na Europa. Vamos supor que a mercadoria custe US$ 100,00 no mercado internacional. Se o câmbio do Euro para o Dólar estiver 1 para 1, o europeu desembolsará € 100,00, pela utilidade da mercadoria de US$ 100,00. Se Dólar se valorizar frente ao Euro, em 10%, o europeu terá que pagar € 110,00 pela mesma utilidade de US$ 100,00. Em outros termos, o europeu terá que transferir mais riqueza para o exportador norte-americano, para adquirir a mesma

294. Disponível em: http://www.bcb.gov.br/?MOEDAESTRANGEIRAFAQ. Acesso em 31/8/2015.

utilidade. Se ao revés, o Euro se valorizar, o europeu terá que transferir menos riqueza pela mesma utilidade.

Este fluxo de riquezas promovido pelo câmbio também tem efeitos na produção e nos níveis de preço internos. Quanto mais valorizada a moeda do país, há uma tendência ao crescimento das importações, e, portanto ao aumento da concorrência e a redução dos preços naquela economia. Por outro lado, a moeda desvalorizada torna mais baratos os produtos do país, o que tende a estimular a produção nacional e suas exportações.

Embora o mecanismo seja o mesmo em qualquer país, para as economias mais fracas o câmbio é ainda mais importante, pois nelas as transferências de riqueza são mais sensíveis e a produção nacional é muito dependente do mercado externo. Ademais, as moedas fracas não são aceitas nas relações internacionais (salvo por arranjo entre países, como no caso dos integrantes do SML), de modo que os países, por seus bancos centrais, devem possuir reservas em moedas fortes, para garantir o pagamento das obrigações internacionais, em moeda estrangeira.

Quanto mais fraca a economia, maior a tendência, portanto, a uma regulação mais severa do câmbio, tanto pela autoridade monetária quanto pela autoridade fiscal. No Brasil, esta regulamentação tem sido flexibilizada nos últimos anos, malgrado a crise que se instaurou em 2014.

De toda forma, há interesse público na regulamentação das trocas de moeda, tanto na condução da política economia nacional, quanto na manutenção da riqueza nacional no país.

No nível macroeconômico, a política cambial é realizada pelo controle da taxa de câmbio (fixo, bandas cambiais e flutuação de mercado) e pela intervenção do Banco Central na compra e venda de moeda estrangeira (*swap* cambial). No nível microeconômico, o **elemento básico** desta regulação é o **contrato de câmbio**.

O contrato de câmbio apresenta as características de qualquer contrato, objeto lícito, partes capazes e forma não defesa ou prevista em lei.

O **objeto** imediato do contrato de câmbio é a troca de moedas. Normalmente haverá, porém, um objeto mediato, a finalidade desta troca de moedas.

Deveras, "existe um mercado *spot*, no qual as operações têm efeito imediato, e existe um mercado futuro (*forward*), no qual a compra ou venda é acertada hoje, a uma taxa acordada, porém com entrega em data futura"[295].

O residente no Brasil pode comprar moedas estrangeiras e revendê-las, pode exportar e importar bens do exterior (salvo vedações aduaneiras), pode aplicar recursos em investimentos baseados em moedas estrangeiras, pode remeter recursos para o exterior etc. Também o residente no exterior pode comprar Reais e revendê-los, pode exportar

295. OLIVEIRA, Virgínia I., GALVÃO, Alexandre, RIBEIRO, Érico (orgs.). Mercado financeiro: uma abordagem prática dos principais produtos e serviços. Rio de Janeiro: Elsevier, 2006, p. 286.

para o Brasil e importar bens e serviços brasileiros, pode investir em aplicações no Brasil, pode abrir ou adquirir empresas (salvo algumas limitações constitucionais), pode remeter lucros para o exterior bem como realizar uma série de outras atividades que envolvem câmbio.

Contudo, a depender da finalidade da operação, haverá regulamentos, controles e formas apropriadas a serem seguidas.

As **partes no contrato de câmbio** não são absolutamente livres. Embora seja lícita a realização dos contratos de câmbio para brasileiros e estrangeiros, residentes no país e no exterior, sem limitação de valor (art. 1º, do DL 9.025/1946 e art. 8º, da Resolução CMN 3.568/2008), o câmbio somente pode ser contratado com **instituições habilitadas** pelo Banco Central (art. 65, da Lei 9.069/1995).

Podem ser habilitadas instituições como bancos comerciais, bancos múltiplos com carteiras comerciais (Ex. Banco do Brasil, Itaú) e caixas econômicas (CEF), que podem realizar qualquer operação de câmbio[296], e bancos de desenvolvimento (BNDES), bancos de investimento (Banco Alfa), bancos cooperativos (SICREDI), corretoras e distribuidoras de títulos e valores mobiliários, bancos de câmbio, sociedades de crédito, financiamento e investimento bem como as corretoras de câmbio, também conhecidas como "agências" de câmbio, limitadas às operações típicas de sua atividade (art. 2º e 3º, da Resolução CMN 3.568/2008).

Por ser atividade regulamentada, não é licita a negociação de câmbio por pessoas não habilitadas. Hoje, o "mercado negro" de divisas não é mais comum no Brasil, inclusive devido ao amplo acesso ao câmbio no país, mas continua ilegal (art. 1º, do Decreto 23.258/1933).

Nas operações de compra e venda de moeda, na casa de câmbio ou na agência bancária autorizada, o ganho da instituição será a diferença paga na compra (preço menor) e na venda (preço maior). Nos financiamentos em moeda estrangeira, o custo do empréstimo será o da variação do preço da própria moeda acrescido da taxa de juros internacional. As taxas mais aplicadas são a Libor (taxa de juros do mercado londrino) e Prime (taxa de juros do mercado de Nova York), além da CIRR (*Commercial Interest Reference Rates*) e da Euribor (*Euro Interbank Offer Rate*)[297].

Na **forma** (para os diversos **instrumentos**, como troca física de moedas, compra de *travelers checks*, pagamentos com cartão de crédito, remessas de divisas etc. e para diversos **métodos** de transferência e pagamento, como remessa direta, pagamento antecipado, cobrança documentária, crédito documentário[298]) os contratos podem ser físicos ou ele-

296. Disponível em: http://www.bcb.gov.br/rex/LegCE/Port/Ftp/Capitais_Internacionais_Mercado_Cambio_Brasil. pdf, p. 5. Acesso em 28/8/2015

297. OLIVEIRA, Virgínia I., GALVÃO, Alexandre, RIBEIRO, Érico (orgs.). Mercado financeiro: uma abordagem prática dos principais produtos e serviços. Rio de Janeiro: Elsevier, 2006, p. 320-321.

298. ATSUMI, Shirley Yurica K. et ali. Gestão de operações de câmbio. Rio de Janeiro: Editora FGV, 2103, p. 99 e seg.

trônicos, seguindo formulários definidos pelo Banco Central[299], com o prazo máximo de 1500 dias (art. 10, da Resolução CMN 3.568/2008).

As operações de câmbio podem canceladas por acordo entre as partes ou baixadas da posição cambial das instituições autorizadas, salvo nas operações de câmbio simplificado, nas operações interbancárias (art. 11, da Resolução CMN 3.568/2008).

É vedada a alteração, no contrato de câmbio, dos dados referentes às identidades do comprador ou do vendedor, ao valor em moeda nacional, ao código da moeda estrangeira e à taxa de câmbio, nos termos do art. 12, da Resolução CMN 3.568/2008.

Todas as operações de câmbio estão sujeitas a **registro** no Banco Central no mesmo dia de sua realização, no sistema de Registro Declaratório Eletrônico – RDE/Sisbacen, e algumas operações, dependendo do fato econômico a que o câmbio está relacionado, em módulos específicos do RDE/Sisbacen, como o Registro de Investimento Estrangeiro Direto – IED, o Registro de Operações Financeiras – ROF e o Portfólio, este para aquisição de valores mobiliários, ou de outras instituições como o Sistema de Comércio Exterior, do Ministério do Desenvolvimento Indústria e Comercio – SISCOMEX/MDIC.

Neste registro deve constar a identificação do cliente (art. 18, da Resolução CMN 3.568/2008) entre outros elementos. A instituição responsável deve exigir a documentação pertinente, sendo dispensada a guarda e a apresentação dos documentos para registro nas operações de câmbio de valor inferior a US$ 3.000,00 (art. 8º, § 5º, da Resolução CMN 3.568/2008).

A **compensação** e a **liquidação** das operações de câmbio são realizadas pela Câmara de Registro, Compensação e Liquidação de Operações de Câmbio da BM&FBovespa.

As operações mais básicas de câmbio, normalmente realizadas por particulares, com objetivo de turismo, remessa de recurso para parentes ou abertura de contas no exterior.

A pessoa que faz viagens internacionais pode trocar moedas nas agências de câmbio e nas agências bancárias específicas das instituições autorizadas. Não é qualquer agência do banco que realiza câmbio, mas apenas as chamadas "agências internacionais".

A **remessa simples de valores**, a seu turno, pode ser realizada por empresas especializadas, transferência bancária por ordem de pagamento, abertura de conta no exterior, E-Conta na Caixa Econômica Federal, Vale Postal Eletrônico e transporte de dinheiro em espécie, limitado a US$ 10.000,00[300]. Cada modalidade apresenta seus requisitos, suas limitações e seus custos.

O Banco Central também orienta os interessados na realização de remessas e recebimentos de recursos em moedas estrangeiras[301].

---

299. Disponível em: http://www.bcb.gov.br/rex/LegCE/Port/Ftp/Capitais_Internacionais_Mercado_Cambio_Brasil.pdf, p. 6. Acesso em 28/8/2015.

300. Disponível em: http://exame.abril.com.br/seu-dinheiro/noticias/seis-formas-enviar-ou-receber-dinheiro-exterior-564526, acesso em 28/8/2015.

301. Disponível em: http://www.bcb.gov.br/?MOEDAESTRANGEIRAFAQ. Acesso em 28/8/2015.

A partir de agora, vamos tratar do mercado de câmbio no comércio internacional, com incursões no regime do capital brasileiro no exterior, sob o ponto de vista da legislação brasileira, é claro, e no regime dos capitais estrangeiros no Brasil, notadamente os investimentos diretos e os investimentos em valores mobiliários.

3.3. Câmbio no comércio internacional

Excetuando operações de caráter individual e particular, as operações econômicas internacionais que envolvem câmbio se subdividem em investimentos, empréstimos e financiamentos, e operações de comércio internacional, de exportação e importação de bens e serviços.

O resultado de exportações e importações compõe a chamada balança comercial, que por sua vez é parte do balanço internacional de pagamentos de um país.

Os interesses dos particulares e do governo nas operações de comércio internacional são relacionadas, mas não são idênticas.

O produtor nacional tem interesse no câmbio de suas operações para adquirir insumos do exterior (importação) e para utilizar a riqueza produzida no país (exportação), o que é feito necessariamente na moeda nacional, tendo em vista o curso forçado da moeda brasileira. O interesse do governo reside no estimulo à produção nacional, na obtenção de divisas internacionais para o pagamento de obrigações no exterior e no repatriamento da riqueza exportada, o que não ocorreria se o pagamento pela exportação do produto nacional permanecesse no exterior.

Ocorre que o **exportador** pode ter interesse em **manter recursos no exterior**, o que somente é autorizado por países de economia forte ou que possua reservas internacionais suficientes.

Historicamente, o exportador já foi obrigado a transformar em moeda brasileira todo o valor da exportação (DL 1.201/1939). Mais recentemente, o exportador podia manter até 30% da receita de exportações, sendo obrigado a realizar celebração e liquidação de contrato de câmbio para os demais 70%, de forma a trazer a moeda estrangeira para o Brasil (Resolução CMN 3.389/2006.

A Lei 11.371/2006, viabilizada pelo crescente saldo das reservas internacionais brasileiras, previu a possibilidade de o exportador manter no exterior a integralidade do recebimento das exportações, para a realização de investimento, aplicação financeira ou pagamento de obrigação próprios do exportador, vedada a realização de empréstimo ou mútuo de qualquer natureza, nas formas, nas condições e nos limites estabelecidos pelo Conselho Monetário Nacional, matéria regulamentada inicialmente pela Resolução CMN 3.548/2008 e hoje pelo art. 16-A, da Resolução CMN 3.568/2008, incluído pela Resolução CMN 4.051/2012.

Dispõe o art. 1º, da Lei 11.371/2006:

> Art. 1º Os recursos em moeda estrangeira relativos aos recebimentos de exportações brasileiras de mercadorias e de serviços para o exterior, realizadas por

> pessoas físicas ou jurídicas, poderão ser mantidos em instituição financeira no exterior, observados os limites fixados pelo Conselho Monetário Nacional.
>
> § 1º O Conselho Monetário Nacional disporá sobre a forma e as condições para a aplicação do disposto no caput, deste artigo, vedado o tratamento diferenciado por setor ou atividade econômica.
>
> § 2º Os recursos mantidos no exterior na forma deste artigo somente poderão ser utilizados para a realização de investimento, aplicação financeira ou pagamento de obrigação próprios do exportador, vedada a realização de empréstimo ou mútuo de qualquer natureza.

A Resolução CMN 3.568/2008, em seu art. 16-A, inciso I, permite que o exportador de mercadorias ou de serviços mantenha no exterior a integralidade dos recursos relativos ao recebimento de suas exportações.

Isso não dispensa a realização do câmbio, que deve ser simultâneo (troca da moeda estrangeira pelo Real e imediatamente a troca do Real pela moeda estrangeira), conforme o art. 2º, da Lei 11.371/2006, nem afasta a incidência dos tributos e encargos devidos na operação.

O **pagamento** da exportação pode ocorrer de diversas **modalidades**, basicamente a remessa direta, o pagamento antecipado, a cobrança documentária e o crédito documentário.

Na **remessa direta ou remessa sem saque**, o exportador remete o produto, assumindo os riscos do negócio, e o importador realiza o pagamento diretamente ao exportador, pelos meios disponíveis em seu país, sem a intermediação bancária para a cobrança. A operação pode ser acompanhada de garantia em favor do exportador (a garantia, denominada *standby guarantee*, é operacionalizada por instituições financeiras).

No **pagamento antecipado**, o importador realiza o pagamento antes do envio da mercadoria, assumindo, assim, os riscos de não receber o objeto importado. Neste caso, também não há intermediação bancária na cobrança e pode ser pactuada garantia em favor do importador. Esta garantia, contratada pelo exportador e pela qual o importador pode receber de volta os valores antecipados, se chama *advanced payment bond*).

A **cobrança documentária**, ao contrário das modalidades mais simples, é espécie de cobrança realizada por instituições financeiras, que envolve a emissão de título de crédito. Nesta modalidade, o exportador remete a mercadoria e entrega a uma instituição financeira os documentos comerciais da exportação e documentos financeiros, como uma letra de câmbio. O banco se incumbe de realizar a cobrança, utilizando-se de sua estrutura e de instituição no exterior. O título aceito circula como título de crédito no país do exportador. Esta cobrança é profissionalizada, mas não evita os riscos de falta de pagamento.

A modalidade mais complexa e mais cara é **a carta de crédito (*letter of credit*) ou crédito documentário**. Também é a modalidade mais segura para importador e exportador, pois consiste numa ordem de pagamento condicionada, instruída por diversos documentos e devidamente analisada e garantida por instituições financeiras de primeira linha.

Sem adentrar no procedimento da carta de crédito, trata-se de uma "operação pela qual um banco (banco emitente), agindo por solicitação e por instruções do importador (tomador do crédito), assegura o pagamento a um terceiro (beneficiário) ou à sua ordem, desde que este último apresente documentos estipulados pelo importador de acordo com os termos e condições do crédito"[302].

O exportador (beneficiário) remete a mercadoria, mas encontra-se garantido pelo procedimento bancário, independentemente de o importador pagar o preço à vista ou a prazo.

Contudo, o exportador pode não possuir recursos necessários para realizar a exportação combinada e necessitar tomar empréstimo ou simplesmente querer antecipar o recebimento da exportação a que se comprometeu.

Uma das formas mais baratas de obter esta antecipação é a realização de um contrato de **Adiantamento de Contrato de Câmbio – ACC ou de Adiantamento contra Cambiais Entregues – ACE**.

O ACC "é um financiamento concedido por um banco a exportadores brasileiros previamente ao embarque das mercadorias para o exterior ou à prestação dos serviços. A formalização dessa operação se dá através de um contrato de câmbio de compra com liquidação futura com natureza de exportação de mercadorias"[303].

O ACE, a seu turno, "é o financiamento concedido por um banco a exportadores brasileiros na fase pós-embarque em relação às mercadorias/serviços exportados"[304].

Cabe observar que o ACC e o ACE se distinguem pelo fato de o primeiro ocorrer antes do embarque e o segundo após o embarque da mercadoria. Dessa maneira, o ACC é convertido em ACE pelo banco operador quando os documentos de embarque são entregues à instituição financeira pelo exportador. Naturalmente, o exportador pode contratar diretamente o ACE, após o embarque das mercadorias exportadas.

Os contratos de ACC e ACE em resumo apresentam as seguintes características:	Natureza de contrato de financiamento e contrato de câmbio
	Valor dos contratos pode ser total ou parcial em relação ao valor da exportação
	Independem do método de pagamento
	Prazo para o ACC no máximo 360 dias antes do embarque, ACE máximo 360 dias após o embarque
	Diferem-se o ACC e o ACE pois aquele é celebrado antes do embarque da mercadoria e este após o embarque.
	O ACC se transforma em ACE quando a mercadoria é enviada para o exterior.

302. ATSUMI, Shirley Yurica K. et ali. Gestão de operações de câmbio. Rio de Janeiro: Editora FGV, 2103, p. 111.
303. ATSUMI, Shirley Yurica K. et ali. Gestão de operações de câmbio. Rio de Janeiro: Editora FGV, 2103, p. 73-74.
304. ATSUMI, Shirley Yurica K. et ali. Gestão de operações de câmbio. Rio de Janeiro: Editora FGV, 2103, p. 78.

O ACC pode ser prorrogado (se não tiver esgotado o prazo), cancelado (o exportador paga o valor do contrato em Reais para o banco), ou negociado com empresas especializadas em exportação.

A extinção do contrato por pagamento do importador ocorre em regra na fase do ACE, após o embarque da mercadoria, salvo nos casos de pagamento antecipado.

Os casos de inadimplência são regidos pelas regras ordinárias de cobrança e pela regulamentação específica do Banco Central.

Outro instituto relacionado é a **trava da exportação**, no qual não há antecipação de Reais pela exportação, mas a prefixação da taxa de câmbio a ser utilizada na conversão da moeda estrangeira, no momento em que ocorrer o pagamento pelo importador.

Trata-se de um contrato de câmbio futuro, que o exportador pode utilizar se tiver receio de que a moeda estrangeira perca valor

As **operações de câmbio na exportação devem ser declaradas**, mas não somente elas. Em geral, os **bens no exterior** pertencentes a pessoas residentes, domiciliadas ou sediadas no **Brasil**, devem ser **declarados** tanto para a Receita Federal quanto para o Banco Central.

Para a Receita Federal, o contribuinte deve apresentar a Declaração sobre a Utilização dos Recursos em Moeda Estrangeira Decorrentes do Recebimento de Exportações – DEREX e para o Banco Central e para o Banco Central o cidadão deve apresentar a **CBE – Capitais Brasileiros no Exterior**. Dispõe o art. 1º, do DL 1.060/1969:

> Art. 1º Sem prejuízo das obrigações previstas na legislação do impôsto de renda, as pessoas físicas ou jurídicas ficam obrigadas, na forma, limites e condições estabelecidas pelo Conselho Monetário Nacional, a declarar ao Banco Central do Brasil, os bens e valôres que possuírem no exterior, podendo ser exigida a justificação dos recursos empregados na sua aquisição.
>
> Parágrafo único. A declaração deverá ser atualizada sempre que houver aumento ou diminuição dos bens, dinheiros ou valôres, com a justificação do acréscimo ou da redução.

Nos termos da Resolução CMN 3.854/2010, o residente no país deve apresentar anualmente a CBE, informando bens e valores compreendidos nas seguintes modalidades: I – depósito; II – empréstimo em moeda; III – financiamento; IV – arrendamento mercantil financeiro; V – investimento direto; VI – investimento em portfólio; VII – aplicação em instrumentos financeiros derivativos; e VIII – outros investimentos, incluindo imóveis e outros bens (art. 3º, da Resolução CMN 3.854/2010).

Dispõe ainda o art. 2º, da Resolução CMN 3.854/2010:

> Art. 2º A declaração de que trata o art. 1º, inclusive suas retificações, deve ser prestada anualmente, por meio eletrônico, na data-base de 31 de dezembro de cada ano, quando os bens e valores do declarante no exterior totalizarem, nessa data, quantia igual ou superior a US$100.000,00 (cem mil dólares dos Estados Unidos da América), ou seu equivalente em outras moedas.

> § 1º Sem prejuízo do disposto no caput deste artigo, as pessoas a que se refere o art. 1º ficam obrigadas a prestar declaração nas datas-base de 31 de março, 30 de junho e 30 de setembro de cada ano, quando os bens e valores do declarante no exterior totalizarem, nessas datas, quantia igual ou superior a US$100.000.000,00 (cem milhões de dólares dos Estados Unidos da América), ou seu equivalente em outras moedas.
>
> [...]

Os residentes ou sediados no Brasil que possuírem valores inferiores a US$100.000.000,00 estão dispensados de apresentar a declaração CBE. Como se vê, trata-se de declaração voltada para grandes empresas e grandes investidores, com fins de controles macroeconômicos, ao da DEREX, com fins fiscais.

Não obstante, estima-se que cerca de 400 bilhões de dólares pertencentes a brasileiros, encontram-se irregularmente no exterior, razão pela qual discute-se projeto de lei (PL 298/2015) para permitir o retorno destes valores, sem aplicação de penalidades, desde que comprovada a origem lícita dos recursos[305]

Na **importação**, o importador no Brasil também deve realizar contrato de câmbio, para cumprir sua obrigação firmada com o fornecedor estrangeiro, nas mesmas modalidades de pagamentos que analisamos para a exportação.

De uma forma geral ele compra a moeda estrangeira, que é remetida para o exportador, fora da jurisdição brasileira. Desse modo o destino da moeda estrangeira não é controlado pela autoridade brasileira e depende apenas da capacidade do país em fazer a conversão. Os demais institutos envolvidos nestas operações não dizem respeito ao mercado de câmbio, mas ao controle do comércio exterior e das obrigações tributárias.

Há, contudo, contratos de câmbio específicos da importação ou utilizados com finalidades específicas na importação. Exemplo do primeiro ocorre nas operações de **importação financiada** (Finimp), caracterizado pela existência de contratos de câmbio e de financiamento e do segundo no **câmbio futuro vinculado à importação**, em que o importador contrata o câmbio pela taxa do dia do fechamento do contrato, para pagamento em data futura, em Reais ou em moeda estrangeira. Não há liquidação financeira e, pelo pagamento de um prêmio, a opção pode ser interessante, pois o importador apenas realizará novo câmbio no vencimento, se a moeda estrangeira estiver em baixa.

3.4. Capital estrangeiro

Tratamos até aqui de noções gerais de contrato de câmbio, do contrato de câmbio firmado em virtude de operações de comercio exterior, especialmente na exportação, com algumas incursões no controle do capital brasileiro no exterior.

Agora, vamos estudar o **capital estrangeiro no Brasil**, com a observação de que as operações aqui tratadas quase sempre envolvem a realização de contratos de câmbio, tendo em vista o curso forçado do Real no Brasil.

305. Regularização de bens no exterior. Valor Econômico. Edição de 11/9/2015.

A matéria encontra fundamento constitucional. O art. 172, da Carta, apresenta a norma geral do capital estrangeiro no país e menciona expressamente os "investimentos" de capital estrangeiro, termo utilizado com sentido amplo, e a remessa de lucros, uma das razões mais importantes para o regulamento do capital estrangeiro em geral. Dispõe:

> Art. 172. A lei disciplinará, com base no interesse nacional, os investimentos de capital estrangeiro, incentivará os reinvestimentos e regulará a remessa de lucros.

A norma geral que rege a matéria é a Lei 4.131/1962, regulamentada pelo Decreto 55.762/1965. A lei define o capital estrangeiro, prevê seu registro, dispõe sobre o reinvestimento, disciplina e garante a remessa de lucros para o exterior e o retorno do capital.

O art. 1°, da Lei 4.131/1962 **define o capital estrangeiro** e o art. 7° o **reinvestimento**:

> Art. 1º Consideram-se capitais estrangeiros, para os efeitos desta lei, os bens, máquinas e equipamentos, entrados no Brasil sem dispêndio inicial de divisas, destinados à produção de bens ou serviços, bem como os recursos financeiros ou monetários, introduzidos no país, para aplicação em atividades econômicas desde que, em ambas as hipóteses, pertençam a pessoas físicas ou jurídicas residentes, domiciliadas ou com sede no exterior.
>
> Art. 7º Consideram-se reinvestimentos para os efeitos desta lei, os rendimentos auferidos por emprêsas estabelecidas no País e atribuídos a residentes e domiciliados no exterior, e que forem reaplicados nas mesmas emprêsas de que procedem ou em outro setor da economia nacional.

A expressão chave para o entendimento dos dispositivos é a "**aplicação em atividades econômicas**". Não se fala em capital estrangeiro, para o regime da Lei 4.131/1962, quando a finalidade não é uma atividade econômica, mas, como observamos anteriormente, o turismo do estrangeiro, o pagamento de contas pessoais, a moradia, ainda que eventual, etc.

Fala-se do regime do capital estrangeiro na exploração da atividade econômica, que pode apresentar três modalidades básicas, o investimento direto, o investimento em títulos e valores mobiliários, e os empréstimos e financiamentos.

O **investimento direto** "é aquele que se aplica na criação de novas empresas ou na participação acionária em empresas já existentes. Caracteriza-se por representar no mínimo 10% de participação do capital na empresa nacional receptora"[306].

Se classificam em investimento em moeda, investimento em bens, conversão de investimento direto de diretos e créditos remissíveis no exterior, reinvestimento por capitalização de lucros, juros sobre o capital próprio e reservas de lucros, reorganizações societárias, decorrentes de incorporação, fusão e cisão e permutas em conferencias de ações ou quotas[307].

Os **investimentos em títulos e valores mobiliários** são basicamente as aquisições de ações ou outros títulos e valores mobiliários, como debêntures, cotas de clubes e fundos de investimento, registrados na CVM. São investimentos especulativos.

306. ATSUMI, Shirley Yurica K. et ali. Gestão de operações de câmbio. Rio de Janeiro: Editora FGV, 2103, p. 139.

307. ATSUMI, Shirley Yurica K. et ali. Gestão de operações de câmbio. Rio de Janeiro: Editora FGV, 2103, p. 141-142.

As **operações de crédito** incluem empréstimos estrangeiros, arrendamento mercantil (leasing) operacional e financeiro, pagamentos antecipados de exportação acima de 360 dias, importações financiadas, com prazo de pagamento superior a 360 dias, fornecimento de tecnologia, prestação de serviços de assistência técnica e franquia, crédito vinculado à exportação, garantias prestadas por organismos internacionais, licença de exploração ou cessão de patente e licença de uso ou cessão de marca (que geram pagamento de royalties)[308].

Com fundamento no art. 3°, da Lei 4.131/1962 e no art. 5°, da Lei 11.371/2006, o Banco Central possui um **sistema de registro do capital estrangeiro**, o Registro Declaratório Eletrônico – RDE, parte integrante do Sisbacen, dividido em três módulos, conforme a natureza do capital.

O investimento direto, regulado pela Resolução CMN 3.884/2010, é registrado no módulo Investimento Estrangeiro Direto – IED, as operações de crédito externo, também regidas pela Resolução CVM 3.884/2010, são registradas no módulo Registro de Operações Financeiras – ROF, e o investimento no mercado de títulos e valores mobiliários e fundos de investimento, regidos pela Resolução CMN 4.373/2014, é registrado no módulo Portfólio, todos do RDE/Sisbacen.

O art. 2°, da Lei 4.131/1962 garante tratamento jurídico idêntico ao concedido ao capital nacional em igualdade de condições, vedadas discriminações não previstas naquela lei.

Contudo, a Constituição e outras leis possuem **normas especiais sobre investimento estrangeiro**, que passaremos a analisar.

Assim como o fundamento básico do capital estrangeiro, são constitucionais as principais normas que limitam o investimento estrangeiro, notadamente os arts. 176, § 1°, art. 178, parágrafo único, art. 190, art. 192, art. 199, § 3º, e art. 222, §§ 1° e 4°, da Carta.

O art. 176, § 1° limita a **exploração de recursos minerais e potenciais de energia hidráulica** a por brasileiros ou empresa constituída sob as leis brasileiras e que tenha sua sede e administração no País.

A **Constituição veda a exploração por estrangeiros e por empresas estrangeiras**. Estas, se devidamente autorizadas, devem constituir empresa no Brasil, para que possam desenvolver tal atividade.

O art. 178, parágrafo único, sobre **navegação de cabotagem e navegação interior**, dispõe:

> Art. 178. A lei disporá sobre a ordenação dos transportes aéreo, aquático e terrestre, devendo, quanto à ordenação do transporte internacional, observar os acordos firmados pela União, atendido o princípio da reciprocidade. (Redação dada pela Emenda Constitucional nº 7, de 1995)

308. Ver: Resolução CMN 3.884/2010 e ATSUMI, Shirley Yurica K. et ali. Gestão de operações de câmbio. Rio de Janeiro: Editora FGV, 2103, p. 146-147.

> Parágrafo único. Na ordenação do transporte aquático, a lei estabelecerá as condições em que o transporte de mercadorias na cabotagem e a navegação interior poderão ser feitos por embarcações estrangeiras.

Na redação original do artigo, o revogado § 3º dispunha que a navegação de cabotagem e a interior seriam "privativas de embarcações nacionais", salvo caso de necessidade pública, segundo dispuser a lei.

Esta modalidade de navegação estava vedada para embarcações estrangeiras, salvo em condições especiais. Hoje a Constituição não veda, mas determina que a lei estabeleça as condições em que as modalidades de navegação são acessíveis a embarcações registradas fora do Brasil.

Regulamenta a matéria a Lei 9.432/1997.

O art. 190 dispõe sobre a aquisição de **propriedade rural por estrangeiro** e determina que a lei regulará e limitará a aquisição ou o arrendamento de propriedade rural por estrangeiro. A norma não menciona o critério da residência, de modo que não há limitação para brasileiro residente no exterior, mas a limitação vigora para estrangeiros residentes no Brasil

Aos estrangeiros, nos termos da Lei 6.634/1979, a obtenção de propriedade rural em faixa de fronteira é condicionada a autorização do Conselho de Defesa Nacional (art. 91, da CF/88) e vedada a participação em empresa que seja titular de direito real sobre imóvel na faixa de fronteira.

A participação do capital estrangeiro em **instituições financeiras** é tratada pelo art. 192, da CF/88:

> Art. 192. O sistema financeiro nacional, estruturado de forma a promover o desenvolvimento equilibrado do País e a servir aos interesses da coletividade, em todas as partes que o compõem, abrangendo as cooperativas de crédito, será regulado por leis complementares que disporão, inclusive, sobre a participação do capital estrangeiro nas instituições que o integram.

A legislação que rege a matéria aplica os princípios da reciprocidade e da autorização.

Nos termos do art. 51, da Lei 4.131/1962, "aos bancos estrangeiros cujas matrizes tenham sede em praças em que a legislação imponha restrições ao funcionamento de bancos brasileiros, fica vedado adquirir mais de 30% (trinta por cento) das ações com direito a voto, de bancos nacionais".

De acordo com os §§ 1º e 2º, do art. 10, da Lei 4.595/1964, o funcionamento de instituições financeiras no Brasil depende de autorização do Banco Central e, no caso de instituição financeira estrangeira, de autorização por decreto presidencial.

O investimento estrangeiro direto ou indireto na **área da saúde** é vedado pelo art. 199, § 3º, da Constituição, salvo nos casos previstos por lei.

Recentemente, a Lei 13.097/2015 alterou a Lei 8.080/1990, permitindo, em algumas hipóteses, a participação do capital estrangeiro em hospitais e clínicas médicas, entre outros investimentos. Tramita no STF a ADIN 5.239/DF, contra esta lei.

Por fim, o art. 222 e seus parágrafos tratam da participação de capital estrangeiro nas **empresas jornalísticas e de comunicação**. Nos termos da norma, a propriedade de tais empresas é privativa de brasileiros natos ou naturalizados há mais de dez anos ou de pessoas jurídicas com sede no país. No caso de exploração do serviço por **empresas**, pelo menos **70% seu capital votante deverá pertencer a brasileiros**, natos ou naturalizados a mais de dez anos, residentes ou não. Vejamos:

> Art. 222. A propriedade de empresa jornalística e de radiodifusão sonora e de sons e imagens é privativa de brasileiros natos ou naturalizados há mais de dez anos, ou de pessoas jurídicas constituídas sob as leis brasileiras e que tenham sede no País. (Redação dada pela Emenda Constitucional nº 36, de 2002)
>
> § 1º Em qualquer caso, pelo menos setenta por cento do capital total e do capital votante das empresas jornalísticas e de radiodifusão sonora e de sons e imagens deverá pertencer, direta ou indiretamente, a brasileiros natos ou naturalizados há mais de dez anos, que exercerão obrigatoriamente a gestão das atividades e estabelecerão o conteúdo da programação.
>
> [...]
>
> § 4º Lei disciplinará a participação de capital estrangeiro nas empresas de que trata o § 1º.

O parágrafo único, do art. 18, da Lei Geral de Telecomunicações (Lei 9.472/1997), por sua vez, remete ao Poder Executivo o estabelecimento à participação estrangeira no capital de prestadora de serviços de telecomunicações, que necessariamente deverá obedecer o limite máximo de 30%.

Outros casos de limitação da participação do capital estrangeiro em atividades no Brasil são fundamentados no interesse nacional, sem previsão constitucional específica, como ocorre no transporte aéreo (Lei 7.565/1986) ou monopólios estatais, como o relativo a minérios nucleares (art. 21, XXIII, da CF/88), petróleo (art. 177, da CF/88) e correios (art. 9º, da Lei 6.538/1978), casos em que a atividade também é vedada a particulares brasileiros.

4. MERCADO DE CAPITAIS

4.1. Introdução

Neste capítulo, vamos estudar o mercado de capitais, vale dizer, os títulos e os negócios do mercado financeiro regulados pela CVM.

Muitas das operações do mercado, como por exemplo os empréstimos bancários e a emissão de títulos públicos, estão afastadas das preocupações da CVM, dada a existência de regulação e fiscalização do Banco Central ou da Secretaria do Tesouro Nacional. De outro lado, embora o mercado de capitais tenha relações com as atividades da autoridade monetária (como nos derivativos cambiais ou lastreados em taxas de juros), o papel do

Banco Central nesta área é mais limitado, dado que o mercado de capitais está sujeito basicamente às regras e à fiscalização da Comissão de Valores Mobiliários.

De fato, há entidades que dependem de habilitação na CVM para funcionar, há títulos e papéis que somente podem ser emitidos ou negociados no mercado após o atendimento de exigências impostas pela CVM [mediante autorização desta autarquia], bem como estão tais papéis, e as pessoas que com eles negociam, sujeitos à fiscalização da CVM. Significa dizer: tais papéis estão sujeitos ao **regime jurídico do mercado de capitais ou, ainda, ao regime jurídico dos valores mobiliários**.

Este regime, resumido em uma palavra, baseia-se na política do ***disclosure***, que consiste na divulgação de informações relevantes sobre os títulos e as pessoas emissoras, capazes de afetar os preços e as condições de negociação dos papéis, especialmente aqueles que apresentam risco de mercado (risco de flutuação de valor do ativo), não apenas o risco de crédito (risco do devedor não pagar a dívida).

De outro lado, este regime jurídico tem basicamente uma justificativa e uma finalidade. Justifica o regime a percepção histórica de que alguns tipos de títulos, papéis e negócios possuem potenciais equivalentes de promoção do desenvolvimento econômico e de risco à economia popular, merecendo, portanto, controle estatal. De outro lado, busca o regime criar condições para que o mercado destes títulos opere em condições ótimas de eficiência e confiabilidade com os objetivos de potencializar seus efeitos positivos e evitar seus efeitos danosos.

É preciso dizer, de antemão, que nem todos os títulos e "papéis", físicos (cartularidade) ou escriturais, são valores mobiliários. Vários papéis não são valores mobiliários, seja em função do agente emissor, seja em função de suas características. De toda sorte, podem estar também sujeitos a outros regimes específicos de regulamentação e de fiscalização estatal, que não o da CVM.

4.2. Definição de valores mobiliários

O regime jurídico de que tratamos gira em torno da noção de valores mobiliários.

A Lei 6.385/1976, que dispõe sobre o mercado de valores mobiliários e cria a CVM, não conceitua títulos e valores mobiliários, mas apresenta um rol de figuras jurídicas que são consideradas como tais.

Em sua redação original, a lei incluía entre os valores mobiliários apenas títulos emitidos pelas companhias, destinados à captação da economia popular. Assim disciplinava:

> Art. 2º São valores mobiliários sujeitos ao regime desta Lei:
>
> I – as ações, partes beneficiárias e debêntures, os cupões desses títulos e os bônus de subscrição;
>
> II – os certificados de depósito de valores mobiliários;
>
> III – outros títulos criados ou emitidos pelas sociedades anônimas, a critério do Conselho Monetário Nacional.
>
> Parágrafo único – Excluem-se no regime desta Lei:

> I – os títulos da dívida pública federal, estadual ou municipal;
>
> II – os títulos cambiais de responsabilidade de instituição financeira, exceto as debêntures.

De fato, a lei nacional listava apenas um número reduzido de títulos considerados como valores mobiliários e, portanto, sujeitos aos controles da CVM.

Segundo Eizirik, a lei brasileira se filiava à **noção restrita** ao delimitar os valores mobiliários aos poucos títulos que mencionava. Ainda que o rol legislativo dos valores mobiliários fosse estendido por novas leis, permanecia a noção restrita acerca dos valores mobiliários, dada a presença de um rol taxativo, de forma que os tipos de valores mobiliários apenas poderiam ser alterados por previsão legislativa, não se admitindo, como no direito norte-americano, a identificação de valores mobiliários por processos interpretativos dos tribunais e da autoridade administrativa competente[309].

Como salienta Yasbek, "originariamente, procurava-se colocar sob tal rubrica aqueles títulos que, emitidos em massa, representassem o recurso à poupança popular, como já referido. Com o tempo, porém, a categoria passou a abranger instrumentos financeiros bastantes distintos, que nada têm a ver como atividades de investimento e financiamento, como os derivativos"[310].

Com a edição da MP 1.637/1998, convertida da Lei 10.198/2001, a legislação brasileira mudou sua orientação, adotando uma concepção ampliada dos valores mobiliários, ao incluir os títulos e contratos de investimento coletivo.

Posteriormente, **a Lei 10.303/2001 consolidou a opção legislativa ampliada e incluiu entre os títulos e valores mobiliários os derivativos e os contratos de investimento coletivo**, de modo que o art. 2º, da Lei 6.385/76, passou a ter a seguinte redação:

> Art. 2º São valores mobiliários sujeitos ao regime desta Lei: (Redação dada pela Lei nº 10.303, de 31.10.2001)
>
> I – as ações, debêntures e bônus de subscrição;
>
> II – os cupons, direitos, recibos de subscrição e certificados de desdobramento relativos aos valores mobiliários referidos no inciso II;
>
> III – os certificados de depósito de valores mobiliários;
>
> IV – as cédulas de debêntures;
>
> V – as cotas de fundos de investimento em valores mobiliários ou de clubes de investimento em quaisquer ativos;
>
> VI – as notas comerciais;
>
> VII – os contratos futuros, de opções e outros derivativos, cujos ativos subjacentes sejam valores mobiliários;
>
> VIII – outros contratos derivativos, independentemente dos ativos subjacentes; e

309. EIZIRIK, Nelson e outros. Mercado de Capitais. Rio de Janeiro: Renovar, 2008, p. 29 e seg.
310. YAZBEK, Otávio. Regulação do mercado financeiro e de capitais. Rio de Janeiro: Elsevier, 2009, p. 83.

> IX – quando ofertados publicamente, quaisquer outros títulos ou contratos de investimento coletivo, que gerem direito de participação, de parceria ou de remuneração, inclusive resultante de prestação de serviços, cujos rendimentos advêm do esforço do empreendedor ou de terceiros.
>
> § 1º Excluem-se do regime desta Lei:
>
> I – os títulos da dívida pública federal, estadual ou municipal;
>
> II – os títulos cambiais de responsabilidade de instituição financeira, exceto as debêntures.

A lei brasileira ampliou o alcance dos valores mobiliários, para incluir quaisquer títulos ou contratos de investimento coletivo ofertados publicamente, que gerem direito de participação, de parceria ou de remuneração, cujos rendimentos advêm do esforço do empreendedor e não do investidor (art. 2º, IX, da Lei 6.385/1976), seguindo na linha do modelo americano[311], desenvolvido pela jurisprudência daquele país e permitindo a identificação de valores mobiliários por processos hermenêuticos[312].

O art. 2°, da Lei 6.385/1976 reuniu, pois, diversos papéis de diferentes naturezas com a finalidade instrumental de impor a objetos distintos com algumas características comuns um determinado regime jurídico, que confere proteção ao mercado e aos investidores[313].

A ampliação da gama dos valores mobiliários no Brasil se deve a dois **fatores**: 1. o surgimento (ou a chegada no país) de novas modalidades de investimento que suscitavam a intervenção estatal e 2. a decisão de se concentrar esta intervenção estatal na CVM, ainda que estas novas modalidades de investimento não se identificassem integralmente com os tradicionais valores mobiliários.

É possível identificar alguns **grupos de valores mobiliários**, disciplinados pela lei brasileira:

- títulos emitidos por sociedades anônimas e oferecidos publicamente para a captação da economia popular (I a IV e VI);
- as cotas de fundos de investimento e de clubes de investimento (V);
- os derivativos, cujos ativos subjacentes sejam ou não valores mobiliários (VII e VIII); e
- os contratos de investimento coletivo (IX).

De outro lado, excluem-se da classificação de valor mobiliário alguns papéis como os títulos emitidos pelo governo ou por bancos (§ 1º, do art. 2°, da Lei 6.385/1976).

311. EIZIRIK, Nelson e outros. Mercado de Capitais. Rio de Janeiro: Renovar, 2008, p. 53.
312. YAZBEK, Otávio. Regulação do mercado financeiro e de capitais. Rio de Janeiro: Elsevier, 2009, p. 227.
313. EIZIRIK, Nelson e outros. Mercado de Capitais. Rio de Janeiro: Renovar, 2008, p. 25-7.

A razão deste tratamento reside no fato de que os títulos públicos e os títulos bancários estão sujeitos a regimes jurídicos próprios que contemplam regras de proteção do mercado e dos investidores, não se justificando o controle adicional da CVM. De fato, a emissão de títulos públicos está sujeita ao controle interno do Tesouro Nacional, do controle externo do TCU e do Congresso (ao controle do Senado para títulos estaduais e municipais). Por sua vez, a emissão de títulos e as demais operações e contratos dos bancos estão sujeitas ao controle do Banco Central.

Na literatura, porém, sempre esteve viva a **busca por um conceito** de valores mobiliários e, seja na acepção restrita ou na acepção ampla, seja na construção legislativa ou jurisprudencial, seja no Brasil ou no exterior, não nos parece que se tenha criado um efetivo conceito, mas uma **definição tipológica e funcional** dos valores mobiliários, com vistas na delimitação da competência de órgãos fiscalizadores.

Não há mesmo um conceito unívoco de valores mobiliários, mas uma tipologia de valores mobiliários, na qual se incluem **papéis** representativos de investimentos em ativos, **oferecidos publicamente** a qualquer pessoa que possa estar interessada e, portanto, **sujeitos a fiscalização e controle da entidade estatal especializada**.

Estão **excluídos dos valores mobiliários** os títulos sujeitos a regulação e fiscalização próprias (títulos públicos e bancários). De outro lado, **incluem-se** entre os valores mobiliários papéis de origens e estrutura jurídicas variadas, mas que não sejam reguladas e fiscalizadas por entidades próprias (contratos de investimento coletivo e derivativos de *commodities*).

Nos Estados Unidos, justifica-se alguma discussão acerca do alcance dos valores mobiliários, notadamente no que toca aos derivativos cujos ativos subjacentes são commodities, tendo em vista a existência de normas tradicionalmente aplicáveis aos valores mobiliários (*securities*) e da agência respectiva (*Securities and Exchange Commission* – SEC) e de normas específicas para as *commodities* bem como uma agência reguladora e fiscalizadora própria (*Commodity Futures Trading Commission* – CFTC).

Naquele país, se um papel for caracterizado como *security*, será fiscalizado pela SEC. Ao revés, se for classificado como *future*, o papel será regulado pela CFTC, sem prejuízo de papéis de natureza hibrida, sujeitos à fiscalização concomitante das duas agências[314].

Também **não é possível caracterizar os valores mobiliários de maneira unívoca por sua finalidade, de financiamento, especulação ou *hedge***, que dependerá na maneira como forem utilizados. A propósito, *hedge* não é um valor mobiliário, mas apenas a finalidade de proteção ou cobertura que se procura obter com a realização de contratos ou com a negociação de valores mobiliários.

A nosso ver, a procura por um conceito absoluto de valores mobiliários carece de utilidade. A expressão serve tão somente a identificar títulos, papéis e negócios sujeitos

314. HAZEN, Thomas Lee, RATNER, David L.. Securities regulation. Thomson West: St. Paul, 2006, p. 25 e seg.

à regulação e fiscalização da CVM (regime jurídico de direito público), não para definir uma essência destes títulos, papéis e negócios (ou seu regime jurídico de direito privado).

Embora em termos históricos os valores mobiliários se identificassem por características comuns (a emissão de títulos por sociedades anônimas, voltados para captação de recursos, mediante oferta pública, com a possibilidade de negociação no mercado de bolsa de valores), tanto para fins de seu regime privado (preexistente) quanto para o regime jurídico de direito público (a necessidade de regulação do mercado que se desenvolvia), a evolução das relações econômicas levaram, também, a evolução do direito.

Se negócios como os derivativos se distinguem da emissão de ações ou debêntures e de sua negociação no mercado secundário à vista, a questão que se coloca é a necessidade de fiscalização dos negócios pelo Poder Público, de modo que o importante é a adequada fiscalização, não a pureza conceitual.

Desta conclusão, parece-nos adequado tratar valores mobiliários, classificados por categorias a partir de suas características típicas, embora devamos reconhecer que os papéis a que nos referimos sejam ontologicamente muito diferentes.

Antes de adentrarmos nos valores mobiliários propriamente ditos, cabe abordar a oferta pública destes investimentos, que constitui a razão de ser da regulamentação da CVM.

4.3. A oferta pública

A principal **característica dos valores mobiliários**está na **oferta pública**, com vistas a alcançar a economia popular. A oferta pública é realizada de maneira ampla, geral e abstrata, por meio de jornais, revistas, internet etc, sem destinatário predeterminado. A oferta pública torna o investimento conhecido por todos e acessível a todos, de modo que qualquer pessoa se torna potencial investidor.

Isso não acontece nas ofertas particulares, por exemplo, quando uma sociedade anônima fechada emite ações e as oferece apenas a poucos eventuais interessados ou quando uma empresa emite letras de câmbio em decorrência de uma operação comercial. Nestes casos, os negócios surtem efeitos apenas entre as partes envolvidas, sem potencial prejuízo à economia do país, por lhes faltar o acesso à poupança popular.

Ao contrário, na oferta pública, qualquer pessoa pode se tornar investidor, ampliando os efeitos dos negócios à toda a economia, não apenas aos poucos agentes envolvidos nas ofertas particulares.

De uma maneira geral, **a oferta pública é**aquela que tem o potencial de alcançar uma pluralidade de interessados, sem a possibilidade de determinação destes ou, se houver a possibilidade de determinação, se dentre eles estiverem pessoas não especializadas no meio financeiro.

Há três principais **critérios de identificação de uma oferta pública** 1. a maneira e o instrumento pelos quais é realizada, como a utilização de meios de comunicação em massa, que atinge interessados indistintamente; 2. a qualificação dos ofertados, quando identificados, se envolver pessoas comuns que não sejam especialistas no mercado e 3. o acesso às informações da companhia, mesmo se os ofertados forem especialistas, vale dizer, se os especialistas ofertados conhecem a empresa e o título.

A lei apresenta hipóteses que caracterizam a oferta pública, podendo a CVM disciplinar outras. Dispõe o art. 19, § 3º, da Lei 6.385/1976, que "caracterizam a emissão pública a utilização de listas ou boletins de venda ou subscrição, folhetos, prospectos ou anúncios destinados ao público; a procura de subscritores ou adquirentes para os títulos por meio de empregados, agentes ou corretores; e a negociação feita em loja, escritório ou estabelecimento aberto ao público, ou com a utilização dos serviços públicos de comunicação".

De outro turno, **não será pública a oferta** destinada a pessoas que tenham prévia, estreita e habitual relação comercial, creditícia, societária ou trabalhista com a companhia, nos termos do art. 3º, § 1º, da Instrução CVM 400/2003. Leia-se: "para efeito desta Instrução, considera-se como público em geral uma classe, categoria ou grupo de pessoas, ainda que individualizadas nesta qualidade, ressalvados aqueles que tenham prévia relação comercial, creditícia, societária ou trabalhista, estreita e habitual, com a emissora".

Dessa forma, não será pública a oferta para exercício de direito de preferência, destinada apenas a acionistas da companhia, voltada para os empregados da companhia, se devidamente organizados, ou a grupos fechados que apresentem relações com a companhia.

A disciplina legal da **oferta pública** é elaborada a partir dos títulos emitidos por sociedades anônimas abertas, o que **envolve** o registro original da companhia na CVM e o registro dos títulos que serão emitidos, subscritos e posteriormente negociados (vendidos livremente a qualquer pessoa) no mercado secundário de bolsa e de balcão.

Para autorização da oferta pública, a legislação exige, além do **registro prévio da companhia**, a **divulgação dos elementos essenciais da oferta**, que permitam aos potenciais interessados meios para realizar uma avaliação segura do investimento. Cabe à CVM expedir normas acerca do pedido de oferta pública, fixar o procedimento do registro e especificar as informações que a oferta deve conter (art. 19, § 5º, II, da Lei 6.385/1976), matéria hoje regida pela Instrução CVM 400/2003.

O **pedido de registro** subscrito pelo ofertante e pela instituição financeira líder da distribuição (*underwriter*), se for o caso, **deve conter** o contrato de distribuição, o modelo de boletim de subscrição ou de recibo, a minuta do prospecto de distribuição (dados do valor mobiliário acerca do ofertante, do título, dos direitos e garantias que oferece), a deliberação da companhia emissora, a minuta do anúncio de início e termino da oferta e o próprio registro da companhia.

Em determinados casos, a CVM exige que o pedido de emissão pública seja instruído também como **estudo de viabilidade econômica**, especialmente nas hipóteses em que a emissão se destina à constituição da companhia ou em que a emissora ainda esteja em fase pré-operacional.

A propósito, é muito comum se diferenciar a **primeira oferta pública** das companhias, aquela em que a empresa abre seu capital, das demais ofertas por ela realizadas. A **oferta pública inicial** é conhecida também pela sigla IPO, do termo em inglês ***inicial public offering***.

A oferta pública inicial, por ser a primeira realizada pela companhia e caracterizar a medida pela qual ela se torna uma companhia aberta, é acompanhada de maiores rigores que as ofertas seguintes.

Em geral, **a CVM não realiza a análise do mérito da oferta pública**. Como a proteção oferecida é a divulgação de dados, para mitigar a assimetria de informações, reconhecida como a principal falha do mercado, *a análise dos pedidos de oferta pública é formal e baseia-se apenas na prestação das informações que a CVM julga necessárias para que os investidores tenham pleno conhecimento do título a ser negociado.*

Assim, a chancela da CVM significa que as informações relevantes foram disponibilizadas, cabendo ao investidor a análise dos riscos envolvidos, não decorrendo daí qualquer direito do investidor face a autarquia, caso o investimento resulte em prejuízos.

Apenas há **indeferimento pelo mérito** no caso de emissão para constituir companhia, em que a CVM reconheça inviabilidade ou temeridade do empreendimento.

De outro turno, após autorizada a oferta pública, **a CVM pode suspender ou cancelar o registro**, por desvios de conduta do agente, mediante a instauração do processo sancionador específico, também cabível na hipótese de oferta pública sem o prévio registro. Nestes casos, a ação da CVM também é formal, e diz respeito a irregularidades na prestação de informações pela companhia, não aos resultados do empreendimento.

O registro da companhia e o registro da emissão não significa que os títulos serão negociados em bolsa de valores. Há valores mobiliários, como os derivativos, que são oferecidos pela própria BM&F, mas, em geral, a negociação de títulos na bolsa ou em outro mercado organizado é uma terceira etapa. Após o registro da companhia e o registro da emissão, ambos na CVM, a companhia pode solicitar que seus títulos sejam negociados na bolsa de valores ou na entidade de balcão, que terão seus próprios requisitos para deferir o pedido.

Noticia-se, também, a modalidade de **oferta pública com esforços restritos**, que se caracterizam por se destinar "exclusivamente a investidores qualificados e intermediadas por integrantes do sistema de distribuição de valores mobiliários" (art. 2º, da Instrução CVM 476/2014.

4.4. Os valores mobiliários

4.4.1. Títulos emitidos por sociedades anônimas abertas

4.4.1.1. Introdução

A sociedade anônima é capitalizada, pela emissão de ações, debêntures, partes beneficiárias, bônus de subscrição e notas comerciais.

Estes papéis são disciplinados tanto no âmbito as relações privadas, pelo direito empresarial, quanto no âmbito do direito público, pela presença do interesse público que suscitam. Estas disciplinas são interligadas, mas é possível e mesmo necessário distingui-las.

Quando a capitalização das sociedades ocorre em **mercado restrito**, mediante ofertas particulares, diz-se que a companhia é fechada. Neste caso, os interesses presentes são de natureza privada, e o interesse público, se existir, é residual. Quando, ao revés, realiza **oferta pública**, vale dizer, quando a empresa oferece seus títulos a toda uma coletividade indefinida de pessoas, diz-se que a companhia é aberta. Neste caso, há a presença conjunta do interesse privado e do interesse público.

Nas duas situações, aplica-se o regime de direito privado. Quando se apresenta uma **companhia aberta**, este regime privado sofre acréscimos da disciplina do direito público, voltado ao acompanhamento e ao controle dos títulos, caracterizados pela implementação da política do *disclosure*.

É **a negociação no mercado especializado de bolsa e de balcão que permite às companhias captar de forma eficiente e universalizada a poupança popular, com vistas ao financiamento de suas atividades**. Contudo, é justamente **a negociação neste mercado** que **faz surgir os riscos** para a economia, que, por sua vez, demanda a intervenção estatal, de exigência de autorização prévia para emissão dos títulos e a subordinação das companhias emissoras à supervisão estatal.

Nos termos do art. 22, da Lei 6.385/1976, "considera-se aberta a companhia cujos valores mobiliários estejam admitidos à negociação na bolsa ou no mercado de balcão".

O § 1º, deste mesmo dispositivo, permite que a CVM discipline a natureza das informações que as sociedades abertas devem divulgar e a periodicidade da divulgação; o relatório da administração e demonstrações financeiras que tais sociedades devem apresentar; a compra de ações emitidas pela própria companhia e a alienação das ações em tesouraria; os padrões de contabilidade, relatórios e pareceres de auditores independentes aplicáveis às companhias; as informações que devam ser prestadas por administradores, membros do conselho fiscal, acionistas controladores e minoritários, relativas à compra, permuta ou venda de valores mobiliários emitidas pela companhia e por sociedades controladas ou controladoras; a divulgação de deliberações da assembleia-geral e dos órgãos de administração da companhia, ou de fatos relevantes ocorridos nos seus negócios, que possam influir, de modo ponderável, na decisão dos investidores do mercado, de vender ou comprar valores mobiliários emitidos pela companhia; a realização, pelas companhias abertas com ações admitidas à negociação em bolsa ou no mercado de balcão organizado, de reuniões anuais com seus acionistas e agentes do mercado de valores mobiliários, no local de maior negociação dos títulos da companhia no ano anterior, para a divulgação de informações quanto à respectiva situação econômico-financeira, projeções de resultados e resposta aos esclarecimentos que lhes forem solicitados; entre outras matérias.

De fato, **para que a companhia possa se beneficiar das vantagens oferecidas pelo mercado de valores mobiliários, deve se submeter ao regime jurídico que permita, também ao público investidor, a proteção de seus direitos**.

A **primeira das obrigações** da companhia que deseja se valer destas vantagens e ter seus títulos negociados na bolsa de valores e nas entidades de balcão organizado é o **registro na CVM**.

Dispõe o art. 21, da Lei 6.385/1976:

> Art. 21. A Comissão de Valores Mobiliários manterá, além do registro de que trata o Art. 19:
>
> I – o registro para negociação na bolsa;
>
> II – o registro para negociação no mercado de balcão, organizado ou não.
>
> § 1º – Somente os valores mobiliários emitidos por companhia registrada nos termos deste artigo podem ser negociados na bolsa e no mercado de balcão.
>
> § 2º O registro do art. 19 importa registro para o mercado de balcão, mas não para a bolsa ou entidade de mercado de balcão organizado.
>
> [...]

Além do registro da própria companhia, como vimos, a sociedade interessada deve **submeter à CVM a proposta de oferta pública dos títulos que serão negociados**, incluindo todos os elementos necessários à aprovação da CVM, o que engloba o prospecto e o plano de oferta dos títulos.

Dispõe o art. 19, da Lei 6.385/1976:

> Art. 19. Nenhuma emissão pública de valores mobiliários será distribuída no mercado sem prévio registro na Comissão.
>
> § 1º – São atos de distribuição, sujeitos à norma deste artigo, a venda, promessa de venda, oferta à venda ou subscrição, assim como a aceitação de pedido de venda ou subscrição de valores mobiliários, quando os pratiquem a companhia emissora, seus fundadores ou as pessoas a ela equiparadas.
>
> [...]

Registrada a companhia e a emissão de seus títulos na CVM, cabe à sociedade aberta obter **admissão de negociação de seus títulos junto à bolsa de valores ou à entidade de balcão organizado**.

Os títulos das sociedades anônimas que, se levados à oferta pública, são considerados valores mobiliários são as ações, as debêntures, as partes beneficiárias, os bônus de subscrição e as notas comerciais (*commercial papers*).

4.4.1.2. Mercado primário e mercado secundário

Para tais títulos se fala em mercado primário e mercado secundário.

O **mercado primário** é o mercado de subscrição de novos títulos. Compete à companhia e à instituição financeira que a auxilia, obter o registro de emissão dos novos títulos na CVM para ofertá-los publicamente. Uma vez registrada a emissão, a companhia e a instituição financeira os vendem aos interessados, que irão subscrever os títulos.

Nesta etapa (mercado primário), os investidores (subscritores) adquirem os títulos diretamente da companhia (emissora).

No **mercado secundário**, a etapa seguinte, voltada a dar liquidez aos títulos subscritos, os papéis são negociados nos ambientes da bolsa de valores e das entidades de balcão, não mais diretamente entre a emissora e os subscritores, mas entre estes e os demais interessados. O mercado secundário se caracteriza, pois, pelas partes que negociam os títulos, não apenas pelo momento da negociação.

4.4.1.3. Mercado à vista e mercado futuro

A negociação dos títulos das companhias pode ser realizada no mercado à vista ou no mercado futuro. No **mercado à vista** o pagamento deve acompanhar a aquisição dos títulos, ainda que o pagamento não ocorra no mesmo dia da emissão da ordem de compra. Na verdade, o pagamento ocorre no dia da liquidação, que pode ocorrer de um a três dias após a realização da ordem. A liquidação pode também ocorrer pelo pagamento por diferença, na hipótese do investidor comprar e vender papéis da mesma natureza, havendo a pagar (ou a receber) o saldo de suas transações.

Nas operações no mercado secundário não há relação contratual, pois as operações não ocorrem diretamente entre vendedor e comprador. Há, na verdade, uma relação entre o comprador e a bolsa e outra entre o vendedor e a bolsa, ambas liquidadas pela companhia ou órgão de liquidação.

> *Day trade*
>
> As operações chamadas *day trades* são aquelas abertas e encerradas no mesmo dia. Por exemplo, aquelas em que o investidor compra ações e as vende antes de encerrado o pregão.
>
> É um tipo de operação no mercado à vista e tem regras tributárias específicas (art. 2º, da Lei 11.033/04 e art. 8º, da Lei 9.959/99)

No **mercado futuro**, os negócios com os títulos das companhias podem se classificar como negócios a termo, negócios futuros e opções.

A expressão "**termo**" tem o mesmo significado no mercado financeiro e na teoria geral direito. Trata-se da realização de negócio para cumprimento em data futura, predeterminada. Neste caso, comprador e vendedor ficam, em princípio, vinculados até a data futura pactuada, mas se mostra possível a liquidação antecipada.

No negócio **futuro**, ao revés, não há um termo, para cumprimento do acordo. O contrato pode ter prazo, mas a liquidação pode ser realizada a qualquer dia. Também há a possibilidade de prorrogação ou realização de novo contrato, após o vencimento do prazo, postergando-se a liquidação. Sua função principal não é a compra ou venda do ativo na data futura, mas a possibilidade de ganhos extras ou de limitação de perdas a qualquer momento. Estes negócios estão sujeitos a ajustes diários, de modo que o investidor em futuros pode ter débitos a pagar ou a receber todos os dias.

Assim, no negócio a termo, há uma data prevista para liquidação, que pode ser antecipada. No negócio futuro, não há um "termo" para liquidação, que ocorre, normalmente, a qualquer dia.

O **contrato de opções** se distingue dos demais. Nele não há uma compra e venda em data predeterminada nem a possibilidade de ganhos ou de limitação diária de perdas. O que se negocia nas opções é o direito de comprar ou o direito de vender determinado ativo em data futura a determinado preço, mediante o pagamento de um prêmio.

No caso do comprador da opção, o limite do prejuízo é o valor do próprio prêmio. Para o vendedor, contudo, a perda é ilimitada.

Os negócios do mercado futuro são acompanhados de **garantia**. O mercado de capitais exige liquidez e agilidade no pagamento. Assim, não se pode esperar que o titular exercite seu direito e depois seja chamado a efetuar o pagamento, nem faz sentido que seja chamado diariamente a honrar suas posições.

Assim, o investidor no mercado futuro em qualquer modalidade deve depositar integralmente o valor de suas operações (cobertura) ou parcialmente (margem), neste último caso em valor suficiente segundo critérios relacionados à volatilidade do ativo (mais volátil, maior a margem).

Voltaremos ao tema dos negócios futuros ao tratarmos dos derivativos.

Com a ressalva de que as companhias abertas podem ter títulos negociados em bolsa e balcão organizado e outros não negociados nestes ambientes, passemos à análise dos títulos por ela emitidos, bem como das demais regras de negociação destes valores.

4.4.1.4. Ações

As ações são **títulos que representam a propriedade da companhia** (aberta ou fechada, art. 11, da LSA), assim como as cotas representam a propriedade das demais sociedades, embora haja quem defenda que as ações sustentem natureza de títulos de crédito[315].

O acionista é, pois, proprietário da companhia. Dispõe o art. 11, da LSA:

> Art. 11. O estatuto fixará o número das ações em que se divide o capital social e estabelecerá se as ações terão, ou não, valor nominal.
>
> § 1º Na companhia com ações sem valor nominal, o estatuto poderá criar uma ou mais classes de ações preferenciais com valor nominal.
>
> § 2º O valor nominal será o mesmo para todas as ações da companhia.
>
> § 3º O valor nominal das ações de companhia aberta não poderá ser inferior ao mínimo fixado pela Comissão de Valores Mobiliários.

O dispositivo se aplica à todas as companhias, abertas ou fechadas, exceto o teor do § 3º, que permite à CVM definir o valor nominal mínimo das ações, aplicável apenas às companhias abertas.

---

315. Como lembra YAZBEK, Otávio. Regulação do mercado financeiro e de capitais. Rio de Janeiro: Elsevier, 2009, p. 84.

A emissão de ações tem como objetivo o financiamento das sociedades anônimas com recursos dos sócios (acionistas), a custos mais reduzidos e prazos mais longos que os empréstimos bancários.

As ações podem apresentar *naturezas e classes* distintas.

Quanto à natureza (ou espécies), **as ações se classificam em ordinárias, preferenciais e de fruição**, nos termos do art. 15, da LSA, que também prevê regras aplicáveis apenas às companhias abertas, apenas a companhias fechadas e a ambos os tipos. Vejamos:

> Art. 15. As ações, conforme a natureza dos direitos ou vantagens que confiram a seus titulares, são ordinárias, preferenciais, ou de fruição.
>
> § 1º As ações ordinárias da companhia fechada e as ações preferenciais da companhia aberta e fechada poderão ser de uma ou mais classes.
>
> § 2º O número de ações preferenciais sem direito a voto, ou sujeitas a restrição no exercício desse direito, não pode ultrapassar 50% (cinqüenta por cento) do total das ações emitidas. (Redação dada pela Lei nº 10.303, de 2001)

As ações **ordinárias** são aquelas que conferem os direitos típicos do direito de propriedade que representam, dentre os quais se destaca o direito ao voto, nos termos do art. 16, da LSA.

As ações da companhia fechada podem ser divididas em **classes** (cada qual conferindo direitos diversos). Na companhia aberta, apenas as ações preferenciais podem possuir mais de uma classe, pois as ordinárias são emitidas em classe única (direitos iguais).

Vale lembrar que, independentemente das classes, as ações preferenciais somente podem ser emitidas até o limite de 50% do total das ações emitidas, limite este que era de dois terços do total e foi reduzido pela Lei 10.303/2001.

As ações **preferenciais** divergem das ordinárias por conferir vantagens ou, como o nome sugere, preferências de alguns direitos, podendo também restringir outros direitos, como o de voto. Dispõe o art. 17, da LSA:

> Art. 17. As preferências ou vantagens das ações preferenciais podem consistir: (Redação dada pela Lei nº 10.303, de 2001)
>
> I – em prioridade na distribuição de dividendo, fixo ou mínimo;
>
> II – em prioridade no reembolso do capital, com prêmio ou sem ele; ou
>
> III – na acumulação das preferências e vantagens de que tratam os incisos I e II.
>
> [...]

O artigo contém outras regras acerca das ações preferenciais, tais quais:

- ✓ obrigatoriedade de previsão no estatuto, com precisão e minúcia, de eventuais outras preferências ou vantagens que sejam atribuídas aos acionistas sem direito a voto, ou com voto restrito;
- ✓ impossibilidade de distribuição de dividendos em prejuízo do capital social, salvo quando, em caso de liquidação da companhia, essa vantagem tiver sido expressamente assegurada;

- ✓ o estabelecimento, em regra que pode ser excepcionada pelo estatuto, de que o dividendo prioritário não é cumulativo, a ação com dividendo fixo não participa dos lucros remanescentes e a ação com dividendo mínimo participa dos lucros distribuídos em igualdade de condições com as ordinárias, depois de a estas assegurado dividendo igual ao mínimo;
- ✓ impossibilidade de que o estatuto exclua ou restrinja o direito das ações preferenciais de participar dos aumentos de capital decorrentes da capitalização de reservas ou lucros, exceto para as ações com dividendo fixo; e
- ✓ possibilidade de o estatuto conferir às ações preferenciais com prioridade na distribuição de dividendo cumulativo, o direito de recebê-lo, no exercício em que o lucro for insuficiente, à conta das reservas de capital.

Para que as ações preferenciais (de companhias abertas) possam ser negociadas no mercado primário ou secundário, a lei exige a presença de pelo menos uma das vantagens entre as estabelecidas pelo § 1º, do art. 17, da LSA, quais sejam:

- direito de participar do dividendo a ser distribuído, correspondente a, pelo menos, 25% (vinte e cinco por cento) do lucro líquido do exercício;
- direito ao recebimento de dividendo, por ação preferencial, pelo menos 10% (dez por cento) maior do que o atribuído a cada ação ordinária;
- direito de serem incluídas na oferta pública de alienação de controle, assegurado o dividendo pelo menos igual ao das ações ordinárias.

Acresce o art. 29, da LSA, que as ações da companhia somente estão aptas à negociação após realizados 30% do preço de emissão.

Para as companhias fechadas, estes requisitos não são exigidos. De outro turno, as ações destas empresas não são negociadas no mercado aberto, vale dizer, não podem ser ofertadas publicamente nem no mercado de bolsa ou balcão organizado.

Em qualquer caso, seja companhia aberta ou fechada, a lei veda a negociação da companhia, com suas próprias ações, salvo em casos excepcionais. Leia-se o art. 30, da LSA:

> Art. 30. A companhia não poderá negociar com as próprias ações.
>
> § 1º Nessa proibição não se compreendem:
>
> a) as operações de resgate, reembolso ou amortização previstas em lei;
>
> b) a aquisição, para permanência em tesouraria ou cancelamento, desde que até o valor do saldo de lucros ou reservas, exceto a legal, e sem diminuição do capital social, ou por doação;
>
> c) a alienação das ações adquiridas nos termos da alínea b e mantidas em tesouraria;
>
> d) a compra quando, resolvida a redução do capital mediante restituição, em dinheiro, de parte do valor das ações, o preço destas em bolsa for inferior ou igual à importância que deve ser restituída.

> § 2º A aquisição das próprias ações pela companhia aberta obedecerá, sob pena de nulidade, às normas expedidas pela Comissão de Valores Mobiliários, que poderá subordiná-la à prévia autorização em cada caso.
>
> § 3º A companhia não poderá receber em garantia as próprias ações, salvo para assegurar a gestão dos seus administradores.
>
> § 4º As ações adquiridas nos termos da alínea b do § 1º, enquanto mantidas em tesouraria, não terão direito a dividendo nem a voto.
>
> § 5º No caso da alínea d do § 1º, as ações adquiridas serão retiradas definitivamente de circulação.

Dentre as **ações especiais**, fala-se também de *golden share*, nome utilizado tanto para algumas classes de ações emitidas pela companhia e já abordadas anteriormente. Estas ações não são colocadas à negociação no mercado.

De outro giro, ações de companhias estrangeiras podem ser negociadas no Brasil por meio de *depositary recipts*[316] assim como ações de companhias brasileiras podem ser colocadas em circulação no mercado de outros países, por meio de *brazilian depositary recipts*[317].

As **ações ordinárias e preferenciais também podem ser divididas em classes**, conforme variam os direitos por ela previstos. As ações preferenciais de uma classe podem, por exemplo, oferecer dividendo mínimo 10% superior ao das ações ordinárias e outra classe pode oferecer dividendo mínimo de 11%. A decisão pelo estabelecimento de classes cabe à própria companhia e é tomada por motivos diversos, inclusive por razões de mercado, que tornem o título mais atrativo aos investidores.

As ações pertencem a seus adquirentes, subscritores no mercado primário e compradores no mercado secundário, não podendo a companhia, salvo a exceção do art. 36, da LSA, aplicável às sociedades fechadas, limitar a circulação das ações (e dos demais títulos por ela emitidos).

Assim, a **negociação das ações depende do seu titular**. Contudo, especialmente no mercado de valores mobiliários, relativo aos títulos de companhias abertas, há **regras** que regulamentam esta negociação.

---

316. Depositary receipt é um instrumento de negócios financeiros emitidos por um banco que representa títulos estrangeiros negociáveis ao público. O depositary receipt é negociado na bolsa de valores do país em que foi emitido. Constitui, pois, meio de negociar, no país, títulos de companhias estrangeiras.

317. A Bovespa assim define os Brazilian Depositary Receipts:

    Brazilian Depositary Receipts (BDRs) são certificados de depósito de valores mobiliários emitidos no Brasil que representam valores mobiliários de emissão de companhias abertas com sede no exterior.

    Sua emissão deve ser realizada por instituições brasileiras, as chamadas instituições depositárias ou emissoras, que são empresas autorizadas a funcionar pelo Banco Central e habilitadas pela Comissão de Valores Mobiliários (CVM) a emitir BDRs. A emissão é lastreada em valores mobiliários custodiados em seu País de origem por instituições custodiantes. Estas são responsáveis por manter os valores mobiliários a que os BDRs se referem em custódia.

    Disponível em: http://www.bmfbovespa.com.br/pt-br/mercados/outros-titulos/ bdrs-brazilian-bepository-receipts/bdrs-brazilian-bepository-receipts.aspx?idioma=pt-br#, acesso em 15/1/2013.

Estas regras referem-se à própria forma pela qual a ação foi emitida, vale dizer, se se trata de uma ação **nominativa** (não existem mais ações ao portador) ou de uma ação **escritural**.

As **ações nominativas** podem ser representadas por um título (cartularidade), mas, nos termos do art. 31, da LSA, são aquelas cuja propriedade se presume "pela inscrição do nome do acionista no livro de "Registro de Ações Nominativas" ou pelo extrato que seja fornecido pela instituição custodiante, na qualidade de proprietária fiduciária".

A negociação das ações nominativas demanda, portanto, no mínimo, o registro em livro próprio da companhia e, caso o título esteja depositado em instituição custodiante, a participação desta.

Dispõe ainda o § 3º, do art. 31, da LSA, que, "na transferência das ações nominativas adquiridas em bolsa de valores, o cessionário será representado, independentemente de instrumento de procuração, pela sociedade corretora, ou pela caixa de liquidação da bolsa de valores".

As **ações escriturais**, disciplinadas pelos arts. 34 e 35, da LSA, não possuem certificado (não apresenta cartularidade), de modo que sua propriedade se presume "pelo registro na conta de depósito das ações, aberta em nome do acionista nos livros da instituição depositária" (art. 35, da LSA). Na hipótese de conversão da ação nominativa em ação escritural, o certificado daquela deverá ser cancelado, para não gerar duplicidade do título.

Para as **ações escriturais**, portanto, **sempre haverá uma instituição autorizada responsável por realizar a escrituração das ações e seu depósito**.

Nos termos do § 1º, do art. 35, da LSA, "a transferência da ação escritural opera-se pelo lançamento efetuado pela instituição depositária em seus livros, a débito da conta de ações do alienante e a crédito da conta de ações do adquirente, à vista de ordem escrita do alienante, ou de autorização ou ordem judicial, em documento hábil que ficará em poder da instituição".

A LSA disciplina, também, a **custódia** de ações e a emissão de certificados, realizados por instituições autorizadas pela CVM.

Na custódia, a companhia autorizada recebe em depósito as ações por espécie e classe como valores fungíveis e adquire sua propriedade fiduciária (art. 41, da LSA). A instituição não pode dispor das ações e é obrigada a devolver ao depositante a quantidade de ações recebidas, com as modificações resultantes de alterações no capital social ou no número de ações da companhia emissora (§ 1º, 41, da LSA), quando este o requerer (§ 2º, 42, da LSA).

A custódia implica a nomeação da instituição para representar os titulares das ações para receber dividendos e ações bonificadas e exercer direito de preferência para subscrição de ações (art. 42, da LSA).

De outro lado, a instituição deve comunicar à companhia os eventos relativos à custódia (§ 3º, 41, da LSA).

O **certificado de depósitos e ações**, por sua vez, é disciplinado pelo art. 43, da LSA. O certificado é título (que pode ser somente escritural, mas será necessariamente nominativo) representativo das ações (e de outros valores).

O art. 43, da LSA regula, entre outras questões, os elementos do certificado, a responsabilidade da instituição financeira pela origem e autenticidade dos certificados das ações depositadas, a possibilidade de desdobramento ou agrupamento dos certificados e a aplicação das regras dos títulos de crédito para o endosso do certificado.

Com ou sem o certificado, o direito dos titulares das ações depositadas é registrado em contas individualizadas, para proteção dos acionistas. As negociações com os títulos, graças as contas individualizadas, repercutem no controle de todos os agentes envolvidos, a bolsa ou a entidade de balcão, se for o caso, a companhia depositária, da companhia emissora e, naturalmente, do acionista.

A emissão de ações para oferta pública depende do registro da companhia na CVM como sociedade anônima aberta e o registro devidamente aprovado da oferta das ações. Para que sejam negociadas no mercado secundário, a bolsa ou a entidade de balcão tem que aceitar o papel para negociação em seus ambientes.

A emissão de ações de companhias fechadas para ofertas particulares não depende de registro na CVM. Estas ações não são negociadas na bolsa.

O regime de negociação das ações não se esgota na emissão e subscrição no mercado primário e na compra e venda no mercado secundário. As ações também podem ser objeto de **empréstimo ou locação**.

Nas operações de compra e venda o comprador paga o preço de mercado e adquire os direitos inerentes da propriedade. Nas operações de empréstimo ou locação, o tomador paga apenas a locação e exercita os direitos do proprietário pelo prazo combinado. Para o proprietário das ações, o negócio pode representar um rendimento extra, que o título não pagaria em condições normais e para o tomador a locação pode ser utilizada para implementar estratégias de investimento, exercer voto na companhia etc.

4.4.1.5. Debêntures

As debêntures são **títulos que representam direito de crédito face à companhia** emissora (art. 52, da LSA). Leciona Eizirik que há consenso quanto a sua natureza, de mutuo mercantil[318], embora haja semelhanças entre estas e os títulos de crédito, que podem levar à comparação dos institutos[319].

De toda sorte, a variedade de direitos e garantias que podem acompanhar as debêntures, sua conversibilidade em ações (art. 57, da LSA) e o direito a voto na assembleia de debenturistas (art. 71, da LSA) transformam a debênture em um instituto único.

318. EIZIRIK, Nelson e outros. Mercado de Capitais. Rio de Janeiro: Renovar, 2008, p. 66.

319. YAZBEK, Otávio. Regulação do mercado financeiro e de capitais. Rio de Janeiro: Elsevier, 2009, p. 90.

A emissão de debêntures, assim como das ações, constitui meio de financiamento das sociedades anônimas, permitindo a captação de recursos a prazos mais longos e com menores custos que os empréstimos bancários.

A companhia pode efetuar mais de uma emissão de debêntures, e cada emissão pode ser dividida em séries. As debêntures da mesma série devem ter, porém, igual valor nominal e conferir os mesmos direitos (art. 53, da LSA).

As debêntures podem ser classificadas segundo diversos critérios.

Quanto à **forma**, podem ser nominativas ou escriturais, aplicando-se a elas mesmas regras pertinentes às ações, quanto a procedimentos, comprovação da propriedade, custódia emissão de certificado (art. 63, da LSA), circulação, locação e empréstimo.

Quanto ao **prazo**, as debêntures podem ser emitidas com ou sem data de vencimento (art. 55, da LSA).

Quanto a **remuneração**, podem assegurar o pagamento de juros fixos ou variáveis, participação nos lucros da companhia ou o pagamento de prêmio de reembolso (art. 56, da LSA).

Quanto a **garantia**, a debênture poderá ter garantia real ou flutuante, não gozar de preferência ou ser subordinada aos demais credores da companhia, ou ainda possuir garantias cumulativas (art. 58, da LSA). A garantia *real* consiste na especificação de um bem da companhia sobre o qual recairá penhor ou hipoteca. A garantia *flutuante* consiste no privilégio geral sobre o ativo da companhia (sem afetar bens específicos). *Não havendo garantia*, a debênture poderá preferir apenas ao direito dos acionistas, no caso de liquidação da companhia, ou receber o mesmo tratamento dos credores quirografários, conforme dispuser a Assembleia que a autorizou (art. 58, da LSA).

Pode haver, também, a emissão de debênture com *garantia fidejussória*, vale dizer, acompanhada da fiança prestada por pessoa coobrigada.

Há regras para a emissão de debêntures aplicáveis tanto a companhias abertas quanto às fechadas e, para aquelas, pode a CVM "aprovar padrões de cláusulas e condições que devam ser adotados nas escrituras de emissão de debêntures destinadas à negociação em bolsa ou no mercado de balcão, e recusar a admissão ao mercado da emissão que não satisfaça a esses padrões" (art. 61, § 3º, da LSA).

A emissão de debêntures para oferta pública depende do registro da companhia na CVM e também o registro da oferta pública das debêntures na autarquia.

A LSA disciplina a aquisição de debêntures pela própria emissora. Dispõe o art. 55, § 3º, da Lei 6.406/1976:

> Art. 55. A época do vencimento da debênture deverá constar da escritura de emissão e do certificado, podendo a companhia estipular amortizações parciais de cada série, criar fundos de amortização e reservar-se o direito de resgate antecipado, parcial ou total, dos títulos da mesma série.
>
> [...]

> § 3º É facultado à companhia adquirir debêntures de sua emissão:
>
> I - por valor igual ou inferior ao nominal, devendo o fato constar do relatório da administração e das demonstrações financeiras; ou
>
> II - por valor superior ao nominal, desde que observe as regras expedidas pela Comissão de Valores Mobiliários.
>
> [...]

Quanto à custódia das debêntures, mencione-se a existência do Sistema Nacional de Debêntures – SDN, "responsável pela transferência, para cada participante, dos recursos provenientes da operação – juros, atualização monetária ou quaisquer rendimentos atribuídos às debêntures"[320]. O SDN é administrado pela CETIP.

Também são valores mobiliários as *cédulas de debêntures*, nos termos do art. 2°, IV, da Lei 6.385/1976, c/c art. 72, da LSA. Leia-se: "as instituições financeiras autorizadas pelo Banco Central do Brasil a efetuar esse tipo de operação poderão emitir cédulas lastreadas em debêntures, com garantia própria, que conferirão a seus titulares direito de crédito contra o emitente, pelo valor nominal e os juros nela estipulados".

As cédulas de debêntures não são títulos emitidos pela própria companhia aberta, mas por instituições financeiras, a partir das debêntures que lhe dão lastro.

As sociedades anônimas emitem ainda partes beneficiárias e bônus de subscrição, também incluídos pelo art. 2°, da Lei 6.385/1976 como valores mobiliários.

4.4.1.6. Notas comerciais

Merece destaque a inclusão como valor mobiliário das **notas comerciais**, também conhecidas como ***commercial papers***, que têm **natureza de nota promissória**, nos termos da Resolução CMN 1.723/1990.

Os títulos de crédito, por si sós, sejam letras de câmbio, notas promissórias ou títulos cambiariformes não são considerados como valores mobiliários, mesmo que emitidos por companhias abertas. Tais títulos, em geral, são utilizados nas operações comerciais ordinárias das companhias, como pagamento ou promessa de pagamento.

Não obstante, devido a prática das empresas em obter empréstimos mediante a emissão de notas promissórias (como ocorre com as debêntures, mas com prazos normalmente mais curtos) as legislações incluíram os *commercial papers* emitidos por companhias (abertas ou fechadas) não financeiras e destinados a oferta pública como valores mobiliários.

No Brasil, as notas comerciais foram disciplinadas como valores mobiliários pela Resolução CMN 1.723/1990, com fundamento na redação original do art. 2°, III, da Lei 6.385/1976 (outros títulos criados ou emitidos pelas sociedades anônimas, a critério do

320. OLIVEIRA, Virgínia I., GALVÃO, Alexandre, RIBEIRO, Érico (orgs). Mercado financeiro: uma abordagem prática dos principais produtos e serviços. Rio de Janeiro: Elsevier, 2006, p. 268

Conselho Monetário Nacional) e posteriormente inseridos no texto da própria lei (art. 2°, VI, da Lei 6.385/1976, incluído pela Lei 10.303/2001).

Assim, a emissão de *commercial papers* segue a disciplina dos valores mobiliários, quanto a padrões e exigências de informações sobre o papel para que possa ser ofertado publicamente.

Nos termos do art. 5º, da Instrução CVM 566/2015, "prazo de vencimento da nota promissória deve ser de no máximo 360 (trezentos e sessenta) dias a contar da data de sua emissão, havendo, obrigatoriamente, apenas uma data de vencimento por série", não se aplicando o referido prazo às notas objeto de oferta pública com esforços restritos que conte com a presença de agente fiduciário dos titulares das notas promissórias.

As companhias fechadas também podem emitir notas comerciais (Instrução CVM 134/1990) o que não as transforma em companhias abertas.

4.4.2. *As cotas de fundos de investimento e as cotas de clubes de investimento*

O art. 2º, V, da Lei 6.385/1976 considera como valores mobiliários as cotas de fundos e clubes de investimento.

Embora sempre seja possível buscar origens remotas dos institutos, os **fundos de investimento**, em moldes similares aos que existem hoje, tem sua origem nos *investiment trusts* ingleses e sua maior expressão nos Estados Unidos[321], onde possuem regulamentação específica desde 1940 (*Investiment Company Act*).

No Brasil, os fundos de investimento são regulados de maneira tímida pela lei em sentido estrito desde o DL 7.583/1945, deixando espaço para um regramento infralegal intenso, papel hoje exercido pela Instrução CVM 555/2014.

Fundo de investimento é, nos termos do art. 3º, da Instrução CVM 555/2014, "uma comunhão de recursos, constituída sob a forma de condomínio, destinado à aplicação em ativos financeiros", da qual podem participar pessoas físicas e jurídicas.

Há certa discussão acerca da natureza jurídica dos fundos de investimento, havendo teorias que sustentam serem estes fundos condomínio, comunidade não condominial, propriedade em mão comum, propriedade fiduciária (*trust*) e sociedade.

Não falta, mesmo na literatura atual, quem defenda que os fundos de investimento tenham natureza de condomínio, como afirma a Instrução CVM 555/2014[322], ou natureza de sociedade[323].

---

321. CARVALHO, Mario Taverdard Martins de. Regime jurídico dos fundos de investimento. São Paulo: Quartier Latin, 2012, p. 37 e seg.

322. Veja-se, por exemplo: GUEDES, Vinícius Mancini. Sociedade e comunhão: os fundos de investimento. pp. 67-86. FRANÇA, Erasmo Valladão A. N. (coordenador). Direito societário contemporâneo. São Paulo: Quartier Latin, 2009.

323. Como exemplo, citamos: BORGES, Florinda Figueiredo. Os fundos de investimento: reflexões sobre sua natureza jurídica. PP. 41-65. FRANÇA, Erasmo Valladão A. N. (coordenador). Direito societário

Nos Estados Unidos, há uma lei geral para os fundos de investimento, a *Investment Company Act*, de 1940, que os define por critérios materiais, como a empresa cuja atividade principal é investir, reinvestir e negociar com valores mobiliários.

Nesse país, os fundos de investimento são constituídos na maioria dos casos na forma de sociedade anônima, mas também podem adotar outras formas, como *trusts* e *partnerships*[324].

No Brasil, não há uma lei geral sobre os fundos de investimento e as poucas leis em sentido restrito que disciplinam tais fundos qualificam-nos como condomínios, a exemplo do art. 8º, da Lei 8.313/1991 (Fundo de Investimento Cultural e Artístico – FICART) e do art. 41, da MP 2.228/2001 (Fundos de Financiamento da Indústria Cinematográfica Nacional – FUNCINE).

Não nos parece haver razão, sob o ponto de vista do direito empresarial ou do direito do sistema financeiro, para que a lei defina a natureza jurídica formal do instituto. Para o direito empresarial, vigora a liberdade do particular na escolha da forma empresarial e, para o direito do sistema financeiro, independentemente da forma escolhida, incidem as mesmas regras regulamentares.

Uma possível explicação, contudo, pode ser a existência da tributação sobre pessoas jurídicas, que reduziria os ganhos do fundo de investimento, se constituído na forma societária, fato inexistente no condomínio despersonalizado, que não possui obrigação tributária.

De *lege ferenda*, os fundos de investimento no Brasil são condomínios, regidos, porém, por normas administrativas emitidas pela CVM.

Como leciona Eizirik, que as cotas de todos os fundos de investimento são consideradas valores mobiliários, embora o art. 2º, V, da Lei 6.385/1976 mencione apenas as cotas dos fundos de investimento em valores mobiliários. Segundo o autor, as cotas de fundos de investimento em outros ativos se enquadrarão como contratos de investimento coletivo, caracterizando, também, valores mobiliários[325].

Os fundos de investimentos **são constituídos por deliberação de seu administrador** e **dependem de registro** prévio na CVM para funcionar (arts. 6º e 7º, da Instrução CVM 555/2014).

Segundo Mario Tavernard, os fundos são constituídos por ato unilateral do administrador, que elabora o regulamento do fundo. Este regulamento deve ser aprovado pelos cotistas originais (eventualmente uma instituição financeira que realiza os primeiros aportes do fundo) e levado a registro no Cartório de Títulos e Documentos. Também é

contemporâneo. São Paulo: Quartier Latin, 2009; e CARVALHO, Mario Taverdard Martins de. Regime jurídico dos fundos de investimento. São Paulo: Quartier Latin, 2012, p. 199.

324. HAZEN, Thomas Lee, RATNER, David L.. Securities regulation. Thomson West: St. Paul, 2006, p. 234.

325. EIZIRIK, Nelson e outros. Mercado de Capitais. Rio de Janeiro: Renovar, 2008, p 109/111.

necessária a elaboração do prospecto e da lâmina de informações essenciais sobre o fundo. Com tais documentos, segue-se o registro do fundo na CVM, a partir do qual este pode operar[326].

A Instrução CVM 555/2014 é a **norma geral** dos fundos de investimento, que regula integralmente os fundos mais comuns, e pelo menos subsidiariamente os fundos que possuem marco regulatório específico, como os Fundos de Investimento e Participações, os Fundos de Investimento em Cotas de Fundos de Investimento em Participações, os Fundos de Investimento em Direitos Creditórios, os Fundos Mútuos de Privatização – FGTS.

A norma dispõe sobre os diversos aspectos dos fundos de investimento: suas características, sua constituição, seu registro, suas cotas (inclusive da distinção das cotas dos fundos abertos e fechados), seus documentos de informações, a divulgação de suas informações e de seus resultados, sua assembleia geral, sua administração, sua carteira de investimento, seus encargos, sua incorporação, fusão, cisão e transformação, sua liquidação e seu encerramento. Dispõe também sobre os fundos restritos para investidores qualificados, investidores profissionais e investidores previdenciários (como os fundos de pensão) e sobre as penalidades aplicáveis pelo descumprimento de regras legais e regulamentares aplicáveis aos fundos.

Todo fundo deve ter um **administrador**, e sua administração "compreende o conjunto de serviços relacionados direta ou indiretamente ao funcionamento e à manutenção do fundo, que podem ser prestados pelo próprio administrador ou por terceiros por ele contratados" (art. 78, da Instrução CVM 555/2014).

Podem ser contratados diversos serviços, dentre os quais o de gestão, distribuição e custódia, além de, obrigatoriamente, contar com serviços de auditoria externa independente.

A **gestão** da carteira do fundo "é a gestão profissional, conforme estabelecido no seu regulamento, dos ativos financeiros dela integrantes, desempenhada por pessoa natural ou jurídica credenciada como administradora de carteiras de valores mobiliários pela CVM" (art. 78, § 3º, da Instrução CVM 555/2014 e art. 23, da Lei 6.385/1976). A gestão, *asset management*, envolve a tomada de "decisões de compra e venda de ativos financeiros aderentes à política de investimento"[327] do fundo.

A **distribuição** "é o processo de venda das cotas dos fundos. O distribuidor é aquele que vende o fundo, sendo responsável por orientar o investidor, identificar suas necessidades de investimento, seu perfil e sua aversão ao risco"[328]. Os distribuidores de valores mobiliários estão previstos no art. 15, I, da Lei 6.385/1976.

326. CARVALHO, Mario Taverdard Martins de. Regime jurídico dos fundos de investimento. São Paulo: Quartier Latin, 2012, p. 84-86.

327. LUND, Myrian Layr M. Pereira, SOUZA, Cristóvão Pereira de, CARVALHO, Luiz Celso da Silva de. Mercado de capitais. Rio de Janeiro: Editora FGV, 2012, p. 150.

328. LUND, Myrian Layr M. Pereira, SOUZA, Cristóvão Pereira de, CARVALHO, Luiz Celso da Silva de. Mercado de capitais. Rio de Janeiro: Editora FGV, 2012, p. 150.

A distribuição de cotas dos fundos "deve ser realizada por instituições habilitadas a atuar como integrantes do sistema de distribuição" (art. 17, da Instrução CVM 555/2014), podendo ser realizada pelo gerente do banco administrador do fundo.

A **custódia** também é realizada por pessoas autorizadas pela CVM, nos termos do art. 24, da Lei 6.385/1976 e deve obedecer às regras específicas da função (Instrução CVM 542/2013), bem como as regras estabelecidas pelos arts. 81 e 82, da Instrução CVM 555/2014.

O órgão soberano dos fundos, contudo, é a **Assembleia Geral**, para a qual devem ser convocados todos os cotistas, mas sendo instalada com qualquer número de participantes, decidindo por maioria, computando-se um voto para cada cota (art. 67 e seg, da Instrução CVM 555/2014).

À Assembleia Geral compete, nos termos da Instrução CVM 555/2014, deliberar sobre as demonstrações contábeis apresentadas pelo administrador, a substituição do administrador, gestor ou custodiante do fundo, a fusão, a incorporação, a cisão, a transformação ou a liquidação do fundo, o aumento da taxa de administração, da taxa de performance ou das taxas máximas de custódia, a alteração da política de investimento do fundo, entre outras matérias.

Os **ganhos dos cotistas** dependem da rentabilidade do fundo. Vale lembrar que o cotista é proprietário de parcela do patrimônio do fundo, as cotas que adquirir, cujo valor é calculado diariamente, pelo valor destes ativos (apurado diariamente pelo valor de mercado), subtraídas as despesas do fundo, resultado este dividido pelo número de cotas total do fundo. São direitos dos cotistas receber o regulamento e o prospecto do fundo, ser informado da política de investimento, dos riscos envolvidos e da possibilidade de perdas, bem como de sua eventual responsabilidade por aportes de recurso no caso de o patrimônio do fundo se tornar negativo.

A **remuneração da administração**, incluindo os serviços de gestão, distribuição e custódia, por sua vez, ocorre pela taxa de administração, prevista em seu regulamento (art. 44 e 85 a 88, da Instrução CVM 555/2014).

Há duas formas básicas de **taxa de administração**, deduzidas do valor das cotas. A taxa **fixa**, estabelecida em percentual anual (base de 252 dias) sobre o patrimônio líquido do fundo, que pode ser provisionada diariamente, e a taxa de **performance**, cobrada quando o rendimento do fundo supere índice de referência verificável estabelecido no regulamento.

O fundo pode cobrar, também, a **taxa de entrada ou taxa de carregamento**, pela aplicação de recursos no fundo, e a **taxa de saída**, pelo resgate das cotas. A taxa de entrada não é deduzida do valor da cota, mas diretamente do valor aplicado, vale dizer, o investidor adquire menos cotas do fundo porque parte do valor investido é pago ao administrador (1% ou 2%, por exemplo). A taxa de saída, a seu turno, não reduz o valor da cota, mas o valor a ser recebido.

Uma das inovações da Instrução CVM 555/2014 que têm chamado atenção do mercado refere-se à **remuneração paga aos distribuidores** dos fundos. A instrução pede a descrição da forma de remuneração dos distribuidores (art. 41, XI e § 3º) bem como veda "ao administrador, ao gestor e ao consultor o recebimento de qualquer remuneração, benefício ou vantagem, direta ou indiretamente por meio de partes relacionadas, que potencialmente prejudique a independência na tomada de decisão de investimento pelo fundo" (art. 92, § 2º).

A regra comporta exceções, para fundos de investimento em cotas de fundo de investimento que invistam mais de 95% (noventa e cinco por cento) de seu patrimônio em um único fundo de investimento, pois, havendo praticamente um só investimento, não haverá diferença relevante de remunerações na distribuição, e fundos de investimento exclusivamente destinados a investidores profissionais, desde que a totalidade dos cotistas assine termo de ciência, quando a exigência é dispensada em virtude da especialização dos interessados (art. 92, § 3º).

Os fundos de investimento apresentam várias **classificações** de acordo com diversos critérios. Quanto à **abertura**, os fundos podem ser abertos ou fechados. Quanto ao **ativo da carteira**, os fundos se classificam em renda fixa e renda variável; os primeiros, de menor risco, investidos em títulos públicos ou privados, são subdivididos em fundos de curto prazo, referenciados, simples e dívida externa, e os segundos, de maior risco, subdivididos em fundos de ações, fundos cambiais e fundos multimercado.

Os fundos também podem ser classificados de acordo com o **prazo dos títulos** em que investem (curto ou longo prazo) e quanto à **referência de rentabilidade** do fundo ou indicador de desempenho (*benchmark*), que irá variar de acordo com o ativo da carteira. Na Instrução CVM 555/2014 há regulação específica para os fundos de renda fixa de curto prazo "que invistam em títulos públicos federais ou privados pré-fixados ou indexados à taxa SELIC ou a outra taxa de juros, ou títulos indexados a índices de preços, com prazo máximo a decorrer de 375 dias, e prazo médio da carteira do fundo inferior a 60 dias" entre outros (art. 111, da Instrução CVM 555/2014) e para aqueles "cuja política de investimento assegure que ao menos 95% do seu patrimônio líquido esteja investido em ativos que acompanham, direta ou indiretamente, determinado índice de referência" (art. 112, da Instrução CVM 555/2014).

A **referência ou *benchmark*** não tem como função apenas caracterizar um tipo específico de fundo de renda fixa. Sua função, como ensinam Gilson Oliveira e Marcelo Pacheco, serve como parâmetro de referência de rentabilidade do fundo[329]. Os autores citam como exemplos a taxa de juros dos Certificados de Depósitos Interbancários – CDI, para os fundos em DI, a taxa de câmbio, para os fundos cambiais, o IBOVESPA e índices setoriais para os fundos de ações[330].

329. Oliveira Gilson, Pacheco Marcelo. Mercado financeiro. São Paulo: Editora Fundamento Educacional, 2011, p. 214.

330. Oliveira Gilson, Pacheco Marcelo. Mercado financeiro. São Paulo: Editora Fundamento Educacional, 2011, p. 214.

Os autores lembram, ainda, que os fundos podem apresentar postura ativa ou passiva diante do *benchmark* escolhido. Os fundos ativos seriam aqueles que têm como objetivo obter rendimentos superiores à referência e os passivos aqueles cujo objetivo seja simplesmente acompanhar a referência[331].

Quanto ao investidor ao qual o fundo é destinado os fundos são classificados em restritos (para investidores qualificados, profissionais e previdenciários) e não restritos (para qualquer investidor) e quanto à norma regulamentar que lhes é aplicada, há fundos sujeitos à regulamentação geral (hoje a Instrução CVM 555/2014) e fundos com regulação específica (a exemplo dos Fundos de Investimento em Participações – FIP, regulado pela Instrução CVM 391/2003).

Pode-se falar, também, em fundos com **capital protegido** (que garante a preservação do capital, mesmo se o fundo apresentar prejuízo) e sem capital protegido (em que o investidor perde o capital investido, na proporção das perdas do fundo), e fundos que podemos chamar de autônomos ou diretos (que investem diretamente nos ativos eleitos por sua política de investimento) e **fundos de investimento em cotas de fundos de investimento – FIC** (que, como o nome diz, investem em cotas de outros fundos de investimento, da mesma natureza). Neste caso, o fundo cujas cotas são adquiridas é chamado fundo "mãe".

Na Instrução CVM 555/2014, as classificações mais importantes são a dos fundos abertos e fechados, a classificação quanto ao ativo investido e a classificação quanto ao investidor.

Quanto à **abertura**, dispõe o art. 4º, da Instrução CVM 555/2014 que "o fundo pode ser constituído sob a forma de condomínio aberto, em que os cotistas podem solicitar o resgate de suas cotas conforme estabelecido em seu regulamento, ou fechado, em que as cotas somente são resgatadas ao término do prazo de duração do fundo".

As cotas do condomínio aberto não podem ser objeto de cessão ou transferência voluntários, podendo ser somente resgatadas, ao contrário do que se passa com as do condomínio fechado, que podem ser transferidas, mediante termo de cessão e transferência, e negociadas no mercado de bolsa ou balcão (arts. 13 e 14, da Instrução CVM 555/2014).

Isso ocorre porque os fundos abertos atuam em massa, com pequenos investimentos, e o investidor pode comprar e vender cotas dos fundos na forma de condomínio aberto com relativa facilidade, a qualquer tempo e em qualquer valor, sempre em relação direta com o administrador, com pequenas variações para o patrimônio do fundo. O administrador, por sua vez, que pode ser um banco múltiplo público, como o Banco do Brasil, ou privado, como o Itaú, tem facilidade para receber novos investimentos em seus fundos, o que torna a relação dinâmica. Por outro lado, como são muitos os cotistas, a negociação

331. OLIVEIRA Gilson, PACHECO Marcelo. Mercado financeiro. São Paulo: Editora Fundamento Educacional, 2011, p. 215.

das cotas no mercado poderia elevar demais os custos de administração do fundo (especialmente quanto ao controle dos cotistas, já que as cotas são nominais, e quanto à liquidação das operações), reduzindo substancialmente os rendimentos da aplicação.

Os fundos fechados, embora também possam ser oferecidos publicamente para qualquer interessado, tendem a requerer investimentos maiores, de modo que os investidores são "substituídos" com maior dificuldade, mesmo se o administrador for um banco comercial com muitos clientes. Assim, o resgate prejudicaria o próprio fundo, que ficaria desprovido de recursos significativos para os investimentos que pretende fazer. De outro lado, para conferir alguma liquidez às cotas dos fundos fechados, permite-se que sejam negociadas no mercado secundário.

A classificação que resulta em mais sensível regulação dos fundos é a realizada pela **composição da carteira**.

A Instrução CVM 409/2004 não classificava os fundos de investimento pelo gênero, vale dizer, de renda fixa ou de renda variável, mas apenas em espécies, que eram, nos termos do art. 92, da norma revogada, Fundo de Curto Prazo, Fundo Referenciado, Fundo de Renda Fixa, Fundo de Ações, Fundo Cambial, Fundo de Dívida Externa; e Fundo Multimercado.

A literatura, porém, identificava os fundos de curto prazo, os fundos referenciados, de renda fixa e de dívida externa, como de renda fixa e os demais, ações, cambiais e multimercado, como renda variável.

Seguindo esta interpretação, o art. 108, da Instrução CVM 555/2014, aprimorou a classificação dos fundos quanto ao ativo da carteira, subdividindo-os em fundo de renda fixa, dos quais são espécies os fundos de curto prazo, os fundos referenciados, os fundos de renda fixa simples e os fundos de dívida externa, listando os demais, nitidamente de renda variável, separadamente (ações, cambiais e multimercado).

Fundos de investimento quanto ao ativo principal da carteira

Fundos de renda fixa

- Fundo de Curto Prazo
- Fundo Referenciado
- Fundo Simples
- Fundo de Dívida Externa

Fundos de renda variável

- Fundo de Ações
- Fundo Cambial
- Fundo Multimercado

Os **fundos de renda fixa**, em geral, devem ter como principal fator de risco de sua carteira a variação da taxa de juros, de índice de preços, ou ambos, e possuir, no mínimo,

80% (oitenta por cento) da carteira em ativos relacionados diretamente, ou sintetizados via derivativos, ao fator de risco que dá nome à classe (arts. 109 e 110, da Instrução CVM 555/2014).

Os fundos de renda fixa de **curto prazo** contêm investimentos títulos públicos federais ou privados pré-fixados ou indexados à taxa SELIC ou a outra taxa de juros, ou títulos indexados a índices de preços, com prazo máximo a decorrer de 375 dias, e prazo médio da carteira do fundo inferior a 60 dias (art. 111, I "a", da Instrução CVM 555/2014).

Os fundos de renda fixa **referenciados** são aqueles cuja política de investimento assegure que ao menos 95% do seu patrimônio líquido esteja investido em ativos que acompanham, direta ou indiretamente, determinado índice de referência e devem ter 80% no mínimo, de seu patrimônio líquido representado, isolada ou cumulativamente, por títulos da dívida federal e outros títulos de baixo risco (art. 112, da Instrução CVM 555/2014).

Será **simples** o fundo que tenha 95%, no mínimo, de seu patrimônio líquido representado, isolada ou cumulativamente, por títulos da dívida pública federal e títulos de renda fixa de emissão ou coobrigação de instituições financeiras que possuam classificação de risco atribuída pelo gestor, no mínimo, equivalente àqueles atribuídos aos títulos da dívida pública federal (art. 113, da Instrução CVM 555/2014).

O fundo de **dívida externa** será classificado como "Renda Fixa" se tiver 80%, no mínimo, de seu patrimônio líquido representado por títulos representativos da dívida externa de responsabilidade da União, quando deverá incluir, à sua denominação, o sufixo "Dívida Externa" (art. 114, da Instrução CVM 555/2014).

Não há uma norma geral para os **fundos de renda variável**, pois a variedade dos ativos não permite regulação homogênea, mas a Instrução CVM 555/2014 disciplina suas modalidades.

São **fundos de ações** aqueles que tenham como principal fator de risco a variação de preços de ações admitidas à negociação no mercado organizado. Neste caso, 67%, no mínimo, de seu patrimônio líquido devem ser compostos de ações e bônus ou recibos de subscrição e certificados de depósito de ações admitidas à negociação em mercado organizado, cotas de fundos nestes ativos, e *Brazilian Depositary Receipts* – BDR (art. 115, da Instrução CVM 555/2014).

Os **fundos cambiais** devem ter como principal fator de risco de carteira a variação de preços de moeda estrangeira ou a variação do cupom cambial e no mínimo 80% da carteira deve ser composta por ativos relacionados diretamente, ou sintetizados via derivativos, ao fator de risco que dá nome à classe (art. 116, da Instrução CVM 555/2014).

Por fim, os fundos **multimercado** devem possuir políticas de investimento que envolvam vários fatores de risco, sem o compromisso de concentração em nenhum fator em especial ou em fatores diferentes das demais classes previstas (art. 117, da Instrução CVM 555/2014).

A composição da carteira também observa limites quanto ao volume de investimento em ativos no exterior e quanto à concentração de investimento por emissor.

Os limites de investimento no exterior, bem como sua existência, variam de acordo com o tipo de fundo e o tipo de investidor ao qual é direcionado. Por exemplo, não há limite para fundos classificados como "Renda Fixa – Dívida Externa" e para fundos exclusivamente destinados a investidores profissionais que incluam em sua denominação o sufixo "Investimento no Exterior" (art. 101, I, da Instrução CVM 555/2014).

Quanto à concentração por emissor, não há limite se o emissor for a União, vale dizer, um fundo pode investir cem por cento de seu capital em títulos públicos federais (art. 102, V, da Instrução CVM 555/2014).

Quanto ao investidor, os fundos podem ser acessíveis a qualquer pessoa ou restritos a determinados investidores, qualificados, profissionais ou previdenciários.

São investidores qualificados, nos termos do art. 9-B, da Instrução CVM 539/2013:

✓ os investidores profissionais;

✓ as pessoas naturais ou jurídicas que possuam investimentos financeiros em valor superior a R$ 1.000.000,00 e que, adicionalmente, atestem por escrito sua condição de investidor qualificado;

✓ as pessoas naturais que tenham sido aprovadas em exames de qualificação técnica ou possuam certificações aprovadas pela CVM como requisitos para o registro de agentes autônomos de investimento, administradores de carteira, analistas e consultores de valores mobiliários, em relação a seus recursos próprios; e

✓ os clubes de investimento, desde que tenham a carteira gerida por um ou mais cotistas, que sejam investidores qualificados.

São investidores profissionais, conforme o art. 9º-A, da Instrução CVM 539/2013:

✓ as instituições financeiras e demais instituições autorizadas a funcionar pelo Banco Central

✓ do Brasil;

✓ as companhias seguradoras e sociedades de capitalização;

✓ as entidades abertas e fechadas de previdência complementar;

✓ as pessoas naturais ou jurídicas que possuam investimentos financeiros em valor superior a R$ 10.000.000,00 e que, adicionalmente, atestem por escrito sua condição de investidor profissional;

✓ os fundos de investimento;

✓ os clubes de investimento, desde que tenham a carteira gerida por administrador de carteira de valores mobiliários autorizado pela CVM;

- ✓ os agentes autônomos de investimento, administradores de carteira, analistas e consultores de valores mobiliários autorizados pela CVM, em relação a seus recursos próprios;
- ✓ os investidores não residentes.

A seu turno, o art. 131, da Instrução CVM 555/2014 considera como fundo previdenciário aqueles constituídos para aplicação de recursos de:

- ✓ entidades abertas ou fechadas de previdência privada;
- ✓ regimes próprios de previdência social instituídos pela União, pelos Estados, pelo Distrito Federal ou por Municípios;
- ✓ planos de previdência complementar aberta e seguros de vida com cláusula de cobertura por sobrevivência, de acordo com a regulamentação editada pelo Conselho Nacional de Seguros Privados; e
- ✓ FAPI – Fundo de Aposentadoria Programada Individual.

A norma regulamentar permite que os fundos de investimento passem por operações de incorporação, fusão e transformação (Instrução CVM 555/2014, art. 134 e seg.) sob certas regras, que envolvem a compatibilidade ou compatibilização das políticas de investimento dos fundos, a aprovação da assembleia, alterações dos regulamentos, levantamento de balanços, baixa do registro (dos fundos incorporados ou fundidos) e, eventualmente, aprovação da CVM.

A Instrução também contém normas sobre a **liquidação e encerramento** dos fundos.

Os fundos podem ser liquidados e encerrados por não alcançar capital suficiente, por determinação da Assembleia Geral, pelo decurso do prazo previsto no regulamento ou por decisão da CVM, no caso de infrações cometidas contra a legislação (respectivamente, art. 138, art. 66, III, art. 44, V, art. 141, da Instrução CVM 555/2014).

Há uma série de **fundos com regulação específica**. Destacamos:

Fundos Mútuos de Investimento em Empresas Emergentes – FMIEE (*venture capital*). Art. 1º, da Instrução CVM 209/1994:

> Art. 1º. O Fundo Mútuo de Investimento em Empresas Emergentes, constituído sob a forma de condomínio fechado, é uma comunhão de recursos destinados à aplicação em carteira diversificada de valores mobiliários de emissão de empresas emergentes, e de sua denominação deverá constar a expressão "Fundo Mútuo de Investimento em Empresas Emergentes".

Fundos de Investimento em Participações – FIP (*Private Equity*). Art. 2º, da Instrução CVM 391/2003:

> Art. 2º. O Fundo de Investimento em Participações (fundo), constituído sob a forma de condomínio fechado, é uma comunhão de recursos destinados à aquisição de ações, debêntures, bônus de subscrição, ou outros títulos e valores mobiliários conversíveis ou permutáveis em ações de emissão de companhias, abertas ou fechadas, participando do processo decisório da companhia

> investida, com efetiva influência na definição de sua política estratégica e na sua gestão, notadamente através da indicação de membros do Conselho de Administração.
>
> § 1º. Sempre que o fundo decidir aplicar recursos em companhias que estejam, ou possam estar, envolvidas em processo de recuperação e reestruturação, será admitida a integralização de cotas em bens ou direitos, inclusive créditos, desde que tais bens e direitos estejam vinculados ao processo de recuperação da sociedade investida e desde que o valor dos mesmos esteja respaldado em laudo de avaliação elaborado por empresa especializada.
>
> § 2º. A participação do fundo no processo decisório da companhia investida pode ocorrer:
>
> I – pela detenção de ações que integrem o respectivo bloco de controle,
>
> II – pela celebração de acordo de acionistas ou, ainda,
>
> III – pela celebração de ajuste de natureza diversa ou adoção de procedimento que assegure ao fundo efetiva influência na definição de sua política estratégica e na sua gestão.

Fundos de Investimento Imobiliário Arts. 1º e 2º, da Instrução CVM 472/2008:

> Art. 1º A presente Instrução dispõe sobre as normas gerais que regem a constituição, a administração, a oferta pública de distribuição de cotas, o funcionamento e a divulgação de informações dos Fundos de Investimento Imobiliário ("FII").
>
> Art. 2º O FII é uma comunhão de recursos captados por meio do sistema de distribuição de valores mobiliários e destinados à aplicação em empreendimentos imobiliários.
>
> § 1º O fundo será constituído sob a forma de condomínio fechado e poderá ter
>
> § 2º A denominação do fundo deve incluir a designação "fundo de investimento imobiliário".

A seu turno, **clube de investimento** é "o condomínio constituído por pessoas físicas para aplicação de recursos comuns em títulos e valores mobiliários" (art. 1º, da Instrução CVM 40/1984).

A referida instrução foi revogada pela Instrução CVM 494/2011, que passou a definir a quantidade de pessoas que podem participar de um mesmo fundo. Dispõe:

> Art. 1º O Clube de Investimento é um condomínio aberto constituído por no mínimo 3 (três) e no máximo 50 (cinquenta) pessoas naturais, para aplicação de recursos em títulos e valores mobiliários.

O clube de investimento deve ser administrado por sociedade corretora, sociedade distribuidora, banco de investimento ou banco múltiplo com carteira de investimento (art. 18, Instrução CVM 494/2011).

A legislação não prevê a negociação das cotas do clube, mas apenas seu resgate.

A **regulamentação dos clubes e especialmente dos fundos de investimento** pode ser bastante complexa, mas merecem destaque as diferenças entre os valores mobiliários que agora estudamos em relação a ações e debêntures, emitidas pelas companhias abertas.

As cotas dos fundos e clubes de investimento, ao contrário do que se passa com as ações e as debêntures, não têm como **finalidade** buscar recursos para o custeio de uma atividade societária.

Ao revés, clubes e fundos de investimento são condomínios formados com o objetivo comum de somar esforços para a realização de investimentos obter ganhos melhores que seriam alcançados individualmente, de modo que suas cotas são representação da copropriedade de seu titular num patrimônio comum.

Também é nítida a diferença quanto à **negociação**. Enquanto as ações e as debêntures das companhias abertas são amplamente negociadas no mercado secundário, as *cotas de clubes* de investimento e de fundos abertos sequer podem ser negociadas, somente fazendo sentido se falar em mercado secundário para *cotas de fundos* de investimento fechados, embora em níveis substancialmente mais baixos que os de negociação dos títulos das companhias.

A **proteção do investidor** também muda significativamente. Com relação aos títulos das companhias, a regulamentação baseia-se na exigência do registro da sociedade e do título emitido, bem como na divulgação de informações (*disclosure*), sem avaliação do mérito do investimento e sem qualquer ingerência na gestão das companhias. Com relação aos fundos e clubes de investimento, exige-se o registro e obriga-se aos administradores a prestar informações, mas a regulamentação também determina a composição da carteira de investimentos do condomínio, com vistas a evitar exposições demasiadas a riscos.

4.4.3. Contratos de investimento coletivo

Os **contratos de investimento coletivo** não estavam previstos na redação original do art. 2º, da Lei 6.385/1976, e foram incluídos como valores mobiliários no direito brasileiro MP 1.673/1998 e reedições, convertida na Lei 10.198/2001, cujo art. 1º fora assim redigido:

> Art.1º Constituem valores mobiliários, sujeitos ao regime da Lei no 6.385, de 7 de dezembro de 1976, quando ofertados publicamente, os títulos ou contratos de investimento coletivo, que gerem direito de participação, de parceria ou de remuneração, inclusive resultante de prestação de serviços, cujos rendimentos advém do esforço do empreendedor ou de terceiros.

Com a edição da Lei 10.303/2001, os contratos de investimento coletivo foram incorporados ao texto da Lei 6.385/1976, da seguinte forma: "são valores mobiliários sujeitos ao regime desta Lei, quando ofertados publicamente, quaisquer outros títulos ou contratos de investimento coletivo, que gerem direito de participação, de parceria ou de remuneração, inclusive resultante de prestação de serviços, cujos rendimentos advêm do esforço do empreendedor ou de terceiros".

A necessidade de se incluir tais contratos como valores mobiliários, é dizer, de subordiná-los à regulação e fiscalização da CVM decorre de problemas ocorridos com os negócios desta natureza, especialmente os denominados contratos de "boi gordo"[332].

332. EIZIRIK, Nelson e outros. Mercado de Capitais. Rio de Janeiro: Renovar, 2008, p 119-20.

Estes negócios se caracterizavam pela existência de um empreendedor que iniciava – ou prometia iniciar – a engorda de animais para comercialização no mercado, e tomava empréstimos de investidores interessados. O investidor entregava o recurso e recebia cotas do empreendimento, que seriam resgatadas no prazo estabelecido, mediante o pagamento de remuneração, normalmente superior à das aplicações financeiras.

Ocorre que, em muitos casos, o empreendedor desaparecia – juntamente com os bois, é claro! e os investidores simplesmente perdiam o capital investido no suposto empreendimento. Na verdade, não havia o empreendimento, mas uma fraude.

Mesmo nos casos em que o empreendimento era real, a falta de regulamentação propiciava práticas irregulares, causando prejuízo para os investidores e desmoralizando os investimentos sérios do mesmo tipo.

Naturalmente, tais contratos podem ter diversos objetos, não se limitando ao negócio de boi gordo.

Um exemplo noticiado na mídia, tratava de contratos de investimento coletivo da Panela Futebol Clube Intermediações de Negócios Ltda., que envolvia a "possibilidade de compra de participação nos direitos econômicos de jogadores de futebol". Neste caso, a CVM suspendeu as ofertas de, porque o site onde os contratos eram oferecidos não havia sido não havia sido autorizado a funcionar pela autarquia[333].

Os contratos de investimento coletivo se caracterizam pela existência de: 1. investimento em dinheiro ou valores que o representem; 2. num empreendimento comum, aberto a uma pluralidade de interessados; 3. com a expectativa de lucros para o investidor; e 4. lucros estes que decorrem exclusivamente dos esforços de terceiro[334].

Na esteira da legislação ordinária, a Instrução CVM 270/1998 definiu os contratos de investimento coletivo, independentemente de seu objeto, nos seguintes termos:

> Art. 1º [...]
>
> Parágrafo único. Considera-se título ou contrato de investimento coletivo aquele gerador de direito de participação, de parceria ou de remuneração, inclusive resultante de prestação de serviços, cujos rendimentos advêm do esforço do empreendedor ou de terceiros.

A norma definiu que as **empresas emissoras** de títulos ou contratos de investimento coletivo sejam constituídas na **forma de sociedade anônima**, tenham **registro na CVM**, possuam **diretor com a função de se relacionar com os investidores**, publiquem **demonstrações financeiras** e **divulguem** todas as **informações** relevantes para os investidores.

Regula o registro de distribuição pública de contratos de investimento coletivo a Instrução CVM 296/1998.

333. Valor Econômico. CVM suspende atividades do Panela FC e da Trade Invest, Edição de 6/7/2015.

334. EIZIRIK, Nelson e outros. Mercado de Capitais. Rio de Janeiro: Renovar, 2008, p 33.

Alguns contratos de investimento coletivo possuem **regulamentação específica**, como as cotas de fundos imobiliários (Lei 8.668/1993) e os certificados de investimentos audiovisuais (Decreto 974/1993)[335].

A **estrutura** dos contratos de investimento coletivo possui **similaridades com os fundos de investimento**, na medida em que recursos particulares são direcionados a aplicações sobre as quais o investidor não tem ingerência. Contudo, **os institutos se distinguem** pela existência do condomínio e copropriedade nos fundos de investimento e pela existência de uma pessoa jurídica tomadora de empréstimo dos investidores, que não são coproprietários, mas credores da sociedade ofertante do contrato.

Na disciplina estatal, a proteção do mercado investidor nos contratos de investimento coletivo se dá pela implementação de práticas de ***disclosure***, típicas dos valores emitidos pelas sociedades anônimas abertas, embora os contratos não tenham natureza de títulos societários e, em princípio, não gerem direito à propriedade societária.

Não há ingerência da CVM no próprio empreendimento, como ocorre nos fundos e clubes de investimento, em que a autarquia interfere na carteira de ativos dos condomínios. Isso ocorre porque os fundos e clubes de investimento aplicam seus recursos em títulos e papéis financeiros, matéria própria da CVM, enquanto o objeto dos empreendimentos dos contratos coletivos é composto de bens e serviços não financeiros, que exacerbam a competência da autarquia.

Os contratos de investimento coletivo ofertados publicamente devem obedecer a Instrução CVM 296/1998 (acerca dos contratos), bem como a Instrução 400/2003 (sobre oferta pública), inclusive quanto à plataforma eletrônica em que são oferecidos.

A propósito, um exemplo crescente em todo o mundo, de contratos de investimento coletivo, que deve receber regulação específica em breve pela CVM são os chamados *crowdfunding*.

No Brasil, as agências de *crowdfunding* já estão disseminadas na internet[336], promovendo as mais diversas atividades, que variam de medidas sociais e proteção dos animais ao patrocínio de livros, CDs, atletas e shows, por doações, compra antecipada de um produto ou como investimento.

Quando a iniciativa busca angariar doações pela internet, como as realizadas para socorrer as vítimas do desastre em Mariana – MG, não se caracteriza um valor mobiliário. Trata-se de valor mobiliário quando o *crowdfund* busca captar recursos para empresas embrionárias, oferecendo participação nos seus resultados. No meio termo, estão projetos que prometem, como retorno pelos recursos aplicados, produtos ou serviços.

---

335. EIZIRIK, Nelson e outros. Mercado de Capitais. Rio de Janeiro: Renovar, 2008, p 122 e seg.
336. https://beta.benfeitoria.com; http://www.bicharia.com.br; https://www.catarse.me/pt; http://f4tp.com.br; http://juntos.com.vc/pt; http://www.kickante.com.br; http://www.queremos.com.br.

4.4.4. Derivativos

4.4.4.1. Introdução

O art. 2º, da Lei 6.385/1976, com a redação dada pela Lei 10.303/2001, incluiu os derivativos como valores mobiliários, ao afirmar que "são valores mobiliários sujeitos ao regime desta Lei" "os contratos futuros, de opções e outros derivativos, cujos ativos subjacentes sejam valores mobiliários" e "outros contratos derivativos, independentemente dos ativos subjacentes"

Leciona Eizirik que o derivativo "constitui um contrato, ou mesmo dois contratos conexos, ou um título, cujo valor 'deriva', é resultado do valor de determinados ativos financeiros. Assim, por exemplo, uma opção de compra de ações preferenciais emitidas pela companhia X constitui um derivativo, cujo valor, em princípio, resulta da cotação de tais ações [...]"[337]

Segundo Yasbek, o traço comum dos derivativos, que não fornece um conceito jurídico, é o fato de que neles "as partes pactuam um preço para um bem (o ativo subjacente) em uma data futura e, na data da execução do contrato, contrapõem este preço ao preço de mercado, transferindo apenas as diferenças entre si. Todo derivativo, assim, é um 'contrato diferencial'"[338]. O autor assevera, também, que o ativo subjacente não consiste em elemento caracterizador da natureza jurídica do instituto, mas somente descreve o efeito econômico do instrumento[339].

Na busca pela identificação das características jurídicas dos derivativos, prossegue Yasbek:

> Verifica-se, neste caso, uma outra característica dos instrumentos derivativos. Nestes, no mais das vezes, o valor do principal (o preço do bem) não é transferido entre as partes, nem no início nem no término da relação. Tal preço torna-se apenas o referencial para o cálculo do valor ao final liquidado, sendo caracterizado, assim, como 'nocional' ('notional'). Pela inexistência de fluxo financeiro inicial, ademais, até o momento da liquidação o derivativo não passa de uma 'posição' registrada em nome do participante. Esta 'posição', conforme o comportamento do mercado, gerará ganhos ou perdas a seu detentor[340].

Ponderações como estas provocam **comparações dos derivativos com o jogo e a aposta**, pois não se verifica uma relação contratual baseada em bens ou serviços, mas apenas e expectativas que giram em função de preços de ativos. Por tal razão, o legislador brasileiro (art. 816, do Código Civil) afastou para os contratos sobre títulos de bolsa,

337. EIZIRIK, Nelson e outros. Mercado de Capitais. Rio de Janeiro: Renovar, 2008, p. 111.

338. YAZBEK, Otávio. Regulação do mercado financeiro e de capitais. Rio de Janeiro: Elsevier, 2009, p. 100.

339. YAZBEK, Otávio. Regulação do mercado financeiro e de capitais. Rio de Janeiro: Elsevier, 2009, p. 100.

340. YAZBEK, Otávio. Regulação do mercado financeiro e de capitais. Rio de Janeiro: Elsevier, 2009, p. 104.

mercadorias ou valores as consequências jurídicas do jogo e da aposta, obrigações naturais para as quais não se pode exigir pagamento ou reembolso.

Sob o ponto de vista jurídico, porém, não se apresenta um conceito único para todas as modalidades de derivativos. Aceita-se, porém, que são **contratos atípicos** (não previstos especificamente pelo Código Civil – exceto o contrato a termo, que tem natureza de compra e venda), **diferenciais** (que se liquidam por diferença de preço, não pela entrega de bens), **referenciais ou nocionais** (pela ausência de fluxo financeiro inicial e pela utilização do preço como mera referência para o cumprimento da obrigação) e **cujo pagamento se opera em data futura**, posterior à celebração do acordo.

Os derivativos apresentam diversas funções. Destacam-se:

> Prover o mercado à vista com mecanismos de *hedging*.
>
> Diminuir a volatilidade entre ativos – diminuição de risco.
>
> Gerar visibilidade de preços.
>
> Oferecer opções que demandem menor necessidade de capital para aquisições ou vendas de um ativo.
>
> Aumentar a liquidez – aumento do volume das transações do ativo referenciado.
>
> Fornecer ao mercado financeiro alternativas para geração de produtos de crédito e aplicação financeira[341].

Não é menos verdade, porém, que o uso indiscriminado e desregulado dos derivativos pode causar sérios riscos, como ocorreu na crise financeira de 2008.

4.4.4.2. Noções gerais dos contratos de derivativos

Como dissemos em outras partes deste trabalho, o direito econômico apresenta dificuldades não necessariamente pela sua dogmática, mas pela complexidade dos fatos que regula.

Cabe-nos, neste momento, passar algumas noções básicas sobre os mecanismos que envolvem os contratos de derivativos, para a melhor compreensão sobre o papel da CVM como órgão regulador destes negócios.

Para tanto, é essencial partir da finalidade dos derivativos. Com tais contratos, pretendem os empresários, agricultores, pecuaristas, exportadores etc obter proteção contra riscos do mercado em que atuam.

Por exemplo, o pecuarista quer se proteger contra os riscos de queda do preço do gado, enquanto o frigorífico quer se proteger contra os riscos de elevação do preço do mesmo bem. O importador quer se proteger contra os riscos de valorização da moeda estrangeira, que eleva seus custos, enquanto o exportador quer se proteger da valorização

341. OLIVEIRA, Virgínia I., GALVÃO, Alexandre, RIBEIRO, Érico (orgs.). Mercado financeiro: uma abordagem prática dos principais produtos e serviços. Rio de Janeiro: Elsevier, 2006, p. 325.

da moeda nacional. O agricultor quer se proteger dos riscos da queda do preço da soja, enquanto a agroindústria, que compra soja, quer se proteger dos riscos de elevação desta *commodity*.

O que estas pessoas devem fazer? A especialidade delas é negociar o gado, importar, exportar, negociar a soja ou produzir alimentos. Eles não sabem administrar riscos. Então, procuram pessoas, agentes especializados do mercado, que têm como especialidade administrar riscos.

Vamos imaginar algumas situações, inicialmente sem a interferência do intermediário que administra riscos.

João é fazendeiro e produz café. Ele tem receio de que o preço do café despenque e se cair a R$ 100,00 a saca ele terá prejuízos irreversíveis. Se o preço da saca chegar a R$ 300,00 ele teria lucros formidáveis, mas ele prefere garantir o preço de R$ 200,00, para evitar o prejuízo, que apostar por qualquer alta nos preços.

Então ele procura algum interessado em comprar a safra, com a advertência de que entregará a colheita 60 dias depois de fechado o negócio (dia da liquidação do acordo). José concorda com a proposta e compra o café, também com a advertência de que efetuará o pagamento (R$ 200,00 por saca) no mesmo dia da entrega da mercadoria.

E porque José aceita o negócio, se João tem medo da queda do preço do café? Porque José, neste nosso exemplo, vende produtos feitos com café, e ele sabe que ao preço de R$ 200,00 a saca, ele pode obter lucro, mas se o preço subir, ele terá prejuízos.

Se no termo ajustado a cotação do café no mercado estiver a R$ 210,00 a saca, João teve que vender a produção a R$ 200,00 a José, deixando de lucrar R$ 10,00 por cada saca vendida. Se o preço da saca, ao revés, estiver a R$ 190,00, João que vendeu a produção a R$ 200,00 garantiu o resultado esperado.

Na outra ponta, está José. Pagando R$ 200,00 ele lucra menos do que poderia se a cotação estivesse a R$ 190,00, mas garante o resultado que esperava em seu negócio e evita o prejuízo se a cotação chegasse a R$ 210,00.

As partes abrem mão da chance de ganhar muito, mas evitam o risco de sofrer prejuízos.

Vamos fazer uma pequena alteração neste exemplo. Na data acordada, José não quer mais comprar o café, pois mudou seu ramo de atividade, mas continua obrigado pelo contrato que celebrou. A cotação da saca estava a R$ 190,00 e José propõe pagar apenas a diferença de preço, para os R$ 200,00 combinados. João procura Manoel, que além de conhecer o preço de mercado, os R$ 190,00 naquela data, tem comprador para a safra de café. João, assim, vendeu sua safra a R$ 190,00 a Manoel e recebeu R$ 10,00 por saca de José, obtendo, dessa forma, os R$ 200,00 que pretendia.

Vamos agora imaginar que João não encontra José para fazer negócio, mas ambos têm a mesma necessidade, o primeiro de garantir o preço de venda e o segundo de garantir o preço de compra.

Na falta de contratante, João procura uma empresa (Manoel S/A) e firma o contrato de venda com ela (nos mesmos termos que faria com José). No termo pactuado, se a cotação do café está a R$ 210,00 a saca, João deixa de ganhar R$ 10,00 por saca, mas garante o preço de R$ 200,00, mesmo se a cotação esteja a R$ 190,00. Com José, que voltou para o ramo alimentício, aplica-se o inverso. Firmou com a Manoel S/A o contrato de compra, com posições invertidas ao negócio de João.

Ocorre que a Manoel S/A não negocia café, mas somente o preço do café, de forma que pagará (a João ou a José) ou receberá (de João ou de José) apenas a diferença do preço pactuado para o preço de mercado, exatamente como ocorreu no segundo exemplo, em que José se retirou do ramo de atividades. O café será vendido por João a qualquer pessoa, que pode ser inclusive José e José comprará café de qualquer produtor, que pode ser, por acaso, João, e o resultado de ambos estará garantido pelo contrato realizado pela Manoel S/A.

A diferença é que no contrato entre partes, o objeto previsto era o café, com o cumprimento da obrigação com a entrega física de café, enquanto nos contratos com o a Manoel S/A o objeto era o preço do café, porque a empresa nunca quis, na verdade, receber café!

Podemos pensar numa outra variante. Imaginemos que João venda café todos os dias e quer garantir uma cotação constante de seu produto. Ele então procura Manoel S/A e faz acordos que estabelecem um preço para determinada quantidade de café. Se a cotação – que sabemos, não é Manoel que apura, mas a Bolsa de Valores – está abaixo dos R$ 200,00, digamos R$ 199,00, João recebe R$ 1,00 por saca em sua conta e se estiver a R$ 201,00, o banco debita R$ 1,00 por saca de sua conta.

E isso ocorre dia após dia, com os consequentes ajustes entre a bolsa e seus contratantes (compradores e vendedores), a partir das cotações que se sucedem.

Vamos lembrar que do outro lado está José que agora pode estar no outro extremo do país, que também negocia com o banco em posição inversa a João, de modo que se João ganha R$ 1,00 José perde R$ 1,00 e se João perde R$ 1,00 José ganha R$ 1,00. E a bolsa pode ganhar ou perder se as posições não estiverem zeradas (se o contrato de José não empatar o negócio com João), mas, em geral, a bolsa cobra uma taxa por este serviço e procura não correr riscos.

E o risco pode ocorrer, mesmo se a bolsa conseguir comprar e vender o preço do café. Imagine que o preço do café suba para R$ 300,00. José tem R$ 100,00 por saca a receber da bolsa, que também deve pagar a todos que fizeram contratos iguais ao de José. Se João – e os outros tantos que fizeram contratos iguais a ele – não pagar a diferença, a bolsa não tem como honrar os compromissos assumidos. Para evitar este problema, a bolsa pode dizer aos interessados que só contrata até, por exemplo, 1.000,00 sacas de café, porque, nesta quantidade, ela própria consegue honrar os compromissos, mesmo se outros contratantes não efetuarem o pagamento. Além disso, a bolsa pode exigir garantia pela operação, e esta garantia pode ser executada para que a bolsa sempre tenha condições de pagar aos contratantes credores.

Um exemplo final.

Vamos imaginar que José está no ramo alimentício e, segundo seus planos, precisará comprar café daqui a 60 dias e só pode pagar R$ 200,00 à saca, sob pena de ter prejuízos. Mas José pensa em mudar de ramo, construir um hotel na beira da praia e levar uma vida mais tranquila e se isso acontecer – vamos supor que ele acha que isso pode acontecer no prazo de 60 dias – ele não vai querer comprar o café.

A bolsa, onde José verifica a cotação do café, negocia o preço deste produto. Ele, então, procura um negócio novo, que lhe garanta o direito de comprar o café, se ele quiser, ao preço de R$ 200,00 a saca. Se ele for para a praia, não comprou nada, se ficar, garante o preço que pode pagar pelo café.

A bolsa aceita o negócio, mediante o pagamento de uma taxa, um prêmio, é claro. Se na data combinada José estiver na praia, perdeu apenas o prêmio, mais nada. Se ficou no trabalho e o café estiver acima de R$ 200,00, digamos, R$ 210,00 ele compra o café no mercado (a final, o banco não vende café) e apresenta o contrato na bolsa, para receber a diferença de cotação daquele dia. Se o preço do café está mais barato ele compra o café de terceiro e perde o valor pago a título de prêmio, porque não terá nada mais a haver do banco: José contratou uma opção de compra, e exerce a opção se isso for interessante para ele.

Por outro lado, João queria garantir o direito de vender o café a R$ 200,00, apenas se não encontrasse preço melhor, e também realizou um contrato de opção com a bolsa, desta vez, um contrato de opção de venda.

Em linhas gerais, estes são os fatos, sobremaneira simplificados, mas que permitem uma noção básica dos institutos que iremos estudar. É bom advertir que estas negociações, inicialmente simples, podem chegar a um grau de sofisticação e complexidade inimagináveis, e quanto mais sofisticados e complexos os negócios, mais se justifica o controle estatal sobre tais operações.

4.4.4.3. Contratos a termo

O contrato a termo é contrato de compra e venda[342] do ativo subjacente (ações, debêntures, moedas, *commodities* etc), que vincula as partes até a data pactuada, podendo eventualmente ser liquidado antecipadamente.

O objeto do contrato é o preço do ativo na data futura, vale dizer, o preço pelo qual o interessado quer ou aceita vender, ou o preço que o interessado quer ou aceita pagar.

O contrato a termo é bilateral, como nas demais modalidades de derivativo. De um lado estará a própria bolsa ou a instituição financeira que opere no mercado de balcão (emissor) e do outro lado o interessado em fixar o preço na data futura, o vendedor ou o comprador.

Compradores e vendedores do ativo (o café, por exemplo) não se celebram contratos entre si, mas tem como **contraparte** a própria **bolsa de valores ou o mercado de**

342. YAZBEK, Otávio. Regulação do mercado financeiro e de capitais. Rio de Janeiro: Elsevier, 2009, p. 103.

balcão. Se ocorrer a negociação direta entre comprador e vendedor do ativo, não teremos um derivativo, mas um contrato de compra e venda a termo comum.

Os contratos a são negociados na bolsa de valores, mas principalmente no mercado de balcão.

Em geral, a **liquidação** ocorre por diferença, em especial se o ativo subjacente for uma *commodity*.

Se o interessado pactuou a **venda** do ativo ao valor de R$ 10,00 e o preço de mercado na data da liquidação for de R$ 11,00, ele terá R$ 1,00 a **pagar à bolsa**. Se a cotação do ativo estiver a R$ 9,00, ele terá R$ 1,00 a **receber**.

Se ao contrário, pactuou a **compra**, também ao valor de R$ 10,00, terá R$ 1,00 a **receber da bolsa** se a cotação estiver a R$ 11,00 e se a cotação estiver a R$ 9,00, terá $ 1,00 **a pagar à bolsa**.

Nos contratos a termo, especialmente no mercado de balcão, a quantidade dos ativos cujos preços se pretende garantir são fixadas pelas partes, de acordo com a situação do interessado. Um agricultor pode, por exemplo, celebrar um contrato a termo para vender 10.000 sacas de café em data futura e a determinado preço, porque estima que sua produção será de 10.000 sacas. O contrato, assim, tem a vantagem de ser ajustado aos interesses do vendedor. Por outro lado, tem a desvantagem de tornar difícil a negociação deste contrato, que apenas poderia ser repassado a outro produtor que tivesse interesse no contrato de exatamente 10.000 sacas de café.

Na bolsa de valores, os contratos a termo, como os contratos em geral oferecidos pela instituição, são padronizados e estabelecidos em valores menores, podendo o interessado subscrever diversos contratos. Por exemplo, o agricultor que queira vender 10.000 sacas de café, pode subscrever 10 contratos de venda de 1.000 sacas, o que facilita sua negociação.

De toda forma, não é comum a negociação destes negócios com terceiros, porque o contrato a termo vincula os contratantes, em regra, até o vencimento, ou, excepcionalmente, até a liquidação antecipada. Pode haver, contudo, cessão dos direitos do contrato.

4.4.4.4. Contratos futuros

O contrato futuro é contrato inominado[343], atípico, que decorre da evolução do contrato a termo. Os contratos futuros também são celebrados entre o emissor (bolsa de valores) de um lado e, de outro, o comprador ou vendedor dos contratos. Neles também não se contrata a compra e venda de ativos e somente há a entrega do ativo subjacente se assim for expressamente pactuado.

343. YAZBEK, Otávio. Regulação do mercado financeiro e de capitais. Rio de Janeiro: Elsevier, 2009, p. 111.

O **objeto** do contrato futuro também é o preço do ativo subjacente, como nos contratos a termo. As quantidades do ativo não são livremente pactuadas, mas padronizadas (número de arrobas do boi gordo, número de sacas de soja, número de ações de determinada espécie e classe de uma companhia).

Os contratos futuros têm data de **vencimento**, mas podem ser encerrados antecipadamente.

A principal **diferença entre os contratos a termo e os contratos futuros**, além da padronização destes e a maior liberdade contratual daqueles, é a forma de liquidação.

Nos contratos a termo, as partes se vinculam até a data pactuada, quando ocorre a liquidação. Nos contratos futuros, a liquidação é diária, de forma que o interessado paga ou recebe a diferença entre o preço pactuado e a cotação de mercado do dia, de acordo com sua posição (compra ou venda). Esta liquidação parcial ocorre todos os dias, até o vencimento do contrato, quando este é encerrado.

A **liquidação diária** reduz o risco de inadimplência e também permite o cancelamento da posição, mediante a realização da operação inversa.

No contrato a termo, o vencimento de todo o contrato ocorre em apenas um momento (na data do vencimento pactuado ou eventualmente na data da liquidação antecipada). Assim, da celebração do contrato até o vencimento, as perdas (ou os ganhos, dependendo da posição) podem ir se acumulando, de acordo com a cotação do ativo subjacente no mercado. No momento da liquidação, o devedor é chamado a pagar todo o valor do contrato.

No contrato futuro, com a liquidação diária, este acumulo de perdas (ou de ganhos) não ocorre, pois os débitos são pagos também diariamente (e os ganhos recebidos diariamente). Como o acerto é diário, o risco de inadimplência (apenas o risco de inadimplência) é menor, pois os valores a serem pagos também são menores do que, por hipótese, no contrato a termo com perdas acumuladas.

Ademais, os contratos no mercado futuro são sempre cobertos por margem de **garantia** e se o devedor não arcar com o pagamento do seu débito diário, a câmara de compensação executa a garantia prestada pelo contratante.

Sob o ponto de vista do investimento ou da possibilidade de ganho ou perda, os contratos futuros não são mais ou menos arriscados que os contratos a termo. A propósito, o risco depende da avaliação do interessado e da expectativa que ele tem acerca do preço do ativo subjacente.

Em termos comparativos, os contratos a termo são elaborados de acordo com as necessidades do interessado, enquanto os contratos futuros seguem padrões predeterminados. Quanto a execução, os contratos futuros são mais flexíveis que os contratos a termo, porque podem ser encerrados antecipadamente e porque permitem que a posição do interessado seja zerada, quer dizer, o interessado pode realizar a operação inversa (se contratou a compra de 10 sacas de soja, pode contratar a venda das mesmas 10 sacas de soja, e realizar o lucro ou o prejuízo da operação a qualquer dia), sem a obrigação de aguardar o vencimento do contrato enquanto as perdas se acumulam.

Os contratos futuros, assim como os contratos a termo não são negociados com terceiros, mas fechados diretamente com a bolsa.

As **partes do contrato futuro** são também a bolsa e o interessado, este representado pela corretora autorizada. Mas como os futuros têm liquidação diária, é necessária a presença de uma *câmara de liquidação*, que irá controlar as posições e operacionalizar os pagamentos, executando as garantias, quando necessário.

Voltaremos ao assunto adiante, mas cabe antecipar que a bolsa de valores ou a administradora do ambiente de negociação pode estabelecer limites de concentração de posições nos contratos futuros (autorregulação). Assim, evita-se que se acumulem posições de prejuízo que comprometam o cumprimento das obrigações.

4.4.4.5. Opções

Os exemplos de operações com derivativos podem se mostrar bastante complicados. Na modalidade de opções, o mais simples dos casos já apresenta complexidades.

O estudante pode demorar um pouco para assimilar a ideia de um contrato de opção, de maneira que é recomendável a leitura de notícias sobre o assunto, de modelos de contrato e dos exemplos didáticos que costumam ser apresentados.

Em termos conceituais, o contrato de opção tem por **objeto** não a compra ou venda de determinado ativo, mas o **direito de comprar ou vender determinado ativo** a preço pré-estabelecido, em data futura, mediante o pagamento de um prêmio.

As opções podem ser celebradas apenas para especulação, mas, em geral, visam conferir proteção, pois procuram garantir que uma operação que o agente pretende realizar (mas não tem certeza se o fará) se concretize aos preços que o mesmo agente deseja para o negócio.

Vejamos uma definição encontrada na literatura:

> As opções são contratos, cujo objeto é a negociação do direito de compra ou venda, em data futura, de um ativo a preço previamente determinado. Há, de um lado, o lançador da opção, e, de outro, o titular o comprador. O lançador é aquele que outorga a opção, obrigando-se a comprar ou vender o ativo na data fixada no contrato, uma vez exercido o direito de opção pelo comprador.
>
> Numa opção de compra (*call*), o lançador possui a obrigação de liquidar o contrato pelo preço acordado. O comprador, por sua vez, tem o direito de exercer a opção e comprar o ativo. A vantagem da opção de compra é a de adquirir um ativo, que neste intervalo de tempo sofreu uma valorização, por preço menor ao negociado no mercado.
>
> Numa opção de venda (*put*), o lançador está obrigado a comprar o ativo pelo preço fixado no contrato e o titular tem o direito de vendê-lo. A vantagem da opção de venda está na alienação do ativo por preço superior ao de mercado.

> No momento da celebração do contrato de opção, o comprador paga ao lançador um valor, denominado 'prêmio', relativo ao estabelecimento deste pacto. A quantia paga pelo ativo quando do exercício da opção, estipulada no contrato, é chamada de 'preço de exercício'.[344]

Vejamos mais um exemplo.

Eu pretendo comprar 100 ações da companhia X daqui a 2 meses. O preço que me interessa é R$ 10,00. Então procuro uma corretora que, em meu nome, celebra o contrato de opção, que me garante o direito de comprar 100 ações a R$ 10,00, na data pretendida. Pelo contrato, pago o prêmio (como nos contratos de seguro) cobrado pela bolsa e, na data pactuada, verifico a cotação das ações. Se a cotação estiver a R$ 15,00, mais caro que o pactuado, exercito meu direito de opção e compro as ações a R$ 10,00.

Se a cotação estiver em R$ 5,00, não exercito o direito de opção (que me custaria R$ 10,00, por ação) e compro as ações no mercado a vista. Se eu não tiver mais interesse na aquisição das ações, deixo de exercer meu direito de opção e não compro as ações, independentemente de sua cotação e meu prejuízo fica limitado ao prêmio pago.

Os contratos de opção também são **firmados**, como no mercado a termo e futuro, **entre o interessado**, que adquire a opção de compra ou de venda de determinado ativo, **e a bolsa de valores ou a instituição financeira que atua no mercado de balcão, que lança a opção**. Diz-se, pois, que a opção é lançada, não emitida. Para lançar a opção, a bolsa cobra um **prêmio**, que é o valor que recebe para que o interessado adquira o direito de exercer sua opção. **Preço de exercício**, a seu turno, é justamente o valor que o interessado deve pagar pelo ativo para exercer a opção de compra ou o preço que o interessado receberá pelo ativo, se exercer a opção de venda. Se o interessado não exercer a opção (de compra ou venda) sua despesa está limitada ao valor do prêmio, que não é reembolsado.

No **modelo americano** de opção, o adquirente tem o direito de exercer a opção a qualquer dia até o vencimento do contrato, e no **modelo europeu** exercício da opção pode ocorrer somente no dia do vencimento. Após o vencimento, o lançador se desobriga do cumprimento das opções não exercidas.

Fala-se também em um modelo asiático, em que o preço de opção é definido pela média de preços de determinado ativo negociado em período de tempo predeterminado, não na cotação do ativo no dia do exercício.

O contrato de opção pode ser **encerrado** da mesma forma que o contrato no mercado futuro, bastando que o interessado adquira a **posição invertida** (o investidor 'comprado' adquire a opção de venda e o investidor 'vendido' adquire a posição de compra) e anular os efeitos do contrato.

Nestes contratos também há o depósito de **garantia**, integral ou margem, para assegurar o cumprimento dos negócios, que envolve o pagamento do prêmio e do preço de opção, se exercido.

344. EIZIRIK, Nelson e outros. Mercado de Capitais. Rio de Janeiro: Renovar, 2008, p. 112-3.

Discute-se, também, a natureza dos negócios de opção, sem consenso. Entre as opiniões, defende-se a tese de ato jurídico unilateral (oferta ou promessa realizada pelo lançador da opção), de contrato unilateral (em que apenas o lançador teria obrigações e o adquirente teria apenas direitos), de contrato bilateral (configurando o pagamento do prêmio como a obrigação do adquirente) e contrato típico de compra e venda (com a cláusula unilateral de opção)[345].

Tais debates dizem respeito somente à natureza cível do instituto, não quanto a regulamentação dos negócios, e não interferem na escolha do legislador em incluí-los como valores mobiliários, sujeitos à fiscalização da CVM.

4.4.4.6. Swap

Os nomes dados aos negócios no mercado financeiro nem sempre correspondem a uma essência jurídica ou econômica. Isso ocorre com os contratos de *swap*, palavra que em inglês tem o significado de troca, o que leva autores a defender sua natureza jurídica de troca ou permuta[346].

O termo *swap* nada diz, contudo, acerca do objeto negociado nem afasta outras possibilidades de classificação jurídica.

Em geral, o **objeto** dos contratos de *swap* consiste na **troca de resultados financeiros** (não de bens). O interessado possui receitas, por exemplo, em moeda estrangeira e se preocupa com a variação cambial, então realiza o contrato de *swap* para 'trocar' seus resultados, por exemplo, pela variação da taxa de juros. Assim, se o valor da moeda estrangeira que compõem a receita do interessado cai, ele garante a remuneração da taxa de juros. De outro lado, se o valor da moeda subir mais que a taxa de juros, o interessado deixa de ganhar o que receberia sem o *swap*.

Segundo Eizirik, "o contrato de *swap* constitui instrumento financeiro mediante o qual um agente troca o tipo de recursos que pode obter com maior facilidade por outro, do qual realmente necessita. O swap é definido como o contrato pelo qual as partes ajustam a permuta de fluxos de caixa futuros, de acordo com fórmula predeterminada"[347].

O art. 1°, § 1, da Resolução CMN 2.873/2001 definia "como operações de *swap* aquelas realizadas para liquidação em data futura que impliquem na troca de resultados financeiros decorrentes da aplicação, sobre valores ativos e passivos, de taxas ou índices utilizados como referenciais".

A norma foi revogada pela Resolução CMN 3.505/2007, continuando válida, porém, a regra que permite apenas às instituições financeiras (bancos múltiplos, os bancos

345. YAZBEK, Otávio. Regulação do mercado financeiro e de capitais. Rio de Janeiro: Elsevier, 2009, p. 115-8.

346. YAZBEK, Otávio. Regulação do mercado financeiro e de capitais. Rio de Janeiro: Elsevier, 2009, p. 114.

347. EIZIRIK, Nelson e outros. Mercado de Capitais. Rio de Janeiro: Renovar, 2008, p. 113.

comerciais, as caixas econômicas, os bancos de investimento, os bancos de câmbio, as sociedades corretoras de títulos e valores mobiliários e as sociedades distribuidoras de títulos e valores mobiliários) a realizar contratos de *swap* (e outros derivativos) no mercado de balcão, por conta própria e de terceiros. A bolsa de valores também realiza contratos de *swap*.

Os contratos de *swap* são realizados **entre o interessado e a bolsa ou a instituição financeira que atua no mercado de balcão** e exigem o depósito de **garantia**.

Os **contratos** podem ser **padronizados** tanto em seu valor, como na data de vencimento, podendo o interessado adquirir múltiplos contratos e novos contratos após o vencimento.

Os negócios de cada interessado **são consolidados diariamente e a liquidação, sempre financeira, ocorre no vencimento do contrato**, se assemelhando os contratos de *swap*, neste ponto, como os contratos a termo.

Os contratos de *swap* são bilaterais e não são negociados com terceiros.

4.5. O papel regulador da CVM e a função autorreguladora da bolsa no mercado de derivativos

Como vimos no decorrer deste capítulo, a definição dos valores mobiliários é funcional, vale dizer, ao apontar os valores mobiliários, não pretende o legislador dar-lhes uma unidade material, mas afirmar que tais papéis estão sujeitos à regulação e à fiscalização da CVM, sem prejuízo da regulação e fiscalização, pelo Banco Central, das instituições financeiras que operem com valores mobiliários.

De outro giro, vimos que a definição dos valores mobiliários não é conceitual e sob esta rubrica se encontram papéis de naturezas diversas.

Entretanto, é necessário reconhecer que as operações denominadas de derivativos apresentam substanciais diferenças em relação aos demais valores mobiliários. Neste sentido, a forma e os instrumentos de regulação também variam com maior intensidade nos derivativos.

A política do ***disclosure***, por exemplo, essencial para os títulos emitidos por sociedades anônimas, tem menor importância para o derivativo (não para o ativo subjacente, se este for um valor mobiliário), pois o papel não apresenta o risco de mercado. Ao revés, é este risco que, em geral, o derivativo procura eliminar. Assim, enquanto a divulgação de informações por parte de uma sociedade emissora de ações protege o interesse do investidor, que passa a ter conhecimento de fatos da companhia relevantes para a cotação daquele ativo, no derivativo a divulgação de informações sobre a instituição emissora ou lançadora em pouco ou nada acrescenta, senão sobre o risco de crédito da própria instituição.

Assim, a política do *disclosure* interfere no derivativo em geral de maneira indireta e somente se o ativo subjacente for também um valor mobiliário. Como exceção, ainda que formal, mencione-se a obrigatoriedade da bolsa e da entidade de balcão que operam com derivativos de tornar públicas as "regras sobre os procedimentos e critérios para aprovação dos contratos derivativos" (art. 4°, da Instrução CVM 467/2008).

Sob o ponto de vista da **oferta pública**, há algumas semelhanças. Não por outra razão, cuida a CVM de fiscalizar os derivativos negociados em Bolsa ou balcão organizado, em que há, pelo menos, a disponibilidade de contratação por qualquer pessoa.

É interessante lembrar que os negócios de derivativos, malgrado a divergência de opinião dos especialistas, se resumem em contratos de natureza civil que podem ser realizados por qualquer pessoa, como o contrato de compra e venda futura para entrega futura (termo), compra e venda com opção unilateral (opção), troca ou permuta (*swap*).

Assim, somente se justifica a presença de um órgão regulador, quando tais contratos são disponibilizados ao público em geral, podendo atingir a poupança popular. A este propósito, cumpre reiterar que a atividade das instituições financeiras está sujeita à regulação e fiscalização do Banco Central. Assim, a negociação de derivativos pelos bancos, ainda que realizada fora da bolsa ou do mercado de balcão organizado, estará isenta das regras da CVM, mas se subordinará às regras da autoridade monetária.

Quanto aos derivativos operados pela Bolsa e no mercado de balcão, a **regulação da CVM** consiste basicamente na **aprovação prévia dos modelos de contrato e na exigência de que o ativo subjacente tenha seu valor apurado com base em preços e metodologias consistentes e passíveis de verificação** (Instrução CVM 467/2008).

Para a aprovação dos modelos de contrato, deve a Bolsa e a entidade de balcão atender aos requisitos do art. 7°, da Instrução CVM 467/2008, quanto ao texto do contrato, sues elementos, anexos e cláusulas, quanto ao próprio ativo subjacente. Merecem destaque os incisos III e IV, da norma. Leia-se

> Art. 7º O pedido de aprovação dos modelos de contratos derivativos a serem negociados no mercado organizado deverá ser formulado pela entidade administradora do mercado em que o contrato será negociado incluindo:
>
> [...]
>
> III – especificação de restrições de acesso aos contratos por determinados investidores, se for o caso;
>
> IV – limites de posição por investidor, por intermediário e de contratos em aberto;
>
> [...]

A **própria CVM poderia limitar a contratação de derivativos**, em função do risco causado pela negociação excessiva ou pelas características de certos investidores, pois embora tais contratos tenham como finalidade a realização de *hedge* ou cobertura, também são contratos de risco.

Contudo, deixou a CVM **a análise e o controle do risco ao plano da autorregulação das entidades do mercado**. Cabe, portanto, à Bolsa ou à entidade de balcão limitar o acesso ao mercado a certos investidores, em virtude, por exemplo, de possibilidade de manipulação de preços e limitar, para qualquer investidor, posições em aberto, para evitar riscos de inadimplência.

Cabe à autarquia avaliar o exercício do poder de autorregulação das entidades.

4.6. Securitização

Muito se fala em securitização no mercado de capitais, o que pode levar a uma ideia falsa de que tudo, qualquer crédito, pode ser securitizado, no sentido de ser "transformado" em valor mobiliário.

Securitização, segundo o glossário do portal do investidor da CVM, "é a operação na qual uma empresa geradora de crédito (Originadora) vende seus créditos para um terceiro (Entidade Emissora) e este capta recursos para financiar a sua compra, por meio da emissão e colocação de títulos e valores mobiliários, lastreados nos créditos por ele adquiridos"[348].

Por sua vez, **companhia securitizadora** é a "companhia de natureza não financeira cuja finalidade é a aquisição e securitização de Créditos. Estão autorizadas a emitir CRI's, debêntures e outros títulos e valores mobiliários, a fim de captar recursos no mercado financeiro"[349].

Leciona Yasbek, sobre a securitização de recebíveis:

> No modelo original, a securitização é efetuada a partir da cessão onerosa de créditos contra terceiros, da empresa que os detenha para uma empresa especialmente constituída para tais finalidades, a securitizadora (uma sociedade de propósito específico). Esta, por sua vez emite títulos (normalmente debêntures) no mercado de valores mobiliários, lastreados por aqueles créditos. Como resultado de tal operação, a empresa que cedeu os créditos obtém um adiantamento dos valores a ela devidos e administra a sua exposição ao risco de crédito das diversas relações individuais, transformadas em 'pacotes' mais ou menos padronizados, negociáveis em mercado[350].

Destes excertos, vimos que a **securitização não é a mera transformação de créditos em valore mobiliários**, mas um processo levado a efeito por uma empresa especializada, que compra créditos de terceiros (recebíveis) e, com base nestes valores recebíveis, emite debêntures ou outros valores. Os créditos de terceiro mantêm a sua natureza jurídica e não são transformados, mas apenas servem de lastro para a emissão de títulos da companhia securitizadora.

348. Disponível em: http://www.portaldoinvestidor.gov.br/glossario/s/securitizacao.html?dir=/glossario/s/&letra=S, acesso em 27/3/2015.

349. Disponível em: http://www.portaldoinvestidor.gov.br/glossario/c/ companhia_securitizadora.html?pager. offset=5&busca=&dir =/glossario/c/&letra=C, acesso em 27/3/2015.

350. YAZBEK, Otávio. Regulação do mercado financeiro e de capitais. Rio de Janeiro: Elsevier, 2009, p. 92.

Esta companhia também não irá emitir valores mobiliários com base em qualquer crédito. Inicialmente, há uma análise de risco do crédito. A securitizadora poderá ter interesse em títulos de baixa liquidez, mas não por títulos incobráveis ou cujo pagamento seja duvidoso. Sobremais, a CVM regula este mercado, com vistas a evitar atividades temerárias.

No Brasil, dois títulos securitizados classificados com valores mobiliários recebem disciplina legal específica, Certificado de Recebível Imobiliário – CRI, que mencionamos na parte do Sistema Financeiro da Habitação, regido pela Lei 9.514/1997 e o Certificado de Recebíveis do Agronegócio – CRA, previsto pela Lei 11.076/2004.

Os créditos do CRI decorrem de financiamentos imobiliários e do CRA de a direitos creditórios originários de negócios entre produtores rurais, inclusive cooperativas, e de empréstimos e financiamentos agrícolas.

4.7. Outros títulos do mercado financeiro

O mercado financeiro não é composto apenas por valores mobiliários. Há vários títulos negociáveis como títulos de créditos, títulos públicos e títulos bancários, que não se enquadram nos tipos de valor mobiliário definido pela Lei 6.385/1976.

Deveras, dizer que um determinado título não se enquadra como valor mobiliário, apenas o afasta da regulação da CVM. Não significa que o título seja desimportante para o mercado ou nem que esteja isento de regulação e fiscalização.

São exemplos de títulos **não** classificados como **valores mobiliários** emitidos por **instituições financeiras**: os Certificados de Depósito Bancário (CDB), os Recibos de Depósito Bancário (RDB), as Letras de Crédito Imobiliário (LCA), as Letras de Crédito Imobiliário (LCI), os Certificados de Crédito Bancário (CCB), os Certificados de Crédito Industrial (CCI) etc e emitidos por **outras empresas não financeiras**: os Certificados de Depósitos Agropecuários – CDA, os Warrant Agropecuários – WA, os Certificado de Direitos Creditórios do Agronegócio – CDCA, como vimos no tópico do mercado de crédito etc.

5. SISTEMA FINANCEIRO DE HABITAÇÃO – SFH

5.1. Introdução

Nossa abordagem do sistema financeiro nacional tem seguido uma linha de argumentação jurídica geral, na abordagem de estrutura, organização e institutos pertinentes a todo o sistema, sem maiores preocupações com os direitos individuais das pessoas envolvidas nas operações de mercado.

Agora, ao tratarmos do Sistema Financeiro da Habitação – SFH, mudaremos um pouco esta linha, em virtude da intensa produção jurisprudencial sobre a matéria formada em torno de ações em que o foco são os direitos individuais discutidos.

O Sistema Financeiro da Habitação foi **criado pela Lei 4.380/1964**, para estimular a aquisição da casa própria. São os termos de seu art. 1º:

> Art. 1º O Govêrno Federal política nacional de habitação e de planejamento territorial, coordenando a ação dos órgãos públicos e orientando a iniciativa privada no sentido de **estimular a construção de habitações** de interêsse social e o **financiamento da aquisição da casa própria**, especialmente pelas classes da população de menor renda.

Assim, a lei inaugurou uma política de planejamento voltada à construção de habitações (matéria que abordamos no tópico relativo à política urbana) e estabeleceu regras específicas para o financiamento da casa própria, dando início ao que chamamos de sistema financeiro da habitação, com ênfase nos contratos de financiamento da casa própria.

Hoje, o **SFH é bastante diferente do modelo original**.

O principal operador do sistema era o Banco Nacional da Habitação – BNH, sucedido quanto a patrimônio, direitos e obrigações pela Caixa Econômica Federal – CEF e quanto ao poder normativo pelo CMN e pelo BC (DL 2.291/1986 e Lei 8.100/1990).

Os empréstimos de financiamento habitacional eram concedidos exclusivamente pelo BNH. A possibilidade de conceder empréstimos foi estendida a outras instituições financeiras. De fato, a Lei 8.004/1990 já menciona instituição financeira financiadora, sem a exclusividade da CEF, sucessora do BNH.

Os **contratos de financiamento** também sofreram **substanciais alterações**.

Na regulamentação inicial, previa-se a possibilidade de reajustamento das **prestações mensais** de amortização e juros e também do valor total da dívida, toda vez que o salário mínimo fosse alterado, ocorrendo o reajuste com base em índice de preço oficial, **limitando-se o reajuste das prestações** ao percentual de aumento do salário mínimo (art. 5º, da Lei 4.380/1964).

Mostrava-se, possível, contudo, uma variação do **valor total do contrato** com base no índice de preços, superior ao reajuste das prestações, pois estas estavam limitadas ao percentual de aumento do salário mínimo, o que gerava saldo devedor ao final dos contratos.

Os contratos podiam, até o advento da Lei 8.004/1990, conter **cláusula de garantia** pelo Fundo de Compensação de Variações Salariais – FCVS, criado pelo BNH, que eximia o mutuário do pagamento do saldo devedor, situação que gerou inúmeras demandas judiciais no intuito de reduzir o valor das prestações (cuja consequência seria o aumento do saldo devedor, este garantido).

A Lei 8.004/1990 extinguiu o FCVS, estabeleceu o **IPC** como **índice de correção** dos contratos e determinou que o saldo devedor dos contratos deveria ser pago pelo mutuário, não mais suportado pelo fundo extinto, ressalvada a possibilidade de quitação antecipada previsto pelo art. 5º, da lei, com a disciplina dada pela Lei 10.150/2000.

A Lei 8.100/1990 determinou a aplicação do BTN e Lei 8.177/1991 definiu a aplicação da **TR** aos contratos.

Outra regra bastante alterada no regime dos contratos de financiamento do SFH era a transferência do financiamento. O regime inicial não previa a transferência do contrato. A Lei 8.004/1990 passou a permitir a transferência, **com a interveniência obrigatória da instituição financiadora** e mediante a assunção, pelo novo mutuário, do saldo devedor contábil da operação, em qualquer caso e a Lei 10.150/2000, continuando a exigir a interveniência da instituição financeira, limitando, porém, a transferência do saldo devedor, com a manutenção da garantia do FCVS, caso existente, aos casos de financiamentos destinados a aquisição da casa própria, atendidas as condições legais e regulamentares, inclusive a demonstração de capacidade de pagamento do novo mutuário.

E se o contrato for transferido sem a interveniência da instituição financeira (contrato de gaveta)?

Os arts. 20 e seg., da Lei 10.150/2000, consideraram legítima transferência de contratos originais firmados até 25 de outubro de 1996, sem a interveniência da instituição financiadora, permitindo sua regularização e reconhecendo direitos aos cessionários.

Com base nestes dispositivos, decidiu o STJ que o cessionário "possui legitimidade para discutir e demandar em juízo questões pertinentes às obrigações assumidas e aos direitos adquiridos", para os contratos garantidos pelo FCVS firmados até 25/10/96; para os contratos originais com a garantia celebrados até 25/10/96 e transferido fora das regras da Lei 10.150/2000 "o cessionário não tem legitimidade ativa para ajuizar ação postulando a revisão do respectivo contrato" e para os contratos realizados após esta data "anuência da instituição financeira mutuante é indispensável para que o cessionário adquira legitimidade ativa para requerer revisão das condições ajustadas, tanto para os contratos garantidos pelo FCVS como para aqueles sem referida cobertura"[351].

Hoje, a legislação traz re**gras específicas para o refinanciamento imobiliário com transferência do credor**, constantes dos arts. 33-A a 33-F, da Lei 9.514/1997, com redação dada pela Lei 12.810/2013.

Dispõem os arts. 33-A a 33-C, da Lei 9.514/1997:

> Art. 33-A. A transferência de dívida de financiamento imobiliário com garantia real, de um credor para outro, inclusive sob a forma de sub-rogação, obriga o credor original a emitir documento que ateste, para todos os fins de direito, inclusive para efeito de averbação, a validade da transferência.
>
> Parágrafo único. A emissão do documento será feita no prazo máximo de 2 (dois) dias úteis após a quitação da dívida original.
>
> Art. 33-B. Para fins de efetivação do disposto no art. 33-A, a nova instituição credora deverá informar à instituição credora original, por documento escrito ou, quando solicitado, eletrônico, as condições de financiamento oferecidas ao mutuário, inclusive as seguintes:
>
> I – a taxa de juros do financiamento;
>
> II – o custo efetivo total;
>
> III – o prazo da operação;

351. STJ, CE, REsp 1.150.429/CE, Min. Ricardo Villas Boas Cueva, Dje de 10/5/2013.

> IV – o sistema de pagamento utilizado; e
>
> V – o valor das prestações.
>
> § 1º A instituição credora original terá prazo máximo de 5 (cinco) dias úteis, contados do recebimento das informações de que trata o caput, para solicitar à instituição proponente da transferência o envio dos recursos necessários para efetivar a transferência.
>
> § 2º O mutuário da instituição credora original poderá, a qualquer tempo, enquanto não encaminhada a solicitação de envio dos recursos necessários para efetivar a transferência de que trata o § 1º, decidir pela não efetivação da transferência, sendo vedada a cobrança de qualquer tipo de ônus ou custa por parte das instituições envolvidas.
>
> § 3º A eventual desistência do mutuário deverá ser informada à instituição credora original, que terá até 2 (dois) dias úteis para transmiti-la à instituição proponente da transferência.
>
> Art. 33-C. O credor original deverá fornecer a terceiros, sempre que formalmente solicitado pelo mutuário, as informações sobre o crédito que se fizerem necessárias para viabilizar a transferência referida no art. 33-A.
>
> Parágrafo único. O credor original não poderá realizar ações que impeçam, limitem ou dificultem o fornecimento das informações requeridas na forma do caput.

Não é, pois, necessária a anuência da instituição financeira para a transferência do contrato.

Vale mencionar também o regime de **títulos relacionados aos financiamentos habitacionais**.

O art. 44, da Lei 4.380/1964 disciplinou as letras imobiliárias, emitidas pelo BNH, com garantia da União ou por sociedades de crédito imobiliário, garantida pelo patrimônio destas entidades. A norma foi revogada pela Lei 13.137/2015.

O DL 70/1966 previu a emissão de cédulas hipotecárias, representando créditos garantidos por hipoteca, que poderiam ser negociados no mercado se atendidas as condições legais.

A Lei 9.514/1997, que dispõe sobre o sistema financeiro imobiliário (não limitado à habitação, mas ao financiamento imobiliário em geral, art. 1º), além de criar e disciplinar a alienação fiduciária de bens imóveis (art. 22), estabeleceu o Certificado de Recebíveis Imobiliários – CRI, "título de crédito nominativo, de livre negociação, lastreado em créditos imobiliários e constitui promessa de pagamento em dinheiro" (art. 6º) emitido apenas por companhias securitizadoras (art. 6º, parágrafo único) – trata-se, a propósito, de um valor mobiliário.

Passaremos agora em revista à estrutura do SFH (não de todo o SFI), aos pontos polêmicos do contrato de financiamento imobiliário, com algumas observações de índole processual, aos títulos emitidos no âmbito do mercado imobiliário e à execução de contratos e títulos deste mercado.

5.2. Estrutura

Assim como o sistema bancário em geral, o SFH tem como **órgão normativo o CMN** e como **entidade supervisora o BC**. São **operadores** do SFH as instituições **financeiras autorizadas**.

Dispõe o art. 8º, da Lei 4.380/1964 (*caput* com redação dada pela Lei 8.245/1991 e incisos pela Lei 11.977/2009), que "o sistema financeiro da habitação, destinado a facilitar e promover a construção e a aquisição da casa própria ou moradia, especialmente pelas classes de menor renda da população, será integrado pelos bancos múltiplos; pelos bancos comerciais; pelas caixas econômicas; pelas sociedades de crédito imobiliário; pelas associações de poupança e empréstimo; pelas companhias hipotecárias; pelos órgãos federais, estaduais e municipais, inclusive sociedades de economia mista em que haja participação majoritária do poder público, que operem, no financiamento de habitações e obras conexas; pelas fundações, cooperativas e outras formas associativas para construção ou aquisição da casa própria sem finalidade de lucro; pelas caixas militares; pelas entidades abertas de previdência complementar; pelas companhias securitizadoras de crédito imobiliário; e por outras instituições que venham a ser consideradas pelo Conselho Monetário Nacional como integrantes do Sistema Financeiro da Habitação".

A Caixa Econômica Federal, **sucessora do BNH e gestora do FCVS**, continua tendo papel especial no sistema financeiro da habitação, não mais pela exclusividade na concessão dos empréstimos ou pela captação de recursos em cadernetas de poupança[352], principal recurso do sistema, que podem ser abertas em qualquer banco comercial, **mas por ser o operador do FGTS, cujos recursos são aplicados no SFH e o principal banco público voltado para a área habitacional**.

A sucessão do BNH, pela CEF, a propósito, restou consignada em súmula do STJ

> Súmula 327 – Nas ações referentes ao Sistema Financeiro da Habitação, a Caixa Econômica Federal tem legitimidade como sucessora do Banco Nacional da Habitação. (STJ, CE, DJ de 7/6/2006)

As **sociedades de crédito imobiliário** são regidas pela própria Lei 4.380/1964. Dispõe seu art. 35, serem tais sociedades "instituições de crédito especializado", organizadas "sob a forma anônima de ações nominativas", vale dizer, sociedade anônima com ações nominativas.

352. A CEF também faz parte do Sistema Brasileiro de Poupança e Empréstimo-SBPE. O SBPE e a aplicação dos recursos captados pela poupança foram disciplinados originariamente pela Resolução CMN 1980/1993. Hoje, de acordo com o art. 1º, da Resolução 3.932/2010, "os recursos captados em depósitos de poupança pelas entidades integrantes do Sistema Brasileiro de Poupança e Empréstimo (SBPE) devem ser aplicados de acordo com os seguintes percentuais: I – 65% (sessenta e cinco por cento), no mínimo, em operações de financiamento imobiliário, sendo: a) 80% (oitenta por cento), no mínimo, do percentual acima em operações de financiamento habitacional no âmbito do Sistema Financeiro da Habitação (SFH); e b) o restante em operações de financiamento imobiliário contratadas a taxas de mercado; II – 20% (vinte por cento) em encaixe obrigatório no Banco Central do Brasil; e III – os recursos remanescentes em disponibilidades financeiras e em outras operações admitidas nos termos da legislação e da regulamentação em vigor.

O glossário disponível na página do Banco Central define a sociedade de crédito imobiliário como a "instituição financeira especializada em operações de financiamento imobiliário. Deve ser constituída sob a forma de sociedade anônima, adotando obrigatoriamente em sua denominação social a expressão "crédito imobiliário"[353].

A seu turno, **companhias hipotecárias** são definidas naquele glossário como "instituições que têm por objetivos, entre outros: conceder financiamentos destinados à produção, reforma ou comercialização de imóveis residenciais ou comerciais e lotes urbanos; repassar recursos destinados ao financiamento da produção ou da aquisição de imóveis residenciais. Devem ser constituídas sob a forma de sociedade anônima e na sua denominação social deve constar a expressão "companhia hipotecária".

As **companhias securitizadoras de crédito imobiliário** são aquelas autorizadas a emitir, distribuir e ofertar publicamente os Certificados de Recebíveis Imobiliários – CRI. O registro específico destas companhias é realizado na CVM, que exerce o papel de entidade supervisora das negociações de tais títulos, sem prejuízo da supervisão do Banco Central sobre a companhia que se caracterizar como instituição financeira.

Em linhas gerais, esta é a estrutura do SFH.

5.3. Contrato

5.3.1. Características gerais

O contrato de financiamento no âmbito do sistema financeiro da habitação é regido pelo **princípio da autonomia da vontade** (a regra) com a **incidência algumas normas cogentes** (exceção).

Trata-se, pois, de um **contrato de financiamento**, envolvendo, portanto, direito pessoal, e não direito real, em que são pactuados entre as partes um valor a ser emprestado pela instituição financeira, a taxa de juros, o prazo e a forma de pagamento, a fórmula matemática de amortização do principal e dos juros, entre outras cláusulas do contrato.

Invariavelmente, o objeto do contrato será o financiamento para a aquisição de **imóvel residencial**. Os financiamentos para aquisição de outros bens e outros tipos de imóvel não estão contemplados no sistema financeiro nacional.

Como **cláusulas impostas** pela legislação, temos os **índices de correção** do saldo contratual e das parcelas mensais e a contratação obrigatória do seguro **imobiliário**.

Os contratos mais antigos, em que constavam a **cláusula de garantia** pelo FCVS, eram considerados contratos administrativos firmados pelo BNH e posteriormente pela CEF, por envolverem a garantia com recursos públicos, desafiando a competência da Justiça Federal e das Primeira e Segunda Turmas do STJ, para a discussão de suas cláusulas. Os contratos sem a referida cláusula são considerados contratos comuns, desafiando a

353. Disponível em: http://www.bcb.gov.br/GlossarioLista.asp?idioma=P, acesso em 27/3/2015.

competência da Justiça Estadual e das turmas de direito privado do STJ, salvo se a instituição financeira mutuária for a CEF, empresa pública federal, cujos interesses judicializados são da competência da Justiça Federal.

Os contratos do SFH, tanto os de natureza civil como os de natureza administrativa, seja quanto a cláusulas voluntárias quanto a cláusulas impostas pela legislação, foram objeto de discussão judicial, gerando vasta jurisprudência, especialmente do STJ, dada a índole infraconstitucional das regras que regem a matéria.

5.3.2. A incidência da TR

Um dos temas efetivamente julgados pelo STF, diz respeito à correção monetária dos contratos do SFH pela TR, com o advento da Lei 8.177/1991. O Tribunal entendeu constitucional a **incidência da TR**. Veja-se:

> AGRAVO REGIMENTAL NO AGRAVO DE INSTRUMENTO. SISTEMA FINANCEIRO DE HABITAÇÃO. CONTRATO DE MÚTUO.
>
> Possibilidade da utilização da taxa referencial como índice de correção monetária em contratos firmados após a vigência da Lei nº 8.177/1991. Precedentes.
>
> (STF, T2, AI 715.772 AgR/SP, Min. Cármen Lúcia, DJe de 11/10/2012)[354]

No STJ, a matéria foi também pacificada no sentido de acolhimento da **incidência da TR** a partir da Lei 8.177/1991, levando o Tribunal a editar a súmula 454. Vejamos:

> Súmula 454 – Pactuada a correção monetária nos contratos do SFH pelo mesmo índice aplicável à caderneta de poupança, incide a taxa referencial (TR) a partir da vigência da Lei nº 8.177/1991. (STJ, CE, DJe de 24/8/2010)

A incidência da TR, porém, não encerra as discussões acerca da correção dos contratos do SFH.

5.3.3. Histórico dos índices e formas de correção dos contratos

O regime de correção dos contratos do SFH foi alterado por diversas vezes. O regime inicial de correção determinava a aplicação do índice de preços oficial, limitado ao reajuste do salário mínimo, no que tange às parcelas (Lei 4.380/1964).

O DL 2.164/1984 criou o sistema de reajuste das prestações pelo percentual do aumento de salário da categoria profissional a que pertencia ao adquirente (art. 9º, do DL 2.164/1984) denominado de Plano de Equivalência Salarial por categoria Profissional – PES/PC[355].

354. No mesmo sentido: STF, T2, RE 615.339 AgR, Min. AYRES BRITTO, DJe de 23/4/2012; e STF, T2, AI 746.435 AgR/DF, Min. ELLEN GRACIE, DJe de 05/2/2010.

355. A partir do PES, a propósito, o STJ firmou o entendimento de que não é possível a utilização de índices distintos, um para corrigir a prestação e outro para corrigir o saldo devedor, Leia-se: "Já decidiu a Corte que aplicado ao contrato o critério de reajustamento pelo Plano de Equivalência Salarial, não

O PES/PC foi alterado pela Lei 8.004/1990, que inseriu o IPC, nas correções, norma que veio a ser alterada pela Lei 8.100/1990, disciplinando que a variação dos contratos seria realizada pela aplicação do IPC, até fevereiro de 1990, e, a partir de março de 1990, do BTN.

Sob a curta égide da Lei 8.100/1990, houve polêmica acerca do percentual apurado em março de 1990, a ser utilizado em abril daquele ano.

Mais uma vez a matéria se reiterou no STJ, que pacificou o entendimento pela aplicação do índice de 84,32%, a partir do julgamento do EREsp 218.426/SP [356]

Muito se discutiu acerca do momento em que se deveria realizar a atualização do saldo devedor, antes ou depois do pagamento mensal, com significativas diferenças para o valor do contrato. Se atualizado o saldo antes do pagamento da parcela, seu poder liberatório se mostraria reduzido em relação a hipótese em que a atualização ocorresse após o pagamento.

As discussões se baseavam no texto original do art. 6º, 'c', da Lei 4.380/1964, que determinava a correção do saldo após o pagamento da parcela. Eis o teor da norma:

> Art. 6° O disposto no artigo anterior somente se aplicará aos contratos de venda, promessa de venda, cessão ou promessa de cessão, ou empréstimo que satisfaçam às seguintes condições:
>
> [...]
>
> c) ao menos parte do financiamento, ou do preço a ser pago, seja amortizado em prestações mensais sucessivas, de igual valor, antes do reajustamento, que incluam amortizações e juros;
>
> [...]

A matéria, contudo, passou a ser regulada pelo DL 19/1966, que dispôs em seu art. 1º:

> Art. 1º. Em tôdas as operações do Sistema Financeiro da Habilitação deverá ser adotada cláusula de correção monetária, de acôrdo com os índices de correção monetária fixados pelo Conselho Nacional de Economia, para correção do valor das obrigações reajustáveis do Tesouro Nacional, e cuja aplicação obedecerá a instruções do Banco Nacional da Habitação.

O STF e STJ acolheram a tese de que o art. 6º, 'c', da Lei 4.380/1964 havia sido revogado, por incompatibilidade com a nova regra, segundo a qual a **correção do contrato, com base nos índices estabelecidos pelo CMN, ocorreria na forma determinada pelo Banco Central**.

Com o DL 2.291/86 e a extinção do BNH, a função de disciplinar os contratos do Sistema Financeiro da Habitação continuaram a cargo do CMN e do BC, de modo que a definição do momento de atualização do saldo devedor, antes ou após o pagamento,

é possível aplicar-se critério diverso para o reajustamento do saldo devedor" (STJ, T3, REsp 335.171/SC, Min. Menezes Direito, DJ de 5/8/2002).

356. STJ, CE, EREsp 218.426/SP, Min. Vicente Leal, DJ de 19/4/2004.

seria definida pelo Banco Central e este findou por determinar a atualização do saldo antes do pagamento, em atitude referendada pelos tribunais, a teor da Súmula 450, do STJ. Vejamos:

> Súmula 450 – Nos contratos vinculados ao SFH, a atualização do saldo devedor antecede sua amortização pelo pagamento da prestação. (STJ, CE, DJe de 21/6/2010)

A **atualização do saldo devedor** dos contratos do SFH passou, portanto, a ser realizada **antes do pagamento da prestação mensal**, a partir da edição das normas do Banco Central relativas à matéria, em 1988.

Outro tema que reverberou nos Tribunais foi a pretendida **limitação dos juros** nos contratos do SFH, a partir da interpretação do art. 6º, 'e', da Lei 4.380/1964, com o seguinte teor:

> Art. 5º Observado o disposto na presente lei, os contratos de vendas ou construção de habitações para pagamento a prazo ou de empréstimos para aquisição ou construção de habitações poderão prever o reajustamento das prestações mensais de amortização e juros, com a conseqüente correção do valor monetário da dívida tôda a vez que o salário mínimo legal fôr alterado.
>
> Art. 6º O disposto no artigo anterior sòmente se aplicará aos contratos de venda, promessa de venda, cessão ou promessa de cessão, ou empréstimo que satisfaçam às seguintes condições:
>
> [...]
>
> e) os juros convencionais não excedem de 10% ao ano;

Definiu o STJ que a norma não continha limitação dos juros, mas, ao contrário, condicionava a aplicação do art. 5º, da Lei 4.380/1964 aos contratos celebrados com certas condições, dentre as quais a pactuação de juros no limite de 10% ao ano.

No voto do acórdão que conduziu a jurisprudência, o Ministro Relator esclareceu:

> Como se pode observar o objetivo do art. 5º, que trata da correção monetária dos contratos imobiliários, tem relação com o art. 6º, tanto que o caput é muito claro ao estabelecer que o "disposto no artigo anterior somente se aplicará aos contratos de venda, promessa de venda, cessão ou promessa de cessão, ou empréstimo que satisfaçam às seguintes condições", indicando-as precisamente. Dentre essas condições encontram-se as da alínea a), sobre as dimensões do imóvel; da alínea b), sobre o valor da transação; da alínea c), sobre o critério do financiamento; da alínea d), sobre as prestações intermediárias e a vedação de reajuste das mesmas e do saldo devedor a elas correspondente; da alínea e), sobre a limitação dos juros em 10% ao ano e, finalmente, da alínea f), sobre direito à liquidação antecipada da dívida. Na minha compreensão, não é possível traduzir a regra da alínea e) do referido artigo 6º como determinação de que todos os reajustes se façam com base nos juros de 10% ao ano.
>
> (STJ, S2, EREsp 415.588/SC, Min. Menezes Direito, DJ de 1/12/2003)

A interpretação, por fim, se consolidou na Súmula 422, do STJ:

> Súmula 422 – O art. 6º, e, da Lei nº 4.380/1964 não estabelece limitação aos juros remuneratórios nos contratos vinculados ao SFH. (STJ, CE, DJe de 24/5/2010)

Ainda quanto a correção dos contratos, os tribunais seguiam a Súmula 121, do STF[357], segundo a qual **não cabe a incidência de juros compostos ou capitalizados**[358].

A **vedação persistiu até 2009**, com a edição da Lei 11.977/2009, que inseriu o art. 15-A, na Lei 4.380/1964, permitindo "a pactuação de capitalização de juros com periodicidade mensal nas operações realizadas pelas entidades integrantes do Sistema Financeiro da Habitação – SFH".

5.3.4. Seguro imobiliário obrigatório

A obrigatoriedade da contratação de seguro, na contratação de financiamentos no SFH, gerando a edição de duas súmulas do STJ, bastante autoexplicativas:

> Súmula 31 – A aquisição, pelo segurado, de mais de um imóvel financiado pelo Sistema Financeiro da Habitação, situados na mesma localidade, não exime a seguradora da obrigação de pagamentos dos seguros. (STJ, S2, DJ de 18/10/1991)
>
> Súmula 473 – O mutuário do SFH não pode ser compelido a contratar o seguro habitacional obrigatório com a instituição financeira mutuante ou com a seguradora por ela indicada. (STJ, S2, DJe de 19/6/2012)

O tema está, portanto, pacificado naquela Corte.

5.3.5. A aplicação do CDC

Cuidaremos de mais duas questões que envolvem contratos de financiamento no âmbito do SFH: a aplicação do Código de Defesa do Consumidor – CDC a contratos anteriores à vigência do código e a legitimidade do Ministério Público para propor ações civis públicas sobre a matéria.

A jurisprudência entendeu, num primeiro momento, que "as normas do Código de Defesa do Consumidor não retroagem para alcançar contratos celebrados antes de sua vigência"[359]. A jurisprudência, contudo, foi modificada. Vejamos:

> 1. O CDC é aplicável aos contratos do SISTEMA FINANCEIRO DA HABITAÇÃO, incidindo sobre contratos de mútuo.
>
> 2. Entretanto, nos contratos de financiamento do SFH vinculados ao FUNDO DE COMPENSAÇÃO DE VARIAÇÃO SALARIAL – FCVS, pela presença da garantia do Governo em relação ao saldo devedor, aplica-se a legislação própria e protetiva do mutuário hipossuficiente e do próprio Sistema, afastando-se o CDC, se colidentes as regras jurídicas.
>
> 3. Os litígios oriundos do SFH mostram-se tão desiguais que as Turmas que compõem a Seção de Direito Privado examinam as ações sobre os contratos

357. Súmula 121 do STF, "é vedada a capitalização de juros, ainda que expressamente convencionada".

358. Veja-se: STJ, T3, AgRg no REsp 1029545/RS, Ministra NANCY ANDRIGHI, DJe 28/5/2008; e STJ, T3, AgRg no REsp 1008525/RS, Min. MASSAMI UYEDA DJe 13/6/2008.

359. STJ, T4, REsp 334.467/RS, Min. Barros Monteiro, DJ de 5/5/2003

> sem a cláusula do FCVS, enquanto as demandas oriundas de contratos com a cláusula do FCVS são processadas e julgadas pelas Turmas de Direito Público.
>
> 4.. Recurso especial improvido.
>
> (STJ, S1, REsp 489.701/SP, Min. Eliana Calmon, DJ de 16/4/2007)

O **STJ** passou a que o C**DC é aplicável aos contratos do SFH, exceto naqueles acobertados pelo FCVS**, não por sua anterioridade ao código, mas pela existência de normas próprias de proteção ao mutuário hipossuficiente.

5.3.6. O Ministério Público nos contratos do SFH

O STF entendeu que o **Ministério Público se encontra legitimado para propor ações civis públicas em temas envolvendo os contratos do SFH**, legitimidade que pode ser estendida às associações civis. Vejamos:

> LEGITIMIDADE PARA A CAUSA. Ativa. Caracterização. Ministério Público. Ação civil pública. Demanda sobre contratos de financiamento firmados no âmbito do Sistema Financeiro da Habitação – SFH. Tutela de diretos ou interesses individuais homogêneos. Matéria de alto relevo social. Pertinência ao perfil institucional do MP. Inteligência dos arts. 127 e 129, incs. III e IX, da CF. Precedentes. O Ministério público tem legitimação para ação civil pública em tutela de interesses individuais homogêneos dotados de alto relevo social, como os de mutuários em contratos de financiamento pelo Sistema Financeiro da Habitação.
>
> 2. RECURSO. Embargos de declaração. Acórdão. Correção de erro material na ementa. Revogação de condenação ao pagamento de multa por litigância de má-fé. Embargos acolhidos, em parte, para esses fins. Embargos de declaração servem para corrigir erro material na redação da ementa do acórdão embargado, bem como para excluir condenação ao pagamento de multa, quando descaracterizada litigância de má-fé.
>
> (STF, T2, RE 470.135 AgR-ED/MT, Min. Cezar Peluso, DJe de 29/6/2007)

A legitimação do Ministério Público para a propositura de ações civis públicas, a propósito, não é tema exclusivamente processual, senão que revela tratar-se de matéria de direito individual homogêneo, a suscitar múltiplas proteções do ordenamento jurídico.

5.4. Títulos negociáveis do sistema financeiro imobiliário

Os direitos decorrentes dos contratos do SFH podiam dar ensejo a emissão de dois títulos negociáveis, **letras imobiliárias**, previstas pelo art. 44, da Lei 4.380/1964, e a **cédula hipotecária**, regida pelo art. 10, do DL 70/1966. O art. 44, da Lei 4.380/1964 fora revogado, de forma que vigora apenas a cédula hipotecária.

Também se aplica à matéria o art. 13, do DL 70/1966, segundo o qual "a cédula hipotecária só poderá ser lançada à circulação depois de averbada à margem da inscrição da hipoteca a que disser respeito, no Registro-Geral de Imóveis".

De outro giro, os arts. 6º e seg da Lei 9.514/1997, disciplinam o **Certificado de Recebíveis Imobiliários – CRI** e o regime fiduciário sobre créditos imobiliários. Os CRIs são valores mobiliários lastreados por recebíveis do mercado imobiliário.

A disciplina dos CRIs e da alienação fiduciária de bens imóveis (art. 22, da Lei 9.514/1997) **não** se aplicam aos contratos do SFH, por expressa disposição legal (art. 38, I, da Lei 9.514/1997). Quer dizer, os créditos do SFH não são securitizáveis e os imóveis financiados pelos recursos do SFH não são passíveis de alienação fiduciária.

Mencione-se, também, as **Letras de Crédito Imobiliário – LCI** e as **Cédula de Crédito Imobiliário – CCI**, previstas pela Lei

5.5. Execução

Os créditos decorrentes de obrigação inadimplida nos contratos do SFH estão sujeitos a regimes próprios de cobrança.

5.5.1. Execução judicial

A Lei 5.741/1971 estabelece rito de **execução de crédito hipotecário** em favor da instituição financeira credora, que se iniciará com petição apresentada em 3 vias, instruída com o título da dívida devidamente inscrita, a indicação do valor das prestações e encargos cujo não pagamento deu lugar ao vencimento do contrato, o saldo devedor, discriminadas as parcelas relativas a principal, juros, multa e outros encargos contratuais fiscais e honorários advocatícios, cópia dos avisos regulamentares (pelo menos dois[360]) reclamando o pagamento da dívida (art. 2º).

O devedor e seu cônjuge serão citados para pagar o valor do crédito reclamado ou depositá-lo em juízo no prazo de vinte e quatro horas, sob pena de lhe ser penhorado o imóvel hipotecado (art. 3º), podendo haver citação por edital se estiverem fora da jurisdição da situação do imóvel (§ 2º).

Se o executado não pagar a dívida ou não depositar o saldo devedor, recairá penhora sobre imóvel hipotecado (art. 4º), seguida de mandado de desocupação, se o imóvel estiver ocupado.

Nos termos do art. 8º "é lícito ao executado remir o imóvel penhorado, desde que deposite em juízo, até a assinatura do auto de arrematação, a importância que baste ao pagamento da dívida reclamada mais custas e honorários advocatícios; caso em que convalescerá o contrato hipotecário".

360. Súmula 199

Na execução hipoteária de crédito vinculado ao Sisetema Financeiro da Habitação, nos termos da Lei 5.741/71, a petição inicial deve ser instruída com, pelo menos, dois avisos decobrança.
(STJ, S1, DJ de 21/10/1997)

5.5.2. Execução administrativa

O art. 31, do DL 70/1996 prevê também **hipótese de execução administrativa** dos créditos, matéria esta cuja constitucionalidade será apreciada pelo STF, no AI 771.770 RG / PR, recebido com repercussão geral.

6. QUADROS SINÓTICOS

Mercado de títulos públicos

Emissão de títulos	Forma de custeio da administração. A União emite títulos de dívida pela Secretaria do Tesouro Nacional, do Ministério da Fazenda.	
Dívida mobiliária	Baseada na emissão de títulos públicos.	Art. 29, II, da LC 101/2000
Dívida fundada	Baseada em outras formas contratuais, convencionais ou legais de endividamento.	Art. 29, I, da LC 101/2000
Competência	Exclusiva da Secretaria do Tesouro Nacional, em âmbito Federal	Lei 10.179/2001
Competência para disciplinar o endividamento público	Congresso Nacional, mediante lei complementar.	Art. 48, XIII e XIV, e art. 163, II e IV, da CF/88
Atuação do BC	Compra e vende títulos públicos para realizar a política monetária (regular oferta de moeda ou a taxa de juros)	Art. 164 § 2°, da CF/88
Emissão de títulos	O Banco Central não pode mais emitir títulos de dívida	Art. 34, da LC 101/2000
Compra de títulos na emissão	Apenas para renovar sua carteira, utilizada para realizar política monetária	Art. 39, da LC 101/2000
Venda de títulos	BC não pode vender os títulos ao Tesouro, salvo para reduzir a dívida mobiliária	Art. 34, § 4º, da LC 101/2000
Negociação de títulos pelo BC	A operação pelo Banco Central com títulos públicos está limitada, em regra, às negociações com instituições financeiras.	
Os títulos públicos federais	—	—
Finalidades que justificam emissão	▸ Cobertura de déficits operações de crédito por antecipação de receita; ▸ Aquisição pelo alienante de bens e direitos no PND; ▸ Troca por Bônus da Dívida Externa; ▸ Permuta por títulos do Tesouro em poder do BC; ▸ Permuta por títulos de responsabilidade do Tesouro Nacional ou por créditos decorrentes de securitização de obrigações da União; ▸ Pagamento de dívidas; ▸ Assegurar ao BC a manutenção de carteira de títulos da dívida pública em dimensões adequadas à execução da política monetária.	Art. 1º, da Lei 10.179/2001

Exemplos de títulos	Letras do Tesouro Nacional – LTN; Letras Financeiras do Tesouro – LFT; Notas do Tesouro Nacional – NTN.	Lei 10.179/2001
Características e classificações	–	–
Escriturais	Os títulos emitidos pelo Tesouro são exclusivamente escriturais; não existe um papel físico que o represente.	Art. 7º, da Lei 10.179/2001
Prazo	Curto, médio e longo prazo.	Lei 10.179/2001
Fixação do rendimento	Pré-fixados (deságio na emissão); Pós-fixados (valor nominal corrigido por indexador).	Lei 10.179/2001
Remuneração	Com cupom (há pagamentos intermediários); Sem cupom (não há pagamentos intermediários)	Lei 10.179/2001
Negociação	Oferta pública, com a realização de leilões; Oferta pública para pessoas físicas; Emissão direta, em operações com autarquia, empresa pública ou sociedade de economia mista, para pagamento de dívidas; Emissão direta, para assegurar ao Banco Central do Brasil a manutenção de carteira de títulos da dívida para execução da política monetária; Entre outras	Art. 3º, da Lei 10.179/2001
Negociação no mercado secundário	Na BM&F e na CETIP (entidade de balcão organizado)	
Tesouro direto	Modalidade de compra direta de títulos por pessoas físicas, regulamentada pelo Tesouro, operacionalizada pela BM&F.	
Custódia	A custódia central dos títulos emitidos pelo Tesouro Nacional é realizada no Sistema Especial de Liquidação e de Custódia – Selic.	

Mercado de crédito

Mercado de crédito em sentido amplo	Envolve qualquer obrigação que envolva crédito, vale dizer, obrigações para pagamento futuro.
Mercado de crédito em sentido restrito	Envolve as relações creditícias típicas do sistema financeiro, operacionalizadas pelas instituições autorizadas, notadamente aquelas que caracterizam os bancos comerciais e de investimento
Objeto do direito econômico	Regulamentação pública dos contratos de crédito firmado entre particulares
Contratos bancários	Depósito e operações bancárias passivas Mútuo e operações bancárias ativas

Depósito e conta corrente: noções gerais	Depósito bancário: tem natureza jurídica de contrato de depósito, conjugado com elementos de outros tipos contratuais, como o mandato. Depósito não contrato exclusivo de instituições financeiras, mas apenas a modalidade de depósito à vista ou a prazo, que decorrem da atividade de captação de recursos.	
Depósito à vista e conta corrente	O depósito à vista é aquele que permite ao depositante sacar o valor depositado a qualquer momento. Podem receber depósito à vista os bancos comerciais, os bancos cooperativos, as cooperativas de crédito, a Caixa Econômica Federal; e os bancos múltiplo com carteira comercial Não é remunerado Regras para abertura e encerramento da conta de depósito. A conta corrente tem natureza de mandato e prestação de serviços e permite a movimentação da conta de depósito e a realização de pagamentos. A conta corrente pode ser individual ou conjunta, e na modalidade conjunta, pode ser simples ou solidária. Contas especiais de depósito: microcrédito. Contas firmadas por convênio: conta salário Conta investimento	Resolução CMN 2.025/1993 Resolução CMN 2.817/2001 Resolução CMN 3.211/2004 Resolução CMN 3.402/2006
Caderneta de poupança	Podem receber depósito em caderneta de poupança as instituições que recebem depósito à vista, as sociedades de crédito imobiliário e as associações de poupança e empréstimo. Aplicação financeira remunerada pela TR Não é conjugada com conta corrente	Lei 8.177/1991 Resolução CMN 3.354/2006
Depósitos a prazo, CDB, RDB e CDI	São aqueles em que o cliente não pode sacar os valores entregues antes de determinado período de tempo. São remunerados. Banco que recebe depósito com prazo superior a 18 meses pode emitir CDB e RDB O CDB é um título de crédito escritural, e o RDB um recibo, que geram obrigação das intuições financeiras de pagar ao aplicador uma remuneração ao final do prazo estipulado. CDB pode ser negociado. RDB não pode ser negociado. Os Certificados de Depósito Interbancário CDIs são certificados emitidos pelas instituições financeiras, voltadas exclusivamente a realização de trocas de reservas bancárias	Art. 28 e 30, da Lei 4.728/1965 Art. 13, do DL 2.284/1986 Resolução CMN 3.454/2007

Mútuo	Trata-se de empréstimo de coisa fungível, que se aperfeiçoa pela entrega da coisa. Modalidades: *hot Money* (curtíssimo prazo) a financiamento de instalação de empresas (longo prazo) Microcrédito Empréstimos em consignação Captação vinculada Empréstimos lastreados em títulos de crédito Cédula de debênture Letras de câmbio Financiamento cedular: Cédula de Crédito Bancário – CCB, Cédula de Crédito Rural – CCR, Cédula de Crédito Industrial – CCI, Cédula de Crédito Comercial – CCC, Cédulas de Crédito à Exportação – CCE Letra de Crédito Imobiliário – LCI e da Letra de Crédito do Agronegócio – LCA	Art. 586 e seg., do CCB Lei 10.735/2003 Resolução 3.422/2006 Lei 10.820/2003 Resolução CMN 2.291/2002 Art. 72, da Lei 6.404/1975 Art. 27, da Lei 4.728/1965 Lei 10.931/2004 DL 167/1966 do DL 413/1969 Lei 6.840/1969 Lei 6.313/1975 Lei 11.076/2004
Juros e correção monetária	**Juros** são a remuneração do capital Classificação: remuneratórios (compensatórios) x moratórios Lei da Usura: é vedado estipular taxas de juros superiores ao dobro da taxa legal. Taxa legal: Selic Lei de Usura não se aplica ao sistema financeiro. Fixação das taxas de juros é livre, salvo se a lei estabelecer o índice para contratos específicos. Capitalização de juros: é permitida no sistema financeiro Regulamentações específicas no mesmo sentido, para o financiamento cedular. **Correção monetária** é a correção do capital com vistas na preservação de seu valor, face a inflação. Índices que medem a inflação: IPCA, IGPM, INCC etc. Vedada sua cumulação com comissão de permanência Planos de estabilização econômica com mudança do padrão monetário: não há direito adquirido a padrão monetário e as regras sobre a matéria aplicam-se aos contratos em curso.	Art. 4°, da Lei 4.595/1964 Art. 5º, da MP 2.170/2001 Resolução CMN 1.129/1986 Decreto 22.626/1933 Resolução CMN 1.064/1985

Sigilo bancário

Noções gerais	Os dados bancários não podem ser divulgados pública e aleatoriamente por aqueles que a eles têm acesso. De outro lado, não pode haver sigilo bancário para impedir a prova de crimes ou o descumprimento de obrigações legais e contratuais.

Instituições obrigadas a manter o sigilo	Instituições financeiras e outras instituições definidas pela lei, como o BC e a CVM.	Art. 1°, § 1º, LC 105/2001
Proteção geral e proteção especial	O dever de sigilo consiste em uma proteção geral da intimidade. A lei confere proteção especial aos dados bancários, ao definir regras formais e procedimentais de acesso aos dados.	
Informações protegidas	Toda as informações bancárias, não apenas a comunicação de dados aquelas informações que revelam a intimidade, protegidas por norma constitucional.	
Exceções à regra do sigilo	▶ Excepcionam a regra do sigilo, a comunicação de informações: ▶ No interesse do titular; ▶ Autorizadas pelo titular; ▶ Que revelam prática de crimes ou infrações administrativas.	Art. 1°, § 3º; art. 3°, § 6°; e art. 7º, da LC 105/2001
A quebra do sigilo	Acesso a informações acobertadas pela proteção do sigilo, pelas formas e procedimentos estabelecidos por lei. Proteção especial ao sigilo bancário	
Transferência do sigilo	Nestes casos, fala-se também em transferência do sigilo, pois as pessoas que têm acesso aos dados somente podem utilizá-los para os fins previstos em lei e que justificaram a transferência da informação, sendo-lhes vedadas divulgá-la para terceiros e para outras finalidades.	
Regra geral	A quebra ou transferência da informação protegida deve ser requerida pelo interessado e decretada pelo Poder Judiciário.	Art. 1º; 3º; e 7º, da LC 105/2001.
CPIs	O Poder Legislativo e as CPI's podem quebrar o sigilo bancário. A regra é estendida ao Legislativo Estadual e suas CPI's, mas não aos Tribunais de Contas, pois apenas aquelas possuem poderes de investigação próprios das autoridades judiciais (art. 58, § 3º, da CF/88).	Art. 4º, da LC 105/2001 e jurisprudência do STF.
Fisco	A única autoridade administrativa a que a lei conferiu poderes para quebrar o sigilo bancário sem requerimento ao Poder Judiciário foi o Fisco.	Art. 5º e 6º, da LC 105/2001
Divergência jurisprudencial	Na AC 33 MC/PR o STF julgou válida a quebra de sigilo pelo Fisco e, no Inq 2.593 AgR/DF negou o acesso de informações bancárias ao Fisco, obtidas no inquérito, ao fundamento de que o Fisco poderia obter diretamente a informação, com fundamento no art. 6º, da LC 105/2001, as duas decisões publicadas em 2011. No mesmo ano, contudo, o STF julgou inconstitucional o art. 6º, da LC 105/2001, no RE 389.808/PR, sem repercussão geral e sem efeito *erga ominis*.	
A solução	A matéria foi decidida no julgamento do RE 601.314 RG/SP, com repercussão geral, que permitiu a quebra do sigilo pelo Fisco.	

Contratos bancários e a defesa do consumidor

<table>
<tr><th>Aplicação do CDC</th><th>O Código de Defesa do Consumidor é aplicável às instituições financeiras</th><th>Súmula 297, do STJ</th></tr>
<tr><td>Responsabilidade das instituições financeiras</td><td>As instituições financeiras respondem objetivamente pelos danos gerados por fortuito interno relativo a fraudes e delitos praticados por terceiros no âmbito de operações bancárias</td><td>Súmula 479, do STJ</td></tr>
<tr><td>Cadastros e bancos de dados de crédito</td><td colspan="2">Negativos ou de inadimplência – incluem dívidas não pagas
Positivos – incluem histórico de pagamento ou não pagamento de dívidas do consumidor</td></tr>
<tr><td rowspan="3">Cadastros negativos</td><td>Cabe ao órgão mantenedor do Cadastro de Proteção ao Crédito a notificação do devedor antes de proceder à inscrição.</td><td>Súmula 359, do STJ</td></tr>
<tr><td>Da anotação irregular em cadastro de proteção ao crédito, não cabe indenização por dano moral, quando preexistente legítima inscrição, ressalvado o direito ao cancelamento.</td><td>Súmula 385, do STJ</td></tr>
<tr><td>Incumbe ao credor a exclusão do registro da dívida em nome do devedor no cadastro de inadimplentes no prazo de cinco dias úteis, a partir do integral e efetivo pagamento do débito.</td><td>Súmula 548, do STJ</td></tr>
<tr><td rowspan="2">Cadastros para formação de histórico de crédito</td><td>Armazenamento de informações objetivas, claras, verdadeiras e de fácil compreensão, que sejam necessárias para avaliar a situação econômica do cadastrado. Vedadas anotações de informações excessivas e sensíveis.</td><td>Lei 12.414/2011</td></tr>
<tr><td>A utilização de escore de crédito, método estatístico de avaliação de risco que não constitui banco de dados, dispensa o consentimento do consumidor, que terá o direito de solicitar esclarecimentos sobre as informações pessoais valoradas e as fontes dos dados considerados no respectivo cálculo.</td><td>Súmula 550, do STJ.</td></tr>
</table>

Mercado de câmbio

<table>
<tr><th>Mercado de câmbio</th><th>Envolve todas as operações com moeda estrangeira</th><th>Resolução CMN 3.568/2008</th></tr>
<tr><td>Contrato de câmbio</td><td>O objeto imediato do contrato de câmbio é a troca de moedas. Normalmente haverá, porém, um objeto mediato, a finalidade desta troca de moedas.
O câmbio somente pode ser contratado com instituições habilitadas pelo Banco Central.
Formas: troca física de moedas, compra de travelers checks, pagamentos com cartão de crédito, remessas de divisas etc
Métodos de transferência e pagamento: remessa direta, pagamento antecipado, cobrança documentária, crédito documentário.</td><td>DL 9.025/1946
Lei 9.069/1995
Resolução CMN 3.568/2008</td></tr>
</table>

Contrato de câmbio	Meio físico ou eletrônico Prazo máximo de 1500 dias **Registro** Todas as operações de câmbio estão sujeitas a **registro** no Banco Central no mesmo dia de sua realização, no sistema RDE/Sisbacen Algumas operações são registradas em módulos específicos do RDE/Sisbacen, como IED, o ROF e o Portfólio. **Compensação** e **liquidação** Realizada pela Câmara de Registro, Compensação e Liquidação de Operações de Câmbio da BM&FBovespa	DL 9.025/1946 Lei 9.069/1995 Resolução CMN 3.568/2008
Câmbio no comercio internacional	O exportador de mercadorias ou de serviços pode manter no exterior a integralidade dos recursos relativos ao recebimento de suas exportações. O câmbio é sempre obrigatório. Modalidades de pagamento: remessa direta, pagamento antecipado, cobrança documentária e crédito documentário. Antecipação do recebimento da exportação: Adiantamento de Contrato de Câmbio – ACC ou de Adiantamento contra Cambiais Entregues – ACE Trava de exportação: o exportador pode prefixar a taxa de câmbio a ser utilizada na conversão da moeda estrangeira, no momento em que ocorrer o pagamento pelo importador. As operações de câmbio na exportação devem ser declaradas Os bens no exterior pertencentes a pessoas residentes, domiciliadas ou sediadas no Brasil, devem ser declarados tanto para a Receita Federal quanto para o Banco Central. O importador também é obrigado a realizar contrato de câmbio para efetuar pagamentos internacionais.	Lei 11.371/2006 DL 1.060/1969 Resolução CMN 3.568/2008 Resolução CMN 3.854/2010
Capital estrangeiro	Fala-se em capital estrangeiro, para o regime da Lei 4.131/1962, quando a finalidade do capital no Brasil é uma atividade econômica. Não está sujeito ao regime capitais que ingressam com a finalidade de turismo do estrangeiro, o pagamento de contas pessoais, a moradia, ainda que eventual, etc	Art. 176, § 1°, art. 178, parágrafo único, art. 190, art. 192, art. 199, § 3º, e art. 222, §§ 1° e 4°, da CF/88

Capital estrangeiro	Investimento direto Investimentos em títulos e valores mobiliários Operações de crédito Normas especiais sobre investimento estrangeiro. A Constituição e as leis regulam o investimento estrangeiro em áreas como a exploração de recursos minerais e potenciais de energia hidráulica, navegação de cabotagem e navegação interior, instituições financeiras, empresas jornalísticas e de comunicação	Art. 176, § 1°, art. 178, parágrafo único, art. 190, art. 192, art. 199, § 3º, e art. 222, §§ 1° e 4°, da CF/88 Lei 9.432/1997 Lei 6.634/1979 Lei 4.595/1964 Lei 8.080/1990 Lei 9.472/1997 Lei 4.131/1962 Lei 11.371/2006 Decreto 55.762/1965 Resolução CMN 3.884/2010 Resolução CMN 4.373/2014

Mercado de capitais

Valores mobiliários	Conjunto de papéis emitidos notadamente por pessoas jurídicas de direito privado, selecionados pela lei para que sejam submetidos a regras e controles específicos de entidade pública especializada (no Brasil, a CVM).	
Debates sobre seu conceito	A denominação "valores mobiliários" foi originariamente empregada para títulos emitidos por sociedades anônimas abertas, para captação da economia popular mediante oferta pública, passando tais títulos a sofrer regulação e fiscalização estatal. Com a evolução da economia, novos títulos, materialmente distintos emitidos não necessariamente por companhias abertas, passaram a ser considerados valores mobiliários para fins de fiscalização das entidades estatais especializadas. A ampliação dos títulos sujeitos à fiscalização pública levou economistas e juristas a procurar um conceito material de valores mobiliários.	
Definição tipológica	Não há um conceito material de valores mobiliários. A lei apresenta uma lista de valores, que estão sujeitos à regulamentação, fiscalização e controle da CVM. Desta lista, não se extrai um conceito, mas uma definição tipológica, baseada em elementos gerais, que apresentam como característica comum a oferta pública para captação da economia popular.	
Definição funcional	A definição de valores mobiliários não se presta a uma conceituação rígida, mas à delimitação de papéis ou investimentos sobre os quais a CVM exerce sua função reguladora.	
Espécies	▸ Ações, debêntures, bônus de subscrição [emitidas por companhias abertas] e seus certificados de depósito; ▸ Notas comerciais (*commercial papers*) ▸ Cotas de fundos e clubes de investimento; ▸ Derivativos; ▸ Quaisquer contratos de investimento coletivo ofertados publicamente.	Art. 2º, da Lei 6.385/76

Não são valores mobiliários	Títulos bancários típicos = fiscalizados pelo Banco Central; e Títulos públicos = fiscalizados pelo próprio Tesouro e pelos órgãos de controle da Administração Pública.	Art. 2°, § 1º, da Lei 6.385/1976
Oferta pública	Oferta de títulos a uma coletividade indeterminada de potenciais adquirentes, que não necessariamente são especialistas em investimento ou conhecedores do título ou da companhia emissora; caracteriza a oferta pública o oferecimento de títulos pela mídia.	Art. 19, da Lei 6.385/1976
Objetivo da oferta	Captação da economia popular	
Requisitos para a oferta pública	Registro da emissora na CVM; Registro (aprovação) da oferta na CVM.	
Observações	▶ O deferimento do registro da oferta pública pela CVM caracteriza a companhia como sociedade anônima aberta; ▶ O registro da emissão na CVM decorre de análise formal do atendimento de requisitos da oferta, mas não significa aval quanto ao mérito (rentabilidade) do investimento; ▶ A CVM impõe diversas obrigações à companhia mesmo após a emissão dos títulos e pode aplicar penalidades por seu descumprimento, além de cancelar o registro da emissão; ▶ A principal exigência imposta à companhia é de divulgar seus dados financeiros e as informações relevante para a análise do título pelo investidor (*disclosure*).	
Mercado primário e secundário	▶ Mercado primário é aquele em que o emissor realiza a primeira venda do ativo ao subscritor; ▶ Mercado secundário é aquele em que o subscritor e os futuros adquirentes negociam o papel. ▶ Para negociação do papel em bolsa ou mercado de balcão é necessário o registro da companhia e da emissão na CVM e a aceitação da companhia e do título pela entidade do mercado organizado.	
Mercado a vista, a termo, futuro e opções	▶ No mercado à vista o pagamento acompanha a aquisição, o que pode ocorrer em até 3 dias após a ordem de compra; ▶ No mercado a termo o negócio é firmado para liquidação em data futura predeterminada; ▶ No mercado futuro, o negócio é firmado para cumprimento em data futura, mas pode ser liquidado antecipadamente; ▶ No mercado de opções, negocia-se o direito de comprar ou vender determinado papel, em data futura, não propriamente a compra e venda do ativo.	
Valores mobiliários		
Ações	▶ São títulos que representam a propriedade da companhia. Espécies: ▶ Ordinárias; ▶ Preferenciais; ▶ De fruição; e ▶ Especiais.	Art. 11, da Lei 6.404/1976

Debêntures	▶ São títulos que representam direito de crédito face à companhia emissora. ▶ Classificações ▶ **Forma**, podem ser nominativas ou escriturais; ▶ **Prazo**, com ou sem data de vencimento; ▶ **Remuneração**, pagamento de juros fixos ou variáveis, participação nos lucros da companhia ou pagamento de prêmio de reembolso; ▶ **Garantia**, real, flutuante, fidejussória, sem garantia, subordinada ou com garantias cumulativas.	Art. 52, da Lei 6.404/1976 Art. 55, 56, 58 e 63, da Lei 6.404/1976
Notas comerciais ou ***Commercial papers***	▶ Têm natureza de nota promissória (título de crédito). ▶ Companhias fechadas também podem emitir notas comerciais.	Resolução CMN 1.723/1990; e Instrução CVM 134/1990
Cotas de clubes e fundos de investimento	▶ Fundos de investimento são comunhão de recursos, constituída sob a forma de condomínio, destinado à aplicação em ativos financeiros; ▶ Clubes de investimento são condomínios constituídos por pessoas físicas para aplicação de recursos comuns em títulos e valores mobiliários.	Instrução CVM 555/2014; e Art. 1º, da Ins-trução CVM 494/2011
Contratos de investimento coletivo	▶ Considera-se título ou contrato de investimento coletivo aquele gerador de direito de participação, de parceria ou de remuneração, inclusive resultante de prestação de serviços, cujos rendimentos advêm do esforço do empreendedor ou de terceiros.	Art. 1º, parágrafo único, da Instrução CVM 270/1998
Derivativos	São contratos atípicos, diferenciais, referenciais, baseados na existência de um ativo subjacente, cujo pagamento se opera em data futura.	
Contratos a termo	São contratos de compra e venda do ativo subjacente (ações, debêntures, commodities etc), que vincula as partes até a data pactuada. Normalmente é liquidado financeiramente, sem a entrega do ativo.	
Contratos futuros	São contratos que têm como objeto o ativo subjacente, com vencimento previsto para data futura, em que a liquidação pode ser diária, de forma que o interessado paga ou recebe a diferença entre o preço pactuado e a cotação de mercado do dia, de acordo com sua posição (compra ou venda) e que podem ser anulados pela aquisição da posição contrária.	
Contratos de opções	São contratos que têm por objeto não a compra ou venda de determinado ativo, mas do direito de comprar ou vender determinado ativo a preço pré estabelecido, em data futura. No modelo americano de opção, o adquirente tem o direito de exercer a opção a qualquer dia até o vencimento do contrato, e no modelo europeu exercício da opção pode ocorrer somente no dia do vencimento.	
Contratos de ***swap***	Operações de *swap* são aquelas realizadas para liquidação em data futura que implicam a troca de resultados financeiros decorrentes da aplicação, sobre valores ativos e passivos, de taxas ou índices utilizados como referenciais.	

Regulação e autorregulação no mercado de derivativos	A atuação da CVM nos derivativos operados no mercado organizado consiste basicamente na aprovação prévia dos modelos de contrato e na exigência de que o ativo subjacente tenha seu valor apurado com base em preços e metodologias consistentes e passíveis de verificação (Instrução CVM 467/2008); À Bolsa ou à entidade de balcão, no exercício da autorregulação, compete limitar o acesso ao mercado a certos investidores e limitar, para qualquer investidor, posições em aberto, para evitar riscos de inadimplência.
Securitização	É a operação na qual uma empresa geradora de crédito (Originadora) vende seus créditos para um terceiro (Entidade Emissora) e este capta recursos para financiar a sua compra, por meio da emissão e colocação de títulos e valores mobiliários, lastreados nos créditos por ele adquiridos

Sistema Financeiro da Habitação

SFH	▶ Parcela do sistema financeiro nacional inserida do contexto da política nacional de habitação e de planejamento territorial, que tem por objetivo estimular a construção de habitações de interesse social e o financiamento da aquisição da casa própria, especialmente pelas classes da população de menor renda.	Art. 1º, da Lei 4.380/1964
Estrutura (entidades que atuam no SFH)	▶ Bancos múltiplos; bancos comerciais; e caixas econômicas; ▶ Sociedades de crédito imobiliário; ▶ Associações de poupança e empréstimo;	Art. 8º, da Lei 4.380/1964
Estrutura (entidades que atuam no SFH)	▶ Companhias hipotecárias; ▶ Órgãos federais, estaduais e municipais, inclusive sociedades de economia mista, que operem, no financiamento de habitações e obras conexas; ▶ Fundações, cooperativas e outras formas associativas para construção ou aquisição da casa própria sem finalidade de lucro; ▶ Caixas militares; ▶ Entidades abertas de previdência complementar; ▶ Companhias securitizadoras de crédito imobiliário; e ▶ Outras instituições a critério do CMN.	Art. 8º, da Lei 4.380/1964
BNH	Os empréstimos de financiamento habitacional eram concedidos exclusivamente pelo BNH. A exclusividade deixou de existir e o BNH foi extinto e sucedido pela CEF.	
CEF	Atual operadora do SFH, sem exclusividade e gestora do FGTS, fundo cujos recursos são aplicados no SFH. Principal banco público voltado para a área habitacional	
CMN e BC	Disciplinam os contratos do Sistema Financeiro da Habitação.	

<table>
<tr><td>Contratos</td><td colspan="2">Os contratos do SFH são privados, regidos pela autonomia da vontade, com algumas regras cogentes, de direito público.</td></tr>
<tr><td>Contratos antigos</td><td colspan="2">▸ O valor das prestações era corrigido por índice de preço, limitado ao reajuste do salário mínimo, enquanto o valor total do contrato era corrigido sem limitação, o que gerava saldo devedor
▸ Podiam conter cláusula de garantia pelo Fundo de Compensação de Variações Salariais – FCVS;
▸ Não podiam ser transferidos a terceiros</td></tr>
<tr><td>Contratos novos (a partir de 1990)</td><td colspan="2">▸ Não podem ter cláusula de garantia pelo FCVS (Lei 8.004/1990)
▸ Corrigidos pelo BTN (Lei 8.100/1990) e posteriormente pela TR (Lei 8.177/1991), somente havendo limitação da correção por decisão judicial;
▸ Podem ser transferidos com a interveniência obrigatória da instituição financiadora e mediante a assunção, pelo novo mutuário, do saldo devedor contábil da operação (Lei 8.004/1990), inclusive com a manutenção da cláusula do FCGS, em determinados casos (Lei 10.150/2000);</td></tr>
<tr><td>Atualização do saldo devedor</td><td>A atualização do saldo devedor dos contratos do SFH antecede sua amortização pelo pagamento da prestação</td><td>Súmula 450, do STJ</td></tr>
<tr><td>Limitação dos juros</td><td>Não há limitação aos juros remuneratórios nos contratos vinculados ao SFH</td><td>Súmula 422, do STJ</td></tr>
<tr><td>Capitalização de juros</td><td>Pode ser pactuada a capitalização de juros com periodicidade mensal nas operações realizadas pelas entidades integrantes do SFH desde 2009.</td><td>Art. 15-A, na Lei 4.380/1964, inserido pela Lei 11.977/2009</td></tr>
<tr><td>Seguro obrigatório nos contratos do SFH</td><td>"A aquisição, pelo segurado, de mais de um imóvel financiado pelo Sistema Financeiro da Habitação, situados na mesma localidade, não exime a seguradora da obrigação de pagamentos dos seguros";
"O mutuário do SFH não pode ser compelido a contratar o seguro habitacional obrigatório com a instituição financeira mutuante ou com a seguradora por ela indicada".</td><td>Súmula 31, do STJ; e Súmula 473, do STJ</td></tr>
<tr><td>Aplicação do CDC aos contratos do SFH</td><td>CDC é aplicável aos contratos do SFH, exceto naqueles acobertados pelo FCVS, pela existência de normas próprias de proteção ao mutuário hipossuficiente.</td><td>Jurisprudência do STJ</td></tr>
<tr><td>Ministério Público e associações</td><td>Possuem legitimidade para propor ações civis públicas em temas envolvendo os contratos do SFH</td><td>Jurisprudência do STF</td></tr>
<tr><td>Contratos do SFH e do SFI e títulos negociáveis</td><td colspan="2">Letras imobiliárias (art. 44, da Lei 4.380/1964);
Cédula hipotecária (art. 10, do DL 70/1966); e
Certificado de Recebíveis Imobiliários – CRI (art. 6º, da Lei 9.514/1997);</td></tr>
<tr><td>Observação</td><td colspan="2">O regime do CRI e da alienação fiduciária de bens imóveis não se aplica ao SFH, de modo que estes não são securitizáveis.</td></tr>
</table>

Execução no SFH	Judicial	Lei 5.741/1971
	Extrajudicial (cuja constitucionalidade está em discussão no STF)	Art. 31, do DL 70/1996 (AI 771.770 RG/PR)

7. JURISPRUDÊNCIA

7.1 Súmulas do STF

➘ Súmula 121

É VEDADA A CAPITALIZAÇÃO DE JUROS, AINDA QUE EXPRESSAMENTE CONVENCIONADA.

(STF, Tribunal Pleno, DJ de 13/12/1963)

➘ Súmula 596

AS DISPOSIÇÕES DO DECRETO 22626/1933 NÃO SE APLICAM ÀS TAXAS DE JUROS E AOS OUTROS ENCARGOS COBRADOS NAS OPERAÇÕES REALIZADAS POR INSTITUIÇÕES PÚBLICAS OU PRIVADAS, QUE INTEGRAM O SISTEMA FINANCEIRO NACIONAL.

(STF, Tribunal Pleno, DJ de 15/12/1976)

Acórdãos

➘ APLICAÇÕES EM CERTIFICADOS DE DEPÓSITOS BANCÁRIOS COM VALOR DE RESGATE PRÉ-FIXADO – CDB. DL 2.335 DE 12.6.1987 (CONGELAMENTO DE PREÇOS E SALÁRIOS POR 90 DIAS). PLANO BRESSER. DEFLAÇÃO. TABLITA. APLICAÇÃO IMEDIATA. ALTERAÇÃO DE PADRÃO MONETÁRIO. ALEGAÇÃO DE OFENSA AO ATO JURÍDICO PERFEITO.

O plano Bresser representou alteração profunda nos rumos da economia e mudança do padrão monetário do país. Os contratos fixados anteriormente ao plano incorporavam as expectativas inflacionárias e, por isso, estipulavam formas de reajuste de valor nominal. O congelamento importou em quebra radical das expectativas inflacionárias e, por consequência, em desequilíbrio econômico-financeiro dos contratos. A manutenção íntegra dos pactos importaria em assegurar ganhos reais não compatíveis com a vontade que deu origem aos contratos. A tablita representou a consequência necessária do congelamento como instrumento para se manter a neutralidade distributiva do choque na economia. O decreto-lei, ao contrário de desrespeitar, prestigiou o princípio da proteção do ato jurídico perfeito (art. 5º XXXVI, da CF) ao reequilibrar o contrato e devolver a igualdade entre as partes contratantes.

(STF, Tribunal Pleno, RE 141.190/SP, Relator Min. Ilmar Galvão, Relator p/ Acórdão Min. Nelson Jobim, DJ de 26/5/2006)

➘ TABLITA. PLANO CRUZADO. REGRA DE DEFLAÇÃO DO DECRETO-LEI 2.284/86. PRINCÍPIOS DO DIREITO ADQUIRIDO, DO ATO JURÍDICO PERFEITO E DA COISA JULGADA. ALTERAÇÃO DE PADRÃO MONETÁRIO. 1. No julgamento do RE 141.190, o plenário do STF entendeu que o fator de deflação veio a preservar o equilíbrio econômico-financeiro inicial dos contratos, diante da súbita interrupção do processo inflacionário. A manutenção dos contratos então vigentes – que traziam embutida a tendência inflacionária – importaria em ganhos irreais, desiguais e incompatíveis com o pacto firmado entre as partes antes da alteração radical do ambiente monetário e econômico. 2. Também por isso se confirmou a tese de que normas de ordem pública que instituem novo padrão monetário têm aplicação imediata em relação aos contratos em curso como forma de reequilibrar a relação jurídica antes estabelecida. 3. O Plano Funaro (Cruzado) também representou mudança de padrão monetário e alteração profunda dos rumos econômicos do país e, por isso, a esse plano econômico também se aplica a jurisprudência assentada no julgamento do RE 141.190. Negado provimento ao recurso.

(STF, Tribunal Pleno, RE 136.901/SP, Relator Min. Marco Aurélio Relator p/ Acórdão Min. Nelson Jobim, DJ 2/6/2006)

➘ Locação. Plano cruzado. Alegação de ofensa ao § 3º do artigo 153 da Emenda Constitucional nº 1/69. Decreto-Lei nº 2.290/86 e Decreto nº 92.592/86. – Falta de prequestionamento da questão constitucional (alegação de ofensa ao § 3º do art. 153 da Emenda Constitucional nº 1/69), quanto a limitação da cláusula de reajuste semestral do aluguel referida no acórdão recorrido.

– Já se firmou a jurisprudência desta Corte, como acentua o parecer da Procuradoria-Geral da República, no sentido de que as normas que alteram o padrão monetário e estabelecem os critérios para a conversão dos valores em face dessa alteração se aplicam de imediato, alcançando os contratos em curso de execução, uma vez que elas tratam de regime legal de moeda, não se lhes aplicando, por incabíveis, as limitações do direito adquirido e do ato jurídico perfeito a que se refere o § 3º do artigo 153 da Emenda Constitucional nº 1/69. Recurso extraordinário não conhecido.

(STF, T1, RE 114.982/RS, Min. Moreira Alves, DJ de 1/3/1991)

➘ Ação direta de inconstitucionalidade. – Se a lei alcançar os efeitos futuros de contratos celebrados anteriormente a ela, será essa lei retroativa (retroatividade mínima) porque vai interferir na causa, que é um ato ou fato ocorrido no passado.

– O disposto no artigo 5, XXXVI, da Constituição Federal se aplica a toda e qualquer lei infraconstitucional, sem qualquer distinção entre lei de direito público e lei de direito privado, ou entre lei de ordem pública e lei dispositiva. Precedente do S.T.F..

– Ocorrência, no caso, de violação de direito adquirido. A taxa referencial (TR) não é índice de correção monetária, pois, refletindo as variações do custo primário da captação dos depósitos a prazo fixo, não constitui índice que reflita a variação do poder aquisitivo da moeda. Por isso, não há necessidade de se examinar a questão de saber se as normas que alteram índice de correção monetária se aplicam imediatamente, alcançando, pois, as prestações futuras de contratos celebrados no passado, sem violarem o disposto no artigo 5, XXXVI, da Carta Magna.

– Também ofendem o ato jurídico perfeito os dispositivos impugnados que alteram o critério de reajuste das prestações nos contratos já celebrados pelo sistema do Plano de Equivalência Salarial por Categoria Profissional (PES/CP). Ação direta de inconstitucionalidade julgada procedente, para declarar a inconstitucionalidade dos artigos 18, "caput" e parágrafos 1 e 4; 20; 21 e parágrafo único; 23 e parágrafos; e 24 e parágrafos, todos da Lei nº 8.177, de 1 de maio de 1991.

(STF, Tribunal Pleno, ADI 493/DF, Min. Moreira Alves, DJ de 4/9/1992)

➘ AÇÃO DIRETA DE INCONSTITUCIONALIDADE

– LIMINAR. A CONCESSÃO, OU NÃO, DE LIMINAR EM AÇÃO DIRETA DE INCONSTITUCIONALIDADE FAZ-SE CONSIDERADOS DOIS ASPECTOS PRINCIPAIS

– O SINAL DO BOM DIREITO E O RISCO DE MANTER-SE COM PLENA EFICACIA O ATO NORMATIVO. ESTE ÚLTIMO DESDOBRA-SE A PONTO DE ENSEJAR O EXAME SOB O ANGULO DA CONVENIÊNCIA DA CONCESSÃO DA LIMINAR, PERQUIRINDO-SE OS ASPECTOS EM QUESTÃO PARA DEFINIR-SE AQUELE QUE MAIS SE APROXIMA DO BEM COMUM. TRATANDO-SE DE PRECEITO LEGAL REVELADOR, AO QUE TUDO INDICA, DE RETROAÇÃO INCOMPATÍVEL COM O PRINCÍPIO DO ATO JURÍDICO PERFEITO E ACABADO, A GERAR DIREITO ADQUIRIDO, IMPÕE-SE O DEFERIMENTO DA SUSPENSÃO PRELIMINAR. ISTO OCORRE QUANTO AO TEOR DO ARTIGO 26 DA LEI Nº 8.177/91: "AS OPERAÇÕES DE CRÉDITO RURAL CONTRATADAS JUNTO AS INSTITUIÇÕES FINANCEIRAS, COM RECURSOS ORIUNDOS DE DEPÓSITOS A VISTA E COM CLÁUSULA DE ATUALIZAÇÃO PELO ÍNDICE DE PREÇOS AO CONSUMIDOR (IPC), PASSAM A SER ATUALIZADAS PELA TR, OBSERVADO O DISPOSTO NO ARTIGO 6. DESTA LEI".

(STF, Tribunal Pleno, ADI 768 MC/DF, Min. Marco Aurélio, DJ de 13/11/1992)

➘ Ação Direta de Inconstitucionalidade. Lei nº 8.177, de 1º/03/1991 – inciso II e parágrafo único do art. 6º, artigos 16 e 22. Art. 5º, XXXVI da C.F. (ato jurídico perfeito). Medida Cautelar.

I – Contratos em geral. T.R. (Taxa Referencial). B.T.N. (Bônus do Tesouro Nacional). T.R.D. (Taxa Referencial Diária). B.T.N.F. (B.T.N. Fiscal). U.P.C. (Unidade Padrão de Capital).

II – Contratos de financiamento rural (celebrados com recursos de depósitos de poupança rural).

1. Ao julgar a ADIn nº 493, o S.T.F. concluiu não ser a T.R. "índice de correção monetária, pois, refletindo as variações de custo primário de captação dos depósitos a prazo fixo, não constitui índice que reflita a variação do poder aquisitivo da moeda".

2. E por isso declarou inconstitucionais vários dispositivos da Lei nº 8.177, de 1º/03/1991, que visaram a substituição de índices de correção monetária, pela T.R. Para assim concluir, a Corte considerou violado, por tais dispositivos, o princípio constitucional que protege o ato jurídico perfeito (art. 5º, inciso XXXVI, da C.F.), porque alteraram "o critério de reajuste das prestações, nos contratos anteriormente celebrados pelo sistema do Plano de Equivalência Salarial por Categoria Profissional" (P.E.S./C.P.).

3. Em face desse precedente (ADIn 493) e de outro (ADIn 768), e de ser considerada juridicamente relevante a alegação de que o inciso II e o parágrafo único do art. 6º da mesma Lei (nº 8.177, de 1º/03/1991), ofendem o mesmo princípio tutelar do ato jurídico perfeito, ao substituírem pela T.R. e T.R.D., nos contratos anteriormente celebrados, os índices neles previstos (B.T.N. e B.T.N. Fiscal).

4. Pela mesma razão, e de ser qualificada como relevante a argüição de inconstitucionalidade dos artigos 15 e 16 de tal diploma, por substituírem, pela T.R., nos contratos anteriores a este, os índices previstos para a correção monetária – U.P.C. (Unidade Padrão de Capital).

5. Caracterizados os requisitos da plausibilidade jurídica da ação, a Corte, por maioria, defere medida cautelar, para suspender, a partir da data do deferimento, até o julgamento final da ação, a eficácia dos referidos dispositivos (inciso II e parágrafo único do art. 6º, artigos 15 e 16 da Lei nº 8.177, de 1º/03/1991).

6. Quanto ao art. 22 da Lei, referente aos contratos de financiamento rural, o Tribunal indefere a medida cautelar de sua suspensão, por entender, "prima facie", que tal dispositivo não inova, quanto aos índices de correção monetária, pois a atualização continua sendo feita segundo a remuneração básica aplicada aos depósitos de poupança, não vislumbrando, nesse ponto, violação de ato jurídico perfeito. Decisão, também, por maioria.

(STF, Tribunal Pleno, ADI 959 MC/DF, Min. Sydney Sanches, DJ de 13/5/1994)

↘ RECURSO EXTRAORDINÁRIO. REAJUSTE DE SALÁRIOS. CLÁUSULA FIXADA EM ACORDO COLETIVO. NORMA SUPERVENIENTE QUE ALTERA O PADRÃO MONETÁRIO E FIXA NOVA POLÍTICA SALARIAL. DIREITO ADQUIRIDO. INEXISTÊNCIA.

1. A sentença homologatória de acordo coletivo tem natureza singular e projeta no mundo jurídico uma norma de caráter genérico e abstrato, embora nela se reconheça a existência de eficácia da coisa julgada formal no período de vigência mínima definida em lei, e, no âmbito do direito substancial, coisa julgada material em relação à eficácia concreta já produzida.

2. Firmada ante os pressupostos legais autorizadores então vigentes, a sentença normativa pode ser derrogada por disposições legais que venham a imprimir nova política econômico-monetária, por ser de ordem pública, de aplicação imediata e geral, sendo demasiado extremismo afirmar-se a existência de ato jurídico perfeito, direito adquirido e coisa julgada, para infirmar preceito legal que veio dispor contrariamente ao que avençado em acordo ou dissídio coletivo. Recurso extraordinário conhecido e provido.

(STF, T2, RE 202.686/SP, Min. Maurício Corrêa, DJ 26/5/2000)

↘ CONSTITUCIONAL E ECONÔMICO. SISTEMA MONETÁRIO. PLANO REAL. NORMAS DE TRANSPOSIÇÃO DAS OBRIGAÇÕES MONETÁRIAS ANTERIORES. INCIDÊNCIA IMEDIATA, INCLUSIVE SOBRE CONTRATOS EM CURSO DE EXECUÇÃO. ART. 21 DA MP 542/94. INEXISTÊNCIA DE DIREITO ADQUIRIDO À MANUTENÇÃO DOS TERMOS ORIGINAIS DAS CLÁUSULAS DE CORREÇÃO MONETÁRIA.

1. A aplicação da cláusula constitucional que assegura, em face da lei nova, a preservação do direito adquirido e do ato jurídico perfeito (CF, art. 5º, XXXVI) impõe distinguir duas diferentes espécies de situa-

ções jurídicas: (a) as situações jurídicas individuais, que são formadas por ato de vontade (especialmente os contratos), cuja celebração, quando legítima, já lhes outorga a condição de ato jurídico perfeito, inibindo, desde então, a incidência de modificações legislativas supervenientes; e (b) as situações jurídicas institucionais ou estatutárias, que são formadas segundo normas gerais e abstratas, de natureza cogente, em cujo âmbito os direitos somente podem ser considerados adquiridos quando inteiramente formado o suporte fático previsto na lei como necessário à sua incidência. Nessas situações, as normas supervenientes, embora não comportem aplicação retroativa, podem ter aplicação imediata.

2. Segundo reiterada jurisprudência do Supremo Tribunal Federal, as normas que tratam do regime monetário – inclusive, portanto, as de correção monetária –, têm natureza institucional e estatutária, insuscetíveis de disposição por ato de vontade, razão pela qual sua incidência é imediata, alcançando as situações jurídicas em curso de formação ou de execução. É irrelevante, para esse efeito, que a cláusula estatutária esteja reproduzida em ato negocial (contrato), eis que essa não é circunstância juridicamente apta a modificar a sua natureza.

3. As disposições do art. 21 da Lei 9.069/95, resultante da conversão da MP 542/94, formam um dos mais importantes conjuntos de preceitos normativos do Plano REAL, um dos seus pilares essenciais, justamente o que fixa os critérios para a transposição das obrigações monetárias, inclusive contratuais, do antigo para o novo sistema monetário. São, portanto, preceitos de ordem pública e seu conteúdo, por não ser suscetível de disposição por atos de vontade, têm natureza estatutária, vinculando de forma necessariamente semelhante a todos os destinatários. Dada essa natureza institucional (estatutária), não há inconstitucionalidade na sua aplicação imediata (que não se confunde com aplicação retroativa) para disciplinar as cláusulas de correção monetária de contratos em curso.

4. Recurso extraordinário a que se nega provimento.

(STF, Tribunal Pleno, RE 212.609/SP, Relator Min. Carlos Velloso, Relator para o Acórdão Min. Teori Zavascki, DJe de 5/8/5015).

➘ AGRAVO REGIMENTAL NO AGRAVO DE INSTRUMENTO. SISTEMA FINANCEIRO DE HABITAÇÃO. CONTRATO DE MÚTUO.

POSSIBILIDADE DA UTILIZAÇÃO DA TAXA REFERENCIAL COMO ÍNDICE DE CORREÇÃO MONETÁRIA EM CONTRATOS FIRMADOS APÓS A VIGÊNCIA DA LEI nº 8.177/1991. PRECEDENTES.

AGRAVO REGIMENTAL AO QUAL SE NEGA PROVIMENTO.

(STF, T2, AI 715.772 AgR/SP, Min. Cármen Lúcia, DJe de 11/10/2012)

➘ LEGITIMIDADE PARA A CAUSA. Ativa. Caracterização. Ministério Público. Ação civil pública. Demanda sobre contratos de financiamento firmados no âmbito do Sistema Financeiro da Habitação – SFH. Tutela de diretos ou interesses individuais homogêneos. Matéria de alto relevo social. Pertinência ao perfil institucional do MP. Inteligência dos arts. 127 e 129, incs. III e IX, da CF. Precedentes. O Ministério público tem legitimação para ação civil pública em tutela de interesses individuais homogêneos dotados de alto relevo social, como os de mutuários em contratos de financiamento pelo Sistema Financeiro da Habitação.

2. RECURSO. Embargos de declaração. Acórdão. Correção de erro material na ementa. Revogação de condenação ao pagamento de multa por litigância de má-fé. Embargos acolhidos, em parte, para esses fins. Embargos de declaração servem para corrigir erro material na redação da ementa do acórdão embargado, bem como para excluir condenação ao pagamento de multa, quando descaracterizada litigância de má-fé.

(STF, T2, RE 470.135 AgR-ED/MT, Min. Cezar Peluso, DJe de 29/6/2007)

➘ AGRAVO REGIMENTAL NO AGRAVO DE INSTRUMENTO. MATÉRIA INFRACONSTITUCIONAL. SIGILO BANCÁRIO. QUEBRA. PROCEDIMENTO LEGAL. OFENSA INDIRETA À CONSTITUIÇÃO DO BRASIL.

1. Controvérsia decidida à luz de normas infraconstitucionais. Ofensa indireta à Constituição do Brasil.

2. O sigilo bancário, espécie de direito à privacidade protegido pela Constituição de 1988, não é absoluto, pois deve ceder diante dos interesses público, social e da Justiça. Assim, deve ceder também na forma e com observância de procedimento legal e com respeito ao princípio da razoabilidade. Precedentes.

3. Agravo regimental a que se nega provimento.

(STF, T2, AI 655.298 AgR/SP, Min. Eros Grau, DJe de 28/9/2007)

↘ AÇÃO CÍVEL ORIGINÁRIA. MANDADO DE SEGURANÇA. QUEBRA DE SIGILO DE DADOS BANCÁRIOS DETERMINADA POR COMISSÃO PARLAMENTAR DE INQUÉRITO DE ASSEMBLÉIA LEGISLATIVA. RECUSA DE SEU CUMPRIMENTO PELO BANCO CENTRAL DO BRASIL. LEI COMPLEMENTAR 105/2001.

Potencial conflito federativo (cf. ACO 730-QO). Federação. Inteligência. Observância obrigatória, pelos estados-membros, de aspectos fundamentais decorrentes do princípio da separação de poderes previsto na Constituição federal de 1988. Função fiscalizadora exercida pelo Poder Legislativo. Mecanismo essencial do sistema de *checks-and-counterchecks* adotado pela Constituição federal de 1988. Vedação da utilização desse mecanismo de controle pelos órgãos legislativos dos estados-membros. Impossibilidade. Violação do equilíbrio federativo e da separação de Poderes. Poderes de CPI estadual: ainda que seja omissa a Lei Complementar 105/2001, podem essas comissões estaduais requerer quebra de sigilo de dados bancários, com base no art. 58, § 3º, da Constituição. Mandado de segurança conhecido e parcialmente provido.

(STF, Tribunal Pleno, ACO 730/RJ, Min. Joaquim Barbosa, DJ de 11/11/2005)

↘ RECURSO EXTRAORDINÁRIO. TUTELA DE URGÊNCIA (PODER GERAL DE CAUTELA). REQUISITOS. AUSÊNCIA. PROCESSUAL CIVIL. REFERENDO DE DECISÃO MONOCRÁTICA (ART. 21, V DO RISTF). CONSTITUCIONAL. TRIBUTÁRIO. DADOS BANCÁRIOS PROTEGIDOS POR SIGILO. TRANSFERÊNCIA DE INFORMAÇÕES SIGILOSAS DA ENTIDADE BANCÁRIA AO ÓRGÃO DE FISCALIZAÇÃO TRIBUTÁRIA FEDERAL SEM PRÉVIA AUTORIZAÇÃO JUDICIAL. LEI COMPLEMENTAR 105/2001. LEI 10.174/2001. DECRETO 3.724/2001.

A concessão de tutela de urgência ao recurso extraordinário pressupõe a verossimilhança da alegação e o risco do transcurso do tempo normalmente necessário ao processamento do recurso e ao julgamento dos pedidos.

Isoladamente considerado, o ajuizamento de ação direta de inconstitucionalidade sobre o tema é insuficiente para justificar a concessão de tutela de urgência a todo e qualquer caso.

Ausência do risco da demora, devido ao considerável prazo transcorrido entre a sentença que denegou a ordem e o ajuizamento da ação cautelar, sem a indicação da existência de qualquer efeito lesivo concreto decorrente do ato tido por coator (21.09.2001 – 30.06.2003).

Medida liminar não referendada.

Decisão por maioria.

(STF, Tribunal Pleno AC 33 MC/PR, Relator Min. Marco Aurélio, Relator p/ Acórdão Min. Joaquim Barbosa, DJe de 10/2/2011)

↘ PENAL E PROCESSUAL PENAL. INQUÉRITO. QUEBRA DE SIGILO BANCÁRIO. COMPARTILHAMENTO DAS INFORMAÇÕES COM A RECEITA FEDERAL. IMPOSSIBILIDADE. AGRAVO IMPROVIDO.

I – Não é cabível, em sede de inquérito, encaminhar à Receita Federal informações bancárias obtidas por meio de requisição judicial quando o delito investigado for de natureza diversa daquele apurado pelo fisco.

II – Ademais, a autoridade fiscal, em sede de procedimento administrativo, pode utilizar-se da faculdade insculpida no art. 6º da LC 105/2001, do que resulta desnecessário o compartilhamento in casu.

III – Agravo regimental desprovido.

(STF, Tribunal Pleno, Inq 2.593 AgR/DF, Min. Ricardo Lewandowski, DJe de 15/2/2011)

➘ SIGILO DE DADOS – AFASTAMENTO. Conforme disposto no inciso XII do artigo 5º da Constituição Federal, a regra é a privacidade quanto à correspondência, às comunicações telegráficas, aos dados e às comunicações, ficando a exceção – a quebra do sigilo – submetida ao crivo de órgão equidistante – o Judiciário – e, mesmo assim, para efeito de investigação criminal ou instrução processual penal. SIGILO DE DADOS BANCÁRIOS – RECEITA FEDERAL. Conflita com a Carta da República norma legal atribuindo à Receita Federal – parte na relação jurídico-tributária – o afastamento do sigilo de dados relativos ao contribuinte.

(STF, Tribunal Pleno, RE 389.808/PR, Min. Marco Aurélio, DJe de 10/5/2011)

➘ Mandado de Segurança. Tribunal de Contas da União. Banco Central do Brasil. Operações financeiras. Sigilo. 1. A Lei Complementar nº 105, de 10/1/01, não conferiu ao Tribunal de Contas da União poderes para determinar a quebra do sigilo bancário de dados constantes do Banco Central do Brasil. O legislador conferiu esses poderes ao Poder Judiciário (art. 3º), ao Poder Legislativo Federal (art. 4º), bem como às Comissões Parlamentares de Inquérito, após prévia aprovação do pedido pelo Plenário da Câmara dos Deputados, do Senado Federal ou do plenário de suas respectivas comissões parlamentares de inquérito (§§ 1º e 2º do art. 4º). 2. Embora as atividades do TCU, por sua natureza, verificação de contas e até mesmo o julgamento das contas das pessoas enumeradas no artigo 71, II, da Constituição Federal, justifiquem a eventual quebra de sigilo, não houve essa determinação na lei específica que tratou do tema, não cabendo a interpretação extensiva, mormente porque há princípio constitucional que protege a intimidade e a vida privada, art. 5º, X, da Constituição Federal, no qual está inserida a garantia ao sigilo bancário. 3. Ordem concedida para afastar as determinações do acórdão nº 72/96 – TCU – 2ª Câmara (fl. 31), bem como as penalidades impostas ao impetrante no Acórdão nº 54/97 – TCU – Plenário.

(STF, Tribunal Pleno, MS 22.801/DF, Min. Menezes Direito, DJe de 14/3/2008)

7.2. Súmulas do STJ

➘ Súmula 30

A comissão de permanência e a correção monetária são inacumuláveis.

(STJ, S2, DJ de 18/10/1991)

➘ Súmula 31

A AQUISIÇÃO, PELO SEGURADO, DE MAIS DE UM IMOVEL FINANCIADO PELO SISTEMA FINANCEIRO DA HABITAÇÃO, SITUADOS NA MESMA LOCALIDADE, NÃO EXIME A SEGURADORA DA OBRIGAÇÃO DE PAGAMENTO DOS SEGUROS.

(STJ, S2, DJ de 18/10/1991)

➘ Súmula 93

A legislação sobre cédulas de crédito rural, comercial e industrial admite o pacto de capitalização de juros.

(STJ, S2, DJ de 3/11/1993)

➘ Súmula 176

É nula a clausula contratual que sujeita o devedor a taxa de juros divulgada pela ANBID/CETIP.

(STJ, S2, DJ 6/11/1996)

➘ Súmula 199

NA EXECUÇÃO HIPOTECARIA DE CREDITO VINCULADO AO SISTEMA FINANCEIRO DA HABITAÇÃO, NOS TERMOS DA LEI nº 5.741/71, A PETIÇÃO INICIAL DEVE SER INSTRUÍDA COM, PELO MENOS, DOIS AVISOS DE COBRANÇA.

(STJ, S1, DJ de 21/10/1997)

↘ Súmula 285

Nos contratos bancários posteriores ao Código de Defesa do Consumidor incide a multa moratória nele prevista.

(STJ, S2, DJ de 13/5/2004)

↘ Súmula 288 do STJ

A Taxa de Juros de Longo Prazo (TJLP) pode ser utilizada como indexador de correção monetária nos contratos bancários.

(STJ, S2, DJ 13/5/2004)

↘ Súmula 294

Não é potestativa a cláusula contratual que prevê a comissão de permanência, calculada pela taxa média de mercado apurada pelo Banco Central do Brasil, limitada à taxa do contrato.

(STJ, S2, DJ 9/9/2004)

↘ Súmula 295

A Taxa Referencial (TR) é indexador válido para contratos posteriores à Lei nº 8.177/91, desde que pactuada.

(STJ, S2, DJ 9/9/2004)

↘ Súmula 296

Os juros remuneratórios, não cumuláveis com a comissão de permanência, são devidos no período de inadimplência, à taxa média de mercado estipulada pelo Banco Central do Brasil, limitada ao percentual contratado.

(STJ, S2, DJ 9/9/2004)

↘ Súmula 327

Nas ações referentes ao Sistema Financeiro da Habitação, a Caixa Econômica Federal tem legitimidade como sucessora do Banco Nacional da Habitação.

(STJ, CE, DJ de 7/6/2006)

↘ Súmula 359

Cabe ao órgão mantenedor do Cadastro de Proteção ao Crédito a notificação do devedor antes de proceder à inscrição.

(STJ, S2, DJe 8/9/2008)

↘ Súmula 381

Nos contratos bancários, é vedado ao julgador conhecer, de ofício, da abusividade das cláusulas.

(STJ, S2, DJe de 5/5/2009)

↘ Súmula 385

Da anotação irregular em cadastro de proteção ao crédito, não cabe indenização por dano moral, quando preexistente legítima inscrição, ressalvado o direito ao cancelamento.

(STJ, S2, DJe de DJe 8/6/2009)

➘ Súmula 422

O art. 6º, e, da Lei nº 4.380/1964 não estabelece limitação aos juros remuneratórios nos contratos vinculados ao SFH.

(STJ, CE, DJe de 24/5/2010)

➘ Súmula 450

Nos contratos vinculados ao SFH, a atualização do saldo devedor antecede sua amortização pelo pagamento da prestação.

(STJ, CE, DJe de 21/6/2010)

➘ Súmula 454

Pactuada a correção monetária nos contratos do SFH pelo mesmo índice aplicável à caderneta de poupança, incide a taxa referencial (TR) a partir da vigência da Lei nº 8.177/1991.

(STJ, CE, DJe de 24/8/2010)

➘ Súmula 473

O mutuário do SFH não pode ser compelido a contratar o seguro habitacional obrigatório com a instituição financeira mutuante ou com a seguradora por ela indicada.

(STJ, S2, DJe de 19/6/2012)

➘ Súmula 477

A decadência do art. 26 do CDC não é aplicável à prestação de contas para obter esclarecimentos sobre cobrança de taxas, tarifas e encargos bancários.

(STJ, S2, DJe de 19/6/2012

➘ Súmula 479, do STJ

As instituições financeiras respondem objetivamente pelos danos gerados por fortuito interno relativo a fraudes e delitos praticados por terceiros no âmbito de operações bancárias.

(STJ, S2, DJe de 1/8/2012)

➘ Súmula 532

Constitui prática comercial abusiva o envio de cartão de crédito sem prévia e expressa solicitação do consumidor, configurando-se ato ilícito indenizável e sujeito à aplicação de multa administrativa.

(STJ, CE, DJe de 8/6/2015)

➘ Súmula 548

Incumbe ao credor a exclusão do registro da dívida em nome do devedor no cadastro de inadimplentes no prazo de cinco dias úteis, a partir do integral e efetivo pagamento do débito.

(STJ, S2, DJe de 19/10/2015)

➘ Súmula 550

A utilização de escore de crédito, método estatístico de avaliação de risco que não constitui banco de dados, dispensa o consentimento do consumidor, que terá o direito de solicitar esclarecimentos sobre as informações pessoais valoradas e as fontes dos dados considerados no respectivo cálculo.

(STJ, S2, DJe de 19/10/2015)

Acórdãos

↘ FINANCEIRO. EMBARGOS DE DIVERGÊNCIA. CONTRATO DE FINANCIAMENTO IMOBILIÁRIO. SALDO DEVEDOR. CORREÇÃO MONETÁRIA. ÍNDICE.

– Em sede de correção monetária do saldo devedor dos contratos de financiamento imobiliário deve ser aplicado o índice de preço ao consumidor – IPC, na forma prevista no sistema da Lei nº 7.730/89. – É imprópria, no caso, à míngua de previsão legal, a adoção do BTNF, somente cabível para a atualização dos cruzados novos bloqueados por força do disposto no art. 6º, § 2º, da Lei nº 8.024/90.

– Embargos de Divergência conhecidos e rejeitados.

(STJ, CE, EREsp 218.426/SP, Min. Vicente Leal, DJ de 19/4/2004)

↘ RECURSO ESPECIAL. REPETITIVO. RITO DO ART. 543-C DO CPC. SISTEMA FINANCEIRO DA HABITAÇÃO. LEGITIMIDADE ATIVA DO CESSIONÁRIO DE CONTRATO DE MÚTUO. LEI Nº 10.150/2000. REQUISITOS.

1. Para efeitos do art. 543-C do CPC:

1.1 Tratando-se de contrato de mútuo para aquisição de imóvel garantido pelo FCVS, avençado até 25/10/96 e transferido sem a interveniência da instituição financeira, o cessionário possui legitimidade para discutir e demandar em juízo questões pertinentes às obrigações assumidas e aos direitos adquiridos.

1.2 Na hipótese de contrato originário de mútuo sem cobertura do FCVS, celebrado até 25/10/96, transferido sem a anuência do agente financiador e fora das condições estabelecidas pela Lei nº 10.150/2000, o cessionário não tem legitimidade ativa para ajuizar ação postulando a revisão do respectivo contrato.

1.3 No caso de cessão de direitos sobre imóvel financiado no âmbito do Sistema Financeiro da Habitação realizada após 25/10/1996, a anuência da instituição financeira mutuante é indispensável para que o cessionário adquira legitimidade ativa para requerer revisão das condições ajustadas, tanto para os contratos garantidos pelo FCVS como para aqueles sem referida cobertura.

2. Aplicação ao caso concreto:

2.1. Recurso especial parcialmente conhecido e nessa parte provido. Acórdão sujeito ao regime do artigo 543-C do Código de Processo Civil e da Resolução STJ nº 8/2008.

(STJ, CE, REsp 1.150.429/CE, Min. Ricardo Villas Boas Cueva, DJe 10/5/2013)

↘ Embargos de divergência. Interpretação do art. 6º, e), da Lei nº 4.380/64. Sistema Financeiro da Habitação.

1. Induvidosa a divergência entre o acórdão embargado e o paradigma sobre o alcance do artigo 6º, e), da Lei nº 4.380/64.

2. O referido dispositivo não estabelece limitação da taxa de juros, apenas dispõe sobre as condições para a aplicação do reajuste previsto no artigo 5º da mesma Lei.

3. Embargos de divergência conhecidos e providos.

[...]

Como se pode observar o objetivo do art. 5º, que trata da correção monetária dos contratos imobiliários, tem relação com o art. 6º, tanto que o caput é muito claro ao estabelecer que o "disposto no artigo anterior somente se aplicará aos contratos de venda, promessa de venda, cessão ou promessa de cessão, ou empréstimo que satisfaçam às seguintes condições", indicando-as precisamente. Dentre essas condições encontram-se as da alínea a), sobre as dimensões do imóvel; da alínea b), sobre o valor da transação; da alínea c), sobre o critério do financiamento; da alínea d), sobre as prestações intermediárias e a vedação de reajuste das mesmas e do saldo devedor a elas correspondente; da alínea e), sobre a limitação dos juros em 10% ao ano e, finalmente, da alínea f), sobre direito à liquidação antecipada da dívida. Na minha compreensão, não é possível traduzir a regra da alínea e) do referido artigo 6º como determinação de que todos os reajustes se façam com base nos juros de 10% ao ano.

[...]

(STJ, S2, EREsp 415.588/SC, Min. Menezes Direito, DJ de 1/12/2003)

↘ Direito civil e processual civil. Agravo no recurso especial. SFH. Contrato de mútuo hipotecário. Capitalização de juros.

– O contrato de mútuo bancário vinculado ao SFH não admite pacto de capitalização de juros, em qualquer periodicidade. Precedentes.

Agravo no recurso especial não provido.

(STJ, T3, AgRg no REsp 10.29.545/RS, Min. Nancy Andrighi, DJe de 28/5/2008)

↘ PROCESSO CIVIL – SISTEMA FINANCEIRO DA HABITAÇÃO – CONTRATO COM COBERTURA DO FCVS – INAPLICABILIDADE DO CÓDIGO DE DEFESA DO CONSUMIDOR SE COLIDENTES COM AS REGRAS DA LEGISLAÇÃO PRÓPRIA.

1. O CDC é aplicável aos contratos do SISTEMA FINANCEIRO DA HABITAÇÃO, incidindo sobre contratos de mútuo.

2. Entretanto, nos contratos de financiamento do SFH vinculados ao FUNDO DE COMPENSAÇÃO DE VARIAÇÃO SALARIAL – FCVS, pela presença da garantia do Governo em relação ao saldo devedor, aplica-se a legislação própria e protetiva do mutuário hipossuficiente e do próprio Sistema, afastando-se o CDC, se colidentes as regras jurídicas.

3. Os litígios oriundos do SFH mostram-se tão desiguais que as Turmas que compõem a Seção de Direito Privado examinam as ações sobre os contratos sem a cláusula do FCVS, enquanto as demandas oriundas de contratos com a cláusula do FCVS são processadas e julgadas pelas Turmas de Direito Público.

4.. Recurso especial improvido.

(STJ, S1, REsp 489.701/SP, Min. Eliana Calmon, DJ de 16/4/2007)

↘ RECURSO ESPECIAL REPRESENTATIVO DE CONTROVÉRSIA (ART. 543-C DO CPC). TEMA 710/STJ. DIREITO DO CONSUMIDOR. ARQUIVOS DE CRÉDITO. SISTEMA "CREDIT SCORING". COMPATIBILIDADE COM O DIREITO BRASILEIRO. LIMITES. DANO MORAL.

I - TESES:

1) O sistema "credit scoring" é um método desenvolvido para avaliação do risco de concessão de crédito, a partir de modelos estatísticos, considerando diversas variáveis, com atribuição de uma pontuação ao consumidor avaliado (nota do risco de crédito).

2) Essa prática comercial é lícita, estando autorizada pelo art. 5º, IV, e pelo art. 7º, I, da Lei n. 12.414/2011 (lei do cadastro positivo).

3) Na avaliação do risco de crédito, devem ser respeitados os limites estabelecidos pelo sistema de proteção do consumidor no sentido da tutela da privacidade e da máxima transparência nas relações negociais, conforme previsão do CDC e da Lei n. 12.414/2011.

4) Apesar de desnecessário o consentimento do consumidor consultado, devem ser a ele fornecidos esclarecimentos, caso solicitados, acerca das fontes dos dados considerados (histórico de crédito), bem como as informações pessoais valoradas.

5) O desrespeito aos limites legais na utilização do sistema "credit scoring", configurando abuso no exercício desse direito (art. 187 do CC), pode ensejar a responsabilidade objetiva e solidária do fornecedor

do serviço, do responsável pelo banco de dados, da fonte e do consulente (art. 16 da Lei n. 12.414/2011) pela ocorrência de danos morais nas hipóteses de utilização de informações excessivas ou sensíveis (art. 3º, § 3º, I e II, da Lei n. 12.414/2011), bem como nos casos de comprovada recusa indevida de crédito pelo uso de dados incorretos ou desatualizados.

[...]

(STJ, S2, REsp 1.419.697/RS, Min. PAULO DE TARSO SANSEVERINO, DJe 17/11/2014)

↘ PROCESSUAL CIVIL. RECURSO ESPECIAL SUBMETIDO À SISTEMÁTICA PREVISTA NO ART. 543-C DO CPC. AÇÃO CAUTELAR DE EXIBIÇÃO DE DOCUMENTOS. *CREDISCORE*. INTERESSE DE AGIR. DEMONSTRAÇÃO DE QUE A RECUSA DE CRÉDITO OCORREU EM RAZÃO DA FERRAMENTA DE *SCORING*, ALÉM DE PROVA DO REQUERIMENTO PERANTE A INSTITUIÇÃO RESPONSÁVEL E SUA NEGATIVA OU OMISSÃO.

1. A Segunda Seção do STJ, no julgamento do REsp 1.419.697/RS, submetido ao regime dos recursos repetitivos, definiu que, no tocante ao sistema *scoring* de pontuação, "apesar de desnecessário o consentimento do consumidor consultado, devem ser a ele fornecidos esclarecimentos, caso solicitados, acerca das fontes dos dados considerados (histórico de crédito), bem como as informações pessoais valoradas" (REsp 1419697/RS, Rel. Ministro PAULO DE TARSO SANSEVERINO, SEGUNDA SEÇÃO, julgado em 12/11/2014, DJe 17/11/2014).

2. Assim, há interesse de agir para a exibição de documentos sempre que o autor pretender conhecer e fiscalizar documentos próprios ou comuns de seu interesse, notadamente referentes a sua pessoa e que estejam em poder de terceiro, sendo que "passou a ser relevante para a exibitória não mais a alegação de ser comum o documento, e sim a afirmação de ter o requerente interesse comum em seu conteúdo" (SILVA, Ovídio A. Batista da. Do processo cautelar. Rio de Janeiro: Forense, 2009, fl. 376).

3. Nessa perspectiva, vem a jurisprudência exigindo, sob o aspecto da necessidade no interesse de agir, a imprescindibilidade de uma postura ativa do interessado em obter determinado direito (informação ou benefício), antes do ajuizamento da ação pretendida.

4. Destarte, para efeitos do art. 543-C do CPC, firma-se a seguinte tese: "Em relação ao sistema *credit scoring*, o interesse de agir para a propositura da ação cautelar de exibição de documentos exige, no mínimo, a prova de: i) requerimento para obtenção dos dados ou, ao menos, a tentativa de fazê-lo à instituição responsável pelo sistema de pontuação, com a fixação de prazo razoável para atendimento; e ii) que a recusa do crédito almejado ocorreu em razão da pontuação que lhe foi atribuída pelo sistema *Scoring*".

5. Recurso especial a que se nega provimento. Acórdão submetido ao regime do art. 543-C do CPC e da Resolução STJ 8/2008.

(STJ, S2, REsp 1.304.736/RS, Min. LUIS FELIPE SALOMÃO, DJe 30/3/2016)

↘ RECURSO ESPECIAL REPRESENTATIVO DE CONTROVÉRSIA. JULGAMENTO PELA SISTEMÁTICA DO ART. 543-C DO CPC. RESPONSABILIDADE CIVIL. INSTITUIÇÕES BANCÁRIAS. DANOS CAUSADOS POR FRAUDES E DELITOS PRATICADOS POR TERCEIROS. RESPONSABILIDADE OBJETIVA. FORTUITO INTERNO. RISCO DO EMPREENDIMENTO.

1. Para efeitos do art. 543-C do CPC: As instituições bancárias respondem objetivamente pelos danos causados por fraudes ou delitos praticados por terceiros – como, por exemplo, abertura de conta-corrente ou recebimento de empréstimos mediante fraude ou utilização de documentos falsos –, porquanto tal responsabilidade decorre do risco do empreendimento, caracterizando-se como fortuito interno.

2. Recurso especial provido.

(STJ, S2, REsp 1.199.782/PR, Min. LUIS FELIPE SALOMÃO, DJe de 12/9/2011)

8. QUESTÕES DE CONCURSOS

1. (CESPE – Procurador do Banco Central/2009) Em relação às regras jurídicas do sigilo das operações de instituições financeiras e às relativas ao cadastro informativo dos créditos não quitados de órgãos e entidades federais, assinale a opção correta.

(A) Um agente fiscal de município não está habilitado legalmente a examinar documentos, livros e registros de instituições financeiras, referentes a contas de depósitos e aplicações financeiras.

(B) A CVM, em processo administrativo, tem legitimidade para solicitar ao Poder Judiciário o levantamento do sigilo, nas instituições financeiras, de informações e documentos relativos a bens, direitos e obrigações de pessoa física ou jurídica submetida ao seu poder disciplinar.

(C) Não se tem acatado, na jurisprudência do STF, a quebra de sigilo financeiro para prestação de informações a comissão parlamentar de inquérito do Poder Legislativo estadual.

(D) Cabe ao BACEN, por meio de sistema próprio, centralizar as informações do CADIN, bem como expedir orientações de natureza normativa sobre inclusões e exclusões no referido cadastro.

(E) Se uma pessoa jurídica não tem registro no CADIN, está reconhecida a regularidade de sua situação, razão pela qual será, em qualquer hipótese, indevida a cobrança de documentos comprobatórios adicionais.

---

2. (CESPE – Procurador do Banco Central/2009) Segundo a exposição de motivos da Medida Provisória nº 443/2008, convertida na Lei nº 11.908/2009, a forte retração internacional do crédito observada nas últimas semanas levou o governo federal a adotar algumas medidas para ampliar a oferta de divisas, expandir a liquidez no mercado interbancário e incentivar a compra de carteiras de crédito de instituições bancárias de pequeno e médio porte. Acerca da aquisição de participação em instituições financeiras, nos termos da lei citada, assinale a opção incorreta.

(A) O Banco Nacional de Desenvolvimento Econômico e Social (BNDES) não está autorizado a adquirir participações em instituições financeiras sediadas no Brasil.

(B) As aquisições de participação acionária em instituições públicas pelo Banco do Brasil são dispensadas de licitação.

(C) Para aquisição de participações, devem ser contratadas empresas especializadas em avaliação financeira, admitindo-se, nessa contratação, em certos casos, a dispensa de processo licitatório.

(D) É vedada a aquisição de participações em empresas dos ramos de seguro, previdência e capitalização.

(E) A compra de carteira de crédito de instituição financeira por banco autorizado pode ser feita diretamente.

---

3. (CESPE – Procurador do Banco Central/2009) Com relação à emissão de debêntures nas sociedades anônimas, assinale a opção correta.

(A) A emissão de debêntures é mecanismo de autofinanciamento feito pela sociedade, no qual, em vez de contrair empréstimos em instituição financeira, a sociedade emite títulos que conferem, a quem os adquirir, direito de crédito contra ela, com a vantagem de tais títulos serem negociáveis no mercado.

(B) Uma das desvantagens da emissão de debêntures é que sua prática em excesso interfere no controle acionário da companhia e representa certa diluição dos direitos de quem já é acionista.

(C) É vedado às companhias adquirir debêntures de sua própria emissão, ainda que por valor inferior ao nominal.

(D) As debêntures com garantia flutuante possuem privilégio geral sobre o ativo da companhia, impedindo, até, a negociação dos bens que o compõem, enquanto não saldadas.

(E) As debêntures são títulos emitidos pelas sociedades anônimas, com prazos curtos de resgate e cuja conversibilidade em ações não é admitida pelo direito brasileiro a fim de não prejudicar os que já são sócios.

---

4. (ESAF – Agente Executivo CVM/2010) Para atuar no mercado de valores mobiliários, qualquer empresa deve:

(A) ser autorizada pela CVM.

(B) ser sociedade aberta.

(D) ser administrada com ampla transparência.

(D) ter administradores de nacionalidade brasileira.

(E) fazer apelo à poupança privada.

---

5. (ESAF – Agente Executivo CVM/2010) Competindo à CVM o registro para que uma sociedade por ações seja qualificada como aberta, exige-se:

(A) que seja aprovado plano como oferta pública para emissão de ações.

(B) que sejam realizadas operações com derivativos.

(C) que haja proposta para a emissão de debêntures privadas.

(D) projeto para captação de recursos financeiros.

(E) que o controle da sociedade seja pulverizado.

---

6. (ESAF – Agente Executivo CVM/2010) Dadas as normas vigentes no Brasil, pode-se afirmar que:

(A) a competência da CVM exclui a das Bolsas.

(B) a competência da CVM decorre, nos mercados sobre os quais atua, do objeto das operações celebradas.

(C) no mercado de derivativos cambiais, a regulação da CVM exclui a competência do Banco Central do Brasil.

(D) a competência da CVM concorre com a da SUSEP na fiscalização das operações de seguro de responsabilidade civil garantidoras da gestão de administradores de companhias abertas.

(E) a reorganização societária de companhias abertas afasta a competência da CVM no que diz respeito a operações de cessão de controle.

---

7. (ESAF – Agente Executivo CVM/2010) A presença de corretores de valores mobiliários:

(A) constitui monopólio privado na realização de operações em bolsas.

(B) tem a ver com a assessoria de potenciais investidores.

(C) reduz assimetrias de informação entre participantes dos mercados.

(D) facilita a circulação de ações em diferentes mercados.

(E) distribui responsabilidades na cadeia de informação.

---

8. (ESAF – Agente Executivo CVM/2010) Admitindo-se que ações de mesma espécie e classe são coisas fungíveis,

(A) a custódia desses valores mobiliários segue as regras do depósito.

(B) a titularidade das ações entregues para custódia é do agente que as recebe.

(C) o exercício do voto das ações custodiadas compete ao agente da custódia.

(D) alienadas as ações custodiadas, cabe ao depositante sua entrega se forem representadas por títulos.

(E) cessada a custódia, deve a instituição depositária devolver as originalmente entregues.

---

9. (ESAF – Agente Executivo CVM/2010) Dizer companhia aberta significa:

(A) sociedade limitada cujas cotas são transferíveis para terceiros não sócios.

(B) sociedade anônima que emite debêntures privadas.

(C) sociedade anônima cujas ações circulam com restrições.

(D) sociedade que emite valores mobiliários para captar poupança popular.

(E) sociedade em comandita por ações.

---

10. (ESAF – Agente Executivo CVM/2010) A inclusão de derivativos no conceito de valor mobiliário, tal como dispõe o art. 2º da Lei nº 6.385/1976, e as alterações posteriores, leva a concluir que:

(A) os derivativos sob competência da CVM são apenas os negociados em Bolsa ou balcão organizado.

(B) as companhias abertas podem emitir derivativos para distribuição em mercados.

(C) a circulação de derivativos existentes só pode ser feita em Bolsa.

(D) derivativos cambiais não estão abrangidos na competência da CVM.

(E) títulos públicos se forem ativos subjacentes de derivativos são valores mobiliários.

---

11. (ESAF – Agente Executivo CVM/2010) As alterações da Lei nº 6.385/1976, em 2001, visaram a:

(A) dar mais transparência às operações com valores mobiliários.

(B) ampliar a competência da CVM para o mercado de derivativos.

(C) dificultar a emissão de valores mobiliários por sociedades limitadas.

(D) ajustar a competência da CVM com a do Banco Central do Brasil em relação a instituições bancárias.

(E) equacionar a captação de recursos nos diferentes mercados financeiros.

---

12. (ESAF – Analista de Mercado de Capitais CVM/2010) O pedido de autorização para o funcionamento de mercado de balcão organizado endereçado à CVM implica:

(A) manutenção de espaço físico para a realização das operações.

(B) menor volatilidade preço dos valores mobiliários nele admitidos.

(C) exigência de regras de governança corporativa na administração das companhias cujas ações forem nele negociadas.

(D) manutenção de registro das operações.

(E) regulação externa ou hetero-regulação.

---

13. (ESAF – Analista de Mercado de Capitais CVM/2010) Regulamento da Resolução BCB nº 2.690/2000, que dispõe sobre a constituição de Bolsas de Valores no Brasil, ao facultar sejam organizadas quer como companhias quer como associações, permite que:

(A) associações civis, como clubes, por exemplo, atuem como bolsas de valores.

(B) qualquer companhia negocie valores mobiliários emitidos por terceiros.

(C) se divida a competência de reconhecimento de Bolsas entre BCB e CVM.

(D) apenas após a autorização e desde que haja sistemas adequados para a realização eficiente e transparente de operações com valores mobiliários; é que a organização pode operar.

(E) sejam eliminadas restrições à eticidade de comportamentos de administradores nomeados.

---

14. (ESAF – Analista de Mercado de Capitais CVM/2010) Mercado de Bolsa e de balcão caracterizam-se por:

(A) ser o de balcão menos transparente do que o de Bolsa.

(B) a incidência do poder de fiscalização da CVM ser maior no de balcão.

(C) a autorregulação ser mais presente no mercado de balcão do que no de Bolsa.

(D) prevenirem perdas com volatilidade preço dos ativos negociados.

(E) profissionalidade dos agentes.

---

15. (ESAF – Analista de Mercado de Capitais CVM/2010) Compete à CVM, como autarquia federal, garantir o funcionamento regular e eficiente dos mercados de valores mobiliários. Assim deve:

(A) aprovar todas e quaisquer negociações com valores mobiliários em bolsa.

(B) aprovar a abertura das companhias para fins de captação de poupança popular.

(C) regular e fiscalizar comportamentos de investidores no país e no exterior.

(D) orientar investidores em suas escolhas para aplicação de recursos.

(E) manter acordos com bolsas de valores estrangeiras para a divulgação de informações.

---

16. (ESAF – Analista de Mercado de Capitais CVM/2010) Entende-se por companhia aberta aquela que:

(A) adota estrutura de sociedade em comandita por ações que são de titularidade de membros da mesma família.

(B) limitada, regida supletivamente pela lei de S.A, emite debêntures subscritas pelos cotistas.

(C) é sociedade por ações emissora de debêntures para subscrição pública.

(D) a título de prêmio, oferece opções de subscrição aos empregados.

(E) é sociedade por ações, cujo capital é titulado por muitas pessoas.

---

17. (ESAF – Analista de Mercado de Capitais CVM/2010) O sistema de custódia de títulos e valores mobiliários emitidos por sociedades anônimas consiste de:

(A) conjunto de instituições financeiras que repartem entre si a guarda de ações escriturais.

(B) os bancos comerciais que mantêm serviços de cofres de aluguel;

(C) conjunto de instituições privadas que, por gozar de notória reputação, oferece serviços de guarda de valores mobiliários.

(D) todos os agentes autônomos que prestam serviços no mercado de ações;

(E) conjunto de instituições financeiras autorizadas pela CVM para manter a guarda de ativos fungíveis.

18. (ESAF – Analista de Mercado de Capitais CVM/2010) Derivativos, entre os quais *swaps*, são modelados para

(A) transferir riscos tal como se dá com o seguro de danos.

(B) permitir o uso de informações visando lucros.

(C) equacionar efeitos de variações opostas em posições credoras e devedoras.

(D) facilitar a especulação com volatilidade preço de ativos.

(E) tornar simples a arbitrabilidade preço de ativos financeiros.

19. (ESAF – Analista de Mercado de Capitais CVM/2010) As operações com opções como direito formativo gerador:

(A) só devem ser admitidas, quando negociadas por instituições financeiras.

(B) espelham informações privilegiadas dos lançadores.

(C) no modelo, europeu podem ser liquidadas a qualquer tempo.

(D) lançadas a descoberto, criam riscos.

(E) servem como instrumento de *hedge*, se o ativo for complementar.

20. (ESAF – Analista de Mercado de Capitais CVM/2010) A circulação de valores mobiliários pode ocorrer mediante empréstimo, o que não se aplica a

(A) ações ordinárias sem valor nominal.

(B) ações preferenciais com direito de voto.

(C) derivativos.

(D) debêntures subordinadas.

(E) opções para a subscrição de ações ou debêntures.

21. (ESAF – Analista de Mercado de Capitais CVM/2010) Contratos a futuro e a termo, negociados em bolsas, distinguem-se:

(B) por grau de especulação das operações celebradas.

(B) por maior risco nos futuros.

(C) por atender a interesses dos especuladores ou dos *hedgers*.

(D) por serem os negócios a termo mais vulneráveis, dada a menor fiscalização das autoridades reguladoras.

(E) pelas formas de liquidação.

22. (ESAF – Analista de Mercado de Capitais CVM/2010) Há quem afirme que nos mercados futuros os contratos são despersonalizados, o que se explicaria por

(A) serem contratos por adesão.

(B) serem contratos em que a liquidação por diferença prevalece sobre a entrega física do bem.

(C) os contratantes terem como contraparte a Bolsa ou agente de compensação.

(D) os contratantes escolherem, depois de definido o objeto, apenas a quantidade de contratos.

(E) aos contratantes interessar a liquidez o mercado.

---

23. (CESPE – Juiz Federal Substituto 1ª Região/2013) A respeito do SFH, assinale a opção correta.

(A) Tratando-se de contratos vinculados ao SFH, é lícita a capitalização anual de juros.

(B) Os juros remuneratórios previstos em contratos vinculados ao SFH estão limitados a 10% ao ano.

(C) Para a execução hipotecária de crédito vinculado ao SFH, é suficiente que a respectiva petição inicial esteja instruída com um aviso de cobrança.

(D) Em se tratando de contratos vinculados ao SFH, a correção monetária incide após a amortização do saldo devedor pelo pagamento da prestação.

(E) É lícita a utilização, nos contratos vinculados ao SFH, da taxa referencial para correção do saldo devedor, desde que no contrato esteja prevista correção pelo índice aplicável à poupança.

---

24. (CESPE – Juiz Federal Substituto 2ª Região/2013) Acerca dos contratos e do SFH, assinale a opção correta de acordo com o que disciplinam o Código Civil e a jurisprudência do STJ.

(A) A *supressio* configura-se quando há a supressão, por renúncia tácita, de um direito, em virtude do seu não exercício. A *surrectio*, por sua vez, ocorre nos casos em que o decurso do tempo implica o surgimento de uma posição jurídica pela regra da boa-fé.

(B) Segundo o Código Civil, o doador pode estipular cláusula de reversão em favor de terceiro na hipótese de este sobreviver ao donatário.

(C) É lícita a compra e venda entre cônjuges com relação a bens incluídos na comunhão.

(D) O direito de preferência é passível de cessão e pode ser transmitido aos herdeiros.

(E) O STJ já pacificou o entendimento no sentido da possibilidade de o mutuário do SFH ser obrigado a contratar o seguro habitacional obrigatório com a instituição financeira mutuante ou com a seguradora por ela indicada, não havendo abusividade em tal situação.

---

25 (TRF 3 – Juiz Federal Substituto 3ª Região/2010) Assinale a alternativa correta:

(A) A ação de revisão de contrato de financiamento imobiliário celerado no âmbito do SFH funda-se em direito pessoal, não se aplicando a norma do art. 95, do CPC.

(B) Compete ao Superior Tribunal de Justiça julgar conflito negativo de competência instaurado entre juiz federal com exercício nos Juizados Especiais Federais e juiz de Vara Federal.

(C) O juizado especial federal não é competente para conhecer de ação de revisão de financiamento imobiliário, firmado nos termos do SFH, ainda que o valor da causa não exceda o limite estabelecido do art. 3º, da lei 10.259/01.

(D) Compete ao juízo estadual, no exercício de competência federal delegada, processar e julgar as causas de revisão de financiamento imobiliário, nos contratos firmados sob a égide do SFH, com comprometimento do fundo de compensação de variações salariais, quando não existir Vara Federal na cidade.

---

26. (CESPE – Juiz Federal Substituto 5ª Região/2013) Com relação ao SFH, assinale a opção correta, considerando a legislação pertinente e a jurisprudência do STJ.

(A) Para correção monetária do saldo devedor dos contratos de financiamento imobiliário, deve-se aplicar como índice de correção o BTNF.

(B) No caso de imóveis adquiridos pelo SFH, a companhia securitizadora pode instituir regime fiduciário sobre créditos imobiliários.

(C) As associações civis gozam de legitimidade ativa para representar mutuários do SFH e questionar a incidência de índices de inflação.

(D) Não é permitida a pactuação de capitalização de juros com periodicidade mensal nas operações realizadas pelas entidades integrantes do SFH.

(E) É taxativo o rol de instituições que integram o SHF constante da Lei nº 4.380/1964.

---

27. (ESAF – AFRF/2009) Analise os itens a seguir, classificando-os como verdadeiros (V) ou falsos (F). Em seguida, escolha a opção adequada às suas respostas:

I. as operações de câmbio constituem fato gerador do IOF – imposto sobre operações de crédito, câmbio e seguro ou relativas a títulos e valores mobiliários;

II. o câmbio traz um comércio de dinheiro, no qual este se torna mercadoria e, como tal, tem custo e preço;

III. operações de câmbio são negócios jurídicos de compra e venda de moeda estrangeira ou nacional, ou, ainda, os negócios jurídicos consistentes na entrega de uma determinada moeda a alguém em contrapartida de outra moeda recebida.

(A) Somente o item I está correto.

(B) Estão corretos somente os itens I e II.

(C) Estão corretos somente os itens I e III.

(D) Todos os itens estão corretos.

(E) Todos os itens estão incorretos.

---

28. (ESAF – Procurador da Fazenda Nacional/2015) Assinale a opção correta.

I. Os títulos de crédito são documentos representativos de obrigações pecuniárias – de origem cambial ou extracambial – e, como regra, têm natureza "pro soluto".

II. A "Cédula de Crédito Rural" configura um título de crédito impróprio, destinada ao financiamento do agronegócio, cujo pagamento é garantido por hipoteca ou penhor.

III. De acordo com a atual jurisprudência do Superior Tribunal de Justiça (STJ), é admissível a ação monitória fundada em cheque prescrito, devendo ser ela ajuizada dentro de 5 (cinco) anos, contados a partir do dia seguinte ao vencimento da pretensão executiva.

(A) Somente o item I está correto.

(B) Somente o item II está correto.

(C) Somente o item III está correto.

(D) Somente os itens I e II estão corretos.

(E) Somente os itens I e III estão corretos.

---

29. (TRF4 - Juiz Federal Substituto 4ª Região/2016) Assinale a alternativa INCORRETA.

(A) As instituições financeiras respondem objetivamente pelos danos gerados por fortuito interno relativo a fraudes e delitos praticados por terceiros no âmbito de operações bancárias.

(B) No transporte desinteressado, de simples cortesia, o transportador só será civilmente responsável por danos causados ao transportado quando incorrer em dolo ou culpa grave.

(C) Independe de prova do prejuízo a indenização pela publicação não autorizada de imagem de pessoa com fins econômicos ou comerciais.

(D) A apresentação antecipada de cheque pré-datado não caracteriza dano moral, visto consistir o cheque em ordem de pagamento à vista.

(E) As administradoras de consórcio têm liberdade para estabelecer a respectiva taxa de administração, ainda que fixada em percentual superior a dez por cento.

---

30. (TRF4 - Juiz Federal Substituto 4ª Região/2016) Dadas as assertivas abaixo, assinale a alternativa correta.

De acordo com a jurisprudência do Superior Tribunal de Justiça, firmada em sede de Recursos Repetitivos:

I. Nos contratos de financiamento celebrados no âmbito do Sistema Financeiro da Habitação, sem cláusula de garantia de cobertura do Fundo de Compensação de Variações Salariais, o saldo devedor residual deverá ser suportado pelo mutuário.

II. No caso de cessão de direitos sobre imóvel financiado no âmbito do Sistema Financeiro da Habitação, é indispensável a anuência da instituição financeira, sob pena de o cessionário não adquirir legitimidade ativa para futura ação revisional das condições pactuadas.

III. Nos contratos vinculados ao Sistema Financeiro da Habitação, a atualização do saldo devedor antecede a sua amortização pelo pagamento da prestação.

IV. No âmbito do Sistema Financeiro da Habitação, é necessária a contratação do seguro habitacional com o próprio agente financeiro ou com seguradora por ele indicada.

(a) Estão corretas apenas as assertivas I e III.

(b) Estão corretas apenas as assertivas II e IV.

(c) Estão corretas apenas as assertivas I, II e III.

(d) Estão corretas apenas as assertivas I, II e IV.

(e) Estão corretas todas as assertivas.

---

31. (CESPE - Juiz Federal TRF5/2015) Por ter violado norma de proteção ao consumidor, a instituição financeira XYZ foi punida com penalidade de multa imposta pelo PROCON. Tal violação também configurou descumprimento a norma regulatória setorial, razão pela qual a empresa XYZ foi novamente punida com pena de multa, dessa vez pelo BCB. Em ambos os casos, foram observadas as normas processuais administrativas. A referida empresa ingressou com ação judicial em que questionou a legalidade das penalidades aplicadas. Com referência a essa situação hipotética, assinale a opção correta.

(A) A competência do BCB no campo regulatório do setor não impede a fiscalização concomitante pelo PROCON, com fundamento nas normas do CDC, porém a aplicação de multa pelo mesmo ato configura situação de bis in idem, vedada pelo ordenamento jurídico brasileiro.

(B) A penalidade aplicada pelo BCB deve prevalecer sobre a multa aplicada pelo PROCON, que deve ser anulada, por ser a norma regulatória considerada especial em relação à norma consumerista.

(C) Não houve ilegalidade na aplicação das duas multas pelo mesmo ato, tendo em vista que se verificou violação concomitante de norma do CDC e de norma regulatória do setor.

(D) As duas multas podem ser cumuladas, pois a multa aplicada pelo PROCON tem a finalidade de ressarcir o dano causado ao consumidor, enquanto a multa aplicada pelo BCB tem finalidade regulatória, de nítido caráter punitivo.

(E) A multa aplicada pelo PROCON é nula, pois o CDC não atribui a esse órgão competência para aplicação de penalidades, mas apenas para a prática de atos de fiscalização e conciliação entre fornecedor e consumidor.

32. (MPF – Procurador da República/2015) Com relação aos contratos bancários e a proteção do consumidor, a jurisprudência do Superior Tribunal de Justiça – STJ se consolidou no seguinte sentido:

(A) A existência de cadastro de consumidores com base em notas (*scoring*), de acordo com a probabilidade de inadimplência de cada um, é ilegal e dá ensejo a dano moral;

(B) A cobrança da comissão de permanência exclui a exigibilidade dos juros remuneratórios, moratórios e da multa contratual e seu valor não pode ultrapassar a soma dos encargos remuneratórios e moratórios previstos no contrato;

(C) As instituições financeiras não respondem objetivamente pelos danos gerados por especialistas em computação (*hackers*) que pratiquem fraudes e delitos no âmbito das operações bancárias;

(D) A simples devolução indevida de cheque é considerada mero aborrecimento da vida civil/comercial e não caracteriza dano moral indenizável.

9. GABARITO

Questão	Resposta	Referência
1	B	A questão lembra a legitimidade da CVM para requerer a quebra de sigilo bancário ao Judiciário, para instruir seus processos disciplinares.
2	D	A Lei 11.908/2009 autorizou expressamente a aquisição de empresas dos ramos securitários, previdenciário, de capitalização entre outros.
3	A	Correta a letra A, que sintetiza o objetivo da emissão de debêntures, o direito de crédito, típico deste papel e a sua negociabilidade no mercado secundário.
4	A	A questão menciona "atuar no mercado de valores mobiliários" em sentido amplo, englobando as sociedades que emitem títulos, as pessoas que operam com distribuição e custódia de títulos, bem como os agentes especiais, como empresas de auditoria independente. O único requisito comum de todas estas empresas é a autorização pela CVM.
5	A	Caracteriza a sociedade aberta a autorização da CVM para que a empresa oferte publicamente seus títulos.
6	B	A letra B está evidentemente correta. Importa nas demais opções lembrar que a competência da CVM não exclui a do BC, quando instituição financeira realizar atos envolvendo valores mobiliários. Ao contrário, a CVM e a SUSEP têm atuações funcionalmente distintas, que não se comunicam, de forma que as operações de seguro não estão na alçada da CVM.
7	C	Não há monopólio dos corretores para atuar na bolsa, especialmente no modelo institucional (forma de sociedade anônima), mas a atuação dos corretores reduz a assimetria de informações, pois constitui assessoramento especializado para matéria complexa.
8	C	A custódia é um tipo de depósito, mas se submete a regras específicas, entre elas a que determina o processamento escritural, quer dizer, não há título de custódia. Correta a afirmativa de que o agente da custódia pode exercer o direito de voto. Vale lembrar que para tanto se faz necessária autorização do titular.

Questão	Resposta	Referência
9	D	Correta a afirmativa D, segundo a qual a sociedade aberta é aquela que emite valores mobiliários para captar poupança popular (oferta pública).
10	A	Como vimos, o termo derivativo não representa um conceito jurídico unívoco. Um contrato pode ser diferencial e referencial, com relação a um determinado ativo "subjacente", sem que esteja sujeito à fiscalização da CVM. Apenas os derivativos negociados em bolsa ou mercado de balcão (únicas instituições que podem oferecer publicamente os contratos) são objeto de atuação da CVM.
11	B	O rol de valores mobiliários previstos pela Lei 6.385/1976 foi ampliado para alcançar os derivativos (e também os contratos de investimento coletivo) para submetê-los à fiscalização da CVM.
12	D	Vamos lembrar que uma das distinções na disciplina das bolsas e dos mercados de balcão está na possibilidade de que estes apresentem apenas os serviços de registro das operações, enquanto a bolsa deve operara em todas as etapas de negociação.
13	D	Do enunciado da questão se poderia esperar uma alternativa que contemplasse a existência de dois modelos de bolsa de valores, o associativo e o institucional. Não é o que ocorre. A letra D apresenta assertiva correta, mas que não decorre do modelo de bolsa adotado, senão que apresenta requisitos que qualquer modelo de bolsa deve preencher para operar. Não obstante, as demais assertivas contêm erros, como a letra A, que confunde a especial associação de corretores (modelo tradicional de bolsa) com clubes ou a letra E, que sugere a possibilidade de se permitir comportamentos antiéticos em qualquer dos modelos de bolsa.
14	A	Profissionalidade, autorregulação e fiscalização da CVM são uniformes tanto na bolsa quanto no mercado de balcão, assim como a volatilidade do preço dos ativos negociados. O mercado de balcão, que deve ser transparente, pode apresentar níveis de transparência inferiores ao da bolsa, para a qual se exige transparência plena na formação de preços.
15	B	Mais uma vez a competência da CVM, para autorizar a abertura de capital de empresas, vale dizer, de autorizar que as empresas captem recursos da poupança popular mediante oferta pública de títulos.
16	C	A emissão de debêntures para oferta pública também caracteriza a sociedade aberta, não apenas a emissão de ações.
17	E	O sistema de custódia é composto pelas empresas, necessariamente instituições financeiras, autorizadas a funcionar pelo BC, mas autorizadas a prestar o serviço de custódia pela CVM.
18	C	Os derivativos permitem, sim, a transferência de riscos, a especulação e a obtenção de ganhos, mas estes são alguns dos objetivos do contratante. Quanto a modelagem, os derivativos permitem a contratação de posições opostas, para anular os efeitos de contratos anteriores.
19	D	As opções são espécie de derivativo, oferecidas pela bolsa ou por instituições financeiras que operam no mercado de balcão. No modelo europeu, somente podem ser liquidadas na data do vencimento (no modelo americano, a qualquer tempo). Podem ser utilizadas como *hedge*, independentemente do ativo. Não devem refletir informações privilegiadas dos lançadores, mas geram riscos se não houver garantia, como qualquer contrato futuro.

Questão	Resposta	Referência
20	C	Não faz sentido o empréstimo de derivativos, pois não geram direitos senão perante o lançador.
21	E	O contrato futuro é tipicamente liquidado pela aquisição de posição inversa a qualquer momento, enquanto o contrato a termo se liquida por diferença da data aprazada.
22	C	Nos contratos futuros, os derivativos são negociados com a bolsa ou a instituição que opera no mercado de balcão, não com o interessado na posição inversa do ativo subjacente.
23	Anulada	A questão fora anulada, mas demonstra a importância da matéria do SFH nos concursos da magistratura federal.
24	A	A resposta correta, letra A, não diz respeito ao sistema financeiro, mas a questão também revela a importância do SFH, no enunciado da letra E.
25	A	Mais uma questão sobre o SFH, que destaca a natureza de direito pessoal dos contratos e da ação de revisão destes, entre outros temas.
26	C	A questão traz temas materiais e processuais do SFH. Vale lembrar que a lei permite a capitalização de juros nos contratos do sistema financeiro da habitação.
27	D	Todos os itens estão corretos. O IOF incide sobre operações de câmbio. No mercado de câmbio, as moedas se tornam objeto de comércio e apresentam preço, que denominamos taxa de câmbio (taxa de troca de uma moeda por outra).
28	B	Importa-nos o item II do enunciado, segundo o qual "A "Cédula de Crédito Rural" configura um título de crédito impróprio, destinada ao financiamento do agronegócio, cujo pagamento é garantido por hipoteca ou penhor", assertiva que está correta.
29	D	Caracteriza dano moral a apresentação antecipada de cheque pré-datado (Súmula 370, do STJ). Resposta correta letra D, que apresenta enunciado incorreto. No que nos interessa no restante da questão, a letra A enuncia literalmente a Súmula 479, do STJ.
30	A	O item I está correto, pois apenas para os contratos celebrados a partir da Lei 8.004/1990, que extinguiu o FCVS, o saldo devedor deve ser quitado pelo mutuário. Correta também a assertiva III, nos termos da Súmula 450, segundo a qual, nos contratos vinculados ao SFH, a atualização do saldo devedor antecede sua amortização pelo pagamento da prestação. Erradas as assertivas II, pois a partir da Lei 12.810/2013, deixou de ser necessária a anuência da instituição financeira, para a cessão do contrato com direitos plenos, e IV, que contraria a Súmula 473, do STJ. Resposta correta letra A, pois corretas as assertivas I e III.
31	C	Não há *bis in idem* na aplicação das duas multas pelo mesmo ato, tendo em vista que se verificou violação concomitante de norma do CDC e de norma regulatória do sistema financeiro, pois estas constituem corpos jurídicos distintos, protegendo interesses jurídicos independentes.
32	B	Os cadastros ou bancos de dados que adotam o método de escore de crédito são considerados legais pela Súmula 550, do STJ. A responsabilidade das instituições financeiras por dados causados por terceiros é objetiva, de acordo com a Súmula 479, do STJ. E a devolução indevida de cheque causa dano moral, nos termos da Súmula 388, também do STJ. Resposta correta a letra B, cujo enunciado está de acordo com as Súmulas 30, 296 e 472, todas do STJ.

CAPÍTULO 9

REGIME SANCIONADOR E INTERVENTIVO DO SFN

1. REGIME SANCIONADOR DO MERCADO FINANCEIRO

1.1. Introdução

Como vimos no decorrer deste curso, a atividade econômica é bastante complexa e seu grau de complexidade atinge seu máximo no mercado financeiro.

Tratamos de um número elevado de normas, constitucionais, legais e regulamentares, de uma diversidade de órgãos, autarquias e entidades privadas e de um universo infindável de condutas, operações e negócios.

Neste cenário, procuramos apresentar o mercado financeiro, seus fundamentos e suas peculiaridades, bem como sua estrutura organizacional, relacionando os órgãos de supervisão e fiscalização aos respectivos agentes econômicos.

Tudo o que dissemos até aqui pode ser considerado regime "regulador" do mercado financeiro, no que diz respeito à função de regulamentar, de emitir normas e à função de fiscalizar.

Agora, veremos as funções de **supervisionar, fiscalizar e intervir**, por vezes de maneira drástica, como na **imposição de penalidades** ou na **liquidação extrajudicial** de uma instituição financeira (objeto deste tópico), por vezes de maneira mais branda ou mesmo indireta, como na utilização de **mecanismos preventivos para evitar problemas no sistema financeiro**, como a implementação do fundo garantidor de créditos.

Fala-se na **regulamentação de condutas** em contraposição a **regulação sistêmica**, esta subdividida em **medidas de proteção** e blindagem, como a intervenção do Banco Central nas instituições financeiras, e de **medidas prudenciais** ou preventivas, como as boas práticas bancárias propostas pelo Acordo da Basiléia ou pelo *Bank of International Settlements*.

Com vistas a organizar a exposição e especialmente devido ao fato de tratarmos de todo o sistema financeiro nacional, não apenas do sistema monetário ou do sistema cambial ou ainda do sistema de valores mobiliários, vamos subdividir o tema, abordando **num primeiro tópico** a **regulamentação de condutas** (os ilícitos administrativos contra o sistema financeiro e a aplicação das penalidades pelo Banco Central e pela Comissão de Valores Mobiliários, bem como a instância recursal do Conselho de Recursos do Sistema Financeiro Nacional) e, no **tópico seguinte**, abordaremos a **regulação sistêmica** (as medidas de prevenção e combate às crises no mercado financeiro).

1.2. As previsões de penalidades

1.2.1. Introdução

As principais normas que contemplam previsões de penalidade no sistema financeiro nacional são a Lei 4.595/1964, a Lei 6.385/1974 e a Lei 9.613/1998, entre outras.

Como ponto em comum, todas estas normas conferem autoridade ao Banco Central e à CVM, cada um em sua área de atuação, para aplicar penalidades a agentes de mercado sujeitos à sua fiscalização.

Vale ressaltar que os **poderes regulamentar, fiscalizatório e punitivo do Banco Central são mais amplos que os da CVM**, limitando-se os poderes desta autarquia ao mercado de capitais. Em relação às instituições financeiras e demais sociedades autorizadas a explorar simultaneamente operações ou serviços no mercado de valores mobiliários e nos mercados sujeitos à fiscalização a autoridade monetária, as atribuições da CVM serão limitadas às atividades submetidas ao regime da legislação específica do mercado de títulos e valores mobiliários, e serão exercidas sem prejuízo das atribuições do BC (art. 15, § 2º, da Lei 6.385/1976).

1.2.2. Penalidades aplicadas pelo Banco Central

No âmbito de atuação do Banco Central, há um número significativo de di**plomas legais com previsão de penalidades**.

O art. 44, da Lei 4.595/1964, contém a previsão de penalidades que podem ser aplicadas pelo Banco Central pelas **infrações em geral**. Dispõe a norma:

> Art. 44. As infrações aos dispositivos desta lei sujeitam as instituições financeiras, seus diretores, membros de conselhos administrativos, fiscais e semelhantes, e gerentes, às seguintes penalidades, sem prejuízo de outras estabelecidas na legislação vigente:

I – advertência;

II – multa pecuniária variável;

III – suspensão do exercício de cargos; inabilitação temporária ou permanente para o exercício de cargos de direção na administração ou gerência em instituições financeiras;

IV – cassação da autorização de funcionamento das instituições financeiras públicas, exceto as federais, ou privadas.

A previsão do art. 44, da Lei 4.595/1964, fundamenta a aplicação de penalidades pelas mais diversas infrações praticadas por agentes do sistema financeiro que dependam de autorização do Banco Central para funcionar, para administradores e conselheiros fiscais de empresas autorizadas a funcionar pela autoridade monetária e, enfim, por qualquer pessoa que infringir as normas do sistema financeiro, relativas a legislação de crédito rural e industrial, de consórcios, de política monetária, como aquelas relacionadas à prestação de informações, a recolhimentos compulsórios, a encaixe obrigatório e a direcionamento obrigatório de recursos.

Diversas infrações administrativas relacionadas a instituições financeiras também são consideradas crimes, previstos na Lei 7.492/1986. Vejamos alguns de seus dispositivos:

Art. 3º Divulgar informação falsa ou prejudicialmente incompleta sobre instituição financeira:

Pena - Reclusão, de 2 (dois) a 6 (seis) anos, e multa.

[...]

Art. 8º Exigir, em desacordo com a legislação (Vetado), juro, comissão ou qualquer tipo de remuneração sobre operação de crédito ou de seguro, administração de fundo mútuo ou fiscal ou de consórcio, serviço de corretagem ou distribuição de títulos ou valores mobiliários:

Pena - Reclusão, de 1 (um) a 4 (quatro) anos, e multa.

[...]

Art. 10. Fazer inserir elemento falso ou omitir elemento exigido pela legislação, em demonstrativos contábeis de instituição financeira, seguradora ou instituição integrante do sistema de distribuição de títulos de valores mobiliários:

Pena - Reclusão, de 1 (um) a 5 (cinco) anos, e multa.

[...]

Art. 16. Fazer operar, sem a devida autorização, ou com autorização obtida mediante declaração (Vetado) falsa, instituição financeira, inclusive de distribuição de valores mobiliários ou de câmbio:

Pena - Reclusão, de 1 (um) a 4 (quatro) anos, e multa.

[...]

Art. 18. Violar sigilo de operação ou de serviço prestado por instituição financeira ou integrante do sistema de distribuição de títulos mobiliários de que tenha conhecimento, em razão de ofício:

> Pena - Reclusão, de 1 (um) a 4 (quatro) anos, e multa.
>
> Art. 19. Obter, mediante fraude, financiamento em instituição financeira:
>
> Pena - Reclusão, de 2 (dois) a 6 (seis) anos, e multa.
>
> Parágrafo único. A pena é aumentada de 1/3 (um terço) se o crime é cometido em detrimento de instituição financeira oficial ou por ela credenciada para o repasse de financiamento.

Merecem menção outras normas que também preveem penalidades por infrações específicas.

Uma delas é o art. 9°, da Lei 9.447/1997, que prevê a possibilidade **cautelar** de o Banco Central determinar o afastamento de pessoas indiciadas em processo administrativo dos negócios de instituições financeiras, impedir que tais pessoas assumam cargos de direção nestas entidades, limitar as atividades de instituições financeiras sujeitas a processo administrativo pela prática de infrações ou determinar que a instituição fiscalizada substitua a auditoria contábil ou o auditor contábil independente por ela contratado.

O Banco Central também aplica penalidades instituições financeiras e em geral a pessoas que tenham como atividade principal ou acessória, permanente ou eventual, a captação, intermediação e aplicação de recursos financeiros, a compra e venda de moeda estrangeira ou ouro como ativo financeiro e a custódia, emissão, distribuição, liquidação, negociação, intermediação ou administração de títulos ou valores mobiliários, pela prática de infrações administrativas às normas de coibição da prática de **lavagem de dinheiro** (art. 9°, da Lei 9.613/1998).

O Banco Central não é o único a aplicar as sanções administrativas da lei de lavagem de dinheiro. Deveras, o art. 14, da Lei 9.613/1998, criou, "no âmbito do Ministério da Fazenda, o Conselho de Controle de Atividades Financeiras – COAF, com a finalidade de disciplinar, aplicar penas administrativas, receber, examinar e identificar as ocorrências suspeitas de atividades ilícitas", de pessoas não sujeitas à supervisão do BC ou outra entidade supervisora específica.

Tais infrações são relacionadas à identificação dos clientes das instituições financeiras e à manutenção dos registros destes clientes, bem como à comunicação de operações financeiras às autoridades responsáveis pela coibição da prática criminosa.

As infrações administrativas, a seu turno, estão previstas no art. 12, da Lei 9.613/1998:

> Art. 12. Às pessoas referidas no art. 9º, bem como aos administradores das pessoas jurídicas, que deixem de cumprir as obrigações previstas nos arts. 10 e 11 serão aplicadas, cumulativamente ou não, pelas autoridades competentes, as seguintes sanções:
>
> I – advertência;
>
> II – multa pecuniária variável não superior:
>
> a) ao dobro do valor da operação;

> b) ao dobro do lucro real obtido ou que presumivelmente seria obtido pela realização da operação; ou
>
> c) ao valor de R$ 20.000.000,00 (vinte milhões de reais);
>
> III – inabilitação temporária, pelo prazo de até dez anos, para o exercício do cargo de administrador das pessoas jurídicas referidas no art. 9º;
>
> IV – cassação ou suspensão da autorização para o exercício de atividade, operação ou funcionamento.

Estas penalidades não se confundem com a pena pela prática do crime de lavagem de dinheiro, mas podem ser combinadas com esta, caso o infrator da norma administrativa seja também autor ou participe da infração penal.

O art. 43, da Lei 4.380/1964, que disciplina as penalidades aplicadas pelo Banco Central, em substituição ao BNH, pelas infrações ao **Sistema Financeiro da Habitação**. Dispõe:

> Art. 43. A infração dos preceitos legais ou regulamentares sujeitará a sociedade às seguintes penalidades:
>
> a) multas, até 5% do capital social e das reservas especificadas, para cada infração de dispositivos da presente lei;
>
> b) suspensão da autorização para funcionar pelo prazo de 6 meses;
>
> c) cassação da autorização para funcionar.
>
> § 1° As multas serão impostas pelo Banco Nacional da Habitação após a apuração em processo cujas normas serão expedidas pelo Ministério da Fazenda, assegurada às sociedades ampla defesa.
>
> § 2° Da suspensão ou cassação de funcionamento caberá recurso, com efeito suspensivo, para o Ministro da Fazenda.

Assim, se um agente do mercado imobiliário, ainda que seja classificado como banco múltiplo, podendo atuar nas mais diversas áreas do sistema financeiro, violar dispositivos da legislação do SFH, não estará sujeito, em princípio, às penalidades previstas pelo art. 44, da Lei 4.595/1964, mas às penalidades específicas do art. 43, da Lei 4.380/1964.

Além destas normas, o art. 42, da Lei 11.795/2008 prevê penalidades diversas para administradoras de **consórcios**, o conjunto normativo formado pela Lei 4.131/1962 o Decreto 23.258/1933 e Medida Provisória 2.224/2001 prevê penas de multa para infrações à disciplina do **capital estrangeiro e as remessas de valores para o exterior**, bem como para a prática de **ilícitos cambiais** e o art. 3°, do DL 448/1969 disciplina penalidades aplicadas pelo Banco Central pelo descumprimento de normas legais ou regulamentares pelas instituições financeiras, sociedades e empresas integrantes do **sistema de distribuição de título ou valores mobiliários**, ou pelos seus agentes autônomos, contribuindo para gerar indisciplina ou para afetar a normalidade do mercado financeiro e de capitais.

No que toca às operações de câmbio, a Lei 7.492/1986 prevê como crimes, em seus arts. 21 e 22, a atribuição de identidade falsa para a realização de operação de câmbio e a evasão de divisas. Vejamos:

> Art. 21. Atribuir-se, ou atribuir a terceiro, falsa identidade, para realização de operação de câmbio:
>
> Pena - Detenção, de 1 (um) a 4 (quatro) anos, e multa.
>
> Parágrafo único. Incorre na mesma pena quem, para o mesmo fim, sonega informação que devia prestar ou presta informação falsa.
>
> Art. 22. Efetuar operação de câmbio não autorizada, com o fim de promover evasão de divisas do País:
>
> Pena - Reclusão, de 2 (dois) a 6 (seis) anos, e multa.
>
> Parágrafo único. Incorre na mesma pena quem, a qualquer título, promove, sem autorização legal, a saída de moeda ou divisa para o exterior, ou nele mantiver depósitos não declarados à repartição federal competente.

Exemplo de processo para aplicação de penalidades pelo Banco Central refere-se à manipulação da taxa de câmbio (objeto também de apuração pelo CADE porque operada mediante a formação de cartel[361]), que constitui infração à Circular 3.601/2014 do BC e sujeita as instituições às penalidades do art. 44, da Lei 4.595/1964 e não à das leis específicas sobre o mercado de câmbio, por falta de disposição específica destas.

1.2.3. Penalidades aplicadas pela CVM

No âmbito de atuação da CVM, aplica-se o art. 11, da Lei 6.385/1974. Vejamos:

> Art. 11. A Comissão de Valores Mobiliários poderá impor aos infratores das normas desta Lei, da lei de sociedades por ações, das suas resoluções, bem como de outras normas legais cujo cumprimento lhe incumba fiscalizar, as seguintes penalidades:
>
> I – advertência;
>
> II – multa;
>
> III – suspensão do exercício do cargo de administrador ou de conselheiro fiscal de companhia aberta, de entidade do sistema de distribuição ou de outras entidades que dependam de autorização ou registro na Comissão de Valores Mobiliários;
>
> IV – inabilitação temporária, até o máximo de vinte anos, para o exercício dos cargos referidos no inciso anterior;
>
> V – suspensão da autorização ou registro para o exercício das atividades de que trata esta Lei;
>
> VI – cassação de autorização ou registro, para o exercício das atividades de que trata esta Lei;
>
> VII – proibição temporária, até o máximo de vinte anos, de praticar determinadas atividades ou operações, para os integrantes do sistema de distribuição ou de outras entidades que dependam de autorização ou registro na Comissão de Valores Mobiliários;

361. CADE investiga suposto cartel para manipulação de taxas de câmbio. Valor Econômico, 2/7/2015.

> VIII – proibição temporária, até o máximo de dez anos, de atuar, direta ou indiretamente, em uma ou mais modalidades de operação no mercado de valores mobiliários.
>
> § 1º – A multa não excederá o maior destes valores:
>
> I – R$ 500.000,00 (quinhentos mil reais);
>
> II – cinqüenta por cento do valor da emissão ou operação irregular; ou
>
> III – três vezes o montante da vantagem econômica obtida ou da perda evitada em decorrência do ilícito.
>
> [...]

Com fundamento nesta norma, pode a autarquia aplicar **penalidades** que variam entre a advertência e a multa até a suspensão ou a cassação de autorizações e registros para atuar no mercado de capitais.

Assim, se a empresa que emite ações para negociação no mercado de valores mobiliários descumpre obrigações previstas pela lei ou deixa de cumprir os deveres, por exemplo, de prestar informações, nos termos que determinados pela CVM, está sujeita a aplicação de advertência ou de multa ou mesmo de lhe ser vedada a emissão pública de novos títulos.

Não se incluem entre as penalidades, contudo, as **decisões que indeferem** o pedido de autorização de funcionamento de agentes do mercado, o pedido de registro das companhias emissoras de títulos, e o pedido de registro de emissão para oferta pública dos próprios títulos. Nesses casos, **não há, de fato, a aplicação de penalidades** pela prática de ilícito, mas apenas **decisões** da CVM sobre pedidos administrativos, que se submetem ao processo administrativo comum no âmbito da **regulação sistêmica**, não ao processo sancionador.

O administrador ou de conselheiro fiscal de companhia aberta, de entidade do sistema de distribuição, que descumpre as obrigações impostas pode sofrer a aplicação de **multa** ou mesmo de **suspensão** para exercer a função, em entidades sujeitas à fiscalização da CVM.

A empresa que atua como corretora ou distribuidora de valores mobiliários que não age nos termos da lei pode ter sua **autorização de funcionamento suspensa ou cassada** e o agente, qualquer que seja, pode sofrer aplicação de **multa** ou de **proibição de atuar no mercado de capitais**, caso crie condições artificiais de oferta e demanda de ativos, manipule preços, realize operações fraudulentas ou realize prática não equitativa.

A aplicação de penalidades tanto pela CVM quanto pelo BC está sujeita a controle pelo Judiciário, por provocação dos interessados. No precedente a seguir citado, o STJ enfrentou o poder punitivo da CVM, apreciou o mérito da infração e manteve a aplicação cumulativa das penalidades de suspensão temporária de atividade e de multa, esta na proporção que a autarquia entendeu cabível. A ementa da decisão é longa, mas merece transcrição:

RECURSO ESPECIAL. REVISÃO. FATOS. SÚMULA 07/STJ. PROPORCIONALIDADE. ARTIGO 11, § 1º, DA LEI nº 6.385/76. TRINTA POR CENTO DO VALOR DA OPERAÇÃO IRREGULAR. POSSIBILIDADE. PROPORCIONALIDADE. MULTA. INTERDIÇÃO TEMPORÁRIA DO EXERCÍCIO DA ATIVIDADE DE ADMINISTRADOR. CUMULATIVIDADE. CABIMENTO. PROIBIÇÃO DA PROTEÇÃO DEFICIENTE AOS BENS JURÍDICOS. INTERPRETAÇÃO SISTEMÁTICA E TELEOLÓGICA. CABIMENTO. PODER DE POLÍCIA. DISCRICIONARIEDADE.

1. Os recorrentes realizaram operação de mútuo com "holdings" familiares, na época em que ocupavam concomitantemente as funções de administradores e sócios controladores da pessoa jurídica, contudo, na contabilidade da empresa, fizeram registrar esta operação como se fosse "saldo a receber de clientes", ao invés de a lançarem como mútuo, razão pela qual a Comissão de Valores Mobiliários aplicou-lhes as sanções de multa e de inabilitação para o exercício do cargo de administrador, pelo prazo de dez anos, com base nos artigos 117 e 153, da Lei nº 6.404/1976, e 11 da Lei nº 6.385/76.

2. Pretendem anular a multa que lhes foi imposta pela Comissão de Valores Mobiliários, sustentando a ilegitimidade e a ilegalidade da sanção, devido à inexistência de conduta ilícita e porque o montante fixado seria supostamente desproporcional em relação ao desvalor da conduta e aos elementos fáticos do caso concreto.

[...]

4. Por outro lado, nos termos do art. 11, § 1º, da Lei nº 6.385/76, a multa aplicada pela CVM não poderá ser superior ao maior dos seguintes valores: quinhentas vezes o valor nominal de 01 ORTN (Obrigação Reajustável do Tesouro Nacional) ou 30% do valor da operação irregular. Assim, o limite da sanção será a cifra que se mostrar superior no caso concreto: se o valor correspondente a 30% do valor da operação irregular for superior a quinhentas vezes o valor de 01 ORTN, deverá prevalecer tal fator de cálculo, para o teto da multa.

5. A CVM não estava obrigada a aplicar o menor valor da multa, que corresponderia a quinhentas ORTNs, pois a Lei nº 6.385/76 apenas determina que a sanção não poderia ultrapassar o maior dos tetos previstos no art. 11, § 1º.

6. Deve-se assegurar ao Poder Judiciário a apreciação da razoabilidade da atuação administrativa, porém este não pode simplesmente substituir a *mens legis*, inovando ou indo além do que o Legislativo previu, sob pena de usurpação da função do legislador e de completo menoscabo ao regime de tripartição de Poderes.

7. Os recorrentes também sustentam ter ocorrido *bis in idem*, pois a Comissão de Valores Mobiliários aplicou as sanções de multa e de interdição temporária do exercício da atividade de administrador, cumulativamente, em vista da mesma conduta ilícita, imputada aos agentes econômicos.

8. As penalidades de multa e de interdição temporária do exercício da atividade de administrador foram impostas de maneira simultânea, justamente porque as infrações foram praticadas quando os recorrentes ocupavam, cumulativamente, funções diversas no âmbito da sociedade: como administradores e sócios-controladores.

9. Constatou-se falta de transparência na realização da operação financeira em destaque, com impacto direto sobre o patrimônio da empresa e sobre o direito à informação dos acionistas minoritários, quando a companhia encontrava-se sob orientação decisiva dos recorrentes, acionistas controladores e administradores à data dos fatos.

10. No atual cenário da economia nacional e internacional, altamente dependente da saúde financeira do setor empresarial, a eticidade nas relações *interna corporis* das companhias é bem jurídico igualmente digno de tutela, por meio do estímulo à segurança e à transparência das operações financeiras. Por tais motivos, urge aplicar-se o princípio da confiança, a fim de resguardar a boa-fé dos sócios minoritários, bem como de toda a comunidade, diante de eventuais situações jurídicas geradas por um comportamento desleal dos administradores e sócios-controladores das pessoas jurídicas.

11. A Lei das Sociedades por Ações também é informada por essa principiologia, como se extrai da Exposição de Motivos nº 196, de 24 de junho de 1976, segundo a qual a responsabilidade social que passou a ser exigida dos acionistas-controladores e dos administradores das pessoas jurídicas impõe-lhes comportamento idôneo e probo, conforme as diretrizes lançadas nos artigos 116, 117, 153 e 154, da Lei nº 6.404/76.

12. Seria completamente desproporcional aplicar somente a pena de multa, mantendo-se os agentes na direção da empresa, quando estes agiram ilicitamente na gestão dos recursos da sociedade. Por outro lado, a pura interdição temporária do exercício da atividade de administrador também mostrar-se-ia desproporcional, já que, isoladamente, não seria suficiente para repreender e emendar agentes econômicos que, às custas da regularidade do mercado de valores mobiliários, praticaram ilícitos visando ao seu locupletamento. Deste modo, crucial a medida de cunho patrimonial, como reprimenda adequada para o intento de lucro desmedido.

13. Para o cumprimento das atribuições da Comissão de Valores Mobiliários, não se mostra razoável limitar o uso das sanções disponíveis ao poder de polícia dessa autarquia, quando a lei assim não fez. O silêncio do art. 11 da Lei nº 6.385/76, quanto à possibilidade de aplicação cumulativa de sanções, antes de representar espécie de "silêncio eloquente", a impedir tal espécie de apenação, deve ser interpretado como técnica legislativa, voltada justamente a assegurar o exercício efetivo das funções técnicas da CVM, diante de ilícitos de jaez tão complexo e aprimorado, devido às peculiaridades do mercado em destaque.

14. Ciente dos desafios que o exercício do poder de polícia impõe à Administração Pública, no referente à interpretação dos fatos e à escolha dos meios mais adequados para restringir e condicionar a liberdade dos cidadãos, com vistas ao interesse público, a doutrina brasileira tende a atribuir-lhe o caráter discricionário, máxime quando a lei não detalha a forma como tal prerrogativa pública deverá ser desempenhada, o que ocorre no caso dos autos.

15. Recurso especial em parte conhecido e, nesta parte, não provido.

(STJ, T2, REsp 1.130.103/RJ, Min. Castro Meira, DJe de 30/8/2010)

Por sua especificidade, cabem considerações sobre algumas das infrações investigadas pela CVM.

1.2.4. Infrações ao mercado de capitais

1.2.4.1. Introdução

Compete à CVM, em conjunto com o CMN "estimular a formação de poupanças e a sua aplicação em valores mobiliários; promover a expansão e o funcionamento eficiente e regular do mercado de ações, e estimular as aplicações permanentes em ações do capital social de companhias abertas sob controle de capitais privados nacionais; assegurar o funcionamento eficiente e regular dos mercados da bolsa e de balcão; proteger os titulares de valores mobiliários e os investidores do mercado contra emissões irregulares de valores mobiliários, atos ilegais de administradores e acionistas controladores das companhias abertas, ou de administradores de carteira de valores mobiliários e contra o uso de informação relevante não divulgada no mercado de valores mobiliários; assegurar a observância de práticas comerciais equitativas no mercado de valores mobiliários, bem como evitar ou coibir modalidades de fraude ou manipulação destinadas a criar condições artificiais de demanda, oferta ou preço dos valores mobiliários negociados no mercado", nos termos do art. 4°, da Lei 6.385/1976.

Neste mister, a CVM estabelece regras de funcionamento do mercado, exige autorização prévia para a emissão de valores mobiliários, controla e fiscaliza agentes do mercado, muitos deles dependentes de registro e habilitação prévia para funcionar, e exige que informações relevantes sejam prestadas, para tornar o mercado de capitais o mais eficiente possível e cuja violação pode inclusive configurar crime, nos termos da Lei 7.492/1986.

São crimes contra o sistema financeiro nacional, por exemplo, os previstos nos arts. 2º, 7º e 9º, da Lei 7.492/1986:

> Art. 2º Imprimir, reproduzir ou, de qualquer modo, fabricar ou pôr em circulação, sem autorização escrita da sociedade emissora, certificado, cautela ou outro documento representativo de título ou valor mobiliário:
>
> Pena - Reclusão, de 2 (dois) a 8 (oito) anos, e multa.
>
> Parágrafo único. Incorre na mesma pena quem imprime, fabrica, divulga, distribui ou faz distribuir prospecto ou material de propaganda relativo aos papéis referidos neste artigo.
>
> [...]
>
> Art. 7º Emitir, oferecer ou negociar, de qualquer modo, títulos ou valores mobiliários:
>
> I - falsos ou falsificados;
>
> II - sem registro prévio de emissão junto à autoridade competente, em condições divergentes das constantes do registro ou irregularmente registrados;
>
> III - sem lastro ou garantia suficientes, nos termos da legislação;
>
> IV - sem autorização prévia da autoridade competente, quando legalmente exigida:
>
> Pena - Reclusão, de 2 (dois) a 8 (oito) anos, e multa.

> [...]
>
> Art. 9º Fraudar a fiscalização ou o investidor, inserindo ou fazendo inserir, em documento comprobatório de investimento em títulos ou valores mobiliários, declaração falsa ou diversa da que dele deveria constar:
>
> Pena - Reclusão, de 1 (um) a 5 (cinco) anos, e multa.

A **violação às regras legais e regulamentares** do mercado de capitais, como vimos, sujeita o infrator a aplicação de penalidades. Muitas de tais regras são indiretas, vale dizer, exigem dos agentes do mercado colaborações para que o mercado se torne eficiente. Não obstante, há regras voltadas para o resultado final que se espera deste mercado, e que punem não a falta de colaboração dos agentes, mas sua atuação no sentido de criar falhas no mercado e delas se aproveitar.

Deveras, nos termos do art. 18, da Lei 6.385/1976, compete à CVM, entre outras funções, definir a configuração de **condições artificiais de demanda, oferta ou preço de valores mobiliários**, e de **manipulação de preço**; **operações fraudulentas** e **práticas não equitativas** na distribuição ou intermediação de valores.

Com tal fundamento, a CVM editou a Instrução 8/1979, ainda em vigor, vedando as práticas mencionadas na lei, classificando-as como falta grave e conceituando-as, nos seguintes termos:

> II – Para os efeitos desta Instrução conceitua-se como:
>
> a) condições artificiais de demanda, oferta ou preço de valores mobiliários aquelas criadas em decorrência de negociações pelas quais seus participantes ou intermediários, por ação ou omissão dolosa provocarem, direta ou indiretamente, alterações no fluxo de ordens de compra ou venda de valores mobiliários;
>
> b) manipulação de preços no mercado de valores mobiliários, a utilização de qualquer processo ou artifício destinado, direta ou indiretamente, a elevar, manter ou baixar a cotação de um valor mobiliário, induzindo, terceiros à sua compra e venda;
>
> c) operação fraudulenta no mercado de valores mobiliários, aquela em que se utilize ardil ou artifício destinado a induzir ou manter terceiros em erro, com a finalidade de se obter vantagem ilícita de natureza patrimonial para as partes na operação, para o intermediário ou para terceiros;
>
> d) prática não eqüitativa no mercado de valores mobiliários, aquela de que resulte, direta ou indiretamente, efetiva ou potencialmente, um tratamento para qualquer das partes, em negociações com valores mobiliários, que a coloque em uma indevida posição de desequilíbrio ou desigualdade em face dos demais participantes da operação.

Verifica-se que a norma procura impedir que a oferta, a demanda e o preço de negociações sejam influenciados por manobras fraudulentas ou artificiais, criadas pelos agentes do mercado.

Vale lembrar que este tema está bastante em voga, tendo em vista as investigações envolvendo o empresário Eike Batista no âmbito da CVM e as ações contra ele propostas na esfera criminal. Noticia o jornal Valor Econômico, que "Eike e os diretores são suspeitos de desrespeito à Instrução CVM 8/79, que proíbe aos participantes do mercado a criação de condições artificiais na negociação de valores mobiliários, a manipulação de preço, as operações fraudulentas e o uso de práticas não eqüitativas"[362]. O mesmo jornal informa também que corre contra o empresário ação criminal pela manipulação de mercado e uso indevido de informações privilegiada em operações envolvendo a empresa OGpar[363] e também a empresa OSX[364].

Outro exemplo de infração ao mercado de capitais noticiada na imprensa refere-se à manipulação de balanços pelo Panamericano, que foram utilizados para fundamentar oferta de ações[365]. Os balanços artificialmente sobrevalorizados podem constituir artifício destinado a induzir terceiros a erro, com a finalidade de se obter vantagem ilícita de natureza patrimonial, nos termos da letra 'c' da Instrução CVM 8/1979.

1.2.4.2. Manipulação, fraude e criações de condições artificiais no mercado

A infração administrativa de **criação de condições artificiais de demanda**, oferta ou preço de valores mobiliários dirige-se ao fluxo de ordens de compra ou venda destes ativos, por ação dolosa.

As ordens de compra e venda devem ser cumpridas cronologicamente, não se admitindo exceções, por se constituir princípio de garantia da formação de preços no mercado. Ademais, a expectativa de cumprimento cronológico das ordens é elemento que confere confiança ao sistema.

Erros são escusáveis, mas as ações dolosas são puníveis. A infração se consuma com a alteração do fluxo de ordens, e não leva em conta a intenção do agente de auferir vantagens nem causar prejuízos a terceiros, pois os resultados não integram a previsão do ilícito.

A infração de **manipulação de preços** dirige-se especificamente à cotação dos ativos no mercado e veda a utilização de qualquer mecanismo que possa afetá-lo. Admite-se, apenas, práticas de compra e venda de ativos com a finalidade pura e simples de adquiri-los ou aliená-los, sendo vedada a prática de operações com vistas, por exemplo, a provocar uma queda na cotação de valores, com a intenção de adquiri-los por preço inferior ou provocar uma valorização no preço de tais ativos, para vendê-los a preço superior, com vistas na obtenção de vantagens, ainda que esta não ocorra.

No mercado de capitais, é aceitável que um investidor queira se desfazer de um grande número de ativos, por qualquer razão. Ao procurar vendê-los, pode fechar negócios que

362. Valor Econômico, CVM abre novo inquérito contra Eike e diretores da OGX, Edição de 25/8/2014.

363. Valor Econômico, Eike será julgado por informação privilegiada e manipulação, Edição de 6/10/2014.

364. Valor Econômico, Justiça de São Paulo aceita denúncia contra Eike por crimes financeiro, Edição de 7/10/2014.

365. Valor Econômico, CVM rejeita acordo com Panamericano em processo sobre irregularidades, Edição de 11/6/2015.

provoquem a queda da cotação do valor mobiliário, causando perdas para si e para outros titulares do papel. Ou o contrário, o investidor pode querer comprar ativos e criar demanda (real) capaz de elevar sua cotação. O que não se admite é a provocação da baixa do preço para adquirir o papel e posteriormente fazer cessar a causa da baixa e, com isso, obter vantagens, ou o inverso, adquirir um papel, forçar a alta de sua cotação para vendê-lo.

Outro elemento do ilícito é a indução do terceiro a vender o valor mobiliário (na baixa artificial de sua cotação) ou comprá-lo (na alta da cotação manipulada pelo agente).

Não se exige, outrossim, a existência de fraude no ilícito de manipulação de preços do mercado, elemento este que é específico da previsão de "**operação fraudulenta no mercado**".

Neste ilícito, a finalidade também é a obtenção de vantagem que não ocorreria em condições leais de mercado, ainda que a vantagem não se aperfeiçoe. Contudo, a indução de comportamento do terceiro é provocada por meio fraudulento, como a divulgação de informações falsas sobre o ativo ou sobre a companhia emissora, a fraude nos demonstrativos contábeis da companhia emissora do título, entre outras condutas.

A **fraude**, a propósito, constitui elemento de crime, como nos ilícitos definidos pelos arts. 7º, 9º e 10, da Lei 7.492/1986.

De outro turno, todas estas condutas, sejam fraudulentas ou simplesmente simuladas, podem se enquadrar na figura penal do 27-C, da Lei 6.385/1976, incluído pela Lei 10.303/2001:

> Art. 27-C. Realizar operações simuladas ou executar outras manobras fraudulentas, com a finalidade de alterar artificialmente o regular funcionamento dos mercados de valores mobiliários em bolsa de valores, de mercadorias e de futuros, no mercado de balcão ou no mercado de balcão organizado, com o fim de obter vantagem indevida ou lucro, para si ou para outrem, ou causar dano a terceiros:
>
> Pena – reclusão, de 1 (um) a 8 (oito) anos, e multa de até 3 (três) vezes o montante da vantagem ilícita obtida em decorrência do crime.

Há, portanto, igual gravidade em ambas as práticas.

1.2.4.3. Práticas não equitativas e o insider trader

Resta analisar as **práticas não equitativas**.

Os **deveres de informar**, que obriga empresas emissoras, corretoras, distribuidores e demais agentes, tem como objetivo aperfeiçoar o mercado de capitais. Algumas informações, contudo, podem ter efeitos mais drásticos e significativos nos preços dos ativos ou na intenção dos investidores em negociar.

De fato, se o investidor descobre antecipadamente que a empresa celebrará um contrato milionário capaz de fazer subir a cotação de seus títulos, ele irá adquirir ações, antes da elevação do preço. Ao contrário, o investidor venderá os papéis da empresa aos preços atuais, se descobrir antes dos demais investidores que a companhia terá prejuízos.

Sem ir tão longe, é preciso reconhecer que o mercado de valores mobiliários é complexo, possui muitas minúcias e exige do operador conhecimento acerca de seu funcionamento. Assim, não é difícil imaginar que um investidor inexperiente possa ser ludibriado por agentes do mercado, como por exemplo, as corretoras de valores mobiliários.

Por tais motivos, a **legislação procura impedir práticas que ocorram negociações com desequilíbrio entre as partes**, seja pelo conhecimento de **informações privilegiadas**, seja pelo conhecimento do próprio **funcionamento do mercado**.

Vale repetir a letra 'd', do item I, da Instrução CVM 8/1979, segundo o qual constitui "prática não equitativa no mercado de valores mobiliários, aquela de que resulte, direta ou indiretamente, efetiva ou potencialmente, um tratamento para qualquer das partes, em negociações com valores mobiliários, que a coloque em uma indevida posição de desequilíbrio ou desigualdade em face dos demais participantes da operação".

O tipo mais discutido e estudado das práticas não equitativas é, sem dúvida, a conduta de ***insider trading***.

A infração consiste basicamente na **utilização de informações de divulgação obrigatória e de importância tal que se mostre capaz de afetar o preço da cotação de ativos, antes da referida divulgação**.

Nestes termos, o agente que obtém a informação (em geral pessoa ligada à companhia) antes de divulgá-la, utiliza-a para obter vantagens negociais no mercado de valores mobiliários.

A **conduta** foi, a propósito, **criminalizada** pela Lei 10.303/2001, que inseriu o art. 27-D, na Lei 6.385/1976. Leia-se:

> Uso Indevido de Informação Privilegiada
>
> Art. 27-D. Utilizar informação relevante ainda não divulgada ao mercado, de que tenha conhecimento e da qual deva manter sigilo, capaz de propiciar, para si ou para outrem, vantagem indevida, mediante negociação, em nome próprio ou de terceiro, com valores mobiliários: (Artigo incluído pela Lei nº 10.303, de 31.10.2001)
>
> Pena – reclusão, de 1 (um) a 5 (cinco) anos, e multa de até 3 (três) vezes o montante da vantagem ilícita obtida em decorrência do crime. (Incluído pela Lei nº 10.303, de 31.10.2001)

A **norma penal** se dirige àquelas pessoas que obtêm a informação privilegiada e o dever de manter o sigilo, até que a informação seja divulgada, o que envolve – ou pode envolver – acionistas controladores, diretores, administradores e membros do Conselho Fiscal da companhia, mas podem ser aplicados institutos como coautoria e coparticipação de qualquer pessoa.

No **âmbito empresarial**, a legislação se dirige especificamente aos diretores das companhias emissoras de títulos e valores mobiliários, mas também contempla vedação a que qualquer pessoa, inclusive o administrador, se utilize de informação relevante não divulgada, com o fim de obter vantagem.

No **âmbito regulamentar**, a vedação de negociar com títulos da companhia da qual se obteve informação privilegiada abrange o administrador, os acionistas controladores, os diretores, membros do Conselho Fiscal e membros de órgãos técnicos, tem natureza objetiva, vale dizer, veda a negociação com os títulos, independentemente da intenção de obter vantagem.

Os arts. 155 (dever de lealdade) e 157 (dever de informar), da Lei 6.404/1964 (Lei das Sociedades Anônimas – LSA) trata dos deveres e vedações do administrador das companhias.

O art. 155, da LSA veda ao administrador da companhia usar, em benefício próprio ou de outrem, as oportunidades comerciais de que tenha conhecimento em razão do exercício de seu cargo; omitir-se no exercício ou proteção de direitos da companhia ou, visando à obtenção de vantagens, deixar de aproveitar oportunidades de negócio de interesse da companhia; adquirir, para revender com lucro, bem ou direito que sabe necessário à companhia, ou que esta tencione adquirir.

A norma procura, portanto, pautar a atuação do administrador no interesse da companhia, não em seu interesse próprio, em virtude das informações que obtém em função de seu cargo.

Os §§ 1º e 2º, do art. 155, da LSA vedam a prática do *insider trading* pelo administrador, seja no intuito de obter vantagem para si quanto para terceiro, bem como obriga o administrador a zelar para que a conduta não seja praticada por seus subordinados ou terceiros de sua confiança.

Enquanto **a norma penal e a regulação administrativa** do *insider* é construída em torno da **figura do administrador e das pessoas obrigadas à manutenção do sigilo** quanto a informação relevante, o § 4º, do art. 155, da **Lei 6.404/1964**, de modo bastante amplo, veda a **qualquer pessoa** o uso da informação relevante, ainda não divulgada.

Ainda na disciplina da figura do **administrador**, o art. 157, da LSA determina o dever deste de declarar, ao firmar o termo de posse, a participação que detém na sociedade por ele administrada e naquelas controladas ou pertencentes ao mesmo grupo, bem como o direito da assembleia geral em requerer informações relativas a operações do administrador com títulos da companhia ou de quaisquer fatos relevantes de suas atividades na companhia.

Neste contexto, a norma impõe a obrigação do administrador de realizar comunicações públicas à imprensa e à bolsa de valores de "qualquer deliberação da assembleia geral ou dos órgãos de administração da companhia, ou fato relevante ocorrido nos seus negócios, que possa influir, de modo ponderável, na decisão dos investidores do mercado de vender ou comprar valores mobiliários emitidos pela companhia" (art. 157, § 4º, da LSA), exceto na hipótese de risco aos interesses da própria companhia.

Sem exceção, contudo, deve o administrador prestar informações à CVM e às bolsas e entidades de balcão, acerca das modificações em sua posição acionárias na companhia (art. 157, § 6º, da LSA).

As normas da Lei 6.385/1976 e da LSA são complementadas pela Instrução CVM 358/2002, que disciplina "a divulgação e o uso de informações sobre ato ou fato relevante, a divulgação de informações na negociação de valores mobiliários de emissão de companhias abertas por acionistas controladores, diretores, membros do conselho de administração, do conselho fiscal e de quaisquer órgãos com funções técnicas ou consultivas, criados por disposição estatutária, e, ainda, na aquisição de lote significativo de ações de emissão de companhia aberta, e a negociação de ações de companhia aberta na pendência de fato relevante não divulgado ao mercado" (art. 1°, Instrução CVM 358/2002).

O art. 13, do diploma regulamentar **define** a amplitude da vedação de negociar com títulos da companhia, **disciplina** as pessoas a quem a norma se dirige, incluindo acionistas controladores, diretos ou indiretos, diretores, membros do conselho de administração, do conselho fiscal e de quaisquer órgãos com funções técnicas ou consultivas, criados por disposição estatutária, bem como os administradores que se afastam da função, e terceiros que tenham relação comercial ou profissional com a companhia, como auditores independentes, analistas de valores mobiliários, consultores e instituições integrantes do sistema de distribuição, **define** a data de comunicação do fato relevante ao mercado como marco final da vedação e **estabelece** exceções à própria vedação.

A ampliação dos destinatários das normas de práticas não equitativas traz à tona a distinção entre o ***insider* primário** e o ***insider* secundário**, sendo aquele a pessoa que obteve a informação original e estes aquela pessoa que obteve a informação do *insider* primário.

No direito brasileiro, o *insider* secundário pode ser punido administrativamente sem que o *insider* primário seja conhecido ou revelado. Parece-nos, contudo, que o entendimento não se aplica no direito penal, tendo em vista que a norma não se dirige àquele que utilizou a informação, mas aquele que utilizou a informação sobre a qual deveria manter sigilo. Assim, o terceiro obteve a informação de segunda mão, apenas pode se apresentar como coautor, pois é elemento do crime a violação do dever de sigilo, típica do *insider* primário.

De toda sorte, este arcabouço normativo procura manter equidade nas relações em torno dos títulos da companhia, vedando a utilização de informações privilegiadas e promovendo a divulgação de informações (*disclosure*).

Divulgada a informação, todos os interessados têm igual conhecimento da situação das companhias, de modo que a negociação de seus títulos por seus administradores e controladores não se realiza em detrimento de terceiros, restando preservada a confiança no sistema.

De outro lado, utilizada a informação privilegiada antes de sua divulgação, caracteriza-se conduta não equitativa no mercado e a prática de infração punível pela CVM.

1.3. O processo no Banco Central

Não há disciplina por lei em sentido estrito do processo administrativo fiscalizatório e punitivo do Banco Central. A matéria é regulada pela Resolução CMN 1.065/1985 e alterações posteriores, editadas com fundamento no art. 4°, VIII, da Lei 4.595/1964, no sentido de fazer cumprir o art. 9°, da mesma lei, segundo o qual "compete ao Banco Central da República do Brasil cumprir e fazer cumprir as disposições que lhe são atribuídas pela legislação em vigor e as normas expedidas pelo Conselho Monetário Nacional".

Não obstante, o procedimento do Banco Central deve obedecer aos **princípios constitucionais**, especialmente os do contraditório e da ampla defesa, bem como as normas previstas pela Lei 9.784/1999, que disciplina o **processo administrativo no âmbito federal**.

De toda sorte, a **legislação ordinária** provê algumas referências para o processo administrativo do Banco Central.

Neste sentido, o § 1º, do art. 44 da Lei 4.595/1964 prevê as hipóteses de aplicação da pena de advertência, que abrangem os casos de fornecimento de informações inexatas, de escrituração mantida em atraso ou processada em desacordo com as normas expedidas pelo CMN.

O § 2º, do mesmo artigo disciplina a aplicação de multas variáveis, de até aplicadas até 200 vezes o maior salário-mínimo vigente, caso as instituições financeiras, por negligência ou dolo, deixem de sanear a infração que justificou aplicação de advertência, infringirem as disposições desta lei relativas ao capital, fundos de reserva, encaixe, recolhimentos compulsórios, taxa de fiscalização, serviços e operações e opuserem embaraço à fiscalização.

A seu turno, o § 4º, do art. 44 da Lei 4.595/1964 reserva as penalidades de suspensão do exercício de cargos e de inabilitação temporária ou permanente para o exercício de cargos, para as infrações graves na condução dos interesses da instituição financeira ou nos casos de reincidência específica, devidamente caracterizada em transgressões anteriormente punidas com multa.

A lei prevê, também, o poder de instrução processual do Banco Central, que poderá exigir das instituições financeiras ou das pessoas físicas ou jurídicas, a exibição de documentos, papéis e livros de escrituração (§ 8º, do art. 44 da Lei 4.595/1964).

Outras normas específicas mencionadas anteriormente também apresentam parâmetros legais para o julgamento dos processos no âmbito do Banco Central.

A dinâmica do processo, contudo, é regida por Resoluções do CMN, cujas linhas gerais, podem ser encontradas na página do Banco Central[366].

Nos termos deste documento, os **processos administrativos no âmbito do BC** são conduzidos pelo Departamento de Controle e Análise de Processos Administrativos Punitivos – Decap.

366. Disponível em: http://www4.bcb.gov.br/fis/PAD/port/Menu/ProcessoAdministrativo.asp, acesso em 27/3/2015.

As **fases do processo** são instauração, defesa, exame do processo, decisão de primeira instância, recurso e decisão de segunda instância, nos termos das seções 12 e seguintes, do capítulo 1, do título 4, da Resolução CVM 1.065/1985.

A instauração do processo pode ter origem nas diversas diretorias do Banco Central, notadamente da Diretoria de Fiscalização-Difis, conforme a matéria fiscalizada, quais sejam[367]:

- Departamento de Supervisão Bancária – Desup/Difis;
- Departamento de Supervisão de Cooperativas e de Instituições Não Bancárias – Desuc/Difis;
- Departamento de Supervisão de Conduta – Decon/Difis;
- Departamento Econômico – Depec/Dipec;
- Departamento de Operações Bancárias e de Sistema de Pagamentos – Deban/Dipom; e
- Departamento de Regulação, Supervisão e Controle das Operações de Crédito Rural e do Proagro – Derop/Diorf.

O processo é iniciado mediante intimação do acusado ou lavratura de auto de infração, quando houver flagrante prática da infração (Resolução CMN 1065/1985).

Efetivada a **intimação** ou lavrado o auto, começa a fluir o prazo para defesa, para a qual será concedido prazo não inferior a 30 dias (Resolução CMN 1065/1985).

Após o prazo da **defesa**, com ou sem esta, e a instrução, o processo será levado a julgamento pelo Banco Central (ou pelo CMN, no caso da pena de cassação da autorização de funcionamento das instituições financeiras públicas, exceto as federais, ou privadas).

Das decisões do Banco Central cabe **recurso** ao Conselho de Recursos do Sistema Financeiro Nacional – CRSFN. O efeito do recurso dependerá da legislação específica. A título de exemplo, os recursos contra penalidades com fundamento no art. 44, da Lei 4.595/1964 têm efeito suspensivo, enquanto os recursos contra as medidas cautelares previstas no art. 9°, da Lei 9.774/1997 terão apenas efeito devolutivo.

1.4. Procedimentos na CVM

O **procedimento sancionador da CVM** é regido pela Deliberação CVM 358/2008 e alterações posteriores, que visam dar concretude aos dispositivos da Lei 6.385/1976.

O texto legal prevê **etapa investigatória** dos ilícitos contra o mercado de capitais com a realização de inquérito (art. 9°, § 2º), e a possibilidade de realização de **termo de compromisso** do acusado (art. 11, § 5º), bem como o cabimento de **recurso** para

367. Disponível em: http://www4.bcb.gov.br/fis/PAD/port/Menu/ProcessoAdministrativo.asp, acesso em 27/3/2015.

o CRSFN (art. 11, § 4º, todos da Lei 6.385/1976). Apresenta, também, referências na aplicação das penalidades que elenca.

De fato, o § 1º, do art. 11, da Lei 6.385/76 estabelece limites máximos para a penalidade de multa, que não poderá exceder a R$ 500.000,00, cinquenta por cento do valor da emissão ou operação irregular ou três vezes o montante da vantagem econômica obtida ou da perda evitada em decorrência do ilícito, o que for maior.

Na sequência, o art. 11, da Lei 6.385/76 disciplina as penalidades aplicadas em caso de reincidência, quais sejam: 1. a suspensão do exercício de cargos ou inabilitação temporária para seu exercício, 2. a suspensão ou cassação da autorização ou registro para o exercício de atividades que delas dependam, 3. proibição temporária para prática de atividades ou para atuação no mercado como alternativas para as multas, ou 4. a aplicação desta multa até o triplo do valor previsto para as infrações sem a reincidência.

Dispõe ainda o § 3º, do art. 11, da Lei 6.385/76, que as penas de multa são reservadas para as **infrações de menor gravidade**, enquanto as demais penalidades são aplicadas para punir infrações mais graves ou reincidentes.

A norma regulamentar do processo sancionador, a Deliberação CVM 552/2008 disciplina seu procedimento.

Em linhas gerais, cabe a cada superintendência da CVM propor à Superintendência Geral da autarquia a instauração do inquérito ou formular termo de acusação, se entender bastantes os elementos de autoria e materialidade da infração, hipótese em que a superintendência elaborará termo de acusação.

Na hipótese de proposta de abertura do **inquérito**, este será instaurado pela Superintendência Geral e conduzido pela Superintendência de Processos Sancionadores – SPS em conjunto com a Procuradoria Federal Especializada – PFE, pelo prazo de 90 dias, prorrogáveis a critério do Superintendente Geral.

No inquérito, está dispensado o contraditório, conforme decidiu o STF:

> INQUÉRITO ADMINISTRATIVO – COMISSÃO DE VALORES MOBILIÁRIOS – CONTRADITÓRIO.
>
> Descabe ter-se como necessário o contraditório em inquérito administrativo. O instrumento consubstancia simples sindicância visando a, se for o caso, instaurar processo administrativo no qual observado o direito de defesa.
>
> (STF, T1, RE 304.857/RJ, Min. Marco Aurélio, DJe de 5/2/2010)

Não havendo provas suficientes para formular a acusação ou se se apurar prescrição ou a inexistência de infração, o inquérito será arquivado pela Superintendência Geral.

Havendo elementos bastantes, a SPS e a PFE elaborarão **relatório**, que será enviado à Superintendência Geral para a **abertura do processo**.

Com ou sem o inquérito, as secretarias e a PFE devem obter esclarecimentos do investigado, antes de formalizada a acusação.

O **acusado** será **intimado** para apresentação de **defesa** no prazo de 30 dias, com a advertência de que poderá propor a celebração de compromisso para cessar a prática de atividades ou atos considerados ilícitos e corrigir as irregularidades apontadas, inclusive indenizando os prejuízos, exceto para as irregularidades disciplinadas pela lei de lavagem de dinheiro.

Acolhida a proposta do **termo de compromisso**, o **processo é suspenso** até o cumprimento da proposta ou o descumprimento desta, quando o processo sancionador retoma seu curso.

Não apresentado o termo, se este for rejeitado ou descumprido, será sorteado um diretor relator, que poderá requerer **diligências**, deferir as solicitadas pelo acusado, além de levar o processo a **julgamento**.

Da decisão do relator que indeferir **provas**, cabe recurso ao colegiado no prazo de 5 dias. Produzida qualquer prova, será concedido o prazo de 15 dias para manifestação do acusado.

O **julgamento** do processo é realizado em seção pública, sob o comando do Presidente da CVM e, na sua ausência ou impedimento, por outro diretor, com a presença de no mínimo 3 membros, onde são permitidas sustentação oral do acusado e da PFE.

As **deliberações** são tomadas por maioria, cabendo ao presidente da seção o voto de qualidade. Das decisões do Colegiado cabem recurso com efeito suspensivo para o CRSFN, em regra, no prazo de 30 dias.

Este o procedimento ordinário do processo sancionador na CVM.

A autarquia emitiu, também, regras para o **procedimento sumário** (hoje regido pela Instrução CVM 545/2014), voltado a hipóteses de **infrações objetivas**, exceto no caso de reincidência.

São consideradas infrações objetivas especialmente aquelas decorrentes do descumprimento do dever de informar, imposto aos agentes do mercado, como exemplifica o art. 1°, I, da Instrução:

> Art. 1º Consideram-se infração de natureza objetiva, em que pode ser adotado rito sumário de processo administrativo sancionador, as seguintes hipóteses:
>
> I – os administradores de carteiras de valores mobiliários deixarem de observar os prazos de apresentação de informações periódicas previstos na norma que dispõe sobre a administração de carteiras de valores mobiliários;
>
> [...]

O procedimento sumário será instaurado e julgado pelas diversas superintendências da CVM, concedendo-se ao acusado o prazo de 15 dias para apresentação de defesa.

A superintendência tem o prazo de 30 dias para julgar o processo, podendo ser aplicadas as penalidades de advertência e multa de até R$ 100.000,00. Da decisão da superintendência cabe recurso ao colegiado e da decisão deste recurso ao CRSFN, ambos no prazo de 15 dias.

1.5. O CRSFN e os recursos no Sistema Financeiro Nacional

Das decisões proferidas pela Comissão de Valores Mobiliários e pelo Banco Central na matéria analisada deste tópico, bem como de órgãos como o Conselho de Controle de Atividades Financeiras – COAF, do Ministério da Fazenda, em matérias relacionadas com o crime de lavagem de dinheiro, cabe **recurso** em única instância para o Conselho de Recursos do Sistema Financeiro Nacional – CRSFN.

O Conselho é **órgão do Ministério da Fazenda**, de composição paritária, com membros representantes da Administração Pública e das entidades de classes que atuam no mercado financeiro, criado pelo Decreto 91.152/1985, que assumiu a função de julgamento de recursos, antes exercida pelo Conselho Monetário Nacional.

O **Conselho** é composto 8 membros, por 2 representantes do Ministério da Fazenda (um dos quais exercerá o cargo de presidente), 1 representante do Banco Central e 1 representante da Comissão de Valores Mobiliários, além de 4 representantes de instituições como a Federação Nacional dos Bancos – FEBRABAN, da Associação Brasileira das Entidades do Mercado Financeiro e de Capitais – AMBIMA, Associação do Mercado de Capitais – ANCORD, Associação Brasileira das Companhias Abertas – ABRASCA (dentre os quais será elegido o vice-presidente do Conselho).

Os **Conselheiros e seus suplentes** são designados pelo Ministro da Fazenda, mediante lista tríplice, no caso dos membros indicados pelas entidades de classe do mercado, para mandato de dois anos, permitida apenas uma recondução.

Junto ao Conselho, atuam **Procuradores da Fazenda Nacional**, designados por seu Procurador-Geral.

A **competência** do Conselho fora definida pelo art. 1°, do Decreto 91.152/1985 e hoje é estabelecida pelo art. 3°, de seu Regimento Interno, aprovado pelo Decreto 1.935/1996 – RICRSFN. A norma consolida a legislação que previa a competência recursal do CMN transferida ao Conselho, além de incluir hipóteses recursais previstas pela legislação posterior à criação do próprio CRSFN (tópico 3, supra).

Desde sua criação, em 1985, o principal acréscimo da competência do Conselho foi dado pelo art. 81, da Lei 9.069/1995, que lhe conferiu atribuição para julgar a aplicação de penalidades por **infrações** à **legislação cambial de capitais estrangeiros** e de **crédito rural e industrial**, matéria, inclusive, apreciada pelo STJ, que entendeu nula decisão proferida pelo CRSFN antes da edição da lei. Vejamos:

> ADMINISTRATIVO. RECURSO ESPECIAL. COMPETÊNCIA. CONSELHO MONETÁRIO NACIONAL. LEI nº 4.595/64. ART. 1º DO DECRETO nº 91.152/85. VIOLAÇÃO NÃO-CONFIGURADA. RECURSO ESPECIAL PREJUDICADO.
>
> 1. É nula a decisão proferida pelo Conselho de Recursos do Sistema Financeiro Nacional, por invadir a competência legalmente prevista para o Conselho Monetário Nacional. Interpretação do art. 4º, inciso XXVI, da Lei nº 4.595/64.

> 2. Somente com a edição da Lei nº 9.069/95 (art. 81) é que a competência do Conselho Monetário Nacional para julgar recursos contra decisões do Banco Central do Brasil relativas à aplicação de penalidades por infrações à legislação cambial de capitais estrangeiros e de crédito rural e industrial foi transferida para o Conselho de Recursos do Sistema Financeiro Nacional, criado pelo Decreto nº 91.152/85.
>
> 3. Recurso especial do Ministério Público Federal não-provido. Recurso especial de Mário Bernardo Garnero prejudicado.
>
> (STJ, T2, REsp 227.109/RJ, Min. João Otávio de Noronha, DJ de 22/8/2005)

A propósito, a competência do CRSFN **não alcança todas as decisões proferidas pelo Banco Central ou pela CVM**, mas apenas aquelas expressamente mencionadas pela norma regulamentar, como já se manifestou o STJ:

> ADMINISTRATIVO. DECISÃO DA CVM PROFERIDA EM PROCESSO DE FUNDO DE GARANTIA. RECURSO ADMINISTRATIVO. RECEBIMENTO COMPULSÓRIO. DESCABIMENTO.
>
> I – A Lei que dispõe sobre o mercado de valores mobiliários (Lei nº 6.385/1976) somente viabiliza o cabimento de recurso para o Conselho de Recursos do Sistema Financeiro Nacional, em face das decisões relacionadas às penalidades aplicadas pela CVM em inquéritos administrativos, não se incluindo dentre estas as decisões proferidas em processo de Fundo de Garantia, onde se determina a indenização a investidores.
>
> II – Recurso especial improvido.
>
> (STJ, T1, REsp 908.958/RJ, Relator Min. José Delgado, Relator para o acórdão Min. Francisco Falcão, DJe de 15/10/2009)

Sob o ponto de vista da **iniciativa processual**, são dois os tipos de recursos apreciados pelo Conselho: o **recurso voluntário**, interposto pela parte condenada no processo administrativo no âmbito do BC ou da CVM e o **recurso de ofício**, que consiste na remessa do processo ao Conselho pelas próprias autarquias julgadoras de primeira instância, nos casos de decisões que deixam de aplicar penalidades.

Também são **dois** os **ritos processuais**.

O **rito ordinário**, regido pelos arts. 9º e seg, do RICRSFN, prevê a interposição do recurso, por escrito, por petição dirigida ao Presidente do Conselho e apresentada perante autarquia julgadora de primeira instância, no caso de recurso voluntário e a interposição do recurso de ofício, por despacho no próprio ato que deixar de aplicar a penalidade.

A legislação específica acerca da penalidade aplicada pode prever prazos e efeitos próprios para o recurso. No silêncio desta, o prazo recursal será de 30 dias e o apelo terá apenas efeito devolutivo.

Autuado o recurso, o processo é encaminhado ao Conselho, não cabendo ao BC ou à CVM avaliar seu cabimento.

Ates da distribuição do recurso, os autos são encaminhados ao Procurador da Fazenda Nacional, que terá prazo de trinta dias para requerer diligências e esclarecimentos necessários à sua completa instrução, bem como para opinar sobre a matéria levada ao Conselho (art. 11, do RICRSFN).

Os recursos são distribuídos em ordem cronológica de ingresso no órgão (art. 12, do RICRSFN) e sorteados durante as seções aos Conselheiros Relatores, que terão o prazo de 30 dias para elaborar seu relatório ou pedir novas diligências (art. 13, do RICRSFN).

Não havendo diligências requeridas, ou após o cumprimento das diligências requeridas pelo Procurador da Fazenda Nacional e pelo Conselheiro Relator (que devem ser realizadas após a manifestação deste último – art. 13, § 6º, do RICRSFN), os autos devem ser encaminhados sucessivamente ao Procurador da Fazenda Nacional e ao Relator e devolvidos à Secretaria Executiva.

Cabe ao Presidente determinar a inclusão do processo em pauta para julgamento e à Secretaria Executiva a publicação da pauta (art. 14, do RICRSFN).

O Conselho delibera sobre os processos por maioria simples, estando presentes pelo menos 6 Conselheiros na seção (art. 17, do RICRSFN), as decisões são tomadas na forma de acórdão ou resolução (art. 23, do RICRSFN) e a ata da seção é publicada resumidamente do Diário Oficial da União (art. 24, do RICRSFN).

No capítulo do procedimento ordinário, o RICRSFN também prevê o recurso de revisão, contra decisões do próprio Conselho, em consonância com o art. 65, da Lei 9.784/1999, a Lei do Processo Administrativo Federal.

Além de diferenças residuais de procedimento quanto aos prazos de manifestação, dispõe o art. 10, do RICRSFN, que o recurso de revisão será sorteado a um relator e um revisor, excluídos o Presidente e, como é natural, o Conselheiro que tenha atuado como revisor ou relator no acórdão revisando.

Os arts. 29 e seg do RICRSFN disciplinam o **procedimento recursal especial**, cabível contra decisões cautelares proferidas no curso de processos administrativos instaurados pelos órgãos de primeira instância, como aquelas previstas pelo art. 9º, da Lei 9.447/1997.

O Regimento prevê, para tal recuso, procedimento mais célere, com prazos reduzidos de processamento, de manifestação do Procurador da Fazenda Nacional e do Relator em como a determinação de julgamento na primeira Sessão Ordinária em que o Conselho se reunir ou em Sessão Extraordinária que o Presidente convocar para essa finalidade.

As decisões do CRSFN substituem integralmente a decisão proferida no âmbito do BC e da CVM, conforme entendimento jurisprudencial. Assim, eventual discussão da penalidade no Judiciário deverá ser proposta contra o Conselho (na figura de seu presidente) em caso de mandado de segurança e contra a União, em se tratando de ação ordinária, não contra as autarquias ou seus agentes. Vejamos o que entende o STJ:

> [...]
>
> 4. Não há como negar que, havendo recurso, é o CRSFN quem decide, em definitivo, a questão cambial submetida ao âmbito administrativo, bem como que

o acórdão por ele proferido, ainda que apenas confirme a decisão emitida pelo Bacen, substitui esta, o que evidencia que o *decisum* que se busca infirmar com a presente ação foi proferido por órgão da administração direta e não por aquela autarquia.

5. Desta forma, discutindo-se penalidades impostas pelo Bacen no exercício de seu poder de polícia, as quais tenham sido reapreciadas pelo CRSFN em grau de recurso, é deste a legitimidade para figurar no pólo passivo da lide. Porém, sendo um órgão da União, desprovido, portanto, de personalidade jurídica, caberá à este ente público (União Federal) tal mister.

6. Recurso especial provido, para reconhecer a ilegitimidade passiva do Bacen nos autos.

(STJ, T1, REsp 1.149.477/DF, Min. Benedito Gonçalves, DJe de 2/3/2012)

Mencione-se, ainda, o art. 38, do Regimento, que determina a **aplicação subsidiárias das regras do processo penal** e, na falta destas, do **processo civil**. Não permite o Regulamento, contudo, a aplicação das regras de processo civil ou processo penal, em caráter subsidiário ou analógico, quando estas colidirem com preceitos administrativos, hipótese em que estes últimos prevalecerão.

2. REGIME PRUDENCIAL DO MERCADO FINANCEIRO

2.1. Introdução

A atividade financeira proporciona ganhos para a economia, na medida em que organiza e viabiliza o fluxo do capital. As instituições financeiras captam recursos da economia popular e os disponibilizam para investimentos públicos e privados. Elas também desenvolvem ativos novos que permitem a diversificação de investimentos, criando assim mecanismos de proteção ao risco e de melhoria de liquidez.

Com esta atividade, as instituições também criam inter-relações entre o mercado físico e o mercado financeiro e entre mercados financeiros diversos, além de reforçar as inter-relações entre mercados físicos. De fato, a atividade financeira liga o poupador ao tomador de recursos, liga a empresa emissora de títulos aos fundos de previdência que os adquire, liga ao governo investidor que adquire títulos públicos, liga o exportador aos bancos, ao receber destes valores em antecipação ao pagamento que será feito pelo importador e, por sua, vez, liga o banco aos adquirentes dos títulos emitidos a partir desta operação etc.

Por isso, eventuais crises do sistema não se limitam às instituições financeiras, mas podem afetar toda a cadeia de inter-relações econômicas por elas criadas, vale dizer, toda a economia.

Para se ter uma ideia, basta imaginar a notícia de que um banco irá quebrar. Ainda que a notícia seja falsa, todos os seus clientes ficam com medo correm para resgatar seus depósitos. Como vimos, não há papel-moeda suficiente em poder dos bancos para fazer frente a todos os depósitos. O resultado é a quebra do banco, sem falar de todos os efeitos negativos em terceiros, instituições financeiras ou não, que tenham relações com o banco.

O sistema financeiro, portanto, depende de uma rede de instrumentos que permitam seu bom funcionamento, evitem crises e garanta o patrimônio e a confiança das pessoas, sejam investidores, tomadores de recursos e poupadores.

Com vistas nisso, tomam-se medidas preventivas, para evitar crises de instituições financeiras e medidas interventivas, tomadas para que a crise de instituições financeiras isoladas não afete todo o sistema.

São medidas preventivas a exigência de requisitos para o funcionamento das instituições financeiras, inclusive de capital, a exigência de boas práticas bancárias, a política de redesconto de liquidez, para ajudar instituições em dificuldades momentâneas, a existência de fundo garantidor dos créditos e a instituição de sistemas eficientes e transparentes de pagamentos. Também podemos incluir a possibilidade de aquisição de instituições financeiras por bancos oficiais.

São medidas interventivas, tomadas face a instituições com problemas mais sérios, a administração temporária, a intervenção e a liquidação das instituições financeiras, que têm a finalidade de sanear instituições mal administradas ou mesmo extingui-las, com a responsabilização de seus gestores, para que não continuem a afetar o andamento da economia.

Trataremos agora do Sistema Brasileiro de Pagamentos, do Fundo Garantidor de Créditos, Programa de Estímulo à Reestruturação e ao Fortalecimento do Sistema Financeiro Nacional, e da aquisição de participação em instituições financeiras por bancos oficiais, como medidas preventivas, adotadas para aprimorar o Sistema Financeiro Nacional, para fortalecer as instituições financeiras, garantir os investidores e proporcionar confiança ao sistema.

Em seguida, trataremos de medidas interventivas do Banco Central, tomadas em caráter cautelar ou saneador de instituições em crise ou que se encontrem em situações de risco elevado.

2.2. Medidas preventivas

2.2.1. Sistema de pagamentos brasileiro – SPB[368]

2.2.1.1. Introdução

O funcionamento do sistema financeiro bem como a eficácia das medidas prudenciais voltadas à manutenção da liquidez do sistema depende, em boa medida, da eficiência do sistema de pagamentos.

De fato, há um hiato entre as negociações e sua liquidação e quanto maior a distância temporal entre o encontro das contas, maior será a incerteza quanto à capacidade de pagamento das negociações realizadas e um bom sistema de pagamentos é capaz de conferir segurança a toda a economia.

368. Este tópico foi reorganizado e ampliado, para melhor compreensão do SPB. Acrescentamos explicações sobre o sistema de pagamentos, e retiramos a citação de texto de lei, incorporados aos comentários, para evitar repetição.

E **o que é um sistema de pagamentos?**

No mundo moderno, estamos acostumados a fazer compras em lojas físicas e virtuais, contratar os mais diversos serviços, realizar investimentos bem como a efetuar os pagamentos por múltiplos meios, como transferências bancárias, cartões de débito e crédito, ordens de pagamento etc, no Brasil e no exterior, fazendo uso cada vez menor do papel-moeda. Entretanto, pouco pensamos do que é preciso para que um pagamento chegue ao seu destinatário.

O sistema de pagamentos é justamente o conjunto de instituições, sistemas informatizados e operações que permitem a concretização de pagamentos realizados por meios distintos do papel-moeda.

Com o tempo, os sistemas de pagamento têm se aperfeiçoado, para permitir a concretização e liquidação cada vez mais segura e mais rápida de pagamentos, tanto de operações comerciais quanto de operações financeiras, efetivados por meios complexos envolvendo compensações multilaterais.

Os principais agentes deste sistema de pagamentos, como é intuitivo, são o próprio governo, os bancos e outras instituições, como administradoras de cartão de crédito e a bolsa de valores, todos ligados à autoridade monetária. Por outro lado, não fazem parte do sistema de pagamentos, ao menos não de forma relevante, pequenos arranjos locais, como o vale refeição que uma pequena empresa fornece a seus funcionários para serem usados nos restaurantes da região, e posterior acerto com a empresa. Um arranjo como este é um pequeno sistema de pagamentos, mas não apresenta riscos para o sistema nacional, não possui maior importância e não suscita qualquer tipo de regulamentação.

No Brasil, até 2001, o sistema de pagamentos apresentava sérios defeitos, especialmente porque os saldos dos bancos nas contas de pagamento não eram controlados em tempo real, mas somente no final do dia, o que poderia gerar uma defasagem muito grande, cujo risco era suportado pelo Banco Central.

O sistema funcionava da seguinte maneira: as instituições realizavam os pagamentos durante um dia. No final deste dia ou nos dias seguintes, faziam-se as devidas compensações, pelas câmaras de compensação existentes na época, face a conta de reservas bancárias, que cada instituição possuía no Banco Central, pelo método de liquidação de valores defasados líquidos – LDL (*Deferred Net Settelment – DNS*, em inglês).

Neste sistema, a instituição poderia fazer pagamentos em volume maior do que os recursos que possuía, em sua conta no Banco Central, durante o dia, na expectativa de receber recursos bastantes para zerar suas operações.

Se a instituição não recebesse recursos suficientes, ficava em débito. As operações podiam ser desfeitas, mas o Banco Central assumia o risco do prejuízo naquele momento, sendo obrigado a "emprestar" os recursos necessários, para evitar que o saldo "negativo" de uma instituição comprometesse os pagamentos das demais.

Não havia sistemas de garantia nem critérios para saber se uma instituição atuava "no vermelho".

Para resolver este problema, o Brasil, seguindo as recomendações dos princípios acerca dos sistemas de pagamentos propostos pelo *Bank for International Settlements* – BIS (*Core Principles for Systemically Important Payment System*) estabeleceu um **novo sistema de pagamentos** em tempo real, de nível internacional, hoje com fundamento na Lei 10.214/2001, que regula a atuação das câmaras de compensação e na Lei 12.865/2013, que disciplina os arranjos de pagamento.

Instituiu-se o sistema de transferência de reservas – STR (*Real Time Gross System – RTGS*, em inglês), para controle em tempo real das **contas de reserva bancária** dos bancos comerciais, bancos múltiplos e outras instituições financeiras, e para administração, com alguma defasagem, das **contas de liquidação** das novas **câmaras de compensação** (*clearings*) que devem exigir garantias dos participantes do sistema, para não repassar os riscos ao Banco Central, bem como ser capazes de realizar compensações "de forma **individual** (um pagamento de um participante para outro), **bilateral** (dois ou mais pagamentos compensados por diferença entre dois participantes), ou **multilateral** (três ou mais pagamentos compensados por diferença entre três ou mais participantes), pelo valor líquido apurado"[369].

Como informa o BC, o SPB é um sistema de liquidação bruta em tempo real onde há a liquidação final de todas as obrigações financeiras no Brasil, sejam pagamentos com cheque ou cartão de crédito, ou operações com títulos e valores mobiliários. Neste sistema, as transferências interbancárias de fundos podem ser liquidadas em tempo real, em caráter irrevogável e incondicional, mas dependentes da existência de saldo suficiente de recursos na conta do participante emitente da transferência, saldo este garantido por mecanismos do Banco Central[370]. O sistema reduz os riscos de liquidação e prejuízos para o Banco Central, que, de outro modo, se via sujeito a arcar com falta de pagamento de operações descobertas, bem como reduz o risco sistêmico.

Deste sistema advêm dois **benefícios**: 1. a realização dos pagamentos com segurança, agilidade e confiabilidade e a 2. possibilidade de se identificar ou mesmo impedir, com a mesma agilidade e nível de certeza, situações de perda de liquidez de instituições financeiras. Leciona Yasbek:

> Pelo novo sistema, as reservas bancárias passariam a funcionar em tempo real, implementando-se um novo mecanismo para a sua transferência (o Sistema de Transferência de Reservas, ou STR). Em princípio, as movimentações efetuadas no STR correspondem ao valor bruto das operações (elas são efetuadas, assim, por liquidação bruta em tempo real, ou LBTR), apenas sendo possíveis em caso de disponibilidade de valores. Determinadas operações poderiam, porém, ser liquidadas naqueles sistemas de registro, compensação e liquidação (também denominados "câmaras", *clearinghouses* ou, simplesmente, *clearings*). Nesta última hipótese, a liquidação se dá por valores líquidos compensados (o chamado sistema LDL, de liquidação

369. FORTUNA, Eduardo. Mercado financeiro: produtos e serviços. Rio de Janeiro: Qualitymark, 2008, p. 783.

370. Disponível em: http://www.bcb.gov.br/?SPBVISGER, acesso em 27/3/2015.

> diferida por valores líquidos), o que permite a melhor administração do risco e a redução dos custos das transferências individuais, operação por operação[371].

A regulação do SPB, permite a **compensação multilateral** (art. 3º, da Lei 10.214/2001) e possibilita a **efetiva realização de garantias** no âmbito desses sistemas mesmo no caso de insolvência civil de participante. Caso uma entidade opere algum **sistema sistemicamente importante** (assim entendidos aqueles "subsistemas", cuja importância se sobressai face aos demais, pelo volume e pela capacidade de atender as exigências internacionais, como o Selic, do Banco Central, ou a CBLC, da Bolsa de Valores[372]), é necessário que atue como **contraparte central** (art. 4º, da Lei 10.214/2001) e, ressalvado o risco de emissor, assegure a liquidação dessas operações em seu sistema não repassando riscos a terceiros[373].

Quando se fala em contraparte central, significa dizer que não há relação direta entre as partes envolvidas no pagamento, credor e devedor. A relação do credor é firmada com a câmara (contraparte central, que atua como devedora) assim como a relação do devedor é firmada com a câmara (contraparte central, que atua como credora).

Estas entidades "que atuam como contraparte central devem adotar adequados mecanismos de proteção, dependendo do tipo de sistema e da natureza das operações cursadas em seus sistemas, e devem ser autorizadas pelo BCB. O princípio da entrega contra pagamento é observado em todos os sistemas de compensação e de liquidação de títulos e valores mobiliários. No caso de operação em câmara de compensação e de liquidação envolvendo moeda estrangeira, o princípio de pagamento contra pagamento também é observado"[374].

De fato, por haver **sistemas mais e menos importantes**, as entidades do SPB podem se sujeitar a **tratamentos diversos**, e este tratamento pode – e deve – ser mais rigorosos para as entidades que, em razão do volume ou a natureza dos negócios que operem, a critério do BCB, são capazes de oferecer risco à solidez e ao normal funcionamento do Sistema Financeiro Nacional.

Vamos agora fazer uma apresentação suscita e sistematizada do SPB e após discutir seus principais conceitos e sistemas.

2.2.1.2. Compreensão do sistema de pagamentos

Como vimos, nem toda instituição ou arranjo que faz pagamentos participa do SPB. Devemos tomar o cuidado entender a expressão "**sistema de pagamentos**" brasileiro ou de qualquer outro país, em seu **conceito técnico**, como um conjunto instituições, sistemas informatizados e operações que permitem a concretização de pagamentos, mas que são sujeitos a alguma **regulação do poder público**, seja na forma de regulamentação, fiscalização ou intervenção.

371. YAZBEK, Otávio. Regulação do mercado financeiro e de capitais. Rio de Janeiro: Elsevier, 2009, p. 242-3.

372. Errata: na primeira edição deste livro afirmamos equivocadamente que a COMPE, do Banco do Brasil seria sistemicamente importante. A afirmação não procede.

373. Disponível em: http://www.bcb.gov.br/?SPBVISGER, acesso em 27/3/2015.

374. Disponível em: http://www.bcb.gov.br/?SPBVISGER, acesso em 27/3/2015.

Se a expressão for entendida de maneira muito ampla, para envolver todas as pessoas e instituições, meios e formas, processos e técnicas de pagamento, o sistema de pagamentos seria todo o sistema financeiro, e o termo perderia sentido.

De outro lado, também não podemos entender o instituto de maneira muito restrita, para considerar apenas os princípios fundamentais de sua organização, aplicados àqueles sistemas que sejam sistemicamente importantes, pois no "sistema de pagamentos" há diversas instituições, sistemas informatizados e operações de menor importância, mas que compões o sistema nacional.

Outra observação que nos parece importante diz respeito ao termo "sistema" e suas variações.

A falta de outras palavras que possam distinguir conceitos distintos, acaba tornando a matéria um pouco confusa, quando se diz sistema sistemicamente importante do sistema de pagamentos brasileiro, que compõe o sistema financeiro nacional!

Sistema pode significar:

- Todo o Sistema Financeiro Nacional – SFN;
- O Sistema de Pagamentos Brasileiro – SPB, no conceito técnico;
- Uma instituição participante do SPB;
- Um sistema informatizado que realiza compensações e liquidações;

Para clarear um pouco, vamos nos referir ao conceito técnico, pela expressão "Sistema de Pagamentos Brasileiro" ou sua sigla "SPB" e aos sistemas informatizados das instituições do SPB, como sistema ou subsistema. Quando mencionarmos a palavra sistêmico ou sistemicamente importante, nos referimos a qualquer subsistema cujo bom funcionamento é essencial para todo o SFN e, no outro extremo, cujo mal funcionamento pode comprometer todo o SFN. Entretanto, considerando que as palavras geram confusão, é preciso ficar atento aos significados dos termos em cada contexto.

De forma bastante simplista, podemos apresentar o Sistema de Pagamentos Brasileiro, da seguinte forma:

- **Participantes**: **Governo** (autoridade monetária e controle central do sistema), **instituições financeiras** e **arranjos e instituições de pagamento**, (recebem e transferem fundos, negociam títulos públicos e privados, operam e intermediam pagamentos) e **câmaras** de compensação e liquidação, *clearinghouses* ou simplesmente ***clearings*** (que acertam as contas de transferências de fundos e liquidação de negócios).

- **Objetos** tratados no sistema: títulos públicos, títulos de renda fixa e variável, valores mobiliários, inclusive derivativos, moeda estrangeira, crédito consignado, cheques, transferências de crédito (TED, DOC e Boleto), operações com cartão de débito e crédito.

- **Sistemas**: sistema central da autoridade monetária (STR, do Banco Central), sistemas de compensação, que podemos chamar de "subsistemas" públicos (SELIC, COMPE) e privados (CIELO, CBLC, CETIP).
- **Sistema pela importância**: sistemas sistemicamente importantes e sistemas não importantes para o conjunto do sistema financeiro.
- **Métodos de compensação**: unilateral, bilateral e multilateral.
- **Tempo de liquidação**: liquidação bruta em tempo real – LBTR (RTGS) e liquidação de valores defasados líquido – LDL (DNS), D+0, D+1, D+2.
- **Princípios dos sistemas** (ou subsistemas) **sistemicamente importantes**: base legal, compreensão dos riscos, gerenciamento dos riscos, pronta liquidação, compensação multilateral, ativos de liquidação, segurança e confiabilidade operacional, eficiência, critérios de acesso e governança.

Vejamos, agora, os principais elementos do SPB.

2.2.1.3. Princípios

Segundo Eduardo Fortuna, "o conceito básico de um sistema de pagamentos do mercado financeiro é o de que, quando uma instituição financeira monetária – um banco comercial ou um manco múltiplo com carteira comercial – estiver efetivando um pagamento, o estará fazendo através de outro banco que, por sua vez, estará efetivando um recebimento. Tal fato significa que o aumento da liquidez de outro banco, ou seja, através da transferência de liquidez dentro do sistema bancário"[375].

Neste cenário, se os pagamentos não são efetivados, pode haver falta de liquidez da instituição que deveria receber o pagamento, ficando sem recursos para fazer os seus próprios pagamentos.

As regras prudenciais do sistema financeiro, inclusive as pertinentes ao sistema de pagamentos, procuram evitar este risco.

Neste sentido, o Comitê de Sistemas de Pagamento e de Liquidação, do Banco de Compensações Internacionais (*Bank for International Settlements* – BIS) estabeleceu, no âmbito da *soft law*, de caráter meramente orientador, estabeleceu **princípios fundamentais para os sistemas de pagamento sistemicamente importantes** (*Core Principles for Systemically Important Payment System*), bem como o papel dos bancos centrais na aplicação destes princípios, nos seguintes termos:

> Princípios Fundamentais para sistemas de pagamento sistemicamente importantes
>
> I. O sistema deve ter base legal bem fundamentada em todas as jurisdições relevantes.

375. FORTUNA, Eduardo. Mercado financeiro: produtos e serviços. Rio de Janeiro: Qualitymark, 2008, p. 779.

II. As regras e os procedimentos do sistema devem permitir que os participantes tenham uma clara compreensão do impacto do sistema sobre cada um dos riscos financeiros a que eles se expõem por conta de sua participação.

III. O sistema deve ter procedimentos para gerenciamento dos riscos de crédito e de liquidez claramente definidos, que especifiquem as respectivas responsabilidades do operador do sistema e dos participantes e que forneçam estímulos apropriados para o gerenciamento e contenção desses riscos.

IV. O sistema deve oferecer pronta liquidação final no dia ao qual o pagamento se refere, preferencialmente durante o dia ou, na pior hipótese, ao final do dia[376].

V. Um sistema que utiliza compensação multilateral deve, no mínimo, ser capaz de assegurar a tempestiva conclusão dos ciclos diários de liquidação no caso da incapacidade de liquidação do participante com a maior posição devedora[377].

VI. Os ativos utilizados para liquidação devem ser preferencialmente direitos creditórios contra o banco central; quando outros ativos são utilizados, eles devem carregar pouco ou nenhum risco de crédito e de liquidez.

VII. O sistema deve assegurar um elevado grau de segurança e de confiabilidade operacional e deve ter planos de contingência para a conclusão tempestiva do processamento diário.

VIII. O sistema deve oferecer meios de realização de pagamentos que sejam práticos para seus usuários e eficientes para a economia.

IX. O sistema deve ter critérios de participação objetivos e divulgados publicamente, que permitam acesso justo e aberto.

X. Os arranjos de governança do sistema devem ser efetivos, transparentes e baseados em prestação de contas.

Responsabilidades do banco central na aplicação dos Princípios Fundamentais

A. O banco central deve definir claramente seus objetivos em relação a sistemas de pagamento e deve divulgar publicamente seu papel e as principais políticas com respeito aos sistemas de pagamento sistemicamente importantes.

B. O banco central deve assegurar que os sistemas que ele opera atendem aos Princípios Fundamentais.

C. O banco central deve vigiar a observação dos Princípios Fundamentais pelos sistemas que ele não opera e deve ter a capacidade necessária para conduzir essa vigilância.

D. O banco central, ao promover a segurança e a eficiência de sistemas de pagamento por meio dos Princípios Fundamentais, deve cooperar com outros bancos centrais e com qualquer outra autoridade, nacional ou estrangeira, pertinente.

376. Os sistemas devem procurar exceder a exigência mínima incluída neste Princípio Fundamental.

377. Os sistemas devem procurar exceder a exigência mínima incluída neste Princípio Fundamentail.

Estes "princípios" foram atualizados e aprimorados por novas orientações do *Commitee on Payment and Settlements Systems*, do BIS, em conjunto com a IOSCO, consignadas no documento denominado *Principles for Financial Market Infrastructures*.

2.2.1.4. Papel do Banco Central

O novo sistema de pagamentos é construído em torno do **Sistema de Transferência de Reservas – STR**, do Banco Central, instituído pela Circular BCB 3.100/2002, que faz o monitoramento em tempo real das **contas de reserva bancária** das instituições financeiras e o controle da **conta de liquidação** das *clearings*.

Como informa o Banco Central, "as transferências de fundos, no âmbito do STR, são processadas por meio de lançamentos nas contas mantidas pelos participantes no Banco Central. O sistema constitui-se no coração do Sistema Financeiro Nacional, pois é por seu intermédio que ocorrem as **liquidações das operações** realizadas nos mercados monetário, cambial e de capitais, entre as instituições financeiras titulares de contas no BCB, com destaque para as operações de política monetária e cambial do Banco Central, a arrecadação de tributos e as colocações primárias, resgates e pagamentos de juros dos títulos da dívida pública federal pelo Tesouro Nacional"[378].

A conta reserva bancária é obrigatória para bancos comerciais facultativas para outras instituições financeiras. Já a conta de liquidação é obrigatória para os prestadores de serviço serviços de compensação e liquidação considerados sistemicamente importantes e facultativa para outras prestadoras do serviço de compensação.

Tipos de conta	Conta reservas bancárias	Contas de liquidação
Obrigatórias	– Bancos comerciais – Bancos múltiplos com carteira comercial – Caixas econômicas	– Prestadores de serviços de compensação e liquidação considerados sistemicamente importantes
Facultativas	– Bancos de desenvolvimento – Bancos de investimento – Bancos de câmbio – Bancos múltiplos sem carteira comercial	– Prestadores de serviços de compensação e liquidação não considerados sistemicamente importantes – Instituições não bancárias autorizadas a funcionar pelo Banco Central do Brasil

Fonte: Banco Central[379]

Seguindo os princípios do sistema de pagamentos, cada banco deve disponibilizar recursos em sua **conta de reservas bancárias** no início de cada dia, em valores estimados pela sua movimentação média.

378. Disponível em: http://www.bcb.gov.br/?STRGERAL. Acesso em 28/8/2015.

379. Disponível em: http://www.bcb.gov.br/?STRGERAL. Acesso em 28/8/2015.

As operações com a conta de reservas não podem ser canceladas, pois são irrevogáveis e irreversíveis. A correção de erros deve ser realizada por operações inversas e depende da instituição financeira creditada, que deve devolver os recursos.

O saldo das contas é monitorado em tempo real pelo STR e nenhuma instituição financeira, em momento algum, pode ter "saldo negativo" ou fazer "saque a descoberto" diretamente na conta. Se a instituição encontrar problemas de liquidez durante o dia, pelo fato do volume de transações ser superior ao estimado, ela pode obter crédito junto ao Banco Central, em troca de garantia por títulos públicos ou utilizar recursos dos recolhimentos compulsórios, com autorização da autoridade monetária.

Também é possível que as operações da instituição aguardem na fila de espera do STR, aguardando a transferência de fundos para sua conta, até a obtenção de saldo que permita a operação.

As **contas de liquidação** são operadas pelos agentes de compensação e liquidação e baseiam-se na existência de **garantias**, prestadas pelos agentes econômicos, para que as câmaras não assumam riscos ou os repassem a terceiros e nos métodos de **compensação multilaterais**.

Tanto as contas de reserva bancária quanto de liquidação são operadas dentro de horários previamente definidos, com vistas a garantia do bom funcionamento do sistema.

O acesso aos participantes é realizado por sistemas providos pelo Banco Central, como a Rede do Sistema Financeiro Nacional (RSFN) e aplicativo STR-Web, e a comunicação entre os participantes é realizada pelo Sistema de Mensageria – SM, também provida pela autoridade monetária.

2.2.1.5. Sistemas do SPB

Compõem a infraestrutura do sistema de pagamentos as seguintes instituições, que se subdividem em sistemas de transferências de fundos e sistemas de liquidação de títulos, valores mobiliários, derivativos e câmbio[380]:

Sistemas de transferências de fundos:

- Sistema de Transferência de Reservas (STR), operado pelo Banco Central do Brasil (BCB);
- Centralizadora da Compensação de Cheques (Compe), do Banco do Brasil S.A.;
- Sistema de Liquidação Financeira Multibandeiras, da Cielo;
- Sistema de Liquidação Doméstica, da Redecard;
- Sistema de Liquidação Diferida das Transferências Interbancárias de Ordens de Crédito (Siloc), da CIP; e
- Sistema de Transferência de Fundos (Sitraf), da CIP.

380. Disponível em: http://www.bcb.gov.br/?SPBVISGER, acesso em 27/3/2015.

Sistemas de liquidação de operações com títulos, valores mobiliários, derivativos e câmbio:

- Sistema Especial de Liquidação e de Custódia (Selic), operado pelo BCB;
- Câmara de Registro, Compensação e Liquidação de Operações de Câmbio da BM&FBovespa;
- Câmara de Compensação, Liquidação e Gerenciamento de Riscos de Operações no Segmento Bovespa e da Central Depositária de Ativos (CBLC) da BM&FBovespa;
- Câmara de Registro, Compensação e Liquidação de Ativos da BM&Bovespa;
- Câmara de Registro, Compensação e Liquidação de Operações de Derivativos da BM&FBovespa;
- Sistema de Registro, de compensação, de liquidação e custódia da Cetip S.A. – Mercados Organizados (Cetip);
- Central de Cessão de Crédito (C3) da Câmara Interbancária de Pagamentos (CIP).

Dos **sistemas de transferência de fundos**, apenas **o STR é sistemicamente importante**, porque é o sistema central do SPB. Os demais apresentam risco sistêmico baixo, sendo-lhes exigido menores rigores, embora se veja aprimoramento constante em alguns destes.

Os **sistemas de liquidação** de operações com títulos, valores mobiliários, derivativos e câmbio **são sistemicamente importantes**.

Analisamos o **STR** no item anterior e tratamos do **SELIC** (no tópico relativo ao controle da taxa de juros e aos títulos públicos. Fizemos também alguns comentários sobre as *clearings* na **BM&F**, como a **CBLC**, que realizam registro, compensação e liquidação de operações com ativos diversos, derivativos e moedas estrangeiras, e da **CETIP**, mercado de balcão, no capítulo de mercado de capitais.

O Serviço de Compensação de Cheques e outros Papéis – **COMPE** é o sistema do Banco do Brasil, de compensação de cheques. Este serviço tem perdido importância pela substituição do cheque por outros meios de pagamento.

A Câmara Interbancária de Pagamentos – **CIP**[381], da FEBRABAN, possui **vários sistemas** e realiza compensação de cheques de valor igual ou superior a R$ 5.000,00 (**CIP-Cheque Legal**); apresenta boletos de pagamento eletrônicos (**CIP-DDA**), compensa e liquida Boletos Bancários, Documentos de Ordem de Crédito – DOC e outros (**CIP-Siloc**); Transferência Eletrônica Disponível – TED (**CIP-Sitraf**); registra operações de cessão de créditos (**CIP-C3**), etc. Cada um desses, a seu modo, incorpora princípios mais modernos do sistema de pagamentos.

381. Disponível em: https://www.cip-bancos.org.br/cip/solucoes.html.Acesso em: 28/8/2015.

O Sistema de Liquidação Financeira Multibandeiras, da Cielo, e o Sistema de Liquidação Doméstica, da Redecard realizam compensação e liquidação de operações com cartão de débito e crédito. Interessante observar que a Cielo e a Rede prestam uma série de serviços, naturalmente que nem todos compõem o sistema de pagamentos.

A **Lei 10.214/2001** rege o sistema de pagamentos e **disciplina** as **câmaras de compensação** e os **titulares dos sistemas**, dispondo sobre a possibilidade de compensação multilateral (art. 3º, da Lei 10.214/2001), a atuação como contraparte central (art. 4º, da Lei 10.214/2001), o estabelecimento de mecanismos e salvaguardas, inclusive garantias, que permitam aos prestadores de serviços de compensação e de liquidação assegurar a certeza da liquidação das operações, sem que o patrimônio da *clearing* seja comprometido (parágrafos do art. 4º, da Lei 10.214/2001).

A lei dispõe também sobre a separação do patrimônio das câmaras, ainda que pertençam ao mesmo proprietário, sendo vedada a utilização deste patrimônio, de resto impenhorável (salvo por dívidas da própria *clearing*, na qualidade de parte contratante), como garantia de operações.

O art. 7º, da Lei 10.214/2001 prevê que os **regimes de insolvência civil, concordata, intervenção, falência ou liquidação extrajudicial**, a que seja submetido qualquer participante do sistema, não afeta o adimplemento de suas obrigações, que devem ser realizadas normalmente, à conta das garantias depositadas na *clearing*, da mesma forma que nos casos de inadimplemento (art. 8º). Em outros termos, a atuação da câmara não fica afetada pela decretação da falência das instituições de que participam. A câmara realiza as liquidações e compensações das operações desta instituição, anteriores à falência, como se nada tivesse ocorrido. A medida garante, assim, a estabilidade do sistema de pagamentos no caso de crise de uma instituição financeira.

Nos termos do art. 8º, parágrafo único, se após a transferência dos ativos e dos recursos da instituição inadimplente e da realização das garantias, houver saldo positivo, este será transferido à instituição, integrando a respectiva massa, se for o caso, e se houver saldo negativo, constituirá ele crédito da câmara ou do prestador de serviços de compensação e de liquidação contra o participante.

A lei disciplina, também, a aplicação às *clearinghouses* das regras gerais do sistema financeiro, como subordinação às regras do CMN, bem como à fiscalização do BC e da CVM.

Além dos sistemas de transferência de fundos e compensação e liquidação de operações com ativos, são participantes do sistema de pagamentos os **arranjos de pagamentos**, definidos pelo art. 6º, I, da Lei 12.865/2015, como o "conjunto de regras e procedimentos que disciplina a prestação de determinado serviço de pagamento ao público aceito por mais de um recebedor, mediante acesso direto pelos usuários finais, pagadores e recebedores", dos quais **são exemplos** "o conjunto de regras e procedimentos que disciplinam a utilização de cartões de crédito, débito e pré-pago para pagamento de bens e serviços, seja em moeda nacional ou em moeda estrangeira. Os serviços de transferência e remessas de fundos – de um país para outro – também são arranjos de pagamentos"[382].

Pode ser considerado um arranjo de pagamento, portanto, o cartão de crédito de seu clube de futebol ou de sua loja favorita, bem como o sistema de remessas de divisas, como a *Western Union*[383].

Estão **sujeitos a registro** no Banco Central **e fiscalização** da autoridade monetária os **arranjos integrantes do sistema**, definidos como "aqueles em que o conjunto de participantes apresenta, de forma consolidada, em 12 meses consecutivos, volumes **iguais ou superiores** a pelo menos um dos limites constantes na tabela abaixo, respeitando os períodos iniciais para vigência. Para a avaliação se os volumes referentes aos parâmetros "Recursos em conta de pagamento" e "Quantidade de usuários" apresentam valores iguais ou superiores aos respectivos limites, esses volumes devem ultrapassá-los em ao menos 30 dias, consecutivos ou não, nos últimos 12 meses"[384], enquanto os **não integrantes**, que devem "informar e manter atualizadas anualmente informações de cadastro, modalidades de arranjos que operam, descrição das características do instrumento de pagamento emitido no âmbito do arranjo e estatísticas"[385], são os que apresentam volumes abaixo dos constantes da tabela, em qualquer dos parâmetros[386].

Parâmetro	Inicial	1/1/2016	1/1/2017
Volume financeiro (R$ milhões)	500	250	50
Quantidade de transações (milhões)	25	12,5	2,5
Recursos em conta de pagamento (R$ milhões)	50	25	5
Quantidade de usuários (milhares)	2.500	1.250	250

Fonte: Banco Central[387]

Os arranjos de pagamento possuem um instituidor, pessoa jurídica responsável pelo arranjo de pagamento e, quando for o caso, pelo uso da marca associada ao arranjo de pagamento (art. 6º, II, da Lei 12.865/2015) e opera com instituições de pagamento, "pessoas jurídicas não financeiras que executam os serviços de pagamento no âmbito do

382. Disponível em: http://www4.bcb.gov.br/pec/gci/port/focus/FAQ%207-Sistema%20de%20Pagamentos% 20Brasileiro.pdf, p. 13, Acesso em 28/8/2015.
383. Disponível em: http://www.bancowesternunion.com.br/servicos/transferenciainternacional. Acesso em 28/8/2015.
384. Disponível em: http://www.bcb.gov.br/?ARRANJOSINTEG. Acesso em 28/8/2015.
385. Disponível em: http://www.bcb.gov.br/?ARRANJOSNAOINTEG. Acesso em 28/8/2015.
386. Disponível em: http://www.bcb.gov.br/?ARRANJOSNAOINTEG. Acesso em 28/8/2015.
387. Tabela disponível em: http://www.bcb.gov.br/?ARRANJOSINTEG e em: http://www.bcb.gov.br/?ARRANJOSNAOINTEG. Acesso em 28/8/2015.

arranjo e que são responsáveis pelo relacionamento com os usuários finais do serviço de pagamento, pagadores e recebedores"[388] (art. 6º, III, da Lei 12.865/2015).

O art. 12, da Lei 12.865/2015 protege os recursos mantidos em contas de pagamento (conta de registro detida em nome de usuário final de serviços de pagamento utilizada para a execução de transações de pagamento, nos termos do art. 6º, IV, da Lei 12.865/2015).

Ademais, a lei apresenta dispositivos que buscam assegurar a garantia do sistema de pagamentos, como a obrigatoriedade da observação de princípios pelos arranjos e instituições de pagamento (art. 7º), a regulamentação e fiscalização do Banco Central (art. 9º e 11) e a sujeição das instituições de pagamento ao regime de administração especial temporária, à intervenção e à liquidação extrajudicial, mesmo não se tratando de instituições financeiras (art. 13).

2.2.2. Fundo Garantidor de Créditos (FGC)

2.2.2.1. Introdução

Até o início da década de 90, os investidores brasileiros que depositavam seus recursos nos bancos não tinham garantia de que poderiam resgatar seus investimentos. Dependiam em primeiro lugar da solvência da instituição financeira e, em alguma medida, da capacidade do Banco Central.

Esta situação, somada ao episódio do bloqueio das aplicações financeiras do Plano Collor, promovia um estado de insegurança, incompatível com as condições necessárias ao bom funcionamento do mercado bancário.

Em 1995, o Conselho Monetário Nacional determinou a constituição do **Fundo Garantidor de Créditos – FGC**, pela Resolução CMN 2.197/1995.

A medida visava aliviar a responsabilidade do Banco Central sobre o sistema financeiro, bem como criar mecanismo de garantia para os investidores, atendendo aos desígnios expressos do texto então vigente do art. 192, IV, da Constituição Federal.

É certo que o FGC foi criado por Resolução do CMN, com fundamento no poder normativo de conjuntura, não por lei complementar, e que a norma constitucional fora revogada, não havendo na nova redação do art. 192, da CF/88 igual dispositivo. Contudo, o FGC continua vigendo, hoje regido pela Resolução CMN 4.222/2013, cujos termos analisaremos a partir de agora.

2.2.2.2. O FGC: natureza, estrutura e aplicação dos recursos

O FGC é ele próprio uma **instituição financeira**, criada na forma de associação civil sem fins lucrativos, com personalidade jurídica de direito privado, que não exerce

388. Disponível em: http://www4.bcb.gov.br/pec/gci/port/focus/FAQ%207-Sistema%20de%20Pagamentos% 20Brasileiro.pdf, p. 14, Acesso em 28/8/2015.

função pública, e tem como finalidades proteger depositantes e investidores no âmbito do sistema financeiro, contribuir para a manutenção da estabilidade do Sistema Financeiro Nacional e contribuir para prevenção de crise bancária sistêmica.

Se não há função pública, há evidente **finalidade pública** no FGC, dada sua finalidade de proteção do sistema financeiro, não apenas dos indivíduos investidores.

Em linhas gerais, o **FGC é composto** pelas instituições financeiras autorizadas a funcionar pelo Banco Central que recebam depósitos à vista, depósitos em contas de poupança ou depósitos a prazo; realizem aceite em letras de câmbio; captem recursos mediante a emissão e a colocação de letras imobiliárias, de letras hipotecárias, de letras de crédito imobiliário ou de letras de crédito do agronegócio e captem recursos por meio de operações compromissadas tendo como objeto títulos emitidos por empresa ligada.

Não estão incluídos entre os membros do FGC, portanto, instituições financeiras por equiparação, como as companhias de seguro, capitalização e previdência privada, a cujos clientes também não se estende sua proteção.

A Resolução 4.222/2013 define a **estrutura organizacional** do FGC, que inclui a Assembleia Geral, composta por todos os membros do fundo, um Conselho de Administração (com 5 a 9 membros e seus suplentes, com mandato de até 3 anos), um Conselho Consultivo (5 membros e 5 suplentes), uma diretoria executiva (2 a 5 diretores) e um Conselho Fiscal (3 membros e 3 suplentes).

Os membros do Conselho de Administração, do Conselho Consultivo e da Diretoria Executiva devem ser aprovados pelo BC e não podem ser pessoas ligadas às instituições financeiras associadas, para evitar conflitos de interesse.

Os votos da Assembleia Geral são realizados na proporção de um voto por cada real desembolsado na contribuição ordinária anterior à reunião.

O **fundo é custeado por recursos privados**, é dizer, não por recursos provenientes do orçamento público ou do Banco Central, senão com contribuições das entidades associadas, calculadas com base nos investimentos garantidos: depósitos a vista, depósitos em cadernetas de poupança e depósitos a prazo.

Prevê a Resolução 4.222/2013, que em caso de necessidade de mais recursos, o fundo pode se valer, nesta ordem, de contribuições extraordinárias, de adiantamentos das contribuições mensais ordinárias, de operações de crédito (empréstimos) com instituições privadas, oficiais ou multilaterais e de outras fontes que o Banco Central autorizar.

Os recursos do FGC podem ser parcialmente utilizados na contratação de operações de assistência ou de suporte financeiro, incluindo operações de liquidez com as instituições associadas, diretamente ou por intermédio de empresas por estas indicadas, inclusive com seus acionistas controladores. Estas operações encontram dois tipos de limite. *Com relação a cada instituição associada*, as operações não poderão exceder ao valor projetado dos créditos garantidos pelo fundo, salvo autorização do Banco Central, e *com relação ao patrimônio do próprio fundo*, o conjunto das operações realizadas *com cada instituição associada* não poderá exceder a 25% do patrimônio do fundo e o conjunto das operações com *todas as instituições associadas de um mesmo conglomerado financeiro* não poderá exceder a 50% do patrimônio (art. 4º, do Anexo I, da Resolução 4.222/2013).

O FGC também está autorizado a aplicar até 50% de seu patrimônio líquido (acrescido das obrigações passivas decorrentes da antecipação de contribuições ordinárias pelas instituições associadas) na aquisição de direitos creditórios de instituições financeiras e de sociedades de arrendamento mercantil, em títulos de renda fixa de emissão de instituições associadas desde que lastreados em direitos creditórios constituídos ou a constituir com os recursos das respectivas aplicações e em operações ativas vinculadas, vale dizer, aquelas em que o pagamento da obrigação fica vinculado ao recebimento do recurso colocado a disposição de terceiro (art. 5º, do Anexo I, da Resolução 4.222/2013).

Não pode o FGC, contudo, somar o limite de operações de liquidez, de 50% do patrimônio liquido, aos mesmos 50% relativo às aplicações de seus recursos, para comprometer todo seu patrimônio. Nos termos do art. 6º, do Anexo I, da Resolução 4.222/2013, o conjunto destas operações deve se limitar a 75% do patrimônio líquido do fundo.

2.2.2.3. A finalidade do FGC

Não se pode perder de vista que o objetivo final do FGC é a **garantia dos depósitos realizados por particulares**.

Nos termos do art. 3º, do Anexo I, da Resolução 4.222/2013, o FGC tem por **objeto** prestar garantia de créditos contra as instituições associadas, nas situações de intervenção ou liquidação extrajudicial da instituição (excluindo-se, portanto, o regime de administração especial temporária) e em outras situações em que o Banco Central reconheça o estado de insolvência da instituição.

Nestes casos, o **FGC realiza o pagamento da dívida da instituição, não lhe sendo permitido negar tal pagamento, e se subroga nos direitos do investidor**, vale dizer, tem o direito de haver o que pagou da instituição insolvente.

O FGC presta **dois tipos de garantia**, a ordinária e a especial.

A **garantia ordinária**, regida pelo art. 1º e seg. do Anexo II, da Resolução 4.222/2013, tem por objeto os depósitos a vista, os depósitos em caderneta de poupança, os depósitos a prazo, os depósitos em conta salário, os investimentos em letras de câmbio, letras imobiliárias, letras hipotecárias, letra de crédito imobiliário, letras de crédito do agronegócio, e em operações compromissadas.

Não há, outrossim, garantia para os demais créditos, incluindo os depósitos, empréstimos ou quaisquer outros recursos captados ou levantados, as operações relacionadas a programas de interesse governamental instituídos, os depósitos judiciais e fundos de investimento.

O valor total da garantia, para cada investidor, contra todas as instituições associadas do mesmo conglomerado financeiro é de R$ 250.000,00, valor bastante superior ao limite único de R$ 20.000,00, que vigorava no início do FGC e que vem sendo sistematicamente elevado.

Há também uma **garantia especial**, de que trata o art. 5º e seg. do Anexo II, da Resolução 4.222/2013, para os depósitos a prazo sem emissão de certificados. Estes depósitos se diferenciam dos tradicionais RDB e CDB, pois estes possuem certificado, e as aplicações com base nestes títulos estão cobertos apenas pela garantia ordinária.

Trata-se de contratos celebrados com a cláusula de garantia do FGC e registrados na CETIP S/A, e regidos por regras específicas.

Para estes depósitos, a garantia atinge R$ 20.000.000,00 por investidor.

Nestes termos, **o FGC funciona como instrumento preventivo de crises**, na medida em que garante as aplicações de recursos no sistema financeiro, promovendo a confiança neste sistema, na eventualidade de quebra de instituições a ele pertencentes.

Os temas relativos ao FGC não são muito judicializados. Não obstante, cabe mencionar a recente decisão do TRT da 2ª Região (São Paulo), que reafirma a finalidade do FGC para garantir aplicações financeiras, **não podendo seus recursos ser penhorados ou utilizados para garantir créditos de terceiros**[389].

De outro turno, começam a surgir decisões que obrigam o FGC a aplicar a **regulamentação nova, para fatos ocorridos no passado**, ampliando o direito dos clientes dos bancos.

Como dissemos, o fato gerador da utilização da garantia do FGC é a intervenção ou liquidação extrajudicial da instituição financeira ou o reconhecimento pelo Banco Central da insolvência da instituição. Caracterizada qualquer destas hipóteses, o FGC deve pagar ao cliente o valor de seus depósitos, até o limite do valor garantido.

Ocorre que a Resolução 4.222/2013 ampliou o valor da garantia de R$ 70.000,00 para R$ 250.000,00 e incluiu outras aplicações entre os créditos abrangidos pela garantia ordinária, como as aplicações em LCA e LCI.

Qual norma aplicar, portanto, se a liquidação do banco fora decretada antes da vigência da Resolução 4.222/2013? Em princípio, aplica-se a norma vigente à época da decretação, de forma que o cliente que possuía aplicações recebeu a garantia no limite de R$ 70.000,00 e nada recebeu face a seus investimentos em LCA, por exemplo.

Contudo, estes clientes têm procurado o Judiciário para fazer aplicar as regras novas, que aumentam as garantias, a fatos pretéritos, postulando a ampliação do valor da garantia e das hipóteses de cobertura[390], obtendo êxito, ao menos nos casos em que o processo de intervenção ou de liquidação estavam em curso quando a Resolução 4.222/2013 foi editada.

389. Valor Econômico. FGC não responde por dívida de terceiro. Edição de 10/10/2014.

390. Valor Econômico. FGC é condenado a pagar danos morais. Edição de 21/10/2014 e FGC deve cobrir letra de crédito do agronegócio. Edição de 23/2/2014.

Parece-nos que o mais correto seria a aplicação do normativo vigente à época em que a intervenção ou a liquidação fora decretada, por aplicação do princípio *tempus regi acto*, da lei vigente à época do fato, pela finalidade do FGC, que é criar um clima de segurança para as decisões de investir, não para isentar as instituições financeiras de responsabilidade e pela própria saúde financeira do FGC, pois as garantias são estimadas em virtude da capacidade do fundo e a obrigação de pagamento de garantias por fatos ocorridos antes de adquirida tal capacidade, pode comprometer a própria instituição: é dizer, se o fundo estiver obrigado a estender novas garantias a fatos pretéritos, terá que rever todas as garantias pagas, criando-se um cenário de insegurança jurídica.

Os precedentes, que ainda não chegaram aos tribunais superiores, pelo menos limitam a extensão das novas garantias a casos de intervenção e liquidação que estavam em curso quando a Resolução 4.222/2013 fora editada. Sem este corte temporal, o Fundo não resistiria.

Em decisão de 2016, o STJ referendou esta interpretação. Leia-se:

> CIVIL E PROCESSUAL CIVIL. RECURSO ESPECIAL. RECURSO MANEJADO SOB A ÉGIDE DO CPC/73. FUNDO GARANTIDOR DE CRÉDITO. VALOR DO TETO DE GARANTIA PARA CLIENTES BANCÁRIOS. OBSERVÂNCIA DA RESOLUÇÃO DO CMN VIGENTE À ÉPOCA DA INTERVENÇÃO NA INSTITUIÇÃO FINANCEIRA PELO BANCO CENTRAL. DATA DA EFETIVA PRIVAÇÃO DO ATIVO FINANCEIRO. PRETENSÃO DE RECEBIMENTO DA DIFERENÇA EM RAZÃO DE NOVA RESOLUÇÃO VIGENTE À ÉPOCA DA LIQUIDAÇÃO EXTRAJUDICIAL. IMPOSSIBILIDADE. RECURSO PROVIDO.
>
> 1. Inaplicabilidade do NCPC neste julgamento ante os termos do Enunciado Administrativo nº 2 aprovado pelo Plenário do STJ na sessão de 9/3/2016: Aos recursos interpostos com fundamento no CPC/1973 (relativos a decisões publicadas até 17 de março de 2016) devem ser exigidos os requisitos de admissibilidade na forma nele prevista, com as interpretações dadas até então pela jurisprudência do Superior Tribunal de Justiça. 2. Não cabe analisar, em recurso especial, os princípios contidos no art. 6º da Lei de Introdução às Normas do Direito Brasileiro, porque trazem carga eminentemente constitucional. 3. Ausência de relação de consumo a justificar a incidência do CDC. 4. A condição de fato para a incidência da norma que determina a indenização pelo Fundo Garantidor de Crédito é a indisponibilidade das aplicações, o que se verifica tanto com a liquidação quanto com a intervenção na instituição financeira, o que ocorrer primeiro. 5. Necessidade de proteção da higidez do sistema bancário e de garantia do princípio constitucional da igualdade entre os depositantes do Banco BVA. 6. Recurso especial parcialmente conhecido e provido.
>
> (STJ, T3, REsp 1.591.226/SP, Min. Moura Ribeiro, DJe de 7/11/2016)

Não se pode dizer, contudo, que a questão esteja pacificada.

Outro tema recorrente nos tribunais é a garantia ordinária dos fundos de previdência complementar.

Nos termos da Resolução 4.222/2013, estas entidades teriam direito à garantia única, que evoluiu, como vimos, até os presentes R$ 250.000,00, independentemente do número de associados. Alegam os fundos de previdência, contudo, que este valor deveria ser multiplicado pelo número de associados, pois a garantia é dirigida a cada um destes.

O STJ tem rejeitado a tese, limitando a garantia dos fundos de pensão, pois a finalidade do FGC, que não consiste em reserva ilimitada de recursos, é assegurar direitos de pequenos investidores, bem como preservar a saúde do sistema financeiro, não reduzir riscos de grandes investidores ou investidores agressivos. Leia-se:

> RECURSO ESPECIAL. DIREITO BANCÁRIO. FUNDO GARANTIDOR DE CRÉDITOS (FGC). INVESTIMENTOS EM CDB EFETUADOS POR ENTIDADE FECHADA DE PREVIDÊNCIA COMPLEMENTAR NO BANCO SANTOS S/A. FALÊNCIA. LIMITAÇÃO DA COBERTURA EM CONFORMIDADE COM O REGULAMENTO DO FGC APROVADO PELO CMN. IMPOSSIBILIDADE DE EXTENSÃO DA GARANTIA A CADA UM DOS PARTICIPANTES DO FUNDO DE PREVIDÊNCIA. INVESTIDOR INSTITUCIONAL. NEGATIVA DE PRESTAÇÃO JURISDICIONAL. INOCORRÊNCIA.
>
> 1. Pretensão de entidade fechada de previdência complementar de que o valor resguardado pelo Fundo Garantidor de Créditos (FGC) seja considerado individualmente para cada um dos seus participantes, em face da falência do Banco Santos. 2. O Fundo Garantidor de Créditos, entidade privada sem fins lucrativos, com criação autorizada pelo Conselho Monetário Nacional, tem por finalidade proteger titulares de créditos contra instituições financeiras a ele associadas, prestando aos pequenos investidores suporte financeiro mediante as contribuições que reúne dos integrantes do sistema. 3. O FGC integra uma rede de proteção bancária para a garantia do equilíbrio do sistema, atuando como um seguro de depósitos dos pequenos investidores. 4. Estabelecido no regulamento do FGC que as entidades investidoras, como a demandante, terão o total dos seus investimentos salvaguardados até o limite de vinte mil reais (R$ 20.000,00), a pulverização dessa garantia a cada um dos participantes do plano de previdência, além de afrontar o regulamento, pode conduzir ao indesejável desequilíbrio do fundo, comprometendo os seus fins institucionais. 5. Reconhecidas as entidades fechadas de previdência complementar como investidores institucionais qualificados no mercado financeiro, não se mostra razoável igualar a sua situação a dos pequenos poupadores a quem o FGC tem o propósito institucional de tutelar. 6. RECURSO ESPECIAL DO FUNDO GARANTIDOR DE CRÉDITO (FGC) PROVIDO, JULGANDO-SE PREJUDICADO O RECURSO ESPECIAL DA FUNDAÇÃO DEMANDANTE.
>
> (STJ, T3, REsp 1.453.957/SP, Min. Paulo de Tarso Sanseverino, DJe de 26/6/2015)
>
> RECURSO ESPECIAL. AÇÃO DE COBRANÇA. APLICAÇÃO NO MERCADO FINANCEIRO. FALÊNCIA DA INSTITUIÇÃO FINANCEIRA. INDENIZAÇÃO PELO FUNDO GARANTIDOR DE CRÉDITOS (FGC). INVESTIMENTO EFETUADO POR ENTIDADE DE PREVIDÊNCIA COMPLEMENTAR. LIMITE DE GARANTIA DO FUNDO GARANTIDOR DE CRÉDITO

> 1. Ação de cobrança ajuizada por entidade de previdência complementar contra o Fundo Garantidor de Créditos para cobrança de indenização decorrente da aplicação em CDB perante instituição financeira em liquidação extrajudicial (Banco Santos S/A), alegando que deve ser considerado o limite garantido a cada um de seus associados. 2. Função social de proteção ao pequeno investidor exercida pelo Fundo, para estimular e garantir a participação do cidadão comum no mercado financeiro. 3. Investimento efetuado pela recorrida em nome próprio, como um único investidor, tendo, portanto, direito a uma única indenização até o limite previsto no inciso VI do § 3º do art. 2º do Regulamento do FGC, aprovado pelo Conselho Monetário Nacional, no exercício da competência estabelecida na Lei 4.595/64. 4. Recurso especial conhecido e provido.
>
> (STJ, T4, REsp 1.454.238/SP, Min. Maria Isabel Gallotti, DJe de 1/2/2016)

Neste caso, por haver precedentes das duas Turmas da Segunda Seção do STJ, o tema, embora não julgado em sede de recurso repetitivo, encontra-se melhor delineado.

2.2.3. PROER

A Medida Provisória 1.179/1995[391] instituiu, em conjunto com a Resolução CMN 2.208/1995, o **PROER**, "Programa de Estímulo à Reestruturação e ao Fortalecimento do Sistema Financeiro Nacional, instituído pelo Conselho Monetário Nacional com vistas a assegurar liquidez e solvência ao referido Sistema e a resguardar os interesses de depositantes e investidores, será implementado por meio de **reorganizações administrativas, operacionais e societárias**, previamente autorizadas pelo Banco Central do Brasil" (art. 1º, da MP, convertida na Lei 9.710/1998).

O **contexto** do PROER era o recém-alcançado controle da inflação, que afetou o sistema financeiro nacional. As instituições financeiras acostumaram-se a administrar seus negócios baseadas nos lucros inflacionários, que tornava irrelevante a eficiência de suas operações. Com a estabilidade econômica, os lucros financeiros decorrentes do processo inflacionário desapareceram e muitas instituições bancárias entraram em crise.

Com vistas a fortalecer o sistema financeiro, entre outras medidas, foram editadas a MP 1.179/1995, posteriormente convertida na Lei 9.710/1998 e Resolução CMN 2.208/1995, para regular o processo de fusão e incorporação de bancos, de modo que as instituições financeiras pudessem criar as estruturas necessárias para atuar num mercado sem a inflação.

Como explica o Banco Central "o conjunto composto pela Medida Provisória nº 1.179 e a Resolução nº 2.208, ambas de 3/11/95, implantou o Programa de Estímulo à Reestruturação e ao Fortalecimento do Sistema Financeiro Nacional (Proer), que veio para ordenar a fusão e incorporação de bancos a partir de regras ditadas pelo Banco Central. Sua chegada, logo após a crise do Econômico, o 22º banco sob intervenção/

391. Cuja constitucionalidade fora reconhecida no julgamento da medida cautelar na ADI 1.376/DF (STF, Tribunal Pleno, ADI 1.376 MC/DF, Min. Ilmar Galvão, DJ de 31/8/2001).

liquidação desde o real, implantado em 1/7/94, não deixa de ser, entretanto, uma forma do governo antecipar-se a outros problemas, e facilitar o processo de ajuste do SFN. Com o Proer, os investimentos e a poupança da sociedade ficam assegurados. Há uma adesão incondicional ao mecanismo de proteção aos depositantes, introduzido pelas resoluções 2.197, de 31/8/95, e 2.211, de 16/11/95, do CMN, evitando que futuros problemas localizados possam afetar todo o sistema, com reflexos na sociedade brasileira"[392].

De fato, o Proer está situado entre as medidas preventivas de crise e as medidas interventivas. O texto da medida provisória convertida na Lei 9.710/1998 apresenta regramentos tributários aplicáveis as operações de fusão e incorporação de instituições financeiras e atua como fundamento de validade da intervenção do Banco Central para adotar as medidas reorganizações administrativas, operacionais e societárias, também mencionadas pela Resolução CMN 2.208/1995.

Tais **medidas efetivamente interventivas**, contudo, foram reguladas mais diretamente pela MP 1.182/1995, convertida na Lei 9.447/1997.

No âmbito preventivo, voltado ao saneamento das instituições financeiras, a Resolução CMN 2.208/1995 prevê um misto de medidas de estímulo, dentre as quais se observam: 1. a abertura de linhas especiais de assistência financeira vinculadas a títulos públicos (redesconto), a perdas decorrentes do processo de saneamento, a gastos com reorganização administrativa decorrentes da reestruturação da instituição financeira, a desmobilização de seus ativos e a reestruturação de sua carteira de ativos; 2. liberação de recursos do recolhimento compulsório/encaixe obrigatório sobre recursos a vista para aquisição de Certificados de Depósitos Bancários – CDBs; e 3. flexibilização dos limites operacionais aplicáveis a instituições financeiras.

2.2.4. Aquisição de participação em instituições financeiras por bancos oficiais

Mais recentemente, no contexto do combate à crise econômica de 2008, Lei 11.908/2009 criou novo mecanismo de suporte à confiança no sistema financeiro, baseada na reorganização societária de bancos.

A lei autorizou o **Banco do Brasil S.A.** e a **Caixa Econômica Federal** a constituir **subsidiárias integrais ou controladas**, com vistas no cumprimento de atividades de seu objeto social e a a**dquirir participação em instituições financeiras, públicas ou privadas, sediadas no Brasil**.

A existência de **bancos oficiais**, especialmente os bancos estaduais, administrados com diretrizes mais políticas eleitorais que com critérios de eficiência, gerou sérios problemas no país. Contudo, a existência de dois bancos, também oficiais, mas devidamente estruturados e adaptados ao novo cenário econômico de inflação baixa – o BB e a CEF –, permitiu que se criasse um novo instrumento de política, mas agora de política monetária, pautada por critérios técnicos.

392. Disponível em: http://www.bcb.gov.br/?PROER, acesso em 27/3/2015.

De fato, a Lei 11.908/2009 autorizou o Banco do Brasil S.A. e a Caixa Econômica Federal, diretamente ou por intermédio de suas subsidiárias, a adquirir participação em instituições financeiras, públicas ou privadas, sediadas no Brasil, e também em empresas dos ramos securitários, previdenciário, de capitalização e outros ramos previstos pela Lei 4.595/1964.

Com isso, atendendo a finalidade similar à do PROER, os bancos oficiais fortes puderam adquirir bancos oficiais e privados mais fracos e mais sujeitos às crises, fortalecendo, assim, todo o sistema financeiro.

A autorização legal foi temporária, valendo "até 30 de junho de 2011, podendo ser prorrogada por até 12 (doze) meses, mediante ato do Poder Executivo", nos termos do § 4º, do art. 2º, da Lei 11.908/2009, mas criou precedente que pode ser utilizado pelo legislador, de *lege lata*.

Na sistemática legal, exigia-se a contratação de empresas avaliadoras especializadas, cujos dirigentes não possuam interesses nas empresas sujeitas à avaliação, para a aquisição, sob qualquer forma jurídica, ações ou participações societárias, vedada a participação ou a aquisição de controle acionário das instituições de previdência complementar abertas.

Se a participação a ser adquirida fosse de banco público, a lei dispensava, inclusive, a licitação.

Na aquisição de participações em sociedades do ramo da construção civil a lei determinava realizados a lei determinava a constituição de Sociedades de Propósito Específico – SPE para a execução de empreendimentos imobiliários.

A lei autorizou, ainda, a criação da empresa CAIXA – Banco de Investimentos S.A., sociedade por ações, subsidiária integral da Caixa Econômica Federal, que por sua vez é uma empresa pública, para tornar viável a exploração das atividades de banco de investimento, participações e demais operações.

3. MEDIDAS INTERVENTIVAS

3.1. Introdução

As medidas de proteção do sistema são bastante interligadas. Não se relacionam apenas as medidas interventivas entre si, como se verifica de uma quase identidade de hipóteses que justificam o regime de administração especial temporária, da intervenção e da liquidação extrajudicial, senão que também as medidas preventivas e interventivas, a exemplo do que vimos acerca da utilização do FGC para garantir a aplicação de investidores em instituições financeiras sob intervenção ou liquidação extrajudicial.

No tópico anterior, vimos as medidas que procuram impedir as crises no sistema bancário, a partir de mecanismos de eficiência, reestruturação e garantia, de iniciativa dos próprios membros do sistema, vale dizer, das instituições financeiras. Veremos agora os mecanismos de proteção do mercado financeiro em que a autoridade monetária intervém independentemente da vontade das instituições financeiras, embora esta vontade possa também estar presente.

As medidas se dividem em dois grupos principais, num dos quais se encontram medidas de natureza cautelar, em que o Banco Central sugere ou determina certas adequações das instituições financeiras, para evitar situações mais graves e as de natureza efetivamente interventiva, quais sejam o regime de administração especial temporária, o regime de intervenção e o regime de liquidação extrajudicial.

3.2. As medidas cautelares de reestruturação

Como vimos anteriormente, cabe ao Banco Central a função de supervisionar e fiscalizar as instituições financeiras, bem como aplicar penalidades aos infratores das normas regulamentares do sistema financeiro nacional.

O art. 9º, da Lei 9.447/1997, conferiu ao Banco Central um **poder geral de cautela**, voltado a promover a melhoria da gestão das instituições financeiras, quando verifica, na investigação de infrações, que a instituição não se encontra bem administrada. Pode a autoridade monetária, diante de falta grave, determinar o afastamento dos indiciados da administração dos negócios da instituição, enquanto perdurar a apuração de suas responsabilidades; impedir que os indiciados assumam quaisquer cargos de direção ou administração de instituições financeiras ou atuem como mandatários ou prepostos de diretores ou administradores; impor restrições às atividades da instituição financeira; e determinar à instituição financeira a substituição da empresa de auditoria contábil ou do auditor contábil independente.

Como o próprio artigo afirma, trata-se de **medida cautelar, não punitiva**, tomada no sentido de proteger o interesse público no bom funcionamento do mercado financeiro. A medida não antecipa, sequer, o resultado do processo administrativo pela falta grave apurada. O que a medida cautelar ataca é o *risco* da permanência de uma situação que, por sua gravidade possa abalar o mercado, podendo ser revertida posteriormente.

Da decisão do Banco Central que implementa qualquer dos incisos do art. 9º, da Lei 9.447/1997 cabe recurso ao CRSFN, o mesmo órgão recursal das decisões da autoridade monetária que aplicam penalidades.

A medida cautelar perde **eficácia** se o processo no bojo do qual fora tomada não for concluído no prazo de 120 dias e, por óbvio, se do processo restar provada a inocorrência da infração.

Vale ressaltar que a medida pode ser tomada contra as instituições financeiras, bem como contra qualquer outra instituição equiparada, autorizada a funcionar pelo Banco Central.

A Lei 9.447/1997 também criou **outras medidas de natureza cautelar**, voltadas a reestruturação das instituições sujeitas aos regimes interventivos (as instituições financeiras e equiparadas, nos termos do art. 51, da Lei 6.024/1974), não a sua administração, como a medida prevista no art. 9º, da Lei 9.447/1997. A propósito, tais medidas não podem ser aplicadas a instituições financeiras oficiais federais, que também não estão sujeitas aos regimes interventivos.

De fato, as medidas de que tratamos agora **procuram evitar a decretação dos regimes interventivos** ou funcionam como **medida que antecipam tais regimes** (art. 5º, da Lei 9.447/1997) ou ainda como medida incidental de reestruturação tomada durante o regime interventivo.

As medidas do **art. 5º, da Lei 9.447/1997** serão tomadas pelo Banco Central visando assegurar a normalidade da economia pública e resguardar os interesses dos depositantes, investidores e demais credores, quando verificar quaisquer das hipóteses que autorizam a decretação do Regime de Administração Especial Temporária, o regime de Intervenção ou o regime de Liquidação Extrajudicial. São as **medidas** elencadas pela norma:

- capitalização da sociedade, com o aporte de recursos necessários ao seu soerguimento, em montante por ele fixado;
- transferência do controle acionário;
- reorganização societária, inclusive mediante incorporação, fusão ou cisão.

Se a medida for cumprida de maneira a superar definitivamente a causa que a justificou, a instituição fica isenta da medida interventiva. Assim, temos uma medida cautelar de prevenção do regime interventivo. Se, ao contrário, a medida não for implementada pela instituição interessada ou implementada de modo insatisfatório, o Banco Central decretará o regime interventivo, a medida cautelar terá funcionado como medida preparatória.

A Lei 9.447/1997 também prevê **medida cautelar de reestruturação da instituição financeira** no curso do regime interventivo. Neste caso, a medida não será tomada pelo Banco Central, mas pelo conselho diretor do RAET, pelo interventor ou pelo liquidante, mediante autorização da autoridade monetária.

Deveras, "no resguardo da economia pública e dos interesses dos depositantes e investidores, o interventor, o liquidante ou o conselho diretor da instituição submetida aos regimes de intervenção, liquidação extrajudicial ou administração especial temporária, quando prévia e expressamente autorizado pelo Banco Central do Brasil, poderá" 1. "transferir para outra ou outras sociedades, isoladamente ou em conjunto, bens, direitos e obrigações da empresa ou de seus estabelecimentos"; 2. "alienar ou ceder bens e direitos a terceiros e acordar a assunção de obrigações por outra sociedade"; e. 3. "proceder à constituição ou reorganização de sociedade ou sociedades para as quais sejam transferidos, no todo ou em parte, bens, direitos e obrigações da instituição sob intervenção, liquidação extrajudicial ou administração especial temporária, objetivando a continuação geral ou parcial de seu negócio ou atividade" (**art. 6º, da Lei 9.447/1997**).

A norma não prevê a possibilidade de capitalização da sociedade, presente no art. 5º, I, da lei, embora não seja impossível o aporte de capitais e o reerguimento da instituição, inclusive no processo de liquidação extrajudicial, nos termos do art. 19, 'a', da Lei 6.024/1974, posto que improvável.

3.3. Medidas interventivas estrito senso

3.3.1. Visão geral

Chamamos de medidas interventivas do Banco Central nas instituições financeiras aquelas que afastam a administração substitui a administração normal das instituições, por uma administração externa, nomeada pela autoridade monetária.

Os regimes interventivos são decretados quando o Banco Central verifica infrações reiteradas à legislação bancária pela instituição financeira ou situações desta instituição que colocam em risco o direito dos credores.

Os regimes interventivos são classificados principalmente por seus efeitos, graduados pelo Banco Central de acordo com a gravidade da situação em que se encontrar a instituição financeira. A medida mais amena é o **regime de administração especial temporária – RAET** (DL 2.321/1987), cujo efeito principal é o afastamento dos administradores da instituição, para que nova administração nomeada pelo poder público possa sanear o banco, sem que haja consequências para as obrigações da instituição.

Num grau maior de gravidade, cabe o **regime de intervenção** que, além de determinar a substituição da administração dos bancos, implica ainda em consequências no vencimento e na cobrança das instituições financeiras. De toda sorte, o objetivo da intervenção ainda é sanear a instituição (art. 2º e seg, da Lei 6.024/1974).

O regime mais drástico, recomendado para situações severas de inadimplência da instituição financeira, é a **liquidação extrajudicial**. Embora houvesse previsão legal que autorizasse a decretação de falência de instituições financeiras, a possibilidade ficou excluída pelo art. 2º, II, da lei 11.101/2005, de modo que o desfazimento da instituição financeira inadimplente se dá apenas pelo regime de liquidação extrajudicial (art. 15 e seg, da Lei 6.024/1974), que substitui a administração do banco, não com o objetivo primeiro de saneá-lo, mas de extingui-lo.

Na edição anterior, afirmamos que **não ser possível a decretação de falência de instituição financeira**, com fundamento do art. 2º, II, da Lei 11.101/2005, que regula a recuperação judicial, a extrajudicial e a falência do empresário e da sociedade empresária, e dispõe:

> Art. 2º Esta Lei não se aplica a:
>
> [...]
>
> II – instituição financeira pública ou privada, cooperativa de crédito, consórcio, entidade de previdência complementar, sociedade operadora de plano de assistência à saúde, sociedade seguradora, sociedade de capitalização e outras entidades legalmente equiparadas às anteriores.

Esta continua sendo nossa posição.

Não obstante, o Banco Central continua estudando a possibilidade de permitir que o liquidante requeira a falência ordinária de instituições financeiras[393], com fundamento no art. 21, b, da Lei 6.024/1974, assim redigido:

393. Valor Econômico, BC estuda levar Cruzeiro do Sul à falência por fraudes. Edição de 30/6/2015.

> Art. 21. A vista do relatório ou da proposta previstos no artigo 11, apresentados pelo liquidante na conformidade do artigo anterior o Banco Central do Brasil poderá autorizá-lo a:
>
> [...]
>
> b) requerer a falência da entidade, quando o seu ativo não for suficiente para cobrir pelo menos a metade do valor dos créditos quirografários, ou quando houver fundados indícios de crimes falimentares.

É necessário reconhecer, contudo, que a falência judicial de instituições financeiras encontra justificativa sólida no espectro de funções do Banco Central. Cabe à autarquia zelar pela estabilidade do sistema financeiro, razão pela qual lhe compete, prudencialmente, liquidar e retirar do sistema instituições financeiras comprometedoras desta estabilidade, com os devidos cuidados para evitar efeitos indesejáveis. Não é atividade típica do BC, contudo, liquidar o ativo da instituição, com vistas à satisfação dos direitos dos credores. Esta função é muito melhor desempenhada pelo Judiciário, que cuida dos direitos individuais dos credores da instituição falida.

Em síntese, pode-se dizer que há elementos que recomendam a falência judicial de instituições financeiras para que o **Banco Central** cuide do **interesse público** que consiste na **retirada cautelosa de instituições** financeiras **que comprometam a estabilidade do sistema**, reservando ao **Judiciário** as questões relativas a **direitos individuais** dos credores face à massa.

Cabem ainda três observações quanto aos regimes interventivos.

A primeira delas diz respeito ao **objetivo último dos regimes interventivos**. Embora a intervenção possa, em alguns casos, alcançar o saneamento de instituições e com isso resultar em ganhos para a própria instituição e seus sócios, e embora os regimes procurem, aliados ao FGC (exceto para o RAET), resguardar os direitos dos clientes do banco, a verdadeira razão de ser de tais regimes é a proteção do bom funcionamento do mercado financeiro – este o bem jurídico tutelado. É dizer, com os regimes interventivos, a autoridade monetária pretende que a instituição claudicante deixe de constituir ameaça ao bom funcionamento do mercado, seja pelo seu saneamento, seja pela sua extinção.

Outra observação dirige-se às **instituições sujeitas aos regimes interventivos**. Os regimes podem ser decretados para as instituições financeiras privadas e as públicas não federais, inclusive as cooperativas de crédito (art. 1º, da Lei 6.024/1974) e de uma forma geral às instituições autorizadas a funcionar pelo Banco Central.

Observa Salomão Neto caber também o regime de liquidação extrajudicial, e apenas este regime, para a liquidação de bancos de fato, vale dizer, instituições que atuem no mercado bancário sem a devida autorização do Banco Central[394].

Quanto a instituições financeiras por equiparação, a legislação autoriza a decretação dos regimes de intervenção e liquidação para sociedades ou empresas que integram o

394. SALOMÃO NETO, Eduardo. Direito bancário. São Paulo: Atlas, 2011, p. 541.

sistema de distribuição de títulos ou valores monetários no mercado de capitais e para sociedades ou empresas corretoras de câmbio (art. 52, da Lei 6.024/1974), bem como para sociedades administradoras de consórcios (art. 10, da Lei 5.768/1971).

Os regimes de intervenção e liquidação também podem ser estendidos a entidades não financeiras, mas que tenham "integração de atividade ou vínculo de interesse" com a instituição financeira, nos termos do art. 51, da Lei 6.024/1974.

De outro turno, não se aplicam os regimes interventivos a instituições financeiras oficiais federais, mas apenas às instituições privadas e as públicas pertencentes a estados e eventualmente a municípios.

A terceira observação se refere à **conversibilidade dos regimes**. De fato, se as medidas interventivas mais brandas não forem suficientes para sanear a instituição, o interventor pode propor sua dissolução extrajudicial. De outro lado, a instituição em liquidação extrajudicial pode se reerguer, por iniciativa de seus sócios, sem que se ultime a liquidação.

3.3.2. As hipóteses de decretação dos regimes interventivos

Antes de analisarmos os aspectos gerais de cada regime interventivo, precisamos estudar as fluidas hipóteses que autorizam sua decretação. Poder-se-ia esperar que a lei apresentasse hipóteses completamente distintas para a decretação de cada regime, mas isso não ocorre. Ao contrário, a legislação se utiliza de raciocínios circulares, para autorizar a decretação de um regime, se presentes as hipóteses previstas para outro, como ocorre no art. 1º, 'e', do DL 2321/1987, que prevê a possibilidade da decretação do RAET nas hipóteses previstas para a intervenção (art. 2º, da Lei 6.024/1974). Sobremais, há hipóteses de elevado grau de subjetividade em algumas hipóteses, tornando tênue e imprecisa a distinção de situações que autorizam um ou outro regime, de modo que a escolha do regime caberá a gravidade das situações, nos termos da avaliação discricionária do Banco Central.

Para Salomão Neto, há **hipóteses objetivas e subjetivas** para decretação dos regimes. Entende o autor que a hipótese de passivo a descoberto, por exemplo, é objetiva e demanda a instauração do RAET. A inadimplência também seria hipótese objetiva, que determina a decretação de algum dos regimes, havendo, contudo, discricionariedade do Banco Central para eleger o regime adequado. As hipóteses que envolvem a análise da boa ou má administração do banco, segundo o autor, seriam subjetivas, mas a apuração de indícios de insolvência da instituição obrigaria a autoridade monetária a instaurar algum dos regimes, ao menos o RAET[395].

Se classificarmos as **hipóteses pelo critério de sua natureza**, podemos separá-las em **seis grupos principais**: 1. a prática de infrações à legislação bancária, 2. a ocorrência de passivo a descoberto, 3. a má gestão, com ou sem prejuízos para a instituição, com ou sem riscos para os credores, 4. o descumprimento de ordem de liquidação ordinária emitida

395. SALOMÃO NETO, Eduardo. Direito bancário. São Paulo: Atlas, 2011, p. 537 e seg.

pelo Banco Central, 5. a inadimplência e 6. as hipóteses de liquidação extrajudicial a pedido dos administradores ou por proposta do interventor. Vejamos o quadro abaixo:

	RAET (Art. 1º e 4º, do DL 2.321.1987)	Intervenção (art. 2º, da Lei 6.024/1974)	Liquidação (art. 15, da Lei 6.024/1974)
Infrações à legislação **Qualquer regime, dependendo da gravidade da infração**	Art. 1° a) prática reiterada de operações contrárias às diretrizes de política econômica ou financeira traçadas em lei federal Art. 1°, c) descumprimento das normas referentes à conta de Reservas Bancárias mantida no Banco Central do Brasil.	Art. 2º II – reiteradas infrações a dispositivos da legislação bancária não regularizadas após as determinações do Banco Central.	Art. 15, I, b) quando a administração violar gravemente as normas legais e estatutárias que disciplinam a atividade da instituição bem como as determinações do CMN e do BC.
Passivo a descoberto **Apenas RAET**	Art. 1° b) existência de passivo a descoberto	–	–
Deficiência da administração **Qualquer regime, dependendo da gravidade dos efeitos da deficiência da administração**	Art. 1° d) gestão temerária ou fraudulenta de seus administradores; (independentemente de prejuízo para instituição financeira)	Art. 2º I – a entidade sofrer prejuízo, decorrente da má administração, que sujeite a riscos os seus credores; (com prejuízo para a instituição financeira)	Art. 15, I, c) quando a instituição sofrer prejuízo que sujeite a risco anormal seus credores quirografários; (com prejuízo para a instituição financeira e risco para os credores)
Descumprimento de determinação do BC com risco de prejuízo aos credores **Somente liquidação, por razão lógica, pois a hipótese prevê descumprimento de ordem de liquidação**	-	-	Art. 15, I, d) quando, cassada a autorização para funcionar, a instituição não iniciar, nos 90 (noventa) dias seguintes, sua liquidação ordinária, ou quando, iniciada esta, verificar o BC que a morosidade de sua administração pode acarretar prejuízos para os credores;
Inadimplência **Qualquer regime, dependendo da gravidade da inadimplência e da capacidade da instituição em voltar a honrar seus compromissos.**	Art. 1° e) ocorrência de qualquer das situações descritas no artigo 2º da Lei n° 6.024, de 13 de março de 1974. **(hipóteses da intervenção)** Art. 4º. quando caracterizada qualquer das situações previstas no art. 15 da Lei nº 6.024, de 1974. **(hipóteses da liquidação)**	Art. 2º III a ocorrência dos fatos que autorizam a decretação da **falência** (em geral, **inadimplência** do devedor, revelando indícios de sua insolvência)	Art. 15, I, a) ocorrências que comprometam sua situação econômica ou financeira especialmente **quando deixar de satisfazer, com pontualidade, seus compromissos** ou quando se caracterizar qualquer dos motivos que autorizem a declararão de **falência.**
Liquidação a pedido dos administradores e conversão da intervenção em liquidação por proposta do interventor. **Apenas liquidação.**	-	-	Art. 15. II – a requerimento dos administradores da instituição – ou por proposta do interventor, devidamente fundamentados o requerimento ou a proposta.

Em linhas gerais, temos o seguinte resumo:

A hipótese de **passivo a descoberto**, vale dizer, sem a contrapartida de uma conta de ativo, que pode decorrer de má administração ou apenas de erros contábeis, autoriza **apenas o RAET** (art. Art. 1° b, do DL 2.321/1987).

Por razões lógicas, a **não obediência ou a demora no cumprimento de ordem do Banco Central de liquidação ordinária** da instituição financeira, tendo em vista a cassação de sua autorização de funcionamento (art. 15, I, 'd', da Lei 6.024/1974), o **pedido do interventor de conversão do regime interventivo para o regime de liquidação**, quando o interventor não vislumbra possibilidade de saneamento da instituição e a **proposta de liquidação por parte dos administradores da instituição** (art. 15, II, da Lei 6.024/1974), **autorizam a liquidação**, não os regimes mais moderados.

As **demais hipóteses**, de infrações à legislação, deficiência da administração e inadimplência, autorizam a decretação de **qualquer dos regimes**, devendo o **Banco Central escolher aquele que melhor se adéqua à gravidade da situação e às condições instituição financeira em superá-la.**

Podemos distinguir as **deficiências da administração** em **três grupos**: 1) má administração, em que os gestores simplesmente cometem erros, sem dolo ou má-fé, que comprometam a instituição; 2) gestão temerária, em quem os gestores assumem repetidamente riscos demasiados, desproporcionais e incompatíveis com a capacidade da instituição, em movimento contrário a indicações do mercado, com o objetivo de obter lucros; e 3) gestão fraudulenta, em que os gestores praticam fraudes na administração da instituição financeira.

Estes dois últimos defeitos de administração constituem crimes, previstos no art. 4º, da Lei 7.492/1986:

> Art. 4º Gerir fraudulentamente instituição financeira:
>
> Pena - Reclusão, de 3 (três) a 12 (doze) anos, e multa.
>
> Parágrafo único. Se a gestão é temerária:
>
> Pena - Reclusão, de 2 (dois) a 8 (oito) anos, e multa.

Importante observar aparente contradição na lei. De acordo com o art. 1º, d, do DL 2.321/1987, a falta gravíssima da gestão fraudulenta e a falta grave da gestão temerária são causas do RAET, enquanto a figura mais branda da simples má administração pode acarretar intervenção e mesmo a liquidação da instituição financeira.

A contradição é só aparente.

O regime de administração temporária pode corrigir problemas agudos de fraude e gestão temerária, talvez com mais eficiência do que os problemas de uma má administração crônica, com prejuízos significativos para a instituição financeira e seus credores.

Trata-se de um remédio amargo, mas temporário, que pode expurgar os ilícitos e os administradores que os cometem, antes que os prejuízos apareçam, sejam pelo insucesso das medidas temerárias, que um dia aparecem, seja pela descoberta da fraude, com suas consequências jurídicas.

Contudo, superando a contradição aparente da lei, a descoberta de administração fraudulenta ou temerária não impede a decretação da intervenção ou da liquidação.

Ao contrário, administração fraudulenta e administração temerária são modalidades de má administração, que autorizam a intervenção e a liquidação, desde que os prejuízos das condutas já se tenham revelado.

A lei deve ser entendida, portanto, pelos efeitos das condutas. Má administração, pura e simples, não permite o regime do RAET, que tem, neste aspecto, apenas a função de expurgar a fraude e a temeridade recentes. A má administração, que decorra de incompetência ou de crimes, permite a intervenção e a liquidação da instituição financeira, a depender do tamanho dos prejuízos causados para a empresa.

3.3.3. RAET

O **Regime de Administração Especial Temporária** das instituições financeiras é decretado pelo Banco Central quando a autarquia verifica irregularidades sanáveis da instituição, que não ofereçam maiores riscos ao mercado financeiro.

O regime consiste basicamente na perda do mandato dos administradores e membros do Conselho Fiscal da instituição, sem afetar o curso regular de seus negócios nem seu normal funcionamento (art. 2º, do DL 2.321/1987), assumindo sua gestão um **conselho diretor nomeado pelo Banco Central**, com plenos poderes de gestão para a condução dos negócios sociais (art. 3º, do DL 2.321/1987).

A este conselho compete convocar com exclusividade a assembleia geral (art. 3º, § 1º, do DL 2.321/1987), gerir a instituição e, mediante autorização do Banco Central, praticar atos de disposição ou oneração do patrimônio da sociedade (art. 3º, § 3º, do DL 2.321/1987).

O tempo de **duração** do regime deve ser especificado pelo Banco Central no ato que o decretar somente poderá ser prorrogado se absolutamente necessário, por período não superior ao primeiro (art. 1º, § único, do DL 2.321/1987).

Decretado o regime, deve o conselho, assim como o interventor, na intervenção e o liquidante, na liquidação, nos termos dos arts. 9º a 11 da Lei 6.024/1974, por força do art. 5º, do DL 2.321/1987, arrecadar livros e documentos da sociedade, levantar balanço geral e o inventário dinheiros e bens da sociedade, ainda que em poder de terceiros, receber declaração dos ex-administradores e conselheiros fiscais que tenham exercido a função nos 12 meses anteriores à decretação do regime, contendo seus dados pessoais, informação sobre os mandados outorgados e sobre os bens que não se encontrem no estabelecimento, bem como da participação que tenham em outras sociedades e, por fim, elaborar relatório circunstanciado da instituição. Dispõe o art. 11, da Lei 6.024/1974:

> Art. 11. O interventor, dentro em sessenta dias, contados de sua posse, prorrogável se necessário, apresentará ao Banco Central do Brasil relatório, que conterá:
>
> a) exame da escrituração, da aplicação dos fundos e disponibilidades, e da situação econômico-financeira da instituição;

b) indicação, devidamente comprovada, dos atos e omissões danosos que eventualmente tenha verificado;

c) proposta justificada da adoção das providências que lhe pareçam convenientes à instituição.

Nos termos do art. 9º, do DL 2.321/1987, a decretação do regime autoriza o BC a utilizar recursos da Reserva Monetária visando ao saneamento econômico-financeiro da instituição e, não havendo recursos suficientes na conta, a os adiantar.

A decretação do **RAET não autoriza a utilização dos recursos do FGC**.

O **objetivo** do RAET é sanear a instituição.

A teor do art. 11, do DL 2.321/1987, poderá o Banco Central, a vista do relatório ou de proposta do conselho diretor:

- autorizar a transformação, a incorporação, a fusão, a cisão ou a transferência do controle acionário da instituição, em face das condições de garantia apresentadas pelos interessados;
- propor a desapropriação, por necessidade ou utilidade pública ou por interesse social, das ações do capital social da Instituição.
- decretar a liquidação extrajudicial da instituição.

No melhor dos cenários, o RAET **se extingue** quando, a critério do Banco Central do Brasil, a situação da instituição se houver normalizado (art. 14, 'c', do DL 2.321/1987).

Pode o regime se extinguir, contudo, se a União assumir o controle acionário da instituição, nos casos de transformação, incorporação, fusão, cisão ou de transferência do controle acionário da instituição e pela decretação da liquidação extrajudicial da instituição (alíneas 'a', 'b' e 'd', do art. 14, do DL 2.321/1987).

3.3.4. Intervenção

O regime de intervenção, decretado pelo Banco Central de ofício ou a pedido dos administradores (art. 3º, da Lei 6.024/1974), tem lugar em situações de gravidade intermediária para o mercado financeiro, em que a autoridade monetária vislumbra a possibilidade de recuperação da instituição.

A intervenção será executada por **interventor** nomeado pelo Banco Central do Brasil, com planos poderes de gestão, necessitando de autorização do BC para atos impliquem disposição ou oneração do patrimônio da sociedade, admissão e demissão de pessoal (art. 5º, da Lei 6.024/1974). Das decisões do interventor cabe recurso sem efeito suspensivo no prazo de 10 dias. O Banco Central decidirá os recursos em única instância (art. 13, da Lei 6.024/1974).

A intervenção tem **prazo** previsto de até seis meses, prorrogável uma única vez por decisão do Banco Central pelo período máximo de mais seis meses (art. 4º, da Lei

6.024/1974). O prazo se justifica, mesmo se comparado com o RAET que não tem prazo máximo definido, pelos rigores e pelos efeitos da intervenção.

Ao contrário do que se passa no RAET, **a intervenção afeta o curso normal das obrigações da instituição**, justificando, assim, a preocupação do legislador que o regime se opere de forma mais célere.

Quanto aos **efeitos** do regime, dispõe o art. 4º, da Lei 6.024/1974:

> Art. 6º A intervenção produzirá, desde sua decretação, os seguintes efeitos:
>
> a) suspensão da exigibilidade das obrigações vencidas;
>
> b) suspensão da fluência do prazo das obrigações vincendas anteriormente contraídas;
>
> c) inexigibilidade dos depósitos já existentes à data de sua decretação.

Cabe ao interventor observar o disposto nos arts. 9º a 11, da Lei 6.024/1974, no que toca a arrecadação de ativos, controle dos administradores e elaboração do relatório a ser entregue ao Banco Central.

Apresentado o relatório ou apresentada proposta do interventor o Banco Central pode determinar a cessação do regime, manter o regime ou decretar a liquidação extrajudicial (art. 12, da Lei 6.024/1974). A lei mencionava também a possibilidade de o BC autorizar requerimento de falência da instituição, hipótese que hoje nos parece incompatível com o novo regime falimentar, da Lei 11.101/2005.

A intervenção pode cessar caso o relatório do interventor aponte por sua desnecessidade. Em geral, contudo, cessará o regime com o acolhimento do Banco Central de proposta dos interessados, com as devidas garantias, de prosseguimento das atividades econômicas da empresa, com a normalização da situação a critério da autoridade monetária, ou com a decretação do regime de liquidação extrajudicial (art. 7º, da Lei 6.024/1974.

Não é possível a cessação do regime apenas pelo decurso do prazo. Até o termo final do regime, deverá o Banco Central decidir, dentre as hipóteses previstas, pela continuidade da instituição ou por sua liquidação.

3.3.5. Liquidação Extrajudicial

O objetivo, ao menos inicial do regime da liquidação extrajudicial é a exclusão da instituição financeira, por avaliar a autoridade monetária de que a instituição não apresenta condições de atuar no mercado, consistindo um risco ao sistema financeiro nacional.

A liquidação extrajudicial é executada por **liquidante** nomeado pelo Banco Central, com poderes bem mais amplos que o conselho diretor do RAET e o interventor, conferindo-lhe o art. 16, da Lei 6.024/1974, poderes "de administração e liquidação, especialmente os de verificação e classificação dos créditos, podendo nomear e demitir funcionários, fixando-lhes os vencimentos, outorgar e cassar mandatos, propor ações e representar a massa em Juízo ou fora dele". O liquidante depende de prévia e expressa autorização do Banco Central apenas para ultimar os negócios pendentes, onerar os bens da instituição ou aliená-los, mediante licitação.

O liquidante atua como **agente público**, conforme entendimento do STJ[396].

Os **efeitos iniciais** liquidação também são mais severos que nos demais regimes, se aproximando do regime falimentar. Leia-se o art. 18, da Lei 6.024/1974:

> Art. 18. A decretação da liquidação extrajudicial produzirá, de imediato, os seguintes efeitos:
>
> a) suspensão das ações e execuções iniciadas sobre direitos e interesses relativos ao acervo da entidade liquidanda, não podendo ser intentadas quaisquer outras, enquanto durar a liquidação;
>
> b) vencimento antecipado das obrigações da liquidanda;
>
> c) não atendimento das cláusulas penais dos contratos unilaterais vencidos em virtude da decretação da liquidação extrajudicial;
>
> d) não fluência de juros, mesmo que estipulados, contra a massa, enquanto não integralmente pago o passivo;
>
> e) interrupção da prescrição relativa a obrigações de responsabilidade da instituição;
>
> f) não reclamação de correção monetária de quaisquer divisas passivas, nem de penas pecuniárias por infração de leis penais ou administrativas.

A jurisprudência do STJ traz algumas exceções à suspensão da alínea 'a', do art. 18, da Lei 6.014/1974. São exemplos a não suspensão da execução fiscal, nos termos do art. 29, da Lei 6.830/1980[397] e processos cuja continuidade não redunda em qualquer redução do acervo patrimonial da massa objeto de liquidação[398].

A jurisprudência do STJ também já mitigou a alínea 'f', do art. 18, da Lei 6.014/1974, determinando a aplicação da correção monetária dos créditos habilitados em liquidação extrajudicial. São exemplos mais antigos o julgamento do REsp 613/MG[399] e do REsp 2.512/RJ[400]. Exemplo de decisão mais recente é o REsp 887.131/RJ. Leia-se:

---

396. ADMINISTRATIVO E PROCESSUAL CIVIL. RECURSO ESPECIAL. AÇÃO CIVIL PÚBLICA. IMPROBIDADE ADMINISTRATIVA. RECEBIMENTO DA INICIAL. ART. 17, §§ 8º E 9º, DA LEI nº 8.429/1992. LIQUIDAÇÃO EXTRAJUDICIAL DE INSTITUIÇÃO FINANCEIRA. ENQUADRAMENTO DO LIQUIDANTE EXTRAJUDICIAL COMO AGENTE PÚBLICO. ATRIBUIÇÕES QUE SE RELACIONAM COM O EXERCÍCIO DO PODER DE POLÍCIA DO BANCO CENTRAL DO BRASIL. POSSIBILIDADE. RECURSO ESPECIAL NÃO PROVIDO, DIVERGINDO-SE DO RELATOR.
(STJ, T1, REsp 1.187.947/BA, Relator Min. Napoleão Maia Filho, Relator para o Acórdão Min. Benedito Gonçalves, DJe de 04/8/2014)

397. STJ, T1, REsp 903.401/PR, Min. José Delgado, DJ de 25/2/2008.

398. STJ, T2, REsp 717.166/PE, Min. Eliana Calmon, DJ de 21/11/2005.

399. STJ, S2, REsp 613/MG, Relator Min. Eduardo Ribeiro, Relator p/ Acórdão Min. Athos Carneiro, DJ de 16/4/1990.

400. STJ, T4, REsp 2.512/RJ, Min. Bueno De Souza, DJ de 4/10/1993

> PROCESSUAL CIVIL E COMERCIAL. CORRETORA DE VALORES. REGIME DE LIQUIDAÇÃO EXTRAJUDICIAL. EMBARGOS DE DECLARAÇÃO. OMISSÃO. SÚMULA N. 211/STJ. DL N. 7.661/1945. ART. 44, VI. APLICAÇÃO. CORREÇÃO MONETÁRIA. CABIMENTO. SÚMULA N. 43/STJ. ATO ILÍCITO ABSOLUTO E ATO ILÍCITO RELATIVO. JUROS DE MORA. CITAÇÃO.
>
> [...]
>
> 3. "É entendimento consolidado da Corte que a evolução dos fatos econômicos tornou insustentável a não-incidência da correção monetária, sob pena de prestigiar-se o enriquecimento sem causa do devedor, constituindo-se ela imperativo econômico, jurídico e ético indispensável à plena realização dos danos e ao fiel e completo adimplemento das obrigações" (REsp n. 247.685/AC, relator Ministro Sálvio de Figueiredo Teixeira, DJ de 5.6.2000). 4. O enunciado da Súmula n. 43/STJ refere-se tanto ao ato ilícito absoluto (extracontratual) quanto ao ato ilícito relativo (contratual). Precedentes. 5. Conforme disposto no art. 18, alínea "d", da Lei n. 6.024/1974, decretada a liquidação extrajudicial da empresa, não há fluência de juros enquanto não integralmente pago o passivo. No caso, porém, não tendo havido recurso da parte interessada quanto ao ponto, deve ser mantido o entendimento adotado no acórdão recorrido, que determinou a incidência da norma contida no art. 219 do CPC e, como consequência, fixou a fluência dos juros moratórios desde a citação válida. 6. Recurso da primeira recorrente conhecido e parcialmente provido. Recurso da segunda recorrente parcialmente conhecido e desprovido.
>
> (STJ, T3, REsp 887.131/RJ, Min. João Otávio de Noronha, DJe de 14/10/2013)

Por outro lado, a jurisprudência afastava a cobrança de penalidades da massa. Leia-se:

> TRIBUTÁRIO. EXECUÇÃO FISCAL. LIQUIDAÇÃO EXTRAJUDICIAL. DECRETAÇÃO. JUROS DE MORA. NÃO-FLUÊNCIA. CORREÇÃO MONETÁRIA. PENAS PECUNIÁRIAS. RECLAMAÇÃO. VEDAÇÃO. NULIDADE DA CERTIDÃO DA DÍVIDA ATIVA - CDA. SÚMULA Nº 07/STJ.
>
> [...]
>
> II - Os juros de mora podem ser reclamados no processo de liquidação extrajudicial de instituição financeira, não sendo possível apenas a sua fluência a partir da decretação da liquidação. É vedada, no entanto, a reclamação da correção monetária e das penas pecuniárias por infração à lei penal ou administrativa, enquadrando-se nessa última categoria as de natureza fiscal. Precedente: REsp nº 532.539/MG, Rel. Min. FRANCISCO FALCÃO, DJ de 16/11/2004. III - O privilégio previsto na Lei de Execuções Fiscais, que exclui o Fisco do concurso de credores em processo de liquidação, não afasta as regras da Lei nº 6.024/74 que regulam os consectários das dívidas das instituições financeiras em liquidação extrajudicial, não se sujeitando o crédito fiscal apenas à concorrência entre credores. IV - Recurso especial conhecido parcialmente e, nessa parte, provido parcialmente.
>
> (STJ, T1, REsp 848.905/BA, Min. Francisco Falcão, DJ de 8/3/2007)

A ementa do precedente deixa parecer que, neste julgado, o STJ não permitiu a reclamação de correção monetária. Contudo, o caso tratava apenas de multas administrativas em execução fiscal.

Há de se destacar, contudo, que a atual Lei de Falências, a Lei 11.101/2005, permite a cobrança de multas administrativas, embora em posição pouco privilegiada. Assim, a aplicação subsidiária desta norma (art. 83, da Lei 11.101/2005) permite a cobrança de multas administrativas nas liquidações extrajudiciais.

De se lembrar, a propósito que a lei de falências é aplicada subsidiariamente à liquidação extrajudicial. Nos termos do art. 34, da Lei 6.024/1974, "aplicam-se a liquidação extrajudicial no que couberem e não colidirem com os preceitos desta Lei, as disposições da Lei de Falências [...]".

Da mesma forma que ocorre no RAET e na intervenção, **cabe ao liquidante** na liquidação a arrecadação de ativos, o recebimento das declarações dos ex-administradores e elaboração do relatório a ser entregue ao Banco Central.

"Deixar, o ex-administrador de instituição financeira, de apresentar, ao interventor, liquidante, ou síndico, nos prazos e condições estabelecidas em lei as informações, declarações ou documentos de sua responsabilidade" é crime previsto pelo art. 12, da Lei 7.492/1986, sujeito à pena de reclusão, de 1 (um) a 4 (quatro) anos, e multa.

A norma também é aplicada na intervenção. Pelo menos numa interpretação literal, não se aplica ao RAET.

Prosseguindo a liquidação, cabe ao liquidante apurar os débitos da instituição e elaborar o quadro geral de credores na liquidação, a partir das declarações de créditos dos credores e dos documentos, livros e papéis averiguados pelo liquidante, de acordo com os arts. 22 a 25, da Lei 6.024/1974.

Constituem crime, previsto pelo art. 14, da Lei 7.492/1986, tanto apresentar crédito falso, ou comprovado por documento falso, quanto reconhecer o ex-administrador crédito falso como verdadeiro. Leia-se:

> Art. 14. Apresentar, em liquidação extrajudicial, ou em falência de instituição financeira, declaração de crédito ou reclamação falsa, ou juntar a elas título falso ou simulado:
>
> Pena - Reclusão, de 2 (dois) a 8 (oito) anos, e multa.
>
> Parágrafo único. Na mesma pena incorre o ex-administrador ou falido que reconhecer, como verdadeiro, crédito que não o seja.

A conduta do interventor e do liquidante, assim como do síndico (atual administrador, em caso de falência) também é regida por norma penal, que obriga estas pessoas a cumprirem sempre com a verdade. Leia-se o art. 15, da Lei 7.492/1986:

> Art. 15. Manifestar-se falsamente o interventor, o liqüidante ou o síndico, (Vetado) a respeito de assunto relativo à intervenção, liquidação extrajudicial ou falência de instituição financeira:
>
> Pena - Reclusão, de 2 (dois) a 8 (oito) anos, e multa.

Ressalta o STJ que o **liquidante e o Banco Central possuem atribuições distintas**, aquele atua como executor e este como juiz da falência, atribuições estas que devem ser compatibilizadas[401].

Cabe ao BC decidir pelo prosseguimento da liquidação ou cessar o regime, a vista do relatório inicial do liquidante, por proposta deste, ou de pedidos de interessados (art. 21, parágrafo único, da Lei 6.024/1974).

De fato, **a liquidação cessará** em três hipóteses, nos termos do art. 19, da Lei 6.024/1974, quais sejam 1. a aprovação das contas finais do liquidante e baixa no registro público competente, 2. a transformação em liquidação ordinária, extinguindo-se a instituição, ou 3. a aprovação do Banco Central de proposta dos interessados, credores ou outras instituições, de tomarem a si o prosseguimento das atividades econômicas da empresa, mediante a apresentação das necessárias condições de garantia.

Embora a liquidação judicial seja realizada por determinação do Banco Central (autarquia federal), que assume a gestão da instituição liquidanda, por intermédio do interventor, não afeta a competência para tratar de questões envolvendo a instituição financeira.

A competência para as ações do interesse da instituição permanece da Justiça Estadual[402]. São da competência da Justiça Federal, porém, ações que versem sobre condutas do Banco Central e do interventor, por envolverem interesse da União[403], por força do art. 109, I, da CF/88.

Na vigência do regime falimentar anterior ou para aqueles que aceitam a hipótese de falência de instituição financeira com fundamento na Lei 11.101/2005, a falência seria a quarta forma de cessar a liquidação extrajudicial.

---

401. [...]

4. Atribuições distintas do liquidante e do Banco Central, que não se sobrepõem, não se excluem e devem ser compatibilizadas visando o melhor aproveitamento da liquidação extrajudicial das instituições financeiras.

5. O Banco Central do Brasil, na qualidade legalmente equiparada de "juiz da falência", reconheceu que os créditos oriundos do termo de caução pertenciam à instituição liquidanda. Tal determinação administrativa não foi impugnada pelas vias próprias. Daí porque não há falar em existência de crédito qualificado em favor do recorrente/credor, restando-lhe submeter-se ao concurso geral de credores.

6. Recurso especial não provido.

(STJ, T3, REsp 459.352/RJ, Min. Ricardo Villas Boas Cueva, DJe de 31/10/2012)

402. STJ, S2, CC 19.304/SP, Min. Felix Fischer, DJe de 18/2/2010; STJ, T3, REsp 1.162.469/PR, Min. Paulo de Tarso Sanseverino, DJe de 9/5/2012; STJ, T4, REsp 1.093.819/TO, Luis Felipe Salomão, DJe de 9/4/2013; STJ, S2, CC 144.238/RJ, Min. Ricardo Villas Bôas Cueva, DJe de 31/8/2016.

403. STJ, S2, CC 4.862/PB, Min. Aldir Passarinho Junior, DJ de 27/5/2002; STJ, S2, CC 128.090/CE, Min. Ricardo Villas Bôas Cueva, DJe de 20/8/2014.

3.3.6. Responsabilidade dos administradores e dos membros do conselho fiscal

Os regimes interventivos procuram resguardar prioritariamente o interesse público do bom funcionamento do mercado, mas não exime a responsabilidade pelos atos praticados. Ao revés, a **responsabilização dos administradores**, embora prestigie diretamente o interesse dos indivíduos lesados, atua também no sentido de proteção do mercado.

Deveras, dispõe o art. 39, da Lei 6.024/1974, que "os administradores e membros do Conselho Fiscal de instituições financeiras responderão, a qualquer tempo, salvo prescrição extintiva, pelos que tiverem praticado ou omissões em que houverem incorrido".

Indo mais além, em regra que não alcança os membros do conselho fiscal, o art. 40, da Lei 6.024/1974 prevê **responsabilidade solidária dos administradores** pelas obrigações assumidas pela instituição financeira durante sua gestão.

Para garantir as normas de responsabilidade, o art. 36, da Lei 6.024/1974, prevê que "os administradores das instituições financeiras em intervenção, em liquidação extrajudicial ou em falência, ficarão com todos os seus bens indisponíveis não podendo, por qualquer forma, direta ou indireta, aliená-los ou onerá-los, até apuração e liquidação final de suas responsabilidades", **indisponibilidade** que ficará devidamente registrada nos registros públicos e nas bolsas de valores (art. 38, da Lei 6.024/1974).

Ademais, o art. 45, da Lei 6.024/1974 determina que o Ministério Público requeira o **sequestro dos bens dos ex-administradores**, que não tinham sido atingidos pela indisponibilidade no caso de o Banco Central, mediante inquérito, apurar prejuízos causados a terceiros pela instituição financeira submetida ao regime interventivo.

Entende o STJ que a **indisponibilidade** (art. 36, da Lei 6.024/1974) **e o sequestro** (art. 45, da Lei 6.024/1974) **não são medidas excludentes**. Veja-se:

> INSTITUIÇÃO FINANCEIRA. Liquidação extrajudicial. Arresto.
>
> – O arresto de bens previsto no art. 45 da Lei 6.024/74 pode incidir sobre os que já estavam indisponíveis (art. 36).
>
> – Recurso não conhecido.
> (STJ, T4, REsp 185.796/SP, Min. Ruy Rosado de Aguiar, DJ de 17/12/1999)[404]

Até o advento do DL 2.123/1987, não havia **responsabilidade das empresas controladoras das instituições financeiras** sujeitas ao regime interventivo.

A norma, porém, estabeleceu a **responsabilidade solidária dos controladores** das instituições submetidas ao RAET. Leia-se:

> Art. 15. Decretado o regime de administração especial temporária, respondem solidariamente com os ex-administradores da instituição pelas obrigações por

404. Jurisprudência que se mantém inalterada, a teor dos seguintes julgados: STJ, T3, AgRg no REsp 775.494/SP, Min. Paulo de Tarso Sanseverino, DJe de 12/5/2011; e STJ, T4, REsp 487.921/SP, Min. Raul Araújo RAUL, DJe de 2/5/2013.

esta assumidas, as pessoas naturais ou jurídicas que com ela mantenham vínculo de controle, independentemente da apuração de dolo ou culpa.

1° Há vínculo de controle quando, alternativa ou cumulativamente, a instituição e as pessoas jurídicas mencionadas neste artigo estão sob controle comum; quando sejam, entre si, controladoras ou controladas, ou quando qualquer delas, diretamente ou através de sociedades por ela controladas, é titular de direitos de sócio que lhe assegurem, de modo permanente, preponderância nas deliberações sociais e o poder de eleger a maioria dos administradores da instituição.

2° A responsabilidade solidária decorrente do vínculo de controle se circunscreve ao montante do passivo a descoberto da instituição, apurado em balanço que terá por data base o dia da decretação do regime de que trata este decreto-lei.

Sobremais, o art. 19 do DL 2.123/1987 determinou que se aplicam ao RAET as normas da Lei 6.024/1974 que forem com este compatíveis, em especial as que previssem medidas acautelatórias e promotoras da responsabilidade dos ex-administradores.

Surgiu, porém, substancial lacuna na disciplina dos regimes interventivos, pois as **regras de responsabilidade do RAET eram mais severas que as da própria liquidação extrajudicial**, aplicável em casos teoricamente mais graves.

A lacuna foi suprida, com o advento da **Lei 9.447/1997, que determinou a aplicação do art. 15, do DL 2.321/1987 também aos regimes de intervenção e liquidação**.

Assim, vigoram hoje **para todos os regimes interventivos** a responsabilidade dos administradores e membros do Conselho Fiscal por atos por eles praticados; a responsabilidade dos administradores solidária com a instituição financeira, pelos prejuízos causados; e a responsabilidade dos controladores, solidária com a instituição financeira e com os administradores.

Embora a matéria não seja própria de direito econômico, mas de direito processual, há interessante divergência jurisprudencial quanto à **legitimidade do Ministério Público** para atuar como autor ou como *custos legis*, seja para fiscalizar a instituição financeira seja para a propositura de ação de reparação de danos.

O STJ, em jurisprudência reiterada até os dias de hoje, entende pela legitimidade do Ministério Público. Veja-se:

INSTITUIÇÃO FINANCEIRA. Regime de Administração Especial Temporária. Cessação. Ministério Público. Legitimidade.

O Ministério Público não perde a legitimidade para prosseguir na ação de responsabilidade de administradoras de instituições financeiras após o levantamento do regime de administração especial e temporária. Lei 9.447/97.

Recurso não conhecido.

(STJ, S2, REsp 444.948/RO, Min. Ruy Rosado de Aguiar, DJ 3/2/2003)[405]

---

405. No mesmo sentido: STJ, T3, AgRg no REsp 444.944/RO, Min. Ricardo Villas Boas Cueva, DJe de 19/8/2014.

O STF, contudo, entende pela ilegitimidade do Ministério Público para atuar em novas ações após o término do regime interventivo, exceto as ações de natureza penal:

> RECURSO EXTRAORDINÁRIO. LIQÜIDAÇÃO EXTRAJUDICIAL DE INSTITUIÇÃO BANCÁRIA. CESSAÇÃO. LEGITIMIDADE DO MINISTÉRIO PÚBLICO PARA FISCALIZAR OS ATOS PRATICADOS PELA NOVA GESTÃO. INEXISTÊNCIA.
>
> 1. A legitimidade do Ministério Público para fiscalizar os atos de instituição financeira perdura enquanto couber ao Banco Central do Brasil, por intermédio de liqüidante, a responsabilidade pela administração da entidade liqüidanda.
>
> 2. Exaurido o regime de intervenção extrajudicial, cessa também a legitimidade ad causam do Parquet, quer como custos legis, quer na condição de autor, visto que a empresa retoma a autogestão de seus negócios. Recurso extraordinário não conhecido.
>
> (STF, T2, RE 166.776/SP, Min. Maurício Corrêa, DJ de 4/6/1999)[406]

Sob o prisma constitucional, portanto, a interpretação do STF acerca do art. 127, da CF/88 limita a atuação do Ministério Público enquanto durar o regime interventivo, quando se poderia falar na defesa de interesses sociais, relativos à própria saúde do sistema financeiro, quanto em direitos individuais indisponíveis. Após o término do regime, de fato, a instituição financeira volta a atuar normalmente, de modo que as relações entre esta, seus credores e devedores retomam o âmbito dos direitos privados disponíveis.

4. QUADROS SINÓTICOS

Regime regulador e sancionador do mercado financeiro

Regulação	Em sentido amplo, regulação abrange a regulamentação, no sentido de expedição de regras, a aplicação e a fiscalização destas regras, permitindo, inclusive a aplicação de penalidades, a intervenção estatal na iniciativa privada e a atuação direta do Estado na economia, mediante ações concretas. Em sentido restrito, regulação coincide com o poder regulamentar, de expedir normas. Ao tratarmos do regime sancionador, trataremos da regulamentação de condutas no mercado financeiro, que envolve a edição de normas proibitivas e a aplicação de penalidades, que pode ser contraposta à regulação sistêmica, na qual se inserem medidas preventivas, prudenciais e interventivas nas instituições financeiras e nos mercados.
Penalidades	Aplicam penalidades pela prática de atos ilícitos administrativos contra o sistema financeiro nacional o Banco Central e a Comissão de Valores Mobiliários

406. No mesmo sentido, veja-se: STF, T1, AI 576.892 AgR/GO, Min. Cármen Lúcia, DJe de 20/11/2009 e STF, T2, ARE 640.544 AgR/GO, Min. Ricardo Lewandowski, DJe de 22/5/2013.

BC	O Banco Central aplica penalidades em instituições financeiras que operam no mercado de crédito e cambio e, de uma forma geral, às entidades que dependem de sua autorização para funcionar.	
Exemplos de penalidades aplicadas pelo BC	Advertência; multa pecuniária variável; suspensão do exercício de cargos; inabilitação temporária ou permanente para o exercício de cargos de direção na administração ou gerência em instituições financeiras; e cassação da autorização de funcionamento das instituições financeiras públicas, exceto as federais, ou privadas em geral.	Art. 44, da Lei 4.595/1964
	Advertência; multa pecuniária, inabilitação temporária e cassação ou suspensão da autorização para o exercício de atividade, operação ou funcionamento de pessoas que praticam infrações à lei de lavagem de dinheiro.	Art. 12, da Lei 9.613/1998
	Multa; suspensão da autorização para funcionar e cassação da autorização para funcionar, de entidades que operam no sistema financeiro da Habitação.	Art. 43, da Lei 4.380/1964
	Outras penalidades a consórcios; a pessoas que praticam ilícitos contra a disciplina do capital estrangeiro, das remessas de valores para o exterior, e ilícitos cambiais; e sociedades integrantes do sistema de distribuição de título ou valores mobiliários, entre outros.	Lei 11.795/2008; Lei 4.131/1962 o Decreto 23.258/1933 e Medida Provisória 2.224/2001; e DL 448/1969
CVM	Aplica penalidades a pessoas que atuam no mercado de capitais, por infração à Lei 6.385/1974 e à Lei 6.404/1976 e normas regulamentares	Art. 11, *caput*, da Lei 6.385/1974
Penalidades	▸ Advertência; ▸ Multa; ▸ Suspensão do exercício do cargo de administrador ou de conselheiro fiscal de companhia aberta ou entidade que dependa de autorização da CVM; ▸ Inabilitação temporária destes administradores e conselheiros; ▸ Suspensão da autorização ou registro para o exercício de atividades no mercado de capitais; ▸ Cassação de autorização ou registro, para o exercício das atividades; ▸ Proibição temporária, de praticar determinadas atividades ou operações; ▸ Proibição temporária de atuar, direta ou indiretamente, em uma ou mais modalidades de operação no mercado.	Art. 11, incisos I a VIII, da Lei 6.385/1974

Infrações	▸ Condições artificiais de demanda, oferta ou preço de valores mobiliários; ▸ Manipulação de preços no mercado de valores mobiliários; ▸ Operação fraudulenta no mercado de valores mobiliários; ▸ Prática não equitativa	Instrução CVM 8/1979
Insider Trading	Utilização de informações importantes e de divulgação obrigatória que sejam capazes de afetar o preço da cotação de ativos, antes da referida divulgação.	Instrução CVM 8/1979; Art. 155 e 157, da Lei 6.404/1964; e Art. 27-D, na Lei 6.385/1976
Processo no BC	▸ Aplicam-se os princípios do contraditório e da ampla defesa; ▸ Fases: intimação do acusado ou lavratura do auto de infração, defesa e julgamento pelo BC (ou pelo CMN, no caso da pena de cassação da autorização de funcionamento das instituições financeiras); ▸ Recurso para o CRSFN, cujos efeitos são regulados pela lei que disciplina a infração aplicada.	Resolução CVM 1.065/1985
Processo na CVM	▸ Aplicam-se os princípios do contraditório e da ampla defesa (exceto na fase de inquérito); ▸ Fases: Inquérito (se necessário); esclarecimentos do investigado; abertura do processo; defesa; termo de compromisso (se apresentado); instrução; e julgamento; ▸ Procedimento sumário: abertura; defesa; e julgamento. ▸ Recurso para o CRSFN, cujos efeitos são regulados pela lei que disciplina a infração aplicada.	Deliberação CVM 358/2008; e Instrução CVM 545/2014
CRSFN		
Composição	Paritária 8 membros, representantes do Poder Público e do mercado financeiro	Decreto 91.152/1985; Decreto 1.935/1996.
Recursos	▸ Das decisões do BC e da CVM que aplicam penalidades cabe recurso para o CRSFN; ▸ Somente cabe recurso se houver previsão expressa da lei que regulamenta a penalidade ou a atuação do Conselho; ▸ Não cabe recurso de decisões do BC e da CVM que constituam exercício de outras funções das autarquias, as medidas prudenciais, medidas materiais ou medidas preventivas.	Decreto 91.152/1985; Decreto 1.935/1996 – RICRSFN e Art. 81, da Lei 9.069/1995

Atribuição	O CRSFN é órgão recursal do SFN, não órgão regulador das autarquias, função desempenhada pelo CMN. As decisões do CRSFN, contudo, não podem ser revistas pelo CMN.

Regime interventivo

Medidas preventivas	Adotadas para garantir o bom funcionamento do mercado, antes da iminência de crises.	
SBP	Permite eficiência e garantia de liquidez na realização de pagamentos e cumprimento de obrigações com títulos e valores mobiliários.	Lei 10.214/2001
FGC	Garante os depósitos dos investidores até determinado valor	Resolução CMN 4.222/2013
PROER	Programa de Estímulo à Reestruturação e ao Fortalecimento do Sistema Financeiro Nacional mediante medidas dentre as quais a fusão e incorporação de bancos	Lei 9.710/1998; e Resolução CMN 2.208/1995
Aquisição de bancos	Autorizou o Banco do Brasil S.A. e a Caixa Econômica Federal a constituir subsidiárias integrais ou controladas, com vistas no cumprimento de atividades de seu objeto social e a adquirir participação em instituições financeiras, públicas ou privadas, sediadas no Brasil.	Lei 11.908/2009
Medidas interventivas	Atuação direta do Banco Central na instituição financeira, seja em caráter cautelar ou definitivo, quando a instituição apresenta riscos iminentes ao mercado.	
Intervenção cautelar	▸ Buscam impedir danos ao mercado ou garantir a eficácia das medidas interventivas estrito senso. Exemplos: ▸ Afastamento dos indiciados da administração dos negócios da instituição financeira; ▸ Impedimento a que indiciados assumam cargos de direção ou administração de instituições financeiras; ▸ Restrições às atividades da instituição financeira; ▸ Determinação de substituição da empresa de auditoria contábil ou do auditor contábil independente.	Art. 9º, da Lei 9.447/1997
Intervenção estrito senso	▸ Medidas que visam recuperar a gestão, a credibilidade e a situação econômica de instituições financeiras ou mesmo excluí-las do mercado.	
Hipóteses	▸ Prática de infrações à legislação bancária; ▸ Ocorrência de passivo a descoberto (somente RAET); ▸ Má gestão, com ou sem prejuízos para a instituição, com ou sem riscos para os credores;	Salvo hipóteses em que a lei categoricamente define o regime, há liberdade do Banco Central para definir o regime interventivo,

	▸ Descumprimento de ordem de liquidação ordinária emitida pelo Banco Central (somente liquidação); ▸ Inadimplência; ▸ Liquidação extrajudicial a pedido dos administradores ou por proposta do interventor (somente liquidação)	conforme sua avaliação quanto ao estado da instituição financeira e a gravidade dos atos por ela praticados.
RAET	▸ Regime de Administração Especial Temporária; ▸ Efeitos: substitui a administração da instituição financeira, sem alterar o curso de seus negócios; ▸ Objetivo: melhorar a gestão de instituições mal administradas.	DL 2.321.1987
Intervenção	▸ Efeitos: exclui a administração; suspende a exigibilidade das obrigações, a fluência do prazo das obrigações vincendas e torna inexigíveis os depósitos já existentes à data de sua decretação; ▸ Objetivo: sanear a instituição em dificuldade, com vistas a reinserir a instituição no mercado; ▸ Pode resultar em liquidação, dependendo do relatório do interventor e de decisão do BC.	Art. 2º e seg. da Lei 6.024/1974
Liquidação	▸ Efeitos similares ao da falência: ▸ Suspensão das ações e execuções iniciadas sobre direitos e interesses relativos ao acervo da entidade liquidanda; ▸ Vencimento antecipado das obrigações da liquidanda; ▸ Não atendimento das cláusulas penais dos contratos unilaterais vencidos em virtude da decretação da liquidação extrajudicial;	Art. 15 e seg, da Lei 6.024/1974
Liquidação	▸ Não fluência de juros, mesmo que estipulados, contra a massa, enquanto não integralmente pago o passivo; ▸ Interrupção da prescrição, entre outra. ▸ Objetivo: liquidar a sociedade, pagar os credores e retirar a instituição do mercado. ▸ Pode ser revertida, dependendo de circunstâncias previstas em lei [especialmente a capacidade da instituição], do relatório do liquidante e de decisão do BC.	Art. 15 e seg, da Lei 6.024/1974

5. JURISPRUDÊNCIA

5.1. Jurisprudência do STF

↘ RECURSO EXTRAORDINÁRIO – PREQUESTIONAMENTO – CONFIGURAÇÃO – RAZÃO DE SER.

O prequestionamento não resulta da circunstância de a matéria haver sido arguida pela parte recorrente. A configuração do instituto pressupõe debate e decisão prévios pelo Colegiado, ou seja, emissão de juízo sobre o tema. O procedimento tem como escopo o cotejo indispensável a que se diga do enquadramento do recurso extraordinário no permissivo constitucional. Se o Tribunal de origem não adotou entendimento explícito a respeito do fato jurígeno veiculado nas razões recursais, inviabilizada fica a conclusão sobre a violência ao preceito evocado pelo recorrente.

INQUÉRITO ADMINISTRATIVO – COMISSÃO DE VALORES MOBILIÁRIOS – CONTRADITÓRIO.

Descabe ter-se como necessário o contraditório em inquérito administrativo. O instrumento consubstancia simples sindicância visando a, se for o caso, instaurar processo administrativo no qual observado o direito de defesa.

(STF, T1, RE 304.857/RJ, Min. Marco Aurélio, DJe de 5/2/2010)

↘ AÇÃO DIRETA DE INCONSTITUCIONALIDADE. MEDIDA PROVISÓRIA Nº 1.179/95, QUE DISPÕE SOBRE MEDIDAS DE FORTALECIMENTO DO SISTEMA FINANCEIRO NACIONAL E DÁ OUTRAS PROVIDÊNCIAS. PARCIAL REEDIÇÃO PELA DE Nº 1.214/95. ALEGADA INCOMPATIBILIDADE COM O ART. 192, CAPUT, ART. 150, § 6º, E ART. 5º, XX, CF/88 E, AINDA, COM OS PRINCÍPIOS DA ISONOMIA E DO ATO JURÍDICO PERFEITO. PEDIDO ACOMPANHADO DE REQUERIMENTO DE MEDIDA CAUTELAR.

Ausência de plausibilidade da tese: – em primeiro lugar, por ter-se limitado a definir, no art. 1º e parágrafos, os contornos de programa criado por ato do Conselho Monetário Nacional, no exercício de atribuição que lhe foi conferida pela Lei nº 4.595/64 (art. 2º, inc. VI), recebida pela Carta de 88 como lei complementar; – em segundo lugar, tendo em vista que o art. 2º e seus incisos e parágrafos, ainda que houvessem instituído tratamento tributário privilegiado às fusões e incorporações, o fizeram sem afronta ao art. 150, § 6º, da CF/88, posto que por meio de lei editada para esse fim, a qual, por isso, não pode deixar de ser considerada específica, como exigido pelo referido texto; – e, por fim, considerando que o art. 3º, ao afastar a incidência, nas incorporações e fusões, do art. 230 da Lei 6.404/76, referiu norma legal cuja vigência se acha envolta em séria controvérsia, circunstância por si só capaz de lançar dúvida sobre a questão de saber se concorre, no caso, o pressuposto da relevância do fundamento do pedido.

Registre-se, ainda, que escapa à competência do Poder Judiciário a apreciação do requisito de urgência previsto no art. 62 da CF/88 para a adoção de medida provisória, conforme jurisprudência assente do STF.

Medida cautelar indeferida.

(STF, Tribunal Pleno, ADI 1.376 MC/DF, Min. Ilmar Galvão, DJ de 31/8/2001)

↘ RECURSO EXTRAORDINÁRIO. LIQÜIDAÇÃO EXTRAJUDICIAL DE INSTITUIÇÃO BANCÁRIA. CESSAÇÃO. LEGITIMIDADE DO MINISTÉRIO PÚBLICO PARA FISCALIZAR OS ATOS PRATICADOS PELA NOVA GESTÃO. INEXISTÊNCIA.

1. A legitimidade do Ministério Público para fiscalizar os atos de instituição financeira perdura enquanto couber ao Banco Central do Brasil, por intermédio de liqüidante, a responsabilidade pela administração da entidade liqüidanda.

2. Exaurido o regime de intervenção extrajudicial, cessa também a legitimidade ad causam do Parquet, quer como custos legis, quer na condição de autor, visto que a empresa retoma a autogestão de seus negócios. Recurso extraordinário não conhecido.

(STF, T2, RE 166.776/SP, Min. Mauricio Corrêa, DJ de 4/6/1999)

↘ AGRAVO REGIMENTAL NO AGRAVO DE INSTRUMENTO. CONSTITUCIONAL. LIQUIDAÇÃO EXTRAJUDICIAL DE INSTITUIÇÃO FINANCEIRA. TERMINADO O REGIME DE INTERVENÇÃO EXTRAJUDICIAL, CESSA TAMBÉM A LEGITIMIDADE AD CAUSAM DO MINISTÉRIO PÚBLICO. PRECEDENTE. AGRAVO REGIMENTAL AO QUAL SE NEGA PROVIMENTO.

(STF, T1, AI 576.892 AgR/GO, Min. Cármen Lúcia, DJe de 20/11/2009)

↘ AGRAVO REGIMENTAL EM RECURSO EXTRAORDINÁRIO COM AGRAVO. PREQUESTIONAMENTO CONFIGURADO. TÉRMINO DA INTERVENÇÃO EXTRAJUDICIAL PROMOVIDA PELO BACEN. CESSAÇÃO DA LEGITIMIDADE DO MINISTÉRIO PÚBLICO. AGRAVO IMPROVIDO.

I – Preenchido o requisito do prequestionamento na hipótese em que houve a provocação inicial para que a Corte *a quo* se manifestasse a respeito do tema constitucional versado no extraordinário e, ante o silêncio no acórdão recorrido sobre a matéria, foram interpostos embargos de declaração reiterando o pedido de exame da questão.

II – O término da intervenção extrajudicial promovida pelo Banco Central do Brasil – BACEN cessa a legitimidade do Ministério Público para a fiscalização dos atos praticados pelos gestores da instituição financeira que sofreu a medida excepcional. Precedentes.

III – Agravo regimental improvido.

(STF, T2, ARE 640.544 AgR/GO, Min. Ricardo Lewandowski, DJe de 22/5/2013)

5.2. Jurisprudência do STJ

↘ RECURSO ESPECIAL. REVISÃO. FATOS. SÚMULA 07/STJ. PROPORCIONALIDADE. ARTIGO 11, § 1º, DA LEI nº 6.385/76. TRINTA POR CENTO DO VALOR DA OPERAÇÃO IRREGULAR. POSSIBILIDADE. PROPORCIONALIDADE. MULTA. INTERDIÇÃO TEMPORÁRIA DO EXERCÍCIO DA ATIVIDADE DE ADMINISTRADOR. CUMULATIVIDADE. CABIMENTO. PROIBIÇÃO DA PROTEÇÃO DEFICIENTE AOS BENS JURÍDICOS. INTERPRETAÇÃO SISTEMÁTICA E TELEOLÓGICA. CABIMENTO. PODER DE POLÍCIA. DISCRICIONARIEDADE.

1. Os recorrentes realizaram operação de mútuo com "holdings" familiares, na época em que ocupavam concomitantemente as funções de administradores e sócios controladores da pessoa jurídica, contudo, na contabilidade da empresa, fizeram registrar esta operação como se fosse "saldo a receber de clientes", ao invés de a lançarem como mútuo, razão pela qual a Comissão de Valores Mobiliários aplicou-lhes as sanções de multa e de inabilitação para o exercício do cargo de administrador, pelo prazo de dez anos, com base nos artigos 117 e 153, da Lei nº 6.404/1976, e 11 da Lei nº 6.385/76.

2. Pretendem anular a multa que lhes foi imposta pela Comissão de Valores Mobiliários, sustentando a ilegitimidade e a ilegalidade da sanção, devido à inexistência de conduta ilícita e porque o montante fixado seria supostamente desproporcional em relação ao desvalor da conduta e aos elementos fáticos do caso concreto.

3. É cediço que o recurso especial não se presta à reapreciação do conjunto probatório dos autos, razão pela qual torna-se defeso aferir a compatibilidade fática das condutas dos recorrentes às infrações tipificadas nos artigos 117 e 153, da Lei nº 6.404/76, ou a gravidade do dano decorrente de atos societários perpetrados. Inteligência da Súmula 07/STJ.

4. Por outro lado, nos termos do art. 11, § 1º, da Lei nº 6.385/76, a multa aplicada pela CVM não poderá ser superior ao maior dos seguintes valores: quinhentas vezes o valor nominal de 01 ORTN (Obrigação Reajustável do Tesouro Nacional) ou 30% da valor da operação irregular. Assim, o limite da sanção será a cifra que se mostrar superior no caso concreto: se o valor correspondente a 30% do valor da operação irregular for superior a quinhentas vezes o valor de 01 ORTN, deverá prevalecer tal fator de cálculo, para o teto da multa.

5. A CVM não estava obrigada a aplicar o menor valor da multa, que corresponderia a quinhentas ORTNs, pois a Lei nº 6.385/76 apenas determina que a sanção não poderia ultrapassar o maior dos tetos previstos no art. 11, § 1º.

6. Deve-se assegurar ao Poder Judiciário a apreciação da razoabilidade da atuação administrativa, porém este não pode simplesmente substituir a mens legis, inovando ou indo além do que o Legislativo previu, sob pena de usurpação da função do legislador e de completo menoscabo ao regime de tripartição de Poderes.

7. Os recorrentes também sustentam ter ocorrido bis in idem, pois a Comissão de Valores Mobiliários aplicou as sanções de multa e de interdição temporária do exercício da atividade de administrador, cumulativamente, em vista da mesma conduta ilícita, imputada aos agentes econômicos.

8. As penalidades de multa e de interdição temporária do exercício da atividade de administrador foram impostas de maneira simultânea, justamente porque as infrações foram praticadas quando os recorrentes ocupavam, cumulativamente, funções diversas no âmbito da sociedade: como administradores e sócios-controladores.

9. Constatou-se falta de transparência na realização da operação financeira em destaque, com impacto direto sobre o patrimônio da empresa e sobre o direito à informação dos acionistas minoritários, quando a companhia encontrava-se sob orientação decisiva dos recorrentes, acionistas controladores e administradores à data dos fatos.

10. No atual cenário da economia nacional e internacional, altamente dependente da saúde financeira do setor empresarial, a eticidade nas relações interna corporis das companhias é bem jurídico igualmente digno de tutela, por meio do estímulo à segurança e à transparência das operações financeiras. Por tais motivos, urge aplicar-se o princípio da confiança, a fim de resguardar a boa-fé dos sócios minoritários, bem como de toda a comunidade, diante de eventuais situações jurídicas geradas por um comportamento desleal dos administradores e sócios-controladores das pessoas jurídicas.

11. A Lei das Sociedades por Ações também é informada por essa principiologia, como se extrai da Exposição de Motivos nº 196, de 24 de junho de 1976, segundo a qual a responsabilidade social que passou a ser exigida dos acionistas-controladores e dos administradores das pessoas jurídicas impõe-lhes comportamento idôneo e probo, conforme as diretrizes lançadas nos artigos 116, 117, 153 e 154, da Lei nº 6.404/76.

12. Seria completamente desproporcional aplicar somente a pena de multa, mantendo-se os agentes na direção da empresa, quando estes agiram ilicitamente na gestão dos recursos da sociedade. Por outro lado, a pura interdição temporária do exercício da atividade de administrador também mostrar-se-ia desproporcional, já que, isoladamente, não seria suficiente para repreender e emendar agentes econômicos que, às custas da regularidade do mercado de valores mobiliários, praticaram ilícitos visando ao seu locupletamento. Deste modo, crucial a medida de cunho patrimonial, como reprimenda adequada para o intento de lucro desmedido.

13. Para o cumprimento das atribuições da Comissão de Valores Mobiliários, não se mostra razoável limitar o uso das sanções disponíveis ao poder de polícia dessa autarquia, quando a lei assim não fez. O silêncio do art. 11 da Lei nº 6.385/76, quanto à possibilidade de aplicação cumulativa de sanções, antes de representar espécie de "silêncio eloquente", a impedir tal espécie de apenação, deve ser interpretado como técnica legislativa, voltada justamente a assegurar o exercício efetivo das funções técnicas da CVM, diante de ilícitos de jaez tão complexo e aprimorado, devido às peculiaridades do mercado em destaque.

14. Ciente dos desafios que o exercício do poder de polícia impõe à Administração Pública, no referente à interpretação dos fatos e à escolha dos meios mais adequados para restringir e condicionar a liberdade dos cidadãos, com vistas ao interesse público, a doutrina brasileira tende a atribuir-lhe o caráter discricionário, máxime quando a lei não detalha a forma como tal prerrogativa pública deverá ser desempenhada, o que ocorre no caso dos autos.

15. Recurso especial em parte conhecido e, nesta parte, não provido.

(STJ, T2, REsp 1.130.103/RJ, Min. Castro Meira, DJe de 30/8/2010)

➘ ADMINISTRATIVO. RECURSO ESPECIAL. COMPETÊNCIA. CONSELHO MONETÁRIO NACIONAL. LEI nº 4.595/64. ART. 1º DO DECRETO nº 91.152/85. VIOLAÇÃO NÃO-CONFIGURADA. RECURSO ESPECIAL PREJUDICADO.

1. É nula a decisão proferida pelo Conselho de Recursos do Sistema Financeiro Nacional, por invadir a competência legalmente prevista para o Conselho Monetário Nacional. Interpretação do art. 4º, inciso XXVI, da Lei nº 4.595/64.

2. Somente com a edição da Lei nº 9.069/95 (art. 81) é que a competência do Conselho Monetário Nacional para julgar recursos contra decisões do Banco Central do Brasil relativas à aplicação de penalidades por infrações à legislação cambial de capitais estrangeiros e de crédito rural e industrial foi transferida para o Conselho de Recursos do Sistema Financeiro Nacional, criado pelo Decreto nº 91.152/85.

3. Recurso especial do Ministério Público Federal não-provido. Recurso especial de Mário Bernardo Garnero prejudicado.

(STJ, T2, REsp 227.109/RJ, Min. João Otávio de Noronha, DJ de 22/8/2005)

➘ ADMINISTRATIVO. DECISÃO DA CVM PROFERIDA EM PROCESSO DE FUNDO DE GARANTIA. RECURSO ADMINISTRATIVO. RECEBIMENTO COMPULSÓRIO. DESCABIMENTO.

I – A Lei que dispõe sobre o mercado de valores mobiliários (Lei nº 6.385/1976) somente viabiliza o cabimento de recurso para o Conselho de Recursos do Sistema Financeiro Nacional, em face das decisões relacionadas às penalidades aplicadas pela CVM em inquéritos administrativos, não se incluindo dentre estas as decisões proferidas em processo de Fundo de Garantia, onde se determina a indenização a investidores.

II – Recurso especial improvido.

(STJ, T1, REsp 908.958/RJ, Relator Min. José Delgado, Relator para o acórdão Min. Francisco Falcão, DJe de 15/10/2009)

➘ ADMINISTRATIVO. RECURSO ESPECIAL. INFRAÇÃO ADMINISTRATIVA AO SISTEMA FINANCEIRO NACIONAL. MULTA APLICADA PELO BANCO CENTRAL DO BRASIL E MINORADA PELO CONSELHO DE RECURSOS DO SISTEMA FINANCEIRO NACIONAL. LEGITIMIDADE PASSIVA DO CRSFN.

1. Cinge-se a controvérsia em saber de quem é a legitimidade para figurar no pólo passivo de demanda judicial que visa anular penalidade aplicada pelo Bacen e revista pelo CRSFN.

2. O CRSFN é um órgão colegiado judicante de segundo grau, integrante da estrutura do Ministério da Fazenda, e tem por finalidade o julgamento administrativo, em última instância, dos recursos contra as decisões mencionadas no art. 3º do Decreto nº 1.935/96, entre as quais as decisões do Bacen.

3. Trata-se, portanto, de instância administrativa recursal, com competência para análise de recursos oriundos de variados órgãos e entidades componentes do sistema financeiro, sendo certo que a sua atuação tem o condão de atrair a sua legitimidade para figurar no pólo passivo de ações judiciais que buscam a desconstituição de sanções por ele revistas.

4. Não há como negar que, havendo recurso, é o CRFS quem decide, em definitivo, a questão cambial submetida ao âmbito administrativo, bem como que o acórdão por ele proferido, ainda que apenas confirme a decisão emitida pelo Bacen, substitui esta, o que evidencia que o decisum que se busca infirmar com a presente ação foi proferido por órgão da administração direta e não por aquela autarquia.

5. Desta forma, discutindo-se penalidades impostas pelo Bacen no exercício de seu poder de polícia, as quais tenham sido reapreciadas pelo CRSFN em grau de recurso, é deste a legitimidade para figurar no pólo passivo da lide. Porém, sendo um órgão da União, desprovido, portanto, de personalidade jurídica, caberá à este ente público (União Federal) tal mister.

6. Recurso especial provido, para reconhecer a ilegitimidade passiva do Bacen nos autos.

(STJ, T1, REsp 1.149.477/DF, Min. Benedito Gonçalves, DJe de 2/3/2012)

↘ RECURSO ESPECIAL. LIQUIDAÇÃO EXTRAJUDICIAL DE INSTITUIÇÃO FINANCEIRA. LEI Nº 6.024/75. LEI DE FALÊNCIAS. APLICAÇÃO SUBSIDIÁRIA. HARMONIZAÇÃO. POSSIBILIDADE. COMPETÊNCIA DA JUSTIÇA ESTADUAL. CERTIFICADO DE DEPÓSITO INTERFINANCEIRO (CDI) E TERMO DE CAUÇÃO. INEXISTÊNCIA DE CRÉDITO QUALIFICADO. SUBMISSÃO AO CONCURSO GERAL DE CREDORES. PODERES DO LIQUIDANTE E DA AUTORIDADE MONETÁRIA. BANCO CENTRAL DO BRASIL COMO "JUIZ" DA LIQUIDAÇÃO. EQUIPARAÇÃO. RELEVÂNCIA DOS BENS JURÍDICOS TUTELADOS PELA AUTORIDADE MONETÁRIA.

1. No tocante à negativa de prestação jurisdicional, agiu corretamente o Tribunal de origem ao rejeitar os embargos declaratórios, por inexistir omissão, contradição ou obscuridade no aresto embargado, ficando patente, em verdade, o intuito infringente da irresignação, que objetivava a reforma do julgado por via inadequada.

2. O fato de a instituição financeira estar sob regime de liquidação extrajudicial (Lei nº 6.024/75), sob intervenção do Banco Central, não lhe altera a personalidade jurídica e não retira a competência da justiça estadual para apreciar o litígio. Precedentes.

3. Por força do disposto no artigo 34 da Lei nº 6.024/75, é possível aplicar a legislação falimentar subsidiariamente ao procedimento de liquidação extrajudicial de instituições financeiras, mas com a ressalva expressa de que somente lhe serão aplicáveis "no que couberem e não colidirem" com os preceitos daquela.

4. Atribuições distintas do liquidante e do Banco Central, que não se sobrepõem, não se excluem e devem ser compatibilizadas visando o melhor aproveitamento da liquidação extrajudicial das instituições financeiras.

5. O Banco Central do Brasil, na qualidade legalmente equiparada de "juiz da falência", reconheceu que os créditos oriundos do termo de caução pertenciam à instituição liquidanda. Tal determinação administrativa não foi impugnada pelas vias próprias. Daí porque não há falar em existência de crédito qualificado em favor do recorrente/credor, restando-lhe submeter-se ao concurso geral de credores.

6. Recurso especial não provido.

(STJ, T3, REsp 459.352/RJ, Min. Ricardo Villas Boas Cueva, DJe de 31/10/2012)

↘ ADMINISTRATIVO E PROCESSUAL CIVIL. RECURSO ESPECIAL. AÇÃO CIVIL PÚBLICA. IMPROBIDADE ADMINISTRATIVA. RECEBIMENTO DA INICIAL. ART. 17, §§ 8º E 9º, DA LEI nº 8.429/1992. LIQUIDAÇÃO EXTRAJUDICIAL DE INSTITUIÇÃO FINANCEIRA. ENQUADRAMENTO DO LIQUIDANTE EXTRAJUDICIAL COMO AGENTE PÚBLICO. ATRIBUIÇÕES QUE SE RELACIONAM COM O EXERCÍCIO DO PODER DE POLÍCIA DO BANCO CENTRAL DO BRASIL. POSSIBILIDADE. RECURSO ESPECIAL NÃO PROVIDO, DIVERGINDO-SE DO RELATOR.

(STJ, T1, REsp 1.187.947/BA, Relator Min. Napoleão Maia Filho, Relator para o Acórdão Min. Benedito Gonçalves, DJe de 4/8/2014)

↘ INSTITUIÇÃO FINANCEIRA. Liquidação extrajudicial. Arresto.

– O arresto de bens previsto no art. 45 da Lei 6.024/74 pode incidir sobre os que já estavam indisponíveis (art. 36).

– Recurso não conhecido.

(STJ, T4, REsp 185.796/SP, Min. Ruy Rosado de Aguiar, DJ de 17/12/1999)

↘ INSTITUIÇÃO FINANCEIRA. Regime de Administração Especial Temporária.

Cessação. Ministério Público. Legitimidade.

O Ministério Público não perde a legitimidade para prosseguir na ação de responsabilidade de administradoras de instituições financeiras após o levantamento do regime de administração especial e temporária. Lei 9.447/97.

Recurso não conhecido.

(STJ, S2, REsp 444.948/RO, Min. Ruy Rosado de Aguiar, DJ de 3/2/2003)

↘ AGRAVO REGIMENTAL NOS EMBARGOS DE DIVERGÊNCIA – INSTITUIÇÃO FINANCEIRA – AÇÃO DE RESPONSABILIDADE DE EX-ADMINISTRADOR – REGIME DE LIQUIDAÇÃO EXTRAJUDICIAL – CESSAÇÃO – MINISTÉRIO PÚBLICO – LEGITIMIDADE – DIVERGÊNCIA JURISPRUDENCIAL SUPERADA – SÚMULA 168/STJ – RECURSO DESPROVIDO.

1 – Encontra-se superado o dissídio pretoriano aventado, porquanto a e. Segunda Seção desta Superior Corte de Justiça, ao julgar o REsp 444.948/RO, posicionou-se na vertente da legitimidade do Parquet para propor e prosseguir com a ação de responsabilidade de ex-administradores de instituição financeira, mesmo após o encerramento dos regimes de intervenção, liquidação extrajudicial ou administração especial temporária impostos, consoante o disposto no art. 7º, II, da Lei 9.447/97 c/c o art. 46 da Lei 6.024/74.

2 – "Não cambem embargos de divergência, quando a jurisprudência do Tribunal se firmou no mesmo sentido do acórdão embargado" (Súmula 168/STJ).

3 – Agravo Regimental desprovido.

(STJ, S2, AgRg no EREsp 590.490/GO, Min. Jorge Scaterzzini, DJ de 5/12/2005)

↘ CIVIL E PROCESSUAL CIVIL. RECURSO ESPECIAL. RECURSO MANEJADO SOB A ÉGIDE DO CPC/73. FUNDO GARANTIDOR DE CRÉDITO. VALOR DO TETO DE GARANTIA PARA CLIENTES BANCÁRIOS. OBSERVÂNCIA DA RESOLUÇÃO DO CMN VIGENTE À ÉPOCA DA INTERVENÇÃO NA INSTITUIÇÃO FINANCEIRA PELO BANCO CENTRAL. DATA DA EFETIVA PRIVAÇÃO DO ATIVO FINANCEIRO. PRETENSÃO DE RECEBIMENTO DA DIFERENÇA EM RAZÃO DE NOVA RESOLUÇÃO VIGENTE À ÉPOCA DA LIQUIDAÇÃO EXTRAJUDICIAL. IMPOSSIBILIDADE. RECURSO PROVIDO.

1. Inaplicabilidade do NCPC neste julgamento ante os termos do Enunciado Administrativo nº 2 aprovado pelo Plenário do STJ na sessão de 9/3/2016: Aos recursos interpostos com fundamento no CPC/1973 (relativos a decisões publicadas até 17 de março de 2016) devem ser exigidos os requisitos de admissibilidade na forma nele prevista, com as interpretações dadas até então pela jurisprudência do Superior Tribunal de Justiça. 2. Não cabe analisar, em recurso especial, os princípios contidos no art. 6º da Lei de Introdução às Normas do Direito Brasileiro, porque trazem carga eminentemente constitucional. 3. Ausência de relação de consumo a justificar a incidência do CDC. 4. A condição de fato para a incidência da norma que determina a indenização pelo Fundo Garantidor de Crédito é a indisponibilidade das aplicações, o que se verifica tanto com a liquidação quanto com a intervenção na instituição financeira, o que ocorrer primeiro. 5. Necessidade de proteção da higidez do sistema bancário e de garantia do princípio constitucional da igualdade entre os depositantes do Banco BVA. 6. Recurso especial parcialmente conhecido e provido.

(STJ, T3, REsp 1.591.226/SP, Min. Moura Ribeiro, DJe de 7/11/2016)

↘ RECURSO ESPECIAL. DIREITO BANCÁRIO. FUNDO GARANTIDOR DE CRÉDITOS (FGC). INVESTIMENTOS EM CDB EFETUADOS POR ENTIDADE FECHADA DE PREVIDÊNCIA COMPLEMENTAR NO BANCO SANTOS S/A. FALÊNCIA. LIMITAÇÃO DA COBERTURA EM CONFORMIDADE COM O REGULAMENTO DO FGC APROVADO PELO CMN. IMPOSSIBILIDADE DE EXTENSÃO DA GARANTIA A CADA UM DOS PARTICIPANTES DO FUNDO DE PREVIDÊNCIA. INVESTIDOR INSTITUCIONAL. NEGATIVA DE PRESTAÇÃO JURISDICIONAL. INOCORRÊNCIA.

1. Pretensão de entidade fechada de previdência complementar de que o valor resguardado pelo Fundo Garantidor de Créditos (FGC) seja considerado individualmente para cada um dos seus participantes, em face da falência do Banco Santos. 2. O Fundo Garantidor de Créditos, entidade privada sem fins lucrativos, com criação autorizada pelo Conselho Monetário Nacional, tem por finalidade proteger titulares de créditos contra instituições financeiras a ele associadas, prestando aos pequenos investidores suporte financeiro mediante as contribuições que reúne dos integrantes do sistema. 3. O FGC integra uma rede de proteção bancária para a garantia do equilíbrio do sistema, atuando como um seguro de depósitos dos pequenos investidores. 4. Estabelecido no regulamento do FGC que as entidades investidoras, como a demandante, terão o total dos seus investimentos salvaguardados até o limite de vinte mil reais (R$

20.000,00), a pulverização dessa garantia a cada um dos participantes do plano de previdência, além de afrontar o regulamento, pode conduzir ao indesejável desequilíbrio do fundo, comprometendo os seus fins institucionais. 5. Reconhecidas as entidades fechadas de previdência complementar como investidores institucionais qualificados no mercado financeiro, não se mostra razoável igualar a sua situação a dos pequenos poupadores a quem o FGC tem o propósito institucional de tutelar. 6. RECURSO ESPECIAL DO FUNDO GARANTIDOR DE CRÉDITO (FGC) PROVIDO, JULGANDO-SE PREJUDICADO O RECURSO ESPECIAL DA FUNDAÇÃO DEMANDANTE.

(STJ, T3, REsp 1.453.957/SP, Min. Paulo de Tarso Sanseverino, DJe de 26/6/2015)

↘ RECURSO ESPECIAL. AÇÃO DE COBRANÇA. APLICAÇÃO NO MERCADO FINANCEIRO. FALÊNCIA DA INSTITUIÇÃO FINANCEIRA. INDENIZAÇÃO PELO FUNDO GARANTIDOR DE CRÉDITOS (FGC). INVESTIMENTO EFETUADO POR ENTIDADE DE PREVIDÊNCIA COMPLEMENTAR. LIMITE DE GARANTIA DO FUNDO GARANTIDOR DE CRÉDITO

1. Ação de cobrança ajuizada por entidade de previdência complementar contra o Fundo Garantidor de Créditos para cobrança de indenização decorrente da aplicação em CDB perante instituição financeira em liquidação extrajudicial (Banco Santos S/A), alegando que deve ser considerado o limite garantido a cada um de seus associados. 2. Função social de proteção ao pequeno investidor exercida pelo Fundo, para estimular e garantir a participação do cidadão comum no mercado financeiro. 3. Investimento efetuado pela recorrida em nome próprio, como um único investidor, tendo, portanto, direito a uma única indenização até o limite previsto no inciso VI do § 3º do art. 2º do Regulamento do FGC, aprovado pelo Conselho Monetário Nacional, no exercício da competência estabelecida na Lei 4.595/64. 4. Recurso especial conhecido e provido.

(STJ, T4, REsp 1.45.4238/SP, Min. Maria Isabel Gallotti, DJe de 1/2/2016)

↘ PROCESSUAL CIVIL. RECURSO ESPECIAL. EXECUÇÃO FISCAL. SUSPENSÃO EM RAZÃO DE LIQUIDAÇÃO EXTRAJUDICIAL DE INSTITUIÇÃO FINANCEIRA. DESCABIMENTO. PREVALÊNCIA DA LEF (ART. 29) SOBRE A LEI 6.0247/74, ART. 18, A. RECURSO ESPECIAL CONHECIDO E PROVIDO.

1. Cuida-se de recurso especial manejado pela Fazenda Nacional, que ingressa na via especial pugnando pela reforma do v. acórdão proferido, para o fim de restabelecer a vigência do artigo 29 da Lei de Execuções Fiscais, para o fim de que a ação executiva fiscal não se suspenda em razão de concomitante procedimento de liqüidação extrajudicial, exercitada com apoio na Lei 6.024/74. 2. Ao que se constata, a pretensão recursal merece acolhida, isso porque, consoante registra a jurisprudência reiterada desta Corte, o curso da execução fiscal não se suspende por força de instauração de processo de liqüidação extrajudicial, uma vez que no trato da questão o artigo 18 da Lei 6.024/74 (estabelece que a decretação da liquidação extrajudicial produz, de imediato, o efeito de suspender as ações e execuções iniciadas sobre direitos e interesses relativos ao acervo da entidade liquidanda) não prevalece sobre a Lei 6.830. Precedentes: REsp 902.771/RS, Rel. Min. Castro Meira, DJ 18/09/2007; REsp 757.576/PR, Rel. Min. Francisco Falcão, DJ 25/05/2006; REsp 622.406/BA, Rel. Min. Castro Meira, DJ 14/11/2005 e REsp 738.455/BA, Rel. Min. Teori Albino Zavascki, DJ 22/08/2005. 3. Recurso especial conhecido e provido para o fim de que, desconstituído o acórdão recorrido, tenha regular curso, com todos os seus efeitos legais, a execução fiscal empreendida pela Fazenda Nacional, ora recorrente.

(STJ, T1, REsp 903.401/PR, Min. JOSÉ DELGADO, DJ de 25/2/2008

↘ PROCESSO CIVIL – LIQUIDAÇÃO EXTRAJUDICIAL – SUSPENSÃO – ART. 18, A, DA LEI 6.024/74 – INSTITUIÇÃO FINANCEIRA – AÇÃO DE CONHECIMENTO EM CURSO – SFH – CRITÉRIOS DE REAJUSTE – NÃO REPERCUSSÃO NA MASSA LIQUIDANDA – PROSSEGUIMENTO DA EXECUÇÃO – PRECEDENTES DO STJ. 1. A falta de indicação dos artigos de lei federal tidos por violados obsta o conhecimento do recurso especial, a teor da Súmula 284/STF. 2. A literalidade da regra do art. 18, a, da Lei 6.024/74, que determina, em caso de liquidação extrajudicial de instituição financeira, a «suspensão das ações e execuções iniciadas sobre direitos e interesses relativos ao acervo da entidade liquidanda", deve ser abrandada,

quando se verificar que a continuidade do processo de conhecimento, que objetiva a discussão de critérios de reajuste de prestações sujeitas ao SFH, não redundará em qualquer redução do acervo patrimonial da massa objeto de liquidação. 3. Hipótese em que se afasta a aplicação do mencionado dispositivo. 4. Recurso especial parcialmente conhecido e, no mérito, improvido.

(STJ, T2, REsp 717.166/PE, Min. ELIANA CALMON, DJ de 21/11/2005)

↘ CONCORDATA PREVENTIVA. CORREÇÃO MONETÁRIA DOS CRÉDITOS HABILITADOS. PROBLEMA DA INCIDÊNCIA DO PARAG. 3 DO ARTIGO 175 DA LEI FALENCIAL, COM A REDAÇÃO DADA PELA LEI 7.274/84. SUPERVENIÊNCIA DECRETO-LEI 2.283/86, ARTIGO 33, IN FINE. EM ÉPOCAS DE INFLAÇÃO ACENTUADA, SUSPENDER POR LARGO TEMPO A INCIDÊNCIA DA CORREÇÃO MONETÁRIA DOS CRÉDITOS EM HABILITAÇÃO, AO PASSO EM QUE SE VALORIZA NOMINALMENTE O ATIVO DO CONCORDATÁRIO, EQUIVALERA A TOTAL RUPTURA DA COMUTATIVIDADE DOS CONTRATOS, EM OFENSA A REGRA CONSPÍCUA DA SUBSTANCIAL IGUALDADE PERANTE A LEI. O DECRETO-LEI 2.283, ART. 33, DEU TRATAMENTO ISONÔMICO AOS DÉBITOS RESULTANTES DA CONDENAÇÃO JUDICIAL E AOS CRÉDITOS HABILITADOS EM FALÊNCIA OU CONCORDATA OU LIQUIDAÇÃO EXTRAJUDICIAL, PREVENDO SEU REAJUSTAMENTO "PELA OTN EM CRUZADOS". O DECRETO-LEI 2.284, EMBORA MODIFICANDO A REDAÇÃO DO ARTIGO 33 DO "PLANO CRUZADO", NÃO RESTAUROU A LEGISLAÇÃO ANTERIOR – LEI DE INTRODUÇÃO AO CÓDIGO CIVIL, ART. 2, PARAG. 3. A SUSPENSÃO DA CORREÇÃO MONETÁRIA, ASSIM, NOS CRÉDITOS HABILITADOS EM CONCORDATA PREVENTIVA, SOMENTE SE IMPÕE NO PERÍODO EM QUE VIGOROU O PARAG. 3, DO ARTIGO 175 DA LEI FALENCIAL, COM A REDAÇÃO DADA PELA LEI 7.274/84. RECURSO ESPECIAL CONHECIDO E PARCIALMENTE PROVIDO.

(STJ, S2, REsp 613/MG, Relator Min. EDUARDO RIBEIRO, Relator p/ Acórdão Min. ATHOS CARNEIRO, DJ de 16/4/1990)

↘ LIQUIDAÇÃO EXTRAJUDICIAL. CREDITO COM GARANTIA REAL. CORREÇÃO MONETÁRIA. JUROS. RECURSOS ESPECIAIS. 1. RECURSO ESPECIAL, EM QUE SE CONVERTEU RECURSO EXTRAORDINÁRIO, INTERPOSTO PELA LIQUIDANDA CONTRA V. ACÓRDÃO PROFERIDO EM EMBARGOS INFRINGENTES, QUE ASSEGUROU A INCIDÊNCIA DE CORREÇÃO MONETÁRIA DE CREDITO, COM GARANTIA REAL, ESPECIFICADO NO QUADRO GERAL DE CREDORES 2. A CORREÇÃO MONETÁRIA, COMO TEM AMPLAMENTE PROCLAMADO A JURISPRUDÊNCIA, NADA ACRESCENTA AO DEBITO, CONSTITUINDO-SE, NOS DIAS ATUAIS, EM PROVIDÊNCIA HÁBIL A EVITAR O ENRIQUECIMENTO SEM CAUSA. 3. RECURSO ESPECIAL NÃO CONHECIDO. 4. RECURSO ESPECIAL, EM QUE SE CONVERTEU RECURSO EXTRAORDINÁRIO, INTERPOSTO TAMBÉM PELA LIQUIDANDA CONTRA A PARTE UNÂNIME DO V. ACÓRDÃO DA APELAÇÃO, REFERENTE AO CABIMENTO DA FLUÊNCIA DE JUROS. 5. REINCLUSÃO EM PAUTA DE JULGAMENTO, DE MODO A APRECIÁ-LO. 6. O ARTIGO 26, PARÁGRAFO ÚNICO, DA LEI DE FALÊNCIAS MERECE APLICADO SUPLETIVAMENTE A LIQUIDAÇÃO EXTRAJUDICIAL, SENDO LICITA A CONTAGEM D JUROS NOS CRÉDITOS COM GARANTIA REAL, HABILITADOS EM LIQUIDAÇÃO EXTRAJUDICIAL. 7. RECURSO ESPECIAL DE QUE TAMBÉM NÃO SE CONHECE.

(STJ, T4, REsp 2.512/RJ, Min. BUENO DE SOUZA, DJ de 4/10/1993)

↘ PROCESSUAL CIVIL E COMERCIAL. CORRETORA DE VALORES. REGIME DE LIQUIDAÇÃO EXTRAJUDICIAL. EMBARGOS DE DECLARAÇÃO. OMISSÃO. SÚMULA N. 211/STJ. DL N. 7.661/1945. ART. 44, VI. APLICAÇÃO. CORREÇÃO MONETÁRIA. CABIMENTO. SÚMULA N. 43/STJ. ATO ILÍCITO ABSOLUTO E ATO ILÍCITO RELATIVO. JUROS DE MORA. CITAÇÃO.

[...]

3. "É entendimento consolidado da Corte que a evolução dos fatos econômicos tornou insustentável a não-incidência da correção monetária, sob pena de prestigiar-se o enriquecimento sem causa do devedor, constituindo-se ela imperativo econômico, jurídico e ético indispensável à plena realização dos danos e ao fiel e completo adimplemento das obrigações" (REsp n. 247.685/AC, relator Ministro Sálvio de Figueiredo Teixeira, DJ de 5.6.2000). 4. O enunciado da Súmula n. 43/STJ refere-se tanto ao ato ilícito absoluto (extracontratual) quanto ao ato ilícito relativo (contratual). Precedentes. 5. Conforme disposto

no art. 18, alínea "d", da Lei n. 6.024/1974, decretada a liquidação extrajudicial da empresa, não há fluência de juros enquanto não integralmente pago o passivo. No caso, porém, não tendo havido recurso da parte interessada quanto ao ponto, deve ser mantido o entendimento adotado no acórdão recorrido, que determinou a incidência da norma contida no art. 219 do CPC e, como consequência, fixou a fluência dos juros moratórios desde a citação válida. 6. Recurso da primeira recorrente conhecido e parcialmente provido. Recurso da segunda recorrente parcialmente conhecido e desprovido.

(STJ, T3, REsp 887.131/RJ, Min. JOÃO OTÁVIO DE NORONHA, DJe de 14/10/2013)

➘ TRIBUTÁRIO. EXECUÇÃO FISCAL. LIQUIDAÇÃO EXTRAJUDICIAL. DECRETAÇÃO. JUROS DE MORA. NÃO-FLUÊNCIA. CORREÇÃO MONETÁRIA. PENAS PECUNIÁRIAS. RECLAMAÇÃO. VEDAÇÃO. NULIDADE DA CERTIDÃO DA DÍVIDA ATIVA – CDA. SÚMULA Nº 07/STJ.

[...]

II – Os juros de mora podem ser reclamados no processo de liquidação extrajudicial de instituição financeira, não sendo possível apenas a sua fluência a partir da decretação da liquidação. É vedada, no entanto, a reclamação da correção monetária e das penas pecuniárias por infração à lei penal ou administrativa, enquadrando-se nessa última categoria as de natureza fiscal. Precedente: REsp nº 532.539/MG, Rel. Min. FRANCISCO FALCÃO, DJ de 16/11/2004. III – O privilégio previsto na Lei de Execuções Fiscais, que exclui o Fisco do concurso de credores em processo de liquidação, não afasta as regras da Lei nº 6.024/74 que regulam os consectários das dívidas das instituições financeiras em liquidação extrajudicial, não se sujeitando o crédito fiscal apenas à concorrência entre credores. IV – Recurso especial conhecido parcialmente e, nessa parte, provido parcialmente.

(STJ, T1, REsp 848.905/BA, Min. FRANCISCO FALCÃO, DJ de 8/3/2007)

6. QUESTÕES DE CONCURSOS

1. (CESPE – Procurador do Banco Central/2013) Com relação ao sistema de pagamentos brasileiro, instituído pela Lei n.° 10.214/2001, assinale a opção correta.

(A) Os bens oferecidos em garantia no âmbito dos sistemas de compensação e de liquidação somente podem ser penhorados por dívidas de caráter alimentar.

(B) A atuação das câmaras e dos prestadores de serviços de compensação e de liquidação deverá ser obrigatoriamente garantida por um patrimônio especial, separado do patrimônio geral da câmara ou do prestador de serviço.

(C) O sistema de pagamentos brasileiro é estruturado de acordo com as recomendações feitas, isolada ou conjuntamente, pelo *Bank for International Settlements e pela International Organization of Securities Commissions*, nos relatórios denominados *Core Principles for Systemically Important Payment Systems* e *Recommendations for Securities Settlement Systems*.

(D) Compete ao Conselho Monetário Nacional definir os sistemas de compensação e de liquidação considerados sistemicamente importantes.

(E) Não se admite compensação multilateral de obrigações no âmbito de um sistema de compensação e de liquidação.

2. (CESPE – Procurador do Banco Central/2013) A instituição financeira YZX vem apresentando problemas de desequilíbrio na estrutura de ativos e passivos, com reflexos negativos em sua situação econômica e financeira, decorrentes, em grande parte, do deferimento de operações que, no tempo, se mostraram de difícil realização. Diante disso, a instituição não tem conseguido honrar suas obrigações, pondo em risco o recebimento de créditos por pequenos depositantes e investidores. Em razão desses problemas, requereu ao BACEN empréstimo com a finalidade específica de recuperar sua situação econômico – financeira.

Nesse caso, o referido pleito deve ser

(A) indeferido, pois é vedada a utilização de recursos públicos, inclusive de operações de crédito, para recuperação ou financiamento para mudança de controle acionário, a fim de socorrer instituições financeiras, salvo mediante lei específica.

(B) indeferido, pois, na ausência de óbice legal para o deferimento do pleito, somente poderia o BACEN conceder empréstimos nas situações descritas taxativamente na lei, em função do princípio da legalidade.

(C) deferido, pois cabe, nos termos da lei, ao BACEN a concessão de empréstimos para recuperação financeira de instituições financeiras.

(D) deferido, pois, na ausência de permissivo legal, cabe ao BACEN a proteção de pequenos investidores contra o risco sistêmico imposto pela falência de instituições financeiras.

(E) deferido, pois cabe ao BACEN conceder às instituições financeiras operações de redesconto e de empréstimos de prazo superior a trezentos e sessenta dias.

---

3. (CESPE – Procurador do Banco Central/2013) No regime de administração especial temporária, de que trata o Decreto-lei n.° 2.321/1987, a pessoa jurídica Fundo Garantidor de Créditos

(A) pode determinar a transferência do controle acionário da instituição financeira para assegurar a normalidade da economia pública e resguardar os interesses dos depositantes, mesmo antes da decretação do referido regime, desde que presentes os requisitos autorizadores.

(B) pode promover a desapropriação das ações do capital social da instituição.

(C) pode decretar a cessação do regime de administração especial temporária, quando a situação que o motivou houver normalizado.

(D) responde solidariamente com os ex-administradores da instituição pelas obrigações por esta assumidas, após decretado o regime de administração especial temporária, independentemente de vínculo de controle com a instituição.

(E) pode ser nomeado pelo BACEN como administrador especial temporário de instituição financeira.

---

4. (CESPE – Procurador do Banco Central/2013) O chefe do Departamento de Organização do Sistema Financeiro Nacional do BACEN descredenciou a sociedade corretora de títulos e valores mobiliários Y para operar no mercado de câmbio, em razão da abertura de inquérito policial para investigar um dos sócios da empresa por suspeitas de fraude no mercado de capital, tendo Y impetrado mandado de segurança, na seção judiciária do Distrito Federal, contra o chefe do referido departamento, com vistas à anulação do ato de descredenciamento, invocando o princípio da presunção da inocência e o direito adquirido de continuar a operar no mercado de câmbio.

Nessa situação hipotética,

(A) o mandado de segurança deve ser denegado, visto que o ato de credenciamento é precário e discricionário, cuja escolha é inspirada na credibilidade do agente autorizado a operar no mercado de câmbio.

(B) o ato de descredenciamento deve ser anulado, em razão da incompetência do BACEN para praticá-lo.

(C) o ato de descredenciamento deve ser anulado visto que, em razão do princípio da presunção da inocência, o inquérito policial instaurado em face de sócio não constitui justa causa para o descredenciamento da impetrante.

(D) o ato de descredenciamento deve ser anulado, visto que, por ser vinculado, gera direito adquirido à continuidade das operações do impetrante.

(E) não cabe o descredenciamento da instituição, devendo ter sido aplicada ao caso, pelo Conselho Monetário Nacional, após proposta do BACEN, a pena de cassação de autorização de funcionamento.

5. (CESPE – Procurador do Banco Central/2009) O Conselho de Recursos do SFN (CRSFN) é órgão colegiado judicante de segundo grau, criado pelo Decreto nº 91.152/1985, que integra a estrutura do Ministério da Fazenda. Quanto às normas que regem as atividades do CRSFN, assinale a opção correta.

(A) O procurador-geral do BACEN está legitimado para requisitar autos ao CRSFN.

(B) Junto ao CRSFN, funcionam procuradores da Fazenda Nacional e procuradores do BACEN, designados pelas respectivas procuradorias-gerais.

(C) Os recursos de decisões do BACEN relativas à aplicação de penalidades por infração à legislação de consórcios são julgados, em última instância, pelo CRSFN.

(D) Cabe ao procurador-geral da Fazenda Nacional dirimir dúvidas quanto às atribuições do CRSFN.

(E) No caso de pena de inabilitação temporária para o exercício de cargos de direção na administração de instituições financeiras, aplicada pelo BACEN, cabe recurso, sem efeito suspensivo, ao CRSFN.

6. (CESPE – Procurador do Banco Central/2009) A justiça federal de São Paulo determinou que a União não pode ser responsabilizada pelos prejuízos sofridos por clientes com a falência do Banco Santos, que foi liquidado em novembro de 2004. A decisão acolheu o argumento da Procuradoria Regional da 3.ª Região, de que a fiscalização das instituições financeiras nacionais é função do BACEN. A justiça também julgou improcedente o pedido de indenização dos ex-correntistas contra o BACEN, por entender que o dever de fiscalização não o obriga a participar do risco capitalista das atividades desenvolvidas pelo setor financeiro. Por isso, o BACEN não poderia assumir a responsabilidade pela inadimplência do Banco Santos.

Internet: <www.g1.com.br> (com adaptações).

Em relação às normas de intervenção, liquidação extrajudicial e regime de administração especial temporária das instituições financeiras, assinale a opção correta.

(A) Ao interventor é dado pleno poder de gestão, podendo ele, por exemplo, admitir quadros técnicos de pessoal para a instituição financeira sob intervenção, independentemente de autorização do BACEN.

(B) Suponha que um indivíduo tenha depositado, em conta de sua titularidade, a quantia de R$ 100.000,00 em 3/11/2008, no Banco X, cuja intervenção foi decretada em 7/11/2008 pelo BACEN. Nessa situação, o depósito é exigível pelo titular.

(C) Na hipótese de violação grave a determinação do Conselho Monetário Nacional, cabe a liquidação extrajudicial da instituição financeira pelo BACEN, mas não se admite intervenção.

(D) Por ser instituição financeira pública da esfera federal, o Banco do Brasil não está submetido às regras do regime de administração especial temporária, mesmo na hipótese de gestão temerária ou fraudulenta de seus administradores.

(E) Considere que o Banco Y tenha sido submetido ao regime de administração especial temporária. Nessa situação, não são afetados o curso regular dos negócios da entidade nem seu funcionamento normal, e a perda de mandato dos administradores depende de prévia recomendação do conselho diretor, nomeado pelo BACEN.

7. (CESPE – Procurador do Banco Central/2009) O estabelecimento formal de sistemas de garantia de depósito tem sido tendência dominante no mundo a partir da década de 90 do século XX. A *rationale* por trás desse movimento está baseada na crescente preocupação das autoridades com a estabilidade do sistema financeiro, que se traduz na implementação de instrumentos adicionais de acompanhamento e controle e na consequente formação de redes de proteção ao sistema. Empréstimos de última instância, regulação eficaz, fiscalização eficiente, estrutura legal adequada e proteção direta a depositantes, via sistema garantidor, são todos componentes dessa rede e visam à manutenção de um sistema bancário sólido e saudável.

Internet: <www.fgc.org.br> (com adaptações).

No que se refere às normas jurídicas que regulamentam o FGC, assinale a opção correta.

(A) O FGC não pode ser reembolsado pelos pagamentos efetuados de dívidas de instituições financeiras associadas a ele.

(B) Observados os requisitos regulamentares, o FGC pode aplicar no máximo 25% de seu patrimônio líquido na aquisição de direitos creditórios de instituições financeiras e de sociedades de arrendamento mercantil.

(C) Os bancos comerciais estão autorizados a captar recursos de depósitos a prazo, sem emissão de certificado, mas com garantia especial do FGC. A garantia, nesse caso, é de no máximo R$ 10.000.000,00, por pessoa, contra a mesma instituição ou contra todas as instituições associadas do mesmo conglomerado financeiro.

(D) Não cabe ao FGC garantir depósitos, em caso de liquidação extrajudicial de instituição financeira.

(E) Na hipótese de o patrimônio do FGC se afigurar insuficiente para garantir créditos, admite-se que o fundo possa contratar operações de crédito com instituições financeiras oficiais.

---

8. (CESPE – Procurador do Banco Central/2009) Segundo estatísticas do BACEN, entre 2003 e 2007, o número de cartões com função de crédito passou de 44 milhões para 117,7 milhões. No mesmo período, o número de transações com cheques processados em sistema de liquidação interbancária caiu de 2,13 bilhões para 1,99 bilhões. Quanto ao SPB, assinale a opção incorreta.

(A) Além da compensação de cheques e outros papéis, o SPB admite sistema próprio para compensação e liquidação de operações realizadas em bolsas de mercadorias.

(B) Não se admite o compartilhamento de perdas entre os participantes dos sistemas de compensação e liquidação, razão pela qual tais sistemas devem adotar mecanismos de controle de riscos.

(C) Advertência e cassação da autorização de funcionamento das instituições financeiras privadas ou públicas, exceto as federais, são penas aplicáveis pelo BACEN nos casos de infração à lei que rege o SPB.

(D) A liquidação extrajudicial de instituição participante do SPB não afeta o adimplemento de suas obrigações, assumidas no âmbito das câmaras ou dos prestadores de serviços de compensação e de liquidação.

(E) Operações com derivativos estão submetidas ao sistema de compensação e liquidação.

---

9. (CESPE – Procurador do Banco Central/2009) O BACEN quer fiscalizar os consórcios com lupa. A partir de setembro, informações dos 3,5 milhões de clientes desse sistema serão repassadas mensalmente pelas instituições financeiras à autoridade monetária. A intenção do BACEN é ganhar instrumentos para, por exemplo, verificar a inadimplência grupo por grupo ou a ocorrência de lavagem de dinheiro. Já no âmbito das cooperativas, o Sistema de Cooperativas de Crédito do Brasil (SICOOB) deu início, em junho de 2009, ao curso à distância Prevenção e combate à lavagem de dinheiro, que tem por objetivo atender às exigências do BACEN para combater os crimes financeiros.

Revista Exame, 14/7/2008 e SICOOB (com adaptações).

Acerca das normas jurídicas relacionadas às matérias e instituições citadas no texto, assinale a opção correta.

(A) Uma cooperativa de crédito pode conceder, em seu nome, empréstimos a não associados, desde que haja prévia autorização do BACEN.

(B) As cooperativas de crédito estão impedidas de ter acesso a recursos oficiais, com vistas ao financiamento das atividades de seus associados.

(C) No sistema legal vigente, não se admite que pessoa jurídica detenha cota em consórcio visando à aquisição de bens e serviços.

(D) O COAF deve manter registro centralizado formando o cadastro geral de correntistas e clientes de instituições financeiras, bem como de seus procuradores.

(E) Além da competência legal expressa para a aplicação de penas administrativas, cabe ao COAF requerer aos órgãos da administração pública informações cadastrais bancárias e financeiras de pessoas envolvidas em atividades suspeitas de lavagem de dinheiro.

10. (ESAF – Agente Executivo CVM/2010) Regulação e auto-regulação são modalidades de intervenção na economia que:

(A) visam a estimular ações comuns das pessoas a elas submetidas.

(B) facilitam a prevalência dos interesses dos regulados na modelagem das normas.

(C) refletem normas socialmente típicas.

(D) alteram comportamentos quando dissonantes dos interesses gerais.

(E) resultam em captura do mercado.

11. (TRF2 – Juiz Federal Substituto 2a Região/2014) Assinale a alternativa correta:

(A) Em regra, a lei das sociedades anônimas não se aplica às sociedades de economia mista, que contam com disciplina própria.

(B) A teor de seu texto expresso, a lei de falências é aplicável às empresas públicas.

(C) À vista de atos de má administração, que coloquem a instituição financeira e os seus credores em risco, cabe à Comissão de Valores Mobiliários (CVM) decretar o regime de intervenção, nomeando interventor com plenos poderes de gestão.

(D) Em regra, a indisponibilidade de bens dos administradores das instituições financeiras em regime de liquidação não inibe a alienação, ficando o adquirente na condição de depositário.

(E) A decretação da liquidação extrajudicial da instituição financeira produz, de imediato, o vencimento antecipado das obrigações da liquidanda.

12. (ESAF – Procurador da Fazenda Nacional/2015) Assinale a opção incorreta.

(A) De acordo com a Lei nº 6.024/74, as instituições financeiras privadas e as públicas não federais estão sujeitas à intervenção, à liquidação extrajudicial ou à falência.

(B) Desde que autorizado pelo Banco Central do Brasil, as instituições financeiras poderão apresentar pedido de recuperação judicial ou extrajudicial, aplicando-se, subsidiariamente, os dispositivos constantes da Lei nº 11.101/05, enquanto não for aprovada lei específica.

(C) A intervenção de uma instituição financeira tanto poderá ser decretada de ofício, pelo Banco Central do Brasil, como a pedido de seus administradores, não podendo exceder a 6 (seis) meses, prorrogáveis até o máximo de outros 6 (seis) meses.

(D) Decretada a intervenção ou a liquidação extrajudicial de uma instituição financeira, os administradores ficarão com todos os seus bens indisponíveis, não podendo, por qualquer forma, aliená-los ou onerá-los, até apuração e liquidação final de suas responsabilidades.

(E) Os administradores de instituições financeiras respondem solidariamente pelas obrigações por elas assumidas durante a sua gestão, até o montante do prejuízo causado.

---

13. (ESAF – Procurador da Fazenda Nacional/2015) Acerca do Sistema Financeiro Nacional e o Conselho Monetário Nacional, assinale a opção correta.

(A) Os membros do Conselho Monetário Nacional são o Ministro de Estado da Fazenda, que o presidirá, o Ministro de Estado do Planejamento, Orçamento e Gestão e o Ministro do Desenvolvimento, Indústria e Comércio Exterior.

(B) Procuradores da Fazenda Nacional, designados pelo Procurador-Geral da Fazenda Nacional, funcionarão junto ao Conselho de Recursos do Sistema Financeiro Nacional.

(C) O Conselho Monetário Nacional deliberará mediante resoluções, editadas após decisão unânime dos seus membros.

(D) Compete ao Ministro de Estado da Fazenda conceder autorização para funcionamento de instituição financeira no país.

(E) As instituições financeiras privadas não fazem parte do Sistema Financeiro Nacional.

---

14. (CESPE - Juiz Federal TRF5/2015) Com base na jurisprudência do STJ, assinale a opção correta a respeito da liquidação extrajudicial de instituição financeira.

(A) Na liquidação extrajudicial, o liquidante atua em nome e por conta da pessoa jurídica, como verdadeira longa manus da instituição financeira liquidanda, administrando-a sob as diretrizes ditadas pelo BCB.

(B) Decretada a liquidação extrajudicial de determinada instituição financeira, ocorrerá, de imediato, a interrupção da prescrição das obrigações de tal instituição.

(C) O fato de uma instituição financeira estar em regime de liquidação extrajudicial, sob intervenção do BCB, retira a competência da justiça estadual para apreciar eventual litígio em que a instituição seja parte.

(D) Ao procedimento de liquidação extrajudicial de instituições financeiras que se submete a rito próprio é vedada a aplicação da legislação falimentar.

(E) Se não houver completa insolvência da pessoa jurídica, será incabível a liquidação extrajudicial, ainda que seja comprovado grave desrespeito às normas de regência das instituições financeiras.

---

15. (CESPE - Juiz Federal TRF1/2015) Assinale a opção correta com base nas normas sobre liquidação extrajudicial das instituições financeiras.

(A) Um dos principais efeitos da decretação da liquidação extrajudicial de um banco é a suspensão da prescrição relativa a obrigações de responsabilidade da instituição, de modo que, ao final da liquidação, os prazos prescricionais se reiniciam a partir da data em que a suspensão acaba.

(B) Com a decretação da liquidação extrajudicial de determinada instituição financeira, haverá incidência de correção monetária sobre a totalidade de suas obrigações, desde o vencimento até o seu efetivo pagamento, sem qualquer interrupção ou suspensão.

(C) Instituição financeira que decidir interpor recurso de decisões do liquidante deverá fazê-lo junto ao Banco Central do Brasil; o efeito do recurso, nesse caso, será suspensivo.

(D) Diferentemente das normas do procedimento falimentar das sociedades empresárias, as normas que regem a liquidação extrajudicial da instituição financeira não dispõem sobre a fixação de um termo legal quando da decretação da liquidação.

(E) Conforme entendimento do STJ, os juízos falimentares não podem mitigar a regra de suspensão das ações e execuções iniciadas sobre direitos e interesses relativos ao acervo da entidade liquidanda, devido ao caráter público das normas que regem as instituições financeiras.

7. GABARITO

Questão	Resposta	Referência
1	C	Compete ao CMN o aperfeiçoamento das instituições e dos instrumentos financeiros, com vistas à maior eficiência do sistema de pagamentos, definido por lei, que positiva os princípios internacionais aprovados especialmente pelo BIS e também pela IOSCO.
2	A	A função do BC não é a de conceder empréstimos para recuperar instituições financeiras, havendo a possibilidade de aquisição do banco em dificuldades por instituições oficiais. A questão não enuncia hipótese de redesconto nem de utilização do FGC.
3	E	A questão conjuga a disciplina do RAET e a atuação do FGC. Apenas o BC tem poderes cautelares e interventivos, de modo que ao FCG, no RAET, somente pode atuar como administrador.
4	A	A letra A está correta. Apenas surgiria a possibilidade de controle jurisdicional do descredenciamento se o BC não fosse competente ou se o ato tivesse como fundamento requisito objetivo. No caso, o BC tem competência, pois o agente opera câmbio (não apenas valores mobiliários, da competência da CVM) e o fundamento é a confiança no agente, não os requisitos objetivos para operar câmbio.
5	C	O BC não tem ingerência no CRSFN, embora um dos membros do Conselho seja representante da autoridade monetária. No Conselho atuam apenas Procuradores da Fazenda Nacional, não do BC, nomeados pelo PGFN, que não exerce funções diretas no órgão recursal. Os recursos para o CRSFN, em regra, possuem efeito suspensivo. As exceções são previstas em lei, como no caso das medidas cautelares.
6	D	Os administradores perdem o mandato no RAET. O BB não está sujeito a regime interventivo, assim como as demais instituições financeiras federais. Vale lembrar, ainda, a fluidez dos regimes interventivos, quanto as suas causas legais, o que permite boa dose de discricionariedade ao BC.
7	E	Questão bastante ampla sobre o FGC. Correta a letra E, que aponta fonte extraordinária de recursos do fundo, empréstimos junto a instituições financeiras oficiais.
8	B	O art. 3º, da Lei 10.214/2001 permite a compensação multilateral de obrigações no âmbito de uma mesma câmara, que se realiza pela compensação de saldos, positivos ou negativos das partes.
9	E	Correta a letra E, acerca da competência do COAF para requerer informações em sua atividade de coibir e punir crimes de lavagem de dinheiro.
10	B	A questão trata, na verdade, da autorregulação permitida pela regulação no sentido de regulamentação, não propriamente de regulação. Assim, quando a legislação aplicável autoriza a autorregulação, esta facilita que os interesses dos regulados se manifeste. Isso não significa, contudo, que o interesse do particular possa se sobressaia ao interesse público, pois a autorregulação também é objeto de fiscalização das autoridades públicas, a exemplo da CVM.

Questão	Resposta	Referência
11	E	Correta a letra E, que afirma o vencimento das obrigações da instituição financeira, quando decretada sua liquidação extrajudicial.
12	B	A letra B está errada. Além da polêmica questão da possibilidade de decretação judicial da quebra ou recuperação judicial de instituição financeira, o pedido de falência é apresentado pelo liquidante, se aprovado pelo Banco Central, não pela própria instituição.
13	B	Acerca do Sistema Financeiro Nacional e o Conselho Monetário Nacional, assinale a opção correta. Correta a letra B, segundo o qual Procuradores da Fazenda Nacional, designados pelo Procurador-Geral da Fazenda Nacional, funcionarão junto ao Conselhinho. O enunciado da letra A inclui indevidamente como membro do CMN o Ministro do Desenvolvimento, Indústria e Comércio Exterior e deixa de incluir o Presidente do Banco Central. As resoluções do CMN são aprovadas por maioria. A autorização para funcionamento de instituições financeiras é concedida pelo Banco Central e as instituições financeiras privadas fazem, sim, parte do Sistema Financeiro Nacional.
14	B	Correta a letra B, nos termos do art. 18, 'e', da Lei 6.024/1974. O liquidante atua como longa manus do BC não da instituição e representa a instituição (art. 16, da Lei 6.024/1974) e a liquidação extrajudicial não altera a competência judicial das ações do interesse da massa, salvo se a questão envolver interesse da União (ex. ação contra o liquidante, ou contra ato do Banco Central), de acordo com a jurisprudência do STJ. A lei de falências é a plicada subsidiariamente à liquidação extrajudicial (art. 34, da Lei 6.024/1974) e a completa insolvência não é a única hipótese de liquidação.
15	B	O art. 18, 'e', da Lei 6.024/1974, prevê a interrupção da prescrição, não a suspensão desta. Os recursos ao BC, contra decisões do liquidante não têm efeito suspensivo (art. 30, da Lei 6.024/1974), e a liquidação extrajudicial tem termo legal (art. 15, § 2º, da Lei 6.024/1974). De acordo com a jurisprudência do STJ, o disposto no art. 18, 'a', da Lei 6.024/1974 pode ser mitigado, e não vigora o previsto pelo art. 18, 'f', da mesma lei, os débitos da instituição financeira em liquidação devem ser corrigidos monetariamente.

Título V
Direito econômico da concorrência

CAPÍTULO 10

INTRODUÇÃO AO DIREITO DA CONCORRÊNCIA (OU DIREITO ANTITRUSTE)

1. INTRODUÇÃO

1.1. A concorrência no direito econômico

O direito antitruste ou o direito da concorrência talvez seja o ramo mais relevante do direito econômico.

Esta importância, que se percebe inclusive nas questões de concursos, deve-se a diversos fatores.

Um destes fatores, aplicável ao Brasil, é a **exclusividade da concorrência como objeto de estudo**. Em geral, o direito econômico compartilha seus objetos com outros ramos do direito, a exemplo do Mercosul e outros organismos internacionais (estudados pelo direito econômico e direito internacional), a CIDE (estudada pelo direito econômico e pelo direito tributário), as agências reguladoras (estudadas pelo direito econômico e pelo direito administrativo) e o sistema financeiro (estudado pelo direito econômico e pelo direito empresarial).

A concorrência, ao revés, não é objeto de nenhum outro ramo do direito brasileiro, salvo do direito penal (econômico), mais especificamente o art. 4º, da Lei 8.137/1990, pouco aplicado no país.

Nos Estados Unidos, por exemplo, esta argumentação não faz sentido, pois lá não há um direito econômico amplo. Naquele país se fala em "*antitrust law*", equivalente ao nosso direito antitruste ou direito da concorrência e em "*law and economics*" (expressão traduzida no Brasil como análise econômica do direito) que é um método de análise jurídica, não um ramo autônomo do direito.

Outro fator que destaca a importância da matéria é o **combate aos cartéis e aos monopólios na história do direito e da economia mundiais**, especialmente dos países desenvolvidos, como os Estados Unidos (onde nasceu o direito antitruste), mas também no Brasil.

Nos dias de hoje, o direito da concorrência também tem ganhado destaque na mídia brasileira tanto em decorrência das investigações de **cartel** na "operação lava jato"[407], especialmente aqueles voltados a fraudar licitações públicas, quanto pela atuação do Conselho Administrativo de Defesa da Concorrência – CADE.

A atuação do CADE, a propósito, tem se intensificado. Notam-se mais investigações, mais punições por atos infracionais e maior repercussão da atividade da autarquia. A concorrência parece, agora, ter se consolidado como efetivo valor nacional, não sendo mais uma mera previsão constitucional sem correspondência com a realidade.

Neste cenário, o CADE regulamentou a consulta à autarquia pela Resolução 12/2015 e editou um guia de *compliance* que procura orientar as empresas a evitar a prática de ilícitos concorrenciais, especialmente os culposos, e práticas que podem caracterizar atos de concentração, indevidamente realizados antes de sua submissão ao Tribunal da Concorrência.

A autarquia também publicou o guia de termos de compromisso de cessação para casos de cartel, o guia de análise de atos de concentração horizontal e o guia programa de leniência antitruste, contribuindo com a divulgação das ações do CADE de informações sobre seu funcionamento, bem como com a facilitação do acesso aos instrumentos do direito antitruste pelas empresas e pelos eventuais interessados.

Em termos acadêmicos, o direito antitruste igualmente se destaca no conjunto do direito econômico, face a sua **autonomia**. Certo que nenhuma disciplina jurídica é absolutamente autônoma, senão sob o ponto de vista didático, pois todas estão correlacionadas e todas fazem parte de um mesmo ordenamento jurídico. Contudo, o direito antitruste é, sem dúvidas, o campo do direito econômico que apresenta regras, princípio e métodos com maior nível de autonomia, face aos demais ramos do direito, seja pelo seu grau de especialização, seja pela própria história do direito da concorrência se confunde com a história do direito econômico, pois são contemporâneas suas origens.

Embora o direito da concorrência seja regido por apenas uma lei geral (a Lei 12.529/2011) a matéria apresenta dificuldades de compreensão. E porquê? É no antitruste onde o direito econômico mostra com mais intensidade suas **características de flexibilidade, mobilidade e mutabilidade**, não por prever uma finalidade única e inequívoca, mas por permitir tendências de interpretação e aplicação conforme a política econômica mais tradicional, ligada às raízes do direito antitruste (que privilegia a proteção do consumidor), mais concentradora (que vise, por exemplo, o fortalecimento da indústria nacional face competitividade internacional) ou menos concentradora (que procure diluir a propriedade com vistas na melhor distribuição de renda).

O direito da concorrência também é construído a partir de tipos e conceitos indeterminados, o que, ao contrário dos conceitos fechados, permite fluidez entre as categorias jurídicas, o que pode dificultar a compreensão.

407. "CADE deve multar AG e Odebrecht". Valor Econômico, 22/6/2015.

Ademais, o fato econômico regulado pela norma é bastante complexo e não se deixa compreender de forma intuitiva.

Mas **o que é o direito antitruste? Há diferença entre direito antitruste e direito da concorrência?**

O termo "*trust*", em inglês, possui vários significados. Em linguagem coloquial, é usado como o verbo confiar e o substantivo confiança. Em linguagem técnica, econômica e jurídica, pode indicar determinadas modalidades de doação testamentária para fins de caridade (*charitable trust*), certos fundos de investimento (*investment trust*), certos institutos relacionados a propriedade imobiliária (*land trust*), companhias, tipicamente bancos, que administram bens, notadamente ativos financeiros, de terceiro (*trust company*) e, no sentido que nos interessa, usado isoladamente, significa qualquer grande companhia com elevado poder econômico, tendente ao monopólio.

O significado do termo foi assim consolidado nos Estados Unidos, a partir de acordos comerciais realizados pelo empresário John D Rockfeller, que possuía uma empresa relativamente pequena de petróleo e passou a representar diversos outros empresários, também de pequeno porte, no desenvolvimento, na distribuição, no transporte e na comercialização de seus produtos.

Esta relação de "confiança" gerou uma das maiores companhias do mundo, com elevadíssimo poder econômico, a Standard Oil, da qual Rockfeller era o principal acionista.

A história, de resto conhecida, conta que a Standard Oil adquiriu companhias do ramo começou a **praticar atos anticoncorrenciais**, monopolizando o mercado de petróleo e seus produtos, inicialmente o querosene e posteriormente a gasolina, entre outros.

Com o passar do tempo, o modelo foi reproduzido, surgindo outras grandes companhias e o termo *trust* **deixou de representar a relação de confiança** de diversos empresários em um "representante" **para indicar qualquer grande empresa com poder econômico**.

No âmbito da *common law*, mesmo antes da Standard Oil e de outros *trusts*, havia decisões que condenavam abusos nas relações empresariais, como a concorrência desleal. Mas foi com o advento do Sherman Act, de 1890, que se inaugurou formalmente nos Estados Unidos o combate às atividades monopolistas danosas (anticoncorrenciais), mesmo que não houvesse um "concorrente" lesado[408][409].

O objeto do direito antitruste, portanto, não é o combate ao *trust*, como relação de confiança entre empresários, mas às práticas anticoncorrenciais realizadas por alguns *trusts*.

408. Para uma compreensão histórica das razões que levaram o surgimento do Sherman Act e o combate às práticas anticoncorrenciais, sugerimos a série "Os gigantes da indústria", do History Channel.

409. Abordamos aspectos históricos do direito da concorrência na introdução e voltaremos ao tema em outras partes deste título.

O núcleo da questão, portanto, está nas práticas anticoncorrenciais e na concorrência como bem jurídico e como princípio jurídico, que abordamos no capítulo pertinente da ordem econômica.

Dessa forma, o direito que regula a matéria, **sem maiores divergências de conteúdo**, é chamado de **direito antitruste**, em referência ao modelo empresarial estigmatizado pelas práticas anticoncorrenciais, ou de **direito da concorrência**, em alusão a "*perfect competition*" ou concorrência perfeita, como modelo ideal de concorrência do mercado.

Nos Estados Unidos, fala-se "*antitrust law*", mas pode-se encontrar a expressão "*competition law*", em outros países de língua inglesa.

No Brasil, os termos são utilizados como sinônimos.

1.2. Conceitos econômicos básicos do direito da concorrência

Estudamos na introdução a teoria da firma, da microeconomia e vimos os **conceitos de oferta, demanda e principalmente de equilíbrio** nos cenários de concorrência perfeita, oligopolista e monopolista, que vão nos orientar nesta parte do livro.

Vimos ainda que o ponto de equilíbrio (quantidade e preço) é dado pelo encontro entre a **curva de oferta e a curva de demanda**, influenciado por diversos fatores como o custo e a mobilidade dos fatores de produção, pelo gosto dos consumidores, pela renda das pessoas, pela elasticidade do bem pela existência de substitutos.

Para recordar, a **concorrência perfeita** é o cenário econômico em que existem muitos produtores e muitos consumidores no mercado, nenhum deles capaz, por si sós, de definir nem o preço a ser praticado no mercado nem a quantidade oferecida, que os produtores tendem a maximizar sua produção (até o ponto em que o custo marginal seja igual ao preço de mercado), pois o produtor que se retira do mercado é imediatamente substituído por outro. Assim, há certa igualdade de forças na concorrência perfeita, não havendo espaço nem para o controle dos preços nem para o controle de outros fatores de produção, como custo de insumos, mão de obra etc.

Ao contrário, no **monopólio**, um produtor (e, no monopsônio, um consumidor) é capaz de controlar o preço e a quantidade produzida, preços dos insumos e da mão de obra, não para otimizar a produção, mas para maximizar seus lucros, deixando parte da demanda desatendida, pagando preços baixos pelos insumos, gerando desemprego e baixos níveis salariais, claro, em relação ao cenário de concorrência perfeita.

Numa posição intermediária, vimos o cenário do **oligopólio**, em que poucas empresas competem, de forma mais ou menos agressiva, podendo gerar cenários mais próximos da concorrência perfeita ou mais próximos da "concorrência" monopolística, especialmente em casos de combinação de preços entre as concorrentes.

A conclusão a que chegamos naquele estudo era de que o monopólio é ruim para a economia, a concorrência perfeita gera resultados ideais e a concorrência oligopolística pode gerar bons resultados, como ganhos de economia de escala, capacidade de promover investimentos em inovação etc.

Parece muito fácil a questão. Bastaria ao direito aceitar somente a concorrência perfeita e o oligopólio inovador nas condições de concorrência.

Nada é tão fácil assim.

A concorrência perfeita é ideal, que não existe na realidade, pois os fatores de produção não apresentam a mobilidade que o modelo teórico pressupõe, não há tantos produtores de todos os bens, a formação de preços se dá muitas vezes de forma intuitiva pelo produtor e o consumidor não necessariamente rejeita o produto a preços mais elevados, por uma série de fatores, entre eles proximidade do fornecedor, comodidade, fidelidade, desconhecimento de outros vendedores. São as chamadas falhas de mercado.

Ademais, nem sempre é fácil identificar a estrutura da concorrência do mercado. Os extremos, a concorrência de muitos produtores ou a existência de apenas um monopolista, são tranquilamente caracterizáveis. Mas a situação é bastante difícil nas zonas de transição, em que contam não apenas o número de concorrentes (1, 5, 10, 20 etc) mas também o comportamento destes, o mercado geográfico em que atuam, a similaridade de outros produtos, eventualmente substitutos, negociados por outros produtores, etc.

De outro giro, a **eficiência**, alcançada pela concorrência perfeita, não é o único valor jurídico ou econômico em questão. Podem entrar em conflito com a maximização da eficiência a geração de emprego, o desenvolvimento da produção nacional, o incentivo às exportações, a ocupação do território etc.

Disputam a primazia dos "nortes" da concorrência diversas teorias. Algumas defendem que o papel da regulação da concorrência é o de corrigir a falhas de mercado, conferindo privilégio à eficiência, na busca de direcionar o mercado aos resultados da concorrência perfeita e teorias distributivas e desenvolvimentistas.

Todas estas teorias, contudo, tomam como ponto de partida a teoria da firma e da formação de preços em diferentes mercados hipotéticos (modelos), nos quais se procura classificar o mercado real estudado.

As teorias baseadas no liberalismo econômico, como a Análise Econômica do Direito – AED, tendem a propor as correções do mercado real, vale dizer, a correção das falhas de mercado, face ao modelo desejado, com vistas à eficiência alocativa.

As demais teorias podem propor outras medidas, sem prejuízo de reconhecer a importância da eficiência, com vistas a obtenção de outros valores.

Remetemos o leitor à introdução deste livro, para passarmos ao estudo do direito da concorrência, advertindo que a Lei 12.529/2011 abre espaço para a aplicação das diversas teorias pelo intérprete, da mesma forma que o sistema jurídico fornece os critérios pela escolha das teorias a serem aplicadas, pelo caminho da definição da política econômica.

1.3. Histórico do direito da concorrência

A ideia de um sistema econômico liberal "puro" logo se mostrou insustentável na prática: a rigor, o ideal de mercados perfeitamente equilibrados. Pelo contrário, logo se percebeu que a concorrência não era perfeita, dadas as deficiências dos mecanismos de mercado, como a falta de homogeneidade dos bens, a interferência desequilibrada de agentes (sejam eles privados ou mesmo o próprio Estado), entre outros aspectos. Ao longo do século XIX, as grandes corporações passaram a exercer cada vez maior influência no ambiente dos negócios, e logo se percebeu a necessidade de o Estado intervir de forma a assegurar a manutenção do equilíbrio dos mercados.

Como afirma João Bosco Leopoldino da Fonseca, a intervenção do Estado operou-se a partir do momento em que as grandes concentrações passaram a representar um perigo para a organização do mercado, principalmente em perspectiva de dano potencial aos consumidores e às demais empresas[410].

Algumas situações de monopólio externaram os riscos. **Nos Estados Unidos**, em 1871, foi analisado o caso *Morris Run Coal Co. v Barclay Coal Co,* em que cinco empresas produtoras de carvão entraram em acordo, no Estado de Nova York, para dividir o mercado. A Suprema Corte da Pensilvânia entendeu que este acordo lhes permitia o controle do mercado em níveis que não seriam alcançados se deixado "às leis naturais do comércio"; além de se tratar de mercadoria de primeira necessidade para inúmeras finalidades. O acordo foi entendido como prejudicial[411].

O marco legislativo é o *Sherman Act*, em 1890, que levou, já em 1914, à criação da *Federal Trade Commission.* A ideia partia do reconhecimento dos benefícios da livre concorrência e da liberdade econômica, e a necessidade de assegurá-las.

Embora o direito antitruste norte-americano seja legislado (*estatute law*), suas origens remontam ao direito jurisprudencial (*common law*), como registram Gellhorn, Kovacic e Calkins[412]. Como registram os autores, "a linhagem histórica do direito antitruste americano deriva das ações do common law que limitavam as restrições ao comércio e, em alguma medida, procuravam proscrever o poder monopolista e os lucros do atravessador"[413].

Não o obstante, o Sherman Act apresentou uma evolução no direito antitruste, por prever concretamente a vedação aos cartéis (Seção 1) e ao monopólio (Seção 2), independentemente da existência de violação a direito dos concorrentes característicos das ações baseadas no *commmon law*, como nos casos de concorrência desleal. Os precedentes do *common law* mantiveram, porém, influência na interpretação das normas, com destaque para o voto do juiz William Howard Taft, no caso United States v. Addyston Pipe & Steel Co, de 1898, em que se pacificou o entendimento de que as restrições ao comércio

---

410. FONSECA, João Bosco Leopoldino. Lei de Proteção da Concorrência. Rio de Janeiro: Forense, 2007, p. 17.

411. FONSECA, João Bosco Leopoldino. Lei de Proteção da Concorrência. Rio de Janeiro: Forense, 2007, p. 22.

412. GELLHORN, Ernest, KOVACIC, William E., CALKINS, Stephen. Antitrust law and economics. St. Paul, MN: Thompson West, 2004, p. 1 e seg.

413. GELLHORN, Ernest, KOVACIC, William E., CALKINS, Stephen. Antitrust law and economics. St. Paul, MN: Thompson West, 2004, p. 1.

são ilegais, salvo as restrições "razoáveis" e dependentes (que não constituam o objeto principal do contrato)[414].

O *Sherman Act*, contudo, foi considerado excessivamente rigoroso, uma vez que ignorava a vontade das partes. Bastava a concretização dos elementos teoricamente descritos pela norma para a invalidação da concentração. Partia do pressuposto de que toda e qualquer combinação e monopólio era prejudicial.

O *Clayton Act*, de 1914, por sua vez, representou uma tentativa de especificar condutas consideradas anticompetitivas, como os contratos de exclusividade e a discriminação de preços.

Ainda em 1914 foi criada a *Federal Trade Commission*, com funções de investigação, informação e repressão das atividades de concorrência desleal. Esse período (1890-1914), o primeiro da história do direito concorrencial norte-americano, afirmou alguns conceitos como os de divisão de mercado, monopólio, regra da razão etc.

Hoje, o direito concorrencial dos Estados Unidos se encontra no que Thomas D. Morgan denomina quarta fase: iniciada em 1974, aborda as questões combinando uma visão tradicional com a análise econômica.[415]

Na Europa, a defesa da concorrência passa a ser uma preocupação após a Segunda Guerra. A expectativa da unificação da economia tinha (na verdade, tem) como premissa a eliminação de barreiras legislativas e administrativas impostas pelos Estados ao livre mercado. No entanto, também reconheciam os efeitos negativos do exercício abusivo da livre-iniciativa. A concorrência passa a exercer papel central no processo de integração e, como mecanismo natural de limitação do poder econômico-empresarial, a competição é eleita como instrumento crucial para o avanço da União Europeia.

No Brasil, também em um primeiro momento deixou-se a cargo do "mercado" a correção dos desequilíbrios. Foi somente a partir da Constituição de 1934 que a preocupação com o tema se torna mais evidente. A ordem econômica deveria ser organizada pelo Estado, garantindo-se a liberdade econômica. A Constituição de 1937 equiparou os crimes contra a economia popular aos crimes contra o Estado. Neste sentido, o Decreto-lei 869, de 1938, estabelecia como crime "destruir ou inutilizar, intencionalmente e sem autorização legal, com o fim de determinar alta de preços, em proveito próprio ou de terceiro, matérias primas ou produtos necessários ao consumo do povo"[416].

Mas seu alcance se fez sentir, de fato, na regulamentação de preços e supressão dos artifícios e fraudes na venda de mercadorias, e não no campo do direito da concorrência;

---

414. Precedente que influenciou o desenvolvimento da "regra da razão". GELLHORN, Ernest, KOVACIC, William E., CALKINS, Stephen. Antitrust law and economics. St. Paul, MN: Thompson West, 2004, p.9.

415. FONSECA, João Bosco Leopoldino. Lei de Proteção da Concorrência. Rio de Janeiro: Forense, 2007, p. 30.

416. FONSECA, João Bosco Leopoldino. Lei de Proteção da Concorrência. Rio de Janeiro: Forense, 2007, p.49.

foi o Decreto-lei 7.666/45 que, após elencar o que considerava ato contrário ao interesse da economia nacional, criou um órgão, a Comissão Administrativa de Defesa Econômica (CADE). Entre suas atribuições, a de legitimar acordos restritivos da concorrência quando os atos viessem a ter por efeito o equilíbrio da produção com o consumo, a regulação dos mercados, a estabilização dos preços, a padronização e racionalização da produção e o estabelecimento de uma exclusividade de distribuição em detrimento de outras mercadorias do mesmo gênero ou destinadas à satisfação de necessidades conexas.[417]

A Constituição de 1946 determinava que a lei reprimiria toda e qualquer forma de abuso do poder econômico – inclusive as uniões e agrupamentos de empresas individuais ou sociais que tenham por fim dominar os mercados nacionais, eliminar a concorrência e aumentar arbitrariamente os lucros (art. 148). A Lei 4.137/62 regulamentou a repressão ao abuso do poder econômico e criou o Conselho Administrativo de Defesa Econômica (CADE), cabendo-lhe apurar e reprimir os abusos do poder econômico em todo o território nacional.

Paula Forgioni afirma, contudo, que a lei não teve qualquer efetividade na realidade brasileira, "não sendo possível identificar qualquer atuação linear e constante de uma política econômica que se tenha corporificado em uma política de concorrência".[418]

A situação somente se altera com o início do processo de abertura econômica, a partir do final dos anos 1980, com o movimento de desestatização e a gradual retirada do Estado do papel de empresário.

Assim, e já sob a Constituição de 1988, criou-se a Secretaria Nacional de Direito Econômico e foram publicadas a Lei 8.137/90 e a Lei 8.884/94.

Nas palavras de Gesner de Oliveira:

> De um lado, do ponto de vista da estabilização, exigiu-se das autoridades brasileiras papel centralizador no sentido de coordenar as expectativas em direção a uma taxa de inflação moderada (...). De outro lado, as reformas liberalizantes aceleradas durante a administração Collor indicavam a necessidade da adoção de regras típicas de defesa da concorrência.[419]

Deste contexto, surgiu a Lei 12.529/2011, com suas inovações que estudaremos adiante.

1.4. Roteiro de estudo

Vamos tratar da matéria em três partes. Num primeiro momento, vamos abordar matérias gerais sobre a concorrência e sobre a lei da concorrência.

Nesta primeira parte, vamos apresentar uma visão geral da lei antitruste. Em seguida, vamos abordar as modalidades de comportamentos regidos pela lei, sua construção

417. FONSECA, João Bosco Leopoldino. Lei de Proteção da Concorrência. Rio de Janeiro: Forense, 2007, p.53.

418. FORGIONI, Paula A. Fundamentos do antitruste. São Paulo: Revista dos Tribunais, 2013.

419. OLIVEIRA, Gesner. Concorrência: panorama no Brasil e no mundo. São Paulo: Saraiva, 2001, p. 3.

tipológica e uma visão inicial das práticas abusivas, diante das dificuldades que o art. 36, da Lei 12.529/2011 apresenta.

A partir desta apresentação, vamos discutir as finalidades da lei antitruste e suas relações com outros ramos do direito, que disciplinam fenômenos conexos, chegando a reger fatos idênticos, que divergem pelos próprios fins dos ramos específicos do direito.

Ainda na parte geral, vamos passar em revista pelas modalidades de regulação do mercado, distinguindo as regulações específicas da regulação geral da concorrência, por vezes exclusiva, por vezes complementar.

Na segunda parte, vamos tratar das instituições do Sistema Brasileiro de Defesa da Concorrência e dos procedimentos da Lei 12.529/2011, com a profundidade que o tema requer, procurando, sempre que necessário, apresentar explicações sobre os fatos sobre os quais a norma incide.

Por fim, vamos estudar os ilícitos anticoncorrenciais e os atos de concentração econômica, a partir da Lei 12.529/2011, com a interpretação dos tribunais judiciários e administrativos e com eventuais recursos à literatura estrangeira, especialmente a norte-americana.

2. A LEI 12.529/2011

A nova lei da concorrência no Brasil – Lei 12.529/2011 – mantém, em linhas gerais, os ilícitos contra a ordem econômica previstos pela Lei 8.884/1994, apresentando mudanças mais significativas na área institucional (nos órgãos que compõem o Sistema Brasileiro de Defesa da Concorrência) e no procedimento de averiguação e combate aos ilícitos, com destaque à obrigatoriedade de submissão prévia ao CADE dos atos de concentração de grandes empresas.

A Lei 12.529/2011 "estrutura o Sistema Brasileiro de Defesa da Concorrência – SBDC e dispõe sobre a prevenção e a repressão às infrações contra a ordem econômica, orientada pelos ditames constitucionais de liberdade de iniciativa, livre concorrência, função social da propriedade, defesa dos consumidores e repressão ao abuso do poder econômico" (art. 1º) e define a coletividade como titular dos bens jurídicos por ela protegidos (art. 1º, parágrafo único).

Define, também, sua área de atuação, circunscrita ao território nacional (art. 2º) e disciplina a composição do SBDC, "formado pelo Conselho Administrativo de Defesa Econômica – CADE e pela Secretaria de Acompanhamento Econômico do Ministério da Fazenda" (art. 3º).

Nos termos da lei, o "Cade é entidade judicante com jurisdição em todo o território nacional, que se constitui em autarquia federal, vinculada ao Ministério da Justiça, com sede e foro no Distrito Federal" (art. 4º), e é constituído pelo Tribunal Administrativo de Defesa Econômica, pela Superintendência-Geral e pelo Departamento de Estudos Econômicos (art. 5º). A nova legislação não mais prevê a Secretaria de Direito Econômico – SDE, do Ministério da Justiça (art. 30).

Em seguida, a lei dispõe sobre a competência de cada um dos órgãos do SBDC (art. 6º a 14 e 17 a 19), sobre as atribuições da Procuradoria Federal junto ao CADE (art. 15 e 16), que passa a ser o único representante judicial da autarquia e sobre a atuação do Ministério Público Federal perante o CADE (art. 20).

Com mais simplicidade que a lei anterior, dispõe o art. 20, da Lei 12.529/2011, que "o Procurador-Geral da República, ouvido o Conselho Superior, designará membro do Ministério Público Federal para, nesta qualidade, emitir parecer, nos processos administrativos para imposição de sanções administrativas por infrações à ordem econômica, de ofício ou a requerimento do Conselheiro-Relator". A nova lei retira do Ministério Público a função incompatível com o sistema jurídico brasileiro inaugurado com a Constituição de 1988 de executar as decisões do CADE, vale dizer, **o Ministério Público não mais representa o CADE em juízo ou fora dele**.

A lei prossegue na **definição das infrações** contra a ordem econômica (art. 31 a 36), disciplina as **penalidades** aplicáveis (art. 37 a 45), rege a **prescrição** quinquenal da pretensão punitiva (art. 46) e regula os **procedimentos administrativos** instaurados para prevenção, apuração e repressão de infrações à ordem econômica (art. 48 a 87), incluindo a disciplina do **compromisso de cessação**, aplicável quando aquele que pratica ilícito de efeitos duradouros se compromete a cessar a prática infracional (art. 85) e do **acordo de leniência**, que prevê redução de pena ou mesmo a extinção da pretensão punitiva de pessoas físicas e jurídicas "que forem autoras de infração à ordem econômica, desde que colaborem efetivamente com as investigações e o processo administrativo e que dessa colaboração resulte a identificação dos demais envolvidos na infração e a obtenção de informações e documentos que comprovem a infração noticiada ou sob investigação" (art. 86 e 87).

Os arts. 88 a 91 regem o **controle dos atos de concentração econômica**, tornando obrigatória a submissão ao CADE dos atos em que cumulativamente "pelo menos um dos grupos envolvidos na operação tenha registrado, no último balanço, faturamento bruto anual ou volume de negócios total no País, no ano anterior à operação, equivalente ou superior a R$ 400.000.000,00 e pelo menos um outro grupo envolvido na operação tenha registrado, no último balanço, faturamento bruto anual ou volume de negócios total no País, no ano anterior à operação, equivalente ou superior a R$ 30.000.000,00" (art. 88).

O ato de concentração não terá efeito antes de aprovado pelo CADE ou enquanto perdurar o prazo de 240 dias que a autarquia detém para apreciar o caso.

O CADE também pode apreciar, *a posteriori*, outros atos de concentração que não sejam de submissão prévia obrigatória.

São vedados "os atos de concentração que impliquem eliminação da concorrência em parte substancial de mercado relevante, que possam criar ou reforçar uma posição dominante ou que possam resultar na dominação de mercado relevante de bens ou serviços" (art. 88, § 5º), mas o CADE poderá autorizar a operação, desde que sejam observados os limites estritamente necessários para atingir os objetivos cumulativos ou alternados de aumento da produtividade ou da competitividade, de melhora na qualidade de bens ou serviços, ou de propiciar a eficiência e o desenvolvimento tecnológico ou econômico e ainda que sejam repassados aos consumidores parte relevante dos benefícios decorrentes (art. 88, § 6º).

A lei ainda dispõe sobre a execução dos julgados do CADE e sobre a intervenção na empresa para permitir a execução específica dos julgados.

Numa análise sistemática e comparativa com o direito penal, a Lei 12.529/2011 conferiu maior importância à repressão administrativa dos ilícitos concorrenciais, ao dar nova redação ao art. 4º, da Lei 8.139/1990 e revogar condutas criminais unilaterais. Desde 2011, apenas constitui crime contra a ordem econômica atitudes tomadas mediante acordo ou conluio, notadamente o cartel, vez que descriminalizadas condutas de exigência de exclusividade, venda casada, indexação de preços, monopólio, boicote e outras tomadas individualmente por agentes econômicos.

Em síntese, condutas anticoncorrenciais, praticadas por apenas um agente econômico constituem hoje apenas infração administrativa, pois os tipos penais vigentes exigem acordo, convênio, ajuste ou aliança entre empresas.

3. AS MODALIDADES DE INFRAÇÃO À LEI ANTITRUSTE, SANÇÕES E PROCEDIMENTOS

Neste trabalho, utilizamos como sinônimos as expressões lei (ou legislação) da concorrência e lei antitruste, tanto em menção à Lei 12.529/2011 quanto às normas estrangeiras.

Esta legislação procura disciplinar modalidades de conduta, que podem ser classificadas em três grupos: 1. os **abusos** de posição dominante, 2. os **acordo** entre concorrentes, sem que qualquer deles precise ter posição dominante, 3. os **atos de concentração**, que merecerão tratamentos apartados tanto por suas peculiaridades materiais quanto pelo processo a que estão submetidas no sistema brasileiro de defesa da concorrência[420].

Há, também, uma classificação que distingue apenas duas modalidades de ações de interesse do direito antitruste, colocando de um lado os **atos de concentração**, quando a lei disciplina as estruturas concorrenciais de mercado e, de outro, as **condutas anticoncorrenciais** praticadas pelas estruturas existentes, seja pela empresa individualizada, seja pelo arranjo de empresas na forma de cartel[421].

Na verdade, são diversas as possibilidades de classificação, tanto no direito brasileiro quanto no direito estrangeiro, que podem tomar como referência a estrutura das normas protetivas da concorrência, os tipos específicos de infração, os efeitos econômicos das infrações, etc.

420. Nesta linha, FORGIONI, Paula A. Os Fundamentos do antitruste. São Paulo: Revista dos Tribunais, 2013.

421. Nesta outra vertente, SALOMÃO FILHO, Calixto. Direito Concorrencial. São Paulo: Malheiros, 2013.

Estas classificações apresentam diversas importâncias. Sob o ponto de vista acadêmico, permitem a melhor compreensão dos ilícitos concorrenciais e, sob o ponto de vista dogmático, de um lado, **exigem** a disciplina de **procedimentos administrativos próprios** a cada infração bem como a **previsão de sanções adequadas** e, de outro, **permitem** a aplicação de **institutos também específicos**.

De fato, os atos de concentração são apreciados mediante *procedimento* administrativo distinto daqueles reservados para a apuração das condutas anticoncorrenciais, tendo em vista, especialmente, que os atos de concentração são (ou devem ser) levados ao conhecimento da autoridade antitruste antes de sua realização, enquanto os demais atos precisam ser descobertos e investigados pelas autoridades.

De outro lado, a realização do ato de concentração sem que seja submetido ao CADE ou antes da aprovação pela autarquia constitui infração, que pode ser apurada e punida.

No que toca à *sanção*, do ato de concentração submetido ao CADE pode decorrer **autorização**, quando o ato não gerar prejuízo à concorrência, **indeferimento**, quando o ato gerar prejuízo irreversível à concorrência, ou **autorização condicionada** ou limitada, quando o ato gerar prejuízos à concorrência que possam ser compensados pelo aumento da produtividade ou da competitividade, pela melhoria da qualidade dos bens e serviços, por propiciar eficiência e desenvolvimento tecnológico ou econômico e por permitir o repasse ao consumidor de parcela dos benefícios obtidos pelo ato de concentração.

A seu turno, os atos anticoncorrenciais estão sujeitos às **penalidades pecuniárias** previstas pelo art. 37, da lei 12.529/2011, de até 2 bilhões de reais, bem como às penalidades previstas pelo art. 38, da lei, tais quais a proibição de contratar com instituições financeiras oficiais e participar de licitações públicas, inscrição no cadastro de defesa do consumidor, cisão da sociedade infratora, venda de seus ativos e proibição de exercer o comércio em nome próprio ou como representante de pessoa jurídica.

> Art. 37. A prática de infração da ordem econômica sujeita os responsáveis às seguintes penas:
>
> I – no caso de empresa, multa de 0,1% (um décimo por cento) a 20% (vinte por cento) do valor do faturamento bruto da empresa, grupo ou conglomerado obtido, no último exercício anterior à instauração do processo administrativo, no ramo de atividade empresarial em que ocorreu a infração, a qual nunca será inferior à vantagem auferida, quando for possível sua estimação;
>
> II – no caso das demais pessoas físicas ou jurídicas de direito público ou privado, bem como quaisquer associações de entidades ou pessoas constituídas de fato ou de direito, ainda que temporariamente, com ou sem personalidade jurídica, que não exerçam atividade empresarial, não sendo possível utilizar-se o critério do valor do faturamento bruto, a multa será entre R$ 50.000,00 (cinquenta mil reais) e R$ 2.000.000.000,00 (dois bilhões de reais);
>
> III – no caso de administrador, direta ou indiretamente responsável pela infração cometida, quando comprovada a sua culpa ou dolo, multa de 1% (um por cento) a 20% (vinte por cento) daquela aplicada à empresa, no caso previsto no inciso I do caput deste artigo, ou às pessoas jurídicas ou entidades, nos casos previstos no inciso II do caput deste artigo.

> § 1º Em caso de reincidência, as multas cominadas serão aplicadas em dobro.
>
> § 2º No cálculo do valor da multa de que trata o inciso I do caput deste artigo, o Cade poderá considerar o faturamento total da empresa ou grupo de empresas, quando não dispuser do valor do faturamento no ramo de atividade empresarial em que ocorreu a infração, definido pelo Cade, ou quando este for apresentado de forma incompleta e/ou não demonstrado de forma inequívoca e idônea.
>
> Art. 38. Sem prejuízo das penas cominadas no art. 37 desta Lei, quando assim exigir a gravidade dos fatos ou o interesse público geral, poderão ser impostas as seguintes penas, isolada ou cumulativamente:
>
> I – a publicação, em meia página e a expensas do infrator, em jornal indicado na decisão, de extrato da decisão condenatória, por 2 (dois) dias seguidos, de 1 (uma) a 3 (três) semanas consecutivas;
>
> II – a proibição de contratar com instituições financeiras oficiais e participar de licitação tendo por objeto aquisições, alienações, realização de obras e serviços, concessão de serviços públicos, na administração pública federal, estadual, municipal e do Distrito Federal, bem como em entidades da administração indireta, por prazo não inferior a 5 (cinco) anos;
>
> III – a inscrição do infrator no Cadastro Nacional de Defesa do Consumidor;
>
> IV – a recomendação aos órgãos públicos competentes para que:
>
> a) seja concedida licença compulsória de direito de propriedade intelectual de titularidade do infrator, quando a infração estiver relacionada ao uso desse direito;
>
> b) não seja concedido ao infrator parcelamento de tributos federais por ele devidos ou para que sejam cancelados, no todo ou em parte, incentivos fiscais ou subsídios públicos;
>
> V – a cisão de sociedade, transferência de controle societário, venda de ativos ou cessação parcial de atividade;
>
> VI – a proibição de exercer o comércio em nome próprio ou como representante de pessoa jurídica, pelo prazo de até 5 (cinco) anos; e
>
> VII – qualquer outro ato ou providência necessários para a eliminação dos efeitos nocivos à ordem econômica.

Há também penalidades pela continuidade de atos ou situações que configurem infração da ordem econômica, após decisão do Tribunal determinando sua cessação, bem como pelo não cumprimento de obrigações de fazer ou não fazer impostas, ou pelo descumprimento de medida preventiva ou termo de compromisso de cessação (art. 39), pela recusa, omissão ou retardamento injustificado de informação ou documentos solicitados (art. 40) entre outras.

A sanção no direito antitruste segue, portanto, o **binômio liberdade/responsabilidade** que instrui a gradação das penalidades. É dizer, onde há muita liberdade, há também responsabilidade, e as infrações são punidas mais severamente; ao revés, onde não há liberdade, não há responsabilidade nem penalização.

Aplicando o binômio ao direito antitruste, os atos de concentração não geram penalidades, pois as empresas não estão livres para escolher se submetem ou não o ato à autoridade competente, a apresentação é obrigatória. A empresa será punida, obviamente, se procurar esconder o ato de concentração, conduta, porém, pouco provável, dada a necessária publicidade das fusões e incorporações para diversos fins, ou praticar atos que caracterizem antecipação do ato de concentração (*gun jumping*). De outro turno, na definição de condutas anticoncorrenciais, as empresas não se submetem a controle prévio de seus negócios, em virtude do princípio da livre-iniciativa. Assim, atuam em regime de liberdade, de modo que as penalidades por infrações são mais severas.

No caso de os interessados não submeterem os atos de concentração à análise do CADE, nos termos da lei, gera pena de nulidade e pena pecuniária de 60 mil a 60 milhões de reais. Penalidade alta, mas bem inferior aos 2 bilhões previstos pelo art. 37, da Lei 12.529/2011.

Com relação aos *institutos* benéficos aos infratores da lei antitruste, o **compromisso de cessação** e o **acordo de leniência** somente são aplicáveis aos **atos anticoncorrenciais** praticados por cartéis ou empresas individualizadas, não aos atos de concentração, sujeitos a análise prévia do CADE.

É preciso destacar, contudo, a correlação entre as duas formas (ou três, conforme a classificação) de violação à lei antitruste.

Como observa Hovenkamp, "não há uma linha de demarcação clara entre o acordo de restrição do comércio e a ofensa de monopólio por uma única empresa"[422] e os meios utilizados para se atingir o monopólio por uma única empresa também podem caracterizar ato de concentração anticompetitivo ou infrações praticadas em conluio[423].

De fato, a cartelização que se combate é aquela destinada a prática de atos abusivos, típicos do monopolista. Da mesma forma, o controle dos atos de concentração procura evitar o surgimento de monopólios não naturais, justamente para que tais instituições concentradas não tenham o poder de praticar atos abusivos. Assim, os atos abusivos – proibidos – são também o ponto de convergência da proibição da formação de cartéis e da concentração monopolista.

4. PANORAMA DOS ILÍCITOS CONCORRENCIAIS

Antes de abordarmos a dogmática da Lei 12.529/2011, parece-nos adequado apresentar um panorama dos ilícitos, especialmente as práticas que representam abuso de posição dominante.

Esta apresentação se mostra interessante, inclusive para superar as dificuldades de interpretação do *caput* do art. 36, da Lei 12.529/2011, que apresenta texto sobremodo aberto, com incisos que se sobrepõem. Vejamos:

> Art. 36. Constituem infração da ordem econômica, independentemente de culpa, os atos sob qualquer forma manifestados, que tenham por objeto ou possam produzir os seguintes efeitos, ainda que não sejam alcançados:

422. HOVENKAMP, Herbert. Antitrust. Saint Paul, MN: Thomson West, 2005, p. 126 (tradução nossa).

423. HOVENKAMP, Herbert. Antitrust. Saint Paul, MN: Thomson West, 2005, p. 140 e seg.

> I – limitar, falsear ou de qualquer forma prejudicar a livre concorrência ou a livre iniciativa;
>
> II – dominar mercado relevante de bens ou serviços;
>
> III – aumentar arbitrariamente os lucros; e
>
> IV – exercer de forma abusiva posição dominante.
>
> [...]

No *caput* do artigo, verifica-se que **não importam os meios ou as formas empregadas para a prática do ilícito anticoncorrencial**, bastando que o ato tenha como **objeto ou** possa produzir os **efeitos** listados nos incisos de I a IV do dispositivo legal. Dessa maneira (e como informa o próprio § 3°, do art. 36, da Lei 12.529/2011) as condutas (que comentaremos a seguir) que venham a ser elencadas na lei são apenas exemplificativas, é dizer, sua previsão expressa não implica necessariamente prática de ilícito e sua omissão não afasta o ilícito, caso se verifiquem o objeto ou os efeitos previstos nos incisos mencionados.

Importa, vamos reiterar, que o ato tenha por objeto ou possa produzir, ainda que não sejam alcançados, os efeitos de limitar, falsear ou de qualquer forma prejudicar a livre concorrência ou a livre-iniciativa, dominar mercado relevante de bens ou serviços, aumentar arbitrariamente os lucros ou exercer de forma abusiva posição dominante.

O texto apresenta, porém, algumas dificuldades (o que não significa defeito da lei) que precisam ser enfrentadas.

A primeira delas diz respeito à previsão de condutas que podem **ter por objeto** ou que possam **produzir efeitos** no mesmo enunciado do *caput* do art. 36, da Lei 12.529/2011.

Ter por objeto e produzir efeitos são ideias bastante apartadas. "**Ter por objeto**" traz a ideia de causa, de condição, de pressuposto de elemento do ato, enquanto a "produção de efeitos" traz a ideia de consequência[424]. Assim, o ilícito concorrencial pode tanto decorrer de fatos que correspondam aos enunciados dos incisos do art. 36, ou os tenha como pressuposto, quanto podem causar, apresentar como consequência o que está contido nos mesmos enunciados.

Neste sentido, o monopolista que eleva excessivamente seus preços sem causa aparente pratica ato que tem como pressuposto o domínio do mercado (que o levou a posição de monopolista), como objeto o exercício abusivo de posição dominante e como resultado o aumento arbitrário do lucro.

---

424. Calixto Salomão Filho identifica na expressão "objeto" também a ideia de objetivo. Leciona o autor: "Já a Lei 12.259/2011 menciona como ilícitos aqueles atos "que tenham como objeto (...)". E prossegue: "É inegável a presença da intenção nos atos direcionados a um objetivo" (Direito Concorrencial. São Paulo: Malheiros, 2013, p. 400). É preciso notar que o autor reconhece que a intenção não está presente diretamente no ordenamento brasileiro da concorrência e o que ele procura realmente ressaltar é o fato de que as condutas econômicas são pautadas pelo elemento volitivo, o que não afasta a responsabilidade objetiva das infrações à Lei 12.529/2011.

Contudo, não é necessário que o ato praticado tenha por objeto situação que corresponda a um dos incisos do art. 36 e possa produzir efeitos enunciados em outro inciso. Basta para a ocorrência do ilícito a presença de um dos incisos do art. 36, seja como objeto da ação, seja como resultado possível desta.

É preciso, pois, compreender que as expressões "tenham por objeto" e "possam produzir efeitos" são alternativas.

Outro problema que a norma apresenta diz respeito aos incisos do art. 36. Enquanto os termos "tenham por objeto" e "possam produzir efeitos" são independentes, as hipóteses dos incisos I a IV, do art. 36, da Lei 12.529/2011 são, muitas vezes, complementares e se sobrepõem. Assevera, a este propósito, Calixto Salomão Filho, que "os dispositivos são perfeitamente compatíveis e até complementares"[425].

O enunciado do inciso I, "limitar, falsear ou de qualquer forma prejudicar a livre concorrência ou a livre-iniciativa", não é contraditório ao enunciado do inciso II, "dominar mercado relevante de bens ou serviços", que por sua vez pode ser compatibilizado com a hipótese do inciso III, de "aumentar arbitrariamente os lucros" e com o inciso IV "exercer de forma abusiva posição dominante".

As conclusões que podemos chegar ao analisar o art. 36, da Lei 12.529/2011, são, portanto, as seguintes:

Para caracterizar o ilícito basta	que o ato *tenha por objeto* **uma das situações** descritas nos incisos I a IV, do art. 36; ou que o ato *possa produzir* **um dos efeitos** previstos nos incisos I a IV do art. 36, ainda que os efeitos não sejam alcançados.
Os incisos do art. 36, da Lei 12.529/2011 podem se apresentar	como **objeto** (causa, pressuposto ou elemento) do ato; ou como consequência, resultado ou **efeito** do ato.
Mais de um inciso do art. 36, da Lei 12.529/2011	pode estar presente na mesma conduta
As condutas previstas pela lei são meramente exemplificativas e	sua presença expressa na lei não implica automática ilicitude do ato e sua omissão na lei não afasta automaticamente a ilicitude o ato.

425. SALOMÃO FILHO, Calixto. Direito Concorrencial. São Paulo: Malheiros, 2013, p. 400.

Para uma visão mais clara dos ilícitos vamos pensar em algumas possibilidades.

Condutas unilaterais

Vamos lembrar da figura do **monopolista**, aquele que se apresenta como o único produtor ou vendedor de determinado bem (o que vale também para o único prestador de serviço) e compará-lo com a situação de concorrência perfeita, em que há inúmeros produtores do mesmo bem (ou prestadores do mesmo serviço).

Na concorrência perfeita, nenhum produtor pode alterar, individualmente, o preço de mercado e cada produtor tem interesse em produzir a quantidade máxima que lhe é viável a determinado preço de mercado, sob pena de outro produtor tomar sua parcela de mercado. Da mesma forma, o produtor deve cuidar para manter a qualidade do seu produto, pois se a qualidade cair, bastará ao consumidor adquirir o produto da concorrência.

Neste cenário, a produção é maximizada e definida pelo preço de equilíbrio do mercado.

Se há apenas um produtor no mercado, o monopolista não precisa produzir a quantidade máxima do bem, praticar o preço de equilíbrio, nem manter ou melhorar a qualidade de seu produto. Como os custos costumam ser crescentes, ao invés de produzir a quantidade máxima até o ponto de equilíbrio, ele vai produzir apenas a quantidade que lhe garantir o retorno máximo, quer dizer, vai produzir menos, mas vai ganhar mais por unidade produzida, do que ganharia na produção máxima. E se a qualidade do produto cair, o consumidor não terá escolha, dada a falta de concorrência.

Segundo Hovenkamp,

> A conduta realizada por uma firma que já é monopolista, destinada a permitir que preserve sua posição de monopólio, é chamada monopolização. A infração de tentativa de monopolizar volta-se a condutas destinadas a conferir poder de monopólio a uma firma que ainda não é monopolista no mercado em que as condutas ocorrem (embora a empresa possa ser monopolista em outro mercado)[426].

A Suprema Corte dos Estados Unidos "definiu monopólio como 'o poder de controlar preços ou excluir competição'"[427]. Prossegue Hovenkamp:

> Esta definição no entanto, não é particularmente útil e pode levar a erros. Poder de monopólio não é por si só uma prática excludente: de fato, o exercício deste poder – a venda de produtos a preço de monopólio – geralmente atrairia novos vendedores no mercado. Exclusão de competidores não é poder de mercado. Contudo, é um importante meio pelo qual a firma obtém poder de mercado.
>
> [...]
>
> Ademais, monopólio não é uma função de tamanho absoluto. A ofensa de monopolização não é dirigida ao tamanho absoluto da empresa, mas do seu tamanho em relação a algum mercado.

426. HOVENKAMP, Herbert. Antitrust. Saint Paul, MN: Thomson West, 2005, p. 126.
427. HOVENKAMP, Herbert. Antitrust. Saint Paul, MN: Thomson West, 2005, p. 127.

> Antes de uma firma ser condenada por monopólio ela deve ter poder de monopólio em um mercado relevante. 'Poder de Mercado' é o poder de reduzir as vendas e elevar preços acima do custo marginal e de lucrar com isso. 'Poder de Monopólio e simplesmente uma grande quantidade de poder de Mercado[428].

O mesmo autor afirma serem dois os requisitos para infração de monopólio: poder de mercado e a realização de alguma prática excludente[429].

Este produtor com poder de monopólio também pode ser o comprador com poder de monopólio de determinado insumo, situação denominada de monopsônio.

No monopsônio, os efeitos são invertidos, mas igualmente danosos: o comprador único vai definir a quantidade e a qualidade do que quer comprar e vai coagir os vendedores a lhe fornecer o insumo ao preço que quiser pagar, pois os fornecedores não terão mais para quem vender o produto.

Já é possível compreendermos porque a legislação procura impedir o monopólio: ele tende a reduzir a oferta, a elevar seus preços, reduzir os preços dos fornecedores, pagar salários mais baixos e a reduzir a preocupação com a qualidade de bens e serviços.

Evidente que se a empresa é monopolista, mas age como se não fosse, não pratica ilícito, embora isso seja bastante improvável.

E o que a empresa faz para se tornar ou se manter monopolista?

Hovenkamp elenca as práticas excludentes que podem caracterizar o monopólio. São elas: expansão de oferta ou de capacidade instalada, discriminação de preço, integração vertical, venda casada, pesquisa e desenvolvimento predatórios, abuso de patente (adquirir patente ilegalmente e casar a venda de produto não patenteado a produto patenteado), recusa de contratar com competidor e *essencial facility* (propriedade de bem ou equipamento necessário a produção ou prestação de serviços de terceiros)[430].

A empresa pode conquistar parcela elevada do mercado exclusivamente por sua competência, não havendo nisso qualquer ilicitude (desde que não passe a agir como monopolista, por exemplo, praticando discriminação de preços!).

Há outras formas, normalmente indesejáveis. Uma empresa com muitos recursos resolve tomar a clientela dos concorrentes ou mesmo ingressar em mercado novo. Então ela resolve praticar preços abaixo do custo do produto daquele mercado. Com os preços baixos a empresa atrai os consumidores, reduz as vendas dos demais agentes do mercado que podem quebrar, se não tiverem a mesma capacidade de reduzir preços e suportar os prejuízos causados pela prática de **preços predatórios**.

Não apenas a prática de preços predatórios pode levar à conquista ilícita de mercado. As mais diversas barreiras podem ser estabelecidas no mercado para impedir ou reduzir a

428. HOVENKAMP, Herbert. Antitrust. Saint Paul, MN: Thomson West, 2005, p. 127-128 (tradução nossa).
429. HOVENKAMP, Herbert. Antitrust. Saint Paul, MN: Thomson West, 2005, p. 128.
430. HOVENKAMP, Herbert. Antitrust. Saint Paul, MN: Thomson West, 2005, p. 140 e seg.

concorrência, como a **recusa de venda de bens ou de prestação de serviços**, a exigência de preços elevados, o **bloqueio de acesso a insumos, matéria prima, tecnologia** etc, especialmente mediante **acordos verticais**.

Nestes casos, uma empresa dominante toma para si os meios de fornecimento de insumos e os canais de distribuição, impedindo que qualquer potencial concorrente entre no mercado. Embora os acordos verticais possam apresentar vantagens econômicas, inclusive para a concorrência, pode também ter efeito danoso, quando são utilizados para excluir interessados em atuar no marcado, conforme veremos adiante.

Outra prática ilícita anticoncorrencial que pode estar relacionada com o monopólio é a **venda casada**. Por qualquer razão, o vendedor pode condicionar a venda de um produto à aquisição de outro bem ou serviço. Sem a devida justificativa e se a exigência, que é, de qualquer sorte, ilícito previsto pela legislação consumerista, apresentar algumas das hipóteses dos incisos I a IV, do art. 36, da Lei 12.529/2011, pode representar também ilícito antitruste.

A empresa pode adquirir o poder de controlar o mercado mediante **rearranjos societários**, como as fusões e as aquisições. Por esta razão, estes atos são controlados, seja nas negociações entre concorrentes, seja nas negociações entre empresas que representam etapas da cadeia de produção de um determinado mercado, seja entre empresas de setores distintos, pois representam potencialização do poder econômico.

Há também a **figura tentada do monopólio**, em que a empresa ainda não possui poder de monopólio no mercado, mas pretende alcançá-lo.

São requisitos para infração de tentativa de monopólio o propósito específico de se tornar monopolista, a conduta predatória ou anticompetitiva e elevada probabilidade de que a conduta efetivamente resulte em monopólio[431].

Segundo Hovenkamp, "a infração de tentativa de monopolizar apresenta requisitos mais restritos e específicos que a infração de monopólio"[432]. Assim é porque a empresa em princípio não possui poder de monopolista.

Deve-se ter em conta que "a conduta, o plano ou a ameaça de conduta deve ser capaz de conferir ao acusado poder de monopólio, a conduta que for considerada legal para alguém que já é monopolista será necessariamente legal para que ainda não é, e, por vezes, poder de mercado substancial pode ser criado por condutas eficientes e socialmente benéficas"[433].

Em outros termos, a conduta de tentativa de monopolizar de maneira artificial e ilícita é aquela que provavelmente levaria ao monopólio, apenas não alcançado pela descoberta e interrupção da conduta das autoridades de defesa da concorrência.

431. HOVENKAMP, Herbert. Antitrust. Saint Paul, MN: Thomson West, 2005, p. 149.

432. HOVENKAMP, Herbert. Antitrust. Saint Paul, MN: Thomson West, 2005, p. 151.

433. HOVENKAMP, Herbert. Antitrust. Saint Paul, MN: Thomson West, 2005, p. 152.

Algumas das condutas acima mencionadas são bastante típicas da prática ilícita do monopólio e da tentativa de monopolizar, como o preço predatório, as restrições verticais não baseadas em preço e a negativa unilateral de contratar.

Outras podem constituir infração autônoma ou agregada a outros ilícitos concorrenciais, embora em certos casos se exija poder de mercado (não o poder monopolista) como a venda casada e as restrições verticais de preço (manutenção de preço de venda).

De uma forma geral, contudo, as condutas podem constituir infração quando praticadas mediante acordos.

Acordos

Outra forma de empresas agirem como se estiverem no monopólio ou no monopsônio são os cartéis (acordos tácitos ou expressos entre concorrentes). Se na situação ideal da concorrência perfeita o produtor maximiza as vendas sob pena de perder mercado, no mercado real os produtores podem fazer acordos para elevar os preços em conjunto, não apresentarem competição uns aos outros, reduzir o preço dos insumos, etc.

Nestes casos, as firmas individuais não possuem poder de mercado, mas se unem para, agindo de maneira concertada, adquirir poder coletivo de mercado.

Vale ressaltar que não se fala em acordo entre uma empresa e sua subsidiária integral. Para a existência de acordo, faz-se necessária a existência de unidades comerciais autônomas, o que não existe na subsidiária integral.

Os **cartéis**, como acordos entre concorrentes, podem apresentar objetivos lícitos, como o de compartilhamento de informações, aperfeiçoamento de produtos, organização do setor. Quando procuram permitir comportamento de monopolista a seus membros, tornam-se ilícitos, mesmo que não atinjam os resultados pretendidos.

5. A CONSTRUÇÃO TIPOLÓGICA DOS ILÍCITOS, IMUNIDADES, ILÍCITOS "PER SE" E "REGRA DA RAZÃO"

Como dissemos, uma dificuldade que a matéria suscita reside na utilização de **tipos abertos e conceitos indeterminados**, com observamos na introdução deste livro.

Na origem do direito antitruste americano, discutia-se qual deveria ser o formato do estatuto concorrencial: uma lista de condutas proibidas (conceitualmente definidas), como ocorre no direito penal brasileiro, ou uma proibição genérica (tipologicamente estabelecida), de vedação ao conluio ao monopólio e qualquer outra prática.

Em 1890, na publicação do Sherman Act, venceu a vedação genérica, de proibir qualquer ato de restrição do livre comércio e qualquer tentativa de alcançar o monopólio, havendo, mesmo com a edição de leis posteriores, poucos dispositivos que vedam condutas específicas.

O modelo americano foi adotado no Brasil. Tanto a Lei 12.529/2011, quanto a revogada Lei 8.884/1994 e o art. 4º, da Lei 8.137/1990, vedam o abuso do poder econômico que prejudica a concorrência mediante qualquer forma de ajuste ou acordo de empresas. Quando as leis estabelecem condutas específicas, o fazem de modo exemplificativo e não categórico, pois a conduta descrita apenas se torna ilícita se estiverem presentes o abuso do poder econômico e a lesão à concorrência.

A estrutura da lei antitruste brasileira não torna ilegal condutas apenas pela ação (os atos sob qualquer forma manifestados, art. 36, da Lei 12.529/2011), mas por seus objetos ou por seus efeitos, ainda que não alcançados, de prejudicar a livre concorrência e a livre-iniciativa, de dominar mercado, de aumentar arbitrariamente lucros ou de exercer de forma abusiva posição dominante (incisos do art. 36, da Lei 12.529/2011).

De fato, as condutas previstas pelo § 3º, do art. 36, da Lei 12.529/2011 são meramente exemplificativas. Ao contrário das previsões jurídicas tradicionais, em que os tipos são essenciais para a previsão dos ilícitos e os resultados, estes elementos caracterizadores das violações ao direito antitruste são indefinidos, pois não há correlação absoluta entre as ações e os efeitos ilegais.

Podemos questionar se a empresa que remarca os preços obtém necessariamente lucro excessivo arbitrário. A resposta há de ser negativa, pois a elevação de preços pode decorrer do aumento do preço dos insumos, de variação das taxas de câmbio e de juros, ou de correção da perda de valor da moeda.

Da mesma forma, serão negativas as respostas a questões simplistas enunciadas da seguinte forma: a empresa que veda o acesso de seus produtos a determinado distribuidor abusa da posição dominante? a empresa que reduz os preços num determinado momento impede ilicitamente a entrada de concorrente no mercado?

Podemos estar diante de situações em que a empresa não exerça posição dominante no mercado em que atua, o distribuidor pode não apresentar os padrões de qualidade exigidos pelo fornecedor e os preços podem ser reduzidos momentaneamente (ao preço de custo, por exemplo), em situações em que a empresa se encontra em dificuldades financeiras.

Como tratamos de tipos abertos, **não basta analisar a mera ação da empresa, mas é preciso perquirir pelas causas que levaram a tal ação e às consequências potenciais ou concretas da ação num determinado mercado.**

Isso nos leva a ter em conta as chamadas "válvulas de escape[434]" da legislação antitruste, dentre as quais se destacam as imunidades, a delimitação do mercado relevante e da regra da razão. São institutos autônomos que podem afastar a aplicação da norma feral antitruste ou que definem a intensidade ou a própria existência da infração.

Segundo Paula Forgioni,

> as legislações antitruste, quer no enunciado de suas normas, quer em seu processo de aplicação, contêm instrumentos destinados a evitar que a tutela da

434. Expressão utilizada por FORGIONI, Paula A. Os Fundamentos do antitruste. São Paulo: Revista dos Tribunais, 2013.

> concorrência venha a desempenhar função oposta àquela desejada, criando, por exemplo, obstáculos ao crescimento da indústria nacional, ao aumento do seu grau de competitividade ou ainda à distribuição de bens e serviços. Decorre daí a necessidade de flexibilização do texto normativo, destinada a adequá-lo à mutável realidade em que se insere. Entendidas as normas antitruste como instrumento de implementação de políticas públicas, é impossível dissociá-las da realidade, petrificando seu processo de interpretação/aplicação. [...][435]

A **imunidade** significa não aplicar o direito antitruste geral a determinados mercados, seja para aplicar regras específicas ou para não reprimir a concentração econômica no dado mercado.

Em termos gerais, não há aplicação do direito antitruste em casos que não envolvam o comércio. Assim, boicotes (atos típicos do direito da concorrência) são irrelevantes se praticados por entidades como as associações recreativas, pessoas ou que não explorem atividades econômicas.

Também se pode falar em imunidade ao direito antitruste em organizações com poder econômico irrelevante, como as cooperativas locais de pequenos produtores.

Em termos específicos, haverá imunidade ao direito antitruste caso a lei estabeleça regras próprias para determinado setor da economia. Um exemplo muito discutido no Brasil é a regulação bancária. O inciso, X, do art. 10, da Lei 4.595/1964 afirma competir exclusivamente ao Banco Central deferir os atos de concentração de instituições financeira. Não obstante, como veremos adiante, prevalece o entendimento de que não há uma imunidade de aplicação da lei antitruste neste caso.

O **mercado relevante** é aquele em que atua o agente econômico, tanto sob o prisma geográfico (onde o agente atua) quanto sob o prisma material (qual bem ou serviço o agente negocia), mas quase nunca é facilmente identificável. De outro turno, a delimitação do mercado relevante pode levar a interpretações e aplicações díspares da norma.

O mercado relevante material é determinado basicamente pela relação entre os bens substitutos, sob o ponto de vista da demanda. Tratamos aqui, de fato, da noção mais intuitiva de concorrência, pois é realmente a impressão do consumidor, seus gostos, suas preferências, sua flexibilidade, que levarão a definir o mercado relevante.

Este mercado, para fins do direito da concorrência, será composto pelos agentes que negociam o mesmo bem ou serviço, assim como os que negociam bens e serviços similares, que o consumidor tem como fungíveis ou como substitutos.

Podemos imaginar, o mercado de bares e restaurantes de uma cidade. Eles farão parte de um mesmo mercado relevante (para fins do direito da concorrência)? Provavelmente não, pois há estabelecimentos especializados em comidas típicas enquanto outros trabalham

435. FORGIONI, Paula A. Os Fundamentos do antitruste. São Paulo: Revista dos Tribunais, 2013, p. 194-195.

com culinária diversificada, alguns são voltados ao público jovem enquanto outros apresentam facilidades para atrair famílias com filhos pequenos, alguns oferecem serviços exclusivos a preços elevados, enquanto outros oferecem atendimento comum e estrutura básica a preços módicos, isso sem falar nos restaurantes tradicionais versus *fast food.*

Se o consumidor daquela cidade analisar as opções e disser: "qualquer um é bom para mim", estaremos diante de um só mercado relevante. Se, ao contrário, fizer distinções, estaremos diante de vários mercados relevantes distintos e menores, tantos quantos forem os grupos de consumidores. No meio termo, poderemos ter mercados relevantes que conjuguem alguns tipos de bares e restaurantes, se parcela significativa dos consumidores aceitar trocar um estabelecimento por outro, em caso de elevação do preço, por exemplo. Seria o caso de grupos de jovens que passam a frequentar bares e restaurantes tipicamente familiares em substituição aos locais badalados, ou o cliente que tem igual satisfação num restaurante tradicional e deixa de frequentar o restaurante de comida típica.

O fato é que esta delimitação do mercado (repita-se, difícil de ser apurada pelos estudos econômicos e os órgãos de defesa da concorrência) vai afetar a aplicação da lei.

Isso porque quanto maior o mercado (todos os restaurantes) mais diluído será o poder de mercado de apenas um estabelecimento ou grupo de estabelecimentos (comida japonesa) e, portanto, mais difícil dominar o mercado, definir preços, estabelecer barreiras, etc.

Assim, se a empresa possui todos os restaurantes de comida japonesa da cidade, seus atos são potencialmente anticompetitivos, se o mercado relevante for identificado como o de comida japonesa.

Este potencial fica reduzido, se o mercado relevante for o de comida asiática e mais reduzido ainda se o mercado se estender aos restaurantes de comida típica e, finalmente, totalmente diluído se o mercado identificado for composto de todos os bares e restaurantes.

Esta delimitação do mercado relevante, portanto, contribui para a abertura dos tipos infracionais da concorrência.

De outro lado, o mercado relevante pode ser identificado pela possibilidade de entrada de novos concorrentes no setor. Se um restaurante, mantendo nosso exemplo, puder incluir nova especialidade ou mudar de especialidade num curto espaço de tempo, sem incorrer em custos elevados, em virtude da elevação do estabelecimento especializado, ele participa do mercado, mesmo que ainda não atue na área.

O meio mais conhecido de se identificar o mercado relevante é o teste do monopolista hipotético[436]. Como este teste depende de informações acuradas, nem sempre disponíveis, pode-se utilizar como meio de identificação do mercado relevante para fins do

436. Trataremos do tema mais adiante.

direito antitruste elementos que exercem pressão sobre determinado produto, seja pelo lado da oferta seja pelo lado da demanda.

A **regra da razão**, a seu turno, recomenda que a ilicitude das condutas anticoncorrenciais não decorra simplesmente da literalidade do texto legal, mas da intensidade da lesão à concorrência.

Trata-se da regra da razão em contraste com os chamados ilícitos **per se**, para os quais não se prevê flexibilidade. Uma vez caracterizada a hipótese normativa, nenhum fator externo poderia justificar sua legitimidade.

Paula Forgioni, ao estudar a *rule of reason* do direito americano, conclui que "pela regra da razão, somente são consideradas ilegais as práticas que restringem a concorrência *de forma não razoável* (que se subsumiriam, por via de consequência, à regra da proibição *per se*). A *contrario sensu*, são permitidas as práticas que não impliquem obstáculo desarrazoado ao livre comércio. [...]" (grifos do original)[437]

A regra da razão constitui, na visão tradicional do direito, regra de interpretação, que pode afastar a ilicitude de condutas ou mitigar a punição, em virtude dos efeitos decorrentes da conduta do agente.

De concepção norte-americana, foi muito criticada, sob a alegação de que esvaziaria o *Sherman Act*.

A **origem da regra da razão** é bem anterior ao direito legislado, e remonta a precedentes britânicos do século XVIII, relativos a dissídios comerciais, no âmbito da common law[438], com aplicação nos Estados Unidos também anteriores ao Sherman Act, por influência do juiz William Howard Taft, que defendia a **legitimidade de restrições ancilares (que não constituíssem o objeto principal do acordo) e razoáveis do comércio.** [439].

Após alguma resistência, as primeiras decisões da Suprema Corte americana aplicou literalmente *Sherman Act*, que em seu texto determina que "every contract, combination in the form of trust or otherwise, or conspiracy, in restraint of trade or commerce among the several States, or with foreign nations, is declared to be ilegal" (Seção 1).

No caso *United States v. Trans-Missouri Freight Association (1897)* julgava-se a licitude do acordo celebrado entre companhias que controlavam o transporte ferroviário de mercadorias, no oeste dos Estados Unidos. O acordo fixava as tarifas de fretes para todas as ferrovias, mas não envolvia uma divisão de mercado, obrigando os membros

---

437. FORGIONI, Paula A. Os Fundamentos do antitruste. São Paulo: Revista dos Tribunais, 2013, p. 198-199.

438. GELLHORN, Ernest, KOVACIC, William E., CALKINS, Stephen. Antitrust law and economics. St. Paul, MN: Thompson West, 2004, p. 4-7.

439. GELLHORN, Ernest, KOVACIC, William E., CALKINS, Stephen. Antitrust law and economics. St. Paul, MN: Thompson West, 2004, p.9.

da associação apenas quanto ao valor do frete. As empresas, portanto, eram livres para concorrer nas demais atividades.

Foi alegado que o acordo era justificado como necessário e útil à proteção das empresas envolvidas, garantindo-lhes preço razoável para o serviço que prestavam. Alegou-se, ainda, que o acordo não era ilegal à luz do direito comum, não infringindo, portanto, a Lei Sherman, que era o direito antitruste federal.

No julgamento houve a **interpretação restritiva e literal** do *Sherman Act*: não existia qualquer base jurídica para a aplicação da regra da razão, uma vez que o *Sherman Act* era claro e proibia qualquer restrição da concorrência, fosse ou não razoável.

O juiz Rufus Packham, que liderava a interpretação literal da lei, mudou, contudo, de posição, **levando a Corte a acolher a ideia de que nem todas as limitações ao comércio seriam vedadas, mas apenas as limitações desarrazoadas** (Hopkins v. United States e United States v. Joint Traffic Ass'n, ambos de 1898)[440].

Em 1911, a Suprema Corte americana relembrou e reforçou a regra da razão, ao julgar o caso Standard Oli Co. v. United States (1911), com destaque, desta vez, ao voto do Chief Justice Edward White[441].

Não seria demais dizer que o dilema entre a vedação total de restrições ao comércio, dos ilícitos "per se" e a vedação das restrições desarrazoadas (regra da razão) resumem a história do direito antitruste nos Estados Unidos.

A questão não ocupou juízes e pesquisadores americanos nas primeiras aplicações do direito antitruste, mas continua a ser debatida até hoje.

Nas primeiras aplicações do *Sherman Act*, discutia-se de forma ainda geral e abstrata se todos os atos restritivos do comércio seriam ilícitos ou apenas aqueles desarrazoados. A regra da razão foi definitivamente acolhida no caso Standard Oli Co. v. United States (1911), em que se discutia a fixação de preços entre concorrentes e não foi o bastante para afastar a condenação da empresa. A Corte acolheu a regra da razão, mas entendeu que a conduta violava materialmente a concorrência, mas não estabeleceu parâmetros para a aplicação da regra a outros tipos de infração[442].

Dessa forma, embora acolhida a regra no ordenamento jurídico norte-americano, juízes e acadêmicos iniciaram os esforços para aprimorar a regra da razão, bem como para definir sua aplicabilidade (ou a existência de ilícitos per se) em cada modalidade de infração.

---

440. GELLHORN, Ernest, KOVACIC, William E., CALKINS, Stephen. Antitrust law and economics. St. Paul, MN: Thompson West, 2004, p. 206.
441. GELLHORN, Ernest, KOVACIC, William E., CALKINS, Stephen. Antitrust law and economics. St. Paul, MN: Thompson West, 2004, p. 31-32.
442. GELLHORN, Ernest, KOVACIC, William E., CALKINS, Stephen. Antitrust law and economics. St. Paul, MN: Thompson West, 2004, p. 212.

Os chamados **ilícitos per se** demandariam apenas a realização da conduta, independentemende do poder de mercado dos agentes, da comprovação do acordo ou dos efeitos da conduta. O teste (como se refere a literatura americana à análise de aplicação da lei) dos ilícitos per se, na prática, exige da acusação apenas a prova da realização de uma conduta (a fixação de preços entre concorrentes, a determinação de preço máximo de venda que o distribuidor pode praticar, a negativa de realização de negócio com outra empresa etc), mostrando-se desnecessária a prova dos **efeitos anticompetitivos**, potenciais ou concretos, **que são presumidos**.

A **regra da razão**, ou as regras da razão para cada caso específico, ao contrário, **demanda da acusação prova dos efeitos anticompetitivos** da conduta. Na prática, os custos da prova requerida, as dificuldades dos tribunais em implementar a prova dos efeitos anticompetitivos e a obtenção frequente de resultados inconclusivos, "transformaram a regra da razão em sinônimo para 'legalidade per se'[443].

A partir destas constatações, passou-se a procurar novos caminhos, que não levassem a uma condenação inevitável ou a uma exculpação certa, por defeitos metodológicos.

Começou-se a desenvolver, então, a chamada **regra da razão estruturada**, **reduzida** (***truncated***) e mais recentemente "***quick look rule of reason***". De acordo com este método, não há presunção de ilegalidade, cabendo ao acusador deve apresentar uma análise mínima dos efeitos anticompetitivos da conduta (ao contrário da prova plena exigida na regra da razão plena) e facultando-se ao acusado a prova de inexistência dos efeitos competitivos e de razoabilidade da conduta. Neste caso, a condenação passa a depender de provas plenas do caráter anticompetitivo da conduta. Esclarece Geoffrey Oliver:

> A análise reduzida se refere a um quadro sob o qual o requerente[444] pode estabelecer a violação à Seção 1 do Sherman Act sem ter que prover todos os elementos que seriam requeridos sobre a análise da regra da razão completa. Mais comumente, se o requerente pode estabelecer que uma particular limitação é 'inerentemente suspeita' porque ela se enquadra em um tipo que sempre ou quase sempre tende a violar a concorrência, a análise reduzida permite ao requerente que satisfaça seu ônus probatório sem apresentar evidências que a conduta do acusado causou ou é provável que cause dano à competição. O ônus da prova é então transferido ao acusado, que pode refutar as alegações do requerente. Ele pode fazê-lo demonstrando que a restrição apresenta justificativas pró competitivas plausíveis. Se o acusado logra êxito, então deve ser aplicada a análise da regra da razão plena[445].

443. GELLHORN, Ernest, KOVACIC, William E., CALKINS, Stephen. Antitrust law and economics. St. Paul, MN: Thompson West, 2004, p. 212.

444. No Brasil, o requerente pode ser a Secretaria-Geral do CADE ou o Ministério Público e, eventualmente, a parte lesada da conduta anticompetitiva, nos termos do art. 47, da Lei 12.529/2011.

445. No original: "Truncated analysis refers to a framework under which a plaintiff can establish a violation of Section 1 of the Sherman Act without having to prove all of the elements that would be required under a full rule of reason analysis. Most commonly, if a plaintiff can establish that a particular restraint is "inherently suspect" because it is of a type that always or almost always tends to harm competition, a truncated analysis permits the plaintiff to satisfy its initial burden of production without presenting evidence that the defendant's challenged conduct caused or is likely to cause

A regra da razão inspirou o texto do art. 45, da Lei 12.529/2011, em especial seus incisos I, III, V e VI. Leia-se:

> Art. 45. Na aplicação das penas estabelecidas nesta Lei, levar-se-á em consideração:
>
> I – a gravidade da infração;
>
> II – a boa-fé do infrator;
>
> III – a vantagem auferida ou pretendida pelo infrator;
>
> IV – a consumação ou não da infração;
>
> V – o grau de lesão, ou perigo de lesão, à livre concorrência, à economia nacional, aos consumidores, ou a terceiros;
>
> VI – os efeitos econômicos negativos produzidos no mercado;
>
> VII – a situação econômica do infrator; e
>
> VIII – a reincidência.

No caso brasileiro, portanto, são obrigatórios diversos elementos típicos da regra da razão, originárias do modelo americano.

Nos termos da lei, a gradação da pena levará em conta, entre outros fatores, a gravidade da infração, a vantagem obtida ou pretendida pelo agente, o grau de lesão ou do perigo de lesão da conduta e os efeitos econômicos negativos da conduta produzidas no mercado.

O inciso IV, do art. 45, da Lei 12.529/2011 deve também ser levado em conta, embora nos pareça que o legislador faria melhor se positivasse a expressão "a consumação dos efeitos da infração", ao invés do texto "a consumação ou não da infração", pois se a infração não se consumar, não há pena a ser aplicada. Relevante, neste caso, é a eventual consumação dos efeitos econômicos da infração.

Em linhas gerais, a lei brasileira estabelece as infrações pelo método tipológico, baseado no objetivo do agente e no potencial anticompetitivo das condutas, e não pelo método conceitual, característicos das infrações per se, em que a conduta é exaustivamente definida.

Quando a lei utiliza conceitos, estes são indeterminados, pois dependem de uma avaliação mais ou menos subjetiva dos efeitos das condutas.

Há de se registrar que se os fatores (gravidade da infração, a vantagem obtida ou pretendida pelo agente, o grau de lesão ou do perigo de lesão da conduta e os efeitos

actual harm to competition. The burden of production then shifts to the defendant to rebut the plaintiff 's showing. It may do so by demonstrating that the restraint has a plausible precompetitive justification. If the defendant does so, a full rule of reason analysis must be undertaken".

OLIVER, Geofrey D. Of Tenors, Real Estate Brokers And Golf Clubs: A Quick Look at Truncated Rule of Reason Analysis. Disponível em: http://www.americanbar.org/content/dam/aba/publishing/antitrust_source/oliver_Anti_Spring2010_8.authcheckdam.pdf. Acesso em 21/10/2015.

econômicos negativos da conduta) forem efetivamente mínimos, não haverá, sequer, conduta a ser punida.

Vale mencionar, ainda, que a **regra da razão** passou a ser estendida da interpretação das condutas também para a análise dos **atos de concentração**, não mais para se apreciar a intensidade da lesão, mas para se apurar eventuais compensações econômicas que os atos restritivos da concorrência pudessem apresentar.

Entre nós, o § 6º, do art. 88, da Lei 12.529/2011 permite a legitimação de atos concentracionistas que, em princípio seriam considerados ilícitos, segundo o § 5°, da mesma norma. Leia-se

> Art. 88. Serão submetidos ao Cade pelas partes envolvidas na operação os atos de concentração econômica em que, cumulativamente:
>
> [...]
>
> § 5º Serão proibidos os atos de concentração que impliquem eliminação da concorrência em parte substancial de mercado relevante, que possam criar ou reforçar uma posição dominante ou que possam resultar na dominação de mercado relevante de bens ou serviços, ressalvado o disposto no § 6º deste artigo.
>
> § 6º Os atos a que se refere o § 5º deste artigo poderão ser autorizados, desde que sejam observados os limites estritamente necessários para atingir os seguintes objetivos:
>
> I – cumulada ou alternativamente:
>
> a) aumentar a produtividade ou a competitividade;
>
> b) melhorar a qualidade de bens ou serviços; ou
>
> c) propiciar a eficiência e o desenvolvimento tecnológico ou econômico; e
>
> II – sejam repassados aos consumidores parte relevante dos benefícios decorrentes.

O ato de concentração econômica será considerado legítimo, portanto, se gerar benefícios como o aumento da produtividade ou da competitividade, melhora na qualidade de bens e serviços ou resultar em maior eficiência ou desenvolvimento tecnológico econômico e, além disso, esta vantagem for repassada aos consumidores de maneira substancial.

Em síntese, as infrações ao direito antitruste são construídas pelo método tipológico, e a ilegalidade da conduta não decorre exclusivamente do processo subsuntivo que identifica o conceito da ação ao conceito da lei, mas também da análise da realidade, da intensidade da lesão à concorrência e dos eventuais efeitos positivos das condutas.

6. AS FINALIDADES DO DIREITO DA CONCORRÊNCIA

O que vimos até aqui nos faz perquirir pela própria finalidade da legislação antitruste.

São **muitas as finalidades possíveis** com a aplicação da lei antitruste, como a proteção da concorrência como um valor em si mesmo, a disciplina da estrutura do mercado, a proteção do consumidor, a proteção dos trabalhadores, a proteção dos concorrentes, a busca da eficiência alocativa (*law and economics*, especialmente da Escola de Chicago), a integração regional e a liberdade de trânsito de capitais (União Europeia), o desenvolvimento econômico, a geração de tecnologias etc.

Nos Estados Unidos, muito se defendeu que a finalidade única do direito antitruste seria o bem-estar do consumidor (*consumer welfare*), com especial destaque para o trabalho de Robert H. Bork e seu livro "The Antitrust Paradox: A Policy at War with Itself", publicado originalmente em 1978.

Para o autor, o único objetivo pretendido pelo Congresso Americano seria o **bem-estar do consumidor**, obtido pela preservação da concorrência e especialmente dos preços nos níveis de eficiência econômica do modelo de concorrência perfeita, não cabendo ao direito prestigiar valores não econômicos.

Embora muitos autores e diversas decisões dos tribunais americanos acolham a ideia, 1. há **normas que prestigiam o concorrente**, notadamente o pequeno empresário, mesmo que menos eficiente em termos econômicos (Robinson-Patman Act[446]), 2. há autores e precedentes jurisprudenciais, que simplesmente não acolhem a tese[447] 3. e há críticas acadêmicas, que apontam ser impossível para o direito antitruste proteger o bem-estar do consumidor, pois este valor não pode ser mensurado e depende das escolhas de consumo, não reguladas pelo direito (no caso americano, o Sherman Act). Nesta linha, o direito antitruste poderia, no máximo, proteger o **excedente do consumidor**[448].

De fato, o bem-estar é grandeza valorativa e não é alcançado, por exemplo, se o consumidor opta por adquirir produtos que causam mal à saúde. Ao contrário, como se verifica do gráfico abaixo, o excedente do consumidor, contraposto ao excedente do produtor, é economicamente mensurável e não depende das opções boas ou ruins do consumidor.[449]

446. GELLHORN, Ernest, KOVACIC, William E., CALKINS, Stephen. Antitrust law and economics. St. Paul, MN: Thompson West, 2004, p. 505 e seg.

447. SHENEFIELD, John H., STELZER, Irwin M. The antitrust laws: a primer. Washington-DC: AEI Press, 1996, p. 10-13.

448. ORBACH, Barak Y. The antitrust consumer welfare paradox. Journal of Competition Law & Economics, 7(1), 133-164, Disponível em: http://papers.ssrn.com/sol3/papers.cfm?abstract_id=1553226, Acesso em 20/10/2015.

449. O **Excedente do Consumidor** é a diferença entre o preço máximo que ele está determinado a pagar por um produto e o preço efetivo do produto, ou preço de equilíbrio. Em poucas palavras, a curva é inclinada negativamente pois, para um preço alto, o consumidor consome menos e, na medida que o preço cai, aumenta demanda do produto, (como pode ser visto pela curva de demanda no gráfico, em referencia aos eixos de preço e quantidade). Dessa maneira, fica evidente que, mesmo para preços mais elevados, haverá demanda, contudo ela será menor, assim como o excedente do consumidor. Dentro desse conceito, o **preço de reserva** é o preço máximo que o consumidor está disposto a gastar para adquirir um produto/serviço. Disponível em: https://financasfaceis.wordpress.com/2010/01/05/agentes-i-racionais/, acesso em 20/10/2015.

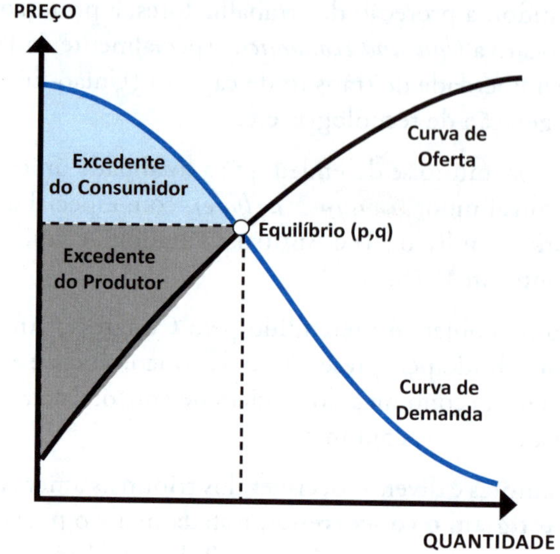

Não são frutíferas, contudo, as tentativas de se analisar o direito antitruste apenas com vistas a uma finalidade específica, seja sob o enfoque da economia ou sob o enfoque jurídico, ou sobrepor a economia ao direito ou o direito à economia. **Cabe à economia** discorrer sobre consequências da ampliação e da redução da concorrência, bem como propor as melhores alternativas para o mercado e para a economia nacional ou supranacional. **Ao direito, cabe** positivar a escolha de política econômica dentre as alternativas possíveis. E esta conjugação do direito com a economia deve estar presente desde a elaboração das leis que definem a política econômica até a aplicação das normas aos casos concretos.

De fato, é a **evolução conjunta da economia e do direito** que permite identificar atos ilícitos per se e atos que apenas sejam considerados ilícitos se representarem lesão significativa, razoável (regra da razão) para a concorrência, ou avaliar a legitimidade de atos de concentração em virtude de seus efeitos anticompetitivos ou dos benefícios econômicos que pode promover, tais quais a redução de preços pelo ganho de escala, a geração de novas tecnologias etc.

Convém frisar: ainda que determinado ordenamento jurídico acolha apenas uma finalidade econômica como aquela que deve ser perseguida pelo direito antitruste (a exemplo do propõe a escola da *law and economics*, que postula o objetivo da eficiência alocativa) estaremos diante de uma conjugação de economia e direito, por meio de uma opção de política econômica.

Queremos dizer com isso que a política econômica que positiva apenas a eficiência alocativa será, em termos formais, tão jurídica quanto qualquer outra escolha de política econômica. A questão que se pode colocar contra (ou a favor) de determinada política tem cunho material, será ela adequada a economia de determinado país? será ela constitucional segundo as regras máximas de determinado país?

Quando há uma definição inequívoca acerca da finalidade a ser alcançada pela lei antitruste, seja pela definição formal da política econômica, em termos globais e setoriais, seja pelo consenso quanto a esta finalidade, alcançado pelos agentes aplicadores da lei (Administração e Judiciário), mas também na literatura econômica e jurídica, a atividade do interprete fica sobremaneira facilitada.

Nem sempre há, porém, esta definição ou este consenso, não se podendo afirmar, hoje, no Brasil, qual seria a finalidade da legislação antitruste, senão apresentar algumas das finalidades possíveis.

Em linhas gerais, a lei antitruste protege a economia dos males típicos do monopólio, tais como a prática de preços acima do ponto de equilíbrio, com redução da quantidade ofertada, para maximizar os lucros; a redução dos lucros e da autonomia dos fornecedores (monopsônio) e distribuidores, dado o poder de negociação do monopólio, que não dá escolha aos que mantêm relações econômicas com o monopolista; o pagamento de salários mais baixos, pela mesma razão, quer dizer, se o agente econômico for o único empregador da região, os trabalhadores são obrigados a aceitar os salários oferecidos; e a prática de preços predatórios, abaixo do custo de produção, com vistas na exclusão da concorrência ou na criação de barreiras para o surgimento de concorrentes.

<table>
<tr><td rowspan="4">A lei antitruste protege a economia dos males típicos do monopólio, tais como</td><td>– prática de preços elevados para maximizar os lucros</td></tr>
<tr><td>– redução dos ganhos dos fornecedores (monopsônio)</td></tr>
<tr><td>– pagamentos de salários mais baixos, quando se torna único empregador</td></tr>
<tr><td>– possibilidade da prática de preços predatórios (abaixo do custo), para aniquilar possível concorrência.</td></tr>
</table>

Indiretamente, a lei da concorrência pode prestigiar outros valores, dependendo da forma que for aplicada e também das infrações por ela coibidas.

Assim, a lei antitruste poderá proteger o **consumidor**, nos casos de venda casada, preços abusivos, concorrente – além da concorrência – na hipótese de preços predatórios, o trabalhador, na medida que a quebra de monopólios gere concorrência também na contratação de funcionários.

A pulverização do mercado tende a promover a **distribuição de renda**, ao passo que certas medidas concentradoras podem estrategicamente ser permitidas pelo legislador, de modo a permitir o surgimento de **empresas capazes de concorrer no mercado internacional**.

As empresas de maior porte tendem, também, a adquirir **capacidade de gerar tecnologia**, de modo que este objetivo pode também ser albergado pela lei antitruste.

Na Europa, fala-se também da lei da concorrência como meio de alcançar a **integração econômica**, sendo vedado aos países proteger as empresas nacionais da concorrência dos países do bloco.

O que a lei protege – ou pode proteger – indiretamente	– Consumidor
	– Concorrente
	– Trabalhador
	– Distribuição de renda
	– Crescimento econômico e geração de tecnologia
	etc

De outro lado, as finalidades da lei antitruste no Brasil devem se conformar com os desígnios constitucionais, dentre os quais destacamos os valores sociais do trabalho e da livre-iniciativa **fundamentos da República**, definidos no art. 1º, IV, da CF/88, os **objetivos fundamentais** da garantia do desenvolvimento nacional e a erradicação da pobreza e da marginalização, bem como a redução das desigualdades sociais e regionais, presentes nos incisos II e III, do art. 3º, da CF/88, os **princípios** da função social da propriedade, da livre concorrência, da defesa do consumidor e da busca pelo pleno emprego expressos pelo art. 170, III, IV, V e VIII, da CF/88 e a promoção do desenvolvimento científico, da pesquisa e da capacitação tecnológicas, previstos pelo art. 218, da CF/88.

Necessário, porém, frisar que a conjugação dos princípios constitucionais também não leva a um objetivo único para a lei antitruste. Não raro, os princípios podem levar a soluções divergentes, fazendo-se necessário sua interpretação harmônica e permanecendo aberto o espaço da lei de política econômica para definir as finalidades para a lei da concorrência.

Também neste contexto devemos chamar atenção para o fato de que as leis antitruste são essencialmente instrumentais. Elas são instrumentos capazes de moldar a estrutura econômica, permitindo ou vedando as concentrações, não sendo obrigatório que elas mesmas contenham a definição da política econômica a ser implementada. Tal política pode, perfeitamente, estar presente em outras normas, positivadas na forma de regras ou de princípios.

E como toda norma repressiva, a lei antitruste procura evitar condutas indesejáveis. Como vimos, a Lei 12.529/2011 prevê sansões para atos anticoncorrenciais, da mesma forma que a legislação de outros países, aplicadas pelos órgãos antitrustes e pelo Judiciário. Mas há que se destacar, também, o estímulo a medidas preventivas.

Seguindo exemplos de países mais experimentados no combate a ilícitos concorrenciais, o Brasil tem editado orientações que orientam a atuação das empresas, no sentido de evitar a prática de ilícitos, sejam condutas que prejudicam a concorrência, sejam atos de concentração empresarial.

O exemplo mais antigo no Brasil é o Guia para Análise Econômica de Atos de Concentração Horizontal, editado pela Secretaria de Acompanhamento Econômico e pela extinta Secretaria de Direito Econômico. Exemplos mais recentes são o Guia para Análise da Consumação prévia de atos de concentração econômica, voltado a evitar práticas que possam configurar atos de concentração relevantes para o direito antitruste, ainda que a fusão ou aquisição da empresa não esteja consumada para fins do direito empresarial, como a forma de informações sensíveis entre concorrentes, e o Guia de Programas de Compliance[450], ainda em sua versão preliminar, que procura orientar as empresas a evitar práticas de ilícitos.

O programa de compliance, além de evitar a prática de infrações ou de detectá-las mais rapidamente, contribui na identificação dos reais infratores e na aplicação de institutos como o programa de leniência, o termo de compromisso de cessação e a realização de consultas e ainda pode permitir reduções de penas, pois o programa de compliance é indicativo de boa-fé da empresa.

7. AS RELAÇÕES DO DIREITO CONCORRENCIAL COM OUTROS RAMOS DO DIREITO

O parágrafo único do art. 1º, da Lei 12.529/2011 dispõe que "a coletividade é a titular dos bens jurídicos protegidos" por aquela lei.

A norma não trata, pois, ao menos diretamente, de interesses individuais, mas de direitos coletivos, cujo titular não pode ser especificado.

Entretanto, a própria lei da concorrência, em seu art. 47, prevê que os **prejudicados por atos que constituam infração da ordem econômica**, podem **ingressar em juízo** para fazer cessar a prática ou para obter indenização por danos, de maneira autônoma, vale dizer, não é necessário a condenação prévia do infrator pelo CADE. Leia-se:

> Art. 47. Os prejudicados, por si ou pelos legitimados referidos no art. 82 da Lei no 8.078, de 11 de setembro de 1990, poderão ingressar em juízo para, em defesa de seus interesses individuais ou individuais homogêneos, obter a cessação de práticas que constituam infração da ordem econômica, bem como o recebimento de indenização por perdas e danos sofridos, independentemente do inquérito ou processo administrativo, que não será suspenso em virtude do ajuizamento de ação.

O dispositivo, que trata dos direitos subjetivos individuais decorrentes da lei antitruste, bem como os objetivos indiretos, que podem ser alcançados com a aplicação da norma, desafiam o estudo de outros ramos do direito, conexos com a disciplina da concorrência.

Os direitos individuais do concorrente são objeto de proteção contra a chamada **concorrência desleal**. Aqui, há normas de direito privado e de direito público, como o

450. Compliance é um conjunto de medidas internas, adotadas por um determinado agente econômico, que permite a esse agente prevenir ou miniminar os riscos de violação às leis decorrentes de sua atividade ou detectá-los mais rapidamente, caso se concretizem. Por meio dos programas de compliance, as empresas reforçam seu compromisso com os valores e objetivos ali explicitados, primordialmente com o cumprimento da legislação. Guia de Programas de Compliance. Disponível em: http://www.cade.gov.br/upload/Guia%20Compliance%20-%20vers%C3%A3º%20preliminar.pdf, Acesso em 11/11/2015.

art. 1147, do Código Civil[451] e os arts. 195 (de natureza penal) e 209 (de natureza civil), ambas da Lei 9.279/1996 (Lei da Propriedade Industrial). Neste âmbito, discutem-se ações que podem também constituir ilícitos contra a ordem econômica, mas, em geral, atuam na esfera particular dos concorrentes, em que o dolo e a intenção de prejudicar são mais evidentes, como a prestação de informações falsas sobre o concorrente, a promessa de vantagem inexistente em relação ao concorrente, sem a necessidade da presença do poder econômico, típico das infrações à Lei 12.529/2011. A diferença essencial, contudo, está na amplitude do ilícito combatido: a concorrência desleal visa impedir o dano ao concorrente ou aos concorrentes individualizados, enquanto a lei antitruste visa impedir dano ao mercado em geral, composto, inclusive, pela coletividade dos concorrentes.

A Lei 9.279/1996, como seu próprio nome sugere, regula os direitos e deveres relativos à **propriedade industrial**, matéria de que também se ocupa a Lei 12.529/2011 (art. 36, § 3º, XIV e XIX). A diferença das disciplinas também está no âmbito de atuação. Enquanto a Lei da Propriedade Industrial regula os direitos e deveres individuais relativos a marcas, patentes e inventos, a Lei da Concorrência procura impedir que estes direitos sejam utilizados abusivamente para lesar o mercado em geral, restringir a concorrência, visar lucros abusivos etc.

No mesmo sentido, o **direito do consumerista** (Lei 8.078/1990) protege as relações individuais dos consumidores com os fornecedores, tratando aqueles como partes hipossuficientes nas negociações. Algumas condutas são consideradas ilícitas tanto pelo Código de Defesa do Consumidor e pela Lei da Concorrência, como a proibição da venda casada. Não obstante, o ilícito anticoncorrencial sempre será caracterizado pelo alcance amplo no mercado, seja o dano efetivo ou potencial à livre concorrência ou à livre-iniciativa, o abuso da posição dominante, a dominação do mercado ou ao aumento arbitrário dos lucros, não se aperfeiçoando apenas nos limites de uma única operação com um único consumidor, ao contrário do que se passa no regramento da Lei 8.078/1990.

Assim, o Código de Defesa do Consumidor protege todo e cada consumidor em qualquer operação, enquanto a Lei da Concorrência protege o mercado em geral, do qual fazem parte todos os consumidores. Neste aspecto, o objetivo da Lei 12.529/2011 não é proteger um único consumidor, mas regular a economia para que todos os consumidores tenham acesso a um mercado competitivo, com preços justos e produtos de qualidade.

8. SISTEMAS DE APLICAÇÃO DO DIREITO ANTITRUSTE

A menção ao art. 47, da Lei 12.529/2011 remete-nos aos sistemas de aplicação do direito antitruste. Leia-se:

> Art. 47. Os prejudicados, por si ou pelos legitimados referidos no art. 82 da Lei nº 8.078, de 11 de setembro de 1990, poderão ingressar em juízo para, em defesa de seus interesses individuais ou individuais homogêneos, obter a

451. A propósito, vale lembrar Súmula nº 5, publicada no D.O.U. de 09/12/2009: "É lícita a estipulação de cláusula de não-concorrência com prazo de até cinco anos da alienação de estabelecimento, desde que vinculada à proteção do fundo de comércio".

cessação de práticas que constituam infração da ordem econômica, bem como o recebimento de indenização por perdas e danos sofridos, independentemente do inquérito ou processo administrativo, que não será suspenso em virtude do ajuizamento de ação.

Ocorre que, mesmo sendo público o interesse tutelado pela lei da concorrência, a violação deste interesse ocorre, indiretamente, pela violação da esfera jurídica de terceiros, notadamente os consumidores, surgindo, daí a legitimação do particular para cessar práticas contrárias ao direito da concorrência que prejudiquem o particular, ou para postular indenização, caso tais práticas causem dano.

Sob o ponto de vista da política de combate aos ilícitos concorrenciais, a legitimação do particular, seja o consumidor, o concorrente, o fornecedor ou o distribuidor, apresenta algumas características que complementam a ação pública.

Se de um lado os órgãos públicos tendem a ser mais equipados e preparados para o combate aos ilícitos, de outro, os agentes econômicos estão mais próximos dos infratores e tendem a tomar conhecimento das infrações mais rapidamente que as autoridades públicas.

Num outro giro de análise, a legitimação do particular cria estímulos para a colaboração destes com as investigações públicas. Em contrapartida, a condenação do infrator facilita o êxito de ações particulares, notadamente pela possibilidade de acesso às provas realizadas no processo público, isso sem mencionar a condenação do infrator no processo penal por cartel (art. 4º, da Lei 8.137/1990), que torna certa a obrigação de indenizar o dano causado pelo crime (art. 19, I, do CP).

Dessa forma, o ordenamento jurídico contempla **sistemas** de distintos, embora não isolados, **de aplicação da lei antitruste**. Há um sistema **público**, que se divide em **penal** (Lei 8.137/1990), a cargo da estrutura judiciária (Polícia investigadora, Ministério Público denunciante e Justiça julgadora), **administrativo** (Lei 12.539/2011), de responsabilidade dos órgãos do Tribunal da Concorrência, e **público coletivo**, (art. 82, da Lei 8.078/1990) de iniciativa de órgãos públicos da União, dos Estados, do Distrito Federal e dos municípios, legitimados para propor ações coletivas.

De outro lado há o sistema **privado, individual** (art. 47, da Lei 12.539/2011), que contempla ações propostas pelo agente econômico lesado e **coletivo** (art. 47, da Lei 12.539/2011), com ações propostas por instituições privadas legitimadas (art. 47, da Lei 12.539/2011 e art. 82, da Lei 8.078/1990).

Em **termos materiais**, as ações privadas de aplicação do direito antitruste são **ações de indenização por dano** (ou ações de obrigação de não fazer, na cessação de conduta), regidas em termos gerais pelo Código de Processo Civil e pelo Código Civil, com algumas correlações com o direito penal e processual penal, tal qual a coisa julgada pela absolvição pela negativa de autoria ou materialidade, nos termos do art. 66, do CPP e do art. 934, do CCB e a certeza do dever de indenizar, pela condenação penal, conforme o art. 19, I, do CP.

A este regramento geral, aplicam-se **particularidades do direito antitruste**, como a caracterização da conduta, a necessidade de prova dos efeitos econômicos negativos líquidos das condutas (regra da razão), exceto a de cartel e as complexidades da mensuração do dano nas infrações concorrenciais.

No Brasil, a aplicação privada do direito antitruste ainda é tímida, especialmente se comparada à realidade dos Estados Unidos, onde o volume das ações dos particulares é grande, mas vê-se alguns movimentos no sentido de estimulá-las, como a evolução do próprio CADE, estímulos de órgãos internacionais, como a OCDE[452] e o surgimento de estudos nacionais sobre o tema[453].

Também na Europa tem-se procurado estimular a aplicação privada do direito antitruste, com destaque para a Diretiva 104/2014, da União Europeia, que dispõe sobre regras que regem as ações de indemnização no âmbito do direito nacional por infração às disposições do direito da concorrência dos Estados-Membros e da União Europeia, que levou a diversos aprimoramentos nas leis dos países europeus.

A ênfase de nosso estudo será o sistema público administrativo de aplicação do direito antitruste, levado a efeito pelo CADE. Eventualmente, trataremos de questões atinentes ao papel do Ministério Público, de crimes contra a ordem econômica e da aplicação do direito antitruste pelo Poder Judiciário, tanto nos processos penais, como nos processos de controle dos atos administrativos praticados pelo CADE.

9. REGULAÇÃO DOS MERCADOS X REGULAÇÃO DA CONCORRÊNCIA

A disciplina da concorrência constitui especial forma de intervenção do estado na Economia, que pode ser classificada como intervenção indireta ou intervenção por **regulação**.

O termo regulação tem vários significados.

Em sentido amplo, pode significar toda a intervenção do Estado na economia.

Pode representar, também, a intervenção estatal chamada indireta, ou seja, a que o Estado não atua diretamente como agente econômico.

452. OECD. Directorate for Financial and Enterprise Affairs Competition Committee on Co-operation and Enforcement. Working Party No. 3. Relationship Between Public and Private Antitrust Enforcement – Brazil. 15 June 2015, p. 3. Disponível em: http://www.oecd.org/officialdocuments/publicdisplaydocumentpdf/?cote=DAF/COMP/WP3/WD(2015)23&docLanguage=En. Acesso em 02/08/2016.

453. CARVALHO, Vinícius Marques de et al. *Defesa da concorrência*: estudos e votos. São Paulo: Singular, 2015.

FERRAZ JUNIOR, Tércio Sampaio. Direito da concorrência e enforcement privado na legislação brasileira. *RCD*. Vol. 1, nº 3, novembro de 2013, pp. 11-31. Disponível em: http://www.cade.gov.br/revista/index.php/revistadedefesadaconcorrencia/article/view/75. Acesso em 29/12/2015

SANTOS, Marcelo Rivera dos. A ação privada de ressarcimento civil derivada de conduta anticoncorrencial: do termo inicial da prescrição. *RCD*. Vol. 3, nº 1, Maio 2015, pp. 133-160. Disponível em: http://www.cade.gov.br/revista/index.php/revistadedefesadaconcorrencia/article/view/147/96. Acesso em 29/12/2015.

Em sentido mais restrito, significa a modalidade de intervenção indireta efetivada pela produção normativa, a edição de regras, quando é sinônimo de regulamentação.

Não é, porém, a única forma de regulação dos mercados, mesmo sob o ponto de vista da concorrência.

Uma alternativa à disciplina geral da concorrência, como aquela levada a efeito pela Lei 12.529/2011 é a regulação específica dos mercados, por leis específicas e, como tem se tornado comum no Brasil, por agências reguladoras.

Não raro, as Agências Reguladoras possuem competência no tema concorrencial nas áreas que atuam, como exemplifica o art. 19, XIX, da Lei 9.472/1997, sobre telecomunicações:

> Art. 19. À Agência compete adotar as medidas necessárias para o atendimento do interesse público e para o desenvolvimento das telecomunicações brasileiras, atuando com independência, imparcialidade, legalidade, impessoalidade e publicidade, e especialmente:
>
> [...]
>
> XIX – exercer, relativamente às telecomunicações, as competências legais em matéria de controle, prevenção e repressão das infrações da ordem econômica, ressalvadas as pertencentes ao Conselho Administrativo de Defesa Econômica – CADE;
>
> [...]

Coloca-se a questão de como interpretar tais dispositivos, específicos, face a competência geral do CADE.

Segundo Gesner Oliveira, o alcance e o limite de competências de autoridades reguladoras e concorrenciais pode apresentar alguns arranjos, como a isenção antitruste, as competências concorrentes, a ausência de controle regulatório e a complementaridade[454].

No arranjo da **isenção antitruste**, as agências aplicam legislação antitruste com exclusividade; no arranjo das **competências concorrentes**, tanto as autoridades regulatórias (agências) quanto a autoridade concorrencial aplicam a legislação antitruste de forma autônoma e indiscriminada; também é possível arranjo da **ausência de controle regulatório** antitruste pelas agências, mas apenas pela autoridade concorrencial e, por fim, no arranjo da **complementaridade**, tanto as autoridades regulatórias (agências) quanto a autoridade concorrencial têm competência antitruste, mas a exercem de forma concertada.

Entende-se que o **Brasil**, à míngua de opção legal expressa, **adota o modelo da complementaridade**, em que as agências aplicam parte da disciplina do direito antitruste, como a regulação de preço e quantidade ofertada, limitação geográfica das concessões e a autoridade antitruste aplica a matéria não disciplinada pela legislação regulamentar.

Exemplo interessante no direito brasileiro refere-se ao mercado bancário.

454. OLIVEIRA, Gesner. Concorrência: panorama no Brasil e no mundo. São Paulo: Saraiva, 2001, p. 60.

Os mercados financeiros, tanto nacional quanto internacional, são regulados por normas e institutos específicos, que procuram conferir segurança e confiabilidade ao sistema. Exige-se das instituições financeiras condições mínimas de funcionamento, inclusive capital mínimo e capital mínimo em dinheiro, para garantir o patrimônio dos investidores, limita-se as operações que podem realizar, inclusive o montante de empréstimos, exige-se destas instituições regras de publicidade relativas à contabilidade e a ações relevantes para sua situação econômico-financeira.

Esta regulação diz respeito à saúde do sistema financeiro. Quanto à concorrência no mercado financeiro, há regras que conferem ao Banco Central poderes de regular produtos e serviços bancários, mas destaca-se a regra específica do art. 10, X, da 4.595/1964, relativa à estrutura do mercado financeiro, vale dizer, aos atos de concentração de instituições financeiras. Leia-se:

> Art. 10. Compete privativamente ao Banco Central da República do Brasil:
>
> [...]
>
> X – Conceder autorização às instituições financeiras, a fim de que possam:
>
> [...]
>
> c) ser transformadas, fundidas, incorporadas ou encampadas;
>
> [...]
>
> g) alienar ou, por qualquer outra forma, transferir o seu controle acionário.
>
> [...]

A norma do art. 10, X, da Lei 4.595/1965, recepcionada como lei complementar, dispõe competir privativamente ao Banco Central a autorização para atos de reestruturação bancária. Esta norma contrastava, contudo, com o art. 15, da Lei 8.884/1994 (atual art. 31, da Lei 12.529/2011. Vejamos:

> Lei 8.884/1995. Art. 15. Esta lei aplica-se às pessoas físicas ou jurídicas de direito público ou privado, bem como a quaisquer associações de entidades ou pessoas, constituídas de fato ou de direito, ainda que temporariamente, com ou sem personalidade jurídica, mesmo que exerçam atividade sob regime de monopólio legal.
>
> Lei 12.529/2011. Art. 31. Esta Lei aplica-se às pessoas físicas ou jurídicas de direito público ou privado, bem como a quaisquer associações de entidades ou pessoas, constituídas de fato ou de direito, ainda que temporariamente, com ou sem personalidade jurídica, mesmo que exerçam atividade sob regime de monopólio legal.

Questionou-se, a partir daí, se o CADE teria competência para apreciar os atos de concentração bancários, ou se a norma da Lei 4.595/1965 se sobreporia à legislação concorrencial.

Ainda sob o regime da Lei 8.884/1994, o CADE entendeu tratar-se de arranjo complementar de competência. Neste sentido, o Banco Central teria a competência privativa para autorizar os atos de reorganização bancárias, sem prejuízo da competência do CADE de apreciar o ato a *posteriori*, sob o prisma da concorrência.

No âmbito da União, contudo, o Parecer GM-20, da Advocacia-Geral da União – AGU entende que a competência é exclusiva do Banco Central, não desafiando as fusões bancárias a competência do Banco Central (isenção antitruste).

A questão não é pacífica.

Apreciando o tema, o STJ, à míngua de dispositivo legal expresso, entendeu pela competência exclusiva do Banco Central, tendo em vista o caráter vinculante do parecer da AGU.

> 1. Os atos de concentração, aquisição ou fusão de instituição relacionados ao Sistema Financeiro Nacional sempre foram de atribuição do BACEN, agência reguladora a quem compete normatizar e fiscalizar o sistema como um todo, nos termos da Lei 4.594/64.
>
> 2. Ao CADE cabe fiscalizar as operações de concentração ou desconcentração, nos termos da Lei 8.884/94.
>
> 3. Em havendo conflito de atribuições, soluciona-se pelo princípio da especialidade.
>
> 4. O Parecer GM-20, da Advocacia-Geral da União, adota solução hermenêutica e tem caráter vinculante para a administração.
>
> 5. Vinculação ao parecer, que se sobrepõe à Lei 8.884/94 (art. 50).
>
> 6. O Sistema Financeiro Nacional não pode subordinar-se a dois organismos regulatórios.
>
> 7. Recurso especial provido.
>
> (STJ, S1, REsp 1.094.218/DF, Min. Eliana Calmon, DJe de 12/4/2011)

A matéria ainda comporta discussões, tanto no Poder Judiciário, quanto a temas constitucionais de competência do STF, quanto no Poder Legislativo, que pode disciplinar o conflito de competência CADE x BC de forma distinta. Na prática, o CADE tem apreciado as fusões bancárias, mas aprovado constantemente as operações.

Quanto aos demais temas do interesse do direito da concorrência, como a formação de cartéis e a prática de atos anticoncorrenciais, vigora sem dúvidas a competência do CADE, como exemplifica recente processo que apura manipulação de câmbio por bancos no Brasil[455], mesmo que o Banco Central também detenha poderes para fiscalizar e punir as instituições pela prática ilegal.

10. QUADRO SINÓTICO

Tema	Informação
A Concorrência no direito econômico	Sua história se confunde com a história do direito econômico, pois suas origens são comuns. Parte do direito econômico que mais evidencia suas **características de flexibilidade, mobilidade e mutabilidade**, não por prever uma finalidade única e inequívoca, mas por permitir tendências de interpretação e aplicação conforme a política econômica.

455. CADE investiga suposto cartel para manipulação de taxa de câmbio. Valor Econômico, 2/7/2015.

Tema	Informação
Principais conceitos	**Concorrência perfeita**: existem muitos produtores e muitos consumidores no mercado e uma certa igualdade de forças, não havendo espaço nem para o controle dos preços nem para o controle de outros fatores de produção, como custo de insumos, mão de obra etc. **Monopólio**: um produtor (e, no **monopsônio**, um consumidor) é capaz de controlar o preço e a quantidade produzida, preços dos insumos e da mão de obra para maximizar seus lucros, deixando parte da demanda desatendida, pagando preços baixos pelos insumos, gerando desemprego e baixos níveis salariais, em relação ao cenário de concorrência perfeita. **Oligopólio**: poucas empresas competem, de forma mais ou menos agressiva, podendo gerar cenários mais próximos da concorrência perfeita ou mais próximos da "concorrência" monopolística, especialmente em casos de combinação de preços entre as concorrentes. A **regulação da concorrência busca corrigir falhas de mercado, conferindo privilégio à eficiência**, na busca de direcionar o mercado aos resultados da concorrência perfeita e teorias distributivas e desenvolvimentistas.
Histórico	Marco legislativo: ***Sherman Act***, em 1890. Brasil: a partir da Constituição de 1934.

Tema	Informação	Fonte
Lei 12.529/2011	Estrutura o Sistema Brasileiro de Defesa da Concorrência e dispõe sobre a prevenção e a repressão às infrações contra a ordem econômica, orientada pelos ditames constitucionais de liberdade de iniciativa, livre concorrência, função social da propriedade, defesa dos consumidores e repressão ao abuso do poder econômico. Titular dos bens jurídicos por ela protegidos: a coletividade. Disciplina a composição do SBDC, formado pelo Conselho Administrativo de Defesa Econômica – CADE e pela Secretaria de Acompanhamento Econômico do Ministério da Fazenda.	Art. 1º, Parágrafo único e art. 3º
Infrações contra a ordem econômica	A lei traz os tipos administrativos,	Arts. 31 a 36
Penalidades	disciplina as penalidades aplicáveis, rege a prescrição quinquenal da pretensão punitiva.	Arts. 37 a 46
Procedimentos administrativos	Regula os **procedimentos administrativos** instaurados para prevenção, apuração e repressão de infrações à ordem econômica – **Compromisso de cessação**: quando aquele que pratica ilícito de efeitos duradouros se compromete a cessar a prática infracional. – **Acordo de leniência**, que prevê redução de pena ou mesmo a extinção da pretensão punitiva de pessoas físicas e jurídicas.	Arts. 48 a 87
Controle dos atos de concentração econômica	Torna obrigatória a submissão de determinados atos de concentração (fusões, aquisições, joint ventures) ao CADE, atos estes que não podem surtir efeitos antes da aprovação da autarquia.	Art. 88

Tema	Informação	Fonte
Modalidades de infração	**1) abusos** de posição dominante, **2) acordo entre concorrentes**, sem que qualquer deles precise ter posição dominante, **3) atos de concentração** – apreciados mediante procedimento administrativo distinto daqueles reservados para a apuração das condutas anticoncorrenciais.	
Atos de concentração, controle prévio e ausência de penalidade	A rigor, os atos de concentração não geram penalidades, pois as empresas não estão livres para escolher se submetem ou não o ato à autoridade competente, a apresentação é obrigatória. Somente haverá punição se as empresas procurarem esconder o ato de concentração ou praticarem atos que caracterizem a concentração antes de aprovada (*gun jumping*)	
Condutas anticoncorrenciais, ausência de controle prévio e aplicação de penalidades	Na definição de condutas anticoncorrenciais, as empresas não se submetem a controle prévio de seus negócios, em virtude do princípio da livre-iniciativa. Assim, atuam em regime de liberdade, de modo que as penalidades por infrações são mais severas	
Sanções **Penalidades pecuniárias** **Outras penalidades**	Os atos anticoncorrenciais estão sujeitos às **penalidades pecuniárias (multa)**, e **outras** como a proibição de contratar com instituições financeiras oficiais e participar de licitações públicas, inscrição no cadastro de defesa do consumidor, cisão da sociedade infratora, venda de seus ativos e proibição de exercer o comércio em nome próprio ou como representante de pessoa jurídica. O **compromisso de cessação** e o **acordo de leniência** somente são aplicáveis aos **atos anticoncorrenciais** praticados por cartéis ou empresas individualizadas, não aos atos de concentração, sujeitos a análise prévia do CADE.	Arts. 37 e 38
A construção tipológica dos ilícitos	**Tipos abertos e conceitos indeterminados.** **Consequentemente, as condutas previstas são meramente exemplificativas.** Logo, não basta analisar a mera ação da empresa, mas é preciso perquirir pelas causas que levaram a tal ação e às consequências potenciais ou concretas da ação num determinado mercado.	
Regra da razão	A **regra da razão**, a seu turno, recomenda que a ilicitude das condutas anticoncorrenciais não decorra simplesmente da literalidade do texto legal, mas da intensidade da lesão à concorrência. Se estes fatores (incisos I, III, V e VI) forem efetivamente mínimos, não haverá conduta a ser punida. A aplicação da regra da razão pode legitimar atos concentracionistas que, em princípio seriam considerados ilícitos. Logo, as infrações ao direito antitruste são construídas pelo método tipológico, e a ilegalidade da conduta não decorre exclusivamente do processo subsuntivo que identifica o conceito da ação ao conceito da lei, mas também da análise da realidade, da intensidade da lesão à concorrência e dos eventuais efeitos positivos das condutas.	Art. 36, § 3º, art. 45, I, III, V e VI, e art. 88, §§ 5º e 6º.

Tema	Informação	Fonte
Os ilícitos concorrenciais: as condutas	Sua presença expressa na lei não implica automática ilicitude do ato e sua omissão na lei não afasta automaticamente a ilicitude o ato.	Art. 36
As finalidades do direito da concorrência	A lei antitruste protege a economia dos males típicos do monopólio, tais como: – prática de preços elevados para maximizar os lucros – redução dos ganhos dos fornecedores (monopsônio) – pagamentos de salários mais baixos, quando se torna único empregador – possibilidade da prática de preços predatórios (abaixo do custo), para aniquilar possível concorrência. A lei protege, indiretamente: consumidor, concorrente, trabalhador, distribuição de renda, crescimento econômico e geração de tecnologia.	
Sistemas de aplicação do direito da concorrência	Sistema Público - Penal (Lei 8.137/1990) - Administrativo (Lei 12.539/2011) - Público coletivo (art. 82, da Lei 8.078/1990) Sistema Privado - Individual (art. 47, da Lei 12.539/2011) - Coletivo (art. 47, da Lei 12.539/2011 e art. 82, da Lei 8.078/1990) Estes sistemas são autônomos, mas apresentam questões comuns e pontos de contato.	
Regulação dos mercados x regulação da concorrência	**Em sentido amplo**, pode significar toda a intervenção do Estado na economia. **Em sentido mais restrito**, significa a modalidade de intervenção indireta efetivada pela produção normativa, a edição de regras, quando é sinônimo de regulamentação. Uma alternativa à disciplina geral da concorrência é a regulação específica dos mercados, por leis específicas e agências reguladoras. As agências aplicam legislação antitruste com exclusividade; no arranjo das **competências concorrentes**, tanto as autoridades regulatórias (agências) quanto a autoridade concorrencial aplicam a legislação antitruste de forma autônoma e indiscriminada; também é possível arranjo da **ausência de controle regulatório** antitruste pelas agências, mas apenas pela autoridade concorrencial e, por fim, no arranjo da **complementaridade**, tanto as autoridades regulatórias (agências) quanto a autoridade concorrencial têm competência antitruste, mas a exercem de forma concertada.	
CADE x Banco Central	Competência é exclusiva do Banco Central, não desafiando as fusões bancárias a competência do Banco Central (isenção antitruste). Há uma decisão do STJ neste sentido. A questão, contudo, não é pacífica. CADE tem analisado atos de concentração de instituições financeiras e diversos autores no Brasil defendem, na linha do direito internacional, a complementaridade das instâncias.	Parecer GM-20, AGU

11. JURISPRUDÊNCIA DO STJ

↘ ADMINISTRATIVO – ATO DE CONCENTRAÇÃO, AQUISIÇÃO OU FUSÃO DE INSTITUIÇÃO INTEGRANTE DO SISTEMA FINANCEIRO NACIONAL – CONTROLE ESTATAL PELO BACEN OU PELO C ADE – CONFLITO DE ATRIBUIÇÕES – LEIS 4.594/64 E 8.884/94 – PARECER NORMATIVO GM-20 DA AGU.

1.Os atos de concentração, aquisição ou fusão de instituição relacionados ao Sistema Financeiro Nacional sempre foram de atribuição do BACEN, agência reguladora a quem compete normatizar e fiscalizar o sistema como um todo, nos termos da Lei 4.594/64.

2. Ao CADE cabe fiscalizar as operações de concentração ou desconcentração, nos termos da Lei 8.884/94.

3. Em havendo conflito de atribuições, soluciona-se pelo princípio da especialidade.

4. O Parecer GM-20, da Advocacia-Geral da União, adota solução hermenêutica e tem caráter vinculante para a administração.

5. Vinculação ao parecer, que se sobrepõe à Lei 8.884/94 (art. 50).

6. O Sistema Financeiro Nacional não pode subordinar-se a dois organismos regulatórios.

7. Recurso especial provido.

(STJ, S1, REsp 1.094.218/DF, Min. Eliana Calmon, DJe de 12/4/2011)

12. QUESTÕES DE CONCURSOS

1. (CESPE – Juiz Federal Substituto 5ª Região/2011) A respeito do direito concorrencial, assinale a opção correta.

(A) A posição dominante de uma empresa ou grupo no mercado, ou seja, a sua participação significativa, é causa, por si só, de intervenção das autoridades antitruste.

(B) Mercado relevante material refere-se à área geográfica, ou seja, ao local que se deseja analisar em termos de concorrência.

(C) O conceito de mercado relevante relaciona-se à definição, para análise concorrencial, do espaço geográfico dos agentes econômicos e de todos os produtos e serviços substituíveis entre si, nesse mercado.

(D) Os conceitos de poder econômico e de posição dominante são equivalentes.

(E) Na análise concorrencial, considera-se poder econômico a participação de determinada empresa ou grupo em um mercado.

2. (MPF – Procurador da República/2011) O CONCEITO DE "MERCADO RELEVANTE", USADO NO DIREITO CONCORRENCIAL:

(A) Faz referencia à importância relativa de um mercado em comparação a outro, para efeito da imposição de sanção, como no caso do mercado de medicamentos, que é mais relevante do que o mercado de brinquedos, por exemplo.

(B) É utilizado para referir-se ao espaço geográfico onde determinada conduta possa causar impacto.

(C) É utilizado para referir-se ao tipo de produto ou de serviço que teria sido afetado pela prática de abuso de poder econômico sob investigação.

(D) As respostas b) e c) estão corretas.

3. (MPF – Procurador da República/2011) INDIQUE A ÚNICA ALTERNATIVA CORRETA:

(A) O CADE é o órgão de cúpula do SNDC.

(B) O DPDC reporta diretamente ao CADE.

(C) O MPF tem competência concorrente com o CADE para aprovar os atos de concentração econômica.

(D) Deter o monopólio de determinado mercado não é uma violação per se à Lei Antitruste.

4. (MPF – Procurador da República/2011) O PROPÓSITO ÚLTIMO DA LEGISLAÇÃO ANTITRUSTE É:

(A) Proteger a pequena contra o poder econômico da grande empresa.

(B) Servir de instrumento eficaz para a intervenção do Estado no domínio econômico.

(C) Pacificar as relações comerciais entre empresas concorrentes.

(D) Proteger o interesse do consumidor.

5. (MPF – Procurador da República/2011) SE DETERMINADA OPERAÇÃO REALIZADA POR EMPRESA CAUSAR RESTRIÇÃO À CONCORRÊNCIA:

(A) Essa operação será considerada uma infração antitruste.

(B) Essa operação poderá ser considerada lícita, dependendo das eficiências que ocasionar.

(C) Essa operação será considerada lícita, se realizada por uma empresa estatal em regime de monopólio legal.

(D) Essa operação será considerada lícita se não houver oposição pelos demais concorrentes nesse mesmo mercado.

6. (MPF – Procurador da República/2011) UM ACORDO DE PREÇOS ENTRE EMPRESAS CONCORRENTES:

(A) Será lícito, se se tratar apenas de preço sugerido.

(B) Será lícito, se for um acordo de preços máximos.

(C) Será lícito, se autorizado previamente pela respectiva associação de classe, por unanimidade.

(D) Será considerado ilegal, como regra.

7. (MPF – Procurador da República/2012) SOBRE A CONCENTRAÇÃO ECONÔMICA E O ABUSO DE PODER ECONÔMICO É CORRETO AFIRMAR QUE:

(A) O monopólio natural no setor de infraestrutura com alto custo de produção representa prejuízo aos agentes econômicos e custos elevados para os consumidores e. por isso, é combatido pelo sistema brasileiro de defesa da concorrência:

(B) O monopsônio ocorre quando existe um grande comprador de determinada mercadoria, em geral matéria-prima, e o preço é determinado em grande medida por ele e não pelo vendedor:

(C) O cartel se caracteriza pela celebração de acordo vertical entre agentes econômicos que desenvolvem suas atividades em mercados relevantes diversos, mas complementares;

(D) De acordo com a Lei 8.884/94, a possibilidade de impor preços não equitativos ao mercado é uma das características da posição dominante. Entretanto, apenas constitui infração à ordem econômica a fixação artificial do preço acima do custo, por ser prejudicial ao consumidor, a fixação do preço abaixo do custo, a contrario sensu, não pode ser considerada infração á ordem econômica.

8. (CESPE – Juiz Federal Substituto 5ª Região/2013) Com relação às normas brasileiras de proteção à livre iniciativa e à livre concorrência, assinale a opção correta.

(A) O abuso de posição dominante não implica, necessariamente, restrição à livre concorrência e à livre iniciativa ou aumento arbitrário de lucros.

(B) Estão sujeitos à Lei Antitruste brasileiros pessoas físicas ou jurídicas de direito público ou privado, associações de entidades ou de pessoas, desde que suas atividades tenham fins lucrativos.

(C) As condutas passíveis de caracterizar infração à ordem econômica são apenas as descritas expressamente na Lei Antitruste.

(D) É possível que um ato que não tenha chegado a existir no mundo jurídico configure infração à ordem econômica.

(E) Toda restrição à livre concorrência ou à livre iniciativa é domínio de mercado ou abuso de posição dominante.

9. (CESPE – Juiz Federal Substituto 5ª Região/2013) No que se refere aos atos de concentração, assinale a opção correta.

(A) Práticas de concentração podem ser realizadas se autorizadas pelo CADE e desde que isso acarrete mais benefícios que prejuízos à concorrência.

(B) A concentração efetivada, mas não autorizada, configura infração à ordem econômica, independentemente de implicar domínio de mercado, abuso de posição dominante ou prejuízo concorrencial.

(C) Quando o faturamento de um dos grupos partícipes do negócio for inferior a vinte milhões de reais, não há necessidade de o CADE autorizar previamente o ato de concentração; basta que a autoridade antitruste seja informada do negócio.

(D) Todos os negócios que geram concentração dependem de autorização do CADE.

(E) A autorização regularmente concedida pelo CADE só pode ser revista se houver comprovação de má-fé dos agentes econômicos.

10. (CESPE – Juiz Federal Substituto 5ª Região/2013) Com base na legislação antitruste brasileira, assinale a opção correta.

(A) O ordenamento pátrio permite que hipóteses de isenção à lei antitruste sejam fixadas em lei complementar.

(B) Os mercados de telefonia fixa e de telefonia celular pertencem ao mesmo mercado relevante.

(C) Considera-se que o varejo tradicional e o mercado de vendas a distância pertencem ao mesmo mercado relevante.

(D) O mercado de venda de espaço virtual para publicidade é isolado, não se reconhecendo um mercado relevante de vendas de espaços publicitários em geral.

(E) Não se consideram, na delimitação de mercado relevante geográfico, os custos de transportes, os incentivos de autoridades locais e a taxa de câmbio.

11. (MPF – Procurador da República/2013) A nova Lei Antitruste Brasileira, Lei 12.529/11, expressamente prevê que:

(A) O Procurador-Geral da República designará membro do Ministério Público Federal para oficiar em todos os casos sujeitos à apreciação do Conselho Administrativo de Defesa Econômica (CADE), tanto em atos de concentração, quanto na apuração de condutas anticompetitivas;

(B) As decisões do plenário do Tribunal Administrativo de Defesa Econômica que imponham sanções administrativas por infrações à ordem econômica em processos instaurados pela Superintendência-Geral são passíveis de revisão no âmbito do poder Executivo, suspendendo-se a sua execução enquanto perdurar o recurso administrativo;

(C) A Superintendência-Geral do CADE pode promover procedimento preparatório de inquérito administrativo e inquérito administrativo para apurar infrações à ordem econômica e pode decidir pela insubsistência de indícios arquivando os autos de inquérito administrativo;

(D) O Superintendente-Geral do CADE é nomeado pelo Ministro da Justiça e pode ser exonerado ad nutum.

12. (MPF – Procurador da República/2013) Sobre a legislação antitruste brasileira é correto afirmar que:

(A) A Lei 12.529/11 instituiu o controle prévio dos atos de concentração, exigindo que todas as empresas aguardem a aprovação do Conselho Administrativo de Defesa Econômica (CADE) antes de implementarem os seus processos de fusão, sob pena de nulidade;

(B) O acordo de leniência pode ser celebrado pela Superintendência-Geral do CADE em qualquer fase investigativa, com pessoa física, ou jurídica, autora da infração à ordem econômica que colabore efetivamente com a investigação identificando os demais envolvidos na infração e fornecendo informações e documentos que comprovem a infração noticiada ou sob investigação;

(C) O termo de compromisso de cessação da prática sob investigação ou dos seus efeitos lesivos é um acordo firmado pela Superintendência-Geral do CADE que poderá ser realizado em qualquer fase do procedimento administrativo e ter caráter confidencial;

(D) A apresentação de proposta de termo de compromisso de cessação importa em confissão da ilicitude da conduta, impõe o fornecimento de provas acerca das práticas que o compromissário reconhece a priori como ilícitas e suspende o andamento do processo administrativo.

13. (CESPE – Procurador BACEN/2013) A instituição financeira X e a sociedade de crédito imobiliário Y, pessoas jurídicas que participam do mesmo conglomerado empresarial, firmaram acordo prévio de cooperação com o objetivo de compartilhar seus ativos e clientes, com previsão de assinar um acordo definitivo para a fusão das suas atividades.

Nessa situação hipotética, a referida operação

(A) deve ser analisada pelo BACEN para avaliação do potencial lesivo à concorrência no respectivo mercado relevante.

(B) é irrelevante para o acionamento dos mecanismos de controle estrutural de mercado, pois, sendo o ato empresarial lícito, ele não atrai a atuação do controle dos atos de concentração.

(C) é irrelevante para o direito da concorrência, pois somente a operação definitiva de fusão acarreta concentração com potencial lesivo, que atrai a atuação do controle dos atos de concentração.

(D) deve ser remetida à análise direta do CADE, para a avaliação do potencial lesivo à concorrência no respectivo mercado relevante.

(E) deve ser remetida à análise do CADE, após manifestação da Secretaria de Assuntos Econômicos do Ministério da Fazenda.

14. (CESPE – Procurador BACEN/2013) No direito antitruste brasileiro, a regra da razão ou da razoabilidade (*rule of reason*) significa

(A) a aplicação do princípio da proporcionalidade no direito econômico, de acordo com seus subprincípios: adequação, necessidade e proporcionalidade em sentido estrito.

(B) a aplicação da norma com base na racionalidade do agente econômico, que responde a estímulos por meio de estratégias que avaliam o comportamento dos demais agentes de acordo com a teoria dos jogos.

(C) o abrandamento da ilicitude dos atos de concentração e das práticas anticompetitivas, visto que algumas operações e condutas, ainda que restrinjam a concorrência, podem trazer efeitos benéficos ou ganhos de eficiência.

(D) o abrandamento da ilicitude somente dos atos de concentração, visto que algumas operações, ainda que restrinjam a concorrência, podem trazer efeitos benéficos ou ganhos de eficiência.

(E) o abrandamento da ilicitude somente das práticas anticompetitivas, visto que algumas condutas, ainda que restrinjam a concorrência, podem trazer efeitos benéficos ou ganhos de eficiência.

15. (CESPE – Procurador Federal/2013) Com relação à Lei de Defesa da Concorrência – Lei n.0 12.529/2011 –, julgue os itens a seguir.

– As funções do CADE de consultoria, assessoramento jurídico e promoção da execução judicial das decisões e julgados são efetuadas pelo representante do Ministério Público Federal junto a esse conselho.

16. (CESPE – Procurador Federal/2013) A presunção de posição dominante é elemento bastante para a caracterização de infração à ordem econômica.

17. (CESPE – Procurador Federal/2013) As fusões e aquisições, nominadas na lei em apreço como atos de concentração, não podem ser consumadas antes de apreciadas pelo CADE, sob pena de nulidade, de imposição de multa pecuniária e de abertura de processo administrativo para a imposição de sanções administrativas por infração à ordem econômica.

18. (CESPE – Procurador Federal/2013) A lei em apreço prevê um programa de leniência com disposição expressa quanto à suspensão do prazo prescricionado e ao impedimento do oferecimento da denúncia com relação ao agente beneficiário da leniência, na hipótese de sua celebração.

19. (TRF4 – Juiz Federal Substituto 4ª Região/2014) Dadas as assertivas abaixo, assinale a alternativa correta. Conforme a legislação brasileira antitruste atualmente em vigor:

I. Compete à Secretaria de Acompanhamento Econômico – SDE impor sanções administrativas por infrações à ordem econômica.

II. O Conselho Administrativo de Defesa Econômica – Cade – é uma entidade judicante com jurisdição em todo o território nacional e decide sobre a existência de infração à ordem econômica, aplicando as penalidades previstas em lei.

III. O membro do Ministério Público Federal designado junto ao Conselho Administrativo de Defesa Econômica – Cade emitirá parecer nos processos administrativos para imposição de sanções administrativas por infrações à ordem econômica.

(A) Está correta apenas a assertiva I.

(B) Está correta apenas a assertiva II.

(C) Estão corretas apenas as assertivas I e III.

(D) Estão corretas apenas as assertivas II e III.

(E) Estão corretas todas as assertivas.

20. (TRF3 – Juiz Federal Substituto 3ª Região/2013) De acordo com a Lei 12.529/2011 (que estrutura o Sistema Brasileiro de Defesa da Concorrência, é coreto afirmar que:

(A) Ao ministério Público Federal perante o CADE compete tomar as medidas judiciais necessárias à cessação de infrações da ordem econômica ou à obtenção de documentos para a instrução de processos administrativos de qualquer natureza.

(B) A personalidade jurídica do responsável por infração da ordem econômica poderá ser desconsiderada quando houver alteração de seus estatutos ou contrato social.

(C) A Secretaria de Acompanhamento Econômico poderá requisitar informações e documentos de juízes federais com o fito de promover a concorrência em órgãos de governo e perante a sociedade.

(D) A responsabilidade por infração à ordem econômica implica a responsabilidade subsidiária dos administradores da empresa.

(E) A execução das decisões do CADE será promovida perante a Justiça Federal no domicílio ou sede do executado, conforme o funcionamento da empresa.

21. (CESPE/Juiz Federal TRF5/2015) No que se refere à defesa da concorrência, assinale a opção correta.

(A) A Lei de Proteção à Concorrência considera infração da ordem econômica quaisquer atos que impliquem as consequências econômicas que ela enumera, tratando-se, nesse caso, de hipótese de tipificação fechada.

(B) Segundo importante precedente do STJ, a competência para julgar aquisições e fusões bancárias é do CADE, afastando do BCB a competência nessa matéria.

(C) Uma decisão do plenário do Tribunal Administrativo de Defesa Econômica do CADE pela aplicação de multa ou pela imposição de obrigação de fazer ou não fazer constitui título executivo judicial.

(D) A aplicação da denominada "regra da razão" permite avaliar, em tese, se a conduta praticada implica ou não violação das normas concorrenciais, ou seja, se causa ou não dano a mercado relevante.

(E) O CADE, autarquia federal vinculada ao Ministério da Justiça, é entidade judicante com jurisdição em todo o território nacional.

13. GABARITO

Questão	Resposta	Referência
1	C	O mercado relevante é definido pelo aspecto material (o bem ou serviço negociado) e geográfico (a região em que o bem ou serviço é negociado) num determinado período. O enunciado da letra B está incompleto. Correta a letra C. Os demais enunciados misturam os conceitos de posição dominante, que não é ilícita por si só (art. 36, § 1º), poder econômico e participação no mercado. Participação do mercado é conceito objetivo, representado por um percentual. Posição dominante é a capacidade da empresa ou grupo de empresas agir como monopolista, ainda que não detenha participação elevada no mercado. Poder econômico é conceito subjetivo e com múltiplos significados, noção mais ampla, portanto, que a de posição dominante.
2	D	Ver comentário à questão 1, sobre mercado relevante.
3	D	O enunciado da letra D corresponde ao texto do art. 36, § 1º, da Lei 12.529/2011.
4	ANULADA	Corretamente anulada, a questão procurava um propósito mais importante para a existência da legislação anti truste. Como vimos, nem a lei nem a Constituição elegem um propósito único ou último para estas normas nem há consenso doutrinário.
5	B	Embora o enunciado da letra B não deixe claro, a operação que pode ser considerada lícita se ocasionar eficiências é o ato de concentração, regido pelo art. 88, da Lei 11.259/2011. Outras operações que restringem a concorrência podem ser consideradas lícitas, em virtude da regra da razão, independentemente de qualquer atitude dos concorrentes, revelando erros nas letras A e C; e o monopólio estatal não confere isenção da lei antitruste.

Questão	Resposta	Referência
6	D	A resposta correta é: será considerado ilegal, como regra. Podemos entender do enunciado, especialmente da expressão "em regra", que o acordo de preços entre concorrentes é ilícito em tese e que tal prática dificilmente poderia ser justificada face a legislação antitruste, havendo pouco espaço para se aplicar a regra da razão.
7	B	O monopsônio é a figura equivalente ao monopólio, sob o prisma da demanda. No monopólio há um único fornecedor no mercado, enquanto no monopsônio há um único consumidor ou adquirente. Ao contrário do que enuncia a questão, o cartel típico representa acordo horizontal, entre concorrentes, não acordo vertical; e a fixação de preços abaixo do preço de custo pode, sim, constituir infração à ordem econômica.
8	D	Tanto a letra A quanto a letra E fazem um trocadilho entre abuso de posição dominante e a limitação à concorrência. Se há abuso, há ilícito! Eventual restrição à concorrência ou à livre-iniciativa poderá ser considerada lícita, se não for abusiva. A recíproca, como enunciado na questão, não é verdadeira. Na letra B, o equívoco está na exclusão de entidades sem fins lucrativos do alcance da lei antitruste, sem respaldo na lei (art. 31). Na letra C, o erro está na limitação das condutas, listadas na lei de forma exemplificativa (art. 36, § 3º). Correta, portanto, a letra D, que contempla a possibilidade de ocorrência de ilícito, ainda que o ato contrário ao direito não produza seus efeitos potenciais (art. 36, caput)
9	A	Os atos de concentração previamente apreciados pelo CADE são regidos pelos arts. 88 e seg., da Lei 12.529/2011. A concentração realizada sem autorização do CADE sujeita os agentes ao pagamento da multa do art. 88, § 3º, por infração que não se confunde com aquelas previstas pelo art. 36, todos da mesma lei. De outro lado, a autorização do CADE pode se revista nas diversas hipóteses do art. 91, que incluem a falsidade dos agentes econômicos. Correto o enunciado da letra A, que contempla a legitimidade de atos de concentração que gerarem benefícios líquidos à economia (§§ 3º, 5º e 6º, do art. 88).
10	D	Raramente a definição de um mercado relevante poderá ocorrer de forma intuitiva, atemporal e descontextualizada, de forma que um mesmo mercado relevante pode sofrer alteração com o tempo. Assim, uma questão que inquire acerca da amplitude de mercados relevantes somente pode ser respondida pela definição de um mercado relevante em caso específico analisado no passado, sem garantia de que os resultados sejam verdadeiros no presente ou pela análise detalhada de elementos econômicos do mercado. O CADE já decidiu que o mercado de venda de espaço virtual constitui mercado relevante autônomo, ao lado de outros como o de venda de jornais e periódicos e de anúncios classificados.
11	C	A participação do MPF como custos legis perante o CADE se restringe nos processos de aplicação de penalidades (art. 20), as decisões do plenário do Tribunal da Concorrência não pode ser revista no âmbito do Poder Executivo (art. 9º, § 2º) e o Superintendente Geral do CADE é nomeado pelo Presidente da República, após aprovação do Senado (art. 12, § 1º) e apenas perde o cargo por decisão do Senado, condenação em processo penal por crime doloso ou condenação administrativa (art. 12, § 3º, c/c art. 7º). Correta a letra C, acerca da competência da Superintendência Geral da autarquia (art. 13, III e IV).

Questão	Resposta	Referência
12	B	O ato de concentração não é nulo, mas ineficaz até a aprovação pelo CADE (art. 88, § 4º), que pode determinar seu desfazimento (art. 88, § 5º). O termo de compromisso de cessação tem caráter público (apenas a proposta do compromisso pode ter caráter confidencial) não suspende o processo administrativo (art. 85) e não constitui confissão. É proposto pela Superintendência Geral (art. 13, IX) e decidido pelo Plenário do Tribunal da Concorrência (art. 9º, V). Correta a letra B, sobre o acordo de leniência, nos termos do art. 86, da lei 12.529/2011.
13	B	A conduta narrada no enunciado da questão não precisa ser analisada previamente, pois não configura ato de concentração, independentemente do debate acerca do conflito positivo de competência do Tribunal da Concorrência e o Banco Central. Correta a letra B.
14	C	O princípio da proporcionalidade é aplicável ao direito econômico da mesma forma que a qualquer outro ramo do direito, mas não traduz o significado da regra da razão, que possui conteúdo específico no direito da concorrência. Numa visão mais pura, a regra da razão afasta a ilicitude das condutas cujo efeito anticompetitivo sejam mínimos. Numa visão mais ampliada, a regra da razão recomenda a licitude de práticas anticompetitivas quando apresentam efeitos positivos líquido para a economia (art. 88, § 6º – isso apenas para atos de concentração). A reação do agente econômico a estímulos relaciona-se com a sanção premial.
15	Errado	A função cabe à Procuradoria Federal Especializada que atua junto ao CADE.
16	Errado	A presunção de posição dominante é relativa.
17	Certo	Nos termos do art. 88, da Lei 12.529/2011.
18	Certo	Nos termos do art. 85, da Lei 12.529/2011.
19	D	A Secretaria de Acompanhamento Econômico não aplica penalidades, apenas o plenário do Tribunal da Concorrência, errado, portanto, o item I. Itens II e III corretos, pois o CADE tem jurisdição em todo o território nacional e o membro do Ministério Público emite parecer nos processos de imposição de penalidades pelo CADE.
20	C	Nos termos do art. 19, § 1º, da Lei 12.529/2011.
21	E	A tipificação dos ilícitos antitruste é aberta, vale dizer, qualquer ato que se enquadre nos pressupostos do art. 36, *caput*, da Lei 12.529/11 é considerado ilícito. O rol do art. 36, § 3º é exemplificativo. O precedente do STJ aponta para a competência do Banco Central, não do CADE. A condenação pelo CADE constitui título executivo extrajudicial, não judicial. A regra da razão, ao contrário do que enuncia a questão, impede avaliar a ilicitude das condutas "em tese". Correta a letra E.

CAPÍTULO 11

SISTEMA BRASILEIRO DE DEFESA DA CONCORRÊNCIA

1. ÓRGÃOS DO SISTEMA BRASILEIRO DE DEFESA DA CONCORRÊNCIA E SUAS ATRIBUIÇÕES

Lançamos na parte geral as noções básicas do direito da concorrência.

A partir de agora, vamos analisar mais detidamente a estrutura e os procedimentos dos entes que compõem o sistema brasileiro de defesa da concorrência.

1.1. O SBDC

Parcela significativa da Lei Antitruste cuida do Sistema Brasileiro de Defesa da Concorrência – SBDC, dos órgãos que o compõem e da competência de cada um deles, mostrando-se de suma importância a leitura dos arts. 1° a 20 do diploma normativo.

O art. 3°, da Lei 12.529/2011 enuncia os órgãos que formam o SDBC. Leia-se:

> Art. 3º O SBDC é formado pelo Conselho Administrativo de Defesa Econômica – CADE e pela Secretaria de Acompanhamento Econômico do Ministério da Fazenda, com as atribuições previstas nesta Lei.

O SBDC, portanto, é composto pelo Conselho Administrativo de Defesa da Concorrência, o **CADE** vinculado ao Ministério da Justiça (valendo lembrar, desde logo, que atuam perante o Conselho membros do Ministério Público Federal e órgão especializado da Procuradoria Federal) e a **Secretaria de Acompanhamento Econômico**, órgão pertencente ao Ministério da Fazenda.

A Lei 12.529/2011 é aplicada em todo o território nacional. Leia-se o art. 2º, da lei:

> Art. 2º Aplica-se esta Lei, sem prejuízo de convenções e tratados de que seja signatário o Brasil, às práticas cometidas no todo ou em parte no território nacional ou que nele produzam ou possam produzir efeitos.

> § 1º Reputa-se domiciliada no território nacional a empresa estrangeira que opere ou tenha no Brasil filial, agência, sucursal, escritório, estabelecimento, agente ou representante.
>
> § 2º A empresa estrangeira será notificada e intimada de todos os atos processuais previstos nesta Lei, independentemente de procuração ou de disposição contratual ou estatutária, na pessoa do agente ou representante ou pessoa responsável por sua filial, agência, sucursal, estabelecimento ou escritório instalado no Brasil.

A existência de infrações que cruzam fronteiras exige, porém, a cooperação de órgãos de proteção da concorrência, para a eficaz aplicação da lei.

1.2. O CADE

Nos termos do art. 4º, da Lei 12.529/2011, o CADE é **autarquia judicante** significando dizer que possui **personalidade jurídica própria e competência para decidir questões no âmbito administrativo**. Suas decisões sempre podem ser revistas pelo Poder Judiciário, tendo em vista os princípios do controle do ato administrativo e da inafastabilidade da jurisdição. A vinculação ao Ministério da Justiça decorre do próprio ordenamento jurídico pátrio, que exige a vinculação de toda autarquia a algum Ministério, inclusive das agências regulatórias independentes. A este propósito, veremos adiante que o CADE possui independência relativa, calcada na estabilidade de seus membros, malgrado a autarquia não possua autonomia financeira. Por hora, cabe a leitura do dispositivo:

> Art. 4º O Cade é entidade judicante com jurisdição em todo o território nacional, que se constitui em autarquia federal, vinculada ao Ministério da Justiça, com sede e foro no Distrito Federal, e competências previstas nesta Lei.

É muito comum a menção ao CADE apenas como o órgão judicante. Contudo, o **CADE é constituído por três órgãos**: o **Tribunal Administrativo de Defesa Econômica**, com competência decisória destacada, a **Superintendência-Geral**, que possui diversas atribuições administrativas, mas também possui algumas competências decisórias, e o **Departamento de Estudos Econômicos**, com função precípua de assessoramento. Veja o que dispõe o art. 5º, da Lei 10.259/2011:

> Art. 5º O Cade é constituído pelos seguintes órgãos:
>
> I – Tribunal Administrativo de Defesa Econômica;
>
> II – Superintendência-Geral; e
>
> III – Departamento de Estudos Econômicos.

Já é possível notar algumas alterações institucionais do SBDC, face a legislação revogada. No regime da Lei 8.884/1994 o CADE era autarquia que não se dividia em órgãos, e as funções hoje desempenhadas pela Superintendência-Geral eram divididas entre os conselheiros e a Secretaria de Direito Econômico – SDE, vinculada ao Ministério da Justiça. A propósito, a SDE foi extinta e seu patrimônio incorporado ao CADE, por força do art. 30, da Lei 10.259/2011.

1.3. A composição do Tribunal da Concorrência

O art. 6º, da Lei 10.259/2011, disciplina a composição do Tribunal Administrativo do CADE, que tem como membros um presidente e seis conselheiros (mantida a nomenclatura anterior, malgrado a utilização do termo Tribunal, para o órgão judicante).

Os membros do Tribunal são **escolhidos pelo Presidente da República** após **aprovados pelo Senado Federal**, entre cidadãos com mais de 30 anos de idade, de notório saber jurídico **ou** econômico e reputação ilibada, para o cumprimento de mandato de 4 anos, com dedicação exclusiva, sendo vedada a recondução.

Dispõe ainda o art. 6º, da Lei 10.259/2011 que o Presidente e os Conselheiros do Tribunal sejam nomeados em momentos distintos, para que seus mandatos não sejam coincidentes. A regra procura dinamizar a composição do Tribunal e evitar que a cada 4 anos toda a composição do órgão seja totalmente renovada.

O art. 7º, da Lei 10.259/2011, estabelece que o Presidente do Tribunal e os Conselheiros perdem o mandato apenas em virtude de decisão do Senado Federal, por provocação do Presidente da República, ou em razão de condenação penal irrecorrível, ou de processo disciplinar regido pela Lei 8.112/1990, mas não separa com clareza os procedimentos que podem levar à perda do mandato das hipóteses materiais que podem levar a tal resultado.

O procedimento penal levará a perda do mandato se houver condenação por (qualquer) crime doloso. O processo disciplinar determinará também a perda do mandato se apurada a prática dos ilícitos previstos pela própria Lei 8.112/1990, de ato de improbidade administrativa, disciplinados pela Lei 8.529/1990, e da prática de condutas vedadas pela própria Lei 12.529/2011, como a falta em 3 reuniões ordinárias consecutivas ou 20 intercaladas (art. 7º, parágrafo único), ou aquelas previstas pelo art. 8º, quais sejam:

- receber, a qualquer título, e sob qualquer pretexto, honorários, percentagens ou custas;
- exercer profissão liberal;
- participar, na forma de controlador, diretor, administrador, gerente, preposto ou mandatário, de sociedade civil, comercial ou empresas de qualquer espécie;
- emitir parecer sobre matéria de sua especialização, ainda que em tese, ou funcionar como consultor de qualquer tipo de empresa;
- manifestar, por qualquer meio de comunicação, opinião sobre processo pendente de julgamento, ou juízo depreciativo sobre despachos, votos ou sentenças de órgãos judiciais, ressalvada a crítica nos autos, em obras técnicas ou no exercício do magistério; e
- exercer atividade político-partidária.

Com estas observações, vale a leitura do art. 7º, da Lei da Concorrência:

> Art. 7º A perda de mandato do Presidente ou dos Conselheiros do Cade só poderá ocorrer em virtude de decisão do Senado Federal, por provocação do

> Presidente da República, ou em razão de condenação penal irrecorrível por crime doloso, ou de processo disciplinar de conformidade com o que prevê a Lei nº 8.112, de 11 de dezembro de 1990 e a Lei nº 8.429, de 2 de junho de 1992, e por infringência de quaisquer das vedações previstas no art. 8º desta Lei.
>
> Parágrafo único. Também perderá o mandato, automaticamente, o membro do Tribunal que faltar a 3 (três) reuniões ordinárias consecutivas, ou 20 (vinte) intercaladas, ressalvados os afastamentos temporários autorizados pelo Plenário.

Ao contrário do que possa parecer, as disposições acerca da perda do mandato visam dar autonomia ao CADE, face a ingerências políticas. O Tribunal da Concorrência pode – e deve – ser influenciado pela política econômica juridicamente estabelecida, da qual é também gestor, mas não pelos interesses dos políticos. Assim, fica garantido ao Presidente e aos Conselheiros o mandato de 4 anos e restritas as possibilidades de sua perda, para evitar influências políticas nas decisões daquela autarquia (vamos lembrar que o CADE é uma autarquia e o Tribunal da Concorrência um órgão pertencente à autarquia).

De outro lado, é também vedado ao Presidente e aos Conselheiros o desempenho de outras atividades, notadamente privadas, no decorrer de seus mandatos, salvo as hipóteses permitidas pela Constituição (como o exercício de magistério), para evitar conflitos de interesse entre o membro do CADE e os agentes econômicos. Ademais, os parágrafos do art. 8°, da Lei 12.529/2011 estabelecem uma "quarentena" de 120 dias após o término do mandato, período em que os ex-membros do Tribunal receberão a remuneração do cargo, sendo-lhes vedado representar qualquer pessoa ou interesse perante o SBDC, ressalvada a defesa de direito próprio, sob pena de prática de advocacia administrativa.

1.4. A competência do Plenário do Tribunal

O órgão mais festejado do SBDC é, sem dúvida, o Plenário do Tribunal Administrativo de Defesa Econômica.

Ao Plenário cabe julgar os atos que violem o art. 36, da Lei 12.529/2011 bem como os atos de concentração de agentes econômicos, previstos pelo art. 88, da mesma lei. Em outras palavras, no âmbito administrativo, um ato não será considerado atentatório à concorrência e um ato de concentração não será indeferido, senão por decisão do Plenário do Tribunal da Concorrência.

O Tribunal possui, como dissemos, 7 integrantes, e toma decisões por maioria, com a presença de no mínimo 4 membros. As decisões do Tribunal não podem ser revistas no âmbito do Poder Executivo.

A definitividade das decisões do CADE em âmbito administrativo já foi, inclusive, apreciada pelo Poder Judiciário. Veja-se:

> PROCESSO CIVIL – RECURSO HIERÁRQUICO – NÃO CABIMENTO – LEI 8.884/94
>
> 1. Da decisão do Cade não cabe recurso no âmbito da esfera administrativa (art. 50 da Lei 8.884/94).

> 2. Recurso hierárquico interposto pelo MPF ao Ministro da Justiça, contra decisão colegiada do Cade, devidamente arquivado.
>
> 3. Mandado de segurança extinto sem julgamento do mérito, por falta de interesse.
>
> (STJ, S1, MS 10.138/DF, Ministra Eliana Calmon, DJ de 28/11/2005)

As competências do **Plenário** encontram-se elencadas pelo art. 9º, da Lei 12.529/2011 e sua leitura é obrigatória.

Como podemos observar, é o Plenário quem decide privativamente sobre a existência de infração à ordem econômica, sobre a imposição de penalidades e sobre a legitimidade dos atos de concentração submetidos ao CADE ou avaliados pela autarquia. Também ao Plenário cabe ordenar providências para a cessação de infrações, aprovar os termos do compromisso de cessação de prática e do acordo em controle de concentrações, propostos pela Superintendência-Geral e apreciar os recursos no âmbito do SBDC, relativo a atos praticados pelos Conselheiros-Relatores e pela Superintendência-Geral.

Em geral, os órgãos que compõe o CADE, possuem poder de requisitar documentos e informações, mas esta competência é especialmente ampla no Plenário, nos termos do § 3º e dos incisos VIII, IX e XVIII, do art. 9º, da Lei da Concorrência.

Cabe ainda destacar que o Tribunal pode responder consultas acerca da legalidade de condutas, nos termos de normas regulamentares aprovadas pelo CADE (§§ 4º e 5º, do art. 9º, da Lei 12.529/2011.

Recentemente, o CADE aprovou a Resolução 12/2015, regulando os requisitos e o processo de consulta. Não serão respondidas consultas formuladas por parte não interessada, consultas meramente hipotéticas ou se faltarem elementos para a integral compreensão da matéria.

> Cade não conhece consulta feita pela MasterCard [456]
>
> O Conselho Administrativo de Defesa Econômica – Cade, em sessão realizada nesta quarta-feira (14/10), decidiu pelo não conhecimento de consulta feita pela MasterCard Brasil Soluções de Pagamento Ltda. A empresa buscou junto ao órgão antitruste orientações sobre a legalidade da "Cláusula de Solicitação de Informações" prevista em seu "Regulamento dos Arranjos de Pagamento".
>
> De acordo com o Cade, o pedido do MasterCard não preenche os pressupostos previstos na Resolução 12/2015, que regulamentou o instrumento da consulta no âmbito da autarquia.
>
> "A MasterCard não apontou a indicação precisa do objeto da consulta, com a descrição completa e exaustiva de todos os fatos relevantes, conforme determina a referida Resolução", explicou o conselheiro relator da consulta, Paulo Burnier.
>
> Além disso, a autarquia entendeu que o caso demanda instrução processual para a delimitação de eventual problema concorrencial. E a consulta, por seu escopo reduzido, não é o instrumento adequado para tanto. "A análise do problema concorrencial exposto requer um exame aprofundado dos mercados em que atuam

456. Cade não conhece consulta feita pela MasterCard. Disponível em: http://www.cade.gov.br/Default.aspx?dd51a1778e83999a6fdc6ec296b7. Acesso em 17/11/2015.

> credenciadores e facilitadores. Os mercados relativos aos sistemas de pagamento com cartão de crédito e a classificação de seus agentes são muito mais complexos do que o quadro desenhado pela consulente", completou o conselheiro relator.
>
> [...]

O CADE também celebra acordos judiciais, após os julgamentos administrativos, quando a parte interessada ingressa em juízo.

> Cade autoriza celebração de acordo judicial com Ambev [457]
>
> O Tribunal do Conselho Administrativo de Defesa Econômica – Cade homologou, na sessão de julgamento desta terça-feira (14/07), requerimento de **Termo de Acordo Judicial – TAJ** apresentado pela Ambev S/A. A empresa ingressou com ações na Justiça questionando as penalidades aplicadas a ela em condenação proferida pelo órgão antitruste em agosto de 2009.
>
> A Ambev foi condenada pelo Cade por prática de exigência de exclusividade no julgamento do Processo Administrativo 08012.003805/2004-10. A companhia utilizava-se do programa de fidelidade "Tô Contigo" para oferecer aos pontos de venda descontos e bonificações em troca de exclusividade ou redução na comercialização de produtos concorrentes. O Tribunal do Cade determinou à época o encerramento do programa e o pagamento de multa no valor de quase R$ 353 milhões, entre outras penalidades.
>
> Além de já ter encerrado o programa de fidelidade, a Ambev se comprometeu, pelo acordo judicial, a recolher contribuição pecuniária no valor de R$ 229,1 milhões. Também está prevista a publicação pela empresa de um comunicado ao mercado informando sobre as condições do acordo celebrado com o Cade.
>
> Para o presidente do Cade, Vinicius Marques de Carvalho, o TAJ cumpre a decisão do Conselho antes da ocorrência de uma sentença judicial. "É um acordo histórico para a defesa da concorrência no Brasil, que viabilizou o cumprimento da decisão do Cade e vai gerar efeitos para possíveis novos acordos judiciais", afirmou.
>
> [...]

Neste caso, a autarquia viabiliza a manutenção das penalidades aplicadas em processo judicial.

1.5. Competências do Presidente e dos Conselheiros do Tribunal

O **Presidente do Tribunal** possui diversas **competências administrativas** – inclusive a de representar a autarquia no Brasil e no exterior – e **decisórias**.

Dentre as funções administrativas puras do Presidente, encontram-se o ordenamento das despesas atinentes ao Cade, ressalvadas as despesas da unidade gestora da Superintendência-Geral e a orientação, a coordenação e a supervisão das atividades administrativas do Cade.

---

457. Cade autoriza celebração de acordo judicial com Ambev. Disponível em: http://www.cade.gov.br/Default.aspx?ff33c355ac62b67c8ebb8ca6be86. Acesso em 17/11/2015.

Dentre as funções administrativas relacionadas aos julgamentos, cabe ao Presidente distribuir, por sorteio, os processos aos Conselheiros, fiscalizar a Superintendência-Geral na tomada de providências para execução das decisões e julgados do Tribunal e assinar os compromissos e acordos aprovados pelo Plenário.

Sua competência judicante consiste na presidência das reuniões do Plenário e no exercício do voto nos julgamentos. Seu voto, a propósito, no caso de empate, determina a decisão do colegiado: é o voto de qualidade, que já existia na vigência da Lei 8.884/1994:

> 1. A Lei 8.8884/94, ao disciplinar os processos administrativos do CADE, outorga ao presidente do órgão o dever de participar como votante, ao tempo em que também lhe atribui voto de qualidade, em caso de empate.
>
> [...]
>
> (STJ, T2, REsp 966.930 / DF, Ministra ELIANA CALMON, DJ de 12/09/2007)

Vale a pena a leitura do art. 10, da Lei 12.529/2011.

Os **Conselheiros**, por seu turno, possuem essencialmente **competências instrutórias e judicantes**. A estes cabe proferir votos nos julgamentos, proferir despachos e lavrar decisões nos processos em que forem relatores, requisitar informações e documentos de quaisquer pessoas, órgãos, autoridades e entidades públicas ou privadas bem como determinar as diligências que se fizerem necessárias, adotar medidas preventivas, solicitar a produção de diligências pela Superintendência-Geral e a produção de provas necessárias, requerer pareceres jurídicos pela Procuradoria Federal e determinar ao Economista-Chefe do Departamento de Estudos Econômicos a elaboração de pareceres, nos termos do art. 11, da Lei 12.529/2011.

Cabe, ainda, aos Conselheiros, propor termo de compromisso de cessação e acordos para aprovação do Tribunal e prestar ao Poder Judiciário, sempre que solicitado, todas as informações sobre andamento dos processos, podendo, inclusive, fornecer cópias dos autos para instruir ações judiciais, também de acordo com o art. 11, da Lei 12.529/2011.

1.6. A Superintendência-Geral

A Superintendência-Geral do CADE é o órgão que exerce o papel executivo na defesa da concorrência, malgrado a presidência do Tribunal de Defesa Econômica e os Conselheiros possuam algumas atribuições executivas, de fazer cumprir suas decisões. Deveras, a função do Tribunal e de seus membros é prioritariamente judicante e a função da Superintendência-Geral é essencialmente executiva.

Compete, por exemplo, à Superintendência-Geral, ademais de seu vasto poder de requisitar documentos e informações, **acompanhar** os agentes econômicos e a própria atividade econômica, para prevenir infrações, **promover** o procedimento preparatório de inquérito administrativo e o inquérito administrativo para apuração de infrações à ordem econômica, e **instaurar e instruir** processo administrativo para imposição de sanções administrativas por infrações à ordem econômica, procedimento para apuração de ato de concentração, processo administrativo para análise de ato de concentração econômica e processo administrativo para imposição de sanções processuais incidentais instaurados para prevenção, apuração ou repressão de infrações à ordem econômica.

A Superintendência-Geral do CADE detém, pois, função fiscalizatória, preventiva e propositiva, no combate às infrações à ordem econômica.

A Superintendência-Geral é composta por 1 Superintendente-Geral e 2 Superintendentes-Adjuntos, cujas atribuições específicas serão definidas em Resolução do CADE.

O **Superintendente-Geral**, de forma similar à do Presidente do CADE e dos Conselheiros, será escolhido dentre cidadãos com mais de 30 anos de idade, notório saber jurídico ou econômico e reputação ilibada, nomeado pelo Presidente da República, depois de aprovado pelo Senado Federal, para mandato de 2 anos, permitida a recondução para um único período subsequente. A Lei 12.529/2011 não estabelece as regras de nomeação dos Superintendentes-Adjuntos, aos quais se aplicam, portanto, as regras pertinentes aos servidores públicos em geral.

Também são aplicáveis ao **Superintendente-Geral** as mesmas normas de impedimentos, perda de mandato, substituição e as vedações aplicáveis ao Presidente e aos Conselheiros do Tribunal.

Os cargos de **Superintendente-Geral e de Superintendentes-Adjuntos** são de dedicação exclusiva, não se admitindo qualquer acumulação, salvo as constitucionalmente permitidas.

O art. 13, da Lei 12.529/2011, de leitura obrigatória, estabelece as **competências da Superintendência-Geral**.

Por sua vez, o art. 14, Lei 12.529/2011, define algumas das **atribuições específicas do Superintendente-Geral**:

> Art. 14. São atribuições do Superintendente-Geral:
>
> I – participar, quando entender necessário, sem direito a voto, das reuniões do Tribunal e proferir sustentação oral, na forma do regimento interno;
>
> II – cumprir e fazer cumprir as decisões do Tribunal na forma determinada pelo seu Presidente;
>
> III – requerer à Procuradoria Federal junto ao Cade as providências judiciais relativas ao exercício das competências da Superintendência-Geral;
>
> IV – determinar ao Economista-Chefe a elaboração de estudos e pareceres;
>
> V – ordenar despesas referentes à unidade gestora da Superintendência-Geral; e
>
> VI – exercer outras atribuições previstas em lei.

Algumas das atribuições da Superintendência-Geral merecem destaque, seja pela sua autonomia, sua importância ou sua relevância do processo de investigação e apuração das infrações à ordem econômica.

Como frisamos anteriormente, a Superintendência-Geral têm amplo poder requisitório e probatório, podendo, nos termos do inciso VI, do art. 13, da Lei 12.529/2011, **requisitar** informações e documentos de quaisquer pessoas, físicas ou jurídicas, órgãos, autoridades e entidades, públicas ou privadas, bem como determinar as diligências que se fizerem necessárias ao exercício de suas funções, **requisitar** esclarecimentos orais de quaisquer pessoas, inclusive de autoridades públicas, **realizar** inspeção na sede e nos estabelecimentos de empresas investigadas e acessar seus livros comerciais, computadores e arquivos, **requerer** ao Poder Judiciário mandado de busca e apreensão de objetos, papéis de qualquer natureza, livros comerciais, computadores e arquivos, **requisitar** vista e cópia de documentos e objetos constantes de inquéritos e processos administrativos instaurados por órgãos ou entidades da administração pública federal, e **requerer** vista e cópia de inquéritos policiais, ações judiciais de quaisquer natureza, bem como de inquéritos e processos administrativos instaurados por outros entes da federação. Ressalva a lei, com frequência, o dever de sigilo da Superintendência-Geral ao acessar informações.

Também cabe à Superintendência-Geral o acompanhamento do mercado e de seus agentes, para evitar a prática de infrações à ordem econômica, bem como instaurar os processos administrativos para investigar e punir práticas ilegais.

> Superintendência do Cade determina apresentação de duas operações não notificadas ao órgão[458]
>
> A Superintendência-Geral do Conselho Administrativo de Defesa Econômica – Cade, por meio de despachos assinados nesta segunda-feira (21/09), determinou a notificação ao órgão antitruste da aquisição do Banco Carrefour – CSF pelo Itaú Unibanco e também da operação por meio da qual a TAM Linhas Aéreas S/A celebrou contratos de *codeshare* com a Total Linhas Aéreas S/A e a Trip Linhas Aéreas S/A.
>
> Os dois atos de concentração deveriam ter sido apresentados ao Cade por atenderem critérios de notificação obrigatórias estabelecidos pela antiga Lei 8.884/94, vigente à época em que as operações foram realizadas.
>
> Em relação à aquisição, em abril de 2011, de 49% das ações do capital social do Banco Carrefour pelo Itaú Unibanco, a Superintendência-Geral do Cade tomou conhecimento da operação somente por meio de notícias veiculadas na imprensa. Em razão disso, abriu o Procedimento Administrativo para Apuração de Ato de Concentração – APAC 08700.009520/2015-97 para verificar a não apresentação do ato à autarquia.
>
> Já a celebração de contratos de *codeshare* entre TAM e Total no período de 2004 a 2008 e entre TAM e Trip a partir de 2008 – quando a Total foi adquirida pela Trip – foi verificada pelo órgão antitruste no âmbito do ato de concentração que analisou a aquisição da Trip pela Azul S/A (AC 08700.004155/2012-81), aprovado com restrições pelo Cade. A não notificação desses contratos de *codeshare* foi analisada por meio do APAC 08700.009513/2015-95.
>
> [...]
>
> Após a análise da Superintendência-Geral, os atos de concentração ainda passarão pelo Tribunal do Cade, que pode confirmar ou não o parecer da Superintendência.

458. Superintendência do Cade determina apresentação de duas operações não notificadas ao órgão. Disponível em: http://www.cade.gov.br/Default.aspx?54e736c35db249ca5fec7ed36fd4. Acesso em 17/11/2015.

No que concerne ao inquérito, cabe à Superintendência-Geral instaurá-lo e apurar as faltas investigadas. Concluindo pela existência de infração, o órgão deve enviar o processo para julgamento do Tribunal, se concluir pela inexistência de infração, deve proferir despacho decisório de arquivamento, e, nos termos da lei, recorrer de ofício de sua decisão para o Plenário.

> Cade investiga formação de cartel em postos de combustíveis de Joinville [459]
>
> A Superintendência-Geral do Conselho Administrativo de Defesa Econômica – Cade instaurou, nesta sexta-feira (02/10), processo administrativo para apurar suposta prática de cartel no mercado de distribuição e revenda de combustíveis em Joinville, em Santa Catarina. (PA 08700.009879/2015-64)
>
> A autarquia irá apurar a conduta de 44 postos de combustíveis; do Sindicato do Comércio Varejista de Derivados de Petróleo do Estado de Santa Catarina; três distribuidoras de combustíveis; da Ipiranga Produtos de Petróleo S/A; da Rejaile Distribuidora de Petróleo Ltda.; da Alesat Combustíveis S/A e 31 pessoas físicas envolvidas. Eles teriam organizado o conluio para limitar a concorrência entres os postos de combustíveis no município em 2013. A investigação do Cade teve início a partir de interceptações telefônicas e outros indícios obtidos em investigação criminal, compartilhados com o órgão antitruste por meio de decisão judicial.
>
> Com a instauração do processo administrativo, os representados serão notificados para apresentar defesa. Ao final da instrução, a Superintendência-Geral opinará pela condenação ou arquivamento do caso, encaminhando-o para julgamento final pelo Tribunal do Cade.

No âmbito da análise dos atos de concentração, a Superintendência-Geral pode decidir acerca de atos que não demandem dilação probatória e que apresentem menor potencial ofensivo à concorrência, conforme definidos em resolução do Cade (art. 54, I, da Lei 12.529/2011), bem como aprovar atos de concentração devidamente instruídos, se entender que o acordo, da forma que proposto, não causa prejuízo à concorrência, vale dizer, se não julgar necessária qualquer restrição.

A Superintendência-Geral também desempenha importante missão em outros relevantes institutos. Cabe-lhe **propor termo de compromisso de cessação** de prática por infração à ordem econômica, submetendo-o à aprovação do Tribunal, **sugerir** ao Tribunal **condições para a celebração de acordo em controle de concentrações**, e adotar, com autonomia, **medidas preventivas** que conduzam à cessação de prática que constitua infração da ordem econômica.

> Superintendência-Geral do Cade aplica medida preventiva em face do Consórcio Gemini [460]
>
> A Superintendência-Geral do Conselho Administrativo de Defesa Econômica – Cade adotou medida preventiva no Processo Administrativo

459. Cade investiga formação de cartel em postos de combustíveis de Joinville. Disponível em: http://www.cade.gov.br/Default.aspx?1225f50312071de6330053ee4df2. Acesso em 17/11/2015.
460. Superintendência-Geral do Cade aplica medida preventiva em face do Consórcio Gemini. Disponível em: http://www.cade.gov.br/Default.aspx?1326f4041df2090a1c293a0958ff. Acesso em 17/11/2015.

> 08012.011881/2007-41 para determinar cautelarmente a cessação de possível tratamento discriminatório no fornecimento de gás pela Petrobras ao Consórcio Gemini.
>
> O Consórcio Gemini [...] tem como objetivo a liquefação e distribuição de gás natural a granel em estado liquefeito (GNL). No âmbito do consórcio, a Petrobrás fornece gás natural, enquanto a White Martins liquefaz esse gás e a GásLocal realiza a sua comercialização e distribuição.
>
> O pedido de medida preventiva foi formulado pela Comgás. A empresa [...] alegou que não estaria conseguindo expandir sua rede de dutos para municípios paulistas, [...], porque os grandes clientes dessas localidades já receberiam gás da GásLocal a preços supostamente formados com base em vantagens anticompetitivas ilícitas obtidas pela empresa. Segundo a Comgás, isso é possível pelo fato da Petrobras fornecer gás natural ao consórcio – e por consequência à GásLocal – a um preço muito mais baixo daquele entregue à Comgás. [...].
>
> [...]
>
> A urgência na adoção da medida preventiva para cessação da alegada prática se dá em razão do atual processo quinquenal de revisão tarifária do gás canalizado no estado de São Paulo, por parte da Agência Reguladora de Saneamento e Energia do Estado de São Paulo – Arsesp. É neste período que os investimentos e expansões das concessionárias de gás canalizado para os próximos cinco anos devem ser planejados, por determinação regulatória.
>
> O objetivo da medida preventiva é evitar que a potencial discriminação verificada no fornecimento de gás a favor da GásLocal e em detrimento da Comgás impossibilite a inclusão de determinados investimentos pela Comgás no processo de revisão tarifária em andamento.
>
> [...]

Vejamos exemplos de medidas preventivas noticiadas pelo CADE:

> Superintendência-Geral do Cade aplica medida preventiva em face do Consórcio Gemini[461]
>
> A Superintendência-Geral do Conselho Administrativo de Defesa Econômica – Cade adotou medida preventiva no Processo Administrativo 08012.011881/2007-41 para determinar cautelarmente a cessação de possível tratamento discriminatório no fornecimento de gás pela Petrobras ao Consórcio Gemini.
>
> O Consórcio Gemini [...] tem como objetivo a liquefação e distribuição de gás natural a granel em estado liquefeito (GNL). No âmbito do consórcio, a Petrobrás fornece gás natural, enquanto a White Martins liquefaz esse gás e a GásLocal realiza a sua comercialização e distribuição.
>
> O pedido de medida preventiva foi formulado pela Comgás. A empresa [...] alegou que não estaria conseguindo expandir sua rede de dutos para municípios paulistas, [...], porque os grandes clientes dessas localidades já receberiam gás da GásLocal a preços supostamente formados com base em vantagens anticompetitivas ilícitas obtidas pela empresa. Segundo a Comgás, isso é possível

461. Superintendência-Geral do Cade aplica medida preventiva em face do Consórcio Gemini. Disponível em: http://www.cade.gov.br/Default.aspx?1326f4041df2090a1c293a0958ff. Acesso em 17/11/2015.

> pelo fato da Petrobras fornecer gás natural ao consórcio – e por consequência à GásLocal – a um preço muito mais baixo daquele entregue à Comgás. [...].
>
> [...]
>
> O **objetivo da medida preventiva** é evitar que a potencial discriminação verificada no fornecimento de gás a favor da GásLocal e em detrimento da Comgás impossibilite a inclusão de determinados investimentos pela Comgás no processo de revisão tarifária em andamento.
>
> [...]
>
> Superintendência do Cade impõe medida preventiva na investigação de cartel de combustíveis do DF[462]
>
> A Superintendência-Geral do Cade decidiu adotar [...] medida preventiva no inquérito administrativo que investiga cartel de combustíveis no Distrito Federal [...]
>
> A investigação já havia produzido estudos que apontavam para indícios de cartelização no mercado de combustíveis na capital federal [...]. O Cade permaneceu acompanhado o mercado, e constatou [...] (que) os postos revendedores, ao invés de se aproveitarem da oportunidade para fixarem seus preços de forma independente e não coordenada, aumentaram os preços dos combustíveis de forma concomitante, em patamares idênticos. [...]
>
> Além disso, a Superintendência entendeu que as provas já colhidas na investigação demonstram que o grupo Cascol (Gasol), em particular, é o líder absoluto do mercado, detendo cerca de 30% dos postos da região, e que existem evidências diretas tanto de sua participação no suposto cartel quanto de sua posição de liderança no conluio, que faz com que os postos concorrentes sigam as suas orientações e os seus reajustes de preços.
>
> [...]
>
> Medida de intervenção
>
> A Superintendência considerou que a medida mais adequada e proporcional para reestabelecer a concorrência nesse mercado é determinar a nomeação de um Administrador Provisório, que administrará de forma independente os postos com bandeira BR de propriedade da Cascol, representativos de aproximadamente dois terços dos postos da empresa.
>
> [...]
>
> O Administrador Provisório escolhido deverá administrar os postos de forma desvinculada do suposto cartel e estabelecer seus preços sem qualquer coordenação com outros concorrentes. Foi também estabelecida uma diretriz para que, respeitada a garantia de equilíbrio econômico-financeiro do negócio administrado, mas considerando as atuais margens artificialmente elevadas do negócio, o Administrador Provisório, ao máximo possível, busque diminuir os preços praticados pelos postos revendedores sob a sua administração.

No primeiro caso, a medida determinou conduta a ser tomada pelo próprio investigado, o Consórcio Gemini. No segundo caso, de cartel de combustíveis, a Secretaria-Geral

462. Disponível em: http://www.cade.gov.br/noticias/superintendencia-do-cade-impoe-medida-preventiva-na-investigacao-de-cartel-de-combustiveis-do-df. Acesso em 15/12/2016.

do CADE entendeu que as medidas necessárias não poderiam ser tomadas pelo próprio investigado, determinando a nomeação de administrador temporário.

1.7. O Departamento de Estudos Econômicos

O Departamento de Estudos Econômicos tem **função de assessoramento**, que consiste em elaborar estudos e pareceres por solicitação do Plenário, do Presidente, do Conselheiro-Relator ou do Superintendente-Geral do CADE. Leia-se o art. 17, da Lei 12.529/2011:

> Art. 17. O Cade terá um Departamento de Estudos Econômicos, dirigido por um Economista-Chefe, a quem incumbirá elaborar estudos e pareceres econômicos, de ofício ou por solicitação do Plenário, do Presidente, do Conselheiro-Relator ou do Superintendente-Geral, zelando pelo rigor e atualização técnica e científica das decisões do órgão.

O Departamento é liderado por um **Economista-Chefe**, nos termos do art. 18, da Lei 12.529/2011 que assim disciplina:

> Art. 18. O Economista-Chefe será nomeado, conjuntamente, pelo Superintendente-Geral e pelo Presidente do Tribunal, dentre brasileiros de ilibada reputação e notório conhecimento econômico.
>
> § 1º O Economista-Chefe poderá participar das reuniões do Tribunal, sem direito a voto.
>
> § 2º Aplicam-se ao Economista-Chefe as mesmas normas de impedimento aplicáveis aos Conselheiros do Tribunal, exceto quanto ao comparecimento às sessões.

O Economista-Chefe, portanto, trabalha em regime de dedicação exclusiva, não pode atuar perante o Tribunal nos 120 dias após seu desligamento da autarquia e possui estabilidade no cargo.

1.8. A Procuradoria Federal junto ao CADE

Como dissemos anteriormente, a Procuradoria Federal junto ao CADE ganhou importância com a Lei 12.529/2011, assumindo atribuições previstas para o Ministério Público no regime da Lei 8.884/1994.

Na verdade, a Lei 12.529/2011 veio uniformizar, no âmbito do direito da concorrência, as funções do Ministério Público e da Advocacia Pública, segundo as regras constitucionais e complementares sobre a matéria.

Em linhas gerais, cabe ao **Ministério Público** atuar como fiscal da lei, como representante de interesses difusos, como substituto processual de pessoas ou entidades hipossuficientes e como titular da ação penal, sendo-lhe retirada, desde a Constituição de 1988, a função de representar os interesses do Estado e de suas autarquias, função assumida pela Advocacia Pública.

Assim, compete à **Procuradoria Federal Especializada junto ao CADE** representar a autarquia judicial e extrajudicialmente, executar os julgados do Tribunal da Concorrência prestar consultoria jurídica à autarquia, nos termos do art. 15, da Lei 12.529/2011.

Na Procuradoria Federal junto ao CADE atuam Procuradores Federais pertencentes à Procuradoria Geral Federal, subordinada à AGU, mas o art. 16, da Lei 12.529/2011 disciplina as funções do **Procurador-Chefe** da Procuradoria Especializada da seguinte maneira: "o Procurador-Chefe será **nomeado pelo Presidente da República**, depois de **aprovado pelo Senado Federal**, dentre cidadãos brasileiros com mais de 30 (trinta) anos de idade, de notório conhecimento jurídico e reputação ilibada". "O Procurador-Chefe terá mandato de 2 (dois) anos, permitida sua recondução para um único período" e "poderá participar, sem direito a voto, das reuniões do Tribunal, prestando assistência e esclarecimentos, quando requisitado pelos Conselheiros, na forma do Regimento Interno do Tribunal", aplicando-se lhe "as mesmas normas de impedimento aplicáveis aos Conselheiros do Tribunal, exceto quanto ao comparecimento às sessões".

Na falta do Procurador-Chefe, por indicação do Plenário, o Presidente do Tribunal designará o substituto, mas somente dentre os integrantes da Procuradoria Federal Especializada.

Assim como o Economista-Chefe, o Procurador-Chefe da Procuradoria junto ao CADE trabalha em regime de dedicação exclusiva, não pode atuar perante o Tribunal nos 120 dias após seu desligamento da autarquia e possui estabilidade no cargo.

1.9. A Secretaria de Acompanhamento Econômico – SEAE

No âmbito do Ministério da Fazenda a promoção da defesa da concorrência cabe à Secretaria de Acompanhamento Econômico.

Suas funções não estão diretamente relacionadas com a dinâmica do CADE, **não havendo relação entre a autarquia e o órgão do Ministério da Fazenda nos processos julgados pelo Tribunal da Concorrência, salvo na hipótese do art. 19, IV, da Lei 12.529/2011**, que dispõe caber à Secretaria de Acompanhamento Econômico "elaborar estudos avaliando a situação concorrencial de setores específicos da atividade econômica nacional, de ofício ou quando solicitada pelo CADE, pela Câmara de Comércio Exterior ou pelo Departamento de Proteção e Defesa do Consumidor do Ministério da Justiça ou órgão que vier a sucedê-lo".

Suas funções são típicas do Poder Executivo, destacando-se a **promoção da concorrência em órgãos de governo** (art. 19, *caput*) e a **manifestação em atos normativos que possam interferir na concorrência.** Pela sua importância, recomendamos a leitura do art. 19, da Lei 12.529/2011.

Cabe ainda à SEAE **elaborar e divulgar anualmente relatório de suas ações voltadas para a promoção da concorrência.**

Nos termos do § 1°, do art. 19, da Lei 12.529/2011, "para o cumprimento de suas atribuições, a Secretaria de Acompanhamento Econômico poderá requisitar informações e documentos de quaisquer pessoas, órgãos, autoridades e entidades, públicas ou privadas, mantendo o sigilo legal quando for o caso e celebrar acordos e convênios com órgãos ou entidades públicas ou privadas, federais, estaduais, municipais, do Distrito Federal e dos Territórios para avaliar e/ou sugerir medidas relacionadas à promoção da concorrência".

1.10. O Ministério Público Federal perante o CADE

O Ministério Público, embora tenha perdido funções, não perdeu importância no âmbito da defesa da concorrência.

O art. 20, da Lei 12.529/2011 prevê a atuação da Procuradoria Geral da República nos processos de imposição de penalidades pelo CADE da seguinte forma:

> Art. 20. O Procurador-Geral da República, ouvido o Conselho Superior, designará membro do Ministério Público Federal para, nesta qualidade, emitir parecer, nos processos administrativos para imposição de sanções administrativas por infrações à ordem econômica, de ofício ou a requerimento do Conselheiro-Relator.

Contudo, o Ministério Público (Federal e Estadual) mantêm a titularidade da ação penal face a crimes contra a ordem econômica e da ação civil por danos aos direitos difusos protegidos pela lei da concorrência.

Os crimes contra a ordem econômica são de iniciativa pública e de competência da Justiça Estadual, salvo se atingirem mais de um estado da federação (interesse supra-regional) ou envolver interesse, regulamentação, órgão ou autarquia da União, quando a competência se desloca para a Justiça Federal, de acordo com a jurisprudência do STJ. Leiam-se:

> HABEAS CORPUS. CRIME CONTRA A ORDEM ECONÔMICA. CARTELIZAÇÃO. LEI nº 8.137/90. COMPETÊNCIA. INTERESSE NACIONAL. RESTRIÇÃO À ATIVIDADE PROFISSIONAL EM VÁRIOS ESTADOS. JUSTIÇA FEDERAL.
>
> Inexistindo determinação expressa, os crimes contra a ordem econômica, previstos na Lei 8.137/90, reclamam a jurisdição estadual ou federal na medida em que restar comprovado o interesse em jogo, se local ou se nacional. In casu, ante a figura do crime sobrevindo da prática de cartel, onde a atuação do agente teve reflexo em vários estados-membros, restringindo o livre exercício da atividade profissional de transportadores pelo Brasil afora, resta patente o interesse supra-regional pelo qual se firmam a necessidade de interferência da União e a competência da Justiça Federal.
>
> Tal se dá porque, apesar de a conduta ilícita ser oriunda de um núcleo determinado, a sua propensão ofensiva à ordem econômica se faz sentir em localidades diversas e em territórios distintos.
>
> Ordem denegada
>
> (STJ, T5, HC 32.292/RS, Min. José Arnaldo da Fonseca, DJ de 3/5/2004)
>
> AGRAVO REGIMENTAL EM HABEAS CORPUS. 1. JULGAMENTO POR DECISÃO MONOCRÁTICA DE RELATOR. OFENSA AO PRINCÍPIO DA COLEGIALIDADE. NÃO OCORRÊNCIA. ART. 557 DO CPC E ART. 34, XVIII, DO RISTJ. 2. CRIME CONTRA A ORDEM ECONÔMICA E FINANCEIRA. FORMAÇÃO DE CARTEL. 3. NÃO CARACTERIZAÇÃO. COMPETÊNCIA DA JUSTIÇA FEDERAL. AUSÊNCIA DE VIOLAÇÃO A INTERESSES OU SERVIÇOS DA UNIÃO. [...] AGRAVO REGIMENTAL IMPROVIDO.
>
> 1. Nos termos do art. 557, caput, do Código de Processo Civil, c/c o art. 3º do Código de Processo Penal, e do art. 34, XVIII, do RISTJ, é possível, em

> matéria criminal, que o relator negue seguimento a recurso ou a pedido manifestamente inadmissível, improcedente, prejudicado ou em confronto com súmula ou jurisprudência dominante, sem que, em tese, se configure ofensa ao princípio da colegialidade, o qual sempre estará preservado, diante da possibilidade de interposição de agravo regimental. Precedentes.
>
> 2. Não viola o princípio da colegialidade a apreciação unipessoal pelo relator do mérito do habeas corpus, quando obedecidos todos os requisitos para a sua admissibilidade, bem como observada a jurisprudência dominante desta Corte Superior e do Supremo Tribunal Federal.
>
> 3. Com a interposição do agravo regimental, fica superada eventual violação ao princípio da colegialidade, em razão da reapreciação da matéria pelo órgão colegiado.
>
> 4. A jurisprudência desta Corte Superior possui entendimento no sentido de que os crimes contra a ordem econômica, previstos na Lei nº 8.137/90, são, em regra, de competência da Justiça Estadual, salvo se comprovada a efetiva lesão a bens, interesses ou serviços da União, a teor do artigo 109, inciso IV, da Constituição Federal, não demonstrada na espécie, à luz do que se destacou na denúncia.
>
> [...]
>
> (STJ, T5, AgRg no HC 269.029/DF, Min. Marco Aurélio Belizze, DJe de 4/12/2013)

O Ministério Público também pode buscar o Judiciário para aplicação das penas administrativas, independentemente da atuação do CADE.

Vale lembrar, nesta oportunidade, jurisprudência lavrada sob a vigência da Lei 8.884/1994, mas que permanece válida, com as devidas adaptações. No caso, o Ministério Público pretendia determinação judicial para que o CADE apreciasse determinada conduta. Ao tempo em que o STJ reforçou o importante papel que o Ministério Público pode desempenhar na esfera do direito da concorrência, podendo acionar diretamente o Judiciário para fazer aplicar a lei antitruste, rejeitou a tese de que o CADE pode ser compelido a apurar infrações, fora das hipóteses legais, que preveem inclusive a autoridade capaz de provocar a atuação da autarquia. Vejamos:

> 1. Trata-se de recurso especial interposto pelo Ministério Público Federal, com fundamento na alínea "a" do inciso III do artigo 105 da Constituição da República vigente, contra acórdão do Tribunal Regional Federal da 4ª Região em que se reconheceu, no que importa para a presente análise, (i) a ilegitimidade passiva ad causam do Conselho Administrativo de Defesa Econômica – Cade e (ii) a ausência de requisitos autorizadores do deferimento da liminar na espécie.
>
> 2. Nas razões recursais, sustenta o recorrente ter havido ofensa aos arts. 20, 21, 23 e 89 da Lei nº 8.884/94, ao argumento de que (a) a lei impõe a participação do Cade como assistente em demandas nas quais se discute a aplicação da Lei nº 8.884/94 e (b) os requisitos autorizadores da concessão da liminar estão presentes, pois estão plenamente caracterizadas nos autos infrações contra a ordem econômica.
>
> [...]

> 4. Como se observa, a tentativa do Parquet é forçar a atuação do Cade em face de supostas práticas contra a ordem econômica (no caso, em razão da formação de cartel e de prática de dumping).
>
> 5. Ocorre que a leitura dos arts. 7º, incs. II, III e IV, e 14, incs. III, VI e VII, da Lei nº 8.884/94 revela que compete à Secretaria de Direito Econômico – SDE a apuração de infrações contra a ordem econômica, sobrando para o Cade o dever legal de apreciar e julgar os processos administrativos que são remetidos em razão do exercício da competência da SDE.
>
> 6. Daí porque o Ministério Público Federal não pode exigir, em ação civil pública, que o Cade desenvolva seu "mister institucional", preservando a aplicação da Lei nº 8.884/94, quando inexiste espaço legal para a atuação da autarquia.
>
> 7. É verdade que o recorrente pode (e deve), sempre que entender cabível, acionar o Judiciário para combater estas espécies de condutas lesivas à ordem econômica, independentemente da atuação administrativa do Cade. Isto em razão do que dispõe o próprio art. 5º, inc. XXXV, da Constituição da República.
>
> 8. Ao contrário, o Parquet federal não pode impor ao Cade que funcione no presente feito, bem como que tome providências adequadas, quando, a priori, sequer se sabe se efetivamente foram cometidas as infrações alegadas ou quando sequer houve manifestação prévia da SDE provocando a atuação do Conselho.
>
> 9. O fato de o art. 89 da Lei nº 8.884/94 asseverar que "[n]os processos judiciais em que se discuta a aplicação desta lei, o Cadê deverá ser intimado para, querendo, intervir no feito na qualidade de assistente" em nada abona a tese recursal.
>
> 10. Inicialmente, quanto a este ponto, a redação do dispositivo é clara ao conferir ao Cade uma faculdade, e não uma obrigação. A norma fala, ainda, da participação como assistente, e não como parte (que é o que pretende o Ministério Público Federal quando arrola o Cade como réu).
>
> 11. No mais, violaria a autonomia técnica do Conselho, como entidade reguladora da concorrência e da ordem econômica, forçá-lo a atuar administrativamente (lembre-se, o pedido inicial busca forçar o Cade a cumprir seu mister institucional) quando, de início, não vislumbra ele próprio competência nem motivos para tanto, afinal o próprio Cade pode entender, por exemplo, que a conduta narrada pelo MPF é legal.
>
> 12. Não fosse isso bastante, não há necessidade ou utilidade para o MPF a análise do pedido mencionado e a participação do Cade no feito, pois, existindo providência judicial reconhecendo ou não a conduta ilegal (provimento final da presente ação), o entendimento da esfera administrativa passa a ser irrelevante.
>
> [...]
>
> (STJ, T2, REsp 650.892/PR, Min. Mauro Campbell Marques, DJe de 13/11/2009)

Para melhor compreensão da jurisprudência, cabe ressaltar que na lei vigente não é a SDE que leva ao CADE o conhecimento de infrações para serem apuradas, mas a Superintendência-Geral do próprio Conselho.

1.11. O CADE e o Poder Judiciário

O CADE, como vimos, tem dois campos principais de atuação da defesa da concorrência, a atuação preventiva, na análise dos atos de concentração e a atuação punitiva, pela violação das normas antitruste.

Neste mister, o CADE, com frequência, necessita do Poder Judiciário, seja para obter provas que não podem ser produzidas administrativamente, seja para executar seus julgados. O CADE pode requerer a apreensão de documentos, a produção de provas, a quebra de sigilo bancário e fiscal, etc.

De outro lado, as decisões do CADE também podem ser levadas ao Judiciário pelos interessados nos processos judiciais. Trata-se do princípio da inafastabilidade da jurisdição, previsto no art. 5º, XXXV, da CF/88, que dispõe:

> Art. 5º. [...]
>
> XXXV - a lei não excluirá da apreciação do Poder Judiciário lesão ou ameaça a direito;

Entendia-se que as ações contra decisões do CADE deveriam ser apresentadas no foro da Justiça Federal da sede da Autarquia, portanto em Brasília, com fundamento no art. 100, IV, do CPC de 1973, que dispõe:

> Art. 100. É competente o foro:
>
> [...]
>
> IV - do lugar:
>
> a) onde está a sede, para a ação em que for ré a pessoa jurídica;
>
> [...]

No CPC vigente, consta a mesma previsão:

> Art. 53. É competente o foro:
>
> [...]
>
> III - do lugar:
>
> a) onde está a sede, para a ação em que for ré pessoa jurídica;

Não obstante, o STF, afastando a regra do CPC, decidiu que demandas contra o CADE podem ser propostas no domicílio do interessado, aplicando-se o art. 109, § 2º, da CF/88.

> CONSTITUCIONAL. COMPETÊNCIA. CAUSAS AJUIZADAS CONTRA A UNIÃO. ART. 109, § 2º, DA CONSTITUIÇÃO FEDERAL. CRITÉRIO DE FIXAÇÃO DO FORO COMPETENTE. APLICABILIDADE ÀS AUTARQUIAS FEDERAIS, INCLUSIVE AO CONSELHO ADMINISTRATIVO DE DEFESA ECONÔMICA - CADE. RECURSO CONHECIDO E IMPROVIDO.
>
> I - A faculdade atribuída ao autor quanto à escolha do foro competente entre os indicados no art. 109, § 2º, da Constituição Federal para julgar as ações

propostas contra a União tem por escopo facilitar o acesso ao Poder Judiciário àqueles que se encontram afastados das sedes das autarquias.

II – Em situação semelhante à da União, as autarquias federais possuem representação em todo o território nacional.

III - As autarquias federais gozam, de maneira geral, dos mesmos privilégios e vantagens processuais concedidos ao ente político a que pertencem.

IV - A pretendida fixação do foro competente com base no art. 100, IV, a, do CPC nas ações propostas contra as autarquias federais resultaria na concessão de vantagem processual não estabelecida para a União, ente maior, que possui foro privilegiado limitado pelo referido dispositivo constitucional.

V - A jurisprudência do Supremo Tribunal Federal tem decidido pela incidência do disposto no art. 109, § 2º, da Constituição Federal às autarquias federais. Precedentes.

VI - Recurso extraordinário conhecido e improvido.

(STF, Tribunal Pleno, RE 627.709/DF, Min. Ricardo Lewandowski, DJe de 29/10/2014)

Confirmada a decisão no julgamento do RE 627.709 ED/DF, as ações contra atos das autoridades do CADE, portanto, podem ser propostas na Justiça Federal do foro do domicílio do autor.

A amplitude da revisão das decisões do CADE é plena. Mais do que pela inafastabilidade da jurisdição, o Judiciário exerce o controle dos atos administrativos, pelo prisma da legalidade.

Em princípio, não seriam necessárias maiores explanações, mas recente decisão do STJ, no âmbito do controle de penalidade aplicada pelo Tribunal da Concorrência, pode deixar a falsa impressão de que o Judiciário encontraria limites no controle dos atos da autarquia limitado pela impossibilidade de incursão no mérito administrativo. Não é isso que faz o julgamento do AgRg no REsp 1.436.903/DF.

O mérito administrativo está isento de revisão pelo Judiciário, nas hipóteses de exercício constitucional das competências do Poder Executivo, seja de produção de normas regulamentares, seja na condução de políticas públicas.

A norma regulamentar somente pode ser afastada pelo Poder Judiciário se transbordar a autorização legal e a política pública somente pode ser rejeitada se contrariar a lei. Ao juiz não é dado substituir a regulamentação da competência do Executivo, se entendê-la inadequada, nem pode alterar a política pública, mesmo que, a seu ver, esta seja desnecessária ou ineficiente. Cabe ao Poder Executivo escolher, a seu juízo discricionário, qual política é necessária e quais meios são eficientes para implementá-la.

Nos temas da administração judicante ou quando estão em questão direitos subjetivos, não há esta limitação e a revisão do judiciário é plena, tanto quanto a adequação da pena aplicada (do direito concedido ou negado) à lei e à Constituição, quanto aos fundamentos de fato e de direito que levaram à decisão administrativa.

No julgamento do AgRg no REsp 1.436.903/DF, o STJ afirmou que "tem-se entendido que o Poder Judiciário pode se imiscuir na análise do mérito do ato administrativo, desde que seja analisado sob o seu aspecto jurídico, e para que sejam observados, além da legalidade em sentido amplo do ato, também os princípios e mandamentos constitucionais"[463], mas que, "caso sub judice, constata-se claramente que o magistrado adentrou o mérito do ato administrativo produzido pelo CADE, sem nenhuma justificação de infringência aos ditames da lei ou às normas constitucionais". O STJ, portanto, não limitou a análise do Judiciário ou protegeu o mérito administrativo na espécie. Ao contrário, afirmou que o Judiciário, na hipótese, poderia adentrar no mérito administrativo, mas que o juízo a quo agiu mal e "não compreendeu os relevantes fatos e provas produzidos pelo CADE, onde ficou evidenciada a formação de Cartel entre as empresas e o cometimento de infração à ordem econômica"[464].

No julgamento dos embargos de declaração, reforça o STJ, afirmando que "não há contradição em se afirmar que as embargantes, empresas que controlam a distribuição e o comércio de combustíveis no Distrito Federal, formam cartel para controlar os preços dos combustíveis e seus derivados e impedir a concorrência de outras empresas do ramo" e que "a atitude das empresas, que continuam manipulando os preços dos combustíveis no Distrito Federal, é perversa para os consumidores, que continuam pagando por um produto que tem o seu preço regulado artificialmente, fora das leis de mercado", adentrando, o próprio Tribunal, no mérito administrativo, para referendá-lo.

Não há, portanto, limitação do Judiciário no controle do ato administrativo do CADE, por se tratar de ato da administração "judicante", não da edição de normas regulamentares ou de definição de políticas públicas, em cujo mérito o Judiciário não pode intervir, sob pena de violação do princípio da separação de poderes.

2. O PROCESSO ADMINISTRATIVO NO CADE E A EXECUÇÃO DOS JULGADOS

2.1. Tipos de procedimento

A Lei 12.529/2011 regula diversos tipos de procedimento, relacionados a apuração de práticas ilícitas e a análise de atos de concentração.

O art. 48, da Lei 12.529/2011, elenca os procedimentos:

> Art. 48. Esta Lei regula os seguintes procedimentos administrativos instaurados para prevenção, apuração e repressão de infrações à ordem econômica:
>
> I – procedimento preparatório de inquérito administrativo para apuração de infrações à ordem econômica;
>
> II – inquérito administrativo para apuração de infrações à ordem econômica;

463. STJ, T2, AgRg no REsp 1.436.903/DF, Min. Herman Benjamin, DJe de 4/2/2016.

464. STJ, T2, AgRg no REsp 1.436.903/DF, Min. Herman Benjamin, DJe de 4/2/2016.

III – processo administrativo para imposição de sanções administrativas por infrações à ordem econômica;

IV – processo administrativo para análise de ato de concentração econômica;

V – procedimento administrativo para apuração de ato de concentração econômica; e

VI – processo administrativo para imposição de sanções processuais incidentais.

A norma também menciona outros procedimentos específicos, nos termos do art. 9°, §§, 4° e 5°, segundo os quais o "Tribunal poderá responder consultas sobre condutas em andamento, mediante pagamento de taxa e acompanhadas dos respectivos documentos", seguindo para tanto procedimento definido por normas regulamentares, editadas por Resolução da própria autarquia.

Nos processos que tramitam no CADE, "a Superintendência-Geral ou o Conselheiro-Relator poderá admitir a intervenção no processo administrativo de terceiros titulares de direitos ou interesses que possam ser afetados pela decisão a ser adotada ou dos legitimados à propositura de ação civil pública [...]" (art. 50, da Lei 12.529/2011).

Não é nosso objetivo esgotar os detalhes procedimentais do processo administrativo no CADE.

Cabe, porém, observar que a lei utiliza o termo **processo**, pressupondo a ampla defesa diante da possibilidade de aplicação de penalidade ou de desfazimento de ato de particulares. Utiliza-se do termo **procedimento** para etapas preparatórias ou investigativas.

Faremos, agora, um pequeno relato sobre as regras mais gerais dos procedimentos, previstos nos arts. 53 e seg., da Lei 12.529/2011, que tratam da matéria em três grupos distintos: 1. o processo de controle de atos de concentração, 2. os procedimentos de inquérito e de medidas preparatórias e 3. o processo de aplicação de penalidades por práticas que violem o art. 36, da Lei 12.529/2011.

No controle de atos de concentração, o processo tem duas etapas, a primeira na Superintendência-Geral e a segunda no Tribunal Pleno.

A **proposta de ato de concentração é recebida pela Superintendência-Geral**, que toma as providências preliminares do art. 53, da Lei 12.529/2011, **decide os processos que não demandarem novas provas ou que apresentarem menor potencial ofensivo à concorrência,** conforme definidos em resolução do CADE (art. 54, I, da Lei 12.529/2011).

Realizadas as eventuais provas necessárias, a **Superintendência-Geral pode aprovar os atos que entender legítimos e que não demandarem restrições** (art. 57, I, da Lei 12.529/2011), decisão sujeita a **recurso de terceiros interessados e da agência governamental reguladora competente**, bem como **sujeita a ser avocada por qualquer Conselheiro do Tribunal**, para apreciação (art. 65, da Lei 12.529/2011).

Não concordando com a aprovação do ato ou entendendo que o ato merece restrições, a Superintendência-Geral oferecerá **impugnação perante o Tribunal** (art. 57, II, da Lei 12.529/2011)

No Tribunal pode haver instrução complementar, especialmente se a Superintendência-Geral entender não existem elementos conclusivos quanto aos efeitos do ato no mercado.

Devidamente instruído, o Tribunal julgará o ato de concentração apresentado, podendo **aprová-lo sem restrições, rejeitá-lo ou aprová-lo parcialmente**, nos termos do art. 61, da Lei 12.529/2011:

> Art. 61. No julgamento do pedido de aprovação do ato de concentração econômica, o Tribunal poderá aprová-lo integralmente, rejeitá-lo ou aprová-lo parcialmente, caso em que determinará as restrições que deverão ser observadas como condição para a validade e eficácia do ato.
>
> § 1º O Tribunal determinará as restrições cabíveis no sentido de mitigar os eventuais efeitos nocivos do ato de concentração sobre os mercados relevantes afetados.
>
> § 2º As restrições mencionadas no § 1º deste artigo incluem:
>
> I – a venda de ativos ou de um conjunto de ativos que constitua uma atividade empresarial;
>
> II – a cisão de sociedade;
>
> III – a alienação de controle societário;
>
> IV – a separação contábil ou jurídica de atividades;
>
> V – o licenciamento compulsório de direitos de propriedade intelectual; e
>
> VI – qualquer outro ato ou providência necessários para a eliminação dos efeitos nocivos à ordem econômica.

A **decisão do Tribunal** que **aprovar** o ato concentracionista **somente pode ser revista pelo próprio CADE** (art. 91, da Lei 12.529/2011) e a que **rejeitar ou aprovar parcialmente** pode ser **submetida ao Poder Judiciário**.

O inquérito, o procedimento preparatório e o processo de aplicação de penalidades relacionam-se com as práticas anticoncorrenciais, não com o controle prévio dos atos de concentração.

O CADE, como vimos anteriormente, tem poder investigatório sobre as práticas contrárias à concorrência, bem como poder para puni-las.

Neste mister, a Lei 12.529/2011 prevê **dois procedimentos investigatórios**: o **inquérito** e, se necessário, em virtude de haver poucos elementos probatórios acerca da conduta, o **procedimento preparatório do inquérito**, são instaurados pela Superintendência-Geral (art. 66, da Lei 12.529/2011).

Encerrado o inquérito administrativo, a Superintendência-Geral decidirá pela instauração do processo administrativo ou pelo seu arquivamento em 10 dias úteis (art. 67, da Lei 12.529/2011), recorrendo de ofício ao Tribunal se decidir pelo arquivamento (art. 13, VII, da Lei 12.529/2011).

O Tribunal também poderá avocar o inquérito administrativo ou procedimento preparatório de inquérito administrativo arquivado pela Superintendência-Geral, ficando prevento o Conselheiro que encaminhou a provocação (art. 67, § 1º, da Lei 12.529/2011), hipótese em que o Relator terá 30 dias para confirmar a decisão de arquivamento ou transformar o inquérito administrativo em processo administrativo e prepará-lo para julgamento (art. 67, § 2º, da Lei 12.529/2011).

Em seguida, a lei disciplina o procedimento para imposição de sanções por infração à ordem econômica.

Como determina a Constituição, o procedimento sancionador é instruído pelos princípios do contraditório e da ampla defesa, de acordo com o art. 69, da Lei 12.529/2011.

Nos termos do dispositivo, a peça que servirá de referência para o exercício da defesa (art. 70, da Lei 12.529/2011) é a nota técnica final decorrente do inquérito administrativo.

Os arts. 70 e seg., da Lei 12.529/2011 disciplinam o procedimento, os prazos de manifestação e a instrução probatória, concluindo o art. 79, da Lei 12.529/2011, com a disciplina da decisão final do CADE. Vejamos:

> Art. 79. A decisão do Tribunal, que em qualquer hipótese será fundamentada, quando for pela existência de infração da ordem econômica, conterá:
>
> I – especificação dos fatos que constituam a infração apurada e a indicação das providências a serem tomadas pelos responsáveis para fazê-la cessar;
>
> II – prazo dentro do qual devam ser iniciadas e concluídas as providências referidas no inciso I do caput deste artigo;
>
> III – multa estipulada;
>
> IV – multa diária em caso de continuidade da infração; e
>
> V – multa em caso de descumprimento das providências estipuladas.
>
> Parágrafo único. A decisão do Tribunal será publicada dentro de 5 (cinco) dias úteis no Diário Oficial da União.

Nos termos do artigo, toda decisão do Tribunal deve ser fundamentada. A decisão condenatória, porém, deve conter os elementos que permitam a identificação da conduta, as medidas a serem tomadas e as sanções aplicadas.

Nos termos do art. 46, da Lei 12.529/2011, a pretensão punitiva das ações punitivas da administração pública federal, direta e indireta, objetivando apurar infrações da ordem econômica **prescreve** em 5 anos, contados da data da prática do ilícito ou, no caso de infração permanente ou continuada, do dia em que tiver cessada a prática do ilícito. O CADE, portanto, tem 5 anos a contar da data da infração (ou do fim da prática ilícita continuada) para iniciar as investigações sobre a conduta. Caso a infração constitua crime (cartel), o prazo de prescrição será regido pela lei penal (art. 46, § 4º, da Lei 12.529/2011).

A lei prevê, ainda, hipótese de prescrição intercorrente, ser o processo administrativo restar paralisado por mais de 3 anos. Leia-se o art. 46, § 3º, da Lei 12.529/2011:

> Art. 46.
>
> [...]

> § 3º Incide a prescrição no procedimento administrativo paralisado por mais de 3 (três) anos, pendente de julgamento ou despacho, cujos autos serão arquivados de ofício ou mediante requerimento da parte interessada, sem prejuízo da apuração da responsabilidade funcional decorrente da paralisação, se for o caso.

A **prescrição é interrompida** pela prática de qualquer ato administrativo ou judicial que tenha por objeto a apuração da infração (art. 46, § 1º, da Lei 12.529/2011). Seriam hipóteses a abertura do inquérito no próprio CADE ou o pedido realizado por esta autarquia ao Judiciário, para obter informações acerca do acusado, tais quais informações bancárias.

A seu turno, a celebração de termo de compromisso de cessação – TCC ou de acordo em controle de concentrações – ACC, **suspendem a prescrição**, enquanto durarem os acordos (art. 46, § 2º, da Lei 12.529/2011).

A lei prevê **recursos** de algumas decisões das autoridades do CADE.

Da decisão da Superintendência-Geral que aprova **ato de concentração**, cabe **recurso** ao Tribunal, no prazo de 15 dias, contados da publicação da decisão (art. 65, da Lei 12.529/2011).

O recurso pode "ser interposto por terceiros interessados ou, em se tratando de mercado regulado, pela respectiva agência reguladora" (art. 65, I, da Lei 12.529/2011). O Tribunal também pode "avocar o processo para julgamento ficando prevento o Conselheiro que encaminhou a provocação" (art. 65, II, da Lei 12.529/2011). A interposição do recurso ou a decisão de avocar o julgamento do ato de concentração suspende a execução deste ato de concentração econômica até decisão do Tribunal (art. 65, § 4º, da Lei 12.529/2011).

No âmbito do **inquérito administrativo** a lei prevê mais dois tipos de recurso. O primeiro, disciplinado pelo art. 66, § 4º, da Lei 12.529/2011, é o recurso contra o despacho que **ordenar o arquivamento de procedimento preparatório** e o que **indeferir o requerimento de abertura ou arquivamento de inquérito administrativo**, atos são praticados pela Superintendência-Geral. O recurso, interposto por qualquer interessado, é dirigido ao Superintendente-Geral, que o julgará em última instância, na forma do regulamento, não cabendo novo recurso ao Tribunal.

A seu turno, o art. 84, da Lei 12.529/2011, prevê recurso da parte investigada, dirigido ao Tribunal, no prazo de 5 dias, contra ato do Conselheiro-Relator ou do Superintendente-Geral, que adotar **medida preventiva**.

2.2. Medidas preventivas

Além dos principais grupos de processos no âmbito do CADE, alguns procedimentos incidentais merecem tratamento específico.

Um deles refere-se às medidas preventivas.

Imaginemos uma conduta que viole gravemente a concorrência, cujos efeitos se fazem sentir imediatamente. Tal situação não se mostra compatível com a demora natural dos procedimentos de investigação e julgamento, merecendo tratamento imediato.

Nestes casos, CADE, por intermédio do Conselheiro-Relator ou do Superintendente-Geral pode tomar **medidas no curso do inquérito ou do processo administrativo para imposição de penalidades para fazer cessar a conduta**. Veja-se o que dispõe o art. 84, da Lei 12.529/2011:

> Art. 84. Em qualquer fase do inquérito administrativo para apuração de infrações ou do processo administrativo para imposição de sanções por infrações à ordem econômica, poderá o Conselheiro-Relator ou o Superintendente-Geral, por iniciativa própria ou mediante provocação do Procurador-Chefe do Cade, adotar medida preventiva, quando houver indício ou fundado receio de que o representado, direta ou indiretamente, cause ou possa causar ao mercado lesão irreparável ou de difícil reparação, ou torne ineficaz o resultado final do processo.
>
> § 1º Na medida preventiva, determinar-se-á a imediata cessação da prática e será ordenada, quando materialmente possível, a reversão à situação anterior, fixando multa diária nos termos do art. 39 desta Lei.
>
> § 2º Da decisão que adotar medida preventiva caberá recurso voluntário ao Plenário do Tribunal, em 5 (cinco) dias, sem efeito suspensivo.

As medidas preventivas têm caráter cautelar e não vinculam o julgamento do CADE que pode, inclusive, decidir pela licitude da conduta.

2.3. Compromisso de cessação

Também merece destaque o compromisso de cessação, previsto pelo art. 85, da Lei 12.529/2011.

Nem sempre é fácil provar as infrações contra a ordem econômica. De outro lado, as investigações e o processo sancionador são onerosos, tanto para o Poder Público quanto para os agentes econômicos.

Assim, surge o compromisso de cessação das condutas investigadas, como via intermediária, que evita os custos do processo e, afastando-se da busca pela condenação, visa simplesmente o fim da prática que se supõe lesiva à concorrência. Dispõe o art. 85, da Lei 12.529/2011:

> Art. 85. Nos procedimentos administrativos mencionados nos incisos I, II e III do art. 48 desta Lei, o Cade poderá tomar do representado compromisso de cessação da prática sob investigação ou dos seus efeitos lesivos, sempre que, em juízo de conveniência e oportunidade, devidamente fundamentado, entender que atende aos interesses protegidos por lei.
>
> [...]

Conforme dispõe o § 1º, do art. 85, da Lei 12.529/2011, o termo de compromisso deve conter alguns elementos. São eles: a especificação das obrigações do representado de cessar a conduta e de praticar eventuais atos corretivos, a fixação do valor da multa (penalidade) pelo descumprimento do acordo e a fixação da contribuição para o Fundo de Defesa de Direitos Difusos (§ 3°, do art. 36, da Lei 12.529/2011).

Vejamos o dispositivo:

> Art. 85
>
> [...]
>
> § 1º Do termo de compromisso deverão constar os seguintes elementos:
>
> I – a especificação das obrigações do representado no sentido de não praticar a conduta investigada ou seus efeitos lesivos, bem como obrigações que julgar cabíveis;
>
> II – a fixação do valor da multa para o caso de descumprimento, total ou parcial, das obrigações compromissadas;
>
> III – a fixação do valor da contribuição pecuniária ao Fundo de Defesa de Direitos Difusos quando cabível.

A **cessação da conduta** é o **elemento nuclear do termo de compromisso**. Se o agente não cessar a conduta supostamente ilícita, o acordo perde o sentido. De toda forma, a simples abstenção pode não ser suficiente, fazendo-se necessárias outras atitudes reparadoras, razão pela qual o CADE pode estabelecer outras obrigações ao agente, como se depreende do art. 85, § 1°, I, parte final.

A **fixação da multa** também é elemento importante do termo de compromisso, na sua função de evitar os custos do processo administrativo. Fixada a multa, no caso de descumprimento do acordo, nenhum outro procedimento se torna necessário para mensurar a punibilidade do agente.

O dispositivo estabelece, ainda, que o termo de compromisso deva prever o valor da contribuição Fundo de Defesa de Direitos Difusos, devida nos casos de infração capituladas nos incisos I e II, do § 3º, do art. 36, da Lei Antitruste, vale dizer nos casos de acordo de preços, de restrição da oferta, de divisão do mercado, de condições para participar de licitação pública e, de uma forma geral, "promover, obter ou influenciar a adoção de conduta comercial uniforme ou concertada entre concorrentes" (§ 2º, do art. 85, da Lei 12.529/2011).

Para recordar, vejamos o texto da norma:

> Art. 36
>
> [...]
>
> § 3º As seguintes condutas, além de outras, na medida em que configurem hipótese prevista no caput deste artigo e seus incisos, caracterizam infração da ordem econômica:
>
> I – acordar, combinar, manipular ou ajustar com concorrente, sob qualquer forma:
>
> a) os preços de bens ou serviços ofertados individualmente;
>
> b) a produção ou a comercialização de uma quantidade restrita ou limitada de bens ou a prestação de um número, volume ou frequência restrita ou limitada de serviços;

> c) a divisão de partes ou segmentos de um mercado atual ou potencial de bens ou serviços, mediante, dentre outros, a distribuição de clientes, fornecedores, regiões ou períodos;
>
> d) preços, condições, vantagens ou abstenção em licitação pública;
>
> II – promover, obter ou influenciar a adoção de conduta comercial uniforme ou concertada entre concorrentes;
>
> [...]

Embora a parte investigada deva manifestar seu interesse, sob o prisma formal, o **compromisso de cassação da prática é proposto ao Tribunal pela Superintendência-Geral** (art. 13, IX, da Lei 12.529/2011).

A proposta somente poderá ocorre uma vez e poderá ter **caráter confidencial**. Uma vez acolhida a proposta, celebra-se o **termo de compromisso de cessação, este de caráter público**, com **natureza de título executivo extrajudicial**, a exemplo dos julgados do CADE. Será indeferido a celebração se não houver acordo entre o Tribunal e os representados.

> Cade celebra acordo em investigação de cartel no mercado de prestação de serviços médico-hospitalares no DF [465]
>
> O Conselho Administrativo de Defesa Econômica – Cade celebrou, nesta quinta-feira (29/01), Termo de Compromisso de Cessação – TCC com a Rede D'Or São Luiz S/A (incorporadora e sucessora do Hospital Santa Luzia S/A) em processo que apura cartel formado por hospitais privados do Distrito Federal para impor o aumento da remuneração de serviços médico-hospitalares (PA 08012.006969/2000-75).
>
> De acordo com as investigações, no ano 2000 os hospitais Santa Luzia, Santa Lúcia e Anchieta negociaram coletivamente com operadoras de planos de saúde a cobrança de preços mais altos pela prestação de serviços médico-hospitalares em patamares praticamente idênticos. Diante da recusa dessas empresas em aceitar os aumentos reivindicados, os hospitais concorrentes comunicaram, de forma paralela, a rescisão de contratos ou a suspensão do atendimento aos beneficiários dos planos de saúde. A conduta teria provocado o aumento dos preços dos planos de saúde acima do nível considerado competitivo, prejudicando o mercado e os consumidores finais.
>
> Pelo TCC firmado com o Cade, a Rede D'or deverá pagar cerca de R$ 4 milhões a título de contribuição pecuniária. A signatária do acordo reconhece o envolvimento do Hospital Santa Luzia na prática apurada à época dos fatos, se compromete a cessar integralmente a conduta e a não realizar qualquer ato que possa prejudicar o andamento das investigações do Cade.
>
> [...]
>
> Com a assinatura do acordo, o processo fica suspenso em relação à Rede D'Or até que as obrigações firmadas sejam declaradas cumpridas pelo Cade.

465. Cade celebra acordo em investigação de cartel no mercado de prestação de serviços médico-hospitalares no DF. Disponível em: http://www.cade.gov.br/Default.aspx?f448d622f329ff031724370d5ae2. Acesso em 17/11/2015.

Celebrado o termo, que constitui título extrajudicial, **o processo administrativo fica suspenso, apenas em favor do acusado que o subscreveu**, para o cumprimento do compromisso firmado, prosseguindo o processo em relação a outros eventuais representados.

Cumprido integralmente o compromisso, o processo é arquivado. Declarado o descumprimento do compromisso, o CADE aplicará as sanções nele previstas e determinará o prosseguimento do processo administrativo e as demais medidas administrativas e judiciais cabíveis para sua execução.

Não obstante, o CADE poderá alterar as condições do termo de compromisso se restar comprovada sua excessiva onerosidade para o representado, desde que a alteração não acarrete prejuízo para terceiros ou para a coletividade.

Frise-se, por fim, que se trata de uma faculdade do Tribunal da Concorrência, não de um direito subjetivo do investigado. Veja-se:

> 1. Estabelecendo o § 3º do art. 53 da Lei 8.884/84 (revogada pela Lei 12.529/2011), incluído pela Lei nº 10.149/2000 que, "em qualquer fase do processo administrativo poderá ser celebrado, pelo CADE ou pela SDE ad referendum do CADE, compromisso de cessação de prática sob investigação ...", é clara a indicação de que se trata de uma faculdade da autarquia.
>
> 2. Tratando-se, portanto, de ato administrativo discricionário, não há falar em "direito subjetivo" dos investigados à celebração do termo de compromisso, até mesmo porque, interpretação em sentido contrário importaria em retirar do CADE a aplicação de sanções, visto que as partes, na iminência de serem punidas, para livrar-se dessa sanção, simplesmente buscariam a via desse compromisso para livrar-se das eventuais sanções. Se o CADE recebeu, processou e indeferiu, fundamentadamente, o pedido das autoras, não há falar em irregularidade administrativa.
>
> 3. Acrescido ao art. 53 da Lei 8.884/94, o § 5º após a prática dos fatos sob investigação pelo CADE, essa disposição legal, pelo princípio da irretroatividade da lei mais gravosa, não pode ser aplicada como fundamento para indeferir o pedido dos autores, sob pena de violação ao art. 5º, inciso XXXVI, da Constituição e ao art. 6º da Lei de Introdução ao Código Civil, que garantem proteção ao direito adquirido.
>
> 4. Apelação e remessa oficial providas.
>
> (TRF1, Segunda Turma Suplementar, AC 2002.34.00.001802-8/DF, Juiz Federal Osmane Antonio dos Santos, e-DJF1 de 19/8/2013)

Embora a decisão fundamente-se na lei revogada, não há elementos na Lei 12.529/2011 capazes de infirmar sua conclusão.

2.4. Programa de leniência

Outro importante instituto do direito da concorrência é o programa de leniência, que também apresenta benefícios no processo penal.

O programa de leniência oferece ao acusado, pessoa física ou jurídica, **extinção da ação punitiva da administração pública** (no caso de proposta de acordo antes que a autarquia tome conhecimento da infração) **ou a redução de 1 (um) a 2/3 (dois terços) da penalidade aplicável** (para as propostas posteriores ao conhecimento da infração), desde que **colaborem efetivamente com as investigações e o processo administrativo**.

O acordo é **celebrado pelo CADE, por intermédio da Secretaria-Geral**, a partir da iniciativa de delação do infrator.

São condições para a extinção da punibilidade ou para a redução da pena que da colaboração resulte a identificação dos demais envolvidos na infração e a obtenção de informações e documentos que comprovem a infração noticiada ou sob investigação (art. 86, da Lei 12.529/2011).

Os §§ 1º e 2º, do art. 86, da Lei 12.529/2011 estabelecem os requisitos do acordo. Leia-se:

> Art. 86. [...]
>
> § 1º O acordo de que trata o caput deste artigo somente poderá ser celebrado se preenchidos, cumulativamente, os seguintes requisitos:
>
> I – a empresa seja a primeira a se qualificar com respeito à infração noticiada ou sob investigação;
>
> II – a empresa cesse completamente seu envolvimento na infração noticiada ou sob investigação a partir da data de propositura do acordo;
>
> III – a Superintendência-Geral não disponha de provas suficientes para assegurar a condenação da empresa ou pessoa física por ocasião da propositura do acordo; e
>
> IV – a empresa confesse sua participação no ilícito e coopere plena e permanentemente com as investigações e o processo administrativo, comparecendo, sob suas expensas, sempre que solicitada, a todos os atos processuais, até seu encerramento.
>
> § 2º Com relação às pessoas físicas, elas poderão celebrar acordos de leniência desde que cumpridos os requisitos II, III e IV do § 1º deste artigo.

Destaca-se, ainda, do texto do art. 86, da Lei 12.529/2011:

- A proposta de acordo será, em regra, sigilosa, e, se rejeitada, a proposta não será divulgada e não importará confissão quanto à matéria de fato, nem reconhecimento de ilicitude da conduta analisada.
- Compete ao Tribunal por ocasião do julgamento decretar a extinção da ação punitiva da administração pública ou aplicar a pena devidamente reduzida.
- Em caso de descumprimento do acordo de leniência, o beneficiário ficará impedido de celebrar novo acordo de leniência pelo prazo de 3 (três) anos, contado da data de seu julgamento.

O acordo de leniência depende do preenchimento de alguns requisitos. A pessoa interessada 1. deve ser a primeira a se apresentar, relatando a infração e confessando sua participação, 2. deve cooperar plenamente nas investigações de modo a identificar efetivamente outros membros do cartel e provas da prática, e 3. deve cessar totalmente sua participação no ilícito.

O CADE aplica interessantes institutos, diante destes requisitos.

Imaginemos que dois ou mais interessados se apresentem, visando a obtenção do benefício. Neste caso, apenas a primeira poderá celebrar o acordo. Contudo, as negociações podem não lograr êxito, seja pela participação precária do primeiro interessado nas investigações, pela ineficácia da colaboração ou pela continuidade da prática ilícita.

O resultado, então, seria, de um lado, a inaplicabilidade do instituto do acordo de leniência e, de outro, a provável insuficiência probatória para a condenação dos demais infratores, especialmente na hipótese em que o primeiro interessado não colabore efetivamente nas investigações ou desta colaboração não resultem provas.

Para evitar estas consequências, diante da existência de mais de um interessado no acordo, o CADE mantém um "sistema de senhas", pelo qual os interessados que se apresentarem possam valer-se do benefício, na ordem de sua apresentação, caso as negociações precedentes não obtenham êxito. O sistema de senhas opera como uma forma de "reservar o lugar na fila" de preferência para firmar o acordo de leniência.

Outro instituto que merece menção é o da **leniência plus**. Vamos imaginar que o candidato ao programa não seja qualificado para celebrar o acordo para um cartel, mas tenha elementos para **colaborar na investigação de outro cartel**, do qual também participe e do qual o CADE não tenha conhecimento.

Neste caso, o interessado poderá celebrar o acordo para o segundo cartel, com todos os benefícios, e obter também a redução de pena para o primeiro cartel. Explica o CADE que "eventual interessado que não se qualificar para um acordo de leniência para um determinado cartel, mas fornecer informações acerca de um outro cartel sobre o qual a Superintendência-Geral não tenha conhecimento, poderá obter todos os benefícios da leniência em relação à segunda infração e redução de um terço da pena que lhe seria aplicável com relação à primeira infração, na medida de sua cooperação com as investigações"[466].

Noticiando Termo de Compromisso de Cessação recente, o CADE aborda o programa de leniência, seus institutos e suas relações com outros procedimentos. A notícia é um pouco longa, mas merece transcrição, pelo menos parcial, tendo em vista sua atualidade e sua didática. Vejamos:

> Cade celebra acordo com construtora Camargo Corrêa na investigação de cartel em licitações da Petrobras[467]

466. Disponível em: http://www.cade.gov.br/Default.aspx?bc7dbf40cc4bcd6cf85af1. Acesso em 22/12/2014.

467. Cade celebra acordo com construtora Camargo Corrêa na investigação de cartel em licitações da Petrobras. Disponível em: http://www.cade.gov.br/Default.aspx?300313e63ed328eb3e0b5cf54206. Acesso em 17/11/2015.

O Tribunal do Conselho Administrativo de Defesa Econômica – Cade homologou, na sessão de julgamento desta quarta-feira (19/08), Termo de Compromisso de Cessação – TCC assinado com a empresa Construções e Comércio Camargo Corrêa S/A – CCCC e dois ex-funcionários [...] em procedimento que apura a ocorrência de cartel no mercado de obras civis e de montagem industrial no setor de óleo e gás onshore no Brasil, em licitações da Petróleo Brasileiro S/A – Petrobras. [...]

A investigação deste cartel pelo Cade, inserida no âmbito da "Operação Lava Jato", ocorre por meio de inquérito administrativo em curso na SG/Cade, e foi subsidiada pela celebração, em março de 2015, de acordo de leniência com a Setal Engenharia e Construções, a SOG Óleo e Gás e pessoas físicas funcionários do grupo Setal/SOG. [...]

As contribuições trazidas pela leniência apontaram indícios de cartel em licitações da Petrobras envolvendo diversas construtoras, entre elas a Setal/SOG e a CCCC.

O acordo de leniência, previsto no art. 86 da Lei 12.529/11, é um instrumento disponível apenas para a primeira empresa proponente, que deve cessar seu envolvimento na conduta, confessar o ilícito e cooperar plena e permanentemente com as investigações, identificando os demais envolvidos e apresentando provas e informações relevantes que comprovem a infração. A leniência pode beneficiar os signatários com a extinção da punição administrativa no âmbito do Cade, e é assinada em conjunto com o Ministério Público, trazendo o benefício de imunidade total ou parcial também na esfera penal. [...]

Os signatários ofertaram contribuições relevantes às investigações, confirmando fatos e trazendo novas evidências. As informações narradas e os documentos apresentados corroboram diversas informações trazidas na leniência assinada com a Setal/SOG e acrescentam novos pontos até o presente momento desconhecidos pela SG/Cade. [...]

Leniência plus e descontos – Em 31 de julho passado, o Cade e o MPF/PR já haviam firmado com a CCCC e ex-funcionários um acordo de leniência por meio do qual os signatários reconheceram sua participação, colaboraram e trouxeram evidências de um outro suposto cartel em licitação da Eletrobrás Termonuclear S/A – Eletronuclear, relacionado ao mercado de obras de montagem eletromecânica da usina nuclear de Angra 3.

Nos termos dos arts. 87, §§ 7º e 8º da Lei 12.529/11, empresas e pessoas que não se qualifiquem para um acordo de leniência relacionado a um determinado cartel, mas fornecem informações acerca de um outro cartel sobre o qual o Cade não tenha conhecimento, poderão obter todos os benefícios da leniência em relação à segunda infração, e redução de um terço da pena que lhe seria aplicável com relação à primeira infração, na medida de sua cooperação com as investigações. Tal instituto é conhecido como leniência plus.

Por ter trazido ao conhecimento do Cade um suposto cartel em Angra 3 e ter colaborado e reconhecido sua participação em ambas as investigações, a CCCC fez jus à aplicação subsequente dos benefícios de redução pecuniária do TCC firmado na investigação de cartel na Petrobras e dos benefícios de redução pecuniária derivada da leniência plus celebrada na investigação do cartel de Angra 3.

O desconto da leniência plus resulta em uma redução legal de um terço da pena aplicável. Já para o desconto do TCC foi aplicada uma redução

> percentual de 40% sobre a multa esperada, que valoriza a colaboração relevante, mas que por outro lado não corresponde ao desconto máximo que poderia ser concedido, que é de 50%. Considerando a aplicação não cumulativa, mas subsequente desses descontos (leniência plus e TCC), concedeu-se à empresa uma redução percentual total de 60% sobre a multa esperada, tendo em vista a colaboração ter auxiliado a SG/Cade na investigação de dois cartéis distintos no Brasil, com potenciais altamente lesivos.
>
> Entendeu-se que tal desconto total de 60% não é demasiadamente superior a descontos comumente concedidos pelo Cade em TCCs de casos de cartel, que frequentemente atingem o patamar de 50% permitido pelo RICADE, mas ao mesmo tempo é superior o suficiente para recompensar o fato incomum de que não apenas a empresa colaborou na investigação do cartel em questão, no âmbito da Petrobras, mas também trouxe ao conhecimento do Cade um segundo cartel, no âmbito da usina nuclear de Angra 3.
>
> [...]

O art. 87, da Lei 12.529/2011 prevê ainda os efeitos do acordo de leniência nos crimes contra a ordem econômica (Lei 8.137/1990) e outros crimes relacionados com a prática de cartel, como aqueles tipificados pela Lei de Licitações (Lei 8.666/1993) e pelo Código Penal DL 2.848/1940). São eles: a suspensão do curso do prazo prescricional e o impedimento de oferecimento da denúncia com relação ao agente beneficiário da leniência.

Cumprido o acordo, extingue-se automaticamente a punibilidade dos crimes relacionados (parágrafo único, do art. 87, da Lei 12.529/2011).

2.5. A execução dos julgados do CADE

As decisões do CADE constituem títulos executivos extrajudiciais de modo que, se não cumpridas, as condenações podem ser executadas judicialmente (art. 93, da Lei 12.529/2011).

Nos termos do art. 97, da Lei 12.529/2011, a execução dos julgados será processada, à escolha do CADE, na Justiça Federal do Distrito Federal ou da sede ou domicílio do executado.

A execução que tenha por objeto exclusivamente a cobrança de multa pecuniária segue o rito da execução fiscal, previsto na Lei 6.830/1980 (art. 94, da Lei 12.529/2011).

Nos demais casos, a execução é regida pelo Código de Processo Civil, acrescido das regras constantes dos arts. 95 a 101, da Lei 12.529/2011.

Na execução que tenha por objeto "o cumprimento de obrigação de fazer ou não fazer, o Juiz concederá a tutela específica da obrigação, ou determinará providências que assegurem o resultado prático equivalente ao do adimplemento", reservada a hipótese de conversão da obrigação em perdas e danos apenas para os casos que se mostrar "impossível a tutela específica ou a obtenção do resultado prático correspondente" (art. 95, da Lei 12.529/2011).

O art. 96, da Lei 12.529/2011, prevê que a "execução será feita por todos os meios, inclusive mediante intervenção na empresa, quando necessária".

Os embargos ou qualquer ação que vise desconstituir o título, também da competência do juízo federal de primeiro grau[468], não suspenderá a execução, salvo se garantido o juízo, o que, nas obrigações de fazer, se dará pelo depósito de caução, definida pelo juiz (art. 98, da Lei 12.529/2011). Veja-se:

> PROCESSUAL CIVIL E ADMINISTRATIVO. CONSELHO ADMINISTRATIVO DE DEFESA ECONÔMICA (CADE). MULTA. DESCONSTITUIÇÃO. CAUÇÃO IDÔNEA. AGRAVO DE INSTRUMENTO. DESPROVIMENTO.
>
> 1. Nos termos do art. 98 da Lei nº 12.529/2011, o ajuizamento de qualquer ação que vise à desconstituição do título executivo, relativo à decisão proferida pelo Cade, não suspenderá a execução, se não for garantido o juízo no valor das multas aplicadas, para que se garanta o cumprimento da decisão final proferida nos autos.
>
> 2. A garantia do juízo deve ser feita por meio de depósito em dinheiro, fiança bancária ou, ainda, excepcionalmente, por outra caução idônea que goze de liquidez suficiente a assegurar o cumprimento da obrigação imposta.
>
> 3. A aferição da liquidez do bem oferecido em garantia deve levar em consideração, além do seu valor de mercado, a facilidade de negociação do bem.
>
> 4. A caução oferecida pela parte agravante, na hipótese, consistente na marca da empresa e de imóvel, em cujo valor foi embutido o fundo de comércio, além de lastreada em avaliação produzida unilateralmente, não goza de liquidez imediata, sendo certo que, diante da natureza dos bens e do alto valor de mercado em que foram avaliados, não se mostram ser de fácil comercialização.
>
> 5. Agravo de instrumento desprovido.
>
> (TRF1, T6, AG 0027188-75.2015.4.01.0000 / DF, Desembargador Federal Daniel Paes Ribeiro, e-DJF1 de 24/9/2015)

Compete ao juízo, também, determinar a adoção imediata, no todo ou em parte, das providências contidas no título executivo, mesmo que tenha havido o depósito das multas e prestação de caução, se houver fundado receio de dano irreparável ou de difícil reparação na demora e se a gravidade da infração assim recomendar (art. 99, da Lei 12.529/2011).

O § 4º, do art. 98, da Lei 12.529/2011, dispunha:

> Art. 98. [...]
>
> § 4º. Na ação que tenha por objeto decisão do Cade, o autor deverá deduzir todas as questões de fato e de direito, sob pena de preclusão consumativa, reputando-se deduzidas todas as alegações que poderia deduzir em favor do acolhimento do pedido, não podendo o mesmo pedido ser deduzido sob diferentes causas de pedir em ações distintas, salvo em relação a fatos supervenientes.

A norma foi revogada pelo art. 1.072, VI, da Lei 13.105/2015 (Novo Código de Processo Civil), reportando a matéria para as regras gerais do processo civil.

468. STJ, CE, AgRg no MI 185/DF, Min. Franciulli Netto, DJ de 21/3/2005.

Nos termos do art. 101, da Lei 12.529/2011, "o processo de execução em juízo das decisões do Cade terá preferência sobre as demais espécies de ação, exceto habeas corpus e mandado de segurança".

A decisão do CADE pode demandar, porém, execução específica.

Caso o infrator não cumpra voluntariamente a decisão, o juiz, em decisão fundamentada, pode decretar "**intervenção na empresa**", para permitir a execução, nomeando interventor e indicando "clara e precisamente, as providências a serem tomadas" (art. 102, da Lei 12.529/2011).

O executado tem 48 horas para **impugnar o interventor**, podendo alegar apenas inaptidão ou inidoneidade. Da impugnação, abrem-se 3 dias para provas e 3 dias para julgamento " (art. 103, da Lei 12.529/2011). Improcedente a impugnação, o interventor inicia suas atividades. Se procedente, o juiz deve nomear novo interventor, no prazo de 5 dias " (art. 104, da Lei 12.529/2011).

A intervenção se restringe aos atos necessários ao cumprimento da decisão judicial e terá **duração máxima de 180 dias** (art. 106, da Lei 12.529/2011), embora possa ser prorrogada, a pedido do interventor (art. 110, da Lei 12.529/2011).

O interventor assume função de administração na empresa, aplicando-se lhe os deveres de lealdade (deveres fiduciários) previstos pela Lei das S/A, sendo responsabilizado em casos de abuso de poder e desvio de finalidade.

Esta função de administrar, do interventor, em princípio não afasta os demais administradores da empresa. Contudo, o juiz pode afastar os administradores que, comprovadamente, obstarem o cumprimento de atos de competência do interventor, podendo a empresa nomear administradores em substituição ao afastado na forma de seu contrato social ou estatuto. Se persistirem os obstáculos à atuação do interventor, não havendo colaboração dos administradores, o juiz pode determinar que o interventor assuma a administração total da empresa (art. 107, da Lei 12.529/2011)

De acordo com o art. 108, da Lei 12.259/2011, **compete ao interventor**:

- praticar ou ordenar que sejam praticados os atos necessários à execução;
- denunciar ao Juiz quaisquer irregularidades praticadas pelos responsáveis pela empresa e das quais venha a ter conhecimento; e
- apresentar ao Juiz relatório mensal de suas atividades.

Encerrado o prazo da intervenção, o interventor deve apresentar relatório circunstanciado de sua gestão ao juiz. Este relatório deve apresentar conclusão propondo a extinção e o arquivamento do processo, se cumprida integralmente a decisão do CADE, ou a prorrogação do prazo da intervenção, "na hipótese de não ter sido possível cumprir integralmente a decisão exequenda" (art. 110, da Lei 12.529/2011).

A intervenção pode cessar antes do prazo estabelecido na decisão judicial, mediante comprovação, ao juízo, de "cumprimento integral da obrigação que a determinou" (art. 105, da Lei 12.529/2011).

3. QUADRO SINÓTICO

SBDC

Tema	Informação	Fonte
Sistema brasileiro de defesa da concorrência (SBDC)	Composto pelo Conselho Administrativo de Defesa da Concorrência, o CADE, **vinculado** ao Ministério da Justiça e a Secretaria de Acompanhamento Econômico, órgão **pertencente** ao Ministério da Fazenda.	Art. 3º
CADE	Autarquia federal, vinculada ao Ministério da Justiça, com sede e foro no Distrito Federal, com jurisdição em todo o território nacional.	Art. 4º
Composição	▶ Composto pelos seguintes órgãos: ▶ Tribunal Administrativo de Defesa Econômica; ▶ Superintendência-Geral; e ▶ Departamento de Estudos Econômicos	Art. 5º
Tribunal da Concorrência	Presidente e seis conselheiros Membros **escolhidos pelo Presidente da República**, após **aprovação pelo Senado**, entre cidadãos com mais de 30 anos de idade, de notório saber jurídico **ou** econômico e reputação ilibada, para o cumprimento de mandato de 4 anos, com dedicação exclusiva, sendo vedada a recondução. Somente perderão seus mandatos em virtude de decisão do Senado, por provocação do Presidente da República, ou em razão de condenação penal irrecorrível, ou de processo disciplinar regido pela Lei 8.112/1990. **"Quarentena" de 120 dias após o término do mandato**.	Arts. 6º a 8º
Plenário	Competência Ao Plenário cabe julgar os atos que violem o art. 36, da Lei 12.529/2011 bem como os atos de concentração de agentes econômicos.	Arts. 9º, 36 e 88
Presidente e Conselheiros	Presidente. Voto de qualidade. Os Conselheiros possuem competências instrutórias e judicantes	Art. 10 Art. 11
Superintendência-Geral	Papel executivo na defesa da concorrência. Função fiscalizatória, preventiva e propositiva, no combate às infrações à ordem econômica. Superintendente-Geral: escolhido dentre cidadãos com mais de 30 anos de idade, notório saber jurídico ou econômico e reputação ilibada, indicado pelo Presidente da República, depois de aprovado pelo Senado, para mandato de 2 anos, permitida a recondução para um único período subsequente. Tem atribuições específicas.	Arts. 12 a 14 e 54, I

Tema	Informação	Fonte
	No âmbito da análise dos atos de concentração, a Superintendência-Geral pode decidir acerca de atos que não demandem dilação probatória e que apresentem menor potencial ofensivo à concorrência, conforme definidos em resolução do CADE, bem como aprovar atos de concentração devidamente instruídos, se entender que o acordo proposto não causa prejuízo à concorrência.	
Departamento de Estudos Econômicos	Função de assessoramento, que consiste em elaborar estudos e pareceres por solicitação do Plenário, do Presidente, do Conselheiro-Relator ou do Superintendente-Geral do CADE.	Arts. 17 a 19
Procuradoria Federal	Compete-lhe representar a autarquia judicial e extrajudicialmente, executar os julgados do Tribunal da Concorrência prestar consultoria jurídica à autarquia.	Art. 15
Secretaria de Acompanhamento Econômico – SEAE	Não integra a estrutura do CADE. Integra o Ministério da Fazenda. Exerce funções típicas do Executivo: promoção da concorrência em órgãos de governo Manifestação em atos normativos que possam interferir na concorrência. Elabora e divulga anualmente relatório de suas ações voltadas para a promoção da concorrência.	Art. 19
Ministério Público Federal	Titular da ação penal em face de crimes contra a ordem econômica e da ação civil por danos aos direitos difusos protegidos pela lei da concorrência.	Art. 20

Processo administrativo e execução dos julgados

Tipos de procedimentos administrativos	**Relativos a infrações:** – Procedimento **preparatório de inquérito** administrativo para apuração de infrações à ordem econômica; – **Inquérito** administrativo para **apuração** de infrações à ordem econômica; – **Processo administrativo** para **imposição** de sanções administrativas por infrações à ordem econômica; **Relativos a atos de concentração:** – **Processo administrativo** para **análise** de ato de concentração econômica; – **Procedimento administrativo** para **apuração** de ato de concentração econômica; **Relativo a sanções incidentais:** – **Processo administrativo** para **imposição** de sanções processuais incidentais.	Arts. 48, 61 e 79

	Outros: ▸ **Consulta** ▸ **Procedimentos para medidas preventivas** ▸ **Procedimento do compromisso de cessação** ▸ **Procedimento do programa de leniência**	
Tipos de procedimentos administrativos	▸ Quando a lei utiliza o termo **processo**, pressupõe ampla defesa diante da possibilidade de aplicação de penalidade ou de desfazimento de ato de particulares. Utiliza-se do termo **procedimento** para etapas preparatórias ou investigativas.	Arts. 48, 61 e 79
Medidas preventivas	Medidas tomadas no âmbito do inquérito ou do processo para imposição de penalidades, que visam impedir a prática de atos passíveis de causar lesão ao mercado ou que tornem ineficazes o resultado final do processo. Natureza cautelar.	Art. 84
Compromisso de cessação	Acordos firmados entre o CADE e o agente econômico investigado ou acusado de prática de ilícito, no âmbito do procedimento preparatório do inquérito, do inquérito ou do processo para imposição de penalidades, em que o agente se compromete a cessar sua conduta e reparar eventuais danos. O termo de compromisso deve conter a especificação das obrigações do representado de cessar a conduta e de praticar eventuais atos corretivos, a fixação do valor da multa (penalidade) pelo descumprimento do acordo e a fixação da contribuição para o Fundo de Defesa de Direitos Difusos, esta última nos casos dos incisos I e II do § 3º do art. 36, da Lei 12.529/2011. O compromisso suspende o processo contra o agente que o firmou e extingue o processo quando cumprido. Declarado o descumprimento acordo, o CADE aplica as sanções nele previstas.	Art. 85
Programas de leniência	Programa que permite a extinção da punibilidade ou a redução da pena, para autores de infrações que colaborem efetivamente com as investigações. Condições: identificação dos demais envolvidos na infração, apresentação de provas. Requisitos: ser o agente o primeiro a se qualificar para o programa, cessação total da participação na conduta, confissão da conduta, ausência de provas suficientes para a condenação, antes da celebração do acordo. A proposta é em regra sigilosa e se rejeitada não implica confissão. O acordo é celebrado pela Secretaria Geral, mas compete ao Tribunal o julgamento da extinção da pena ou sua redução.	Arts. 86 e 87

	Em caso de descumprimento do acordo, o beneficiário fica impedido de celebrar novo acordo, para outros fatos, pelo prazo de 3 anos. Ver ainda: sistema de senhas e leniência plus.	
Execução dos julgados	As decisões do CADE constituem títulos executivos extrajudiciais	Art. 93

4. JURISPRUDÊNCIA

4.1. Jurisprudência do STF

↘ CONSTITUCIONAL. COMPETÊNCIA. CAUSAS AJUIZADAS CONTRA A UNIÃO. ART. 109, § 2º, DA CONSTITUIÇÃO FEDERAL. CRITÉRIO DE FIXAÇÃO DO FORO COMPETENTE. APLICABILIDADE ÀS AUTARQUIAS FEDERAIS, INCLUSIVE AO CONSELHO ADMINISTRATIVO DE DEFESA ECONÔMICA – CADE. RECURSO CONHECIDO E IMPROVIDO.

I – A faculdade atribuída ao autor quanto à escolha do foro competente entre os indicados no art. 109, § 2º, da Constituição Federal para julgar as ações propostas contra a União tem por escopo facilitar o acesso ao Poder Judiciário àqueles que se encontram afastados das sedes das autarquias.

II – Em situação semelhante à da União, as autarquias federais possuem representação em todo o território nacional.

III – As autarquias federais gozam, de maneira geral, dos mesmos privilégios e vantagens processuais concedidos ao ente político a que pertencem.

IV – A pretendida fixação do foro competente com base no art. 100, IV, a, do CPC nas ações propostas contra as autarquias federais resultaria na concessão de vantagem processual não estabelecida para a União, ente maior, que possui foro privilegiado limitado pelo referido dispositivo constitucional.

V – A jurisprudência do Supremo Tribunal Federal tem decidido pela incidência do disposto no art. 109, § 2º, da Constituição Federal às autarquias federais. Precedentes.

VI – Recurso extraordinário conhecido e improvido.

(STF, Tribunal Pleno, RE 627.709/DF, Min. Ricardo Lewandowski, DJe de 29/10/2014)

↘ EMBARGOS DE DECLARAÇÃO. CONSTITUCIONAL. COMPETÊNCIA. CAUSAS AJUIZADAS CONTRA A UNIÃO. ART. 109, § 2º, DA CONSTITUIÇÃO FEDERAL. CRITÉRIO DE FIXAÇÃO DO FORO COMPETENTE. APLICABILIDADE ÀS AUTARQUIAS FEDERAIS, INCLUSIVE AO CONSELHO ADMINISTRATIVO DE DEFESA ECONÔMICA - CADE. ARGUMENTOS INSUFICIENTES PARA MODIFICAÇÃO DA DECISÃO EMBARGADA. EMBARGOS DE DECLARAÇÃO REJEITADOS.

1. A faculdade atribuída ao autor quanto à escolha do foro competente entre os indicados no art. 109, § 2º, da Constituição Federal para julgar as ações propostas contra a União tem por escopo facilitar o acesso ao Poder Judiciário àqueles que se encontram afastados das sedes das autarquias.

2. As autarquias federais gozam, de maneira geral, dos mesmos privilégios e vantagens processuais concedidos ao ente político a que pertencem, de modo que a elas não se aplica o que previa o art. 100, IV, a, do CPC de 1973, porque isso resultaria na concessão de vantagem processual não reconhecida à União.

3. Embargos de declaração rejeitados (regime do CPC de 1973).

(STF, Tribunal Pleno, RE 627.709 ED/DF, Min. Edson Fachin, DJe de 18/11/2016)

4.2. Jurisprudência do STJ

➘ PROCESSO CIVIL – RECURSO HIERÁRQUICO – NÃO CABIMENTO – LEI 8.884/94

1. Da decisão do Cade não cabe recurso no âmbito da esfera administrativa (art. 50 da Lei 8.884/94).

2. Recurso hierárquico interposto pelo MPF ao Ministro da Justiça, contra decisão colegiada do Cade, devidamente arquivado.

3. Mandado de segurança extinto sem julgamento do mérito, por falta de interesse.

(STJ, S1, MS 10.138/DF, Min. Eliana Calmon, DJ de 28/11/2005)

➘ ADMINISTRATIVO – PROCESSO ADMINISTRATIVO – JULGAMENTO COLEGIADO NO CADE – EMPATE – VOTAÇÃO DÚPLICE PELA PRESIDENTE DO ÓRGÃO (ARTIGO 8º, II, DA LEI 8.8884/94).

1. A Lei 8.8884/94, ao disciplinar os processos administrativos do CADE, outorga ao presidente do órgão o dever de participar como votante, ao tempo em que também lhe atribui voto de qualidade, em caso de empate.

2. Regra especial a ser aplicada na específica hipótese, em nome do princípio da legalidade.

3. Recurso especial improvido.

(STJ, T2, REsp 966.930/DF, Min. Eliana Calmon, DJ de 12/9/2007)

➘ HABEAS CORPUS. CRIME CONTRA A ORDEM ECONÔMICA. CARTELIZAÇÃO. LEI nº 8.137/90. COMPETÊNCIA. INTERESSE NACIONAL. RESTRIÇÃO À ATIVIDADE PROFISSIONAL EM VÁRIOS ESTADOS. JUSTIÇA FEDERAL.

Inexistindo determinação expressa, os crimes contra a ordem econômica, previstos na Lei 8.137/90, reclamam a jurisdição estadual ou federal na medida em que restar comprovado o interesse em jogo, se local ou se nacional. In casu, ante a figura do crime sobrevindo da prática de cartel, onde a atuação do agente teve reflexo em vários estados-membros, restringindo o livre exercício da atividade profissional de transportadores pelo Brasil afora, resta patente o interesse supra-regional pelo qual se firmam a necessidade de interferência da União e a competência da Justiça Federal.

Tal se dá porque, apesar de a conduta ilícita ser oriunda de um núcleo determinado, a sua propensão ofensiva à ordem econômica se faz sentir em localidades diversas e em territórios distintos.

Ordem denegada

(STJ, T5, HC 32.292/RS, Min. José Arnaldo da Fonseca, DJ de 3/5/2004)

➘ AGRAVO REGIMENTAL EM HABEAS CORPUS. 1. JULGAMENTO POR DECISÃO MONOCRÁTICA DE RELATOR. OFENSA AO PRINCÍPIO DA COLEGIALIDADE. NÃO OCORRÊNCIA. ART. 557 DO CPC E ART. 34, XVIII, DO RISTJ. 2. CRIME CONTRA A ORDEM ECONÔMICA E FINANCEIRA. FORMAÇÃO DE CARTEL. 3. NÃO CARACTERIZAÇÃO. COMPETÊNCIA DA JUSTIÇA FEDERAL. AUSÊNCIA DE VIOLAÇÃO A INTERESSES OU SERVIÇOS DA UNIÃO. 4. NULIDADE. FALTA DE INTIMAÇÃO PARA APRESENTAR CONTRARRAZÕES A RECURSO INTERPOSTO POR CORRÉU. NÃO OCORRÊNCIA. 4. AGRAVO REGIMENTAL IMPROVIDO.

1. Nos termos do art. 557, caput, do Código de Processo Civil, c/c o art. 3º do Código de Processo Penal, e do art. 34, XVIII, do RISTJ, é possível, em matéria criminal, que o relator negue seguimento a recurso ou a pedido manifestamente inadmissível, improcedente, prejudicado ou em confronto com súmula ou jurisprudência dominante, sem que, em tese, se configure ofensa ao princípio da colegialidade, o qual sempre estará preservado, diante da possibilidade de interposição de agravo regimental. Precedentes.

2. Não viola o princípio da colegialidade a apreciação unipessoal pelo relator do mérito do habeas corpus, quando obedecidos todos os requisitos para a sua admissibilidade, bem como observada a jurisprudência dominante desta Corte Superior e do Supremo Tribunal Federal.

3. Com a interposição do agravo regimental, fica superada eventual violação ao princípio da colegialidade, em razão da reapreciação da matéria pelo órgão colegiado.

4. A jurisprudência desta Corte Superior possui entendimento no sentido de que os crimes contra a ordem econômica, previstos na Lei nº 8.137/90, são, em regra, de competência da Justiça Estadual, salvo se comprovada a efetiva lesão a bens, interesses ou serviços da União, a teor do artigo 109, inciso IV, da Constituição Federal, não demonstrada na espécie, à luz do que se destacou na denúncia.

5. No processo penal vigora o princípio geral de que somente se proclama a nulidade de um ato processual quando há efetiva demonstração de prejuízo, nos termos do que dispõe o art. 563 do Código de Processo Penal: "Nenhum ato será declarado nulo, se da nulidade não resultar prejuízo para a acusação ou para a defesa".

6. Muito embora os pacientes não tenham sido intimados para apresentarem contrarrazões ao recurso interposto por corréu, nenhum prejuízo sofreram, pois ausente a falta de interesse em recorrer, na medida em que a questão da competência da Justiça Federal já fora arguida como matéria do recurso interposto. Dessa forma, o simples inconformismo com o procedimento utilizado, desprovido de prova inequívoca da mácula ocasionada, não se presta para o reconhecimento de nulidade, especialmente na atual sistemática processual, em que a formalidade há de ceder à substância, havendo esta de prevalecer se e quando em confronto com aquela.

7. Agravo regimental a que se nega provimento.

(STJ, T5, AgRg no HC 269029 / DF, Min. Marco Aurélio Belizze, DJe de 4/12/2013)

↘ ADMINISTRATIVO. INFRAÇÕES À ORDEM ECONÔMICA. FORMAÇÃO DE CARTEL E DUMPING. AÇÃO CIVIL PÚBLICA. CADE. PEDIDO FORMULADO NO SENTIDO DE QUE ESTA AUTARQUIA, DIANTE DA HIPÓTESE FÁTICA, EXERCESSE SEU MISTER INSTITUCIONAL. ILEGITIMIDADE PASSIVA AD CAUSAM.

1. Trata-se de recurso especial interposto pelo Ministério Público Federal, com fundamento na alínea "a" do inciso III do artigo 105 da Constituição da República vigente, contra acórdão do Tribunal Regional Federal da 4ª Região em que se reconheceu, no que importa para a presente análise, (i) a ilegitimidade passiva ad causam do Conselho Administrativo de Defesa Econômica – Cade e (ii) a ausência de requisitos autorizadores do deferimento da liminar na espécie.

2. Nas razões recursais, sustenta o recorrente ter havido ofensa aos arts. 20, 21, 23 e 89 da Lei nº 8.884/94, ao argumento de que (a) a lei impõe a participação do Cade como assistente em demandas nas quais se discute a aplicação da Lei nº 8.884/94 e (b) os requisitos autorizadores da concessão da liminar estão presentes, pois estão plenamente caracterizadas nos autos infrações contra a ordem econômica.

3. Em primeiro lugar, no que tange à ilegitimidade passiva ad causam do Cade, é importante transcrever o pedido formulado na inicial pelo Ministério Público Federal que lhe diz respeito (fl. 91 – sic): "g) condenação das rés Agência Nacional do petróleo, União Federal e CADE, a exercer, de maneira regular, seu mister institucional, coibindo abusos dos segmentos, nos termos do que for decidido na presente ação civil pública;".

4. Como se observa, a tentativa do Parquet é forçar a atuação do Cade em face de supostas práticas contra a ordem econômica (no caso, em razão da formação de cartel e de prática de dumping).

5. Ocorre que a leitura dos arts. 7º, incs. II, III e IV, e 14, incs. III, VI e VII, da Lei nº 8.884/94 revela que compete à Secretaria de Direito Econômico – SDE a apuração de infrações contra a ordem econômica, sobrando para o Cade o dever legal de apreciar e julgar os processos administrativos que são remetidos em razão do exercício da competência da SDE.

6. Daí porque o Ministério Público Federal não pode exigir, em ação civil pública, que o Cade desenvolva seu "mister institucional", preservando a aplicação da Lei nº 8.884/94, quando inexiste espaço legal para a atuação da autarquia.

7. É verdade que o recorrente pode (e deve), sempre que entender cabível, acionar o Judiciário para combater estas espécies de condutas lesivas à ordem econômica, independentemente da atuação administrativa do Cade. Isto em razão do que dispõe o próprio art. 5º, inc. XXXV, da Constituição da República.

8. Ao contrário, o Parquet federal não pode impor ao Cade que funcione no presente feito, bem como que tome providências adequadas, quando, a priori, sequer se sabe se efetivamente foram cometidas as infrações alegadas ou quando sequer houve manifestação prévia da SDE provocando a atuação do Conselho.

9. O fato de o art. 89 da Lei nº 8.884/94 asseverar que "[n]os processos judiciais em que se discuta a aplicação desta lei, o Cadê deverá ser intimado para, querendo, intervir no feito na qualidade de assistente" em nada abona a tese recursal.

10. Inicialmente, quanto a este ponto, a redação do dispositivo é clara ao conferir ao Cade uma faculdade, e não uma obrigação. A norma fala, ainda, da participação como assistente, e não como parte (que é o que pretende o Ministério Público Federal quando arrola o Cade como réu).

11. No mais, violaria a autonomia técnica do Conselho, como entidade reguladora da concorrência e da ordem econômica, forçá-lo a atuar administrativamente (lembre-se, o pedido inicial busca forçar o Cade a cumprir seu mister institucional) quando, de início, não vislumbra ele próprio competência nem motivos para tanto, afinal o próprio Cade pode entender, por exemplo, que a conduta narrada pelo MPF é legal.

12. Não fosse isso bastante, não há necessidade ou utilidade para o MPF a análise do pedido mencionado e a participação do Cade no feito, pois, existindo providência judicial reconhecendo ou não a conduta ilegal (provimento final da presente ação), o entendimento da esfera administrativa passa a ser irrelevante.

13. Em segundo lugar, pacífico nesta Corte Superior que a revisão dos requisitos ensejadores do deferimento da tutela antecipada esbarra no óbice de sua Súmula nº 7. Além disso, importa salientar que a distância desta Corte Superior dos fatos e das provas impede a correta valoração do fumus boni iuris e do periculum in mora.

14. Recurso especial parcialmente conhecido e, nesta parte, não provido.

(STJ, T2, REsp 650.892/PR, Min. Mauro Campbell Marques, DJe de 13/11/2009)

➘ PROCESSUAL CIVIL. ADMINISTRATIVO. COMÉRCIO VAREJISTA DE COMBUSTÍVEIS. PRÁTICA LESIVA. ELIMINAÇÃO DE CONCORRÊNCIA COM POSTOS DE COMBUSTÍVEIS EM HIPERMERCADOS. DEFESA DA LIVRE CONCORRÊNCIA. POSSIBILIDADE. APRECIAÇÃO DO MÉRITO DO ATO ADMINISTRATIVO, CASO HAJA VIOLAÇÃO AO PRINCÍPIO DA LEGALIDADE LATU SENSU E ÀS NORMAS CONSTITUCIONAIS. AUSÊNCIA DE OMISSÃO. ART. 535 DO CPC. INEXISTÊNCIA DE DIVERGÊNCIA JURISPRUDENCIAL.

[...]

3. O Tribunal a quo consignou: "A meu convencimento, ainda que a sentença invocasse o princípio da razoabilidade ou proporcionalidade como fundamento de análise dos motivos determinantes da sanção imposta às autoras-apeladas, tal premissa seria descabida aos moldes em que o legislador privativamente atribuiu ao CADE como órgão regulador e fiscalizador da atividade econômica (art. 7º, II, da Lei 8.884/94). Atribuir qualificação diversa a fatos incontroversos - no caso a atuação das autoras e de seu sindicato na repressão à entrada de novo distribuidor no mercado varejista de combustíveis com prejuízo à livre concorrência - é negar o juízo de valor que o legislador incumbiu a um órgão de composição plural e de conhecimentos técnicos sobre a matéria. Estivesse o juiz examinando a vulneração de qualquer outro requisito do ato (competência, finalidade, forma, objeto, motivação), certamente que admissível o controle judicial. No caso concreto, entretanto, o que se viu foi a completa substituição de um juízo valorativo por outro". 4. O Cade atuou os recorrentes pela prática de infração à ordem econômica, porquanto ficou constatado que as empresas não permitiram a entrada de novos distribuidores no mercado varejista de combustíveis. Segundo a autarquia, a rede Gasol e as demais empresas, valendo-se do seu poder econômico, eliminaram a concorrência de postos de combustíveis em estacionamentos de hipermercados. Para tanto, chegaram a exercer pressão em autoridades do Poder Executivo. 5. Após exame acurado dos fatos, o Cade puniu os recorrentes com multa de 5% do faturamento bruto do ano anterior ao da instauração do

procedimento administrativo. A Corte de origem reformou a sentença para restabelecer a punição dada pelo órgão fiscalizador, porquanto não vislumbrou nenhuma ilegalidade no ato administrativo. 6. Em face da constitucionalização do direito administrativo e da evolução do estado de direito, tem-se entendido que o Poder Judiciário pode se imiscuir na análise do mérito do ato administrativo, desde que seja analisado sob o seu aspecto jurídico, e para que sejam observados, além da legalidade em sentido amplo do ato, também os princípios e mandamentos constitucionais. 7. No caso sub judice, constata-se claramente que o magistrado adentrou o mérito do ato administrativo produzido pelo CADE, sem nenhuma justificação de infringência aos ditames da lei ou às normas constitucionais. A fundamentação produzida na sentença para anular a decisão administrativa foi de que a mera pressão e o lobby exercido perante as autoridades públicas não configuram infração à ordem econômica. 8. Depreende-se que a análise perpetrada pelo juiz sobre o mérito do ato administrativo não foi jurídica, mas, pelo contrário, casuística, uma verdadeira aventura jurídica, pois não compreendeu os relevantes fatos e provas produzidos pelo CADE, onde ficou evidenciada a formação de Cartel entre as empresas e o cometimento de infração à ordem econômica. 9. Ao contrário do disposto na sentença, o maior prejudicado com a formação do Cartel e o alijamento da livre concorrência no mercado de consumo é o consumidor. Este fica impedido de procurar o melhor preço, tendo que se sujeitar ao valor imposto por aqueles que dominam o mercado de combustíveis no Distrito Federal. 10. Agravo Regimental não provido.

(STJ, T2, AgRg no REsp 1.436.903/DF, Min. Herman Benjamin, DJe de 4/2/2016)

➘ PROCESSUAL CIVIL. EMBARGOS DE DECLARAÇÃO. CARTEL. EMPRESAS DE COMBUSTÍVEIS. CONTROLE ABUSIVO DO MERCADO. PREJUÍZO PARA OS CONSUMIDORES DO DISTRITO FEDERAL. NÃO OCORRÊNCIA DE OMISSÃO. ART. 535, II, DO CPC. REDISCUSSÃO DA MATÉRIA. PREQUESTIONAMENTO. QUESTÃO CONSTITUCIONAL.

1. Esta Turma desproveu o recurso com fundamento claro e suficiente, inexistindo omissão, contradição ou obscuridade no acórdão embargado. 2. Os argumentos da embargante denotam mero inconformismo e intuito de rediscutir a controvérsia, não se prestando os segundos aclaratórios a esse fim. 3. O prequestionamento dos arts. 5º, XXXV, e 37 da Constituição da República não se mostra cabível nesta via, seja porque essas matérias nem sequer foram discutidas no julgamento, seja porque não incumbe ao STJ o exame de norma constitucional, competência reservada ao Excelso Supremo Tribunal nos termos do art. 102, III, da Carta Magna. 4. A principal indagação feita no recurso das embargantes, quanto à possibilidade do Poder Judiciário imiscuir-se no mérito do ato administrativo, foi respondida por este STJ. 5. Não há contradição em se afirmar que As embargantes, empresas que controlam a distribuição e o comércio de combustíveis no Distrito Federal, formam cartel para controlar os preços dos combustíveis e seus derivados e impedir a concorrência de outras empresas do ramo. 6. A atitude das empresas, que continuam manipulando os preços dos combustíveis no Distrito Federal, é perversa para os consumidores, que continuam pagando por um produto que tem o seu preço regulado artificialmente, fora das leis de mercado. 7. Embargos de Declaração rejeitados.

(STJ, T2, EDcl no AgRg no REsp 1.436.903/DF, Min. Herman Benjamin, DJe de 20/5/2016)

4.3. Jurisprudência do TRF1

➘ PROCESSUAL CIVIL. CADE. TERMO DE COMPROMISSO DE CESSAÇÃO DE CONDUTA ("TCC"). ART. 53 DA LEI 8.884/94. DIREITO SUBJETIVO DO INVESTIGADO OU ATO SUJEITO AO JUÍZO DE CONVENIÊNCIA E OPORTUNIDADE. APLICAÇÃO RETROATIVA DO § 5º DESSE ARTIGO A FATOS ANTERIORES À SUA ENTRADA EM VIGOR.

1. Estabelecendo o § 3º do art. 53 da Lei 8.884/84 (revogada pela Lei 12.529/2011), incluído pela Lei nº 10.149/2000 que, "em qualquer fase do processo administrativo poderá ser celebrado, pelo CADE ou pela SDE ad referendum do CADE, compromisso de cessação de prática sob investigação ...", é clara a indicação de que se trata de uma faculdade da autarquia.

2. Tratando-se, portanto, de ato administrativo discricionário, não há falar em "direito subjetivo" dos investigados à celebração do termo de compromisso, até mesmo porque, interpretação em sentido contrário importaria em retirar do CADE a aplicação de sanções, visto que as partes, na iminência de serem punidas, para livrar-se dessa sanção, simplesmente buscariam a via desse compromisso para livrar-se das eventuais sanções. Se o CADE recebeu, processou e indeferiu, fundamentadamente, o pedido das autoras, não há falar em irregularidade administrativa.

3. Acrescido ao art. 53 da Lei 8.884/94, o § 5º após a prática dos fatos sob investigação pelo CADE, essa disposição legal, pelo princípio da irretroatividade da lei mais gravosa, não pode ser aplicada como fundamento para indeferir o pedido dos autores, sob pena de violação ao art. 5º, inciso XXXVI, da Constituição e ao art. 6º da Lei de Introdução ao Código Civil, que garantem proteção ao direito adquirido.

4. Apelação e remessa oficial providas.

(TRF1, Segunda Turma Suplementar, AC 2002.34.00.001802-8/DF, Juiz Federal Osmane Antonio Dos Santos, e-DJF1 de 19/08/2013)

↘ PROCESSUAL CIVIL E ADMINISTRATIVO. CONSELHO ADMINISTRATIVO DE DEFESA ECONÔMICA (CADE). MULTA. DESCONSTITUIÇÃO. CAUÇÃO IDÔNEA. AGRAVO DE INSTRUMENTO. DESPROVIMENTO.

1. Nos termos do art. 98 da Lei nº 12.529/2011, o ajuizamento de qualquer ação que vise à desconstituição do título executivo, relativo à decisão proferida pelo Cade, não suspenderá a execução, se não for garantido o juízo no valor das multas aplicadas, para que se garanta o cumprimento da decisão final proferida nos autos.

2. A garantia do juízo deve ser feita por meio de depósito em dinheiro, fiança bancária ou, ainda, excepcionalmente, por outra caução idônea que goze de liquidez suficiente a assegurar o cumprimento da obrigação imposta.

3. A aferição da liquidez do bem oferecido em garantia deve levar em consideração, além do seu valor de mercado, a facilidade de negociação do bem.

4. A caução oferecida pela parte agravante, na hipótese, consistente na marca da empresa e de imóvel, em cujo valor foi embutido o fundo de comércio, além de lastreada em avaliação produzida unilateralmente, não goza de liquidez imediata, sendo certo que, diante da natureza dos bens e do alto valor de mercado em que foram avaliados, não se mostram ser de fácil comercialização.

5. Agravo de instrumento desprovido.

(TRF1, T6, AG 0027188-75.2015.4.01.0000 / DF, Desembargador Federal Daniel Paes Ribeiro, e-DJF1 de 24/9/2015)

5. QUESTÕES DE CONCURSOS

1. (CESPE – Juiz Federal Substituto 1ª Região/2011) Em relação ao abuso do poder econômico e à Lei Antitruste, assinale a opção correta.

(A) A perda de mandato dos conselheiros do CADE só pode ocorrer em virtude de decisão do presidente da República, por provocação de qualquer cidadão, ou em razão de condenação penal irrecorrível por crime doloso.

(B) As diversas formas de infração da ordem econômica implicam a responsabilidade da empresa e a individual de seus dirigentes ou administradores, solidariamente.

(C) Ao presidente e aos conselheiros do CADE é vedado emitir parecer sobre matéria de sua especialização, ainda que em tese, podendo eles, no entanto, atuar como consultores de empresa privada.

(D) Para ser caracterizada como infração da ordem econômica, a ação de limitar, falsear ou prejudicar, de qualquer forma, a livre concorrência ou a livre iniciativa depende da comprovação de dolo ou culpa.

(E) Conforme a jurisprudência do STJ, a simples oferta de desconto nas vendas feitas com dinheiro ou cheque, em relação às efetuadas por meio de cartão de crédito, caracteriza abuso de poder econômico.

2. (MPF – Procurador da República/2011) A COMPETÊNCIA DO CADE:

(A) Compreende o poder de decidir conflitos intersubjetivos de interesse entre concorrentes, envolvendo questões concorrenciais.

(B) Não compreende o poder de decidir quaisquer conflitos intersubjetivos de interesse entre concorrentes.

(C) Não se aplica aos entes públicos estaduais e municipais, pois o CADE é uma autarquia federal.

(D) Também é exercida na solução de infrações ao Código do Consumidor.

3. (MPF – Procurador da República/2011) INDIQUE A ÚNICA ALTERNATIVA CORRETA:

(A) O CADE é o órgão de cúpula do SNDC.

(B) O DPDC reporta diretamente ao CADE.

(C) O MPF tem competência concorrente com o CADE para aprovar os atos de concentração econômica.

(D) Deter o monopólio de determinado mercado não é uma violação per se à Lei Antitruste.

4. (MPF – Procurador da República/2012) CONSIDERANDO A LEGISLAÇÃO EM VIGOR, LEI 8.884/94, É CORRETO AFIRMAR SOBRE A ATUAÇÃO DO MINISTÉRIO PÚBLICO FEDERAL – MPF PERANTE O CONSELHO ADMINISTRATIVO DE DEFESA ECONÔMICA – CADE:

(A) O CADE poderá requerer ao MPF que promova a execução dos seus julgados;

(B) O MPF não pode promover o compromisso de cessação por não existir interesse público relevante e se tratar de direito disponível de particulares;

(C) O Ministro de Estado da Justiça designará membro do MPF para oficiar nos processos sujeitos á apreciação do CADE, sendo-lhe facultada a manifestação sobre qualquer matéria;

(D) O MPF deverá promover apenas as ações originadas dos artigos 4º e 5º da Lei 8137/90, coibindo as práticas no âmbito criminal, sendo-lhe vedada a atuação na esfera cível para pleitear a condenação de indenização por perdas e danos.

5. (MPF – Procurador da República/2013) A nova Lei Antitruste Brasileira, Lei 12.529/11, expressamente prevê que:

(A) O Procurador-Geral da República designará membro do Ministério Público Federal para oficiar em todos os casos sujeitos à apreciação do Conselho Administrativo de Defesa Econômica (CADE), tanto em atos de concentração, quanto na apuração de condutas anticompetitivas;

(B) As decisões do plenário do Tribunal Administrativo de Defesa Econômica que imponham sanções administrativas por infrações à ordem econômica em processos instaurados pela Superintendência-Geral são passíveis de revisão no âmbito do poder Executivo, suspendendo-se a sua execução enquanto perdurar o recurso administrativo;

(C) A Superintendência-Geral do CADE pode promover procedimento preparatório de inquérito administrativo e inquérito administrativo para apurar infrações à ordem econômica e pode decidir pela insubsistência de indícios arquivando os autos de inquérito administrativo;

(D) O Superintendente-Geral do CADE é nomeado pelo Ministro da Justiça e pode ser exonerado ad nutum.

6. (MPF – Procurador da República/2013) Sobre a legislação antitruste brasileira é correto afirmar que:

(A) A Lei 12.529/11 instituiu o controle prévio dos atos de concentração, exigindo que todas as empresas aguardem a aprovação do Conselho Administrativo de Defesa Econômica (CADE) antes de implementarem os seus processos de fusão, sob pena de nulidade;

(B) O acordo de leniência pode ser celebrado pela Superintendência-Geral do CADE em qualquer fase investigativa, com pessoa física, ou jurídica, autora da infração à ordem econômica que colabore efetivamente com a investigação identificando os demais envolvidos na infração e fornecendo informações e documentos que comprovem a infração noticiada ou sob investigação;

(C) O termo de compromisso de cessação da prática sob investigação ou dos seus efeitos lesivos é um acordo firmado pela Superintendência-Geral do CADE que poderá ser realizado em qualquer fase do procedimento administrativo e ter caráter confidencial;

(D) A apresentação de proposta de termo de compromisso de cessação importa em confissão da ilicitude da conduta, impõe o fornecimento de provas acerca das práticas que o compromissário reconhece a priori como ilícitas e suspende o andamento do processo administrativo.

7. (CESPE – Procurador Federal/2013) Com relação à Lei de Defesa da Concorrência – Lei nº 12.529/2011 –, julgue os itens a seguir.

– As funções do CADE de consultoria, assessoramento jurídico e promoção da execução judicial das decisões e julgados são efetuadas pelo representante do Ministério Público Federal junto a esse conselho.

8. (TRF4 – Juiz Federal Substituto 4ª Região/2014) Dadas as assertivas abaixo, assinale a alternativa correta. Conforme a legislação brasileira antitruste atualmente em vigor:

I. Compete à Secretaria de Acompanhamento Econômico – SDE impor sanções administrativas por infrações à ordem econômica.

II. O Conselho Administrativo de Defesa Econômica – Cade – é uma entidade judicante com jurisdição em todo o território nacional e decide sobre a existência de infração à ordem econômica, aplicando as penalidades previstas em lei.

III. O membro do Ministério Público Federal designado junto ao Conselho Administrativo de Defesa Econômica – Cade emitirá parecer nos processos administrativos para imposição de sanções administrativas por infrações à ordem econômica.

(A) Está correta apenas a assertiva I.

(B) Está correta apenas a assertiva II.

(C) Estão corretas apenas as assertivas I e III.

(D) Estão corretas apenas as assertivas II e III.

(E) Estão corretas todas as assertivas.

9. (TRF3 – Juiz Federal Substituto 3ª Região/2013) De acordo com a Lei 12.529/2011 (que estrutura o Sistema Brasileiro de Defesa da Concorrência, é coreto afirmar que:

(A) Ao ministério Público Federal perante o CADE compete tomar as medidas judiciais necessárias à cessação de infrações da ordem econômica ou à obtenção de documentos para a instrução de processos administrativos de qualquer natureza.

(B) A personalidade jurídica do responsável por infração da ordem econômica poderá ser desconsiderada quando houver alteração de seus estatutos ou contrato social.

(C) A Secretaria de Acompanhamento Econômico poderá requisitar informações e documentos de juízes federais com o fito de promover a concorrência em órgãos de governo e perante a sociedade.

(D) A responsabilidade por infração à ordem econômica implica a responsabilidade subsidiária dos administradores da empresa.

(E) A execução das decisões do CADE será promovida perante a Justiça Federal no domicílio ou sede do executado, conforme o funcionamento da empresa.

---

10. (ESAF – Procurador da Fazenda Nacional/2015) A respeito do Sistema Brasileiro de Defesa da Concorrência, assinale a opção incorreta.

(A) O Conselho Administrativo de Defesa Econômica é constituído pelos seguintes órgãos: Tribunal Administrativo de Defesa Econômica, Superintendência-Geral e Departamento de Estudos Econômicos.

(B) Funcionará junto ao Conselho Administrativo de Defesa Econômica, Procuradoria Federal Especializada, competindo-lhe promover a execução judicial de suas decisões e julgados.

(C) Compete à Secretaria de Acompanhamento Econômico propor a revisão de leis, que afetem ou possam afetar a concorrência nos diversos setores econômicos do País.

(D) Constituem infração da ordem econômica, independentemente de culpa: dominar mercado relevante de bens ou serviços, assim como exercer posição dominante.

(E) O Conselho Administrativo de Defesa Econômica poderá celebrar acordo de leniência, com a extinção da ação punitiva da administração pública ou a redução de 1 (um) a 2/3 (dois terços) da penalidade aplicável.

---

11. (TRF4 - Juiz Federal Substituto 4ª Região/2016) Assinale a alternativa correta. Acerca dos institutos de Direito Econômico e Concorrencial:

(A) A Lei nº 12.529/2011 (Lei Antitruste) aplica-se quando os atos de concentração econômica realizados no exterior produzam ou possam produzir efeitos significativos no mercado interno brasileiro.

(B) Admite-se a possibilidade de restrições ao comércio internacional com o fito de proteger o comércio doméstico somente quando consumado o prejuízo frente às importações, por meio de medidas de salvaguarda.

(C) A dominação de mercado relevante de bens ou serviços constitui infração contra ordem econômica apenas quando comprovada a culpa do agente ativo.

(D) As empresas públicas prestadoras de serviços públicos que atuam diretamente na atividade econômica não podem gozar de privilégios fiscais não extensivos às do setor privado, haja vista a manifesta afronta ao princípio da livre-concorrência.

(E) A prática de truste consiste na associação entre empresas do mesmo ramo de produção com objetivo de dominar o mercado e disciplinar a concorrência, implicando prejuízo da economia por impedir o acesso do consumidor à livre-concorrência.

---

12. (MPF – Procurador da República/2015) Com base na Lei 12.529/2011, que regula os procedimentos administrativos para prevenção, apuração e repressão de infração à ordem econômica no Sistema Brasileiro de Defesa da Concorrência, é correto afirmar que:

(A) O acordo de leniência é celebrado pelo presidente do Tribunal Administrativo de Defesa Econômica com todas as empresas ou pessoas jurídicas que possam colaborar com as investigações de infrações à ordem econômica;

(B) A Agência Reguladora poderá recorrer ao Tribunal Administrativo de Defesa Econômica contra decisão da Superintendência-Geral do CADE que aprovar ato de concentração entre empresas que atuem no seu mercado regulado;

(C) No processo administrativo instaurado para prevenção, apuração e repressão de infração à ordem econômica, somente se admite a intervenção de terceiros titulares de direitos ou interesses que possam ser afetados pela decisão a ser adotada;

(D) O acordo de leniência não impede o oferecimento de denúncia criminal com relação ao agente beneficiário da leniência e nem suspende o curso do prazo prescricional dos crimes contra a ordem econômica e dos demais crimes relacionados à prática de cartel.

---

13. (CESPE/Juiz Federal TRF1/2015) No que se refere ao direito concorrencial e à Lei n.º 12.529/2011, que estrutura o Sistema Brasileiro de Defesa da Concorrência, assinale a opção correta.

(A) A emissão de parecer por membro do MPF que atue perante o CADE é condicionada a eventual requerimento do presidente ou do conselheiro-relator do parquet.

(B) O CADE é constituído pelo CADE e pela Secretaria de Acompanhamento Econômico do Ministério da Fazenda.

(C) Conforme entendimento do STF, tal como nas causas intentadas contra a União, a ação ajuizada contra o CADE pode ser aforada, a critério do autor, na seção judiciária de seu domicílio, naquela onde houver ocorrido o ato ou fato que deu origem à demanda ou onde esteja situada a coisa, ou, ainda, no DF.

(D) A perda de mandato do presidente ou dos conselheiros do CADE só poderá ocorrer por decisão judicial.

(E) É vedado ao CADE responder a consultas sobre condutas em andamento.

---

14. (CESPE/Juiz Federal TRF1/2015) De acordo com o que determina a Lei Antitruste (Lei n.º 12.529/2011), assinale a opção correta no que tange à execução judicial das decisões do CADE.

(A) A decisão do juiz que decreta a intervenção judicial da empresa para fins de execução específica prescinde de fundamentação para sua validade e adequação legal, apenas se exigindo que o juiz indique, clara e precisamente, as providências a serem adotadas pelo interventor nomeado.

(B) Em intervenção judicial relativa a execução específica, o interventor, assim que é nomeado, assume automaticamente a administração da empresa, devendo apresentar relatório mensal de suas atividades ao juiz.

(C) Compete exclusivamente ao juízo federal da sede do domicílio do executado processar e julgar os processos executivos concernentes à concorrência, quando o título executivo impuser obrigação de fazer ou não fazer.

(D) Os processos de execução judicial das decisões do CADE têm preferência sobre todas as demais espécies de ação.

(E) A suspensão da execução pela oposição de embargos é condicionada à garantia do juízo no valor das multas aplicadas objeto do título exequendo.

---

15. (CESPE/Juiz Federal TRF1/2015) A respeito das infrações contra a ordem econômica previstas na Lei n.º 12.529/2011, assinale a opção correta.

(A) O rol das infrações previstas na lei é taxativo e sua tipificação pressupõe a valoração de seus efeitos e impactos na ordem econômica.

(B) A conquista de mercado relevante de bens ou serviços que decorrer de maior eficiência de um agente econômico em relação aos seus concorrentes constituirá infração à ordem econômica.

(C) O conceito de mercado relevante prescinde do elemento geográfico.

(D) Para o cálculo de multa nas infrações administrativas contra a ordem econômica previstas na lei em questão, é irrelevante o fato de ter ou não se consumado a infração.

(E) Se um procedimento administrativo que tenha por fim julgar possíveis infrações da ordem econômica estiver paralisado e aguardando decisão há mais de três anos, será permitido o reconhecimento de ofício da prescrição intercorrente.

6. GABARITO

Questão	Resposta	Referência
1	B	A letra B, correta, traz enunciado sobre a responsabilidade solidária da empresa e de seus dirigentes e administradores. O Presidente da República não determina a perda do mandato dos Conselheiros do CADE. O Presidente da República pode, porém, propor ao Senado a cassação do mandado do Conselheiro (art. 6°). Errada, portanto, a letra A. As demais letras também estão incorretas, pois o Presidente e os Conselheiros do CADE não podem atuar como consultores de empresa privada durante o mandato (art. 8°); a responsabilidade por infrações à ordem econômica independe de dolo e culpa; e o STJ entende que o desconto nas vendas em dinheiro ou cheque em relação às realizadas com cartão de crédito não é ato ilícito.
2	B	O § único do art. 1°, da Lei 12.529/2011, que fundamenta a atuação do CADE, expressa que a coletividade é o titular dos bens jurídicos tutelados pela lei anti truste, e o art. 47, da mesma norma isola a ação para haver direitos individuais dos procedimentos do Tribunal da Concorrência.
3	D	O enunciado da letra D corresponde ao texto do art. 36, § 1°, da Lei 12.529/2011.
4	A	A questão é interessante para destacar alteração legislativa. O MPF não mais detém a atribuição de executar as decisões do CADE, tarefa que cabe exclusivamente à Procuradoria Federal. O Ministério Público, de acordo com a legislação em vigor, atua, na matéria do direito antitruste atua como *custos legis* e como titular da ação civil ou penal, não como representante processual do CADE. A letra A, correta com fundamento na Lei 8.884/1994, se mostra incorreta com base na Lei 12.529/2011. Questão elaborada com base nos arts. 10, II e 12, da Lei 8.884/1994, cuja resposta seria alterada se considerado o texto dos arts. 15, II e III e 20, da Lei 12.529/2011. Art. 10, II e 12, da Lei 8.884/1994 Art. 10. Junto ao CADE funcionará uma Procuradoria, com as seguintes atribuições: [...] II – promover a execução judicial das decisões e julgados da autarquia; Art. 12. O Procurador-Geral da República, ouvido o Conselho Superior, designará membro do Ministério Público Federal para, nesta qualidade, oficiar nos processos sujeitos à apreciação do CADE.

Questão	Resposta	Referência
		Parágrafo único. O CADE poderá requerer ao Ministério Público Federal que promova a execução de seus julgados ou do compromisso de cessação, bem como a adoção de medidas judiciais, no exercício da atribuição estabelecida pela alínea b do inciso XIV do art. 6º da Lei Complementar nº 75, de 20 de maio de 1993. Art. 15 e 20, da Lei 12.529/2011 Art. 15. Funcionará junto ao Cade Procuradoria Federal Especializada, competindo-lhe: [...] II – representar o Cadê judicial e extrajudicialmente; III – promover a execução judicial das decisões e julgados do CADE; Art. 20. O Procurador-Geral da República, ouvido o Conselho Superior, designará membro do Ministério Público Federal para, nesta qualidade, emitir parecer, nos processos administrativos para imposição de sanções administrativas por infrações à ordem econômica, de ofício ou a requerimento do Conselheiro-Relator.
5	C	A participação do MPF como custos legis perante o CADE se restringe nos processos de aplicação de penalidades (art. 20), as decisões do plenário do Tribunal da Concorrência não pode ser revista no âmbito do Poder Executivo (art. 9°, § 2°) e o Superintendente Geral do CADE é nomeado pelo Presidente da República, após aprovação do Senado (art. 12, § 1°) e apenas perde o cargo por decisão do Senado, condenação em processo penal por crime doloso ou condenação administrativa (art. 12, § 3°, c/c art. 7°). Correta a letra C, acerca da competência da Superintendência Geral da autarquia (art. 13, III e IV).
6	B	O ato de concentração não é nulo, mas ineficaz até a aprovação pelo CADE (art. 88, § 4°), que pode determinar seu desfazimento (art. 88, § 5°). O termo de compromisso de cessação tem caráter público (apenas a proposta do compromisso pode ter caráter confidencial) não suspende o processo administrativo (art. 85) e não constitui confissão. É proposto pela Superintendência Geral (art. 13, IX) e decidido pelo Plenário do Tribunal da Concorrência (art. 9°, V). Correta a letra B, sobre o acordo de leniência, nos termos do art. 86, da lei 12.529/2011.
7	Errado	A função cabe à Procuradoria Federal Especializada que atua junto ao CADE.
8	D	A Secretaria de Acompanhamento Econômico não aplica penalidades, apenas o plenário do Tribunal da Concorrência, errado, portanto, o item I. Itens II e III corretos, pois o CADE tem jurisdição em todo o território nacional e o membro do Ministério Público emite parecer nos processos de imposição de penalidades pelo CADE.
9	C	Nos termos do art. 19, § 1°, da Lei 12.529/2011.
10	D	Incorreta a letra D, pois exercer posição dominante, em decorrência da eficiência, não é uma infração. As demais opções, de resto matéria deste capítulo, estão corretas. A letra A enuncia os órgãos que compõem o SBDC, do qual não mais faz parte a SDE do Ministério da Justiça, a letra B trata da competência executiva da Procuradoria Federal junto ao CADE, a letra D aborda a competência da Secretaria de Acompanhamento Econômico, do Ministério da Fazenda e a letra E trata do acordo de leniência.

Questão	Resposta	Referência
11	A	Correta a letra A, pois a competência do CADE surge pela prática do ato em território nacional ou pela repercussão, no Brasil, dos efeitos de atos praticados no exterior. A letra B é questão de direito internacional, a letra C sugere que a infração à ordem econômica depende de culpa e a letra E enuncia a prática de cartel, não descrevendo um truste. Com relação à letra D, seria possível a concessão de benefícios fiscais para empresas estatais se efetivamente voltado a reduzir desigualdades sociais e regionais.
12	B	O acordo de leniência é celebrado pelo Superintendente-Geral do CADE. Podem intervir nos processos do CADE, além das pessoas que possam ser afetadas pela decisão, os legitimados à propositura de ação civil pública. A celebração do acordo de leniência suspende o prazo prescricional e impede o oferecimento da denúncia, dos crimes mencionados no art. 87, da Lei 12.529/2011, notadamente o de cartel. Correta a letra B, pois a agência reguladora interessada pode interpor recurso, nos termos do art. 65, I, da Lei 12.529/2011.
13	C	O MP que atua perante o CADE pode emitir parecer de ofício, sem requerimento do Conselheiro relator do processo. O CADE é constituído por um Tribunal, órgão julgador, uma Secretaria Executiva e um Departamento de Estudos Econômicos. A secretaria de Acompanhamento Econômico pertence ao Ministério da Fazenda. O Conselheiro pode perder o mandato por decisão judicial ou por decisão do Senado, por provocação do Presidente da República, e o Tribunal da Concorrência pode responder consultas sobre condutas em andamento, nos termos do art. 9º, § 4º, da Lei 12.529/2011. Correta a letra C, acerca da competência para ações contra atos do CADE, conforme decisão no RE 627.709/DF.
14	E	Toda decisão deve ser fundamentada, inclusive a que determina a intervenção judicial na empresa para fins de execução específica contra infrator da ordem econômica. A decisão de intervenção pode ser impugnada no prazo de 48 horas de modo que o nomeado não assume automaticamente suas funções. A execução dos julgados do CADE também pode ser processada na Justiça Federal do Distrito Federal e tais ações não têm preferência sobre os mandados de segurança e os habeas corpus. Correta a letra E, nos termos do art. 98, da Lei 11.529/2011.
15	E	O rol das infrações previstas no art. 36, § 3º, da Lei 12.529/2011 não é taxativo, mas expressamente exemplificativo. A conquista de mercado pela maior eficiência do agente econômico não é ilícita e a consumação da infração, bem como sua gravidade e seus efeitos, entre outros, é elemento que influencia na aplicação da pena. Correta a letra E, de acordo com o art. 46, § 3º, da Lei 12.529/2011.

CAPÍTULO 12

CONCENTRAÇÃO ECONÔMICA E ILÍCITOS CONCORRENCIAIS

1. O CONTROLE DOS ATOS DE CONCENTRAÇÃO

1.1. Introdução

A lei determina a análise prévia de atos de concentração, mas questão que se coloca não é puramente formal. Os atos de concentração tendem a gerar ou incrementar o poder econômico e a reduzir a concorrência, sem oferecerem maiores vantagens para a economia. Falamos, portanto, de tendência, não de resultados absolutos, que precisam ser analisados.

De outro lado, como dissemos na parte geral, o direito antitruste não apresenta uma finalidade única. A defesa da concorrência é dotada de grande destaque dentre as finalidades da lei, mas isso não significa que o direito repudia qualquer o aumento da concentração econômica em qualquer grau, nem que outras finalidades possam ser incorporadas à aplicação da lei por influência da política econômica.

Sobre o tema, leciona Paula Forgioni:

> Observando a realidade conclui-se que, muitas vezes, a concentração tende a diminuir o grau de competição no mercado, por atribuir poder econômico à empresa. Com isso, reduz-se o estímulo ao corte de preços, à inovação, ao incremento de qualidade etc. Não é por outro motivo que parte da doutrina refere-se à concentração como um 'efeito autodestrutivo do mercado', apto a levar o sistema econômico às crises. Outros apontam à concentração como 'falhas de mercado', pois é capaz de prejudicar o bom fluxo de relações econômicas, presidido pela concorrência.

> De outra parte, é igualmente correto pressupor, em certas hipóteses, ser a concentração capaz de trazer inovação e desenvolvimento. A competição entre menor número de agentes também pode ser vigorosa, ainda mais se as empresas forem saudáveis, com recursos para investir na conquista de clientela e na superação de seu controle[469].

Assim, impõe-se que os atos de concentração de empresa no Brasil sejam submetidos ao CADE, para que os aprecie sob o enfoque da concorrência, dos efeitos danosos que podem provocar na economia, mas também das eficiências que podem criar, sempre sob o prisma da política econômica vigente.

A legislação que rege a matéria não é extensa.

O art. 88, da Lei 12.529/2011 estabelece os **atos de concentração que devem ser submetidos previamente à autarquia**, regula o efeito dos atos antes da aprovação pelo CADE, estabelece regras procedimentais da análise dos atos, estabelece critérios para a aprovação dos atos – aprovação esta que pode ser condicionada e faculta ao CADE a possibilidade de analisar atos não incluídos entre aqueles de submissão prévia obrigatória. O dispositivo é longo, razão pela qual deixamos de transcrevê-lo integralmente e remetemos o leitor ao texto da lei. Vamos ler, aqui, o *caput* e os incisos I e II, do artigo:

> Art. 88. Serão submetidos ao Cade pelas partes envolvidas na operação os atos de concentração econômica em que, cumulativamente:
>
> I – pelo menos um dos grupos envolvidos na operação tenha registrado, no último balanço, faturamento bruto anual ou volume de negócios total no País, no ano anterior à operação, equivalente ou superior a R$ 400.000.000,00 (quatrocentos milhões de reais); e
>
> II – pelo menos um outro grupo envolvido na operação tenha registrado, no último balanço, faturamento bruto anual ou volume de negócios total no País, no ano anterior à operação, equivalente ou superior a R$ 30.000.000,00 (trinta milhões de reais).

O art. 89, da Lei 12.529/2011 prevê regras procedimentais, o art. 90, explicita os atos de concentração sob o ponto de vista formal, para incluir figuras como a fusão, a aquisição de ações ou títulos representativos das empresas, a incorporação e os contratos associativos, consórcio ou *joint venture*.

Por fim, o art. 91 prevê a possibilidade de revisão, pelo Tribunal da Concorrência, dos atos de concentração aprovados.

Vejamos com mais vagar os dispositivos legais.

1.2. A tipologia da concentração econômica

Os atos de concentração podem ser classificados pelo **aspecto material**, vale dizer, a área ou mercado de atuação das empresas, ou pelo **aspecto formal**, no que diz respeito a forma negocial personificada ou despersonificada escolhida.

---

469. FORGIONI, Paula A. Os Fundamentos do antitruste. São Paulo: Revista dos Tribunais, 2013, p.394-5.

Sob o prisma **material** as concentrações são **horizontais, verticais e conglomeradas.** As concentrações horizontais são aquelas que ocorrem entre concorrentes, as verticais entre empresas que atuam em fases complementares do processo produtivo e as conglomeradas entre empresas que atuam em áreas não relacionadas.

Leciona Paula Forgioni que, "assim como nos acordos horizontais, as concentrações desse tipo envolvem agentes econômicos que atuam no mesmo mercado relevante, estando, portanto, em direta relação de concorrência. Ao invés, é vertical se os partícipes desenvolvem suas atividades em mercados relevantes, a "montante" ou a "jusante", ou seja, concentrados no processo produtivo ou de distribuição do produto"[470]. Prossegue a autora, advertindo que "as concentrações conglomeradas dizem respeito a empresas que atuam em mercados relevantes completamente apartados, sendo subdivididas, conforme seu escopo ou efeito em: (i) de expansão de mercado (*market extention*); (ii) de expansão de produto (*product extension*); e (iii) de diversificação (pura). De forma residual, são entendidas como conglomeradas as concentrações que não são verticais ou horizontais[471].

Sob o ponto de vista da **forma** que a concentração se opera, há 1. **figuras personificadas**, como a **fusão e a incorporação de empresas**, que operam a transferência de patrimônio e implicam a extinção da personalidade de pelo menos uma das empresas envolvidas, 2. **figuras participativas**, em que nenhuma das empresas envolvidas perde sua personalidade, mas há participação no capital uma das outras, como as empresas coligadas, controladas e a figura da holding. Por fim, há 3. **figuras contratuais com ânimo definitivo**, como o grupo formal e 4. as **figuras temporárias**, como a *joint venture* e o consórcio.

Dispõe o art. 90, da Lei 12.529/2011:

> Art. 90. Para os efeitos do art. 88 desta Lei, realiza-se um ato de concentração quando:
>
> I – 2 (duas) ou mais empresas anteriormente independentes se fundem;
>
> II – 1 (uma) ou mais empresas adquirem, direta ou indiretamente, por compra ou permuta de ações, quotas, títulos ou valores mobiliários conversíveis em ações, ou ativos, tangíveis ou intangíveis, por via contratual ou por qualquer outro meio ou forma, o controle ou partes de uma ou outras empresas;
>
> III – 1 (uma) ou mais empresas incorporam outra ou outras empresas; ou
>
> IV – 2 (duas) ou mais empresas celebram contrato associativo, consórcio ou joint venture.
>
> Parágrafo único. Não serão considerados atos de concentração, para os efeitos do disposto no art. 88 desta Lei, os descritos no inciso IV do caput, quando destinados às licitações promovidas pela administração pública direta e indireta e aos contratos delas decorrentes.

---

470. FORGIONI, Paula A.. Os Fundamentos do antitruste. São Paulo: Revista dos Tribunais, 2013, p.399.
471. FORGIONI, Paula A.. Os Fundamentos do antitruste. São Paulo: Revista dos Tribunais, 2013, p.399.

O inciso I, do art. 90, da Lei 12.529/2011 cuida da fusão de empresas, instituto de direito comercial que não demanda maiores esclarecimentos.

O inciso seguinte trata de figuras comerciais de aquisição de capital de empresas, com ou sem controle e das figuras de controle das empresas, sem a aquisição de cotas, ações ou capital da pessoa jurídica.

Ao adquirir o capital de uma pessoa jurídica, a empresa torna-se sócia, mas pode adquirir, também, os institutos da coligação e do controle.

A definição de controlada e coligada é dada pela Lei 6.404/1976:

> Art. 243. [...]
>
> § 1º São coligadas as sociedades nas quais a investidora tenha influência significativa.
>
> § 2º Considera-se controlada a sociedade na qual a controladora, diretamente ou através de outras controladas, é titular de direitos de sócio que lhe assegurem, de modo permanente, preponderância nas deliberações sociais e o poder de eleger a maioria dos administradores.

O § 8º, do art. 88, da Lei 12.529/2011 determina as mudanças de controle acionário de companhias abertas e os registros de fusão sejam comunicados para análise do CADE. Vejamos:

> Art. 88 [...]
>
> § 8º As mudanças de controle acionário de companhias abertas e os registros de fusão, sem prejuízo da obrigação das partes envolvidas, devem ser comunicados ao Cade pela Comissão de Valores Mobiliários – CVM e pelo Departamento Nacional do Registro do Comércio do Ministério do Desenvolvimento, Indústria e Comércio Exterior, respectivamente, no prazo de 5 (cinco) dias úteis para, se for o caso, ser examinados.

De outro turno, no regime da Lei 8.884/1994, o CADE editara súmula que dispensava parcialmente esta comunicação. Vejamos a Súmula nº 2, do CADE, publicada no D.O.U. de 27/08/2007:

> A aquisição de participação minoritária sobre capital votante pelo sócio que já detenha participação majoritária não configura ato de notificação obrigatória (art. 54 da Lei nº 8.884/94) se concorrerem as seguintes circunstâncias: (i) o vendedor não detinha poderes decorrentes de lei, estatuto ou contrato de (i.a) indicar administrador, (i.b) determinar política comercial ou (i.c) vetar qualquer matéria social e (ii) do(s) ato(s) jurídico(s) não constem cláusulas (ii.a) de não-concorrência com prazo superior a cinco anos e/ou abrangência territorial superior à de efetiva atuação da sociedade objeto e (ii.b) de que decorra qualquer tipo de poder de controle entre as partes após a operação.

O controle de empresas pode ocorrer, também, sem a transferência da propriedade, a exemplo do que se passa com o empréstimo de ações e também com a formalização de grupos econômicos, hipótese em que diversas empresas com ou sem identidade de sócios se unem formalmente mediante contrato, sob a administração comum de um grupo de pessoas.

Não há uma definição unívoca do que venha a ser um grupo de empresas, nem dos requisitos para sua caracterização. Sob o prisma do direito da concorrência, cabe às empresas levar ao conhecimento do CADE as operações que entender cabíveis ou consultar a autarquia acerca da necessidade de submissão do acordo (art. 9º, § 4º da Lei 12.529/2011). De outro lado, compete ao CADE investigar as operações e determinar sua submissão (§ 7º, do art. 88, da Lei 12.529/2011).

Entre as operações não personalizadas encontra-se também a figura da holding, que vem a ser uma empresa que possui como atividade a participação societária em outras empresas. A função da holding, portanto, é adquirir o controle e administrar outras empresas, que mantêm sua personalidade jurídica, formando, assim, inequívoco grupo formal.

A lei menciona duas formas concentração contratuais, tipicamente temporárias: *joint venture* e consórcio.

A *joint venture* decorre, em regra, do contrato entre duas empresas para explorar determinada atividade econômica por certo período de tempo, nada impedindo que as empresas envolvidas criem uma empresa nova, com esta mesma finalidade. A *joint venture* pode envolver partilhamento da gestão, dos riscos, dos lucros e dos prejuízos e é motivada pelo interesse no compartilhamento de experiência das empresas, na superação de barreiras do mercado intransponíveis por cada empresa isolada, facilitação de acesso a novas tecnologias, obtenção de ganhos de escala e ampliação conjunta do mercado de cada empresa.

> Cade aprova, com restrições, joint venture entre GSK e Novartis [472]
>
> O Conselho Administrativo de Defesa Econômica – Cade aprovou a criação de uma **joint venture** entre as empresas GlaxoSmithKline PLC. – GSK – e Novartis AG (Ato de Concentração 08700.008607/2014-66) condicionada à assinatura de um Acordo em Controle de Concentrações – ACC –. Com a operação, a GSK deterá 63,5% das ações da joint venture e a Novartis, 35,5%.
>
> A parceria entre as empresas tem escopo mundial e está sendo formada para a comercialização de produtos de consumo para cuidados com a saúde isentos de prescrição médica (over the counter).
>
> De acordo com o conselheiro relator Márcio de Oliveira Júnior, verificou-se que o Ato de Concentração poderia gerar concentração elevada no mercado de medicamentos antitabagismo.
>
> Para mitigar eventuais preocupações concorrenciais, as empresas e o órgão antitruste assinaram o acordo no qual a GSK se compromete a alienar um pacote de ativos relacionados ao principal produto antitabagismo da empresa. Esse produto é vendido no país nos formatos adesivo e pastilha. O pacote de ativos a ser alienado inclui ativos, tangíveis ou intangíveis, tais como direitos de propriedade intelectual, licenças e contratos.
>
> Além disso, as Requerentes se comprometeram a adotar diversas medidas para garantir que não ocorram indevidas trocas de informações entre a joint venture e a Novartis.

---

472. Cade aprova, com restrições, joint venture entre GSK e Novartis. Disponível em: http://www.cade.gov.br/Default.aspx?cc60ae7a8b80949f6ad76bf954f5. Acesso em 17/11/2015.

A propósito das *joint ventures*, o CADE sumulou, ainda sobre a vigência da Lei 8.884/1994, a legitimidade da cláusula de não concorrência das empresas reunidas, durante o acordo. Leia-se a Súmula nº 4, do CADE, publicada no D.O.U. de 09/12/2009:

É licita a estipulação de cláusula de não concorrência na vigência de *joint venture*, desde que guarde relação direta com seu objeto e que fique restrita aos mercados de atuação.

O consórcio, a seu turno, é regido expressamente pela lei comercial. Vejamos os arts. 278 e 279, da Lei das S/A:

> Art. 278. As companhias e quaisquer outras sociedades, sob o mesmo controle ou não, podem constituir consórcio para executar determinado empreendimento, observado o disposto neste Capítulo.
>
> § 1º O consórcio não tem personalidade jurídica e as consorciadas somente se obrigam nas condições previstas no respectivo contrato, respondendo cada uma por suas obrigações, sem presunção de solidariedade.
>
> § 2º A falência de uma consorciada não se estende às demais, subsistindo o consórcio com as outras contratantes; os créditos que porventura tiver a falida serão apurados e pagos na forma prevista no contrato de consórcio.
>
> Art. 279. O consórcio será constituído mediante contrato aprovado pelo órgão da sociedade competente para autorizar a alienação de bens do ativo não circulante, do qual constarão:
>
> I – a designação do consórcio se houver;
>
> II – o empreendimento que constitua o objeto do consórcio;
>
> III – a duração, endereço e foro;
>
> IV – a definição das obrigações e responsabilidade de cada sociedade consorciada, e das prestações específicas;
>
> V – normas sobre recebimento de receitas e partilha de resultados;
>
> VI – normas sobre administração do consórcio, contabilização, representação das sociedades consorciadas e taxa de administração, se houver;
>
> VII – forma de deliberação sobre assuntos de interesse comum, com o número de votos que cabe a cada consorciado;
>
> VIII – contribuição de cada consorciado para as despesas comuns, se houver.
>
> Parágrafo único. O contrato de consórcio e suas alterações serão arquivados no registro do comércio do lugar da sua sede, devendo a certidão do arquivamento ser publicada.

Em nosso ordenamento jurídico o consórcio não tem personalidade jurídica, vigendo como entidade contratual, mas está sujeito à apreciação do CADE, se preenchidos os requisitos legais.

Outra forma concentracionista sujeita à lei são os contratos associativos, previstos pelo art. 90, IV, da Lei 12.539/2011.

O art. 2º, da Resolução CADE 17/2016, entende que "são associativos quaisquer contratos com duração igual ou superior a 2 (dois) anos que estabeleçam empreendimento comum para exploração de atividade econômica, desde que, cumulativamente o contrato estabeleça o compartilhamento dos riscos e resultados da atividade econômica que constitua o seu objeto e as partes contratantes sejam concorrentes no mercado relevante objeto do contrato".

Os contratos associativos por prazo inferior e os celebrados por prazo indeterminado, se forem prorrogados ou perdurarem por dois anos ou mais.

1.3. Atos submetidos à apreciação do CADE

As formas e os tipos de atos de concentração se prestam mais à compreensão do fenômeno e à orientação do julgamento de mérito do CADE, que propriamente ao dever de submissão do ato à autarquia.

Nos termos do art. 88, da Lei 12.529/2011, todos os atos de concentração que atenderem a determinados critérios objetivos devem ser submetidos ao CADE. Este procedimento de submissão prévia é inovação do atual regime e busca dar mais efetividade ao Tribunal da Concorrência. Vejamos o *caput* do artigo:

> Art. 88. Serão submetidos ao Cade pelas partes envolvidas na operação os atos de concentração econômica em que, cumulativamente:
>
> I – pelo menos um dos grupos envolvidos na operação tenha registrado, no último balanço, faturamento bruto anual ou volume de negócios total no País, no ano anterior à operação, equivalente ou superior a R$ 400.000.000,00 (quatrocentos milhões de reais); e
>
> II – pelo menos um outro grupo envolvido na operação tenha registrado, no último balanço, faturamento bruto anual ou volume de negócios total no País, no ano anterior à operação, equivalente ou superior a R$ 30.000.000,00 (trinta milhões de reais).

Assim, as operações de submissão obrigatória são definidas pelo **faturamento bruto anual das empresas** (ou grupo de empresas envolvidas). A norma exige a submissão ao CADE das operações entre empresas, desde que uma empresa (a maior) tenha apresentado faturamento bruto no Brasil no ano anterior à operação de pelo menos R$ 400.000.000,00 e a outra empresa (a menor) tenha apresentado faturamento de pelo menos R$ 30.000.000,00.

A lei fala de faturamento bruto no Brasil. Neste ponto, a legislação incorpora jurisprudência do CADE, consolidada em sua primeira súmula, proferida ainda na vigência da Lei 8.884/1994. Vejamos:

> Na aplicação do critério estabelecido no art. 54, § 3º, da Lei nº 8.884/94, é relevante o faturamento bruto anual registrado exclusivamente no território brasileiro pelas empresas ou grupo de empresas participantes do ato de concentração. (Súmula nº 1, do CADE, publicada no D.O.U. de 18/10/2005)

Se qualquer das empresas não se enquadrar nos requisitos, o ato não é de submissão prévia obrigatória, salvo se os valores forem alterados, nos termos do § 1º, do art. 88, da Lei 12.529/2011:

> Art. 88
>
> [...]
>
> § 1º Os valores mencionados nos incisos I e II do caput deste artigo poderão ser adequados, simultânea ou independentemente, por indicação do Plenário do Cade, por portaria interministerial dos Ministros de Estado da Fazenda e da Justiça.

De fato, os Ministros de Estado da Fazenda e da Justiça, por portaria conjunta, podem estabelecer valores distintos para tornar obrigatória a submissão de atos concentracionistas ao CADE, nada impedindo que estabeleçam valores mais baixos.

Contudo, a Portaria MF/MJ 994/2012 elevou os valores do inciso I para R$ 750.000.000,00 e do inciso II para R$ 75.000.000,00.

De outro lado, a análise do CADE não se limita aos atos de submissão prévia obrigatória. Nos termos do art. 88, § 7º, a autarquia pode requerer a submissão de qualquer ato de concentração, no prazo de 1 (um) ano a contar da respectiva data de consumação. Vejamos:

> Art. 88
>
> [...]
>
> § 7º É facultado ao Cade, no prazo de 1 (um) ano a contar da respectiva data de consumação, requerer a submissão dos atos de concentração que não se enquadrem no disposto neste artigo.

Esta faculdade, cujo exercício depende da atividade proativa dos Conselheiros e da Superintendência-Geral da autarquia, permite ao CADE que aprecie atos de concentração realizados por empresas menores, mas que também surtam efeitos anticoncorrenciais relevantes.

1.4. A apresentação dos atos ao CADE e seus efeitos

Visando aumentar a eficácia e a respeitabilidade do CADE, a Lei 12.529/2011 revogou a possibilidade de que as empresas apresentassem os atos de concentração para análise do SBDC até 15 dias após sua realização, determinando que a apresentação fosse prévia. Ademais, a lei nova determinou a ineficácia dos atos de concentração até a decisão da autarquia, a ser tomada no prazo de 240 dias.

Os avanços da lei foram significativos.

De fato, a Lei 8.884/1994 era benéfica aos agentes econômicos, pois permitia que os atos concentracionistas fossem apresentados para exame, **previamente** ou no **prazo máximo de quinze dias úteis** de sua realização, mediante encaminhamento da respectiva documentação, sob pena de multa e a eficácia do ato de concentração, e desarrazoada com o CADE, pois considerava **automaticamente aprovados** os atos de concentração **se não apreciados no prazo de trinta dias**

Os resultados da aplicação da norma foram bastante negativos. Muitas empresas desrespeitavam o prazo de 15 dias, sofriam aplicação de multa, largamente discutida e confirmada no Judiciário, e o CADE, certamente não conseguia proferir julgamentos no exíguo prazo de 30 dias.

A nova sistemática parece mais consentânea com a finalidade do Tribunal da Concorrência e com a própria realidade.

Não há mais a possibilidade de apresentação para análise do CADE dos atos após a sua formalização. A apresentação há de ser necessariamente prévia.

Não apresentado o ato antes da concretização do negócio (*gun jumping*), os agentes econômicos envolvidos se submetem a penalidade pecuniária, como no regime anterior, mas a lei prevê, também, **nulidade do ato**, sem prejuízo da abertura de processo administrativo (§ 3º, do art. 88, da Lei 12.529/2011). De outro giro, o CADE passou a ter 240 dias para apreciar o ato de concentração (§ 2º, do art. 88, da Lei 12.529/2011), prazo muito mais razoável para o julgamento. O prazo pode, ainda, ser prorrogado pelo Tribunal, a pedido da Superintendência-Geral, nos casos complexos (art. 56, da Lei 12.529/2011).

> GásLocal e Gasmig pagarão R$ 90 mil por prática de *gun jumping*[473]
>
> Na sessão de julgamento desta quarta-feira (24/06), as empresas GNL Gemini Comercialização e Logística de Gás Ltda. – GásLocal e Companhia de Gás de Minas Gerais – Gasmig comprometeram-se, perante o Tribunal do Conselho Administrativo de Defesa Econômica – Cade, a pagar o montante de R$ 90 mil pela prática de *gun jumping* – quando ocorre consumação da operação sem autorização prévia do órgão antitruste.
>
> A Gasmig faz parte do Grupo Cemig que atua, com exclusividade, na distribuição de gás natural canalizado em todo o território do estado de Minas Gerais (por concessão do governo estadual). Já a GásLocal é uma joint-venture entre a White Martins Gases Industriais Ltda. do Grupo Praxair Inc., e a Petrobras Gás S., do Sistema Petrobras, que tem como principal atividade a comercialização de gás natural liquefeito – GNL.
>
> O Cade entendeu que houve *gun jumping* no ato de concentração que trata de contrato firmado entre as empresas para regular, em linhas gerais, as condições para fornecimento de GNL pela GásLocal à Gasmig (AC 08700.000137/2015-73). O objetivo da Gasmig é suprir a demanda por gás natural do município de Pouso Alegre/MG, ainda não atendido por gasodutos de distribuição.
>
> O negócio foi formalizado em janeiro de 2014, e notificado ao órgão antitruste apenas um ano depois. Embora não tenha identificado problemas concorrenciais na operação, a Superintendência-Geral do Cade se manifestou pela ocorrência de consumação prematura do ato de concentração e enviou os autos para apreciação do Tribunal do órgão.
>
> [...]
>
> "As obrigações assumidas pelas empresas, notadamente a confissão e a contribuição pecuniária prevista, são suficientes e proporcionais para assegurar o caráter dissuasório pretendido pelo Cade. Além disso, as medidas atendem

473. GásLocal e Gasmig pagarão R$ 90 mil por prática de gun jumping. Disponível em: http://www.cade.gov.br/Default.aspx?68db2aff11061a19ed5bec451233. Acesso em 17/11/2015.

> a todas as particularidades do caso sem afetarem o consumidor", afirmou a relatora. A relatora do caso ressaltou ainda que a associação entre as empresas viabiliza a expansão da rede de dutos para transporte de gás, beneficiando diretamente os consumidores do município de Pouso Alegre/MG.

Fechando o regime jurídico da apresentação dos atos concentracionistas, o § 4º, do art. 88, da Lei 12.529/2011 determina que até a decisão final da autarquia, as empresas deverão manter as condições de concorrência entre as empresas envolvidas, sob pena de aplicação das sanções do § 3º.

Esta mudança de regime jurídico já tem surtido efeitos, mas também provocado discussões de direito intertemporal (aplicação da lei no tempo). Vejamos um exemplo recente, decidido pelo TRF1:

> ADMINISTRATIVO. ATO DE CONCENTRAÇÃO. COMUNICAÇÃO AO CADE. INTEMPESTIVIDADE. MULTA. CARÁTER FORMAL. LEIS 8.884/94 E 12.529/11. IMPOSSIBILIDADE DE APLICAÇÃO, POR ANALOGIA, DA "ABOLITIO CRIMINIS" (ART. 2º, CAPUT DO CÓDIGO PENAL). LEI NOVA MAIS RIGOROSA. DESPROPORCIONALIDADE DA MULTA: NÃO CONSTATAÇÃO. RECURSO IMPROVIDO.
>
> 1. Tratando-se de multa imposta pelo Conselho Administrativo de Defesa Econômica – CADE, por intempestividade na comunicação de ato de concentração, sequer por analogia ao que prescreve o artigo 2º, "caput", do Código Penal, é possível aplicar-se à espécie a regra do "abolitio criminis", de vez que, no caso, a lei posterior, Lei 12.529/2011 não deixou de considerar infração o que antes era previsto como tal, pela Lei nº 8884/94, pois tanto a lei antiga como a lei nova cuidam de disciplinar a obrigação de submissão ao CADE dos atos de concentração econômica, tratando de prevenir os abusos anticoncorrenciais.
>
> 2. É verdade que a lei nova – 12.529/2011, no seu artigo 88, traz disciplina diversa da prevista anteriormente na Lei nº 8.884/94. Mas em ambas, prevê-se a necessidade de submissão à apreciação do CADE dos atos de concentração econômica e prevê sanções para o descumprimento da obrigação. A lei nova, ao contrário de abolir a infração antes prevista, traz disciplina ainda mais rigorosa, tanto relativamente ao prazo (antes os atos de concentração poderiam ser submetidos à autarquia em até quinze dias de sua realização e, depois, a submissão passou a ser, necessariamente prévia a sua consumação) quanto ao valor das multas, que foram majoradas.
>
> 3. No caso, a infração é de natureza formal, pelo que, mesmo aprovado o ato pelo CADE, a pena é devida pela simples intempestividade na sua submissão à entidade de controle.
>
> 4. Não é flagrantemente desproporcional a multa aplicada dentro dos parâmetros do artigo 54 § 5º da Lei nº 8.884/94 e da Resolução nº 44, de 14.02.2007, considerando os dias de atraso e o porte econômico da empresa e situando-se dentro de uma faixa de razoabilidade, que se reserva à discrição administrativa.
>
> 5. Apelação improvida.
>
> (TRF1, T6, AC 0038838-80.2010.4.01.3400/DF, Juiz Federal Renato Martins Prates, e-DJF1 de 19/7/2013)

Como se vê da ementa transcrita, a parte pretendeu afastar a multa aplicada sob a égide da Lei 8.884/1994, ao argumento de que a nova lei não previa mais a multa por atraso na submissão do ato de concentração (já praticado) à autarquia, devendo ser aplicada, por analogia, a regra do *abolitio criminis*, a aplicação retroativa da lei mais benéfica.

O Tribunal rejeitou o argumento, afirmando, com razão, que "a lei nova, ao contrário de abolir a infração antes prevista, traz disciplina ainda mais rigorosa, tanto relativamente ao prazo (antes os atos de concentração poderiam ser submetidos à autarquia em até quinze dias de sua realização e, depois, a submissão passou a ser, necessariamente prévia a sua consumação) quanto ao valor das multas, que foram majoradas"[474].

Vale notar que notificação dos atos de concentração é regulada pela Resolução CADE 2/2012, que prevê, também, hipóteses de procedimento sumário de análise, em seus arts. 5º e seg. A norma foi alterada pela Resolução CADE 16/2016, determinando que a decisão de enquadramento do pedido de aprovação de ato de concentração em Procedimento Sumário é discricionária e que a Superintendência Geral deve observar o prazo de 30 (trinta) dias, a contar do protocolo de petição ou de sua emenda, para proferir decisão. Na hipótese de descumprir o prazo, a Superintendência-Geral deverá fundamentar as razões do atraso ao CADE e tornar a análise do ato de concentração prioritária.

1.5. A análise dos atos de concentração

A análise dos atos de concentração pelo CADE observa pelo menos três etapas: a verificação do mercado relevante, a análise da estrutura e do nível de concentração do mercado e a apreciação dos efeitos do ato concentracionista, tanto os anticompetitivos, quanto os possíveis efeitos positivos ou negativos para a economia.

1.5.1. Mercado relevante

A definição do mercado relevante é de suma importância para a análise dos atos de concentração, embora também tenha importância na apreciação das condutas.

Isso ocorre porque, em regra, as infrações contra a ordem econômica pressupõem que a empresa ou grupo de empresas infrator detenha poder econômico e este poder econômico normalmente se revela dentre de um mercado específico.

Busca-se, então, quando se fala de mercado relevante, definir a parcela do mercado em que os agentes econômicos atuam, para que se possa verificar seu poder econômico nesta parcela de mercado.

É o poder econômico que permite que as ações das empresas transcendam as relações individuais (protegidas pelo direito comercial, pelo direito do consumidor etc) e alcance o interesse da coletividade.

De outro lado, nenhuma empresa terá participação significativa em todo o mercado, quer dizer, se considerada toda a economia, inclusive os setores onde ela não atua. Nem

474. TRF1, T6, AC 0038838-80.2010.4.01.3400/DF, Desembargador Federal Jirair Aram Meguerian, Relator para o Acórdão Juiz Federal Renato Martins Prates, e-DJF1 de 19/07/2013.

é isso que se exige. O relevante no direito da concorrência é a capacidade da empresa de influenciar o mercado em que atua, incluindo seus concorrentes, seus fornecedores e seus distribuidores, razão pela qual se mostra necessário definir o mercado relevante.

Na apreciação das condutas, a definição precisa do mercado relevante e do poder econômico da empresa perde um pouco a relevância, pois é comum estarmos diante de infrações aperfeiçoadas que surtem efeitos. Assim, se a empresa "conseguiu" praticar a infração e especialmente se esta surtiu efeitos, não é preciso verificar se ela tinha poder econômico para tanto. Se praticou a infração, é claro que detinha os meios para tanto.

Ademais, nem sempre é necessário que a empresa tenha elevado poder econômico para praticar infrações contra a ordem econômica, como exemplifica o art. 36, § 3º, VII, da Lei 12.529/2011:

> Art. 36
>
> [...]
>
> § 3º As seguintes condutas, além de outras, na medida em que configurem hipótese prevista no caput deste artigo e seus incisos, caracterizam infração da ordem econômica:
>
> [...]
>
> VII – utilizar meios enganosos para provocar a oscilação de preços de terceiros;

De fato, o agente econômico pode praticar infrações utilizando meios enganosos, atingindo a coletividade mesmo sem possuir grande poder econômico.

Frise-se que infração da ordem econômica por agente sem poder econômico no mercado relevante é possível, mas não é provável.

Na análise dos atos de concentração, ao revés, o que se procura garantir é a estrutura concorrencial do mercado, vedando a existência de empresas que, pelo grande poder econômico, se transformem em potenciais infratoras da ordem econômica.

A análise, portanto, é prévia a qualquer infração, e busca medir a capacidade, a probabilidade ou o potencial das empresas em praticar atos indesejáveis para a economia (para a coletividade) em virtude de seu poder econômico.

Para tanto, retomemos, é essencial definir o mercado relevante, vale dizer, o mercado em que a empresa atua.

O primeiro **aspecto** do mercado relevante é o **geográfico**. Alguns bens e serviços são globais ou pelo menos nacionais (compras pela internet), outros são regionais, podendo se limitar a bairros de uma cidade (padaria).

Sob este aspecto, o mercado relevante será definido pela amplitude geográfica que o agente econômico é capaz de alcançar.

O outro **aspecto** é material, e diz respeito à **natureza** do bem ou serviço.

Em economia, fala-se em mercados de bens e serviços em diversos níveis, dos mais gerais aos mais específicos. Pode se falar dos setores de comércio e de serviços, do setor industrial, do setor de extração mineral e do setor agrícola. Pode se falar do mercado de alimentos e de bebidas. Dentre os alimentos, falamos de mercado de carnes, de grãos, de legumes, de biscoitos, de massas etc. E ainda podemos ser mais específicos e falar do mercado de carne bovina, suína ou aviária; do mercado de soja, de trigo ou de milho.

Cada um destes níveis traz possibilidades próprias para a política econômica, como a política de taxas de juros, de incentivos, de tributação entre outros. Para os fins da concorrência, tanto sob o ponto de vista jurídico quanto econômico, o mercado relevante será aquele em que forem negociados bens ou serviços fungíveis, cambiáveis ou substitutos, especialmente sob o ponto de vista do consumidor.

Assim, quando se fala de chás e mates, estaremos no mercado de bebidas, se o consumidor aceitar trocar tranquilamente o mate pela água, pelo café, pelo refrigerante, pela cerveja ou pelo vinho.

Falamos aqui do consumidor em geral, do conjunto de consumidores. É certo que alguns consumidores não trocarão sua bebida preferida, independentemente do preço. Outros, ao revés, podem escolher a bebida apenas pelo preço mais baixo.

Estaremos no mercado de bebidas não alcoólicas, se excluirmos a cerveja e o vinho, ou num mercado relevante específico de chás e mates, se não houver possibilidade de substituição destes por outras bebidas.

De outro lado, alguns bens aparentemente próximos podem não compor o mesmo mercado relevante. Uma caneta famosa estará provavelmente no mercado de joias e acessórios, não no mercado de materiais de escritório e um relógio pode estar tanto no mercado de relógios tradicionais, de joias ou de equipamentos esportivos.

Da mesma forma, o chocolate na forma de bombom não está no mesmo mercado do chocolate em pó ou do chocolate líquido.

O critério mais utilizado para se identificar o mercado relevante é a capacidade do agente econômico de elevar o preço de seu produto por tempo dilargado, para maximizar seus lucros, sem que isso implique a entrada de novos concorrentes no mercado. É o chamado teste do **monopolista hipotético**[475].

Como vimos na introdução, no ideal da concorrência perfeita o produtor maximiza as vendas, até o ponto em que o preço de venda se iguala ao custo de produção, pois ele

475. "As Horizontal Merger Guideline dos Estados Unidos valem-se principalmente do método do monopolista hipotético, ou SSNIP test, na definição do mercado relevante. De acordo com o teste, o mercado é definido como o menor grupo de produtos produzidos ou vendidos na menor área geográfica na qual um monopolista hipotético do mercado pudesse, em caso de preços não regulados, impor um pequeno, mas significativo e não transitório, aumento de preços (*Small, but Significant, Non-transitory, Increase in Price – SSNIP)* de forma lucrativa – usualmente considera-se uma elevação de 5 a 10% – mantido tudo o mais constante". Análise do mercado relevante dos cartões de pagamento. Samuel Fernando Hübler dos Santos. Revista de Defesa da Concorrência, nº1, Maio 2013, pp. 105-123. Pp. 109. Disponível em: http://www.cade.gov.br/revista/index.php/revistadedefesadaconcorrencia/article/view/48/11. Acesso em 11/11/2015.

não consegue aumentar o preço de seu produto. Se ele não produzir até este ponto ou se tentar elevar os preços ao consumidor comprará o mesmo bem de outro produtor ou comprará o bem equivalente (substituto).

No caso do bem equivalente, se fala em elasticidade cruzada, quer dizer, a influência que a quantidade e o preço de oferta de um bem exerce sobre a demanda de outro bem similar.

Se não existir qualquer efeito, os bens estarão em mercados diferentes.

No monopólio, ao contrário, o produtor pode elevar seus preços para maximizar os lucros. Ele vende deliberadamente menos a um preço mais elevado, pois não há competidores oferecendo o mesmo bem ou equivalente.

Assim, o mercado relevante de um bem incluirá todas as mercadorias ou serviços iguais ou similares, capazes de interferir na definição de um **monopolista hipotético** sobre os preços que pretenderia praticar. Se um monopolista de chá puder elevar o preço de seu produto, independentemente de haver oferta de café, de água mineral ou de refrigerante, termos um mercado relevante específico do chá. Se, ao contrário, não puder elevar seus preços, pois os consumidores optariam pelo café ou pela água mineral, ambos comporiam o mesmo mercado relevante. Se apenas o café impedisse a elevação dos preços do chá, o mercado relevante ficaria adstrito aos dois produtos.

Embora a dogmática básica do mercado relevante possa ser exposta de forma simples, o tema, de suma importância na aplicação no direito antitruste, pode apresentar dificuldades extremas na prática, pois os contornos geográficos e materiais da concorrência raramente são delineados com facilidade.

O próprio teste do monopolista hipotético, embora mais preciso, depende de dados nem sempre disponíveis para as autoridades antitrustes. Assim, com frequência, o mercado relevante é definido por indícios, auferidos a partir de produtos e serviços ofertados ou potencialmente ofertados no mercado e da percepção destes produtos e serviços pelo consumidor.

1.5.2. Nível de concentração do mercado

Definido o mercado – e o Tribunal é obrigado a decidir independentemente das dificuldades – passa-se à análise do nível de concentração deste mercado.

A finalidade da lei antitruste, neste particular, está ligada à manutenção de um mercado eficiente, produtivo, com níveis razoáveis de concorrência.

Assim, se grandes empresas se fundem, mas o nível de concorrência do mercado continua elevado, pela existência de outras empresas, também grades e bastante competitivas, não há razões para rejeitar o ato de concentração. De outro lado, mercados relevantes menores, com menor número de empresas competidoras ou com nível de competição menos acirrado, podem se tornar sobremaneira concentrados, gerando prejuízos para a coletividade, mesmo se empresas de porte menor se unirem.

Ocorre que o direito, por si, não consegue apurar os níveis de concorrência, nem apontar para o nível de concorrência desejável, papéis reservados à política econômica e à teoria econômica.

A política econômica cabe traças as linhas mestras dos níveis de concorrência ou de concentração que entende desejáveis. Se a política for expansiva ou voltada para o crescimento das exportações, pode aceitar níveis mais elevados de concentração. Se, ao revés, a política for reducionista ou de combate à inflação, pode recomendar níveis mais altos de concorrência, com vistas a redução dos preços via competitividade.

A teoria econômica, porém, é a ciência que fornece as referências dos níveis de concentração do mercado.

Ao menos duas teorias são mais citadas, o Índice HHI (Herfindhal-Hirschman Index) e o CR4. Sobre os índices, leciona Paula Forgioni:

> A teoria econômica, buscando avaliar o grau de concentração presente no mercado relevante, antes e após a operação, fornece-nos alguns métodos de cálculo, de que podem as autoridades antitruste lançar mão para afirmar que um mercado é 'muito' ou 'pouco' concentrado. Dentre esses, o mais utilizado (e que foi, inclusive, adotado pelas Mergers Guidelines estadunidenses a partir de 1984) é o chamado Índice HHI (Herfindhal-Hirschman Index). Inicialmente, calculam-se e somam-se os quadrados das cotas detidas por todas as empresas do mercado:
>
> a) caso, após a operação, o número obtido for inferior a 1.000, o mercado é considerado pouco concentrado, e conclui-se que a operação de concentração não produziu efeitos anticoncorrenciais;
>
> b) caso o número obtido, após a operação de concentração, oscile entre 1.000 e 1.800, o mercado é considerado moderadamente concentrado, e apenas as operações que provocam um aumento inferior a 100 são normalmente compatíveis; em caso de aumento superior a 100, a operação deve ser apreciada tomando-se por base outros critérios;
>
> c) se o número obtido for superior a 1.800, o mercado é tido como altamente concentrado, e somente as operações que incrementam o número até 50 são admissíveis. Alterações da ordem de 50 a 100 indicam que a operação deve ser avaliada a luz de outros critérios. Se o aumento for, ao invés, igual ou superior a 100, presume-se que a operação implica excessiva concentração de poder de mercado. Essa presunção poderá ser, todavia, afastada, caso comprovado que o negócio não cria ou reforça o poder de mercado detido pela empresa gerada pela operação de concentração[476].

Deveras, "a portaria Conjunta SDE/SEAE 50, de 01.08.2001, indica o CR4 como ferramenta de análise, pois considera que 'uma concentração gera o controle de parcela de mercado suficientemente alta para viabilizar o exercício coordenado de poder de mercado sempre que': (i) 'a concentração tornar a soma da participação de mercado das quatro maiores empresas (C4) igual ou superior a 75%', e 'a participação da nova empresa

476. FORGIONI, Paula A. Os Fundamentos do antitruste. São Paulo: Revista dos Tribunais, 2013, p. 415.

formada for igual ou superior a 10% do mercado relevante'. Não obstante, em muitos julgados, nossas autoridades antitruste valem-se do HHI para dissecar a prática[477].

Os índices de concentração do mercado vêm a dar concretude à regra da razão, que recomenda não se rejeitar atos cujo efeito anticoncorrencial seja pequeno. Assim, os índices mostram, com maior ou menor grau de acuidade, mas com relativa segurança, o quanto o ato de concentração interfere na estrutura de mercado. Se os efeitos forem mínimos, não há que se rejeitar o negócio dos particulares.

Nenhum dos dois índices, contudo, se mostra obrigatório. No direito brasileiro, a obrigatoriedade decorre de lei ou de ato normativo vinculante. Não obstante, nem a Lei 12.529/2011 nem qualquer ato regulamentar obrigatório estabelece qual índice deverá o CADE utilizar.

Trata-se, na verdade, de ferramentas úteis ou até mesmo necessárias para o direito antitruste, mas que não devem mesmo vincular o aplicador da lei, sob pena transformar o julgador em mero aplicador de fórmulas matemáticas.

A escolha entre um índice e outro é legítima, cabendo aos julgadores justificar sua escolha, eventualmente comparar os resultados advindos da aplicação de um ou outro índice, e fundamentar devidamente sua decisão.

Ademais, a análise no nível de concentração não é o único elemento relevante nos julgamentos do CADE, sendo de suma importância perquirir, a partir do nível de concentração encontrado, quais são os efeitos prováveis daquele ato de concentração no mercado relevante, como a criação de barreiras para novas empresas entrarem no mercado.

Vejamos, pois, a última etapa do julgamento dos atos de concentração, onde o julgador deve apreciar o efeito líquido dos atos apreciados.

1.5.3. Reprovação, aprovação e aprovação condicionada dos atos de concentração

Diante de um ato de concentração, cabe ao CADE aprová-lo, rejeitá-lo, ou aprová-lo mediante condições.

Os §§ 5º e 6º, do art. 88, da Lei 12.529/2011 fornecem a referência normativa para as decisões do CADE. Vejamos:

> Art. 88.
>
> [...]
>
> § 5º Serão proibidos os atos de concentração que impliquem eliminação da concorrência em parte substancial de mercado relevante, que possam criar ou reforçar uma posição dominante ou que possam resultar na dominação de mercado relevante de bens ou serviços, ressalvado o disposto no § 6º deste artigo.
>
> § 6º Os atos a que se refere o § 5º deste artigo poderão ser autorizados, desde que sejam observados os limites estritamente necessários para atingir os seguintes objetivos:

477. FORGIONI, Paula A. Os Fundamentos do antitruste. São Paulo: Revista dos Tribunais, 2013, p. 416.

I – cumulada ou alternativamente:

a) aumentar a produtividade ou a competitividade;

b) melhorar a qualidade de bens ou serviços; ou

c) propiciar a eficiência e o desenvolvimento tecnológico ou econômico; e

II – sejam repassados aos consumidores parte relevante dos benefícios decorrentes

A primeira parte do § 5º proíbe, em princípio, os atos de concentração que impliquem eliminação da concorrência em parte substancial do mercado relevante, que possam criar ou reforçar uma posição dominante ou que possam resultar na dominação de mercado relevante de bens ou serviços. Falamos, até este ponto, na apuração do mercado relevante e do nível de concentração gerado pelo ato analisado, como vimos nos itens anteriores.

Vejamos um exemplo em que o CADE não aprovou a concentração:

> Cade não autoriza compra da Condor pela Tigre [478]
>
> O Tribunal do Conselho Administrativo de Defesa Econômica – Cade reprovou, nesta quarta-feira (02/09), a compra da totalidade das quotas do capital da Condor Pincéis Ltda. pela Tigre S/A – Tubos e Conexões (AC 08700.009988/2014-09). [...]
>
> A Condor Pincéis é responsável pela fabricação e comercialização de ferramentas para pintura artística e escolar e para pintura imobiliária. Já a Tigre S/A – Tubos e Conexões pertence ao Grupo Tigre, também formado pelas empresas Pincéis Tigre – Ferramentas para Pintura, Plena – Acessórios em PVC, Claris – Portas e Janelas em PVC e Tigre ADS – Tubos Corrugados em PEAD. Em seu amplo portfólio de produtos, o Grupo Tigre comercializa pincéis, trinchas, rolos, broxas, escovas e acessórios para pintura.
>
> O conselheiro relator do ato de concentração, Márcio de Oliveira Júnior, acompanhou entendimento da Superintendência-Geral do Cade de que a operação, tal como apresentada, resultaria em prejuízos ao setor, como elevada concentração, barreiras à entrada e baixa rivalidade em alguns mercados. Para sanar as preocupações concorrenciais, as empresas propuseram ao órgão antitruste a assinatura de um ACC, que foi negociado pelo gabinete do relator do caso.
>
> Para o conselheiro, o pressuposto para a análise dos remédios propostos pelas requerentes – que eram comportamentais – seria a existência de remédios estruturais que também afastassem os efeitos anticompetitivos decorrentes da operação. Desse modo, foram apresentadas pelo Cade medidas que deveriam ser somadas àquelas trazidas pelas empresas.
>
> A primeira medida estrutural apresentada seria a venda de ativos no mercado de pincéis, inserido na chamada Linha Artística. Isso porque, após a operação, a participação conjunta nesse mercado ultrapassaria 65% e não há outros agentes capazes de concorrer com Tigre e Condor no segmento.
>
> Já para a Linha Imobiliária – que abrange trinchas, rolos, acessórios para pintura, broxas e escovas –, o conselheiro Oliveira Júnior propôs a venda de

478. Cade não autoriza compra da Condor pela Tigre. Disponível em: http://www.cade.gov.br/Default.aspx?54e736c35db249ca5fec7ed36dd3. Acesso em 17/11/2015.

> centros de distribuição dos produtos. A medida obrigaria a redução de estruturas duplicadas de distribuição, que seriam resultantes da união das empresas, e teria potencial de diminuir o preço do produto final, caso houvesse repasse efetivo da redução de custos ao consumidor.
>
> "Por outro lado, a disponibilização desses centros a terceiros poderia conferir uma vantagem competitiva a outros players de modo a incrementar a rivalidade no mercado", explicou Oliveira Júnior.
>
> Por fim, foi proposto que a Tigre não poderia ficar com a marca Condor. A solução apresentada pelo Cade diz respeito à concessão da licença da marca a outro concorrente. Para o relator, o licenciamento, ainda que temporário, da marca Condor à Tigre tem o potencial de suprimir essa importante marca do mercado, o que reduziria as opções ao consumidor na busca de produtos que substituíssem os da Tigre.
>
> [...]

Isso não significa que todo ato de concentração com potenciais anticompetitivos será rejeitado no ordenamento jurídico brasileiro.

Como observa Calixto Salomão Filho, a regra da razão que era entendida em sentido clássico como a vedação a atos que representassem redução "desarrazoada" para a concorrência, passou a ser entendida também como a vedação de atos "injustificados".[479] Assim, a regra da razão que autorizava atos concentracionistas com baixos efeitos anticompetitivos, passou também a aceitar atos concentracionistas com efeitos anticompetitivos mais elevados, se deles decorressem efeitos econômicos positivos líquidos.

A **aprovação de um ato de concentração de empresas**, portanto, passa a **depender tanto do nível de concentração do mercado**, quanto da **comparação entre os efeitos positivos e negativos que o ato pode surtir**.

Neste ponto, tem aplicação a segunda parte do § 5º, do art. 88, da Lei 12.529/2011, vale dizer, a ressalva, que recomenda a aplicação do parágrafo seguinte.

No § 6º, do art. 88, da Lei 12.529/2011, constam os efeitos positivos que a lei brasileira acolhe como fatores que justificam o ato de concentração.

Não é nosso interesse dissertar sobre os fundamentos econômicos dos objetivos listados pela norma brasileira, nem repetir as noções básicas de economia que lançamos na introdução deste trabalho e nas primeiras linhas acerca do direito da concorrência.

Cabe, agora, fazer breve análise jurídica da norma, baseada, principalmente, na estrutura do dispositivo.

Permite o § 6º, do art. 88, da Lei 12.529/2011, atos de concentração, desde que sejam observados os limites estritamente necessários para atingir dois objetivos: 1. a concretização de eficiência econômica (inciso I) e 2. o repasse de parte desta eficiência para o consumidor (inciso II).

479. SALOMÃO FILHO, Calixto. Direito Concorrencial. São Paulo: Malheiros, 2013, p. 210-211.

Daí decorrem duas conclusões. A primeira delas é que **a lei não autoriza qualquer ato de concentração, mas apenas a concentração que permita a geração da eficiência.** Dessa forma, o CADE somente pode aprovar o ato de concentração com fundamento no limite necessário para gerar a eficiência, não mais do que o necessário. Esta eficiência, como dissemos, tem que ser líquida, vale dizer, devem superar, além do efeito anticompetitivo, eventuais efeitos negativos dela decorrente.

Conclui-se, também, que a **geração da eficiência e o repasse de parte desta eficiência para o consumidor são condições cumulativas**. Não basta que a eficiência seja atingida, mas ela tem que ser repassada ao interessado mais direto no processo, o consumidor.

Cumpre acrescentar que a lei especifica quais são as eficiências que podem justificar os atos de concentração: aumento da produtividade ou da competitividade, melhoria da qualidade de bens ou serviços e promoção de eficiência e de desenvolvimento tecnológico ou econômico.

Enquanto a **geração da eficiência e seu repasse ao consumidor são condições cumulativas** para justificar o ato de concentração, quaisquer das eficiências listadas pelo legislador servem ao propósito. **Os tipos de eficiências, portanto, são alternativos, não cumulativos**, devendo apenas ser bastantes, para que possam ser repassados ao consumidor.

A lei apresenta as **eficiências em três grupos**. No primeiro deles, fala em **aumento da produtividade ou da competitividade**. Produtividade e competitividade são noções ligadas, mas não idênticos. O aumento da produtividade é apreciado no âmbito das próprias empresas envolvidas no ato de concentração. Separadamente as empresas, por hipóteses, conseguem produzir 100 unidades de um produto por dia, para cada montante de capital investido. Com a fusão e a combinação de esforços, a produção diária pelo mesmo volume de capital investido pode subir para 120 unidades. Haverá, assim, aumento de produtividade. Haverá, também, aumento de competitividade, se este ganho de produtividade permitir que a nova empresa atue, por exemplo, no mercado internacional, onde a competição consegue a produtividade de 110 unidades para o mesmo volume de capital investido.

A competitividade, portanto, é conceito relativo, que depende da comparação da produtividade de mais de uma empresa ou de uma empresa com o mercado onde atua.

Tanto o aumento da produtividade quanto da competitividade se faz sentir pelo, ou é repassada para o consumidor via redução de preços.

A **melhoria da qualidade de bens ou serviços** não demanda maiores explicações. Repassa-se esta eficiência ao consumidor, com a manutenção dos preços. Do contrário, se houver elevação de preços, os consumidores, ao revés de partilhar do ganho obtido pela empresa, será alijado do mercado.

Por fim, a lei menciona **eficiência e desenvolvimento tecnológico ou econômico**. Apresenta, assim, quatro ideias, também próximas, as de eficiência e de desenvolvimento tecnológico e as de eficiência e desenvolvimento econômico.

O desenvolvimento econômico é noção bastante intuitiva, que também não demanda maiores explanações. A eficiência econômica, noção também simples, refere-se ao aperfeiçoamento de métodos de gestão e administração, bem como o acesso a fontes de financiamento e a mercados que a empresa individual, antes do processo de concentração não conseguiria obter.

A eficiência tecnológica seria uma das possíveis eficiências econômicas, dado que a tecnologia é um dos fatores – cada vez mais importante – de produção. Atinge eficiência tecnológica aquela empresa que consegue empregar novas tecnologias de produção. De outro turno, o desenvolvimento tecnológico é noção mais específica, ligada a geração de tecnologia pelas próprias empresas partícipes do ato de concentração. Sugere o termo que sejam justificados atos concentracionistas se as empresas em conjunto se mostrarem aptas a gerar novas tecnologias, não apenas a acessar tecnologias já existentes.

Tanto a eficiência quanto o desenvolvimento econômico e tecnológico são repassados ao consumidor via melhoria na qualidade dos produtos, redução de preços e também pelo desenvolvimento de produtos e serviços novos.

Em resumo, **os atos de concentração que apresentarem potenciais efeitos anticompetitivos no mercado relevante podem ser aprovados**, caso, **cumulativamente**, **gerem eficiências e transfiram parte da eficiência para os consumidores**. Qualquer eficiência apresentada pela lei pode autorizar o ato de concentração, não sendo necessária a produção cumulativa de eficiências. É necessário, porém, que a eficiência seja bastante para que possa ser repassada ao consumidor.

As decisões do CADE, porém, não estão limitadas a aprovar ou reprovar atos de concentração.

Pode o Tribunal da Concorrência, com fundamento nos termos "observados os limites estritamente necessários para atingir os seguintes objetivos [...]', do § 6º, do art. 88, da Lei 12.529/2011, bem como da previsão das eficiências pelas alíneas do mesmo dispositivo, limitar a dimensão do ato contracionista ou exigir o comprometimento com os resultados apontados pelos interessados no ato. Vamos ver um exemplo:

> Aquisição da Veyance pela Continental recebe aval do Cade [480]
>
> O Conselho Administrativo de Defesa Econômica – Cade autorizou nesta quinta-feira (29/01), com restrições, a aquisição, pela Continental Aktiengesellschaft, do controle da Veyance Technologies, Inc. As empresas são fabricantes de peças automotivas, produtos de borracha, mangueiras, equipamentos industriais, entre outros produtos.
>
> A aprovação da operação (Ato de Concentração 08700.004185/2014-50) está condicionada ao cumprimento de medidas previstas em um Acordo em Controle de Concentrações – ACC firmado entre o órgão antitruste e as requerentes.
>
> De acordo com a conselheira relatora, Ana Frazão, o ato de concentração tem potencial de gerar exercício de poder de mercado nos segmentos de correias

480. Aquisição da Veyance pela Continental recebe aval do Cade. Disponível em:

> transportadoras pesadas de cabo de aço (utilizadas nos setores de mineração, siderurgia e construção) e de molas pneumáticas (usadas como componentes do sistema de suspensão de veículos de carga pesada).
>
> Em ambos os setores a aquisição da Veyance pela Continental representa a união entre a líder e a sua terceira maior concorrente, que, juntas, passarão a deter mais de 50% de participação nesses mercados.
>
> Para mitigar os problemas concorrenciais identificados, as empresas firmaram acordo com o Cade comprometendo-se a alienar a planta da Veyance localizada em San Luis Potosi, no México, que produz molas pneumáticas. Foi estabelecida ainda a venda da fábrica de correias transportadoras de cabos de aço localizada em São Paulo, que também pertence à Veyance.
>
> No que se refere ao mercado de molas pneumáticas, o ACC prevê as mesmas obrigações assumidas com os Estados Unidos como requisito para a aprovação da operação no país. A adesão a esse remédio também já havia ocorrido no Canadá e no México. No entanto, para assegurar a operacionalidade do negócio alienado, o acordo celebrado com o Cade abrange não somente as instalações físicas, como também todos os seus ativos intangíveis, incluindo marcas, patentes, contratos com clientes, softwares, etc.
>
> [...]

De fato, o CADE não está adstrito à proposta do ato conforme elaborado pelos interessados. Imaginemos que dois grupos econômicos queiram se fundir integralmente. O CADE, verificando que a fusão integral fere a concorrência não é necessária para a obtenção das eficiências, pode autorizar a operação, condicionada, por exemplo, à venda de uma ou algumas empresas do grupo a terceiros.

Pode também, exigir garantias das empresas envolvida no ato de concentração, como condicionante para o ato pretendido, para assegurar que as eficiências sejam mesmo atingidas e repassadas aos consumidores, evitando, assim, que as promessas dos agentes econômicos sejam descumpridas e o ato redunde à atuação monopolista.

1.6. Revisão dos atos de concentração

A aprovação dos atos de concentração pelo CADE, com ou sem condicionantes, não constitui garantia absoluta para os interessados.

Compete à autarquia tanto revisar a autorização, se baseada em elementos falsos, como monitorar os agentes econômicos e revisar a autorização caso sejam descumpridas as obrigações assumidas. Vejamos o que dispõe o art. 91, da Lei 12.529/2011:

> Art. 91. A aprovação de que trata o art. 88 desta Lei poderá ser revista pelo Tribunal, de ofício ou mediante provocação da Superintendência-Geral, se a decisão for baseada em informações falsas ou enganosas prestadas pelo interessado, se ocorrer o descumprimento de quaisquer das obrigações assumidas ou não forem alcançados os benefícios visados.
>
> Parágrafo único. Na hipótese referida no caput deste artigo, a falsidade ou enganosidade será punida com multa pecuniária, de valor não inferior a R$ 60.000,00 (sessenta mil reais) nem superior a R$ 6.000.000,00 (seis milhões de reais), a ser aplicada na forma das normas do Cade, sem prejuízo

da abertura de processo administrativo, nos termos do art. 67 desta Lei, e da adoção das demais medidas cabíveis.

A previsão legal constitui, mais do que atribuição do CADE, verdadeira condição de efetividade das decisões da autarquia, no âmbito da análise de atos de concentração.

Vejamos um caso de revisão:

> Cade revisa operação envolvendo JBS e Rodopa[481]
>
> Na sessão de julgamento desta quarta-feira (18/10), o Conselho Administrativo de Defesa Econômica – Cade revisou as condições estabelecidas no Acordo em Controle de Concentrações – ACC firmado com a JBS S/A, a Rodopa Indústria e Comércio de Alimentos Ltda. e a Forte Empreendimentos e Participações Ltda. O termo foi celebrado em 2014 como condição para que o Conselho aprovasse a operação em que a JBS arrendou três unidades de abate de bovinos da Rodopa e da Forte localizadas nos municípios de Santa Fé do Sul (SP), Cassilândia (MS) e Cachoeira Alta (GO).
>
> A revisão do ato de concentração (AC 08700.010688/2013-83) foi recomendada pela Procuradoria Federal especializada junto ao Cade – ProCade, em razão de uma série de descumprimentos, por parte das requerentes, das medidas adotadas no ACC para afastar os problemas concorrenciais identificados durante a análise da operação.
>
> Ao rever o ato de concentração, o conselheiro relator, Márcio de Oliveira Júnior, estabeleceu novos prazos e condições para que as empresas cumpram todas as obrigações comportamentais e estruturais do ACC – excluídas as de caráter contínuo. Isso significa que as requerentes terão um prazo (confidencial) para resolver as pendências com o Cade e comprovar o cumprimento das medidas, caso decidam manter o arrendamento vigente até a data original do contrato.
>
> O não atendimento dessa decisão até a data estipulada acarretará no desfazimento da operação, nos termos do voto do conselheiro relator.
>
> [...]
>
> Descumprimentos
>
> Pelo acordo celebrado em 2014, a JBS se comprometeu a manter as plantas arrendadas da Rodopa em funcionamento os mesmos níveis médios de abate de bovinos realizados em 2013, ano de notificação do ato de concentração. No entanto, segundo Oliveira Júnior, a empresa manteve por pouco tempo os níveis exigidos no ACC.
>
> As partes também deveriam alienar uma das marcas da Rodopa e duas unidades de abate de bovinos da empresa inativas na época, por meio de venda a terceiros que não pertencessem ao grupo econômico da JBS. No entanto, constatou-se que a JBS continua operando com a marca e que as plantas não foram vendidas. O conselheiro destacou, porém, que uma dessas plantas não foi alienada devido a uma pendência judicial que já estava prevista no acordo firmado com o Cade.

481. Disponível em: http://www.cade.gov.br/cade-revisa-operacao-envolvendo-jbs-e-rodopa. Acesso em 15/12/2016.

A revisão pode determinar alteração nos termos do ato de concentração ou mesmo seu cancelamento, com as medidas necessárias para o desfazimento do ato jurídico.

2. OS ACORDOS ENTRE EMPRESAS

2.1. Introdução

O direito antitruste procura combater os acordos entre empresas que podem surtir efeitos danosos à concorrência.

Tais acordos podem ser, por si, por seu objeto ou sua finalidade, práticas ilícitas autônomas ou constituir meio para a realização de outras práticas ilícitas.

Paula Forgioni classifica os acordos como objeto autônomo da lei antitruste, a par dos atos de concentração e das práticas abusivas[482]. Calixto Salomão Filho, a seu turno, trata dos acordos como modalidade de condutas ilícitas, ao lado das demais práticas anticoncorrenciais[483].

A legislação brasileira, insere os acordos como modalidades de condutas ilícitas, que podem ser punidas pelas autoridades competentes se tiverem como objeto ou possam produzir os efeitos de limitar, falsear ou de qualquer forma prejudicar a livre concorrência ou a livre-iniciativa, dominar mercado relevante de bens ou serviços, aumentar arbitrariamente os lucros ou exercer de forma abusiva posição dominante, nos termos do art. 36, da Lei 12.529/2011.

De fato, as práticas colusivas estão previstas no elenco exemplificativo do § 3º, do art. 36, da Lei 12.529/2011:

> Art. 36.
>
> [...]
>
> § 3º As seguintes condutas, além de outras, na medida em que configurem hipótese prevista no caput deste artigo e seus incisos, caracterizam infração da ordem econômica:
>
> I – ***acordar, combinar, manipular ou ajustar*** com **concorrente**, sob qualquer forma:
>
> a) os **preços** de bens ou serviços ofertados individualmente;
>
> b) a produção ou a comercialização de uma **quantidade** restrita ou limitada de bens ou a prestação de um número, volume ou frequência restrita ou limitada de serviços;
>
> c) a **divisão** de partes ou segmentos de um **mercado** atual ou potencial de bens ou serviços, mediante, dentre outros, a distribuição de clientes, fornecedores, regiões ou períodos;
>
> d) preços, condições, vantagens ou abstenção em **licitação pública**;

482. Nesta linha, FORGIONI, Paula A. Os Fundamentos do antitruste. São Paulo: Revista dos Tribunais, 2013.

483. Nesta outra vertente, SALOMÃO FILHO, Calixto. Direito Concorrencial. São Paulo: Malheiros, 2013.

> [...]
>
> II – promover, obter ou influenciar a adoção de ***conduta comercial uniforme ou concertada*** entre **concorrentes**;
>
> [...]
>
> VIII – regular mercados de bens ou serviços, **estabelecendo acordos** para limitar ou controlar a pesquisa e o desenvolvimento tecnológico, a produção de bens ou prestação de serviços, ou para dificultar investimentos destinados à produção de bens ou serviços ou à sua distribuição;
>
> [...]

Estas condutas, especialmente as previstas nos incisos I e II, referem-se a acordos entre concorrentes, havendo outras condutas que, embora não mencionem o termo "acordo", podem ser praticadas em conluio entre produtor, fornecedor e distribuidor, como as previstas nos incisos IV (criar dificuldades à constituição, ao funcionamento ou ao desenvolvimento de empresa concorrente ou de fornecedor, adquirente ou financiador de bens ou serviços), IX (impor, no comércio de bens ou serviços, a distribuidores, varejistas e representantes preços de revenda, descontos, condições de pagamento, quantidades mínimas ou máximas, margem de lucro ou quaisquer outras condições de comercialização relativos a negócios destes com terceiros) e X (discriminar adquirentes ou fornecedores de bens ou serviços por meio da fixação diferenciada de preços, ou de condições operacionais de venda ou prestação de serviços), do § 3º, do art. 36, da Lei 12.529/2011.

Elemento comum a qualquer acordo é a existência de **centros negociais autônomos**. É necessário haver duas ou mais empresas independentes, que se unem para atingir finalidades econômicas. Dessa forma, **não pode haver acordo entre uma empresa e sua subsidiária integral**, vez que esta não é autônoma em suas decisões em relação àquela.

A par da classificação acadêmica da autonomia dos acordos como figura autônoma do direito antitruste, importa aplicar a tais fenômenos, o adequado tratamento processual, bem como os adequados institutos de direito concorrencial, que, no direito brasileiro coincidem com os institutos reservados para as condutas anticoncorrenciais (procedimentos previstos pelo art. 48, I a III; compromisso de cessação do art. 85 e programa de leniência, do art. 86, ambos da Lei 12.529/2011).

De outro turno, sob o ponto de vista científico não há como 1. afastar completamente a figura dos acordos das demais condutas nem mesmo dos atos de concentração; 2. negar que os acordos, assim, como os atos de concentração, conjugam forças econômicas capazes de levar à prática de infrações contra a ordem econômica; nem como 3. ignorar as especificidades dos acordos face a outras práticas anticoncorrenciais.

Neste sentido, não é demais notar que mesmo Calixto Salomão Filho, ao tratar das condutas ilícitas do direito da concorrência, separa as práticas em condutas de "exclusão de concorrentes" e condutas de "conluio"[484].

484. SALOMÃO FILHO, Calixto. Direito Concorrencial. São Paulo: Malheiros, 2013.

Baseados nesta última convicção, relativa às características próprias dos acordos face às demais condutas, trataremos da matéria em tópico apartado.

Trataremos, a partir de agora, dos tipos de acordo (horizontais e verticais) e de seus desdobramentos.

2.2. Tipos de acordo

Os acordos entre empresas podem ser considerados ilícitos tanto pela própria prática colusiva, quanto pelo fato de conferir aos partícipes a capacidade de agir como monopolistas.

Esta característica dos acordos é percebida por Paula Forgioni. Segundo a autora, "os acordos entre os agentes econômicos tendem, muitas vezes, a viabilizar a reprodução de condições monopolísticas e, por essa razão são tradicionalmente regulamentados pelas legislações antitruste. A união entre agentes (concorrentes ou não) é capaz de dar lugar a poder econômico tal que permita aos partícipes desfrutar de posição de indiferença e independência em relação a outras empresas, impactando o funcionamento do mercado. Os acordos podem diminuir as oportunidades de negócios para os não participantes, excluindo-os ou prejudicando-os no jogo concorrencial"[485].

Nem sempre os acordos de agentes econômicos são prejudiciais à concorrência. A literatura menciona a possibilidade de acordos de compartilhamento de informações e de tecnologias, que visam a beneficiar todos os participantes do mercado, sem interferir na concorrência entre eles. Também são comuns a associações de classe, com finalidade educacional ou recreativa, que nada têm de ilícito, salvo se utilizados como fachada para a prática de atos anticoncorrenciais.

> Abrinq é condenada por infrações à ordem econômica[486]
>
> Em sessão realizada nesta quarta-feira (19), o Tribunal do Conselho Administrativo de Defesa Econômica – Cade condenou a **Associação** Brasileira dos Fabricantes de Brinquedos – Abrinq e o presidente da entidade, Synésio Batista da Costa, por infrações à ordem econômica (Processo Administrativo 08012.009462/2006-69). Ambos foram multados em R$ 6,3 mil.
>
> Em setembro de 2006, a Abrinq convocou reunião com associados e demais representantes do setor durante a qual foram discutidos fixação de preços mínimos para importação de brinquedos; estabelecimento de quotas fixas e individuais para importadores; criação de barreiras à entrada de novos agentes e dificuldades de permanência para agentes determinados.
>
> O encontro contou com a participação de funcionários de alto-escalão das empresas participantes, entre eles sócios-fundadores, presidentes e diretores comerciais e de vendas.
>
> As informações discutidas na reunião, destaca-se a divisão de mercado e a entrada de novos players, foram consideradas sensíveis do ponto de vista concorrencial, conforme afirmou o conselheiro relator do voto-vista, Paulo Burnier.

485. FORGIONI, Paula A. Os Fundamentos do antitruste. São Paulo: Revista dos Tribunais, 2013, p. 333-4.

486. Abrinq é condenada por infrações à ordem econômica. Disponível em: http://www.cade.gov.br/Default.aspx?300313e63ed328eb3e0b5cf54207. Acesso em 17/11/2015.

> De acordo com ele, a entidade atuou para limitar, falsear ou de qualquer forma prejudicar a livre concorrência ou a livre iniciativa. O conselheiro lembrou que a troca de informações constitui atividade natural das associações comerciais ou de classe, mas, ao mesmo tempo, o intercâmbio de dados entre concorrentes deve ser sempre parcimonioso, de modo a evitar que se tenha acesso a elementos sensíveis, como preços em geral, políticas de desconto e portfólio de clientes.
>
> Para Burnier, a associação extrapolou seu papel legítimo de associação. "Ela desempenhou uma função perigosa, de articuladora do setor. A Abrinq e seu presidente viabilizaram a troca de informações concorrencialmente sensíveis entre os agentes econômicos presentes na reunião, como fabricantes, importadores, montadores e distribuidores de brinquedos no país", explicou.

Nossa preocupação, naturalmente, se dirige aos acordos ilícitos, os quais o direito antitruste procura combater.

Os **acordos** são classificados como **horizontais ou verticais**, conforme sejam travados por agentes que atuam no mesmo mercado relevante (concorrentes) ou em etapas distintas do mesmo processo produtivo (fornecedores, produtores e distribuidores). Leciona Paula Forgioni:

> **Acordos horizontais** são aqueles celebrados entre agentes econômicos que atuam no mesmo mercado relevante (geográfico e material) e estão, portanto, em direta relação de concorrência.
>
> Já os **acordos verticais** disciplinam relações entre agentes econômicos que desenvolvem suas atividades em mercados relevantes diversos, muitas vezes complementares. Quando se fala em acordos verticais, em teoria da organização industrial e em antitruste, lida-se com imaginária linha vertical que nos conduz, através da extração da matéria-prima, das várias fases da produção e da comercialização, até o comprador final do produto. Por exemplo, o acordo entre empresa fabricante e outra distribuidora configura acordo vertical, ou entre a franqueadora e seus franqueados.
>
> Essa distinção entre os tipos de acordo não se opera simplesmente para fins didáticos, pois evidencia os diversos efeitos produzidos para a concorrência[487].

De fato, tanto as razões que levam a formação de acordos quanto os efeitos anticoncorrenciais destes divergem quando se trata de concorrentes ou de não concorrentes, ligados pela mesma linha do processo produtivo.

De plano, os acordos entre concorrentes são muito mais propensos a caracterizar ilícitos anticoncorrenciais, por atuar, em regra, nas principais variáveis da concorrência: preço, quantidade, qualidade e mercado.

Lembra Calixto Salomão Filho que "se os acordos aqui tratados são puros, seus objetos só podem ser as principais variáveis concorrenciais. São elas, sem dúvida, preço, quantidade, qualidade e mercado. [...]"[488]

487. FORGIONI, Paula A. Os Fundamentos do antitruste. São Paulo: Revista dos Tribunais, 2013, p. 334
488. SALOMÃO FILHO, Calixto. Direito Concorrencial. São Paulo: Malheiros, 2013, p. 536.

Embora não caiba falar em ilícitos per se, também nos acordos horizontais, dificilmente a regra da razão encontra justificativas para as condutas.

Trata-se com mais condescendência, por exemplo, dos cartéis da crise, aqueles em que as empresas se unem, em momentos de dificuldade econômica, para manter sua existência, que de outro modo ficaria inviabilizada. É dizer, além dos obstáculos inerentes à competição, as empresas teriam que superar também a crise econômica.

De outro turno, os acordos verticais são, com frequência, atitudes normais de mercado, como ocorre com as franquias, em que uma empresa se compromete a vender exclusivamente bens e serviços de outra empresa, fornecedora, em troca de estrutura, *know how* e expertise.

Isso não significa dizer, contudo, que os acordos verticais são sempre lícitos.

Vejamos um pouco mais sobre os tipos de acordo.

2.3. Acordos horizontais

Os acordos verticais são aqueles **pactuados entre os concorrentes**. Afirma Paula Forgioni, sem qualquer dissonância na doutrina, que "as avenças entre empresas concorrentes (que atuam, pois, no mesmo mercado relevante geográfico e material) e que visam a neutralizar a concorrência existente entre elas são denominados cartéis"[489].

O termo cartel, pois, é restrito a acordos horizontais, entre concorrentes, que visam mitigar a concorrência entre seus membros.

A previsão dos incisos I, II e VIII, do § 3º, do art. 36, da Lei 12.529/2011 nos permite partir para algumas das classificações dos cartéis.

Quanto ao objeto, podemos encontrar cartéis de preço, de quantidade, de divisão de mercado. A divisão do mercado pode ocorrer em termos geográficos ou em termos de qualidade do produto, quando alcança parcelas distintas de faixa de renda.

Em geral, fala-se do cartel independente do destinatário dos bens ou serviços, mas a lei cria previsão expressa para os cartéis voltados a obter vantagens em licitações públicas.

> Cade investiga cartel em licitações públicas para aquisição de medicamentos [490]
>
> A Superintendência-Geral do Conselho Administrativo de Defesa Econômica – Cade instaurou, nesta quinta-feira (02/04), processo administrativo para apurar suposta prática de cartel em licitações públicas destinadas à aquisição de medicamentos (PA 08012.002222/2011-09). Entre os remédios estão antidepressivos, ansiolíticos, analgésicos, sedativos, anticoagulantes, além de medicamentos para hipertensão, refluxo e tosse.
>
> As evidências apontam que 15 empresas teriam mantido frequente comunicação com o objetivo de se coordenarem para fixar preços e combinar condições e

489. FORGIONI, Paula A. Os Fundamentos do antitruste. São Paulo: Revista dos Tribunais, 2013, p. 338.

490. Cade investiga cartel em licitações públicas para aquisição de medicamentos. Disponível em: http://www.cade.gov.br/Default.aspx?f84cda2ec75db37f8bb88bd86fd8. Acesso em 17/11/2015.

> vantagens em licitações, de modo a restringir a concorrência e o caráter competitivo dos certames. A prática teria ocorrido, ao menos, desde 2007 até 2011, em alguns estados brasileiros, como Minas Gerais, São Paulo, Bahia e Pernambuco.
>
> [...]
>
> De acordo com a Superintendência, dirigentes e representantes [das] destas empresas monitoravam as licitações para acertar previamente quais seriam as vencedoras e os valores a serem ofertados por cada uma. Além disso, combinavam como os lotes das licitações seriam divididos; quais empresas apresentariam propostas ou lances de cobertura; e quais retirariam suas propostas ou não apresentariam lances.
>
> [...]

Em outra classificação, podemos distinguir os cartéis formados independentemente de uma liderança, em que empresas com poderio econômico similar se unem e em cartéis com liderança, em que uma empresa com poder econômico superior determina o comportamento dos demais agentes do mercado.

Paula Forgioni também apresenta uma classificação dos cartéis, notadamente os cartéis de preço:

> Podemos individualizar dois tipos de acordos de uniformização de preços, conforme a estrutura do mercado relevante em que atuam os partícipes:
>
> a) acordos celebrados ente agentes econômicos que possuem poder econômico semelhante, como:
>
> – acordos que determinam a elevação do preço de determinado produto seguindo percentual fixo (v.g., todos os produtores aumentam os preços de seus produtos em 5%, uma vez a cada semestre); a ilicitude pode estar presente ainda que os preços praticados pelos partícipes sejam diversos;
>
> – acordos mediante os quais agentes econômicos concorrentes fixam o preço de venda ou ainda fixam preço mínimo de venda;
>
> – acordos de estabilização de preços, efetivados mediante a recompensa sistemática de produtos no mercado pelos próprios agentes econômicos fabricantes;
>
> b) *price leadership*, em que há um agente econômico com poder suficiente para impor sua política de preços aos demais participantes do mercado[491].

A criação e a manutenção dos cartéis não é, ao contrário do que se pode imaginar, tarefa simples. São muitos os fatores que influenciam no estabelecimento do acordo e vários outros que estimulam seu rompimento.

Paula Forgioni elenca alguns dos elementos que caracterizam a predisposição do mercado para a formação do cartel. Seriam estes o baixo número de agentes do mercado (quanto maior o número de competidores, mais difícil e mais caro manter o acordo), a homogeneidade do produto (que facilita a identificação dos concorrentes e dificulta a

491. FORGIONI, Paula A. Os Fundamentos do antitruste. São Paulo: Revista dos Tribunais, 2013, p. 342.

quebra do acordo, em relação a acordos em torno de produtos apenas similares), a baixa elasticidade da procura em relação ao preço (situação em que os preços elevados não reduzem a demanda), a existência de barreiras para a entrada de novos agentes (pois a elevação do preço elevado não atrai outros competidores, não participantes do acordo), o mercado retraído (que também dificulta o ingresso no mercado de novos agentes fora do acordo), e a estrutura do mercado dos adquirente do produto (quanto menor o número de adquirentes, mais fácil detectar as quebras do cartel)[492].

De outro turno, também não é fácil provar a existência dos acordos ou caracterizar as condutas como ilícitas.

Os acordos dificilmente são formalizados por documento escrito e aparente comportamento similar na definição dos preços entre concorrentes pode decorrer de estratégias similares dos concorrentes individuais, não de acordos velados, ou do chamado paralelismo consciente, em que as empresas reproduzem, intencionalmente, o comportamento de seus concorrentes. Afirma Paula Forgioni:

> Muitas vezes, a identificação do caráter anticoncorrencial de uma prática colusiva é tarefa difícil, pois, ao observar o mercado, o intérprete pode deparar-se com preços semelhantes que decorrem não de um acordo, mas do funcionamento normal daquele setor econômico. A existência *de price leadership* ou mesmo de comportamento uniforme das empresas não implica necessariamente abuso de posição dominante. Ao contrário, a semelhança das estratégias pode ser decorrência de processo normal de competição. A doutrina especializada dá o nome de 'paralelismo consciente' a esse fenômeno, que geralmente ocorre me mercados com reduzido número de agentes.[493]

Sobremais, para que se caracterize a infração e seja aplicada a penalidade, não basta apenas que se identifique que uma empresa se espelhou no comportamento de outra. Faz-se necessário efetiva prova do acordo.

> Cade condena cartel de combustíveis no Espírito Santo [494]
>
> O Tribunal do Conselho Administrativo de Defesa Econômica – Cade condenou, na sessão de julgamento desta quarta-feira (20/05), 27 postos e nove pessoas físicas por formação de cartel no mercado de combustíveis na região metropolitana de Vitória, no Espírito Santo (Processo Administrativo 08012.008847/2006-17). A prática anticompetitiva ocorreu entre 2006 e 2007. No total, foram aplicados aproximadamente R$ 65,7 milhões em multas.
>
> De acordo com o conselheiro relator do caso, Márcio de Oliveira Júnior, os cartelistas se organizavam na tentativa de sempre debater suas estratégias de negócio antes de implementar qualquer novidade no ambiente concorrencial da região. Desse modo, a condenação se baseou tanto na evidência econômica que demonstrou o **paralelismo de preços** de revenda de combustíveis na

492. FORGIONI, Paula A. Os Fundamentos do antitruste. São Paulo: Revista dos Tribunais, 2013, p. 344-5.

493. FORGIONI, Paula A. Os Fundamentos do antitruste. São Paulo: Revista dos Tribunais, 2013, p. 347.

494. Cade condena cartel de combustíveis no Espírito Santo. Disponível em: http://www.cade.gov.br/Default.aspx?8ea170b94bc057dc2916293a143a. Acesso em 17/11/2015.

região quanto na evidência de **atuação articulada** entre os concorrentes para fixação de preços e compartilhamento de informações concorrencialmente sensíveis.

Foram usadas como provas para a condenação interceptações telefônicas realizadas a pedido do Ministério Público do Estado do Espírito Santo e compartilhadas com o Cade, além de outras provas reunidas durante a instrução do caso no órgão antitruste. Os diálogos demonstraram a articulação entre os postos concorrentes para praticarem preços iguais ou com diferença mínima. [...].

Quando há documentos escritos, também se faze necessário que sejam robustos o bastante, para terem força probatória, como revela o precedente:

> APELAÇÃO CÍVEL. ADMINISTRATIVO E PROCESSUAL CIVIL. INFRAÇÃO À ORDEM ECONÔMICA. ARTIGOS 20, I, III e IV, c.c. art. 21, I, IV, V e XIII, da Lei 8.884/94. AUSÊNCIA DE PROVAS. NULIDADE DO PROCESSO ADMINISTRATIVO. [...]
>
> [...]
>
> 3. O único ato concreto citado pelo CADE, a ensejar uma condenação das empresas, foi a reunião ocorrida em 27/07/1999 e a ata dela resultante, mas não há prova de que a referida reunião tenha resultado em acordo prejudicial à livre concorrência, ou mesmo que tenha se destinado a tal fim.
>
> 4. Preliminarmente, não é a ausência de assinatura da ata ou a informalidade da reunião que lhe retiram a força probatória, visto que não se espera formalidades em ajustes ilícitos; mas as informações contidas no documento apresentado, aliadas às circunstâncias em que se deu a reunião, segundo os depoimentos colhidos nos autos do processo administrativo.
>
> 5. Não ficou claramente demonstrado, pelo conteúdo da ata, se os participantes queriam efetivamente dificultar a introdução dos medicamentos genéricos no mercado ou se apenas discutiam estratégias de mercado a serem adotadas em face da nova realidade que se apresentava.
>
> 6. Na ata da reunião não há registro de deliberações, discordâncias ou concordâncias com a matéria supostamente acordada. Alguns dos presentes ao evento foram enviados por seus chefes sem saber quais seriam os temas abordados. A reunião realizou-se a portas abertas, sendo que determinados membros chegaram atrasados, outros se ausentaram cedo, além de se ter relatado a ocorrência de conversas paralelas e ausência de deliberações objetivas. Tudo indica que as idéias perpetradas mais parecem sugestões acerca do posicionamento a ser tomado ante a entrada de medicamentos genéricos no mercado.
>
> 7. Além disso, os presentes à reunião não eram dirigentes das empresas e em nenhum momento ficou comprovado que tinham poderes para fechar acordo. Não que houvesse de se provar delegação expressa para um ato ilícito, mas ao menos deveria estar demonstrado que as atribuições/cargos exercidos eram dotados de independência funcional compatível com a assunção dos compromissos que se diz terem sido realizados.
>
> [...]
>
> (TRF1, T6, AC 2007.34.00.044419-6/DF; Desembargador Federal Kassion Nunes Marques, e-DJF1 de 29/5/2015)

De outro lado, algumas atitudes concertadas expressas podem ser consideradas legítimas. Veja-se, por exemplo, o julgado do TRF1, acerca da divulgação de tabela de preços sugeridos por associação médica:

> [...]
>
> 1. Consoante disposto no art. 20 da Lei nº 8.884/1994, constituem infração à ordem econômica, independentemente de culpa, os atos que tenham por objeto limitar, falsear ou de qualquer forma prejudicar a livre concorrência ou a livre iniciativa; dominar mercado relevante de bens ou serviços; aumentar arbitrariamente os lucros e exercer de forma abusiva posição dominante.
>
> 2. O art. 21 do mesmo diploma legal enumera as condutas caracterizadoras de infração da ordem econômica, "na medida em que configurem hipótese prevista no art. 20 e seus incisos", entre as quais, obter ou influenciar a adoção de conduta uniforme ou concertada entre concorrentes (inciso II).
>
> 3. Não configura tal hipótese, todavia, simples recomendação para utilização da Tabela de Honorários Médicos, que apenas sugere aos profissionais os valores mínimos de honorários capazes de remunerar dignamente os serviços prestados, não contendo norma de conduta, nem conduzindo a "conduta comercial uniforme ou concertada entre concorrentes".
>
> 4. Sentença reformada.
>
> 5. Apelação provida, para conceder a segurança.
>
> (TRF1, T6, AMS 2003.34.00.011371-7/DF, Desembargador Federal Daniel Paes Ribeiro, e-DJF1 de 12/11/2014)

Entendeu o Tribunal não haver ato ilícito, mas apenas sugestão de preços, que não vinculam os médicos, afastando-se, assim, a prática do acordo, ou de conduta comercial uniforme ou concertada entre concorrentes.

A matéria foi julgada pelo STF, sem alteração de entendimento:

> Agravo regimental no recurso extraordinário. Administrativo. Tabela da Associação Médica Brasileira. Valores mínimos a serem pagos aos prestadores de serviço. Princípios da valorização do trabalho, da livre iniciativa e da livre concorrência. Circunstâncias fáticas que nortearam o acórdão recorrido. Cartel. Não ocorrência. Inexistência de padronização de preços. Reexame de fatos e provas. Impossibilidade. Precedentes.
>
> 1. A Corte de origem concluiu, em razão das circunstâncias fáticas dos autos, que os valores constantes da tabela fornecida pela Associação Médica Brasileira (AMB), utilizados pelo agravado, visavam, tão somente, impedir a desvalorização do trabalho dos profissionais envolvidos na prestação de serviços médicos e laboratoriais e que apenas retratavam quantias mínimas a serem repassadas a tais profissionais, não havendo, portanto, a padronização dos preços que caracterizaria o cartel.
>
> 2. A ponderação de interesses, in casu, não prescinde do reexame dos fatos e das provas dos autos, o qual é inadmissível em recurso extraordinário. Incidência da Súmula nº 279/STF.
>
> 3. Agravo regimental não provido.
>
> (STF, T2, RE 630.256 AgR / DF, Min. Dias Toffoli, DJe de 18/6/2015)

Um caso atual com bastante destaque envolvendo a formação de cartel é o da manipulação de taxas de câmbio. Vejamos:

> Superintendência do Cade investiga cartel na manipulação de taxas de câmbio [495]
>
> Conduta – O parecer da Superintendência aponta que existem fortes indícios de práticas anticompetitivas de fixação de preços e condições comerciais entre as instituições financeiras concorrentes. Segundo as evidências, os representados teriam feito um cartel para fixar níveis de preços (spread cambial); coordenar compra e venda de moedas e propostas de preços para clientes; além de dificultar e/ou impedir a atuação de outros operadores no mercado de câmbio envolvendo a moeda brasileira.
>
> As instituições financeiras acusadas também teriam se coordenado para influenciar índices de referência dos mercados cambiais, por meio do alinhamento de suas compras e vendas de moeda. Foram encontrados indícios adicionais de práticas anticompetitivas de compartilhamento de informações comercialmente sensíveis sobre o mercado de câmbio, como informações sobre negociações, contratos e preços futuros; ordens de clientes; estratégias e objetivos de negociação; posições confidenciais em operações e ordens específicas; e o montante de operações realizadas (fluxos de entrada e saída).
>
> Todas as supostas condutas teriam comprometido a concorrência nesse mercado, prejudicando as condições e os preços pagos pelos clientes em suas operações de câmbio, de forma a aumentar os lucros das empresas representadas, além de distorcer os índices de referência do mercado de câmbio.
>
> As práticas anticompetitivas foram viabilizadas por meio de chats da plataforma Bloomberg – por vezes autodenominados pelos representados como "o cartel" ou "a máfia". As condutas teriam durado, pelo menos, de 2007 a 2013.

A conduta também configura infração contra o sistema financeiro e também pode ser investigada pelo Banco Central.

Nos últimos anos, o CADE tem intensificado a investigação de cartéis internacionais, a partir de informações obtidas em programas de leniência e de comunicações de autoridades antitruste de outros países.

Vejamos alguns exemplos:

> Cade condena empresas por cartel internacional de placas de memória[496]
>
> Em sessão realizada nesta quarta-feira (23/11), o Tribunal do Conselho Administrativo de Defesa Econômica – Cade condenou as empresas Elpida Memory, Inc., Mitsubishi Electric Corp., Nanya Technology Corporation, NEC Corporation e Toshiba Corporation, além de duas pessoas físicas, por formação de cartel internacional no mercado de memória dinâmica de acesso aleatório – DRAM (dynamic random access memory em inglês). As multas aplicadas somam R$ 7 milhões (Processo Administrativo 08012.005255/2010-11).

495. Superintendência do Cade investiga cartel na manipulação de taxas de câmbio. Disponível em: http://www.cade.gov.br/Default.aspx?e95dad7b8a9f74bf4af74be77ec4. Acesso em 6/11/2015.

496. Disponível em: http://www.cade.gov.br/noticias/cade-condena-empresas-por-cartel-internacional--de-placas-de--memoria. Acesso em: 15 dez. 2016.

O cartel no mercado de DRAM também foi alvo de investigações em outras jurisdições. Nos Estados Unidos e na União Europeia, foram celebrados acordos com as respectivas autoridades de concorrência em que várias das representadas reconheceram que participaram do cartel.

Além disso, várias das representadas enfrentaram pedidos de indenização relacionados à prática. Nos Estados Unidos, por exemplo, Hitachi Ltd., Mitsubishi Electric Corp. e Toshiba Corp. pagaram mais de US$ 27 milhões para encerrar ações privadas de ressarcimento de danos do cartel de DRAM.

[...]

Cade condena cartel no mercado internacional de compressores para refrigeração[497]

Na sessão de julgamento desta quarta-feira (16/03), o Tribunal do Conselho Administrativo de Defesa Econômica – Cade condenou as empresas Household Compressors Holding S.p.A (antiga ACC – Appliances Components Companies S.p.A.), Danfoss A/S e Panasonic Electric Works Co. Ltd. (antiga Matsushita Electric Works, Ltd.), além de três pessoas físicas pertencentes a empresas dos grupos Tecumseh e Whirlpool/Embraco por formação de cartel no mercado internacional de compressores herméticos para refrigeração (Processo Administrativo 08012.000820/2009-11). As multas aplicadas somam R$ 21,3 milhões.

Os compressores herméticos são utilizados em sistemas refrigeradores, especialmente em eletrodomésticos da chamada "linha branca", como geladeiras, congeladores e aparelhos de ar-condicionado.

De acordo com o conselheiro relator do caso, Márcio de Oliveira Júnior, as empresas, por meio de seus representantes, faziam reuniões e trocavam mensagens para compartilhar informações comercialmente sensíveis, bem como para discutir os percentuais de reajustes de preço e o controle da oferta de compressores para diversos locais do mundo. O conluio lesou consumidores brasileiros e de outros países durante o período de 1996 a 2008, pelo menos.

"O contato entre os representantes das empresas cartelistas era frequente. Em vários momentos houve a troca de e-mails confidenciais e contatos pessoais e telefônicos a fim de fazer a manutenção do cartel e preparar futuras reuniões", explicou o relator. Além disso, o relator afirmou que "o caso tem inúmeras evidências de que o cartel internacional de compressores herméticos para refrigeração efetivamente ocorreu e que teve efeitos no Brasil".

[...]

Cabe lembrar que a atuação do CADE nos casos de cartéis internacionais depende de que as práticas tenham ocorrido no Brasil ou que aqui surtam seus efeitos. São, portanto, dois os elementos de conexão que atraem a competência do órgão brasileiro: o local e os efeitos da conduta.

Os cartéis, além de ilícito administrativo, também configuram crime contra a ordem econômica.

497. Disponível em: http://www.cade.gov.br/noticias/cade-condena-cartel-no-mercado-internacional-de-compressores-para-refrigeracao. Acesso em: 15 dez. 2016.

Dispõe o art. 4º, da Lei 8.137/1990, com redação dada pela Lei 12.529/2011:

> Art. 4º Constitui crime contra a ordem econômica:
>
> I – abusar do poder econômico, dominando o mercado ou eliminando, total ou parcialmente, a concorrência mediante qualquer forma de ajuste ou acordo de empresas;
>
> II – formar acordo, convênio, ajuste ou aliança entre ofertantes, visando:
>
> a) à fixação artificial de preços ou quantidades vendidas ou produzidas;
>
> b) ao controle regionalizado do mercado por empresa ou grupo de empresas;
>
> c) ao controle, em detrimento da concorrência, de rede de distribuição ou de fornecedores.
>
> Pena – reclusão, de 2 (dois) a 5 (cinco) anos e multa.

Como se vê do texto legal, as figuras penais, além do abuso do poder econômico, dominação do mercado, eliminação da concorrência (inciso I), fixação artificial de preços ou quantidades vendidas ou produzidas, divisão do mercado e controle de rede de distribuição e de fornecedores (inciso II), exigem como elemento típico acordo ou ajuste entre empresas e ofertantes.

Embora **algumas destas condutas possam ser realizadas mediante acordos verticais**, **em geral** atingem práticas que envolvem competidores no mesmo mercado, vale dizer, os **cartéis**, esta a figura típica do vigente direito penal antitruste brasileiro.

Certo, porém, que as condutas individuais, realizadas por um único agente econômico, sem a necessidade de acordo ou ajuste foram descriminalizadas, com a **revogação**, pela Lei 12.529/1009, de **figuras penais como** "impedimento à constituição, funcionamento ou desenvolvimento de empresa concorrente" (art. 4º, I, f), "açambarcar, sonegar, destruir ou inutilizar bens de produção ou de consumo, com o fim de estabelecer monopólio ou de eliminar, total ou parcialmente, a concorrência" (art. 4º, IV), vender mercadorias abaixo do preço de custo, com o fim de impedir a concorrência" (art. 4º, VI), "elevar, sem justa causa, os preços de bens ou serviços, valendo-se de monopólio natural ou de fato (art. 4º, VII), "exigir exclusividade de propaganda, transmissão ou difusão de publicidade, em detrimento de concorrência" (art. 5º, I), "subordinar a venda de bem ou a utilização de serviço à aquisição de outro bem, ou ao uso de determinado serviço" (art. 5º, II) e "aplicar fórmula de reajustamento de preços ou indexação de contrato proibida, ou diversa daquela que for legalmente estabelecida, ou fixada por autoridade competente" (art. 6º, II) etc.

2.4. Acordos verticais

Os acordos verticais são comuns na economia. Visam, em geral, **reduzir os custos de transação e criar estruturas de mercado** tendentes inclusive, a levar novos bens e serviços a novos consumidores, podendo surtir mesmo efeitos pró concorrenciais.

Os exemplos de acordos verticais são os mais diversos, como os **contratos de franquia, de distribuição, de fornecimento**, como mostra Paula Forgioni, "desde a perspectiva do direito contratual tradicional, os acordos verticais assumem variados tipos, que podem ser agrupados conforme a semelhança de sua função econômica, qual seja, viabilizar o escoamento da produção (contratos de distribuição) ou o fornecimento de bens ou serviços (contratos de fornecimento). Na categoria dos contratos de distribuição, incluímos a concessão comercial (ou contrato de distribuição *stricto sensu*), franquia, representação comercial, concessão mercantil e outros"[498]. Neste momento, vamos abordar dos acordos verticais de uma forma geral, mas voltaremos ao tema ao analisar as condutas.

Sob o ponto de vista do direito empresarial, qualquer relação entre empresas poderá ser caracterizada como acordos verticais, por ligar etapas sucessivas do processo produtivo.

Mas **os acordos verticais de que cuidamos são aqueles que, de alguma forma, prejudicam a concorrência**. Mais ainda, aqueles que, **ultrapassando os limites da licitude no âmbito individual das relações jurídicas** firmadas entre fornecedores, produtores e distribuidores, atingem a concorrência a ponto de afetar o interesse da coletividade.

Para Paula Forgioni, "não é necessária a existência de relação direta de concorrência entre os agentes econômicos para que o acordo recaia no âmbito de aplicação da Lei Antitruste. Nesse sentido, diz-se que a Lei Antitruste disciplina a 'concorrência entre não concorrentes' [...]"[499]

A mesma ideia de restrição da concorrência por meio de acordos verticais é apresentada por Calixto Salomão Filho, para quem "os acordos verticais têm estrutura bastante diversa as dos horizontais. Seu objetivo não é eliminar a concorrência, mas, sim, eliminar a oposição de interesses entre seus membros"[500].

Leciona o autor, com acerto, que prejuízo dos acordos verticais deve ser encontrado na concorrência. De fato, os efeitos dos acordos verticais são benéficos, se analisadas as etapas da cadeia de produção, do fornecedor até o consumidor final. Os prejuízos se fazem sentir, ao revés, entre os concorrentes em cada uma das etapas da produção, que não fazem parte do acordo. Sustenta:

> A colusão tem que versar sobre uma variável concorrencial. Não se tratando de relação entre concorrentes, pouco valor tem o acordo sobre o preço e a quantidade produzida.
>
> O objetivo do acordo deve ser, ao contrário, exatamente a discriminação entre concorrentes, isto é, o tratamento sistematicamente desigual, e não justificado por situações de mercado, entre os participantes do acordo e seus demais concorrentes. Na desvantagem sistemática dos demais concorrentes fica configurada a conduta estratégica dos participantes da colusão objetivando a dominação do mercado.
>
> Assim, por exemplo, os chamados acordos de preço diferenciado, pelos quais um só distribuidor vem a ser beneficiado pelo produtor, que passa a com ele praticar preços sistematicamente menores pela mesma mercadoria. Aí a

498. FORGIONI, Paula A. Os Fundamentos do antitruste. São Paulo: Revista dos Tribunais, 2013, p. 356.
499. FORGIONI, Paula A. Os Fundamentos do antitruste. São Paulo: Revista dos Tribunais, 2013, p. 355.
500. SALOMÃO FILHO, Calixto. Direito Concorrencial. São Paulo: Malheiros, 2013, p. 591.

> colusão entre produtor e distribuidor é evidente, e o objetivo anticoncorrencial, indiscutível[501].

Para deixar mais clara a ideia, o autor exemplifica hipótese de acordo vertical ilícito, que denomina restrição vertical da concorrência:

> Entre as grandes categorias aqui formuladas, a última que exige análise específica é a chamada uniformização de preço ou condições de revenda.
>
> Consiste ela em uma série de condições uniformes impostas ou sugeridas pelo produtor para venda de determinado produto. Pode ele uniformizar o preço máximo ou o preço mínimo de revenda, dividir territórios ou, de qualquer outra forma, eliminar a concorrência entre seus distribuidores. Exatamente essas duas características – eliminação da concorrência e sua orquestração em um nível de mercado diverso daquele em que ela efetivamente ocorre – dão individualidade a essa conduta[502].

Sob o ponto de vista normativo, os incisos IV, IX e X do § 3º, do art. 36, da Lei 12.529/2011 descrevem condutas ilícitas que podem ser caracterizadas por acordos verticais.

O inciso IV trata da criação de dificuldades à constituição, ao funcionamento ou ao desenvolvimento de empresa concorrente ou de fornecedor, adquirente ou financiador de bens ou serviços.

Se adequaria à hipótese normativa a empresa que, em conluio com o fornecedor, adquirente ou financiador de seus bens e serviços criam barreiras para a entrada de concorrentes nestes níveis do processo produtivo em com isso impedir que seus próprios concorrentes encontrem caminhos de mercado mais favoráveis do que aqueles permitidos pelas empresas em conluio.

A hipótese bem mais explícita do inciso IX, prevê a imposição, no comércio de bens ou serviços, a distribuidores, varejistas e representantes preços de revenda, descontos, condições de pagamento, quantidades mínimas ou máximas, margem de lucro ou quaisquer outras condições de comercialização relativos a negócios destes com terceiros.

O inciso X, igualmente explícito, prevê a discriminação de adquirentes ou fornecedores de bens ou serviços por meio da fixação diferenciada de preços, ou de condições operacionais de venda ou prestação de serviços.

Em todas estas previsões, estão claros os meios utilizados no conluio vertical, variando, em um ou outro caso, a existência de um agente com poder econômico, capaz de impor as condições do ajuste, como na hipótese do inciso IX, ausente na previsão do inciso X, onde o acordo é celebrado entre parceiros com poder econômico similar.

Em qualquer dos casos, contudo, caracterizado o efeito potencial de prejudicar a concorrência em qualquer das etapas do processo produtivo, estará presente a violação ao art. 36, da Lei 12.529/2011.

501. SALOMÃO FILHO, Calixto. Direito Concorrencial. São Paulo: Malheiros, 2013, p. 593.
502. SALOMÃO FILHO, Calixto. Direito Concorrencial. São Paulo: Malheiros, 2013, p. 595-6.

Não há que se confundir, porém, o acordo que beneficia o parceiro comercial em detrimento da concorrência, com o desconto concedido em geral, sem discriminação subjetiva, para os pagamentos em dinheiro ou cheque em relação aqueles realizados por cartão de crédito.

Nestes casos não há ilícito, pois: 1. não há vedação expressa, 2. o pagamento em dinheiro não apresenta os custos presentes no pagamento com cartão de crédito (taxa do cartão), e 3. não se caracteriza abuso de posição dominante, como entende a jurisprudência. Leia-se:

> 1. Discute-se no recurso especial se é possível a diferenciação dos preços para vendas à vista e a prazo no cartão de crédito, e se a SUNAB, fundamentada na Lei Delegada nº 04/62, art. 11, "n", pode multar a empresa agravada, por prática abusiva.
>
> 2. A orientação das Turmas que integram a Primeira Seção desta Corte, firmou-se no sentido de que a simples **oferta de desconto nas vendas feitas com dinheiro ou cheque, em relação às efetuadas por meio de cartão de crédito, não encontra óbice legal**, pela inexistência de lei que proíba essa diferenciação, e por não caracterizar abuso de poder econômico.
>
> Agravo regimental improvido.
>
> (STJ, T2, AgRg no REsp 1.178.360/SP, Min. Humberto Martins, DJe de 19/8/2010)

Ao revés, podem caracterizar acordo vertical ilícito as cláusulas contratuais de exclusividade, em que as partes se comprometem a não contratar com terceiros; de divisão territorial, quem uma parte define a atuação de seus parceiros, especialmente os distribuidores, por área geográfica; de imposição do preço de revenda, quando o fabricante controla o preço de revenda do distribuidor; e de descontos de fidelidade, metas, bonificações e outros incentivos do fornecedor para o distribuidor, para que o distribuidor o beneficie (e não os demais fornecedores)[503].

Cabe ainda apresentar os **efeitos positivos dos acordos verticais, que devem ser considerados pelas autoridades antitruste nos julgamentos das condutas**.

Como efeitos positivos dos acordos, a doutrina ponta normalmente a preservação das empresas, a **redução dos custos de transação** e o **combate aos *free riders*.**

É evidente que os acordos tendem a fortalecer as empresas. Especialmente em momentos de crise, em que as empresas passam por dificuldades econômicas e financeiras, os acordos verticais (e também os horizontais) podem contribuir para a manutenção dos agentes econômicos, que, de outra forma, poderiam deixar de existir. Assim, ao revés de limitar a concorrência, os acordos preservam-na, na medida em que mantém os agentes no mercado.

Os custos de transação são todos os custos incorridos pelas empresas na aquisição de insumos e venda dos produtos. São custos de transação aqueles inerentes a visitas a distribuidores,

503. FORGIONI, Paula A. Os Fundamentos do antitruste. São Paulo: Revista dos Tribunais, 2013, p. 357.

clientes e fornecedores, a busca por insumos de qualidade, a substituição de parceiros comerciais, as demandas jurídicas decorrentes dos conflitos comerciais, entre outros.

Os acordos verticais tendem a reduzir estes custos, pois todo o processo produtivo é organizado e facilitado, num clima de confiança entre os partícipes. Com isso, as vantagens do acordo podem se refletir, também, em redução do preço final e de melhoria da qualidade do produto ou serviço, beneficiando também o consumidor.

Os acordos também protegem os agentes econômicos contra os oportunistas, também chamados *free riders*, como ensina Paula Forgioni:

> Pensemos em um distribuidor que efetue investimentos para incrementar suas atividades, adquirindo ponto comercial bastante conveniente e treinando seu pessoal para as vendas. Essas providências aumentam seus custos com a distribuição e fazem com que o preço de seu produto oferecido ao consumidor fique mais elevado. Imaginemos outro distribuidor, com ponto comercial na periferia da cidade, sem qualquer infraestrutura e que se utiliza da mão de obra mais barata disponível no mercado, não oferecendo qualquer tipo de preparo ao seu pessoal. As pessoas que trabalham naquele estabelecimento não são capazes sequer de demonstrar o produto de maneira satisfatória, convencendo o consumidor a adquiri-la.
>
> Muito provavelmente, os potenciais compradores conhecerão o produto no primeiro estabelecimento, convencer-se-ão de suas vantagens, aprenderão como utilizá-lo. Mas o comprarão do outro distribuidor (*free rider*), que vende mais barato, pois que não deve suportar custo fixo tão elevado como o primeiro distribuidor.
>
> A teoria do *free rider*, completada pela alegada necessidade da manutenção da qualidade do produto (obtida, também, mediante a imposição de vendas casadas), é utilizada já justificação econômica dos contratos de franquia, bastante tolerados pelas autoridades antitruste. [...][504]

Caracterizado o acordo vertical como meio de preservação das empresas, para a redução dos custos de transação e para o combate aos *free riders*, será considerado legítimo.

Utilizado que seja para limitar, falsear ou de qualquer forma prejudicar a livre concorrência ou a livre-iniciativa, dominar mercado relevante de bens ou serviços, aumentar arbitrariamente os lucros ou e exercer de forma abusiva posição dominante, haverá ilícito.

Trataremos novamente dos acordos verticais ao abordarmos as condutas de exclusividade e de manutenção de preço de revenda.

3. PRÁTICAS ANTICONCORRENCIAIS

3.1. As infrações

Como analisamos anteriormente, as infrações contra a ordem econômica não são definidas pela tipificação exaustiva de condutas, sejam aquelas praticadas mediante acordo entre agentes econômicos, sejam as que podem ser praticadas por um só agente econômico.

504. FORGIONI, Paula A. Os Fundamentos do antitruste. São Paulo: Revista dos Tribunais, 2013, p. 365-366.

O art. 36, da Lei 12.529/2011 considera ilícitas as ações "que tenham por objeto" situações danosas para a concorrência ou "possam produzir efeitos" também danosos à concorrência.

As situações "objeto" dos atos ilícitos e os efeitos anticoncorrenciais definidos pela lei são:

- limitar, falsear ou de qualquer forma prejudicar a livre concorrência ou a livre iniciativa;
- dominar mercado relevante de bens ou serviços;
- aumentar arbitrariamente os lucros; e
- exercer de forma abusiva posição dominante.

Vejamos novamente o teor do art. 36, caput, da Lei 12.529/2011:

> Art. 36. Constituem infração da ordem econômica, independentemente de culpa, os atos sob qualquer forma manifestados, que tenham por objeto ou possam produzir os seguintes efeitos, ainda que não sejam alcançados:
>
> I – limitar, falsear ou de qualquer forma prejudicar a livre concorrência ou a livre iniciativa;
>
> II – dominar mercado relevante de bens ou serviços;
>
> III – aumentar arbitrariamente os lucros; e
>
> IV – exercer de forma abusiva posição dominante.

Podemos depreender do texto legal duas outras características dos ilícitos anticoncorrenciais: as infrações são objetivas e o resultado não é elemento do tipo.

De fato, não é necessário que o agente econômico tenha a intenção, o dolo, ou mesmo culpa, ao praticar o ato lesivo à concorrência, para que se caracterize a infração.

A lei estabeleceu infrações objetivas, imputando aos agentes econômicos o dever de zelar pela concorrência, sob pena de punição.

Ademais, não se exige que as ações apresentem como resultado o dano à concorrência, bastando que a conduta tenha efeitos lesivos *potenciais*. Nos termos da lei, são considerados ilícitos os atos que *possam produzir efeitos* lesivos ainda que tais efeitos não sejam alcançados.

Em termos jurídicos, portanto, basta para a caracterização do ilícito a prática que possa produzir efeitos ou tenha como objeto lesão à concorrência.

O modelo jurídico positivado no Brasil, contudo, revela o debate da ilicitude das condutas pelos efeitos e pela intenção do agente.

Segundo Calixto Salomão Filho,

> A decisão por um ou por outro dos elementos tem importantíssimas consequências. Escolher os efeitos como único critério de ilicitude implica aceitar uma visão do direito antitruste baseada na maximização da eficiência. É bastante

> óbvio que concentrar as atenções exclusivamente nos efeitos significa valorar o ato pelos resultados que produz, significa centrar as atenções sobre o resultado econômico, seja ele representado por um efeito pó ou anticoncorrencial ou, mesmo, por um aumento da riqueza global da sociedade (ótimo de Pareto).
>
> Dar importância às intenções, ao lado dos efeitos, significa valorar as condutas e, sobretudo, valorizar o bem jurídico concorrência. 'Procurar a intenção' significa perquirir a existência de um objetivo estratégico de atingir o bem concorrência, dominando o mercado, limitando a própria concorrência etc. Consequentemente, a preocupação com as intenções, com os objetivos, nada mais é que preocupação com a concorrência. É nada mais que um efeito do reconhecimento da importância da persecução do comportamento oportunístico, estratégico, intencionalmente voltado a transferir artificialmente os custos das transações para os concorrentes [...].
>
> No Direito Brasileiro, se não está presente diretamente a intenção, o elemento volitivo está inegavelmente presente (...). É difícil negar em ambas as situações a existência de (algum) elemento intencional. A Constituição faz referência a atos que "visem à" dominação dos mercados, restrição da concorrência ou aumento arbitrário dos lucros. Já a Lei 12.529/2011 menciona como ilícitos aqueles atos "que tenham por objeto (...)". É inegável a presença da intenção nos atos direcionados a um determinado objetivo. Ao invés de simplesmente refutar sua existência, parece necessário determinar o significado específico desta intenção.[505]

Prossegue o autor afirmando que este significado deve ser alcançado pela consideração do termo "visem à", presente na Constituição, e aduz que "a lei só pode ser interpretada no sentido de que, no ambiente econômico, a existência de uma intenção racional ou plausível de atingir determinada posição de mercado já implica o risco de produção de efeitos, e vice-versa".[506]

A nosso ver, a presença do elemento volitivo nas condutas econômicas precisa ser equacionada com a responsabilidade objetiva pelas infrações à concorrência.

Em primeiro lugar, cabe afirmar o termo "ter por objeto" difere de "ter por objetivo". O objeto é a ação em si, enquanto o objetivo consiste na intenção do agente com a conduta. A Lei 12.529/2011 pune condutas que tenham por objeto, não meramente objetivo, limitar a livre-iniciativa e a livre concorrência, a dominação de mercado etc.

Contudo, nada impede que as condutas, com seus possíveis objetos, sejam movidas por intenções e, no campo econômico, raramente as condutas são desprovidas de intenção.

Sob o prisma jurídico, de fato, a Constituição determina a repressão do abuso do poder econômico, com enfoque no elemento volitivo. Leia-se:

> Art. 173. [...]
>
> § 4º – A lei reprimirá o abuso do poder econômico que vise à dominação dos mercados, à eliminação da concorrência e ao aumento arbitrário dos lucros.

505. SALOMÃO FILHO, Calixto. Direito Concorrencial. São Paulo: Malheiros, 2013, p. 399-400.
506. SALOMÃO FILHO, Calixto. Direito Concorrencial. São Paulo: Malheiros, 2013, p. 401.

Conquanto a Lei 12.529/2011 não repita os termos da Constituição, também não deixa de cumprir seu comando, pois ao reprimir condutas que tenham por objeto ou possam produzir efeitos indesejáveis, também punirá os atos que tenham esta intenção. É dizer, o comando legal é mais amplo que o comando constitucional, pois aquele reprime condutas ainda que o elemento volitivo, em regra presente, não seja detectado na conduta contrária à concorrência.

De outro turno, a **responsabilidade objetiva** imposta pela lei, ao utilizar a expressão "independentemente de culpa", **não nega o elemento volitivo** presente nas condutas, apenas **dispensa sua prova para caracterização dos ilícitos**.

Em resumo, o elemento volitivo estará presente na quase totalidade das condutas econômicas, mas a lei não exige sua demonstração, para que se aperfeiçoe o ilícito e para que seja aplicada a penalidade.

Para a melhor compreensão destas práticas, vamos agora analisar alguns tipos anticoncorrenciais mais frequentes.

3.2. Os tipos exemplificativos da Lei 12.259/2011

O § 3º, do art. 36, da Lei 12.529/2011 elenca exemplos de práticas anticompetitivas.

Como a própria norma enuncia, as condutas enumeradas não são exaustivas, de modo que quaisquer outras condutas podem ser consideradas ilícitos anticoncorrenciais, se preenchidos os requisitos do *caput*. A previsão expressa do tipo, portanto, não é condição necessária para a caracterização do ilícito o que não significa que o texto legal seja desimportante.

Calixto Salomão Filho classifica as condutas em dois grupos, a exclusão de concorrentes e a colusão, colocando no primeiro a predação (prática de preços predatórios e predação tecnológica) e a negociação compulsória (venda casada, negociação recíproca, recusa de contratar e exclusividade. No grupo da colusão, insere o autor a colusão horizontal (cartel) e a colusão vertical[507].

Paula Forgioni, a seu turno, trata separadamente as condutas (abuso de posição dominante) dos acordos entre agentes econômicos. Entre as condutas, enumera como típicas a imposição de preços abaixo do custo (preços predatórios), a imposição de preços de aquisição de matérias-primas dos concorrentes, a venda casada. Entre os tipos de acordo, aborda os acordos horizontais (cartéis), bem como o chamado paralelismo consciente e os acordos verticais.

No item anterior, analisamos os contornos gerais das práticas colusivas.

Vejamos agora algumas das práticas mais comuns, que podem ser praticadas sem a necessidade de que haja acordo entre os agentes econômicos.

507. SALOMÃO FILHO, Calixto. Direito Concorrencial. São Paulo: Malheiros, 2013.

3.2.1. Práticas predatórias

O art. 36, § 3º, inciso XV enuncia como ilícito "vender mercadoria ou prestar serviços injustificadamente abaixo do preço de custo".

O enunciado, aparentemente contraditório, dá ensejo às chamadas práticas predatórias, que englobam condutas que prejudicam, ao menos de forma passageira, o próprio agente econômico que as realiza, com vistas à dominação de mercado.

De fato, pode-se perguntar porque um agente econômico venderia mercadorias abaixo do preço de custo, com prejuízos, se seu objetivo é auferir lucros? Calixto Salomão Filho apresenta a resposta: "o termo 'predação' é denominação generalizada para vários tipos de condutas de prática muito simples. Segundo a definição corrente, trata-se do ato pelo qual o agente econômico incorre em prejuízos na expectativa de eliminar o concorrente do mercado, esperando recuperar posteriormente, através de diversas formas, o montante perdido"[508].

O que o agente econômico tem em mente, na prática predatória, não é simplesmente reduzir o preço e vender abaixo do custo, mas atrair o mercado consumidor de seus concorrentes e deixá-los em dificuldade. Para isso, o agente deve ter poder econômico tal que o permita, enquanto durar sua tática agressiva, suportar os prejuízos dela decorrentes, prejuízos estes que supõe insuportáveis para a concorrência.

A simples prática de preços abaixo do custo não necessariamente será ilícita, desde que temporária e devidamente justificada. Como salienta Paula Forgioni, "a doutrina costuma classificar a venda abaixo do preço de custo tomando por base seu caráter temporal: pode ser esporádica, de longa duração ou ainda estender-se por período limitado de tempo"[509]. Prossegue a autora:

> A venda abaixo do preço de custo feita em caráter esporádico implica, geralmente, a necessidade de venda imediata do produto. Aqui, a atuação do agente econômico é destinada a corrigir ou evitar prejuízo potencial superior àquele que adviria da comercialização do bem por menos de quanto custou. Não se trata de comportamento habitual do agente econômico. [...]
>
> Outra justificativa para a venda abaixo do custo poderá ser o acesso ao mercado, mostrando-se como alternativa razoável para que o agente econômico, desejando iniciar suas atividades em determinado mercado relevante atraia o consumidor a experimentar o produto.
>
> [....]
>
> Se o preço abaixo do custo for praticado em caráter esporádico e não tiver por objeto ou por efeito a eliminação do concorrente do mercado, ou a sinalização para evitar a entrada de concorrentes potenciais, poderá ser tomado como lícito. De outra parte, parece evidente a ilicitude do preço predatório que tem por objeto ou por efeito a eliminação ou diminuição da participação de

508. SALOMÃO FILHO, Calixto. Direito Concorrencial. São Paulo: Malheiros, 2013, p. 461.

509. FORGIONI, Paula A. Os Fundamentos do antitruste. São Paulo: Revista dos Tribunais, 2013, p. 289.

> concorrente no Mercado. Nesses casos, em que a venda abaixo do preço de custo implica o objeto ou efeito (ainda que potencial) da eliminação de concorrente e consequente diminuição do grau de competição em determinado Mercado relevante, diz-se que o agente econômico pratica preço predatório (*predatory pricing*)[510].

Se o agente econômico necessita escoar sua produção porque seus produtos são perecíveis e se aproxima o prazo de validade, se necessita obter recursos para a realização de novos investimentos, ou se se apresentar alguma justificativa razoável, não estaremos diante de ilícito, mas simplesmente de estratégia econômica do agente, que assimila o prejuízo em função de outro objetivo que possua.

Tendo em vista os riscos da redução dos preços, a prática de preços predatórios não é de fácil execução, e exige a presença de alguns requisitos.

Em primeiro lugar, o agente deve possuir poder econômico para suportar os prejuízos temporários que a prática inevitavelmente causa. Não há que se falar em prática predatória para agentes que vendem acima do preço de custo, pois neste caso haveria efetivo ganho de mercado em decorrência da maior eficiência da empresa, não por ato ilícito.

De outro lado, o êxito da prática depende da relativa falta de poder econômico dos concorrentes. Se os concorrentes também puderem suportar a prática, em condições iguais ou mesmo superiores ao do agente que dá início às vendas abaixo do preço de custo, é o agente, não a concorrência, que sucumbirá.

Por fim, o agente deve ter expectativa de poder "compensar" os prejuízos, após o término da prática.

Lembra Paula Forgioni, que "é bastante evidente que a prática de preços predatórios somente se mostrará interessante para o agente econômico capacitado para suportar custos elevados durante certo período, ou seja, detentor de razoável poder econômico. Por esse motivo, os economistas apontam alguns requisitos de racionalidade para sua prática. A uma, os demais agentes econômicos que atuam no mercado relevante deverão ser suficientemente fracos para que se possibilite sua aniquilação. A duas, o mercado relevante deve estar estruturado de tal forma que permita ao agente econômico prever por quanto tempo deverá praticar o preço predatório. A três, os lucros a serem obtidos com a prática deverão compensar os prejuízos incorridos pelo agente econômico ao sustentar o baixo preço"[511].

Vale reiterar que a ilicitude da conduta não depende da efetiva concretização de seus efeitos. Conduto, se os elementos que permitem a consecução de seus objetivos não estiverem minimamente presentes, não haverá sequer potencial de realização de efeitos, não havendo, portanto, prática ilícita, mas apenas prejuízo do próprio agente econômico, que reduziu seus preços abaixo do custo.

510. FORGIONI, Paula A. Os Fundamentos do antitruste. São Paulo: Revista dos Tribunais, 2013, p. 289-91.

511. FORGIONI, Paula A. Os Fundamentos do antitruste. São Paulo: Revista dos Tribunais, 2013, p. 291.

Cabem, ainda, duas observações quanto a prática.

A primeira delas diz respeito ao conceito de custo, abaixo do qual o preço se torna ilícito. Segundo Paula Forgioni, o "termo 'custo' não possui significado unívoco na teoria econômica. Tal como utilizado na Lei 12.529/2011, pode referir-se: a custo fixo, custo variável, custo total custo médio ou custo marginal"[512].

A própria autora assevera que a questão não está definitivamente resolvida[513], mas não haverá dúvidas quanto a ilicitude se o preço praticado estiver abaixo tanto do custo médio quanto do custo marginal.

Cabe também frisar que a possibilidade de recuperação do prejuízo, vista pela literatura econômica como condição para a prática predatória, não é requisito de ilegalidade da conduta. Sob o ponto de vista jurídico, não é a possibilidade de recuperar o prejuízo que caracteriza o ilícito, mas a realização da prática com vistas a dominar o mercado[514].

3.2.2. Venda casada

A venda casada, que recebe tratamento expresso no inciso XVIII, do art. 36, § 3º, da Lei 12.529/2011, é ilícito bastante conhecido, que se classifica como uma modalidade das imposições de contratar, nas quais, por qualquer razão, o agente econômico obriga o outro a realização de negócio jurídico.

Na venda casada há uma mercadoria que o comprador deseja adquirir (produto vinculante), mas a venda é condicionada à aquisição de um segundo produto (produto vinculado).

Em língua inglesa, a infração é conhecida como *tie-in*, o produto vinculante seria o tying product e o produto vinculado o *tied product*.

Hovenkamp leciona que os requisitos para a conduta são a existência de dois produtos, poder econômico suficiente e volume substancial de comércio. Menciona, também, que outros elementos são considerados, como o efeito anticompetitivo da medida e a coerção[515].

O **abuso de posição dominante** é elemento comum na prática da venda casada. Paula Forgioni, ao abordar o instituto, menciona que "as vendas casadas são tradicionalmente vistas como abusivas quando praticadas por empresas que detêm a posição dominante. Dizemos que existe venda casada quando um sujeito subordina a venda de um bem (produto principal, produto subordinante ou *tying product*) à aquisição de outro, ou à utilização de um serviço (produto ou serviço vinculado, subordinado ou *tied produtct*).

512. FORGIONI, Paula A. Os Fundamentos do antitruste. São Paulo: Revista dos Tribunais, 2013, p. 294.
513. FORGIONI, Paula A. Os Fundamentos do antitruste. São Paulo: Revista dos Tribunais, 2013, p. 294.
514. SALOMÃO FILHO, Calixto. Direito Concorrencial. São Paulo: Malheiros, 2013, p. 485.
515 HOVENKAMP, Herbert. Antitrust. Saint Paul, MN: Thomson West, 2005, p. 185-6.

Também é considerada venda casada a vinculação da prestação de um serviço à utilização de outro ou à aquisição de determinado bem"[516].

E porque o agente econômico propõe a venda casada? Seus **objetivos** podem ser os mais diversos, mas, na maioria dos casos, pretende alavancar as vendas do produto secundário (*leverage theory*) ou fechar o mercado aberto pelo produto principal, como no famoso caso da venda de toners (produto secundário) atrelado à venda de impressoras (produto principal), ou mesmo a venda do serviço de manutenção (serviço secundário) vinculado a venda da impressora ou da copiadora (produto principal).

Em teoria, podem justificar a prática da venda casada a intenção de obter lucro de monopolista adicional no segundo produto, o que é pouco provável, salvo nas situações em que o comprador está vinculado ao vendedor (como no caso Kodak, em que o adquirente da impressora somente pode comprar toner do mesmo vendedor) e a criação de barreiras, que obrigaria potenciais concorrentes a entrar no mercado dos dois produtos[517].

Hovenkamp aborda diversas situações em que a venda casada pode ocorrer. Seriam elas a tentativa de evasão a preços regulados, em que o prestador de serviços de telefonia, energia e buscaria obter lucros de monopolista num segundo produto, cujos preços não fossem regulados; discriminação de preços (conduta que estudaremos mais adiante); lucros adicionais em franquias entre outras[518].

Para alguns autores, o elemento característico das obrigações de contratar, em quaisquer de suas modalidades, dentre elas a venda casada, é a **coerção**, a imposição de um negócio jurídico que o outro agente não pretendia realizar e o faz especialmente por estar em situação de dependência[519].

Esta coerção, contudo, não é aquela estudada no direito civil e no direito penal, mas decorrente da necessidade do adquirente em negociar com o infrator, que exige a compra de dois produtos, mesmo se o interessado pretende apenas um.

Calixto Salomão Filho apresenta as hipóteses de dependência que levam à contratação de negócio indesejado. O autor trata da dependência absoluta, derivada do poder econômico, quando o agente é obrigado a adquirir determinado produto, por ausência de outro fornecedor ou de produto substituto e também das hipóteses de dependência relativa: de sortimento, em que o agente poderia deixar de adquirir o produto e fazer opção por substitutos, mas não a faz porque sua clientela tem preferência pelo bem daquele fornecedor; empresarial, em que o agente econômico tem sua marca construída em função da parceria com determinado fornecedor; e conjuntural, em que apenas determinado fornecedor possui o bem num determinado momento[520].

516 FORGIONI, Paula A. Os Fundamentos do antitruste. São Paulo: RT, 2013, p. 297.

517 HOVENKAMP, Herbert. Antitrust. Saint Paul, MN: Thomson West, 2005, p. 191-2.

518 HOVENKAMP, Herbert. Antitrust. Saint Paul, MN: Thomson West, 2005, p. 193-4.

519 SALOMÃO FILHO, Calixto. Direito Concorrencial. São Paulo: Malheiros, 2013, p. 508 e seg.

520 SALOMÃO FILHO, Calixto. Direito Concorrencial. São Paulo: Malheiros, 2013, p. 508 e seg.

Em síntese, são requisitos para que se configure o ilícito concorrencial da venda casada a existência de um produto (ou serviço) principal e outro produto (ou serviço) secundário, o poder de mercado suficiente para caracterizar dependência absoluta ou relativa do agente econômico para que ocorra a imposição da venda e, para alguns autores, a coerção.

A venda casada não é ilícito per se, mas regido pela **regra da razão**.

A prática não configurará ilícito, porém, se houver as devidas justificativas, mais comuns em produtos de tecnologia de ponta, como a bateria especial para o novo produto que demanda mais energia ou maior controle de amperagem do que as baterias comuns podem oferecer; o serviço de assistência técnica de equipamento tecnológico de última geração, enquanto o conhecimento necessário não é adquirido por outros agentes do mercado; etc.

O TRF1 teve oportunidade de apreciar condenação pelo CADE de uma empresa por venda casada. O Tribunal Regional apreciou alguns elementos da infração, bem como rejeitou defesas permitidas pela regra da razão. Leia-se:

> DIREITO ECONÔMICO. VENDA CASADA E CRIAÇÃO ILEGÍTIMA DE DIFICULDADES PARA CONCORRENTES. FORNECIMENTO DE MATERIAIS DE CONSUMO PARA COPIADORAS XEROX COM ÊNFASE EM TONERS E REVELADORES. PENALIDADE PARA CLIENTES QUE NÃO ADQUIRISSEM OS PRODUTOS. VIOLAÇÃO À CONCORRÊNCIA. IMPOSIÇÃO DE MULTA PELO CADE. [...]
>
> 1. A decisão administrativa impugnada na ação de procedimento ordinário é a multa aplicada no julgamento do processo administrativo nº 23/91 que examinou o resultado de sindicâncias instauradas pelo antigo Conselho Administrativo de Defesa Econômica e representações à Secretaria de Direito Econômico - SDE, por meio das quais empresas concorrentes da apelante procuravam demonstrar que, desde 1988, a recorrente exercia pressão sobre os locatários de suas máquinas fotocopiadoras, impondo-lhes a aquisição de materiais de consumo de para uso nos equipamentos exclusivamente da marca "XEROX", sob pena de perda de prestação de assistência técnica vinculada ao produto prevista no contrato, caracterizando com o procedimento, a chamada venda casada.
>
> [...]
>
> 11. A alegação de que houve um aumento considerável no número de empresas concorrentes da autora não deve ser creditada a algum desprendimento em que tenha incorrido, mas sim, ao aumento do mercado e a atuação do CADE, que tornou-se mais rigoroso a partir da edição das Leis 8.158/91 e 8.884/94.
>
> [...]
>
> 13. Não se nega o reconhecimento de que é salutar o fornecimento de produtos de consumo pela própria fabricante para seus produtos, especialmente a tinta de imprimir, que em regra utiliza o chamado "toner", contudo, não se admite que a utilização do material de consumo seja imposta como condição de validade ou de oferta de determinado serviço pela imposição de cláusula padrão em contrato de prestação de serviço designado como de assistência técnica, estabelecendo obrigação vinculada às tomadoras do serviço, consistente

> em apenas adquirir material de consumo por ela fornecido, o que na linguagem antitruste representa abusar da posição dominante para criar dificuldade ao funcionamento e ao desenvolvimento do mercado.
>
> 14. É inequívoco que tal procedimento criou barreiras artificiais com o objetivo de retirar ou impedir a entrada no mercado de produtos de impressão similares ao da apelante, o que nada tem de relacionado com uma posição dominante exercida por uma empresa, eis que tal situação não tem relação com a imposição de restrições artificiais à concorrência.
>
> [...]
>
> 17. Apelação da XEROX parcialmente provida apenas para reduzir o valor da condenação em honorários advocatícios.
>
> (TRF1, T5, APELAÇÃO 2001.01.00.036742-5, Desemb. Selene Maria de Almeida, e-DJF1 de 7/8/2013)

A venda casada também é ilícito previsto pelo **Código de Defesa do Consumidor**. Leia-se o art. 39, I, da Lei 8.078/1990:

> Art. 39. É vedado ao fornecedor de produtos ou serviços, dentre outras práticas abusivas:
>
> I – condicionar o fornecimento de produto ou de serviço ao fornecimento de outro produto ou serviço, bem como, sem justa causa, a limites quantitativos;
>
> [....]

Na Lei 12.529/2011, o ilícito ganha a seguinte redação:

> Art. 36 [...]
>
> 3º [...]
>
> XVIII – subordinar a venda de um bem à aquisição de outro ou à utilização de um serviço, ou subordinar a prestação de um serviço à utilização de outro ou à aquisição de um bem;
>
> [...]

Não se trata, porém, do mesmo ilícito, pois a defesa do consumidor e a defesa da concorrência possuem diferentes objetos, métodos e finalidades.

A **principal diferença entre os ilícitos é a presença do abuso do poder de mercado ou de posição dominante**, presente na venda casada da lei antitruste e ausente no ilícito previsto pelo Código de Defesa do Consumidor. Há, porém, **outras distinções**. No direito do consumidor, a finalidade da venda casada é o ganho na venda do produto não desejado pelo cliente. No direito da concorrência o ilícito se caracteriza pela finalidade de dominar o mercado do produto não desejado. Ademais, no direito consumerista, a parte lesada será o consumidor hipossuficiente. No direito da concorrência, caracteriza-se o ilícito pelo condicionamento da venda casada a qualquer adquirente, seja uma empresa ou os consumidores finais.

Seja no âmbito da defesa do consumidor ou na defesa da concorrência, subsiste uma dificuldade nos casos mais sutis da venda casada, que reside da **divisibilidade de bens e serviços**.

No típico exemplo dos sapatos, não é venda casada o condicionamento da venda do pé esquerdo à aquisição do pé direito, ou o condicionamento da venda dos sapatos à aquisição dos cadarços.

Embora pares de sapatos e seus cadarços possam ser separados, não se fala em venda casada na hipótese, pois não é razoável a venda de apenas um pé do sapato. A questão fica mais complexa quando os bens não são tradicionalmente vendidos em conjunto. Não seria nenhum absurdo que as companhias telefônicas vendessem aparelho de telefone celular com película anti-risco ou capa protetora. Sem prejuízo da possibilidade de que o consumidor troque a película ou a capa, ou mesmo prefira não as utilizar, é sobremaneira comum o uso conjunto dos bens.

Impõe, contudo, a venda separada do telefone, da capa e da película o fato de haver mercado próprio com demanda específica para cada um destes itens. A divisibilidade do bem é dada, pois, pelo próprio mercado e pela viabilidade econômica dos bens de forma separada.

3.2.3. Recusa de contratar

Determina o art. 36, § 3º, inciso XI como prática ilícita "recusar a venda de bens ou a prestação de serviços, dentro das condições de pagamento normais aos usos e costumes comerciais".

Em princípio, negativa de contratar é um direito, tanto no Brasil quanto no exterior, inclusive nos países do *common law*.

Numa primeira análise pode parecer estranha a previsão de ilicitude da recusa de contratar. De fato, o princípio da livre-iniciativa autoriza os agentes econômicos a escolher seus parceiros comerciais, não fazendo sentido obrigar o agente a contratar com toda e qualquer pessoa.

Em caso envolvendo recusa de contratar e discriminação de preços, o STJ decidiu, prestigiando a autonomia da vontade. Leia-se:

> RECURSO ESPECIAL. DIREITO ECONÔMICO. DIREITO CONCORRENCIAL. ART. 29 DA LEI N. 8.884/94. PRETENSÃO DE CESSAÇÃO DE CONDUTAS QUE CONFIGURARIAM INFRAÇÃO À ORDEM ECONÔMICA. RECUSA DE CONTRATAR E PREÇOS DIFERENCIADOS. CONDUTAS QUE, POR SI SÓS, NÃO REPRESENTAM ILÍCITO CONCORRENCIAL. COMPRA E VENDA MERCANTIL. DIREITO PRIVADO. PRINCÍPIO DA AUTONOMIA PRIVADA. AUSÊNCIA DE INFRAÇÃO À CONCORRÊNCIA E À LIVRE INICIATIVA.
>
> 1. Pretensão da empresa demandante, revendedora de Gás Liquefeito de Petróleo (gás de cozinha), de condenação da empresa distribuidora a negociar com ela a compra e venda do produto pelo mesmo preço praticado com outras revendedoras. 2. Operação de compra e venda mercantil que, por se inserir na seara do Direito Privado, se realiza à luz do princípio da autonomia privada. 3. Como corolário do poder negocial, a decisão de contratar, ou não, e o preço a ser praticado constituem manifestações exercício da liberdade econômica

> constitucionalmente garantida, que, apenas em situações excepcionais, quando verificada ofensa à liberdade de concorrência, pode ser limitada. 4. Caso concreto em que, apesar de tratar de atividade legalmente considerada como de utilidade pública, não há monopólio ou razão especial para que se imponha a obrigatoriedade de contratar, sendo que as diferenças de preços podem se dar em razão de circunstâncias mercadológicas. 5. Condutas que, examinadas isoladamente, se apresentam perfeitamente lícitas, não havendo qualquer circunstância particular que permita a conclusão de que houve afronta à livre iniciativa e à livre concorrência. 6. RECURSO ESPECIAL PROVIDO, JULGANDO-SE IMPROCEDENTES OS PEDIDOS.
>
> (STJ, T3, REsp 1.317.536/MA, Min. Paulo de Tarso Sanseverino, DJe de 3/2/2016)

Como observa Calixto Salomão Filho, "há certa resistência, até mesmo intuitiva, a aceitar que um agente econômico possa, sem mais, ser obrigado a contratar, fornecendo seus produtos para um concorrente"[521].

Por outro lado, o agente econômico que se propõe a explorar uma atividade econômica, não deixa de adquirir insumos ou vender seus produtos ou serviços, "dentro das condições de pagamento normais aos usos e costumes comerciais". Isso significaria, em linguagem popular, "perder negócios".

Não é mesmo tão simples compreender a **recusa de contratar**, no **direito da concorrência**.

No âmbito do **direto do consumidor** a situação é bastante distinta. Não pode o estabelecimento simplesmente discriminar o consumidor, que se apresenta como parte hipossuficiente, numa relação normalmente instantânea, em que as ofertas do vendedor são realizadas para o público em geral.

Também no âmbito das **relações comerciais**, em que há **contratos formalizados**, é mais fácil compreender a ilicitude da conduta. Não é legítimo ao contratado simplesmente deixar de fornecer o objeto do negócio, sob pena de descumprimento contratual.

O que torna, então, a recusa de contratar um **ilícito concorrencial**?

Melhor começar pensando no que leva, **licitamente, o agente econômico recusar a contratar com terceiros**.

Deveras, nas tratativas econômicas entre empresas, entra em questão uma série de fatores, que permitem ao produtor selecionar seus distribuidores e demais parceiros comerciais, sem violar a legislação da concorrência.

O produtor pode rejeitar o lojista que não valoriza sua marca ou o transportador que não cumpre prazo ou não apresenta as condições adequadas de transporte do produto. Enfim, é mais que aceitável que o agente econômico recuse contratar com quem não tem escala suficiente ou padrão de qualidade para atender a demanda sua demanda.

521. SALOMÃO FILHO, Calixto. Direito Concorrencial. São Paulo: Malheiros, 2013, p. 535.

Pode ocorrer, também, de o agente econômico, se procurado por potencial contratante, não tiver produção suficiente para atender a nova demanda, sem prejudicar os clientes tradicionais.

Bastante peculiar, deveras, é a ilicitude da negativa de contratar no direito antitruste.

A recusa de contratar que configura violação ao direito antitruste é aquela em que a realização do negócio jurídico é verdadeira **condição da concorrência**, verdadeiro requisito para que possa haver concorrência num determinado mercado e, sem a negociação, a concorrência é reduzida ou mesmo anulada.

Segundo Calixto Salomão Filho, a "recusa de contratar tem uma característica muito específica que faz com que essa figura seja muitas vezes tratada como um ilícito independente dentro das práticas da exclusão. O elemento coercitivo consiste exatamente na recusa, isto é, na decisão de não concluir negócio jurídico"[522].

Ainda segundo o autor,

> Através do estudo das diferentes formas de recusa de contratar é que os requisitos necessários para a configuração da negociação compulsória revelarão sua identidade específica. A estrutura do setor em que opera a indústria muito revela a respeito das formas de **dependência** e, consequentemente, da possibilidade de **coerção**. A continuidade ou não da relação negocial oferece uma boa primeira aproximação para as avaliações dos objetivos (planejamento empresarial) que determinam a conduta; o estudo das recusas de contratar horizontais e verticais revela muitas das possíveis justificativas para as condutas[523].

A ilicitude da conduta depende, portanto, da utilização da negativa de contratar como forma de coerção para fins anticoncorrenciais, como forma de obrigar o agente econômico, que depende da contratação, a realizar outros negócios que não deseja ou como forma de excluir o agente econômico do mercado.

A negativa de contratar pode ser utilizada como meio para a prática de outras condutas infracionais, como o monopólio, a venda casada, a fixação de preços, a manutenção de preços de revenda e outras restrições verticais não baseadas em preço[524].

É o caso da empresa dominante na produção de determinado insumos, que também atual na produção de outros bens que utilizem tais insumos, mercado em que não é dominante. Diante desta situação, a empresa se nega a vender o insumo às empresas concorrentes no produto final, em busca de monopólio ou fechamento do mercado para estas competidoras.

A justificativa para a negativa de contratar é extremamente importante, pois se houver razões econômicas bastantes, como impossibilidade de atendimento da demanda,

---

522. SALOMÃO FILHO, Calixto. Direito Concorrencial. São Paulo: Malheiros, 2013, p. 534.
523. SALOMÃO FILHO, Calixto. Direito Concorrencial. São Paulo: Malheiros, 2013, p. 537.
524. HOVENKAMP, Herbert. Antitrust. Saint Paul, MN: Thomson West, 2005, p. 235 e seg.

prejuízo nas operações direto com a venda, ganhos de eficiência nas negociações com outros agentes econômicos etc., não haverá ilícito.

Hovenkamp, dirigindo-se à experiência norte-americana, mas de forma também pertinente para o direito brasileiro, faz uma síntese dos requisitos da conduta:

> Importante, contudo, que a regra do common law relativa à negativa de contratar apresenta duas qualificações, do interesse do direito antitruste:
>
> Pela formulação do caso Colgate, a decisão de não negociar com alguém deve ser 'independente' ou unilateral. Negativas de contratar 'concertadas' – acordos entre duas ou mais pessoas de não negociar com terceiro – levanta muitas preocupações concorrenciais, e algumas são caracterizadas como infrações per se. Nem toda negativa coletiva de contratar é ilegal, mas muitas são.
>
> Em Segundo lugar, mesmo a negativa unilateral de contratar somente é claramente legal se é tomada 'na ausência do propósito de criar ou manter monopólio'. Isto é, a negativa de contratar por uma firma com poder de mercado pode constituir monopólio ilegal ou tentativa de monopolizar[525].

De uma forma geral, a negativa de contratar será ilícita se realizada em conluio. Poderá, contudo, haver conduta individual ilícita se a medida for utilizada como meio da infração de monopólio ou tentativa de monopolizar[526].

> Cade firma acordos com entidades médicas para evitar boicotes e descredenciamentos[527]
>
> O Conselho Administrativo de Defesa Econômica – Cade, em sessão realizada nesta quarta-feira (06/05), firmou dois Termos de Compromisso de Cessação – TCCs com entidades representativas do setor de saúde em processos administrativos que apuram **boicote** a hospitais públicos e **descredenciamentos** em massa de operadoras de planos de saúde.
>
> Os acordos foram celebrados com a Central de Anestesiologia Ltda. – Ceanest, que representa os profissionais da área em Imperatriz, no Maranhão (PA 08012.002725/2011-76), e com a Cooperativa dos Cirurgiões Cardiovasculares do Espírito Santo – Coopcardio/ES (PA 08012.010629/2007-15).
>
> Em ambos os casos, o Cade investigava a **monopolização** dos respectivos mercados pelas entidades. Além disso, a autarquia apurava a promoção de **boicotes** pela Ceanest contra operadoras de plano de saúde que não adotassem a Classificação Brasileira Hierarquizada de Procedimentos Médicos – CBHPM, usada como tabela de preços mínimos para cobrança de honorários. Também estavam sendo apreciados boicotes contra o Sistema Único de Saúde - SUS que teriam sido promovidos pela Coopcardio/ES.
>
> [...]
>
> Pelos TCCs firmados com o Cade, além da contribuição pecuniária ao Fundo de Direitos Difusos - FDD, as entidades se comprometeram a não forçar a

525. HOVENKAMP, Herbert. Antitrust. Saint Paul, MN: Thomson West, 2005, p. 235 (tradução nossa)
526. HOVENKAMP, Herbert. Antitrust. Saint Paul, MN: Thomson West, 2005, p. 251-2.
527. Cade firma acordos com entidades médicas para evitar boicotes e descredenciamentos. Disponível em: http://www.cade.gov.br/Default.aspx?42f50415ec22f63cce7ccf63fc44. Acesso em 17/11/2015.

> adoção da CBHPM por hospitais e planos de saúde, não promover boicotes ou descredenciamentos e não incentivar seus associados/cooperados a pedirem demissão de hospitais do SUS ou deixarem de prestar concurso público.

De outro giro, Calixto Salomão Filho indica exemplos em que a recusa de contratar é legítima. O autor entende razoável a recusa quando o processo seletivo de ingresso é essencial da atividade, como o campeonato esportivo que nega a participação de candidatos que não apresentam os requisitos técnicos mínimos[528] ou quando a manutenção da qualidade do processo produtivo está em questão (*free rider*[529]).

A recusa de contratar é, em princípio, lícita. Torna-se ilícita quando, em conjunto com outros elementos, tais quais o poder de mercado, seu objetivo não é selecionar o parceiro comercial, mas excluí-lo da concorrência e impedir a concorrência.

Neste caso, a doutrina menciona ainda que se o agente não possuir poder de mercado, a conduta é analisada pela regra da razão, podendo ser justificada se pretender impedir a prática de *free rider*, comportando, porém diferença na análise da conduta, de acordo com o motivo da recusa de contratar: na hipótese de conduta relacionada com o preço praticado, há ilícito per se, se relacionada com outro fator, aplica-se a regra da razão. Por fim, a recusa de contratar entre não concorrentes é analisada pela regra da razão[530].

Um exemplo enfrentado indiretamente pela jurisprudência brasileira pode ser encontrado no ramo das telecomunicações, embora o caso também possa se classificado como ***essential facilities***.

No REsp 1.334.843/DF, o STJ discutiu questão relacionada com o preço cobrado pelas companhias telefônicas para a utilização, por outras companhias, de sua estrutura de rede. Para enfrentar a questão do preço, o Tribunal partiu da estrutura do mercado de telecomunicações, da seguinte forma:

> [...]
>
> 3. A indústria de telecomunicações é, essencialmente, uma indústria estruturada em rede. Assim, cada empresa que atua neste mercado relevante necessita de uma rede para funcionar, ou seja, de uma infraestrutura necessária à prestação de serviços de telecomunicações. Não obstante seja admissível a hipótese teórica de que cada empresa prestadora de serviços de telecomunicações possa possuir a sua própria infraestrutura, esta afirmação não se faz crível no mundo concreto, tendo em vista, notadamente, os altíssimos custos em que incorreriam as empresas prestadoras deste serviço público para a duplicação destas infraestruturas, o que, aliado ao fato de o nosso país possuir dimensões continentais, inviabilizaria o alcance da universalização dos serviços de telecomunicações.
>
> 4. Embora seja possível que cada player possua sua própria rede, por questões de racionalidade econômica e de políticas públicas de universalização do

528. SALOMÃO FILHO, Calixto. Direito Concorrencial. São Paulo: Malheiros, 2013, p. 545.
529. SALOMÃO FILHO, Calixto. Direito Concorrencial. São Paulo: Malheiros, 2013, p. 546.
530. HOVENKAMP, Herbert. Antitrust. Saint Paul, MN: Thomson West, 2005, p. 251 e seg.

> mercado de telecomunicações, para que os usuários das redes possam falar entre si é preciso que tenha sido implementada a interconexão entre todas as redes existentes. Assim, para o usuário de uma rede da operadora "A" poder falar com o usuário de outra rede, por exemplo, a rede da operadora "B", é necessário que estas duas redes estejam interconectadas. Sem esta interconexão, os usuários de uma rede ficam limitados a se comunicar tão somente com os outros consumidores da sua própria rede.
>
> [...]
>
> (STJ, T2, REsp 1.334.843/DF, Min. Mauro Campbell Marques, DJe de 5/12/2012)

A parte transcrita do julgado mostra clara situação em que vigora o dever de contratar. Como esclarece a decisão, os serviços de telecomunicações dependem da existência de uma rede de comunicações e como as empresas não possuem estrutura de rede própria para prestar seus serviços, dependem das redes umas das outras.

Embora o julgado tenha cuidado do preço da utilização desta rede, deixa claro que a contratação, neste caso, se mostra obrigatória, sob pena de inviabilizar a prestação dos serviços pelas empresas que não detiverem rede completa e se colocam em situação de dependência em relação a outra empresa.

No mesmo contexto de recusa de contatar está o ilícito previsto o art. 36, § 3º, inciso XVI: "açambarcar ou impedir a exploração de direitos de **propriedade industrial** ou intelectual ou de tecnologia".

O que a norma veda não é a exploração dos direitos de propriedade industrial ou intelectual pelo seu titular, mas, ao revés, que o titular deste direito atue como monopolista e impeça o funcionamento normal do mercado, onde aquela tecnologia ou direito é essencial.

3.2.4. Exclusividade

Há o ilícito quando o agente que possui poder econômico impõe exclusividade a seus parceiros, vale dizer, quando os impede de negociar com terceiros. Na dicção exemplificativa do art. 36, § 3º, incisos V e VI, nas hipóteses em que o agente, em prática individual ou concertada, impede "o acesso de concorrente às fontes de insumo, matérias-primas, equipamentos ou tecnologia, bem como aos canais de distribuição", exige ou concede "exclusividade para divulgação de publicidade nos meios de comunicação de massa".

Pode haver exclusividade de divisão territorial (para atacadistas e distribuidores), de cláusulas de localização (para varejistas), de divisão vertical de consumidores, de restrições air-tight (território delimitado ou consumidores delimitados) de áreas de responsabilidade primária e de território exclusivo e não exclusivo (mais de um distribuidor ou varejista na mesma área)[531].

531 HOVENKAMP, Herbert. Antitrust. Saint Paul, MN: Thomson West, 2005, p. 216.

Segundo Calixto Salomão Filho, "as cláusulas de exclusividade representam [...] o oposto da recusa de contratar. Seu elemento essencial é a proibição ou a limitação à liberdade de contratar com terceiros. Sua imposição (e não sua vedação) constitui, a princípio séria limitação à liberdade individual"[532].

Gellhorn, Kovacik e Calkins notam "a diferença entre uma 'distribuição exclusiva', que limita a liberdade do produtor e um 'distribuidor exclusivo' semanticamente-similar, que limita a liberdade do distribuidor ou do varejista"[533].

Há, de fato, **dois tipos de exclusividade**, um com **ênfase na liberdade do produtor** (**distribuição exclusiva** – exclusive distributorship, sole out let, franchise) e outro com **ênfase na liberdade do distribuidor ou varejista** (**distribuidor exclusivo**), ambas formas de restrições verticais ao comércio (unilateral ou bilateral), frequentemente relacionados com a venda casada e analisadas de acordo com a regra da razão.

Na **distribuição exclusiva**, o produtor vende seus produtos apenas para distribuidor ou varejista franqueado. Afeta a liberdade do produtor (franqueador), pois somente este decide quem aceita como franqueado.

Muito comum em redes de *fast-food* e roupas, mas pode ocorrer com outros produtos vendidos no sistema de franquia.

A infração pode estar relacionada com a venda casada, se o franqueador condicionar a licença a aquisição itens adicionais pelo interessado e discriminação de preços, se o franqueador procurar obter lucros maiores, dependendo do perfil dos franqueados.

De outro turno, na figura do **distribuidor exclusivo**, o produtor demanda ao distribuidor ou varejista que somente negocie com seus produtos, não com produtos de terceiros.

Um exemplo bastante corriqueiro são bares e restaurantes. Estes varejistas não são empresas franqueadas, mas podem negociar contratualmente vender apenas mercadorias de determinados produtores, como bebidas e refrigerantes.

A ênfase na liberdade do produtor ou do varejista não significa que a responsabilidade pela infração caiba a um ou a outro. Este critério apenas distingue os institutos. A culpa pela infração geralmente irá recair sobre o produtor, com poder de mercado, salvo se o distribuidor for monopsonista e exigir dos produtores exclusividade na negociação ou se produtores e distribuidores agirem em conluio.

Embora Salomão Filho trate do caso dos planos de saúde que proíbem o médico cooperado de prestar serviços fora do âmbito da cooperativa no tópico da recusa de contratar, a jurisprudência firmou o entendimento de se tratar de exclusividade. Veja-se o entendimento do STJ:

---

532 SALOMÃO FILHO, Calixto. Direito Concorrencial. São Paulo: Malheiros, 2013, p. 547.

533 GELLHORN, Ernest, KOVACIC, William E., CALKINS, Stephen. Antitrust law and economics. St. Paul, MN: Thompson West, 2004, p. 357, nota 6.

COOPERATIVA DE MÉDICOS. PACTO COOPERATIVO. **CLÁUSULA DE EXCLUSIVIDADE. FIDELIDADE DO MÉDICO À COOPERATIVA DO PLANO DE SAÚDE.**

1. Os contratos de exclusividade das cooperativas médicas não se coadunam com os princípios tutelados pelo atual ordenamento jurídico, notadamente à liberdade de contratação, da livre iniciativa e da livre concorrência.

[...]

4. Deveras, a Constituição Federal, de índole pós-positivista, tem como fundamentos a livre concorrência, a defesa do consumidor, a busca pelo pleno emprego (art. 170, IV, V e VIII da CF), os valores sociais do trabalho e da livre iniciativa, bem assim, a dignidade da pessoa humana, como fundamentos do Estado Democrático de Direito (CF, art. 1º, incisos III e IV), com vistas na construção de uma sociedade livre, justa e solidária (CF, art. 3º, I) e com ratio essendi dos direitos dos trabalhadores a liberdade de associação (art. 8º, da CF). Regras maiores que prevalecem a interdição à exclusividade.

[...]

(STJ, T1, REsp 768.118/SC, Min. Luiz Fux, DJe de 30/4/2008)

DIREITO ECONÔMICO – LIVRE CONCORRÊNCIA – [...] – UNIMED – COOPERATIVA DE SAÚDE – SUBMISSÃO IRRESTRITA ÀS NORMAS JURÍDICAS QUE REGULAM A ATIVIDADE ECONÔMICA – **CLÁUSULA DE EXCLUSIVIDADE PARA MÉDICOS COOPERADOS** – IMPOSSIBILIDADE TANTO SOB O ASPECTO INDIVIDUAL QUANTO SOB O ASPECTO DIFUSO – INAPLICABILIDADE AO PROFISSIONAL LIBERAL DO § 4º DO ARTIGO 29 DA LEI N. 5.764/71, QUE EXIGE EXCLUSIVIDADE – CAUSA DE PEDIR REMOTA VINCULADA A LIMITAÇÕES À CONCORRÊNCIA – VIOLAÇÃO, PELO TRIBUNAL DE ORIGEM, DO ART. 20, INCISOS I, II E IV; DO ART. 21, INCISOS IV E V, AMBOS DA LEI N. 8.884/94, E DO ART. 18, INCISO III, DA LEI N. 9.656/98 – INFRAÇÕES AO PRINCÍPIO DA LIVRE CONCORRÊNCIA PELO AGENTE ECONÔMICO CONFIGURADAS.

[...]

4. Ao médico cooperado que exerce seu labor como profissional liberal, não se aplica a exigência de exclusividade do § 4º do art. 29 da Lei n. 5.764/71, salvo quando se tratar de agente de comércio ou empresário.

5. A cláusula de exclusividade em tela é vedada pelo inciso III do art. 18 da Lei n. 9.656/98, mas, ainda que fosse permitida individualmente a sua utilização para evitar a livre concorrência, através da cooptação de parte significativa da mão de obra, encontraria óbice nas normas jurídicas do art. 20, I, II e IV, e do art. 21, IV e V, ambos da Lei n. 8.884/94. Portanto, violados pelo acórdão de origem todos aqueles preceitos.

[...]

(STJ, T2, REsp 1.172.603/RS, Min. Humberto Martins, DJe de 12/3/2010)

Na mesma linha do Poder Judiciário e ainda sob a égide da Lei 8.884/1994, o CADE sumulou o entendimento pela ilicitude da cláusula de exclusividade imposta a médicos cooperados.

Nos termos da Súmula nº 7, do CADE publicada no D.O.U. de 09/12/2009, "constitui infração contra a ordem econômica a prática, sob qualquer forma manifestada, de impedir ou criar dificuldades a que médicos cooperados prestem serviços fora do âmbito da cooperativa, caso esta detenha posição dominante".

> Superintendência abre processos para apurar exclusividade na oferta de crédito consignado[534]
>
> A Superintendência-Geral do Conselho Administrativo de Defesa Econômica – Cade instaurou seis processos administrativos para apurar a existência de exclusividade na oferta de crédito consignado em contratos firmados com órgãos da administração pública pelo Itaú Unibanco S/A, Caixa Econômica Federal, Santander S/A (Brasil), Bradesco S/A, Banco do Estado do Rio Grande do Sul S/A – Banrisul e Banco de Brasília – BRB [...].
>
> Crédito consignado é aquele ofertado diretamente à pessoa física por meio de desconto em folha de pagamento das parcelas do saldo devedor. Em casos em que há cláusula de exclusividade, o cliente somente pode realizar a contratação do valor por meio de agências do banco que possui a exclusividade com o órgão pagador. Os processos buscam avaliar se essa exigência tem potencial de prejudicar a concorrência e os consumidores finais, que ficam impedidos de contratar com instituições financeiras que apresentem melhores condições, como taxas de juros e prazos de pagamento mais atrativos.
>
> [...]
>
> Após análise inicial, foram encontradas evidências de cláusulas de exclusividade na oferta de crédito consignado em contratos firmados com órgão públicos pelos seis bancos.
>
> [...]

Especialmente nos casos de franquia, a medida restritiva pode apresentar como justificativas que afastam a ilicitude o combate a free riders, competição entre marcas e eficiência na distribuição.

3.2.5. *Manutenção de preço de revenda*

Falamos da exclusividade, como forma de restrição vertical do comércio, não baseada em preço. Vamos agora abordar a restrição vertical de preço, também chamada de manutenção de preço de revenda.

Seria possível tratar das duas condutas de maneira conjunta, tendo em vista que a "manutenção de preços de revenda e restrições verticais não baseada em preços são duas formas de contrato entre firmas verticalmente relacionadas. As duas formas são, por vezes, conjuntamente denominadas 'restrições de distribuição', porque envolvem restrições impostas pela parte acima [*upstream party*] (normalmente o produtor) e disciplina como

534 Superintendência abre processos para apurar exclusividade na oferta de crédito consignado. Disponível em: http://www.cade.gov.br/Default.aspx?cd61b147de34c84adc6afd55eb6f. Acesso em 17/11/2015.

a parte abaixo [*downstream party*] (normalmente o distribuidor ou o varejista) revende a mercadoria abrangida pelo acordo"[535].

As infrações estão previstas no inciso IX, § 3º, do art. 36, da Lei 12.529/2011:

> Art. 36. [...]
>
> § 3º As seguintes condutas, além de outras, na medida em que configurem hipótese prevista no caput deste artigo e seus incisos, caracterizam infração da ordem econômica:
>
> [...]
>
> IX – impor, no comércio de bens ou serviços, a distribuidores, varejistas e representantes preços de revenda, descontos, condições de pagamento, quantidades mínimas ou máximas, margem de lucro ou quaisquer outras condições de comercialização relativos a negócios destes com terceiros;

Para Hovenkamp, a

> manutenção do preço de revenda (resale price maintenance – RPM) é o controle do fornecedor acerca do preço pelo qual a mercadoria é revendida pelo distribuidor ou varejista. Alguns acordos são muito mais explícitos que outros. Num extremo, o acordo pode envolver um contrato escrito incluindo cláusula pela qual o negociante, parte do contrato, deve revender a mercadoria do fornecedor a um preço especificado. No outro extremo, o acordo pode envolver coerções sutis impostas pelo fornecedor aos distribuidores ou varejistas.

Os temas da restrição baseada preço eram muito controvertidos nos EUA, pois a Suprema Corte entendia que manutenção de preço de revenda é ilegal per se, embora não se apontasse com clareza os efeitos anticompetitivos da medida e que restrições verticais (não baseadas em preço) sejam ilegais apenas se forem desarrazoada (regra da razão), tendo em vista que as práticas apresentam efeitos econômicos similares e que em muitos esquemas de distribuição não é fácil determinar se a restrição é de preço ou não[536].

A Corte Americana, contudo, mudou seu posicionamento no caso Leegin Creative Leather Products, Inc. V. PSKS, Inc., de modo que as restrições baseadas em preço, vale dizer, a manutenção do preço de revenda também deve se submeter à regra da razão [537].

O ilícito de manutenção de preço de revenda caracteriza-se pela definição do preço abaixo do qual o distribuidor ou varejista não pode vender o produto. A conduta **se caracteriza** pela divulgação de tabela de preços obrigatória, vedação de desconto, fórmulas de apuração do preço etc e **se aperfeiçoa** com a negativa de contratar com a empresa que não obedece às regras de preço estipuladas.

535 HOVENKAMP, Herbert. Antitrust. Saint Paul, MN: Thomson West, 2005, p. 215.

536 HOVENKAMP, Herbert. Antitrust. Saint Paul, MN: Thomson West, 2005, p. 217.

537. Disponível em: <https://supreme.justia.com/cases/federal/us/551/877/>. Acesso em 15/12/2016.

Cade condena cartel no mercado de prestação de serviços médico-hospitalares no DF[538]

> O Conselho Administrativo de Defesa Econômica – Cade condenou, em sessão do Tribunal do órgão nesta quarta-feira (25/02), a União Nacional das Instituições de Autogestão em Saúde – Ciefas/Unidas e os hospitais Santa Lúcia S/A e Anchieta pela prática de cartel no mercado de prestação de serviços médico-hospitalares no Distrito Federal (PA nº 08012.006969/2000-75). As multas aplicadas são de R$ 11 milhões (Santa Lúcia), R$ 7 milhões (Anchieta) e R$ 638 mil (Ciefas/ Unidas).
>
> Os hospitais Anchieta e Santa Lúcia negociaram com operadoras de planos de saúde a cobrança de preços mais altos pela prestação de serviços médico-hospitalares de forma conjunta e em patamares idênticos. A Unidas, por sua vez, congregava os planos de saúde e também impunha seus preços em forma de bloco econômico, aumentando ainda mais seu poder de barganha. As condutas anticompetitivas ocorrerem entre julho de 2000 e meados de 2001.
>
> [...]
>
> Além do pagamento de multa, o Cade determinou que os hospitais Anchieta, Santa Lúcia e o Ciefas/Unidas abstenham-se de tentar implementar **tabelas e/ou de promover negociações coletivas que visem a uniformizar preços ou condições de prestação de serviços médicos.** Os representados também devem deixar de promover, apoiar ou fomentar movimentos de boicote e paralisação coletiva de atendimentos aos beneficiários de planos de saúde ou descredenciamentos em massa. O Tribunal do Cade decidiu ainda **arquivar as acusações** relativas aos Hospitais Daher, Santa Marta, HGO, Santa Helena, São Francisco, São Lucas, Prontonorte, Brasília, Promédica e Renascer e às entidades de classe SBH, AMHPDF e AMAI, que fazem parte do processo. O arquivamento já havia sido proposto pela Superintendência Geral da autarquia por ausência de provas que pudessem comprovar a participação destas entidades nas práticas anticoncorrenciais investigadas.
>
> **Acordo**
>
> O hospital Santa Luzia, que também fazia parte do processo administrativo, apresentou proposta de Termo de Compromisso de Cessação de Conduta – TCC, a qual foi aceita e homologada pelo Cade em janeiro deste ano. A unidade hospitalar reconheceu seu envolvimento na conduta anticompetitiva e se comprometeu a recolher cerca de R$ 4 milhões ao Fundo de Defesa dos Direitos Difusos – FDD, além de cessar integralmente a conduta e não realizar qualquer ato que possa prejudicar o andamento das investigações do órgão. Até que o Conselho verifique o cumprimento das exigências assumidas no TCC, o processo referente ao hospital Santa Luzia encontra-se suspenso.

As restrições de preço, assim como as restrições não baseadas em preço podem ser utilizadas para alcançar eficiência na distribuição, combater *free riders* e para aumento no poder de mercado e viabilização de lucros monopolistas.

---

538 Cade condena cartel no mercado de prestação de serviços médico-hospitalares no DF. Disponível em: http://www.cade.gov.br/Default.aspx?cc60ae7a8b80949f6ad76bf954f4. Acesso em 17/11/2015.

Além da aplicação da regra da razão, a jurisprudência norte-americana entende que as restrições de preço praticadas em acordo são ilícitos per se, não admitindo como defesa razões de eficiência nem o combate a free riders.

A jurisprudência norte-americana aceita apenas duas exceções à ilicitude per se da manutenção do preço de vendas: a conduta unilateral e a consignação.

Na **conduta unilateral** (caso Colgate), o produtor pode apenas anunciar que não irá contratar com distribuidores e varejistas que derem descontos. Neste caso, ao menos nos Estados Unidos, não há infração pois não há qualquer tipo de acordo. Contudo, se a empresa exercer qualquer tipo de pressão sobre os distribuidores, sob pena de se caracterizar o acordo tácito e a prática da infração[539].

Na **consignação**, o princípio que afasta a ilicitude é outro e se relaciona com a propriedade da mercadoria e o risco do negócio. De fato, distinguem-se a venda da consignação, pois naquela o comprador adquire a propriedade da mercadoria e assume o risco de prejuízos por não a revender. Na consignação, o distribuidor ou o varejista não adquirem a mercadoria, apenas a recebem com a promessa de tentar vendê-la. Se consegue vendê-la, recebe uma comissão, se não consegue, devolve a mercadoria para o proprietário, que mantém o risco do negócio. A jurisprudência norte-americana entende, contudo, que não basta a aparência contratual de consignação e rejeita a defesa em contratos com cláusulas que impedem a devolução da mercadoria e, portanto, do risco, ao fornecedor[540].

Fala-se, ainda, em preço máximo de revenda. Neste caso, somente haverá infração se o adquirente for monopsonista e este definir o preço.

3.2.6. Discriminação de preço e diferenciação de preço

Diferenciação ou diferença de preço e discriminação de preço são dois conceitos importantes no direito antitruste, que se não se confundem. Ensina Hovenkamp que

> (a) Diferença de Preços ocorre sempre que o mesmo produto é vendido a dois compradores a dois preços diferentes. Custos são irrelevantes. Se A vende um equipamento a B por $ 5,00 e a C por $ 4,50, há diferença de preço.
>
> (b) Discriminação de preço, ao revés, ocorre quando um vendedor obtém diferentes taxas de retorno de dois compradores. Um economista seria mais propenso a dizer que discriminação de preço ocorre quando duas vendas produzem diferentes razões de preço e custo marginal[541].

A variação nos preços das empresas é normal, mesmo em cenários de inflação baixa. Na verdade, os preços podem oscilar para cima e para baixo por uma grande variedade de causas, algumas delas pró-competitivas, como a redução de preços para angariar clientes

539 HOVENKAMP, Herbert. Antitrust. Saint Paul, MN: Thomson West, 2005, p. 225-6.

540 HOVENKAMP, Herbert. Antitrust. Saint Paul, MN: Thomson West, 2005, p. 227.

541 HOVENKAMP, Herbert. Antitrust. Saint Paul, MN: Thomson West, 2005, p. 305 (tradução nossa).

ou mesmo o aumento de preços em decorrência de oferta de serviços adicionais (estacionamento, treinamento dos atendentes etc.) e outras financeiras e comerciais, como os descontos da empresa que precisa fazer "caixa", a venda de produtos do estoque com prazo de validade menores, os descontos promocionais de estação, entre outros.

As variações de preço que preocupam o direito antitruste, além das práticas predatórias, é claro, são aquelas que configuram abuso de poder econômico ou prejuízos para a concorrência, em geral desacompanhadas de justificativas tais quais a eficiência e a proteção do negócio.

A **discriminação de preços** é uma destas preocupações. Leciona Hovenkamp que ela ocorre "quando o monopolista cobra de cada comprador seu preço de reserva por um produto. Preço de reserva [...] é o preço mais alto que um comprador está disposto a pagar por um certo produto. A situação mais vantajosa possível para o monopolista para um monopolista seria cobrar de cada comprador o maior montante que cada comprador está disposto a pagar"[542].

Para entender melhor a discriminação de preços e o preço de reserva, vale uma comparação.

Na concorrência perfeita toda a produção é vendida ao preço de equilíbrio, definido pelo encontro da curva de oferta e a curva de demanda. Neste cenário, o excedente do consumidor é demonstrado graficamente pelo "triangulo" formado entre o ponto de equilíbrio, o preço de equilíbrio e o ponto mais alto da curva de demanda (que corresponde ao valor mais alto que o consumidor mais interessado no bem está disposto a pagar por ele), em amarelo, abaixo. O excedente do produtor, ao revés, é formado pelo ponto de equilíbrio, pelo preço de equilíbrio e pelo ponto mais baixo da curva de oferta, em azul, abaixo:

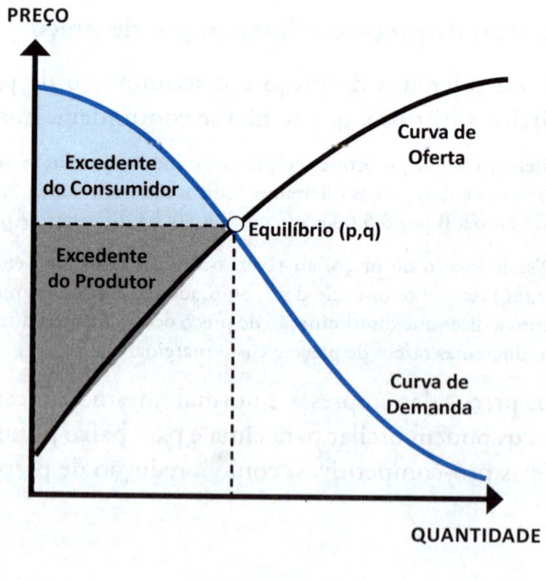

542 HOVENKAMP, Herbert. Antitrust. Saint Paul, MN: Thomson West, 2005, p. 308 (tradução nossa).

No monopólio, o vendedor reduz a oferta para vender menor quantidade a um preço único mais elevado que o da concorrência perfeita, e assim otimizar seus lucros. Como o preço é único e mais elevado do que o da concorrência perfeita, parte dos consumidores não será atendida e o monopolista irá se apropriar de parte do excedente dos consumidores atendidos.

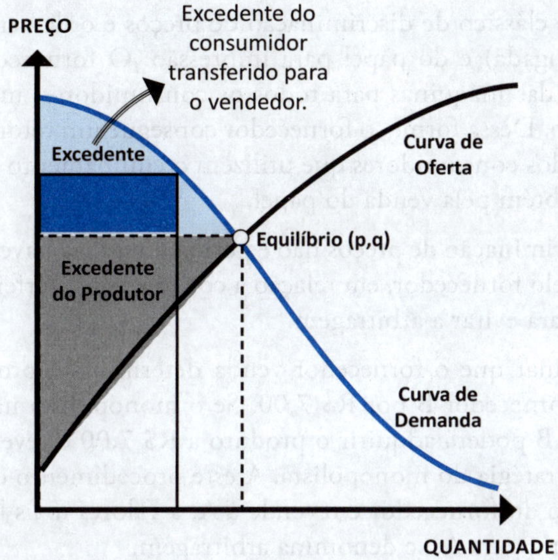

Na discriminação perfeita de preços, toda a demanda é atendida. Não há redução na oferta. Aqueles cujo preço de reserva for igual ao preço de equilíbrio na concorrência perfeita irá pagar menos. Aqueles cujo preço de reserva for maior pagarão mais pelo mesmo produto, inclusive aqueles que se dispuserem a pagar mais do que o preço "único" de monopólio.

Neste caso, o monopolista não se apropria apenas de parte, mas de todo o excedente do consumidor, porque sempre irá vender "na linha da demanda" (em vermelho) até o ponto de equilíbrio.

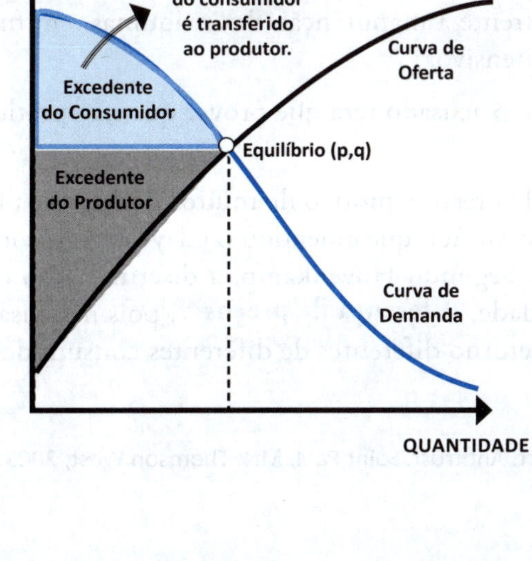

A discriminação perfeita de preços é virtualmente impossível de ser alcançada. Mesmo que o monopolista queira, ele não vai conseguir identificar o preço de reserva de todos os seus clientes. Na prática, o monopolista engajado não discriminação estabelecerá seus preços acima do preço de equilíbrio e abaixo da linha de demanda, na procura de atingir o preço de reserva dos consumidores.

Um exemplo clássico de discriminação de preços é o da venda casada de copiadora (normalmente alugada) e do papel para impressão. O fornecedor estabelece o mesmo preço do aluguel das máquinas para todos os consumidores, mas exige preço do papel acima do mercado. Dessa forma, o fornecedor consegue um retorno maior pelo conjunto copiadora/papel dos consumidores que utilizem o equipamento com maior intensidade, pelo ganho que obtém pela venda do papel.

Como a discriminação de preços não é perfeita, tende a haver uma redução na quantidade ofertada pelo fornecedor, em relação à concorrência perfeita. Isso ocorre porque o monopolista tentará evitar a arbitragem.

Vamos imaginar que o fornecedor venda determinado produto ao consumidor A por R$ 10 e ao fornecedor B por R$ 7,00. Se o monopolista não reduzir a quantidade de sua produção, B poderá adquirir o produto a R$ 7,00 e revendê-lo a A por R$ 9,00 e lucrar com a estratégia do monopolista. A este procedimento em que o consumidor B compra o produto do fornecedor e revende a A, a valores mais baixos do que o próprio fornecedor venderia para A, se denomina arbitragem.

Para evitar a arbitragem, o fornecedor monopolista reduz sua produção, eleva o preço mínimo de venda, por exemplo, para R$ 8,00 reduzindo os possíveis ganhos de B, na revenda para A.

Com ou sem arbitragem, haverá infração, se o fornecedor detiver poder de mercado e se a discriminação de preços for persistente.

Não haverá infração se a distinção de preços for justificada por razões de custo, hipótese em que o fornecedor não obterá taxas de retorno distintas por consumidor. Por exemplo, o fornecedor pode cobrar preços mais elevados para a entrega do produto em regiões mais distantes, com maior custo de transporte ou, no caso da copiadora, se preço de destinar a fazer frente à manutenção das máquinas, em função do maior desgaste causado por seu uso intensivo.

Em outros termos, o acusado terá que provar que não praticou a conduta de discriminação de preços.

A discriminação de preços é motivo de muitos debates nos Estados Unidos, em virtude do Robinson-Patman Act, que emendou o Clayton Act, com o objetivo de proteger as pequenas empresas. Segundo Hovenkamp, a discriminação de preços no Robinson-Patman Act é, na verdade, **diferença de preços**[543], pois não visa combater tentativas de obtenção de taxas de retorno diferentes de diferentes consumidores.

543 HOVENKAMP, Herbert. Antitrust. Saint Paul, MN: Thomson West, 2005, p. 311-2.

Na lei americana, a discriminação, ou melhor, a diferença de preços é ilegal se diminui substancialmente a competição ou tende a criar monopólio.

No Brasil, a conduta está expressamente prevista no inciso X, § 3º, do art. 36, da Lei 12.529/2001:

> Art. 36. [...]
>
> § 3º As seguintes condutas, além de outras, na medida em que configurem hipótese prevista no caput deste artigo e seus incisos, caracterizam infração da ordem econômica:
>
> [...]
>
> X – discriminar adquirentes ou fornecedores de bens ou serviços por meio da fixação diferenciada de preços, ou de condições operacionais de venda ou prestação de serviços;

Segundo Hovenkamp, são duas as linhas de violação na diferença de preços: o preço predatório e o tratamento igualitário de concorrentes.

Na **linha do preço predatório**, a norma procura impedir que o monopolista em uma região abuse desta posição com o intuito de praticar preços baixos em outras regiões onde não é monopolista.

Seria o caso de uma empresa que detenha muitos supermercados em uma cidade, onde pratica preços elevados e procura se estabelecer em outro município, praticando preços mais baixos. O prejuízo da filial na nova cidade é suportado pelos lucros da matriz, pretendendo a empresa ganhar mercado compensar as perdas com lucros monopolistas futuro nas duas localidades.

A especificidade da conduta em relação às práticas predatórias em geral está na utilização do lucro obtido em uma área para suportar os preços mais baixos em outra localidade.

Na **segunda linha de violação**, o fornecedor vende a mesma mercadoria a dois distribuidores ou varejistas concorrentes a preços diferentes, de modo que um se coloque em posição mais favorável que o outro no mercado.

É bem evidente que a conduta pode estar relacionada com outras infrações, como o cartel ou acordos verticais, mas também pode ser considerada de forma autônoma.

Basta para caracterizar a infração a prática de preços diferentes para dois ou mais concorrentes. Para afastar a infração, o acusado pode justificar a diferença de preços em função de custos ou provar que a venda a valores mais baixos visou "bater" o preço da concorrência.

3.3. Conquista natural de mercado x conquista artificial de mercado

Tratamos neste tópico das condições gerais dos ilícitos da lei da concorrência e fizemos comentários algumas previsões legais específicas.

Um dos elementos comuns destes ilícitos, como vimos, é a dominação de mercado, prevista expressamente no art. 36, II, da Lei 12.529/2011.

A dominação de mercado, contudo, nem sempre decorre de ato ilícito.

De fato, a mesma lei que define a ilicitude dos atos que tenham por objeto ou tenha por fim a dominação de mercado afasta a ilicitude deste resultado, quando decorrente da eficiência do agente econômico.

Dispõe o art. 36, § 1º, da Lei 12.529/2011:

> Art. 36.
>
> [...]
>
> § 1º A conquista de mercado resultante de processo natural fundado na maior eficiência de agente econômico em relação a seus competidores não caracteriza o ilícito previsto no inciso II do caput deste artigo.

Assim, o agente econômico que conquista mercado pela sua superior eficiência age licitamente, sem violar os comandos da Lei da Concorrência.

De outro turno, a conquista artificial de mercado, em suas diversas modalidades, pode significar infração à lei antitruste.

Várias consultas podem levar a conquista indevida de mercado. Além das figuras mais tradicionais que analisamos, podemos citar: "criar dificuldades à constituição, ao funcionamento ou ao desenvolvimento de empresa concorrente ou de fornecedor, adquirente ou financiador de bens ou serviços" (art. 36, § 3º, IV), impedir o acesso de concorrente às fontes de insumo, matérias-primas, equipamentos ou tecnologia, bem como aos canais de distribuição (art. 36, § 3º, V), "utilizar meios enganosos para provocar a oscilação de preços de terceiros" (art. 36, § 3º, VII), "destruir, inutilizar ou açambarcar matérias-primas, produtos intermediários ou acabados, assim como destruir, inutilizar ou dificultar a operação de equipamentos destinados a produzi-los, distribuí-los ou transportá-los" (art. 36, § 3º, XIII), e "açambarcar ou impedir a exploração de direitos de propriedade industrial ou intelectual ou de tecnologia" (art. 36, § 3º, XI todos da Lei 12.529/2011).

3.4. Posição dominante e presunção da posição dominante

Outro elemento constante na exposição que fizemos até aqui diz respeito ao poder econômico do agente que viola as leis da concorrência.

Poder econômico é expressão dotada de amplitude, difícil de ser definida com precisão e que significa, em última análise, a capacidade do agente de influenciar as condutas dos agentes, os preços de mercado, o quantitativo da produção.

A expressão poder econômico abrange, ainda, outros conceitos mais definidos, como o de posição dominante, normalmente utilizada para o poder econômico em mercados específicos, ou poder de mercado e ainda o de parcela de mercado, que indica em termos percentuais a participação do agente econômico num dado mercado relevante.

A doutrina assevera que o poder de mercado não é condição inarredável da prática de ilícitos contra a concorrência.

Em geral, apenas o agente com poder de mercado conseguirá praticar condutas que tenham como objeto ou que possam produzir os efeitos previstos pelo art. 36, incisos I a IV, da Lei 12.529/11, porque ausente o poder econômico, mesmo as práticas mais mal intencionadas tendem a se mostrar inofensivas no âmbito da coletividade, surtindo efeitos apenas no âmbito das relações individuais.

No entanto, algumas condutas de agentes com poder econômico mais reduzidos podem surtir os referidos efeitos, especialmente o previsto no art. 36, I, da Lei 12.529/2011, especialmente o de limitar, falsear ou de qualquer forma prejudicar a livre concorrência ou a livre-iniciativa.

É o caso do agente que se utiliza de "meios enganosos para provocar a oscilação de preços de terceiros". O ardil, nesta hipótese, pode potencializar a conduta do agente, surtindo efeitos maiores do que se fariam crer, se analisado apenas o poderio econômico do infrator.

De toda sorte, é regra geral ou pelo menos regra decorrente da experiência, de que apenas o agente com poder econômico consiga praticar condutas com a dimensão exigida pelo art. 36, da Lei 12.529/2011.

Sob o ponto de vista da economia, o poder de mercado é identificado pelo chamado teste do monopolista. Os economistas procuram saber se o agente de mercado possui as condições de agir como monopolista, ainda que não seja o único fornecedor do bem ou serviço. É dizer, se o agente pode afetar o mercado, elevando preços ou reduzindo quantidades sem sofrer perdas, terá poder econômico. Do contrário, será um agente econômico comum.

Não obstante, nem sempre, porém, é fácil determinar o poder econômico, tendo em vista a amplitude conceitual da expressão, nem mesmo o poder de mercado do agente econômico em determinado mercado relevante.

A lei criou, portanto, uma **presunção**, no sentido de identificar poder econômico em função da participação de mercado do agente. Nos termos do art. 36, § 2º, da Lei 12.529/2011, presume-se posição dominante do agente que detenha **pelo menos 20% de participação do mercado**. Leia-se

> Art. 36.
>
> [...]
>
> § 2º Presume-se posição dominante sempre que uma empresa ou grupo de empresas for capaz de alterar unilateral ou coordenadamente as condições de mercado ou quando controlar 20% (vinte por cento) ou mais do mercado relevante, podendo este percentual ser alterado pelo Cade para setores específicos da economia.

Algumas observações se mostram importantes acerca desta presunção.

A primeira e mais importante delas é de se tratar de **presunção relativa**, que admite prova em contrário.

Trata-se de um instrumento para facilitar ou mesmo viabilizar a aplicação da lei antitruste, sendo lícito ao acusado provar que de sua participação de mercado não induz poder de mercado, seja pela existência de empresas detentoras de participação superior a sua no mercado relevante, por haver outras empresas que praticam concorrência agressiva, não permitindo que nenhuma delas atue como monopolista, ou ainda por se tratar de mercado extremamente elástico ou que não apresente barreiras, de modo que qualquer tentativa de elevação de preços irá refletir em prejuízos ou que a tentativa de redução das quantidades produzidas causará a entrada de novos competidores no mercado.

Também não há que de dizer que a presunção gera insegurança jurídica. Ao contrário, a presunção legal permite ao agente econômico, em casos de dúvida acerca de seu próprio poder econômico, orientar sua conduta, recomendando que adote políticas menos agressivas face à concorrência, se sua participação no mercado se aproximar do patamar de 20%.

O percentual de 20% também não é absoluto. Trata-se do índice geral para a economia brasileira. Em mercados menos competitivos, que trabalhem com produtos menos elásticos e com mais barreiras à entrada de competidores, pode o CADE reduzir este percentual, ou elevá-lo, em mercados que apresentarem condições opostas.

Por fim, vale lembrar que as infrações contra a ordem econômica são caracterizadas por seu objeto e por seus efeitos potenciais, quando faz sentido perquirir pelo poder de mercado das empresas. Conduto, se a infração surtir efetivamente os efeitos anticoncorrenciais, não se mostra necessário investigar o poder de mercado da empresa, que fica evidentemente comprovado pela concretização do resultado. Em outros termos, diante do resultado, é evidente que os meios estavam presentes, bastando a presença de nexo causal.

3.5. Sanções

Comprovada a infração, cabe ao Tribunal da Concorrência aplicar as penalidades cabíveis.

Os arts. 37 e seg., da Lei 12.529/2011 regulam as penas por infrações à ordem econômica, disciplinando também penalidades acessórias.

Pela prática das infrações, os agentes estão sujeitos a dois tipos de penalidades: penas pecuniárias e penalidades específicas, voltadas à cessação do ilícito.

As penalidades pecuniárias são – e devem ser – elevadas, para fazer frente aos ganhos econômicos que podem ser obtidos pelas práticas ilícitas.

A lei define os percentuais das multas, mas ressalva que a penalidade "nunca será inferior à vantagem auferida, quando for possível sua estimação". De fato, seria inócua a multa, se inferior ao proveito obtido com a infração. Leia-se:

> Art. 37. A prática de infração da ordem econômica sujeita os responsáveis às seguintes penas:
>
> I – no caso de empresa, multa de 0,1% (um décimo por cento) a 20% (vinte por cento) do valor do faturamento bruto da empresa, grupo ou

conglomerado obtido, no último exercício anterior à instauração do processo administrativo, no ramo de atividade empresarial em que ocorreu a infração, a qual nunca será inferior à vantagem auferida, quando for possível sua estimação;

II – no caso das demais pessoas físicas ou jurídicas de direito público ou privado, bem como quaisquer associações de entidades ou pessoas constituídas de fato ou de direito, ainda que temporariamente, com ou sem personalidade jurídica, que não exerçam atividade empresarial, não sendo possível utilizar-se o critério do valor do faturamento bruto, a multa será entre R$ 50.000,00 (cinquenta mil reais) e R$ 2.000.000.000,00 (dois bilhões de reais);

III – no caso de administrador, direta ou indiretamente responsável pela infração cometida, quando comprovada a sua culpa ou dolo, multa de 1% (um por cento) a 20% (vinte por cento) daquela aplicada à empresa, no caso previsto no inciso I do caput deste artigo, ou às pessoas jurídicas ou entidades, nos casos previstos no inciso II do caput deste artigo.

§ 1º Em caso de reincidência, as multas cominadas serão aplicadas em dobro.

§ 2º No cálculo do valor da multa de que trata o inciso I do caput deste artigo, o Cade poderá considerar o faturamento total da empresa ou grupo de empresas, quando não dispuser do valor do faturamento no ramo de atividade empresarial em que ocorreu a infração, definido pelo Cade, ou quando este for apresentado de forma incompleta e/ou não demonstrado de forma inequívoca e idônea.

Vale lembrar que as penas são graduadas no termos do art. 45, da Lei 12.529/2011:

Art. 45. Na aplicação das penas estabelecidas nesta Lei, levar-se-á em consideração:

I – a gravidade da infração;

II – a boa-fé do infrator;

III – a vantagem auferida ou pretendida pelo infrator;

IV – a consumação ou não da infração;

V – o grau de lesão, ou perigo de lesão, à livre concorrência, à economia nacional, aos consumidores, ou a terceiros;

VI – os efeitos econômicos negativos produzidos no mercado;

VII – a situação econômica do infrator; e

VIII – a reincidência.

O art. 38, da Lei 12.529/2011, a seu turno, disciplina as demais penalidades aplicáveis aos infratores da ordem econômica.

O artigo prevê diversas penalidades, que apresentam como objetivo fazer cessar os efeitos da prática ou impedir que o agente cometa novas infrações. Assim, há infrações relativas à **divulgação do fato**, como a publicação da decisão do CADE e a inscrição do infrator no Cadastro Nacional de Defesa do Consumidor; à **limitação de direitos**, como a proibição de contratar com instituições financeiras oficiais e participar de licitação pública, recomendação para que concedida licença compulsória de direito de propriedade intelectual de titularidade do infrator ou que lhe seja negado parcelamentos tributários;

ou à **restrição da atividade do infrator**, como a cisão da sociedade, transferência de seu controle societário, venda de seus ativos ou cessação parcial de sua atividade e a proibição de exercício do comércio. Leia-se:

> Art. 38. Sem prejuízo das penas cominadas no art. 37 desta Lei, quando assim exigir a gravidade dos fatos ou o interesse público geral, poderão ser impostas as seguintes penas, isolada ou cumulativamente:
>
> I – a publicação, em meia página e a expensas do infrator, em jornal indicado na decisão, de extrato da decisão condenatória, por 2 (dois) dias seguidos, de 1 (uma) a 3 (três) semanas consecutivas;
>
> II – a proibição de contratar com instituições financeiras oficiais e participar de licitação tendo por objeto aquisições, alienações, realização de obras e serviços, concessão de serviços públicos, na administração pública federal, estadual, municipal e do Distrito Federal, bem como em entidades da administração indireta, por prazo não inferior a 5 (cinco) anos;
>
> III – a inscrição do infrator no Cadastro Nacional de Defesa do Consumidor;
>
> IV – a recomendação aos órgãos públicos competentes para que:
>
> a) seja concedida licença compulsória de direito de propriedade intelectual de titularidade do infrator, quando a infração estiver relacionada ao uso desse direito;
>
> b) não seja concedido ao infrator parcelamento de tributos federais por ele devidos ou para que sejam cancelados, no todo ou em parte, incentivos fiscais ou subsídios públicos;
>
> V – a cisão de sociedade, transferência de controle societário, venda de ativos ou cessação parcial de atividade;
>
> VI – a proibição de exercer o comércio em nome próprio ou como representante de pessoa jurídica, pelo prazo de até 5 (cinco) anos; e
>
> VII – qualquer outro ato ou providência necessários para a eliminação dos efeitos nocivos à ordem econômica.
>
> O poder punitivo do CADE, neste aspecto, é amplo, pois, nos termos do inciso VII, do art. 38, da Lei 12.529/2011, a autarquia pode impor ao agente, como penalidade, qualquer ato ou providência necessários para a eliminação dos efeitos nocivos à ordem econômica.
>
> Um exemplo apreciado pela jurisprudência, foi a imposição, pelo CADE, de que a empresa excluísse a chamada cláusula de raio de seus contratos. Leia-se:
>
> [...]
>
> 5. No caso, se a empresa for compelida a abster-se, desde já, da inserção da cláusula de raio em seus contratos com os lojistas do seu centro de compras, a eventual procedência da impugnação deduzida perante o Judiciário encontraria uma situação consolidada, que não poderia ser desconstituída pela só eficácia da decisão judicial; de fato, se abolida a cláusula de raio, poderiam ser inauguradas, na cercania (ou no entorno) do centro de compras, lojas concorrentes daquelas já instaladas no seu espaço interno, sendo claro que a posterior interdição dessas mesmas lojas (na hipótese de improcedência da execução do CADE), esbarraria em resistências legítimas, calcadas inclusive no vulto dos investimentos então já realizados para a sua instalação.

> 6. Nesse contexto, a eliminação (futura) da cláusula de raio revela-se mais proporcional à equalização da controvérsia, inclusive atentando-se para o fato de que esta é uma disposição histórica e tradicional, nos contratos de centos de compras; na verdade, na eventualidade de procedência da execução do CADE, os efeitos da eliminação da cláusula de raio serão decorrentes diretamente da força da própria decisão judicial, não se requerendo nenhuma outra iniciativa judicial ulterior, o que não ocorreria, se essa dita cláusula fosse já agora eliminada, tendo a sua eventual reversão de se submeter a outro procedimento.
>
> [...]
>
> (STJ, T1, REsp 1.125.661/DF, Min. Napoleão Nunes Maia Filho, DJe de 16/4/2012)

A **cláusula de raio**, para que se compreenda, é a exigência feita por empresas como *shopping centers*, de que as lojas neles estabelecidas não abram novos estabelecimentos a uma distância mínima do centro comercial. A conduta pode ser prejudicial à concorrência, por limitar o aumento da oferta em determinada região, e prejudicial ao concorrente, pois fica contratualmente impedido de abrir estabelecimentos, onde outras empresas podem se estabelecer. Em caso relacionado a *shoppings centers* de Porto Alegre, o CADE considerou ilegal a cláusula de raio:

> Cade condena *shopping centers* por adoção de cláusulas de raio[544]
>
> O Tribunal do Conselho Administrativo de Defesa Econômica – Cade condenou, na sessão de julgamento desta quarta-feira (31/08), os shoppings Iguatemi, Rua da Praia, Praia de Belas, Moinhos Shopping, Shopping Bourbon Country, Shopping Bourbon Assis Brasil e Shopping Bourbon Ipiranga, localizados em Porto Alegre/RS, por adoção de cláusulas de raio em contratos de locação firmados com lojistas. As multas aplicadas somam mais de 15 milhões.
>
> [...]

A cláusula de raio é uma cláusula de exclusividade territorial e, como as demais práticas, **não é sempre ilícita**, podendo ser estabelecida legitimamente, por exemplo, nos limites mínimos para justificar o investimento do próprio *shopping*, com a prova do agente econômico de que tal limite é economicamente necessário para permitir a geração de bem-estar para o empreendimento e para a sociedade.

Além de outras penalidades relativas à instrução dos processos, como pela recusa, omissão ou retardamento injustificado de informação ou documentos solicitados ou pela obstrução à realização de inspeções, a Lei 12.529/2011 prevê pena específica pela continuidade das infrações. Vejamos:

> Art. 39. Pela continuidade de atos ou situações que configurem infração da ordem econômica, após decisão do Tribunal determinando sua cessação, bem como pelo não cumprimento de obrigações de fazer ou não fazer impostas, ou pelo descumprimento de medida preventiva ou termo de compromisso de

544. Disponível em: http://www.cade.gov.br/noticias/cade-condena-cartel-no-mercado-internacional-de-compressores-para-refrigeracao. Acesso em 15 dez. 2016.

> cessação previstos nesta Lei, o responsável fica sujeito a multa diária fixada em valor de R$ 5.000,00 (cinco mil reais), podendo ser aumentada em até 50 (cinquenta) vezes, se assim recomendar a situação econômica do infrator e a gravidade da infração.

Trata-se de penalidade acessória, que visa agravar a situação do agente e dar efetividade às punições da autarquia.

O prazo prescricional para a aplicação de qualquer penalidade é de 5 anos contados da prática ilícita ou do dia em que tiver cessada a prática do ilícito no caso de infração permanente ou continuada, salvo se o fato também constituir crime, quando a prescrição será regida pela lei penal. A prescrição se interrompe com o ato administrativo ou judicial que tenha por objeto a apuração da infração, bem como a notificação ou a intimação da investigada. Suspende-se a prescrição durante a vigência do compromisso de cessação (art. 46, da Lei 12.529/2011)

4. QUADRO SINÓTICO

Controle dos atos de concentração

Atos de concentração	Submetidos ao CADE, para que os aprecie sob o enfoque da concorrência, dos efeitos danosos que podem provocar na economia, mas também das eficiências que podem criar, sempre sob o prisma da política econômica vigente.	Artigos 89 a 91
Modalidades materiais de concentração	As concentrações são: **Horizontais** (entre concorrentes) **Verticais** (entre empresas que atuam em fases complementares do processo produtivo) **Conglomeradas** (entre empresas que atuam em áreas não relacionadas).	
Prisma formal	**Figuras personificadas**, como a fusão e a incorporação de empresas, que operam a transferência de patrimônio e implicam a extinção da personalidade de pelo menos uma das empresas envolvidas, **Figuras participativas** – nenhuma das empresas envolvidas perde sua personalidade, mas há participação no capital uma das outras, como as empresas coligadas, controladas e a figura da holding. **Figuras contratuais com ânimo definitivo**, como o grupo formal e **Figuras temporárias**, como a *joint venture* e o consórcio.	Artigos 88 e 90 da Lei 12.529/11; artigos. 243, 278 e 279, da Lei 6.404/76; Súmulas nº 2 e 4 do CADE.
Atos submetidos à apreciação do CADE	**submissão obrigatória** – definidos pelo faturamento bruto anual das empresas (ou grupo de empresas envolvidas). **pode requerer a submissão de qualquer ato de concentração,** no prazo de 1 (um) ano a contar da respectiva data de consumação	Art. 88 Art. 88, § 7º

A apresentação dos atos ao CADE e seus efeitos	A ineficácia dos atos de concentração até a decisão da autarquia, a ser tomada no prazo de 240 dias. Não apresentado o ato, os agentes econômicos envolvidos se submetem a penalidade pecuniária, como no regime anterior, mas a lei prevê, também, nulidade do ato, sem prejuízo da abertura de processo administrativo.	Art. 88, § 2º Art. 88, §§ 3º e 4º
Análise dos atos de concentração	Em três etapas: Definição do mercado relevante Apuração do nível de concentração do mercado relevante Ponderação das eficiências	
Mercado relevante	Capacidade do agente econômico de elevar o preço de seu produto por tempo dilargado, para maximizar seus lucros, sem que isso implique a entrada de novos concorrentes no mercado (teste do monopolista hipotético).	
Nível de concentração do mercado	Os índices de concentração do mercado dão concretude à regra da razão, que recomenda não se rejeitar atos cujo efeito anticoncorrencial seja pequeno. Não há lei que estabeleça qual índice deverá o CADE utilizar.	
Eficiências	Ponderação das eficiências líquidas do ato de concentração	
Reprovação, aprovação e aprovação condicionada dos atos de concentração	Diante de um ato de concentração, cabe ao CADE aprová-lo, rejeitá-lo, ou aprová-lo mediante condições.	Art. 88, §§ 5º e 6º
Revisão dos atos de concentração	se baseada em elementos falsos, e monitorar os agentes econômicos e revisar a autorização caso sejam descumpridas as obrigações assumidas.	Art. 91

Acordo entre empresas

Acordos entre empresas	Condutas ilícitas, que podem ser punidas se tiverem como objeto ou possam produzir os efeitos de limitar, falsear ou de qualquer forma prejudicar a livre concorrência ou a livre-iniciativa, dominar mercado relevante de bens ou serviços, aumentar arbitrariamente os lucros ou exercer de forma abusiva posição dominante.	Art. 36, caput
Acordos horizontais	Entre agentes econômicos que atuam no mesmo mercado relevante (geográfico e material) – em direta relação de concorrência. **Cartel.** As empresas atuam em conjunto para adquirir ou aumentar o poder coletivo de mercado e estabelecer preços monopolistas. Nos cartéis de licitação, as empresas em conluio procuram obter preços elevados em licitações públicas. Dificuldades de criação e manutenção do cartel. Dificuldades probatórias do conluio.	Art. 36, § 3º, I, II e VIII
Acordos verticais	Entre agentes econômicos que desenvolvem suas atividades em mercados relevantes diversos, muitas vezes complementares.	Art. 36, § 3º, IV, IX e X

Práticas anticoncorrenciais

Conduta	Independem de culpa Constituem infração condutas que tenham por objeto ou possam produzir os seguintes efeitos, ainda que não sejam alcançados: I – limitar, falsear ou de qualquer forma prejudicar a livre concorrência ou a livre iniciativa; II – dominar mercado relevante de bens ou serviços; III – aumentar arbitrariamente os lucros; e IV – exercer de forma abusiva posição dominante.	Art. 36, caput
Tipos exemplificativos	A previsão expressa do tipo não é condição necessária para a caracterização do ilícito o que não significa que o texto legal seja desimportante.	Art. 36, § 3º,
Prática predatória	Venda de produtos abaixo do preço de custo, com vistas a adquirir mercado de concorrentes e adquirir poder monopolista, para posteriormente praticar preços arbitrários.	Art. 36, § 3º, XV
Venda casada	É a venda de um produto ou serviço condicionada a aquisição de um segundo produto ou serviço. São requisitos a existência de dois produtos separados e identificáveis, poder econômico suficiente e volume substancial de comércio.	Art. 36, § 3º, XVIII
Recusa de contratar	Negar-se a contratar somente é ilícito anticoncorrencial se constituir prática excludente de agente econômico do mercado. Será ilícita se praticada em conluio e se constituir meio para as infrações de monopólio e tentativa de monopólio. Não se confunde com a prática consumerista, que impede o agente econômico de vender mercadoria ou prestar serviço a consumidor final.	Art. 36, § 3º, XI
Exclusividade	O agente, em prática individual ou concertada, impede "o acesso de concorrente às fontes de insumo, matérias-primas, equipamentos ou tecnologia, bem como aos canais de distribuição", exige ou concede "exclusividade para divulgação de publicidade nos meios de comunicação de massa". Modalidades: divisão territorial (para atacadistas e distribuidores), cláusulas de localização (para varejistas), divisão vertical de consumidores, de restrições air-tight (território delimitado ou consumidores delimitados) de áreas de responsabilidade primária e de território exclusivo e não exclusivo (mais de um distribuidor ou varejista na mesma área).	Art. 36, § 3º, V e VI
Manutenção de preço de revenda	É o controle, pelo fornecedor, dos preços praticados pelo varejista. A conduta **se caracteriza** pela divulgação de tabela de preços obrigatória, vedação de desconto, fórmulas de apuração do preço etc e **se aperfeiçoa** com a negativa de contratar com a empresa que não obedece às regras de preço estipuladas.	Art. 36, § 3º, IX

Discriminação de preços e diferença de preços	Discriminação de preços é a prática de preços diferentes para consumidores, distribuidores ou varejistas diferentes, sem justificativa de custo. Visa impedir que o empresário de uma região utilize seus lucros monopolistas para conquistar mercado em outra região e que pequenos distribuidores ou varejistas sejam colocados em situação de inferioridade face a grandes empresas. Discriminação de preços é a **obtenção de taxas de retorno diferentes de compradores diferentes, com vistas no preço de reserva de cada consumidor**. Visa impedir a maximização dos lucros do monopolista, obtidos através da anulação do excedente do consumidor.	Art. 36, § 3º, X
Propriedade intelectual	Algumas infrações estão relacionadas com os direitos de propriedade intelectual, como marcas, patentes e direitos autorais. O art. 36, § 3º, XIV prevê como infração à lei antitruste açambarcar, tomar para si com exclusividade, a exploração de direitos de propriedade industrial ou intelectual ou de tecnologia ou impedir que terceiro explore tais direitos. A conduta exige algum meio fraudulento para a obtenção da exclusividade, como a prática do *sham litigation*. A conduta do **art. 36, § 3º, XIV,** está relacionada com as infrações em que o **terceiro** adquirente da patente busca explorar sozinho o direito ou impedir tantos concorrentes quanto conseguir, de fazê-lo. A infração do **art. 36, § 3º, XIX,** é praticada pelo titular da patente que abusa do seu direito, mediante preços abusivos, negativa de contratar, manutenção de preços de revenda, diferença e discriminação de preços.	Art. 36, § 3º, XIV e XIX
Conquista natural de mercado	A conquista natural de mercado, entendida como aquela decorrente da maior eficiência do agente econômico, não é ato ilícito.	Art. 36, § 1º
Posição dominante	A posição dominante é situação fática comum nos ilícitos e pressuposto obrigatório no ilícito previsto pelo art. 36, IV, da Lei 12.529/2011. Posição dominante é a capacidade de alterar as condições do mercado e se presume quando o agente ou o grupo de agentes controla pelo menos 20% do mercado relevante.	Art. 36, § 2º
Sanções	Dois tipos de penalidades: penas pecuniárias e penalidades específicas, voltadas à cessação do ilícito. Penalidades pecuniárias de até 2 bilhões de reais. Outras penalidades como a proibição de contratar com instituições financeiras oficiais e participar de licitações públicas, inscrição no cadastro de defesa do consumidor, cisão da sociedade infratora, venda de seus ativos e proibição de exercer o comércio em nome próprio ou como representante de pessoa jurídica.	Art. 37 e seg. Art. 45

	Regras para aplicação de penalidades: Art. 45. Na aplicação das penas estabelecidas nesta Lei, levar-se-á em consideração: I – a gravidade da infração; II – a boa-fé do infrator; III – a vantagem auferida ou pretendida pelo infrator; IV – a consumação ou não da infração; V – o grau de lesão, ou perigo de lesão, à livre concorrência, à economia nacional, aos consumidores, ou a terceiros; VI – os efeitos econômicos negativos produzidos no mercado; VII – a situação econômica do infrator; e VIII – a reincidência.	

5. JURISPRUDÊNCIA

5.1. Jurisprudência do STF

➘ Agravo regimental no recurso extraordinário. Administrativo. Tabela da Associação Médica Brasileira. Valores mínimos a serem pagos aos prestadores de serviço. Princípios da valorização do trabalho, da livre iniciativa e da livre concorrência. Circunstâncias fáticas que nortearam o acórdão recorrido. Cartel. Não ocorrência. Inexistência de padronização de preços. Reexame de fatos e provas. Impossibilidade. Precedentes.

1. A Corte de origem concluiu, em razão das circunstâncias fáticas dos autos, que os valores constantes da tabela fornecida pela Associação Médica Brasileira (AMB), utilizados pelo agravado, visavam, tão somente, impedir a desvalorização do trabalho dos profissionais envolvidos na prestação de serviços médicos e laboratoriais e que apenas retratavam quantias mínimas a serem repassadas a tais profissionais, não havendo, portanto, a padronização dos preços que caracterizaria o cartel.

2. A ponderação de interesses, in casu, não prescinde do reexame dos fatos e das provas dos autos, o qual é inadmissível em recurso extraordinário. Incidência da Súmula nº 279/STF.

3. Agravo regimental não provido.

(STF, T2, RE 630.256 AgR / DF, Min. Dias Toffoli, DJe de 18/6/2015)

5.2. Jurisprudência do STJ

➘ PROCESSUAL CIVIL. RECURSO ESPECIAL. ADMINISTRATIVO. COOPERATIVA DE MÉDICOS. PACTO COOPERATIVO. CLÁUSULA DE EXCLUSIVIDADE. FIDELIDADE DO MÉDICO À COOPERATIVA DO PLANO DE SAÚDE.

1. Os contratos de exclusividade das cooperativas médicas não se coadunam com os princípios tutelados pelo atual ordenamento jurídico, notadamente à liberdade de contratação, da livre iniciativa e da livre concorrência.

2. As relações entre a Cooperativa e os médicos cooperados devem obedecer a cláusula final inserta no art. 18, III, da Lei nº 9.656/98, estando as disposições internas daquele ente em desarmonia com a legislação de regência.

3. O referido dispositivo enuncia:

Art. 18. A aceitação, por parte de qualquer prestador de serviço ou profissional de saúde, da condição de contratado, credenciado ou cooperado de uma operadora de produtos de que tratam o inciso I e o § 1° do art. 1° desta Lei, implicará as seguintes obrigações e direitos:

III – a manutenção de relacionamento de contratação, credenciamento ou referenciamento com número ilimitado de operadoras, sendo expressamente vedado às operadoras, independente de sua natureza jurídica constitutiva, impor contratos de exclusividade ou de restrição à atividade profissional".

4. Deveras, a Constituição Federal, de índole pós-positivista, tem como fundamentos a livre concorrência, a defesa do consumidor, a busca pelo pleno emprego (art. 170, IV, V e VIII da CF), os valores sociais do trabalho e da livre iniciativa, bem assim, a dignidade da pessoa humana, como fundamentos do Estado Democrático de Direito (CF, art. 1º, incisos III e IV), com vistas na construção de uma sociedade livre, justa e solidária (CF, art. 3º, I) e com ratio essendi dos direitos dos trabalhadores a liberdade de associação (art. 8º, da CF). Regras maiores que prevalecem a interdição à exclusividade.

5. Destarte, o direito pleiteado pela recorrente compromete, por via oblíqua, os direitos à saúde (CF. art. 196), na medida em que a exclusividade cerceia o acesso àqueles médicos profissionais vinculados à cooperativa.

6. Destarte, a tutela dos interesses privados não podem se sobrepor ao interesse público, notadamente quando envolver interesses constitucionais indisponíveis.

7. Recurso especial desprovido.

(STJ, T1, REsp 768.118/SC, Min. Luiz Fux, DJe de 30/4/2008)

↘ Processo civil. Ação civil pública proposta pelo MPF. Legitimidade. Intervenção, no processo, pela Agência Nacional de Saúde (ANS). Reconhecimento de interesse. Cooperativa médica. Imposição de cláusula de exclusividade a médicos cooperativados, de modo que não possam atender por nenhum outro seguro ou plano de saúde. Impossibilidade.

– A legitimidade do MPF para propositura da ação civil pública foi mantida pelo Tribunal por fundamento constitucional, tendo sido interposto recurso extraordinário para discutir o tema. A competência para rever a decisão nesse ponto, portanto, é do STF.

– Há interesse jurídico da ANS para intervir em ação civil pública que, sob o fundamento de ofensa à ordem concorrencial, discute a imposição de cláusula de exclusividade por sociedade cooperativa de médicos, impedindo-os de se vincular a outros planos ou seguros saúde. A ANS tem, entre suas atribuições, a de 'fiscalizar a atuação das operadoras (...) e zelar pelo cumprimento das normas atinentes a seu funcionamento", bem como "adotar medidas necessárias para estimular a competição no setor de planos privados de assistência à saúde".

– A jurisprudência do STJ está pacificada no sentido de que é ilegal a cláusula de exclusividade, ainda que inserida em estatutos de cooperativas prestadoras de serviços de saúde.

Recurso especial parcialmente conhecido e improvido.

(STJ, T3, REsp 976.331/RS, Min. Nancy Andrighi, DJe de 24/6/2010)

↘ DIREITO ECONÔMICO – LIVRE CONCORRÊNCIA – INEXISTÊNCIA DE VIOLAÇÃO DO ART. 535 DO CPC – UNIMED – COOPERATIVA DE SAÚDE – SUBMISSÃO IRRESTRITA ÀS NORMAS JURÍDICAS QUE REGULAM A ATIVIDADE ECONÔMICA – CLÁUSULA DE EXCLUSIVIDADE PARA MÉDICOS COOPERADOS – IMPOSSIBILIDADE TANTO SOB O ASPECTO INDIVIDUAL QUANTO SOB O ASPECTO DIFUSO – INAPLICABILIDADE AO PROFISSIONAL LIBERAL DO § 4º DO ARTIGO 29 DA LEI nº 5.764/71, QUE EXIGE EXCLUSIVIDADE – CAUSA DE PEDIR REMOTA VINCULADA A LIMITAÇÕES À CONCORRÊNCIA – VIOLAÇÃO, PELO TRIBUNAL DE ORIGEM, DO ART. 20, INCISOS I, II E IV; DO ART. 21, INCISOS IV E V, AMBOS DA LEI nº 8.884/94, E DO ART. 18, INCISO III, DA LEI nº 9.656/98 – INFRAÇÕES AO PRINCÍPIO DA LIVRE CONCORRÊNCIA PELO AGENTE ECONÔMICO CONFIGURADAS.

[...]

2. A Constituição Federal de 1988, ao tratar do regime diferenciado das cooperativas não as excepcionou da observância do princípio da livre concorrência estabelecido pelo inciso IV do art. 170.

3. A causa de pedir remota nas lides relativas à cláusula de exclusividade travadas entre o cooperado e a cooperativa é diversa da causa de pedir remota nas lides relativas a direito de concorrência. No primeiro caso, percebe-se a proteção de suposto direito ou interesse individual; no segundo, a guarda de direito ou interesse difuso. Portanto, inaplicáveis os precedentes desta Corte pautados em suposto direito ou interesse individual.

4. Ao médico cooperado que exerce seu labor como profissional liberal, não se aplica a exigência de exclusividade do § 4º do art. 29 da Lei nº 5.764/71, salvo quando se tratar de agente de comércio ou empresário.

5. A cláusula de exclusividade em tela é vedada pelo inciso III do art. 18 da Lei nº 9.656/98, mas, ainda que fosse permitida individualmente a sua utilização para evitar a livre concorrência, através da cooptação de parte significativa da mão de obra, encontraria óbice nas normas jurídicas do art. 20, I, II e IV, e do art. 21, IV e V, ambos da Lei nº 8.884/94. Portanto, violados pelo acórdão de origem todos aqueles preceitos.

6. Ainda que a cláusula de exclusividade não fosse vedada, a solução minimalista de reputar lícita para todo o sistema de cláusula contratual, somente por seus efeitos individuais serem válidos, viola a evolução conquistada com a criação da Ação Civil Pública, com a promulgação da Constituição Cidadã de 1988, com o fortalecimento do Ministério Público, com a criação do Código de Defesa do Consumidor, com a revogação do Código Civil individualista de 1916, com a elaboração de um futuro Código de Processos Coletivos e com diversos outros estatutos que celebram o interesse público primário.

Recurso especial provido.

(STJ, T2, REsp 1.172.603/RS, Min. Humberto Martins, DJe de 12/3/2010)

↘ ADMINISTRATIVO. MULTA. SUNAB. AFRONTA AO ART. 11, ALÍNEA "N", DA LEI DELEGADA nº 4, DE 26.9.1962. SÚMULA 83/STJ.

1. Discute-se no recurso especial se é possível a diferenciação dos preços para vendas à vista e a prazo no cartão de crédito, e se a SUNAB, fundamentada na Lei Delegada nº 04/62, art. 11, "n", pode multar a empresa agravada, por prática abusiva.

2. A orientação das Turmas que integram a Primeira Seção desta Corte, firmou-se no sentido de que a simples oferta de desconto nas vendas feitas com dinheiro ou cheque, em relação às efetuadas por meio de cartão de crédito, não encontra óbice legal, pela inexistência de lei que proíba essa diferenciação, e por não caracterizar abuso de poder econômico.

Agravo regimental improvido.

(STJ, T2, AgRg no REsp 1.178.360/SP, Min. Humberto Martins, DJe de 19/8/2010)

↘ PROCESSO CIVIL. ADMINISTRATIVO. CADE. VIOLAÇÃO DO ART. 535, DO CPC. INEXISTÊNCIA. ART. 65, DA LEI 8.884/94. OBRIGAÇÕES DE PAGAR E OBRIGAÇÕES DE FAZER. MULTA. DEPÓSITO NO VALOR INTEGRAL. NECESSIDADE. SÚMULA VINCULANTE Nº 10.

1. As penalidades administrativas previstas na lei antitruste consistem, basicamente, em obrigações de pagar e obrigações de fazer. As primeiras constituem prestações quantificáveis em dinheiro, em que se sabe exatamente o valor da multa aplicada. As últimas, na maioria das vezes, caracterizam-se como prestações cujo valor pecuniário é incerto e indeterminado, em que é apenas possível proceder a uma mera estimativa de quanto o cumprimento daquela prestação representaria em moeda.

2. O art. 65, da Lei 8.884/94, fornece critérios para a fixação da garantia a ser prestada para impugnar-se judicialmente a decisão administrativa proferida pelo CADE, que tem natureza de título executivo extrajudicial, a teor do disposto no art. 60 da mencionada lei. Para que se possa mitigar liminarmente um dos efeitos inerentes a esse título executivo, suspendendo a sua eficácia, a norma estabelece dois

mecanismos distintos: tratando-se de obrigação de pagar, deve-se realizar o depósito no valor da multa aplicada; sendo obrigação de fazer, cabe ao juiz fixar o valor de caução idônea a garantir o cumprimento da decisão final.

3. Essa é a única interpretação do art. 65, da Lei 8.884/94. A uma, porque a conjunção "assim como" não encerra natureza disjuntiva, mas conjuntiva. A duas, porque é princípio basilar na hermenêutica que a norma não possui expressões inúteis. Por isso, quando a dispositivo legal prevê a garantia no valor da multa, assim como, a prestação de caução a ser fixada pelo juiz, não é possível admitir que o cumprimento de apenas uma dessas cominações satisfaça o comando normativo. Caso assim fosse, bastaria estar previsto na lei que, em todo caso, caberia ao juiz fixar o valor da caução. A três, porque admitir que a garantia deve ser prestada no valor da multa e, ao mesmo tempo, que o juiz pode fixar caução em valor inferior, resulta em cominação contraditória e sem qualquer respaldo lógico-interpretativo.

4. Afastar a aplicabilidade do art. 65, da Lei 8.884/94, sob qualquer justificativa constitucional, seja em relação ao princípio da proporcionalidade, da razoabilidade, da dignidade da pessoa humana, etc, implica, necessariamente, na declaração incidental de sua inconstitucionalidade, a qual se submete à cláusula de reserva de plenário prevista no art. 97, da CF e à Súmula Vinculante nº 10. A esse respeito, deve-se considerar que o Supremo Tribunal Federal, ao apreciar cautelar nos autos da ADI nº 1094/DF, indeferiu a liminar que pleiteava a suspensão desse dispositivo legal.

5. Recurso especial provido.

(STJ, T2, REsp 1.156.176/RS, Min. Castro Meira, DJe de 02/03/2011)

↘ ADMINISTRATIVO E PROCESSUAL CIVIL. AÇÃO DE NULIDADE DE PROCESSO ADMINISTRATIVO DO CADE. IMPOSIÇÃO DE MULTA, DA OBRIGAÇÃO DE ABSTENÇÃO DE INCLUSÃO DE CLÁUSULA DE RAIO E DA PUBLICAÇÃO DA DECISÃO. CAUÇÃO DO VALOR DA MULTA. TUTELA PROVISÓRIA SUSPENSIVA DA EXECUÇÃO DO ACÓRDÃO DO CADE AFASTADA PELO TRIBUNAL. ARTS. 65 E 66 DA LEI 8.884/94. REQUISITOS DO PODER DE CAUTELA. PROVISORIEDADE. NÃO REPERCUSSÃO SOBRE O MÉRITO DA DEMANDA, A SER DECIDIDO NAS INSTÂNCIAS ORDINÁRIAS. EXECUÇÃO IMEDIATA DA DECISÃO ADMINISTRATIVA DE REVERSIBILIDADE CUSTOSA E PROBLEMÁTICA. RECURSO ESPECIAL PROVIDO.

[...]

2. O oferecimento de embargos ou o ajuizamento de qualquer iniciativa processual do acionado, para adversar a execução de sanção pecuniária imposta pelo CADE não veiculam, em regra, efeito paralisante da iniciativa da Autarquia (art. 60 da Lei 8.884/94); esse efeito, no entanto, pode ser alcançado, se a parte executada prestar adequada, oportuna, justa e ampla garantia idônea (art. 65 da Lei 8.884/94).

3. Entretanto, ainda que prestada a garantia, o efeito suspensivo da execução do título pode ser motivadamente afastado pelo Juiz, mas para isso se requer que a infração à ordem econômica (a) se revista de gravidade e, cumulativamente, (b) se vislumbre na causa o fundado receio de dano irreparável ou de reparação árdua (art. 66 da Lei 8.884/94); esses os requisitos prudenciais do exercício do poder geral de cautela, inerente às diversas modalidades da jurisdição moderna, consagrados na doutrina jurídica especializada e na Jurisprudência dos Tribunais do País, de acordo com os roteiros dos sistemas processuais civis contemporâneos.

4. É relevantíssimo e indispensável reconhecer o préstimo processual das medidas judiciais provisórias, mas estas não devem ser prodigalizadas à mão larga – nem em favor dos litigantes privados, nem em favor das partes públicas – senão adotadas parcimoniosamente e somente nos casos de caracterizada necessidade; sem essa moderação, corre-se o risco de banalizar ou vulgarizar a sua notável eficácia preventiva, com prejuízo evidente ao desempenho regular de atividades econômicas produtivas ou restrições patrimoniais injustificáveis; convém repontuar que as medidas administrativas estatais de controle e repressão a procedimentos empresariais privados, potencial ou efetivamente lesivos a valores prezáveis da ordem econômica, devem, obrigatoriamente, se ajustar aos limites do ordenamento jurídico processual.

5. No caso, se a empresa for compelida a abster-se, desde já, da inserção da cláusula de raio em seus contratos com os lojistas do seu centro de compras, a eventual procedência da impugnação deduzida perante o Judiciário encontraria uma situação consolidada, que não poderia ser desconstituída pela só

eficácia da decisão judicial; de fato, se abolida a cláusula de raio, poderiam ser inauguradas, na cercania (ou no entorno) do centro de compras, lojas concorrentes daquelas já instaladas no seu espaço interno, sendo claro que a posterior interdição dessas mesmas lojas (na hipótese de improcedência da execução do CADE), esbarraria em resistências legítimas, calcadas inclusive no vulto dos investimentos então já realizados para a sua instalação.

6. Nesse contexto, a eliminação (futura) da cláusula de raio revela-se mais proporcional à equalização da controvérsia, inclusive atentando-se para o fato de que esta é uma disposição histórica e tradicional, nos contratos de centos de compras; na verdade, na eventualidade de procedência da execução do CADE, os efeitos da eliminação da cláusula de raio serão decorrentes diretamente da força da própria decisão judicial, não se requerendo nenhuma outra iniciativa judicial ulterior, o que não ocorreria, se essa dita cláusula fosse já agora eliminada, tendo a sua eventual reversão de se submeter a outro procedimento.

7. Recurso Especial a que se dá provimento, para assegurar a suspensão provisória (limitada no tempo) da execução integral do título executivo do CADE, até a decisão da lide nas instâncias competentes, mas sem a antecipação de qualquer juízo quanto ao mérito da causa, que convém ser urgenciado pelo Julgador singular, dada a relevância da questão em debate.

(STJ, T1, REsp 1.125.661/DF, Min. Napoleão Nunes Maia Filho, DJe de 16/4/2012)

↘ PROCESSUAL CIVIL E ADMINISTRATIVO. SERVIÇO PÚBLICO. TELEFONIA. RECURSO ESPECIAL EM AGRAVO DE INSTRUMENTO INTERPOSTO EM FACE DE DECISÃO ANTECIPATÓRIA DOS EFEITOS DA TUTELA. CONEXÃO ENTRE RECURSOS ESPECIAIS ADVINDOS DA MESMA DECISÃO PROFERIDA PELO JUÍZO DA 1ª INSTÂNCIA. REDES DE INTERCONEXÃO. VALOR DE USO DE REDE MÓVEL (VU-M). AMBIENTE DE RELATIVA LIBERDADE DE INICIATIVA EMBORA SUBMETIDO À REGULAÇÃO DA ANATEL. DIMINUIÇÃO DOS PREÇOS DESTAS TARIFAS GERAM BENEFÍCIOS AOS CONSUMIDORES À COMPETIÇÃO NO MERCADO RELEVANTE. FALTA DE OMISSÃO, CONTRADIÇÃO OBSCURIDADE NO ACÓRDÃO RECORRIDO. DECISÃO FUNDAMENTADA. PROCESSO DE ARBITRAGEM EM TRÂMITE NA ANATEL. DECISÃO QUE SE CONSUBSTANCIA ATO ADMINISTRATIVO PASSÍVEL DE REVISÃO PELO PODER JUDICIÁRIO NO QUE TANGE AOS ASPECTOS DE LEGALIDADE, PROPORCIONALIDADE E RAZOABILIDADE. CONDIÇÕES DA AÇÃO E PRESSUPOSTOS PROCESSUAIS INCIDÊNCIA DA TEORIA DA ASSERÇÃO. PRECEDENTES DO STJ.

1. Trata-se de recurso especial interposto pela TIM CELULAR S/A e outro contra acórdão prolatado pelo Tribunal Regional Federal da 1ª Região que, ao confirmar liminar deferida na primeira instância, entendeu-se pela fixação de um Valor de Uso de Rede Móvel (VU-M) diferente do originalmente pactuado entre as partes, neste caso com a intervenção da ANATEL por meio do processo de arbitragem nº 53500.028193/2005 em trâmite naquela autarquia, em razão da implementação de um sistema de interconexão fundado exclusivamente na cobertura de custos, que não possibilita excesso de vantagens econômicas para as operadoras que permitem o uso de suas redes por terceiros.

2. Os recursos especiais 1.334.843/DF, 1.275.859/DF e 1.171.688/DF, todos submetidos a minha relatoria, são conexos porque resultantes do inconformismo em face da mesma decisão proferida pelo Juízo da 4ª Vara da Seção Judiciária do Distrito Federal no âmbito da ação ordinária nº 2007.34.00.027093-3. Por essa razão, nos termos do art. 105 do Código de Processo Civil, devem as presentes demandas serem julgadas simultaneamente, a fim de evitar decisões contraditórias entre si.

3. A indústria de telecomunicações é, essencialmente, uma indústria estruturada em rede. Assim, cada empresa que atua neste mercado relevante necessita de uma rede para funcionar, ou seja, de uma infraestrutura necessária à prestação de serviços de telecomunicações. Não obstante seja admissível a hipótese teórica de que cada empresa prestadora de serviços de telecomunicações possa possuir a sua própria infraestrutura, esta afirmação não se faz crível no mundo concreto, tendo em vista, notadamente, os altíssimos custos em que incorreriam as empresas prestadoras deste serviço público para a duplicação destas infraestruturas, o que, aliado ao fato de o nosso país possuir dimensões continentais, inviabilizaria o alcance da universalização dos serviços de telecomunicações.

4. Embora seja possível que cada player possua sua própria rede, por questões de racionalidade econômica e de políticas públicas de universalização do mercado de telecomunicações, para que os usuários

das redes possam falar entre si é preciso que tenha sido implementada a interconexão entre todas as redes existentes. Assim, para o usuário de uma rede da operadora "A" poder falar com o usuário de outra rede, por exemplo, a rede da operadora "B", é necessário que estas duas redes estejam interconectadas. Sem esta interconexão, os usuários de uma rede ficam limitados a se comunicar tão somente com os outros consumidores da sua própria rede.

5. Por ser um ativo comercial e representar a utilização da infraestrutura alheia, no Brasil, é possível a cobrança pelo uso destas redes por parte da terceira concessionária.

6. As taxas de interconexão, desde que não discriminatórias ou nocivas ao ambiente de liberdade de iniciativa concorrencial instaurado entre as concessionárias de telefonia, podem variar de acordo com as características da rede envolvida. De acordo com o informado pelo Conselho Administrativo de Defesa Econômica, na qualidade de amicus curiae no presente feito, duas podem ser estas taxas cobradas, quais sejam: (a) Taxa de interconexão em chamadas de móvel para fixo (TU-RL), tarifa cobrada pelas concessionárias de telefonia fixa para a utilização de sua rede local para originação ou terminação por outras empresas; e, (b) Taxa de interconexão em chamadas de fixo para móvel (VU-M), que é devido pelas empresas de serviços de telecomunicações quando se conectam às redes de prestadoras móveis. A presente demanda diz respeito, tão somente, ao VU-M.

7. Por integrarem as estruturas de custos das empresas atuantes no mercado de telecomunicações, é racional admitir, por hipótese, que estes valores influam ainda que de forma indireta – nos preços praticados por estas empresas junto aos usuários. Além disso, quanto maior a possibilidade de interconexão, melhor será a qualidade dos serviços prestados, bem como o acesso de maior parte da população aos serviços de telecomunicações.

8. Este cenário – da importância das redes de interconexão para o funcionamento saudável do mercado de telecomunicações – é também reconhecido por autoridades internacionais, sendo que a tendência mundial verificada é a de reduzir o preço cobrado de uma concessionária a outra, por meio do estímulo à concorrência entre os agentes econômicos. Neste sentido, podemos observar recentes notícias de que as tarifas cobradas no Brasil a título de interconexão estão entre as mais caras do mundo, sendo que, recentemente, a Comissão Européia publicou uma recomendação orientando as operadoras da região a baixarem as tarifas a patamares entre 0,03 e 0,01 até o final de 2012.

9. Não obstante, na contramão desta tendência mundial, da análise dos elementos constantes dos autos que foram levados em consideração pelo Tribunal Regional Federal a quo, o que se percebe no Brasil é uma tendência de aumento destes valores cobrados a título de VU-M, com a chancela da própria ANATEL.

10. Esta prática, no entanto, pode ter efeitos maléficos para as condições de concorrência no setor, bem como para o consumidor final. Isso porque, salvo a possibilidade expressamente prevista em lei referente à concessão de descontos, este custo é normalmente repassado para a composição da tarifa final que deve ser paga pelo usuário do sistema de telefonia. Neste sentido, na mesma orientação do parecer exarado pela então Secretaria de Direito Econômico do Ministério da Justiça – atualmente incorporada ao CADE por força da Lei 12.529/2011 – na qualidade de *amicus curiae*, este é o posicionamento de recente estudo publicado no sítio eletrônico do Programa de Fortalecimento da Capacidade Institucional para Gestão em Regulação (PRO-REG), ação oficial do Poder Executivo que vem sendo implementada por intermédio da Casa Civil.

11. Nos termos da Lei Geral de Telecomunicações, a atuação da ANATEL é de extrema relevância para o bom desenvolvimento deste setor econômico, sendo o órgão de regulação setorial dotado de competência legal expressa para tanto. Essa competência é privativa, mas não exclusiva, razão pela qual seus regulamentos não são imunes à eventual análise por este Poder Judiciário, conforme se verá adiante. Neste sentido, colaciona-se o precedente do Supremo Tribunal Federal, em liminar, exarado no âmbito da Ação Direta de Inconstitucionalidade nº 1668/DF.

12. Não obstante, é bom que se deixe claro: a análise aqui empreendida, em nenhuma hipótese, quer afastar a regulação que vem sendo promovida pela ANATEL no mercado de interconexão entre telefo-

nia móvel e fixa. Muito pelo contrário, reconhece-se que esta regulação não engloba somente os valores cobrados, que estão submetidos à relativa liberdade de iniciativa, mas também aspectos técnicos podem melhorar a qualidade do serviço oferecido ao consumidor pelas concessionárias de telefonia móvel.

13. O fato de haver discussão quanto ao preço cobrado não afasta a incidência da regulação da ANATEL, reiterando-se que os valores cobrados pelas empresas podem ser discutidos no Poder Judiciário justamente porque, no que tange às tarifas de interconexão VU-M, por expressa determinação contida na Lei Geral de Telecomunicações, às concessionárias de telefonia foi conferida a liberdade para fixar estes valores desde que não estejam em desacordo, com isso, os interesses difusos e coletivos envolvidos dos consumidores, bem como dos concorrentes consistentes, neste ponto, na manutenção de uma ordem econômica saudável à clausula geral da liberdade de iniciativa concorrencial.

[...]

(STJ, T2, REsp 1.334.843/DF, Min. Mauro Campbell Marques, DJe de 05/12/2012)

↘ RECURSO ESPECIAL. DIREITO ECONÔMICO. DIREITO CONCORRENCIAL. ART. 29 DA LEI N. 8.884/94. PRETENSÃO DE CESSAÇÃO DE CONDUTAS QUE CONFIGURARIAM INFRAÇÃO À ORDEM ECONÔMICA. RECUSA DE CONTRATAR E PREÇOS DIFERENCIADOS. CONDUTAS QUE, POR SI SÓS, NÃO REPRESENTAM ILÍCITO CONCORRENCIAL. COMPRA E VENDA MERCANTIL. DIREITO PRIVADO. PRINCÍPIO DA AUTONOMIA PRIVADA. AUSÊNCIA DE INFRAÇÃO À CONCORRÊNCIA E À LIVRE INICIATIVA.

1. Pretensão da empresa demandante, revendedora de Gás Liquefeito de Petróleo (gás de cozinha), de condenação da empresa distribuidora a negociar com ela a compra e venda do produto pelo mesmo preço praticado com outras revendedoras. 2. Operação de compra e venda mercantil que, por se inserir na seara do Direito Privado, se realiza à luz do princípio da autonomia privada. 3. Como corolário do poder negocial, a decisão de contratar, ou não, e o preço a ser praticado constituem manifestações exercício da liberdade econômica constitucionalmente garantida, que, apenas em situações excepcionais, quando verificada ofensa à liberdade de concorrência, pode ser limitada. 4. Caso concreto em que, apesar de tratar de atividade legalmente considerada como de utilidade pública, não há monopólio ou razão especial para que se imponha a obrigatoriedade de contratar, sendo que as diferenças de preços podem se dar em razão de circunstâncias mercadológicas. 5. Condutas que, examinadas isoladamente, se apresentam perfeitamente lícitas, não havendo qualquer circunstância particular que permita a conclusão de que houve afronta à livre iniciativa e à livre concorrência. 6. RECURSO ESPECIAL PROVIDO, JULGANDO-SE IMPROCEDENTES OS PEDIDOS.

(STJ, T3, REsp 1.317.536/MA, Min. Paulo de Tarso Sanseverino, DJe de 3/2/2016)

↘ AGRAVO REGIMENTAL – MANDADO DE INJUNÇÃO IMPETRADO CONTRA AUTARQUIA FEDERAL – CADE – INCOMPETÊNCIA DO SUPERIOR TRIBUNAL DE JUSTIÇA PARA PROCESSAR E JULGAR O FEITO – PRECEDENTE DESTA CORTE ESPECIAL E DO PLENÁRIO DO SUPREMO TRIBUNAL FEDERAL.

Cuida-se de mandado de injunção, impetrado pelo Ministério Público Federal, contra o Conselho Administrativo de Defesa Econômica – CADE, que, nos termos do artigo 3º da Lei nº 8.884/94, é uma autarquia federal vinculada ao Ministério da Justiça.

Esta egrégia Corte Especial, na recente assentada de 27 de março de 2003, pacificou o entendimento deste colendo Superior Tribunal de Justiça no sentido de que é da competência da Justiça Federal conhecer e julgar os mandados de injunção impetrados contra autarquia federal (no caso, contra a ANATEL – MI 174/DF, Rel. Min. Sálvio de Figueiredo Teixeira).

A tese adotada por esta colenda Corte harmoniza-se com o modo de julgar do Excelso Supremo Tribunal Federal. Com efeito, o Plenário da Máxima Corte, por votação unânime, ao apreciar o Mandado de Injunção 571-8/SP (DJ 20.11.98), asseverou que é da Justiça Federal a competência originária para conhecer de mandado de injunção quando a omissão normativa é atribuída a autarquia federal.

"A aparente regra geral de competência do STJ, prevista no art. 105, I, h, CF, quando subtraída das áreas de competência do STF, de um lado, e da Justiça Federal, de outro, reduz-se a hipóteses excepcionais, entre as quais me ocorre, por exemplo, aquela em que, sendo-lhe imputada a omissão normativa, seja um Ministro de Estado a parte formal no processo do mandado de injunção" (MI 571-8/SP, Rel. Min. Sepúlveda Pertence, DJ 20.11.98).

Dessa forma, compete a este egrégio Tribunal apreciar os mandados de injunção impetrados contra omissão normativa de Ministro de Estado, mas não de autarquia federal vinculada a Ministério, como na hipótese dos autos.

Precedentes colacionados pelo agravante, do Egrégio Supremo Tribunal Federal e desta colenda Corte Superior de Justiça, que não divergem do entendimento esposado por este Magistrado ao reconhecer a incompetência deste Superior Tribunal de Justiça para processar e julgar o presente mandado de injunção.

Agravo regimental improvido.

(STJ, Corte Especial, AgRg no MI 185/DF, Min. Franciulli Netto, DJ de 21/3/2005)

5.3. Jurisprudência do TRF1

➘ ADMINISTRATIVO. ATO DE CONCENTRAÇÃO. COMUNICAÇÃO AO CADE. INTEMPESTIVIDADE. MULTA. CARÁTER FORMAL. LEIS 8884/94 E 12529/11. IMPOSSIBILIDADE DE APLICAÇÃO, POR ANALOGIA, DA "ABOLITIO CRIMINIS" (ART. 2º, CAPUT DO CÓDIGO PENAL). LEI NOVA MAIS RIGOROSA. DESPROPORCIONALIDADE DA MULTA: NÃO CONSTATAÇÃO. RECURSO IMPROVIDO.

1. Tratando-se de multa imposta pelo Conselho Administrativo de Defesa Econômica – CADE, por intempestividade na comunicação de ato de concentração, sequer por analogia ao que prescreve o artigo 2º, "caput", do Código Penal, é possível aplicar-se à espécie a regra do "abolitio criminis", de vez que, no caso, a lei posterior, Lei 12 529/2011 não deixou de considerar infração o que antes era previsto como tal, pela Lei nº 8884/94, pois tanto a lei antiga como a lei nova cuidam de disciplinar a obrigação de submissão ao CADE dos atos de concentração econômica, tratando de prevenir os abusos anticoncorrenciais.

2. É verdade que a lei nova – 12529/2011, no seu artigo 88, traz disciplina diversa da prevista anteriormente na Lei nº 8884/94. Mas em ambas, prevê-se a necessidade de submissão à apreciação do CADE dos atos de concentração econômica e prevê sanções para o descumprimento da obrigação. A lei nova, ao contrário de abolir a infração antes prevista, traz disciplina ainda mais rigorosa, tanto relativamente ao prazo (antes os atos de concentração poderiam ser submetidos à autarquia em até quinze dias de sua realização e, depois, a submissão passou a ser, necessariamente prévia a sua consumação) quanto ao valor das multas, que foram majoradas.

3. No caso, a infração é de natureza formal, pelo que, mesmo aprovado o ato pelo CADE, a pena é devida pela simples intempestividade na sua submissão à entidade de controle.

4. Não é flagrantemente desproporcional a multa aplicada dentro dos parâmetros do artigo 54 § 5º da Lei nº 8884/94 e da Resolução nº 44, de 14.02.2007, considerando os dias de atraso e o porte econômico da empresa e situando-se dentro de uma faixa de razoabilidade, que se reserva à discrição administrativa.

5. Apelação improvida.

(TRF1, T6, AC 0038838-80.2010.4.01.3400/DF, Juiz Federal Renato Martins Prates, e-DJF1 de 19/07/2013)

➘ DIREITO ECONÔMICO. VENDA CASADA E CRIAÇÃO ILEGÍTIMA DE DIFICULDADES PARA CONCORRENTES. FORNECIMENTO DE MATERIAIS DE CONSUMO PARA COPIADORAS XEROX COM ÊNFASE EM TONERS E REVELADORES. PENALIDADE PARA CLIENTES QUE NÃO ADQUIRISSEM OS PRODUTOS. VIOLAÇÃO À CONCORRÊNCIA. IMPOSIÇÃO DE MULTA PELO CADE. [...]

1. A decisão administrativa impugnada na ação de procedimento ordinário é a multa aplicada no julgamento do processo administrativo nº 23/91 que examinou o resultado de sindicâncias instauradas pelo antigo Conselho Administrativo de Defesa Econômica e representações à Secretaria de Direito Econômico - SDE, por meio das quais empresas concorrentes da apelante procuravam demonstrar que, desde 1988, a recorrente exercia pressão sobre os locatários de suas máquinas fotocopiadoras, impondo-lhes a aquisição de materiais de consumo de para uso nos equipamentos exclusivamente da marca "XEROX", sob pena de perda de prestação de assistência técnica vinculada ao produto prevista no contrato, caracterizando com o procedimento, a chamada venda casada.

[...]

11. A alegação de que houve um aumento considerável no número de empresas concorrentes da autora não deve ser creditada a algum desprendimento em que tenha incorrido, mas sim, ao aumento do mercado e a atuação do CADE, que tornou-se mais rigoroso a partir da edição das Leis 8.158/91 e 8.884/94.

[...]

13. Não se nega o reconhecimento de que é salutar o fornecimento de produtos de consumo pela própria fabricante para seus produtos, especialmente a tinta de imprimir, que em regra utiliza o chamado "toner", contudo, não se admite que a utilização do material de consumo seja imposta como condição de validade ou de oferta de determinado serviço pela imposição de cláusula padrão em contrato de prestação de serviço designado como de assistência técnica, estabelecendo obrigação vinculada às tomadoras do serviço, consistente em apenas adquirir material de consumo por ela fornecido, o que na linguagem antitruste representa abusar da posição dominante para criar dificuldade ao funcionamento e ao desenvolvimento do mercado.

14. É inequívoco que tal procedimento criou barreiras artificiais com o objetivo de retirar ou impedir a entrada no mercado de produtos de impressão similares ao da apelante, o que nada tem de relacionado com uma posição dominante exercida por uma empresa, eis que tal situação não tem relação com a imposição de restrições artificiais à concorrência.

[...]

17. Apelação da XEROX parcialmente provida apenas para reduzir o valor da condenação em honorários advocatícios.

(TRF1, T5, APELAÇÃO 2001.01.00.036742-5, Desemb. Selene Maria de Almeida, e-DJF1 de 7/8/2013)

↘ APELAÇÃO CÍVEL. ADMINISTRATIVO E PROCESSUAL CIVIL. INFRAÇÃO À ORDEM ECONÔMICA. ARTIGOS 20, I, III e IV, c.c. art. 21, I, IV, V e XIII, da Lei 8.884/94. AUSÊNCIA DE PROVAS. NULIDADE DO PROCESSO ADMINISTRATIVO. VALOR DOS HONORÁRIOS CONDICIONADOS À AUSÊNCIA DE INTERPOSIÇÃO DE RECURSO. IMPOSSIBILIDADE.

1. Alguns laboratórios farmacêuticos, dentre os quais a parte autora, foram investigados nos autos do processo administrativo nº 08012.009088/1999-48/CADE e condenados ao pagamento de multa, pelas infrações à livre concorrência previstas no art. 20, I, III e IV, c.c. art. 21, I, IV, V e XIII, da Lei 8.884/94. Segundo consta daqueles autos, representantes das empresas acusadas teriam se reunido em 27.07.1999, com o escopo de acertar medidas para dificultar o ingresso de medicamentos genéricos no país.

2. O d. Juízo de base declarou a nulidade da decisão proferida pelo CADE no processo administrativo em questão.

3. O único ato concreto citado pelo CADE, a ensejar uma condenação das empresas, foi a reunião ocorrida em 27/07/1999 e a ata dela resultante, mas não há prova de que a referida reunião tenha resultado em acordo prejudicial à livre concorrência, ou mesmo que tenha se destinado a tal fim.

4. Preliminarmente, não é a ausência de assinatura da ata ou a informalidade da reunião que lhe retiram a força probatória, visto que não se espera formalidades em ajustes ilícitos; mas as informações contidas no documento apresentado, aliadas às circunstâncias em que se deu a reunião, segundo os depoimentos colhidos nos autos do processo administrativo.

5. Não ficou claramente demonstrado, pelo conteúdo da ata, se os participantes queriam efetivamente dificultar a introdução dos medicamentos genéricos no mercado ou se apenas discutiam estratégias de mercado a serem adotadas em face da nova realidade que se apresentava.

6. Na ata da reunião não há registro de deliberações, discordâncias ou concordâncias com a matéria supostamente acordada. Alguns dos presentes ao evento foram enviados por seus chefes sem saber quais seriam os temas abordados. A reunião realizou-se a portas abertas, sendo que determinados membros chegaram atrasados, outros se ausentaram cedo, além de se ter relatado a ocorrência de conversas paralelas e ausência de deliberações objetivas. Tudo indica que as idéias perpetradas mais parecem sugestões acerca do posicionamento a ser tomado ante a entrada de medicamentos genéricos no mercado.

7. Além disso, os presentes à reunião não eram dirigentes das empresas e em nenhum momento ficou comprovado que tinham poderes para fechar acordo. Não que houvesse de se provar delegação expressa para um ato ilícito, mas ao menos deveria estar demonstrado que as atribuições/cargos exercidos eram dotados de independência funcional compatível com a assunção dos compromissos que se diz terem sido realizados.

8. Conforme a sentença recorrida: "o próprio CADE não individualizou especificamente os atos de cada participante da malsinada reunião, resumindo-se a analisar genericamente a suposta discussão travada entre os participantes e a ata apócrifa que resultou daquele conclave". A ausência de especificação das condutas dos representantes das empresas não só gera dúvida acerca da anuência ao acordo, comprometendo a própria existência deste, mas também obsta uma punição individualizada e restrita aos limites da participação de cada empresa.

9. Os honorários advocatícios foram fixados em R$ 50.000,00 (cinqüenta mil reais) em caso de interposição de recurso de apelação e em 30.000,00 (trinta mil reais) na ausência de recurso.

10. Viola o princípio do livre acesso ao Judiciário a imposição de um gravame, na forma de majoração dos honorários, em caso de interposição de recurso. Além disso, o artigo 460, parágrafo único, do CPC, preleciona expressamente que "a sentença deve ser certa, ainda quando decida relação jurídica condicional". Assim, não poderia a condenação, mesmo que apenas no ponto relativo à verba honorária, ficar condicionada à inexistência de recurso.

11. O valor de R$ 30.000,00 (trinta mil reais) é compatível o grau de zelo do profissional, o trabalho realizado pelo advogado e o tempo exigido para o seu serviço.

12. Dá-se parcial provimento ao recurso de apelação interposto pelo CADE, apenas para reduzir a condenação em honorários ao valor de R$ 30.000,00 (trinta mil reais).

(TRF1, T6, AC 2007.34.00.044419-6/DF; Desembargador Federal Kassion Nunes Marques, e-DJF1 de 29/5/2015)

↘ CONSTITUCIONAL E ADMINISTRATIVO. MANDADO DE SEGURANÇA. CONSELHO ADMINISTRATIVO DE DEFESA ECONÔMICA (CADE). INFRAÇÃO À ORDEM PÚBLICA (LEI nº 8.884/1994, ART. 20). ASSOCIAÇÃO PAULISTA DE MEDICINA. TABELA DE PREÇOS DE SERVIÇOS MÉDICOS. NÃO CONFIGURAÇÃO.

1. Consoante disposto no art. 20 da Lei nº 8.884/1994, constituem infração à ordem econômica, independentemente de culpa, os atos que tenham por objeto limitar, falsear ou de qualquer forma prejudicar a livre concorrência ou a livre iniciativa; dominar mercado relevante de bens ou serviços; aumentar arbitrariamente os lucros e exercer de forma abusiva posição dominante.

2. O art. 21 do mesmo diploma legal enumera as condutas caracterizadoras de infração da ordem econômica, "na medida em que configurem hipótese prevista no art. 20 e seus incisos", entre as quais, obter ou influenciar a adoção de conduta uniforme ou concertada entre concorrentes (inciso II).

3. Não configura tal hipótese, todavia, simples recomendação para utilização da Tabela de Honorários Médicos, que apenas sugere aos profissionais os valores mínimos de honorários capazes de remunerar dignamente os serviços prestados, não contendo norma de conduta, nem conduzindo a "conduta comercial uniforme ou concertada entre concorrentes".

4. Sentença reformada.

5. Apelação provida, para conceder a segurança.

(TRF1, T6, AMS 2003.34.00.011371-7/DF, Desembargador Federal Daniel Paes Ribeiro, e-DJF1 de 12/11/2014)

5.4 Súmulas do CADE

➘ Súmula nº 09, publicada no D.O.U. de 03 de novembro de 2010

Para fins da contagem do prazo de que trata o § 4º, do artigo 54 da Lei 8.884/94, considera-se realizado o ato de concentração na data de exercício da opção de compra ou de venda e não o do negócio jurídico que a constituiu, salvo se dos correspondentes termos negociais decorram direitos e obrigações que, por si sós, sejam capazes de afetar, ainda que potencialmente, a dinâmica concorrencial entre as empresas.

➘ Súmula nº 08, publicada no D.O.U. de 03 de novembro de 2010

Para fins da contagem do prazo de que trata o § 4º, do artigo 54 da Lei 8.884/94, considera-se realizado o ato de concentração na data da celebração do negócio jurídico e não da implementação de condição suspensiva.

➘ Súmula nº 7, publicada no D.O.U. de 09/12/2009

Constitui infração contra a ordem econômica a prática, sob qualquer forma manifestada, de impedir ou criar dificuldades a que médicos cooperados prestem serviços fora do âmbito da cooperativa, caso esta detenha posição dominante.

➘ Súmula nº 6, publicada no D.O.U. de 09/12/2009

O fato gerador das taxas processuais previstas na Lei 9.781/99 é o protocolo do ato de concentração ou da consulta, sendo devidas ainda que a parte venha desistir do pedido em momento posterior.

➘ Súmula nº 5, publicada no D.O.U. de 09/12/2009

É lícita a estipulação de cláusula de não-concorrência com prazo de até cinco anos da alienação de estabelecimento, desde que vinculada à proteção do fundo de comércio.

➘ Súmula nº 4, publicada no D.O.U. de 09/12/2009

É lícita a estipulação de cláusula de não-concorrência na vigência de joint venture, desde que guarde relação direta com seu objeto e que fique restrita aos mercados de atuação.

➘ Súmula nº 3, publicada no D.O.U. de 21/09/2007

Nos atos de concentração realizados com o propósito específico de participação em determinada licitação pública, o termo inicial do prazo do art. 54 § 4º, da Lei 8.884/94 é a data da celebração do contrato de concessão.

↘ Súmula nº 2, publicada no D.O.U. de 27/08/2007

A aquisição de participação minoritária sobre capital votante pelo sócio que já detenha participação majoritária não configura ato de notificação obrigatória (art. 54 da Lei nº 8.884/94) se concorrerem as seguintes circunstâncias: (i) o vendedor não detinha poderes decorrentes de lei, estatuto ou contrato de (i.a) indicar administrador, (i.b) determinar política comercial ou (i.c) vetar qualquer matéria social e (ii) do(s) ato(s) jurídico(s) não constem cláusulas (ii.a) de não-concorrência com prazo superior a cinco anos e/ou abrangência territorial superior à de efetiva atuação da sociedade objeto e (ii.b) de que decorra qualquer tipo de poder de controle entre as partes após a operação.

↘ Súmula nº 1, publicada no D.O.U. de 18/10/2005

Na aplicação do critério estabelecido no art. 54, § 3º, da Lei nº 8.884/94, é relevante o faturamento bruto anual registrado exclusivamente no território brasileiro pelas empresas ou grupo de empresas participantes do ato de concentração.

6. QUESTÕES DE CONCURSOS

1. (CESPE – Juiz Federal Substituto 2ª Região/2011) Com referência à Lei Antitruste, assinale a opção correta.

(A) Os prejudicados têm ação para, em defesa de interesses individuais ou individuais homogêneos, obter a cessação de práticas que constituam infração da ordem econômica e para o recebimento de indenização por perdas e danos, após a conclusão do processo administrativo respectivo, que será suspenso em virtude do ajuizamento.

(B) Constitui título executivo extrajudicial decisão do plenário do CADE que comine multa ou obrigação de fazer. Tratando-se de obrigação de pagar ou de fazer, para que se possam mitigar liminarmente os efeitos inerentes a esse título, com a suspensão de sua eficácia, cabe ao juiz fixar o valor de caução idônea a garantir o cumprimento da decisão final, considerada incabível a exigência de depósito do valor de eventual multa.

(C) As disposições da lei atinentes às infrações contra a ordem econômica aplicam-se às pessoas físicas ou jurídicas de direito público ou privado, e a quaisquer associações de entidades ou pessoas, constituídas de fato ou de direito, ainda que temporariamente, com ou sem personalidade jurídica, exceto se exercerem atividade sob regime de monopólio legal.

(D) A personalidade jurídica do responsável por infração contra a ordem econômica poderá ser desconsiderada caso se comprove abuso de direito, excesso de poder, infração da lei, fato ou ato ilícito ou violação dos estatutos ou contrato social, não sendo, entretanto, efetivada a desconsideração quando ocorrer encerramento ou inatividade da pessoa jurídica provocados por má administração.

(E) Ocorre posição dominante quando uma empresa ou grupo de empresas controla parcela substancial de mercado relevante, como fornecedor, intermediário, adquirente ou financiador de um produto, serviço ou tecnologia a ele relativa, sendo presumida a posição dominante quando a empresa ou grupo de empresas controle 20% de mercado relevante, podendo esse percentual ser alterado pelo CADE para setores específicos da economia.

2. (CESPE – Juiz Federal Substituto 5ª Região/2011) A respeito do direito concorrencial, assinale a opção correta.

(A) A posição dominante de uma empresa ou grupo no mercado, ou seja, a sua participação significativa, é causa, por si só, de intervenção das autoridades antitruste.

(B) Mercado relevante material refere-se à área geográfica, ou seja, ao local que se deseja analisar em termos de concorrência.

(C) O conceito de mercado relevante relaciona-se à definição, para análise concorrencial, do espaço geográfico dos agentes econômicos e de todos os produtos e serviços substituíveis entre si, nesse mercado.

(D) Os conceitos de poder econômico e de posição dominante são equivalentes.

(E) Na análise concorrencial, considera-se poder econômico a participação de determinada empresa ou grupo em um mercado.

3. (CESPE – Juiz Federal Substituto 3ª Região/2011) Considere que uma empresa de laticínios, detentora de 15% do mercado de processamento e pasteurização de leite tipo C em determinado estado da Federação, venda o produto abaixo do preço de custo. Nesse caso, é correto afirmar que, para se decidir pela existência, ou não, de infração ao direito de concorrência, deve-se analisar, necessariamente,

(A) a delimitação da dimensão material do mercado relevante, que consiste em definir os bens e serviços que têm elasticidade em sua substituição, sob a perspectiva dos produtores.

(B) possível justificativa para a conduta, como, por exemplo, o fato de o produto ser perecível, estando iminente a expiração de sua validade para consumo.

(C) o alcance, em razão do ato praticado, de pelo menos um dos seguintes efeitos/resultados: prejuízo à livre concorrência ou à livre iniciativa; dominação do mercado relevante de bens ou serviços, aumento arbitrário dos lucros; exercício de forma abusiva, de posição dominante.

(D) a suspeita de a empresa ter posição dominante correspondente a mais de 20% do mercado relevante, o que, de acordo com o art. 20, § 3°, da Lei n° 8.884/1994, é suficiente para excluí-la da prática de infração, já que a empresa em questão tem apenas 15% do mercado.

(E) a delimitação da dimensão geográfica do mercado relevante, entendido como o território onde a empresa está sediada.

4. (MPF – Procurador da República/2011) O CONCEITO DE "MERCADO RELEVANTE", USADO NO DIREITO CONCORRENCIAL:

(A) Faz referencia à importância relativa de um mercado em comparação a outro, para efeito da imposição de sanção, como no caso do mercado de medicamentos, que é mais relevante do que o mercado de brinquedos, por exemplo.

(B) É utilizado para referir-se ao espaço geográfico onde determinada conduta possa causar impacto.

(C) É utilizado para referir-se ao tipo de produto ou de serviço que teria sido afetado pela prática de abuso de poder econômico sob investigação.

(D) As respostas b) e c) estão corretas.

5. (MPF – Procurador da República/2011) A PRÁTICA ILÍCITA CONHECIDA COMO "VENDA-CASADA", PREVISTA TANTO NO ART. 21, XXIII, DA LEI ANTITRUSTE, COMO NO ART.39,1, DO CÓDIGO DO CONSUMIDOR:

(A) É rigorosamente o mesmo ilícito, podendo ser punida alternativamente por uma ou por outra Lei.

(B) É distinta em uma e outra lei, pois pressupõe abuso de poder de mercado, na Lei Antitruste, enquanto que não tem tal pressuposto no Código do Consumidor.

(C) É distinta em uma e outra lei, em função da competência distinta das autoridades incumbidas de investigar e punir.

(D) Nenhuma das alternativas acima está correta.

6. (MPF – Procurador da República/2011) SE UMA EMPRESA, COM FATURAMENTO ANUAL ACIMA DE R$ 400 MILHÕES, ADQUIRE UMA OUTRA EMPRESA:

(A) Essa operação deverá necessariamente ser submetida à aprovação do CADE.

(B) Essa operação somente deverá ser submetida ao CADE se a empresa adquirida for concorrente.

(C) Essa operação somente deverá ser submetida ao CADE se a empresa adquirida também tiver faturamento anual acima de R$ 400 milhões.

(D) Essa operação pode ser realizada bastando ser autorizada previamente pelo Ministério Público Federal.

7. (MPF – Procurador da República/2011) SE DETERMINADA OPERAÇÃO REALIZADA POR EMPRESA CAUSAR RESTRIÇÃO À CONCORRÊNCIA:

(A) Essa operação será considerada uma infração antitruste.

(B) Essa operação poderá ser considerada lícita, dependendo das eficiências que ocasionar.

(C) Essa operação será considerada lícita, se realizada por uma empresa estatal em regime de monopólio legal.

(D) Essa operação será considerada lícita se não houver oposição pelos demais concorrentes nesse mesmo mercado.

8. (MPF – Procurador da República/2011) UM ACORDO DE PREÇOS ENTRE EMPRESAS CONCORRENTES:

(A) Será lícito, se se tratar apenas de preço sugerido.

(B) Será lícito, se for um acordo de preços máximos.

(C) Será lícito, se autorizado previamente pela respectiva associação de classe, por unanimidade.

(D) Será considerado ilegal, como regra.

9. (MPF – Procurador da República/2012) SOBRE A CONCENTRAÇÃO ECONÔMICA E O ABUSO DE PODER ECONÔMICO É CORRETO AFIRMAR QUE:

(A) O monopólio natural no setor de infraestrutura com alto custo de produção representa prejuízo aos agentes econômicos e custos elevados para os consumidores e. por isso, é combatido pelo sistema brasileiro de defesa da concorrência:

(B) O monopsônio ocorre quando existe um grande comprador de determinada mercadoria, em geral matéria-prima, e o preço é determinado em grande medida por ele e não pelo vendedor:

(C) O cartel se caracteriza pela celebração de acordo vertical entre agentes econômicos que desenvolvem suas atividades em mercados relevantes diversos, mas complementares;

(D) De acordo com a Lei 8.884/94, a possibilidade de impor preços não equitativos ao mercado é uma das características da posição dominante. Entretanto, apenas constitui infração à ordem econômica a fixação artificial do preço acima do custo, por ser prejudicial ao consumidor, a fixação do preço abaixo do custo, a contrario sensu, não pode ser considerada infração á ordem econômica.

10. (CESPE – Juiz Federal Substituto 5ª Região/2013) Com relação às normas brasileiras de proteção à livre iniciativa e à livre concorrência, assinale a opção correta.

(A) O abuso de posição dominante não implica, necessariamente, restrição à livre concorrência e à livre iniciativa ou aumento arbitrário de lucros.

(B) Estão sujeitos à Lei Antitruste brasileiros pessoas físicas ou jurídicas de direito público ou privado, associações de entidades ou de pessoas, desde que suas atividades tenham fins lucrativos.

(C) As condutas passíveis de caracterizar infração à ordem econômica são apenas as descritas expressamente na Lei Antitruste.

(D) É possível que um ato que não tenha chegado a existir no mundo jurídico configure infração à ordem econômica.

(E) Toda restrição à livre concorrência ou à livre iniciativa é domínio de mercado ou abuso de posição dominante.

---

11. (CESPE – Juiz Federal Substituto 5ª Região/2013) No que se refere aos atos de concentração, assinale a opção correta.

(A) Práticas de concentração podem ser realizadas se autorizadas pelo CADE e desde que isso acarrete mais benefícios que prejuízos à concorrência.

(B) A concentração efetivada, mas não autorizada, configura infração à ordem econômica, independentemente de implicar domínio de mercado, abuso de posição dominante ou prejuízo concorrencial.

(C) Quando o faturamento de um dos grupos partícipes do negócio for inferior a vinte milhões de reais, não há necessidade de o CADE autorizar previamente o ato de concentração; basta que a autoridade antitruste seja informada do negócio.

(D) Todos os negócios que geram concentração dependem de autorização do CADE.

(E) A autorização regularmente concedida pelo CADE só pode ser revista se houver comprovação de má-fé dos agentes econômicos.

---

12. (CESPE – Juiz Federal Substituto 5ª Região/2013) Com base na legislação antitruste brasileira, assinale a opção correta.

(A) O ordenamento pátrio permite que hipóteses de isenção à lei antitruste sejam fixadas em lei complementar.

(B) Os mercados de telefonia fixa e de telefonia celular pertencem ao mesmo mercado relevante.

(C) Considera-se que o varejo tradicional e o mercado de vendas a distância pertencem ao mesmo mercado relevante.

(D) O mercado de venda de espaço virtual para publicidade é isolado, não se reconhecendo um mercado relevante de vendas de espaços publicitários em geral.

(E) Não se consideram, na delimitação de mercado relevante geográfico, os custos de transportes, os incentivos de autoridades locais e a taxa de câmbio.

---

13. (MPF – Procurador da República/2013) Sobre a legislação antitruste brasileira é correto afirmar que:

(A) A Lei 12.529/11 instituiu o controle prévio dos atos de concentração, exigindo que todas as empresas aguardem a aprovação do Conselho Administrativo de Defesa Econômica (CADE) antes de implementarem os seus processos de fusão, sob pena de nulidade;

(B) O acordo de leniência pode ser celebrado pela Superintendência-Geral do CADE em qualquer fase investigativa, com pessoa física, ou jurídica, autora da infração à ordem econômica que colabore efetivamente com a investigação identificando os demais envolvidos na infração e fornecendo informações e documentos que comprovem a infração noticiada ou sob investigação;

(C) O termo de compromisso de cessação da prática sob investigação ou dos seus efeitos lesivos é um acordo firmado pela Superintendência-Geral do CADE que poderá ser realizado em qualquer fase do procedimento administrativo e ter caráter confidencial;

(D) A apresentação de proposta de termo de compromisso de cessação importa em confissão da ilicitude da conduta, impõe o fornecimento de provas acerca das práticas que o compromissário reconhece a priori como ilícitas e suspende o andamento do processo administrativo.

14. (CESPE – Procurador Federal/2013) Com relação à Lei de Defesa da Concorrência – Lei n.0 12.529/2011 –, julgue os itens a seguir.

A presunção de posição dominante é elemento bastante para a caracterização de infração à ordem econômica.

15. (CESPE – Procurador Federal/2013) As fusões e aquisições, nominadas na lei em apreço como atos de concentração, não podem ser consumadas antes de apreciadas pelo CADE, sob pena de nulidade, de imposição de multa pecuniária e de abertura de processo administrativo para a imposição de sanções administrativas por infração à ordem econômica.

16. (CESPE – Procurador Federal/2013) A lei em apreço prevê um programa de leniência com disposição expressa quanto à suspensão do prazo prescricionado e ao impedimento do oferecimento da denúncia com relação ao agente beneficiário da leniência, na hipótese de sua celebração.

17. (CESPE – Procurador Federal/2013) Considere a seguinte situação hipotética.

A ANVISA apresentou à Superintendência Geral do CADE representação contra a empresa X, que atua no segmento de sementes e detém legítimos direitos patentários referentes ao desenvolvimento de semente geneticamente modificada. Segundo a ANVISA, a empresa X cometeu conduta anticompetitiva ao incluir, nos contratos de licenciamento da semente geneticamente modificada que celebra com outras empresas, a imposição de que, nas pesquisas e no cultivo da semente, é obrigatório o uso exclusivo de seu fertilizante e herbicida, sem que houvesse qualquer comprovação de que esse uso exclusivo do fertilizante e do herbicida traria melhorias ao desempenho das sementes. No processo administrativo inaugurado após o inquérito administrativo, a empresa X alegou que o assunto, por estar relacionado a sementes e por deter patente, não seria da competência do CADE, e que por não ter sido adotado o procedimento preparatório de inquérito administrativo, deveria ser declarada sua nulidade.

Nessa situação, o argumento da empresa X não deve ser acolhido, pois o rol de infrações à ordem econômica contido na Lei n.0 12.529/2011 é exemplificativo e a detenção legítima da patente pela empresa X caracteriza sua posição dominante no mercado.

18. (CESPE – Procurador Federal/2013) A lei em questão excepciona de seu alcance atividades exercidas sob o regime de monopólio legal, ainda que estas sejam exercidas por empresas privadas.

19. (TRF2 – Juiz Federal Substituto 2ª Região/2014) Assinale a opção correta:

(A) A conduta de impor preços excessivos pode, até mesmo independentemente de culpa, ser infratora da ordem econômica, quando tenha por objeto ou possa produzir efeitos tais como limitar, falsear ou de qualquer forma prejudicar a livre concorrência ou a livre iniciativa.

(B) Ao contrário da Lei no 8.884/1994, a Lei no 12.529/2011 não tipificou a infração de "impor preços excessivos", de modo que tal conduta não é por si passível de punição, salvo quando, na forma dolosa, alcançar os resultados descritos no item anterior, hipótese em que será punível.

(C) A conduta de impor preços excessivos apenas prejudica quem os impõe, que terá dificuldade em achar comprador, de modo que, exatamente por isso, a Lei n° 12.529/2011 não menciona tal prática, que nem a título de dolo pode ser punida.

(D) As diversas formas de infração da ordem econômica implicam responsabilidade solidária entre a sociedade empresária, os seus dirigentes e os sócios majoritários.

(E) O concerto de condutas, ou a conduta uniforme acertada entre empresas concorrentes não foi mencionada pela Lei n° 12.529/2011 como infração contra a ordem econômica por estar, em regra, na esfera da livre iniciativa dos interessados.

20. (CESPE – Advogado da União/2015) Em relação à Lei Antitruste e às infrações contra a ordem econômica nela previstas, julgue os itens subsequentes.

Dominar mercado relevante, para efeito de infração prevista na lei em questão, corresponde ao fato de um agente econômico conquistar o mercado mediante processo natural, fundado na maior eficiência em relação a seus competidores.

21. (CESPE – Advogado da União/2015) Para que se configure a infração de exercer de forma abusiva posição dominante, há que se provar o dolo na prática da conduta.

22. (CESPE – Advogado da União/2015) O fato de empresas coligadas do mesmo grupo econômico acordarem ou combinarem os preços dos seus produtos caracteriza a prática de infração contra a ordem econômica.

23. (CESPE – Advogado da União/2015) Empresa que arbitrariamente aumentar seus lucros, mesmo que não tenha concorrente no mercado, praticará infração contra a ordem econômica.

24. (MPF – Procurador da República/2015) A Lei 12.529/2011, que estrutura o Sistema Brasileiro da Concorrência, inovou o direito antitruste brasileiro ao prever que:

(A) O conceito de mercado relevante para verificação do abuso de poder econômico passou a ser definido objetivamente pela dimensão geográfica e territorial onde o produto ou serviço é vendido ou prestado;

(B) Serão submetidos ao Conselho Administrativo de Defesa Econômica – CADE os atos de concentração econômica entre grupos que detenham conjuntamente mais de 30% do mercado e faturamento bruto anual mínimo de R$ 100 milhões registrados no último balanço;

(C) O controle dos atos de concentração será prévio, impedindo a criação de fatos consumados que gerem dificuldades econômicas e sociais para o desfazimento do negócio e a sua reversão;

(D) Não há prazo preclusivo para o controle do ato de concentração pelo Conselho Administrativo de Defesa Econômica – CADE, possibilitando a análise minuciosa de todas as variáeis e condicionantes da operação.

25. (CESPE/Juiz Federal TRF1/2015) Assinale a opção correta acerca do direito concorrencial.

(A) A doutrina das infraestruturas essenciais, ou *essential facilities*, pressupõe situações de dependência de um agente econômico em relação a outro, titular de bem crucial para a produção de determinado bem ou serviço.

(B) O acordo tácito para a uniformização de preços e condições de venda entre concorrentes não caracteriza colusão horizontal, visto que esta deve ser expressamente acordada entre os concorrentes.

(C) O combate à exclusão de concorrentes por predação ou por negociação compulsória tem por finalidade impedir a dominação dos mercados, o que constitui fim diverso do combate à colusão horizontal, visto que esta afeta os preços para o consumo, mas não interfere na dinâmica dos mercados.

(D) Conforme entendimento do STF, não se aplica imunidade tributária à Empresa de Correios e Telégrafos nos casos em que esta exercer atividades econômicas em concorrência com a iniciativa privada.

(E) O Estado, ainda que motivado por interesse público ou social, não pode intervir sobre a liberdade de iniciativa.

7. GABARITO

Questão	Resposta	Referência
1	E	Correta a letra E, que enuncia a presunção de posição dominante (poder de mercado) da empresa que detém 20% do mercado relevante (participação do mercado) (art. 36, § 2°). A presunção é relativa. A ação judicial para defesa de interesses individuais por infração à ordem econômica e o processo administrativo do CADE são independentes, não se suspendendo em razão uns dos outros (art. 47). Não há lei específica que regule a execução dos julgados do CADE, que seguem a legislação processual civil, especialmente a Lei 6.830/1980 e os acréscimos da própria Lei Antitruste. Nos termos desta norma, a caução somente é exigida nas obrigações de fazer. Nas obrigações de "pagar" a lei exige garantia no valor do débito, não a caução. O art. 31, da Lei 12.529/2011 é expresso em incluir os agentes que atuam em monopólio legal entre os sujeitos da legislação antitruste e o art. 34 é expresso em prever a desconsideração da personalidade jurídica da empresa responsável extinta por má administração.
2	C	O mercado relevante é definido pelo aspecto material (o bem ou serviço negociado) e geográfico (a região em que o bem ou serviço é negociado) num determinado período. O enunciado da letra B está incompleto. Correta a letra C. Os demais enunciados misturam os conceitos de posição dominante, que não é ilícita por si só (art. 36, § 1°), poder econômico e participação no mercado. Participação do mercado é conceito objetivo, representado por um percentual. Posição dominante é a capacidade da empresa ou grupo de empresas agir como monopolista, ainda que não detenha participação elevada no mercado. Poder econômico é conceito subjetivo e com múltiplos significados, noção mais ampla, portanto, que a de posição dominante.
3	B	Há erro evidente na letra D, pois a presunção de posição dominante com a participação de 20% do mercado é relativa, podendo se provar posição dominante de empresa com participação inferior, e na letra E, pois a sede da empresa não determina o mercado relevante. Os enunciados das letras A e C demandam mais cuidado. A letra A está errada porque a perspectiva importante na análise da elasticidade cruzada de bens é da demanda, logo do consumidor, não do produtor. A letra C errada porque o ilícito concorrência não depende que os efeitos potenciais da conduta sejam alcançados (art. 36, caput). Questão elaborada com base no art. 20, § 3°, da Lei 8.884/1994, que se mantém atual se considerado o texto do art. 36, § 2°, da Lei 12.529/2011. Art. 20, § 3°, da Lei 8.884/1994 Art. 20. Constituem infração da ordem econômica, independentemente de culpa, os atos sob qualquer forma manifestados, que tenham por objeto ou possam produzir os seguintes efeitos, ainda que não sejam alcançados: [...] § 3º A posição dominante a que se refere o parágrafo anterior é presumida quando a empresa ou grupo de empresas controla 20% (vinte por cento) de mercado relevante, podendo este percentual ser alterado pelo CADE para setores específicos da economia.

Questão	Resposta	Referência
		Art. 36, § 2°, da Lei 12.529/2011 Art. 36. Constituem infração da ordem econômica, independentemente de culpa, os atos sob qualquer forma manifestados, que tenham por objeto ou possam produzir os seguintes efeitos, ainda que não sejam alcançados: [...] § 2º Presume-se posição dominante sempre que uma empresa ou grupo de empresas for capaz de alterar unilateral ou coordenadamente as condições de mercado ou quando controlar 20% (vinte por cento) ou mais do mercado relevante, podendo este percentual ser alterado pelo Cade para setores específicos da economia.
4	**D**	Ver comentário à questão 3, sobre mercado relevante.
5	**B**	O abuso do poder de mercado ou de posição dominante distingue o ilícito da venda casada da lei antitruste daquele previsto pelo Código de Defesa do Consumidor. Há, porém, outras distinções. No direito do consumidor, a finalidade da venda casada é o ganho na venda do produto não desejado pelo cliente. No direito da concorrência o ilícito se caracteriza pela finalidade de dominar o mercado do produto não desejado. Ademais, no direito consumerista, a parte lesada será o consumidor hipossuficiente. No direito da concorrência, caracteriza-se o ilícito pelo condicionamento da venda casada a qualquer adquirente, consumidores finais ou empresas. Questão elaborada com base no art. 21, XXIII, da Lei 8.884/1994, que se mantém atual se considerado o texto do art. 36, § 3°, XVIII, da Lei 12.529/2011. Art. 21, XXIII, da Lei 8.884/1994 Art. 21. As seguintes condutas, além de outras, na medida em que configurem hipótese prevista no art. 20 e seus incisos, caracterizam infração da ordem econômica; [...] XXIII – subordinar a venda de um bem à aquisição de outro ou à utilização de um serviço, ou subordinar a prestação de um serviço à utilização de outro ou à aquisição de um bem; [...] Art. 36, § 3°, XVIII, da Lei 12.529/2011 Art. 36. Constituem infração da ordem econômica, independentemente de culpa, os atos sob qualquer forma manifestados, que tenham por objeto ou possam produzir os seguintes efeitos, ainda que não sejam alcançados: [...] § 3º As seguintes condutas, além de outras, na medida em que configurem hipótese prevista no caput deste artigo e seus incisos, caracterizam infração da ordem econômica: [...] XVIII – subordinar a venda de um bem à aquisição de outro ou à utilização de um serviço, ou subordinar a prestação de um serviço à utilização de outro ou à aquisição de um bem; e [...]

Questão	Resposta	Referência
6	A	O art. 88, da Lei 12.529/2011 não exige que as empresas envolvidas em processo de concentração atuem no mesmo ramo nem no mesmo mercado, de mondo que não é necessário tratar-se de operação entre concorrentes (concentração horizontal) para que seja submetida ao CADE. Questão interessante que nos lembra dos possíveis efeitos anti competitivos de concentrações verticais.
7	B	Embora o enunciado da letra B não deixe claro, a operação que pode ser considerada lícita se ocasionar eficiências é o ato de concentração, regido pelo art. 88, da Lei 11.259/2011. Outras operações que restringem a concorrência podem ser consideradas lícitas, em virtude da regra da razão, independentemente de qualquer atitude dos concorrentes, revelando erros nas letras A e C; e o monopólio estatal não confere isenção da lei antitruste.
8	D	A resposta correta é: será considerado ilegal, como regra. Podemos entender do enunciado, especialmente da expressão "em regra", que o acordo de preços entre concorrentes é ilícito em tese e que tal prática dificilmente poderia ser justificada face a legislação antitruste, havendo pouco espaço para se aplicar a regra da razão.
9	B	O monopsônio é a figura equivalente ao monopólio, sob o prisma da demanda. No monopólio há um único fornecedor no mercado, enquanto no monopsônio há um único consumidor ou adquirente. Ao contrário do que enuncia a questão, o cartel típico representa acordo horizontal, entre concorrentes, não acordo vertical; e a fixação de preços abaixo do preço de custo pode, sim, constituir infração à ordem econômica.
10	D	Tanto a letra A quanto a letra E fazem um trocadilho entre abuso de posição dominante e a limitação à concorrência. Se há abuso, há ilícito! Eventual restrição à concorrência ou à livre-iniciativa poderá ser considerada lícita, se não for abusiva. A recíproca, como enunciado na questão, não é verdadeira. Na letra B, o equívoco está na exclusão de entidades sem fins lucrativos do alcance da lei antitruste, sem respaldo na lei (art. 31). Na letra C, o erro está na limitação das condutas, listadas na lei de forma exemplificativa (art. 36, § 3°). Correta, portanto, a letra D, que contempla a possibilidade de ocorrência de ilícito, ainda que o ato contrário ao direito não produza seus efeitos potenciais (art. 36, caput)
11	A	Os atos de concentração previamente apreciados pelo CADE são regidos pelos art. 88 e seg., da Lei 12.529/2011. A concentração realizada sem autorização do CADE sujeita os agentes ao pagamento da multa do art. 88, § 3°, por infração que não se confunde com aquelas previstas pelo art. 36, todos da mesma lei. De outro lado, a autorização do CADE pode ser revista nas diversas hipóteses do art. 91, que incluem a falsidade dos agentes econômicos. Correto o enunciado da letra A, que contempla a legitimidade de atos de concentração que gerarem benefícios líquidos à economia (§§ 3 5° e 6°, do art. 88).
12	D	Raramente a definição de um mercado relevante poderá ocorrer de forma intuitiva, atemporal e descontextualizada, de forma que um mesmo mercado relevante pode sofrer alteração com o tempo. Assim, uma questão que inquire acerca da amplitude de mercados relevantes somente pode ser respondida pela definição de um mercado relevante em caso específico analisado no passado, sem garantia de que os resultados sejam verdadeiros no presente ou pela análise detalhada de elementos econômicos do mercado. O CADE já decidiu que o mercado de venda de espaço virtual constitui mercado relevante autônomo, ao lado de outros como o de venda de jornais e periódicos e de anúncios classificados.

Questão	Resposta	Referência
13	B	O ato de concentração não é nulo, mas ineficaz até a aprovação pelo CADE (art. 88, § 4°), que pode determinar seu desfazimento (art. 88, § 5°). O termo de compromisso de cessação tem caráter público (apenas a proposta do compromisso pode ter caráter confidencial) não suspende o processo administrativo (art. 85) e não constitui confissão. É proposto pela Superintendência Geral (art. 13, IX) e decidido pelo Plenário do Tribunal da Concorrência (art. 9°, V). Correta a letra B, sobre o acordo de leniência, nos termos do art. 86, da lei 12.529/2011.
14	Errado	A presunção de posição dominante é relativa.
15	Certo	Nos termos do art. 88, da Lei 12.529/2011.
16	Certo	Nos termos do art. 85, da Lei 12.529/2011.
17	Certo	A questão trata da técnica da Lei 12.529/2011 de apresentar exemplos de condutas de ilícitos antitruste. A assertiva também se mostra correta, pois a titularidade de patente não afasta a competência do CADE, nem o ilícito praticado, pois, de acordo com o enunciado, não haveria comprovação de que o fertilizante ou o herbicida fosse essencial para o cultivo da semente transgênica.
18	Errado	Nos termos do art. 31, da Lei 12.529/2011.
19	A	As condutas previstas pelo art. 36, § 6°, da Lei 12.529/2011 (assim como as que eram previstas pelo art. 21, da Lei 8.884/1994) são meramente exemplificativas, de tal forma que não é necessária menção expressa de uma conduta para que seja considerada ilícita. Basta que a conduta, expressa ou não, tenha por objeto ou possa produzir os efeitos anticoncorrenciais, para caracterizar sua ilicitude. Assim, ainda que não prevista expressamente na nova lei, a imposição de preços excessivos pode ser considerada ilícita.
20	Errado	Como vimos, dominar mercado de maneira natural, por sua maior eficiência, não é uma infração à lei antitruste.
21	Errado	O dolo não é elemento essencial para que se configure infração à lei antitruste. Basta que a conduta, dolosa ou culposa, tenha por objeto ou possa produzir efeito anticompetitivo.
22	Errado	Pelo gabarito preliminar da questão, empresas coligadas do mesmo grupo econômico acordarem ou combinarem os preços dos seus produtos NÃO caracteriza a prática de infração contra a ordem econômica. No caso de uma subsidiária integral, certamente não há a infração, pois há apenas um centro de decisões. Mesmo raciocínio poderíamos fazer no caso de empresa controlada, em que a controladora é o centro decisório de questões competitivas. No entanto, nas empresas coligadas pode haver autonomia de decisões em temas de competição, pois uma empresa não é integralmente subordinada à outra. Neste caso, parece-nos ser possível a prática de cartel envolvendo empresas coligadas. Poderíamos aceitar a resposta da questão se presumirmos que o grupo econômico sugere haver outros meios de comando de uma empresa sobre a outra, como um acordo de acionistas. De toda forma, entendemos que a questão não permite uma resposta objetiva, de certo ou errado.
23	Certo	O aumento arbitrário dos lucros é prática ilícita, pois pressupõe aumento de preços e lucros com a medida, o que caracteriza abuso do poder econômico.

Questão	Resposta	Referência
24	C	O mercado relevante é definido pelo aspecto material (o bem ou serviço negociado) e geográfico (a região em que o bem ou serviço é negociado) num determinado período. O aspecto geográfico, somente, não define o mercado relevante, pois este é um mercado de bens ou serviços. Quanto aos atos de concentração, a regra é a do faturamento bruto, exigindo-se, para submissão obrigatória, que um grupo tenha faturamento de R$ 750.000.000,00 e outro de R$ 75.000.000,00. Nestes casos o controle é, efetivamente, prévio, mas há prazo preclusivo para a apreciação, de 240 dias, sem prejuízo de que o CADE reveja posteriormente sua decisão. Resposta correta letra C.
25	A	A uniformização de preços ilícita pode ser tácita, não sendo necessária pactuação expressa, desde que haja outras provas do conluio. Os acordos horizontais também podem afetar preços para o consumo e interferem na dinâmica do mercado. O Estado intervém na economia motivado por interesse público ou social. As imunidades tributárias, sempre constitucionais, não se afetam por questões concorrenciais, da mesma forma que os monopólios constitucionais. Resposta correta letra A, sobre a situação de dependência, requisito para caracterizar a doutrina da *essencial facilities*.

Título VI
Direito Econômico Internacional

CAPÍTULO 13

A ORDEM ECONÔMICA INTERNACIONAL

SUMÁRIO • 1. Introdução; 2. A ordem econômica internacional do pós-guerra – Bretton Woods; 2.1. Fundo Monetário Internacional (FMI); 2.2. Banco Mundial; 2.3. Organização Mundial do Comércio (OMC); 3. Integração econômica; 3.1. Introdução; 3.2. As etapas da integração econômica; 3.3. MERCOSUL; 4. Jurisprudência; 4.1. Jurisprudência do STF; 4.2. Jurisprudência do TRF da 4ª Região; 5. Quadros sinóticos; 1944.; 6. Questões de concursos:; 7. Gabarito.

1. INTRODUÇÃO

Tratamos da ordem econômica (interna) como um conjunto de princípios, mas também de regras e instituições que delineiam juridicamente a atuação do Estado na econômica, conferindo orientações e limites para a atuação econômica da iniciativa privada.

Estruturou-se uma **ordem econômica nos Estados nacionais** quando os pilares do liberalismo econômico começaram a ruir e a presença estatal na economia se intensificou. Não significa dizer, vale lembrar, que as nações não possuíam ordem econômica sob a égide do liberalismo, nem mesmo que os governos não praticassem ações intervencionistas no Século XIX.

Ao revés, o liberalismo instruiu, sim, uma particular ordem econômica, em que o Estado podia intervir na economia, mas, a confiança nas forças naturais do mercado recomendava intervenções isoladas e excepcionais, dispensando a existência de uma ordem econômica formal positivada nas constituições.

E, como já vimos, a própria ideia de "livre mercado" esconde uma opção política – que há de ser implementada pelo Estado.

De fato, foi o desenvolvimento de modelos de organizações econômicas de caráter mais interventivos, em que a participação do Estado se mostrava mais intensa, presente e sistematizada, que levou a formalização da ordem econômico em nível jurídico-constitucional.

Raciocínio similar pode ser empreendido para compreender a ordem econômica internacional.

Também sob o domínio do pensamento liberal as nações pouco se preocupavam em formatar princípios e instituições que orientassem as ações econômicas travadas além de suas fronteiras ou mais, sequer cogitavam que as ações econômicas traçadas a partir de suas fronteiras poderiam surtir efeitos que merecessem regulamentações.

Com o advento de duas guerras mundiais, isso mudou.

O perigo do totalitarismo e do nacionalismo levou o mundo a prestigiar a liberdade. De outro lado, percebeu-se que o modelo econômico imperialista, no qual as potências produtoras de bens necessitavam de conquistas incessantes de novos mercados consumidores não poderia prevalecer.

As políticas nacionais, totalitaristas ou imperialistas, precisaram ser revistas coletivamente. Por outro lado, a experiência desastrosa do pós-Primeira Guerra, com a imposição de pesadas reparações aos países vencidos, acabou gerando novas crises, ressentimentos e reações nacionalistas que contribuíram decisivamente para a eclosão da Segunda Guerra.

Assim como no plano nacional, no nível internacional os países discutiram questões econômicas para formatar o que se convencionou chamar de **ordem econômica internacional**. Criaram-se instituições, definiram-se regras e princípios de atuação e, num paralelo, enquanto a ordem econômica nacional se formalizava nas constituições, na ordem internacional se formalizavam por tratados; e enquanto os sujeitos da ordem econômica nacional eram as empresas, na ordem internacional eram as próprias nações.

A nova ordem econômica internacional, reconhecendo que as condutas das nações em matérias como moeda e comércio poderiam levar à guerra ou à paz, optou pela busca desta última, como princípio fundamental.

Instituições foram criadas e regras estabelecidas, tanto no intuito de se **prestigiar a liberdade comercial e econômica no plano internacional**, como de se criar **instrumentos de ajuda a economias necessitadas**, para **evitar que das crises surgissem os conflitos.**

Por outro lado, os países vencidos deveriam ser reconstruídos e reintegrados à comunidade internacional, em contraposição à postura adotada após a Primeira Guerra – posição essa simbolizada pelo Tratado de Versalhes, que aplicou sanções pesadíssimas à Alemanha. Essa nova postura também possui um símbolo: o Plano Marshall, que reconstruiu a Europa (ocidental). Havia, naquela época, uma preocupação a mais: impedir o avanço soviético na Europa. Na visão de Judt, o Plano Marshall foi um programa econômico, mas a crise que ele evitou foi política:

> Os verdadeiros benefícios foram psicológicos. Na verdade, quase se pode dizer que o Plano Marshall ajudou a melhorar a autoimagem dos europeus. Ajudou-os a romper, definitivamente, com um legado de chauvinismo, depressão e soluções autoritárias. Fez com que coordenação de política econômica parecesse algo normal, e não estranho. Fez com que as práticas monetárias e comerciais dos anos 30, que defendiam a prosperidade de uma nação à custa da nação vizinha, parecessem, em primeiro lugar, imprudentes, depois desnecessárias e, finalmente, absurdas[545].

Hoje, com o mundo globalizado, é difícil pensar que um dia não foram regulados em nível internacional o comercio entre fronteiras, os blocos econômicos, a moeda e

545. JUDT, Tony. Pós-Guerra: uma história da Europa desde 1945. Rio de Janeiro: Objetiva, 2008, p. 111.

o crédito. Também é difícil pensar que em outros tempos não havia instrumentos de auxílio internacional a países em dificuldade financeira ou econômica ou de cooperação internacional, mesmo em áreas básicas. Por outro lado, ficamos com uma sensação, tão perigosa quanto falsa, de que algumas conquistas jamais poderão ser abandonadas. A crise econômica mundial que se iniciou em 2008 trouxe novos desafios e necessidades, que certamente exigirão novas soluções. Mas, no âmbito do nosso estudo, ficaremos com a "atual" ordem econômica internacional.

Por certo que não nos cabe estudar os organismos internacionais que cuidam da saúde, do fomento da educação e do combate a fome. Não obstante, veremos a seguir as origens da ordem internacional em matéria econômica, bem como passaremos em revista às instituições econômicas internacionais mais relevantes, bem como aos conceitos essenciais de sua atuação.

2. A ORDEM ECONÔMICA INTERNACIONAL DO PÓS-GUERRA – BRETTON WOODS

Ainda antes do final da Segunda Guerra, mas quando já evidente a derrota alemã, o estabelecimento de uma ordem político-econômica liberal foi considerado necessário pelas potências ocidentais com vistas a conter a ameaça que os nacionalismos e totalitarismos representavam ao sistema. A criação da Organização das Nações Unidas (ONU) representou a base política da ordem internacional pós-Segunda Guerra.

Os **pilares econômicos dessa ordem** – o **Fundo Monetário Internacional (FMI) e o Banco Internacional de Reconstrução e Desenvolvimento (Bird)**, conhecido como **Banco Mundial** – foram criados pelo **Acordo de Bretton Woods, de 1944**. Uma terceira instituição, dedicada ao estabelecimento de um sistema multilateral de comércio, seria a Organização Internacional do Comércio (OIC), a ser criada em 1947.

2.1. Fundo Monetário Internacional (FMI)

Concebido em Bretton Woods (1944) e formalmente criado em 1945, é sediado em Washington (EUA), tem como objetivo a **administração do sistema monetário internacional (SMI) surgido após a Segunda Guerra**. Foi fundado para promover a cooperação monetária internacional, a estabilidade de troca e arranjos de toca em ordem a basear o crescimento econômico em altos níveis de emprego, além de garantir ajuda financeira temporária a países para a promoção de ajustes da balança de pagamentos[546].

O FMI surge para administrar o novo SMI que se desenhava. Tem como atribuições (Artigo I do seu Convênio Constitutivo):

- **Promover a cooperação monetária internacional**;
- Facilitar a expansão e equilíbrio do **comércio internacional**;

546. BAGNOLI, Vicente. Direito Econômico. São Paulo: Atlas, 2013, p. 259.

- Promover a **estabilidade cambial** e, portanto, **evitar as depreciações cambiais concorrenciais**;
- Acompanhar o **estabelecimento de um sistema de pagamentos multilateral, eliminando restrições ao comércio exterior**;
- **Prover temporariamente os recursos do fundo a países membros, mediante garantias adequadas,** possibilitando-lhes a **correção de desequilíbrios nos respectivos balanços de pagamentos**, de forma a evitar medidas que venham a ser destrutivas para a prosperidade nacional e internacional, e
- **Reduzir desequilíbrios fiscais e monetários dos países-membros.**

A importância da regulamentação do SMI é evidente, conforme mostra João Bosco Leopoldino da Fonseca:

> É certo, contudo, que as políticas monetárias adotadas pelos Estados têm profunda influência nas trocas internacionais. Se um Estado desvaloriza a própria moeda relativamente à moeda de um outro país, consegue tornar mais caras as mercadorias daquele país e relativamente mais baratas as suas, de tal sorte a incrementar a exportação destas e a desestimular a importação daquelas. Da mesma forma, uma elevação das barreiras alfandegárias, através de subvenções ou onerações, traz como consequência a diminuição das importações e aumento das exportações. A política monetária torna-se, assim, uma arma nas mãos do Estado.[547]

Mas o que significa sistema monetário internacional (SMI)? Recorremos, mais uma vez, a João Bosco Leopoldino da Fonseca, para quem significa um conjunto de regras criadas pelos Estados e por organismos internacionais com a finalidade de facilitar as trocas internacionais, prevenir as crises e remediá-las.

Fase do padrão-ouro (entre 1870-1914): até o início da Primeira Guerra Mundial. A Grã-Bretanha era o país hegemônico. O período é marcado pela vigência do padrão--ouro como elemento nuclear do SMI. Dois elementos justificam, do ponto de vista da teoria econômica dominante, o quase consenso em torno das vantagens da adoção do padrão-ouro: a crença na vigência do mecanismo de ajuste automático do balanço de pagamentos, tal como proposto pelo "modelo de fluxo de moedas metálicas" de David Hume e a concepção – assentada na teoria quantitativa da moeda – que a utilização de um padrão monetário limitado pelo volume reservas metálicas em ouro contribuiria para manter a estabilidade de preços, em contraposição às tendências inflacionárias dos países que utilizavam moeda fiduciária[548].

---

547. FONSECA, João Bosco Leopoldino da. Direito Econômico. Rio de Janeiro: Forense, 2007,. p. 164.

548. João Basilio Pereima e Marcelo Curado. Sistema Monetário Internacional, cooperação e competição: um ensaio sobre a guerra cambial. Working paper nº 38. Disponível em: http://www.bndes.gov.br/SiteBNDES/export/sites/default/bndes_pt/Galerias/Arquivos/produtos/download/PDE2011_PereimaCurado.pdf, acesso em 8/9/2014.

A Primeira Guerra Mundial levou ao fim do regime, com a falência dos mecanismos automáticos do padrão ouro. Os Estados financiavam o esforço de guerra com a emissão de moeda, resultando níveis de preços mais elevados em todos os países. Os esforços de reconstrução, a partir de 1919, envolveram o crescimento dos gastos públicos, que causaram intensos processos inflacionários, entre os quais se destacou a hiperinflação alemã.

Leopoldino da Fonseca identifica o **segundo sistema como o do padrão de câmbio-ouro**, através do qual se estabeleceu o termo de referência para a conversão das moedas seriam o ouro e algumas outras moedas, consideradas divisas-chave, especificamente o dólar e a libra esterlina[549].

Após 1945, com o domínio dos Estados Unidos, surge o padrão ouro-dólar. O que isso significava?

> "Cumprir com a regra da conversibilidade do ouro supunha que os Estados Unidos somente pudessem emitir dólares na mesma proporção em que acumulassem reservas em seu balanço de pagamento, requerendo que o país incorresse em constantes superávits na balança de pagamento. Constantes superávits no balanço na balança de pagamentos significariam entrada de dólares superior à saída, o que implicaria escassez de dólares americanos no mercado internacional, não satisfazendo a demanda por liquidez externa. Para que o dólar cumprisse sua função de circulação como moeda internacional, os Estados Unidos passaram a incorrer em constantes déficits em balanço de pagamento, exportando capital para atender as necessidades da liquidez mundial. Primeiramente, via Plano Marshall e gastos militares; num segundo momento, através da transnacionalização do capital produtivo norte-americano (especialmente para a Europa)".[550]

A partir de 1971, os Estados Unidos abandonaram, definitivamente, a conversibilidade do dólar em ouro. Surge então um **terceiro sistema**, em que a referência para conversão das moedas é uma moeda nacional – o dólar norte-americano – não mais conversível em ouro.

2.2. Banco Mundial

Criado em 1944, sua função inicial foi a reconstrução da Europa, após a Segunda Guerra. Atualmente, permanece relevante, com o trabalho de reconstrução em casos de desastres naturais, emergências humanitárias e na reabilitação pós-conflitos, tendo, ainda, como principal objetivo a redução da pobreza no mundo em desenvolvimento[551].

549. FONSECA, João Bosco Leopoldino da. Direito Econômico. Rio de Janeiro: Forense, 2007, p. 166.

550. Pedro Lopes Marinho. O Sistema monetário internacional: uma interpretação a partir do conceito de hegemonia mundial. Disponível em: http://www.uesc.br/dcec/pedrolopes/artigo_prof_pedro_lopes_sistema_monetario.pdf. Acesso em 8/9/2014.

551. BAGNOLI, Vicente. Direito Econômico. São Paulo: Atlas, 2013, p. 259.

2.3. Organização Mundial do Comércio (OMC)

Pelo acordo de Bretton Woods, deveria ter sido criada a Organização Internacional do Comércio, com o objetivo precípuo de regular o comércio internacional, de bases liberais. Sua criação, no entanto, não foi possível, dadas as divergências entre os EUA e os países europeus.

Uma primeira abordagem, que interessava sobretudo aos Estados Unidos, defendia a eliminação de taxas de importação e o fim de sistemas preferenciais de comércio em um curto espaço de tempo. Por outro lado, os países europeus, recém-atingidos pela guerra, não podiam fazer frente à concorrência norte-americana, e, em segundo lugar, desejavam manter seus sistemas preferenciais de comércio com suas colônias[552].

Foi assinado, em seu lugar, o **Acordo Geral sobre Tarifas e Comércio – *General Agreement on Tariffs and Trade (GATT)*. Em vigor a partir de 1948**, teve como objetivos a expansão do comércio internacional, com a redução dos direitos alfandegários. Era frequentemente atualizado e ampliado, em negociações realizadas em rodadas.

Nos últimos quarenta anos, a média da tarifa sobre produtos industrializados era em torno de 40%. Como resultado da Rodada do Uruguai e das Rodadas anteriores, a tarifa média ficou em 3,9%. Muitos produtos hoje possuem a tarifa zero.

A última – denominada **Rodada Uruguai (1986-1993)** – resultou na criação da **Organização Mundial do Comércio (OMC).**

A OMC surge, assim, por meio de acordo assinado em Marrakesh em 15 de abril de 1994, pelos 125 países que participaram da Rodada Uruguai. O Brasil promulgou a Ata Final, que incorporou os Resultados da Rodada Uruguai, através do Decreto 1.355, de 30 de dezembro de 1994.

O GATT estabeleceu diversos instrumentos de regulação do comércio internacional, valendo destacar os mais importantes:

> **Regra de Não-Discriminação entre as Nações, também conhecida como Tratamento Geral da Nação mais Favorecida**, que estabelece que toda vantagem em direitos tarifários ou aduaneiros concedida a uma parte contratante deve ser estendida aos produtos similares comercializados com qualquer outra parte contratante. O objetivo da obrigação de tratamento da nação mais favorecida é assegurar igualdade de oportunidades para importar de ou exportar para todos os membros.

A regra costuma ser criticada, dada a disparidade entre os diferentes países, beneficiando os países desenvolvidos em detrimento dos subdesenvolvidos e em desenvolvimento.

552. O GATT e a Organização Mundial do Comércio no cenário econômico internacional desde Bretton-Woods. DEIRO, Daniel Girardi e MALLMANN, Maria Izabel. Disponível em: http://www.pucrs.br/ffch/neroi/artigodaniel.pdf, acesso em 20/7/2015.

Essa regra não seria incompatível, por inviabilizadora, das zonas de livre comércio e mesmo das uniões aduaneiras?

Não. Representam exceções à regra da Nação Mais Favorecida. Os acordos que os instituem devem ser notificados à OMC.

Listas de concessões, com a relação de produtos e tarifas que devem ser aplicadas entre partes contratantes e serve de parâmetro para estenderem-se os benefícios aos demais países.

Tratamento Nacional, normalmente referida como a obrigação de TN, determina que os Membros da OMC não discriminem produtos importados após esses produtos terem entrado no mercado doméstico.

Transparência, ou seja, a obrigação de publicação de todos os regulamentos e demais medidas relacionadas ao comércio.

Eliminação das Restrições Quantitativas: o único instrumento de proteção permitido em trocas comerciais são tarifas aduaneiras, e um dos objetivos do GATT é torná-las cada vez mais reduzidas; cotas e barreiras não tarifárias são proibidas. Um exemplo típico de restrição quantitativa seria uma medida permitindo a importação de somente 10.000 objetos. Esta restrição quantitativa é também conhecida como cota.

Cota tarifária – Uma cota tarifária não é considerada como uma restrição quantitativa. Trata-se de uma quantidade que poderá ser importada sob uma determinada tarifa. Um Membro poderá permitir a importação de 5000 objetos a 10% *ad valorem* e qualquer objeto importado acima desta quantidade, a 20%. As cotas tarifárias não são restrições quantitativas uma vez que não proíbem ou restringem a importação. Elas somente submetem as importações a tarifas variáveis[553].

Ao se abrir para o comércio internacional, um país necessariamente fica exposto às práticas predatórias de comércio. Daí surge a necessidade de defesa comercial, em relação ao *dumping* e aos subsídios. Essa defesa será realizada, pelo Estado membro, perante a OMC. Primeiramente, contudo, vejamos o que significam estas práticas abusivas de comércio:

Dumping:

De acordo com o artigo VI do GATT 1994, "*as partes contratantes reconhecem que o "dumping" que introduz produtos de um país no comércio de outro país, por valor abaixo do normal, deve ser condenado se causa ou ameaça causar prejuízo material a uma indústria estabelecida no território de uma parte contratante, ou se retarda, sensivelmente, o estabelecimento de uma indústria nacional*".

553. O exemplo é extraído da Conferência das Nações Unidas para Comércio e Desenvolvimento. Solução de Controvérsias. OMC. http://unctad.org/pt/docs/edmmisc232add33_pt.pdf. Acesso em 20/7/2014.

Para haver dumping, **não importa se os preços dos produtos estrangeiros são inferiores aos dos similares nacionais, mas sim se os preços dos produtos estrangeiros são inferiores ao preço normal, porque o objetivo maior dessa forma de intervenção na ordem econômica é manter o equilíbrio da economia nacional**. A **prática de dumping configura-se pela introdução de um bem no mercado doméstico a preço de exportação inferior ao valor normal (art. 4º do Decreto nº 1.602/95)**; considera-se **valor normal o preço efetivamente praticado para o produto similar nas operações mercantis normais, que o destinem a consumo interno no país exportador (art. 5º)**; o preço de exportação é o preço efetivamente pago ou a pagar pelo produto exportado ao Brasil, livre de impostos e descontos concedidos (art. 8º); a margem de dumping corresponde à diferença entre o valor normal e o preço de exportação (art. 11); o direito antidumping é o montante em dinheiro, igual ou inferior à margem de dumping apurada, com o fim exclusivo de neutralizar os efeitos danosos das importações objeto de dumping, calculado mediante a aplicação de alíquotas ad valorem ou específicas, ou pela conjugação de ambas (art. 45 e parágrafos)[554].

Insistimos: não se trata de importação abaixo do preço de custo do produto. O *dumping* ocorre com a importação de produto abaixo do seu preço normal – aquele efetivamente praticado para o produto similar nas operações mercantis normas que o destinem a consumo interno no país exportador.

Nos termos do Decreto 1.602/95, art. 4º, também se considera *dumping* a introdução de um bem no mercado doméstico a preço inferior ao valor normal na modalidade de *drawback*. O regime de drawback, instituído pelo Decreto-lei 37/66, consiste na suspensão ou eliminação de tributos incidentes sobre insumos importados para utilização em produto a ser exportado, servindo, claramente, de incentivo às exportações. Se essa importação ocorrer por preço abaixo o seu preço normal, pode-se cogitar em *dumping*.

Subsídios:

Para que um subsídio exista, deverá haver uma contribuição financeira por um governo e benefício concedido em sua decorrência.

Subsídios proibidos são por definição específicos e, por essa razão, passíveis de aplicação de medidas compensatórias. São proibidos os subsídios à exportação e subsídios para a substituição de importações.

Defesa comercial:

A OMC vislumbra a adoção de mecanismos de proteção à indústria nacional dos danos causados por práticas desleais de comércio (*dumping*, subsídios) ou por práticas que, conquanto lícitas, gerem crescimento imprevisto de importações de determinado produto. Neste caso, há a possibilidade de adoção de medidas de salvaguarda.

Medidas antidumping: Por medida ou direito *antidumping* entende-se a tarifação pecuniária imposta às mercadorias, produtos ou bens importados, comercializados com preço considerado sob margem de *dumping*, objetivando, assim, neutralizar seu potencial efeito danoso à indústria nacional.

554. TRF4, T1, AC 23436 PR 2003.04.01.023436-7, Desemb. Joel Ilan Paciornik, DJe de 27/11/2007.

No Brasil o procedimento administrativo para a investigação de prática de *dumping*, bem como a aplicação do Acordo Antidumping, foi regulamentado pelo Decreto nº 1.602/99.

Os órgãos diretamente envolvidos nos procedimentos de Defesa Comercial são a **Câmara de Comércio Exterior – CAMEX** (integrada pelos Ministros de Estado do Desenvolvimento, Indústria e Comercio Exterior, das Relações Exteriores, da Fazenda, do Planejamento, da Agricultura e do Chefe da Casa Civil), a **Secretaria de Comercio Exterior – SECEX** (responsável pela formulação da política de comércio exterior) e o **Departamento de Defesa Comercial – DECOM** (órgão responsável pela execução da política de comércio exterior), **todos integrantes do Ministério do Desenvolvimento, Indústria e Comercio Exterior.**

Qual a natureza jurídica das medidas antidumping? A discussão é intensa. Para alguns autores, teria a natureza de sanção.

No entanto, elas só são impostas de houver comprovação de dano ou ameaça de dano à indústria nacional, verificação que compete ao Estado que se sente prejudicado. Mas é importante considerar que esse mesmo Estado não é obrigado a aplicá-las, podendo optar pela realização de um compromisso de preços.

Logo, se o direito antidumping não é de imposição vinculada, mas discricionária do Poder Público, não pode ser considerado uma sanção[555]. Pela mesma razão, nega-se sua natureza tributária, dado que, em se tratando de tributo, não haveria discricionariedade de sua imposição por parte do Poder Público.

Não sendo sanção nem possuindo natureza tributária, qual seria, afinal, a natureza jurídica das medidas antidumping? Para Tércio Sampaio Ferraz Jr., "constituem conteúdo de normas de direito econômico internacional, que impõe ao produto exportado/importado condições de acesso ao mercado do país importador, que podem ser o pagamento dos direitos ou a assunção de obrigações por parte dos exportadores de eliminação do dumping ou do subsídio, tudo isso de modo que a comercialização seja condizente com o interesse global da economia"[556]. Já para Welber Barral e Ilana Bertagnoli, trata-se de intervenção do Estado no domínio econômico, com fundamento no art. 174 da Constituição[557].

Medidas compensatórias: As medidas compensatórias têm por escopo contrabalançar o subsídio concedido, direta ou indiretamente, no país exportador, para a fabricação, produção, exportação ou ao transporte de qualquer produto, cuja entrada no Brasil cause dano à indústria doméstica, recompondo o equilíbrio econômico-financeiro entre o preço do produto estrangeiro e o similar nacional.

---

555. BERTAGNOLI, Ilana. Aplicação das medidas antidumping como intervenção do Estado na economia. Revista Direito e Inovação, v. 1, nº 1, p. 138-152, julho de 2013.

556. FERRAZ JR., Tércio Sampaio; DA ROSA, José DelChiaro Ferreira; GRINBERG, Mauro. Direitos Anti--Dumping e Compensatórios: Sua Natureza Jurídica e Consequências de tal Caracterização. Revista de Direito Mercantil, Industrial, Econômico e Financeiro (RDM), nº 91, p. 94, jul./set. 1993.

557. BERTAGNOLI, Ilana. Aplicação das medidas antidumping como intervenção do Estado na economia. Revista Direito e Inovação, v. 1, nº 1, p. 138-152, julho de 2013, p. 142.

Medidas de salvaguarda: visam a aumentar, temporariamente, a proteção a determinado setor da indústria doméstica que esteja sofrendo ou sob a iminência de sofrer prejuízo grave, oriundos do incremento quantitativo e vultoso das importações, em termos absolutos ou em relação à produção nacional. Observe-se que, com a adoção de tais medidas, objetiva-se, durante o período de vigência das mesmas, permitir que a indústria doméstica se ajuste, aumentando a sua competitividade em face dos similares estrangeiros[558]. Devem haver provas evidentes de que o aumento das importações tem causado ou ameaçado causar prejuízo grave. As medidas de salvaguarda podem durar até duzentos dias.

3. INTEGRAÇÃO ECONÔMICA

3.1. Introdução

Outra figura presente na estrutura da ordem econômica internacional são os blocos econômicos.

O fenômeno, originário de uma Europa que procurava se reerguer da segunda guerra mundial, se espalhou pelo mundo, e mesmo os Estados Unidos procuram realizar acordos comerciais regionais.

Como vimos, a cláusula da nação mais favorecida em tese poderia ser um obstáculo à formalização de acordos regionais de comércio, embrião de toda integração econômica.

A Cláusula I, do GATT, da nação mais favorecida, impõe que o tratamento mais vantajoso conferido às importações de um país deve ser estendido a todos os demais membros do acordo.

> Qualquer vantagem, favor, imunidade ou privilégio concedido por uma Parte Contratante em relação a um produto originário de ou destinado a qualquer outro país será imediata e incondicionalmente estendido ao produtor similar, originário do território de cada uma das outras Partes Contratantes ou ao mesmo destinado. Este dispositivo se refere aos direitos aduaneiros e encargos de toda a natureza que gravem a importação ou a exportação, ou a elas se relacionem, aos que recaiam sobre as transferências internacionais de fundos para pagamento de importações e exportações, digam respeito ao método de arrecadação desses direitos e encargos ou ao conjunto de regulamentos ou formalidades estabelecido em conexão com a importação e exportação bem como aos assuntos incluídos nos §§ 2 e 4 do art. III.[559]

A norma, porém, comporta exceções, aprovadas pelo próprio GATT.

---

558. FIGUEIREDO, Leonardo Vizeu. Sistema brasileiro de comércio exterior e de defesa comercial: principais aspectos jurídicos. Jus Navigandi, Teresina, ano 10, n. 725, 30 jun. 2005. Disponível em: <http://jus.com.br/artigos/6906>. Acesso em: 19/8/2014.

559. Disponível em: http://www.fazenda.gov.br/sain/sobre_sain/copol/acordo_gatts.pdf, acesso em 28/2/2013.

Pela cláusula de habilitação, os membros do acordo concordam com a celebração de acordos regionais, chamados blocos econômicos e acordos em benefício de países em desenvolvimento. Eis o texto da cláusula:

> Consiste na Decisão das Partes Contratantes do Acordo Geral sobre Tarifas e Comércio (GATT), adotada por ocasião da Rodada Tóquio (1979), através da qual é permitido celebrar acordos regionais ou gerais entre países em desenvolvimento com a finalidade de reduzir ou eliminar mutuamente as travas a seu comércio recíproco, excetuando-se da aplicação do princípio consagrado no Artigo I do GATT, sobre o Tratamento da Nação Mais Favorecida[560].

Dessa forma, legitimou-se a formação de blocos econômicos, abrindo caminho para diversos esforços de integração econômica ao redor do globo.

3.2. As etapas da integração econômica

A integração econômica apresenta algumas etapas:

Zona de Livre Comércio: basicamente, consiste na eliminação das barreiras tarifárias e não tarifárias ao comércio recíproco entre Estados. O NAFTA (*North American Free Trade Association*), formado por Estados Unidos, Canadá e México. Mas cada país pode manter política própria para com Estados não membros. O GATT o define como "**um grupo de dois ou mais territórios aduaneiros entre os quais os direitos aduaneiros e as outras regulamentações restritivas são eliminados para o essencial das trocas comerciais relativas aos produtos originários dos territórios constitutivos da zona de livre comércio**" (Artigo XXIV, Parte III, volume I, do GATT).

União Aduaneira: além das características e conquistas da zona de livre comércio, a união aduaneira possui uma tarifa aduaneira comum para importação de produtos oriundos de países a ela estranhos. No MERCOSUL – que atualmente se encontra nesta etapa de integração –, há a chamada Tarifa Externa Comum (TEC). A União Europeia encontrava-se nesta fase até 1992, quando o Tratado de Maastrich a transformou em um mercado comum.

Mercado Comum: à união aduaneira se soma a livre circulação dos fatores de produção – pessoas e capitais. Há uma **política comercial comum**, bem como uma **coordenação das políticas macroeconômicas dos países-membros**. A União Europeia foi um mercado comum entre 1992 e 1999

União econômica: além dos elementos presentes no mercado comum, observa-se a existência de **políticas sociais comuns**, além da existência de uma **unificação monetária**. É o caso da **União Europeia**, que deixou de ser um mercado comum e avançou para uma verdadeira união econômica em 1999, com a entrada em vigor do euro (a partir de

---

560. Disponível em: http://www.aladi.org/nsfaladi/vbasico.nsf/vbusquedap/0629BF39832BC 04C032 568CD00447D7E, acesso em 28/2/2013

2002, o euro passou a ser a única moeda em circulação nos países que o adotaram). **Os países integrantes delegam a soberania para uma entidade supranacional**. Surge, por exemplo, um Banco Central Europeu, além de diversas outras instituições.

A União Europeia, contudo, vem sofrendo questionamentos de diversas ordens. 2016 foi um ano em que tais contestações atingiram um nível até então inédito: o Reino Unido, por meio de plebiscito, aprovou a saída do país do bloco (o chamado "Brexit"). O país, até o final de 2016, permanece como estado-membro, uma vez que, até o momento, não foram sequer estabelecidos os parâmetros para a concretização da opção vitoriosa no plebiscito, o que deve ocorrer no decorrer dos próximos anos. Não nos cabe, aqui, qualquer exercício de futurologia. Apenas entendemos relevante destacar que a União Europeia, até o momento o único exemplo de uma união econômica, vem sofrendo importantes contestações, das mais diversas naturezas – políticas, econômicas, sociais – colocando em xeque seu futuro.

3.3. MERCOSUL

Como já afirmamos acima, o Mercado Comum do Sul é, apesar de seu nome, uma **união aduaneira**, idealizada por Brasil e Argentina, aos quais se seguiram Uruguai e Paraguai. Em 2012, a Venezuela passou a integrá-lo. No entanto, em dezembro de 2016, o país foi oficialmente suspenso do bloco, por não ter cumprido, no prazo estabelecido, as normas de adesão.

De acordo com o **Artigo 1 do Tratado de Assunção**:

> "Este Mercado Comum implica:
>
> A livre circulação de bens serviços e fatores produtivos entre os países, através, entre outros, da eliminação dos direitos alfandegários e restrições não-tarifárias à circulação de mercadorias e de qualquer outra medida de efeito equivalente;
>
> O estabelecimento de uma tarifa externa comum e a adoção de uma política comercial comum em relação a terceiros Estados ou agrupamentos de Estados e a coordenação de posições em foros econômico-comerciais regionais e internacionais;
>
> A coordenação de políticas macroeconômicas e setoriais entre os Estados Partes – de comércio exterior, agrícola, industrial, fiscal, monetária, cambial e de capitais, de serviços, alfandegária, de transportes e comunicações e outras que se acordem –, a fim de assegurar condições adequadas de concorrência entre os Estados Partes; e
>
> O compromisso dos Estados Partes de harmonizar suas legislações, nas áreas pertinentes, para lograr o fortalecimento do processo de integração".

O MERCOSUL tem **personalidade jurídica de direito internacional** (art. 34 do Protocolo), e suas decisões são tomadas por consenso e com a presença de todos os Estados-partes (art. 37). São fontes jurídicas do MERCOSUL o Tratado de Assunção, seus protocolos e os instrumentos adicionais ou complementares, os acordos celebrados no âmbito do Tratado de Assunção e as Decisões do Conselho do Mercado Comum, as Resoluções do Grupo Mercado Comum e as Diretrizes da Comissão de Comércio do MERCOSUL, adotadas desde a entrada em vigor do Tratado de Assunção (art. 41 do Protocolo).

Seus principais atos são o **Tratado de Assunção (1991)**, que o instituiu, e o **Protocolo de Ouro Preto (1994)** – incorporado ao direito brasileiro pelo Decreto 1.901/96, e que iniciou seu processo de consolidação, dotando-o de uma estrutura institucional:

- **Conselho do Mercado Comum (CMC)**, órgão superior de condução do processo de integração. É formado pelos Ministros da Economia e das Relações Exteriores dos Estados-membros. Nos termos do Tratado de Ouro Preto, exerce a titularidade da personalidade jurídica do MERCOSUL.
- **Grupo Mercado Comum (GMC)**, órgão executivo, coordenado pelos Ministros das Relações Exteriores. Seus membros são designados pelos governos dos Estados-membros. A ele cabe velar pelo cumprimento do Tratado de Assunção, propor projetos de decisão ao CMC, tomar as medidas necessárias ao cumprimento das decisões adotadas pelo CMC, dentre outras atribuições, elencadas no art. 14 do Protocolo.
- **Comissão de Comércio do Mercosul (CCM)**, a quem compete velar pela aplicação dos instrumentos de política comercial comum acordados pelos Estados-membros para o funcionamento da união aduaneira, bem como acompanhar e revisar os temas e matérias relacionados com as políticas comerciais comuns, com o comércio entre seus membros e para com terceiros países (art. 16 do Protocolo).
- **Comissão Parlamentar Conjunta (CPC)**, órgão representativo dos Parlamentos dos Estados-partes. Seus membros são designados pelos respectivos Parlamentos nacionais, de acordo com seus procedimentos internos (art. 22 e 24 do Protocolo).
- **Foro Consultivo Econômico-social (FCES)**, que representa setores econômicos e sociais. Manifesta-se por meio de Recomendações ao Grupo Mercado Comum (art. 28 a 30).
- **Secretaria Administrativa do Mercosul (SAM)**, com sede em Montevideo, com função de apoio operacional aos demais órgãos.

São órgãos com capacidade decisória, de natureza inter-governamental, o Conselho do Mercado Comum, o Grupo Mercado Comum e a Comissão de Comércio do Mercosul.

As controvérsias que surgirem entre os Estados Partes sobre a interpretação, a aplicação ou o não cumprimento das disposições contidas no Tratado de Assunção, dos acordos celebrados no âmbito do mesmo, bem como das Decisões do Conselho do Mercado Comum, das Resoluções do Grupo Mercado Comum e das Diretrizes da Comissão de Comércio do Mercosul, serão submetidas a procedimentos de solução. Inicialmente, a questão foi regulamentada pelo Protocolo de Brasília, revogado pelo Protocolo de Olivos, assinado em fevereiro de 2002.

O **Protocolo de Olivos**, incorporado ao direito brasileiro pelo **Decreto 4.982, de 2004, e que trata da Solução de Controvérsias no Mercosul**. Nos termos do seu artigo 4º, os Estados-partes devem resolver suas controvérsias por meio de negociações diretas, que não poderão, salvo acordo, exceder o prazo de quinze dias a partir da data em que uma delas comunicou à outra a decisão de iniciar a controvérsia.

Os Estados informarão ao Grupo Mercado Comum, através da Secretaria Administrativa. Se as negociações diretas não alcançarem êxito, qualquer das partes poderá iniciar o procedimento arbitral.

O sistema instituído pelo Protocolo de Olivos estabelece a criação de um **Tribunal Permanente de Revisão (TPR)**, instalado em Assunção, Paraguai. Possui, basicamente, três funções: **instância recursal**, a de **órgão de instância única** e a **consultiva**.[561]

A ele cabe julgar, em última instância, os recursos interpostos contra decisões de tribunais *ad hoc* prolatadas em procedimentos de arbitragem instaurados para a solução de controvérsias entre os Estados-parte do MERCOSUL relativas à interpretação, à aplicação ou ao não cumprimento das normas desse bloco econômico.

Os arbitrais *ad hoc* serão suprimidos apenas nos casos em que as partes, voluntariamente, decidam se submeter, em única instância, ao TPR, hipótese em que o Tribunal em questão assume a função de órgão de instância única. Nesse caso, o laudo por ele emitido será considerado obrigatório para os Estados-partes na controvérsia.

Foi acrescentada a possibilidade de solicitação de opiniões consultivas ao TPR – nos termos do Artigo 3 do Protocolo de Olivos, o Conselho do Mercado Comum poderá estabelecer mecanismos relativos à solicitação de opiniões consultivas ao Tribunal definindo seu alcance e seus procedimentos.

Outra novidade – há muito demandada pela comunidade jurídica – foi a expressa previsão de procedimento envolvendo as reclamações de particulares (artigos 39 a 41 do Protocolo).

Sendo uma União Aduaneira, os países membros adotam, em regra, as mesmas tarifas sobre a importação de bens originados de países de fora do bloco – as chamadas **tarifas externas comuns (TECs)**. Por outro lado, adotam preferências tarifárias nas transações intrabloco. Assim, torna-se **necessário definir critérios para que um determinado bem seja considerado originário de um Estado membro do Mercosul**.

Neste sentido, o **Decreto 1.568, de 21 de julho de 1995**, dispõe sobre a execução do Oitavo Protocolo Adicional ao Acordo de Complementação Econômica nº 18, entre Brasil, Argentina, Paraguai e Uruguai, de 30 de dezembro de 1994. O Anexo I, Artigo 3º (**Regime Geral de Origem**) considera originários:

a) os produtos elaborados integralmente no território de qualquer um dos Estados Partes quando em sua elaboração forem utilizados, **única e exclusivamente**, materiais originários dos Estados Partes;

561. MARTINS, Eliane M. Octaviano. Soluções de controvérsias do MERCOSUL: a sistemática do Protocolo de Olivos. *In:* Âmbito Jurídico, Rio Grande, XIII, nº 72, janeiro de 2010. Disponível em: http://www.ambito-juridico.com.br/site/?n_link=revista_artigos_leitura&artigo_id=7107&revista_caderno=19. Acesso em 2 de outubro de 2015.

b) os produtos dos reinos mineral, vegetal e animal, incluindo os da caça e da pesca, extraídos, colhidos ou apanhados, nascidos e criados em seu território ou em suas águas territoriais, patrimoniais e zonas econômicas exclusivas e os produtos do mar extraídos fora de suas águas territoriais, patrimoniais e zonas econômicas exclusivas, por barcos de sua bandeira ou alugados por empresas estabelecidas em seu território e processador em suas zonas econômicas, mesmo quando tenham sido submetidos a processos primários de embalagem e conservação, necessários para sua comercialização e que não impliquem mudança na classificação da nomenclatura, e

c) **os produtos em cuja elaboração forem utilizados materiais não originários dos Estados Partes**, quando **resultantes de um processo de transformação realizado em seu território, que lhes confira uma nova individualidade caracterizada pelo fato de estarem classificados na Nomenclatura Comum do MERCOSUL em posição diferente à dos mencionados materiais, exceto nos casos em que se considerar necessário o critério de mudança de posição tarifária mais valor agregado de 60%.**

Não obstante, **não serão considerados originários os produtos resultantes de operações ou processos efetuados no território de um Estado-Parte pelos quais adquiram a forma final em que serão comercializados, quando nessas operações ou processos forem utilizados exclusivamente materiais ou insumos não originários dos Estados-Partes e consistam apenas em** montagens ou ensamblagens, embalagem, fracionamento em lotes ou volumes, seleção, classificação, marcação, composição de sortimentos de mercadorias ou simples diluições em água ou outra substância que não altere as características do produto como originário ou outras operações ou processos equivalentes;

d) nos casos em que o requisito estabelecido na letra c) não possa ser cumprido porque o processo de transformação operado não implica mudança de posição na Nomenclatura Comum do MERCOSUL, será suficiente que o valor CIF porto de destino ou CIF porto marítimo dos insumos de terceiros países não exceda 40% do valor FOB das mercadorias de que se tratar.

Na ponderação dos materiais originários de terceiros países para os Estados-Partes sem litoral marítimo, serão considerados como porto de destino de depósitos e zonas francas concedidos pelos demais Estados Partes sem litoral marítimo, serão considerados como porto de destino os depósitos e zonas francas concedidos pelos demais Estados Partes, quando os materiais chegarem por via marítima;

e) os produtos resultantes de operações de ensamblagem ou montagem realizadas no território de um país do MERCOSUL, utilizando materiais originários de terceiros países, quando o valor CIF porto de destino ou CIF porto marítimo desses materiais não exceda 40% do valor FOB; e

f) os produtos que cumpram com os requisitos específicos a serem estabelecidos de conformidade com o procedimento disposto no Artigo 2 da Resolução 6/94 do GMC. Os Bens de Capital cumprirão o regime geral de origem do MERCOSUL.

O Mercosul não é, por outro lado, um mercado comum que, como vimos, pressupõe a livre circulação dos fatores de produção. Há, claro, normas que visam à facilitação do trânsito de pessoas. O **Decreto 6.975, de 7 de outubro de 2009, promulgou o Acordo sobre Residência para Nacionais dos Estados-Partes, além de Bolívia e Chile (Estados Associados)**, estabelecendo os requisitos para a obtenção de residência temporária (Artigo 4º) e permanente (Artigo 5º).

O MERCOSUL produz direito comunitário?

A resposta, ao menos no atual estágio do bloco, é negativa.

Não há, no âmbito do MERCOSUL, um direito supranacional, o que é reforçado pelo fato de a configuração institucional do bloco sul-americano estar baseada em representação governamental. No caso europeu, nas palavras de Mario Lúcio Quintão, houve a gradativa transferência de competências ou políticas comunitárias pertinentes à consecução dos objetivos da União Europeia, ainda submetidas ao marco governamental, para o âmbito dos tratados comunitários e de seus procedimentos, ao consolidar o espaço comunitário europeu.[562]

A União Europeia se baseia em princípios fundamentais que podem ser assim enumerados: princípio da igualdade ou de não discriminação, (art. 6º do Tratado de Maastrich), garantindo a livre circulação de pessoas, livre estabelecimento, livre prestação de serviços etc.; princípio da solidariedade ou lealdade comunitária (coesão econômica e social e a convergência de economias); princípio do equilíbrio institucional (assegura o respeito pela repartição de poderes e competência no âmbito da comunidade, que não podem ser violados); princípio da subsidiariedade (a União Europeia só intervirá na medida em que os Estados não puderem a ação em causa de modo suficiente ou se de acordo com a sua dimensão ou seus efeitos puder ser realizados melhor a nível comunitário); princípio da proporcionalidade, segundo o qual a União Europeia não deverá exceder o necessário para atingir os objetivos do Tratado[563].

Por não produzir direito comunitário, as normas originadas pelos seus órgãos comuns devem ser devidamente internalizadas, por cada país-membro. Neste sentido, já decidiu o STF que **a recepção dos tratados internacionais em geral e dos acordos celebrados pelo Brasil no âmbito do MERCOSUL depende**, para efeito de sua ulterior execução no plano interno, **de uma sucessão causal e ordenada de atos revestidos de caráter político-jurídico, assim definidos**:

- **aprovação, pelo Congresso Nacional, mediante decreto legislativo**, de tais convenções;
- **ratificação desses atos internacionais, pelo Chefe de Estado**, mediante depósito do respectivo instrumento;

562. SOARES, Mario Lúcio Quintão. Teoria do Estado: novos paradigmas em face da globalização. São Paulo: Atlas, 2008, p. 300.

563. SÁ, Almir Morais. A nova ordem econômica e o direito internacional do investimento. Revista do Mestrado em Direito da Universidade Católica de Brasília, vol. 3, nº 1 (2009), p. 102.

- **promulgação de tais acordos ou tratados, pelo Presidente da República, mediante decreto**, em ordem a viabilizar a produção dos seguintes efeitos básicos, essenciais à sua vigência doméstica: publicação oficial do texto do tratado e executoriedade do ato de direito internacional público, que passa, então – e somente então – a vincular e a obrigar no plano do direito positivo interno.

4. JURISPRUDÊNCIA

4.1. Jurisprudência do STF

↘ MERCOSUL – CARTA ROGATÓRIA PASSIVA – DENEGAÇÃO DE EXEQUATUR – PROTOCOLO DE MEDIDAS CAUTELARES (OURO PRET0/MG) – INAPLICABILIDADE, POR RAZÕES DE ORDEM CIRCUNSTANCIAL – ATO INTERNACIONAL CUJO CICLO DE INCORPORAÇÃO, AO DIREITO INTERNO DO BRASIL, AINDA NÃO SE ACHAVA CONCLUÍDO À DATA DA DECISÃO DENEGATÓRIA DO EXEQUATUR, PROFERIDA PELO PRESIDENTE DO SUPREMO TRIBUNAL FEDERAL – RELAÇÕES ENTRE O DIREITO INTERNACIONAL, O DIREITO COMUNITÁRIO E O DIREITO NACIONAL DO BRASIL – PRINCÍPIOS DO EFEITO DIRETO E DA APLICABILIDADE IMEDIATA – AUSÊNCIA DE SUA PREVISÃO NO SISTEMA CONSTITUCIONAL BRASILEIRO – INEXISTÊNCIA DE CLÁUSULA GERAL DE RECEPÇÃO PLENA E AUTOMÁTICA DE ATOS INTERNACIONAIS, MESMO DAQUELES FUNDADOS EM TRATADOS DE INTEGRAÇÃO – RECURSO DE AGRAVO IMPROVIDO. A RECEPÇÃO DOS TRATADOS OU CONVENÇÕES INTERNACIONAIS EM GERAL E DOS ACORDOS CELEBRADOS NO ÂMBITO DO MERCOSUL ESTÁ SUJEITA À DISCIPLINA FIXADA NA CONSTITUIÇÃO DA REPÚBLICA.

A recepção de acordos celebrados pelo Brasil no âmbito do MERCOSUL está sujeita à mesma disciplina constitucional que rege o processo de incorporação, à ordem positiva interna brasileira, dos tratados ou convenções internacionais em geral. É, pois, na Constituição da República, e não em instrumentos normativos de caráter internacional, que reside a definição do iter procedimental pertinente à transposição, para o plano do direito positivo interno do Brasil, dos tratados, convenções ou acordos – inclusive daqueles celebrados no contexto regional do MERCOSUL – concluídos pelo Estado brasileiro. Precedente: ADI 1.480-DF, Rel. Min. CELSO DE MELLO.

Embora desejável a adoção de mecanismos constitucionais diferenciados, cuja instituição privilegie o processo de recepção dos atos, acordos, protocolos ou tratados celebrados pelo Brasil no âmbito do MERCOSUL, esse é um tema que depende, essencialmente, quanto à sua solução, de reforma do texto da Constituição brasileira, reclamando, em consequência, modificações de jure constituendo. Enquanto não sobrevier essa necessária reforma constitucional, a questão da vigência doméstica dos acordos celebrados sob a égide do MERCOSUL continuará sujeita ao mesmo tratamento normativo que a Constituição brasileira dispensa aos tratados internacionais em geral.

↘ PROCEDIMENTO CONSTITUCIONAL DE INCORPORAÇÃO DE CONVENÇÕES INTERNACIONAIS EM GERAL E DE TRATADOS DE INTEGRAÇÃO (MERCOSUL).

A recepção dos tratados internacionais em geral e dos acordos celebrados pelo Brasil no âmbito do MERCOSUL depende, para efeito de sua ulterior execução no plano interno, de uma sucessão causal e ordenada de atos revestidos de caráter político-jurídico, assim definidos: (a) aprovação, pelo Congresso Nacional, mediante decreto legislativo, de tais convenções; (b) ratificação desses atos internacionais, pelo Chefe de Estado, mediante depósito do respectivo instrumento; (c) promulgação de tais acordos ou tratados, pelo Presidente da República, mediante decreto, em ordem a viabilizar a produção dos seguintes efeitos básicos, essenciais à sua vigência doméstica: (1) publicação oficial do texto do tratado e (2) executoriedade do ato de direito internacional público, que passa, então – e somente então – a vincular e a obrigar no plano do direito positivo interno. Precedentes.

↘ O SISTEMA CONSTITUCIONAL BRASILEIRO NÃO CONSAGRA O PRINCÍPIO DO EFEITO DIRETO E NEM O POSTULADO DA APLICABILIDADE IMEDIATA DOS TRATADOS OU CONVENÇÕES INTERNACIONAIS.

A Constituição brasileira não consagrou, em tema de convenções internacionais ou de tratados de integração, nem o princípio do efeito direto, nem o postulado da aplicabilidade imediata. Isso significa, *de jure constituto*, que, enquanto não se concluir o ciclo de sua transposição, para o direito interno, os tratados internacionais e os acordos de integração, além de não poderem ser invocados, desde logo, pelos particulares, no que se refere aos direitos e obrigações neles fundados (princípio do efeito direto), também não poderão ser aplicados, imediatamente, no âmbito doméstico do Estado brasileiro (postulado da aplicabilidade imediata).

O princípio do efeito direto (aptidão de a norma internacional repercutir, desde logo, em matéria de direitos e obrigações, na esfera jurídica dos particulares) e o postulado da aplicabilidade imediata (que diz respeito à vigência automática da norma internacional na ordem jurídica interna) traduzem diretrizes que não se acham consagradas e nem positivadas no texto da Constituição da República, motivo pelo qual tais princípios não podem ser invocados para legitimar a incidência, no plano do ordenamento doméstico brasileiro, de qualquer convenção internacional, ainda que se cuide de tratado de integração, enquanto não se concluírem os diversos ciclos que compõem o seu processo de incorporação ao sistema de direito interno do Brasil. Magistério da doutrina.

Sob a égide do modelo constitucional brasileiro, mesmo cuidando-se de tratados de integração, ainda subsistem os clássicos mecanismos institucionais de recepção das convenções internacionais em geral, não bastando, para afastá-los, a existência da norma inscrita no art. 4º, parágrafo único, da Constituição da República, que possui conteúdo meramente programático e cujo sentido não torna dispensável a atuação dos instrumentos constitucionais de transposição, para a ordem jurídica doméstica, dos acordos, protocolos e convenções celebrados pelo Brasil no âmbito do MERCOSUL.

(STF, CR 8.279 AgR/AT – ARGENTINA, Min. Marco Aurélio, DJ de 17/6/1998)

4.2. Jurisprudência do TRF da 4ª Região

↘ DIREITO ANTIDUMPING. NATUREZA JURÍDICA NÃO-TRIBUTÁRIA. DUMPING. CONCEITO LEGAL. INOCORRÊNCIA NO CASO CONCRETO. VALOR NORMAL AFERIDO DE ACORDO COM A PORTARIA INTERMINISTERIAL Nº 28/98.

1. Uma vez que as receitas decorrentes da cobrança dos direitos antidumping são originárias, resta indubitável que não têm caráter tributário. Por consequência, o regime jurídico dos direitos antidumping não se submete às limitações constitucionais ao poder de tributar. Inteligência do parágrafo único do art. 1º e do art. 10 da Lei nº 9.019/95.

2. Para haver dumping, não importa se os preços dos produtos estrangeiros são inferiores aos dos similares nacionais; mas sim se os preços dos produtos estrangeiros são inferiores ao preço normal, porque o objetivo maior dessa forma de intervenção na ordem econômica é manter o equilíbrio da economia nacional. A prática de dumping configura-se pela introdução de um bem no mercado doméstico a preço de exportação inferior ao valor normal (art. 4º do Decreto nº 1.602/95); considera-se valor normal o preço efetivamente praticado para o produto similar nas operações mercantis normais, que o destinem a consumo interno no país exportador (art. 5º); o preço de exportação é o preço efetivamente pago ou a pagar pelo produto exportado ao Brasil, livre de impostos e descontos concedidos (art. 8º); a margem de dumping corresponde à diferença entre o valor normal e o preço de exportação (art. 11); o direito antidumping é o montante em dinheiro, igual ou inferior à margem de dumping apurada, com o fim exclusivo de neutralizar os efeitos danosos das importações objeto de dumping, calculado mediante a aplicação de alíquotas ad valorem ou específicas, ou pela conjugação de ambas (art. 45 e parágrafos).

3. Cotejando os preços das mercadorias importadas pela autora e o preço normal considerado pela Portaria Interministerial nº 28/98, sem qualquer distinção de qualidade e acabamento, conclui-se que, na hipótese em tela, não se configurou a prática de dumping, pois os preços de exportação foram superiores ao valor normal; consequentemente, ausentes os pressupostos para a aplicação de medida antidumping provisória.

4. Não desvirtua o regramento legal verificar a presença dos pressupostos que originaram a medida antidumping conforme as circunstâncias de cada caso particular, porque tal análise não invalida as conclusões da Portaria nº 28/98; aliás, utiliza os parâmetros por ela aplicados para aferir a prática de dumping.

Exegese do art. 13 do Decreto nº 1.602/95, que prevê expressamente como regra geral a determinação de margem individual de dumping para cada um dos conhecidos exportadores ou produtores do produto sob investigação, não aplicada pela Portaria Interministerial nº 28/98 com base na exceção prevista no parágrafo 1º desse dispositivo legal.
(TRF4, T1, AC 23.436/PR, Desemb. Joel Ilan Paciornik, DJe de 27/11/2007).

5. QUADROS SINÓTICOS

Introdução

Tema	Informação	Fonte
Origens históricas	Sob o domínio do pensamento liberal as nações pouco se preocupavam em formatar princípios e instituições que orientassem as ações econômicas travadas além de suas fronteiras. Não cogitavam que as ações econômicas traçadas por outros Estados pudessem produzir efeitos que merecessem regulamentações.	
	Os países discutiram questões econômicas para formatar o que se convencionou chamar de ordem econômica internacional. Instituições, regras e princípios de atuação, formalizados por meio de tratados.	
A Ordem Econômica – Bretton Woods	Após a Segunda Guerra: percepção de que o modelo econômico imperialista, no qual as potências produtoras de bens necessitavam de conquistas incessantes de novos mercados consumidores não poderia prevalecer. Ênfase na ideia de liberdade. A nova ordem buscava garantir a liberdade comercial e econômica no plano internacional e criar instrumentos de ajuda a economias necessitadas, para evitar que das crises surgissem os conflitos.	
Organização das Nações Unidas – ONU	Base política da nova ordem internacional.	
Fundo Monetário Internacional – FMI	Criado pelo Acordo de Bretton Woods, de 1944.	
Banco Internacional de Reconstrução e Desenvolvimento – Bird	Criado pelo Acordo de Bretton Woods, de 1944.	
Organização Internacional do Comércio	Seria criada em 1947. **Ver OMC**	

Fundo Monetário Internacional – FMI

Criação	Concebido em 1944 e formalmente criado em 1945.
Sede	Washington (EUA).
Objetivos	Administração do sistema monetário internacional (SMI).
Como?	▸ Promoção da cooperação monetária internacional; ▸ Facilitação da expansão e equilíbrio do comércio internacional; ▸ Promoção da estabilidade cambial e, portanto, evitar as depreciações cambiais concorrenciais;

	▸ Acompanhamento do estabelecimento de um sistema de pagamentos multilateral, eliminando restrições ao comércio exterior; ▸ Garantia, temporária, de recursos do fundo a países membros, mediante garantias adequadas, possibilitando-lhes a correção de desequilíbrios nos respectivos balanços de pagamentos, de forma a evitar medidas que venham a ser destrutivas para a prosperidade nacional e internacional, e ▸ Redução dos desequilíbrios fiscais e monetários dos países-membros.

Banco Internacional de Reconstrução e Desenvolvimento – Bird, também conhecido como Banco Mundial – World Bank

Criação	1944.
Sede	Washington (EUA).
Objetivo inicial	Reconstrução da Europa, após a Segunda Guerra.
Função atual	Atuação na reconstrução de nações em casos de desastres naturais, emergências humanitárias e na reabilitação pós-conflitos.
Objetivo principal	Redução da pobreza no mundo em desenvolvimento.

Organização Mundial do Comércio – OMC

Antecedentes	Bretton Woods previa a criação de uma Organização Internacional do Comércio, para a regulação do comércio mundial em bases liberais. Divergências entre EUA e países europeus impediram sua criação.
GATT	Em seu lugar, foi assinado o Acordo Geral sobre Tarifas e Comércio – *General Agreement on Tariffs and Trade (GATT)*, em vigor a partir de 1948.
Objetivo	Expansão do comércio internacional, com a redução dos direitos alfandegários. Era frequentemente atualizado e ampliado, em negociações realizadas em rodadas.
Rodada Uruguai	A última – Rodada Uruguai (1986-1993) – resultou na criação da Organização Mundial do Comércio (OMC).
OMC	Criada por meio de acordo assinado em Marrakesh em 15 de abril de 1994, pelos 125 países que participaram da Rodada Uruguai. O Brasil promulgou a Ata Final, que incorporou os Resultados da Rodada Uruguai, através do Decreto 1.355, de 30 de dezembro de 1994.
Instrumentos de regulação do comércio internacional	O GATT estabeleceu diversos mecanismos de regulação do comércio internacional. Destacamos os mais relevantes:
Regra de Não Discriminação entre as Nações, (Tratamento Geral da Nação mais Favorecida)	Toda vantagem em direitos tarifários ou aduaneiros concedida a uma parte contratante deve ser estendida aos produtos similares comercializados com qualquer outra parte contratante. Visa a assegurar igualdade de oportunidades para importar de ou exportar para todos os membros. Os acordos que instituem zonas de livre comércio ou mesmo uniões aduaneiras constituem exceções (admitidas) à regra e devem ser notificados à OMC.

Lista de concessões	Relativa a produtos e tarifas que devem ser aplicadas entre partes contratantes e serve de parâmetro para estenderem-se os benefícios aos demais países.
Tratamento nacional	Ou "obrigação de TN", determina que os Membros da OMC não discriminem produtos importados após esses produtos terem entrado no mercado doméstico.
Transparência	Obrigação de publicação de todos os regulamentos e demais medidas relacionadas ao comércio.
Eliminação de restrições quantitativas	O único instrumento de proteção permitido em trocas comerciais são tarifas aduaneiras. Cotas e barreiras não tarifárias são proibidas.
Cota tarifária	Não é considerada como uma restrição quantitativa. Trata-se de uma quantidade que poderá ser importada sob uma determinada tarifa. As cotas tarifárias não são restrições quantitativas uma vez que não proíbem ou restringem a importação. Elas somente submetem as importações a tarifas variáveis.
Dumping	Decreto 1.602/95. Introdução de um bem no mercado doméstico a preço de exportação inferior ao valor normal Considera-se valor normal o preço efetivamente praticado para o produto similar nas operações mercantis normais, que o destinem a consumo interno no país exportador. O preço de exportação é o preço efetivamente pago ou a pagar pelo produto exportado ao Brasil, livre de impostos e descontos concedidos. A margem de dumping corresponde à diferença entre o valor normal e o preço de exportação. **Não importa se os preços dos produtos estrangeiros são inferiores aos dos similares nacionais, mas sim se os preços dos produtos estrangeiros são inferiores ao preço normal.**
Direito antidumping	Montante em dinheiro, igual ou inferior à margem de dumping apurada, com o fim exclusivo de neutralizar os efeitos danosos das importações objeto de dumping, calculado mediante a aplicação de alíquotas *ad valorem* ou específicas, ou pela conjugação de ambas.
Subsídios	Contribuição financeira por um governo e benefício concedido em sua decorrência. São proibidos os subsídios à exportação e subsídios para a substituição de importações. Os subsídios proibidos são passíveis de aplicação de medidas compensatórias
Defesa comercial	Mecanismos de proteção à indústria nacional dos danos causados por práticas desleais de comércio (*dumping,* subsídios) ou por práticas que, mesmo lícitas, gerem crescimento imprevisto de importações de determinado produto. Previstos no âmbito da OMC.
Medidas antidumping **Objetivo**	Tarifação pecuniária imposta às mercadorias, produtos ou bens importados, comercializados com preço considerado sob margem de *dumping*. Neutralizar seu potencial efeito danoso à indústria nacional.
No Brasil	O Decreto 1.602/99 traz o procedimento administrativo para a investigação de prática de *dumping*, bem como a aplicação do Acordo Antidumping.

Órgãos envolvidos	Integrantes do Ministério do Desenvolvimento, Indústria e Comercio Exterior Câmara de Comércio Exterior – CAMEX Secretaria de Comercio Exterior – SECEX (responsável pela formulação da política de comércio exterior) Departamento de Defesa Comercial – DECOM (órgão responsável pela execução da política de comércio exterior).
Natureza jurídica **Sanção**	Para alguns autores, teria a natureza de sanção. Mas o Estado não é obrigado a aplicá-las, podendo optar pela realização de um compromisso de preços. Logo, se o direito antidumping não é de imposição vinculada, mas discricionária do Poder Público, não pode ser considerado uma sanção.
Tributo	Pela mesma razão, nega-se sua natureza tributária, dado que, em se tratando de tributo, não haveria discricionariedade de sua imposição por parte do Poder Público.
Norma especial de direito econômico internacional	Para Tércio Sampaio Ferraz Jr., "constituem conteúdo de normas de direito econômico internacional, que impõe ao produto exportado/importado condições de acesso ao mercado do país importador, que podem ser o pagamento dos direitos ou a assunção de obrigações por parte dos exportadores de eliminação do dumping ou do subsídio, tudo isso de modo que a comercialização seja condizente com o interesse global da economia".
Intervenção do Estado no domínio econômico	Trata-se de intervenção do Estado no domínio econômico, com fundamento no art. 174 da Constituição
Medidas compensatórias **Objetivo**	Têm por escopo contrabalançar o subsídio concedido, direta ou indiretamente, no país exportador, para a fabricação, produção, exportação ou ao transporte de qualquer produto, cuja entrada no Brasil cause dano à indústria doméstica. Recompor o equilíbrio econômico-financeiro entre o preço do produto estrangeiro e o similar nacional.
Medidas de salvaguarda	Visam a aumentar, temporariamente, a proteção a determinado setor da indústria doméstica que esteja sofrendo ou sob a iminência de sofrer prejuízo grave, oriundos do incremento quantitativo e vultoso das importações, em termos absolutos ou em relação à produção nacional.
Objetivo	Permitir que a indústria doméstica se ajuste, aumentando a sua competitividade em face dos similares estrangeiro

Integração econômica

Introdução	Numa primeira análise, os acordos de integração feririam as normas da OMC. A cláusula da nação mais favorecida seria um obstáculo à formalização de acordos regionais de comércio, embrião de toda integração econômica. No entanto, pela cláusula de habilitação, os membros do acordo concordam com a celebração de acordos regionais, chamados blocos econômicos, e acordos em benefício de países em desenvolvimento.
Etapas de integração	O processo de integração econômica apresenta quatro etapas:

Zona de Livre Comércio	Grupo de dois ou mais territórios aduaneiros entre os quais os direitos aduaneiros e as outras regulamentações restritivas são eliminados para o essencial das trocas comerciais relativas aos produtos originários dos territórios constitutivos da zona de livre comércio.
O que produz?	**Eliminação das barreiras tarifárias e não tarifárias ao comércio recíproco entre Estados.**
Exemplo	O NAFTA (*North American Free Trade Association*), formado por Estados Unidos, Canadá e México. Mas cada país pode manter política própria para com Estados não membros.
União Aduaneira O que produz? Exemplo	Os benefícios da **zona de livre comércio + tarifa aduaneira comum para importação de produtos oriundos de outros países.** MERCOSUL.
Mercado Comum O que produz?	Os benefícios da **união aduaneira + livre circulação dos fatores de produção (pessoas e capitais).** Há uma política comercial comum, bem como uma coordenação das políticas macroeconômicas dos países-membros.
União Econômica O que produz?	Os benefícios do **mercado comum + políticas sociais comuns**, além da existência de uma **unificação monetária**. Os países integrantes delegam a soberania para uma entidade supranacional.
Exemplo	União Europeia, que deixou de ser um mercado comum e avançou para uma verdadeira união econômica em 1999, com a entrada em vigor do euro (a partir de 2002, o euro passou a ser a única moeda em circulação nos países que o adotaram).

MERCOSUL

O que é?	Mercado Comum do Sul. Apesar do nome, é uma união aduaneira, idealizada por Brasil e Argentina, aos quais se seguiram Uruguai e Paraguai. A Venezuela, que recentemente passou a integrá-lo, encontra-se suspensa, por não haver cumprido, nos prazos estabelecidos, as normas de adesão .
Principais atos constitutivos	Tratado de Assunção (1991), que o instituiu; Protocolo de Ouro Preto (1994), que iniciou seu processo de consolidação, dotando-o de uma estrutura institucional.
Características	Tem personalidade jurídica de direito internacional (art. 34 do Protocolo)
Processo decisório	Suas decisões são tomadas por consenso e com a presença de todos os Estados-partes (art. 37).
Fontes jurídicas	Tratado de Assunção, seus protocolos e os instrumentos adicionais ou complementares, os acordos celebrados no âmbito do Tratado de Assunção e as Decisões do Conselho do Mercado Comum, as Resoluções do Grupo Mercado Comum e as Diretrizes da Comissão de Comércio do MERCOSUL, adotadas desde a entrada em vigor do Tratado de Assunção (art. 41 do Protocolo).
Estrutura institucional	Estabelecida pelo Protocolo de Ouro Preto, incorporado ao direito brasileiro pelo Decreto 1.901/96.

Conselho do Mercado Comum (CMC)	Órgão superior de condução do processo de integração. É formado pelos Ministros da Economia e das Relações Exteriores dos Estados-membros. Nos termos do Tratado de Ouro Preto, exerce a titularidade da personalidade jurídica do MERCOSUL
Grupo Mercado Comum (GMC)	Órgão executivo, coordenado pelos Ministros das Relações Exteriores. Seus membros são designados pelos governos dos Estados-membros. A ele cabe velar pelo cumprimento do Tratado de Assunção, propor projetos de decisão ao CMC, tomar as medidas necessárias ao cumprimento das decisões adotadas pelo CMC, dentre outras atribuições, elencadas no art. 14 do Protocolo.
Comissão de Comércio do Mercosul (CCM)	Vela pela aplicação dos instrumentos de política comercial comum acordados pelos Estados-membros para o funcionamento da união aduaneira, bem como acompanhar e revisar os temas e matérias relacionados com as políticas comerciais comuns, com o comércio entre seus membros e para com terceiros países (art. 16 do Protocolo).
Comissão Parlamentar Conjunta (CPC)	Órgão representativo dos Parlamentos dos Estados-partes. Seus membros são designados pelos respectivos Parlamentos nacionais, de acordo com seus procedimentos internos (art. 22 e 24 do Protocolo).
Foro Consultivo Econômico-Social (FCES)	Representa setores econômicos e sociais. Manifesta-se por meio de Recomendações ao Grupo Mercado Comum (art. 28 a 30).
Secretaria Administrativa do Mercosul (SAM)	Sede em Montevideo, com função de apoio operacional aos demais órgãos.
Solução de controvérsias no âmbito do Mercosul	**Protocolo de Olivos.** Os Estados-partes devem resolver suas controvérsias por meio de negociações diretas, que não poderão, salvo acordo, exceder o prazo de quinze dias a partir da data em que uma delas comunicou à outra a decisão de iniciar a controvérsia.
Tribunal Permanente de Revisão	Sede: Assunção, Paraguai.
Funções	▸ instância recursal ▸ órgão de instância única ▸ consultiva.
Como instância recursal	em última instância, os recursos interpostos contra decisões de tribunais *ad hoc* prolatadas em procedimentos de arbitragem instaurados para a solução de controvérsias entre os Estados-parte do MERCOSUL relativas à interpretação, à aplicação ou ao não cumprimento das normas desse bloco econômico.
Como instância única	Os tribunais *ad hoc* serão suprimidos apenas nos casos em que as partes, voluntariamente, decidam se submeter, em única instância, ao TPR, hipótese em que o Tribunal em questão assume a função de órgão de instância única. Nesse caso, o laudo por ele emitido será considerado obrigatório para os Estados-partes na controvérsia.

Como órgão consultivo	O Conselho do Mercado Comum poderá estabelecer mecanismos relativos à solicitação de opiniões consultivas ao Tribunal definindo seu alcance e seus procedimentos.
Reclamações de particulares	Expressa previsão de procedimento envolvendo as reclamações de particulares (artigos 39 a 41 do Protocolo).
Regime Geral de Origem (Decreto 1.568/95)	Estabelece critérios para que um determinado bem seja considerado originário de Estado Membro do Mercosul e, assim, gozar das preferências tarifárias nas transações intrabloco. Sobre os bens originários de países de fora do Mercosul, aplicam-se as chamadas Tarifas Externas Comuns (TECs).
Acordo sobre Residência para Nacionais dos Estados Membros e Bolívia e Chile (Estados Associados) - Decreto 6.975/2009)	Estabelece os requisitos para a aquisição de residência temporária (Artigo 4º do Acordo) e permanente (Artigo 5º).
O MERCOSUL produz direito comunitário?	Não. Não há um direito supranacional, o que é reforçado pelo fato de a configuração institucional do bloco sul-americano estar baseada em representação governamental. União Europeia: houve a gradativa transferência de competências ou políticas comunitárias pertinentes à consecução dos objetivos da União Europeia, ainda submetidas ao marco governamental, para o âmbito dos tratados comunitários e de seus procedimentos, ao consolidar o espaço comunitário europeu.
Como as normas do MERCOSUL produzem efeitos entre os países membros?	As normas devem ser devidamente internalizadas, por cada país-membro. STF: a recepção dos tratados internacionais em geral e dos acordos celebrados pelo Brasil no âmbito do MERCOSUL depende, para efeito de sua ulterior execução no plano interno, de uma sucessão causal e ordenada de atos revestidos de caráter político-jurídico, assim definidos: ▸ aprovação, pelo Congresso Nacional, mediante decreto legislativo, de tais convenções; ▸ ratificação desses atos internacionais, pelo Chefe de Estado, mediante depósito do respectivo instrumento; ▸ promulgação de tais acordos ou tratados, pelo Presidente da República, mediante decreto, em ordem a viabilizar a produção dos seguintes efeitos básicos, essenciais à sua vigência doméstica: publicação oficial do texto do tratado e executoriedade do ato de direito internacional público.

6. QUESTÕES DE CONCURSOS

1. (TRF4 – Juiz Federal Substituto 4ª Região/2010) Assinale a alternativa correta:

No que diz respeito à expressão *dumping,* podemos afirmar que:

(A) Diz respeito ao fomento à indústria local de um ou mais países;

(B) Significa simplesmente vender um determinado produto por preço inferior ao seu custo;

(C) Situa-se na prática da legítima e livre concorrência;

(D) Também é considerada como truste, sendo sinônimas;

(E) Todas as alternativas anteriores estão incorretas.

---

2. (CESPE – Juiz Federal Substituto 3ª Região/2011) No que se refere ao comércio internacional e suas instituições, assinale a opção correta:

(A) O GATT não reconhece acordos regionais, sob o fundamento de que eles são utilizados para impor barreiras ao restante das partes contratantes;

(B) A atuação da OMC estende-se a mercadorias, serviços e direitos de propriedade intelectual, com o objetivo de reduzir barreiras comerciais e tratamentos discriminatórios;

(C) No MERCOSUL, há direito comunitário, sendo as normas oriundas de órgãos comuns e dispensada a internalização, conforme as regras de direito internacional;

(D) O GATT e a OMC foram concebidos em 1948 para expandir o comércio internacional;

(E) Por constituir tratado multilateral, cujas partes atuam em posição de igualdade, o GATT não apresenta condições especiais para os países em desenvolvimento.

---

3. (CESPE – Juiz Federal Substituto 1ª Região/2011) Em relação à prática denominada *dumping* e às medidas de salvaguarda, assinale a opção correta:

(A) Para a determinação do dano pela prática do *dumping*, não é necessária a demonstração de nexo causal entre as importações objeto de *dumping* e o dano à indústria doméstica;

(B) As medidas de salvaguarda visam à defesa da indústria e da produção doméstica em face do avanço de exportações de mercadorias em patamar de valores inferiores aos do produtor nacional, não sendo necessária a investigação prévia para a aplicação de tais medidas;

(C) Em determinadas circunstâncias críticas, é possível a aplicação de medidas de salvaguarda provisória, com duração máxima de duzentos dias, podendo ser suspensa por decisão interministerial antes do prazo final estabelecido;

(D) Considera-se prática de *dumping* a introdução de um bem no mercado doméstico, exceto sob as modalidades de *drawback*, a preço de exportação inferior ao valor normal praticado no mercado de origem;

(E) Para se aferir a prática de *dumping*, o preço de exportação será o efetivamente pago pelo produto exportado ao Brasil, incluindo-se impostos e considerando descontos efetivamente concedidos.

---

4. (TRT3 – Juiz Federal Substituto 3ª Região/2013) Na esfera da Organização Mundial do Comércio:

(A) As "rodadas" ministeriais não debatem temas relacionados com propriedade intelectual, pois se trata de tema sensível que sobrepassa o comércio de bens;

(B) Por força da cláusula de paz, não cabe o debate em torno do comércio de produtos agrícolas;

(C) O *dumping*, consistente na importação abaixo de preço de custo é considerado prática desleal de comércio;

(D) As medidas compensatórias podem ser adotadas em caso de violação de normas trabalhistas por algum Estado-Parte;

(E) Não é vedada aos membros a adoção de política industrial, mas é vedada a adoção de subsídios públicos direcionados à exportação.

---

5. (MPF – Procurador da República/2013) Com relação ao Mercado Comum do Sul – Mercosul é correto afirmar que:

(A) Trata-se de um acordo de união aduaneira para a constituição de um mercado econômico regional formado por cinco países-membros com direito a voto (Brasil, Argentina, Paraguai, Uruguai e Chile) e ainda cinco países associados com direito à voz (Bolívia, Venezuela, Colômbia, Equador e Peru), que aguardam a aprovação do Conselho do Mercado Comum para se tornarem membros plenos;

(B) Por se tratar de um agrupamento regional formado por Estados soberanos sem unidade monetária ou política, o MERCOSUL não possui personalidade jurídica de direito internacional, por consequência, não pode realizar acordos comerciais com países estranhos aos seus membros plenos e associados;

(C) Ele está fundado na reciprocidade de direitos e obrigações entre os Estados-partes e no compromisso de harmonizar suas legislações para coordenar as políticas macroeconômicas de comércio exterior, agrícola, industrial, fiscal, monetária, cambial, de serviços, alfandegária, de transportes e comunicações;

(D) O Tratado de Assunção, que começou a vigorar em 2004 e atualmente regula o mecanismo de solução de controvérsias entre os países-membros, prevê que os litígios sejam examinados pelo Tribunal Arbitral Permanente de Revisão do MERCOSUL, que é formado pelos Ministros das Relações Exteriores dos cinco países-membros com direito a voto.

---

6. (CESPE – Juiz Federal Substituto 5ª Região/2009) Assinale a opção correta, acerca do Mercosul.

(A) O MERCOSUL, criado pelo Protocolo de Recife como ente dotado de personalidade jurídica de direito público, apresenta estrutura orgânica intergovernamental, sendo suas decisões tomadas por votação, respeitando-se a maioria dos votos.

(B) Ao Conselho do Mercado Comum, órgão superior do MERCOSUL, cabem a condução política do processo de integração e a tomada de decisões para assegurar o cumprimento dos objetivos estabelecidos pelo Tratado de Assunção, devendo esse conselho reunir-se, pelo menos, uma vez por bimestre, com a participação dos presidentes dos Estados-partes.

(C) Constituem órgãos do MERCOSUL, de capacidade decisória e natureza intergovernamental, o Conselho do Mercado Comum, o Grupo Mercado Comum e a Comissão de Comércio do MERCOSUL, bem como o Tribunal Permanente de Revisão e o Parlamento do MERCOSUL.

(D) São funções e atribuições do Grupo Mercado Comum a propositura de projetos de decisões ao Conselho do Mercado Comum e o exercício da titularidade da personalidade jurídica do MERCOSUL.

(E) Quaisquer controvérsias entre os Estados-partes a respeito da interpretação, da aplicação ou do descumprimento das disposições contidas no Tratado de Assunção e dos acordos celebrados no âmbito desse tratado devem ser submetidas exclusivamente aos procedimentos de solução estabelecidos no Protocolo de Ouro Preto.

---

7. (CESPE – Advogado da União/2012) Cabe ao Conselho do MERCOSUL, órgão superior composto pelos ministros das Relações Exteriores e os da Economia dos Estados-partes, conduzir a política do processo de integração e tomar decisões destinadas a assegurar o cumprimento dos objetivos e prazos estabelecidos para a constituição definitiva do MERCOSUL.

( ) Certo

( ) Errado

---

8. (CESPE – Advogado da União/2012) O MERCOSUL não é uma organização supranacional, razão pela qual as normas emanadas dos seus órgãos não têm caráter obrigatório nem aplicação direta; para ter eficácia, elas devem ser incorporadas formalmente no ordenamento jurídico dos Estados-membros.

( ) Certo

( ) Errado

9. (CESPE – Instituto Rio Branco – Prova 1 /Diplomata/2014) No MERCOSUL, como nas demais iniciativas de integração na América do Sul, predomina a dimensão intergovernamental sobre a supranacional. O Protocolo de Ouro Preto, de 1994, atribuiu ao MERCOSUL personalidade jurídica como ator internacional.

( ) Certo

( ) Errado

10. (ESAF – Procurador da Fazenda Nacional/2015) Sobre a Ordem Econômica Internacional e Regional, assinale a opção correta:

(A) A Organização Mundia do Comércio foi constituída na Conferência de Bretton Woods, em 1994, após negociações formuladas na denominada "Rodada Uruguai".

(B) O MERCOSUL não possui personalidade jurídica de direito internacional e, por essa razão, suas decisões necessitam do consenso de todos os países membros.

(C) O Protocolo de Brasília é o que atualmente regula a solução de conflitos dentro do MERCOSUL.

(D) A República Federativa do Brasil subscreveu o acordo de compras governamentais (GPA), proposto pela OMC, o que estabelece que, na contratação pública de bens e serviços feita por um país signatário, os oriundos dos demais estados celebrantes não receberão tratamento menos favorável do que os nacionais.

(E) Considera-se prática de *dumping* a introdução de um produto no mercado doméstico brasileiro, inclusive sob as modalidades de *drawback*, a um preço de exportação inferior ao seu valor normal, considerando-se como valor normal o preço do produto similar, em operações comerciais normais, destinado ao consumo no mercado interno do país exportador.

11. (CESPE – Advogado da União/2015). 137 – Compete ao Tribunal Permanente de Revisão do MERCOSUL, instituído por meio do Protocolo de Olivos, julgar, em última instância, os recursos interpostos contra decisões de tribunais *ad hoc* prolatadas em procedimentos de arbitragem instaurados para a solução de controvérsias entre os Estados-parte do MERCOSUL relativas à interpretação, à aplicação ou ao não cumprimento das normas desse bloco econômico.

12. (ESAF – Procurador da Fazenda Nacional/2015) Sobre o Mercado Comum do Sul (MERCOSUL), assinale a opção incorreta.

(A) As decisões dos órgãos do MERCOSUL são tomadas por consenso e com a presença de todos os Estados Partes;

(B) Os órgãos com capacidade decisória na estrutura do MERCOSUL são o Conselho do Mercado Comum (CMC), o Grupo Mercado Comum (GMC) e a Comissão Social Parlamentar (CSP);

(C) As normas emanadas dos órgãos do MERCOSUL dependem de incorporação nos ordenamentos jurídicos de cada Estado Parte, de acordo com as disposições constitucionais de cada um.

(D) O Tratado de Assunção, seus protocolos e os instrumentos adicionais ou complementares são fontes jurídicas do MERCOSUL.

(E) O Conselho do Mercado Comum (CMC) manifesta-se por meio de Decisões, que são obrigatórias para os Estados Partes.

7. GABARITO

Questão	Resposta	Referência
1	E	Dumping implica na introdução de um bem no mercado doméstico a preço de exportação inferior ao normal. Não interessa se os produtos estrangeiros são mais baratos que os similares nacionais; importa saber se seus preços são inferiores àqueles praticados para o produto similar nas operações mercantis normais que o destinem ao consumo interno no país de origem (exportador).
2	B	A opção A: há expressa previsão para a criação de processos de integração econômica. C: o Mercosul não produz direito comunitário. D: A OMC somente foi criada em 1994. E: o GATT foi concebido já com a preocupação de expandir o comércio internacional com a redução dos direitos alfandegários; diversos mecanismos são direcionados aos países em desenvolvimento. A opção B é a correta, abordando os objetivos principais do GATT e, agora, da OMC.
3	C	As medidas de salvaguarda visam a aumentar, temporariamente, a proteção a determinado setor da indústria doméstica que esteja sofrendo ou sob a iminência de sofrer prejuízo grave, oriundos do incremento quantitativo e vultoso das importações, em termos absolutos ou em relação à produção nacional. As medidas de salvaguarda podem durar até duzentos dias.
4	E	Subsídio é uma contribuição financeira por um governo e benefício concedido em sua decorrência. São proibidos os subsídios à exportação e subsídios para a substituição de importações, passíveis de aplicação de medidas compensatórias.
5	C	Artigo 1 do Tratado de Assunção (1991).
6	C	Esta questão exige conhecimento do candidato a respeito da estrutura institucional do MERCOSUL, muitas vezes negligenciada ao longo do estudo do tema. A opção A é flagrantemente errada – o Mercosul foi criado pelo Tratado de Assunção. A opção B é incorreta, uma vez que o Conselho do Mercado Comum será integrado pelos Ministros das Relações Exteriores e pelos Ministro da Economia, ou seus equivalentes, dos Estados Partes, reunindo-se pelo menos uma vez por semestre com a participação dos Presidentes dos Estados partes. O Conselho também exerce a titularidade da personalidade jurídica do MERCOSUL, o que também afasta a opção D. Eventuais controvérsias serão submetidas aos procedimentos estabelecidos no Protocolo de Olivos, incorporado ao direito brasileiro através do Decreto 4.982/2004. Isto invalida a opção E A opção C é a correta, nos termos do Protocolo de Ouro Preto (Artigo 2).
7	CERTO	O Conselho do Mercado Comum é o órgão superior do Mercosul ao qual incumbe a condução política do processo de integração e a tomada de decisões para assegurar o cumprimento dos objetivos estabelecidos pelo Tratado de Assunção e para lograr a constituição final do mercado comum (art. 3º do Decreto 1.901/96).
8	ERRADA	O erro da questão reside no trecho "as normas emanadas de seus órgãos não têm caráter obrigatório".
9	CERTO	A predominância do aspecto intergovernamental sobre o supranacional é uma das principais diferenças entre o Mercosul e a União Europeia.

Questão	Resposta	Referência
10	E	A OMC foi criada por meio de acordo assinado em Marrakesh em 15 de abril de 1994, pelos 125 países que participaram da Rodada Uruguai. O MERCOSUL tem personalidade jurídica de direito internacional (art. 34 do Protocolo). O Protocolo de Olivos, incorporado ao direito brasileiro pelo Decreto 4.982, de 2004, trata da Solução de Controvérsias no Mercosul.o Brasil não aderiu ao GPA, bem como a maior parte dos países em desenvolvimento. A resposta correta é, portanto, a E (ver Decreto 1.602/95, art. 4º).
11	CERTO	Protocolo de Olivos
12	B	Observe que não existe a mencionada Comissão Social Parlamentar. Possuem capacidade decisória o CMC, o GMC e a CCM. Por outro lado, as opções B e E são excludentes.

BIBLIOGRAFIA

ARAGÃO, Alexandre Santos de. Agências reguladoras e a evolução do direito administrativo econômico. Rio de Janeiro: Forense, 2004.

ATSUMI, Shirley Yurica K. et ali. Gestão de operações de câmbio. Rio de Janeiro: FGV, 2013.

BAGNOLI, Vicente. Direito Econômico. São Paulo: Atlas, 2013.

BARROSO, Luís Roberto. Temas de direito constitucional. Rio de Janeiro: Renovar, 2006.

_______. Regime constitucional do serviço postal – Legitimidade da atuação da iniciativa privada. Revista de Direito Administrativo, Rio de Janeiro, nº 222. out./dez. 2000.

_______. A ordem econômica constitucional e os limites à atuação estatal no controle de preços. Revista Eletrônica de Direito Administrativo Econômico, nº 14, maio/jun/jul 2008, Salvador. http://www.direitodoestado.com/revista/REDAE-14-MAIO-2008-LUIS%20ROBERTO%20BARROSO.pdf. Acesso em 15 de setembro de 2014.

BASTOS, Celso Ribeiro. Curso de Direito Econômico. São Paulo: Celso Bastos, 2003.

BENSOUSSAN, Fabio Guimarães. Intervenção estatal na empresa privatizada: análise das golden shares. Porto Alegre: Sergio Antonio Fabris Editor, 2007.

BERTAGNOLI, Ilana. Aplicação das medidas antidumping como intervenção do Estado na economia. Revista Direito e Inovação, v. 1, nº 1, p. 138-152, julho de 2013.

BERCOVICI, Gilberto. Constituição econômica e desenvolvimento: uma leitura a partir da Constituição de 1988. São Paulo: Malheiros, 2005.

BORGES, Florinda Figueiredo. Os fundos de investimento: reflexões sobre sua natureza jurídica. PP. 41-65. FRANÇA, Erasmo Valladão A. N. (coordenador). Direito societário contemporâneo. São Paulo: Quartier Latin, 2009.

BORTOLOTTI, Bernardo, FACCIO, Mara. Reluctant privatization. Disponível em WWW.feem.it/Feem/Pub/Publications/WPaper/default.htm, acessado em: 3 de abril de 2006.

CABRAL DE MONCADA, Luís. Noção de Direito Econômico. Coimbra: Coimbra Editora, 1988.

CALÇAS, Manoel de Queiroz Pereira. A nova lei de recuperação de empresas e falências: repercussão no direito do trabalho (Lei 11.101 de 9 de fevereiro de 2005. Rev. TST, Brasília, vol. 73, nº 4, out/dez 2007.

CALIENDO, Paulo. Direito Tributário e Análise Econômica do Direito. Rio de Janeiro: Elsevier, 2009.

CARVALHO, Mario Taverdard Martins de. Regime jurídico dos fundos de investimento. São Paulo: Quartier Latin, 2012.

CARVALHO, Matheus. Manual de Direito Administrativo. Salvador: Juspodium, 2014.

CARVALHO, Vinícius Marques de; et al. Defesa da concorrência: estudos e votos. São Paulo: Singular, 2015.

CARVALHOSA, Modesto. Direito Econômico. São Paulo: RT, 1973.

CASTRO, Eduardo, LUSTOZA, Helton K., e GOUVEA, Marcus F. Tributos em espécie. Salvador: Juspodivm, 2014.

CHAVES, Paula Andrade R. e LANNA, Eduardo Simões. In: SILVA, Paulo Roberto Coimbra. Diretrizes jurídicas dos negócios e principais mercados no Brasil. São Paulo: Quartier Latin, 2012.

COMPARATO, Fabio Konder e SALOMÃO FILHO, Calixto. O Poder de Controle na Sociedade Anônima. Rio de Janeiro: Forense, 2005.

COUTINHO, Luciano (coordenador-geral). Implicações da Estrutura Regulatória das Atividades Econômicas sobre a Competitividade: Regulação do Investimento Estrangeiro", Campinas, 1993, através de: www.denisbarbosa.addr.com/166.pdf. Acesso em 3 de abril 2007.

DEIRO, Daniel Girardi e MALLMANN, Maria Izabel. O GATT e a Organização Mundial do Comércio no cenário econômico internacional desde Bretton-Woods. Extraído do site http://www.pucrs.br/ffch/neroi/artigodaniel.pdf. Acesso em 20 de julho de 2014.

DI PIETRO, Maria Sylvia Zanella. Direito Administrativo. São Paulo: Atlas, 2006.

_______. Parcerias na Administração Pública: concessão, permissão, franquia, terceirização e outras formas. 4ª edição, São Paulo: Atlas, 2003.

_______. (Organizadora). Direito regulatório: temas polêmicos. 2ª ed. Belo Horizonte: Fórum, 2004.

DWORKIN, Ronald. Levando os direitos a sério. São Paulo: Martins Fontes, 2007.

EIZIRIK, Nelson e outros. Mercado de Capitais. Rio de Janeiro: Renovar, 2008.

FACCHINI NETO, Eugênio. A constitucionalização do direito privado. Revista do Instituto do Direito Brasileiro. Lisboa: Universidade de Lisboa. Ano I (2012), nº 1.

FERRAZ JUNIOR, Tércio Sampaio. Direito da concorrência e enforcement privado na legislação brasileira. RCD. Vol. 1. n. 3, novembro de 2013,. PP. 11-31. Disponível em: <http://www.cade.gov.br/revista/index.php/revistadedefesadaconcorrencia/article/view/75>. Acesso em 29/12/2015.

FERRAZ JR., Tércio Sampaio; DA ROSA, José DelChiaro Ferreira; GRINBERG, Mauro. Direitos Anti-Dumping e Compensatórios: Sua Natureza Jurídica e Consequências de tal Caracterização. Revista de Direito Mercantil, Industrial, Econômico e Financeiro (RDM), nº 91, p. 94, jul./set. 1993.

FERREIRA, Sergio de Andrea. Empresas Estatais, paraestatais e particulares com participação pública. Em: http://www.gespublica.gov.br/projetos-acoes/pasta.2009-07-15.5584002076/copy_of_pasta.2010-10-22.6887744790/Empresas%20Publicas%20%20-%20Sergio%20Andrea%20-%20reformatado.pdf. Acesso em 15 de abril de 2014.

FIGUEIREDO, Leonardo Vizeu. Lições de Direito Econômico. Rio de Janeiro: Forense, 2014.

_______.Sistema brasileiro de comércio exterior e de defesa comercial: principais aspectos jurídicos. Teresina: Jus Navigandi, Teresina, 2005. Disponível em: <http://jus.com.br/artigos/6906>. Acesso em: 19 ago. 2014.

FONSECA, João Bosco Leopoldino da. Direito Econômico. Rio de Janeiro: Forense, 2007.

_______. Lei de Proteção da Concorrência. Rio de Janeiro: Forense, 2007.

FORGIONI, Paula A. Os Fundamentos do antitruste. São Paulo: Revista dos Tribunais, 2013.

FORTUNA, Eduardo. Mercado financeiro: produtos e serviços. Rio de Janeiro: Qualitymark, 2008.

GABARDO, Emerson. Interesse Público e Subsidiariedade. Belo Horizonte: Forum, 2009.

GELLHORN, Ernest, KOVACIC, William E., CALKINS, Stephen. Antitrust law and economics. Saint Paul, MN: Thomson West, 2004.

GOMES, Carlos Jacques Vieira. Ordem econômica constitucional e direito antitruste. Porto Alegre: Fabris, 2004.

_______.O princípio constitucional da livre concorrência: corolário da livre iniciativa ou princípio autônomo da ordem econômica? Extraído de http://www12.senado.gov.br/publicacoes/estudos-legislativos/tipos-de-estudos/outras-publicacoes/volume-iv-constituicao-de-1988-o-brasil-20-anos-depois.-estado-e-economia-em-vinte-anos-de-mudancas/principios-gerais-da-ordem-economica-o-principio-constitucional-da-livre-concorrencia-corolario-da-livre-iniciativa-ou-principio-autonomo-da-ordem-economica. Acesso em 21 de setembro de 2014.

GOUVÊA, Marcus de Freitas. A extrafiscalidade no direito tributário. Belo Horizonte: Del Rey, 2006.

GRAU, Eros. A ordem econômica na Constituição de 1988. São Paulo: Malheiros, 2003.

_______. Elementos de Direito Econômico, São Paulo: RT, 1981.

GUEDES, Vinícius Mancini. Sociedade e comunhão: os fundos de investimento. PP. 67-86. FRANÇA, Erasmo Valladão A. N. (coordenador). Direito societário contemporâneo. São Paulo: Quartier Latin, 2009.

HARRISON, Jeffrey L. Law and economics. Saint Paul, MN: Thomson West, 2007.

HOVENKAMP, Herbert. Antitrust. Saint Paul, MN: Thomson West, 2005.

JACKSON, James K. The Exon-Florio National Security Test for Foreign Investment. www.fas.org/sgp/crs/natsec/rl33312.pdf. Acesso em 3 de abril de 2007.

JUDT, Tony. Pós-Guerra: uma história da Europa desde 1945. Rio de Janeiro: Objetiva, 2008.

JUSTEN FILHO, Marçal. Curso de Direito Administrativo. São Paulo: Saraiva, 2005.

_______. O direito das agências reguladoras independentes. São Paulo: Dialética, 2002

KÜMPEL, Siegfried. Direito do mercado de capitais: do ponto de vista do direito europeu, alemão e brasileiro. Rio de Janeiro: Renovar, 2007.

LAGIOIA, Umbelina Cravo Teixeira. Fundamentos do mercado de capitais. São Paulo: Atlas, 2011.

LARA, Fabiano Teodoro de Rezende. A análise econômica do direito como método e disciplina. E-civitas Revista Científica do Departamento de Ciências Jurídicas, Políticas e Gerenciais do UNI-BH. Belo Horizonte, vol. I, nº 1, nov-2008. ISSN: 1984-2716. Disponível em: www.unibh.br/revistas/ecivitas. Acesso em 20 de outubro de 2015.

LEE, Ronald e PERKINS, Nancy, Securing U.S. Strategic Assets: Does The Exon-Florio Statute Do Its Job? em http://arnoldporter.com/pubs/file/Securing_US_Strategic.pdf, acessado em 15 de junho de 2007.

LEWIS, James Andrew, New Objectives for CFIUS: Foreign Ownership, Critical Infrastructure, and Communications Interception. Federal Communications Law Journal, nº 57.

LUND, Myrian Layr M. Pereira, SOUZA, Cristóvão Pereira de, CARVALHO, Luiz Celso da Silva de. Mercado de capitais. Rio de Janeiro: Editora FGV, 2012.

MAEDA, Renata de Souza. Direito da concorrência: Uma análise das teorias Econômicas, da ordem econômica brasileira e da conduta abusiva horizontal do cartel. Âmbito Jurídico, Rio Grande, XVI, nº 114, jul 2013. Disponível em: <http://www.ambito-juridico.com.br/site/index.php/?n_link=revista_artigos_leitura&artigo_id=12966&revista_caderno=8>. Acesso em abr 2015.

MAGALHÃES, André Simas. Determinantes dos fundos soberanos de investimentos e o caso brasileiro. Revista Tempo do Mundo. Volume nº 3, nº 2, agosto de 2011.

MANKIW, nº Gregory. Introdução à Economia. São Paulo: Thomson Learning, 2006.

MARINHO, Pedro Lopes. O Sistema monetário internacional: uma interpretação a partir do conceito de hegemonia mundial. Em http://www.uesc.br/dcec/pedrolopes/artigo_prof_pedro_lopes_sistema_monetario.pdf. Acesso em 8 de setembro de 2014.

MARTINS, Eliane M. Octaviano. Soluções de controvérsias do MERCOSUL: a sistemática do Protocolo de Olivos. In: Âmbito Jurídico, Rio Grande, XIII, nº 72, janeiro de 2010. Disponível em: http://www.ambito-juridico.com.br/site/?n_link=revista_artigos_leitura&artigo_id=7107&revista_caderno=19. Acesso em 2 de outubro de 2015.

MARSHALL, Carla. Direito Constitucional – Doutrina e Prática. Rio de Janeiro: Lumen Juris, 1996.

MEDAUAR, Odete. Direito Administrativo Moderno. São Paulo: Revista dos Tribunais, 2006.

MELLO, Celso Antônio Bandeira. Curso de Direito Administrativo. São Paulo: Malheiros, 2004.

MOREIRA, Egon Bockmann. Os princípios constitucionais da atividade econômica. Revista da Faculdade de Direito da UFPR, v. 4, 2006.

MOREIRA NETO, Diogo de Figueiredo. Ordem econômica e desenvolvimento na Constituição de 1988. Rio de Janeiro: APEC, 1989.

_______. Quatro paradigmas do direito administrativo pós-moderno: legitimidade: finalidade: eficiência: resultados. Belo Horizonte: Fórum, 2008.

NABAIS, José Casalta. O Princípio do Estado Fiscal. In: Estudos Jurídicos Económicos em Homenagem ao Professor João Lumbrales, Coimbra: Coimbra Editores, 2003.

_______. O dever fundamental de pagar impostos: contributo para a compreensão do estado fiscal contemporâneo. Coimbra: Livraria Almedina, 1998.

OECD. Directorate for Financial and Enterprise Affairs Competition Committee on Co-operation and Enforcement. Working Party No. 3. Relationship Between Public and Private Antitrust En-forcement – Brazil. 15 June 2015, p. 3. Disponível em: <http://www.oecd.org/officialdocuments/publicdisplaydocumentpdf/?cote=DAF/COMP/WP3/WD(2015)23&docLanguage=En>. Acesso em 02/08/2016.

OLIVEIRA, Gesner. Concorrência: panorama no Brasil e no mundo. São Paulo: Saraiva, 2001.

OLIVEIRA, Gilson e PACHECO, Marcelo. Mercado financeiro. São Paulo: Editora Fundamento Educacional, 2011.

OLIVEIRA, Rafael Carvalho Rezende. O Modelo norte-americano de agências reguladoras e sua recepção pelo direito brasileiro. Revista da EMERJ, vol. 12, nº 47, 2009.

OLIVEIRA, Virgínia I., GALVÃO, Alexandre, RIBEIRO, Érico (orgs.). Mercado financeiro: uma abordagem prática dos principais produtos e serviços. Rio de Janeiro: Elsevier, 2006.

ORBACH, Barak Y. The antitruste consumer welfare paradox. Journal of Competition Law &Economics, 7 (1), 133-164. Disponível em: http://papers.ssrn.com/sol3/papers.cfm?abstract_id=1553226. Acesso em 20 de outubro de 2015.

PEREIMA, João Basilio e CURADO, Marcelo. Sistema Monetário Internacional, cooperação e competição: um ensaio sobre a guerra cambial. Working paper nº 38. http://www.bndes.gov.br/SiteBNDES/export/sites/default/bndes_pt/Galerias/Arquivos/produtos/download/PDE2011_PereimaCurado.pdf, acesso em 8 de setembro de 2014.

POSNER, Richard A. Economics analysis of law. New York: Wolters Kluwer, 2011.

RAWLS, John. Uma teoria da justiça. São Paulo: Martins Fontes, 2002.

REALE, Miguel. Teoria tridimensional do direito: situação atual. São Paulo: Saraiva, 1994.

ROQUE, Isa Roberta Gonçalves. O controle dos atos das agências reguladoras: breve enfoque da Lei Geral das Telecomunicações. In: O Direito nas Telecomunicações – PFE – Anatel – nº 37, março/abril de 2015, Brasília: Escola da AGU.

SÁ, Almir Morais. A nova ordem econômica e o direito internacional do investimento. Revista do Mestrado em Direito da Universidade Católica de Brasília, vol. 3, nº 1 (2009).

SALOMÃO FILHO, Calixto. Regulação da atividade econômica (princípios e fundamentos jurídicos). São Paulo: Malheiros, 2001.

_______. O novo direito societário. São Paulo: Malheiros, 2006.

_______. Direito Concorrencial. São Paulo: Malheiros, 2013.

SALOMÃO NETO, Eduardo. Direito bancário. São Paulo: Atlas, 2011.

SANTOS, Marcelo Rivera dos. A ação privada de ressarcimento civil derivada de conduta anticoncorrencial: do termo inicial da prescrição. RCD. Vol. 3. nº 1, Maio 2015. PP. 133-160. Disponível em: <http://www.cade.gov.br/revista/index.php/revistadedefesadaconcorrencia/article/view/147/96>. Acesso em 29/12/2015.

SCHONBLUM, Paulo M. W. Contratos bancários. Rio de Janeiro: Freitas Bastos, 2005.

SHENEFIELD, John H., STELZER, Irwin M. The antitruste laws: a primer. Washington DC: AEI Press, 1996.

SILVA, José Afonso da. Curso de direito constitucional positivo. São Paulo: Malheiros, 2001.

SILVA, Juliano Langaro da. Considerações acerca da oferta pública inicial de ações. In: SILVA, Paulo Roberto Coimbra. Diretrizes jurídicas dos negócios jurídicos e principais mercados no Brasil. São Paulo: Quartier Latin, 2012.

SOARES, Mario Lúcio Quintão. Teoria do Estado: novos paradigmas em face da globalização. São Paulo: Atlas, 2008.

SOUTO, Marcos Juruena Vilella. Desestatização, privatização, concessões e terceirizações. Rio de Janeiro: Lumen Juris, 2000.

_______. Direito Administrativo Regulatório. Rio de Janeiro: Lumen Juris, 2002.

SOUZA, Washington Peluso Albino de. Primeiras Linhas de Direito Econômico. São Paulo: LTr, 2003.

_______. Direito Econômico, Sao Paulo: Saraiva, 1980.

SUNDFELD, Carlos Ari (Coordenador). Direito administrativo econômico. São Paulo: Malheiros, 2002.

_______. A regulação das telecomunicações: papel atual e tendências futuras. Revista Eletrônica de Direito Administrativo Econômico. Salvador, nº8 (novembro/dezembro de 2006 a janeiro de 2007). Disponível em: http://www.direitodoestado.com/revista/REDAE-8-NOVEMBRO-2006-CARLOS%20ARI%20SUNDFELD.pdf. Acesso em 1/3/2015.

SZTAJN, Rachel. Teoria Jurídica da Empresa: atividade empresária e mercados. São Paulo: Atlas, 2004.

TAVARES, André Ramos. Direito constitucional econômico. São Paulo: Método, 2003.

VAZ, Manuel Afonso. Direito económico: a ordem económica portuguesa. Coimbra: Ed Coimbra, 1988.

VIDIGAL, Geraldo. Teoria Geral do Direito Econômico, São Paulo: Revista dos Tribunais, 1977.

XAVIER JUNIOR, Ely Caetano. Fundos soberanos de investimentos e imunidade de jurisdição. Revista Direito GV. São Paulo: jan-jul 2014.

YAZBEK, Otávio. Regulação do mercado financeiro e de capitais. Rio de Janeiro: Elsevier, 2009.

EDITORA JusPODIVM
www.editorajuspodivm.com.br

markpress BRASIL
TEL.: (11) 2225-8383
WWW.MARKPRESS.COM.BR